沾益年鉴

2012

沾益县人民政府地方志办公室编

德 宏 民 族 出 版 社

编辑说明

一、《沾益年鉴》（2012卷）是由沾益县人民政府主办，沾益县人民政府地方志办公室编纂出版的一部汇集沾益县2011年政治、经济、社会、文化发展状况的综合年刊，具有政府公报性质的权威性工具书，由德宏民族出版社出版，国内外公开发行。

二、本书旨在全面、系统、及时地反映沾益县政治、经济、文化和社会发展的基本情况，为各级干部和各界人士提供年度性的综合资料，为社会主义物质文明、精神文明、政治文明、生态文明建设服务。

三、《沾益年鉴》（2012卷）设特载、专文、大事记、概况、政治、法制、经济管理、土地矿产、农林水利、烟草、旅游、工业贸易、交通邮电、城建环保、财税金融、教科文卫体、社会、乡镇、人物、附录等20个部类，全书85万字。

四、“特载”选用县委常委会在县委全会及党代会上的工作报告、县人民政府在县人代会上的工作报告。

五、“专文”原则上选用县级领导干部就分管工作撰写的理论文章。

六、编辑体例采用通行的分类条目体，分一、二、三级目。一级目为部类，二级目一般以行业或部门划分，三级目为条目，分综合和专项条目，用彩色黑体字标目，各级标目均用不同字号加以区别。

七、《沾益年鉴》（2012卷）所使用的资料数据，以2011年度为主，但为保持事物的完整性、连续性及时效性，少数资料有适当的追溯或跨年度情况。

八、各类资料与图表均经相关部门审定，具有较高的准确性。

九、书中政区、机构名与本县有隶属关系的如“云南省×××”“曲靖市×××”“沾益县×××”一般称为“省×××”“市×××”“县×××”，其余均用全称。“省委、省政府，市委、市政府，县委、县政府”专指“中共云南省委、省人民政府，中共曲靖市委、市人民政府，中共沾益县委、县人民政府”。

十、《沾益年鉴》的编纂出版，得到有关领导、县属各部门、各乡镇和百余名撰稿人员的大力支持，在此一并致谢！但限于编辑时间和编辑水平，疏漏和不妥之处在所难免，敬请读者批评、指正。

沾益县地方志·年鉴编纂委员会

撰稿人员

（按部类顺序排列）

特约撰稿

聂祖良　毕尚鹏　张光彦　陈继扬　缪涤非　陈玉翔　丁世坤
王开有　刘明坤　张崇书　刘吉平　黄海鸥　李载民　何永发
王　强　唐敬东

撰　稿

管晓方　严光显　刘晋州　尹瑞敏　吴红燕　姜丽波　王桃明
蒋礼红　李竞楠　温碧丽　张　波　王丽萍　潘明华　丁仕有
孟文祥　王明惠　吴剑秋　王　宇　张　瑛　高吉生　李鸿伟
国艳琳　田马青　严　俊　肖家辉　阮建宝　李所莲　赵　娟
岳　昆　邹沁华　朱云波　张　驰　李晴虹　张志国　田存召
韩卫贤　樊陆仙　陈丽华　徐　奎　曹坤林　许峻彬　王　旭
张金开　刘云娟　吴　芳　王俊琳　张德礼　赵　亮　赵云晖
张全江　王金祥　田贤考　徐莲芬　李　琰　冯小勇　詹小柒
杜丽华　施秀梅　朱翰森　李跃青　王　燕　张宗稳　杨帆思航
林冬琴　孙家雁　高石荣　张惠龄　许春艳　李奇勇　关正芬
孙　玲　李红俊　王荣萍　丁新礼　王凤舞　朱淑敏　沈德昆
杨庆文　华　伟　刘培林　庄琼仙　杨　超　张琴美　刘秀娟
王进琼　陈云会　顾晓焕　张亚玲　计云光　李　超　高吉生
何　方　马俊彪　倪双飞　吴瑞波　杨　艳　张全江　徐春凤
殷贤兵　许　锐　孙　浩　韦　颖　袁冬花　文　斌　伍　通

目 录

中国人民政治协商会议沾益县委员会

中共沾益县纪律检察委员会沾益县监察局

工商联

经济管理

财税金融

教科文卫体

教 育

科 技

文化体育

广播电视

卫生工作

食品药品监管

社 会

劳动就业和社会保障

2月15日，中共沾益县委三届十四次全体会议召开

（阮兴元　供稿）

2月21~24日，中国人民政治协商会议沾益县第三届委员会第四次会议召开

（李竞楠　供稿）

3月1~5日，沾益县第三届人民代表大会第四次会议召开

（阮兴元　供稿）

6月13~15日，中国共产党沾益县第四次代表大会召开

（阮兴元　供稿）

10月25日，省政协主席王学仁（左三）率视察组到沾益调研牛栏江—滇池补水工程
（阮兴元　供稿）

3月4日，水利部副部长刘宁（左二）到沾益考察
（阮兴元　供稿）

10月9日，省委常委、组织部部长刘维佳（左二）到沾益调研

（李竞楠　供稿）

8月19日，副省长孔垂柱（左二）到沾益查看旱灾

（阮兴元　供稿）

5月16日，省政协副主席王学智（前排左二）到沾益视察廉租房建设

（李永梅　供稿）

7月18日，省政协原副主席孟继尧（前排左二）到沾益考察

（阮兴元　供稿）

12月28日，省水利厅厅长周运龙（前排左三）到沾益调研白浪水库引水工程
（丁恒金　供稿）

3月8日，省烟草专卖局局长余云东（左一）到沾益调研
（阮兴元　供稿）

9月29日，市委书记赵立雄（右二）到沾益调研

（李竟楠　供稿）

6月21日，市委副书记、市长岳跃生（右二）到沾益慰问老党员

（阮兴元　供稿）

3月2日，市委副书记范华平（中）到沾益调研

（阮兴元　供稿）

11月14日，市人大常委会主任刘海芳（右一）到沾益调研抗旱救灾工作

（阮兴元　供稿）

5月27日，市政协主席赵建华（左一）到沾益调研城市建设

（李永梅　供稿）

12月15日，市委常委、常务副市长许玉才（左二）到沾益调研城市建设

（丁恒金　供稿）

10月10日，市委常委、统战部部长朱兴友（右二）到沾益调研非公经济
（李竞楠　供稿）

6月16日，市委常委、组织部部长李云忠（右二）到沾益慰问老党员
（阮兴元　供稿）

1月6日，市委常委、宣传部部长何华（成人排左五），市人大常委会副主任李桂珍（成人排左六）等领导到大坡乡岩竹小学看望留守儿童　　（阮兴元　供稿）

2月19日，县委书记聂祖良(前排左三)调研德泽牛栏江调水工程移民安置工作　　（阮兴元　供稿）

6月1日，县委书记聂祖良（右二）到幼儿园看望慰问小朋友

（李永梅　供稿）

8月29日，县委书记聂祖良（右二）检查指导烤烟收购

（李竞楠　供稿）

6月24日，县委副书记、县长毕尚鹏（左一）慰问农村老党员

（丁恒金　供稿）

7月9日，县委副书记、县长毕尚鹏（前）参加东风南路片区旧城改造项目启动建设仪式

（李竞楠　供稿）

12月2日，县委副书记、县长毕尚鹏（正中）主持召开白浪水库应急引水工程开工建设动员会议（丁恒金　供稿）

3月24日，县委副书记张光彦（右二）深入菱角检查指导万寿菊育苗工作（段汝立　供稿）

9月20日，县委副书记张光彦（右）参加城乡居民社会养老保险待遇发放仪式

（李竞楠　供稿）

8月7日,县委副书记杨志雄（中）到县公安局调研

（刘俊宝　供稿）

8月29日，县委副书记杨志雄（右一）陪同亚细亚水彩联盟画展主席陈甲上（右二）到珠江源考察 （刘俊宝　供稿）

9月1日，县人大常委会主任保家礼（左二）深入白水检查指导烤烟收购 （顾正兴　供稿）

12月14日，县人大常委会主任保家礼（前排右三）组织省、市人大代表视察清水河水库蓄水情况
（顾正兴　供稿）

5月18日，县政协主席刘吉平（右一）到云维集团视察
（叶焕娥　供稿）

6月28日，县政协主席刘吉平深入田间调研旱灾

（叶焕娥　供稿）

4月2日，第六届珠江源登山越野挑战赛举行

（阮兴元　供稿）

6月29日，沾益县召开庆祝中国共产党成立90周年暨"七一"表彰大会

（阮兴元　供稿）

12月19日，西河综合治理工程开工仪式举行

（阮兴元　供稿）

12月25日，沾益县召开开展“四群”教育实行干部直接联系群众制度动员大会

（阮兴元　供稿）

12月30日，白浪水库应急引水工程开工奠基仪式举行

（阮兴元　供稿）

特　　载

责任编辑　管晓方

励精图治　开拓创新
努力开创沾益科学发展新局面

——2011年6月13日在中国共产党沾益县第四次代表大会上（节选）

中共沾益县委书记　聂祖良

中国共产党沾益县第四次代表大会，是在全县上下深入贯彻落实党的十七大、十七届五中全会精神之际召开的一次重要会议。大会的主要任务是：高举中国特色社会主义伟大旗帜，以邓小平理论和“三个代表”重要思想为指导，深入贯彻落实科学发展观，总结县第三次党代会以来的工作，部署今后五年各项工作任务，选举产生新一届县委、县纪委班子，选举出席市第四次党代会代表，动员和团结全县广大党员、干部群众，进一步解放思想，抢抓机遇，开拓进取，为圆满完成“十二五”规划目标任务而努力奋斗。

一、凝心聚力，开拓创新，经济社会全面协调发展

县第三次党代会以来，在市委的正确领导下，县委紧紧围绕“争当全省县域经济排头兵和建设全省工业十强县、全省特色农业县、珠江源山水园林城市”目标，着力增强发展动力，打牢发展基础，调整经济结构，注重改善民生，努力构建和谐，不断加强党的建设，团结和带领全县各族人民，以只争朝夕的精神，努力拼搏、克难奋进，积极应对金融危机及严重霜冻、干旱、洪涝等自然灾害，县域经济实力显著增强，经济结构逐步优化，发展方式不断转变，城乡面貌日新月异，社会事业全面进步，党的建设不断加强，圆满完成了县第三次党代会确定的目标任务。

（一）综合实力稳步提升

牢牢把握发展第一要务，狠

抓各项工作落实，县域经济持续快速发展，综合实力稳步提升。2010年，全县实现生产总值96.4亿元，比2005年增61.2亿元，年均增15.2%；财政总收入10.44亿元，比2005年增5.44亿元，年均增15.88%；地方财政一般预算收入5.43亿元，比2005年增3.09亿元，年均增18.35%；城镇居民人均可支配收入15303元，比2005年增6845元，年均增12.6%；农民人均纯收入4813元，比2005年增2153元，年均增12.6%；三次产业结构比由2005年的27∶54∶19调整为23∶52∶25。

农业经济稳步发展。始终把“三农”工作作为重中之重，农业基础地位不断巩固提升。粮食、烤烟、畜牧等传统支柱产业稳步发展。全县粮食产量连续七年实现稳步增收，2010年获农业部授予的“全国粮食生产先进县”荣誉称号。始终坚持建设现代烟草，优质烟叶的生产水平不断提高。万寿菊、中药材、蚕桑、蔬菜等优势特色产业不断壮大，建成了全国最大的万寿菊种植和加工基地。畜牧产业发展迅猛，2009年进入“全国生猪调出大县”行列。农业产业化经营取得新进展，全县共有各级农业产业化重点龙头企业30户，农业专业合作组织61个。博浩公司被认定为农业产业化国家级重点龙头企业。中低产田地和中低产林改造成绩突出，均被列为全省中低改工作现场会参观点，并获省政府肯定表彰。加大以泡核桃为主的经济林果产业培育扶持力度。集体林权制度主体改革圆满完成，被省委、省政府表彰为先进集体。强农惠农政策有效落实，促农增收成效明显。粮食直补、农机具购置补贴、退耕还林补贴和水库移民扶持等工作扎实有效。2010年，实现农业增加值22.1亿元，比2005年增12.5亿元，年均增8.21%。

工业经济持续发展。始终坚持工业强县战略，工业在县域经济中的主导地位更加牢固，被省政府确定为县域经济试点县和工业强县重点县。“一园三片”规划建设顺利推进，工业布局不断优化，工业发展的聚集效应切实增强。坚持实施县级领导联系重点企业制度，协调解决企业发展中用地、环评、融资等难题，推动企业加快发展。冶金、能源、煤化工等工业企业不断发展壮大。注重提升企业竞争实力，云维集团、东源曲靖铝业等工业技改项目全面完成。高度重视环境保护工作，强化建设项目环境管理，把好环保准入关，严格建设项目的环评审批。大力实施全民创业和中小企业成长创富计划，非公经济发展快速推进。2010年，实现工业总产值188亿元，比2005年增2.6倍，年均增32.9%；工业增加值44.3亿元，比2005年增1.8倍，年均增27.8%。

现代服务业蓬勃发展。始终坚持把发展现代服务业作为优化经济结构的重要手段。紧紧抓住云南省“旅游二次创业”的机遇，夯实旅游发展基础，全力打造珠江源旅游品牌。注重旅游与文化、体育等方面的融合，坚持以节会促进旅游发展，高质量承办了“第三届泛珠三角区域合作与发展论坛”开幕式，成功举办了“珠江源登山越野挑战赛”“珠江源山地自行车越野挑战赛”、万寿菊节、珠江源美食文化节、“珠江源流韵——沾益籍书画艺术家精品展”等系列活动，全面提升了珠江源旅游文化品牌。五年来，累计接待游客194.2万人（次）。商贸物流业健康有序发展。珠江源物流中心规划建设工作顺利推进。深入实施“万村千乡市场工程”“乡村流通工程”和家电、汽车摩托车下乡工程，农村服务业有效拓展。切实加强对外开放和招商引资工作，不断优化投资环境，转变招商引资方式，坚持“亲商、扶商、重商”的原则，吸引更多项目、资金、技术、人才入驻沾益。2006年以来，协议引进县外国内资金49.14亿元，实际到位资金29亿元。2010年，实现社会消费品零售总额12.8亿元，比2005年增6.7亿元，年均增21.13%；第三产业增加值24.3亿元，比2005年增17.7亿元，年均增21.47%。

（二）城乡建设快速推进

按照“高起点规划、高标准建设、高水平管理、高效益经营”的要求，着力加快城市现代化、城乡一体化建设步伐，统筹城乡建设成效明显。

山水园林城市初具规模。紧紧围绕山水园林城市建设目标，始终坚持“规划引领建设”的思路，主动对接珠江源大城市总体规划和滇中城市经济圈规划，启动了新一轮城市总规修编。深化城市发展战略研究，编制完成了旧城片区、西北片区等控制性规划。加大城西片区、珠江源大道沿线开发建设力度，不断拓展新城区。启动东风南路片区改造工程，旧城区改造有序推进。完成龙华大道等重点城市路网工程建设，不断完善城市基础设施建设。建成珠江源小区、玉林小区、九龙新苑等住宅小区，房地产业稳步发展。积极开展省级文明县城和园林县城创建活动，加大山水园林城市建设力度，全面实施城区“绿化、净化、美化、亮化”等工程，全面提升城市品位，连续四年保持“云南省甲级卫生县城”荣誉称号。坚持“建”“管”并重，以建设为抓手，以经营为核心，不断提高城市经营管理水平，城市经济不断发展。坚持扩容与提质并举，不断拓展城市规模，城市承载能力不断增强。县城建成区面积达8.34平方公里，城镇化率达38%，珠江源山水园林城市初具规模。

统筹城乡建设协调发展。始终

坚持“生产发展、生活宽裕、乡风文明、村容整洁、管理民主”的新农村建设方针，切实加快新农村建设步伐。先后选派了五批607名新农村建设指导员驻点帮扶指导新农村建设工作。累计投入5.2亿元，全面完成了“866”工程、小康示范村、省级重点村和“整乡推进”扶贫开发等工程建设，“两新”建设顺利推进。高度重视农村民居地震安全工程建设，2009年被省政府表彰为先进单位。不断加大交通网络建设，顺利推进乡村公路硬化工程。全面加强农村水、电、路、信息等“网络”体系建设，着力破解了一系列关乎民生的难题。群众生产生活条件得到较大改善，农村发展基础不断夯实，城乡公共事业发展差距逐步缩小。

（三）发展后劲持续增强

始终把项目建设作为经济工作的第一抓手，牢固树立抓项目就是抓发展的大局意识，紧紧抓住西部大开发、中央扩大内需等机遇，全力抓好项目前期工作，加大项目争取力度，加强对重点项目的管理，健全和完善县级领导联系重点项目制度，帮助协调解决项目建设中的各种矛盾和问题。较好地推动完成了云维200万吨焦化、50万吨合成氨、东源曲靖铝业23万吨电解铝和龙华大道、沾六复线等一大批重点项目和城市、交通等基础设施项目建设。长昆客运专线、西河公园等重大项目顺利推进。五年来，累计完成投资282.6亿元，为全县经济社会协调快速发展打下了坚实基础。

（四）社会事业全面进步

始终坚持把维护好广大人民群众的根本利益作为县委工作的出发点和落脚点，紧紧围绕保障和改善民生工作，着力解决人民群众最关心、最直接、最现实的利益问题，全面推动社会各项事业发展。

民生事业逐步发展。始终坚持优先发展教育，深化教育综合改革，教育教学成效明显，分别被教育部和省政府授予“全国阳光体育先进县”和“全省教育工作先进县”荣誉称号。高度重视校舍安全工程建设，累计排除中小学危房8.59万平方米、新建校舍10.31万平方米。“两基”工作顺利通过国家验收。深入推进公共卫生事业服务体系建设，加强县乡村医疗机构基础设施建设，卫生事业发展基础不断夯实。新型农村合作医疗覆盖面不断扩大，参合率达96.26%。人口和计划生育工作扎实有效，人口自然增长率为5.04‰。大力发展文化体育事业，积极开展全民健身运动和群众性文化活动。荣获第二次全国农业、经济普查“国家级先进集体”。第六次全国人口普查工作圆满完成。

资源环境有效保护。大力实施节能减排，坚决淘汰落后产能，环境保护工作扎实开展，全面完成了节能减排各项目标任务。积极推进“七彩云南沾益保护行动”“绿色珠江源”行动，重点流域、重点行业和重点企业污染得到有效治理。大力实施农村新能源、植树造林、天然林保护等重点生态工程建设，生态环境明显改善，森林覆盖率达48.65%。森林防火成效显著，被表彰为2006—2010年度全省森林防火工作先进县。水政执法和水资源综合治理力度不断加大，水污染防治和水土保持工作扎实有效。坚持最严格的耕地保护制度，基本农田得到有效保护。私挖滥采行为得到有效遏制，地质灾害防治卓有成效。

社会保障日趋完善。全面落实各项社会保障政策，城镇基本养老、医疗、失业、生育、工伤保险等制度进一步完善，失地少地农民养老保险等制度逐步建立。认真贯彻落实各项优抚优待政策，社会救助和专项社会事务管理落实到位。扎实抓好保障性住房建设，建设廉租住房9.1万平方米。基本建立起以社会保险为主，社会救助、社会福利协同发展的社会保障体系。不断完善就业服务机制，加大就业指导和帮扶力度，积极开展就业援助活动，始终保持“零就业家庭”动态为零的目标。充分发挥沾益驻义乌、昆明劳务工作站的作用，促进农村富余劳动力有序转移，推动了劳务产业健康发展。2006年以来，累计转移输出农村富余劳动力10.56万人（次）。

（五）和谐沾益建设扎实推进

始终坚持正确处理改革、发展与稳定的关系，努力营造良好的发展环境。民主法制建设、社会管理创新、安全生产等工作成效显著，和谐沾益建设进程不断加快。

民主法制不断健全。始终坚持党的领导、人民当家作主和依法治国有机统一，切实加强民主政治建设。支持人大及其常委会依法强化对“一府两院”的法律监督和工作监督，健全完善地方人大及其常委会工作制度。坚持和完善中国共产党领导的多党合作和政治协商制度，充分发挥政协政治协商、民主监督和参政议政的职能和作用。坚持推进政务、厂务、村务公开，加强村民自治制度建设，完善基层民主管理制度，切实保障人民群众依法行使民主权利。全民法制宣传教育工作深入开展，圆满完成“五五”普法工作任务，加快推进依法治县进程，广泛开展法制宣传、“送法下乡”和“法律援助送爱心”活动，群众的法律意识不断增强，被评为2006—2010年度全国法制宣传教育先进县。工、青、妇等群团组织围绕中心、服务大局的职能作用得到有效发挥。统战、侨务、民族宗教、双拥和国防后备力量建设成效显著，被省委、省政府表彰为民族团结进步模范集体和第八届双拥模范县城。

精神文明建设成效明显。以社会主义核心价值体系建设为载体，切实加强宣传思想文化工作，文化体制改革稳步推进。以“群星文明工程”为抓手，深入推进精神文明创建和公民思想道德建设，积极开展劳动模范、道德模范评选、志愿者服务、群众性精神文明创建等系列活动。五年来，共创建全国文明小城镇2个，省级文明单位（村、社区）55个、文明小城镇2个，市级文明单位（村、社区）131个、文明小城镇1个。切实加强“村村通”卫星直播覆盖工程建设，广播电视人口综合覆盖率大幅提升，为先进思想和先进文化的传播奠定了坚实基础。

平安沾益建设扎实有效。始终坚持构建“和谐沾益”目标不动摇，平安沾益建设不断深化。切实加强软环境建设，全面完成了县乡村三级政务服务体系建设，政务环境明显改善，发展环境不断优化。政府机构、金融、投融资体制和资源环境等领域改革有序推进。社会管理创新工作扎实开展，创新构建了“三调对接”“四级联动”，“有案定补、无案奖励”等社会矛盾纠纷大调解新体系、新机制、新办法。“两新”组织、流动人口管理，虚拟社会、特殊群体管控得到新加强。深入落实县级领导干部“带案下访”和“包案定责”制度，积极开展“大接访、大下访”活动，及时、有效化解各类社会矛盾，维护了群众的合法权益。全力打击邪教违法犯罪活动，深入推进禁毒人民战争，积极预防和妥善处置群体性事件。认真落实社会治安综合治理责任制，切实加强防控网络体系建设，有效构建了“大调解、大综治、大平安”的工作格局，全力维护社会稳定。全面开展司法为民各项工作，加强司法队伍建设，维护了司法的公平、正义。强化安全生产监管，严格落实安全生产责任制，有效杜绝了重特大安全事故，确保国家和人民生命财产安全。平安创建工作成效显著，先后荣获全国“平安畅通县”，全省“消防安全创建示范县”“先进平安县”和“创建无毒乡镇先进县”等荣誉称号。

（六）党的建设不断加强

始终坚持“党要管党，从严治党”的方针，全面加强和改进党的思想、组织、作风、制度和反腐倡廉建设。深入开展“一面旗、一团火、一盘棋”主题实践活动、解放思想大讨论、学习实践科学发展观、创先争优、学习杨善洲精神等活动，全面加强学习型党组织建设，切实提升基层党组织的凝聚力、战斗力、执行力。全县各级领导班子和广大党员、干部的政治素质、理论水平和执政能力明显提高，一大批群众关注的热点、难点问题得到有效解决，党群、干群关系更加密切。健全县委理论中心组学习制度，完善党委议事规则，带头贯彻执行民主集中制，领导班子的整体素质明显提高。加强干部队伍建设，以创建“全省提高选人用人公信度示范县”为契机，认真贯彻执行《党政领导干部选拔任用工作条例》，大力整治选人用人上的不正之风。积极开展“一报告两评议”，不断提高选人用人公信度。深化干部人事制度改革，切实加强以公开选拔、竞争上岗、公开选聘和公推公选为主要形式的竞争性选拔干部力度，积极稳妥地推进了公开选拔科级领导干部和公推公选乡（镇）党委书记试点工作，有效激发了各级干部的工作热情。切实加强基层党组织的经费保障，村（社）党组织的工作经费纳入县级财政预算。全面完成了68个村级组织活动场所建设任务。建立健全关爱农村老党员和困难党员长效机制、“党员活动中心户”及村党支部书记考核评价机制，确保了农村党支部和党员作用的发挥。探索建立党代表常任制试点工作，认真执行党代表的年会、小组活动等制度。创新党建工作思路，选派了38名“改非”党员领导干部担任“两新”组织的党组织负责人或党建工作指导员，推动“两新”组织党建工作有序开展。坚持“标本兼治、综合治理、惩防并举、注重预防”的方针，认真贯彻执行《中国共产党党员领导干部廉洁从政若干准则》和党风廉政建设责任制，全面推进农村基层党风廉政建设，形成了“十制度一规范”的制度体系。惩防体系建设特色鲜明，吸收群众代表参与查办案件等经验和做法得到上级纪检监察机关的充分肯定。

这些成绩的取得，是市委正确领导，是省、市各级各部门关心和支持，是全县各级领导干部扎实工作和各族人民共同努力的结果。过去的五年，是沾益解放思想、开拓进取、凝聚人心的五年；是沾益锐意改革、励精图治、艰苦创业的五年；是沾益政通人和、加快发展、平安和谐的五年。

五年来取得的成绩难能可贵，必须倍加珍惜，积累的经验弥足珍贵，必须汲取完善。实践证明：坚持党的领导、固本强基是我们富民强县的政治保证；坚持解放思想、与时俱进是我们事业进步的不竭动力；坚持以人为本、执政为民是我们全部工作的根本航标；坚持改革开放、城乡统筹是我们经济发展的必由之路；坚持结构调整、转变方式是我们科学发展的必然选择。

在肯定成绩的同时，我们也清醒地认识到，全县经济社会在发展中还存在经济结构整体不够合理、各产业的内部结构不够优化；农业基础地位不稳，轻工业发展不足，现代服务业发展滞后，节能减排任务艰巨；城乡基础设施依然薄弱，市民文明素质和城市文明程度有待提升，统筹城乡发展任务依然艰巨；民生改善任务繁重，社会保障体系不够完善；少数基层党组织的战斗堡垒作用和党员先锋模范作用发挥不够充分，少数干部的执行力不够强，做好新形势下群众工作的能力水平还有待提高，党风廉政建设有待进一步加强等困难和问题。对此，我们必须高度重视，在今后的工作中采取有效措施切实加以解决。

二、抢抓机遇，乘势而上，努力开创科学发展新局面

今后五年，是沾益科学发展、全面发展、和谐发展的重要时期。国家实施新一轮西部大开发战略和云南加快建设中国面向西南开放重要“桥头堡”为沾益加快基础设施建设、构建完善公共服务体系、加强生态建设和环境保护、推进经济社会快速发展提供了重大历史机遇；泛珠三角区域合作不断加强为沾益培育壮大优势产业，加快农业产业化、新型工业化、服务业现代化和发展开放型经济提供了重要契机；滇中城市经济圈“一体化”建设的规划实施为沾益更好利用滇中及其周边地区的资源和市场，充分发挥沾益的区位、交通、资源等优势，承接产业转移，培育战略性新兴产业，加快产业结构调整、转变经济发展方式，加快融入珠江源大城市建设步伐提供了有利条件。加快沾益发展的机遇与挑战并存，希望与压力同在，我们一定要科学研判发展形势，突出特色，发挥优势，因势利导，推动全县经济社会全面、协调、可持续发展。

全县经济社会发展的总体要求是：以邓小平理论、“三个代表”重要思想为指导，深入贯彻落实科学发展观，紧紧围绕“富民强县”总目标，以科学发展为主题，以加快转变经济发展方式为主线，进一步加大改革开放和科技创新力度，加快推进新型工业化、特色农业产业化和新型城镇化，加强生态建设和环境保护，转方式、调结构，增投资、扩消费，重民生、建和谐，努力实现科学发展、绿色发展、创新发展、安全发展、协调发展，把沾益建设成为云南“桥头堡”建设的重要产业基地和区域物流枢纽，西南重要的煤化工基地，云南省特色农产品生产加工基地，珠江源大城市集商贸、旅游和生态宜居的新型城区。

按照“十二五”规划，全县经济社会发展的主要目标是：到2015年末全县生产总值突破200亿元，年均增长10%以上；全社会固定资产投资累计达到500亿元，年均增长15%以上；财政总收入达到20亿元，年均增长15%以上；地方财政一般预算收入达到10亿元，年均增长15%以上；实现社会消费品零售总额26亿元，年均增长15%；三次产业比重调整为18:56:26；城镇居民人均可支配收入达22000元，年均增长8%以上；农民人均纯收入达7400元，年均增长9%以上，努力实现经济发展与城乡居民收入同步增长；城镇登记失业率控制在4%以内；人口自然增长率控制在6‰以内；单位生产总值能耗完成市下达的目标任务。

实现上述目标，应着力抓好以下几个方面工作：

（一）转方式、调结构，推动县域经济跨越发展

我们必须牢牢把握科学发展这个主题和转变经济发展方式这条主线，坚持把经济结构战略性调整作为加快转变经济发展方式的主攻方向，不断创新发展理念和发展模式，推动县域经济更好更快发展。

着力破解现代农业发展难题。实现全面小康，差距在农村、难点在农业、重点在农民。进一步重视和加强农业，大力发展农村经济，拓宽增收渠道，增加农民收入。坚持“工业反哺农业、城市支持农村”的方针，按照“优质、高产、高效、生态、安全”的总体要求，以建设全省特色农产品生产加工基地为目标，以保障粮食安全为基础，以农民增收致富为核心，大力发展现代农业。坚持用工业的理念谋划农业的发展，用特色打响品牌，用规模开拓市场，用加工提高附加值，积极推动传统农业向现代农业转变。在巩固提升粮、烟、畜等传统优势产业的基础上，加快农业产业结构调整。按照因地制宜的原则，进一步优化布局，大力发展万寿菊、中药材、蚕桑、蔬菜等优势特色产业。加快科技兴农步伐，大力普及新型实用农业增产技术。以市场为导向，积极建设产业基地，大力发展农业产业化经营，集中力量扶持一批带动能力强的产业化龙头企业，不断壮大农村专业合作经济组织，推动现代高效农业上规模、上水平。建立健全农业社会化服务体系、农产品市场体系和价格风险管理体系，增强农业和农村经济发展的内在活力。建立多元投入机制，不断加强农村水、电、路、房建设，进一步改善群众的生产生活条件。健全农村教育、医疗、社保制度，着力改善农村民生状况，不断夯实农村发展基础。加快发展非农产业，加强农民劳动技能培训，提升农民向非农产业转移的层次，推动劳务产业由数量型向质量型转变，不断提高投资性、经营性收入在农民收入中的比重。深化农村改革，保护和利用好现有耕地，创新探索土地经营制度，鼓励农村资产股份合作、土地股份合作和土地经营权依法合理流转，开辟农民增收新途径。抓住国家加快水利改革发展和全省深入实施“兴水强滇”战略的重大机遇，加强水利基础设施建设，不断创新水利发展体制机制，加快水务体制改革步伐，大力发展民生水利，提高抗御自然灾害能力和水利基础保障水平，加快建设节水型社会，促进水

利可持续发展。加大投入，加强生态建设，加快推进中低产田地和中低产林改造步伐，不断增强农村经济的发展后劲。到2015年，实现农业增加值36亿元以上，年均增长10%以上。

着力破解现代工业发展难题。围绕建设“全省工业十强县”目标，坚定不移地推进新型工业化。全面加强“一园三片”的规划建设，切实加强水、电、路等基础设施建设，进一步夯实工业发展基础。不断调整优化产业结构，鼓励引导产业向精深延伸，产品向高端发展，提高产品层次和附加值，全面提高企业技术创新和市场竞争力。以企业为主体，以大项目为支撑，以园区为载体，做大做强煤化工、冶金、电力能源等支柱产业，改造提升建材、机械制造等传统产业，着力培育生物资源开发等新兴产业。实施产业整合、产业聚集、产业升级战略，发展优势产业，走“一园多区”道路。发展特色园区，加大花山煤化工片区、白水冶金能源片区、城西轻工片区建设力度。坚决淘汰“两高一低”产品，积极研发节能环保、附加值高、互补性强、技术含量高的产品，促进产业向技术含量高、经济效益好、资源消耗低、环境污染小的方向发展，积极支持云维集团、东源曲靖铝业等一批优势骨干企业持续科学发展。全面推进工业产业升级，努力推动工业经济增长方式由粗放型向集约型转变、由高碳型向低碳型转变，延长产业链，实现经济社会与资源、环境协调发展，促进沾益工业经济跨越发展。到2015年，实现工业增加值105亿元，年均增长12%以上。

着力破解现代服务业发展难题。优先发展交通运输、物流、商贸、金融等生产性服务业，加快建设集仓储、装卸、配送、加工为一体的区域性物流中心。紧紧抓住沾六复线、沪昆客运专线、宣曲高速等路网建设机遇，推进现代交通运输体系建设，夯实商贸物流基础，打造交通沿线新经济带。积极拓展旅游、餐饮、社区服务等生活性服务业，提升旅游产业层次和文化品位。围绕打造珠江源大旅游品牌目标，坚持以旅游促消费，以消费促旅游，强化旅游产品和品牌宣传推介，立足休闲度假、生态观光、历史文化、农家体验的旅游定位，整合旅游资源，实施旅游精品工程，加快发展特色旅游业，把旅游业培育成沾益经济发展新的增长极。加大招商引资力度，依托优势，丰富载体，拓宽渠道，开展“以商招商”、“以企招商”。完善招商引资优惠政策体系，进一步提高招商引资实效，着力引进一批大企业、大项目落户沾益，努力实现招商引资新突破。大力发展农村服务业，建立完善的农村流通、科技、信息、劳动力转移和卫生等服务体系。坚持市场化、产业化、社会化发展方向，不断提高发展质量和服务水平，构建与沾益经济社会发展相适应的“高增值、强辐射、广就业”的现代服务业体系。改造提升传统服务业，提高第三产业发展层次和水平，促进三次产业协调发展。到2015年，实现第三产业增加值52亿元，年均增长11%以上。

（二）拓功能、提品位，加快推进城乡一体化建设

紧紧抓住云南省建设滇中城市经济圈和曲靖市建设珠江源大城市的有利契机，彰显山水园林城市特色，以强力推进西河公园建设、东风南路片区改造、铁路西片区开发等重点工程为抓手，进一步提升城市品位、完善城市功能，做大城市规模、拓展城市空间。坚持统筹城乡发展，以中心城市建设带动集镇建设，全力推进城乡一体化进程。主动对接滇中城市经济圈和珠江源大城市总体规划，按照“拓展城市框架，凸显区位优势，增强城市功能”的思路，科学制定城镇化发展规划，着力打造“山水园林城、生态宜居城、商贸物流城、美食文化城、休闲度假城”。坚持扩容提质，强化功能配套，不断夯实城市发展基础，增强城市承载能力和综合竞争力。科学布局城市功能片区，逐步构建布局合理、功能完善、设施齐全、生态宜居的新型城区。加快房地产业发展步伐，积极推进廉租房、公租房等保障性住房建设。完善城市经营机制，加大城市建设投融资力度，探索城市基础设施市场化建设和管理新模式，提高城镇建设管理水平。健全完善城市管理长效机制，加大对城市管理的投入，重点解决群众普遍关注、反映强烈的热难点问题。加强市容市貌管理，营造整洁优美的人居环境。积极培育特色鲜明的第三产业，加快产业集聚，壮大经济规模。积极搭建创业服务平台，承接产业转移，发展多种所有制形式的各类产业，鼓励和支持农民工到城市集镇创业，促进小集镇建设，促进城乡交融，加快“农民”变“居民”进程。加快实施民居抗震和危房改造工程，加大社会主义新农村建设及扶贫开发力度。大力发展新兴产业，多渠道增加农民收入，创新完善农村发展体制机制，推动农村经济健康有序发展。坚持统筹城乡发展，不断增强经济社会发展承载能力，逐步缩小城乡发展差距，推进城乡一体化发展进程。到2015年，县城建成区面积达到16平方公里，城镇人口达22万人以上，城镇化率达50%以上。

（三）强基础、增后劲，抢抓机遇加快项目建设

紧紧围绕建设西南重要的煤化工基地、云南省特色农产品生产加工基地、珠江源大城市集商贸、旅游和生态宜居的新型城区等战略目标，以项目建设为核心，以提高

投资效益为出发点，以优化布局、产业结构调整、完善基础设施和统筹城乡协调发展为重点，改善投资环境，提高投资效益，充分发挥投资在增总量、优结构、促发展、提实力等方面的强大引擎作用，申报、争取、实施一批对县域经济和社会发展有重要影响的项目，以投资规模的大扩张促进县域经济的大发展，不断夯实发展基础。积极引导社会投资向农业产业化、新型工业化和高科技产业项目集中，实现基础设施与产业开发同步建设，既加强招商引资力度，更注重招商选资，争取引进一批技术含量优、产业层次高、环境污染小、对地方经济支撑力强的大项目。坚持实施县级领导联系挂钩重点项目制度，坚持项目协调会议制度，及时协调解决项目建设中的重大问题，提高项目工作的效率和水平，服务和支持一批大项目、大企业开工建设，确保项目建设工作富有成效。充分引入市场机制，拓宽渠道，不断提高项目的融资水平。加大项目资金协调力度，争取更多大项目、好项目落户沾益。不断改善投资环境，切实做好招商引资工作。建立民间资本参与投资建设的机制，鼓励和扩大民间投资。积极搭建平台，创造条件，促进优势资源与实力雄厚企业联合，引进增量，激活存量，借助外力兴项目，形成投资主体多元化、投资方式多样化的投资新格局。

（四）优服务、重民生，全面发展社会事业

加快基本公共服务体系建设步伐，推进基本公共服务均等化，促进城乡协调发展。深化教育教学改革，优化教育资源配置，夯实办学基础，巩固义务教育，发展学前教育，提升高中教育，重视职业教育，扶持民办教育，关心特殊教育，支持民族教育，推动各类教育协调发展，促进教育教学水平全面提升。加大科技创新力度，大力发展信息产业，加快科技成果转化，提高科技对经济社会发展的贡献率。深化人事制度改革，分类推进事业单位改革。深化医药卫生体制改革，合理配置卫生资源，健全基层医疗卫生服务体系，逐步实现城乡公共卫生服务均等化。坚持计划生育基本国策，稳定低生育水平，提高出生人口质量。加强宣传思想文化工作，深化文化体制改革，发展具有沾益特色的文化产业，促进文化事业和文化产业健康发展。加强和完善思想道德建设，加强社会主义核心价值体系建设，深入开展精神文明创建活动，增强社会诚信，努力提高公民文明素质和社会文明程度。加强城乡体育基础设施建设，深入开展全民健身活动，推动群众体育、竞技体育协调发展。不断完善公共就业服务体系，加强就业服务平台建设，促进充分就业。加强各类就业和再就业培训，提高劳动力素质，增强就业竞争力，加大农村劳动力和就业困难群体的培训转移力度，进一步拓宽就业渠道，积极支持劳动者自谋职业、自主创业和灵活就业。加快推进覆盖城乡居民的社会保障体系建设，建立健全以社会保险、社会福利、优抚安置为主的社会保障体系。高度重视资源与环境保护工作，促进人口和经济社会、资源环境的协调和可持续发展。

（五）创机制、建和谐，着力推进和谐沾益建设

切实加强民主法制建设，全力维护社会和谐稳定。人民代表大会制度是我国的根本政治制度，始终坚持人民代表大会制度不动摇，积极支持人大及其常委会依法履行好职能。中国共产党领导的多党合作和政治协商制度是我国的一项基本政治制度。积极推进人民政协履行职能的制度化、规范化和程序化建设，充分发挥人民政协政治协商、民主监督和参政议政的职能和作用。认真做好统战、民族、宗教和侨务工作，充分发挥工会、共青团、妇联等群团组织的桥梁纽带作用，不断巩固和发展团结民主、生动活泼、安定和谐的政治局面。坚持依法治县，深入开展“六五”普法活动，积极开展法治县创建活动。强化司法为民意识，提高行政执法水平，维护司法公正。完善法律服务体系，积极开展法律援助。加强政务服务体系建设，着力优化对外开放和科学发展环境。健全基层自治组织和民主管理制度，扎实推进基层民主建设。拓宽人民群众参与管理经济、文化和社会事务的渠道，保障人民群众依法行使民主权利。巩固“双拥模范县”成果，加强国防后备力量建设。牢牢把握“最大限度激发社会活力、最大限度增加和谐因素、最大限度减少不和谐因素”的总要求，以创建全省“社会管理创新综合试点县”为契机，以解决影响社会和谐稳定突出问题为突破口，提高社会管理科学化水平。完善党委领导、政府负责、社会协同、公众参与的社会管理格局，维护人民群众权益，促进社会公平正义，保持社会良好秩序，不断创新社会管理模式，努力破解社会管理难题。健全完善“大调解”“大防控”“大执行”工作体系，全力加强社会管理和服务功能，着力解决影响社会和谐稳定的源头性、基础性和根本性问题。完善公共安全突发应急预案和工作机制，积极预防和妥善处置群体性事件。加强社会治安专项整治，完善社会治安防控体系，依法打击各类违法犯罪活动，努力构建和谐稳定的社会环境和公正高效的法制环境。高度重视信访工作，规范信访秩序，落实领导信访接待制度，妥善化解人民内部矛盾。进一步做好新形势下群众工作，把维护好群众的合法权益作为工作的重点，高度

关注社情民意，及时将苗头性、倾向性的问题化解在基层和萌芽状态。深入实施科技兴安，推进依法治安，全面提升安全生产和公共安全监督、管理和预防水平，坚决杜绝重特大生产安全事故和公共安全事故的发生，着力营造安全、稳定、和谐的环境，为推动沾益科学发展、和谐发展奠定基础。

三、固本强基，引领发展，着力加强和改进党的建设

实现今后五年的目标任务，关键在党，重点在人。全县各级党组织要以邓小平理论、“三个代表”重要思想为指导，深入贯彻落实科学发展观，着力提高科学发展能力，全面加强和改进党的建设，始终保持党的先进性，全面提升各级党组织的凝聚力、战斗力和执行力，为经济社会又好又快发展提供坚强的组织保障。

（一）切实加强思想建设，把广大党员干部的思想凝聚到科学发展上来

以社会主义核心价值体系建设为载体，结合创先争优活动的开展，积极组织广大党员干部深入学习杨善洲精神，教育引导全县各级党员领导干部自觉加强党性修养，不断增强政治意识、大局意识、责任意识，发扬一心为民、淡泊名利、忘我工作、无私奉献的精神，把学习成果转化为履职干事和狠抓落实的能力。今后五年，是沾益改革发展的重要时期。全体共产党员、各级领导干部要进一步解放思想、抢抓机遇，增强加快发展的责任感和紧迫感，切实解决前进中遇到的困难和问题，为推进沾益经济社会的快速发展提供优质服务，创造良好环境。各级党组织和广大党员、干部要勇于开拓，勇于创新，勇于打破不利于科学发展的机制体制，积极研究新情况，探索新途径，解决新问题，开创新局面，以党的建设引领和推动沾益经济社会科学发展。

（二）切实加强制度建设，把广大党员干部的精力集中到干事创业上来

党的制度建设，是党的事业向前发展的重要保障。加强各项制度建设，强化制度落实。深入开展党纪党规教育，切实增强党员干部的党性修养，提高党员干部的制度意识和落实制度的自觉性。深入贯彻民主集中制，进一步完善集体领导和个人分工负责相结合的工作制度。坚持“三重一大”民主决策制度，健全各级领导班子议事和重大问题集体决策机制，推进决策民主化、科学化、制度化进程。建立完善、配套的党内监督体系，拓宽监督渠道，把党组织、党员、专职机关的监督有机结合起来，逐步实现党内监督工作的制度化、规范化。坚持正确的用人导向，完善选人用人机制。积极营造良好的干事创业氛围，把勇于干实事、敢于担责任，政绩突出，群众公认的干部提拔到各级领导岗位上来。对不想干事、不会干事的领导干部要坚决撤下来，真正建立起“能者上、平者让、庸者下”的用人机制。坚持把落实科学发展观的实际成效作为考核干部政绩的根本标准和基本依据，全面掌握干部的德、能、勤、绩、廉。通过正确的用人导向，把能干事、会干事、干成事的干部选出来、用起来，把广大干部的精力凝聚到干事创业、促进发展上。进一步推行和完善公开选拔、竞争上岗、全委会票决等干部选拔任用制度，推进干部选拔任用工作的民主化、科学化、规范化。加强后备干部队伍建设，大力选拔优秀年轻干部，注重培养选拔妇女干部、少数民族干部和党外干部，努力营造优秀人才脱颖而出的良好环境。高度重视干部培训工作，加强干部教育培训阵地基础设施建设，认真落实干部教育培训改革纲要，全面提升党员干部综合素养，切实提高各级领导干部驾驭工作全局和处理疑难复杂问题的能力和水平。

（三）切实加强党的基层组织建设，把基层党组织和广大党员凝聚到创先争优上来

加强基层组织建设、特别是农村（社区）基层组织建设，是实现经济又好又快发展、社会和谐稳定的重要组织保证。各级党组织和广大党员、干部要以科学发展观为统领，始终坚持围绕中心、服务大局，创造性地开展好各项工作。重点实施“固本强基、珠源先锋、富民强县”三项工程，以“三创三争”活动为载体，深入推进创先争优活动。进一步健全基层党建工作经费保障机制。抓好社区组织活动场所建设，建立完善村级组织活动场所发挥作用的经常化管理机制，做好活动场所建设向村民小组和“两新”党组织延伸工作。全面实行“四议两公开一监督”工作法，积极开展“三有一化”建设。创新工作思路，促进“两新”组织党建工作再上新台阶。不断夯实基层党建工作基础，确保党的路线、方针、政策在基层得到全面贯彻落实。深入开展“学习型、和谐型、创新型、民主型、干事型”班子创建活动，切实提高基层领导班子的向心力、凝聚力和号召力。

（四）切实加强作风建设，把广大党员干部的行动统一到狠抓落实上来

广大党员干部要带头转变作风，自觉弘扬新风正气，抵制歪风邪气，以良好的党风促政风带民风。大兴求真务实之风，坚决反对形式主义、官僚主义，求真务实，改革创新，狠抓落实，确保县委决策和各项工作部署得到有效落实，推动各项工作上水平、上台阶、创一流。坚持立党为公、执政为民，一切围着群众想、一切围着群众转、一切围着群众干，多办顺民

意、解民忧、谋民利的实事。全县每一位领导干部都要谋发展、干实事、求实效，真正做到干一番事业，富一方百姓，保一方平安。积极倡导良好的生活作风和健康的生活情趣，自觉加强思想道德修养，保持高尚的精神追求，时刻检点自己的言行，做到心正、身正、气正，始终保持共产党员的先进性和政治本色。

（五）切实加强党风廉政建设，努力营造风清气正的发展环境

全县各级党组织要充分认识抓好党风廉政建设的重要性，认真贯彻落实党风廉政建设责任制，更加扎实地抓好党风廉政建设和反腐败斗争，从根本上铲除滋生腐败的土壤和温床，使反腐倡廉建设真正成为密切党同人民群众血肉联系的桥梁纽带，成为促进经济社会发展和构建和谐沾益的重要保证。加快惩治和预防腐败体系建设，是反腐倡廉的治本之策。广大党员，特别是领导干部，要严格管理，严格要求，严格监督，始终做到不脱离党组织的教育、管理和监督。全县各级领导干部，广大党员要始终做到自重、自省、自警、自律，始终保持清正廉洁、一身正气，始终保持积极向上、健康平静、求真务实的良好心态，团结和带动全县各族人民，团结一致，艰苦创业。切实加大案件查处力度，对违反党的政治纪律、组织纪律，以权谋私、损害群众利益、干扰和影响改革发展的腐败分子，要一查到底，决不姑息，决不手软，以良好的党风政风，以党风廉政建设的实际成效建好队伍，树好形象，正好风气，促好发展。

政府工作报告

——2011年3月2日在沾益县第三届人民代表大会第四次会议上（节选）

沾益县人民政府县长　毕尚鹏

一、克难奋进，“十一五”经济社会发展实现新跨越

“十一五”时期，是沾益发展极不平凡的五年。在市委、市政府和县委的正确领导下，县人民政府团结和依靠全县人民，深入贯彻落实科学发展观，转变发展观念，创新发展方式，提升发展质量，有效应对国际金融危机冲击，战胜冰冻、干旱等严重自然灾害，“十一五”规划确定的各项主要指标全面完成，经济社会发展取得显著成效，为“十二五”又好又快发展奠定了坚实基础。

（一）注重协调促发展，综合实力显著提升

牢固树立发展是第一要务的思想，加快调整产业结构，着力培育现代产业，经济持续快速增长。2010年，全县生产总值实现96.4亿元，比上年增长13%，“十一五”年均增长15.2%。财政总收入实现10.44亿元，比上年增长11.19%，“十一五”年均增长15.88%。地方财政一般预算收入实现5.43亿元，比上年增长15.05%，“十一五”年均增长18.35%。固定资产投资实现84亿元，比上年增长20%，“十一五”年均增长26.9%。农民人均纯收入实现4813元，比上年增长11.7%，“十一五”年均增长12.6%，超过全省平均水平。城镇居民人均可支配收入实现15303元，比上年增长13%，“十一五”年均增长12.6%。三次产业结构比由2005年的27：54：19调整为2010年的23：52：25。

工业主导更加凸显。实施工业强县战略，以“一园四片一中心”建设为龙头，强化“五供一配套”服务，扎实开展“五访五帮”活动，初步形成了以煤化工、冶金能源和生物资源为主，机械制造和建材产业为辅的五大产业体系。2010年，工业总产值、增加值达188亿元、44.3亿元，“十一五”年均分别增长32.9%、27.8%。规模以上工业企业总产值、销售收入、增加值分别达134.8亿元、146.7亿元、34.2亿元，“十一五”年均分别增长22.5%、21.7%、23.8%。非公经济快速发展，增加值、上缴税金分别达36.04亿元、5.82亿元，“十一五”年均分别增长19.2%、32.6%，非公经济占GDP的比重由2005年的31.6%上升为2010年的37.4%。成功创评花山工业甲醇、博浩叶黄素浸膏等8个云南名牌产品，云南煤化工工业园区在全省首家通过“云南省高新特色产业园区”认定，沾益工业园纳入曲靖国

家级经济技术开发区建设范围。

农业基础更加稳固。实施农业稳县战略，农业生产能力稳步提高，农村经济快速发展，农业总产值、增加值达36亿元、22.1亿元，年均分别增长11%、8.2%。全面落实强农惠农政策，累计兑付补贴资金2.14亿元。粮烟畜支柱产业得到提升，建成高产稳产农田40.2万亩，2010年实现粮食总产2.58亿公斤、烤烟产值3.2亿元、畜牧业产值20.5亿元，分别比2005年增长37.9%、155%、244%，被评为全国粮食生产先进县，成功申报为全国生猪调出大县。特色产业快速发展，建成全国最大的万寿菊种植加工基地、一年生当归种植基地和全省重要的蚕茧生产基地，沾益县被认定为“云药之乡”。农业产业化全面推进，引进培育龙头企业30户，发展农业专业合作组织61个。积极推广农业科技措施，累计推广先进实用技术面积180万亩，主要农作物良种覆盖率达95%，认定无公害农产品产地92.4万亩，认证无公害农产品、绿色食品37个。大力发展劳务经济，累计转移输出农村富余劳动力10.56万人次，实现劳务收入22亿元。

三产活力更加强劲。实施三产活县战略，着力提升服务业整体水平，2010年第三产业总产值、增加值达41.6亿元、24.3亿元，“十一五”年均分别增长17.85%、21.47%。2010年第三产业增加值占GDP的比重首次超过第一产业。着力打造城市配送型、市场流通型和产业基地型物流园区，完成滇东北物流中心总体规划。全面实施“万村千乡”“乡村流通”“家电下乡”“乡村连锁超市”和“放心示范店”工程，新建和改造农家店139个，落实家电、汽车摩托车下乡惠农政策，建设销售网点77个，销售家电20184台，汽车摩托车12432台，累计兑现补贴资金2028.5万元，社会消费品零售总额突破12.8亿元，“十一五”年均增长21.13%，被确定为“乡村流通工程”省级试点示范县。抓住云南“旅游二次创业”机遇，坚持消费旅游一体化建设，建成以珠江源、海峰湿地、锦源丽都、莲花山庄为代表的一批旅游休闲、饮食文化基地，成功承办“第三届泛珠三角区域合作与发展论坛”开幕式和“第十二届国际奥委会主席杯全国百城市自行车赛决赛暨全民健身与奥运同行自行车赛决赛”，成功举办了首届万寿菊节、3届珠江源美食文化节和4届“珠江源登山越野挑战赛”、“珠江源山地自行车越野挑战赛”，形成了“辣子鸡”等餐饮品牌，累计接待游客194.19万人次，实现旅游综合收入8.2亿元。

（二）注重统筹抓重点，发展后劲明显增强

坚持项目带动战略，着力完善基础设施，加快城乡统筹发展，累计争取上级投资项目174个、补助资金3.33亿元，完成固定资产投资283亿元，城乡面貌得到改善。

重点项目有力推进。牢固树立抓项目就是抓发展、抓发展必须抓项目的观念，扎实推进重点项目建设，云维集团200万吨焦化、50万吨合成氨、30万吨尿素、曲靖铝业提升改造、万利60万吨焦化、白水老姆格220千伏变电站等165个重点项目相继竣工，云维集团10万吨甲胺、中石油曲靖油库、曲靖铝业铁路专用线、乾坤100万吨焦化、鑫福100万吨镍合金等18个重点项目建设进展顺利。强化协调服务，牛栏江—滇池补水移民搬迁安置工作基本完成，贵昆铁路增建二线沾益段建成通车，沪昆客运专线沾益段启动建设。

城镇化进程不断加快。主动对接珠江源大城市总体规划和滇中城市经济圈规划，启动了新一轮城市总规修编，编制完成县城老城片区、西北片区、铁路以西片区等控制性规划和排水、道路竖向、近期住房建设等专业规划，控制性规划覆盖率达80%。启动了东风南路片区旧城改造工程，完成龙华大道、盘江路、龙泉路等十大城市路网工程建设，建成珠江源小区、玉林小区、龙华园小区、九龙新苑等小区，新建商品住房21万平方米，完成城市建设投资86亿元，县城建成区面积达8.34平方公里，城镇化率由2005年的21%提高到2010年的38%，城市承载能力不断增强。城市管理逐步强化，成立了城市管理综合执法大队，开展了省级文明县城、省级园林县城创建活动，连续4年保持“云南省甲级卫生县城”称号。

农村设施更加完善。投资5.3亿元，除险加固病险水库53座，治理小流域13条，治理水土流失面积195.07平方公里，新增灌溉面积5.79万亩，解决17.25万人、19.65万头畜的饮水困难。启动水洞山水库等骨干水源工程建设。投资1.5亿元，建成基本烟（农）田386件，完成大坡片区5.32万亩中低产田地改造，完成1.51万亩农业综合开发治理项目，完成农村“一事一议”基础设施建设项目567件，被确定为国家级农业综合开发县、全国小型农田水利建设重点县、部省共建山区水利发展与改革建设示范区，被表彰为2009年度全省中低产田地改造工作先进单位。投资6789万元改造农村电网，农村户表改造率达95%以上。累计投入5.3亿元，完成两批“千村扶贫、百村整体推进”、小康示范村、农村民居地震安全工程和3个易地搬迁、13个省级重点村、66个省级扶贫整村推进重点村建设，德泽“整乡推进”扶贫开发工程通过市级验收，累计解决温饱1.1万人，巩固温饱2.3万人。投资3.27亿元，硬化通村公路481.5公里，建成松林至岩竹、沾益至菱角、沾益至大坡等通乡公路110公里，建成县城二级客运站1个、乡（镇）农村客运站7个、行政村候车亭121个，人民群众出行条件明显改善。

（三）注重创新增活力，改革开放稳步推进

大力推进机制创新，优化发展环境，改革开放步伐不断加快。

各项改革深入推进。政府机构改革、教育综合改革、行政事业单位工资制度改革、医药卫生体制改革稳步推进。农村集体林权制度改革和小型农田水利管理体制改革全面完成。国库集中收付制度、乡财县管乡用、非税收入管理、行政事业单位国有资产监管、财政支出绩效评价等改革全面推进。投融资体制改革成效明显，成立了沾益县投融资担保公司、开发投资公司、城市建设开发投资公司和珠江源、金江、振益等3家小额贷款公司。

对外开放步伐加快。主动融入国际国内大市场，广泛开展对外交流合作，积极参加昆交会等节会活动，全方位开展经贸洽谈，累计签订国内合作项目协议41项，实际利用县外国内资金29亿元。创新招商引资方式，采用BOT、BT等融资模式，建设县污水处理厂、水洞山水库、西河公园等基础设施项目。加快转变外贸发展方式，累计完成外贸进出口总额2.18亿美元。成功举办“珠江源流韵—沾益籍书画艺术家精品展”，扩大了对外文化艺术交流。

发展环境不断优化。扎实推进政务服务体系建设，建成县乡村三级政务服务机构，县政务服务中心进驻审批和服务事项191项，县乡村三级共办理服务事项36268项，办结率99%。加大行政审批改革力度，精简行政审批项目127项，精简行政事业性收费项目25项。制订实施了行政问责办法、首问责任制、限时办结制和服务承诺制，建立完善了重大投资项目推进制度、并联审批制度和重点工作县级领导挂钩、部门牵头、各方协作、督查考核、奖惩激励五项机制，经济社会发展软环境进一步改善。

（四）注重投入惠民生，人民生活切实改善

坚持以人为本，着力改善民生，社会事业全面发展，人民生活水平明显提高。

社会事业全面进步。始终坚持教育优先发展战略，全面化解“普九”债务8132万元，投入“两免一补”资金1.51亿元、受益31.38万人次，投入8343万元排除中小学D级危房8.59万平方米、新建校舍10.31万平方米，小学适龄儿童入学率和初、高中阶段毛入学率分别为100%、104.4%、90.7%，2009年被表彰为全省教育工作先进县，“两基”工作顺利通过国家验收，职业教育成绩突出。投资4662万元，完成健康建设，县医院住院楼即将建成，改（扩）建8个乡（镇）卫生院，完成122个卫生所标准化建设，县乡村三级医疗服务体系进一步健全，公共卫生服务水平进一步提升。投资386万元，新建5个乡（镇）计生服务所，全面完成联合国人口基金第六周期生殖健康/计划生育项目，人口自然增长率由2005年的7.15‰下降为2010年的5.04‰，农业人口领取“独生子女父母光荣证”5008户，兑现少生奖励、养老扶助4.04万人次651.67万元。投资180余万元，新（改）建6个乡（镇）基层综合文化站、122个村级文化活动室、25个农家书屋和9个基层信息资源共享工程服务点，完成275个自然村的“村村通”直播卫星覆盖工程，新增受益人口4.28万人。全民健身活动广泛开展，成功举办沾益县第三届运动会，西平镇黑桥社区被表彰为全国群众体育先进单位。双拥工作成效显著，被命名为全省第八届双拥模范县。民族宗教工作取得新成绩，被省委、省政府表彰为“民族团结进步模范集体”。第六次全国人口普查顺利推进，第二次全国农业普查、经济普查均被评为国家级先进集体。国防动员、民兵预备役、人民防空、科技、粮食、妇女儿童、老龄、地方志、食品药品、新闻、侨务、残联、气象、防震减灾、通信、档案和邮政等工作取得新进步。

保障体系日趋完善。全面落实社会保障政策，城镇职工基本养老保险、医疗保险、失业保险、工伤保险、生育保险、城镇居民基本医疗保险、农村养老保险等制度进一步完善，参保人数分别达0.95万人、3.2万人、1.9万人、1.5万人、1.1万人、2.2万人、1.3万人。在全省率先建立了失地少地农民养老保险制度，5433人参保，参保率达47%。新型农村合作医疗参合率达96.26%，累计减免补偿404.3万人次1.21亿元。救灾、救济、救助体系不断完善，累计发放农村五保供养金400万元、城乡居民最低生活保障金5400万元。住房保障水平逐步提高，建设廉租住房9.1万平方米，发放廉租住房租赁补贴181.99万元。努力扩大就业，累计培训农村劳动力6万人，新增就业岗位1.7万个，城镇失业人员新增就业11890人，安置“零就业家庭”就业307人，城镇登记失业率控制在3.5%以内。

资源环境更加协调。大力实施节能改造，推进工程减排、结构减排和管理减排，建成云维集团4.8万方污水处理、曲靖电厂4×300兆瓦烟气脱硫、县城2万方污水处理和曲靖生活垃圾焚烧发电等项目，淘汰落后产能企业22家、落后产能226.23万吨，推广节能灯74.9万只，削减化学需氧量3957.21吨、二氧化硫排放量89998.54吨，万元GDP能耗下降4.4%。全面推进“七彩云南沾益保护行动”、“绿色珠江源”行动，建设项目环评执行率和“三同时”执行率达100%，重点流域、重点行业和重点企业污染得到有效治理。实施“天保”、退耕还林等重点生态工程，新建沼气池16950口，节能改灶13953眼，人工造林4.4万亩，封山育林10.5万亩，改造中低产林8.24万亩，森林覆盖率达48.65%。森林防火成效显著，被表彰为全省2006—2010年防火先进县。资源保障能力明显提升，完成第二次全国土地调查，第二轮土地利用总体规划及矿产资源规划编制通过省、市评审。累计报批项目建设用地1万余亩，盘活存量土地1000余亩。投资4026万元实施6个土地开发整理项目，净增耕地7425亩，县级入库4379亩。建立国土资源管理共同责任机制，节约集约用地、国土资源联合执法、矿村共建试点工作顺利推进。坚持最严格的耕地保护制度，全县基本农田保护率达87%。私挖滥采行为得到遏制，地质灾害防治卓有成效。

（五）注重稳定创平安，社会环境更加和谐

围绕构建和谐社会目标，统筹兼顾，协调发展，精神文明和民主法制建设成效显著，安全稳定形势良好。

精神文明建设扎实推进。认真落实公民道德建设实施纲要，扎实推进“群星文明工程”创建活动，深入开展未成年人思想道德建设，评选了两届沾益县道德模范和首届劳动模范，城乡文明程度明显提高。创建国家级文明先进村镇2家，省级文明单位22家、市级文明单位58家、县级文明单位120家，十星级居民创评率达99%，西平镇龙华村委会获“全国文明村镇创建先进单位”称号、黑桥社区获“云南省和谐示范社区”称号，盘江镇松林村委会获“云南省和谐文化村”称号。

民主法制建设不断加强。“五五”普法规划目标圆满完成，公民法制观念进一步增强。大力推进基层民主法治建设，完善村民自治，强化民主管理，提升村民自治水平，积极开展“民主法治示范村（社区）”创建活动，创建面100%。全县4个村委会（社区）被命名为“省级民主法治示范村（社区）”，2个村委会被命名为“市级民主法治村”，23个村委会被命名为“县级民主法治村”，盘江镇小后所村委会被表彰为“全国民主法治示范村”。

安全稳定局面更加巩固。严打整治斗争持续开展，社会治安防控体系更加完善。构建“三调对接”“四级联动”大调解格局，落实“以案定补”“以奖代补”措施，矛盾纠纷调处成功率达98%。坚持领导干部接访、下访、回访等制度，成立解决信访问题联合工作组，受理群众来信来访3213件，办理3116件，办结率99%。深入开展安全生产专项整治、执法检查、宣传教育“三项行动”，加强体制机制、保障能力、监管队伍“三项建设”，落实“一岗双责”，强化日常监管和隐患排查治理，五年来无重特大事故发生，安全生产局面更加巩固。平安创建成效显著，全县8个乡（镇）均被命名为“平安乡（镇）”，67个单位和116个村委会（社区）平安创建达标，沾益县被表彰为全国首批“平安畅通县”和全省“创建无毒乡镇工作先进县”“先进平安县”“消防安全创建示范县”。

（六）注重服务提效能，政府建设得到加强

坚持以转变职能为核心，以提高行政效能为出发点，认真履行经济调节、市场监管、社会管理和公共服务职能，政府自身建设进一步加强，执行力和公信力不断提高。

依法行政深入推进。自觉接受县人大及其常委会的法律监督、工作监督和县政协的民主监督，累计办理人大代表议案5件、建议510件和政协提案700件。认真贯彻落实《行政许可法》、《全面推进依法行政实施纲要》和《关于加强市县政府依法行政的决定》，完善行政执法责任制，健全行政执法监督约束机制，严格按法定权限和程序行使职权，严格执行规范性文件备案审查制度和行政执法主体资格确认制度，行为规范、运转协调、公正透明、廉洁高效的行政管理体制逐步形成。

行政效能明显提高。全面建设法治政府、责任政府、阳光政府、效能政府，切实加强行政绩效管理、行政能力建设、行政成本控制和行政行为监督，效能建设成效明显。深化政府信息公开，实施重大决策听证26项、重要事项公示275项、重点工作通报555项。深入推进纠风治理，行政问责15人，政风、行风、文风、会风得到改进。创新公共服务和管理方式，简化办事程序，提高办事效率，政务服务明显改善。大兴勤俭节约之风，积极推行公务卡结算制度，公务费用得到控制。

廉政建设得到加强。坚持标本兼治、综合治理的方针，把反腐败工作与经济建设紧密结合，认真贯彻执行党风廉政建设责任制，加强惩治和预防腐败体系建设，突出工程建设和商业贿赂等重点领域专项治理，反腐败领导体制和工作机制逐步完善。积极开展廉政教育和廉政文化创建活动，严格执行廉洁自律各项规定，廉政监控范围和监督渠道进一步拓展，领导干部拒腐防变能力和廉洁从政意识普遍增强。强化审计监督，加大预算单位“小金库”清理力度，非税收入管理得到规范。

五年来，成绩来之不易，经验弥足珍贵。我们必须始终坚持发展

第一要务，求真务实，开拓进取，增强自主发展能力；必须始终坚持以结构调整为主线，加快转变发展方式，不断提高发展质量、效益和水平，实现可持续发展；必须始终坚持把改革开放作为发展的强大动力，不断优化发展环境，加大招商引资力度，打造县域经济发展的优质平台；必须始终坚持以人为本，以解决好人民群众最关心、最直接、最现实的利益问题作为工作的出发点和落脚点，做到发展依靠人民、发展为了人民、发展成果由人民共享；必须始终坚持统筹兼顾，正确处理各种利益关系，充分调动各方的积极性和创造性，努力构建和谐社会。

在看到成绩的同时，我们必须更加清醒地认识到当前经济社会发展面临的困难和问题：一是经济结构战略性调整任务艰巨。三次产业融合互动发展不够，服务业占GDP比重严重偏低，农业对经济增长的贡献力较弱；产业内部结构不合理，现代服务业占服务业的比重、轻工业占工业总量的比重偏低，农业特色产业发展不平衡，产业转型升级面临较多困难。二是城乡基础设施仍然薄弱。农田水利化程度偏低，农业防灾抗灾能力弱，综合生产能力不强；城市基础设施不健全，承载能力低；城乡交通基础设施等级不高，通行条件相对较差。三是经济增长的要素制约较多。节能降耗形势严峻，用地制约明显，资源环境约束强化；财政收支矛盾突出，债务包袱重，刚性支出多，自主投入能力弱；经济外向水平低，建设资金筹集难。四是改善民生任务繁重。城乡区域发展不平衡，就业总量压力和结构性矛盾并存，社会保障体系不够完善，教育、医疗、文化等关系群众切身利益的诸多问题仍待解决。五是政府职能转变、作风建设、机制创新与新形势新任务的要求还有一定差距。我们一定要增强忧患意识，立足现实，着眼长远，统筹规划，全力破解，实现又好又快发展。

二、科学发展，开创“十二五”经济社会发展新局面

“十二五”时期是沾益全面建设小康社会的关键时期，开创沾益经济社会发展新局面，机遇与挑战并存，希望和困难同在。从机遇看，国家实施新一轮西部大开发和建立扩大内需长效机制，云南建设中国面向西南开放的桥头堡，东产西移和央企、省企入曲、入沾，沾益地处中国—东盟自由贸易区、泛珠三角区域合作、贵昆经济圈和成渝经济带的良好叠加区位，滇中城市经济圈规划、曲靖国家主体功能区重点开发区规划、珠江源大城市规划和沾益工业园“一园四片一中心”规划的全面实施，必将为沾益加快基础设施建设、承接产业转移、培育战略性新兴产业、加快推进新型工业化和城镇化进程，提供更加广阔的空间，带来前所未有的机遇。从挑战看，国际金融危机和全球气候变化影响深远，国内经济结构战略性调整和加快转变发展方式进入“倒逼”期，重点领域和关键环节改革进入攻坚阶段，县域内城乡“二元”结构突出，各种社会矛盾和利益关系凸显，工业化、城镇化带来的节能环保压力加大，有限的财力与繁重的基础建设和民生保障任务不相协调，如何科学确定并圆满完成“十二五”发展目标，我们面临严峻的考验。我们要以高度的责任感和紧迫感，树立战略眼光，科学研判形势，抓住机遇，迎接挑战，谋求新发展。

“十二五”全县经济社会发展的总体思路是：以邓小平理论和“三个代表”重要思想为指导，坚持科学发展，围绕建设“云南‘桥头堡’的重要产业基地和区域物流枢纽、西南重要的煤化工基地、云南省特色农产品生产加工基地及珠江源大城市集商贸旅游和生态宜居的新型城区”目标，进一步加大改革开放和科技创新力度，加快推进新型工业化、特色农业产业化、服务业现代化和城镇化，加强生态建设和环境保护，转方式、调结构，增投资、扩消费，重民生、建和谐，实现县域经济又好又快发展，加快推进沾益全面小康社会进程。

“十二五”主要发展目标建议为：全县生产总值突破200亿元，年均增长10%以上；三次产业比重调整为18:56:26；全社会固定资产投资累计达到500亿元，年均增长15%以上；地方财政一般预算收入达到10亿元，年均增长15%以上；城镇居民人均可支配收入22000元；农民人均纯收入7400元；社会消费品零售总额达到26亿元，年均增长15%以上；人口自然增长率控制在6‰以内；城镇登记失业率控制在4%以内；万元GDP能耗完成市下达的目标任务。

（一）坚持调优结构，构建产业支撑新格局

坚持把经济结构战略性调整作为加快转变经济发展方式的主攻方向，不断增强经济发展协调性和竞争力。调整优化需求结构，增强消费拉动力，全力打造物流、商贸、旅游三大增长极，提高现代服务业对经济增长的贡献率，力争服务业完成增加值52亿元，年均增长11%；社会消费品零售总额达到26亿元，年均增长15%。以珠江源AAAA级风景区为龙头，以海峰湿地风景区、牛栏江德泽水库风景区、九龙生态园休闲度假区、西河公园城市商贸休闲区为重点，大力实施“五点连线开发”，着力建设以珠江源、花山湖为主的生态观光度假旅游区，以七彩谷、海峰湿地、天坑群为主的生态科考探险旅游区，以县城及九龙山、五尺道、松林古城为主的文化休闲旅游区，打造面向西南地区、辐射泛珠区域

的有影响的旅游精品路线。加快实施“三片建设”，把西河商贸休闲文化片区打造成为珠江源大城市对外开放的重要窗口，把滇东北物流中心片区打造成云南面对西南地区、东南亚开放“桥头堡”建设的现代综合性物流基地，把白水片区物流基地建设成滇东北物流中心的重要辅助平台。调整优化产业结构，提升产业核心竞争力，打造轻重工业协调发展、大中小型企业协同发展和以精细化、清洁型、循环发展为主导的工业格局。以花山、白水、城西三大产业聚集区为龙头，突出市场化、联动化、品牌化、高端化、清洁节能化，大力推进关联产业之间的融合互动，培育以煤化工、冶金能源和生物资源为主，机械制造和建材产业为辅的五大支柱产业，着力打造西南重要的煤化工基地。到“十二五”末，力争引进国内知名企业2—4家，完成工业投资180亿元以上，培育销售收入超亿元重点企业30家，规模以上亿元以下骨干企业40家，销售收入过百万元中小企业140家，工业企业动态总量保持在240家。力争实现工业总产值350亿元，年均增长13%以上，工业增加值105亿元，年均增长12%以上；非公经济实现增加值93亿元，年均增长18%以上。

（二）坚持发展现代农业，构建新农村建设新格局

以建设社会主义新农村为根本目标，以发展现代农业为方向，以农民增收致富为核心，加大强农惠农力度，用现代物质条件装备农业，用现代科学技术改造农业，用现代产业体系提升农业，用现代经营形式推进农业，促进农业生产经营专业化、标准化、规模化、集约化，实现农业增加值36亿元以上，农民人均纯收入实现7400元。保障粮食安全，稳定粮食播种面积在80万亩以上，实现粮食总产3.11亿公斤。巩固提升传统产业，稳定烤烟种植面积13万亩，新建畜禽养殖小区20个、规模养殖场30个，实现畜牧业总产值30亿元。发展优势特色产业，到“十二五”末，种植规模实现万寿菊10万亩、中药材6万亩、商品蔬菜15万亩、泡核桃15万亩、蚕桑10万亩，水产养殖2.9万亩。完善现代农业支撑体系，加强动植物疫病防疫体系建设，完成60个地方名特产品的无公害生产、加工规程和产品质量标准制定，完成无公害农产品、绿色食品、有机食品认证30个，推广保护性耕作技术、现代农业示范区标准化生产、测土配方施肥和重大病虫害防治各60万亩，主要作物良种普及率达100%。提高农业产业化水平和农民组织化程度，完善新型农民培养机制，新增各级农业龙头企业11家，农业经济合作组织达到100个。加快发展劳务经济，累计转移富余劳动力12万人次。夯实农业发展基础，加大农田水利项目前期工作力度，力争实施骨干水源工程15件，病险水库除险加固89件，解决农村安全饮水14万人，治理水土流失面积170平方公里，改造中低产田地20万亩、中低产林25万亩。改扩建公路1678公里，实现干道畅通率、县乡公路油路率、乡村公路硬化率达100%，村村公路硬化率达50%。加大新村庄、新社区、新农村建设及扶贫开发力度，大力发展新产业，多渠道增加农民收入，创新完善农村发展体制机制，全面加快社会主义新农村建设。

（三）坚持协调发展，构建城镇建设新格局

按照统筹规划、合理布局、完善功能、以大带小的原则，科学制定城镇化发展规划，构筑区域经济优势互补、主体功能定位清晰、国土空间高效利用、人与自然和谐相处的区域发展格局，促进中心城市和小城镇协调发展。围绕争创省级文明县城和省级园林县城目标，着力打造以老城区为重点的行政办公商业区和以西河片区为重点的商贸休闲区“两个核心区”，建设东风南路和铁路既有线“两条商业带”，打造以珠江源大道为轴心的东南片区、以西河为轴心的南片区、以曲靖火车北站和沾益新火车站为中心的西片区、以大觉寺及黑桥为中心的北片区等“四个城市新区”，构筑连接珠江源大道和龙华大道的快速通道、环玉林山快速通道、曲靖至宣威高速公路沾益段、通往滇东北物流中心的快速通道“四大城市快速通道”，主动融入珠江源大城市和滇中城市群，进一步完善城市功能，提升城市品位，增强城市综合竞争力。根据区位特征、资源优势、人文环境等自然历史条件，区别工业带动、资源开发、商贸流通、旅游度假等功能定位，集中力量打造特色突出、功能完备、环境优美的小城镇体系，加快以西平镇为主的商贸运输、信息物流、餐饮服务业主城区建设，以盘江煤化工聚集区和白水冶金能源聚集区为主的工业经济区建设，以大坡、菱角、播乐、炎方、德泽为主的生态农业区建设，完善城镇公用设施，营造良好的人居环境。以西平、盘江、白水为统筹城乡发展试点镇，把符合落户条件的农业转移人口逐步转为城镇居民，促进人口向城镇集中。完善城市经营机制，加大城市建设融资力度，探索城市基础设施市场化建设和管理模式，提高城镇建设管理水平。到2015年，县城建成区面积达16平方公里，城镇人口达22万人以上，城镇化率达50%。

（四）坚持节能环保，构建生态文明新格局

树立绿色、低碳发展理念，实施生态立县战略，健全激励和约束机制，加快构建资源节约、环境友好的生产方式和消费模式，增强

可持续发展能力。落实“一岗双责”，强化目标责任，加强对重点耗能企业和减排企业的监控，全面完成节能降耗指标，工业废气、工业废水排放达标率达99%以上。鼓励利用低碳技术，推广低碳生产，培育低碳产业，发展低碳经济。发展循环经济，提高工业、交通运输、建筑等行业的能源使用效率，大力推进太阳能、沼气等可再生能源的开发利用，工业固体废弃物综合利用率达60%以上。加大环境执法力度，建立重点污染源在线监控系统，完善空气、水、危险废物、辐射环境预警应急监测系统，提高环境保护水平。加强资源管理，通过市场机制，引导节约集约利用资源。高度重视水安全，健全水资源配置体系，强化水资源管理和有偿使用，严格控制地下水开采。坚持保护优先，强化生态建设，实施重大生态修复工程，巩固天然林保护、退耕还林还草、退牧还草等成果，推进荒漠化、石漠化综合治理，保护好湿地，从源头上遏制生态环境恶化趋势，力争森林覆盖率达55%以上。

（五）坚持改善民生，构建社会建设新格局

着力保障和改善民生，逐步完善符合县情、比较完整、覆盖城乡、可持续的基本公共服务体系，推进基本公共服务均等化。深入实施“科教兴县”、“人才强县”战略，优化教育资源配置，完善教育基础设施，促进教育均衡发展；全面推进素质教育，巩固提升“两基”成果，积极发展学前教育和职业教育，关心重视民办教育、民族教育和特殊教育，全面提高办学质量。按照“保基本、强基层、建机制”的总体要求，完善县乡村三级公共卫生服务体系、城乡医疗服务体系、医疗保障体系和药品供应保障体系，稳步提高新型农村合作医疗参合覆盖面和筹资水平。健全计划生育服务保障体系，稳定低生育水平，优化人口结构，到2015年，全县人口出生率和自然增长率分别控制在10‰和6‰以内。加强公共文体设施建设，深入开展全民健身和群众文化活动，促进城乡文体事业均衡发展，到2015年，建成县体育馆，广播电视综合覆盖率达98.6%，30%的行政村有农村文化专业户和文化联合组织。构建和谐劳动关系，提高劳动者就业能力，促进充分就业，新增就业岗位1.5万个，城镇登记失业率控制在4%以内。健全城乡社会救助、社会保障和优抚安置体系，提高政府保障能力，扩大社会保险覆盖面。完成县民政福利综合服务中心建设，新（改）建5个乡（镇）敬老院，新建一个城区老年活动中心，新建8个乡级救灾物资储备库和28个社区服务站，争创“全国双拥模范县”。实施“六五”普法规划，深入开展“法治县”和“民主法治村（社区）”创建活动，推进依法治县。加强和改进新形势下群众工作，深化社会管理创新，强化社会管理服务，加强安全生产监督管理，巩固提升平安创建成果，着力解决影响社会稳定的源头性、基础性、根本性问题，促进社会和谐稳定。

（六）坚持改革创新，构建对外开放新格局

改革是加快转变经济发展方式的强大动力，必须以更大决心和勇气全面推进各领域改革。深化重点领域和关键环节改革，稳步推进农村综合改革，积极稳妥推进教育、科技、文化、卫生、体育等事业单位分类改革。放宽市场准入，鼓励和支持民间资本进入基础产业、基础设施、市政公用事业、社会事业、金融服务等领域，大力发展民营企业。创新资金保障机制，提高县级财政基本公共服务保障能力，发展农村小型金融组织和小额信贷，完善农业保险制度，改善农村金融服务，加快建立投资主体多元化、资金来源多渠道、投资方式多样化、项目建设市场化的投资体制新格局。完善机制，加强监管，健全土地、资本、劳动力、技术、信息等要素市场，发挥市场在资源配置中的基础作用。以开放促发展、促改革、促创新，以云南“两强一堡”和滇中城市群建设为契机，依托区位优势、产业优势，丰富载体，拓宽渠道，大力开展“以商招商”、“以企招商”，提高利用外资水平，力争引进县外国内资金100亿元，年均增长15%以上；实际利用外资1300万美元以上，年均增长15%；完成外贸进出口总额2亿美元以上，年均增长10%。

三、真抓实干，推动2011年经济社会发展再上新台阶

2011年是“十二五”规划的开局之年，开好头，起好步，关系沾益长远发展大局。我们一定要充分认识做好今年工作的重大意义，统筹安排，重点突破，推动经济社会大发展。

2011年政府工作的思路是：以邓小平理论和“三个代表”重要思想为指导，全面贯彻党的十七大、十七届五中全会、中央经济工作会议、省市有关会议和县委三届十四次全会精神，以科学发展为主题，以加快转变经济发展方式为主线，坚持发展要务，进一步解放思想，创新举措，深入开展重大项目推进年、经济结构调整年活动，着力抓规划、强基础，重招商、上项目，建市场、优环境，全力推进全县经济社会又好又快发展。

2011年全县经济社会发展的主要目标建议为：全县生产总值增长10%以上；地方财政一般预算收入增长12%以上，力争达到15%；全社会固定资产投资增长20%以上；城镇居民人均可支配收入增长9%以上；农民人均纯收入增长

10%以上；社会消费品零售总额增长18%以上；人口自然增长率控制在5.5‰以内；城镇登记失业率控制在4%以内；万元GDP能耗降低3.2%。

为实现上述目标，必须全力以赴抓好以下八个方面的工作：

（一）以巩固提升煤化工基地为支撑点，加快构建现代产业体系

依托曲靖煤化工基地建设，承接产业转移，加快调整产业结构，着力提高第二产业科技含量和第三产业总体水平，构建现代产业体系。

优服务促创新强后劲。建立健全行为规范、运转协调、办事高效的服务保障机制，协调满足企业生产经营要素需求，营造良好工业发展环境。加快企业信用体系建设，健全中小企业融资担保机制，强化银企对接，争取信贷资金突破5000万元。搭建企业信息化平台，加快以信息技术为代表的高新技术在工业领域的应用，改造煤化工、电力能源、冶金、建材、机械等传统工业，提升企业竞争力，力争全县工业总产值增长20%，工业增加值、工业利润增幅达20%以上，亿元企业达24家以上。鼓励企业争创国家、省、市著名商标和名牌产品，增强新产品开发能力。支持企业开展技术改造和科技创新，帮助1—2户企业申报省、市级技术改造政府贴息资金，完成宝鑫集团申报省、市级企业技术中心工作，协助曲靖铝业组建企业技术中心，力争技术改造项目投资突破15亿元。

抓园区强载体优存量。按照功能分区、做大规模、集群发展的思路，强化规划约束和政策引导，完善园区基础设施，吸引和承接更多企业入园发展，推动生产要素向优势产业聚集，做大做强云维集团、曲靖电厂、曲靖铝业等骨干企业。大力发展新能源、新材料、生物医药、节能环保等新兴产业，推进焦炉煤气、煤制气、煤电一体化。以资源的“减量化、再利用、节约化”为目标，依托大企业发展关联度大、配套能力强、资源综合利用率高的辅助产业，实现循环发展。积极开展钢铁等高能耗产业的整顿淘汰，确保万元工业增加值综合能耗下降7%。加快推进云维2.5万吨1,4丁二醇二期、云南鸿森200万米预应力混凝土管桩、曲靖天鑫30万立方米加气混凝土砌块等项目建设，力促湖北三峡新型建材股份有限公司特种玻璃生产线、曲靖烟叶复烤加工仓储中心等项目尽快落地，力争全年完成工业投资20亿元。

调结构促转型助升级。坚持市场化、产业化、社会化路子，全面提高服务业特别是现代服务业的比重和水平，确保第三产业实现增加值27.5亿元，实现全社会消费品零售总额15.1亿元，分别增长13%、18%。加快以黑老湾战略装车点为重点的滇东北物流中心和以曲靖铝业铁路专用线为重点的白水物流基地建设，继续推进“家电下乡产品流通网络”和新农村现代流通网络建设，大力实施“万村千乡”市场工程、乡村流通工程、家电摩托车下乡工程，力促销售家电下乡产品1.5万台，争取补贴资金300余万元，新建农家店、农资店10个，提升改造1个县级配送中心，推广连锁经营、代理经营、多式联运、电子商务等服务方式。加快各类专业市场建设，实施“农超对接”，把西平综合市场提升改造为标准化农贸市场，启动炎方乡马铃薯交易批发市场建设，争取把盘江镇花山畜禽交易市场建成省级专业批发市场，争取省、市级农（集）贸市场建设项目各1个。依托东风南路片区旧城改造、西河公园开发建设工程，形成特色商贸街区，加快打造城市经济带。坚持以旅游促消费，以消费促旅游，加大以珠江源、海峰湿地为重点，以度假山庄和区域性农家乐为配套的景区景点策划规划和招商引资、引导、扶持力度。力争启动珠江源旅游生态项目建设。举办曲靖市第七届美食文化节暨沾益县第二届万寿菊节，大力推进集吃、住、玩于一体的休闲体验式旅游产品开发，提升“辣子鸡”、“药膳”等餐饮品牌内涵和知名度，力促“云南人家”等知名餐饮企业落户沾益，力争实现旅游综合收入2.53亿元。

（二）以增加农民收入为落脚点，加快社会主义新农村建设

坚持把解决好“三农”问题作为工作的重中之重，加大强农惠农力度，夯实农业农村发展基础，提高农民生活水平。

优化农业产业结构。坚持“科学化、集约化、市场化和产业化”的路子，实现农业高产、优质、高效和可持续发展，农民人均纯收入达5300元，增长10%。以提高复种指数和单产为主攻方向，以高产创建为抓手，加大政策扶持和科技推广力度，深入实施“米袋子”工程，稳定粮食播种面积在80万亩以上，实现粮食总产2.6亿公斤，努力争创“云南省重要的商品粮生产基地县”，确保粮食安全。坚持抓特色、抓样板、抓示范，突出比较优势，优化区域布局，大力提高农业产业化水平，巩固提升烤烟、畜牧等传统支柱产业，做大做强万寿菊、中药材、蚕桑等优势特色产业，积极培育泡核桃、魔芋等新兴产业，种植烤烟13万亩、万寿菊6万亩、蚕桑9000亩、中药材6万亩、魔芋1.2万亩，分别实现产值3.1亿元、2亿元、1.2亿元、1.2亿元、4800万元。种植泡核桃5万亩。建设林下资源开发样板5000亩。认真实施“菜篮子”工程，种植蔬菜9万亩，实现产值1.2亿元。抓好畜产品市场体系建设，新建生猪标准化规模养殖示范小区（场）

8个，新建标准化肉牛（羊）规模养殖小区（场）5个，实现畜牧业总产值22亿元，增长7%。新增转移输出农村富余劳动力5000人，实现劳务收入5亿元。

完善农村基础设施。按照“生产发展、生活宽裕、乡风文明、村容整洁、管理民主”的总体要求，全面加快社会主义新农村建设，实施10个以上新农村省级重点建设村、6个以上省级重点整村推进扶贫村建设项目，建设2个以上新村庄、新社区。投资400万元，实施400户农村民居地震安全工程和农村危房改造工程。实施5个以上村民小组村容村貌整治工程。坚持建管并重，全面加强农田水利建设，投资1.3亿元完成水洞山水库主体工程建设，完成病险水库除险加固4座，解决农村饮水安全1.2万人，治理水土流失面积32平方公里。加大农田水利项目前期工作力度，力争年底前启动白浪水库饮水工程建设。投资4780万元，实施城乡建设用地增减挂钩项目3个，农业综合开发项目3个，改造中低产田地2.93万亩。投资2.7亿元，实施大坡、菱角基地单元现代烟草农业建设。继续推进农村电网改造。加快农村公路建设，投资5900万元，硬化通村公路56.6公里，建设通乡公路29.6公里，完成倒石岩至播乐、章溪至寻甸石甲、大坡至章溪等公路建设。组织和发动群众，加强农村砂石路维修管护。实施花山、大坡农村客运班线化管理，推进农村客运公交化。

（三）以改善人居环境为出发点，加快推进城镇化进程

围绕争创省级文明县城和园林县城目标，突出新区建设和旧城改造两大重点，完成城镇建设投资32亿元，城镇化率达40%。

完善城镇规划体系。坚持规划先行，打破城乡规划分割的局面，科学构建城镇体系。完成新一轮县城总体规划、县城绿地系统规划、曲靖火车北站、沾益新火车站控制性规划和概念性规划修编，启动县城东南片区控制性规划、环境卫生专项规划和铁路既有线规划，修编完善盘江镇、白水镇、炎方乡总体规划。

提升城市承载能力。强化城市基础设施建设，加快推进东风南路片区旧城改造，启动西河公园、太昌路、沾益新火车站站前广场、320国道改线暨环玉林山快速通道建设，配套完善农民新区基础设施，力促云南工业技师学院、县医院分院等项目建成，温州商城、国投曲靖煤炭公司、世博车市等项目尽快落地。促进房地产业健康发展，推进宝鑫佳园、永丰吉座、水云华城北苑、九龙新苑Ⅲ期等房地产项目建设，新建廉租住房2万平方米。确保创建80余个省级园林小区、园林单位，县城绿化覆盖率达36%，争取省级园林县城创建通过验收。

提高城镇管理水平。坚持标本兼治，积极筹建城市管理综合执法局，构建城市管理长效机制。加大市容环境整治力度，消除管理盲区和盲点。规范城市出租车市场。深入开展“做文明人，建文明城”活动，引导广大市民增强城市意识，提高文明素质，创建省级文明县城。深化户籍制度改革，健全实有人口经常性管理机制，积极稳妥推进城乡一体化建设。

（四）以改革开放为突破点，不断增强发展活力

转变思想观念，强化改革创新，加快建设内外联动、互利共赢、安全高效的开放型发展格局，全力提升发展活力。

深化重点领域改革。积极稳妥推进行政管理体制、医药卫生体制改革，继续深化人事制度改革，加快推进事业单位分类制度改革，全面推进事业单位绩效工资收入分配制度改革，逐步建立合理有序的收入分配机制。深化农村综合改革，稳定农村基本经营制度，促进农村土地有序流转。深化财政体制改革，创新资金保障机制，加快建立投资主体多元化、资金来源多渠道、投资方式多样化、项目建设市场化的投资体制新格局。

提高对外开放水平。立足产业特色和区位优势，加强对外交流合作，主动融入中国—东盟自由贸易区、滇中城市经济圈。创新招商引资方式，延伸招商引资触角，认真做好昆交会等会展的参展工作，做好签约项目的跟踪落实，提高签约成功率。力争引进县外国内资金14亿元以上，增长20%；实际利用外资200万美元以上，增长15%；完成外贸进出口总额3300万美元以上，增长10%。

优化招商引资环境。“筑巢引凤”，强化工业园区水、电、路、通讯等基础设施建设，以完备的设施、优美的环境，增强园区承载力和影响力，吸引客商到沾益投资兴业。修订完善招商引资优惠政策体系，引导大企业、大项目落户沾益。推进项目联审联批和“一站式”服务，提高办事效率，以优质的服务推动开放型经济良性发展，把沾益打造成“投资的热土，创业的乐园”。

（五）以生态建设为着力点，加快构建资源节约型、环境友好型社会

以节能减排为重点，加快建设资源节约型和环境友好型社会，提高生态文明水平，增强可持续发展能力。

大力发展低碳循环经济。加快制定实施低碳循环经济发展总体规划，推进循环经济重点项目建设，发展循环经济企业、园区、社区，构建循环经济体系。加大传统产业改造力度，充分发挥煤化工、冶金能源产业优势，延长发展煤焦化、

煤电铝等产业链，积极推进粉煤灰、煤矸石等废弃资源综合利用，加强焦炉煤气及其他工业余热余气的回收利用，打造绿色生态工业。加大投入和支持力度，出台鼓励企业发展低碳生产的政策措施，帮助低碳能源企业申请项目和资金，引导企业实施重大科技研发与示范项目，增强自主创新能力，形成低碳产业品牌。

加快建设资源节约型社会。加强节能管理，确保万元GDP能耗下降3.2%。科学制定耗能指标，建立健全计量管理、能源消费统计和节能奖惩等制度，突出抓好煤化工、冶金能源、焦化、电力、建材等重点行业节能工作，实施耗能5000吨标煤以上用能单位节能工程、用电大户变频节能技术改造工程和用煤大户硫化床锅炉改造工程。加快淘汰落后生产能力，更新高耗能设备，大力推广工业节能新技术、新设备、新材料，严控“两高”企业盲目扩张。实施“节能产品惠民工程”，鼓励发展节能型交通运输工具，积极推广商业、民用节能技术。积极发展农业节水灌溉，推进城市节水，推广节水型器具，推进中水循环利用。发展节能、省地型住宅和公共建筑，推进建筑节材。加强土地和矿产资源管理，促进节约集约利用。

强化生态环境综合治理。加强生态建设，强化对珠江源和海峰湿地省级自然保护区、牛过河县级饮用水源保护区的监督管理，加快滇池补水工程汇水区域生态功能恢复。投资2000万元，完成中低产林改造、省级公益林建设、天保工程等项目建设。加大地质灾害防治力度。强化污染减排目标责任，健全重大环境事件和污染事故责任追究制度，重点解决饮用水、空气、土壤污染等损害群众健康的突出环境问题。抓好污水处理、烟气脱硫设施的运行管护，启动实施乡（镇）污水处理工程、20吨以上锅炉脱硫工程。

（六）以改善民生为根本点，促进社会事业全面发展

坚持以人为本，加快发展社会事业，着力提升社会基本公共服务水平，全力保障和改善民生。

繁荣发展社会事业。优先发展教育，整合教育资源，巩固“两基”成果，加快发展学前教育和职业教育，提升教育教学质量。深入实施“校安工程”，排除中小学校舍D级危房3万平方米，维修加固B、C级危房3.5万平方米，新建校舍3万平方米。合作启动珠江源职业技术学校建设，启动县一中体育场改建等项目建设，完成新建西平镇庄家湾小学项目建设。大力发展医疗卫生事业，深化公共卫生服务体系建设，巩固基本公共卫生服务项目“县提升、乡达标、村覆盖”成果。启动县卫生监督局检验检疫楼建设。认真落实好国家基本药物制度。扎实开展人口和计划生育工作，落实少生奖励、养老扶助政策，加强人口出生缺陷干预，深化流动人口综合服务和管理，稳定低生育水平，人口自然增长率控制在5.5‰以内。加强未成年人保护，发展妇女儿童事业。支持残疾人事业发展，健全残疾人服务体系。繁荣文体事业，推进文化创新，实施文化惠民工程，搭建各类文化交流平台，培育农村文化专业户，推进广场文化活动和书画、摄影作品会展活动经常化；深入开展全民健身活动，举办第六届登山越野挑战赛和第五届山地自行车越野挑战赛，启动体育馆建设。全面实施村委会（社区）广播唱响工程。依法加强宗教事务管理，促进民族团结和进步。

提高社会保障水平。加快推进社会保障体系建设，扩大养老、失业、工伤和医疗保险覆盖面，重点推进农民工、非公有制经济人员、个体工商户和灵活就业人员参保。加强新型农村合作医疗管理，参合率稳定在96%以上。加强社会福利综合服务中心、乡（镇）敬老院建设，做好社会养老服务工作。完善住房保障体系，探索廉租住房租售并举路子。积极探索完善医疗、失业、教育、住房和司法等专项社会救助制度。把促进充分就业作为经济社会发展的优先目标，加强创业培训和职业技能培训，鼓励自主创业，重点解决高校毕业生、农村富余劳动力、城镇就业困难人员就业问题，开发就业岗位3000个，城镇新增就业2500人，城镇登记失业率控制在4%以内。

（七）以社会管理创新为关键点，建设社会主义和谐社会

创新社会管理模式，建立政府调控和社会调节机制互联、依法行政和社会自治功能互补、行政管理和社会服务力量互动的社会管理网络，着力解决影响社会和谐稳定的源头性、基础性、根本性问题，深入推进社会管理创新、社会矛盾纠纷化解和公正廉洁执法，促进社会和谐稳定。

加强精神文明建设。深入开展重大典型宣传活动，大力推进“文明创建重在行动，我参与、我奉献、我快乐”主题实践活动，完善沾益县道德模范、劳动模范评选办法，实施文明素质工程，推进公民道德建设。深入开展文明城市、文明村镇、文明行业、文明单位、文明风景区等群众性精神文明创建活动。积极探索教育与服务相结合的工作方式，培育有文化、懂技术、会经营、讲文明的新型农民。深入实施“十村示范、百村整治”工程，推进农村精神文明建设。

巩固平安创建成果。大力实施社会治安“放心工程”，织密街面防控、社区防控、单位内部防控、虚拟社会防控、视频监控、区域协作联防等“六张网”，搭建人

防、技防、物防相结合的社会治安防控新体系，提高动态环境下对社会治安的管控能力。建立刑释解教人员、社区矫正人员、社区戒毒（康复）人员等特殊群体的动态管控机制，有效预防和减少重新犯罪。推进乡级综治维稳中心和村级“三室一庭”规范化建设，壮大义务巡逻、联户联防、治安中心户长等群防群治队伍，夯实综治维稳基层基础。把社会管理和公共服务延伸至新经济组织和新社会组织，实现“两新”组织管理法制化和规范化。深入推进信访工作制度化、规范化、信息化和法制化建设，健全完善“党委政府统一领导、信访部门综合协调、职能部门齐抓共管”的信访工作大格局，探索新形势下以群众工作统领信访工作的新途径。按照“属地管理、分级负责、谁主管谁负责”原则，构建“党政统一领导，政法综治机构协调，司法机关牵头，有关部门各司其职，社会广泛参与，县、乡、村、组四级联动，人民调解、行政调解、司法调解相互对接”的调解工作新体系。落实社会稳定风险评估机制，健全虚拟社会舆情导向机制，完善责任追究制度，从源头上预防和减少社会矛盾。

强化安全生产监管。按照“3568”安保双基工程建设要求，突出做好安监队伍建设、装备建设、安全生产支撑体系建设和制度建设，加快推进乡（镇）安监站建设。强化宣传教育，开展安全生产知识进企业、进学校、进乡村、进家庭活动。继续开展“安全生产年”、“安全发展落实年”活动，突出目标责任，扎实推进安全生产“三项行动”，深化专项整治，全面排查隐患，坚决遏制重特大事故发生，确保安全生产形势持续稳定。强化安全应急管理，健全应急处置体系。

（八）以制度创新为切入点，推进服务型政府建设

以加强政府执政能力建设为重点，强化制度创新，大力提供优质公共产品和公共服务，建设法治政府、责任政府、阳光政府、效能政府。

提高科学发展能力。坚持以民主集中制为基础，着力形成有利于科学发展的决策机制，科学研判形势，密切关注国家宏观经济政策走向，建立健全调查研究制度、社情民意反映制度、重大事项听证制度、专家咨询制度，不断扩大议事决策民主化、规范化、科学化程度，增强调控经济运行的前瞻性、针对性和有效性。把加强制度创新、争创最佳政务环境作为提高工作效能的出发点，着力形成有利于科学发展的考评机制，坚持因地制宜、分类指导，不断完善融职能目标、共性目标和综合评议于一体的“三位一体”综合绩效考评模式，建立健全科学的经济社会发展指标体系和政府部门绩效考核评价体系，逐步形成科学、规范、长效的目标管理导向机制、日常工作推进机制、综合考评奖惩机制。以加强政务公开为重点，着力形成有利于科学发展的监督机制，创新监督形式，整合监督手段，自觉接受县人大及其常委会的法律监督、工作监督和县政协的民主监督，加强同民主党派、工商联、无党派人士和人民团体的联系，接受新闻舆论和社会公众监督，建立健全政府行政行为全程监督制约机制。

提高为民服务能力。进一步转变政府职能，规范审批行为，严格行政问责，提高工作效率，为市场主体营造良好发展环境。强化公共服务职能，推广电子政务，强化“96128”专线功能，着力打造集行政审批、政务服务、政务公开、行政投诉等功能于一体的政务服务平台，提高服务群众、服务基层、服务企业的效率和水平。更加注重基层民主法制建设，扩大基层民主，健全基层自治组织和民主管理制度，依法保障公民在政治、经济、文化、社会等方面的权利。更加注重对困难群众和低收入者的社会保障和法律援助。更加注重推进公正文明执法，坚决克服执法不规范、不公平等现象，努力创造让人民更加安心、更加满意的社会环境。

提高廉政建设能力。着力加强廉政教育，筑牢反腐倡廉建设的思想防线。着力加强行政监察，强化对权力的监督制约，推进行政权力网上公开透明运行。着力加强审计职能，充分发挥审计保障经济社会健康运行的作用。着力加强制度建设，完善重点投资项目公示制和责任追究制，健全资金使用监管制度，建立公共资源、公共资产、公共产品交易平台，全面推进惩治和预防腐败体系建设。着力加强政风建设，大兴勤俭节约之风，严格控制行政成本，全县各级行政机关节电、节水、节油指标和办公费用支出在2010年基础上降低5%；公务接待费用支出在2010年基础上削减10%；严格执行会议审批制度，控制会议规格和规模；完善公务车辆管理办法，最大限度降低公务用车经费支出。加强财政资金监管，落实政府性投资项目资金“双控”管理。

专 文

责任编辑 管晓方

把握五大着力点 全力推动沾益跨越发展

中共沾益县委书记 毕尚鹏

省第九次党代会在充分审视国内外形势和云南发展的历史机遇、现实条件的基础上，立足新的起点，确立了围绕建设“两强一堡”战略目标，坚持科学发展和谐发展跨越发展，加力提速全面建设小康社会步伐，建设开放富裕文明幸福新云南的指导思想，提出了今后五年要实现“四个翻番”和“两个倍增”的奋斗目标，并制定了推动“三个发展”的战略措施。省委这一重大战略决策，对全省上下特别是各县（市）、区提出了新的更高的要求。如何在新一轮竞争中科学谋划、找准定位，实现加力发展、进位争先，是地方各级党委政府面临的重大课题。

沾益县在深入学习、深刻领会省党代会精神，全面分析县情，充分把握当前国内外经济社会发展形势的基础上，汇聚全县各族各界的智慧，对推动沾益“三个发展”的战略定位、指导思想和思路措施进行了充实、调整和完善，确立了“抢抓云南桥头堡建设机遇，建设全省重要的煤化工、铝产业基地，特色农产品基地，商贸物流基地和滇中城市经济圈中的新兴旅游区、珠江源大城市北城中央商务区，争创全省县域经济发展先进县、特色农业示范县、基层组织建设先进县，加快建设富裕文明开放和谐新沾益”的发展目标。只要措施得当，不懈努力，实现上述目标是完全可能的。笔者认为，要实现上述目标，应把握以下五大着力点：

一、坚定不移地推进产业化进程，着力壮大实体经济

（一）坚定不移实施工业强县战略，把大力扶持工业企业发展，推进新型工业化，打造全省新型工业基地作为全部工作的重中之重

工业是沾益经济增长的主要支撑，工业兴则沾益强。着力实施大企业培育工程、园区升级工程、中小企业成长工程和工业园区“三年倍增、五年翻两番”计划，促进工业大县向工业强县跨越，打造全省煤化工、铝产业基地。继续大力扶持云维集团、曲靖铝业、曲靖电厂等重点企业发展，抓好“一企一策”工作落实，对县域企业扎实开展“五访五帮”活动，强化煤、电、油、运、水等生产要素保障，为企业提供最优质、最便捷的服务。加快修编完善工业上山新的“一园四片区”规划，协调推进以标准厂房为主体，水、电、路、通讯、网络配套的园区基础设施建设。加快制定完善工业园区管理服务、政策优惠和奖惩激励机制，特别是加快制定科技创新、延长产业链、发展循环经济的激励措施，推动工业由项目引领扩张、项目向园区聚集、园区向山地布局，实现工业聚集发展、集群发展，力争2012年花山、白水两个片区工业总产值分别实现100亿元以上。支持企业开展技术改造和科技创新，鼓励企业争创国家、省、市著名商标和名牌产品，增强新产品开发能力。积极开展钢铁等高能耗产业的整顿淘汰，大力发展新能源、新材料、生物医药、节能环保等新兴产业，推进焦炉煤气、煤制气、煤电一体化。以资源的“减量化、再利用、节约化”为目标，依托大企业发展关联度大、配套

能力强、资源综合利用率高的辅助产业，实现循环发展。

（二）坚定不移实施农业稳县战略，把大力扶持农业龙头企业发展，推进农业产业化和现代化作为壮大实体经济的重要抓手

农业是沾益经济社会发展的基础，农业兴则农民富，农民富则农村稳。紧紧围绕打造全省特色农产品基地目标和发展“高原特色农业”思路，加快制定完善促进农业特色产业发展的实施意见和促进农业龙头企业发展的激励措施，加快推进农业产业化和现代化进程，推进农业发展方式转变，促进农业大县向农业强县跨越，打造全省特色农业示范县。大力推进优势特色产业基地建设。坚持一个产业配套一个领导小组、一项政策、一笔资金，产业化发展到哪里，农业科技推广、农田水利建设和工作重点就跟进到哪里，充分利用各地特色生物资源和气候特点，切实加强规划引导和资源整合，突出比较优势，优化区域布局，抓特色、抓样板、抓示范，大力实施“一乡一业、一村一品”发展战略，引导农户进行种植结构调整，引导基础设施向基地延伸、农业产业向基地集聚、产业基地向园区集中，着力提升特色产业基地专业化、规模化、标准化水平。加快培育壮大农业龙头企业。认真落实扶持政策，引进、培育和扶持一批实力雄厚、带动力强、辐射面广的优势特色龙头企业。大力发展农民专业合作组织。认真贯彻落实农民专业合作社法，推进农民专业合作社示范社建设，着力提升农民组织化程度，发展一批规范管理、服务良好的农业专业合作经济组织，培育一批知名优势农产品品牌。

（三）坚定不移地把加快民营经济发展作为壮大县域经济的主体力量

活力在民营，希望在民间，投资的潜力在民资。坚持把促进民营经济跨越发展作为壮大县域实体经济、提升县域经济实力的重要突破口，认真落实中央关于促进民营经济发展的“新36条”，制定完善相关优惠政策，积极搭建服务平台，采取一切管用措施，放胆、放手、放开发展民营经济，使民营经济实现跨越式发展，成为经济增长的主体，成为县域经济的主题。加大对中小微型企业和个体工商户的激励扶持力度，增强中小微型企业竞争力。

二、坚定不移地调整经济结构，着力提升县域经济竞争力

（一）把建设山地宜居城，加快城市化进程作为结构调整的主要着力点

城市是投资和消费的主要载体，城镇化是扩大内需的主要途径。围绕打造“山水园林城、生态宜居城、旅游休闲城、商贸物流城”目标，按照“守住红线、统筹城乡、城镇上山、农民进城”的要求，主动对接珠江源大城市规划，加快编制山地综合开发利用规划和村镇建设规划，建立科学的规划体系，引导城镇、村庄、产业向适建山地发展。按照“多中心、组团式、社区式、配套化、社会化”的要求加快新城区建设，加快推进温州国际商城、盛大国际商贸城、西河综合治理工程、益源生态休闲公园、东风南路、奥特莱斯主题公园等重点项目建设，发展总部经济，建设各类专业市场，打造珠江源大城市北城中央商务区。加快东风南路片区旧城改造步伐，强化城市基础设施建设，提升城市承载力。坚持标本兼治，健全城市管理长效机制。建立和完善建设山地宜居城镇的约束激励机制，扎实推进白水工业基地、天生桥工业片区、太和山片区等山地城镇建设项目，用足用够用活各种优惠政策。结合工业园区规划、村镇规划工作，整合项目和资金，集中力量，分步实施，抓好小集镇规划建设工作。

（二）把建设全省重要的商贸物流基地和滇中城市经济圈中的新兴旅游区，加快三产发展作为结构调整的战略重点

服务业尤其是文化旅游产业是世界公认的绿色朝阳产业，其最显著的特征是附加值非常高。沾益的服务业比重只有25%左右，远低于全国43%、世界60%的平均水平，还有相当大的发展空间。沾益地处中国—东盟自由贸易区、泛珠三角区域合作区、贵昆经济圈和成渝经济带的叠加区，交通便捷，区位优越，自古为“入滇第一州”，今为滇黔川桂粤区域重要的交通枢纽和人流、物流集散地。境内拥有320国道、曲胜高速公路、曲宣一级公路、贵昆铁路六沾复线等过境交通线，每天过境车辆达2300余辆。正在建设沪昆客运专线、杭瑞高速（曲宣段）等过境交通线，并在境内建设曲靖火车北站和沾益新火车站。县域公路通车里程2689公里，已基本实现过境公路高速化、县乡公路油路化、乡村公路规范化、村村公路网络化。珠江源大道、龙华大道等城市快速通道相继建成通车，大大缩短了县城与曲靖中心城区的距离。县城距曲靖市区仅8公里，距省会昆明150公里，距贵阳480公里，既有独立发展的可能，也有依托发展的条件。

一要围绕建设商贸物流基地目标，依托“两铁三路三站两线”建设，全面推进滇东北物流中心、城市商贸物流体系和农村现代流通服务网络建设，加快构建现代交通运输体系，着力打造集仓储运输、加工维修、交易信息平台和综合服务等功能于一体的城市配送型、市场流通型和产业配套型物流园区，把县城片区打造成滇中经济圈客运和物流集散中心，把滇东北物流中心片区打造成曲靖面向西南地区开放

的以煤化工产品为主的现代综合性物流基地，把白水片区物流基地建设成滇东北物流中心的重要辅助平台。加快发展信息、金融、保险、体育健身、教育培训、社区服务、物业管理等服务行业，推广连锁经营、代理经营、多式联运、电子商务等服务方式，推进“家电下乡产品流通网络”和新农村现代流通网络建设，不断拓宽服务业发展领域，实现服务业发展量的突破、质的提升。

二要围绕打响“珠江源”文化旅游品牌和建设滇中城市经济圈中的新兴旅游区、大珠江源文化产业核心区目标，抓住云南建设旅游经济强省、民族文化强省的机遇，以最大魄力和决心加快文化旅游产业发展。完善文化旅游发展规划，创新投入保障、人才培养、产业发展、精品创作、形象宣传和产品促销等文化旅游发展机制，设立文化旅游发展基金，成立文化旅游产业发展公司，组建歌舞团。加大投融资力度，整合旅游文化资源，培育文化旅游龙头企业，推进市场化运作和文化、旅游的深度融合，推进文化旅游产业规模化、集约化、专业化。以争取项目、完善配套基础设施为切入点，着力建设以珠江源、花山湖、彩云洞为主的生态观光度假旅游区，以七彩峡谷、海峰湿地、天坑群为主的生态科考探险旅游区，以县城及九龙山、五尺道、松林古城为主的文化休闲旅游区，以播乐为中心的红色文化旅游体验区，打造面向西南地区、辐射泛珠区域有影响的旅游精品路线。按照“城市近郊型、景区依托型、交通沿线型、特色农业型、民族文化型、旅游小镇型”要求，规划建设农家乐，大力发展乡村文化旅游和生态观光旅游业，打造全省农业文化旅游示范县。实施文化旅游精品工程，大力发展影视制作、书画艺术、文化创意、数字动漫、广告会展等文化产业，进一步包装推介“珠江源登山越野挑战赛”“珠江源自行车越野挑战赛”等特色旅游节庆活动，推进广场文化活动、新农村故事会等文化活动常态化。以辣子鸡、小粑粑、中药材、万寿菊、刺绣等特色产品为依托，重点扶持一批经营规模大、市场前景好的旅游商品生产企业，开发一批特色鲜明的旅游纪念品、工业品和土特产品。

三、坚定不移地推进项目建设，着力增强发展后劲

（一）进一步健全和完善重大项目推进机制

继续加大项目前期经费投入，强化项目的论证储备和争取。强化对重大项目的领导，完善和落实县级领导干部挂钩联系制度，充分利用县级领导联系面广、协调力强的优势，加大重大项目、重点产业、重点工作、重点企业扶持推进力度。制定和实施重大项目推进方案，并公开做出承诺，接受社会监督。建立重大项目、重点工作定期报告制度和联络员制度，定期（按月）或不定期书面向县委、县政府报告推进情况。完善重点项目“包保”责任制，实行“五定”（定目标任务、定责任人员、定工作职责、定工作经费、定奖惩办法）工作机制，强化督查考核和工作目标倒逼管理，细化任务指标，强化工作落实。

（二）继续加快城乡基础设施建设

实施兴水强县战略，千方百计加大投入，大力发展民生水利，提高农业综合生产能力和防灾减灾能力。大力实施土地治理和农业产业化经营项目，加快中低产田地改造。加快水利重点工程建设和病险水库除险加固，加强“五小水利”、江河堤防治理等项目建设，做好灌区配套、节水改造和干支渠防渗工作。加快城乡交通建设，按照“网络健全、等级提升、安全畅通”的原则，继续加大项目争取和资金投入力度，加快农村公路改造建设步伐，力争2年内实现通行政村公路100%硬化，积极支持曲宣高速、沪昆高铁等过境交通干线建设。充分利用国家加大对“三农”、保障性住房、社会事业等领域投入的机遇，加快城乡电网改造和改厕、改水、改路，强化农村能源建设，完善城乡教育、文化、卫生和社会保障等基本公共服务体系，抓好保障性住房建设，加快完善城乡基本公共服务设施，提高公共服务能力。

（三）始终坚持把招商引资作为加快发展的“第一引擎”

坚持对外开放和对内改革相结合，充分把握西部大开发、云南桥头堡建设和东产西移、“央企入滇”“省企入曲”的历史机遇，依托滇中城市经济圈、珠江源大城市和曲靖煤化工工业园区建设，突出重点产业、重点区域、重点领域，强化与大公司、大企业的战略合作，不断提高招商引资和对外开放水平，逐步形成政府引导、市场运作的多元化城市投融资体制。坚持把客商满意度作为招商引资最重要的标尺，完善落实招商引资优惠政策体系和招商承诺，切实加强“法治政府”“责任政府”“阳光政府”和“效能政府”建设，强化行政行为监督，严格落实首问责任、服务承诺、限时办结和行政问责四项制度，不断完善县乡村三级政务服务机制，推进项目联审联批和“一站式”服务，简化行政审批程序，不断提高办事效率和服务水平，优化招商引资环境。创新招商引资方式，建立和完善招商引资激励考核制度，每年安排1000万元奖励资金，突出主导产业高端领域、新兴产业关键项目，坚持项目招商、产业招商，强化驻点招商、活动招商，推动商会招商、以商引商，注重引进产业链长、聚集度高、带动力强、市场前景好的龙头企业和配套项目。采取BT、BOT、股份制等多种模式引资建设重大民生工程。

四、坚定不移地改善民生，着力提高人民群众的幸福指数

坚持从人民群众最关心、最直接、最现实的利益出发，加大公共服务投入，优化公共资源配置，在改善民生上出实招求实效。以扎实开展“四群”教育实行干部直接联系群众制度为契机，健全干部联系群众、服务群众和维护群众权益的工作机制，大力推行“零距离”工作法，真心实意为群众谋利益。每位党员领导干部进村入企联系一名贫困户、结交一个农民朋友、解决一个突出问题、上好一堂党课，帮助群众解决生产生活中存在的实际困难和问题。切实加快社会事业各项工程的建设进度，把惠民政策宣传、解释、落实到每家每户每人，尽全力认真解决好广大群众就医、就学、就业、住房和社会保障等方面的困难和问题。

五、坚定不移地维护安全稳定，着力构建和谐社会

正确处理改革、发展和稳定的关系，坚持把维护安全稳定作为构建和谐社会的重要抓手，加强和创新社会管理，提高服务水平，为沾益经济社会发展创造良好环境。一是加强民主政治建设，凝聚加快发展的强大合力。切实加强基层党组织和党员队伍建设，充分发挥党组织的战斗堡垒作用和党员干部的先锋模范作用。坚持和完善人民代表大会制度、中国共产党领导的多党合作和政治协商制度，充分发挥人大代表、政协委员、民主党派、工商联和社会各界人士的作用，凝聚人心，汇集民智，激发活力。坚持依法行政，深入开展普法行动，切实增强广大干部群众法治意识。深入推进基层民主政治建设，巩固和发展民主团结、生动活泼的政治局面。二是扎实推进精神文明建设，筑牢加快发展的思想基础。坚持以社会主义核心价值体系引领社会思潮，大力弘扬以爱国主义为核心的民族精神和以改革创新为主的时代精神，加强公民思想道德建设，广泛开展“讲文明树新风”活动，积极推进社会诚信建设，正确引导社会舆论，形成团结互助、平等友爱、共同前进的社会风气，筑牢全县人民团结奋斗的共同思想道德基础。三是切实维护安全稳定，夯实加快发展的坚固屏障。加强和创新社会管理，认真落实重大决策风险评估、矛盾纠纷化解和联合处理信访问题等机制，健全完善“党委领导、政府负责、社会协同、公众参与、上下联动、齐抓共管”的群众工作新格局。深入推进“平安沾益”创建活动，加强社会治安综合治理，完善城乡治安防范体系，严厉打击各种违法犯罪活动，进一步提高人民群众安全感。坚持“属地管理”“抓生产必须抓安全”“谁审批谁负责，谁签字谁负责”的原则，严格落实“一岗双责”制，深入推进“3568”工程，落实好企业全面负责的主体责任，督促企业加大安全生产投入，全面推行标准化生产，夯实安全生产基础，建立部门和乡（镇）齐抓共管的工作格局。抓实安全生产监管执法和治理，深入开展隐患排查治理和打非治违专项行动，强化源头治理，及时消除安全隐患。完善应急体系，整合救援力量，建设应急平台，全面提高应急救援和应急处置能力。

沾益县发展高原特色农业的调查与思考

中共沾益县委副书记　张光彦

作者（右二）下乡检查指导特色农业产业发展工作

发展特色农业，是贯彻落实科学发展观，走全面、协调、可持续发展之路和建设社会主义新农村的必然选择，是加快农业结构调整、带动区域经济发展和农民增收的有效措施。长期以来，沾益县着力培育特色农业、推进农业产业化，积极打造“云南省特色农业县”，为深入推进县域特色农业发展积累了有益的实践经验。面对新形势、新任务，就是要在重新审视并认真把握县情的基础上，进一步发挥优势、强化举措、创新发展，不断推动全县高原特色农业发展取得新成效。

一、沾益县发展高原特色农业的成效与不足

近年来，沾益县围绕“跨入全省县域经济十强县”和“全省特色农业县”的目标，突出地域特色，发挥比较优势，抢抓发展机遇，有效克服诸多自然灾害的不良影响，调结构、引龙头、建基地、强扶持、优服务，在稳步发展粮食、烤烟、畜牧等传统农业产业的基础上，加大龙头企业引进扶持力度，不断培育发展优势特色产业，万寿菊、中药材、蚕桑、蔬菜四大特色产业已初具规模。全县初步形成了以粮、烟、畜为支柱，以万寿菊、中药材、蚕桑、蔬菜为主导，以休闲观光农业、林产业、淡水渔业为后续支柱产业的发展格局，有力促进了全县农业农村经济平稳较快发展。2011年末，全县实现农业总产值39亿元，农民人均纯收入达5715元，特色产业带动农户8.5万户，产业化人员达17.2万人，特色产业收入占农民收入的比重由建县初的35%提升到55%。沾益的“一花（万寿菊）一药（中药材）两片叶（桑叶、菜叶）”等特色产业在全省有一定的知名度，珠源大地呈现出春采桑、夏摘花、秋收烟、冬挖药的独特景象。

（一）特色产业基地逐步壮大

全县按照“区域调特、规模调大、品种调优、效益调高”的思路，突出地域特色，发挥比较优势，不断加大产业结构调整力度，大力实施“一乡一业、一村一品”发展战略，不断推动特色农产品生产向区域化、规模化、专业化方向发展。一是传统型高原特色农业生产基地不断巩固。通过近年来大兴水利基础设施建设，推进基本烟农田建设和加大中低产田（地）改造，全县粮、烟综合生产能力稳步提升。目前，全县已建成高稳产农田40.2万亩，全县人均占有粮食居全省前列。2011年全县种植烤烟13万亩，收购烟叶41.94万担，实现产值3.92亿元；成功争创为“全国生猪调出大县”，并连续3年荣获国家生猪调出大县奖励资金，畜牧业成为全县农村经济的“半壁江山”。二是新兴高原特色农业生产

基地发展迅猛。万寿菊产业已发展成为全球最大的万寿菊原料供应基地，作为龙头企业的博浩公司也发展成为全国最主要的叶黄素浸膏生产企业；中药材产业现基本形成了“龙头+基地+农户”的产业发展模式，已建成全国最大的一年生当归种植基地，摸索出了一套完整的二年生改一年生当归种植技术，沾益县先后被列为全省“中药材产业示范县”、首批“云药之乡”；蚕桑产业生产规模位列全省前列，生丝质量达4至6A级，现有桑园面积达6.3万亩，成为全省十大蚕桑核心基地县之一；蔬菜产业今年已完成蔬菜种植7.5万亩，实现产值6500万元，已建成1.5万亩外销连片无公害商品蔬菜基地。全县仅万寿菊、中药材、蚕桑、蔬菜四大产业已实现年产值超过3亿元，种养户依靠四项产业户均年收入5000元左右，占全县农民人均纯收入的三分之一。

（二）龙头企业带动能力明显增强

积极引进和培育壮大农业产业化龙头企业，全县现有各级重点龙头企业33个，其中国家级1个，省级1个，市级12个，县级19个，有效带动高原特色农业的发展。全县农民专业合作社已达66个，农村专业协会22个。全县规模以上农业重点龙头企业2011年末拥有资产总额6.2亿元，实现产值6.86亿元，实现销售收入5.81 亿元，上交税金5800万元；实现净利润6380万元，出口创汇4838万美元。曲靖博浩公司现已形成年产万寿菊鲜花20多万吨，干花颗粒2万多吨，叶黄素浸膏2000多吨的生产能力，2011年实现现价产值3.7亿，上缴税金4200万元，出口创汇4600万美元。公司现已成为全球最大的万寿菊原料供应企业，生产的万寿菊叶黄素油膏占全球市场份额的四分之一，占全国市场份额的三分之一，在国际叶黄素市场拥有了话语权。沾益县益康中药饮片有限公司现有两条通过国家GMP认证的现代化中药饮片生产线和一套质量检测化验设备，可年产4000吨中药饮片；沾益县中兴茧丝绸实业有限公司现建有4组全自动缫丝生产线，已形成年生产白厂丝320吨的生产能力；曲靖绿丰公司已形成年产无公害商品蔬菜近万吨的生产能力；云南诚兴农业发展有限责任公司在大坡乡建立5000亩马铃薯良种繁育示范基地，实现从播种到收获全程机械化；云南澜沧江啤酒企业（集团）曲靖有限公司已建成年生产1万吨德国劳斯曼啤酒麦芽生产线1条，年可加工啤酒大麦原料1.5万吨。

（三）农业标准化进程不断加快

目前，全县已建成标准化生产示范区20万亩，组织制定了全县粮油、蔬菜、水果、干果、畜产品5大类29个农产品无公害生产技术规程；全县认定无公害农产品产地面积92.4万亩，认证“三品”农产品15个，其中无公害农产品12个，绿色食品3个； 4个农产品商标创评为省、市知名商标，曲靖博浩公司生产的“万寿菊浸膏”被认定为云南省名牌农产品。沾益银龙实业有限公司的“银龙蕻”胡萝卜果（蔬）汁及胡萝卜5000亩种植基地通过了国家A级绿色食品认证。“福上福”葛根酒通过全国绿色食品认证。在第四、五、六届昆明国际农业博览会上，沾益县4个优质农产品获2个金奖、2个银奖，“福上福”葛根酒被推荐为云南省知名品牌，产品远销全省各州市。

（四）休闲观光农业蓬勃发展

全县充分挖掘和发挥旅游资源优势，把特色农业与观光农业结合起来，加快发展集观光休闲、体验参与、旅游度假等功能于一体的休闲观光农业，并成功举办了首届万寿菊节、3届珠江源美食文化节，形成了赏“万亩花海”、游海峰湿地、品“沾益辣子鸡”等旅游品牌，建成了西平洋水塘农家乐村、盘江龙源生态观光园，休闲观光农业发展迅速。在全国休闲农业创意精品大赛上，沾益龙源生态有限公司生产的“甘来苦瓜酒”被评为金奖。

虽然沾益县在发展高原特色农业、推进农业产业化经营中进行了积极探索并取得了显著成效，但目前全县农业产业化仍处于初级阶段，发展中还面临许多不容忽视的困难或问题，主要表现在以下几方面：一是龙头企业少、小、弱、散、带动能力不强，具有较高市场知名度和较强辐射带动能力的龙头企业较少，销售收入上亿元的企业仅1户，且大部分龙头企业融资渠道单一，发展中面临资金短缺等问题。二是龙头企业尚未真正与农户形成风险共担、利益共享共同体，龙头企业与基地、农户之间的利益连接不紧密。三是优势特色农产品产业链短、基地建设滞后，面临万寿菊、马铃薯、中药材等良种繁育瓶颈，基地的配套设施不完善。四是农产品加工率偏低，大部分农产品仍以原始产品直接销售，农产品加工产值占农业总产值的比值仅18%。五是在省内或国内叫得响的知名品牌少，农产品市场占有率不高。六是基层农技推广体系不健全，科技成果转化较慢，乡村农科队伍需加强。

二、发展高原特色农业的思路和目标

省第九次党代会提出“立足高原特色、体现现代农业特征、发展高原特色农业、调快调优一产”的新思路，为全省推进农业现代化指明了方向。沾益作为一个农业人口占全县总人口88%以上的典型农业县，就是要抢抓发展机遇，变生态资源比较优势为经济发展优势，大力发展壮大特色高效农业，不断提高经济增长的质量和效益，进一步推动县域经济又好又快发展。当前和今后一段时期沾益发展特色农业的基本思路是：按照“优质、高产、高效、生态、安全”的原则，以建设“全省特色农业县”为目标，以保障粮食安全为基础，以农民增收为核心，以科技为支撑，以市场为导向，以科技创新和体制创新为动力，以提高农业综合生产能力、抗风险能力、市场竞争能力为重点，大力推动产业结构战略性调整，做大做强优势主导产业，推进特色农业现代化进程，实现农业和经济持续快速协调发展。

按照上述发展思路，到“十二五”末，沾益将努力实现农业增加值36亿元以上，年均增长10%以上；农民人均纯收入突破7400元，年均增长9%以上；建成标准化生产示范区60万亩，建立健全1个县、乡农产品质量监督检测体系和10个农业投入品管理体系；完成60个地方名特产品的无公害生产、加工规程和产品质量标准的制定，认证“三品”30个，无公害、绿色、有机畜产品比重达10%以上。新增各类农业龙头企业11家，其中:国家级1家、省级2家、市级3家、县级5家，总数达到39家，农业经济合作组织达到100个；建成各类专业示范村130个，各类种植大户2435户，产业化从业人数达23万人以上。

就全县发展高原特色农业的新兴产业而言，在万寿菊产业方面应重点围绕建设“全国最大的生物资源开发创新基地”这一目标，力争十二五末，全县万寿菊种植面积达10万亩，总产20万吨，实现工农业总产值4亿元。并针对万寿菊产业发展中存在的品种退化、花粉过敏等，将加大双高品种选育力度，大力推广标准化生产技术，促进鲜花产量和叶黄素含量稳步提升，把万寿菊这一优势特色产业进一步做优做强，叫响“云花品牌”。在中药材产业方面应重点围绕打造“云南省重要的中药材生产示范基地”这一目标，力争十二五末，全县中药材种植面积达6万亩，实现产值2亿元，叫响“云药之乡、滇东药谷”品牌。在蚕桑产业方面应重点围绕打造“云南省重要的优质茧生产加工示范基地”这一目标，力争十二五末，全县桑园面积达10万亩，实现产值3亿元。在蔬菜产业方面应重点围绕打造“云南省重要的外销蔬菜生产基地”这一目标，力争十二五末，全县商品蔬菜面积达15万亩，实现产值4亿元，让珠源蔬菜叫响省内、畅销国内，远销国外，真正成为“云菜之乡”。

三、发展高原特色农业发展的对策及措施

围绕上述思路和目标，沾益县在发展高原特色农业方面就重点采取以下措施：

（一）牢固树立全局观念和联动意识

从近几年的发展来看，沾益县特色产业发展正处于调整和升级的时期，特色农业产业化的方向与区域布局，都应该与农业产业结构调整相结合，农业产业结构的调整也应紧紧围绕农业产业化经营。在确保粮食稳定增长的同时，积极调整种植业结构，发展多种经营，根据全县资源情况因地制宜发展经济作物与饲料作物，逐步建立起“粮食作物-经济作物-饲料作物”三元结构种植体系，优化第二产业的结构，加快第三产业的发展步伐，引导农村劳动力的合理转移。农村第三产业应以服务农业、农村、农民为宗旨，围绕农业产前、产中、产后各环节进行专业化、系列化服务，促进农业产业化经营。在坚持“因地制宜”原则的基础上，突出各乡（镇）、村的区域特色和产品特色，切实选准1—3个主导产品，使各地进一步在发展“一乡一业、一村一品”上做优做实。

（二）优化农业产业化发展环境

一是加强农产品市场体系和信息体系建设。要科学规划，合理布局，在全县建设粮食、生猪、马铃薯、中药材等大宗农产品批发交易市场，并继续加强覆盖县、乡和重点龙头企业、大中型交易市场的农产品市场信息网络建设。努力开拓农产品市场，不断提高全县农产品商品率。二是加强农村人才资源开发体系建设。加快紧缺人才的培养、引进，充分发挥县内职业学校和培训基地的作用，切实加强农村富余劳动力的培训，不断提高农民科技文化水平，为推进农业产业化提供人才保障。三是加强综合服务体系建设。各涉农部门要认真制定和落实为“三农”服务的公开承诺制度，加人承诺服务有关内容的宣传，公开服务电话，进一步转变作风，做好各项服务工作。四是加强农业产业化的日常工作。产业化主管部门要会同有关部门认真制定全县农业产业化发展规划，适应农业产业化发展的新形势，建立健全农业产业化经营统计指标体系，及时准确做好统计分析工作。要完善监测制度，加强对重点龙头企业的动态管理，定期对重点龙头企业进行监测评估，及时了解企业经营发展情况，做到有出有进，不搞终身制，促进龙头企业健康发展。

（三）多渠道增加对农业产业化的投入

要进一步落实国家、省、市关于加快发展农业产业化经营的各项扶持政策，逐步增加对农业产业化的资金投入。一是进一步加大财政投入。在积极争取国家、省、市政策扶持的基础上，县乡两级财政要适当增加投入，增加扶持经费和考核经费。要以政府投资为引导，鼓励和吸引龙头企业、农户以及社会资本投入。二是整合支农资金，加

大农业产业化投入。通过县委、县政府每年确定一批农业产业化经营重点项目，县直有关部门安排的农业基础设施建设、农业综合开发、扶贫开发、天保工程、退耕还林还草、生物资源开发创新、生态环境建设项目及各种农业专项资金和科技“三项”费用资金，都要与农业产业化重点项目有机结合，“拼盘”使用，强化资金监管，集中财力建设一批农业产业化经营大项目。三是完善信用机制，加大金融扶持力度。积极引导、鼓励金融部门重点支持符合贷款条件的龙头企业，对重点龙头企业实行专门客户管理。对流动资金需求量大、周转快的龙头企业，要实行特别授信。鼓励龙头企业到贫困乡镇建立基地，对到贫困地区投资建厂、建立生产基地、对农产品实行保护价收购的龙头企业，经县扶贫办和农业银行审定后，金融部门每年安排一定比例的扶贫贷款给予支持。充分发挥扶贫贴息贷款、小额信贷在推进农业产业化经营进程中的作用。积极探索融资担保机构在农业产业化发展中筹资融资的有效形式，积极开展对农业龙头企业的担保业务。

（四）积极培育壮大农业产业化龙头企业

要把推进农业产业化的着力点放在培植和引进龙头企业上，继续按照“扶优、扶大、扶强”的原则，加大对农业龙头企业的培育、引进、提升、扶持力度，在投资环境、政策信息、技术指导、事务办理、人才培养等方面为龙头企业提供良好服务，加快发展一批起点高、规模大、带动力强的龙头企业。要切实加强基础设施配套建设，加快以水、电、路为重点的基础设施建设，着力提升软硬件水平。要在加大对现有龙头企业的扶持基础上，全面落实龙头企业扶持政策，引导龙头企业实施核心技术和体制创新，积极招商引资，下大力气引进一批投资规模大、科技含量高、产业带动面广的项目，使之成为特色经济带的龙头企业和支柱产业，推进优势产业向优势企业集中、优势企业向优势区域集聚。积极发展农产品精深加工，延长产业链，增加农产品附加值，千方百计做大做强，不断增强龙头企业的辐射带动能力。要鼓励和引导企业与农户签订种植合同，保证企业加工原料稳定，降低农户投资风险。积极引导各类中小型农产品加工企业，做到大、中、小型齐上，初级、精深加工共同发展，使农产品实现加工上市、品牌包装，加快形成工业经济带产业链，推动产业集群发展。

（五）依靠科技创新不断增强产业化经营活力

各乡镇、涉农部门要加大对优势农产品连片种植、规模化养殖原料基地建设的重大科技措施推广及培训力度。要通过农业科技体制与机制创新、农业科技手段创新和科技成果创新，积极探索推行科技人员研究成果、工作实绩与经济待遇挂钩，促进农业产、学、研相结合，在此基础上大力实施优质种苗工程，全力破解万寿菊、中药材等产业发展中的良种繁育瓶颈。要加快农业科研体制改革步伐，引导鼓励农业科技人员投入到农业产业化第一线创业，参与科技项目承包，积极探索带薪领办创办农业产业化经营实体和龙头企业的路子，包村、包乡发展农业产业化。要选拔一批懂经济、会管理的中青年科技干部到农业产业化经营组织中从事挂职帮扶工作。对做出显著成绩的农科人员要重奖和提拔重用，最大限度地调动农科人员服务“三农”的积极性。对龙头企业而言，应该加快技术开发和技术创新，改进加工工艺，推进农产品的初级加工向精深加工转变，扩大精深加工产品的生产，不断提高农产品的附加值。农业产业化扶持资金投入的重点要转移到农产品生产加工技术的引进和研发上。重点培植一批有自主知识产权、技术含量高、产业关联度大、带动能力强、有市场竞争力的大中型农产品加工龙头企业。当前，全县应重点扶持和发展肉类、蔬菜、中药材、万寿菊、啤酒大麦产品深加工企业，积极支持农产品加工龙头企业引进国内外资金、技术和管理经验，提高农产品加工水平，增强农产品加工制品国际国内市场竞争力。

（六）大力实施品牌战略拓市场

要牢固树立品牌意识，以质量、服务、信誉创品牌，靠品牌拓市场，向品牌要效益，逐步创立一批在市场上叫得响、占有率高的名牌产品。做大做强万寿菊浸膏、珠江源蔬菜、中药材、蚕茧、啤酒麦芽等优势农产品品牌。要切实抓好农产品商标注册工作，对有市场占有率、有影响、有前景的品牌重点培育，并进一步加大对品牌产品的宣传和保护力度。要把做大龙头企业和做大品牌有机结合起来，通过对名牌和重点龙头企业的扶持，引导企业以资本运营和优势品牌为纽带，开展兼并与联营，组建企业集团，整活品牌，做大企业。同时，切实抓好农产品流通，努力开拓国内外市场。落实好农产品“绿色通道”政策，严禁在农产品运输、仓储、交易中乱收费、乱罚款和乱摊派。要通过各种媒体和参加农产品展销会、博览会、交易会，举办农产品节会做好品牌宣传和农产品营销工作。积极培育大型流通龙头企业，加快农产品流通。鼓励龙头企业努力开拓国际、国内市场，扩大优质农产品的出口、销售。

（七）推进农业专业合作经济组织和行业协会建设

要通过涉农服务部门、科学技

术协会、龙头企业、基层组织和能人带动，大力引导农民按照自愿互利原则积极兴办各类专业合作社、农产品行业协会、农用生产资料消费合作社、农民专业技术协会、农村经纪人协会、农产品购销合作组织等中介服务组织，解决农民分散经营与企业、市场难以对接的问题，以此不断提高农民组织化程度、农业产业化经营水平和农产品市场竞争力。要认真总结推广“龙头企业+合作组织+农户”和“农产品行业协会+龙头企业+合作组织+农户”的经营经验，在农业产业化专项扶持资金中安排一定比例，用于扶持农民专业合作组织和行业协会的发展。同时，大力发展订单农业，积极采用预付定金、提供技术服务、实行保护收购等方式，建立龙头企业与农户的利益联结机制，依托当地主导产业和特色产业，提高技术、信息、生产资料供应和农产品销售服务水平，确保产销双方互惠互利，共同发展。

（八）加大政策扶持力度，不断健全高原特色农业发展推进机制

要进一步完善“五个一”政策措施，即：一个产业一个规划、一套班子、一套扶持政策、一支科技队伍、一套考核体系；尽快研究制定高原特色农业中长期发展规划，因地制宜，发挥资源优势，大力推进“一乡一业、一村一品”战略；研究出台财政、税收、信贷、征地、水、电等方面优惠政策，为农业产业化创造宽松的发展环境；探索建立新型农业保险机制，努力构建政府支持、企业出资、专业合作社和农户参与的农业保险机制，减少因灾害、疫病、价格波动等造成的损失；设立发展高原特色农业财政专项扶持资金，重点对基地建设、标准化技术推广普及、农产品品牌培育推介认定进行奖励；建立部门联动机制，对在招商引资、争取项目的工作人员重点奖励，形成全社会关心支持高原特色农业发展的良好氛围。

创新思路　激发活力
努力开创全县新农村建设指导员工作新局面

中共沾益县委副书记、县新农村建设工作队总队长　陈继扬

农村是我国社会最重要的组成部分，“三农”工作直接关系到国家的改革、发展、稳定大局，只有农村的发展，才有全国的发展；只有农村的小康，才有全国的小康；只有农村的稳定，才有全国的稳定。因此，对于沾益这个以农业为主的县来说，推动“三农”工作加快发展仍然是全县的重要工作内容之一。近年来，县委政府加大农业资金的扶持力度，推动了农村经济可持续发展，农业和农村发展思路不断完善，农村基础设施不断改善，农村经济实力不断增强，农民群众得到的实惠不断增多。但是，我们也要清醒的看到，与发达地区相比，我县农业和农村发展不快、发展不足的问题依然存在，贫富差距、区域差距、城乡差距还在扩大，在社会主义市场经济条件下，农业和农村又出现了不少新情况、新问题。一些边远山区和少数民族聚居区，群众的观念还很落后，缺乏基本的生产生活条件，农民“盼致富、没思路”“想致富、没技术”“求致富、没门路”；一些地方经济发展了，农民收入增加了，生活改善了，但不少陈规陋习也多起来了，社会丑恶现象也突出起来等等。因此，下派新农村建设指导员，指导和帮助农村干部，解决一些农村基层难以解决的突出问题，是继续保持全县农业农村良好发展，推进社会主义新农村建设的有力抓手。

一、深化认识，让指导员转变为战斗员

随着干部队伍建设步伐的不断加快，机关干部知识结构更加完善，整体素质不断提高，有力促进了机关效能建设。但一部分机关干部缺乏基层工作经历，对农村了解甚少、与群众接触不多、对农民感情不深，这不仅影响着党政机关贯彻落实党和国家在农村的各项方针政策和服务农村的能力，也制约了机关年轻干部的进步成长。基层是所大学校，农村是个大课堂，也是一个最能锻炼人的大舞台。相当一个时期，我们各级领导干部绝大多数都是从农村的舞台上成长起来的，我们的干部只有真正熟悉“三农”工作，党的事业才谈得上后继有人。我们的干部只有走出机关，深入基层，了解农村，服务群众，对农村的感情和责任才会得到深化，对农村问题的看法和角度就会

得到转变，自身能力和水平才会得到提高。百闻不如一看，百看不如一干。广大指导员一定要认真剖析自己、重新审视自己在“三农”工作中的不足之处。沉下身子，从学员做起，到基层去、到农民群众中去、到农民最需要的地方去，积极参与“三农”工作，战斗在一线，在艰苦的环境中锻炼自己，在摸爬滚打中成熟自己，在实践中提高自己，最后真正把自己培养成名副其实的指导员。

二、提供平台，让派驻地转变为创业地

良好的干事创业环境能有效激发个体的潜能，同时，也能彰显这个战斗集体的战斗能力。因此，派驻地要积极做好指导员的指导、管理、服务等工作，努力为指导员营造良好的干事创业环境。同时，学会放胆、放手，鼓励广大指导员干事创业，让他们在干事创业中寻找乐趣，主动思考“下来干什么、回去留什么”。基层干部要正确认识工作队和指导员的作用，不能把争取项目资金作为衡量指导员工作的唯一标准，好的思路、建议可能比资金项目发挥的效益更大。认真分析下派对象的具体情况，尽量做到“因村派人，因人定村”，与驻村实际需要相结合，与单位特点及个人特长相结合，让指导员以最快的速度融入下派地，尽快转变角色，适应工作。对拆迁、建设任务特别重的村，重点选派建设、土地部门的同志；对村“两委”班子软弱涣散、形不成合力，中心工作和重点工作难以开展的村，重点选派党、政部门的同志；对社会矛盾突出、情况复杂、不稳定因素多的村，重点选派公、检、法的同志；对制度执行不力，村务财务管理不规范，干部群众意见较大的村，重点选派财政、农经部门的同志等，让驻村工作更具针对性和实效性，让驻村指导员“能干事，干成事”。

三、强化沟通，让派出单位转变为坚强后盾

2012年2月，全县共选派206名新农村建设指导员进驻全县8个乡镇122个村委会（社区）开展工作。其中：省级选派15名、市级选派49名、县级选派142名。派出单位永远是指导员最坚强的后盾，派驻地要把派出单位当成自己的亲戚朋友，加强沟通协调。积极主动邀请派出单位领导干部到派驻地指导调研工作，让派出单位领导心系派驻地的经济社会发展，关注、帮助派驻地加快发展，变指导员个人的力量为派出单位集体的力量。要把指导员看作一种稀缺资源，把派出单位当作一种丰富的矿藏，牢固树立“工作只是一种平台，相互认识才是最宝贵的财富”的思想，积极与派出单位沟通联系，让派出单位不仅成为指导员的坚强后盾，逐步转变成派驻地的坚强后盾，为派驻地经济社会发展提供更有利的社会资源，推动经济社会科学发展、跨越发展、和谐发展。

四、携手共建，让派指导员转变为要指导员

近年来，省、市积极探索并出台了一系列推动新农村建设指导工作的激励机制。广大指导员的辛勤付出，全县指导员工作取得广大群众欢迎、社会广泛认同、党委政府满意的良好效果；广大指导员和新农村建设工作队已经成为农村基层一支能战斗、有活力的队伍，被群众广泛称赞为“上面派来的好干部”和“关键时候靠得住”的队伍，是基层干群的贴心人、农村发展的生力军。下派指导员工作已经形成踊跃报名、到期主动要求留任的良好态势。特别是近年来在省、市下派的指导员中，已有部分同志通过担任驻村指导员这种形式，为派驻地办了许多好事、实事，为当地经济社会科学发展奠定了坚实基础。有的乡镇已经充分认识到优秀的指导员对推动发展的作用，对指导员的工作十分关心和关注，逐步实现了从被派指导员到主动争取指导员的转变。

思路决定出路。“三农”工作如果没有新鲜血液注入、没有新思路指引，要加快“三农”发展、推动社会主义新农村建设谈何容易。我们要充分发挥各级下派指导员的作用，把他们当成推动当地发展的新鲜血液，让他们真正从指导员转变成战斗员，把派驻地当成自己的创业地，全身心投入到新农村建设中去，想办法、出主意、谋发展，就一定能开创全县新农村建设指导员工作新局面。

让珠源大地涌现更多优秀文艺精品

中共沾益县委常委、宣传部部长　缪涤非

作者（左）看望慰问农村老党员

党的十七届六中全会通过的《中共中央关于深化文化体制改革推动社会主义文化大发展大繁荣若干重大问题的决定》提出要“全面贯彻‘二为’方向和‘双百’方针，为人民提供更好更多的精神食粮。”近些年来，我国文化发展处于一个创新发展的重要时期，党和政府对艺术创作和艺术事业更加关心重视，经费投入不断加大，创作环境越发宽松和谐，艺术家创作激情空前高涨，艺术创作手段和形式得到全面拓展，文学艺术创作呈现出蓬勃发展的良好局面。

沾益地处珠江源头，自古就有“入滇锁钥”“入滇门户”“入滇第一州”“滇东重镇”之美誉，曾经是滇东北地区的政治、经济、文化中心，至今已有1300多年的建制历史，是云南省最早的建制县之一。近年来，沾益以打造独具特色的珠源文化为目标，围绕“抓载体、重扶持、促发展”的工作思路，不断探索“出精品、出人才、出力作”的新路子，广大文艺工作者始终坚持贴近生活、贴近实际、贴近群众的原则，创作出了一大批兼具正确的政治方向和完美的艺术形式的艺术作品。全县文学艺术发展呈现出文艺队伍日益壮大、创作激情空前高涨、精品佳作不断涌现、社会影响更加深远的可喜局面，一大批有份量的优秀作品获得国家级奖励。

一、全县文艺精品创作成果丰硕

（一）文学创作硕果累累

近年来，全县广大文学工作者深入实际，深入生活，努力创作，在中央、省、市各种报刊杂志发表各类文学作品数十万字。我县作者创作的长篇小说《充军云南》《少年》，长卷文化大散文《珠源梦》，文化理论专著《汉民族入滇史话》《楹联渊谭》，电影文学剧本集《赶马人之歌》等优秀作品被一些知名报刊、杂志、网站转载、选登，短篇小说《在花朵里相遇爱情》获“全国首届小说笔会”短篇小说类三等奖，散文《我所怀念的》《我眼中的沾益》荣获云南省作家协会2009年度重点作品扶持奖励津贴，在省内外产生了较大影响。

（二）书法、美术、摄影创作“百花齐放”

沾益县书法、美术、摄影人才辈出，全县摄影爱好者先后围绕珠江源、七彩峡谷、海峰湿地、白水马场水上石林风光、万寿菊等观光农业及沾益县民俗风情、城市建设等题材进行拍摄创作，为宣传沾益、扩大沾益知名度发挥了积极作用。云南美术出版社出版了《杨秋林书法作品集》。陈玉德创作的美术作品《珠源人家》荣获省文化厅主办的群众文化彩云奖一等奖。

（三）戏曲、音乐、舞蹈佳作选出

按照建设先进文化的要求，着力引导全县广大文艺工作者提升文艺作品的思想性、艺术性和观赏性，一批思想精深、艺术精湛、制作精致的文艺作品应运而生，先后有10多个作品获国家、省级奖项。歌曲《七彩珠源》荣获第六届“文化之春”中国民族歌曲演创大赛“中国民歌精品银奖”，同时入选《文化之春—中国民族歌曲选粹》，填补了我县音乐类作品没有获得国家级奖项的空白。歌曲《红红的火把》在第十届“祖国之春”中国民族歌曲演创大赛中荣获“中国民歌精品金奖”。

（四）电影拍摄首开先河，影响深远

由沾益县人民政府与百灵影视有限公司联合摄制的电影《珠源情》，以珠源儿女在改革开放中奋发向上、勤劳致富，共建和谐新农村的故事为原型，展现了珠江源头丰富的民族文化、秀美的自然风光和多姿的地理环境。影片在中央电视台电影频道播出，开创沾益电影拍摄之先河，成为对外宣传沾益、提升沾益知名度的又一张新名片。

（五）编撰出版《文化曲靖·沾益》，打造标志性文化精品

定位为珠江之源、花海沾益的《文化曲靖·沾益》，内容上基本涵盖了历史文化的传承、民族文化的影响、山川旅游文化的崛起、美食文化的发展等方面。该书注重历史底蕴，人文因素的挖掘，既具有历史厚重感，又具斑斓文采，集思想性、艺术性、可读性为一体，成为全方位讲述沾益政治、经济、社会、文化相关内容的标志性读本。

二、我县文艺精品创作现状分析

在繁荣发展地域文艺精品的过程中，沾益县文学艺术事业的工作者和爱好者们众志成城、厚积薄发，在文学艺术创作方面取得了一些成绩，但是从精品的数量、质量及影响力等方面而言，对于构建大珠江源文化品牌的目标还有一定差距。主要表现在：

（一）文艺人才的创作水平和社会影响力不够大

近年来，我县的文艺队伍不断发展壮大，目前已经拥有五个文艺协会130多名文艺会员。但是文化的竞争是人才的竞争，文化的繁荣关键是人才的不断涌现和文艺水平的不断提高。与文艺发达地区相比，沾益县文艺工作仍未形成人才培育制度，存在文艺精品创作能力有限和文艺名家缺乏社会影响力等问题。

（二）对沾益文化内涵、文化底蕴的挖掘力度不够

我县加大历史文化研究力度，深入挖掘珠江源头第一县的文化资源，在打好珠江源特色文化品牌方面取得了显著成绩。但是，由于各种条件的制约，我县对沾益文化底蕴的挖掘力度不够。如何把历史文化资源与经济建设相结合、与培养沾益人文精神相结合、与青少年爱国主义教育相结合，打响沾益历史文化方面的文艺精品牌子，仍然是我们迫切需要解决的课题。

（三）文艺精品的数量和质量都有待进一步提高

近几年，我县文艺创作势头良好，各个艺术门类都出现了一批好的作品，但文艺精品创作整体实力还不强，真正在市、省乃至全国引人瞩目的作品还不是很多，反映沾益地域风情的作品也不多，具有大气派、高品位的作品更少，文艺精品生产机制还没有完全建立。

（四）文艺精品创作、奖励经费投入不足

县文联现有5个协会，各协会普遍反映，经费不足是制约我县文艺创作、人才培养、扶持品牌活动的重要因素之一。特别是我县在鼓励文艺创作、扶持人才方面一直没有专项资金和基金，没有形成较好的激励机制、项目化运作机制和多元化的投入机制，这在一定程度上影响了文艺工作者的创作热情。

（五）缺少应有的活动阵地

全县“有凤无巢”现象明显，各文艺协会长期缺少阵地，缺少应有的活动场所，特别是缺少文艺展示演出的场所。多年来，各协会举办活动，都要四处租借场馆，受时间、资金、人手诸多限制，给各协会开展文艺创作带来了很大困难。

三、多措并举，激发珠源大地涌现更多优秀文艺精品

党的十七届六中全会《决定》指出，“创作生产更多无愧于历史、无愧于时代、无愧于人民的优秀作品，是文化繁荣发展的重要标志。县委四届二次全会提出，要突出文化旅游“第一品牌”，打造特色鲜明的珠源文化。因此，我们要充分认识推进文化改革发展的重要性紧迫性，健全共同推进文化建设的工作机制，发挥全县人民群众的文化创造积极性，鼓励一切有利于陶冶情操、愉悦身心、寓教于乐的文艺创作，实施精品战略，推出更多与珠江源文化旅游“第一品牌”相得益彰的优秀文艺作品。

（一）加大政策扶持力度推动精品创作

在建县之初的1998年，沾益县就制定了文学艺术创作奖励办法。多年来，县委、县政府多次对全县优秀艺术家和对沾益文学艺术做出突出贡献的文艺工作者进行表彰奖励。在此基础上，我们将进一步健全完善的文艺创作运行机制，建立人才激励机制和奖励制度，进一步深化职称改革，完善人才评价标准，充分调动起各类人才的积极性和创造性，推动他们不断出成果，促进文艺精品创作上水平、上层次。一是要建立文艺精品创作项目化运作机制。按照公开公正、突

出重点、择优扶持、市场运作的原则，采取自下而上的方式，每年面向社会公开征集文艺精品创作选题，对评审立项的创作项目，确定预期目标，明确完成时限。二是要建立文艺精品创作多元化投入机制。改变政府投入方式，不断优化投入结构，通过"以奖代补、以购代拨"等形式，扶持重点文艺精品创作生产。支持作家、艺术家以无形资产参与创作投入，对具有较好市场前景的优秀选题或作品，采用"政府扶持、社会参与、市场运作"的方式，促进文艺精品生产、制作、销售各环节的有效链接。鼓励民营文化企业和社会力量采取参股入股、联合出品或独家购买等方式参与文艺精品创作生产。三是要建立文艺精品创作激励机制。修订、出台《沾益县文学艺术创作扶持奖励办法》，争取设立文学艺术创作奖励基金、重点精品项目专项资金以及为优秀人才出版专著或举办个展提供资金补助等，进一步激发广大文艺工作者的创作热情，在全县营造良好的文艺精品创作氛围。

（二）创设新载体推动精品创作

近年来，沾益县先后举办了2008年迎新春摄影赛、"9+2"全国摄影大赛、饮食文化节书画、摄影赛，"珠江源"杯书法、绘画、摄影、歌曲创作大赛和沾益籍书画艺术家精品展等文化类赛事活动。通过举办赛事，各类文化艺术精品频频凸现，沾益知名度得到进一步提升。在以后的工作当中，我们应进一步挖掘弘扬传统文化，强化地域特色，充分汲取沾益深厚历史底蕴、多彩民俗风情中的文化养分，深度挖掘名贤文化、地域文化、商贸文化，为文艺创作搭建好平台，通过深加工和再创作，努力在文学、戏剧、美术、摄影、书法、音乐、舞蹈等各个方面创作出一批文化内涵丰富、乡土特色浓郁的文艺精品。

（三）开展文艺人才交流培训推动精品创作

坚持"请进来"与"走出去"相结合，通过加强教育和培训，不断提高现有艺术创作人员的专业技术素质和文化素养。每年定期举办文化经营户、活动户培训班和召开艺术创作交流座谈会，同时加强与相邻县市创作团体的横向交流，学习借鉴外地先进经验，扩充艺术创作视野，拓宽艺术创作渠道。继续加大文艺人才培养力度，科学制定文艺人才培养规划，逐步形成多层次文艺人才培养体系。通过培训进修、专题研讨、考察采风、挂职锻炼等多种形式，不断提高文艺人才的思想和艺术素养。针对当前人才流动性越来越强、市场化程度越来越高的新形势，牢固树立"不求所有，但求所用"的观念，积极探索凝聚、吸纳、利用各类艺术人才的有效渠道，打破地域限制和行政限制，加强文艺人才引进工作。建立优秀民间文艺人才信息档案库，全面掌握优秀民间文艺人才情况，为优秀民间文艺人才进行精品创作创造更好条件。

（四）加大文艺精品展示力度推动精品创作

树立先进传播理念，不断拓宽传播渠道，充分利用报刊、广播、电视、网络等现代传媒手段，加大对优秀文艺作品和创作人才的宣传推介。积极举办各类展览展示和文艺下乡活动，让文艺精品更多地面向群众，丰富基层群众的精神文化生活，提高文化产品作为群众"精神食粮"的重要作用。强化文艺作品的营销意识，对重大文化活动、文艺精品项目进行包装、策划，着力提高文艺精品的影响力。坚持文艺宣传与内宣、外宣相结合，大力实施文化"走出去"战略，充分利用各类文化活动载体，积极开展对外文化交流，加大精品的推介力度，集中向外展示我县的文艺精品创作成果。

总之，繁荣文艺精品创作是文艺工作的中心环节，是提高全社会文化鉴赏水平，满足广大群众多层次多样化精神文化需求的重要途径，也是加强沾益文化大县建设的重要手段。我们要以推动全县文艺精品创作为引领，千方百计激发广大文艺工作者的创作积极性，推动文艺创作取得新的成效。

突出重点 完善措施
全力加快沾益林业产业发展

中共沾益县委常委、县委办公室主任 陈玉翔

林业具有生态、经济和社会三大效益，生态建设与产业发展，是林业建设的两大主题。林业产业化是以森林资源为依托，以市场为导向，以提高经济效益为中心，对林业主导产业实行区域化布局，规模化生产，集约化经营，社会化服务，建立产供销贸工林一体化生产经营体制，实现林业的自我调节，自我发展的良性可持续循环，是全面推进现代林业建设的主要内容。沾益地处珠江源头，总面积2801平方公里，其中山区面积2355平方公里，属典型的北亚热带高原季风气候，多年平均气温14.5℃，多年平均日照时数2096小时，大于10℃的多年活动积温4388℃，多年平均降水量900～1100毫米，全县林地面积237万亩，活立木蓄积313万立方米，森林覆盖率48.65%，气候适宜、宜林地多、发展林业产业环境条件好，认真落实中央、省、市加快林业产业发展的要求，加快沾益林业产业发展，是打造“生态沾益”，推进全县经济社会科学发展和谐发展跨越发展的重要抓手。

一、充分认识发展林业产业的重要意义

林业产业化是高效林业的主要生产方式，加快林业产业发展，符合科学发展观的要求，是兴林富民、建设社会主义新农村的战略举措，务必要进一步提高对其重要性的认识。

（一）加快林业产业发展是实施以生态建设为主的林业发展战略的内在要求

林产业涵盖范围广、产业链条长、产品种类多，与经济建设、社会发展和人民生活息息相关，发达的产业体系既能为生态体系的繁荣提供重要的支撑和保障，又能在提供产品满足社会需要的同时不断增强产业实力、聚焦再发展能力。大力发展林业产业，建立起发达的产业体系，充分发挥林业巨大的经济功能，满足社会和人们对林产品的需求，积累发展资金，生态建设才有坚实的资金保障和发展动力。

（二）加快林业产业发展是提高林业资源总量和提高质量，实现可持续发展的重要手段

林业产业是一种符合循环经济理论发展的产业，具有“减量化、再利用和资源化”等特点。加快林木、经济林果、苗木花卉等各类林业基地建设，既是林业产业发展的基础，又能够直接增加森林资源总量；发展林业加工业、实现森林资源综合利用，能够以物质利益的杠杆，进一步调动全社会培育森林资

源、保护森林资源的积极性；发展森林旅游产业，不仅能够变“砍树”为“看树”，更能够增强人们的生态文明理念，促进更多的人关注森林、关注生态。加快林业产业发展，提高林业产业对经济社会发展的贡献率，打造与经济社会协调发展的生态系统，可持续发展目标才能实现。

（三）加快林业产业发展，是兴林富民、建设社会主义新农村的战略举措

林业产业具有地域广、领域宽和劳动密集型的优势，通过发展林业产业，充分利用好山地、林地、沙地、湿地、路旁等非耕地资源，可以拓展农村生产发展的空间，为乡风文明、村容整洁提供物质保障；核桃、中药材、种苗等传统林业产业，以及森林旅游、森林食品、花卉培育、野生动植物繁育利用等新兴林业产业，是实现农民生活宽裕的有效途径；绿化宜林荒山、构筑农田林网、绿化村庄和发展庭院林业，是促进乡风文明、实现村容整洁的关键措施；通过倡导森林文化、弘扬生态文明，可以增强农民群众的生态道德意识，形成自觉植绿、护绿、爱绿、兴绿的新风尚；林业产业化发展还可以吸纳农业项目、民间资本等各种发展要素介入，促进各种农村专业合作组织和中介机构的快速发展，有利于农村民主政治建设不断深入。

二、明确重点，加快推进沾益林业产业发展

加快沾益林业产业发展，必须坚持以科学发展观为指导，深入贯彻落实中央和省市林业工作会议精神，以“兴林富民”为宗旨，以基地建设为基础，以科技为支撑，以开发林业的多种功能为目标，以发展龙头企业、培育产业集群、推进产业化发展为主线，努力把林业产业建设成为林农增收、山区发展、改善生态的重要产业，不断促进兴林富民，打造生态沾益。

（一）培育基地，筑牢林业产业发展的根本

大力发展特色林业基地，培育丰富的林木资源，是加强生态建设，促进林业产业发展的根本。沾益林木种植资源和林产品资源丰富，开发多功能特色林业基地的前景十分广阔，要围绕产业大发展的目标，加大特色林业基地建设力度，不断增强林业资源战略储备和林产品市场供给能力。抓好典型示范，积极培育提升西平镇七公里、白水小马场川滇桤木种植和盘江河西林下资源开发等县级样板，每年建设一块县级万亩核桃基地，各乡（镇）每年至少要建设一块乡级样板，支持各村委会发展村级样板，使示范样板基地在新技术、新品种、新机制、新模式等方面发挥典型引导和示范辐射作用。坚持市场导向，积极筛选适合本地生长、名贵、速生、经济效益好的滇朴、川滇桤木、美国维纳核桃、药用金银花、红豆杉等品种进行合理培育种植。力争到2015年发展100万亩林业经济示范基地。

（二）注重扶持，不断壮大龙头企业

龙头企业是拉动林业产业发展的关键，目前全县林产业龙头企业逐步增多，其中坤泰园艺有限公司及云南鸿昊实业集团有限公司两家为省级龙头企业。要进一步加大林业龙头企业的培育，重点扶持一批产业规模大、资源利用率高、市场前景好、法人治理结构先进、带动能力强的林业企业，发挥其示范辐射和带动作用。加强林产品的标准化和品牌化建设，按照标准化生产的要求，建立体系、加强管理、经营品牌。大力发展林业专业合作组织，引导以林地、林木、资金、技术、信息等要素为纽带，组建林业专业合作经济组织，并帮助其规范运行机制，健全组织形式，丰富合作内容，完善服务功能，充分发挥其联系市场、政府和农户的纽带作用。加快体制机制创新，不断完善林业产业化组织形式和利益联接机制，建立更加紧密的利益联结关系，构建行业协会+龙头企业+专合组织+农户“四位一体”的产业化经营机制，不断提高林农进入市场的组织化程度，实现“风险共担、利益共享”。

（三）科技兴林，不断强化科技支撑

要加强与科研单位的合作，积极争取林科院和林学院等技术单位的帮助指导，充分推广应用实用技术，积极引进省、市推广的主要造林树种良种壮苗培育技术、短周期工业原料林培育等先进适用技术。坚持以人为本，尊重知识、尊重人才、尊重创造，营造良好的人才环境，努力培养一支素质较高、结构优化、布局合理的林业人才队伍。广泛开展林产业乡级农民技术骨干培训，通过室内讲解、实地操作、放映录像、发放资料等多种形式，广泛开展技术培训活动，把一些经营理念、先进技术传授给农民，切实提高林农素质，引领产业发展升级。加大科技攻关力度，解决林业生产中的技术难题，对核桃产业良种选育、森林食品及林药加工、红豆杉初加工流通等产业链条中的关键技术难题进行研究，为产业发展和走向国内外大市场做好技术储备。探索建立多元化的林业科技投入体系，力争在政府财政预算内的林业基本建设投资、重点林业生态工程项目建设投资、育林基金等方面安排一定比例的资金，用于产业技术开发、技术推广和基础设施建设的投入，提高林业科技项目的比重和技术创新能力。

（四）项目扶持，积极支持社会造林

林产业投资大、周期长、见效慢，单靠国家和地方政府投资，

发展十分有限，在兼顾经济效益、生态效益和社会效益的的同时，要积极发动社会资金参与林业产业发展，推动政府投资造林为主向社会投资造林为主转变。凡是县内外企业、团体和个人以合法程序取得土地使用权或经营权进行荒山荒地造林、疏林补植、低产林改造的，都应给予积极支持和保护。社会投资造林达到一定规模的可与国家和省实施的退耕还林、长江防护林、外资贷款造林项目、生态公益林项目、林木种苗项目等国家、地方林业重点工程项目结合实施。鼓励大户采取“企业+农村合作经济组织+农户”“公司+基地+农户”“林场+基地+农户”等多种运作模式，通过独资、合资、合作、联营、股份制等多种经济方式，实现土地、资金、技术、劳动力等生产要素的优化组合，实行集约经营、规模发展、标准建设，走产业化、市场化规模经营之路。广泛发动各种所有制林场、林产工业企业、经济实体、个体经济能人等投资主体投资营林造林，可每年评比出若干名对造林绿化作出突出贡献的社会投资造林大户，并给予表彰、奖励。

（五）不断创新，积极探索沾益林业产业发展新路子

遵循现代林业和现代农业发展的要求，结合沾益实际，积极吸取外地先进经验和技术，探索林业产业发展新路子。一是积极探索发展林下产业。充分利用林地、林木和林荫等资源发展立体林业、循环林业。二是积极总结探索林、草、沼、畜为一体的循环发展模式。三是积极探索发展森林休闲旅游文化产业。利用森林景观资源，发展森林旅游。四是培育和扶持一批森林休闲山庄和一批各具特色的农家乐，让人们充分享受自然，促进全县旅游产业的发展。

三、优化环境，不断提升沾益林业产业发展活力

加快林业产业化发展，是农业产业化提升行动的重要内容和拓展深化，不仅需要市场这只“无形的手”来调动，还需要政府这只“有形的手”来推动。

（一）进一步落实责任，主动肩负起加快林业产业发展的重担

林业生态建设和产业发展，是林业建设的“一体两翼”，加快林业产业发展，林业部门责无旁贷。一是要主动争取党政的重视和支持。积极向党委、政府汇报，把加快林业产业发展纳入各级政府的重要议事日程；二是要分解落实任务。完善林业产业发展规划，明确目标任务，并把目标任务尽快分解细化，适时监督检查。三是要主动做好服务。加强政策服务，简化审批手续和环节，使企业和林农获得更方便、更直接、更优质的行政服务；加强市场服务和信息服务，为企业和农民进入市场、销售产品提供畅通的渠道。四是要注意树立典型，从种苗生产、基地建设、合作组织、龙头企业、科技服务等重点方面入手，打造一批亮点，发挥示范作用。五是要注重保护。在积极开展建设扩大增量提升质量的同时，做好森林资源保护工作，加大执法力度，严厉打击涉林违法犯罪行为，保护森林资源和产业发展。

（二）进一步适应新形势的要求，转变指导林业产业发展的方式

林业部门要进一步解放思想、更新观念，在指导林业产业发展上做到“五个转变”。一是由零打碎敲向产业集群转变。因地制宜，科学规划，合理布局，以基地建设带动规模化、集约化发展，以产业化带动林业产业全面升级。二是由数量扩张向规模效益转变。加强科技开发和利用，提升生产水平，鼓励和发展林产品精深加工，走资源节约型、生产集约化发展路子。三是由资源消耗为主向非木质产业转变。引导企业建立自己的基地，大力发展苗木花卉、森林旅游、森林食品、木本药材和林下种植养殖业等非木质林业产业，实行林业综合开发。四是由习惯性生产和行政推动向市场配置资源转变。通过发展各类林业产业协会和中介经济组织建设，引导企业和广大林农瞄准市场行情，发展市场适销对路的产品。五是由规模扩张向提高林业生产者素质转变。加强各类林业科技示范点建设，加强实用技术推广应用，培植林业生产技术能手和兴林致富带头人，切实提高林农和林业企业职工的科技水平。

（三）进一步深化林业改革，增强林业产业发展的活力

随着林权制度改革的不断深化，为林业产业的加速发展注入了活力，群众植树造林的积极性不断提高，要依法规范和引导好群众发展林业的行为。同时，要全面推进配套改革，围绕“放活经营权，落实处置权，保障收益权”，实施林木采伐管理方式改革、建设林权交易平台、发展林业经济合作组织、拓宽林业融资渠道、促进林业规模化产业化发展等，为林业产业向更高的层次发展和建立现代林业制度打牢基础、建立平台、营造环境。积极探索研究政府促进林业产业化发展考核激励机制，提高抓林业产业的积极性和主动性，不断加快沾益林业产业发展步伐，为全县经济社会科学发展和谐发展跨越发展提供有力支撑。

创新社会管理　创建和谐沾益

中共沾益县委常委、政法委书记　丁世坤

作者（左一）深入基层检查指导工作

沾益县被确定为全省“社会管理创新综合试点县”一年以来，全县上下精心组织，狠抓落实，试点工作进展顺利，取得了良好效果。

一、工作基本情况

（一）强化党政领导，形成工作合力

在省、市政法委的精心指导下，县委、政府和各部门紧紧抓住社会管理创新试点县的重大机遇，切实增强责任感和紧迫感，把社会管理创新工作纳入经济社会发展规划，振奋精神，集中力量，扎实推进。一是加强组织领导。成立了县委书记任组长，县长任第一副组长，县委副书记、政法委书记、人大、政府、政协分管联系领导为副组长的领导小组。县直主要部门、乡镇和重点领域均成立相关机构，上下协调一致推进社会管理创新工作。二是广泛调查研究，明确创新重点。市县成立联合调研组，通过开展问卷调查、召开各层次座谈会等形式，广泛征求相关意见建议近200条。在此基础上，出台了《工作意见》和《实施方案》，明确目标任务，完善措施，落实责任。三是层层动员部署。经过充分准备，2010年10月13日，县委、政府召开了试点工作动员大会，今年又召开了二次工作推进会，各乡镇及成员单位均结合工作实际，对工作进行了层层动员部署。四是强化工作保障。本着集中力量、保障重点；厉行节约、注重效益的原则，切实加大社会管理创新综合试点工作的经费投入。目前，县财政已投入各项重点工作项目经费350余万元。

（二）强化责任分解，落实工作措施

一是分组推进。围绕确定的十项重点工作，成立十个具体工作组，由县级领导分别担任各工作组组长，对工作任务逐一进行细化分解，实行项目化管理。二是落实责任。建立健全社会管理创新组织领导机制，将社会管理创新工作纳入各级领导班子和领导干部的任期目标考核体系，建立领导干部综治维稳工作实绩档案，切实与干部政绩、任用、考核“三挂钩”，确保工作环环相扣，层层推进。三是加强督查。对各项重点工作定期督察、跟踪督察、全程督察，实行定期通报、考评制度；县级领导带队定期深入各重点单位检查指导、督促落实；建立科学合理的考核奖惩机制，将工作纳入全县科学发展观考评体系之中。对工作不力的，启动问责制和综治维稳“一票否决”制。

二、工作主要成效

（一）服务型政府建设取得新进步

牢固树立服务理念，将群众

利益作为出发点和落脚点，成立县乡村三级群众工作机构，进一步畅通群众诉求渠道，落实便民利民措施，以实际行动取信于民。大力加强政务中心建设，认真执行服务承诺制度，规范行政审批行为，创新审批方式，精减审批流程，不断提升服务质量，让群众省心、省力、省经费。同时，社会各项建设不断进步，公共卫生服务体系建设更加完善，城乡社会保障体系和救助体系建设稳步推进；第二批社会主义新农村省级重点村和“新村庄、新社区”建设全面展开，乡村公路硬化工程进展顺利，农村水、电、路、信息等网络体系建设全面加强。构建和谐劳动关系，大力加强劳动力培训转移输出力度，建成沾益县驻浙江省义乌市劳务工作站和沾益县驻昆明劳务工作站，共输出沾益籍农民工8620人，同时依托花山、白水2个工业园区，就地转移农村劳动力26263人次，实现全县“零就业”家庭动态为零目标。实施“关爱留守儿童、空巢老人”工程，切实解决务工人员的后顾之忧。制定相关政策鼓励外出务工人员回乡创业，形成“外出挣钱，回乡创业、吸收就业”的良性循环机制。

（二）大调解体系得到新完善

一是建立县乡村三级社会矛盾纠纷调解新体系。全县分级分类建立调解组织，在859个村民小组设调解员，在政法各部门、信访局、法制办和3个驻沾大中型企业设立11个调解室，在交通事故、建设领域、劳动争议、环境保护、医疗纠纷、消费者权益保护等重点行业和领域建立了专业调解组织，成立县乡村三级解决信访问题联合工作机构，组建县涉法涉诉信访接待服务中心，化解社会热点难点矛盾纠纷。二是完善矛盾纠纷滚动排查、维稳风险评估、社会预警和应急处置工作等新机制，实现调解工作规范化、保障制度化、责任具体化，有效促进了社会矛盾纠纷的调处化解。在各乡（镇）、各部门成立信息研判中心，将维稳信息员布建到村民小组和各企事业单位，形成全方位、动态性维稳情报信息网络；建立健全社会稳定预警机制和重大社会事件应急处置机制，在重大措施出台、重点工程建设、重要项目实施前，认真分析研判其可能存在的社会稳定隐患，源头预防工作取得新进展。三是推出人民调解工作“有案定补”“无案奖励”新方法。针对民间矛盾纠纷在各类矛盾纠纷占有绝对比例的状况，我县今年新推行了人民调解工作“有案定补”“无案奖励”措施。根据矛盾纠纷性质、调解难易程度，将矛盾纠纷划分为简易纠纷、一般纠纷、重大复杂疑难纠纷三类，调解成功一件简易纠纷的补助50元，调解成功一件一般纠纷的补助150元，调解成功一件重大复杂疑难纠纷和群体性事件的补助300元。对乡村两级调解组织主动化解矛盾纠纷，当年无安全生产责任事故、无群体性事件、无刑事案件、无到县以上越级上访、无村组干部违法违纪行为的村（社）根据人口基数，按照3000元和5000元的标准给予奖励，对所属90%以上的村委会（社区）达到“无案奖励”标准的乡（镇）奖励1万元，对所属村委会（社区）100%达到“无案奖励”标准的乡（镇）奖励2万元 。2011年共排查受理各类社会矛盾纠纷5325件，成功调处4735件，成功率达88.92%，审批“有案定补”案件1422件，兑现金额18.6万元，奖励达到“无案奖励”标准的14个村社4.2万元。

（三）大防控体系建设跃上新台阶

积极构建街面防控网、单位内部防控网、视频监控网“三张”社会治安防控网；完善了“邻里守望、师生守望、商铺守望、司机守望、单位守望、小区楼幢守望”等群防群治模式；以三级报警视频监控系统为龙头，先后投资330余万元，在全县建立了65个视频探头，在进出城区的交通道口建立了6个高清视频卡口，组织县公安局机关民警参与城区巡逻，最大限度挤压犯罪空间。

（四）安全监管工作体系得到新加强

在企业安全生产方面，不断加强“软实力”建设，努力推进安全生产软管理和硬管理的有机融合和相互转化，严格落实安全管理制度和措施，有力确保了生产安全。在道路交通安全管理方面，大力推进道路交通安全管理社会化，形成“政府牵头、部门联动、各司其职、齐抓共管、综合治理”的工作格局，在村（社）建立驻村交通协管员队伍，对农村低速载货汽车、拖拉机落实“二盯二”措施，在农村地区特别危险路段招聘专人严防死守。完善职能部门、运输企业、机动车驾驶员和社会力量联动机制，构建道路交通安全社会化管理网络。在消防安全管理方面，实施“1234”工程，整合各种社会消防力量，在乡（镇）组建消防队，成立公共灾害事故综合应急救援大队，建立村级志愿消防队，切实增强乡村抗旱御灾能力。广泛推行农村房屋财产火灾保险，保险费用由县乡两级财政全额承担，覆盖率达100%。

（五）执法公信力得到新提升

以提高司法质量促进公正司法为核心，强化组织领导，细化工作方案，制订十一项促进公正新举措。落实专项经费，强化督促检查，严格考核奖惩，强力推进。工作中，以确定监督主体，明确监督责任，解决涉诉上访问题及主动接受监督为重点，不断加强改进工作。

（六）特殊群体管控工作取得新进展

一是在县乡村成立流动人口服务管理机构，配齐配强专兼职协管员，制定“一证通”“一站式”服务管理办法，落实旅馆业主、用人单位、出租房屋户主管理责任，全面加强服务管理。目前，8个乡（镇）流动人口管理服务站已全部建立，招聘了25名专兼职流动人口协管员，各项服务管理工作有序推进。二是不断强化对刑释解教人员的管理。在各乡镇建立特殊群体管理服务机构，与辖区13个企业达成劳务培训和安置基地建设协议。在花山工业园区创办安置帮教和社区矫正公益劳动基地，安置帮教刑释解教人员48人。三是创新预防和矫正未成年人犯罪新机制。政法部门通过开辟未成年人诉讼“绿色通道”，实行“社会调查员”制度、开展“圆桌审判”、建立“心灵绿洲”劳动教育基地等方式方法，建立了预防和矫正未成年人犯罪的管理、教育和帮扶工作12项长效机制，帮助他们顺利融入社会。四是创新社区矫正管理工作新模式。投入20余万元，建立司法E通信息管理平台，为全县具备条件的社区矫正对象配备GPS定位手机，利用电信司法E通手机定位技术对社区矫正对象进行区域监管，社区矫正工作信息化建设取得新突破，这在全市尚属首家。五是集中收治易肇事肇祸精神病人。采取民政救助、残疾人补助金、医保、农村合作医疗和财政补助相结合的办法，对易肇事肇祸的30名精神病人集中送医院进行免费治疗。

（七）“两新”组织服务管理工作得到新拓展

将38名改任非领导职务的党员干部派驻到“两新”组织担任党务工作者，有针对性地进行分类管理和帮助扶持。完成33家“两新”组织内部综治维稳组织建设，在重点企业建立了以劳动争议调解为重点的矛盾纠纷调处机制，切实维护职工合法权益，构建和谐劳动关系。规范各类新社会组织业务范围，发挥其在社会管理中的积极作用，开发社区矫正、安置帮教等社工岗位，实现企业效益和社会管理的“双赢”。

（八）虚拟社会管控工作取得新成效

组建网络警察大队，占领网络阵地，促进信息网络健康有序发展。完成网吧管理系统、美亚“网聚”管理系统、电子勘查取证设备建设，在全县各家网吧安装了二代证读卡仪，统一制作了网吧安全管理标牌，设立了警察公共关系联络员，完成辖区多家联网单位、网站及网络运营商的登记备案工作。同时，全面采集网吧信息，加强日常监管，强化网络社区巡查，主动应对网上舆情。

（九）基层基础工作实现新跨越

将基层基础工作作为加强社会管理的根基、重点，想法设法加大投入，壮大力量，固本强基，基层基础建设实现长足发展。目前，县、乡综治委主任均由党委书记任第一主任，县综治办工作人员由2人充实到4人，在播乐乡、菱角乡配备了专抓政法综治维稳工作的党委副书记，乡镇综治办全部设置为副科级。在乡村两级加强“两所一庭”和综治中心（室）规范化建设，配齐综治专干和综治调解专职人员，健全县、乡、村综治工作机构，确保了有人干事。同时，大力加强保障机制建设，综治维稳工作经费按照人均2元标准、乡镇综治办办公经费补助按照每年2万元标准、村级综治办办公经费补助按照每年2千元标准纳入县财政预算，按时按量拨付，破解了工作“瓶颈”。

总体来看，在县委、政府的正确领导下，全县上下认识统一、步调一致，工作有力，综合试点工作取得了初步进展。但是，与全省综合试点县的要求和标准相比，还有较大差距。在下步工作中，我县将认真学习贯彻全国、全省加强和创新社会管理工作电视电话会议精神，对社会管理创新工作发展的现状、面临的问题、未来的走向进行深入思考，牢固树立以人为本、以社会公共利益为核心和服务为先的理念，进一步强化领导，完善措施，狠抓落实，努力探索一条既符合沾益实情，又体现时代特征的社会管理新路子，确保既维护社会秩序，又激发社会活力，为全县经济社会发展作出应有贡献。

搞好“四群”教育 改进干部作风

沾益县人大常委会副调研员 王开有

2011年12月以来，中共沾益县委按照《中共云南省委关于开展群众观点群众路线群众利益群众工作教育，实行干部联系群众制度的意见》要求，在全县范围内认真组织开展了“四群”教育活动。在教育活动中，绝大多数单位和部门能够以开展“四群”教育为抓手，认真抓好各项措施的落实，积极组织各级领导干部深入实际、深入基层、深入群众，践行以人为本、执政为民的理念，为实现“干部受教育、作风有改进、发展上水平、群众得实惠、社会更和谐”的目标，推动沾益科学发展、和谐发展和跨越发展奠定了坚实的思想、政治和组织基础。但是，应该看到，教育活动发展并不平衡，有的单位和部门领导，没有充分认识到抓好“四群”教育活动的重要性和紧迫性，存在教育活动走“过场”，干部联系群众“蜻蜓点水”等现象。因此，笔者认为，要督促各单位和部门严格按照省、市、县委的安排部署，高度重视和抓好教育工作。要通过教育，切实提高干部认识，改进干部作风。

一、干部要做到尊重群众，真心诚意当公仆

人民群众是物质财富和精神财富的创造者，是社会发展的决定力量。尊重群众，就是要充分的相信群众、依靠群众，要善于发现和总结推广群众在实践中创造的好经验、好做法，把群众的创新主张变成引领群众，为群众服务的举措和目的。全县各级领导干部，尤其是党政主要领导干部，要切实履行为人民服务的宗旨，深入基层一线、深入贫困村社，深入民众之中，体察民情，倾听呼声，实事求是地反映和落实群众的意见和建议，真心诚意地为民众办实事、做好事。

人民群众是智慧和力量的源泉，是经济、社会建设的主体力量。尊重人民群众，就是要在重要工作决策和执行过程中，广泛听取和采纳群众的意见和建议。比如在干部选任过程中，听取和尊重群众的意见，就是要选任人民群众信得过、满意的干部。为此，要切实落实好《党政领导干部选拔任用条例》和相关规定。一是要落实好群众对于干部选任的知情权。在选拔过程中，要通过不同的形式向群众公开干部选任的有关事项，如选任的方针政策，选任的方式、方法和程序环节，选任的标准、职位和条件等，要把选人的“标尺”和选人的过程交给群众。二是落实好群众对于干部选任的参与权。在干部的选任工作中，必须坚持民主推荐程序。同时，要扩大群众考察对象的

范围，听取大多数群众的意见。三是要落实好群众对干部的选择权。切实做到没有经过民主推荐的不作为被考察对象，考察后大多数群众反映不好的不作为拟任人选，拟任人选没有公示或公示后有问题没有调查核实的不任命。四是落实好群众对于干部选任的监督权。要在坚持抓好党内监督、法律监督、舆论监督的同时，充分发挥好人民群众的监督作用。要努力做到干部的选拔任用群众也能任前、任中和任后监督。要杜绝推荐带“框框”，考察记“要点”，决定看“脸色”等不良现象。只有心里有群众，选群众认可的干部，才能服务于群众，当好人民的公仆。

二、干部要做到情系群众，尽心竭力解民忧

全县各级领导干部要按照胡锦涛同志关于“要坚持权为民所用，情为民所系，利为民所谋，为群众诚心诚意办实事，尽心竭力解难事，坚持不解做好事”的要求，把人民的利益放在第一位，为人民想问题、办事情。一是各级领导干部要在观念上摆正同人民群众的关系。人民群众是国家的主人，全心全意为人民服务是党和各级干部的服务宗旨，是立身行事的根本。沾益恢复县制十几年来的实践经验再次证明，我们的干部，只要处理好党群、干群关系，真正为群众服务，群众就会拥护和支持，事业就有根基，力量就有源泉。反之，如果做人高高在上，为官贪赃枉法，做事脱离实际，群众必然反对。二是工作上要把握群众的意愿。具有群众观念和公仆意识，是党员干部应有的神圣职责和人生价值取向。在实际工作中，各级领导干部，必须把群众的呼声当作第一信号，把群众的需要当作第一选择，把群众的利益当作第一考虑，真心实意地为人民群众服务。沾益恢复县制不久，又是个农业县，基础设施差，农民不富裕，特别是连续三年的大旱，更是雪上加霜。农民最盼望资金、技术的帮扶和人文关怀。全县各级领导干部必须把发展作为第一要务，因地制宜完善发展思路，实事求是确定发展目标，扎扎实实推进沾益经济社会的发展步伐。当前，要以促进和加快脱贫致富为己任，紧紧围绕加快农民收入这个核心，抓住改善基础设施条件和生态环境这个重点，把发展经济和提高人民群众生活质量结合起来，不断改善人民群众的物质文化生活条件。三是感情上要关心群众的疾苦。民间疾苦，枝叶关情。党政领导干部，不能拥权不治事，为官不忧民。要善谋富民之策，多做利民之事，常思百姓之苦，真正把群众的冷暖放在心上，带着感情去调查研究、去走访慰问、去为政处事。只有人民群众真正体会到党和政府的关怀与温暖，才能赢得人民群众的拥护与信任，从而形成凝聚力、向心力和感召力。

三、干部要做到依靠群众，齐心协力谋发展

沾益作为欠发达县，如何实现快速发展是全县四十三万人民的迫切愿望，也是摆在全县各级党政干部面前光荣而艰巨的政治任务。各级领导干部必须坚持以人为本和全面、协调、可持续的科学发展观，集中民智，凝聚力量，立足县情，明晰思路，充分调动广大群众的积极性、主动性和创造性，依靠群众的广泛参与和支持，谋求沾益新的发展。一是要在集思广益的基础上做决策。决策是领导者的重要职责，决策的正确与否直接影响沾益经济社会的发展或一个单位、一个部门工作的成败。作为领导干部，尤其是主要领导干部，一定要以对党和人民事业高度负责的态度，努力推进决策的科学化、民主化和创新化，不断提高决策的质量和水平。决策前要深入基层、深入实际、深入群众调查研究，认真倾听群众呼声，集中群众的智慧和经验，做好可行性调研；决策中要充分发扬民主，认真听取各方面的意见和建议，确保所做决策既符合客观实际又体现群众的意志和要求；决策后要回到群众中去进行实践活动检验，发现问题要及时修改完善。二是要在充分发挥群众创造力的基础上做工作。群众是实践和创新的主体，只有充分依靠群众，实现领导与群众的最佳结合，才能收到一呼百应、事半功倍的效果。实践证明，沾益的发展，离不开广大人民群众的响应和支持，如果只是我们的领导干部空喊空叫，将一事无成，不可能取得沾益今天辉煌的业绩。三是要在思想解放的基础上统一群众的思想认识。沾益这些年发展较快，但与中东部的一些县市比起来，还很贫困。其中，不仅表现在经济方面的贫困、落后，也表现在精神的贫困和思想观念的陈旧方面。“小富即安”“小进则满”的思想在干部和群众中还不同程度的存在。因此，要进一步解放干部、群众的思想，要在思想解放中达到统一。要牢固树立穷则思困、穷则思变、穷则思进的思想，不断谋划切合沾益实际的发展新思路。四是要在提高群众整体素质基础上谋发展。一个地方发展与否，有其多方面的原因，但决定的因素是人，是人的整体素质。因此，要高度重视人民群众多层次、多方面、多样化的精神文化需求，要把普及与提高结合起来，把科学与实用结合起来，在不断丰富人民群众精神文化需求的基础上，进一步提高人民群众的整体素质。要通过人民群众思想的不断解放，科学文化素质的不断提升，文明程度的不断提高，法治观念的不断增强，来进一步促进和推动沾益经济社会的更大发展。

四、干部要做到服务群众，以

身作则做表率

全县各级领导干部，不仅应具备良好的决策和执行能力，同时也应有影响力和带动力。党员领导干部要体现出先进性，给一般干部群众做出表率。一是要做向实践学习的表率。领导干部要在不断丰富政治理论、科学文化、专业知识和法律常识的同时，虚心地向人民群众学习。要充分相信群众，依靠群众，尊重群众的实践和创造，不断地吸取和总结群众的实践经验又为群众服务。要避免和杜绝官僚主义作风。在群众面前摆“架子”、亮“身份”、瞎指挥的领导，干部群众最反感。二是要做团结和凝聚群众的表率。常言道“人心齐泰山移”，只有干群凝聚在一起，才能心往一处想，劲往一处使，才能充分发挥整体效能。作为领导干部，要真诚，表里如一，言行一致；要大度，能够容人，能够容事；要通情，体察民情，关民疾苦。领导干部只有心胸坦荡、豁达，真正关心、爱护、体贴群众，才能凝聚人心，才能最大限度的调动群众的主观能动性为沾益建设服务。三是要做维护群众利益的表率。人民群众是我们的衣食父母。贯彻党的群众路线，维护群众利益是党和国家对各级领导干部的一贯要求。一个领导干部如果只为自己打算，吃拿卡要，贪得无厌，置群众的利益于不顾，最终必然被人民群众所唾弃，甚至走向对立。因此，各级领导干部要切实在政治上、思想上和行动上同党和人民保持一致，工作中要严于律己，自觉遵守党员领导干部勤政为民和廉洁从政的有关规定，用好人民赋予的权力为人民谋利益。四是要做踏实干事的表率。踏实干事是对党政领导干部的基本要求之一，也是沾益人固有的良好品行。但是，由于这些年受一些不正社会风气和用人导向的影响，在一些领导干部中存在定规划图宏伟，下基层摆镜头，作总结不实际的“架子功”“面子货”，在群众中造成了不良影响。沾益要发展，就要认认真真地研究发展规划，实实在在地抓好致富项目。领导干部只有立足本职做榜样，勤勤恳恳办实事，真心实意为群众，才能赢得人民群众的信任、拥护和支持，也才能真正成为组织和群众共同认可的合格的领导干部。

总之，开展“四群”教育是深入贯彻执行党的群众观点、群众路线，坚持以人为本、执政为民的需要。全县各单位、各部门要以“四群”教育为契机，切实抓好干部的教育工作。要通过教育，切实提高干部的认识，改进干部的作风，推动沾益经济社会等各项事业的快速发展。

关于沾益县工业上山和城镇上山的思考

沾益县政协副主席　马卫民

作者（前排左一）深入企业调研

"工业上山"和"城镇上山"（以下简称"两上山"）是省、市委关于推动工业用地、城乡建设用地方式转变，有效破解工业化、城镇化用地与保护耕地矛盾的重大战略决策。结合调研情况，就如何开展"两上山"工作作以下思考。

一、"两上山"的重要意义

"两上山"是省委、省政府审时度势作出的重大战略决策，对于转变用地方式，加强耕地保护特别是保护坝区优质耕地，实施土地节约、促进高效利用，推动经济社会科学发展、和谐发展、跨越发展具有根本性的战略意义。

（一）实施"两上山"是贯彻落实科学发展观的基本要求

近年来，全县围绕保护耕地红线做了大量卓有成效的工作，但随着工业化和城镇化的快速推进，保护耕地与保障用地的矛盾日趋突出，保护耕地特别是保护坝区优质耕地的形势极为严峻。虽然沾益的国土面积不算小，但是除去高山、石山、河谷和荒坡，适宜耕作的土地十分有限，坝区优质耕地尤为不足。因此，积极响应贯彻落实省、市委的战略决策，深入研究县情，科学制定规划，切实采取措施，加快推进"两上山"步伐，是妥善处理好推进工业化、城镇化与保护耕地之间的关系，有效遏制工业、城乡建设用地在坝区扩张势头的当务之急；是突破瓶颈制约，发挥山地优势，开辟工业化、城镇化发展路子的迫切需要；是立足当前、着眼长远，实现科学发展、和谐发展、跨越发展的必然选择。

（二）实施"两上山"是全面建设小康社会的有效途径

土地是经济社会可持续发展的重要基础资源，工业化、城镇化是经济社会发展的重要标志。在加快推进工业化、城镇化进程中，必须坚持最严格的耕地保护制度，特别是对坝区优质耕地实行特殊保护，要慎之又慎。科学保障经济社会发展对土地资源的需求，做到保护与保障并举、保护与开发并举、保护与推进并举，才能确保经济发展和人口、资源、环境相协调，实现全面建设小康社会的目标。

（三）实施"两上山"是以粮食为主的农产品有效供给的重要保障

保护坝区优质耕地，是保障全县的"米袋子"和"菜篮子"的重要基础。保护好坝区耕地事关粮食安全和民生大计。随着经济社会的不断发展，工业、城乡建设用地需求量不断增加，如果不尽快转变用地方式，坝区优质耕地将日趋减少，作为衣食之源的“口粮田”将不复存在。因此，切实保护耕地特别是保护坝区优质耕地，是实现可持续发展，确保粮食安全和农产品有效供给的重要保障。

（四）实施“两上山”是推进城乡一体化发展的迫切需要

随着坝区耕地的逐渐减少，加之现行土地制度还存在着一定的缺陷，在被征地农民的合法权益得不到充分保护的情况下，“务农无地、上班无岗、低保无分”的“三无农民”现象将会越来越多，农民对土地被征用的意见越来越大，由此引发的社会矛盾日益加剧，维护稳定的任务日趋加重。因此，征用坝区平地或较为平坦耕地进行工业、城镇建设的常规用地方式已难以为继，转变观念、调整规划、调整布局势在必行。实施“两上山”是实现工业化、城镇化的发展方向。要统筹城乡发展，把工业化、城镇化和农村持续发展作为一个整体通盘考虑，加强耕地保护，有效保障工业化、城镇化科学发展用地，加快工业化、城镇化和社会主义新农村建设步伐，缩小城乡差距，推进城乡一体化发展。

二、“两上山”的现状

沾益县国土面积281400公顷，其中耕地74804公顷，占27%；林地156443公顷，占56%；草地、园地、城镇村企业、交通运输、水域及设施用地等50153公顷，占17%。全县6—25°坡耕地19928公顷，占耕地总面积的27%。全县划定基本农田保护面积47333公顷。全县有1平方公里以上的坝子13个，面积84400公顷，占国土面积的30%。

多年来，历届县委、县政府注重在低丘缓坡地带规划布局工矿企业和建设城镇。上世纪60—80年代在县城西部低丘缓坡地带建有县农机修理厂、轻工机械厂、造纸厂、磷肥厂、玻璃厂等企业，在盘江镇花山片区建有云南维尼纶厂、云南沾益化肥厂、云南建筑建材机械厂等企业。恢复县置后，在白水小塘建设了国投曲靖电厂、曲靖铝厂等企业。虽然当时没有“两上山”的要求，但沾益过去在工业上山、城镇上山方面的探索和实践，为贯彻落实省、市委战略决策，推进“两上山”建设积累了一些经验、奠定了一定的基础。

在实施“两上山”战略中，沾益县按照省委、省政府关于“城镇建设和工业发展新增用地80%以上使用山坡地、丘陵地、荒坡地、疏林地”的要求，及时组织对城市建设、土地利用、林地保护利用规划进行统筹调整完善。一是实行最严格的耕地保护制度，特别是对坝区重点保护。按照园区向山地布局的要求，调整了工业园区“一园四片区”的规划，调出坝区规划面积内的耕地160公顷，将“一园四片区”由原规划面积3820公顷扩大到5512公顷，其中白水冶金能源片区面积扩大到2000公顷，天生桥物流片区面积扩大到600公顷，城西轻工业片区面积扩大到1450公顷，花山煤化工片区保持1462公顷。二是围绕“城镇上山”相关政策和要求，在原城市规划范围的基础上新增城镇上山用地353公顷，分别是望城坡片区147公顷、龙华大道西侧片区27公顷、沾益高铁站片区113公顷、太和山片区66公顷。三是积极开展国家级低丘缓坡山地综合开发利用试点工作，确定了白水工业基地试点项目、天生桥工业片区试点项目和太和山片区城镇建设用地上山试点项目。

三、存在问题和不足

县委、县政府高度重视，精心组织，积极推进“两上山”工作，但由于“两上山”是一个新的课题，没有现成经验和成熟的做法可供借鉴，许多工作处于边探索边实践的起步阶段，一些部门和个别乡镇还存在对“两上山”战略决策的思想认识不够深刻、发展思路不够清晰、目标定位不够准确、方法措施不够具体、组织领导不够有力等问题和现象，严重影响和制约“两上山”战略决策的稳步推进。

（一）认识不到位

少数部门对省、市委提出“两上山”战略的重大意义、总体要求、基本原则、工作重点、政策措施等缺乏全面系统地掌握，领会不深、理解不透、研究不够、认识模糊。有的对“两上山”的重要性认识不高，没有从沾益的实际出发，没有从落实科学发展观的内在要求出发，没有站在为子孙后代谋生存的高度加以研究和思考；有的错误认为“两上山”只要对城市建设、土地利用、林地保护利用做做规划调整即可；有的认为沾益“两上山”工作已走在全市乃至全省的前列，满足于现状，视野不开阔，开拓进取不够；有的对“两上山”心存顾虑，认为“两上山”开发成本高，不利于加快经济发展的步伐。这些认识上存在的差距，影响和制约着“两上山”工作的深入推进。

（二）规划不具体

沾益“两上山”工作虽然完成了“三规合一”,强化了国土、住建、林业有关规划的衔接。但调控、指导实际工作的规划不具体，可操作性不强，调控严肃性不够，随意性大。一是有总规，无详规。沾益县十五、十一五、十二五经济社会发展纲要均对工业和城乡建设作了总体规划，2010年又组织编制了《曲靖市煤化工工业园区总体规划》，但没有具体、详实的建设规划，如望城坡轻工业片区、白水工业片区、天生桥工业片区等至今仍然没有详实规划方案。二是有长远规划，无近期规划。沾益县于2006年制定了《沾益县城城市总体规划

（修编）》（2005—2020年），但未做到长远与近期相结合，未进一步细化长远目标，未出台近期规划，未制定阶段性措施，导致城市长远规划与实际规划建设脱节，规划的调控、引导作用难于有效发挥，规划的严肃性、权威性不够，存在“规划跟着项目走”的现象。

（三）开发不科学

在实施“两上山”战略中，缺乏因地制宜、体现特色、规范管理、科学开发的理念和机制。在园区开发实施中存在“推倒式”“填平式”的大挖大填行为。既损坏山体、破坏生态，又加大成本、增加投资，造成基础设施重复建设和土地大量浪费。如个别项目因前期挖山填沟工程投资量过大，造成资金链断裂，后续实质建设工程衔接不上，形成典型“马拉松”工程或“半拉子”工程。

（四）功能不健全

园区普遍没有统一整理土地，供水、排污、电网、道路、通讯和宽带等基础未统一规划和建设。园区水、电、路、通讯、网络等基础设施企业主各行其是、各自为政，缺乏统筹规划、一盘棋考虑，造成基础设施重复建设和土地大量浪费。由于基础设施建设的滞后，致使园区对外吸引力不强，造成招商引资难，项目入驻难，建设开工难，严重影响和制约工业园区快速发展。

（五）建设资金不足

“两上山”建设资金渠道单一，缺乏融资平台。县级财力有限，现有开发公司实力不强，难以承担土地收储、融资和土地整理开发。如《沾益县白水片区低丘缓坡土地综合开发利用实施方案》（报批件）对白水片区土地开发投资估算为：土地收储成本、森林植被恢复费、土地开发成本共计15.16亿。由于资金的制约，开发一直处于粗放式低层次水平，难以形成集约发展、规模效应。

（六）人员不就位

县委、县政府虽然成立了沾益工业园区管委会，建立了机构，配备了班子，落实了相关人员的政治待遇和经济待遇，但管委会相关人员仍在原岗位上工作，没有到岗就位，致使园区管委会机构的职能职责没有真正运转起来，没有开展实质性工作，没有为园区建设切实发挥组织、领导、协调、服务作用。

四、意见建议

实施“两上山”对于全县经济社会实现科学发展、和谐发展、跨越发展的目标具有重要而深远的意义和作用。围绕当前全县在推进“两上山”工作中存在的困难、问题和不足，提出以下意见和建议：

（一）认识要提高

认识决定行动。全县各级各部门要高度认识“两上山”工作的重要性、必要性和紧迫性，切实增强工作责任感和使命感，坚定不移地推进“两上山”工作。一要深刻理解“两上山”的战略意义。充分认识“两上山”是贯彻落实科学发展观的具体体现，是转变发展方式的具体举措，是实现可持续发展的根本要求，是推进城镇化、工业化的必然选择，是破解耕地保护与保障建设用地的有效途径，切实把思想和行动统一到省、市委“两上山”的重大战略决策上来。二要破除封闭守旧、满足现状和调规应付的思想。进一步创新思维，拓宽视野，以等不得的紧迫感、慢不得的危机感、闲不得的责任感扎实工作，卓有成效地推进“两上山”工作。三要正视不足，改进工作，推动“两上山”工作不断迈上新台阶、新水平。认真总结近年来花山片区、白水片区、城西片区、天生桥片区及全县城镇建设工作取得的成绩和经验，深入研究工作中存在的困难、问题和不足，紧扣省、市委的战略决策和工作部署，立足沾益实际，加大工作力度，积极探索推进“两上山”工作的新举措、新途径，不断开创“两上山”工作新局面。

（二）规划要详实

坚持规划先行、发挥规划的调控指导作用是有序推进“两上山”工作的重要保障。一要围绕“两上山”的总体规划，做细做实指导“两上山”的详实规划。依据《沾益县国民经济和社会发展第十二个五年规划纲要》、《沾益县城城市总体规划》（2007-2020）和《曲靖市煤化工工业园区总体规划》，进一步优化工业上山、城镇上山的空间布局，进一步明确园区的功能定位，加快编制“两上山”山地综合开发利用详实规划，详实划定永久保护的基本农田、建设用地和生态用地，详细确定园区、城镇和村庄规划边界。制定“两上山”建设远、中、近期规划。按照园区功能定位，坚持统规、统建、共享的原则，制定水、电、路、通讯、网络、排污等配套基础设施建设的远、中、近期规划。二要严格规划管理。认真执行土地管理、城乡规划建设等有关法律、法规，坚持依法依规管地，坚持“规划引领项目”，维护良好的土地管理和城乡建设秩序。建立城乡一体、精简高效、分工合作、职责明确的城乡规划管理新体制，提高管理效能，健全完善村镇规划建设管理体制机制，不断提高村镇规划建设管理水平。

（三）开发要科学

“两上山”工作是一项系统工程，事关长远，关乎大局。在实施“两上山”战略中，要牢固树立科学发展观，坚持立足县情、统筹协调、集约发展、突出特色、以人为本的原则，认真处理好五个方面的关系：一是处理好开发与保护的关系。坚决避免大开大挖大填，破坏水系、植被和山体的行为。做到在保护中开发，在开发中保护，依山顺势，体现人与自然和谐，园区、城镇建设与周边的山体及生态相得益彰。二是处理好项目与环保的关系。要严把企业入园关，充分考虑环保指标，杜绝高耗能、高污染企业入园。要统筹园区排污治污基础设施建设，充分利用沟壑、陡坡、石山等地带建立生态绿色屏障，充分利用地形地貌低洼地带的适宜位置建设排污治污处理系统。三要处理好老城区与新城区的对接关系。将坝区周边适建山地、坡地和未利用地优先纳入储备，统一进行前期土地整理，做好新老城区水、电、路、通讯、网络、排污等基础设施配套衔接，积极引导城镇、村庄、产业向城郊边缘、适建山地发展，提高低丘缓坡用山地的比例，大力推动山地城镇化建设。四要切实处理好老企业与新园区的关系。要按照“企业向园区集中、产业集群发展、资源集约利用、功能集合共建”的要求，鼓励城区老企业借助“两上山”的优惠政策搬迁入园。五要处理好项目引进与定点布局的关系。坚持以规划引领项目，根据项目需要规划布局适建地块，因地就势建设，以投资强度和综合效益指标安排供地，最大限度提高土地利用强度。

（四）功能要健全

要强化园区土地统一整理的力度，将生地变为熟地，以提高土地附加值。加强水、电、路、通讯、网络、排污等基础设施建设是推进“两上山”工作的前提条件，也是园区发展环境优与劣的重要因素。要按照产业关联、科学布局、集约用地、干支相济原则，加快推进水、电、路、通讯、网络、排污等基础设施的配套建设，完善服务功能，以功能健全、基础配套、环境优美吸引商家入驻园区，推动招商引资，促进园区集约发展、集群发展。

（五）投入要加大

“两上山”开发必须拓展融资平台，创新融资方式，畅通融资渠道，通过多元化、全方位的融资来有效解决建设资金不足的瓶颈制约，确保园区开发顺利进行。一要成立工投、土投、城投开发公司，由政府授权，参与园区土地收储、融资和土地整理开发，通过经营土地等生产要素广泛吸纳建设资金。二要创新投资机制。按照“政府引导、社会参与、市场运作”的原则，建立稳定的园区财政保障制度，设立“两上山”基础设施建设基金，采取土地使用权、基础设施项目所有权和经营权出让等形式，鼓励和引导民间资本、社会资金和有实力的企业参与园区基础设施建设。

（六）人员要到位

要把推进“两上山”工作摆上加快推进工业化、城镇化步伐的重要议事日程，建立党委统一领导，政府协调服务，园区管委会组织实施的领导机制、决策机制和工作机制，做到领导到位、人员到位、工作到位、措施到位、考核到位。一是工业园区管委会“一室三局”工作机构要认真履行工作职能，尽快到岗就位，工作以组织、领导、协调、服务园区建设为主。二是做好项目包装、项目储备、项目推介、项目招商，促进项目落实，开展项目建设。三是协助做好环保、国土、住建、林业等部门手续报建报批工作。四是出台管委会工作激励约束机制，明确目标、落实责任、细化措施、严格考核、重奖重惩，充分调动园区管委会全体干部职工的积极性和创造性，确保“两上山”工作落在实处，为全县经济社会科学发展、和谐发展、跨越发展做出新贡献。

人民法院参与政府联合执法的理性思考

沾益县人民法院院长　刘明坤

当前，一些地方政府在涉及非法采矿、违章建筑、旧城改造、强制拆迁等履行政府职能的过程中，往往要求人民法院与行政机关联合执法。在司法实务界中对此有两种不同的认识：一种意见认为，人民法院参与行政机关邀请的联合执法，有违司法的中立性和独立性，会降低人民法院的地位和威信，因此，人民法院不应当参与联合执法；另一种意见认为，现实情况决定了法院不可能不参与联合执法，因此，不是要不要参与的问题，而是如何参与的问题。两者权衡，笔者倾向于第二种观点。对于法院参与联合执法的问题，不仅要从司法制度理论体系高度看到问题的实质，而且还要运用理论联系实际的实证方法，从客观现实出发，实事求是，深刻分析人民法院参与联合执法的原因，结合审判工作自身的特点和规律，平衡好司法权与行政权的关系。

一、人民法院与行政机关联合执法的理性反思

司法体制作为政治体制的一部分，在我国还需要改革，使其不断完善和发展。而司法体制的变革，牵一发而动全身，势必触及宪政体制的某些问题，如党和国家的干部管理制度。目前，政府依法行政的法制状况不容乐观。在这种状态下，人民法院参与联合执法客观上是不可避免的。但是，法院参与联合执法会造成双向的权力滥用。一方面是行政擅权，另一方面是司法越权。导致国家权力结构的平衡机制被破坏，国家机器运转失常。因此，人民法院参与政府联合执法只是权宜之计，从建立法治国家的长远目标来看，此种现象应当越来越少，直至消亡。

（一）有违正当程序

在《法国民法典》的封面上，正义女神手持天平，在她的左手旁立着一只公鸡，右手旁卧着一头威猛无比的狮子。这幅画告诫人们：法律或司法乃是一项关乎公平正义的伟大事业，它不因狮子力大无比就偏向狮子，也不因公鸡柔弱无力就对它不公。司法的中立性，决定了法院不能主动去参与社会纠纷。人民法院要利用司法权去解决社会纠纷，其前提条件是司法权的介入应当符合法律规定。如果没有法律规定，无疑是滥用司法权。如某地因建设开发区，需要尽快拆除当地居民的房屋。由于政府不能与被拆房居民尽快达成一致意见，政府就下达红头文件，确立“先拆房，后解决纠纷”的原则。为避免延期开工，就把争议作为案件提交到县法院处理，要求县法院进行先予执行。随后，法院作出了先予执行的裁定，也就是先把房子给拆了。结果，当事人一直来法院闹，声称是法院将他们的房子给拆了，要求法

院解决他们衣、食、住、行等实际问题。这样闹了七、八年，直至今日也没有最终得到解决。对此，法院也感到十分尴尬和被动。显然，依照法律的规定，本案并不符合先予执行的条件。因此，司法权何时介入到社会纠纷中，法院需要十分慎重。其次，人民法院受行政机关邀请，甚至是党委的命令，参与到行政执法活动中，就难免对具体的行政执法活动发表一些倾向性意见。比如，有些会议纪要上记录有某法官的名字。一旦行政相对人对行政行为不服，向人民法院提出了行政诉讼，造成司法权先入为主的尴尬局面是显而易见的。人民法院所作出的实体处理即使再公正，由于违背正当程序，当事人在感情上很难接受法院的裁决。随之而来的缠诉、上访等现象就难以避免。司法是人类正义的最后守护者，司法对社会正义的维护，首先要通过自身对社会正义的坚守来实现。实践证明，程序被破坏，实体公正将难以为继。正如有学者指出的那样，“从某种意义上讲，人们对于程序公正的看重并不亚于结果公正（实质公正）。只有具备程序公正，人们才会普遍感到整个社会的公正是可能之事”。

（二）有违司法中立性和被动性原则

按照通行的司法权理论，司法权具有这样一些特征：中立性、被动性、独立性、公开性、权威性、终局性等。正是这些特征，将司法权与行政权、立法权区分开来。法院作为裁判者，必须处于一种超脱的、超然的状态，不偏不倚，公平地对待每一方当事人，不得利用审判权去压制、逼迫一方当事人。同时，每一方当事人之间也是平等的，一方当事人不得凌驾于另一方当事人之上。由此，法院与双方当事人之间最理想的状态是一个等边三角形模式，三者之间应当达到相互制约与平衡的状态。法官必须居中裁判，法官本身不得充当自己的法官。法官丧失中立性的后果，会导致国家权力的扩张，公民权利的缩小，这与时代要求的权利本位社会相悖，最后直接危害了司法公正，实践中还会让法院处于进退两难的困境。法官一旦与案件有千丝万缕的联系，司法的被动性和中立性也就丧失殆尽。

（三）有违司法独立性原则

我国宪法第一百二十六条明确规定：人民法院依照法律规定独立行使审判权，不受行政机关、社会团体和个人的干涉。中立性是司法的天然属性，而司法独立性是司法中立性的制度保障。汉密尔顿说：从司法权本身是一种判断权来看，它不像立法权和行政权都有其自身的意志，而这种意志的实现具有强制的意味；从司法权的产生来看，司法权不过是国家权力的一种分工，没有国家司法权也就丧失了存在的物质基础。正是基于这一点，司法权天然地具有一种易受侵犯性，特别容易受到外界尤其是立法权、行政权的干涉或干扰。 人民法院在政府的命令或邀请下参与联合执法，司法权受到干扰是难以避免的。原最高人民法院常务副院长祝铭山认为，“我们不实行三权分立的政治制度，但吸纳了司法独立原则的精神。” 我国目前的法院独立，更多的是指法院整体意义上的独立、外部的独立，并不是法官个体的独立。从外部独立来看，行政机关管不了法院，但党委却管得了法院。要求人民法院参与政府联合执法，法院基于种种因素的考量，不得不参与进去。因为法院有三顶帽子戴不起：一是“稳定”，二是“经济发展”，三是“大局意识”。如某地涉及移民搬迁，作为一项政治性任务，政府下文件要求各部门（包括当地法院在内）分片包干，做好移民的思想安抚工作。但是，在涉及移民搬迁补偿的问题上，政府又专门制定了相关的搬迁条例。这个规范性文件实际上与国家有关搬迁方面的法律、法规相抵触。二者的补偿标准差距悬殊。因此，法院做思想疏导工作的难度之大是难以想象的。如果法院不对这种政治性任务高度重视，不与当地党委和政府搞好关系，你想要做点实事，想要考核过关，恐怕就不得不放弃某些原则。

党的十七大报告明确提出要“深化司法体制改革，优化司法职权配置，规范司法行为，建设公正高效权威的社会主义司法制度，保证审判机关、检察机关依法独立公正地行使审判权、检察权。”本文以为，十七大报告所要求的规范司法行为，就是指司法人员要司法为民，不得滥用、超越司法职权，要合法、适当使用手中的司法权力，严格依法办事。从应然性的角度而言，法院与行政机关联合执法，它与依法治国、规范司法行为的要求相悖，它违背正当程序，违背司法的中立性和独立性，长此以往，势必会严重损害法治。因此，人民法院不能与政府穿一条裤子、坐一条板凳。从实然性角度而言，我国现在的法制状况可以说还相当落后，离依法治国的目标差距很大。在某些政府领导的眼中还存在一些善意的错误观念，如认为邀请法院参与行政机关联合执法就是依法行政的表现。可以说，在现实生活中法院与政府联合执法问题还相当普遍。因此，我们应当实事求是，从中国的国情出发，客观理性地看待联合执法的问题，法院在参与政府联合执法的过程中，巧妙地帮助政府提高法律意识和执法水平，由此双方才会形成共识。思想上有了共识，才会更有利于问题的解决。毕竟，法律只有人人普遍一体遵循，她才具有真正意义上的存在价值。

二、联合执法的成因分析

关于法院参与政府联合执法的原因众说纷纭。有人认为联合执法的原因是政府将法院作为其一个工作部门，有些人则归结为法院地位低下，联合执法是我国宪政体制造成的等等。笔者以为，政府邀请法院参与联合执法的原因可归结为三个方面。

（一）法律万能论是联合执法的观念基础

在我国，人们大小事务都往法院跑，这是很好的例证。因为大家相信法律，想要从法院讨个说法。这一方面说明法院在老百姓眼中的地位并不低，人们相信法院，实质上就是相信法律；另一方面，也反映出人民群众的法律意识并不高。因为法院居于主管和管辖的规定，法院不可能解决一切社会纠纷。正如有学者认识的那样：“遏制犯罪，关键是削弱产生犯罪的各种不和谐社会因素，如贫穷、不公、较低的教育程度，不完善的监督机制等。”“对于犯罪的这种疾患，应当寻找社会的救治办法。”作为管理者，一些政府领导也同样存在法律万能的思想。因此，在遇到一些棘手的问题时，党委和政府也很着急，怕在行政执法中违反了法律，将来充当了行政诉讼的被告，打败了行政官司，就要承担法律责任。这个时候，邀请法院来提出一些权威的意见，想找一个拐杖，拽着法院一起来联合执法。在政府看来，邀请法院来联合执法，就有可能保证依法行政，他们就敢于大胆地开展工作。

（二）司法体制存在缺陷是联合执法的制度基础

我国的人民法院是以行政级别层层设立的。基层人民法院、中级人民法院、高级人民法院和最高人民法院均由相应的人大产生并对其负责。由此，法院的人、财、物都是在党委的领导下、人大的监督下、政府的支持下这么一个状态。要想获得财政上的支持，就必须与政府搞好关系，要想在人事问题上获得好的环境，就必须与党委搞好关系。在这种状况下，所有的地方人民法院从理论上空泛地代表国家，这种体制状况，决定了地方人民法院是地方的法院。党的十六大报告明确指出“要改革司法机关的工作机制和人财物管理体制，逐步实现司法审判和检察同司法行政事务相分离”。

（三）某些党委和政府程序公正理念淡薄、执法水平不高是联合执法的客观基础

笔者以为，这是法院与政府联合执法的最主要原因。近些年来，为贯彻依法治国基本方略，党和国家一再强调政府要依法行政，打造“法治政府”。遗憾的是，我们从电视、报刊等媒体上，看到的却是太多的地方政府没有依法行政的案例。孰不知法律的基础价值，即法的秩序一旦被破坏，任何人都不可能在这样的社会环境中生存下去。没有秩序的社会，一定是个人人自危的动荡不安的野蛮社会。

三、法院在联合执法中如何处理好与党委、政府的关系

司法是社会公平正义的最后一道防线。人民法院作为司法机关，必须坚持严格依法办事的原则。对于受邀参与政府联合执法活动，应当慎重处理好法院与当地党委、政府的关系。

首先，对于党委和政府要求参与联合执法，思想上应当积极应对，不应当有抵触情绪。我们应当冷静、理性地分析政府要求法院所做的是哪些工作?自己参与其中会不会带来一些自身无法解决的矛盾和纠纷等等。

其次，要把握好参与有度，参与有据的原则。在这个过程中必须划清楚司法权与行政权的界限。这一点实际上很容易做到。法院可以替政府出主意、想办法，但人民法院的参与，绝不是代替行政机关进行具体的行政执法活动。人民法院起到的仅仅是一个参谋助手的作用，绝不能冲在第一线去解决社会纠纷。如果上级法院有文件，就能更好与政府沟通协调了。人民法院参与后，行政机关一般会让我们提意见。这个时候，我们必须依法提出自己的意见，从法律上替政府把好关。不能看政府出问题，出洋相。如果我们提出的意见合法有据，哪一级政府也不会冒着违法的风险去实施行政行为，政府就会觉得法院在真心实意替政府办事，是为政府着想，是为老百姓办事。因此，政府一般对法院的意见也就非常重视。当然，如果政府不给我们提意见的机会，发现政府的决议不符合法律规定时，我们应当旗帜鲜明提出自己的意见，给政府打预防针，建议政府不要实施某些不适当的行政行为。

在当前的司法体制下，由于我国法制状况落后，行政机关执法观念守旧、执法水平不高。法院参与联合执法有利于政府部门合法行政。作为人民法院，如果政府邀请法院参与行政执法，我们可以适度参与，当好参谋的作用。只有让政府依法行政，才会维护好人民群众的利益。隔岸观火，看政府出问题，出洋相，这本身是对人民群众切身利益漠不关心、不负责任的表现，也是我们应该坚决反对的。从实际出发，适度参与，让行政机关合法行政，正是人民法院司法为民，勇挑重担，顾全大局的重要体现。我们在与党委、政府相互协调和沟通的过程中，对人民负责任的政府一定会转变思想观念，其依法行政的执法水平会越来越高，人民法院的地位也会越来越高，我们所提出的意见也越来越权威。

注解:

吴忠民：《论社会公正中的程序公正》，来源于中国人大网www.npc.gov.cn

参见汉密尔顿等著：《联邦党人文集》，商务印书馆1995年版，第390页。转引自陈卫东、韩红兴《法官职业化若干问题的思考》，载于苏泽林主编：《法官职业化建设指导与研究》，人民法院出版社2003年版第2辑第31页。

参见祝铭山：《法官职业化与现代司法理念》，载于苏泽林主编：《法官职业化建设指导与研究》，人民法院出版社2003年版第2辑第8页。

参见郑丽萍：《和谐社会视角下的刑罚改革》，载于赵秉志主编、中国人民公安大学出版社出版的《和谐社会的刑事法治》第639页。

参见陈兴良：《刑法哲学》，中国政法大学出版社2000年版，第8页。

大事记

责任编辑　管晓方

1月

6日　市委常委、宣传部部长何华，市人大常委会副主任、妇联主席李桂珍到大坡乡慰问看望农村留守儿童。

13日　县法院花山法庭被省高级法院授予“全省优秀法庭”称号。

14日　全县2011年安全生产工作暨一季度安全生产工作会议召开。

16日　沾益县2011年“三下乡”集中示范暨“常下乡”活动在炎方乡启动。

18～25日　沾益县组织8个慰问团，深入厂矿企业、乡（镇）村社对困难职工、困难老党员、离退休老干部等进行春节走访慰问。

19日　沾益县乡（镇）党委换届工作动员大会召开。

20日　市委常委、宣传部部长何华，副市长宁德刚率慰问组到沾益走访慰问企业困难职工。

24日　沾益县2011年蔬菜产业项目实施方案顺利通过省、市专家组评审。项目总投资1771.81万元，实施地点在盘江镇松林、河西村委会。

25日　沾益县2011年公安工作会议召开。

同日　县委、县政府召开2011年各族各界代表人士新春团拜会，各族各界人士代表80余人参加。

28日　沾益县廉租住房小区入住仪式在玉林小区举行，254户保障对象搬进廉租房。

当月中旬　县境内持续遭受冷空气影响，气温持续偏低，低温、雨雪、冰冻、冰雹天气交替出现。导致交通主干线受阻，电力通讯受损，农作物受灾，对群众生产生活产生了较大影响。

当月　沾益县绿丰农业科技有限公司申报的15个农产品通过农业部无公害农产品认证。

2月

10日　沾益县2011年春季劳动力转移就业欢送仪式在玉林广场举行，欢送668名务工人员赴浙江义乌、昆明等地务工。

15日　县委三届十四次全体会议召开。会议听取和讨论了县委常委会工作报告，安排了2011年全县经济社会发展任务。

16日　沾益县首届新农村故事会擂台赛举行，评选产生“年度故事大王”一等奖1名，二等奖2名，三等奖3名，“年度最佳故事”3篇。

21～24日　中国人民政治协商会议沾益县第三届委员会第四次会议在沾益县五机关报告厅召开。会议应到委员196人，实到193人，应到常委28人，实到28人，应到列席人员113人，实到108人。

21日　沾益县在珠江源大道举行公路“百日治超治污”工作启动仪式。

21日　市劳动就业管理服务中心、县劳务产业办、县劳动就业服务中心组织协调20余家知名企业在炎方乡举办2011年春风行动现场招聘会。招聘会共提供就业岗位1000余个，涵盖工种30余个。求职人员达500余人次，150余名求职者与招聘单位现场签约。

23日　市委、市政府召开追授县公安局原副局长桂镜洪全国公安系统二级英雄模范命名表彰大会。会议宣读了国务委员、公安部部长孟建柱签署的命令，向桂镜洪的亲属颁发了奖章、证书和奖金。

同日　全县统一战线工作联谊座谈会召开，县内党外干部、民主党派、少数民族、非公经济界市、县政协委员代表受邀参加。

25日　沾益县2011年政法工作会议暨社会管理创新工作推进会召开。

25～27日　沾益县召开第一次全国水利普查工作动员暨培训会。

26日　北京环渤海旅游联合会旅行社经理考察团到珠江源风景区考察。

3月

1～5日　沾益县第三届人民代表大会第四次会议在县政府报告厅召开。199名县人大代表出席会议；驻沾省、市人大代表，中央、省、市属单位、部队领导，不是人大代表的县五班子领导，县直各部门领导，乡（镇）党委书记、乡（镇）长应邀列席会议。会议期间，共收到代表提出议案、建议、批评和意见92件。

2日　市委副书记范华平到沾益检查指导烤烟生产工作。

4日　沾益县2011年人口资源环境工作座谈会召开。共100余人参会。

同日　国家水利部副部长刘宁到沾益调研水利发展改革工作。

5日　沾益县在西平镇举行社区矫正司法e通平台启动仪式，在全省率先开通社区矫正司法e通平台。

7日　市委书记赵立雄到沾益调研。

8日　沾益县组织1000余名妇女到大坡乡海峰湿地，开展以“相约在美好春天、共建绿色家园”为主题的“巾帼林”植树活动。市人大常委会副主任、市妇联主席李桂珍参加。

同日　市委召开沾益县人民法院获“全国优秀法院”称号颁奖大会，会议决定奖励县法院10万元。

同日　省烟草专卖局局长、总经理余云东到沾益调研烤烟生产工作。

同日　副市长饶卫到沾检查指导“第六届登山越野挑战赛”暨“第五届山地自行车越野挑战赛”筹备工作。

9日　沾益县第四批新农村建设工作队及指导员工作总结表彰暨欢送第五批指导员会议召开。全县第五批共下派指导员106人。

同日　由沾益县与曲靖市民营百灵影视有限公司联合摄制的本土民族数字影片《珠源情》首映式在曲靖会堂举行。

11日　沾益县启动以“倡导见义勇为、弘扬社会正气”为主题的综治维稳宣传月活动。

同日　市人大常委会副主任李洪辅到沾益检查指导“整乡推进”扶贫开发工作巩固和完善情况。

15日　牛栏江治理工程车务河防洪工程实施方案通过市级初审。

16～17日　团中央《知心姐姐》杂志社心理健康全国巡回报告团到西平镇作了题为“关注孩子的生存智慧”的专题报告会。

17日　省委换届选举督导组到沾益检查指导乡镇党委换届选举工作。

同日　全县乡（镇）党委换届工作全面结束，共选举产生党委委员79名，纪委委员39名。

18日　中国少年儿童出版社驻昆办事处向盘江镇三道坎苗族小学赠送价值5万元的图书。

22日　中共沾益县纪委召开三届六次全会。会议总结了2010年全县党风廉政建设和反腐败工作，研究部署了2011年工作。

23～25日　共青团沾益县第五次代表大会召开，共191名代表参会。会议选举产生共青团沾益县第五届委员会，由21名委员、7名候补委员、9名常务委员、书记1人、副书记1人组成。

24日　云南省珠江禁渔启动仪式在珠江源头隆重举行，省农业厅副厅长孙海青及各市州相关领导出席。

29日　2011年县委县政府工作会议召开，县委书记聂祖良和县长毕尚鹏分别作了重要讲话，会议安排部署了2011年县委、县政府具体工作任务。

当月　沾益县播乐乡中草药协会成功申报为全国农村专业技术协会先进单位，炎方乡刘麦地村委会申报为省科普惠农实施点。

当月　县公安局成功破获一起跨区域贩毒案件，抓获犯罪嫌疑人3名，缴获毒品3698克、贩毒用车1辆。

当月　县境内冷空气活动频繁，15～17日，24～27日分别出现两次强“倒春寒”天气，大部地区出现降雪，月平均气温为1961年以来同期第三低值。

4月

1日　中国郑和舰队资本国际集团董事局主席、中国太平洋建设集团创始人严介和到海峰湿地自然保护区考察。

2日　2011云南沾益珠江源“第六届登山越野挑战赛”暨“第五届山地自行车越野挑战赛”在珠江源风景区举行。奥运会长跑冠军王军霞，亚运会冠军钟焕娣，世锦赛冠军黎则文领跑。

5日　香港协同福利会及教育基金会昆明办事处刘红芳带领4名美籍会员到德泽中学和县一中开展交流助学活动。

12日　沾益县举行“中华魂”《颂歌献给党》主题教育活动启动仪式，学生代表等共600余人参加。

14日　财富国际城市综合体项目接洽会在沾益召开。

14～16日　省“一事一议”财政奖补工作核查组到沾益核查验收2010年度村级公益事业建设“一事一议”财政奖补工作。

16日　播乐乡鸭团籍领导干部、企业家和县直挂点干部共300余人，为鸭团乡村道路建设捐款29万余元。

20日　云南省作家协会2011年理事会暨繁荣曲靖文学创作座谈会在沾益召开，市委常委、宣传部部长何华，省作家协会主席黄尧及省、市作家代表80余人参加。

同日　省安监局副局长汤忠明深入沾益县松林油库、沾益氧气厂检查指导安全生产工作。

26日　60余名驻曲驻沾商会及部分企业代表在沾益县召开共谋发展座谈会。

当月　沾益县被列为国家玉米产业技术体系建设示范县。

5月

5月1日至6月1日 沾益县开展2011年校园及周边环境专项整治工作。

4日 省纪委副书记高旭升，市委常委、市纪委书记孔荣华到沾益检查指导政务服务工作。

6日 市委书记赵立雄，市委常委、常务副市长周宗到沾益调研廉租房建设工作。

7日 市委副书记范华平到海峰湿地调研湿地保护与开发工作。

9日 昆明铁路局常务副局长刘振芳到沾益调研滇东北物流中心项目规划建设情况。

10日 市委常委、副市长陈军到沾益调研工业经济运行及重大项目建设进展情况。

11日 省卫生厅厅长陈觉民到沾益调研深化医药卫生体制改革工作。

同日 市委常委、市委统战部部长朱兴友到沾益调研。

12日 沾益县召开2011年防汛抗旱工作会议。

12～17日 水利部中小河流治理项目稽查组到沾益检查西河西平镇段防洪治理工程一期进展情况。

14日 国务院水利普查领导小组办公室到沾益检查指导全国第一次水利普查工作。

同日 省委党校副校长、省委创先争优活动领导小组办公室副主任何祖坤到沾益调研创先争优活动情况。

同日 沾益县举行食品药品安全宣传月活动启动仪式。

15日 沾益县举行“科技活动周”暨第四个“世界肝炎日”科普宣传教育活动启动仪式。

同日 《中国教育报》头版头条以《每天杀头猪 吃好免费餐》为题，报道了菱角三中勤工俭学惠及山娃的情况。

16日 省政协副主席王学智到沾益调研保障性住房建设工作。

22日 国务院发展研究中心“三农”调研组到沾益调研农田水利工程建设情况。

同日 昆明市五华区人大考察组到沾益考察人大工作和城市经济发展情况。

25～26日 沾益县文学艺术界联合会第三次代表大会召开，来自全县各条战线的105名文艺代表参加。全体参会代表发出《致全县文艺工作者的倡议书》。

28日 中纪委第五室副主任明玉清到沾益调研纪检监察和反腐倡廉工作。

31日 省水利厅副厅长刘嘉喜到沾益检查指导牛栏江—滇池补水工程移民安置工作。

同日 副市长宁德刚到沾益检查指导农业农村工作。

当月 沾益县被中宣部、国家司法部评为“2006～2010年全国法制宣传教育先进县”。

6月

1日 国家住建部保障性住房督导组到沾益检查指导廉租住房建设工作。

3日 沾益县召开全县2011年当归移栽现场会。

6～10日 第十九届中国昆明进出口商品交易会在昆明国际会展中心举行。沾益县共签订国内合作项目2项，协议总投资35亿元；签订出口货单4宗，协议出口资金1336万美元；签订国内货单2单，协议资金80万元；重点推介招商项目24个。

8日 县委三届十五次全会召开，会议就召开县第四次党代表有关事项作了广泛酝酿和充分讨论。

同日 中共沾益县纪委三届七次全会召开。

9日 市委副书记范华平到沾益调研重点项目建设推进工作。

同日 县纪委三届七次全会召开。

10日 《中共沾益地方史》第一、二卷合订本由云南人民出版社出版发行。

13日 庆祝中国共产党成立90周年“颂歌献给党”红色廉政歌曲合唱比赛在县城玉林广场举行，来自县直及9个党委代表队的18首经典红色歌曲参赛。

13～15日 中国共产党沾益县第四次代表大会召开。大会选举产生中共沾益县第四届委员会、中共沾益县纪律检查委员会和出席市第四次党代会的党代表，县委四届一次全会选举产生新一届县委常委会。

15日 县纪委四届一次全会召开。会议选举产生了新一届县纪委常委会和书记、副书记。

同日 大坡岩竹（海峰湿地）至菱角棚云（七彩峡谷）旅游公路通车。该工程全长9千米，修建为四级公路砂石路面，总投资100余万元。

同日 省卫生厅副厅长张笑春、副市长饶卫到沾益督查、调研医药卫生体制改革工作。

16日 市委常委、组织部部长李云忠到沾益走访慰问困难党员。

17日 沾益县开展学习“杨善洲精神”义务植树活动，30余家单位共2000余人参加，共植滇朴5.4万株。

21日 市委副书记、市长岳跃生到沾益走访慰问困难党员、老党员及党员先进模范代表。

22～26日 沾益县组建桂镜洪先进事迹报告团，到全县各乡镇和企事业单位开展巡回宣讲9场次。

24日 市委常委、常务副市长周宗，昆明铁路局副局长韩忠平到沾益查看六沾二线沾益段铁路既有线土地、移交情况。

29日　全县人才工作会议召开。会议表彰奖励了22名优秀专业技术人才。

同日　沾益县庆祝中国共产党成立90周年纪念暨“七一”表彰大会召开。

当月　市委、市政府安排宣讲团，在全市以“身边的人说身边的事”的形式，对桂镜洪先进事迹进行宣讲。

6～8月　县境内降水量异常偏少，出现了自1961年以来最为严重的夏旱。

7月

1日　沾益县各级党组织组织党员收听收看中共中央庆祝中国共产党成立90周年大会直播。

4日　沾益县2011年生猪调出大县奖励资金项目实施方案通过省级评审。

5日　沾益县慈善总会成立。

7日　市人大常委会主任刘海芳到沾益调研经济发展和人大代表活动室建设工作。

9日　中纪委督察组到沾益督查工程建设领域突出问题专项治理工作。

12日　市委市政府检查组对沾益县2010年省级重点建设村进行抽查验收。

14日　由省委宣传部组织的“学习型党组织建设·曲靖行”采访团到沾益采访学习型党组织建设工作，中央、省、市共10多家媒体记者参加采访。

15～16日　国家主要污染物总量减排第十九核查组到沾益检查2011年上半年主要污染物总量减排情况。

16日　第七届珠江源美食文化节暨沾益万寿菊赏花会在沾益开幕。活动内容包括“唱响沾益、畅享美食”大型文艺晚会，1500余辆自驾车海峰湿地自驾游，美食雕刻展，赶歌会，玩转云南、吃遍曲靖活动，迎宾盛宴等。

17日　省政协主席王学仁到沾益调研中低产林工作和万寿菊产业发展情况。

18～19日　市人大常委会副主任李玉雪到沾益检查土地管理工作。

19日　财政部农业司副司长张岩松到沾益调研珠江源头保护工作。

21日　市人大常委会副主任、市妇联主席李桂珍到沾益调研卫生工作。

同日　沾益县举办“六五”普法送法下乡农村法制文艺演出，拉开了全县“六五”普法帷幕。

22～26日　南海观音开光暨第二次传授居士菩萨戒法会在大觉寺成功举办，全市819名居士领取戒碟。

27日　全市2011年新任乡（镇）长60余人到西平镇大营社区参观小康示范村建设。

29日　沾益县开展2011年党政领导军事日活动，并召开“八一”建军节双拥座谈会。

31日　沾益县人民检察院社区矫正检察工作室在西平镇司法所挂牌成立。

当月　沾益县人民法院被最高人民法院表彰为全国法院“立案信访窗口”建设工作先进集体。

8月

8日　国家统计局设管司副司长孙庆国到沾益督导“企业一套表”试点工作。

9日　中央、省级财政支持农业发展项目验收组到沾益检查2010年中央财政支持现代农业生产发展蔬菜产业项目、脱毒马铃薯标准化生产示范项目以及省级财政支持蚕桑产业发展项目实施情况。

同日　市政协主席赵建华到沾益调研新农村建设工作。

10日　省公安厅副厅长董家禄到沾益调研。

11日　省农业厅厅长张玉明到沾益调研农业生产和抗旱工作。

12日　沾益县举办新闻发言人理论骨干培训班，全县各单位共100余名新闻骨干参训。

14日　沾益县2011年抗旱救灾工作会议召开。

15日　沾益县在玉林广场旁开展反恐处突应急救援综合实战模拟演练。

19～20日　副省长孔垂柱到沾益调研抗旱救灾工作。

20日　沾益县被确定为国家级农业综合开发高标准农田示范工程项目县。项目计划于2012～2014年实施，总投资3600万元，拟在西平镇和白水镇建成高标准农田3万余亩。

同日　国家农业部种植业司副司长周普国到沾益检查指导农业生产及抗旱救灾工作。

22～28日　省农业厅抗旱促生产督导工作组到沾益开展抗旱促生产督导工作。

25日　国家防总抗旱检查组到沾益检查指导抗旱工作。

26日　第23届亚细亚水彩联盟展“中国·珠江源国画特展”在沾益开幕，来自亚细亚国际水彩联盟20多个国家近百名画家出席。共展出独具珠源特色的国画作品100件，展览至9月4日结束。

同日　省民政厅副厅长胥廷义到沾益检查指导抗旱救灾工作。

28日　国家农业部总经济师杨绍品到沾益检查指导抗旱救灾工作。

30日　国家民政部减灾中心副主任冯金社率工作组到沾益检查指导抗旱救灾工作。

当月　沾益县第六次全国人口普查数据分析工作圆满结束并正式向外界公布。截至2010年11月1日零时，全县常住人口为431058人。总人口性别比为110，文盲率为6.61%，65岁以上的人口占总人口的7.47%，居住在城镇的人口占总人口的37%。

当月 县发改、工信、环保、工商、质监等部门联合开展禁止生产销售使用塑料购物袋专项行动。行动共出动执法人员100余人次，检查相关经营户、流通摊点365次，检查集贸市场17个，发放宣传资料1400余份。

当月 沾益县2011年度第一批中央财政小型农田水利建设方案获批。项目批复工程概算投资2113.26万元，工程建设完成后可新增灌溉面积13377亩，改善灌溉面积2679亩，新增节水灌溉面积16056亩，实现年节水15.2万方。

当月 沾益县档案馆被县委、县政府命名为县级爱国主义教育基地。

9月

1日 沾益县人大网（http://zy.qjrd.gov.cn）正式建成开通。

6日 花山派出所被公安部命名为2010年度一级派出所。

同日 省林业厅检查组到沾益检查指导中低产林改造和林业抗旱工作。

7日 国家农业部全国农技中心节水处处长高祥照到沾益调研指导抗旱工作。

同日 省军区司令员张肖南到沾益检查战备和工作秩序落实情况。

8日 沾益县召开2011年各族各界人士中秋茶话会，全县各族各界人士代表受邀参加，共叙友谊，共议大事，共谋发展。

同日 省人大常委会办公厅调研组到沾益调研县人大网站建设情况。

13日 沾益县新型农村社会养老保险和城镇居民社会养老保险试点工作动员大会召开。

14日 市人大常委会主任刘海芳、副市长饶卫、张向明，市人大常委会秘书长马克利，市人大常委会预算工委，市财政、水务、民政、国税等市直相关部门领导到沾益检查指导抗旱保民生抓安全促发展工作。

同日 共青团省委副书记杨金莹到盘江镇松林社区调研“党建带妇建”工作。

17～18日 水利部公益性行业科研专项经费项目《云南旱灾应急响应系统研究》课题组专家到沾益调研抗旱减灾工作。

19日 县科协联合科教卫生、环保、劳动等23个部门举办“全国科普日”大型科普宣传活动，100余名科普志愿者参加活动。

20日 县委在县人武部召开议军会。会议传达了省、市议军会议精神，表彰了党管武装好书记、国防动员好主任和国防动员建设先进个人。

24～26日 沾益县组织第4次县城应急供水调水工作，从花山、白浪水库调水25万立方米入牛过河水库，确保县城国庆节期间供水需求。

26日 丽江市古城区政法委到沾益考察少年审判工作。

27日 县科协举办科普大篷车进校园活动。科普大篷车开进大坡一中和县三中，现场摆放10余种科学仪器、20余块科普立体展板。2500余名师参加活动。

同日 省艾滋病防治工作督导检查工作组到沾益指导检查艾滋病防治工作。

29日 市委书记赵立雄到沾益检查指导抗旱救灾保民生抓安全促发展工作。

当月 沾益县被确定为国家级农业综合开发高标准农田示范工程项目县。项目总投资3600万元，将于2014年完成西平镇和白水镇高标准农田建设3万余亩。

当月 大坡乡大坡村被评为首批“全国一村一品示范村”。

10月

10日 省政府节能减排第三督察组到沾益督察节能减排工作。

同日 市委常委、统战部部长朱兴友到沾益调研非公经济发展和统战工作。

12日 沾益县深化乡（镇）机构改革和事业单位清理规范工作会议召开。

同日 省政府副秘书长、省信访局局长赵海鹰到沾益检查指导信访工作。

13日 省人力资源和社会保障厅副厅长谢群到沾益调研失地少地农民养老保险工作。

同日 省委宣传部部副部长李涛到沾益调研“走基层、转作风、改文风”活动情况。

13～14日 沾益县举办基层妇联干部培训班，市人大常委会副主任、市妇联主席李桂珍出席。

18日 沾益县第三轮禁毒和防治艾滋病人民战争工作会议召开，共100余人参会。

同日 沾益县2012年小春生产及冬季农业开发现场会召开。

同日 省政府水利建设资金筹集情况检查组到沾益检查水利建设资金筹集情况。

19日 省委常委、组织部部长刘维佳深入西平镇大营社区、县四中和广厦房地产开发有限公司调研党建工作。

25日 省政协主席王学仁到沾益视察抗旱保民生工作和牛栏江—滇池补水工程。

26日 由越南、泰国、老挝、缅甸等6国学员组成的“2011年东盟国际马铃薯生产技术培训班”观摩团一行20余人到沾益参观

马铃薯生产情况，

27日　全县社会主义新农村第三批省级重点建设村工作会召开。

27～30日　沾益县组团参加在昆明举行的2011中国国际旅游交易会。代表团组织丰富多彩的节目宣传推介沾益旅游资源，并发放沾益旅游宣传资料4000余份、光碟300余张。

11月

3日　市委常委、市纪委书记孔荣华到沾益调研廉政文化建设和“党的纪律监督进非公企业”工作。

4日　国际农发基金云南项目设计团到沾益考察农村综合发展项目。

10日　省地税局局长陈建国到沾益调研地税工作。

11日　沾益县在大坡乡召开全县党员干部远程教育工作推进会，全面启动2011年度远程教育终端站点置换建设工作。

同日　倒播公路Ⅱ期（沙高至播乐）建设工程开工。工程长16千米，总投资1700万元。

14日　市人大常委会主任刘海芳到沾益调研抗旱救灾工作。

同日　市人大常委会副主任余荣忠到沾益检查指导“十二五”规划项目和2011年重点项目落实情况。

21日　大坡至章溪农村公路改造工程启动。工程按四级沥青路面标准改造，总长14千米，总投资1300万元。

23日　中央财政小型农田水利建设项目市级现场会在菱角乡赤章村现场点召开，全市各县（市、区）主要领导、分管领导及相关部门负责人参加。

同日　中国国际工程咨询科技公司专家组到沾益对“麒沾马”经济区总体规划进行专题调研。

24日　2011年贺岁喜剧片《闪婚总动员》在珠江源风景区、海峰湿地拍摄。

25日　水洞山水库截流和大坝基础开挖工程通过省级验收。

同日　市政协副主席唐德荣到沾益检查指导省第九次党代会信访维稳工作。

同日　沾益县第三中学获得中国人民大学2012年自主招生“圆梦计划”中学资格，为全省唯一一家获此殊荣的中学。

28日　国家防办抗旱工作组到沾益检查指导抗旱工作。

当月　沾益县联通全国电子政务外网，实现了公文交换无纸化流转。

12月

2日　沾益县召开学习贯彻云南省第九次党代会精神会议。

6日　沾益县武术协会成立。

8日　全县2011年万寿菊生产总结表彰会议召开。

9日　沾益县档案馆经国家档案局委托省档案局测评验收，达到国家二级综合档案馆标准。

14日　全县2011年度社会评价测评大会召开，对69个县直部门（单位）和8个乡（镇）进行满意度测评。通过集中测评，69个参评部门（单位）和8个乡（镇）的满意率均在90%以上。

19日　沾益县举行西河综合治理工程开工仪式。该项目为曲靖市“十大重点建设项目”之一。项目集河道治理、景观建设和商业地产开发于一体，总投资12.48亿元，建设工期3年。

19～21日　沾益县组成由县级领导任组长的24个考核组，到全县各乡镇、各部门就贯彻落实2011年度科学发展观各项工作进行考核验收。

21日　沾益县老龄事业发展促进会成立。

22日　市政协副主席夏传煊到沾益检查指导农村水利建设工作。

25日　全县开展群众观点群众路线群众利益群众工作教育实行干部直接联系群众制度动员培训会召开。

26～27日　沾益县在县机关报告厅一楼举办全县领导干部学习贯彻党的十七届六中全会、省第九次党代会精神暨“四群”教育培训班。

27日　沾益县2012年烤烟生产工作会议召开。

28日　沾益县深化乡镇机构改革人事编制移交现场会召开，各乡镇及县直相关部门50余人参加。县直相关单位移交给乡镇人事档案510份、移交并重新填报事业机构编制手册100册。沾益县乡镇机构改革工作基本完成。

同日　省水利厅厅长周云龙到沾益检查指导抗旱保人畜饮水工作。

30日　沾益县举行白浪水库引水抗旱应急增蓄保人饮水工程开工奠基仪式。

当年　沾益县开展群众观点、群众路线、群众利益和群众工作教育活动，组织各级干部深入实际、深入基层、深入群众，全面推行联系零距离、沟通零距离、服务零距离的“零距离工作法”。全县共下派群众服务员4262名，联系群众14521户。其中有40名县级领导直接联系200户群众，626名科级干部直接联系3130户群众。

当年　全县共实施省级整村推进村14个，易地搬迁扶贫项目1个，产业扶贫项目1个，革命老区开发建设项目1个，小额信贷扶贫项目1个。共投入各级各类扶贫资金3379.28万元。

当年　全县共签订国内合作项目协议8项，其中省外项目5项；协议引进市外国内资金54.65亿元，实际利用市外国内资金5.55亿元，上年结转项目13项，新投入资金11.71亿元，共计到位资金17.26亿元；实际利用外资200万美元。

当年 全县共有166个单位的26909名职工参加第八期职工医疗互助活动，共收缴互助金3262960元。

当年 全县共有9个项目进入省“三个一百”重点建设项目范围，其中进入100个在建重点建设项目4个，100个新开工重点建设项目3个，100个重点前期项目2个。

（管晓方）

概 况

责任编辑 管晓方

综 述 沾益县位于云南省东北部、曲靖市中部，国土总面积2801.1平方千米，占曲靖市总面积的9.69%。地跨东经103°29′~104°14′，北纬25°31~26°06′之间，素有“入滇锁钥”之称，珠江发源于境内马雄山东麓。东邻富源县，南连麒麟区、马龙县，西接会泽县、昆明市寻甸县，北与宣威市毗邻。县城海拔1884米，县委、县政府驻西平镇，距省会昆明151千米（公路），距市政府驻地13千米（公路）。2011年末，全县辖西平、盘江、白水3镇，德泽、菱角、炎方、播乐、大坡5乡，共有村（居）委会122个，其中居委会28个。有自然村1208个全县总人口13.76万人（常住），增1.52%，其中少数民族25815人，占总人口的5.99%。

境内自然资源丰富。全县森林覆盖率为48.65%。主要森林植被类别有湿润常绿阔叶林、落叶阔叶林。有云南松、华山松、滇油杉等优势树种。并有国家二级保护树种黄杉林，国家二级保护植物中国蕨、扇蕨，国家一级保护动物黑颈鹤、黑鹤，国家二级保护动物斑羚、穿山甲、灰鹤、林麝等珍稀动植物。矿产资源有煤、磷、铁、矾、钼、镍、铅锌、石灰岩、白云岩、粘土、建筑用沙等数十种。其中，煤、磷、石灰岩储量大，品质好，煤储量1.61亿吨，磷矿储量2.9亿吨，石灰岩遍布各乡镇。水资源总量10.35亿立方米，水能蕴藏量13.25万千瓦。主要河流南盘江、北盘江，属珠江水系，牛栏江属金沙江水系，径流总面积2187平方千米。全县共有蓄水工程470件，其中市管中型水库有花山、白浪、西河3件，库容总量13203万立方米；小（一）型水库19件，小（二）型水库107件，坝塘341件。总库容为24603万方，兴利库容17798万立方米，县管蓄水工程兴利库容为6384万立方米，年计划蓄水量5710万立方米。

2011年，沾益县的气候明显异常，主要表现在降水异常偏少，降水除冬季比历年同期偏多外，其余季节均比历年同期偏少。尤其夏季偏少最为严重，是1961年以来降水最少的夏季。年内气温波动较大，春季气温是1991年以来同期最低值，夏季气温则是1961年以来同期最高值。年日照时数正常至偏多。年内气象灾害主要以低温雨雪冰冻、倒春寒、夏旱为主，其中夏季干旱是2011年持续时间最长，影响程度最深，影响范围最广，受灾程度最重的气象灾害。由于各乡镇雨季推迟到6月6~12日陆续开始，比常年偏晚15~20天。加之5~8月降水量异常偏少，比历年同期偏少70%，出现了自1961年以来最为严重的夏旱，对无灌溉条件的农经作物影响较大。期间是水库蓄水的关键时期，因干旱导致库塘蓄水严重不足，还将严重影响着2012年雨季开始前全县的生产生活用水。总体而言，综合气候条件对经济、社会、生态各方面影响，2011年属于较差年景。

2011年，全县生产总值（GDP）实现117亿元，比上年的96亿元增长15%（按可比价格计算，下同）。其中，第一产业实现增加值26亿元，增8%；第二产业实现增加值62亿元，增18.4%；第三产业实现增加值29亿元，增14.4%。一、二、三产业结构比为23∶52∶25。经济结构呈现二产带动、三个产业共同发展的良好局面。其中非公经济快速发展。通过积极支持和鼓励非公企业拓展空间、扩大规模、提升档次等措施，2011年实现增加值45亿元，增25%，占全县生产总值的38.4%。

第一产业 2011年，沾益县农村经济稳步提高。全县实现农业总产值396848万元，增19.6%（现价增速，下同）。其中，种植业产值157622万元，增11.1%；林业产值2390万元，降21.5%；牧业产值225573万元，增27.5%；渔业产值8689万元，增12%；农林牧渔服务业产值2574万元，增14.9%。从产值结构比重来看，种植业产值占总产值的39.8%，畜牧业产值占总产值的56.8%，农业产业结构调整作为增加农民收入的重点已显成效。

粮食工作受气候影响波动较大，全年稳步提高。全县农作物总播种面积1426740亩。全县粮食种植面积875985亩，增3.1%。全县粮食总产量266001吨，增2.8%。

其中，小春粮食总产量45506吨，增257.4%；大春粮食总产量220495吨，降11.6%。农村经济作物中，烟叶种植147930亩，产量2万吨，增速与上年持平。

畜牧业发展良好。全年实现产值225573万元，增27.5%。畜牧存栏情况：生猪存栏643394头，增16.4%；大牲畜存栏131695头，增11.6%；山绵羊存栏285853只，增6.8%。畜牧出栏情况：肥猪出栏1047622头，增7%；大牲畜出栏69259头，增13.9%；山绵羊出栏197913只，增12%。肉类总产量128690吨，增7.9%，其中猪肉产量101808吨，增7.9%。猪肉产量占肉类总产量的79.1%。

农村基础设施更加稳固。坚持统筹规划、科学布局、多元投资、建管并重，农村基础设施建设步伐加快。新增蓄水能力61.28万立方米，恢复和改善灌溉面积9.56万亩，新增节水灌溉面积3.69万亩，完成13.9万亩中低产林改造。交通基础设施建设步伐加快，投资2亿元，硬化通村公路162千米，倒石岩至沙高14.8千米通乡油路建成通车，全县通行政村油路通达率达64%，乡（镇）、行政村客运班车通达率分别达100%、42%。人民群众出行条件明显改善。

农村各项事业快速发展。以标准化促进商品化，农产品商品率明显提高，新认证20个无公害产品、绿色食品品牌。以组织化引导市场化，农业抵御市场风险的能力明显提高，新增农业重点龙头企业4户，新建发展农业专业合作组织和行业协会12家。沾益县持续保持为全国生猪调出大县。

第二产业 2011年，沾益县新型工业化进程不断加快。切实抓好“以园区建设为平台”的规划建设工作，不断优化工业布局，健全园区管理服务体制，巩固提升煤化工基地，龙头骨干企业带动作用进一步增强。全县辖区内实现工业总产值234亿元，增20.82%（按可比价格计算，下同）。其中，中央省属企业150亿元，增40.15%；市属企业0.21亿元，降13%；县属企业66亿元，降13%；其他企业18亿元，增1.5%。全县辖区内实现工业增加值55.5亿元，增19.6%，占全县生产总值比重为47.35%，比上年提高1.34个百分点。全年辖区内规模以上工业企业实现主营业务收入192.6亿元，增24.73%。

第三产业 2011年，沾益县以扩大消费为重点，第三产业在开拓中提升。坚持市场化、产业化、社会化路子，以扩大消费为重点，以市场建设为着力点，缩小三产“短板”，第三产业稳步提升。完善商贸流通体系，全面推进滇东北物流中心、城市商贸物流体系和农村现代流通服务网络建设，引进建设温州国际商城、盛大国际商贸城、珠江种业、煤炭科技园等10余个城市商业综合体项目，新建、搞活小河底综合批发市场、望海农贸市场等4个农（集）贸市场，新建日用品农家店20个、配送中心1个，恢复和发展日用消费品经营网点274个，农家店行政村覆盖率达100%。实施“家电下乡”和“摩托车下乡”工程，销售家电下乡产品40589件、摩托车13449辆，分别兑现财政补贴989万元、699万元。完成社会消费品零售总额15.57亿元，增21.22%。坚持“以节促旅、以文促旅、以旅促商、以商促活”，加快发展文化旅游产业，完成文化旅游产业投资2000余万元，启动编制《沾益县旅游产业发展总体规划》《重要旅游景区概念性规划》《珠江源风景区海峰湿地片区配套基础设施建设项目可行性研究报告》，启动文化旅游动漫片制作，成功举办“第六届珠江源登山越野挑战赛”“第五届珠江源山地自行车越野挑战赛”“曲靖市第七届珠江源美食文化节暨沾益万寿菊赏花会”和第二十三届亚细亚水彩联盟展“中国·珠江源国画特展”，编写了《文化曲靖·沾益》、出版了《上善若水之珠江情怀》等书籍。完成文化产业增加值3亿元、旅游综合收入2.68亿元，分别增49.7%、10%。

固定资产投资 2011年，沾益县坚持“项目带动”战略，以强化责任为动力，以“两城同创”为契机，以增强后劲为关键，固定资产投资和建筑业势头良好。全县固定资产投资完成1071720万元，增27.19%。其中，城镇投资完成794669万元，增36.61%；农村投资完成156989万元，增44.8%；房地产投资完成120062万元，降93.52%。全县建筑业实现增加值64158万元，增9.1%。

国内外贸易 2011年，全县社会消费品零售总额为155743万元，增21.22%。从城乡市场看，全县城镇实现消费品零售额134693万元，增22.47%；农村实现消费品零售额21050万元，增13.76%。从经济成份看，公有经济实现消费品零售额24868万元，增11.68%，其中国有经济实现消费品零售额10149万元，增11.41%；非公有制经济实现消费品零售额130875万元，增23.22%，其中私有经济实现消费品零售额114506万元，增25.53%。分行业看，批发零售业实现137310万元，增20.62%；住宿餐饮业实现18433万元，增25.84%。全年累计签订国内投资合作项目协议8项，新签项目和2010年结转项目共投入资金17.26亿元，增40.78%。完成外贸进出口总额5700万美元，增15%。

交通运输 2011年，全县交通基础设施建设实现新突破。完成农村公路建设投资1.6亿元，其中争取国家补助资金4500万元，县级配套3000万元，乡村自筹8500万元，投资增幅创历史新高；硬化通行政村公路162千米，倒石岩至沙高14.8千米通乡油路建成通车，沙高至播乐、大坡至章溪通乡油路开工建设，盘江、德泽、菱角3个乡（镇）通行政村公路100%硬化，全县通行政村油路（弹石路）通达率达64%，乡（镇）、行政村客运班车通达率分别达100%、42%；打通大坡岩竹至菱角棚云公路通道，实现县域经济干道全贯通。年末，民用运营汽车拥有量3334辆，增6.38%，其中载客汽车拥有量272辆，载货汽车拥有量3062辆。全年完成客运量278.37万人，旅客周转量22370.6万人千米；货运量377.90万吨，货运周转量28444.43万吨千米。

邮电通信　2011年，全县邮政业、电信业稳步发展。完成邮电业务总量14818万元，增29.8%。其中，邮政业务收入694万元，降6.3%；电信业务收入14124万元，增32.36%。其中移动业务收入11539万元，增37.94%，联通业务收入480万元，增4.65%。

城镇建设　2011年，沾益县城镇化进程不断加快。坚持统筹城乡发展，努力创建省级文明县城和省级园林县城，完成城市建设投资32亿元，县城建成区面积达8.9平方千米，城镇化率达39%。按照保护坝区农田、建设山地城镇和珠江源大城市“同城规划共域发展”的要求，编制上报沾益县城近期建设规划（2011～2015年）、土地利用总体规划和林地保护利用规划；完成西河综合治理工程规划、西南片区城市风貌规划、铁路既有线规划和六沾二线沾益新火车站片区概念性规划；完成绿地系统专项规划、古树名木保护与发展规划、生物多样性规划和城市绿化树种规划；全面启动村庄规划编制工作，完成16个行政村和126个自然村规划。围绕“一片两线”开发建设重点，加大基础设施和招商引资项目建设力度，实施征地搬迁项目9个，涉及搬迁4259户，完成搬迁2569户，搬迁面积99.7万平方米，采取新农村、新社区、安置小区建设等途径妥善安置搬迁群众；完成龙泉路、西河路西段建设；新建、续建商品房小区5个、商品住房19万平方米。大力推进园林县城创建工作，14个单位被命名为省级园林单位（园林小区），41个单位和7个小区通过省级评审，完成龙华大道、小花园、320国道县医院段、东风北路、西平路绿地改造，县城园林绿地面积达274公顷，城市绿地率达32.86%、绿化覆盖率达35.38%，人均公园面积达8.75平方米，达到云南省园林县城标准要求。城市管理得到加强，成立了城市综合行政执法局，实行全城环卫一体化管理，成功搬迁西平综合市场，治超治污成效明显，市容市貌得到改善，连续五年保持“云南省甲级卫生县城”称号。

环境保护　2011年，沾益县以节能减排为抓手，资源环境更加协调。以技改扩能推动节能降耗，淘汰落后产能20万吨，万元GDP能耗完成市下达目标任务。全面推进污染减排工作，新建项目环境保护“三同时”执行率达100%，全年削减二氧化硫10.95万吨、氮氧化物590.5吨、COD916.5吨、氨氮169.39吨。深入开展环境污染综合整治工作，对排查出的21个环境问题制定了整改措施，明确了整改时限，落实了牵头领导和责任部门，环境安全监管水平进一步提高，全年未发生重大环境污染事故。新建沼气池2200口，安装太阳能300套，治理水土流失面积65平方千米，191万亩天然林资源得到有效保护。建立耕地保护共同责任机制，国土资源执法监察规范化、制度化建设得到加强，创建为全国国土资源节约集约模范县。划定基本农田777块，面积71万亩，保护率87.1%；投资3656.77万元，完成省级播乐乡大海、小海片区土地整理项目，市级盘江镇中村、芹菜沟土地开发项目，新增耕地274.41公顷。强化建设项目用地保障服务，上报建设项目农用地转用、土地征用面积3084亩，完成供地面积2034亩。审批征占用林地30件，批准使用林地6000亩。严厉打击非法采矿，全年巡查检查达580余人次，依法挂牌出让采矿权3宗，协议出让17宗，有效整顿和规范了矿产资源开发秩序。稳步推进矿村共建工作，制定播乐乡大海煤矿与盖排村共建试点实施方案，编制了《矿村共建资源开发新机制总体规划》。地质灾害防治体系更加完善，2011年，沾益县创建为全国地质灾害群测群防“十有县”。

旅　游　2011年，全县旅游业带动第三产业实现增加值29亿元，增14.4%。积极推进旅游与体育、文化的融合，精心筹办第七届珠江源美食文化节沾益分会场等系列活动，累计接待游客51.14万人（次），实现旅游综合收入2.68亿元。

财税金融　2011年，全县财政总收入完成12.35亿元，增18.23%。“上划中央两税”4.43亿元，增32.01%；地方财政一般预算收入完成6.36亿元，增17.15%，地方财政一般预算支出完成15.24亿元，增20.13%。全县国税系统共组织各项税收入库67810万元，增26.34%。其中，增值税61213万元，增29.41%；消费税收入8万元，增33.33%；企业所得税收入5208万元，增9.48%；储蓄存款利息个人所得税收入24万元，降52.94%；车辆购置税收入1357万元，降12.79%。全县地税系统共组织地方税费收入7.94亿元，增16%。其中，组织税收收入5.44亿元，增9.5%；组织规费收入2.5亿元，增31%。

年末，全县金融机构各项存款余额为59.86亿元，增18.98%，其中城乡居民储蓄34.52亿元，增21.98%。各项贷款余额58.3亿元，降1.55%，其中中长期贷款余额39.47亿元，降8.86%。

教科文卫体　2011年，沾益县全面落实各项助学政策，发放“两免一补”、捐资助学、中央彩票公益金及普通高中国家助学金2580万元，受益23809人（次）；排除D级危房3万平方米、新建校舍3.4万平方米；社会各界捐资340万元建校6所；扎实推进校点布局调整，“两基”成果不断巩固，被省政府表彰为“两基”工作先进单位；县三中被中国人民大学列为“圆梦计划”定点保送学校。

科技服务扎实推进。做好科技项目实施管理，专利申请9件，其中发明专利7件。做好科技项目申报工作，申报的鹏达公司、宏程公司分获“国家科技型中小企业技术创新基金”扶持资金120万元、70万元。开展2011年科技活动周活动。共发放科普资料15000余份，开展蚕桑、中药材、万寿菊、畜牧等技术培训2次，开展科普大篷车进校园系列科普宣传活动1次，科技培训3次，科技咨询160余人次。

医疗卫生基础设施进一步夯实，乡村一体化管理得到加强，公共卫生和基本医疗服务水平进一步提高，传染性疾病防治成效明显。坚持不懈抓好公共卫生服务体系建设，不断扩大新型农村合作医疗覆盖面，参合率达97.4%。累计减免补偿107.51万人（次），减免医疗费5454.63万元。深化计划生育优质服务工作，少生奖励制度全面落实，农业人口领取《独生子女父母光荣证》136户。

大力推进县、乡、村三级公共文体设施建设。完成122个行政村文化活动室，大坡、白水、德泽三个乡镇3个村级文化体育活动广场，8个乡镇、70个行政村的信息资源共享工程建设工作。积极开展图书馆服务宣传工作，全年共接待各类读者8200余人次，借阅书报刊15000余册。全民健身活动广泛开展。实施广播“村村通”唱响工程，实现自然村全覆盖。实施农村公益电影“2131”工程，放映电影1344场（次）。

和谐社会建设　2011年，沾益县深入开展严打整治斗争，大力加强社会治安防控体系建设，社会治安形势持续稳定。落实“有案定补、无案奖励”措施，“三调对接”“四级联动”大调解工作体系进一步完善，受理各类纠纷5325件，调处4735件，调解成功率达88.9%。成立了县乡村三级流动人口服务管理机构，建立刑释解教人员信息管理系统，建立社区矫正平台，组建公安网络安全保卫大队，有效提升了政府服务管理社会的能力。成立群众工作局，扎实开展领导干部大接访和大下访工作，信访总量下降25%。平安创建深入开展，市委、市政府命名的“五星级”平安乡（镇）累计达3个，平安单位达67个，平安村（社）达116个。扎实开展“安全生产年”活动，深入实施煤矿安全质量标准化和“3568”安保双基工程，全面落实“两个主体责任”“一岗双责”，监管措施不断完善，安全生产形势总体平稳。年内，沾益县被省委、省政府表彰为“先进平安县”。

人民生活　2011年，全县人民生活水平进一步提高。一是职工劳动工资有所增长，全县在岗职工总数28621人，比上年的24784人增加3837人，增15.48%；全部职工工资总额94508万元，比上年的80242万元增14266万元，增17.78%；在岗职工年平均工资为33345元，增1.81%。二是城乡居民收入水平明显提高。城镇居民人均可支配收入18074元，比上年的15303元增18.1%；人均消费性支出12566元，比上年的10156元增23.72%；农民人均纯收入5715元，比上年的4813元增18.7%；农民人均生活消费性支出4103元，比上年的3475元增18%。

社会保障　2011年，全县社会保障体系更加完善。全力推进就业再就业工作，累计培训农村劳动力13375人，新增转移输出劳动力7336人，实现劳务收入5.1亿元，城镇失业人员新增就业2583人，城镇登记失业率3.5%。城镇职工基本养老保险参保人数为10089人、医疗保险参保人数为31304人、失业保险参保人数为19955人、工伤保险参保人数为17358人、生育保险参保人数为13287人、城镇居民医疗保险参保人数为25912人、农村养老保险参保人数为192806人。发放城镇低保金758万元、农村低保金1313万元。新建廉租住房2万平方米，公租住房3万平方米，发放廉租住房租赁补贴52.7万元。

党的建设　2011年，沾益县深化创先争优，党的建设全面加强。认真开展纪念建党90周年、“创先争优”和“向杨善洲、桂镜洪同志学习”活动，深入实施“强基计划”和“三个一”主题实践活动，党员干部素质进一步提高。强化基层组织建设，圆满完成县乡党委换届工作，农村、社区、机关、学校和“两新”基层组织建设取得新成效，获得全市“基层组织建设先进县”称号。深入开展“四群”教育，全面推行“四议两公开一监督”工作法，党群干群关系进一步密切。全面落实党风廉政建设责任制，宣传教育、案件查处和纠风工作力度进一步加大，权力运行监督制约机制、惩治和预防腐败体系逐步健全。

精神文明建设　2011年，沾益县精神文明深入开展。一是围绕社会主义核心价值体系，大力推进思想道德建设。县环卫处职工丁琼芬被评为曲靖市孝老爱亲模范，菱角乡稻堆村委会雷二香被推荐为曲靖市第三届“曲靖十大孝星”。结合纪念建党90周年，深入贯彻落实《公民道德建设实施纲要》，广泛开展世界观、人生观、价值观宣传教育，努力形成知荣辱、讲正气、促和谐的良好风尚。针对抗旱救灾的严峻形势，广泛开展“节约用水、巾帼志愿者在行动”“关爱留守儿童”、扶残助学、文明城市创建等志愿者服务活动。二是把建设社会主义核心价值体系纳入国民教育全过程，扎实推进未成年人思想道德建设。三是在各种创建活动中广泛开展建设社会主义核心价值体系实践活动。全年创建市级文明单位（村、社区）30个、文明小城镇2个，县级文明单位（村、社区）24个、八星级文明机关4个。

（管晓方）

政 治

责任编辑 管晓方 曹雅莉

中国共产党沾益县委员会

综 述 2011年是实施“十二五”规划、实现中国共产党沾益县第四次党代会确定目标的开局之年。中共沾益县委在市委、市政府的正确领导下，团结带领全县广大党员干部群众，深入贯彻落实科学发展观，积极应对复杂多变的宏观经济形势和持续干旱带来的严峻挑战，统揽改革发展稳定大局，全力推动经济社会发展和党的建设，“十二五”经济社会实现新开局。

1．坚持科学发展，综合实力明显增强。坚持在发展中促转变、在转变中谋发展，调优经济结构，壮大优势产业，经济持续快速增长。坚持现代农业发展方向，全面落实强农惠农政策，粮食安全得到保障，优势特色产业稳步发展，农业基础地位更加稳固。坚持走新型工业化道路，紧抓主导产业提升、新兴产业培育，强化园区规划建设，健全园区管理体制，全力保障生产要素，工业经济快速发展。着力完善商贸流通体系，加强各类专业市场建设，加快发展旅游文化产业，努力扩大消费，现代服务业发展步伐加快。全县生产总值完成117亿元，同比增15%；财政总收入和地方财政一般预算收入分别完成12.35亿元、6.36亿元，同比分别增18.23%、17.15%。实现社会消费品零售总额15.57亿元，同比增21.22%。城镇居民可支配收入、农民人均纯收入分别实现18074元、5715元，同比分别增18.1%、18.7%。三次产业结构比为22：53：25。

2．实施项目带动，基础建设不断加强。坚持统筹城乡发展，实施项目带动，打牢发展基础，经济社会发展后劲不断增强。全县61个重点建设项目顺利推进，完成固定资产投资107亿元，同比增27%。围绕完善城镇功能、增强辐射带动能力，深入开展创建省级文明县城和省级园林县城活动，城镇化率达39%，连续五年保持“云南省甲级卫生县城”称号。大力实施土地治理和产业化经营项目，被确定为国家级农业综合开发高标准农田示范工程项目县。深入实施兴水强县战略，开工建设一批骨干水源工程，除险加固小（一）型、小（二）型水库17件，积极应对特大干旱，城乡居民生产生活用水得到切实保障。交通基础设施建设快速推进，实现县域经济干道全贯通，盘江、德泽、菱角3个乡（镇）通行政村公路100%硬化，全县通行政村油路（弹石路）通达率达64%。

3．着力改善民生，社会事业协调发展。坚持以人为本、民生为重，加大社会事业投入，努力推进基本公共服务均等化，社会事业协调发展。全面落实各项助学政策，扎实推进校点布局调整，着力改善办学条件，“两基”成果不断巩固，被表彰为“全省两基工作先进单位”。医药卫生体制改革深入推进，基本公共卫生服务项目、基本药物制度、公立医院改革试点稳步实施。全民健身活动广泛开展，城乡公共文化服务网络进一步完善。人口与计划生育、残疾人、老龄、慈善等社会事业全面发展。完成年度社会保障扩面任务，保障水平不断提高，新型农村和城镇居民社会养老保险、新型农村合作医疗制度稳步实施，城乡社会救助体系不断完善。实施更加积极的就业政策，大力开展各类创业就业技能培训，城镇零就业家庭保持“动态清零”，就业形势总体稳定。

4．强化民主法治，社会保持和谐稳定。加强民主政治建设，支持人大及其常委会依法履行法律监督和工作监督职能，充分发挥人大代表作用；支持政协及其常委会围绕“团结、民主”两大主题，充分发挥参政议政、政治协商、民主监督作用。完善机制，社会管理创新得到加强。成立群众工作局，深入做好新形势下群众工作，信访合理诉求得到妥善解决。“五五”普法被表彰为“全国法制宣传教育先进县”，“六五”普法顺利启动。统战、双拥、老干部、国防动员等工作取得新成绩。工会、共青团、妇联、工商联、文联、科协等人民团体作用有效发挥。群众性精神文明创建活动深入开展，社会文明程度不断提高。平安创建深入推进，安全生产形势总体平稳，被表彰为“全省先进平安县”。

5．深化创先争优，党的建设全面加强。认真开展纪念建党90周年、“创先争优”和“向杨善洲、桂镜洪同志学习”活动，深入实施“强基计划”和“三个一”主题实践活动，党员干部素质进一步提高。强化基层组织建设，圆满完成县乡党委换届工作，农村、社区、机关、学校和“两新”基层组织建设取得新成效，获得全市“基层组织建设先进县”称号。深入开展“四群”教育，全面推行“四议两公开一监督”工作法，党群干群关系进一步密切。全面落实党风廉政建设责任制，宣传教育、案件查处和纠风工作力度进一步加大，权力运行监督制约机制、惩治和预防腐败体系逐步健全。

中共沾益县委2011年关于制定沾益县国民经济和社会发展第十二个五年规划的建议 2011年2月15日，中共沾益县委下发了《关于制定沾益县国民经济和社会发展第十二个五年规划的建议》，其要点如下：

1．“十一五”经济社会发展取得的成绩和“十二五”面临的发展形势。①“十一五”时期沾益经济社会发展取得显著成绩。②“十二五”面临的形势。“十二五”时期，全县既面临难得的发展机遇，又面临着许多风险和挑战；既有许多有利的发展条件，又存在许多困难和问题。

2．制定“十二五”规划的指导思想、基本原则、战略定位和主要目标。①制定“十二五”规划的指导思想、基本原则和战略定位。②“十二五”经济社会发展主要目标。

3．突出工业主导地位，推进新型工业化。①坚定不移地推进新型工业化发展战略。

4．强化农业基础地位，大力发展现代农业。①坚持工业反哺农业、城市支持农村、多予少取放活的方针。

5．巩固提升发展层次，加快发展现代服务业。①把推动服务业大发展作为产业结构优化升级的战略重点。

6．推进城镇化进程，提高城市现代化水平。①大力推进中心城区建设，增强中心城区城市承载能力。②坚持产业兴镇之路，加快推进特色产业集镇建设。③加快社会主义新农村建设。

7．加快基础设施建设，增强经济社会发展承载能力。①加快建设现代化综合交通运输体系。②加强水利基础设施建设。③加快电网基础设施建设。④加快信息基础设施建设。

8．加快社会建设整体性推进，促进社会和谐发展。①统筹城乡社会事业。②统筹城乡劳动就业。③统筹城乡社会保障。④统筹城乡社会管理。

9．大力发展低碳经济，提高生态文明水平。①坚持环境保护基本国策。②集约节约使用资源。③发展低碳经济。④加大污染防治和环境保护力度。⑤加强生态保护和防灾减灾体系建设。

10．深入实施科教兴县和人才强县战略，为全面建设小康社会提供技术和人才支撑。①优先发展教育。②推进科技创新。③实施人才强县战略。

11．深化改革，稳步推进体制机制创新。①进一步转变政府职能。②大力推进经济体制改革，加快推进文化体制、社会体制改革。③积极稳妥推进科技、教育、文化、卫生、体育等事业单位分类改革。④完善要素配置机制。

12．加强党的建设、精神文明建设和民主法治建设，增强经济社会发展保障力。①不断提高党领导发展的能力。②加强民主法治建设。③加强精神文明建设。④发挥党员干部在全面建设小康社会进程中的先锋模范作用。

中共沾益县委2011年关于开展“四群”教育实行干部直接联系群众制度的实施意见 2011年12月27日，中共沾益县委下发了《中共沾益县委关于开展“四群”教育实行干部直接联系群众制度的实施意见》，其要点如下：

1．总体要求。

2．开展“四群”教育的形式和要求。①展“四群”教育的形式。②开展“四群”教育的要求。加强群众观点教育，切实解决好认识问题；加强群众路线教育，切实解决好实践问题；加强群众利益教育，切实解决好事关群众切身利益的现实问题；加强群众工作教育，切实解决好方式方法问题。

3．建立和实行干部直接联系群众制度，推动干部深入实际、深入基层、深入群众解决实际问题。①做到联系零距离，推动干部深入基层。下派群众服务员；选派驻村工作队；开展下访恳谈。②做到沟通零距离，推动干部深入实际。分级建立责任区；实行“五个一”的服务方式；明确服务责任。③做到服务零距离，推动干部深入群众。推行“三联户”制度；开展“三同”活动；认真做好服务群众工作。

4．强化工作措施，构建干部直接联系群众长效机制。①强化组织领导，广泛宣传发动。②明确工作责任，坚持分类指导。③强化考核奖惩，落实奖优惩劣。④强化工作纪律，加大监督力度。⑤强化舆论宣传，营造浓厚氛围。

中共沾益县委、沾益县人民政府2011年关于沾益县贯彻落实科学发展观2011年度乡（镇）综合考核奖惩办法和沾益县县直部门2011年度综合考核评价办法 2011年5月20日，中共沾益县委、沾益县人民政府下发了关于《印发〈沾益县贯彻落实科学发展观2011年度乡（镇）综合考核奖惩办法〉〈沾益县县直部门2011年度综合考核评价办法〉的通知》。其要点如下：

1．沾益县贯彻落实科学发展观2011年度乡（镇）综合考核奖惩办法。①综合考核对象。②综合考核基本原则。③综合考核内容及目标。经济发展；民生改善；社会发展；资源环境；宣传文化；安全工作；社会稳定；民主法制；党的建设。④加分、扣分项目及指标。加分项目；扣分项目。⑤考核说明。⑥考核结果应用。⑦考核组织实施。

2．沾益县县直部门2011年度综合考核评价办法。①综合考核评价对象。②综合考核评价原则；③综合考核评价内容及分值设置。工作目标；综合管理工作目标；民主评议。④综合考核评价办法。实行“百分制”量化考评；加分、扣分事项。⑤综合考核评价程序。工作目标制定；综合考评。⑥综合考评结果运用。⑦综合考评的组织实施。

中共沾益县委、沾益县人民政府2011年度关于贯彻落实中共曲靖市委曲靖市人民政府重点项目推进沾益现场办公会议精神的实施意见 2011年3月23日，中共沾益县委、沾益县人民政府下发了《关于贯彻落实中共曲靖市委、曲靖市人民政府重点项目推进沾益现场办公会议精神的实施意见》，其要点如下：

1．提高认识，认真领会现场办公会的重要意义。

2．明确责任，切实抓好项目任务分解。积极配合市水务局做好白浪水库引水工程，黑滩河水库规划建设前期工作；加快推进姑娘桥水库和乌龙洞水库前期工作进度；积极做好水洞山水库建设，水晶地、大麦地、德西、毛家油房小（一）型水库的除险加固。积极做好沾益县国家现代农业示范区规划建设前期工作。抓好倒石岩至播乐、大坡至章溪、大坡章溪至寻甸石甲等40余公里公路建设。配合做好沾益县城320国道改线工程、曲宣高速公路、珠江源大城市绕城高速公路建设。配合做好珠江源大景区规划建设，组织做好西河公园规划的制定及初审工作，及时上报审批，尽快开工建设。主动对接中心城区规划建设，做好县城总体规划调整修编，原铁路以西片区的详细规划。严格标准，年内完成“省级园林城”创建。配合做好曲靖生活垃圾发电厂相关工作。做好沾益县污水处理厂相关协调工作。积极做好滇东北物流中心选址规划及招商工作。积极争取云南烟叶复烤有限公司曲靖复烤厂项目选址落户沾益。原六沾铁路沾益段铁路既有线移交；曲靖火车北站项目建设规划。沾益县玖田年产60万吨焦化项目通过技改扩建为100万吨；沾益乾坤100万吨焦化项目融资问题。协调解决耕地占补平衡；协调、增加城市建设用地指标，分批次组织好城市建设用地报批。组织做好县城总体规划调整修编、原铁路以西片区详细规划等工作。

3．加强领导，认真贯彻落实会议精神。要精心组织，认真贯彻落实好会议精神；要高度重视，又好又快抓好项目建设；要创新思路，切实抓好工业转型升级；要科学统筹，着力抓好城市建设；要抢抓机遇，不断夯实基础设施建设；要以人为本，着力加强和改善民生；要严格监督，实行责任追究和考核。

中共沾益县委2011年关于认真做好乡（镇）党委换届工作的意见 2011年1月18日，中共沾益县委下发了《关于认真做好乡（镇）党委换届工作的意见》，其要点如下：

1．充分认识乡（镇）党委换届工作的重要性。

2．指导思想。

3．主要任务。①认真总结、部署乡（镇）党委、纪委工作；②扩大党代表大会选举中的民主；③坚持正确用人导向；④选好配强乡（镇）领导班子；⑤选好沾益县第四次党代会代表。

4．方法步骤。①选举乡（镇）党代表大会代表；②确定乡（镇）党委、纪委班子候选人预备人选；③召开乡（镇）党代表大会进行换届选举；④认真总结换届工作，及时上报选举结果。

5．工作时间。①乡（镇）党代表选举工作要于2011年3月10日前完成；②乡（镇）党代会要于2011年3月20日前召开；③换届工作总结要于2011年4月10日前报县委组织部。

6．努力营造风清气正的换届环境。①严明换届纪律；②严格工作程序；③加强全程监督；④匡正换届风气。

7．切实加强对乡（镇）党委换届工作的领导和指导。①健全机构，加强领导。②明确责任，精心组织。③做好思想政治工作。④加强舆论引导。

中共沾益县委2011年关于选举中国共产党沾益县第四次代表大会代表的通知 2011年3月4日，中共沾益县委下发了《关于选举中国共产党沾益县第四次代表大会代表的通知》，其要点如下：

1．代表条件。

2．代表名额、分配原则和结构比例。

3．代表产生程序及选举办法。①酝酿提出并确定代表候选人初步人选；②确定代表候选人预备人选；③各党委召开党的代表大会或党代表会议或党员大会进行选举。

4．时间要求。

5. 加强对代表选举工作的领导。

中共沾益县委2011年关于县政府机构改革后县直有关部门党组织设置的通知　2011年1月18日，中共沾益县委下发了《关于县政府机构改革后县直有关部门党组织设置的通知》，其要点如下：

1. 撤消中国共产党沾益县经济局委员会、中国共产党沾益县商务局支部委员会、中国共产党沾益县科学技术局支部委员会、中国共产党沾益县煤炭工业局支部委员会，成立中国共产党沾益县工业经贸和科技信息化局委员会。

2. 撤消中国共产党沾益县建设局委员会，成立中国共产党沾益县住房和城乡建设局委员会。

3. 撤消中国共产党沾益县人事局总支委员会、中国共产党沾益县劳动和社会保障局总支委员会。成立中国共产党沾益县人力资源和社会保障局总支委员会，隶属中国共产党沾益县直属机关委员会。

4. 撤消中国共产党沾益县交通局总支委员会。成立中国共产党沾益县交通运输局总支委员会，隶属中国共产党沾益县直属机关委员会。

5. 撤消中国共产党沾益县文化局支部委员会、中国共产党沾益县体育局支部委员会。成立中国共产党沾益县文化体育局支部委员会，隶属中国共产党沾益县直属机关委员会。

6. 撤消中国共产党沾益县粮食局总支委员会、中国共产党沾益县发展和改革局支部委员会。成立中国共产党沾益县发展和改革局总支委员会，隶属中国共产党沾益县直属机关委员会。

7. 撤消中国共产党沾益县民族宗教事务局支部委员会，其党员组织关系转入中国共产党沾益县委统战部支部委员会。

8. 撤消中国共产党沾益县食品药品监督管理局党组。

撤消和新成立的党组织，请县委组织部、县直属机关党委、县工业经贸和科技信息化局党委、县住房和城乡建设局党委等相关单位按照《中国共产党章程》《中国共产党和国家机关组织工作条例》和《中国共产党基层组织选举工作暂行条例》等的有关规定和组织程序，做好党组织关系移交、印鉴更替等相关工作。

中共沾益县委2011年关于加强和改进新形势下党史工作的实施意见

2011年3月21日，中共沾益县委下发了《关于加强和改进新形势下党史工作的实施意见》，其要点如下：

1. 充分认识做好新形势下党史工作的重要意义。

2. 新形势下党史工作的指导思想和基本要求。

3. 新形势下沾益县党史工作的主要任务。①进一步做好党史资料征编工作；②深入开展党史研究；③深化党史学习教育；④广泛开展党史宣传；⑤加强重要党史遗址保护。

4. 切实加强和改进对新形势下党史工作的领导。①健全和落实党委领导党史工作的制度；②建立健全党史机构和工作网络；③积极整合党史工作资源；④加强党史干部队伍建设；⑤加大党史工作保障力度。

中共沾益县委、沾益县人民政府2011年关于贯彻全民科学素质行动计划纲要（2010—2012年）的实施意见　2011年5月5日，中共沾益县委、沾益县人民政府下发《关于贯彻全民科学素质行动计划纲要（2010—2012年）的实施意见》，其要点如下：

1. 指导思想。

2. 基本方针和工作目标。①基本方针；②工作目标。

3. 各项任务分解。①深入开展四大行动。未成年人科学素质行动；农民科学素质行动；城镇劳动者科学素质行动；领导干部和公务员科学素质行动。②基础工程。实施科学教育与培训基础工程；实施科普资源开发与共享工程；实施大众传媒科技传播能力建设工程；实施科普基础设施工程；实施科普人才建设工程。

4. 工作措施。①充分认识贯彻《科学素质纲要》的重要性和意义；②建立健全领导机构和工作机制；③形成多渠道投入机制；④完善相关督促和考核机制；⑤建立表彰激励制度。

中共沾益县委、沾益县人民政府2011年关于进一步深化文化体制改革的意见　2011年5月20日，中共沾益县委、沾益县人民政府下发《关于进一步深化文化体制改革的意见》，其要点如下：

1. 充分认识进一步深化文化体制改革的重要意义。

2. 指导思想和基本原则。

3. 总体目标。

4. 具体任务。①公益性文化事业单位改革的对象和具体任务；②文化行政管理体制的改革。

5. 相关配套政策。

6. 工作方法。①加强领导；②改革方案提出及审批程序；③考核及验收。

中共沾益县委、沾益县人民政府2011年关于印发《沾益县中长期人才队伍发展规划（2010年—2020年）》的通知　2011年6月30日，中共沾益县委、沾益县人民政府下发《关于印发〈沾益县中长期人才队伍发展规划（2010年—2020年）〉的通知》，其要点如下：

1. 发展背景。①沾益县人才队伍建设的基本状况。党政人才队伍；专业技术人才队伍；企业经营管理人才队伍；农村实用人才队伍；高技能人才队伍；社会工作人才队伍。②沾益县人才队伍建设面临的挑战。人才总量不足，高层次专业人才紧缺，分布和结构不合理；人才工作机制还不完善，人才发展环境有待进一步优化；农村实用人才开发力度不够；人才资源开发投入力度还需加大。③基本经验。必须坚持以人才资源能力建设为主题；必须坚持以调整和优化人才结构为主线；必须坚持以整体推进为抓手；必须坚持以改革创新为动力；必须坚持以为经济和社会发展提供人才支持为根本出发点。

2．指导思想、基本原则、发展目标。①指导思想。②基本原则。坚持党管人才原则；坚持科学人才观原则；坚持人才优先发展原则；坚持服务发展原则；坚持统筹发展原则。③发展目标。

3．主要任务。①党政人才队伍；②专业技术人才队伍；③经营管理人才队伍；④农村实用人才队伍；⑤高技能人才队伍；⑥社会工作人才队伍。

4．实施重点人才工程。①专业技术人才知识更新工程；②现代农业人才开发计划；③高层次人才引进工程；④企业高层经营管理人才提升工程；⑤高技能人才培养工程。

5．创新人才发展体制机制。⑴改进完善人才工作管理体制。①健全完善党管人才的领导体制；②改进政府人才管理服务职能。⑵创新人才发展机制。①人才培养开发机制；②人才评价发现机制；③人才选拔使用机制；④人才流动配置机制；⑤人才激励保障机制。

6．实施多项重大政策。①实施促进人才资源优先积累的财税金融政策；②实施产学研合作培养创新人才政策；③实施人才向农村基层和边远贫困地区流动的引导政策；④实施人才创业扶持政策；⑤实施推进党政人才、企业经营管理人才、专业技术人才合理流动政策；⑥实施非公经济组织和社会组织人才平等发展政策；⑦实施促进人才发展的公共服务政策；⑧大力开发新农村建设人才。

7．保障规划实施。

中共沾益县委、沾益县人民政府2011年关于促进残疾人事业发展的实施意见 2011年5月20日，中共沾益县委、沾益县人民政府下发《关于促进残疾人事业发展的实施意见》，其要点如下：

1．增强促进残疾人事业发展的责任感和使命感。①认清残疾人事业发展的形势；②充分认识促进残疾人事业发展的重要意义。

2．明确促进残疾人事业发展的总体要求和工作目标。

3．以康复服务为重点，做好残疾预防和医疗康复工作。①加强残疾人基本医疗卫生服务；②健全残疾人康复服务保障措施；③推进残疾预防工作。

4．完善残疾人社会保障体系，保障残疾人基本生活。①做好贫困残疾人救助工作；②完善残疾人社会保险政策；③发展残疾人社会福利和慈善事业。

5．加强残疾人教育就业工作，促进残疾人全面发展。①大力发展残疾人教育；②促进残疾人就业；③扶持残疾人脱贫致富；④繁荣残疾人文化体育事业。

6．加强对残疾人的服务。①健全残疾人服务体系，发展残疾人服务业；②加快无障碍建设和改造。

7．加强对残疾人工作的组织领导，努力营造残疾人事业发展的良好社会环境。①健全残疾人工作领导和保障体制；②建立残疾人事业发展的经费保障机制；③加强残疾人组织建设；④加强残疾人工作队伍建设；⑤营造良好的扶残助残社会氛围；⑥切实维护残疾人的合法权益；⑦广泛动员社会各界共同参与残疾人事业发展，增强全社会扶残助残意识。

中共沾益县委2011年关于向桂镜洪同志学习的决定 2011年6月21日，中共沾益县委下发《关于向桂镜洪同志学习的决定》，其要点如下：

1．向桂镜洪同志学习，就是要学习他恪守信念、对党忠诚的政治品质。

2．向桂镜洪同志学习，就是要学习他牢记宗旨、一心为民的公仆情怀。

3．向桂镜洪同志学习，就是要学习他勇于创新、无私奉献的敬业精神。

中共沾益县委、沾益县人民政府2011年关于切实做好当前抗旱救灾保民生工作的通知 2011年8月12日，中共沾益县委、沾益县人民政府下发《关于切实做好当前抗旱救灾保民生工作的通知》，其要点如下：

1．认清形势，切实增强抗旱救灾工作的责任感和紧迫感。

2．统筹兼顾，全力以赴打好抗旱救灾攻坚战。①全力保障城乡供水安全和人畜饮水安全。②加强水资源的合理利用和科学管理。③快速推进县城应急供水工程建设。④因水制宜，加强抗旱技术指导。⑤超前谋划，扎实抓好晚秋生产。⑥及早谋划冬季农业开发和明年农业生产。⑦抢抓时机，适时实施人工增雨。⑧妥善安排好夏荒灾民的生活。

3．强化领导，奋力夺取抗旱救灾的全面胜利。①强化领导，认真落实抗旱救灾工作责任。②齐心协力，努力形成抗旱工作合力。③整合资金，加大抗旱经费投入力度。④严肃抗旱救灾工作纪律。

中共沾益县委2011年关于实施《在全县公民中开展法制宣传教育的第六个五年规划》和《2011—2015年依法治县规划》的决定 2011年10月17日，中共沾益县委下发《关于实施〈在全县公民中开展法制宣传教育的第六个五年规划〉和〈2011—2015年依法治县规划〉的决定》，其要点如下：

1. 进一步重视和加强法制宣传教育与依法治理工作，全面贯彻中央关于依法治国的重大方略。

2. 法制宣传教育要与法治实践相结合，全面推进依法治县工作。

3. 加强领导、统一协调，齐抓共管，确保“六五”普法和2011—2015年依法治县工作任务全面落实。

中共沾益县委、沾益县人民政府2011年关于印发《沾益县水务一体化管理体制改革方案》的通知 2011年9月21日，中共沾益县委、沾益县人民政府下发《关于印发〈沾益县水务一体化管理体制改革方案〉的通知》，其要点如下：

1. 指导思想和改革目标。指导思想；改革目标。

2. 改革主要内容。整合行政职能；理顺职责关系；优化资源配置；组建机构。

3. 职能职责。划入的职能和机构；新划入的主要职责。

4. 新增机构。沾益县水务局供水管理科；重组沾益县水资源管理开发公司。

5. 工作方法和步骤。成立改革领导小组；调查研究，摸清情况；宣传动员，营造氛围；制定细则，全面实施。

中共沾益县委2011年关于转发《沾益县人大常委会2011年工作要点》的通知 2011年1月21日，中共沾益县委转发了《关于转发〈沾益县人大常委会2011年工作要点〉的通知》，其要点如下：

1. 精心组织，依法召开三会。①召开沾益县第三届人民代表大会第四次会议；②召开县人大常委会会议。召开县三届人大常委会第二十一次会议；召开县三届人大常委会第二十二次会议；召开县三届人大常委会第二十三次会议；召开县三届人大常委会第二十四次会议；召开县三届人大常委会第二十五次会议；召开县三届人大常委会第二十六次会议；其他事项。③召开主任会议。围绕每次常委会会议的议题召开相应的主任会议；适时听取有关部门工作情况报告。

2. 强化监督工作，提高监督实效。

3. 依法任命人事，强化任后监督。

4. 认真做好代表工作，加强与代表的联系。

5. 加强调研宣传，营造良好氛围。

6. 加强自身建设，提高依法履职的能力和水平。

中共沾益县委2011年关于转发《政协沾益县委员会2011年工作要点》的通知 2011年3月4日，中共沾益县委下发了《中共沾益县委关于转发〈政协沾益县委员会2011年工作要点〉的通知》，其要点如下：

1. 坚持理论武装，在把握政协履职的目标和方向上更加有为。

2. 服务第一要务，在助推“十二五”规划开好局上更加有为。紧扣中心工作开展调研活动；精心组织开好各类协商会议；坚持做好联系乡（镇）、重点项目和产业的挂点工作；积极主动配合省、市政协到沾调研视察工作。

3. 致力民生改善，在践行为民建言为政献策使命上更加有为。围绕民生问题建言献策；加大提案督办力度；进一步发动广大政协委员深入扎实开展“五个一”活动，全县政协组织和各参加单位要坚持做好扶贫帮困工作，积极参与捐资助学、扶贫济困等社会公益活动，多为困难群众办实事、做好事。

4. 促进社会和谐，在发挥政协大团结大联合作用上更加有为。①坚持把发扬民主、增进团结、协调关系、化解矛盾作为重要任务，在团结的基础上发扬民主，在发扬民主的过程中加强团结；②深入研究和把握新形势下群众工作的新特点、新要求，认真总结开展民主监督的成功经验和有效做法，保障各民主党派成员在政协全体会议、常委会议、专题协商会议上充分发表自己的意见和建议；③围绕社会管理创新，组织委员对未成年人违法犯罪情况开展专题调研，积极提出对策建议，努力为构建和谐沾益献计出力；④大力开展团结联谊工作；⑤做好政协宣传工作；⑥做好反映社情民意信息工作；⑦做好政协文史工作。

5. 加强自身建设，在提高履行职责的能力和水平上更加有为。加强常委会建设；加强专委会建设；加强工作组建设；加强委员队伍建设；加强县政协机关建设。

中共沾益县委2011年关于在政协沾益县第三届委员会第四次会议期间成立中共临时党组织的决定 2011年2月21日，中共沾益县委下发《关于在政协沾益县第三届委员会第四次会议期间成立中共临时党组织的决定》，其要点如下：

1. 临时党委。

2. 临时党支部。

中共沾益县委2011年关于在沾益县第三届人民代表大会第四次会议期间成立临时党组织的决定 2011年2月25日，中共沾益县委下发《关于在沾益县第三届人民代表大会第四次会议期间成立临时党组织的决定》，其要点如下：

1. 临时党委。

2. 临时党支部。驻沾部队、中央、省、市单位代表团党支部；党群政法、教科文卫代表团党支部；财贸经济代表团党支部；西平镇代表团党支部；盘江镇代表团党支部；白水镇代表团党支部；大坡乡代表团党支部；炎方乡代表团党支部；播乐乡代表团党支部；菱角乡代表团党支部；德泽乡代表团党支部。

会议纪要 2011年5月27日 县委办下发了中共沾益县委2011年第十次常委会议纪要。会议研究了中共沾益县第四届委员会委员、候补委员和纪律检查委员会委员候选人预备人选建议名单。会议同意：①提出聂祖良等40名同志为中共沾益县第四届委员会委员候选人预备人选，邓雄等3名同志为候补委员候选人预备人选。②提出黄海鸥等22名同志为中共沾益县纪律检查委员会委员候选人预备人选。③以上所提出的预备人选建议名单呈报中共曲靖市委审批。

9月20日 县委办下发了中共沾益县委议军会议纪要。会议传达了市委议军会议精神，表彰了党管武装好书记、国防动员好主任和国防动员建设先进个人，观看了沾益国防后备力量建设课件，听取了沾益县国防动员建设情况报告，议决了国防动员建设有关需求事项。会议认为，2011年以来，沾益县国防动员和后备力量建设在军分区和县委、县政府的正确领导下，在各级各部门的关心支持下，狠抓工作落实，圆满完成了各项任务，人武部全面建设进一步推进，国防动员工作协调发展，民兵遂行任务能力得到增强，军民双拥共建工作成效明显。会议要求，各级党委、政府和领导干部要进一步强化政治意识和国防意识，充分认清确保国防后备力量完成多样化军事任务是使命所系、职责所在、事业所需，充分认清应对战争威胁、非战争威胁的重大意义，切实把国防后备力量建设摆上重要议事日程抓紧抓实。县人武部要围绕全县经济社会发展目标确定参建参治工作思路，认真分析形势、总结经验、制定措施、狠抓落实，在完成教育训练、战备执勤等任务的同时，积极开展形式多样的参建参治活动，把兴武强兵与富民强县有机结合起来，为全面建设小康社会作出应有的贡献。会议决定：①县财政从2011年起每年按84万元预算安排民兵事业费；②县财政从2011年起每年按10万元预算安排预备役炮兵团工作经费；③由县财政预算解决2011年沾益县民兵野外驻训比武竞赛超支经费20万元；④由县财政预算解决县人武部民兵武器仓库维修改造经费10万元。

12月23日 县委办下发了中共沾益县委2011年第十六次常委会议。会议主要研究了群众工作、共青团工作、工商联工作及人大、政协工作。

1．关于群众工作相关事宜。会议传达学习了市委关于开展“四群”教育实行干部直接联系群众制度动员大会精神，听取了全县开展“四群”教育实行干部直接联系群众工作安排及进展情况汇报。会议要求，要进一步盘清全县干部职工情况及乡情、村情、民情，结合工作实际和省、市要求，成立全县开展“四群”教育实行干部直接联系群众工作机构，配备工作人员和落实相应办公条件，出台相关工作举措，迅速行动，全面推行。

2．关于共青团工作相关事宜。会议研究了团县委关于成立共青团沾益县驻义乌工作委员会的请示事宜。会议决定：①成立共青团沾益县驻义乌工作委员会，作为共青团沾益县委派出机构，在驻义乌党组织领导下和团县委的指导下开展工作；②共青团沾益县驻义乌工作委员会设团工委书记1名（高配副科级，同时兼任沾益县驻义乌劳务工作站副站长），副书记1名，团工委委员5～7名，核定行政编制1人，工作及活动经费由共青团沾益县委向县政府申请核拨。

3．关于工商联工作相关事宜。会议传达了全市加强和改进工商联工作会议精神，并就落实会议精神做了安排部署。会议决定：①由县工商联尽快调研拟制全县关于加强和改进新形势下工商联工作及加快非公经济发展的实施意见，报县委、县政府审定后下发执行；②县工商联配备1名常务副主席，增配1名专职副主席，适当增加县工商联编制；③县工商联经费纳入县级财政预算，每年按照不少于15万元安排。

4．关于人大、政协工作相关事宜。会议研究了县人大党组、县政协党组关于解决无固定收入的县人大代表、政协无职委员履职经费补助的请示事宜。会议决定：①自2012年1月起，对无固定收入的县人大代表，在执行职务期间每人每月发放履职补助100元。发放补助人数及金额由县人大负责确认并交县财政局。代表履职补助经费列入年度财政预算，经费拨县人大，由县人大每年年终审核确认后向代表发放。自2012年起，发放补助人数随代表情况的变动据实向县财政局报送，调增调减补助经费。②自2012年1月起，对县政协无职委员，在执行职务期间每人每月发放履职补助100元。发放补助人数及金额由县政协负责确认并交县财政局。委员履职补助经费列入年度财政预算，经费拨县政协，由县政协每年年终审核确认后向委员发放。自2012年起，发放补助人数随委员情况的变动据实向县财政局报送，调增调减补助经费。

表彰决定 2011年2月24日，中共沾益县委、沾益县人民政府下发了《关于表彰2010年度政法综治维稳工作先进集体、先进个人和命名表彰“星级平安村（社）”的决定》，表彰奖励了盘江镇等15个先进集体和潘绍龙等20名先进个人，命名表彰了西平镇黑桥社区等11个“三星级平安村（社）”和盘江镇湖滨社区等16个“二星级平安村（社）”。

3月8日　中共沾益县委、沾益县人民政府下发了《关于表彰第四批新农村建设工作队及指导员工作先进派出单位和优秀个人的决定》，表彰了县委办等17家先进派出单位，王梅1名优秀工作队队长，陈贵瑜等34名优秀指导员。

6月28日　中共沾益县委下发了《关于表彰创先争优活动开展以来涌现出的基层组织建设先进乡（镇）、先进基层党组织、优秀共产党员和优秀党务工作者的决定》，表彰了白水镇党委等2个基层组织建设先进乡（镇），西平镇庄家湾社区党总支等30个基层党组织，冯琼珠等90名优秀共产党员，袁永慧等30名优秀党务工作者。

10月18日　中共沾益县委、沾益县人民政府下发了《关于表彰新一轮禁毒和防治艾滋病人民战争先进集体和先进个人的决定》，表彰了县检察院等18家先进集体和张八宝等40名先进个人。

11月11日　中共沾益县委、沾益县人民政府下发了《关于表彰2006-2010年沾益县法制宣传教育先进集体和先进个人的决定》，授予县委办等30家单位“2006—2010年沾益县法制宣传教育先进单位”称号；授予西平镇普法办等9家单位普法办“2006—2010年沾益县法制宣传教育先进普法办”称号；授予李光荣等60名同志“2006—2010年沾益县法制宣传教育先进个人”称号；授予刘冬梅等10名同志“2006—2010年沾益县法制宣传教育先进工作者”称号。

11月15日　中共沾益县委、沾益县人民政府下发了《关于命名表彰2010—2011年度县级文明单位、文明村（社）、八星级文明机关的决定》，授予县委政法委等16家单位为“2010—2011年度县级文明单位”称号，授予盘江镇遵花铺社区等8个村（社）为“2010—2011年度县级文明村（社）”称号，授予县纪委等4家单位为“2010—2011年度县级文明机关”称号。

重要批复　2011年1月18日　县委下发《中共沾益县委关于对县人大党组〈关于召开沾益县第三届人民代表大会第四次会议的请示〉的批复》，同意请示事项。

2月15日　县委下发《关于对县政协党组〈关于召开政协沾益县委员会三届四次会议的请示〉的批复》，同意请示事项。

5月20日　县委下发《关于对县科协〈关于成立沾益县烤烟生产科技服务协会的请示〉的批复》，同意请示事项。

5月23日　县委下发《关于对县文联〈关于召开沾益县文学艺术界联合会第三次代表大会的请示〉的批复》，同意请示事项。

8月9日　县委下发《关于对播乐乡党委〈关于在播乐中学“九·五”起义革命烈士陵园内修建革命烈士名录碑的请示〉的批复》，同意请示事项。

11月5日　县委下发《关于对县纪委〈关于给予鲍学民撤销党内职务处分的请示〉的批复》，同意请示事项。

同日　县委下发《关于对县纪委〈关于给予李正刚同志党纪处分的请示〉的批复》，同意请示事项。

重要文件　2011年1月6日　县委办、政府办下发《关于印发〈沾益县电子政务公文交换系统建设工作实施方案〉的通知》。

1月7日　县委办、政府办下发《关于开展沾益县2011年春节文化系列活动的通知》。

同日　县委办、政府办下发《关于开展“三下乡”集中示范活动和“常下乡”活动的通知》。

1月10日　县委办、政府办下发《关于县委书记、县长2011年接访安排的通知》。

1月14日　县委办、政府办下发《关于认真做好2011年春节走访慰问企业特困职工、农村特困户、敬老院等工作的通知》。

1月17日　县委办、政府办下发《关于对2011年五项经济指标及固定资产投资和重点建设项目进行考核的通知》。

同日　县委办、政府办下发《关于印发〈沾益县人民政府机构改革实施意见〉的通知》。

同日　县委办、政府办下发《关于成立全县县乡党委换届工作领导小组的通知》。

1月18日　县委办、政府办下发《关于对全县贯彻落实科学发展观2010年度乡镇综合考核进行兑现的通知》。

同日　县委办、政府办下发《关于对全县贯彻落实科学发展观2010年度县级部门（单位）综合考核评价进行兑现的通知》。

1月21日　县委办、政府办下发《关于沾益县2010年度社会评价测评结果的通知》。

1月25日　县委办、政府办下发《关于对2010年度机要文件交换情况及2009年欠退中央（国务院）省、市有关文件的通知》。

同日　县委办、政府办下发《关于表彰2010年度机要文件交换先进单位的决定》。

1月28日　县委办、政府办下发《关于参加沾益县2011年春节文化活动及做好春节期间相关工作的补充通知》。

2月12日　县委办下发《关于召开中共沾益县委三届十四次全体会议的通知》。

2月14日　县委办、政府办下发《关于印发〈2011年云南沾益珠江源“第六届登山越野挑战赛”“第五届山地自行车越野挑战赛”活动实施方案〉的通知》。

2月25日　县委办、政府办下发《关于印发县委书记聂祖良同志在〈政协沾益县委员会关于对县卫生局、农业局民主评议结果的报告〉重要批示的通知》。

2月28日　县委办、政府办下发《关于印发〈沾益县实行大调解工作“有案定补”“无案奖励”措施的实施意见〉的通知》。

同日　县委办下发《关于成立中国共产党第四次代表大会筹备工作领导小组的通知》。

3月11日　县委办下发《关于进一步加强信息工作的实施意见》。

同日　县委办下发《关于进一步加强和改进督促检查工作的意见》。

同日　县委办、政府办下发《关于印发〈沾益县森林防火工作问责规定〉的通知》。

同日　县委办、政府办下发《关于成立“向桂镜洪同志学习”活动领导小组的通知》。

3月17日　县委办下发《关于成立沾益县党委信息化建设领导小组的通知》。

3月22日　县委办、政府办下发《关于印发赵立雄在中共曲靖市委、曲靖市人民政府重点项目推进沾益县现场办公会上的讲话》。

3月29日　县委办、政府办下发《关于成立东风南路片区旧城改造项目督查组的通知》。

4月1日　县委办、政府办下发《关于开展2011年固定资产投资及重大项目建设督促检查工作的通知》。

4月15日　县委办、政府办下发《关于印发〈沾益县解决信访问题问责办法（试行）〉的通知》。

同日　县委办下发《关于2011年全县乡科级以上党委（党组）中心组学习安排建议》。

4月22日　县委办下发《关于认真做好2011年县人大代表议案建议和县政协委员提案办理工作的通知》。

5月9日　县委办下发《关于印发〈沾益县纪念中国共产党成立90周年活动方案〉的通知》。

同日　县委办下发《关于印发〈沾益县贯彻落实〈2010—2020年干部教育培训改革纲要的实施意见〉的通知》。

5月24日　县委办下发《关于印发〈沾益县2010—2020年干部教育培训改革任务分工方案〉的通知》。

5月26日　县委办下发《关于印发〈沾益县廉政风险预警防控管理工作实施方案〉的通知》。

6月9日　县委办下发《关于召开中国共产党沾益县第四次代表大会的通知》。

6月10日　县委办、政府办下发《关于成立沾益县党政机关公务用车问题专项治理工作领导小组的通知》。

6月20日　县委办下发《关于在各级党组织开展以“学习杨善洲精神做人民满意的好党员好干部”为主题的学习生活会的通知》。

6月24日　县委办、政府办下发《关于印发〈沾益县2011年党风廉政建设责任制实施意见〉的通知》。

同日　县委办下发《关于印发〈沾益县提高司法质量促进公正司法考核办法（试行）〉的通知》。

同日　县委办、政府办下发《关于建立健全重点单位（部门）矛盾纠纷排查调处机构机制的通知》。

6月27日　县委办、政府办下发《关于印发〈沾益县第七届珠江源美食文化节暨沾益县万寿菊赏花会实施方案〉的通知》。

7月1日　县委办、政府办下发《关于成立沾益县“易地扶贫开发”工作领导小组的通知》。

7月21日　县委办下发《关于转发县委党史研究室沾益县2011—2015年党史工作规划》的通知。

7月28日　县委办、政府办下发《关于印发〈沾益县党政机关公务用车问题专项治理工作整改方案〉的通知》。

8月5日　县委办、政府办下发《关于切实抓好2011年烤烟收购工作的通知》。

8月9日　县委办、政府办下发《关于印发〈沾益县新村庄、新社区建设资金管理实施细则〉的通知》。

8月15日　县委办、政府办下发《关于严明纪律切实保证乡镇机构改革和水务一体化改革顺利进行的通知》。

8月16日　县委办、政府办下发《关于成立沾益县抗旱救灾保民生工作领导小组的通知》。

8月23日　县委办、政府办下发《关于贯彻实施〈曲靖市机关公开选调公务员试行办法〉的通知》。

同日　县委办、政府办下发《关于命名县档案馆为爱国主义教育基地的决定》。

8月26日　县委办下发《关于成立县委党务公开工作领导小组的通知》。

9月1日　县委办下发《关于深入学习宣传贯彻市第四次党代会精神的通知》。

9月2日　县委办、政府办下发《关于印发〈沾益县环境问题大排查工作实施方案〉的通知》。

9月9日　县委办、政府办下发《关于组织开展沾益县2011年“全国科普日”系列活动的通知》。

9月16日　县委办、政府办下发《关于进一步严肃工作纪律加强作风建设的通知》。

同日　县委办、政府办下发《关于调整沾益县加强非政府组织协调管理领导小组成员的通知》。

同日　县委办、政府办下发《关于调整沾益县国家安全工作领导小组的通知》。

同日　县委办、政府办下发《关于印发〈关于对县政府机关开展机构编制执行情况评估工作的实施方案>的通知》。

9月22日 县委办、政府办下发《关于成立沾益县群众工作领导小组的通知》。

9月23日 县委办下发《关于成立沾益县解决“揭批查”运动和“两案”审理刑满释放人员生活困难问题领导小组的通知》。

9月30日 县委办、政府办下发《关于印发〈沾益县县级部门（单位）2011年度社会评价办法〉的通知》。

10月11日 县委办、政府办下发《关于进一步加强全县电子政务公文交换系统安全和保密管理工作的通知》。

同日 县委办、政府办下发《关于印发〈沾益县深化乡镇机构改革方案〉的通知》。

10月14日 县委办下发《关于做好2012年度党报党刊订阅发行工作的通知》。

10月20日 县委办、政府办下发《关于调整新村庄建设试点村的通知》。

10月24日 县委办、政府办下发《关于成立加强耕地保护促进城镇化科学发展工作领导小组的通知》。

10月26日 县委办、政府办下发《关于印发〈沾益县2011年社会主义新农村省级重点建设村实施方案〉的通知》。

11月3日 县委办下发《关于认真学习贯彻党的十七届六中全会精神的通知》。

同日 县委办下发《关于印发2011年〈中共沾益县委执政纪要〉编纂方案的通知》。

11月7日 县委办下发《关于认真做好2012年度〈中办通讯〉和《秘书工作》等刊物订阅和学用工作的通知》。

同日 县委办、政府办下发《关于印发〈沾益县社区活动场所建设年终考核实施方案〉的通知》。

11月14日 县委办下发《关于调整县委离退休工作领导小组组成人员的通知》。

同日 县委办下发《关于成立中共沾益县委“六五”普法依法治理领导小组的通知》。

同日 县委办下发《关于调整充实沾益县人才领导小组成员的通知》。

同日 县委办下发《关于调整县委干部教育委员会成员的通知》。

同日 县委办下发《关于对贯彻落实县委常委（扩大）会议暨理论中心组学习会议主要目标任务进行责任分解立项督查的通知》。

11月15日 县委办、政府办下发《关于成立安全生产责任小组和巡视督查组的通知》。

11月17日 县委办、政府办下发《关于转发〈中共曲靖市委、曲靖市人民政府关于切实抓好安全生产工作的紧急通知〉的通知》。

11月25日 县委办、政府办下发《关于印发沾益县〈西平镇党政机关主要职责内设机构和人员编制规定〉的通知》。

同日 县委办、政府办下发《关于印发沾益县〈盘江镇党政机关主要职责内设机构和人员编制规定〉的通知》。

同日 县委办、政府办下发《关于印发沾益县〈白水镇党政机关主要职责内设机构和人员编制规定〉的通知》。

同日 县委办、政府办下发《关于印发沾益县〈大坡乡党政机关主要职责内设机构和人员编制规定〉的通知》。

同日 县委办、政府办下发《关于印发沾益县〈炎方乡党政机关主要职责内设机构和人员编制规定〉的通知》。

同日 县委办、政府办下发《关于印发沾益县〈播乐乡党政机关主要职责内设机构和人员编制规定〉的通知》。

同日 县委办、政府办下发《关于印发沾益县〈菱角乡党政机关主要职责内设机构和人员编制规定〉的通知》。

同日 县委办、政府办下发《关于印发沾益县〈德泽乡党政机关主要职责内设机构和人员编制规定〉的通知》。

同日 县委办下发《关于印发〈中共沾益县委统一战线工作部主要工作职责内设机构和人员编制规定〉的通知》。

同日 县委办、政府办下发《关于成立沾益县统筹人口发展领导小组的通知》。

同日 县委办、政府办下发《关于印发〈沾益县2011年“12·4”全国法制宣传日活动方案〉的通知》。

同日 县委办、政府办下发《关于印发〈沾益县煤矿安全生产“双初查双立案双责任追究”办法（试行）〉的通知》。

同日 县委办、政府办下发《关于成立沾益县煤矿安全生产“双初查双立案双责任追究”领导小组的通知》。

12月2日 县委办、政府办下发《关于对沾益县环境安全问题进行责任分解立项督查的通知》。

12月8日 县委办、政府办下发《关于认真做好机关公务用车纠正处理和用车编制核定前期准备工作的通知》。

同日 县委办、政府办下发《关于成立沾益县贯彻落实科学发展观2011年度综合考核领导小组的通知》。

12月9日 县委办、政府办下发《关于对全县贯彻落实科学发展观2011年度乡镇、县直部门（单位）进行综合考核评价的通知》。

12月29日 县委办、政府办下发《关于开展“三下乡”集中示范活动和“常下乡”活动的通知》。

同日　县委办、政府办下发《关于开展“四群”教育县级领导和县直单位挂钩联系乡（镇）的通知》。

中纪委督察组到沾益督查工程建设专项治理工作　2011年7月9日，中纪委督察组到沾益督查工程建设领域突出问题专项治理工作。通过实地调研，督察组要求：①要及时召开全县工程建设领域突出问题专项治理工作动员会，对全县工程建设领域突出问题专项治理工作进行动员部署。②要制定专项治理工作实施方案，明确专项治理工作总体要求、目标任务，狠抓工作落实。③要把国土资源管理作为工程治理的重点领域，深入开展集中治理，查找土地审批、土地使用权出让、土地征转、土地开发利用、土地整治以及土地使用权出让资金的征收管理中存在的突出问题。④要精心组织，明确责任，狠抓落实，积极稳妥地开展专项治理，严肃查处工程建设领域的腐败案件，清理规范建立健全制度，稳步推进长效机制建设，有力促进沾益经济平稳较快发展和社会和谐稳定。

国家水利部副部长刘宁到沾益调研水利发展改革情况　2011年3月4日，国家水利部副部长刘宁到沾益调研水利发展改革情况。通过实地调研，刘宁要求：①各级各相关部门要以水行政执法和小流域治理为抓手，进一步做好水源区水污染防治和水土保持工作，切实打造好生态水利。②要多方筹集资金，深入开展水管体制改革工作，不断构筑江河库塘安全屏障，切实打造好平安水利。③要加大全县水利设施建设力度，夯实山区水利设施，切实打造好民生水利。④要加强水资源管理，不断提升水资源保障能力，切实打造好资源水利。⑤要加大依法治水力度，不断提升机关服务效能，进一步打造好阳光水利，确保全县水利发展改革工作迈上一个新台阶。

副省长孔垂柱到沾益调研抗旱救灾工作　2011年8月19～20日，副省长孔垂柱到沾益调研抗旱救灾工作。通过实地调研,孔垂柱要求:①各级各部门要充分估计灾害，由于时间蔓延、范围扩大可能对今、明两年农业生产产生的重大影响，要切实加大晚秋作物的改种、扩种和套种力度，提前做好整体计划，做好籽种、化肥的储备，将改种面积层层落实到乡（镇）、到村组，抓住有利时机扩种、套种。②各级党委、政府要想尽一切办法增加蓄水，利用一切运水工具、利用一切水利设施，采取各种各样的办法增加蓄水。③要高度重视缺水地区特别是干旱较为严重地区群众和大牲畜的饮水问题，确保每个人、每头牲畜都有水喝。④要多渠道筹集资金，解决抗旱和工程性缺水中资金投入不足的问题，要正确引导舆论导向，充分展示灾区群众开展生产自救的情况，坚定信心、振奋精神、鼓舞士气，全民动员投入抗旱救灾。

省委常委、组织部部长刘维佳到沾益调研基层党建工作　2011年10月9日，省委常委、省委组织部部长刘维佳到沾益西平镇大营社区、县四中和广厦房地产开发有限公司调研党建工作。通过实地调研,刘维佳要求：①要贯彻落实好胡锦涛总书记“七一”讲话精神，顺利实现今后五年各项目标任务。各级党组织必须坚持党要管党、从严治党的方针，以改革创新的精神全面推进党的思想建设、组织建设、作风建设、制度建设、干部队伍建设和反腐倡廉建设，不断提高党建科学化水平，努力把各级党组织建设成为推动经济发展的坚强领导核心。②要大兴求真务实之风，广大党员干部要带头转变作风，弘扬正气，抵制歪风，以良好的党风促政风，带民风，不断改革创新，狠抓落实，确保各项工作落到实处，推动工作上水平、上台阶、创一流。③要创新社区党建工作思路，增强社区党组织的管理和服务功能，提升社区党建科学化水平。④要将深入开展创先争优活动与企业创新发展紧密结合起来，充分发挥人才在企业创新中的作用，激发企业党建工作活力，以党建工作推动企业生产经营、科技创新。⑤要把加强基层党建工作与解决“三农”问题紧密结合起来，不断增强基层党组织服务群众，带领群众，凝聚力量，推动发展的战斗堡垒作用，努力开创经济社会又好又快发展新局面。

省政协主席王学仁到沾益视察　2011年10月25日，省政协主席王学仁到沾益视察抗旱保民生工作和牛栏江—滇池补水工程。在通过实地查看和听取情况汇报后，王学仁要求：①在抗旱救灾保民生工作上，各级各部门要充分认识今年旱情的严重性和抗旱工作的紧迫性、艰巨性，牢固树立抗大旱、抗长旱、保民生，保增长的思想，把抗旱保民生工作抓紧抓好；要科学合理规划使用水资源，摸清水量，算清水账，合理调度现有水资源，统筹解决好生产生活用水；要采取抽、拉、引、灌、提、打机井等方式，突出解决好人畜饮水问题；要多措并举，采取节水、调水、蓄水等措施，千方百计增加库塘蓄水；要进一步加大水利基础设施建设，着力抓好一批水利工程项目前期工作，力争黑滩河水库早日立项建设，为打好抗旱保民生、保稳定，促进地方经济发展提供强有力的水资源保障。②在牛栏江—滇池补水工程工作上，各级各部门要进一步加强对实施牛栏江—滇池补水工程重要性的认识，继续保持昂扬的斗志、扎实的作风，齐心协力推进各项工作，确保项目按计划完成进度任务；要高度关注民生，妥善解决好移民安置问题，继续深入细致地做好群众工作，加快移民安置基础设施建设，促进移民经济发展，确保移民搬得出，稳得住，经济能发展，真正把移民区建设成为“生产发展、生活宽裕、乡风文明、村容整洁、管理民主”的社会主义新农村。

市委书记赵立雄到沾益调研重点工作 2011年3月7日，市委书记赵立雄到沾益调研当前重点工作。通过实地调研，赵立雄要求：①要高度重视，创新思路，认真抓好项目建设工作。要强化项目的招商引资和选资工作力度、对好项目要加快立项审批，高质量抓好环境评估工作，用好的项目争取土地审批指标，拓宽项目投融资渠道，对重点项目要实行市级领导挂钩联系责任制，形成抓好项目的强大合力。②要把工业作为经济转型发展、重点突破的抓手，抓好工业的集中发展、配套发展、延伸发展和集聚发展。③要按照建设“安全、文明、卫生、宜居”的珠江源大城市标准，抓紧抓好沾益片区的规划、建设、管理。④抢抓机遇，乘势而上，抓好基础设施建设，努力改善生产、生活环境，增强曲靖经济社会发展后劲。⑤要加大工作力度，增加投入，着力解决教育、医疗卫生、住房保障等问题，努力改善民生。

省委党校副校长何祖坤到沾益调研 2011年5月14日，省委党校副校长、省委创先争优活动领导小组办公室副主任何祖坤到沾益调研深入开展创先争优活动情况。通过实地调研,何祖坤要求:①要围绕科学发展创先争优。要把一切工作的出发点和落脚点都放在科学发展、加快发展上；要把发展作为解决一切困难、问题和矛盾的重要工作抓紧抓好；要引导基层党组织和广大党员紧紧围绕加快转变经济发展方式创先争优，推动调整经济结构、提高自主创新能力、抓好节能减排和环境保护、深化改革开放等各项工作。②要围绕保障民生创先争优。要强化宗旨意识，做到发展为了人民、发展依靠人民、发展成果由人民共享，做好群众工作，多办顺民意、解民忧、惠民生的实事好事。③要围绕促进和谐创先争优。要创新社会管理，解决群众反映强烈、影响社会稳定的突出问题，化解矛盾、破解难题，为科学发展营造和谐稳定的社会环境。④要围绕抓基层打基础创先争优。要坚持把加强基层组织作为创先争优的重要任务，为基层党建工作注入新的动力和活力；要完善基层组织体系，加强带头人队伍建设，健全工作制度，推进基层党建工作创新，建立健全创先争优长效机制。⑤要围绕先进典型创先争优。要深入挖掘各级基层党组织和广大党员在创先争优活动中的先进典型，广泛宣传他们的先进事迹，用身边事教育身边人，充分激发基层党组织和广大党员的热情和动力，通过党员带群众、党内带党外，形成比学习、比工作、比奉献和学先进、赶先进、当先进的浓厚氛围，使创先争优成为全社会的价值取向，使各级基层党组织和广大党员成为全社会的行动标杆。⑥要围绕建党90周年创先争优。要围绕建党90周年这个重大节日，组织开展一系列庆祝活动，引导全县各级党组织和广大共产党员以昂扬向上的精神风貌，更加突出的工作业绩，向建党90周年和党的十八大献礼。

市人大常委会主任刘海芳到沾益检查指导工作 2011年9月14日，市人大常委会主任刘海芳到沾益检查指导抗旱保民生工作时提出要求：①要高度重视。各级领导干部要进一步统一思想，提高认识，高度重视抗旱救灾工作，加大灾情排查力度，及时准确掌握灾情，把握动态，并针对灾情科学制定应对措施。②要抓重点。要突出抗旱救灾工作重点，科学合理用人、财、物，确保抗旱救灾工作全面推进；要积极寻找水源，加强饮水设施建设，科学合理调水、取水，重点确保城市供水、农村高海拔无水源地区的人畜饮水安全；要仔细排查困难群众，认真落实各项政策措施，帮助困难群众顺利渡过难关。③要认真落实好各项抗旱救灾工作措施。认真落实抗旱包保责任制，统筹谋划用好水资源，切实管好用好救灾资金和物资，齐心协力共渡难关，多措并举推动发展。

市委书记赵立雄到沾益检查指导工作 2011年9月29日，市委书记赵立雄到沾益检查指导抗旱救灾保民生抓安全促发展工作。在实地查看抗旱水源点工程建设、人畜饮水和晚秋生产等工作情况后，赵立雄要求:①要科学制定引水方案，及时抽调人员，定时定点对水质进行监测，加强对水源点周围生态环境保护，严把工程质量关，加快施工进度，确保城乡群众人畜饮水安全。②要加强农业科技指导和技术培训，提高土地复种指数，扩大晚秋生产种植面积，切实抓好晚秋生产和冬季农业开发工作，增加群众收入。③要进一步统一思想，提高认识，正确分析当前抗旱形势，加大抗旱救灾的宣传发动力度，坚持一手抓抗旱一手抓发展的思想，全力以赴投入到抗旱救灾保民生促增收工作中。④要多措并举，努力增加蓄水量，按照“先生活、后生产、先节水、后调水、先地表、后地下、先重点、后一般”的原则，坚持以人为本，科学调度，统筹利用水资源，全力保障人畜饮水安全。⑤要高度关注民生，加大对受灾群众的救助救济力度，妥善安排好五保户、优抚对象、空巢老人等困难群众的生产生活，把各项工作抓好抓实，确保抗旱救灾保民生工作取得全面胜利。

省地税局局长陈建国到沾益调研 2011年11月10日，省地税局局长陈建国到沾益调研地税工作。通过现场查看和听取情况汇报，陈建国要求:①要站在新的起点上，牢固树立“内提素质、外树形象、打造阳光地税”的思想，进一步增强事业心和责任心，打造一支思想坚定，业务精湛、作风优良的税收征管队伍，提高队伍整体素质和阳光办税能力，推动地税各项工作全面发展。②要深入推进依法治税，强化法制意识，规范税收执法行为，以纳税人的需求为导向，进一步优化办税服务，搭建信息管税平台，提升税收精细化、专业化管理水平，为纳税人提供方便、快捷、高效、安全的服务。③要立足当前，着眼未来，正确处理好税收征管与企业发展的关系，确保地方税收持续增长、企业得到长足发展。④要强化税法宣传，增强纳税人依法纳税的意识，全力抓好征收工作，确保财政收入和支出持续增长，为地方经济发展做出应有的贡献。

市人大常委会主任刘海芳到沾益调研抗旱救灾工作　2011年11月14日，市人大常委会主任刘海芳到沾益调研抗旱救灾工作时提出要求：①要强化措施、加大力度，把抗大旱保民生促发展的各项工作落到实处，认真落实抗旱包保责任制，统筹谋划用好水资源，齐心协力共渡难关，多措并举推动发展。②要周密部署，精心组织，立足当前、谋划长远，采取各种有效措施，把市委、政府有关抗旱救灾工作的各项部署抓紧、抓实、抓好。③要把保障和确保人畜饮水安全问题摆在突出位置，确保当前和明年春季最旱时节人畜饮水困难得到较好解决，不能因旱灾出现人畜死亡现象。④要把这次抗旱救灾工作转变成一次发展机遇，积极做好各项前期工作，积极主动做好各项水利工程的审批立项工作，争取更多的项目资金改善水利基础设施，尽快启动黑滩河水库改扩建工程，进一步夯实农田水利基础，增强农业抵御自然灾害的能力。⑤要切实把节约用水放在重要位置抓紧抓好，宣传引导广大干部群众增强节约用水意识，最大限度用好现有水源、最大限度降低对水资源的消耗。⑥要超前谋划，切实抓好冬农开发和明年农业生产。在岁末年初要高度重视森林防火和社会维稳工作，尤其是要认真贯彻全市安全生产紧急会议精神，采取一切管用措施、一切得当方法，抓紧抓实安全生产，确保经济社会又好又快发展。

召开中国共产党沾益县第四次代表大会　2011年6月13～15日,沾益县在县机关报告厅一楼召开中国共产党沾益县第四次代表大会。县第四次党代会代表及列席人员参加大会。会上，县委书记聂祖良代表中国共产党沾益县第三届委员会作题为《励精图治　开拓创新　努力开创沾益科学发展新局面》的工作报告，大会全面客观地总结了县第三次党代会以来的主要成就和基本经验，确定了全县今后五年的奋斗目标和工作任务，明确了经济和社会发展的工作重点。大会选举产生了中共沾益县第四届委员会、中共沾益县纪律检查委员会和出席市第四次党代会的党代表，县委四届一次全会选举产生了新一届县委常委会（常委：聂祖良、毕尚鹏、张光彦、王绍有、黄海鸿、缪绦非、高潮花、陈玉翔、丁世坤、何治平、李志伟，书记：聂祖良，副书记：毕尚鹏、张光彦）。

召开沾益县乡（镇）党委换届工作动员大会　2011年1月19日,沾益县在县机关报告厅三楼召开沾益县乡（镇）党委换届工作动员大会。县委常委，县人大主任，县政协主席；各乡（镇）党委书记、副书记、纪委书记、组织委员；县直各党委单位党政主要领导；县委办、县人大办、县政府办、县政协办、县委宣传部、县委统战部、县委政法委、县总工会、团县委、县妇联、县财政局、县审计局、县民政局的主要领导参加会议。

召开中共沾益县委三届十四次全体会议　2011年2月15日,沾益县在县机关报告厅三楼召开中共沾益县委三届十四次全体会议。县委委员、候补委员；县纪委委员；不是县委委员、候补委员的县人大、县政府、县政协党员领导干部（含非领导职务），副县级领导，县法院院长，县检察院检察长，县公安局政委，县人武部部长；不是县委委员、候补委员的乡（镇）党委书记、乡（镇）长，不是县纪委委员的乡（镇）纪委书记；不是县委委员、候补委员的县直各部门（含县人大、县政协各委室）党员主要领导；县纪委各派出纪工委书记，县直各党委纪委书记，县直有关部门纪检组长；部分县三次党代会代表。现任副处级职务的非党领导干部；曾担任实职副处以上领导职务的离退休老领导；驻沾中央、省、市属企业党员主要领导；驻沾部队党员主要领导；驻沾监狱党员主要领导；县直部门（含县人大、县政协各委室）非党主要领导等参加会议。会上，县委书记聂祖良作了《科学谋划　开拓进取　全力推动沾益经济社会又好又快发展》的重要讲话。讲话对“十一五”期间工作进行了认真总结，研究部署“十二五”全县经济社会发展的目标任务和安排部署了2011年的工作。“十一五”期间及2010年工作回顾主要内容包括：①科学统筹，县域经济快速发展。现代农业优势凸显；新型工业势头强劲；第三产业稳中有升；城乡面貌日新月异；项目建设快速推进。②以人为本，和谐沾益深入推进。社会事业不断进步；民主政治深入推进；平安创建成效显著。③固本强基，党的建设全面加强。“十二五”时期经济社会发展的目标任务是：①着力构建现代农业稳步发展新体系；②着力构建新型工业循环发展新体系；③着力构建现代服务业快速发展新体系；④着力构建城乡统筹协调发展新体系；⑤着力构建社会事业加快发展新体系；⑥着力构建和谐沾益纵深发展新体系；⑦着力构建对外开放良好发展新体系。2011年奋斗目标和工作任务是：①2011年全县经济社会发展总体思路。②2011年工作的预期目标。突出特色，夯实基础，全面加强和改进党的建设。不断提高推动科学发展的能力；切实加强党员干部队伍建设；着力抓好基层组织建设；深入推进干部作风和反腐倡廉建设。

召开2011年政法工作会议暨社会管理创新工作推进会　2011年2月25日，沾益县在县五机关报告厅一楼召开2011年政法工作会议暨社会管理创新工作推进会。县委、县人大、县政府、县政协主要领导和分管（联系）政法、综治工作的领导，县纪委领导；各乡(镇)党委书记或乡（镇）长、分管（联系）政法工作的领导，综治办主任、派出所长、司法所长；县直各部门主要领导1名；驻沾大中型企业分管综治、稳定工作的领导；受命名表彰“星级平安村（社）”、政法综治维稳工作先进集体主要领导，政法综治维稳工作先进个人，受表彰的见义勇为公民；全体政法干警(含武警中队、消防大队、应急民兵)参加会议。会上，县委书记聂祖良作了重要讲话，主要内容包括：①认清形势，坚定信心，牢牢把握政法工作主动权。②掌握主动，落实责任，切实维护社会和谐稳定。要牢牢掌握维稳工作主动权；要解决好影响群众安全的突出治安问题；要进一步落实维稳工作责任。③创新思路，强化措施，深入推进三项重点工作。要加大工作推动力度；要深入推进社会管理创新试点工作；要强化督促检查。四是要加强政法综治维稳基层基础建设。④牢记宗旨，执法为民，进一步加强政法队伍建设。要深入开展“发扬传统、坚定信念、执法为民”主题教育实践活动；要进一步增强政法干警的群众工作能力；要以创先争优促进政法机关党的建设；要把从严治警的各项纪律要求坚决落实到位；要切实加强政法委自身建设。

召开沾益县第四批新农村建设工作队及指导员工作总结表彰暨欢送第五批指导员会议　2011年3月9日，沾益县在县机关报告厅一楼召开沾益县第四批新农村建设工作队及指导员工作总结表彰暨欢送第五批指导员会议。县新农村建设工作队领导小组成员，各乡（镇）分管联系领导，全体第五批新农村工作指导员，第五批县级指导员派出单位主要领导参加会议。会上，县委副书记张光彦作了重要讲话，主要内容包括：①务实创新，真情帮扶，第四批新农村建设工作队及指导员工作成效明显。组织领导全面加强，管理服务水平有新提升；指导员务实干事，驻村工作成效有新突破；派出单位认真帮扶，后盾作用有新增强。②突出重点，认真履职，扎实做好2011年新农村建设指导员工作。切实宣传好党在农村的方针政策；切实加强各项指导服务；切实加强农村基层组织建设；切实促进农村社会和谐稳定；切实增强服务基层的本领。③加强领导，落实责任，努力推进新农村建设指导员工作再上新台阶。进一步加强组织领导；进一步完善日常管理服务；进一步强化派出单位帮扶责任；进一步强化宣传工作，营造良好工作氛围。

召开中共沾益县纪委三届六次全体会议　2011年3月22日，沾益县在县机关报告厅三楼召开中共沾益县纪委三届六次全体会议。县委、县人大、县政府、县政协全体县级领导（含非领导职务），副县级领导、县法院院长、县检察院检察长、县公安局政委，县人武部部长，县纪委副书记；各乡（镇）党委书记、乡（镇）长，县直各单位党政主要领导；县纪委委员，不是县纪委委员的乡（镇）、县直各单位纪委书记（纪检组长），各纪工委书记、副书记，县纪委监察局机关各室主任，监察局副局长参加会议。会上，县委书记聂祖良作了重要讲话，主要内容包括：①统一思想，认清形势，进一步坚定反腐倡廉的信心和决心。②认真学习，深刻领会，坚决贯彻落实以人为本、执政为民理念。要坚定以人为本、执政为民的理念；要建立健全科学的民主决策机制；要坚持依法依规行使权力；要着力加强干部队伍的作风建设；要切实维护广大人民群众的利益。③突出重点，强化责任，以党风廉政建设和反腐败斗争的实际成效取信于民。要切实抓好党风廉政建设责任制的落实；要加强对重大决策部署执行情况的监督检查；要整体推进惩治和预防腐败体系建设；要继续保持查办案件的高压态势；要严明换届政治纪律；要加强纪检监察干部队伍建设。

召开共青团沾益县第五次代表大会　2011年3月22～24日，沾益县在县机关报告厅一楼召开共青团沾益县第五次代表大会。县委常委，县人大主任、县政协主席，县人大、县政府、县政协、县纪委分管（联系）群团工作的领导；各乡（镇）党委、县直各党委分管共青团工作的领导；县总工会、县妇联、县残联、县科协、县文联、县工商联等群团组织的主要领导；全体代表及列席代表；其他特邀人员参加大会。会上,县委副书记、新农村总队长杨志雄作了重要讲话，主要内容包括：①大力加强青少年思想政治教育，不断提高青少年思想道德素质。要大力构筑青少年的精神支柱。要大力开展青少年喜闻乐见的活动。②充分发挥青年的生力军和突击队作用，在推动全县经济又好又快发展中建功立业。要围绕社会主义新农村建设，带领青年增收致富；要围绕沾益全面小康社会建设，引领青年创业发展。③大力发扬青年开风气之先的优良传统，在服务建设和谐沾益中再立新功。要着力加强和谐文化建设；要着力开展和谐创建活动;要着力维护社会稳定。④扎实推进后备军建设工程，不断巩固和扩大党执政的青年群众基础。要加强学习，不断提高团干部队伍的整体素质；要夯实基础，不断加大团建工作的创新力度；要改进作风，不断开创共青团工作的新局面。

召开2011年县委县政府工作会议 2011年3月29日，沾益县在县机关报告厅一楼召开2011年县委县政府工作会议。县委、县人大、县政府、县政协全体县级领导（含非领导职务），副县级领导、县法院院长、县检察院检察长、县公安局政委、县人武部部长，县纪委副书记；县直各部门副科以上领导；各乡（镇）全体副科以上领导（留1名领导在家值班），党政办主任、组织委员、宣传委员，财政所、民政所、中心学校、文化站、计生办、广电站、卫生院、农科站、林业站、水务所、国土所、公路站、扶贫办负责人参加会议。会上，县委书记聂祖良和县长毕尚鹏分别作了重要讲话，并安排部署2011年县委、县政府具体工作任务。

召开中国共产党沾益县第三届委员会第十五次全体会议 2011年6月8日，沾益县在县机关报告厅三楼召开中国共产党沾益县第三届委员会第十五次全体会议，会议就召开中国共产党沾益县第四次代表大会有关事项作了广泛酝酿和充分讨论。会议决定，中国共产党沾益县第四次代表大会于2011年6月13～15日在沾益县城召开；同意将中国共产党沾益县第三届委员会工作报告和纪律检查委员会工作报告提交中国共产党沾益县第四次代表大会听取和审查；中国共产党沾益县第四届委员会委员、候补委员和县纪委委员人选的产生符合《中国共产党章程》《中国共产党地方组织选举工作条例》《党政领导干部选拔任用工作条例》的规定，同意报请市委批复。

召开全县人才工作会议 2011年6月29日，沾益县在县机关报告厅三楼召开全县人才工作会议。县委常委，县人大主任、县政协主席，县人大、县政府、县政协分管（联系）领导，县法院、县检察院主要领导；县委各部委，县级国家机关各办局，各企事业单位、人民团体，中央、省、市驻沾单位主要负责人，县委组织部、县人力资源和社会保障局全体干部职工；各乡（镇）党委书记或乡（镇）长、专职副书记、组织委员；“四项”选拔受表彰人员参加会议。会上，县委书记聂祖良作了重要讲话，主要内容包括：①总结经验，认清形势，科学估价全县人才工作。②统一思想，明确任务，深刻领会新形势下加强人才工作的重大意义。③科学统筹，改革创新，全力推进人才强县战略。解放思想，树立开明开放的人才观；创新政策，形成引才、聚才、用才的正确导向；创新制度，形成有利于优秀人才脱颖而出的体制机制；营造良好环境，为各类人才施展才华提供广阔舞台；创新教育方式，形成人才辈出的良好局面。④坚持党管人才原则，全面提高全县人才工作水平。强化领导，全力推进人才工作；深入调查研究，积极探索和把握新形势下人才工作的规律；加大投入，确保人才工作正常开展；健全机制，把人才队伍建设的各项措施落到实处。

召开沾益县庆祝中国共产党成立90周年纪念暨“七一”表彰大会 2011年6月29日,沾益县在县机关报告厅一楼召开沾益县庆祝中国共产党成立90周年纪念暨“七一”表彰大会。县委、县人大、县政府、县政协全体县级领导（含非领导职务），县法院院长，县检察院检察长，县公安局政委，县人武部部长，副县级领导、西平镇党委书记；各乡（镇）党委书记、副书记、纪委书记、组织委员；县直各单位党员主要领导；县人大、县政协各委（室）党员负责人；县直各党委、党总支（支部）全体班子成员；受表彰的先进乡（镇）、先进基层党组织负责人、优秀共产党员、优秀党务工作者参加会议。会上，县委书记聂祖良作了重要讲话，主要内容包括：①回顾历史，进一步增强加快发展的责任感和使命感。②围绕中心，突出特色，着力加强和改进党的建设。切实加强思想建设；切实加强制度建设；切实加强党的基层组织建设；切实加强作风建设；切实加强党风廉政建设。

召开学习贯彻市第四次党代会精神会议 2011年8月22日，沾益县在县机关报告厅三楼召开学习贯彻市第四次党代会精神会议。县委、县人大、县政府、县政协全体县级领导（含非领导职务），副县级领导、县法院院长、县检察院检察长、县公安局政委、县人武部部长，县纪委副书记；各乡（镇）党委书记、专职副书记；县直各单位党政主要领导1名；县人大、县政协各委室主任；各纪工委书记参加会议。会上，县委书记聂祖良作了重要讲话，主要内容包括：①认真学习，深刻领会好市第四次党代会精神。要认真组织学习；要注重学用结合；要狠抓落实。②狠抓落实，全力推动沾益经济社会科学发展。加快推进产业转型发展。加快发展新型工业化；加快发展农业现代化；加快发展现代服务业。全力推进城乡协调发展。加快城市建设步伐；加快城乡统筹发展步伐。深入实施项目带动战略。大力发展各项社会事业。优先发展教育；积极扩大就业；不断提高人民健康水平；健全和完善各类保障体系建设。加快推进和谐沾益建设。加强思想文化建设；加强社会管理创新；加强民主法制建设。全面加强和改进党的建设。③突出重点，全力以赴抓好当前各项工作。抓好抗旱救灾工作；抓好烤烟收购工作；抓好项目建设工作；科学合理布局晚秋和冬季农业开发；抓好其他各项工作。

召开全县深化乡（镇）机构改革和事业单位清理规范工作会议　2011年10月12日，沾益县在县公安局七楼会议室召开全县深化乡（镇）机构改革和事业单位清理规范工作会议。县委、县人大、县政府、县政协全体县级领导（含非领导职务），各乡（镇）党委书记、乡（镇）长、组织委员，县直各单位党政主要领导、办公室主任（组织人事科长）参加会议。会上，县委书记聂祖良作了重要讲话，主要内容包括：①统一思想，充分认识深化乡（镇）机构改革和事业单位清理规范的重要意义。②突出重点，积极稳妥推进乡（镇）机构改革和事业单位清理规范工作。要进一步推进职能转变；要进一步理顺责权关系；要规范党政机构设置和职责；要规范事业单位设置和职责；要规范人员编制和领导职数；要进一步明确清理规范工作思路。③严肃纪律，确保乡（镇）机构改革和事业单位清理规范任务顺利完成。

召开全县社会主义新农村第三批省级重点建设村工作会　2011年10月27日，沾益县在县机关报告厅三楼召开全县社会主义新农村第三批省级重点建设村工作会。会上，县委副书记、县新农村建设工作队总队长杨志雄作了重要讲话，主要内容包括：①总结经验，以有效措施促省级重点建设村工作新发展。典型示范和农民主体作用凸显；各种资源得到有效整合；项目村建设得到推进；工作机制得以有效健全。②突出重点，全面提升省级重点建设村建设质量和水平。要以科学规划为龙头，认真谋划建设项目和重点。要以农民增收为核心，大力发展农村特色优势产业。要以改善民生为目的，加强农业基础设施和农村公共服务体系建设。要以建设新村庄为抓手，大力推进农村环境综合治理。要以创新管理为重点，构建平安和谐村庄。③狠抓落实，有效推进2011年省级重点建设村工作开展。加强组织领导、强化宣传发动，充分调动群众参与建设的积极性。加强项目管理、整合项目资源，充分做好建设资金的使用和管理。加强项目规划、强化工程维护，充分保障工程建设进度和质量。加强制度建设、强化痕迹管理，充分凸显项目建设示范带动效应。

召开县委常委扩大会议暨理论中心组学习会议　2011年10月31日，沾益县在县机关报告厅三楼召开县委常委扩大会议暨理论中心组学习会议。县委、县人大、县政府、县政协全体县级领导（含非领导职务），副县级领导、县法院院长、县检察院检察长、县公安局政委、县人武部部长，县纪委副书记；各乡（镇）党委书记、乡（镇）长；县直各有关单位（县委办、县人大办、政府办、政协办，县委组织部、宣传部、统战部、政法委、综治办、维稳办、编办、党校、政研室，县文产办、文明办、文联、总工会、团县委、妇联、旅游局、信访局、民宗局、司法局、财政局、发改局、人社局、工信局、住建局、文体局、广电局）1名主要领导参加会议。会上，县委书记聂祖良作了重要讲话，主要内容包括：①认真学习，深刻领会，切实把思想和行动统一到党的十七届六中全会上精神上来。领会精神、把握重点，切实做到“五个准确把握”。准确把握推进文化改革发展的重要性和紧迫性；准确把握推进文化改革发展的指导思想和总体要求；准确把握推进文化改革发展的奋斗目标和重要方针；准确把握推进文化改革发展的工作部署和重大举措；准确把握推进文化改革发展必须加强和改进党对文化工作的领导。结合实际、突出特色，推进沾益文化大发展大繁荣。强化引导，健全制度，深入推进社会主义核心价值体系建设；统筹城乡，强化基础，进一步完善公共文化服务体系；挖掘内涵，打造品牌，走文化与旅游结合的发展之路；深化改革，创新机制，着力增强文化发展活力；提升素质，建设队伍，为文化改革发展提供强有力的人才支撑；强化保障，狠抓落实，加大对文化产业资金支持和政策扶持力度；提高认识，把握主导，加强和改进党对文化工作的领导。②强化认识，转变作风，加强和改进新形势下群众工作。要切实提高认识；要牢固树立群众观念；要创新完善体制机制；要提高群众工作能力；要做好信访维稳工作；要加强和创新社会管理。

召开学习贯彻云南省第九次党代会精神会议　2011年12月2日，沾益县在县机关报告厅三楼召开学习贯彻云南省第九次党代会精神会议。县委、县人大、县政府、县政协全体县级领导（含非领导职务），副县级领导、县法院院长、县检察院检察长、县公安局政委、县人武部部长，县纪委副书记；各乡（镇）党委书记、乡（镇）长、人大主席；县直各单位党政主要领导（含机构改革后保留牌子的单位）；县人大、县政协各委室主任；各纪工委书记参加会议。会上,县委书记聂祖良作了重要讲话，主要内容包括：①会议基本情况。②认真学习，深刻领会省第九次党代会精神。要做到准确把握、深刻领会；要切实组织好学习；要坚持学用结合；要切实抓好落实。③坚持不懈，全力抓好当前各项工作。要认真组织好年底各项重点工作的冲刺；要高度重视护林防火工作；要抓好抗旱保民生和冬季农田水利建设；要切实抓好安全生产和维护稳定各项工作；要科学谋划好明年的各项工作。

召开全县开展“四群”教育实行干部直接联系群众制度动员培训会 2011年12月25日，沾益县在县机关报告厅一楼召开全县开展群众观点群众路线群众利益群众工作教育实行干部直接联系群众制度动员培训会。县委、县人大、县政府、县政协全体县级领导（含非领导职务），副县级领导、县法院院长、县检察院检察长、县公安局政委、县人武部部长、县纪委副书记；各乡（镇）党委、政府领导班子成员；县人大、县政协各委室主任、副主任，县纪委各委室主任、各纪工委书记、副书记；县直各部门担任副科级以上职务的领导干部；全县122个村委会（社区）党总支书记、主任参加动员会。会上,县委书记聂祖良作了重要讲话，主要内容包括：①提高认识，切实增强开展“四群”教育的责任感和紧迫感。要充分认识到开展“四群”教育是进一步密切党群关系、巩固执政基础的迫切需要；要充分认识到开展“四群”教育是维护安全稳定、构建和谐社会的内在要求；要充分认识到开展“四群”教育是实现科学发展、和谐发展、跨越发展的重要保障。②明确要求，争当表率，切实提高做好新形势下群众工作的能力和本领。开展群众观点教育，争做勤政爱民的表率；开展群众路线教育，争做为民服务的表率。开展群众利益教育，争做促进发展的表率。开展群众工作教育，争做务实为民的表率。③突出重点，强化措施，确保“四群”教育和干部直接联系群众工作落到实处。要强化学习，丰富载体；要创新思路，推行“零距离”群众工作法；要强化措施，推进科学民主决策；要明确责任，坚持分类指导。④转变作风，强化廉洁意识，以党员领导干部的良好形象取信于民。要提高认识，自觉提高拒腐防变的能力；要严以律己，严格执行廉洁自律各项规定；加强监管，严肃查处。

举办全县领导干部学习贯彻党的十七届六中全会、省第九次党代会精神暨“四群”教育培训班 2011年12月26～27日，沾益县在县机关报告厅一楼举办全县领导干部学习贯彻党的十七届六中全会、省第九次党代会精神暨“四群”教育培训班。县委、县人大、县政府、县政协全体县级领导（含非领导职务），副县级领导、县法院院长、县检察院检察长、县公安局政委、县人武部部长，县纪委副书记；各乡（镇）党委、政府领导班子成员；县人大、县政协各委室主任、副主任，县纪委各委室主任、各纪工委书记、副书记；县直各部门担任副科级以上职务的领导干部；全县122个村委会（社区）党总支书记、主任参加培训。县长毕尚鹏就全县当前的经济发展形势和主要任务作讲解，县委副书记张光彦结就开展“四群”教育做好新形势下农业农村工作作讲解，县委常委、组织部部长王绍有就党的建设作讲解，县委常委、纪委书记黄海鸥就党风廉政建设作讲解，县委常委、政法委书记丁世坤就社会化管理创新工作作讲解。

召开全县万寿菊生产育苗工作现场会 2011年3月8日，沾益县在县机关报告厅三楼召开全县万寿菊生产育苗工作现场会。会上，县委常委、县委办主任陈玉翔作了重要讲话，主要内容包括：①抢抓时令，强化措施，为万寿菊生产育足壮苗。严把“节令关”；严把“质量关”；严把“管理关”。②立足当前，统筹兼顾，切实抓好万寿菊生产四项工作。抓好大田种植面积的再落实；抓好农用物资配套服务工作；抓好花池改造和修缮工作。③齐心协力，狠抓落实，确保万寿菊生产顺利开展。强化组织领导。强化考核奖惩。强化督促检查。

召开全县万寿菊移栽工作现场会 2011年4月18日，沾益县在召开全县万寿菊移栽工作现场会。县委副书记张光彦作了重要讲话，主要内容包括：①及早部署，落实规划，万寿菊生产前期工作主动扎实。育苗质量进一步提高；大田面积得到较好落实。②抢抓节令，严把质量，集中力量抓好万寿菊移栽工作。加强管护，全面提高壮苗率。统筹规划，认真落实大田面积。全面督促，切实加快预整地和移栽进度。强化服务，切实抓好调水和农用物资配套等工作。加强管理，进一步抓好栽后统管保苗工作。落实科技，努力提高万寿菊种植效益。③落实责任，严肃纪律，确保万寿菊生产目标圆满完成。

召开全县2011年万寿菊生产总结表彰会议 2011年12月8日，沾益县在县机关报告厅三楼召开全县2011年万寿菊生产总结表彰会议。会上,县长毕尚鹏作了重要讲话，主要内容包括：①提高认识，准确把握万寿菊生产形势。②转变作风，切实提高万寿菊生产水平。③狠抓落实，全力促进万寿菊产业发展。要科学谋划好明年的万寿菊生产；要加强各级各部门的通力协作。县委副书记张光彦作了重要讲话，主要内容包括：①克难奋进，2011年万寿菊产业实现恢复性增长。组织领导进一步强化；注重念好“早”字诀；切实抢抓最佳生产节令；抗旱保苗工作措施有力；收购服务工作不断完善；生产扶持力度进一步加大。②查缺补漏，找准万寿菊产业发展中的困难问题。严重自然灾害对生产造成了重大影响；科技水平参差不齐；个别地方工作落实不力。③超前谋划，及早安排明年的万寿菊生产。要尽快抓实规划布局；要扎实抓好宣传发动；要继续加大生产投入；要切实落实科技措施；要坚持平稳收购；要注重抓好生产服务；强化考核奖惩。

（严光显）

组织工作综述　截止2011年12月31日，沾益县共有17个党委，其中乡（镇）党委8个，县直单位党委9个；党总支153个，其中村委会（社区）党总支122个；党支部1207个，其中农村（社区）党支部820个，非公有制企业党支部38个。全县共有党员16722名，占全县总人口的3.9%。其中，女党员3457名，占党员总数的20.7%；少数民族党员966名，占党员总数的5.8%；大专以上学历党员4688名，占党员总数的28%；35岁及以下党员4185名，占党员总数的25%，60岁以上党员3592名，占党员总数的21.5%；农民党员9382名，占党员总数的56%；机关干部党员1500名，占党员总数的9%；非公有制企业党员295名，占党员总数的1.8%；离退休党员1540名，占党员总数的9.2%。

2011年，在县委的坚强领导下，在市委组织部的具体指导下，全县组织工作紧紧围绕服务科学发展大局和县（乡）党委集中换届这一中心工作，全面推进领导班子和干部队伍建设、基层组织和党员队伍建设、人才队伍建设及组织部门自身建设，组织工作满意度不断提高，为全县“十二五”规划开好局、起好步提供了坚强组织保证和干部人才支持。

圆满完成县乡党委换届工作　按照中央和省、市委关于做好县乡委换届工作的总体安排部署和要求，县委和各乡（镇）党委把搞好党委换届工作作为一项重大政治任务，高度重视，严明纪律，积极组织，周密部署，圆满完成了县委和8个乡（镇）党委的换届工作，实现了参会率高、当选率高、得票率高，报告好、班子好、风气好，组织满意、代表满意、群众满意的良好成效。一是党委高度重视,精心组织。县委常委会专题研究县乡党委换届工作，成立了由县委书记任组长的县乡党委换届工作领导小组，同时印发《关于认真做好乡（镇）党委换届工作的意见》，明确了换届工作目标，层层落实责任，为换届工作提供强大的组织保障。二是宣传发动有力，做到广泛参与。采取会议集中培训宣传、短信平台宣传、发放资料宣传等多种形式，对换届的有关政策、法律法规以及纪律等要求，进行正面宣传，切实把全县上下的思想认识统一到中央和省、市委的决策部署精神上来。三是严把人选质量，优化班子结构。严格执行《党章》《干部任用条例》和中央、省、市委有关文件要求，坚持德才兼备、以德为先用人标准，坚持科学发展、崇尚实干、重视基层用人导向，注重干部德、能、勤、绩、廉的考察，严把人选质量关，当选的新一届县乡党委领导班子结构进一步优化，整体功能明显增强。新一届县委常委班子平均年龄42.9岁，35岁以下的1名，女干部2名。全县8个乡（镇）共选举产生党委委员79名，平均年龄38.4岁，妇女干部9名，少数民族干部7名，大专文化以上的78名，有4名选聘到村任职的大学生村官进入党委班子。四是严肃纪律要求，营造风清气正的换届环境。县委常委会专题学习中央、省、市换届纪律要求5次，并下发了《关于实行领导干部严格遵守换届纪律承诺制的通知》，统一印制《严格遵守换届承诺书》到全县各有关单位，全县39名县级领导、100名乡（镇）领导班子成员，460名县直部门领导班子成员在承诺书上签名，向组织作出承诺严格执行“5个严禁和17个不准”要求。经市委换届督导组测评，全县干部群众对“5个严禁，17个不准和5个一律”要求的知晓率达到100%。

李竞楠　供稿

深入开展创先争优活动　2011年，县委围绕组织创先进、党员争优秀的要求，以创建全省基层组织建设

李竞楠　供稿

先进县为目标，着力开展“三创三争”活动，重点实施“固本强基、珠源先锋、富民强县”三项工程，通过分类指导、典型带动，把创先争优活动转化为推动经济社会发展的强大动力。2011年，沾益县被市委授予“先进基层组织先进县”称号。一是围绕主题，民生为重。县委立足组织创先进，着力提升六个水平，扎实推进固本强基，使提升基层党组织建设水平成为全县各级党组织的首要任务；立足党员争优秀，着力开展三项活动扎实推进珠源先锋工程，使转变作风，服务发展成为全县各级党员的自觉行动；立足群众得实惠，扎实推进富民强县工程，各级党组织和共产党员通过组织创先进、争优秀的实际行动，有力地促进了全县经济社会又好又快发展。二是分类指导，整体推进。县委成立检查督导组，对全县17个党委采取不定期集中检查和随机抽查相结合的方式，督促各级党组织和党员围绕中心创先进，立足岗位争优秀。在“两类”组织、教育、卫生、工青妇等系统组建了8个行业指导小组，明确责任领导和工作职责，并从县委创争办中明确一位同志联系各指导小组，全面加强对行业创先争优活动的指导。明确农村、社区和机关的创争主题，确保全县基层党组织和党员都能参与进来，创有目标、争有方向。三是强化机制，典型带动。全县各级组织和党员按照“四定一承诺一公开”的要求，开展公开承诺，将承诺的落实情况向群众公开。据不完全统计，自创先争优活动开展以来，各级党组织和党员共承诺事项35762项（条），落实承诺事项34975项（条）。通过集中点评、单独点评、现场点评、书面点评等形式，引导各级基层党组织和广大党员对照先进找差距、提升能力优服务。把党建示范点创建作为加强基层党建工作的有效载体和创先争优活动的有力抓手，精心谋划、科学选点、层层推荐，培养了14个党建工作示范点，其中沾益县广厦房地产有限公司党支部和沾益县第四中学党总支被市委命名为“市级基层党建工作示范点”。

开展“四群教育”活动　2011年，县委立足实际，明确提出以开展“四群”教育争当“四个表率”为抓手，组织各级干部深入实际、深入基层、深入群众，全面推行“零距离工作法”，践行以人为本、执政为民理念，拓展干部联系群众的途径，丰富干部服务群众的内容，畅通群众表达意愿的渠道，把帮扶困难群众作为重点，努力解决群众生产、生活中的实际问题，听取群众合理诉求，化解社会矛盾，维护社会稳定，推动全县经济社会科学发展、和谐发展、跨越发展。通过加强群众观点、群众路线、群众利益和群众工作教育，转变干部作风，密切干群关系，把群众工作做深、做细、做实，使全县各级党员干部争当勤政爱民的表率、务实亲民的表率、谋事惠民的表率和服务为民的表率。大力推行“零距离”工作法，切实做到“三深入”，实现联系零距离、沟通零距离、服务零距离，做到“群众有困难，干部在身边；群众有困惑，干部帮解答；群众有要求，干部来行动”。全县共下派群众服务员4262名，联系群众14521户。其中有40名县级领导直接联系200户群众，626名科级干部直接联系3130户群众。

开展庆祝建党90周年系列活动

2011年，为隆重纪念党的生日，深刻缅怀党的光辉历史，推进创先争优活动深入开展，县委安排开展走访慰问活动，表彰一批基层组织建设先进乡（镇）、先进基层党组织、优秀共产党员和优秀党务工作者。“七一”前夕，共慰问建党前老党员25人，60～69岁老党员1135人，困难党员900人，发放慰问金388500元。6月30日，县委对创先争优活动中涌现出来的2个基层组织建设先进乡（镇）、30个基层党组织、90名优秀共产党员和30名优秀共产党员进行表彰。

贯彻落实“四议两公开一监督”工作法　2011年，沾益县全面推行“四议两公开”工作法，紧密结合实际，进一步强化党员、村（居）民对村（居）委会重大事项决议及决议实施过程的全成民主监督作用，在“四议两公开”工作法的基础上，创新增加“一监督”工作法，有力的推进了村级民主管理和规范化建设。一是组织领导到位。及时建立健全县委统一领导，县委组织部牵头抓总，县纪委、县财政局、县农业局、县审计局、县民政局等部门共同参与的工作机制。全县122个行政村（社区）全面推行“四议两公开一监督”工作法，明确了乡（镇）党委书记的第一责任，村级党组织书记的具体责任，形成一级抓一级、层层抓落实的工作格局。二是舆论宣传到位。把“四议两公开一监督”工作法作为一个重要内容，对新当选的“两委”班子成员进行了3期专题培训，同时制作“四议两公开一监督”工作流程图，发放到全县122个村（社区），实现了“基层干部精通、农村干部熟悉，党员群众了解”，为“四议两公开一监督”工作法的全面推行奠定了良好的思想基础。三是制度配套到位。紧密结合农村基层组织建设，积极总结农村民主管理的好经验好作法，进一步完善了党员联系制度、村民代表联系户制度、民主监督制度、责任追究和档案管理等相关制度，以制度规范和督促“四议两公开一监督”工作法在农村的落实。四是工作结合到位。把推行“四议两公开一监督”工作法与深入开展创先争优活动有机结合起来，县委创先争优活动领导小组明确要求村级党组织和村组干部要立足群众得实惠创先进、争优秀，充分运用“四议两公开一监督”工作法，积极解决农民群众关心的热点难点问题。2011年，全县122个村（社区）平均实行“四议两公开一监督”工作法进行决策3次。

集中开展后进村整顿工作　2011年，按照省、市委组织部和县委的部署，结合实际，沾益县出台《关于在基层党组织和干部队伍中开展思想作风教育和后进村整顿建设活动的通知》，在全县基层党组织和干部队伍中开展了思想作风教育和后进村整顿建设活动。一是深入调研，准确摸清村情。各乡（镇）党委抽调熟悉农村工作的科级领导带队组成工作组，深入到村、组、户，采取召开会议、组织座谈、专项调查、民主测评、经济责任审计等方式，对全县122个村（社区）党组织进行逐一排查，全县共排查出经济社会发展滞后村6个，矛盾问题突出村2个，占全县行政村总数的8.5%。二是因村制宜，制定整顿措施。针对后进村存在的突出问题和产生原因，因村施策制定出整顿措施。针对后进村组织软弱涣散、班子领导核心作用不强、党组织书记能力素质偏低等问题，坚持先换思想后换人、不换思想就换人的原则，采取思想整顿和组织整顿相结合的办法。针对后进村工作不规范、机制不健全、管理不民主等问题，从健全完善各项制度入手，努力形成一套好机制。针对后进村发展思路不清、主导产业不明、经济发展缓慢、服务群众水平不高等问题，指导和帮助后进村认真分析本村自然条件、经济基础、发展优势、存在问题等情况，谋划出一个符合村情实际的发展思路，研究制定中长期发展规划和年度工作计划，推动后进村加快发展。针对后进村社会矛盾突出、不稳定因素较多等问题，努力找准工作切入点和突破口，着力解决群众关心关注的热点难点问题。三是突出重点，确保整改取得实效。以班子建设为关键，着力解决领路无人的问题；以发展经济为核心，重点解决无钱办事的问题；以建章立制为重点，逐步解决无章理事的问题。全县6个经济社会发展滞后村，2个矛盾问题突出村已全部实现转化，理清了经济发展思路，化解了遗留矛盾问题，排除了稳定隐患，调动了广大党员干部工作的积极性。

“新农村故事会”全面上演　2011年，新农村故事会活动在全县农村（社区）全覆盖，实现了组织活起来、党员动起来、阵地用起来、群众笑起来的基层党建新气象。一是注重故事员队伍的培养。由乡（镇）党委引导、村党总支牵头，组建了有党员群众、大学生“村官”、中小学教师组成的故事员队伍，并定期邀请县文体局、广电局专业人员对故事员队伍进行培训，提高故事员队伍的专业素质。二是注重故事的收集整理。各乡（镇）认真收集群众在“新农村故事会”上演讲的故事，并组织人员对故事进行润色、归纳、整理收编成册，盘江镇、大坡乡、德泽乡把故事编印成册，下发到各村（社）党总支。三是活动开展有特色。根据群众喜好，由群众自定表演项目和表演形式。德泽乡富冲村委会以“用身边事教育身边人，以小场所凝聚党群心”为主题，开展了新农村故事会擂台赛，由群众把发生在自己身边的故事、866及整乡推进中发生的故事以说唱的方式展现出来，既通俗易懂，又较受群众欢迎。四是活动开展有成效。由县委组织部牵头，联合县委宣传部、县文体局、县广电局、县文联举办了沾益县首届“新农村故事会”擂台赛，评出“年度故事大王”一等奖1名，二等奖2名，三等奖3名，评出“年度最佳故事”3篇，极大的调动了群众参与“新农村故事会”，乡（镇）、村、组开展“新农村故事会”的积极性和主动性。沾益县《“新农村故事会”搭建社会管理创新平台》一文在中央创先争优领导小组办公室、人民网组织的“农村基层党组织‘创先争优’主题案例征集活动”中被评为优秀案例。

村级组织活动场所管理得到全面规范　2011年，沾益县以开展“星级达标”活动为抓手，充分发挥村级组织活动场所的综合作用，把村级组织活动场所建设成了集议事决策、政策教育、科技培训、文化活动、为民服务等功能为一体的开放式综合性阵地。全县共创建“五星级”活动场所1个，“四星级”活动场所4个，“三星级”活动场所73个，“三星级”以上活动场所占全县村级组织活动场所的83%。大力发展村级集体经济，全县村级集体经济纯收入超过1万元的行政村有81个，占行政村总数的86%。

扎实开展社区阵地建设 2011年，为进一步明确责任，强化措施保障，切实加强对社区活动场所办公用房建设的组织领导，着力解决社区党组织办公无场所、党员活动无阵地的问题，沾益县出台《沾益县社区活动场所建设年终考核实施方案》，扎实开展社区阵地建设。将社区活动所建设列入乡(镇)党委书记和社区党组织书记创先争优活动公开承诺事项，对工程建设工作措施、资金投入、完成时限等情况及时做出公开承诺，接受各方面监督。通过公开承诺活动，明确了工作目标任务，细化了相关责任，强化了“一把手”负责制，健全了领导负责和层层负责了工作机制。新建兴源、望海、玉龙和玉林社区活动场所全面竣工，正式投入使用。

开展社区“三亮四进五加强”活动 2011年，沾益县结合社区工作实际，在创先争优活动中广泛开展以“亮身份、亮职责、亮承诺，机关单位进社区、党员干部进社区、代表委员进社区、志愿者进社区，加强社区基础设施建设、加强社区党建工作和群团组织建设、加强和谐社区建设、加强社区文化建设、加强社区服务功能建设”为主要内容的“三亮四进五加强”社区活动。全县28个社区有3532名党员“亮身份”，219名党员“亮职责”，79个单位与社区开展结对，开展活动202次，设立代表接待点21个接待群众1430人次；领导干部深入社区开展民情恳谈184次，选派9名机关干部深入社区结对帮扶，1332名在职党员到社区登记；开展党团志愿服务142次，为民办实事257件次。

全面强化“两新”组织党的建设 2011年，沾益县以选派“改非”干部担任“两新”组织党务工作者为抓手，以促进发展为目标，在工作内容上，把党建活动与企业文化活动、管理活动、技术公关及产品销售等活动结合起来。在活动内涵上由单纯抓党务向促进企业发展延伸，引导党员立足岗位做奉献；由单纯抓党员教育管理向开展员工培训、稳定员工队伍延伸，力所能及地为员工解决实际困难；由单纯抓党组织活动向挖掘企业文化延伸，激发员工工作热情。选派的党务工作者积极帮助企业党组织建章立制、规范党组织和党员活动、推进活动阵地建设，在党组织的规范化建设上取得明显成效。2011年，全县38名党务工作者共宣讲各类党和国家方针政策122场次，受教育职工3000余人次，在企业管理决策层发展党员19名，《完善制度，强化考核，云南沾益县党务工作者驻企指导效果好》先进典型材料被中央创先争优领导小组办公室原文刊载。

积极组织党组织和党员抗旱救灾 2011年，沾益县组织各级党组织和全体共产党员，带领全县人民积极抗旱救灾，千方百计保障缺水群众人畜饮水，确保人民群众生命安全，力争将自然灾害的损失降到最低程度。一是各基层党组织以人为本，充分发挥战斗堡垒作用。各基层党组织把抗旱救灾工作作为当前的一项重要政治任务，作为检验开展创先争优活动成效的重要内容，以对人民群众高度负责的精神，迅速动员和组织广大党员干部和群众投身到抗旱救灾工作中。各级党组织共结成抗旱帮扶对子209对，帮扶党员群众6万余名，投入抗旱救灾资金近1000万元，最大限度解决灾区群众生产生活用水、牲畜饮水、困难群体救助等难题。二是广大共产党员率先垂范，充分发挥先锋模范作用。广大党员坚持人民的利益高于一切，始终站在抗旱救灾的最前沿，切实做到哪里有灾情，哪里灾情最严重，哪里群众最需要，党员就出现在哪里、战斗在哪里，充分发挥“突击队”“顶梁柱”“主心骨”的作用，在生产自救、帮助困难群众等方面作出表率，把共产党员的先进性体现到抗旱救灾的斗争中。

（刘晋州）

干部工作综述 2011年，沾益县按照加强党的执政能力建设和先进性建设的要求，深入贯彻落实科学发展观,以政府机构改革和县、乡党委换届为重点，以加强领导班子建设和干部队伍建设为主线，以提高干部队伍整体素质为目标，不断建立和完善干部工作制度，强化干部基础性工作，认真抓好干部录用、调配、工资福利等工作。

1. 坚持“德才兼备、以德为先”的用人标准，加强科级领导班子和领导干部队伍建设。按照县委统一部署，严格执行《干部选拔任用条例》等有关规定，做好科级干部的选拔任用工作，使各级领导班子的结构得到不断优化，整体功能得到不断增强。全年共提拔正科级领导干部2名（妇女干部1名），县工业园区管委会聘任科级领导干部7名，平职（级）交流科级领导干部84名，改任非领导职务1名。1月，按照《中共曲靖市委办公室、曲靖市人民政府办公室关于〈沾益县人民政府机构改革方案〉的通知》规定,沾益县共有27个政府工作部门或直属管理部门不再保留机构，将重新设置为10个政府工作部门和1个直属管理部门。在政府机构改革部门组建中，共平职调整科级领导干部73名。

2. 坚持用人导向，优化班子结构，圆满完成县、乡党委换届工作。①2011年第一季度乡（镇）党委换届工作，以“优化结构、提高素质、增强整体功能”为目标，严把民主推荐人选、考察考核和班子领导职数设置等重点环节，把政治上靠得住、工作上有本事、作风上过得硬、人民群众信得过的优秀干部选拔到领导岗位上来，使班子整体功能和干部作用得到发挥。通过换届选举，优化了乡（镇）党委班子结构，新当选的乡镇领导班子与上届平均年龄保持稳定，文化程度普遍提高，特别在选拔优秀年青干部、妇女干部方面有新的突破，班子结构更趋于合理。全县乡（镇）党委换届后，乡（镇）党委班子平均年龄38.4岁，与上届37.8岁相比基本保持稳定；妇女干部9名（其中党委书记1名，党委副书记1名），比上一届增加4名，7个乡（镇）党委班子中有妇女干部；少数民族干部7名（其中党委书记1名，党委副书记6名）；有4名选聘到村任职的大学生“村官”进入乡（镇）党委班子；30岁（含）以下12名，比上届增加9名；大专文化以上78名，比上届增加23名。换届后当选的8名乡镇党委书记平均年龄41.6岁，比上届下降0.5岁，8名均是大专以上文化。②2011年6月12～15日，县第四次党代会召开，选举产生了35名县委委员，平均年龄44.1岁，妇女干部5名，少数民族干部7名。选举产生了7名候补委员，平均年龄43岁。选举产生了19名县纪委委员，平均年龄44.8岁，妇女干部3名，少数民族干部1名。县委委员、候补委员和县纪委委员全部是大专以上文化。县委四届一次全会选举产生了11名县委常委，新进县委常委班子的1名（新提拔的1名）；县委常委班子平均年龄38.8岁，其中35岁以下的1名，妇女2名，少数民族2名，大学本科以上文化11人。县纪委四届一次全会选举产生的9名县纪委常委，平均年龄43.9岁，妇女干部3名。

3．加强公务员队伍日常管理。①认真做好党群口公务员的招录工作。根据省、市有关文件规定，积极做好党群口部门公务员招录计划的申报。按照“公开、平等、竞争、择优”的原则，经过笔试、面试、体检、考察政审等程序，党群口共录用公务员12名；②严格执行政策，对党群口试用期满考核合格的8名新录用公务员确定非领导职务；③认真做好科级干部、党群口干部和村干部的年度考核、工资晋升、工作调动、退休等工作。全年共办理退休手续16人，调配干部26人，其中县内调动14人，调出县外6人，外地调入县内6人。

4．继续做好大学生村官选聘和日常管理工作，为新农村建设提供生力军。①按照省委组织部《关于选拔优秀大学生“村官”进入乡镇党政领导班子的通知》要求，严格省、市委组织部规定的方法、步骤和纪律要求，认真组织开展选拔工作。经资格初审、报名、资格复审、民主推荐和测评、民意调查、差额考察、县委常委会研究决定、公示、上报审批等，盘江镇、白水镇、菱角乡、大坡乡四个乡（镇）的4名大学生“村官”被提名为新一届乡（镇）党委委员预备候选人人选，在乡（镇）党委换届中，4人顺利当选为新一届乡（镇）党委委员。②按照《关于开展2011年选聘高校毕业生到村任职工作的通知》要求，严格程序，统一标准，规范运作，做好资格复审、组织考察、体检等工作，并按照省、市委要求及时做好出缺人员的补录工作，年内共选聘22名高校毕业生到全县8个乡（镇）村委会担任村党总支书记助理或村委会主任助理。③按照“注重教育培训、注重明确职责、注重真情关怀、注重严格管理”的要求，努力构建选聘到村任职高校毕业生“下得去、待得住、干得好、流得动”的工作机制。积极鼓励、组织在岗大学生“村官”参加公务员或事业单位招录，中粮集团、中国农业银行、中国人寿保险公司、农村合作信用社等国有大中型企业定向招聘工作，年内共有31名大学生“村官”被各级机关、事业单位招录或招聘，其中录用公务员11人，事业单位录用14人，企业招聘6人。

（尹瑞敏）

人才管理工作综述 2011年，沾益县人才工作紧紧围绕县委、县政府的中心工作，以全面开展创先争优活动为契机，认真贯彻落实全市、全县人才工作会议上提出的人才工作目标和各项任务，不断创新人才工作的体制、机制、政策和环境，促进了全县人才工作整体水平的全面提升。

1．深入贯彻落实全市人才工作会议精神，召开沾益县人才工作会议。6月29日，沾益县召开全县人才工作会议。会议全面安排部署了全县当前和今后一个时期的人才工作，并以建立“四项选拔”机制为着力点，表彰奖励了22名优秀专业技术人才。其中，享受政府特殊津贴优秀专业技术人才3名；中青年学术技术带头人人才3名；具有突出贡献的优秀专业技术人才8名；科技兴乡贡献奖人才8名，并发放3000～5000元不等的奖金。会议要求将“四项选拔”作为沾益县人才工作的长效机制，通过选拔、表彰，逐步形成有利于优秀人才脱颖而出的良性机制，进一步鼓舞人才干事热情，为县委、县政府发现和培养人才奠定坚实基础。

2．制定下发《沾益县中长期人才发展规划（2010–2020年）》。下发了《沾益县中长期人才发展规划（2010–2020年）》，要求当前和今后一个时期，全县人才工作要结合《沾益县中长期人才发展规划（2010-2020年）》提出的要求，始终坚持“党管人才、科学人才观、人才优先发展、服务发展、统筹发展”五大原则，努力实现人才总量大幅增加，整体素质大幅提升，结构明显改善，资源配置日趋合理，作用充分发挥，服务功能更加完备的人才工作目标。一是到2020年，使党政、专业技术、企业经营管理、农村实用、高技能“五类人才”总量有大幅度的提高。二是按照培养上“扬长补短”、使用上“扬长避短”、保护上“扬长容短”的原则，加大人才的培养、选拔、任用力度，充分调动各类人才的积极性和创造性。三是不断加强人才政策的安全性研究，加快建立和完善养老保险、失业保险、工伤保险和医疗保险等制度，确保全县经济社会发展急需的人才能引得进、留得住、用得好。四是建立人才工作目标责任制和领导小组成员单位工作责任制，提高党政领导班子综合考核指标体系中人才工作专项考核的权重，落实“一把手”抓人才工作制度；健全县委常委会听取人才专项报告，定期研究人才工作制度；进一步完善县级领导联系专家，实行重大决策专家咨询制度；完善组织部门牵头抓总职责，强化政府人事人才管理部门作用，理顺各有关职能部门人才工作职责，充分发挥各人民团体、企事业单位、社会中介组织的作用，形成人才工作合力。五是建立人才发展专项资金，统筹使用，保障人才发展重大项目实施。切实落实机关、企事业单位职工教育培训经费的提取和使用；通过税收、贴息等优惠政策，鼓励和引导用人单位、个人和社会投资人才资源开发；加大全社会对人才资源开发投入力度，建立经费投入保障机制；推行人才资源开发财政专项经费制度，加大对整个人力资源开发的财政投入力度；对承担人力资源开发相关任务的部门，由财政统筹增加相应经费支持，并随着经济发展逐年递增；鼓励和支持社会力量参与人力资源开发，形成财政投入为导向、用人单位投入为主体、广泛吸纳社会资金的人力资源开发投入机制。结合规划及沾益实际，县人才工作领导小组办公室起草并及时下发了《〈沾益县中长期人才队伍发展规划（2010-2020年）〉任务分工方案》，按照任务分工要求，进一步细化措施，明确责任。要求每年年底，由县人才工作领导小组组织对《人才规划》贯彻落实情况进行督促检查，通报进展情况，确保《人才规划》的有效实施。

3．充分发挥组织部门牵头抓总作用，加强人才工作宏观指导。按照《中共曲靖市委组织部关于进一步明确组织部门在人才工作中发挥牵头抓总作用的指导意见》精神，县委组织部认真研究了切实履行牵头抓总职责的工作机制和工作方法，制定下发了《沾益县2011年人才工作要点》。不断完善人才工作格局，先后多次召开人才工作领导小组成员单位工作会议，研究全县人才工作存在的问题、解决的思路与措施，有力整合了有关部门、各方面人才工作力量和资源，发挥了人才工作系统的整体效能。

（吴红燕）

干部教育培训工作综述 2011年，沾益县干部教育培训工作紧紧围绕全县工作中心，突出重点，贴近中心，扎实推进，多措并举，全面落实新一轮大规模培训干部、大幅度提高干部素质要求。

1．突出“三个重点”，拓展培训领域，落实全省加强和改进基层干部教育培训工作视频会议精神。一是抓好四类人员培训。利用沾益县五大干部教育培训基地，协调县农业局、县人力资源与社会保障局、县工业经济与科技信息化局等部门，依托“理论课堂”“示范课堂”“远教课堂”“流动课堂”，创新模式，丰富内容，抓好党政领导干部、专业技术人员、企业经营管理人员、农村实用人才培训。全年共培训党政领导干部（含村干部）9810人次、专业技术人员7650人次、企业经营管理人员650人次、农村实用人才3790人次。二是加强重点对象培训，尤其是“一把手”培训。按照省、市委组织部要求，乡（镇）党委换届后，调训乡（镇）领导干部27人次，其中党委书记8人次，乡（镇）长8人次。三是加强指导基层干部教育培训，在培训对象的广泛性上下功夫。指导督促各单位完成2011年干部培训任务。拓展培训领域，将培训触角延伸到基层和一线。按照市委组织部的安排，完成全县54名村（社）党组织书记调训,4名进入乡（镇）党委班子的大学生村官调训。县直各部门自主加强干部职工政治理论、业务知识、业务技能培训5350余人次。

2．坚持“三个贴近”，调整培训内容。一是贴近干部思想，突出政治理论培训。通过例会、以会代训、举办专题培训班等形式，重点进行中国特色社会主义理论体系、十七届六中全会精神、“十二五”规划、党性党风党纪和社会主义核心价值体系教育。县委专门召开中心组及时学习十七届六中全会精神，并于12月举办领导干部深入学习贯彻党的十七届六中全会、省第九次党代会精神暨“四群”教育培训班。全县所有县直部门副科级以上职务的领导干部，乡（镇）党委、政府领导班子成员（含党委委员），村委会（社区）党总支书记、主任共620人参加培训。加入沾益县情、地方人文地理知识，远学杨善洲同志先进事迹，近学桂俊洪、陈家顺，制定下发《在全县党员、干部、群众和青少年中开展中共党史和沾益地方史学习教育的通知》，通过建红址、编红书、唱红歌、讲红事、展红图、开红会，“六位一体”强化地方党史教育。二是贴近干部工作实际。围绕干部工作需要，结合全县中心工作，强化干部业务技能培训，提高培训针对性。9月，举办了2011年全县选聘高校毕业生到村任职岗前培训班。三是贴近群众，切实抓好农业农村实用知识、技术培训。组织全县农村党员干部到示范基地观摩学习，参加党员干部14200人次。全年全县举办各级各类培训班18个班次，培训各级各类干部9220人次。

3．落实“四项措施”，贯彻《改革纲要》。一是坚持原则，解决干部教育培训针对性不够突出的问题。制定下发《沾益县贯彻落实〈2010—2020年干部教育培训改革纲要〉的实施意见》《沾益县2010—2020年干部教育培训改革任务分工方案》，明确全县干部教育培训改革目标，坚持发展需要什么就培训什么、干部成长缺什么就补什么的原则，全力为干部成长、产业建设、经济社会发展服务。全县农业、林业、烤烟等部门，带上项目、技术深入村组农户、田间地头，开展烤烟、蚕桑等种养殖技术培训，共培训9300人次。二是深化体制改革，解决干部教育培训资源不够丰富的问题。发挥县委党校（行政学校）主渠道、主阵地作用，有效利用其他优质培训资源，充分整合农广校、乡(镇)党校、农民技术学校、两校一中心、党员干部现代远程教育等培训资源，依托五大干部教育基地，盘活各类教育培训资源，加强管理利用，充分发挥其在干部教育培训中的作用。三是优化培训内容，解决干部教育培训方式方法不够灵活的问题。按干管权限，研究不同类别、不同层次、不同岗位干部素质能力特点，紧扣经济社会发展和干部成长需要，有计划地加强分类培训，制定下发《2011年干部教育培训计划》，按照党政领导干部、专业技术人员、乡土人才、企业经营管理人员四类人才分17个不同班次作出计划。四是完善制度措施，解决干部培训管理不够严谨的问题。在县委干部教育委员会领导下，健全了干部教育培训联席制度，完善办班计划申报制度，坚持组织调训制度，按照《沾益县干部教育培训积分制考核管理办法（试行）》，严格干部培训积分管理制度，把干部教育培训工作经费纳入年度财政预算，有效推进了各项培训工作顺利开展。

4．抓好“三个结合”，创新培训形式。一是坚持计划调训与主题班次培训结合，解决“调训难”的问题。年初，根据全县大规模干部培训任务的情况，确定年度培训班次，同时将省市县调训任务分解到各单位，统筹安排参训人员。按照省市要求，全年共调训干部170人次，其中处级41人次，科级129人次，专业技术人员13人次，企业经营管理人员5人次。二是坚持分散安排与统一培训结合，缓解“工学矛盾”。把集中培训班和分散自学、单位例会学、网上在线学结合，有效缓解“工学矛盾”。全县科级领导干部全部参加全市干部在线学习，从7月开始，乡（镇）党政领导班子成员及部分县直部门的科级领导干部共300余人参加云南省干部在线学习。同时建立制度，加强考核，通过制度促学、电话促学、通报促学、会议促学，认真抓好在线学习的督促检查，确保圆满完成学习任务。三是坚持理论培训与社会实践相结合，丰富教学形式。科级领导干部借上党课之际纷纷深入田间地头指导农业生产，把上党课与指导农业生产、开展“四群”教育相结合。

5．执行“三个严格”，抓实学风建设。一是严格培训纪律。按照《沾益县干部教育培训积分制考核管理办法（试行）》要求，严肃干部培训考勤纪律,提高培训工作的权威性、规范性。二是严格培训管理。坚持办班计划申报，严格培训审批。加强计划统筹，严格组织调训。严格执行干部教育培训学分制度，抓好培训落实。三是严格培训考核。按照《沾益县干部教育培训积分制考核管理办法（试行）》要求，严格考核，并记入个人档案。

6．做到“三个到位”，提高培训实效。一是认识到位。始终把干部教育培训工作放在服务全县经济社会发展的主旋律中来审视和谋划，专门研究，对全年干部培训做出计划。各乡（镇）各部门高度重视，抽调专门人员负责干部教育培训组织管理和考勤考核工作，把培训落到实处。同时注重总结宣传引导，各主办单位办班结束后，及时将学员参加学习培训的情况书面反馈给组织部或学员所在单位，并将干部培训工作总结报送县委组织部干部教育科，县委组织部及时汇总，上报信息，加大宣传力度。二是组织到位。根据人员变动，及时调整县委干部教育委员会，下发《中共沾益县委办公室关于调整县委干部教育委员会成员的通知》，在干部教育委员会及办公室领导下，各党委、县直各单位相应成立干部教育培训领导管理机构，明确职责，形成分级分层齐抓共管的局面。三是保障到位。整合资源，优化配置，构建干部教育培训网络，精心打造了五个干部教育培训基地，充分利用现有干部教育培训资源和地域优势，切实加强师资队伍、培训基地、信息化建设。加大干部教育培训经费投入及管理，把县管干部培训经费纳入县级财政预算，周密计划，统筹安排，为切实做好干部培训工作提供有力的资金支持。

（姜丽波）

党员干部现代远程教育工作综述 2011年，全县党员电化教育依托党员干部现代远程教育村级终端接收站点和农村中小学远程教育建设，实现全覆盖。并着力在队伍建设、强化管理、发挥作用上下功夫，有力地促进了党员电化教育的全面开展。

工作机制不断健全 2011年，沾益县结合创先争优活动，深入开展党员干部现代远程教育“双创双争”活动。每月制定教学计划，以政治理论、时事政治、政策法规、市场经济、经营管理等宏观基础知识为重点，穿插实用技术、科普知识、农村卫生、计划生育等内容，引导各乡（镇）、各村（社区）结合农业生产和农村生活实际，按照每个月不少于10个课时的标准，把握学习重点，合理安排学习时间。制定出台了《沾益县农村党员干部现代远程教育工作制度》《沾益县党员干部现代远程教育工作督促检查制度》等系列规范性制度，每半月通过短信平台向各乡（镇）党委书记通报学习情况，每月对各站点进行督查或抽查，把考核内容细化为党组织重视程度、教学组织管理、学习应用效果、设备配置运行及站点管理维护5项指标，涵盖远程教育设备管理、教学组织管理和学习应用效果3个方面，将远程教育站点“管、学、用”工作纳入全县年度考核工作目标及党的建设工作考核体系中严格考核，作为评价乡（镇）村（社区）党建工作的重要依据，考核结果与示范站点奖励直接挂钩，每月通报一次督查情况，确保各站点管理规范、活动正常，作用得到充分发挥，形成远程教育工作长效机制。

终端接收站点建设进一步强化 2011年11月11日，沾益县在大坡乡召开全县党员干部远程教育工作推进会，全面启动2011年度远程教育终端站点置换建设。对全县33个依托中小学模式远程教育的终端站点进行“广电模式”改造升级，严把工程质量，严把技术流程，实现高质量“建”、高水平“管”、高效率“用”。全县共建党员干部现代远程教育终端接收站点131个，其中县级平台1个，乡（镇）终端接收站8个，村委会（社区）终端接收点122个，应用党员干部现代远程教育（电信模式）建设的终端接收站点85个，卫星模式46个，全面实现了全县党员干部现代远程教育网络平台的改造升级。同时，依托“电信模式”对8个县直单位，3个乡（镇）部门、站所，7个村（居）民小组及6个非公有制企业实施终端站点延伸建设工程计划。

电教片工作有突破 2011年，县委组织部组织拍摄专题片、电教片、文艺片及课件，参加市委组织部于12月1～2日举办的全市首届党员干部现代远程教育教学课件观摩评比活动。作品紧紧围绕全县党建工作中心，展现沾益广大基层党组织和党员在全面建设小康社会中的精神风采，为全县党员干部现代远程教育提供了丰富的教学课件。其中，《二级英模——桂镜洪》获优秀党员事迹片三等奖，《万寿菊科学种植技术》获技能技术片二等奖，《福满珠江》获文艺片二等奖。

（王桃明）

干部监督工作综述 2011年，沾益县干部监督工作以提高组织工作满意度和选人用人公信度为目标，以严肃换届纪律，营造风清气正换届环境为重点，以创建全省提高选人用人公信度示范县为载体，深入贯彻落实干部选拔任用工作法规和四项监督制度，扎实开展干部监督各项业务工作。

1. 以创建全省提高选人用人公信度示范县为载体，完善干部选拔任用监督体系。构建以“一报告两评议”、党政主要领导选人用人离任检查、干部选拔任用有关事项报告为主要内容的干部选拔任用监督检查体系，努力建立一条完整、有效的选人用人监督链条，为选准用好各类干部提供纪律保障。①扎实开展“一报告两评议”工作。继续将“一报告两评议”工作在乡（镇）党委、县直各部门全面实行。2011年全县8个乡（镇）党委、8个县直党委（机关党委按要求不单独开展），年度干部选拔任用工作和2011年新选拔的股（所）级干部接受了民主评议，县委组织部派出指导组现场指导测评评议工作。全县各乡（镇）党委干部选拔任用工作满意度平均分值为99.01分，县直各党委干部选拔任用工作满意度平均分值为97.42分，71名新选拔股所级干部群众满意度平均分值为98.32分。县委将各乡（镇）、县直各党委干部选拔任用工作满意度分值作为评价年度党建工作和干部选拔任用工作的重要依据，纳入年终考核。②深入开展领导干部选人用人离任检查。按照《市县党委书记履行干部选拔任用工作职责离任检查办法（试行）》规定，乡（镇）、县直各部门党政正职因提拔使用、平职交流、到龄该非等原因离任时，由县委组织部及时对其任职期间履行干部选拔任用工作职责情况进行检查，形成对领导干部选人用人行为的有效监督。③严格执行干部选拔任用有关事项报告制度。县委在选拔任用科级领导干部时，严格按照《党政领导干部选拔任用有关事项报告办法》规定，应当报上级组织部门审批的严格按程序上报审批。在乡（镇）、县直部门股（所）级干部选拔任用中，对任职资格、任职年限、任职回避等报告事项进行严格规定。除换届外，乡（镇）一批集中调整干部20人以上的，县直部门一批集中调整超过本部门所设股（所）级职数三分之一的，应事前书面向县委组织部报告，经批准后组织实施，未经批准的干部选拔任用事项不得提交会议讨论决定并行文任命。全年共对3个县直部门报告的股（所）级干部选任事项进行了批复。

2．做好严肃换届纪律相关工作，确保换届风清气正。按照中央和省、市、县委关于换届工作的部署，在2011年县、乡党委换届工作中，坚持警示、教育、预防“三在先”，以最坚决的态度和最有力的措施，营造风清气正的换届环境。①做好严肃换届纪律的学习宣传教育。通过沾益电视台、沾益人民广播电台，广泛宣传中央“5个严禁、17个不准、5个一律”和省委“十严禁”纪律规定；印发中央和省、市严肃换届纪律文件、警示材料2390余；县级领导班子和乡（镇）、县直各部门领导班子召开了严肃换届纪律专题会和专题民主生活会；县委主要领导与130余名干部进行严肃换届纪律专题谈心谈话；组织全县各级领导干部619人参加换届纪律知识测试；组织580名副科以上领导干部对严格遵守换届纪律进行承诺；换届期间，县委组织部和全体组工干部在沾益电视台进行“坚持公道正派，严守换届纪律，营造风清气正换届环境”公开承诺，连播15天。②严格督促检查，狠抓制度落实。换届期间，组成4个换届督导组，对8个乡（镇）党委换届工作进行全程督导，组织1640名参会人员进行严肃换届纪律问卷调查，严肃换届纪律知晓率达100%，组织1458人对换届风气进行测评，“很好”项占97.12%，“好”项占2.88%。③建立违反换届纪律专项查办机制。成立违反换届纪律联合专项查办小组，负责对换届期间线索清楚、内容具体的举报展开专项查处，实行限时办结制度。通过扎实工作，县委换届满意率达100%，乡（镇）党委换届满意率达99.41%，均高于全市平均水平。换届期间，全县未发现违反换届纪律的情况。

3．扎实开展干部监督业务工作，强化干部日常监督管理。①建立干部重大事项报告电子信息库。按照中央两项法规规定，组织全县领导干部就婚姻变化、财产、出国（境）、子女就业、经商等事项进行报告，将报告录制成电子版分类归档，建成全县领导干部个人重大事项电子信息库，大幅提高干部日常监督管理的效率。2011年，全县38名县（处）级领导、502名科级领导进行了个人重大事项报告。②规范选人用人常规程序。从提名、推荐、考察、酝酿、票决、公示、任职等环节全程记录干部选拔任用过程，做好干部选拔任用全程记实工作，为选人用人失责追究提供依据。做好拟提拔人选个人有关事项报告工作。干部考察期间，要求拟提拔人选对如实填写《拟提拔人选有关事项报告表》，就配偶及子女基本情况、家庭财产情况和主要社会关系等方面进行报告，防止“带病提拔”“带病上岗”。全年共有9名拟提拔人选报告了个人有关事项。实行廉政意见双征求制度，确定考察对象及讨论决定前分别征求其所在单位和部门纪检、政法、计生、审计部门的意见。对拟提拔人选在沾益电视台面向社会进行公示公告。全年共发布干部任前公示公告1期，公示领导干部3人。③全面开展党政领导干部企业兼职清理工作。按照《关于对党政领导干部在企业兼职进行清理的通知》要求，以维护市场主体的公平竞争、完善现代企业管理制度、促进党风廉政建设为目的，深入开展党政领导干部在企业兼职的清理工作。经清理，全县共有33名党政领导干部兼任企业职务。按照规定，经县委、县政府同意，32名继续在企业兼任职务，其中1人收回原单位工作。④按照“属地管理、分级负责、谁主管、谁负责”的原则，做好群众来信来访接待工作。全年共接待群众来访85批276人次，做到了事事有交待，件件有落实。⑤强化干部监督联席会成员单位的作用。每半年召开一次干部监督联席会议，加强干部监督联席成员单位之间的沟通配合，共享信息，分析研究干部监督工作新情况、新问题，形成资源共享、信息互通工作协作机制。⑥畅通举报渠道，严查违纪违规行为。充分发挥“12380”举报专线、珠源党建网举报信箱、群众来信来访“三位一体”举报网络作用，畅通群众举报渠道。全年共受理群众举报33件，查核33件。⑦严格干部因公出国（境）审批。严格执行“五个明确”“五不审批”规定，认真做好因公出国（境）人员审批工作。全年共办理因公出国（境）审查审批手续2批6人次，所有出国（境）人员未出现出走、滞留不归和泄露机密等情况。

（蒋礼红）

宣传思想文化工作综述　中共沾益县委宣传部是县委主管意识形态工作的综合职能部门，是沾益县宣传思想工作领导小组的办事机构。2011年末，内设办公室、宣教科、理论科、记者站，归口管理部门有文明办、文产办、外宣办。共有在职干部14人。

2011年，全县宣传思想文化工作在县委的坚强领导和市委宣传部的指导下，认真贯彻落实科学发展观，按照理论教育大众化、文化服务民生化、舆论引导平民化、创建活动群众化、对外宣传特色化、城市形象品牌化、文化经济产业化的具体要求，在推进理论武装、提高舆论引导能力、深化城乡文明建设、推动文化体制改革等方面取得了新成效。

1．理论武装扎实推进。围绕学习型组织建设，坚持以县委中心组为龙头，以基层党委（党组）中心组为重点，把加强和改进党委（党组）中心组学习与建设学习型领导班子结合起来，不断提高党员干部服务群众的本领，为和谐沾益建设提供了智力支持和思想保障。根据实际需要，先后制定下发了《2011年全县乡科以上党委（党组）中心组学习安排意见》《2011年全县在职干部理论学习安排意见》等文件，认真组织征订《2011党委中心组学习参考》《从怎么看到怎么办》等书籍，扎实推进理论学习。依托“学习型组织”“学习型单位”“学习型班子”“学习型系统”阵地建设，充分发挥全县党员教育五大基地、农村“两校一中心”、农村现代远程教育网、党员活动中心户等阵地的作用，配合有关部门共同完成了68个村级组织活动场所建设任务，使122个村委会（社区）都有了实用、管用的学习活动场所。以基层群众为对象，坚持“三贴近”原则，积极开展副科以上领导干部定点到基层党支部上党课制度，把宣传普及中国特色社会主义理论体系与为群众解疑释惑、排忧解难有机结合起来，不断探索实现理论武装的新途径，努力做到“理论与群众零距离”。成立了学习宣传全国公安系统二级英雄模范桂镜洪的英模事迹宣讲团，把学习宣传英模和先进典型活动、学习型党组织建设、创先争优活动紧密结合起来，在全县掀起了向英模学习的浓厚氛围。由于理论学习措施具体、成效显著，沾益成为全省学习型党组织建设的先进典型，省委宣传部组织大型采访团对沾益县学习型党组织建设情况进行了专题采访。

2．舆论引导不断增强。坚持“团结稳定鼓劲、正面宣传为主”的方针，唱响主旋律、打好主动仗，广泛宣传党的主张、弘扬社会正气、通达社情民意、引导社会热点、疏导公众情绪、搞好舆论监督，舆论引导工作能力实现了“四个增强”。一是宣传报道吸引力进一步增强。围绕县委、县政府的中心工作，通过开设专题、专栏和推出系列报道等多种形式，在各级媒体广泛开展对外宣传。全年累计在中央电视台、人民日报等中央、省、市、县级媒体刊播新闻5270余篇（幅、条），其中国家级10篇（幅、条），省级187篇（幅、条），打响了珠江源外宣品牌。二是典型宣传感染力进一步增强。深入挖掘各行各业涌现的先进典型和感人事迹，重点做好桂镜洪、陈家顺等先进个人、第六届“登山越野挑战赛”暨第五届“山地自行车越野挑战赛”、万寿菊赏花会、抗旱救灾等重大节会、重大主题的宣传报道，推出了陈家顺等一批在全国叫得响的先进典型。三是外宣机制推动力进一步增强。加强新闻通讯员队伍建设，建立网络舆情评论员队伍，举办新闻发言人理论骨干培训班，努力营造客观友善、于我有利的外部舆论环境，提高各单位的危机处理水平和应对媒体的能力，全年未出现重大负面新闻报道。四是媒体舆论引导力进一步增强。通过“沾益手机报”、新浪网沾益县微博等新型媒体和报纸杂志等传统媒体正确引导社会热点，巩固积极健康向上的主流舆论，不断增强舆论引导效果。

3．精神文明深入开展。一是围绕社会主义核心价值体系，大力推进思想道德建设。认真做好市、县两级道德模范的评选、宣传和学习。县环卫处职工丁琼芬被评为曲靖市孝老爱亲模范，菱角乡稻堆村委会雷二香被推荐为曲靖市第三届“曲靖十大孝星”。结合纪念建党90周年，深入贯彻落实《公民道德建设实施纲要》，广泛开展世界观、人生观、价值观宣传教育，努力形成知荣辱、讲正气、促和谐的良好风尚。针对抗旱救灾的严峻形势，广泛开展“节约用水、巾帼志愿者在行动”“关爱留守儿童”、扶残助学、文明城市创建等志愿者服务活动。二是把建设社会主义核心价值体系纳入国民教育全过程，扎实推进未成年人思想道德建设。通过主题宣传教育、道德主题实践、道德模范评选、我们的节日、文明素质工程的实施，不断加强社会主义荣辱观、价值观和革命传统教育。三是在各种创建活动中广泛开展建设社会主义核心价值体系实践活动。结合文明县城创建活动，开设“不文明行为曝光台”和制作不文明行为图片展板，对不文明行为进行集中曝光。认真实施“8·61”群星文明工程，在精神文明创建活动中开展建设社会主义核心价值体系实践活动。2011年，创建市级文明单位（村、社区）30个、文明小城镇2个，县级文明单位（村、社区）24个、八星级文明机关4个。

4．文化产业发展迅速。一是圆满完成文化体制改革工作。按照省委、省政府《关于进一步深化文化体制改革推进经营性文化事业单位转企改制的若干意见》《关于加快推进文化市场综合执法改革的意见》精神以及曲靖市文化体制改革的文件精神，组建成立了县文化市场综合执法大队，划转县电影管理站归县广电局管理。二是开展文化大发展大繁荣专题调研。通过实地察看、召开座谈会等方式全面摸清底数，找准县域文化发展症结，理清发展思路，为完善文化发展政策措施、破解发展难题、解放和发展文化生产力提供基础数据和资料。三是完成了《文化曲靖·沾益》书籍的编撰工作。全书内容涵盖了沾益历史、文化、民族、旅游、美食等方面，是一部全面描述珠源文化的特色书籍。四是切实加强文化基础设施建设。全年共完成6个基层文化站点新建和改扩建，改善站点办公和服务面积近3000平方米；新建农家书屋50个，文化信息资源共享工程70个，文化小广场5个。五是通过实施“五个一”（一本书、一套碟、一部电影、一首歌、一批商品）工程，加强旅游文化建设，提升旅游产业文化品位，有机的将文化因素注入旅游产业发展。六是广泛开展群众性文化活动。大力培养农村文艺骨干队伍，加强文艺辅导力度，组织开展文化支持、文化扶贫活动,大力扶持发展农村文化专业户和文化联合组织。

开展常下乡活动　2011年1月16日，沾益县在炎方乡举行科技文化卫生法律“常下乡”活动启动仪式，现场发放春节年画3000多幅，书写对联200余幅，发放各种宣传图书画册1000余册，免费健康咨询、就诊500人次，发放玉米良种、救济大米、棉被等价值3万余元。在“常下乡”活动启动后，县内组建的科技服务小分队、卫生服务小分队、文化服务小分队、法律服务小分队，长期分赴各乡（镇）开展科技、卫生、文化、法律服务，使“常下乡”更好地服务农民的生产生活，服务农村的改革发展稳定。

李永梅　供稿

精心组织筹办2011年春节文化系列活动　为让群众度过一个快乐、祥和的春节，2011年春节期间，沾益县精心筹划了一系列丰富多彩的文化活动。活动内容包括：大年初一在县城玉林广场举行春节广场文艺演出，大年初一晚在县城繁华地段同时燃放礼花，展现绚烂城市美景，在县城烘托出浓郁的节日气氛。2月1～18日，在县文化局展厅举办春节书法、摄影、绘画展，集中展出全县“珠江源杯”书法、绘画、摄影、歌曲创作大赛的获奖作品。大年初一至正月十五统一组织开展乡村电影巡回放映活动。

新农村故事上擂台　2011年2月16日，沾益县举行首届新农村故事会擂台赛，评选产生了“年度故事大王”一等奖1名，二等奖2名，三等奖3名，“年度最佳故事”3篇。沾益县在村级活动场所广泛开展“新农村故事会”活动，切实解决了部分村级组织活动场所利用率不高、资源闲置等问题，极大地丰富和活跃了农村文化生活。新农村故事会受到了广大农民群众的欢迎和好评，成为农村先进文化的“传播站”、群众交流的“主阵地”、社会和谐的“润滑剂”、农村发展的“助推器”。

举行登山越野挑战赛新闻发布会　2011年3月18日，云南·沾益第六届珠江源登山越野挑战赛及第五届山地自行车越野挑战赛新闻发布会在昆明举行。副市长饶卫出席新闻发布会，简要介绍了曲靖市情，通报了全市经济社会发展情况，并回答记者提问。中央驻滇新闻单位以及省、市级媒体共40余家的60余名记者应邀参加新闻发布会。

举行沾益珠江源第六届登山越野挑战赛暨第五届山地自行车越野挑战赛　2011年4月2日，沾益珠江源第六届登山越野挑战赛暨第五届山地自行车越野挑战赛在风景秀丽的珠江源风景区举行，来自海内外的数千名登山、山地自行车爱好者、运动员汇聚珠江源头参加比赛。省政协主席王学仁宣布珠江源第六届登山越野挑战赛暨第五届山地自行车越野挑战赛正式开始，奥运会长跑冠军、有“东方神鹿”之称的王军霞，亚运会冠军钟焕娣，世锦赛冠军黎则文等体坛名将受邀领跑。

启动“中华魂”主题教育活动　2011年4月12日，沾益县启动各乡镇中心学校、县直各学校实施的“中华魂”主题教育活动。活动内容主要包括组织中小学生读《颂歌献给党》教育读本，开展知识竞赛及征文、演讲，举办讲座报告等。目的是使青少年更加完整、准确地了解党、认识党，更加坚定地热爱党、跟随党，从小树立起共产主义和建设中国特色社会主义的理想信念，帮助青少年全面了解中国共产党成立90年来的光辉历程，树立正确的理想信念和社会主义人生观、价值观、道德观。

召开文艺联合会第三次代表大会　2011年5月26日，沾益县召开文学艺术界联合会第三次代表大会。文学、摄影、美术、书法、音乐等105名代表齐集一堂，总结交流文学艺术创作经验。全体参会代表发出《致全县文艺工作者的倡仪书》，号召文艺工作者加强理论学习，提高自身素质，深入火热生活，继承优良传统，创作出更多深受人民欢迎的优秀文艺作品。

桂镜洪先进事迹巡回宣讲 2011年6月22～26日，沾益县组建桂镜洪先进事迹报告团，累计到全县各个乡镇、机关站所和企事业单位进行巡回宣讲9场次，从不同的角度讴歌桂镜洪恪守信念、对党忠诚的政治品质，诠释桂镜洪牢记宗旨、一心为民的公仆情怀，颂扬桂镜洪勇于创新、无私奉献的敬业精神。

全县党员收看“七一”庆祝大会电视直播 2011年7月1日上午，沾益县各级党组织精心组织党员收听收看中共中央庆祝中国共产党成立90周年大会电视直播，认真聆听学习胡锦涛同志的重要讲话，县四班子领导在县委常委会议室集体收看大会实况。根据县委的统一要求，全县各级党组织认真组织所属党员干部采取集中与分散相结合的方式，依托党员活动中心或党员活动中心户，认真收听收看了大会实况直播，共同庆祝党的90华诞。

举办第七届珠江源美食文化节暨沾益万寿菊赏花会 2011年7月16日，第七届珠江源美食文化节暨沾益万寿菊赏花会在沾益拉开帷幕。晚上8时，省政协主席王学仁宣布开幕。省政协秘书长车志敏、省委政法委副书记朱家美出席，市委书记赵立雄，市委副书记、市长岳跃生，市委副书记范华平，市人大常委会主任刘海芳，市政协主席赵建华等领导出席开幕式并观看文艺演出。此次以“唱响沾益、畅享美食”为主题的第七届珠江源美食文化节暨万寿菊赏花会活动内容包括“唱响沾益、畅享美食”大型文艺晚会；与省内外旅游行业协会自驾车分会携手，组织200辆自驾车的“沾益海峰湿地自驾游”，按照拟定的美食旅游路线开展体验美食乐趣自驾游；举办以“观珠源神韵、看花海人家、赏民俗文化、游园林县城、促产业发展”为主题的万寿菊赏花会；特邀“中国糖艺第一人”曹继桐制作精湛的糖雕艺术品，举办美食雕刻展；组织全市名特产品、旅游商品商家举办美食街、商贸街；举办“唱响沾益、赞美美食”赶歌会；推荐具有代表性的曲靖美食特色餐饮企业开展玩转云南、吃遍曲靖活动；举办“品美食、享美食、赞美食”迎宾盛宴。

举办新闻发言人理论骨干培训班 2011年8月12日，沾益县举办新闻发言人理论骨干培训班，全县各单位共100余名新闻骨干参加。培训旨在切实加强新闻通讯员队伍建设，提高全县各单位对新闻发布制度的认识、危机处理水平和应对媒体的能力。

举办“中国·珠江源中国画特展” 2011年8月26日，第23届亚细亚水彩画联盟展·中国·珠江源中国画特展开幕。来自全国各地的数十位知名画家汇聚沾益，到珠江源头写生、创作、交流。

开展农家书屋资料配送活动 2011年9月6日，为切实加强文化基础设施建设，完善农村公共文化基础设施和服务体系建设，沾益县为新建的50个农家书屋分别配送了1500册图书、20份报刊和187份音像资料。

表彰先进新闻工作者和先进个人 第12个记者节到来之际，沾益县召开座谈会，对2011年涌现出来的22优秀新闻工作者和先进个人进行表彰。县委副书记杨志雄，县委常委、常务副县长高朝花，县委常委、宣传部长缪涤非，副县长马勋勇出席座谈会。

开展不文明行为曝光活动 2011年12月初，为制止不文明现象，深入推进全县群众性精神文明创建活动，建设宜居城市，沾益县集中组织开展以“爱我家园、共建文明——告别不文明行为”为主题的不文明行为曝光活动。曝光内容包括城区环境卫生脏乱差行为现象、各类占道经营行为、乱贴乱画等违规小广告行为、损坏市政设施行为、交通违法违章行为、交通服务行业违章行为、油烟粉尘污染及噪音扰民行为、饲养宠物扰民行为、乱搭乱建违章建筑行为、其他个人不文明行为等10大类。

集中培训600余名领导干部 2011年12月25～27日，沾益县举办深入学习贯彻党的十七届六中全会、省第九次党代会精神暨“四群”教育培训班。县、乡（镇）、村（社区）三级600余名领导干部集中接受系统培训。培训班以学习十七届六中全会精神、省第九次党代会精神、“四群”教育为中心内容，县委书记聂祖良作开班动员讲话，县委副书记、县长毕尚鹏等领导分别就全县经济发展形势和任务、如何做好农业农村工作、党的建设、党风廉政建设、社会管理创新等专题进行辅导。

超额完成党报党刊征订任务 截至2011年12月31日，全县征订2012年度《人民日报》《云南日报》《曲靖日报》《求是》《光明日报》《经济日报》《新华每日电讯》等党报党刊2533份，超2011年度市下达任务数233份，完成率为110.1%。

市委常委、宣传部部长何华慰问岩竹留守儿童 2011年1月6日，市委常委、宣传部部长何华，市人大常委会副主任、市妇联主席李桂珍在沾益县主要领导陪同下，深入大坡乡岩竹小学慰问农村留守儿童，向该村包括76名留守儿童在内的188名小学生送去了营养品、学习用具等慰问品。

市委常委、宣传部部长何华到沾益参加植树活动　2011年3月8日，沾益县组织全县副科级以上妇女领导干部和乡村妇女干部，参加在海峰湿地举办的以“相约美好春天、共建绿色家园”为主题的“巾帼林”植树活动，以植树造林的形式庆祝“三八”国际劳动妇女节。市委常委、宣传部部长何华，市人大常委会副主任、市妇联主席李桂珍，市政协副主席夏传煊参加。

（李竞楠）

统战工作综述　中共沾益县委统战部是县委主管统一战线工作的专门机构，行政编制12名（含民族宗教侨务事务局、台办）。2011年末，内设办公室、党派党外干部科、民族宗教科、工商经济科4个科室，有干部职工6人。

2011年末，全县有中国国民党革命委员会、中国民主同盟会、中国民主建国会、中国民主促进会、中国农工民主党、中国致公党、九三学社等7个民主党派。有各民主党派成员64人，其中民革党员30人，民盟盟员5人，民建会员2人，民进会员10人，农工党员2人，致公党员7人，九三学社社员8人。

2011年，沾益县统战工作在县委的正确领导和市委统战部的大力指导下，以邓小平理论和“三个代表”重要思想为指导，深入贯彻落实科学发展观，围绕县委“富民强县”总目标，按照省市统战部长会议和市委市政府统战专题会议部署，以促进政党关系、民族关系、宗教关系、阶层关系、海内外同胞关系的和谐为着眼点，充分发挥统一战线的工作优势，凝聚人心、积聚力量，全面推进统一战线各个领域的工作，为全县经济发展和社会稳定作出了积极贡献。2011年统战工作在全市年度目标责任制考核中名列前茅。

走访慰问统一战线各界人士代表　2011年春节前夕，县委副书记张光彦等领导代表县委、县政府走访慰问了各民主党派、归侨、侨眷、港澳台属，以及非公经济、民族宗教、起义投诚人员等各界人士代表21人，发放慰问金4200元，把党和政府的关怀送到统一战线人士心中。

召开2011年各族各界人士新春团拜会　2011年1月25日，县委、县政府召开2011年各族各界代表人士新春团拜会，各族各界人士代表80余人欢聚一堂，畅叙友情、同谋发展、共话未来。县委副书记张光彦出席会议并代表县四班子向各界人士代表恭贺新禧。

召开统战工作联谊会　2011年2月24日，县委在政协沾益县三届四次全会召开之际，召开统一战线工作联谊会，邀请全县党外干部、民主党派、少数民族、非公经济界市、县政协委员座谈交流，将政协委员的思想统一到县委、县政府的中心工作上，统一到全县经济社会平稳较快发展的大局上。

召开2011年统战工作专题会　2011年3月29日，县委、县政府召开2011年统战工作专题会议。县四班子联系、分管统战工作的领导，各乡（镇）、县直各党委分管副书记、统战委员，各民主党派负责人，县委统战部、县民族宗教侨务事务局、县工商联、台办全体干部职工80余人参加。会议学习传达了中央、省市统战部长会议及市委市政府2011年统战工作专题会议精神，总结2010年工作，安排布署2011年统战工作。会议指出，2011年是中国共产党成立90周年，也是实施“十二五”规划的开局之年，各党委、县直有关部门要充分认识新形势下统一战线的重要地位和作用，切实增强政治意识、大局意识、责任意识，把思想和行动统一到中央、省委、市委对新时期新阶段统一战线工作形势的分析判断上来，统一到深入贯彻科学发展观的要求上来，紧紧围绕县委“十二五”规划建议提出的指导思想、目标任务和各项决策部署，紧扣科学发展主题和加快转变经济发展方式主线，着眼维护社会和谐稳定，着力促进政党关系、民族关系、宗教关系、阶层关系和海内外同胞关系的和谐，凝聚人心，汇集力量，真抓实干，为实现“十二五”良好开局作出新贡献。

省委党校副校长何祖坤到沾益调研督查非公经济创先争优活动　2011年5月14日，省委党校副校长、省委创先争优活动领导小组办公室副主任何祖坤到沾益调研督查非公经济创先争优活动。何祖坤实地检查了沾益县广厦房地产有限公司党支部创先争优活动开展情况。在与沾益县部分非公有制经济党组织负责人座谈时，何祖坤对沾益县非公有制经济创先争优活动开展情况给予高度评价，对下步工作提出要求。

召开统战系统成员学习“七一”重要讲话精神座谈会　2011年7月15日，县委统战部召开统战系统成员座谈会，学习贯彻胡锦涛总书记在庆祝中国共产党成立90周年大会上的讲话精神。县委统战部、县民族宗教侨务事务局、县工商联全体干部职工和离退休老同志、县直各单位班子成员中副科以上党外干部、部分民族宗教界代表人士和非公经济代表人士共50余人参加。

大觉寺成功举办南海观音开光暨第二次传授居士菩萨戒法会　2011年7月22～26日，沾益县大觉寺成功举办了南海观音开光暨第二次传授居士菩萨戒法会。本次居士授戒法会是曲靖市佛教界的一件大事，也是建县以来曲靖市佛教协会在大觉寺第二次举办居士授戒法会。活动组织严密，计划周祥，法会庄严隆重，大众欢喜无量，符合佛教仪轨。在5天的传戒法会中，来自曲靖市819名居士领取了由中国佛教协会统一制作的戒碟，并为开展正常的佛教活动打下了良好的基础。云南佛教协会副会长淳法大和尚、明道老和尚等到会庄严道场。市民宗委、县委统战部、县民宗侨务局领导到会对广大受戒居士给予鼓励与关怀。

沾益县召开2011年各族各界人士中秋茶话会 2011年9月8日，县委、县政府邀请全县各族各界人士代表齐集一堂，叙友谊，议大事，谋发展。会上，县委副书记张光彦代表县四班子领导向全县各族各界朋友致以节日的祝福和诚挚问候，并就各族各界人士如何围绕中心、在服务沾益经济社会发展大局中建新功和建好队伍、在加强自身建设上取得新突破等方面提出了明确要求和殷切希望。县委常委、常务副县长高朝花通报了2011年上半年沾益县经济社会发展情况，客观地分析了经济运行中存在的困难和问题，并就"十二五"如何开好头、起好步提出行之有效的工作思路。各族各界代表人士踊跃发言，畅所欲言，充分肯定了县委、县政府的在应对百年不遇旱灾所采取的措施和取得的成绩，围绕当前县委、县政府的中心工作提出意见和建议。

市委常委、统战部部长朱兴友到沾益调研 2011年10月10日，市委常委、统战部部长朱兴友，市政协副主席、市工商联主席赵鸿年一行到沾益调研统战工作。县委书记聂祖良，县长毕尚鹏，县委副书记张光彦，县委副书记、县委新农村建设工作队总队长杨志雄，县政协副主席张晓鑫等陪同。朱兴友一行实地检查了云鑫煤业、云南森博特材料科技有限公司、沾益县广厦房地产有限公司和曲靖博浩生物科技股份有限公司，在听取县委工作汇报后，对沾益县统战工作给予了充分肯定，认为沾益县委、政府高度重视统战工作，大胆探索统战工作机制体制，在全市率先健全了县、乡、村三级统战工作网络，把统战工作延伸到农村各大家族中，为维护沾益和谐稳定作出了有益的探索和尝试，同时对下步工作提出要求。

市委统战部副部长、市侨联党组书记孙敬到沾益检查指导工作 2011年12月20日，市委统战部副部长、市侨联党组书记孙敬到沾益检查指导统战工作。在听取工作汇报后，孙敬对沾益县的统战工作给予了充分肯定。

组织开展非公经济代表人士综合评价工作 2011年1月，县委统战部下发《关于进一步做好非公经济代表人士综合评工作有关问题的通知》，明确了综合评价工作的领导机构、评价对象、评价内容和评价程序，保证综合评价工作的开展。年内，联合县工商联、地税局、国税局等21个部门对全县18位非公经济代表人士进行了第一批次评价。

四项措施推进非公经济组织廉政文化建设 2011年，沾益县采取四项措施，推进非公经济组织廉政文化建设。一是建立廉政文化进企业的长效机制，把廉政文化纳入企业文化思想宣传的重要范畴来考虑，做到有计划、有落实、有成效。二是通过开展廉政文化建设，以廉政文化丰富企业文化，以廉政文化丰富职工生活，实现廉政建设与企业发展相互促进。三是增强员工的政治意识、法律意识、文明意识，保证廉政文化活动顺利开展。四是提高员工辨别是非能力、自我保护能力、与不良习惯作斗争和实际工作的能力，确保企业廉政文化建设出实效。

开展工商联换届筹备指导工作 2011年9月20日，县委统战部、县工商联组织全体干部职工及全体工商联执委传达学习《中共云南省委办公厅转发〈省委统战部关于工商联（民间商会）2012年换届工作的意见〉》精神。10月，县委办转发了《〈中共沾益县委统战部关于县工商联（民间商会）2012年换届工作方案〉的通知》，对县工商联换届的总体要求、基本原则、领导班子和领导机构的组成、规模等提出具体要求，并成立了县工商联换届工作领导小组，为县工商联的顺利换届提供了坚强的组织保障。11月，县委组织部、县委统战部成立联合考察组，对沾益县工商联（民间商会）第四届执行委员会的28名建议人选进行组织考察，严把入口关，为换届大会的顺利召开提供组织保障。

（温碧丽）

政研工作综述 中共沾益县委政策研究室是县委从事综合性研究、提供决策服务和指导、协调全县农业农村工作的综合性工作部门。其主要职能职责：一是围绕县委、县政府的中心工作，牵头或参与全县政治、经济和社会发展等方面的重大问题进行调查研究，提出意见和建议，供县委、县政府决策参考；根据县委、县政府领导的指示，参与县委、县政府重要文稿的起草工作。二是履行县委农村工作领导小组办公室（下称县委农办）的工作职能职责，根据县委农村工作领导小组的要求，做好全县农村工作的统筹协调、指导督查和涉农部门、乡（镇）的综合协调服务及农业和农村信息收集等工作；抓好县委、县政府农业农村工作政策的落实；指导配合有关部门对经济社会发展中具有普遍意义的典型经验进行总结和推广。三是履行沾益县新村庄新社区建设领导小组办公室（下称县"两新"建设办）的工作职能职责，根据县"两新"建设领导小组的要求，负责对全县"两新"建设工作的组织领导、指挥协调和督促检查工作；同时抓好"两新"建设办公室日常工作，指导好、服务好新村庄新社区建设，及时总结和推广典型经验，加快社会主义新农村

李竞楠 供稿

建设步伐。四是履行沾益县新农村省级重点建设村工作领导小组办公室（下称县新农建办）的工作职能职责，根据县新农村省级重点建设村工作领导小组的要求，具体负责全县省级重点建设村工作的领导、组织、指挥、协调和督促检查工作；同时抓好新农建办日常工作，指导好、服务好省级重点建设村，及时总结和推广典型经验，推进社会主义新农村建设进程。五是履行中共沾益县委新农村建设工作队领导小组办公室（以下简称县委新农队办）的工作职能职责，主要是根据县委新农村建设工作队领导小组的要求，具体负责下派指导员工作的组织实施、指导协调、督促检查工作；同时抓好新农队办日常工作，加强下派指导员的管理，组织对农村工作指导员的绩效考核，总结和推广下派指导员工作先进典型经验，指导好、服务好下派新农村建设工作队及指导员，全面推动下派新农村建设工作队及指导员工作。六是完成县委、县政府和上级部门及领导交办的其他各项工作任务。2011年末，内设办公室和农业农村科，有干部职工7名。

2011年，县委政研室（农办）在县委、县政府的正确领导和市委政研室（市委农办）的指导下，在全县涉农部门和各乡（镇）的支持配合下，以邓小平理论、“三个代表”重要思想、科学发展观为指导，全面贯彻党的十七大、中央经济工作会议、中央农村工作会议、十七届六中全会和省委八届九次全会、省委农村工作会议、市委三届十次全会、县第四次党代会、县人大三届四次会议及县委县政府2011年工作会议精神，紧紧围绕县委、县政府的中心工作和阶段性重大工作部署，深入实际，对全县农业农村经济社会发展中的有关重大问题和难点热点问题及产业发展，认真组织开展了调查研究，提出对策措施和意见建议，积极努力为县委、县政府和领导决策提供参考；切实加强对农业农村工作的指导、督查和涉农部门的组织协调，积极开拓创新，扎实搞好“三农”综合协调服务，加快农业产业结构调整，推进农业产业化进程；统筹城乡发展，抓好红星新社区和庄家湾新村庄建设；积极申报和启动新农村省级重点建设村项目，加快全县社会主义新农村建设步伐；搭建平台，强化管理和服务，做好下派新农村建设指导员工作，推动新农村建设；积极参与县委、县政府做好有关文稿的起草工作和重点工作的督查落实，围绕农业农村工作和新农村建设，努力协调各乡（镇）、各涉农部门做好农业农村各项生产服务工作，及时收集农情，为县委、县政府搞好服务，较好地完成了各项工作任务。高质量地筹备了全省第四批新农村建设工作队及指导员工作总结表彰暨欢送第五批指导员视频会议沾益分会场会议、沾益县欢送第五批新农村建设工作队及指导员会议、“两新”工程建设现场推进会和协调会、新农村省级重点建设村工作会议、曲靖市冬农开发参观沾益现场等会议，圆满完成了县委、县政府、上级部门及领导交办的工作任务，各项工作成效显著。同时，单位管理得到强化，工作效能得到提高，业务工作水平和部门整体形象得到提升，开创了部门工作的新局面，实现了部门工作的新跨越，取得了部门工作新突破。

调研工作 2011年，县委政研室围绕农业农村工作和新农村建设，在努力搞好服务工作的同时，抓好综合协调，广泛深入地开展调研工作。一是根据县委、县政府领导的要求，成立相关产业的专题调研组，完成了《统筹推进城乡一体化发展扎实抓好农业农村工作》和《深入实践科学发展观 全面推进社会主义新农村建设——沾益县社会主义新农村建设情况汇报》等专项调研。二是结合部门职能职责和工作实际，认真完成了《沾益县新村庄新社区建设工作情况汇报》《沾益县2010年12个省级重点建设村工作情况报告》《沾益县2011年社会主义新农村建设工作队及指导员建设工作情况的报告》等专题调研报告。三是根据县委、县政府领导指示，认真起草县委、政府有关重要会议文件和领导讲话稿，做好会议筹备工作；同时积极深入一线，做好调查研究，高质量完成汇报和典型材料近30篇，为县委、县政府提供决策依据。

切实加强“三农”工作的组织协调和督查指导 2011年，按照县委农村工作领导小组要求，县委农村工作领导小组办公室认真履行职能，切实加强“三农”工作的督查指导和组织协调。一是组织筹备召开全省第四批新农村建设工作队及指导员工作总结表彰暨欢送第五批指导员视频会议沾益分会场会议、沾益县欢送第五批新农村建设工作队及指导员会议、四次第五批新农村建设工作队队长会议、沾益县“两新”工程建设动员会协调会及现场推进会、沾益县新农村省级重点建设村工作等会议。二是积极协调各乡（镇）和涉农部门，做好旱情发展、指导员下派、“两新”建设和省级重点建设村工作进展的收集、统计汇编，完成“两新”工程建设工作进度16期，简报5期；省级重点建设村工作简报6期；旱情灾情统计10期，抗旱工作简报20期；上报各种信息80多条，被采用60多条。三是牵头组织农口部门对全县春备耕工作情况进行督查，撰写了《沾益县当前春备耕情况汇报》《沾益县2011年春备耕工作情况报告》等专题材料。四是组织协调有关部门，完成了《沾益县2010年省级重点建设村工作情况汇报》《第五批下派新农村建设工作队及指导员工作情况汇报》专题汇报材料，并做好相关检查指导工作。五是针对今年的干旱,及时牵头组织有关部门完成了《沾益县抗旱保春耕情况汇报》《沾益县因旱受灾情况报告》。六是按照市委农办《关于上报新农村省级重点建设村进展情况的通知》及县委、县政府领导的指示，牵头组织撰写了《沾益县2010年新农村省级重点建设村工作总结》《沾益县2010年社会主义新农村省级重点建设村工作情况汇报》书面典型材料。七是根据云南省《关于召开全省推进山区中小水利建设工作会议的通知》精神，及时牵头并组织撰写完成了在全省山区中小水利建设会上的交流发言材料《沾益县山区水利发展与改革示范区建设的情况汇报》。八是为迎接省、市第二批省级重点建设村考核验收，认真完成《关于2010年度省级重点建设村建设工作有关事项的通知》《关于2010年度省级重点建设村建设工作有关事项的紧急通知》，并及时做好迎接省、市检查验收的各项工作准备。九是根据市政府办《关于召开市委、市政府工作会议的通知》内部明传电报精神和县委、县政府领导的指示，认真牵头组织沾益县的参会人员会议；并做好第五批省、市新农村建设指导员的迎接、安排等工作。十是牵头组织县直有关部门对第一批、第二批小康示范村建设和“两新”工程建设及省级重点建设村、农业结构调整等重点工作进行了督查调研，加强指导，并撰写了《沾益县小康示范村建设后续管理巩固完善提升工作情况汇报》《沾益县“两新”工程建设情况报告》等督查报告。

政策研究 2011年，县委政研室围绕县委、县政府的中心工作，按照县委、县政府要求及领导的指示，对全县部分具有前瞻性的问题进行深入细致的调查研究，起草完成了《关于第一、二批小康示范村建设后续管理的实施意见》《关于认真做好2011年度社会主义新农村省级重点建设村工作的通知》《关于推进以新村庄新社区建设为重点统筹城乡发展的通知》《关于县级领导和县直部门、驻沾企业挂钩帮扶“两新”工程建设的通知》《关于要求新农村建设指导员积极投入抗旱促春耕生产的通知》《关于加强新农村建设指导员工作的紧急通知》《中共沾益县委办公室沾益县人民政府办公室关于认真做好社会主义新农村省级重点建设村工作的通知》《沾益县社会主义新农村省级重点建设村项目管理办法》等10余篇重要文稿，为县委、县政府决策提供有效参考。

新村庄新社区暨“两新”建设工作 2011年，县委政研室按照市委、市政府关于推进以“两新”建设为重点统筹城乡发展的要求和县委、县政府的安排部署，紧紧围绕新村庄“四通、四化、三配套”和新社区“十有”建设目标，加强协调服务，强化检查指导，精心组织实施庄家湾新村庄和红星新社区建设，并在工程建设关键时期分别召开了3次现场推进会，形成了县直挂钩部门大力支持、驻沾企业倾力相助、群众主动参与的良好工作格局，有力确保了全县新村庄新社区建设工作的依法快速推进。截止年末，全县“两新”工程建设点通过统筹协调已完成资金筹措2.2亿元。其中，西平红星新社区建设完成投入6900万元（市财政100万元，县财政300万元，挂钩部门100万元，社会捐赠100万元，镇、社区集体投入200万元，群众自筹6000余万元，群众投工投劳折资100余万元）；西平镇庄家湾新村庄建设计划投入1.51亿元（市财政100万元，县财政300万元，项目整合5800万元，群众自筹8900余万元）。西平镇红星新社区建设进展良好，已建住房145套，完成硬化道路54条、3890米、27972平方米，铺设排水管道6913米，居民住宅供水和电网改造及社区老年活动室正在建设中；庄家湾新村庄建设稳步推进，累计投入资金6700余万元，完成村民住宅第一层统建工程，正进行道路、水电等基础设施建设。

社会主义新农村省级重点建设村工作 2010年社会主义新农村省级重

点建设村项目启动以来，县委政研室高度重视，紧紧围绕“生产发展、生活宽裕、乡风文明、村容整洁、管理民主”的要求，以科学发展观为指导、改善民生为工作核心、夯实基础设施为重点、硬化村内道路为切入点，精心组织实施，强化工作措施，抓好工作落实，定期或不定期地深入乡(镇)、村及农户督促指导工作，全县5个乡镇10个村委会2010年的12个新农村省级重点建设村（自然村）采取“边规划、边实施、两不误”的工作方法，扎实稳步推进第二批新农村省级重点建设村工作。项目规划总投资900.35万元，其中省级财政补助180万元、市县财政补助和项目整合446万元、村集体投入51万元，社会捐资1.5万元，群众自筹（含投工投劳折资）221.5万元。截止2011年5月中旬，全县2010年度12个省级重点建设村项目建设全面结束，直接受益农户2428户9913人，实际完成总投资1219.46万元，占规划投资的135.44%，其中省级财政补助180万元，市县财政补助40万元，整合项目资金715万元，村集体投入51万元，社会捐资3.46万元，群众自筹（含投工投劳投料折资）230万元。项目建设主要以硬化村内道路为主，具体是：投入606.2万元硬化道路14294米，投入104万元完成绿化建设330平方米，投入17.5万元新建公厕7个、垃圾池6个，投入72.49万元完成排水沟整治1520米，投入22.7万元支砌挡墙560米，投入17.86万元建成村内公共活动场所2个570平方米等。2011年5月24～25日，全县分成2个检查验收组，采取听取汇报、查阅档案资料、现场检查、走访农户、考核评分等方式，对实施2010年省级重点建设村的5个乡（镇）、10个村委会、12个自然村进行县级检查验收；经县级检查验收考核，全县12个省级重点建设村项目建设综合评价均为“优秀”，并于2011年7月12～13日接受了市级检查考核验收。同时，努力加强重点建设村项目申报协调工作，积极争取2011年云南省社会主义新农村省级重点建设村项目。全县于4月20日完成了15个计划项目申报，经省委农办批准实施的2011年新农村省级重点建设村共13个，项目涉及7个乡镇、11个村委会、13个自然村、2428户9913人，主要实施村内道路建设。2011年10月27日，正式启动实施第三批省级重点建设村工作。

下派新农村建设工作队及指导员工作 2011年，沾益县第五批共下派指导员106人。其中，省级选派7名，占7%；市级选派15名，占4%；县级选派49名，占6%；乡（镇）选派35名，占33%。副科级以上领导21人（其中副处级领导4人），占20%；党员82名，占80%；女性20名，占20%。平均年龄34岁。在认真总结前四批下派新农村建设工作队及指导员工作经验基础上，坚持以人为本，强化服务的理念，不断拓展指导员驻村工作内涵，强化各项管理措施，帮助下派指导员理顺工作关系，积极搭建干事创业的平台，有力促进了指导员干事创业。一是选强人，配强指导员队伍。结合乡（镇）、县直单位和村委会（社区）的实际情况，把下派干部的个人特长和各村的实际需求结合起来，有针对性的派驻到各村委会，并制定了沾益县下派农村工作指导员工作实施方案，切实把好“入口”关。二是强领导，统筹协调聚合力。按照省委“五个一”的要求，及时调整加强了县委新农村建设工作队领导小组，成立了以县委副书记为组长，县委副书记、县新农队总队长为常务副组长，县委常委、组织部长和分管副县长为副组长的新农村建设工作队领导小组，把新农村建设工作队和指导员工作纳入年度目标责任制考核，做到机构、人员、经费“三落实”，形成了一级抓一级、层层抓落实的工作格局。三是理关系，激励指导员干事创业。积极协调新农村建设工作指导员与派出单位、村“两委”班子的关系，帮助下派指导员理顺工作关系，为指导员发挥作用创造条件。四是搭平台，让指导员有发挥作用的舞台。坚持每季度组织召开1次工作队队长座谈会，听取各乡（镇）工作队的工作汇报，了解指导员驻村工作、生活情况，研究解决存在的具体问题，安排当前工作。同时把下派新农村建设工作队工作同县委、县政府开展学习贯彻落实科学发展观和党员创先争优等活动相结合，与农村各时期中心工作相结合，与春耕生产、重点村建设、农村基层组织建设、农村经济社会发展等工作相结合，充分发挥指导员的作用，推动指导员工作有序开展。五是创机制，建立挂钩帮扶责任制。六是强管理，激发指导员工作活力。在总结前四批下派指导员管理工作经验的基础上，进一步完善《沾益县新农村建设工作指导员管理考核办法（试行）》、指导员考勤和工作绩效管理制度，健全民情日记和调研制度。七是加强督查，注重工作落实。县、乡新农队办采取电话联系、实地走访等方式进行督查，每半年对各工作队及指导员派出单位进行一次全面督查。截止年末，第五批各级下派指导员共走访群众7000余户，撰写调研报告92篇，提出合理化建议309条，被采纳203条；参与制定和完善各项制度152个，组织召开党员会议、上党课149次，帮助驻村发展党员162人，开展党员培训和新型农民培训398场次，仅春耕生产期间，举办各种科技培训298场9000余人（次）；累计协调到位项目39个，到位资金196.4万元，为群众办实事做好事519件；协助当地党委、政府和所驻村抓好社会治安综合治理工作，积极排查、化解征地拆迁、耕地权属争议、水库移民补贴、种养殖承包等各类矛盾纠纷891起。省、市、县48个派出单位向71个派驻村作出71份承诺，承诺项目41个，资金800多万元。

抗旱救灾保民生综合协调工作 2011年，面对持续的干旱，县委政研室积极投入到全县抗旱救灾工作中，切实做好抗旱救灾保民生综合协调工作组办公室工作。督促协调抗旱救灾工作组其他8个工作小组制定工作方案，完善工作进展传递渠道；及时发现、总结抗旱救灾工作先进典型、做好宣传引导和报道工作；完成抗旱救灾工作简报20期，灾情简报10期，抗旱救灾新闻电视报道100余条，被各种新闻媒体报道刊播近百条信息；及时收集、整理全县抗旱救灾工作情况，提出抗灾工作措施和建议，完成《沾益县抗旱救灾工作情况汇报》《沾益县抗旱保春耕情况汇报》《沾益县因旱受灾情况报告》等11篇专题汇报材料，努力为县委、县政府提供抗旱救灾保民生促发展决策参考。

机关自身建设 2011年，县委政研室针对部门调研任务重、具体工作量大、综合协调难、人少事多的工作实际，领导班子和党支部努力寻求机关党建工作与内务管理和部门工作的结合点，促进部门工作有效开展。一是按照县委开展“深入学习实践科学发展观活动”和“学习杨善洲精神主题活动”的部署和要求，把学习实践科学发展观活动与个人的思想工作实际相结合、与深化县情认识相结合、与履行部门工作职责和做好本职工作相结合，加强部门软环境建设，继续深入贯彻落实科学发展观，增强学习实践科学发展观活动的长期效果。二是结合贯彻落实县委、县政府关于优化经济社会发展软环境建设的实施意见及其相关配套的“七项制度”和党风廉政建设责任制，针对在学习实践科学发展观活动后期查找出来的突出矛盾和部门工作软环境建设中存在的主要问题，结合部门职能职责和工作任务，认真研究，健全和完善相关制度。四是抓好党风廉政建设责任制的落实，完成党支部各项工作，推进了部门各项工作有序开展。全体干部职工自觉遵守政治纪律、组织纪律、群众纪律、经济纪律和生活纪律，耐得住清贫，抗得了诱惑，经得起考验，廉洁自律，勤政务实，严于律己，未出现违纪违规现象。

（张　波）

县直属机关党委工作综述 2011年末，中共沾益县直属机关委员会有所属党总支(支部)51个，党员总数1563名，其中女性党员460名，少数民族党员89名。

2011年，县直属机关党委在县委的正确领导下，坚持围绕中心抓党建、抓好党建促发展，紧扣县第四次党代会确定的各项目标任务，突出学习型党组织建设有新成效、服务科学发展有新作为、基层组织建设有新加强、创先争优有新跨越的总思路，打牢机关党建基础，完善基本条件，做实基础工作，使机关党建的思想引领、团结鼓劲、服务发展、监督保障作用得到充分发挥。

1．加强理论武装，夯实服务科学发展的思想基础。县直属机关党委紧扣县委、县政府中心工作，充分发挥机关党建凝心聚力、政治引领、团结鼓劲的重要作用，围绕建设富裕文明和谐沾益的总目标。广泛运用每周例会、党委理论中心组学习研讨、专题学习生活会及集中学习与自学相结合等多种形式，认真学习党的十七届六中全会、省第九次党代会、市县四次党代会精神，用马克思主义中国化的最新理论成果武装机关党组织和机关党员干部，夯实党组织和党员干部推动科学发展、服务科学发展的思想理论基础。

2．抓实换届选举，全面加强机关党的基层组织建设。一是结合政府机构改革，县直属机关党委及时对撤并机构党组织进行归并，按照行政隶属关系理顺了党组织和党员的关系。积极探索流动党员与固定党员并存管理和跨党委党员双轨制管理新途径，帮助县人力资源和社会保障局党总支在昆明和义乌成立了2个劳务工作站党支部，并创新党组织工作方法，党委领导先后两次到昆明对入党积极分子进行培训、谈话。在工作方式上实行一线工作法，组织活动尽量不给党员增加负担，利用节假日到党员集中的地方开展组织活动。县政务中心以管理人员中的3名党员为基础成立党支部，对跨党委、跨支部的入驻党员按照有利学习、有利管理、有利服务、有利评比和组织关系不变、交纳党费不变、单位身份不变、福利待遇不变的“四有利四不变”原则开展活动，党员做到“学习不脱岗，工作有榜样，办事质量高，先进受表彰”。使单位与入驻工作两兼顾，深受上级和群众的好评。这一做法被中组部主办的《中国共产党新闻网》报道。2011年10月17日，市委组织部、市直机关工委到沾益调研机关党建工作，认为沾益县上述做法为全市首创，很有必要在全市推广。二是认真组织各总支（支部）开展换届选举工作。为使换届做到风清气正，杜绝拉票贿选，以承诺、督查、设立举报箱、投诉电话等形式保证换届纪律，严格规范换届工作程序，确保党员的知情权、参与权、选择权等民主权利。三分之一以上总支（支部）实行由党员和群众参与推荐总支（支部）班子候选人，一批能力强、作风正、工作实、威信高，热爱党务工作，有奉献精神的同志进入党组织班子。

3．认真组织开好党代会，圆满完成县委交给的政治任务。县直属机关党委第三届委员会今年任期届满。为认真组织开好县直属机关党委第四次代表大会，选举产生机关党委第四届委员会领导班子和选举产生出席县第四次党代会代表，县直属机关党委认真筹备，精心组织，圆满完成了县委交给的政治任务。一是结合机关党委党组织设置、党员分布，综合考虑党员的岗位、年龄、文化、性别等结构性因素，采取自下而上、自上而下、民主推荐、党委审批的形式，从51个总支（支部）选举产生出席直属机关党委第四次代表大会的正式代表100名。代表既有各行各业担任领导职务的党员，又有工作在生产一线和有专业技术的党员，代表构成中有一定比例的女党员、少数名族党员、离退休党员，能够代表机关各行各业、各条战线和各个方面党员的意志，具有先进性、代表性和广泛性。二是认真准备好机关党委第四次党代会的各种材料，提出机关党委第四届委员会换届选举人事方案和大会方案报县委批准。6月2日，县直属机关党委第四次代表大会召开。会议得到了县委高度重视，县委常委、县委组织部长王绍有到会作重要讲话，对大会换届纪律、选举出席县第四次党代会代表及选举产生机关党委第四届委员会领导班子等作出重要指示。大会全面总结了机关党委第三届委员会五年来的工作，一次性成功选举产生第四届机关党委7名委员和55名出席县第四次党代会代表。

4．采取多种形式，隆重纪念建党90周年。为隆重纪念中国共产党成立90周年，按照县委的统一部署，结合实际，机关党委采取“五个一”形式，为党的90华诞献礼。一是举行一次表彰奖励。机关党委对在创先争优活动中做出显著成绩的8个基层党组织、32名优秀党员和10名优秀党务工作者进行表彰。同时经机关党委推荐，3名优秀党务工作者受到市委表彰；6个基层党组织、12名优秀党员和6名优秀党务工作者受到县委的表彰。二是积极参加县委举办的“颂歌献给党”歌咏比赛，县直属机关党委组织101名机关党员干部，深情演唱《江山》和《公仆赞》，获三等奖。三是开展一次走访慰问。按照县委的安排，对4名建国前入党的老党员、10名困难党员进行家访慰问，送去了党组织的问候和温暖。四是举行一次入党宣誓。组织10名新党员到玉林山革命教育基地，庄严向党旗进行宣誓。五是举办一次先进事迹宣讲。6月25日，组织县直各党委650余名党员在县五机关报告厅参加了市委创先办、市直机关工委举办的“以身边的人说身边的事”先进事迹巡回宣讲报告会。经机关党委推荐，县委同意，沾益籍先进典型桂镜洪的先进事迹在全市得到大力宣传。

5．深入开展创先争优活动，健全完善组织创先进、党员争优秀的体制机制。一是抓点评促提升，带动建设学习型党组织创先争优。县直属机关党委把建设学习型党组织作为创先争优活动的重要任务，认真抓好领导点评，按照“每月一讲评、每季一点评、年终一考评”的要求开展领导评、组织评、群众评、自己评“四评”活动，实事求是肯定取得的成绩，指出存在问题及原因，提出今后工作的意见建议。做到学习有进步，总结有提高，点评找差距，努力有方向。二是抓承诺促兑现，带动党员规范教育管理创先争优。县直属机关党委充分发挥基层党组织工作手册和党员手册“两手册”在对党组织、党员规范化教育管理的重要作用，把党组织和党员的公开服务承诺作为党建工作责任制和党员目标管理责任制考核的重要内容，认真抓好公开承诺的台账建立、公示和兑现工作，取信于民。公开承诺成为服务群众、取信于民、构建和谐的重要推手。三是抓典型促示范，带动窗口单位服务行业创先争优。选树县国税局办税服务厅、县计生服务站、县人力资源和社会保障局社保中心、县法院花山法庭和县政务中心为县直属机关党委窗口单位服务行业创先争优示范点。健全完善示范点创先争优评价激励机制，在窗口单位和服务行业设立党员先锋岗、划定党员责任区，认真组织开展“四亮四创四评”主题实践活动。县政务中心对入驻单位窗口实行流动红旗管理，对入驻党员实行“五星级”管理，实行一窗式对外、一站式办理、一条龙服务，实现了“零投诉”，营造了一流的政务服务环境。四是抓群团促共建，带动党群共建聚合力量创先争优。建立健全创先争优党群共建机制，充分发挥妇联、工会、共青团等群团组织在创先争优活动中的桥梁、纽带作用，组织动员各机关群团组织积极参与创先争优活动，开展党群共建。将县法院作为工会党群共建示范点，县广电局作为巾帼创建示范点，设立巾帼示范岗26个，技能标兵12个，青年文明窗口6个，青年文明岗18个，形成了党建带群建、共创共建的浓厚氛围。

6．加强民主政治建设，高质量开好领导班子民主生活会。根据县纪委、县委组织部《关于以“坚持以人为本执政为民理念发扬密切联系群众优良作风”为主题开好2011年度党和国家机关党员领导干部民主生活会的通知》要求，县直属机关党委以开好领导班子民主生活会为切入点，大力加强机关民主政治建设。结合开展“三个一”主题实践活动、落实做好新形势下群众工作“四个一”要求和学习杨善洲活动，机关党组织各级领导班子按照“六有”要求，认真组织开好民主生活会。一是会前有准备。各总支（支部）结合各自实际初步确定召开民主生活会时间之后，按照民主生活会的程序要求，提前15天分别向县纪委、县委组织部和机关党委上报召开民主生活会的请示、方案，经审查同意后，认真做好民主生活会会前各项准备工作，为开好民主生活会奠定了良好基础。二是意见有征求。为把民主生活会开成找准问题、破解瓶颈、增进团结、推动工作高质量的民主生活会，各总支（支部）切实抓好会前意见建议征求工作。采取发放征求意见表、网络问卷等多种途径，通过自己找、领导点、同志帮、社会征以及交心谈心等多种形式，认真找出班子及成员存在的问题、差距和不足。三是发言有提纲。各总支（支部）对收集上来的意见建业认真进行梳理，在民主的基础上实行正确的集中，形成了领导班子及成员的发言提纲。四是整改有通报。在民主生活会上，通报了2010年度存在问题的整改落实情况。对尚未解决的问题，分别进行了解释说明。五是批评有重点。会上，班子成员敞开心扉，按照闻过则喜、有则改之、无则加勉的原则，分别针对各自群众观、发展观以及学习、工作、作风等方面的问题，开展严肃认真的批评与自我批评，形成了成绩得肯定、问题能找准、根源得挖掘，心齐气顺劲足、团结生动活泼的民主氛围。六是努力有方向。通过民主生活会，切实找准了领导班子和领导班子成员的问题、根源和努力目标，以此为基础，形成了领导班子及成员的整改措施、努力方向。

圆满完成换届选举工作　2011年4月1～30日，县直属机关党委所属49个党总支（支部）严格按照换届选举程序，圆满完成了换届选举工作。共选举产生总支（支部）班子成员191名，其中大专以上文化191名，妇女干部45名，少数民族11名，25～40岁72名。6月2～3日，召开县直属机关党委第四次代表大会，成功选举产生县直属机关党委第四届委员会1名书记、1名副书记、5名委员及55名出席县第四次党代会代表。

对先进集体和优秀个人进行表彰奖励　2011年，在召开第四次代表大会之际，县直属机关党委对在创先争优活动中做出显著成绩的8个先进基层党组织、32名优秀党员和10名优秀党务工作者进行了表彰。推荐的3名优秀党务工作者受到市委表彰；6个先进基层党组织、12名优秀党员和6名优秀党务工作者受到县委表彰。

先进事迹宣讲　2011年6月25日，由县直属机关党委牵头，在报告厅组织县直各党委650余名党员参加了市委创先办、市直机关工委举办的“以身边的人说身边的事”沾益分场先进事迹巡回宣讲报告会。经县直属机关党委推荐，县委同意，沾益籍先进典型桂镜洪的先进事迹在全市得到大力宣传。

举办入党积极分子培训班　2011年8月22～24日，县直属机关党委举办了全县9个县直党委参加的入党积极分子培训班，共培训入党积极分子65人。

（王丽萍）

老干部工作综述　2011年，沾益县老干部工作认真贯彻党中央、国务院关于离休干部“基本政治待遇不变，生活待遇略为从优”的政策和省、市、县有关老干部的政策、决议、规定，县委把老干部工作作为干部工作的重要组成部分纳入全县总体工作部署之中，实行目标责任制管理，与全县社会经济工作同安排部署，同检查考核兑现。在政治待遇上，坚持党政领导联系老干部制度、工作情况通报制度、重大节日及生病住院走访看望制度、就近就地参观考察制度、组织老干部政治理论学习制度和阅读文件制度。

2011年末，全县共有建国以前参加革命工作的离休干部187人，2011年去世6人，累计去世120人，健在67人。其中行政单位18人，事业单位26人，企业单位23人。有13名离休干部享受副处以上待遇；沾益县有19名享受副处以上待遇的退休干部，其中享受正处待遇的4人，享受副处待遇的15人。

坚持阅文制度与参加重大会议制度　2011年，县委老干局共组织老干部政治学习12次，情况通报会1次，阅文24次。通过学习，使老干部紧跟时代“不落伍”、思想认识“不掉队”、政治学习“不误点”，与新形势新发展保持认识一致，步调一致。组织20多名离退休干部代表参加党代会、人大会、政协会议及县委政府重要会议。

开展离退休干部党支部和党员创先争优活动　2011年，全县共有7个离退休干部党支部，县委老干局免费为各支部征订《离退休干部党支部学习参考》，为开展支部活动提供内容。订阅了《人民日报》《云南日报》《曲靖日报》《求是》《支部生活》《中国老年报》《云南老年报》《老同志之友》《老干部参考》《益寿文摘》等10余份党报党刊供老干部学习，同时为离休干部及退休后享受处级待遇的老干部征订《云南老年报》。

落实离休干部生活待遇　2011年，县委老干局积极落实离休干部生活待遇。一是认真贯彻落实《关于转发省委组织部等四部门〈关于调整提高我省建国初期参加革命工作的部分退休干部生活补贴标准的通知〉的通知》精神，及时向分管领导汇报，积极与组织、财政、人力资源和社会保障部门协调，认真查阅相关资料，摸清符合提高标准人员情况，联系相关单位，按政策及时足额提高生活补贴标准。落实调整了17名建国初期参加革命工作的部分退休干部生活补贴标准。二是认真贯彻落实《转发省委组织部等四部门关于提高离休干部生活补贴标准和扩大发放范围文件的通知》精神，积极与相关职能部门协调落实，于7月1日前全部审批兑现完毕，兑现金额11.52万元，其中机关事业8.1万元，企业3.42万元。涉及离休干部73人，其中机关事业51人，企业22人。三是退休干部住房补贴得到落实。积极向县委、县政府汇报反映“要求落实兑现退休干部住房补贴”政策，县委、县政府于8月已开始兑现，分两年兑现结束，2011年共兑现1056万元。四是为老干部解决实际困难。看望慰问住院老干部及遗属60多名；参加了4名离休老干部的遗体告别仪式，并积极与单位和家属联系，宣传殡葬政策，做好善后工作；为生活困难的离退休老干部及家属解决困难补助费3万余元。

走访慰问老干部　2011年春节前夕，县委老干局按照县委、县政府安排，精心筹备，由县委五班子领导带队对离休干部、退休后享受副处级待遇老干部及离休干部遗属进行了春节慰问，慰问资金5万元。其中，14名县级领导各联系1名老干部，为每名老干部送去200元慰问金和慰问品。

两个阵地建设进一步加强　2011年，县委老干局进一步加强老干部活动中心和老年大学管理服务工作，有效保证了老干部每天在活动室看书看报或参加正常娱乐活动。活动内容更趋丰富，各老年协会积极开办了书画展、花卉园艺根雕展览、老年门球运动、文艺演出等。各项活动的开展，丰富了老干部精神文化生活，使他们在娱乐中受到教育，陶冶情操，促进了身心健康，营造了和谐氛围。全年老年大学与各协会联合培训学员200余人次。

老干部发挥余热　2011年，县委老干局积极引导组织身体健康的老干部发挥余热，投身到关心下一代、文化下乡、家乡建设等活动中，发挥老一辈革命先辈言传身教的作用，真正为“三个文明”建设贡献力量。

召开老干部新春茶话会　2011年1月24日，沾益县召开老干部新春茶话会。县委常委、组织部长王绍有主持会议，并向老干部们致以新春的祝福。县委副书记张光彦向老干部们通报了全县经济社会发展取得的成绩，听取了老干部对县委、县政府工作的意见和建议，同时对老干部工作给予充分肯定。

组织开展纪念建党九十周年系列庆祝活动　2011年，县委老干局积极组织开展纪念建党九十周年系列庆祝活动。一是3月17日上午，在县委老干部局会议室召开了学习杨善洲优秀事迹宣讲会，在全县离退休干部党支部和党员中掀起学习杨善洲优秀事迹的热潮。二是组织老干局干部职工参加了市委老干部局开展的庆祝中国共产党成立90周年体育运动会，沾益县获气排球比赛集体第二名，2人获唱红歌卡拉ok个人赛三等奖。三是认真贯彻市委老干局文件精神，在全县离退休干部党员中开展“与党同呼吸、共命运、心连心”征文活动，有10余位老干部向各级媒体投稿12篇，其中离休干部丁一章、赵成邦分获二等奖。四是6月23日，组织全县40余名离退休干部召开“沾益县老干部庆祝建党90周年暨学习杨善洲精神座谈会”。会上，老干部们回顾了党的光荣历史及艰难历程，感慨今天的幸福生活来之不易，激励当代共产党员更应保持党的先进性，带领全县各族人民建设更加美好的明天。五是组织夕阳红合唱团排练纪念中国共产党成立90周年文艺演出，并于7月1日上午在县城小花园演出，向群众宣传歌颂了伟大的中国共产党及党的好政策，受到广大群众的好评。7月2日、3日，文艺演出情况分别在云南卫视第六频道、都市条形码和曲靖电视台报道。

市级文明单位再申报工作　县委老干局于2009年5月被评为“市级文明单位”，按照县文明办的要求，2011年，对市级文明单位进行重新申报。根据市级文明单位创建的标准，及时查缺补漏，从痕迹管理到硬件设施建设进行全面检查。年内通过了上级部门检查验收。

市级离退休老领导到沾益参观考察　2011年10月26日，市委老干局组织市级离退休老领导20余人到沾益参观考察工农业生产项目。县委老干局高度重视，全程做好接待服务工作。

（潘明华）

党校工作综述　2011年末，中共沾益县委党校编制为26人，实有在职工作人员23人，其中公务员1人，参公管理人员6人，专业技术人员10人，后勤工人6人。已聘任高级讲师1人，讲师4人，助讲2人，其他专业技术中职职称3人；聘任工人技师1人，高级工2人，中级工2人，初级工1人。有离退休人员19人，其中离休干部1人，退休公务员5人，退休专业技术人员7人，退休工人6人。在职技师工人因病死亡1人。

2011年，县委党校在县委、县政府的正确领导下，坚持以科学发展观为统领，全面学习贯彻党的十七届六中全会精神，省第九次党代会精神，市委、县委第四次党代会精神，以及《中国共产党党校工作条例》和《2010—2020年干部培训改革纲要》要求，积极开展创先争优活动。按照培训干部的要求，开办了函授大专学历教育。年初，学校共有函授教学班2个，分别为省函2008级经济管理专业大专班、省函2008级社区管理专业大专班。6月，省函2008级经济管理专业大专班和社区管理大专班毕业。下半年以举办干部培训轮训班为重点开展工作。

省函2008级经济管理专业和社区管理专业大专班毕业 根据省委党校、云南行政学院2008年函授招生工作精神，2008年，经县、市、省委干部教育委员会审批，县委党校继续招收省函经济管理专业专科班1个，学制为3年。2008级省函经济管理专业大专班报名时间为2008年1～3月，共报名56人，所报名学员来自县直属党政机关、乡（镇）、村（社）以及省、市驻沾单位的在职干部和工作骨干。为保证学员的质量，对报名学员进行了考前辅导，辅导时间为4月19～25日，参加56人。4月26～27日参加全省党校系统统一考试，考试科目为语文、历史地理、数学、政治理论，经省委党校招生办录取新生52人，实际报到注册50人，中途退学6人。2008年9月7日举行了开学典礼。经过三年的在校函授学习，学完省委党校、省行政学院规定的必修课和考核课，经考试、考核和毕业论文的撰写与答辩，44名学员取得省委党校、云南行政学院颁发的函授大专毕业证书，于2011年6月底毕业。

省函2008级社区管理专业大专班毕业 根据省委党校、云南行政学院2008年函授招生工作精神，2008年，经县、市、省委干部教育委员会审批，县委党校继续招收社区管理专业专科班1个，学制为3年。2008级省函社区管理专业大专班由市委党校招收，后移交县委党校管理教学。该班主要招收西平镇各社区（村委会）书记、主任。共报到注册23人，中途退学5人。2008年9月7日举行开学典礼。经过三年的在校函授学习，学完省委党校、省行政学院规定的必修课和考核课，经考试、考核和毕业论文的撰写与答辩，18名学员取得省委党校、云南行政学院颁发的函授大专毕业证书，于2011年6月底毕业。

承办全县新闻发言人理论骨干培训 2011年8月12日，县委党校承办了全县新闻发言人理论骨干培训工作。来自全县各乡（镇）新闻发言人、宣传委员（文明专干），县直各单位新闻发言人、宣传委员、通讯员，沾益县重点工业企业新闻发言人120余人参加培训。特邀了省委外宣办网络中心主任赵波，省委宣传部讲师团副团长、舆情信息中心主任马勋勇，县委外宣办、县政府新闻办主任阮兴元为培训班学员授课。授课教师通过身边的案例，结合多年积累的工作经验，生动讲述了当前信息传播的新形势、舆论热点的形成以及重大突发事件的新闻处理技巧，让参训学员受益匪浅，进一步了解了新闻宣传工作的重要性和必要性，对以后如何进行新闻发布有了系统认识。

开展县烟草专卖局党委下属机关支部书记培训工作 2011年10月26～28日，县委党校根据县烟草专卖局党委的要求，对县烟草专卖局党委下属的18名机关支部书记进行了培训。5名教师根据要求，精心备课，认真授课。授课内容主要包括党的基层组织建设、党史、“七一”讲话精神、形势与政策、企业法律知识等。通过培训，全体参训人员进一步加深了党的基层组织、党史等知识的认识，为机关支部书记工作开展奠定了基础。

举办全县学习贯彻党的十七届六中全会、省第九次党代会精神培训班 2011年12月25～27日，县委党校积极配合县委组织部等部门，对全县副科以上领导干部及村委会（社区）的书记、主任等607名领导干部进行了集中培训。培训班上，通过聘请专家专题辅导的方式对607名领导干部进一步深入贯彻学习了党的十七届六中全会和省第九次党代会精神进行辅导。参训的领导干部表示，在今后的工作中，要进一步学深、学透党的十七届六中全会和省第九次党代会精神，起好表率作用，积极推进“四群”教育工作的深入开展，把增强群众观点与增进党群干群关系、政企关系相结合，把增强群众路线与推进党务政务公开、推进民主科学决策相结合，把增强群众利益与知民情办实事相结合，把增强群众工作与改进工作方法相结合，处理好“四群”教育与中心工作、与解决实际问题的关系，处理好与开展创先争优、向杨善洲同志学习活动的关系，相互促进，推动工作，努力实现干部受教育、作风有改进、发展上水平、安全得保障、群众得实惠、社会更和谐的目标。

开展对外宣讲工作 2011年，县委党校认真开展对外宣讲工作。一是根据县普法办的要求，安排1名综合素质较强的法律专业教师加入到县普法宣讲团。该教师根据县普法办要求，积极到乡（镇）进行宣讲，共156人受辅。二是根据县直部门、企事业单位、乡（镇）及村委会（社区）的要求，派出5名教师上党课，共300余名党员和入党积极分子受辅。辅导内容重点突出党的十七大、十七届四中、五中、六中全会精神，“七一”讲话精神，科学发展观，创先争优，社会主义核心价值体系、民主政治建设、建设经济政治形势、党建党史知识等。三是根据县妇联的要求，派出1名专业教师对全县180名妇女干部进行婚姻法培训。四是根据沾益县国奎劳动培训有限公司要求，派出1名专业教师对外出务工的68人进行相关法律知识培训。

开展调研工作 2011年，县委党校有组织的开展了调研活动。根据县委、县政府的中心工作，将教研室与图书资料室的8名专业技术人员分为3个调研小组，深入机关、厂矿、街道、乡（镇）及村委会（社区）开展调查研究。县委党校高度重视调研活动，多次召开专题会议研究调研工作的相关事项。11月中旬，完成了《沾益县农民专业合作组织发展状况的调查报告》《关于沾益县农村公路管理养护的调研报告》《沾益县乡村道路硬化情况调查报告》3篇调研文章。

开展市委党校研究生班招生工作　根据《中国共产党党校工作条例》和《中共云南省委关于贯彻〈中国共产党党校工作条例〉的实施意见》要求，2011年，省委党校、云南行政学院2011年继续在市委党校开办研究生班。根据市委党校要求，县委党校积极配合市委党校做好研究生招生工作。3月18～30日，共招收来自县党政部门、县级机关部门及企事业单位人员11人。

制定县委党校绩效工资实施办法　2011年，县委党校根据县政府《关于印发沾益县其他事业单位绩效工资实施办法的通知》精神，结合实际，制定了县委党校绩效工资实施办法。实施办法有利于妥善处理好改革、发展、稳定的关系，调动教职员工的积极性，营造“自觉干事、主动干事”氛围，切实改进工作作风，加强效能建设和管理，增强办学活力，提高办学质量，实现党校全面协调可持续发展。

加强队伍建设　2011年，县委党校按照抓队伍、强素质、树形象、促工作的总体思路，以统一思想、振奋精神、鼓舞士气、保持旺盛的斗志和良好的精神状态为突破口，强化措施，狠抓队伍建设。一是在校领导班子集体研究和民主推荐的基础上，选任了教研室主任与副主任，进一步理顺了工作关系，调动了工作积极性。二是在充分尊重民意的基础上，严格按照基层党组织选举有关规定，顺利完成了校党总支委员的换届工作，确保了党总支的凝聚力、战斗力得到发挥。三是进一步加强“名嘴”工程。为激活党校发展潜能，加强党校“名师、名嘴”工程的建设，以深入开展创先争优活动为契机，完善了教师备课、讲课制度。坚持集中备课、坚持集体评课活动，进一步在教师之间形成了相互学习、共同进步的良好氛围，通过传、帮、带的方式，取得了相互学习、相互促进的良好效果。同时，明确了后勤岗位职责，要求后勤人员加强业务学习，转变理念，切实加强为干部培训服务的思想，提升了后勤服务水平。

积极做好结对帮扶工作　2011年，县委党校积极做好结对帮扶工作。一是2011年春节前夕，校党总支书记、常务副校长赵金培率队深入挂钩联系点——盘江镇遵化铺村委会看望结对帮扶户，并送去慰问金1500元，大米250千克。二是开展春耕生产和秋收帮扶工作。根据县委、县政府有关要求，4月20日至11月10日，由校党总支书记和副书记分两批率队深入挂钩联系点帮助农户春耕生产和秋收工作。同时协助村民做好抗旱救灾工作，并送去抗旱资金3000元。

（丁仕有）

史志工作综述　中共沾益县委党史研究室、沾益县人民政府地方志办公室是县委、县政府主管党史资料征集编研和地方志书编纂修订的工作部门，实行两个机构合署办公，参照公务员制度管理。主要负责征集和研究中国共产党地方历史资料，组织开展党史学习教育，参与红色革命遗址管护；编纂出版党史正本，按年度编纂和出版《中共沾益县委执政纪要》；修订地方志书，管理与审批专业志、乡（镇）志、企业志、村社志；按年度综合收录县级国家机构、乡（镇）、企事业单位、人民团体的图文资料，编辑和出版年鉴；收集、整理、编报地情资料。2011年末，有在职在编干部7人。

2011年，全县史志工作在县委县政府的正确领导和上级业务部门的指导下，以“编精史，修佳志，出名鉴”为工作目标，立足自身、背靠政府、面向社会，强化“素质立办、从严治办、和谐兴办、创新活办、实干强办、制度管办”措施，打造“科研型、严谨型、创新型、实干型、制度型、和谐型”单位，全县党史方志工作呈现了新的气象。

《中共沾益地方史》出版发行　2011年4月，《中共沾益地方史》（第一、二卷合订本）出版发行。该书根据中央、省、市委党史工作五年规划（2006—2010）要求，在中共沾益县委与《中共沾益地方史》编委会的直接领导下，由县委党史研究室负责编纂，云南人民出版社出版发行，共30万字。《中共沾益地方史》比较全面、系统地记述了中共沾益组织的建立、发展、壮大及其领导人民进行新民主主义革命、社会主义革命以及在建设时期所创立的丰功伟绩，科学地总结评价了中共沾益组织在各个历史时期的成功经验及失误教训，对丰富中共党史资料、发挥党史资政育人作用，推动沾益县经济社会又好又快发展都具有十分重大的历史意义和现实意义。编写以马列主义、毛泽东思想、邓小平理论和科学发展观为指导，以《关于若干历史问题的决议》和《关于建国以来党的若干历史问题的决议》为准绳，坚持辨证唯物主义和历史唯物主义的观点，坚持实事求是和“尊重历史、尊重史实”的原则，力求真实地反映中共沾益地方史的本来面目。

《中共沾益县委执政纪要》编纂工作启动　县委决定，从2011年起，按年度编纂《中共沾益县委执政纪要》，并于11月8日召开了编纂培训会议，市委党史研究室主任杨光彦到会指导，县委常委、县委办主任陈玉翔出席并作了动员讲话。编纂《中共沾益县委执政纪要》，是加强党的执政能力建设的新举措，是落实党务公开的新行动，是认识执政规律的新渠道，是交流执政信息的新平台，是积累党史资料、发挥党史资政育人作用的新载体。该书将以邓小平理论和“三个代表”重要思想为指导，深入贯彻落实科学发展观，紧紧围绕县委中心工作，全面记述县委2011年的重要决策、重要活动、重要工作和各乡（镇）党委、县级党组（党委）的大事要事。该书对于全面记述县委执政实践、总结执政经验、交流执政信息、探索执政规律、提高执政能力和领导水平具有十分重要的意义。

2011年《沾益年鉴》出版发行 2011年2月，县委办、县政府办下发《关于编纂出版2011年〈沾益年鉴〉的通知》，年鉴编纂工作正式启动。按照市委办、市政府办关于年鉴编纂工作实行“三三制”的要求，2011年《沾益年鉴》于3月底完成组稿工作，6月底完成编辑、审定工作，9月底完成排版、校对、印刷工作，10月由德宏民族出版社出版，并首次开展了免费发行工作。全书设特载、专文、大事记、概况、政治、法制、经济管理、土地矿产、农林水利、烟草、旅游、工业贸易、交通邮电、城建环保、财税金融、科教文卫体、社会、乡镇、人物、附录、单位简介等21个部类。共89万字，彩色图片230幅。内文由原来单色印刷改为双色套印，并增加随文黑白图片60幅。“图说沾益”部类收录了县内17家单位的年度工作彩色图片，为《沾益年鉴》增加了单位、企业更直观、更形象的收录内容。

编制报批党史工作五年规划 为全面贯彻落实中央、省委、市委、县委关于加强和改进新形势下党史工作的意见，以及全国、全省、全市党史工作会议精神，科学、系统、规范地组织开展党史工作，2011年，县委党史研究室认真分析研究，结合沾益县党史工作实际，制定了《沾益县2011-2015年党史工作规划》，报请县委同意，县委办以沾办通〔2011〕32号文件作了全文转发。

地方党史教育 2011年,沾益县着力推进地方党史教育工作。一是在县第四次党代会期间向与会代表赠送《中共沾益地方史》400册，发挥代表在党史学习中的传帮带作用。二是向县直各单位、乡（镇）的党政领导人手配发一册。三是开展了党史“六进”工作（进机关、进企业、进学校、进村社、进馆室、进军营），向村党总支等免费发行《中共沾益地方史》1000余册，确保基层党组织党史教育能够实现常态化。

史志工作服务社会 2011年，县委党史研究室、县地方志办公室突出行业特点，增强服务意识，改进服务方式，突出服务效果,积极服务社会。一是服务全县工作大局。2名到龄改非领导被县委派驻非公企业开展党建工作，1名业务骨干被县委组织部派驻西平镇龙华社区任新农村建设指导员。4月，为挂钩联系点盘江镇小后所村解决1000元工作经费。二是服务红色教育。广泛收集整理党史资料，利用编纂出版的《中共沾益地方史》、“爱我沾益”乡土教材等开展爱党爱国爱家乡红色教育，并为重走红军长征路的同志介绍了红军两次过沾益的详细情况。三是服务专业规划。为珠江源大城市规划、沾益县城市修编、物流中心规划、交通规划等重要规划提供县志、州志、年鉴等，使规划清楚现状、着眼未来、兼顾历史，更加科学。为全县“十二五”规划修编、部门规划修编提供《沾益县志》20余册（次）。四是服务企业发展。以书为“引”助推企业投资。将公开出版发行的沾益志书、沾益年鉴、沾益地情资料作为投资者了解沾益、辅助决策的重要工具书。以书为“载”留存企业风采。将诚信企业的发展历程、社会贡献、管理理念做适当收录。以书为“媒”助推企业发展。通过刊载宣传图片、宣传文字等，帮助塑造企业品牌、培植文化理念、提高关注程度。为沾益广厦房地产公司、曲靖市商业银行沾益支行、沾益龚记辣子鸡大酒店、县工商局、菱角乡政府等17家单位搭建了宣传平台。五是服务课题研究。向老革命征集关于解放前的老同志的专文、论文及回忆录，继续向建国后在沾益工作过的老领导、老同志、亲历亲为者广泛征集资料，整理和查阅档案，为党史课题编研、专题资料征集编纂提供服务。利用《沾益县志》《沾益州志》为学者开展《文化曲靖》《西南民族迁徙》等研究提供参考。六是服务资料查考。将从1998年起编纂汇集政治、经济、社会、文化等发展状况，共13卷780万字的《沾益年鉴》作为服务于详查沾益各行各业年度资料的政府公报性、综合性年刊，能够快速查考各年度的综合资料。系统收集涉及沾益的党史资料、地情资料、图片资料、影像资料，建立图文综合库，科学分类，规范管理，方便文化活动、宗教活动、族谱整理等方面的查阅。全年共提供查考260批次。

史志干部素质有提升 2011年，县委党史研究室、县地方志办公室牢固树立“小部门、大作为”的理念，紧紧围绕领导班子“五好五带头”的要求，突出“建设学习型部门、保持党的先进性、践行科学发展观、弘扬冷板凳坐热精神”四个重点，努力争创一流的领导班子、一流的干部队伍、一流的工作业绩、一流的干部作风、一流的干部形象“五个一流”。一是加强干部政治理论、方针政策和时事政治的学习。二是围绕县委、县政府中心工作，立足部门实际，加强干部对县情的把握和县委、县政府决策部署的学习。三是采取以会代训等方式，开展干部史志业务培训。四是用适当的待遇留人，既千方百计合法筹措经费，又用心研究和争取政策，尽力为实实在在工作的干部通过发放稿酬和兑现责任制考核奖等形式，合法增加干部职工收入。五是鼓励练笔，激发撰稿活力。年内共上报信息7条，分别被沾益信息采用4条、省委党史研究室采用3条、市委党史研究室采用1条，实现了新的突破。在中国老区建设画报社编纂的《在党旗指引下》刊载《沾益第一个党支部》图文。在全市《纪念中国共产党成立90周年》特刊刊载1万3千字的专文《解放前共产党在国民党军事要地沾益存续和发展壮大的原因探析》。圆满完成了《云南年鉴》《云南小康年鉴》《曲靖年鉴》沾益县资料的编报工作。年内有3名干部受省、市、县表彰；4名干部在省市有关刊物发表理论文章；2名干部参加了在职硕士研究生的入学考试。

（孟文祥）

保密工作综述 沾益县国家保密局（中共沾益县委保密委员会办公室）既是县委保密委员会的办事机构，又是县政府的职能部门。主要负责贯彻执行党和国家有关保密工作的方针、政策、决策，普及实施保密法规，依法进行保密管理，组织开展保密监督检查，协调督促查处失泄密事件，做好保密再审查，推广适用保密技术，提供保守商业秘密的咨询服务。2011年末，共有工作人员3人。

2011年，全县保密工作始终坚持以邓小平理论和“三个代表”重要思想为指导，全面落实科学发展观，深入贯彻落实党的保密工作方针政策和胡锦涛总书记关于加强保密工作的重要指示精神，按照“发展、创新、服务”的工作思路和市委保密委员会的总体部署，在县委、县政府的正确领导下，围绕县委的中心工作，立足当前，着眼长远，突出重点，整体推进，深化保密宣传教育，加强保密督促检查，强化保密管理，加强保密队伍建设，较好地发挥了保密工作在新世纪、新阶段“保安全、保发展、保稳定”的积极作用。

1．抓保密宣传教育，强化保密意识。一是及时制定“六五”保密法制宣传教育规划，督促各乡（镇）、县直各单位结合自身实际制定相应的实施意见，组织开展宣传教育活动。总结“五五”保密法制宣传教育工作，共评选推荐省级先进个人1名，市级先进集体3个、先进个人3名。二是认真抓好对各级领导干部和涉密人员的保密教育。2011年，县保密局收到市保发〔2011〕1号、曲保办发〔2011〕1号、《云南省2010年泄密案情通报》、曲保办发〔2011〕8号等重要文件材料，经请示县委分管领导同意，分层在县级五班子领导中组织传阅、召开县委保密委员会进行全文传达学习，在县机要文件交换站组织全县机要秘书人员进行全文传达学习。三是认真督促各级党校干校把保密教育纳入教学计划和教学内容。县委党校干校、乡（镇）党校干校2011年举办的长短期培训班，严格把保密教育纳入培训计划，安排了分管保密工作领导讲授保密课。县直各单位坚持把保密宣传教育与政治业务学习相结合，开展经常性的保密宣传教育活动。四是认真开展新修订《保密法》颁布一周年宣传教育活动。五是认真做好保密宣传资料征订工作。及时组织订购必须的保密宣传资料，做好《保密工作》发行工作。

2．抓督促检查，强化保密管理。一是认真做好中央、省委涉密文件资料及地师级以上文件的清退工作，并进行保密督促检查。沾益县2010年度应清退的中央秘密级文件42件630份、省委涉密文件资料共25件146份，其中秘密级23件140份，机密级2件6份，经县保密局逐份检查，没有丢失情况，并在规定的时限内，全都如数按时清退到市文件资料销毁中心。2010年度地师级以上文件不存在欠退问题。二是认真开展各项内容的保密专项督促检查。根据市保密局《关于组织开展专项保密检查的通知》《关于对全市电子政务公文交换系统开展保密检查的通知》《关于加强上网信息保密审查和保密管理的通知》《关于开展涉密测绘成果保密检查的通知》等文件要求，组织开展了各项保密检查工作。对16家重点单位进行抽查，通过听汇报、查看相关制度、措施是否落实到位、上网信息审查制度是否落实等方式进行检查，并针对各单位的不足，下发了整改通知书，要求在规定时间内整改完毕；制定下发了《沾益县电子政务公文交换保密审查制度》《沾益县政府信息公开网站和门户网站上网信息保密审查制度》，要求各部门遵照执行，并履行相关审查手续；对部分县直单位的政府信息公开网站和门户网站的保密管理、信息发布审查审批和上网信息涉密情况进行了一次检查，共检查政务信息127条，公告公示64条，为民服务92条，招商引资8条，沾益旅游16条，乡镇之窗12条，人事任免12条，政府采购6条，共计334条。之后每月抽查，定期上报统计情况；分别对涉密测绘成果使用单位、测绘资质单位等8个单位涉密测绘成果使用情况、存储和处理涉密测绘成果的设备管理情况、涉密测绘成果保密管理情况等进行保密检查，没有发现失泄密情况。三是配合市保密局、县公安局对高考试卷保密室进行换证检查，对照新的标准，实地查看软硬件设施，各项要求符合标准，同意换证。四是加强对高考及其他考试工作的保密监管。先后对高考、高三英语口试、高中会考、高中学业测试、中考、教师招考笔面试、事业单位招考的面试试卷进行全程监督检查和保密管理，确保各项考试工作的顺利进行。五是认真贯彻落实保密工作目标管理责任制。及时拟定《2011年保密工作考核办法》，以县保密委文件下发各乡（镇）、县直各单位贯彻落实，抓好督促检查和考评。六是搞好保密再审查工作。先后对县工信局、县委办、县地方志办送审的拟上报公开出版的4份材料进行了保密再审查，全都不涉密。七是抓好政府机构改革保密工作。县委保密委及时下发《关于做好政府机构改革期间保密工作的通知》，并组织人员深入到相关单位进行督促检查，确保国家的安全，保证了政府机构改革工作的顺利进行。八是搞好保密服务。

3. 抓队伍建设，强化职能作用。一是当好县委分管领导的参谋，充分发挥县委保密委对全县保密工作的领导作用；二是督促各乡（镇）、县直各单位调整充实保密领导小组，并开展活动，加强对本乡（镇）、本单位保密工作的领导；三是抓好自身建设，安排干部积极参加省市保密工作部门举办的保密干部培训班；四是积极参加县委办党支部的政治理论学习，认真搞好保密的业务学习，不断提高政治理论水平和业务工作能力。

开展新修订《保密法》颁布一周年宣传教育活动　2011年，县保密局认真开展新修订《保密法》颁布一周年宣传教育活动。通过召开座谈会、群发温馨提示短信、悬挂张贴保密宣传标语、自编保密法学习简报、参观“全国窃密泄密案例警示教育展”、开展保密法规知识测试等多种形式，认真开展保密宣传教育活动。全县共有1686人参加了云南省保密法规知识测试，其中处级干部38人，科级干部460人，其他人员1188人，参考人员成绩均在90分以上。

开展涉密测绘成果使用单位、测绘资质单位保密检查工作　2011年，县保密局对涉密测绘成果使用单位、测绘资质单位等8个单位的涉密测绘成果使用情况、存储和处理涉密测绘成果的设备管理情况、涉密测绘成果保密管理情况等进行保密检查，没有发现失泄密情况。

（王明惠）

沾益县人民代表大会常务委员会

综　述　2011年，沾益县人民代表大会常务委员会在县委的正确领导和上级人大常委会的监督指导下，坚持以中国特色社会主义理论为指导，深入贯彻落实科学发展观，紧紧围绕全县工作大局，认真履行宪法和法律赋予的职权，围绕中心，突出重点，开拓创新，扎实工作，圆满完成了县三届人大四次会议确定的各项任务。全年共召开县人大常委会会议7次、主任会议19次，开展工作检查6次，执法检查4次，调查4次，专题调研2次，开展述职评议、工作评议各1次，听取和审议“一府两院”专项工作报告15项，作出决议决定7项。为推动县委重大决策部署的落实，促进县域经济发展与社会和谐稳定作出了积极贡献。

2011年，依法任免“一府两院”国家机关工作人员34人次。其中，任命23人次，免职11人次；补选市人大代表2名。积极开展述职评议和工作评议，组织人大代表对县人口和计划生育局、县农业局、县民族宗教侨务事务局进行工作评议；组织常委会组成人员对县财政局、县住建局局长和县人民检察院副检察长进行述职评议。根据评议结果，依照县人大常委会关于开展工作评议和述职评议办法的规定，授予县农业局“人民满意单位”、县财政局局长“人民满意国家机关工作人员”称号。

2011年末，县人大常委会有组成人员20名，其中主任1人，副主任4人，常委会委员共15人；常委会设委、室8个，即办公室、选举联络工作委员会、财政经济工作委员会、法制工作委员会、科教文卫工作委、农业工作委员会、城乡环保工作委员会、研究室。

召开县三届人民代表大会第四次会议　2011年3月1～5日，沾益县第三届人民代表大会第四次会议在县政府报告厅召开。出席会议的有县人大代表199名，驻沾益的省、市人大代表，中央、省、市属单位、部队领导，不是人大代表的县五班子领导，县直各部门领导，乡（镇）党委书记、乡（镇）长应邀列席会议。会议听取和审查了沾益县人民政府工作报告、沾益县国民经济和社会发展第十二个五个规划纲要、县人民政府关于沾益县2010年国民经济和社会发展计划执行情况与2011年国民经济和社会发展计划（草案）报告、县人民政府关于沾益县2010年地方财政预算执行情况和2011年县级财政预算（草案）报告、沾益县人大常委会工作报告、沾益县人民法院工作报告、沾益县人民检察院工作报告，会议审议通过了以上工作报告并作出了决议。会议接受张崇书辞去沾益县第三届人大常委会主任职务，选举保家礼为沾益县第三届人大常委会主任。会议期间，共收到代表提出议案、建议、批评和意见92件，分别交有关单位研究办理。会议于3月5日闭幕。

召开县三届人大常委会第二十一次会议　2011年1月14日，县三届人大常委会第二十一次会议在县人大常委会会议室召开。会议由县人大常委会主任张崇书主持。县人民政府副县长高朝花，县政协副主席张晓鑫，县人民法院院长唐敬东，县人民检察院检察长王强，县人大副调研员、保留副县级待遇的领导，不是委员的县人大常委会委（室）主任、副主任和主任科员，盘江镇、菱角乡、炎方乡、德泽乡人大主席列席会议。会议讨论决定了关于召开沾益县第三届人民代表大会第四次会议的有关事项，审议通过了2010年县人大常委会工作要点，县人大常委会工作报告（审议稿）。会议补选毕文权为曲靖市第三届人民代表大会代表,免去方晓佑县民政局局长职务；任命李载民为县发展和改革局局长,任命舒学芳为县工业经贸和科技信息化局局长,任命桂俊多为县民族宗教侨务事务局局长,任命雷琳天为县民政局局长,任命熊健超为县人力资源和社会保障局局长,任命尹光云为县住房和城乡建设局局长,任命宫建义为县交通局局长,任命保家兴为县农业局局长,任命曾利斌为县文化体育局局长,任命夏玲为县旅游局局长,任命郑绍成为县安全生产监督管理局局长,任命陈世明为县食品药品监督管理局局长。免去孙鹏德县人民法院审判员、审判委员会委员、副院长职务。接受桂俊多辞去沾益县第三届人大常委会委员职务。

召开县三届人大常委会第二十二次会议　2011年2月25日，县三届人大常委会第二十二次会议在县人大常委会会议室召开。会议由县人大常委会主任张崇书主持。县人民政府县长毕尚鹏，县人大副调研员、保留副县级待遇的领导，县人民法院副院长陆国生，县人民检察院副检察长雷广云，不是委员的县人大常委会委（室）主任、副主任和主任科员列席会议。会议讨论决定了沾益县第三届人民代表大会第四次会议有关事项，审议了《沾益县第三届人民代表大会第四次会议选举办法》（草案）。会议决定免去保家礼沾益县人民政府副县长职务，免去张超沾益县水务局局长职务，任命潘永飞为沾益县水务局局长。

召开县三届人大常委会第二十三次会议　2011年3月30日，县三届人大常委会第二十三次会议在县人大常委会会议室召开。会议由县人大常委会主任保家礼主持。县人民政府县长毕尚鹏，副县长、县公安局局长赵卫东，县人大保留正、副县级待遇的领导、副调研员，县人民法院院长唐敬东，县人民检察院检察长王强，不是委员的县人大常委会委（室）主任、副主任和主任科员，县水务局、烟草专卖局、卫生局、环保局、烟草公司主要领导，县公安局副局长、交警大队大队长，盘江镇、菱角乡、炎方乡、德泽乡人大主席和部分县人大代表列席会议。会议听取和审议了赵卫东所作的《沾益县人民政府关于全县农村饮水安全工作情况报告》，听取了县人大农工委主任王天有所作的《关于我县农村饮水安全的情况报告》；听取和审议了赵卫东所作的《沾益县人民政府贯彻实施〈烟草专卖法〉情况报告》，听取了县人大财经委主任何祥志所作的《关于对沾益县人民政府贯彻实施〈烟草专卖法〉情况的执法检查报告》；听取和审议了赵卫东所作的《沾益县人民政府关于贯彻实施〈道路交通安全法〉的情况报告》，听取了县人大法工委主任张琼所作的《关于对县人民政府贯彻落实〈道路交通安全法〉情况的执法检查报告》。会议对以上报告分别作出了审议意见。

召开县三届人大常委会第二十四次会议　2011年5月19～20日，县三届人大常委会第二十四次会议在县人大常委会会议室召开。会议由县人大常委会主任保家礼主持。县人民政府县长毕尚鹏，县委常委、常务副县长高朝花，副县长颜光耀，县政协副主席张晓鑫，县人民法院院长唐敬东，县人民检察院检察长王强，保留正、副县级待遇的领导，县人大副调研员，不是委员的县人大常委会委（室）主任、副主任、主任科员，县发改局、财政局、卫生局、环保局、人社局、住建局、工信局、水务局局长，盘江镇、菱角乡、炎方乡、德泽乡人大主席和部分县人大代表列席会议。会议听取和审议了高朝花所作的《沾益县人民政府关于落实医药卫生体制改革相关制度的情况报告》，听取了县人大教科委主任吴抗美所作的《关于对全县医药卫生体制改革相关制度落实情况的调查报告》；听取和审议了颜光耀所作的《沾益县人民政府关于贯彻实施〈环境保护法〉的情况报告》，听取了县人大环资委主任徐晓剑所作的《关于对县人民政府贯彻执行〈环境保护法〉进行执法检查的报告》；听取和审议了高朝花所作的《沾益县人民政府关于贵昆铁路增建二线沾益段配套工程建设转借款资金管理使用的情况报告》，听取了县人大财经委主任何祥志所作的《关于对贵昆铁路六沾二线地方配套工程建设转借款资金管理使用情况的检查报告》；作出了《沾益县人大常委会关于批准〈沾益县人民政府关于向曲靖市商业银行沾益支行申请贷款用于白浪水库引水工程的议案〉的决定》；决定免去赵卫东沾益县人民政府副县长、县公安局局长职务，免去林爱平沾益县人民政府副县长职务；决定任命杨枝梁为沾益县人民政府副县长、县公安局局长。

召开县三届人大常委会第二十五次会议　2011年7月26～27日，县三届人大常委会第二十五次会议在县人大常委会会议室召开。会议由县人大常委会主任保家礼主持。县人民政府县长毕尚鹏，县委常委、常务副县长高朝花，县政协副主席张晓鑫，县人民法院院长唐敬东，县人民检察院检察长王强，县人大保留正、副县级待遇的领导、副调研员，不是委员的县人大常委会委（室）主任、副主任和主任科员，县政府办、财政局、发改局、审计局、统计局、广电局、人口和计划生育局、农业局、住建局、工信局、民宗局、广电网络公司主要领导，盘江镇、菱角乡、炎方乡、德泽乡人大主席和部分县人大代表列席会议。会议听取和审查了县发改局局长李载民所作的《关于沾益县2011年上半年国民经济和社会发展计划执行情况的报告》，听取和审查了县财政局局长何永发所作的《关于沾益县2010年度地方财政决算情况和2011年上半年地方财政预算执行情况的报告》，听取和审议了县审计局局长邓雄所作的《关于沾益县2011年度财政预算执行及其他财政收支的审计工作报告》；听取和审议了高朝花所作的《沾益县人民政府对〈关于提高农村广播电视覆盖率的议案〉办理情况的报告》，听取了县人大教科委主任吴抗美所作的《关于对沾益县三届四次人代会代表所提〈关于提高农村广播电视覆盖率的议案〉办理情况检查的报告》；听取和审议了县政府办主任张勤勇所作的《沾益县人民政府关于县三届人大四次会议代表所提建议、批评和意见办理情况的报告》，听取了县人大选联委主任梅映炜所作的《关于沾益县三届人大四次会议代表建议、批评和意见办理情况的报告》；会议对以上报告分别作出了审查、审议意见，作出了《沾益县人大常委会关于批准沾益县人民政府2010年县级财政决算的决议》。会议对县人口和计划局、农业局、民宗局进行了工作评议。会议作出了《沾益县人大常委会关于批准〈沾益县人民政府关于沪昆客专沾益段建设征地拆迁资金筹集的议案〉的决定》。

召开县三届人大常委会第二十六次会议 2011年9月28～29日，县三届人大常委会第二十六次会议在县人大常委会会议室召开。会议由县人大常委会主任保家礼主持。县委常委、常务副县长高朝花，副县长柯小燕，政协副主席张晓鑫，县人民法院院长唐敬东，县人民检察院检察长王强，县人大保留正、副县级待遇的领导、副调研员，不是委员的县人大常委会委（室）主任、副主任和主任科员，县财政局、司法局、国土资源局、住建局、交通运输局、农业局、人口和计划生育局、民宗局、供销社主要领导，县检察院副检察长，盘江镇、菱角乡、炎方乡、德泽乡人大主席和部分县人大代表列席会议。会议听取和审议了副县长柯小燕所作的《沾益县人民政府关于农村供销社规范化网点建设的情况报告》，听取了县人大农工委主任王天有所作的《关于对县供销社农村网点规范化建设情况进行检查的报告》；听取和审议了副县长柯小燕所作的《沾益县人民政府关于土地开发整理工作的情况报告》，听取了县人大环资委主任徐晓剑所作的《关于对县人民政府实施土地开发整理工作检查情况的报告》；听取和审议了副县长柯小燕所作的《沾益县人民政府关于县域内交通基础设施建设的情况报告》，听取了县人大财经委主任何祥志所作的《关于对县域内交通基础设施建设情况的调查报告》；会议分别对以上报告作出了审议意见。会议听取和审议了《沾益县人民政府关于〈在公民中开展法制宣传教育的第六个五规划〉和〈沾益县2011-2015年依法治县规划〉的议案》，会议作出了《沾益县人民代表大会常务委员会关于批准实施〈在公民中开展法制宣传教育的第六个五规划〉和〈沾益县2011-2015年依法治县规划〉的决议》。会议对县人民检察院副检察长、县财政局、住建局局长进行了述职评议，听取了县农业局、人口和计划生育局、民宗局工作评议意见整改情况报告。会议决定补选保家礼为曲靖市第三届人民代表大会代表。免去丁建宁沾益县人民法院审判员职务，免去燕涛沾益县人民法院第三届陪审员职务，任命李志伟、马勋勇为沾益县人民政府副县长，任命杨林惠、陈艳琼、杨震宇为沾益县人民法院审判员。

召开县三届人大常委会第二十七次会议 2011年12月1日，县三届人大常委会第二十七次会议在县人大常委会会议室召开。会议由县人大常委会主任保家礼主持。县委常委、常务副县长高朝花，政协副主席张晓鑫，县人民法院院长唐敬东，县人民检察院检察长王强，县人大保留正、副县级待遇的领导、副调研员，不是委员的县人大常委会委（室）主任、副主任和主任科员，县发改局、财政局、教育局、规划局、国税局、地税局、住建局主要领导，县检察院副检察长，盘江镇、菱角乡、炎方乡、德泽乡人大主席和部分县人大代表列席会议。会议听取和审议了县财政局局长何永发所作的《沾益县人民政府关于2011年度县级财政预算调整方案的报告》，作出了《关于批准县人民政府2011年度县级财政预算调整方案的决定》；听取和审议了常务副县长高朝花所作的《沾益县人民政府贯彻实施〈义务教育法〉的情况报告》，听取了县人大教科委主任吴抗美所作的《关于对全县贯彻落实〈义务教育法〉情况的检查报告》，并作出了审议意见；书面审议了县财政局局长、县住建局局长、县人民检察院副检察长述职评议整改情况的报告。会议决定免去邓耀辉沾益县人民检察院检察委员会委员、检察员职务，免去罗会荣沾益县人民检察院检察员职务，任命刘颜桥、张再尧、张春仙为沾益县人民检察院检察员。

组织省市人大代表会前视察 2011年12月12～15日，县人大常委会组织了驻沾益的省第十一届人大代表和由沾益选举的市第三届人大代表进行会前视察。视察的主要内容是：全县工业、非公经济、农业、中低产林改造工作、农村有线电视网络建设及各项涉农惠农政策落实情况，城市基础设施建设、环境保护与资源利用、重点项目推进情况，教科文卫体等社会事业发展情况，共涉及11个视察点。代表们听取了沾益县人民政府关于2011年全县经济社会发展情况，实地视察了有关公司、工程项目，认为：2011年，沾益县积极应对宏观调控、持续干旱带来的严峻挑战，认真贯彻落实中央、省、市的一系列方针政策，坚持以科学发展观统领经济社会发展全局，紧扣发展第一要务，办实事、出实招、求实效，工业经济增速加快，农业经济稳步发展，第三产业快速发展，重点项目有力推进，城乡建设成效明显，财政保障更加有力，社会事业全面进步，就业保障成效突出，生态环境日益改善，发展环境不断优化，社会管理得到加强，安全稳定形势良好。对今后工作提出具体的意见建议：一是进一步解放思想,深入贯彻落实科学发展观。二是进一步加强农业农村工作。三是进一步发展好科教文卫事业。四是进一步做好环境保护工作。五是进一步加强城市基础设施建设,不断提升城市管理水平。

检查全县贯彻实施《道路交通安全法》情况 2011年3月22日，县人大常委会组织部分人大代表和有关部门人员，对全县贯彻实施《道路交通安全法》及相关法规情况进行检查。检查组认为，县公安交警部门开展工作形式多样，拓展宣传覆盖面；规范执法行为，提高执法公信力；依法履职，突出履职实效性；强化路面巡逻管控。针对检查中存在的问题，检查组提出意见和建议：一是县人民政府应当着手筹备道路交通事故社会救助基金事宜，一方面是为了维护法律的严肃性，另一方面也能使交通肇事受害者得到法律的真正保护。二是加强对城区主要街道的交通整治，要继续加大对城区三无车辆及客运超载车辆的重点整治。在城区主要交通要道及上下班车辆高峰区等主要时段要有固定的交通民警维持秩序，保证道路的畅通。三是县人民政府应当按财政预算将基层交通协管员的补助实际落实到位，以便使基层交通基础工作得到有效落实。

检查全县贯彻实施《烟草专卖法》情况 2011年3月23～24日，县人大常委会组织部分人大代表和有关部门人员，对全县彻实施《烟草专卖法》的情况进行检查。检查组认为：县人民政府结合沾益实际，认真贯彻实施《烟草专卖法》，组织领导有力，烟草专卖法律法规宣传深入，执法队伍建设不断加强，依法行政合规，工作措施得当，工作成效显著。既保证了国家财政收入，兼顾了生产者、经营者的利益，又发展壮大了烤烟产业，推动了县域经济又好又快发展。主要做法一是宣传力度不断加大，营造了良好的“依法治烟”社会氛围。二是加强组织领导，明确工作职责，强化督促指导。三是狠抓队伍建设，专卖执法人员素质进一步提高。四是部门联动执法，严厉打击违法行为。五是健全管理网络，加强市场监管。通过创新管理模式，不断应用先进技术，建立健全了从县烟草公司、专卖局到各乡镇烟叶站、专卖所，县烟草公司到卷烟零售经营户的烤烟收购、卷烟配送销售管理网络体系，实现适时监控，管理效果明显提升。针对检查中存在的问题，检查组提出意见和建议：一要进一步加大烟草专卖法律法规及相关政策的宣传力度，增强广大人民群众的知法守法意识。二要进一步加强烟草专卖执法队伍建设，巩固提升队伍整体素质。三要进一步加大“两烟”市场的整治力度，严厉打击涉烟违法犯罪行为。

检查全县贯彻实施《环境保护法》情况 2011年4月27～28日，县人大常委会组织部分人大代表和有关部门人员，对全县贯彻实施《环境保护法》及相关法规情况进行检查。检查组认为：全县一是充分利用每年的6.5世界环境日，“12·4”法制宣传日等活动形式集中开展宣传咨询活动，切实增强全民的环境保护意识。二是强化执法队伍学习培训和执法资格管理，不断强化了行政执法能力。切实加大投入力度，努力提高执法技术和装备保障水平，基本满足了形式发展和工作要求。三是整个监督管理工作坚持以日常现场监察为主，配合国家、省、市督察、专项行动并重，辅之于突击检查和夜查，以有效打击各种环境违法行为。四是服从工业发展战略，服务经济建设，实现环境保护与经济发展双赢。针对检查中存在的问题，检查组提出意见和建议：一是坚定不移地走新型工业化道路，严把项目入口关，合理调整产业布局，促进经济增长方式的根本转变，努力发展生态产业和循环经济，使经济发展与环境保护实现双赢。二是提请省、市人民代表以提议案的方式，逐级向省、乃至国家提出修改环境保护相关法律法规的议案，以加大处罚力度，并授予环境执法一定的强制手段，扭转“守法成本高，违法成本低”现象，有效打击环境违法行为。三是创新强化执法手段，采取不同的形式严查企业偷漏排行为，严管重罚，严厉打击偷漏排行为，切实加强环境执法。四是多方协调将花山集镇废水引入云维集团4.8万方污水处理厂进行处理；健全完善沾益县城污水收集管网，把县城所有污水纳入县城污水处理厂进行处理，促进南盘江水质的根本好转。五是多方努力向上级争取总量控制指标，内部在加大治理力度的同时，结合产业政策要求，加大对治理无望、污染严重、影响大的企业的关停取缔力度，腾出总量指标用于新项目的建设。六是切实加大对重点行业的监测和监管，对东源铝业、垃圾发电厂要加大监测力度，根据监测结果提出治理意见，使其达标排放，并责令其尽快组织验收。对万寿菊发酵废水污染问题，组织落实“分散收购，集中发酵，集中治理”措施，同时认真解决雨污分流问题，努力消除安全隐患。七是县人民政府组织相关职能部门成立规范整顿原煤货场领导小组，负责县域内原煤货场的规范整顿工作。同时，走疏堵结合的路子，分别在花山、石板井、白水三片区设置规范的原煤货场，配套相关降防尘设施，使县域内的原煤货场全部进入三片区规范运行，减少对环境造成的影响。

检查县人民政府在贵昆铁路六沾二线地方配套工程建设上的转借款资金管理使用情况　2011年5月5日，县人大常委会组织部分人大代表和有关部门人员，对县人民政府在贵昆铁路六沾二线地方配套工程建设上的转借款资金管理使用情况进行了检查。检查组认为：2009年5月12日，沾益县人民政府向县人大常委会提出《沾益县人民政府关于向曲靖市开发投资有限责任公司申请贵昆铁路六沾二线地方配套工程建设转借款的议案》，经沾益县第三届人民代表大会常务委员会第十次会议审议，批准沾益县人民政府向曲靖市开发投资有限责任公司申请银行转借款21000万元的政府信用贷款，用于贵昆铁路六盘水至沾益增建二线工程中地方政府承担的改线资金和征地拆迁资金，贷款本息由县财政列入预算安排，按借款合同约定逐年归还。县人民政府健全和完善了资金运作机制，制定了《贵昆铁路增建二线沾益段征地拆迁补偿资金管理办法》，并通过财政、审计等部门加强监管，既保证了资金的安全运行和有效使用，又保证了铁路建设工程的顺利实施。通过转借款的实施，资金的使用效益体现在以下三个方面：一是促进了重点项目建设的顺利推进。二是加快了山水宜居城市的规划建设步伐。三是改善了沾益经济社会又好又快发展的交通环境。四是缓解了县级财政困难。针对检查中存在的问题，检查组提出意见和建议：一是县人民政府要采取有力措施，努力筹措资金，积极争取支持，确保今后按《转借款合同》约定偿清债务。二是六沾复线建设沾益段已建成通车，县人民政府要加大协调力度，及早将铁路既有线移交地方政府，并按照城市总体规划组织开发。

检查县人民政府实施土地开发整理工作　2011年8月16～18日，县人大常委会组织部分人大代表对县人民政府实施的土地开发整理工作进行了检查。检查组认为:县政府一是积争取项目，争取资金，三年来累计争取省级土地开发整理项目3个，市级补充耕地项目1个，争取项目资金5300万元，县级项目2个，资金890万元。有效促进了沾益经济社会的发展。二是高起点规划设计项目，努力提升和改善生产条件。三年来在实施的六个土地开发整理项目中，大坡乡的土桥村委会土地开发整理项目首次实现了机械喷灌；盘江镇的芹菜沟、播乐乡的小海片区工程建成了水浇地。近两年严重干旱的情况下，项目工程发挥极大的作用，保证了种植的节令、质量，提高了单位面积产量产值，提高了经济效益。通过高起点规划设计，极大的提升了项目区的生产条件和水平。三是高标准组织施工，为现代化农业生产打下坚实的基础。三年来累计开挖回填土方70.3万m^3，支砌石方8.8万m^3；新增供电线路2010m，变压器4台；坡改梯3720亩，新增耕地8300亩；新建泵站5座，取水池12座，安装引水主管11490m，配水主管17451m，支管78939m，建成水浇地面积13100亩，机灌2100亩；新建田间道路82.8千米，修复田间道路43.97千米。通过高标准严格施工和工程实施，极大地改善了项目区生产生活条件和生态环境，为城市和工业项目建设获得了用地指标，实现了耕地占补平衡，促进了经济社会的发展，为现代化农业生产打下了坚实的基础。针对检查中存在的问题，检查组提出意见和建议：一是继续千方百计争取项目，努力提高和改善农业生产条件，支持服务沾益经济社会发展。二是乡（镇）、村、组要切实加大项目宣传力度，最大限度地调动群众的参与意识，教育引导其树立大局意识，服从整体规划设计，支持项目建设。三是周密分析，充分论证，科学规划设计，扎实做好项目规划设计工作，减少由不可预见因素而引起的工程量增加，减少工程设计变更频次，使有限资金实现效益最大化。规划设计中应本着为民、便民原则，突出科学性、实用性。四是充分调动基层干部的积极性，发挥其就近、及时的优势，参与工程质量监督或充当质量监督信息员，确保工程质量监督管理到位，使工程质量监督落实在施工过程之中。五是加大项目贮备筛选力度，以便争取项目和上报审批，同时杜绝项目争取到而无法组织实施退项目情况的发生。六是建立健全项目管理制度，切实加强后续管理和维护，使其长期发挥效益。

检查全县供销社农村网点规范化建设情况 2011年9月1～2日，县人大常委会组织部分人大代表对全县供销社农村网点规范化建设情况进行了检查。沾检查组认为：县供销社在加快“乡村流通工程”建设，构建新农村现代流通服务网络，规范建设农村服务网点，提高综合服务能力，保障农用物资、日用消费品供应和农产品购销，促进农村商品流通，活跃城乡市场发挥了重要作用，主要呈现出以下几方面特点：一是全县新建的规范化网点，严格实行标准化建设，做到“八个统一”，即统一图纸施工、统一建筑外观、统一使用标示、统一专用货架、统一经营模式、统一质量管理、统一采购配送、统一服务承诺。同时狠抓诚信经营管理，形成了美观整洁、价格公道、质量保证、经营规范、方便快捷的乡村流通服务网络，进一步提升了供销合作社在服务农村商品流通中发挥主导作用的良好形象。二是改善了农村消费环境。农民群众能够就近就便买到放心、安全、价格合理的日用消费品和农用物资，实现了农资、百货超市化经营，营业面积增大，开架售货，明码标价，自由选购，品种丰富，环境整洁，打造了形象新、环境美、功能全、服务优的农民消费环境，使农村也同样能享受到城市的消费环境。三是增强了为民服务功能。网点规范化建设和改造，增加了经营服务项目，增强了服务功能，帮助农民解决了“买难卖难”问题，促进了农村经济发展和社会主义新农村建设步伐，这既是为农民办实事的具体体现，同时也是供销合作系统适应现代商品流通要求，强化自身功能、提高服务水平必须抓好的一项重要工作。如炎方乡刘麦地、新屯等综合服务社新建和改造后，开展农副产品收购、换购、推销，年收购农副产品2000余吨，腻诺综合服务店去年销售日用百货，销售额达130万元以上，解决了农民群众工业品买难和农产品卖难的问题，同时降低了购销成本，促进了农民增收，提高和改善了农民生产生活水平。四是拓展了城乡经营市场。通过农村网点规范化建设和改造，形成了以城区供销合作社大中型流通企业为龙头，农村乡（镇）小超市为中心，村级便利店、综合服务社为连锁经营终端的“小超市、大连锁、小网点、大网络”的现代经营流通方式，全面提升和完善了县、乡、村流通服务体系，为农业生产、农民消费和农业产业化经营提供了有力支持，同时也为城乡物流开辟了道路，搭建了桥梁。2010年，实现经营总额3.1亿元，同比增长17.2%；农资销售额9022万元，同比增长10.5%，农副产品销售额1100万元，同比增长22%。针对检查中存在的问题，检查组提出意见和建议：一是要高度重视，加快供销合作社改革工作。深入贯彻落实好国务院和省、市、县委关于加快供销社改革发展的文件精神，认真落实各类网点建设市县配套资金，确保补助到位，切实提高供销社服务“三农”工作的保障能力。二是盘活改制资产、分类指导，做好新建、改建规范化网点，化肥仓储设施，配送中心，“万村千乡市场工程”建设。为保障农用物资供应，促进农村商品流通，活跃城乡市场，繁荣农村经济，发挥供销合作社应有的作用。三是要深入调查、认真研究、科学合理地布局好经营网点。对于地处偏僻、人员相对分散，物资配送较为困难地方，要择优选择以“万村千乡市场工程”建设为主设立网点，有效解决群众“买难卖难”问题。四是探索建立健全组织形式，加强对各类网点的管理与服务。进一步拓宽农村商品流通渠道，不断提高服务人民群众的主动性，充分发挥各类网点在新农村建设中的积极作用。五是加大对各类网点服务人员经营业务、道德素质的培训力度。强化服务理念，创新经营方式，增强经营者服务“三农”的责任意识和服务意识。

检查全县贯彻落实《义务教育法》情况 2011年10月19～21日，县人大常委会组织部分人大代表对全县贯彻落实《义务教育法》情况进行了检查。检查组认为：2006年9月1日新修订的《义务教育法》实施以来，全县各级政府及其教育主管部门切实把义务教育作为基础性工作放在重中之重的位置上来抓，“尊师重教、投资兴教、依法治教”成效显著，义务教育阶段中小学校的布局、结构、规模、质量得到明显优化和提升。全县小学适龄儿童入学率99.81%，巩固率99.99%，辍学率0.01%；初中毛入学率104.4%，巩固率99.15%，辍学率0.85%。针对检查中存在的问题，检查组提出意见和建议：要进一步做好学习宣传和贯彻实施工作,以保证义务教育均衡发展。要依法逐步增加义务教育经费投入，增强对《义务教育法》全面实施的保障责任落实。要提高教师队伍建设的整体水平。要按照珠江源大城市发展需要，合理规划安排南片区九年一贯制学校建设，逐步解决新建城区住户学生入学难的问题。各有关部门要树立全局观念，增强法制意识，明确责任，认真履行职责。要协调配合加大对中小学校周边的网吧、商业摊点、建筑工地噪音、学生食品安全、交通安全等方面的监管力度，集中整治校园安全和周边突出的治安问题，严厉打击侵犯学校的犯罪违法行为，维护和营造良好的教育教学环境，为促进全县社会经济又好又快发展服务。

调查全县医药卫生体制改革相关制度落实情况 2011年4月19～21日，县人大常委会组织部分人大代表和有关部门人员，对全县医药卫生体制改革相关制度落实情况进行了调查。调查组认为：一是县人民政府加强领导，明确职责。2009年9月，成立了县深化医药卫生体制改革领导小组，下设办公室在县发改局，并成立了综合协调和基本药物制度、医疗保障体系、卫生服务体系、公共卫生服务均等化、公立医疗改革等五个工作推进组，明确各成员单位和各推进组的工作职责，建立了联席会议制度，制定了医改目标任务时间表，强化责任，分工协作，初步形成了“政府主导、部门负责、社会参与、齐抓共管”的工作机制。二是强化措施，明确目标。制定分步聚、分阶段的宣传方案，广泛宣传医改的目标任务和主要措施，解答群众关心的问题，及时总结宣传改革经验，为深化改革营造良好的社会舆论环境。配发临床医生人手一套《基本药物临床运用指南和基本药物处方集》，提高了人民群众对基本药物的认可程度，以争取社会各界的理解与支持，有力推动了基本药物制度的顺利实施。加大对基本药物价格的公示力度，基层医疗机构对国家基本药物品种全部实行零差率销售。根据国家、省和市出台的医改政策，沾益县在充分调研的基础上，出台了《中共沾益县委沾益县人民政府关于深化医药卫生体制改革的实施意见》《沾益县人民政府关于印发沾益县医药卫生体制改革（2009-2011年）五项重点工作实施意见的通知》《沾益县人民政府办公室关于印发沾益县医药卫生体制五项重点改革2010年主要任务和工作目标的通知》《沾益县基层医药卫生体制综合改革实施意见（试行）》等8个配套改革方案等医改文件，形成了“一主、三辅、八配套”的医改政策体系，为医改工作明确了目标和任务。三是突出重点，稳妥推进五项重点改革工作。医疗保障体系逐步建立。以城镇职工基本医疗保险、城镇居民基本医疗保险、新型农村合作医疗和城乡医疗救助共同组成的基本医疗保障体系逐步建立。2010年，全县城镇基本医疗保险参保人数达到53714人，完成市下达任务。新农合参合人数由2006年的86.25%提高到2010年的96.26%，2011年将达到97.43%。2010年各级财政对居民医保补助标准提高到180元，新农合的筹资标准提高到每人每年140元，并保证县财政资金全部到位。2010年新农合减免4817.69万元，辖区内新农合即时结报率达100%。国家基本药物制度稳步实施。自2010年3月8日起，实施国家基本药物制度以来，乡、村两级医疗机构100%配备和使用基本药物，实行零差率销售。并严格省、市药品跟标采购的要求，确定了14家药品配送企业，签订了《沾益县2010-2011年药品购销协议书》《沾益县药品跟标采购及统一配送廉政合同》，进一步规范了医疗机构、药品配送企业双方的权利和义务，2010年各级财政用于国家基本药物制度支出1072万元，完善基本药物补偿机制的顺利实施。基层医疗卫生服务体系不断完善。在认真编制区域卫生规划的基础上，紧紧抓住国家扩大内需的良好机遇，通过项目的实施和带动，加强县、乡、村医疗机构基础设施建设。2009年以来，全县先后实施各类卫生基础设施建设11个，完成投资4662万元，其中各级财政总投资3462万元，自筹1200万元，先后启动县医院住院楼，白水镇、菱角乡、炎方乡3家中心乡（镇）卫生院改扩建工程，投入430万元为县、乡、村医疗机构购置更新医疗设备，2010年完成122个村卫生所标准化建设和房屋的修缮工作，广大老百姓就医环境得到进一步改善。加强基层卫生人员队伍建设。2010年，县医院到上级进修12人，乡（镇）到县32人，村到乡102人，组织各种短期培训，乡（镇）社区80多人次，乡200多人次，为提高卫生人员队伍素质创造了条件。积极推进公共卫生服务均等化。2011年末，全县已建城市居民健康档案建档率达49%，农村居民健康档案建档率达37.11%。儿童保健系统管理率达到85.6%以上，对3909名农村孕妇住院分娩进行补助，孕产妇系统管理率达到99%以上，农村孕产妇住院分娩率达98.46%。老年人健康登记管理率53.24%。对辖区内35岁以上居民进行高血压和Ⅱ型糖尿病筛查，高血压患者管理率达51.91%和Ⅱ型糖尿病管理率达到52.09%。重性精神疾病管理率达到64.12%以上。城市居民艾滋病防治和知晓率达96.67%以上，农村居民艾滋病防治知晓率达90%以上。并继续实施重大公共卫生服务项目，组织实施了100例贫困白内障患者免费手术，完成了2000座农村无害化卫生厕所监测任务。推进公立医院改革试点。明确县医院、盘江镇和白水镇中心卫生院为试点改革机构，主要从改革运行机制、健全医院监管体系、加强医疗质量管理等方面进行改革。针对调查中发现的问题,调查组提出:一是各级政府要把解决群众看病就医问题作为改善民生的重点摆上重要议事日程，落实政府的公共医疗卫生责任。要积极主动的向有关上级部门反映目前药品配送中存在的困难和问题，争取相关部门的理解和支持，督促配送企业及时、高效配送药品，提高服务质量。要加大对医改工作的宣传力度，形成良好的医改社会氛围。二是各级政府要采取有效措施，确保医改资金按时足额到位，并尽快建立基层医疗机构补偿的长效机制。要高度重视并采取切实措施解决乡镇卫生院建设负债的问题。要对乡镇卫生院负债问题进行认真摸底调研，通过财政转移支付的方式逐步进行化解，彻底将乡镇卫生院从建设和改造负债中解脱出来，使其医疗卫生更好地为广大人民群众健康服务。要完善政府对城乡基层医疗卫生基础设施的投入机制。要保障乡镇卫生院、城市社区卫生服务中心基本建设经费、设备购置经费、人员经费和其承担公共卫生服务的业务经费，保证其正常运行。抓住国家卫生部在三年内（2009—2011年）要新建或改造3700所社区卫生服务中心和1.1万个社区卫生服务站这个有利政策，相关部门要积极向上级争取资金和项目，促进全县基层医疗卫生机构的发展建设。三是进一步加强基层医疗卫生人才队伍建设。要千方百计引进高素质人才，提高公共卫生服务质量。要努力保障基层医疗机构医务人员的基本待遇。切实加大医疗业务技术培训力度。抓紧制定卫生人才队伍建设规划实施方案，重点加强公共卫生、农村卫生、城市社区卫生专业技术人员和护理人员的培养。要研究制定适合基层卫生医疗人员进出和待遇相关政策，解决乡村医生养老保险，稳定三级医疗卫生服务网络，确保医药各项改革任务的顺利实施。

调查全县交通基础设施建设情况 2011年8月23～25日，县人大常委会组织部分人大代表对全县交通基础设施建设情况进行了调查。调查组认为：沾益县域内交通基础设施经过近几年的努力有了较大改善，基本上实现了过境公路高等级化、县乡公路油路化、乡村公路硬化三大目标，极大地改善了公路交通条件和投资环境，初步形成了比较快捷的公路交通运输网络，进一步提高了服务于经济社会发展的交通运输保障能力，促进了生产发展和农民增收，助推了县域经济快速增长和经济实力稳步上升。针对调查中发现的问题,调查组提出:一是要抓紧做好项目前期工作，积极争取上级对交通建设项目和资金的支持，进一步加大乡村道路建设力度，尽快完成乡村道路硬化任务。各乡（镇）要积极行动起来，调动村民和社会人士捐资投资修建农村公路的积极性，想方设法筹措建设资金，着力解决乡（镇）配套资金不足的问题。二是县人民政府及相关部门要进一步加大与各有关部门的协调沟通力度，尽快解决县城周边通道不畅通的问题，争取320国道的维修改造、天宣公路的维修、曲胜公路天生桥出口的改造等项目的实施，确保县域内高速公路、快速通道的畅通。三是要抓住机遇，大力推进沾益交通基础设施建设，组织实施好《沾益县“十二五”综合交通运输发展规划》，实现交通运输的快速发展。四是要依照有关法律、法规及技术标准、设计文件、合同文件和监理规范的要求，采取多种形式对公路建设工程实施监理，严把工程质量、进度和造价关，确保建设工程优质高效。五是要积极探索公路管养新机制，形成分级管理、分级负责、保障有力、养护到位的工作格局，并加大公路交通法规政策的宣传力度，教育群众养成爱路护路的良好习惯，提高公路的使用效率，充分发挥公路对经济社会发展的保障作用。

沾益县第三届人民代表大会第四次会议代表建议、批评和意见办理情况 沾益县第三届人民代表大会第四次会议期间，代表们向大会提出议案21件，建议71件，共收到议案、建议92件。在21件议案中，经大会议案审查委员会审查，大会主席团决定将《关于提高农村广播电视覆盖率的议案》列为议案，其余20件议案转为建议办理，建议共计91件，其中第51号《关于解决省四监、中安监狱、瑞昌饲料公司生产生活废弃物及废水污染问题的建议》、第72号《关于规范社区卫生服务站管理体制的建议》共2件作为重点建议办理。2011年3月6日大会闭幕后，县人大常委会选联工委对代表建议进行梳理，于3月21日转交县人民政府办理，县人民政府于3月29日召开政府工作会议进行交办，并以沾政发〔2011〕10号文件对代表建议办理工作进行部署，使各项建议进入办理程序。91件建议共交由22个部门和单位办理。其中转由县人民政府办理的84件，主办单位20个：财政局4件，人社局1件，烟草公司2件，水务局20件，农业局6件，扶贫办1件，林业局1件，旅游局3件，住建局13件，交通局12件，环保局1件，教育局4件，卫生局3件，民政局2件，文体局3件，广电局1件，民宗局1件，工信局4件，供销社1件，电力公司1件。

至2011年7月21日，办理进度情况如下：建议所提问题已经初步解决的17件，占总数的20%（其中包括第51号、第72号建议）。建议所提问题正在解决之中的65件，占总数的78%。建议所提问题因条件暂不具备尚无法落实或须请示上级有关部门解决的2件，占总数的2%（第27号、第48号建议）。

办理议案、建议主要做法：一是提高认识，加强领导。县人民政府及其工作部门在接到县人大常委会交办的84件建议后，通过整理归类，按政府工作分工由4位副县长作为督办领导，交由20个主办单位办理。为保证办理工作落到实处，县人民政府召开了工作会议，县长毕尚鹏在会上作了重要讲话，提出了明确的办理要求;各承办单位摆正位置、端正态度，以实事求是的态度、深入踏实的作风，认真研究和解决代表们反映的情况及提出的要求，促使建议办理工作落到实处。二是健全制度，明确责任。县政府办专门安排具体科室抓督促检查落实；各承办单位建立了“主要领导高度重视，分管领导亲自挂帅，职能科室具体承办，办公室督促协调”的办理机制。承办单位在建议交办后，随即召开会议，对承办工作作出了具体部署，对能办理的及时答复办理；该列入计划、规划的列入计划、规划；因条件限制不能办到的，做好解释工作。截止7月21日，县人民政府办理的84件建议在规定时限内全部办理完毕。三是改进方法、注重实效。各承办单位在办理过程中，尽力按照建议反映和提出的事项及要求，根据政策规定和现有条件，实事求是地给予办理和答复。凡是应该解决而且有条件解决的就给予尽快解决；对目前解决暂时有困难的，认真研究，列入工作计划，创造条件逐步解决；对需要上级部门解决的问题，承办部门积极向上级有关部门反映和请示，争取落实解决；对一些受目前条件限制、不符合政策规定、确实无法解决的问题，耐心细致、实事求是地向代表解释清楚，取得代表的理解和支持。四是严格要求，提高质量。2011年的建议办理工作，各承办单位严格按照要求，面商在前、答复在后，采取请进来、走出去，电话、书信联系等方法，广泛与代表进行联系、沟通和协商，认真听取代表对办理工作的要求和意见。通过面商，为承办单位及承办人员与代表直接对话提供了机会，代表与承办单位人员能更深入、更直接地探讨问题，陈述意见，共同商讨解决问题的办法和途径，同时也密切了政府机关、承办人员与代表和人民群众的联系。五是加大督促，认真总结。为保证办理工作在规定时限内办结，县人大常委会各委（室）加强督办，县政府办与县人大常委会选联工委密切配合，为整个建议办理工作做好组织协调、督促检查和业务指导等工作，并采取了电话催办等措施，促使各承办单位如期完成了建议办理工作。建议办理工作结束后，县人民政府对办理工作作出全面总结，认真分析办理过程中的成绩、经验和存在的问题，提出改进的办法和措施，加大了建议办理后续工作力度。

办理议案、建议存在的问题：2011年度人大代表建议办理工作，认识在不断深化，工作在不断进步，质量在不断提高，效果在不断显现，积累了一定的经验，取得了一定的成效。然而，与形势发展的要求和代表们的期望还存在差距，主要表现在：一是对一些办理难度较大的建议，深入调查研究不够；二是有的答复过于原则、简单和空泛，缺乏有针对性的措施和办法；三是对一些需要请示上级有关部门解决的问题，还做得不够积极主动；四是有一些涉及资金问题的建议，因县财力有限，一时无法解决；五是有个别部门答复格式不够规范等。

办理议案、建议的意见建议：一是加大落实力度，提高办理质量。重点围绕正在办理和列入今年计划解决的建议，强化措施，抓好落实，确保真正办理到位。对部分办理周期较长的建议，保持连续性，严格按原定计划抓好跟踪落实，直至问题得到解决；对一时难以解决的问题，制定分步落实方案，力争使办理质量得到进一步提高。二是坚持开门办理，提高办理透明度。认真组织开展“回头看”活动，要采取邀请视察、座谈共商、电话讨论、网络邮件等灵活多样的方式，对后续事项及时听取代表的意见，增强与代表的互信和理解。三是加大协调力度，提高办理效率。要加强对承办单位的协调和指导，及时帮助解决办理过程中的困难和问题，努力提高办理效率。对超出部门协调范围或涉及多个承办部门的重大问题，要做好协调工作并加大跟踪督查力度，力求及早落实到位。

工作评议 2011年6～7月，县人大常委会组织部分县人大代表对县人口和计划生育局、县农业局、县民族宗教侨务事务局进行工作评议。一是精心组织，制定工作评议方案。成立以县人大常委会主任为组长，县人大常委会副主任、县人大保留正（副）县级待遇领导、副调研员为副组长，县人大常委会机关委（室）主任为成员的工作评议领导小组，领导小组下设三个调查评议工作小组，负责具体的准备、调查工作。工作评议的主要内容是：遵守执行宪法、法律、法规及党和国家方针政策的情况；执行上级和本级人大及其常委会决议、决定的情况；办理县人大常委会和人大代表提出的议案、建议、批评和意见的情况；行使行政权，推进本部门工作的情况；廉政勤政的情况；处理人民群众关心的热点、难点问题的情况。整个工作评议分为准备、调查、评议、整改四个阶段进行。评议分“满意”“基本满意”“不满意”三个档次。对“满意”率为百分之九十以上（含百分之九十）的，整改措施有力、效果好的单位，由主任会议向县人大常委会提出议案，审议后给予表彰、奖励或授予荣誉称号。对“满意”“基本满意”率二项之和达不到百分之六十五（含百分之六十五）的，要找出存在的不足，制定整改措施，狠抓落实，并书面报告整改情况。对“不满意”率在百分之三十五以上，在整改工作中态度不端正、措施不得力、效果不明显的，单位主要领导列为下年度的述职评议对象。评议情况、评议结果由县人大常委会向被评议单位反馈，同时向县委报告，通报县人民政府和被评议的上级主管部门，向社会公布评议结果。参加评议的人大代表不少于50名。二是严格方法步骤，认真组织实施。根据工作评议方案，在以县人大常委会副主任为组长的带领下，从县人大相关委（室）和部分人大代表中抽调人员组成三个调查评议工作小组，分别到县人口和计划生育局、县农业局、县民族宗教侨务事务局进行调查、评议工作。各个组按规定、按时间召开评议动员会议，组织被评部门设立工作评议征求意见箱，开展自检自查，撰写书面工作报告；组织参评人员学习有关文件，统一思想，明确评议的目的要求、方法步骤，做好评议工作准备。在广泛宣传、准备的基础上，分别召开县人口和计划生育局、县农业局、县民族宗教侨务事务局工作评议大会，进行动员，听取被评部门的工作报告，组织民主征求意见。同时采取召开座谈会、走访、听取领导汇报、发放征求意见表，查阅资料等方式进行，参加人员既有被测评单位机关干部职工，又有与被评议单位业务往来密切、业务相近的单位和被评单位的上级主管部门，广泛听取意见，了解掌握情况，形成有情况、有分析、有建议的调查材料。三是在广泛调查，充分准备的基础上，县人大常委会在2011年7月19日至20日分别召开部分人大代表对县民族宗教侨务事务局、县农业局、县人口和计划生育局的工作评议会，评议投票结果现场公布，并通过电视台向社会公告。7月19日，县人大常委会第三调查评议工作小组组织了53位代表对县民族宗教侨务事务局进行了评议。发出征求意见评议表53份，收回53份，有效票53票。测评结果为：满意票48票，基本满意票5票，不满意票0票。满意率为90.57%，基本满意率为9.43%，满意率与基本满意率两项之和为100%。同日，县人大常委会第二调查评议工作小组组织了54名人大代表对县农业局进行了工作评议。发出评议表54张，收回54张，有效票54张。评议结果为：满意票54票，基本满意票0票、不满意票0票，满意率100%。7月20日，县人大常委会第一调查评议工作小组组织50名人大代表对县人口和计划生育局进行了工作评议。发出评议意见表50份，收回评议意见表50份，其中：得满意票37票，满意率74%；基本满意票12票，基本满意率24%；不满意票1票，不满意率2%；征求到意见4条，建议3条。7月26～27日，县人大常委会第二十五次会议审议了县人大法工委主任张琼所作的《关于对沾益县民族宗教侨务事务局进行工作评议的报告》（书面）、县人大常委会农工委主任王天有所作的《关于对沾益县农业局进行工作评议的报告》（书面）、县人大常委会教科文卫工委主任吴抗美作的《关于对沾益县人口和计划生育局进行工作评议的报告》（书面），根据县人大常委会组成人员和代表的意见，县人大常委会及时向县人口和计划生育局、县农业局、县民族宗教侨务事务局反馈了工作评议意见，对工作评议部门的成绩进行了充分肯定，针对工作中存在的问题和不足，提出了整改意见，要求在两个月内进行整改落实。三个部门都按照县人大常委会和参评代表的意见及时制定了整改方案，进行了整改，按时上报了整改材料。四是坚持客观公正，实事求是，促进依法行政。工作评议工作在县人大常委会的领导下，始终坚持客观公正，实事求是，自觉接受社会各方面的监督。评议期间，设立举报专用电话，受理群众来信来访。评议后，对评议中提出的意见、建议以及整改情况，由县人大常委会办公室汇总后报告。工作评议紧扣县委工作大局，围绕经济建设这个中心，把构建和谐社会、促进全县经济社会发展贯穿于工作评议的始终，通过评议，进一步提高被评议单位依法行政的能力，提高机关工作水平和办事效率，促进勤政廉政建设。坚持依法办事，把评议工作与推进被评单位依法行政、公正司法工作结合起来，实事求是，既不以偏概全，又不回避问题，注重实效，克服形式主义，不走过场。从三个部门的工作评议情况看，三个部门能服从、服务全县工作大局，紧扣县委工作中心、县政府工作重点，人民群众关注的热点、难点问题，深入贯彻落实科学发展观，遵守国家法律法规，结合部门工作实际，创新工作思路，抓落实、抗大旱、保民生、促发展，较好地推动全县经济社会又好又快发展。

述职评议　2011年7～9月，县人大常委会组织部分人大代表对县财政局局长、县住建局局长、县人民检察院副检察长开展述职评议调查、初评，并在县三届人大常委会第二十六次会议上对其进行述职评议。具体做法如下:①切实加强领导，制定述职评议工作方案。一是加强领导。成立以县人大常委会主任为组长，县人大常委会副主任、县人大保留正（副）县级待调领导、副调研员为副组长，县人大常委会机关委（室）主任为成员的述职评议领导小组，领导小组下设三个考察初评小组，负责具体的准备初评工作。二是明确述职评议的对象和主要内容。本次述职评议对象为：县财政局局长、县住房和城乡建设局局长、县人民检察院副检察长。述职评议的主要内容是：贯彻执行党的路线、方针、政策和县委、县政府决议、决定的情况；遵守宪法和执行法律、法规，依法行政、公正司法的情况；执行上级、本级人大及其常委会的决议、决定和办理人大代表议案、建议、批评和意见的情况；履行职责，完成工作目标任务情况；廉政建设情况。

三是明确评议的方法和步骤。评议工作由县人大常委会组织进行。首先组织考察初评小组到被评议对象所在单位进行考察初评，然后再由县人大常委会进行评议。整个评议工作分为准备、初评、评议、整改四个阶段。四是明确评议结果的处理。述职评议对象“优秀”率在百分之八十五以上（含百分之八十五）的，给予表彰、奖励或授予荣誉称号。“优秀”率、“称职”率、“基本称职”率三项之和达不到百分之六十五以上（含百分之六十五）的，所在单位列入下年工作评议的对象。“不称职”率在百分之三十五以上的，按程序提出，建议调整或免职。县人大常委会会议评议时，发现述职评议对象有严重违法违规问题，由常委会责成或转交有关机关、部门处理，处理情况向常委会报告。评议情况和评议结果及时向述职评议对象反馈，同时报告县委，通报县人民政府，并向社会公告，接受监督。②严格程序，精心组织实施。根据述职评议方案，在常委会副主任为组长的带领下，从县纪委监察局、县委组织部和县人大相关委（室）抽调人员组成三个考察初评小组，8~9月分别到县财政局、县住房和城乡建设局、县人民检察院进行测评、考察、调查等工作。各个组按规定及时召开评议动员会议，组织评议对象开展自查，撰写述职报告；组织参评人员学习有关文件，统一思想，明确评议的目的要求、方法步骤，做好评议工作准备。在此基础上，分别召开县财政局局长、县住房和城乡建设局局长、县人民检察院副检察长述职评议大会进行动员，听取述职评议对象的述职报告，组织民主测评。召开座谈会和个别谈话、走访、查阅资料等方法，听取述职评议对象所在单位领导、干部职工、离退休人员和所属单位负责人的意见。走访并征求分管领导、上级主管部门或对口联系部门的领导、人大代表对述职评议对象的意见。通过民主测评、座谈会、走访等方式，广泛听取干部群众的意见，收集各方面情况，分析问题，由各考察初评小组提出考察初评意见，写出考察初评报告。9月28~29日，县三届人大常委会第二十六次会议在听取县财政局局长何永发、县住房和城乡建设局局长尹光云、县人民检察院副检察长雷广云、张全昆、桂俊留、朱学平述职报告的基础上，对县财政局局长、县住房和城乡建设局局长、县人民检察院副检察长进行了述职评议，会议应到县人大常委会组成人员20人，实到20人。县人大常委会组成人员以无记名投票的方式按“优秀”“称职”“基本称职”“不称职”四个档次对其进行了测评表决，测评结果现场公布。县财政局局长何永发的测评结果为：优秀票20票，优秀率100%。县住房和城乡建设局局长尹光云的测评结果为：优秀7票，优秀率35%；称职7票，称职率35%；基本称职5票，基本称职率25%；不称职1票，不称职率5%。优秀率、称职率、基本称职率三项之和为95%。县人民检察院副检察长的测评结果为：优秀14票，称职6票，优秀率为70%，称职率为30%，优秀率与称职率两项之和为100%；张全昆得优秀16票，称职4票，优秀率为80%，称职率为20%，优秀率与称职率两项之和为100%；桂俊留得优秀16票，称职4票，优秀率为80%，称职率为20%，优秀率与称职率两项之和为100%；朱学平得优秀票10票，称职票10票，优秀率为50%，称职率为50%，优秀率与称职率两项之和为100%。根据县人大常委会组成人员和代表的意见，县人大常委会及时向县财政局局长、县住房和城乡建设局局长、县人民检察院副检察长本人及其单位反馈了述职评议意见，对述职评议对象的成绩进行了充分肯定，针对工作中存在的问题和不足，提出了整改意见，要求在两个月内进行整改落实。③坚持公开公正，促进工作。述职评议工作在县人大常委会的领导下，始终坚持平等、民主、公开、公正，自觉接受社会各方面的监督。县人大常委会办公室在开展述职评议工作二十天前将述职评议对象名单、述职评议工作有关事项及受理群众来信来访的方式，在新闻媒体予以公告。评议期间，设立举报专用电话，受理群众来信来访。评议过程中发现问题及时向述职评议领导小组汇报。评议后，对评议中提出的意见、建议以及整改情况，由县人大常委会办公室汇总后报告。从被评议人员的述职报告和整改情况看，述职对象对待述职评议工作态度端正、积极主动，认真贯彻执行法律法规，都能从学习、民主集中制、履职、作风等方面客观全面地总结自身的工作情况，对存在的问题找得准确，所提出的整改措施符合自身实际。述职评议的整改落实对转变干部作风，进一步增强了“一府两院”工作部门的法律意识、人大意识、民主意识，对推进依法行政、公正司法起到了很好的作用。

创造性开展“一报告三评议”工作 2011年，县人大常委会结合工作实际，创新思路，集监督工作和代表工作为一体，在全市乃至全省创造性开展了独具特色的“一报告三评议”工作。受到了省、市人大常委会及相关部门领导的充分肯定。“一报告三评议”工作经验被省人大印发至全省各县（市、区）人大常委会学习借鉴。“一报告三评议”即：在本年度人民代表大会闭会一个月内，组织人大代表向选民报告人代会主要精神，听取选民的意见，回答选民的询问。每年7~9月，组织代表对议案建议办理情况进行评议；每年9～11月，组织代表对“一府两院”落实人代会目标任务完成情况进行评议；每年12月至次年1月，组织代表向选民述职，接受选民评议。“一报告三评议”工作的开展，在“一府两院”、人大代表、选民三者之间建立了“政府工作有监督、代表履职有平台、选民意见有回音”的互动机制；丰富了人代会闭会期间代表活动的形式和内涵，进一步激发了代表的履职热情，提高了代表的履职能力，强化了人大的监督职能，极大地增强了人大工作活力和实效；拓宽了人民群众的知情权、参与权、表达权、监督权，推进了基层民主政治建设，促进了全县经济社会的平稳较快发展。“一报告三评议”的主要做法：提高认识，加强组织领导。成立了以常委会主任为组长，常委会副主任为副组长，委室主任为成员的领导小组，具体负责该项工作的领导和指导。各乡（镇）人大主席团也成立了领导小组，负责组织实施，为“一报告三评议”工作的开展提供组织保障。同时，常委会立足全局，将“一报告三评议”工作落实情况纳入全县贯彻落实科学发展观绩效考核，建立和完善了奖惩激励机制。夯实基础，务求取得实效。一是抓协调，争取各方支持。二是抓组织，打造精品工程。三是抓保障，确保代表履职组织、时间、经费保障“三到位”。创新方式，增强工作活力。“一报告三评议”工作分别由县人大常委会和各乡（镇）人大主席团组织实施。活动采取实地视察、民主测评、专题询问、建议意见和走访选民等单一或多种形式相结合的方式。加强宣传，营造良好氛围。开展“一报告三评议”工作取得了明显成效：深入宣传了人大制度，提升了人大工作的社会影响力。调动了代表履职的积极性，增强了代表的责任感。增强了承办部门的责任意识，代表议案（建议）落实率明显提高。增强了工作活力，提高了人大工作实效。推进了部门工作，促进了全县经济社会健康快速发展。

召开沾益县人大宣传、信访、代表工作会议　2011年5月20日，沾益县召开人大宣传、信访、代表工作会议。县人大常委会主任、副主任、保留正（副）县级待遇领导、副调研员，人大机关各委（室）主任、副主任、主任科员、办公室人员；各乡（镇）人大主席、办公室主任；县委办、县政府办、县委宣传部、县人民法院、县人民检察院和县直相关部门的人大通讯员；驻沾部队、中央、省、市单位代表小组，以及党群政法、科教文卫代表小组、财贸经济代表小组组长；县外宣办主任共60多人参加会议。会议由县人大常委会常务副主任吴友书主持。县人大常委会副主任杨正平、高建华分别对2010年全县人大宣传、信访、代表工作进行了总结，对2011年全县人大宣传、信访、代表工作进行了安排部署。县人大常委会主任保家礼在会上做了重要讲话。会上，兑现了2010年全县人大宣传作品奖励，签订了2011年宣传、信访、代表工作目标责任书。

信访工作　2011年，县人大认真开展了信访接待工作。一是关注重点个案，突出监督实效。将信访办理的重点放在关注多头访、重复访案件上，力争受理一件，督办一件，办出实效。二是加强对基层信访部门的监督指导。通过建立人大信访与乡镇人大主席团信访的互动机制，使大量的信访案件得到了及时的沟通对接，避免了越级访和重复访的发生。每季度将人大信访季报送乡镇人大，每半年乡镇人大报送信访工作总结及统计报表。通过信息互动，加强了县级人大信访与乡镇人大的联系与沟通。截止11月14日，信访部门共受理各类来信来访36件次，其中来信33件，含重信4件，匿名信4件，联名信5件；来访3件。信访件中上级人大批转17件，其中交办7件，已办理回复6件，1件正在办理之中。常委会领导阅批督办3件，已全部办理回复1件，2件正在办理中。上述信访件按照情况分类属控告举报类13件，反映建议类8件，申请请求类11件，申诉类4件。人大信访部门转办、交办乡人大主席团信访案件14件，其中西平5件、播乐4件、盘江3件、大坡2件，目前已办理回复10件，有4件正在办理之中。全年受理案件与上年案件总数47件相比，少11件。2011年信访案件的特点是联名控告举报类信访较多，主要是反映征地和煤矿中出现的财务不清和利益纠纷等问题。案件通过加大督办，基本得到了较好地处理落实。

省人大常委会环资工委调研组到沾益调研　2011年3月2日，省人大常委会环资工委副主任赵祖莹、李永华率调研组，在市人大环资工委主任彭健、市水务局党委副书记、纪委书记王家霖的陪同下，就制定《云南省节约用水条例》《云南省南盘江保护条例》到沾益调研。调研组实地查看了云维集团的污水处理厂、中水回用工程以及南盘江出境水质情况和县城污水处理，并听取了相关工作情况汇报。通过调研，在充分肯定沾益县节水和南盘江水污染治理工作成效的基础上，提出了具体要求：要尽快延伸污水管网，扩大污水收集范围，启动运行污水处理厂，确保县城污水经处理后达标排放，有效改善南盘江水质状况，切实担负起珠江源头第一县的重大责任。

省人大调研组到沾益调研人大网站建设情况　2011年9月8日，省人大常委会办公厅副巡视员陈顺坤和调研处处长岳进一行5人，到沾益调研县人大网站建设情况。市人大常委会副秘书长、工作研究室主任凌风，县人大常委会常务副主任吴友书，县人大办公室、工作研究室的领导参加调研会议。吴友书汇报了县人大常委会上半年的工作和沾益县人大网站建设情况。调研组对县人大常委会特别对“一报告三评议”制度和县人大网站建设工作给予了充分肯定。同时要求：县人大常委会要加强领导，高度重视网站建设工作，明确网站的服务对象，丰富网站的相关内容；要不断拓宽网站的信息渠道，深入挖掘人大宣传素材，找准人大宣传工作亮点，积极营造全社会关注支持人大宣传工作的氛围；要强化队伍素质，加强对网站工作人员的业务培训；要强化监督管理，严格按照网站管理办法，严把好信息的源头关，确保网络健康、高效运行。

市人大考核组到沾益考核人大信访工作　2011年4月13日，市人大常委会副秘书长袁其亮率考核组到沾益考核县人大2010年信访目标责任制的落实情况。县人大法工委主任张琼从领导接访、重点个案办理、信访痕迹管理、基层信访网络建设等方面对2010年开展信访工作的情况做了全面汇报。在听取汇报、查看相关痕迹资料后，考核组认为：县人大信访工作领导重视，信访干部责任心较强，信访办理能够紧紧把握人大信访工作的主题，注重在抓监督实效上下功夫，个案督办效果明显，与上级人大信访部门沟通及时、密切，基层基础信访网络建设较为规范，对县人大落实信访目标责任制工作比较满意。同时建议县人大继续抓好重点个案的督办，抓好信访工作的调研，注重抓特点、抓亮点。

市人大调查组到沾益调查水务工作开展情况　2011年9月8日，市人大常委会副主任李洪辅率市人大相关委室领导、市水务局有关领导及部分市人大代表组成的调查组，在县人大常委会主任保家礼、县委常委李志伟、县人大常委会副主任高建华等领导的陪同下，深入沾益县调查水务工作开展情况。调查组先后深入清水河水库、牛过河水库、九龙山地下水应急取水工程施工工地，详细了解了沾益县城区供水情况。同时，调查组对近年来沾益县贯彻执行水利工作方面的法律法规以及党和国家方针政策情况，落实市人民代表大会、市人大常委会、市人大主任会议有关水利事业发展的意见、建议、决定、决议情况，水务局履行职责和完成主要工作情况，对人民群众关心和迫切需要解决的水利工作方面存在问题的办理情况以及廉政建设等情况进行了深入了解。通过实地查看和听取相关情况汇报，调查组对沾益县水务工作开展情况给予了充分肯定，认为沾益县水利建设推进速度快、质量好，水利发展改革稳步推进；面对当前旱情反应及时，措施有力，实现了以水惠民、以水兴业、兴水泽沾的目标。针对下步工作，李洪辅要求，沾益县要进一步加强队伍建设和廉政建设，为推进水利发展和改革工作提供坚强有力的组织、政治和纪律保证；要善抓机制、抢抓机遇，用好用活用足中央、省、市水利改革发展政策；要科学统筹，采取一切可行措施，着力抓好当前抗旱工作，多措并举化解县城及周边农村供水紧缺难题；要并重抓好工程建设和管理，严格落实制度，确保水利工程建设发挥长期效益。

市人大常委会主任刘海芳到沾益检查指导抗旱保民生工作　2011年9月14日，市人大常委会主任刘海芳率市人民政府副市长饶卫、张向明，市人大常委会秘书长马克利，市人大常委会预算工委、市财政、水务、民政、国税等市直相关部门领导到沾益县检查指导抗旱保民生抓安全促发展工作。检查组在县委书记聂祖良，县人大常委会主任保家礼，县委常委、常务副县长高朝花的陪同下，先后深入到西平镇石羊村委会青山村水稻受灾现场查看灾情、听取当地干部群众的抗旱救灾工作情况汇报，与当地群众面对面交谈，深入了解受灾群众的生产生活，实地查看清水沟水库的蓄水情况。检查组在实地查看和听取专项工作情况汇报后，对沾益县当前的抗旱救灾工作给予了充分肯定。检查组认为，沾益县目前的旱情比较严重，抗旱救灾面临严峻挑战，但在县委、县政府的坚强领导下，制定和采取了一系列强有力的工作措施，扎实有效地推进抗旱救灾工作，取得了抗旱救灾阶段性成果。面对越来越严峻的抗旱救灾工作形势，刘海芳提出三点要求：一是要高度重视。各级领导干部要进一步统一思想，提高认识，高度重视抗旱救灾工作，加大灾情排查力度，及时准确掌握灾情，把握动态，并针对灾情科学制定应对措施。二是要抓重点。要突出抗旱救灾工作重点，科学合理摆布人、财、物，确保抗旱救灾工作全面推进；要积极寻找水源，加强饮水设施建设，科学合理调水、取水，重点确保城市供水、农村高海拔无水源地区的人畜饮水安全；要仔细排查困难群众，认真落实各项政策措施，帮助困难群众顺利渡过难关。三是要认真落实好各项抗旱救灾工作措施，切实管好用好各种救灾资金和物资，做到科学安排、合理调配。

市人大常委会副主任李桂珍到沾益参加植树活动　2011年3月8日，为庆祝“三八”国际劳动妇女节101周年及我国第三十三个全民义务植树节，县妇联组织1000余名妇女到海峰湿地开展以“相约美好春天、共建绿色家园”为主题的“巾帼林”植树活动。市人大常委会副主任、市妇联主席李桂珍，市妇联机关全体女干部，以及县四班子领导、县机关全体妇女干部参加。李桂珍要求，各级妇联组织及妇女干部、群众要积极参与国土绿化、环境保护和生态环境建设，参与植绿护绿活动，争做绿色文明使者。

市人大常委会副主任李洪辅到沾益调研　2011年3月11日，市人大常委会副主任李洪辅一行7人到沾益调研新农村建设及整乡、整村推进扶贫开发巩固、完善工作。李洪辅听取了副县长林爱平的工作汇报，并深入德泽乡对实施的整乡、整村推进工作工程进行视察和调研。李洪辅对沾益县实施社会主义新农村建设及整乡、整村推进扶贫开发工作取得的成绩给予了充分肯定，并对下步巩固完善工作提出要求：一是要不断加强后续管理，建立和完善长效管理机制，确保扶贫开发工程建设成果得到巩固和完善。二是要进一步加快农村产业发展脱贫致富步伐、变输血为造血，不断增强农村经济社会发展内生力。三是要加大资金整合协调力度，最大限度争取各项整合资金，确保工程规划实施的缺口资金及时到位。

市人大常委会副主任李玉雪到沾益检查土地管理工作　2011年7月18～19日，市人大常委会副主任李玉雪一行7人到沾益检查土地管理工作。李玉雪实地查看了播乐小海、大海村，盘江镇芹菜沟、中村村委会的土地开发整理工程情况，听取了县人民政府副县长、县国土资源局有关领导的工作汇报，并与用地大户进行座谈，听取意见、建议。李玉雪在充分肯定沾益县土地管理工作取得的成绩的基础上，对沾益土地管理工作提出了六点要求：一是国土部门应加强土地管理法律、法规及相关政策的宣传，增强群众的法律意识；二是要加强对项目申报程序及业务的学习，提高干部职工的服务水平；三是要发扬成绩，努力争取土地开发整理项目，促进地方经济发展；四是土地开发整理项目应尽量选择在水源地上方，以减少对下游水源造成环境污染；五是要创新工作措施，促进节约用地；六是要加大项目批后的监督力度，避免违法建设现象发生。

市人大常委会副主任李桂珍到沾益调研卫生工作情况　2011年7月21日，市人大常委会副主任李桂珍率调查组一行7人，深入到沾益县西平镇龙泉村卫生所、西平镇卫生院，调查贯彻执行卫生工作的法律法规以及党和国家方针政策的落实情况。李桂珍听取了患者对卫生工作的意见、医务人员工作情况介绍，查看了卫生管理相关资料，要求对医务人员“为患者治病救伤，为广大人民服务”。调查组召开了相关部门领导参加的座谈会，县委常委、常务副县长高朝花汇报了沾益县卫生工作情况，提出全县卫生工作存在的困难和问题、下步工作意见。参会人员认为沾益县卫生工作实行村标准规范化管理制度措施有力，全县卫生工作成效显著，要认真总结，在全市推广。并提出建议：一要加大新型农村合作医疗宣传力度，提高参合力，让广大人民群众享受新合医疗惠民政策；二要抓好公立医院综合改革步伐，提高公共卫生服务水平；三要逐步提高基层卫生设施投入，提高乡（村）卫生服务质量和医疗水平；四要进一步理顺药品招标政策管理机制，健全药品供应保障体系，提高基本药物使用范围和规范化管理；五要抓好卫生防疫、保健和新型农村合作医疗等政策的落实，促进全县卫生事业的可持续发展。

市人大副秘书长、研究室主任凌风到沾益指导网站建设工作　2011年5月5日，市人大副秘书长、研究室主任凌风到沾益指导网站建设工作。县人大常委会副主任杨正平就沾益县人大网站建设的前期准备情况作了汇报。在听取汇报、座谈了解后，凌风就人大系统网站建设的重要性、必要性以及网站建设的人员配备、信息采集、页面设置、网站维护等方面作了指导。

（吴剑秋）

沾益县人民政府

表彰决定　2011年2月25日　县人民政府印发《沾益县人民政府关于表彰奖励2010年度见义勇为公民的决定》，授予沾益县德泽乡德泽村委会山口子村朱洪同志“沾益县见义勇为公民”荣誉称号，颁发奖金5千元。

3月2日　县人民政府印发《沾益县人民政府关于表彰2010年度全县粮经作物高产创建及高产竞赛活动先进集体和先进个人的决定》，对2010年度全县粮经作物高产创建及高产竞赛活动中涌现出来的8个先进集体、9名先进个人、44名高产攻关竞赛获奖科技人员及农户进行表彰。

5月12日　县人民政府印发《沾益县人民政府关于表彰奖励2010年度创建中国人寿保险先进村工作先进单位的决定》，对在创建中国人寿保险先进村工作中成绩突出的西平镇等5个先进单位和龙华社区等21个先进村委会（社区）进行表彰。

6月27日　县人民政府印发《沾益县人民政府关于表彰2011年度享受县政府特殊津贴等“四项选拔”优秀专业技术人才的决定》，对在2011年全县经济社会建设中作出贡献、成绩显著的优秀专业技术人才给予表彰奖励。

12月19日　县人民政府印发《沾益县人民政府关于表彰奖励

2011年度移动信息富民工程先进集体和先进个人的决定》，对白水镇等2个移动信息富民工程创建先进乡（镇）、炎方乡等6个移动信息富民工程创建进步乡（镇），以及大坡乡新庄村民委员会等13个移动信息富民村示范村单位、炎方乡刘麦地村民委员会等21个移动信息富民村单位、播乐乡水田村民委员会等41个移动信息富民村创建进步单位，李艳辉等10位移动信息富民村创建先进工作者进行表彰。

请　示　2011年3月3日　呈报《沾益县人民政府关于2011年云南沾益珠江源第六届登山越野挑战赛、第五届山地自行车越野挑战赛经费补助的请示》，请示曲靖市人民政府给予赛事经费补助40万元。

3月7日　呈报《沾益县人民政府关于给予沾益县珠江源风景区基础设施建设经费的请示》，请示曲靖市人民政府给予解决修缮迎宾楼资金50万元。

3月16日　呈报《沾益县人民政府关于给予沾益县中低产林改造项目资金扶持的请示》，请示省林业厅申请扶持2011年中低产林改造造林项目8万亩。

3月21日　呈报《沾益县人民政府关于申报国家新型农村养老保险试点的请示》，请示市人民政府批准，将沾益县列入申报国家新型农村养老保险试点县。

4月20日　呈报《沾益县人民政府关于在沾益县工业园区预留天然气供应口的请示》，请示市人民政府在沾益县白水冶金能源片区、天生桥非公经济片区预留两个天然气供应口。

4月21日　呈报《沾益县人民政府关于沾益县大坡乡法土村荒田水库建设经费补助的请示》，请示云南省水利厅给予补助工程建设经费80万元。

5月10日　呈报《沾益县人民政府关于调整沾益城西片区环境空气质量功能区划的请示》，请示市人民政府批准将沾益县城西片区环境空气质量功能区由一类区调整为二类区。

5月18日　呈报《沾益县人民政府关于给予沾益县铁路建设征地拆迁资金补助的请示》，请示曲靖市人民政府在铁路建设期间每年给予沾益县2000万元资金补助。

同日　呈报《沾益县人民政府关于贵昆铁路增建二线沾益段铁路既有线土地移交的请示》，请示曲靖市人民政府协调昆明铁路局加快办理铁路既有线土地移交手续，将铁路既有线交由沾益县规划开发使用，以便于筹集贵昆铁路增建二线沾益段征地拆迁资金和1.42亿元改线段资金。

同日　呈报《沾益县人民政府关于沪昆客运专线沾益段配套用地纳入铁路建设征地计划的请示》，请示市人民政府协调沪昆铁路客运专线云南有限责任公司将以上配套用地纳入铁路建设征地计划。

同日　呈报《沾益县人民政府关于沪昆客运专线沾益段DK1045+760—DK1046+360段由路基变更为桥梁的请示》，请示市人民政府协调沪昆铁路客运专线云南有限责任公司将该段路基变更为桥梁。

6月7日　呈报《沾益县人民政府关于宣威至曲靖高速公路沾益立交联络线路线方案调整的请示》，请示省交通运输厅同意对宣曲高速沾益官麦地立交联络线路线方案进行调整。

7月1日　呈报《沾益县人民政府关于曲靖市第七届珠江源美食文化节暨沾益万寿菊赏花会经费补助的请示》，请示云南省旅游局给予活动经费补助100万元。

8月1日　呈报《沾益县人民政府关于沾益县农业水价综合改革试点工作经费的请示》，请示云南省水利厅帮助解决工作经费32万元，专项用于农业水价综合改革试点工作。

8月11日　呈报《沾益县人民政府关于给予抗旱救灾资金补助的请示》，请示省农业厅给予解决抗旱补助资金300万元，主要用于打机井、救灾种子、农膜补助、冬农开发样板补助、储备2012年大春籽种。其中，救灾种子（改种补种秋荞、蔬菜等作物种子）补助50万元；打机井补助100万元，计划打机井10口，每口补助10万元；冬农开发样板补助100万元，计划举办啤酒大麦高产样板1万亩，每亩给予良种补助30元，举办稻田免耕种植冬早马铃薯样板0.2万亩，每亩给予良种补助350元；储备2012年大春籽种补助50万元，计划储备杂交玉米良种5万公斤，每公斤补助10元。

同日　呈报《沾益县人民政府关于给予万寿菊生产扶持经费补助的请示》，请示省农业厅给予沾益县万寿菊种苗组培中心项目前期经费补助100万元。

同日　呈报《沾益县人民政府关于给予中药材生产扶持经费补助的请示》，请示省农业厅给予解决沾益县中药材生产扶持经费100万元，主要用于：500亩种苗及0.5万亩示范基地生产配套设施建设补助60万元；新品种引进、试验、示范经费补助20万元；标准化生产技术推广及技术培训经费补助20万元。

同日　呈报《沾益县人民政府关于给予蚕桑产业扶持经费补助的请示》，请示省农业厅给予沾益县桑树良种繁育示范基地扶持经费补助100万元。

同日　呈报《沾益县人民政府关于给予蔬菜产业扶持经费补助的请示》，请示省农业厅给予解决沾益县0.5万亩标准化无公害生产示范基地建设补助资金100万元，主要用于配套建设水、电、路等基础设施，建立高产示范点，并推广无公害标准化生产技术规程。

8月16日 呈报《沾益县人民政府关于抗旱救灾工作经费补助的请示》，请示省发改委给予抗旱救灾资金补助200万元。

8月17日 呈报《沾益县人民政府关于给予转报水产养殖基地县项目的请示》，请示市农业局审查批准并上报省农业厅立项。

8月18日 呈报《沾益县人民政府关于抗旱救灾工作物资和经费补助的请示》，请示请省民政厅给予抗旱救灾物资和资金补助800万元。

8月19日 呈报《沾益县人民政府关于给予抗旱救灾资金补助的请示》，请示省人民政府帮助解决1000万元抗旱经费补助。主要用于增加抗旱水源水利建设补助，人畜饮水、打机井、水改旱经费补助，大春良种储备、万寿菊、中药材、蚕桑、蔬菜等特色产业扶持经费补助。①白浪水库调水工程共需资金7000万元，申请补助前期工作经费200万元。②九龙山至牛过河应急供水工程及花山东干渠调水工程总投资800万元，自筹400万元，申请补助200万元。③打抗旱机井、拉水送水保人畜饮水，抗旱救灾物资共需经费1000万元，自筹900万元，申请补助100万元。④计划水改旱面积4万亩，共需投入资金1000万元，自筹800万元，申请补助200万元。⑤计划储备水改旱玉米良种10万公斤，每公斤良种按20元计，共需良种补助200万元，自筹100万元，申请补助100万元。⑥举办晚秋及冬农开发样板5万亩，共需样板补助500万元，自筹100万元，申请补助100万元。⑦万寿菊、中药材、蚕桑、蔬菜等特色产业扶持经费补助300万元，自筹200万元，申请补助100万元。

8月25日 呈报《沾益县人民政府关于审批沾益县玖田有限公司60万吨/年焦化技改扩建项目建设用地的请示》，请示省国土资源厅给予办理相关土地手续。

8月29日 呈报《沾益县人民政府关于给予沾益县青山村抗旱应急工程经费补助的请示》，请示省水利厅解决青山村抗旱应急工程经费补助40万元。

同日 呈报《沾益县人民政府关于给予沾益县应急调水工程经费补助的请示》，请示省水利厅解决应急调水工程经费补助150万元。

同日 呈报《沾益县人民政府关于给予抗旱救灾资金补助的请示》，请示省水利厅帮助解决400万元抗旱经费。

9月8日 呈报《沾益县人民政府关于沾益县鲁海煤矿矿产资源储量评审认定的请示》，请示市人民政府进行矿区范围的划定、资源储量评审认定备案、开发利用方案评审备案、采矿权价款评审等工作，为将来接替矿山设计、规划开采的矿产资源提供依据。

同日 呈报《沾益县人民政府关于沾益县第一幼儿园教学楼维修经费补助的请示》，请示市人民政府给予沾益县第一幼儿园教学楼维修经费补助50万元。

9月9日 呈报《沾益县人民政府关于黑滩河水库改扩建及调水工程前期工作经费补助的请示》，请示市人民政府给予安排4960万元作为黑滩河水库扩建工程项目前期工作经费。

9月14日 呈报《沾益县人民政府关于上报2011年—2015年大中型水库库区和移民安置区基础设施建设和经济发展规划的请示》，请示曲靖市人民政府批示，并给予批准。

10月28日 呈报《沾益县人民政府关于上报〈沾益县加强耕地保护促进城镇化科学发展完善土地利用总体规划（2006—2020年）工作方案〉的请示》，请示市人民政府审查。

10月31日 呈报《沾益县人民政府关于2011年农业综合开发菱角乡优质玉米基地建设项目提前招投标时间的请示》，请示市人民政府批准的2011年农业综合开发菱角乡优质玉米基地建设项目的开标时间为2011年11月19日。

11月17日 呈报《沾益县人民政府关于给予审批云南省天然林保护工程二期沾益县实施方案的请示》，请示市人民政府给予审查，并审批实施。

12月13日 呈报《沾益县人民政府关于提高中缅石油管道项目协调服务工作经费的请示》，请示市中缅石油管道项目协调服务领导小组把沾益县的项目协调服务工作经费兑现比例由2.8%提高到6.0%，以保障各项工作顺利开展。

12月22日，呈报《沾益县人民政府关于报送审查沾益县完善县、乡级土地利用总体规划（2006—2020年）的请示》，请示市人民政府审查并上报省人民政府审查。

重要文件 2011年1月14日 发出《沾益县人民政府关于做好沾益县2011年安全生产工作的意见》。

2月28日 发出《沾益县人民政府关于做好草原生态保护补助奖励机制有关工作的通知》。

3月9日 发出《沾益县人民政府关于印发〈政府工作报告〉的通知》。

3月22日 发出《沾益县人民政府关于加快旅游产业发展的意见》。

3月25日 发出《沾益县人民政府关于2011年重点工作分解立项督查的通知》。

3月28日 发出《沾益县人民政府关于成立西河公园开发建设领导小组的通知》。

4月29日 发出《沾益县人民政府关于做好2011年人口和计划生育工作的通知》。

5月3日 发出《沾益县人民政府关于认真做好2011年退役士兵接

收安置工作的通知》。

5月9日　发出《沾益县人民政府关于向曲靖市商业银行沾益支行申请贷款用于白浪水库引水工程的议案》。

同日　发出《沾益县人民政府关于公布沾益县农民工培训定点机构的通知》。

5月12日　发出《沾益县人民政府关于印发〈沾益县人民政府行政执法监督工作方案〉的通知》。

5月28日　发出《沾益县人民政府关于发布实施〈沾益县矿产资源规划（2008—2015）〉的通知》。

9月16日　发出《沾益县人民政府关于切实抓好2012年核桃生产的通知》。

11月18日　发出《沾益县人民政府转发曲靖市人民政府贯彻落实云南省人民政府关于进一步加强安全生产工作决定实施意见的通知》。

12月9日　发出《沾益县人民政府关于云南珠江实业集团有限公司新建60万吨/年焦化生产项目重大火灾隐患实行包保督办整改的通知》。

12月28日　发出《沾益县人民政府关于公布县级单位保留实施的行政审批项目的决定》。

同日　发出《沾益县人民政府关于公布精简县级单位行政审批项目的决定》。

召开第三届人民政府第二十八次常务会议　2011年4月22日，县长毕尚鹏主持召开第三届人民政府第二十八次常务会议。会议听取了沾益县2011年一季度经济运行情况的分析汇报，通过了《沾益县中长期人才队伍发展规划》，同意了《沾益县林权流转管理操作办法（试行）》《沾益县林权登记管理操作办法（试行）》《沾益县集体林权抵押登记管理暂行办法》等办法。讨论了关于关闭沾益县兴源煤矿的请示，原则同意关闭兴源煤矿；讨论了温州国际商城项目框架协议和补充协议的有关事项，原则同意签订温州国际商城项目框架协议和补充协议，要求住房与城乡建设局、国土资源局等有关部门与西平镇要加大工作力度，强力推进项目开发和建设。会议通报了一季度安全生产情况，认为2011年一季度，全县各级各部门各司其职，齐抓共管，采取有力措施，安全生产形势稳中趋好，但全县安全生产工作也面临着各方面的挑战，安全生产形势仍然十分严峻。会议还安排了廉政建设工作，要求加强学习，提高领导干部廉洁从政的自觉性；加强制度建设，规范行为，着力提高干部队伍素质，加大源头治理和治本预防力度；加大纠风专项治理工作力度，积极消除不正之风，推进依法行政，切实转变作风，进一步提高工作效率。

召开第三届人民政府第二十九次常务会议　2011年7月28日，县长毕尚鹏主持召开第三届人民政府第二十九次常务会议。会议听取了关于沾益县水务一体化管理体制改革方案请示的汇报，会议原则同意县水务局关于沾益县水务一体化管理体制改革方案，提请县委常委会研究决定；听取了2011年上半年经济运行情况，对相关工作做出了安排部署。会议通过了关于沾益县国有土地出让收入计提水利建设专项资金征收和使用管理实施方案。讨论了关于解决全县和谐社区建设中几个突出问题的实施意见，决定原则同意县民政局关于解决全县和谐社区建设中几个突出问题的实施意见，修改完善后，提请县委常委会研究决定；讨论了关于解决乡(镇)聘用制婚姻登记员遗留问题的解决方案，原则同意县民政局关于乡(镇)聘用制婚姻登记员遗留问题的解决方案，发文执行。会议同意了《沾益县区域卫生规划（2010—2020）》；同意了沾益县新型农村社会养老保险试点实施方案；同意了沾益县教育、卫生公开选调工作人员的实施方案；同意了大坡至章溪农村公路改造工程采取单层油路标准方案建设；同意了县信访局关于进一步做好新形势下群众工作的意见；同意了县司法局关于沾益县2011~2015年依法治县规划，提请县委常委会研究决定；同意了县司法局关于在公民中开展法制宣传教育的第六个五年规划，并提请县委常委会研究决定；同意了沾益县国有建设用地使用前招标、拍卖、挂牌出让底价确定制度；同意了沾益县国有建设用地开竣工申报制度；同意了命名沾益县档案馆、松林村委会为县级爱国主义教育基地，并提请县委常委会研究决定。会议还指出对沾益县廉租住房租售实施意见要对接省、市相关政策，广泛征求意见，继续修改完善后再作研究。

召开第三届人民政府第三十次常务会议　2011年10月20日，县长毕尚鹏主持召开第三届人民政府第三十次常务会议。会议听取了沾益县2011年三季度经济运行情况的分析汇报，对下步工作提出要求。会议同意安排全县2012年农业产业化经营及产业配套扶持经费总计2498万元，其中争取上级资金1775万元，县级财政配套723万元；会议原则同意安排县级财政补助100万元，主要用于争取大、小春农业科技推广项目的前期工作经费和考核奖励经费（含2011年晚秋生产扶持经费10万元）。会议讨论了关于提高农业水利科技辅导员待遇的请示，一是原则同意在现有村级农科员工作职责不变的基础上，增加水利工程设施管护，用水计划与调度、农业灌溉水费收缴等相关水利方面的工作，名称由原来的农科员变更为农业水利科技辅导员，由县农业局和水务局按工作性质实行共同管理，二是原则同意农业水利科技辅导员工资待遇由原来的40元调整为300元，自2012年1月起执行，所需资金纳入县级财政预算；会议讨论了关于西河综合治理工程及周边道路建设情况相关事宜，会议原则同意实施西河综合治理工程，提请县委常委会研究决定；会议讨论了关于沾益县实行廉租住房先租后售的实施意见，原则同意县住房和城乡建设局关于沾益县实行廉租住房先租后售的实施意见，修改完善后下发执行；会议讨论了关于沾益县白浪水库引水工程项目实施方案，会议原则同意白浪水库引水工程项目实施方案，工程估算投资7130.02万元，规划至2020年，年供水1510万立方米，设计供水人口19.52万人，采用重力输水方式，主要负责县城部分城市供水、管线沿途及县城周边村镇人畜饮水，县水务局要尽快完善工程项目初步设计等工作，积极争取省发改、水务等部门的立项支持，原则同意与太平洋建设集团采取BT（建设—移交）模式合作建设，尽快签订合作协议开工建设，力争2012年3月份前完成主体工程建设任务；会议讨论了关于划拨高龄老人生活补助经费的请示，原则同意划拨2011年全县高龄老人生活补助经费，共需2133720元，其中，省、市财政补助706000元，县级财政补助经费1427720元。严格按照省级标准对全县5907名80~99周岁老年人每人每月发放30元的高龄老人保健补助，全县3名100周岁以上老年人每人每月发放200元的长寿补贴；会议讨论了关于沾益县煤炭供销公司工资调整方案的请示，原则同意沾益县煤炭供销公司工资调整方案。会议对安全生产工作提出要求，要求各级各部门要进一步认清形势，时刻保持清醒头脑，切实做到思想上不能松懈，工作上不能马虎，措施上不能疏漏，把安全生产工作落到实处。会议还对政府自身建设工作提出要求，要求建立健全深化政府自身建设的长效机制，建立健全推动制度落实的联运机制，加强制度实施的督促检查，强化政府自身建设各项制度的培训，强化协调配合，扩大政府自身建设的宣传。

召开第三届人民政府第三十一次常务会议　2011年11月29日，县长毕尚鹏主持召开第三届人民政府第三十一次常务会议。会议讨论了沾益县人民政府关于2011年度县级财政预算调整方案的报告，原则同意县财政局关于2011年度县级财政预算调整方案，并提请县人大常委会讨论决定；原则同意县财政向西平镇人民政府借款6000万元用于平衡2011年度县级财政预算，在财政预算安排中主要用于教育、卫生及其他事业单位绩效工资的发放和基础设施建设还债；原则同意由沾益县开发投资有限公司向县信用社贷款400万元用于偿还乡村公路建设贷款本息；原则同意由沾益县投融资担保有限公司向县国有土地收储中心借款3000万元、向县信用社贷款400万元用于偿还六沾二线及国开行贷款本息；原则同意由县土地收储中心向商业银行贷款2500万元，置换县级投入，借给县投融资担保公司，用于偿还基础设施建设欠债；同意县财政局筹集调入资金1000万元。会议讨论了关于核拨就业配套资金的请示，原则同意按上级补助就业专项资金的20%配套县级就业专项资金，2011年由县财政拨付部分就业配套资金，剩余资金于2012年纳入财政预算逐步拨付到位。会议讨论了关于解决新型农村和城镇居民社会养老保险参保人员一次性丧葬补助的请示，原则同意从2011年开始将新农保参保人员一次性丧葬补助费用纳入县财政预算，年底由县财政局与人力资源和社会保障局据实审核，根据每年实际死亡人数支付参保人员一次性丧葬补助。会议讨论了关于解决离休人员及二等乙级以上革命伤残军人医疗保险基金缺口的请示，原则同意从2012年起离休人员及二等乙级以上革命伤残军人医疗统筹标准调整为4万元，原则同意暂从全县城镇职工医疗保险统筹基金中借支344万元，帮助解决2010年前离休人员及二等乙级以上革命伤残军人医疗赤字费用。会议对安全生产工作提出要求，要求在全县安全生产形势异常严峻的情况下，为确保生产安全，各有关单位要深入开展安全执法行动，严厉打击非法违法、违规违章生产行为；认真贯彻落实国发〔2010〕23号、云政发〔2010〕157号和沾安委〔2011〕16号等各级安全生产会议和文件精神，抓好两个主体责任的落实；继续加强安全生产教育培训行动，提高安全生产意识和安全防范能力；深入开展安全生产治理行动，突出抓好重点行业和领域的专项整治；加强安全生产法制、体制、机制建设，促进政府和企业主体责任的落实；加强隐患排查治理工作，扎实推进企业标准化、机械化和规范化建设；要求各级各部门要进一步落实“一岗双责”和安全生产责任制，确保全县安全生产各项指标不超过市下达控制指标，努力减少一般事故，坚决遏制较大以上事故。会议还对政府自身建设工作提出要求，要求解放思想，勇于创新，进一步转变不适应科学发展观要求的思想观念，增强发展意识、赶超意识、责任意识和创新意识，深入贯彻落实科学发展观，加快工作指导转变；抓好工作落实，坚持求真务实、真抓实干，切实杜绝各种形式主义、官僚主义和浮夸作风；牢固树立群众观念，进一步强化各级政府工作人员的宗旨意识，努力实现好、维护好、发展好最广大人民的根本利益；严格依法行政，牢固树立法治观念，严格按照法定权限和法定程序行使权力、履行职责。

议提案办理情况 2011年，县人民政府协办市三届人大四次会议代表建议1件、市政协三届四次会议提案2件，承办县三届人大四次会议议案建议85件、县政协三届四次会议提案155件，协办、承办共计243件。按内容划分，涉及土地、城市建设和环保方面的60件，占25%；工交财贸方面的68件，占28%；教科文卫体方面的37件，占15%；农林水方面的59件，占24%；其他方面的19件，占8%。

2011年，县人民政府高度重视议案建议和提案办理工作，及时召开议案建议和提案交办会，印发《沾益县人民政府关于做好2011年人大代表议案建议和政协提案办理工作的通知》，将县人大代表议案建议、县政协提案的办理任务分解细化到26个职能部门和1个乡（镇），同时由县人民政府分管领导签署市人大代表建议、市政协提案的办理意见，将办理任务明确到2个职能部门。办理过程中，县人民政府主要领导和分管领导多次过问、指挥、协调办理工作，各承办单位建立健全了主要领导牵头把关、分管领导全程协调、工作人员具体办理的落实机制，使办理工作有了坚强的组织保障。为严格办理程序，县人民政府不断强化《沾益县人民政府办理人大代表建议和政协提案办法》以及相关文件的贯彻执行，督促各承办单位严格遵循办理制度，规范办理流程，切实把好事办实、把实事办好。在面商环节，实行“开门”办理，充分听取代表委员对办理工作的意见建议。对综合性强、涉及面广、承办单位较多的议案建议和提案，实行政府办公室统一协调、主办单位牵头组织、协办单位密切配合的落实机制，做到部门联动、齐抓共管。对每件议案、重点建议和重点提案，都采取“一套方案，一套工作班子，一个政府文件”的办理模式，分别发文，成立以分管副县长为组长的办理工作领导小组，明确工作目标，分解办理责任，反复推动落实。为确保办理工作取得实效，县人民政府完善督办机制，加大督办力度，全程跟踪，层层督办，定期不定期对办理工作进行督促检查，对能解决的问题督促尽快落实，对一时解决不了的问题争取列入计划分步实施，对沟通不充分、落实不到位、答复不详尽的议案建议和提案，责成承办单位重新研究办理。在审核答复阶段，认真制作答复文件，做到内容完整、语言流畅、格式规范。在县人大、县政协的关心、帮助下，经各承办单位团结协作、共同努力，全部议案建议和提案在2012年6月底办复完毕。2011年12月，县人民政府对列入工作计划逐步解决的县人大代表议案建议、县政协提案实行跟踪问效，并对办理工作已取得实质性进展的部分议案建议和提案进行续办续复，进一步提高了问题解决率。截止2012年12月底，240件县人大代表议案建议和县政协提案中，所提问题已经解决或部分解决的115件，占48%；所提问题正在解决或已列入工作计划的103件，占43%；所提问题暂时无法解决或须争取上级帮助解决的22件，占9%。

（王　宇）

政务服务工作综述 2011年，沾益县政务服务中心在县委、县政府的正确领导下，在市政务中心管理局的指导下，认真贯彻落实中央、省、市推进政务服务工作有关文件和会议精神，以人民群众满意为出发点，以“便民、高效、廉洁、规范”为服务宗旨，进一步解放思想，大胆探索，与时俱进，努力创新运作机制和管理模式，不断提高服务水平与质量，提升服务型窗口新形象，为促进全县经济和社会发展创造更为优越的投资软环境，各项工作成效显著。

2011年，县政务服务中心共办理（受理）各项审批和服务项目23234件，办结率99%；为群众提供咨询服务3万余人次，进驻审批和服务项目收费1881472元。3月，被曲靖市“双学双比、巾帼建功”活动协调领导小组评为巾帼文明岗；11月，被县委评为“八星级文明机关”。

延伸网络建设 2011年，全县按“统一网络平台、统一审批及服务软件、统一数据资源、统一规范技术标准、统一公众服务平台”的原则，利用政务审批电子服务平台作为改善行政审批环境、优化行政审批流程、强化行政审批监督、提高行政审批效率的重要载体，推进县乡网络互联互通、信息共享和业务协同。将劳动就业、社会保险、社会救助、社会福利、计划生育、农用地审批、新型农村合作医疗及涉农补贴等纳入其中进行公开规范办理。乡（镇）为民服务中心统一使用县政务服务中心使用的办件系统，在服务事项的受理、办结等方面实现与县政务服务中心互联互通，接受县政务服务中心电子监察系统的监督管理。9月1日，全部实现与县政务中心行政审批服务系统联网。

党支部建设 2011年，为进一步加强政务服务管理，提高政务管理服务水平，在县委领导的指导下，县政务服务中心立足进驻部门多、服务内容多、党员管理松散的实际，抓住沾益县被列为全省社会管理创新试点县的机遇，深入开展创先争优活动，成立沾益县政务服务中心党支部，为中心党员充分发挥先锋模范作用、强化社会管理创新、构建服务型政府窗口搭建了新平台。①立足实际，规范党组织设置。以政务服务中心管理人员中的三名党员为基础，成立县政务服务中心党支部，隶属县直机关党委，党支部书记由中心主任兼任，中心办公室主任兼任副书记。党支部下设3个党小组，分别是经济建设（发改、住建、国土、财政、工商、环保、工信、安监、人防、地震、气象）、科教文卫（卫生、教育、民政、老龄、残联、计生、文化、技术监督）和社会事务（公安、消防、人力资源和社会保障、国奎劳务派遣公司、运政、总工会、司法、审计、农业、水务）党小组。中心党支部对进驻部门的党员按照“四有利”（有利于组织进驻中心的党员学习；有利于进驻中心的党员管理；有利于进驻中心的党员服务；有利于进驻中心的党员考核评比），“四不变”（组织关系不变，进驻政务中心的党员在原党委或党支部组织关系不变；单位性质不变；党费收缴不变，进驻政务中心的党员党费收缴在原党委或总支、支部；考核奖励不变，进驻中心的党员在原党委或总支、支部考核奖励不变）的原则进行管理。实行中心党支部和派驻单位原党委（总支、支部）双重管理、双重考核，年度党员测评工作由中心党支部负责组织，中心评选出的优秀党员不占原单位优秀指标数。②找准载体，推进创先争优。中心党支部通过多种形式开展创先争优活动。一是开展授旗评星活动，对窗口单位设置流动红旗，对党员实行星级评定，通过明确标准，广泛参与，适当奖励的办法，鼓励窗口单位和党员干部积极投入创先争优活动。中心设流动红旗两面，星级党员5个（文明星、纪律星、敬业星、学习星、绩效星），每季度评定一次，对先进窗口单位和星级党员实行奖励。二是开展四亮四评活动，通过展板、便民服务指南、网站公开等多种方式对进驻部门和工作人员实行亮流程、亮身份、亮职责、亮承诺。通过自己评、群众评、领导评、组织评等方式对窗口单位和工作人员进行评价。三是开展文明窗口创建。制定了《沾益县政务服务中心窗口工作人员行为规范》，对语言规范、仪容规范、举止规范、桌面规范、禁止性规范进行具体规定。中心设置文明示范岗5个，每季度评定一次，并实行奖励。四是开展巾帼示范岗创建，按照“政治坚定、工作创新、服务有效、作风优良”的标准，于每年“三八”妇女节前评选出“巾帼文明岗”3个，由中心表彰，并报告县委、政府，通报相关单位。共表彰“党员示范岗”6人次，“星级党员”20人次，“流动红旗窗口”6个，文明示范岗20人次，巾帼文明岗3人次。③创新管理，提升服务质量。通过建立政务服务中心党支部，强化对党员和工作人员教育管理，有效提升服务质量。一是有效促进党风廉政建设和软环境建设。将行政审批与办证收费集中在服务大厅，从制度上、环境上、办事依据和收费标准上实现了阳光作业。县政务中心创新集中统一收费的非税收入管理模式，即“单位开单，财政开票，银行代收，中心统管，财政统筹”，收费项目、收费标准、收费依据在中心统一公示，接受群众监督。二是有效转变机关工作人员工作作风。通过服务承诺制、限时办结制和问责制等相关制度的落实，中心工作人员的服务理念得到转变，工作作风大为改进，服务态度和质量明显好转。三是有效加强政务服务管理。不断规范行政审批行为，积极创新行政审批方式，真正做到“部门围绕中心转，中心围绕社会转”，形成“一窗口受理、一条龙服务、一站式办结”的工作机制。为群众设立免费办事电话，群众办事可以免费打省内外电话，真正实现既方便办事群众，又提高部门办事效率。

强化学习教育　2011年，县政务服务中心进一步建立完善学习长效机制，提高中心管理人员和窗口工作人员政治素质和业务素质。一是采取以会代训等多种方式，认真学习党的理论、方针、政策，提高政治理论素质。二是组织窗口工作人员到湖北、重庆、四川等地考察学习，参观了宜昌市政务服务中心、四川省宜宾市长宁县政务服务中心，学习各项业务知识，有效提高自身业务水平。利用“三八”妇女节、“七一”建党节、国庆节组织窗口工作员开展演讲比赛、唱红歌及篮球比赛等一系列活动，调动窗口工作人员的积极性，增强凝聚力，提高工作效率。三是加大对外宣传力度，全年共编辑简报10期、刊登信息12条（篇）。题为《健全组织创先争优云南沾益县政务服务中心组建党支部强化社会管理创新》的信息于9月2日刊载于中国共产党新闻网（中组部主办），于9月4日刊载于新华网《发展论坛栏目第二届全国基层党建创新征集案例》。同时，中心工作相关信息先后在新浪网、中华网、云南信息港等平台刊载。

（张　瑛）

人事人才工作综述　2011年，县人力资源和社会保障局坚持以邓小平理论和“三个代表”重要思想为指导，围绕县委、县政府的中心工作，以科学发展观为统领，以人才队伍培养壮大为主线，大力加快推进人才强县战略；继续加强公务员队伍建设，深化事业单位人事制度改革和机关企事业单位工资收入分配制度改革；调整完善政府机构设置，积极稳妥推进乡镇机构改革；深化服务意识，认真履行工作职责，扎实推进责任政府、阳光政府、效能政府四项制度的落实，推动了全县人力资源和劳动保障工作的全面、协调、可持续发展，充分发挥了人社工作在促进经济发展和维护社会稳定中的重要作用。

政府机构改革稳步推进　2011年，根据省、市政府机构改革的要求，结合沾益实际，县人社局印发了《沾益县人民政府机构改革实施意见》，召开了全县机构改革动员大会，成立了领导小组，专门研究“三定”方案。对职责调整和机构变动较大的部门，由主要领导牵头，加强沟通协调，统一思想认识，全面完成了37个县级政府机构改革工作。

乡镇机构改革工作基本完成 2011年，根据省、市关于深化乡镇机构改革实施意见，结合沾益实际，县人社局研究上报了沾益县关于深化乡镇机构改革方案，成立了深化乡镇改革督查领导小组，分4个工作组分别对8个乡镇的机构编制、改革进度、资金财产和人员情况进行指导、协调和监督，全县8个乡镇均上报了深化乡镇机构改革方案。10月12日，召开了沾益县深化乡镇机构改革工作会议，启动实施沾益县深化乡镇机构改革工作。12月2日，召开编委会，对乡镇机构改革工作进行了专题研究。12月8日，全县8个乡镇深化机构改革方案全部批复，进入实施阶段。12月19日，召开沾益县深化乡镇机构改革工作推进会。12月28日，人事档案全部移交，乡镇机构改革工作基本完成。

事业单位清理规范工作进展顺利 2011年，全县召开了事业单位清理规范工作会议，传达了中央、省、市精神，布置了全县事业单位清理规范工作。县编办加大工作力度，突出控制编制总量和职责调整这个重点，对全县29个部门的310家事业单位对照省、市、县的相关要求进行了初步审核，并报经编委会讨论通过，确保完成全县所有事业单位的清理规范工作。

高校毕业生就业见习实施工作得到落实 2011年，全县建立高校毕业生就业见习基地2个（沾益县卫生局下属事业单位和沾益县教育局下属事业单位），设立见习岗位60个，实际接收见习生48人，2011年6月份见习期满离岗。其中县教育局下属事业单位见习基地接收见习毕业生20人。

定向招聘高校毕业生工作落到实处 2011年，沾益县定向招聘参加全省农村基层服务“四个项目”达到一定服务期限且年度考核合格的高校毕业生。经过上报计划、报名、笔试、资格复审、面试、体检等程序，共招聘11人到事业单位工作，其中教育系统6人。

事业单位招考大中专毕业生 2011年，全县非教育系统事业单位计划招录岗位44个。经过网上报名、考试、资格复审、面试、考核、体检等程序，聘用手续正在办理中；教育系统拟招考43人，已办理聘用手续38人，另有5人聘用手续办理中；免笔试接收体育特长生和免费师范生5人。

编制“十二五”人才队伍发展规划 2011年，县人社局编制形成《沾益县中长期人才队伍发展规划（2010年—2020年）》。规划初稿形成后，召集相关人员进行了逐条逐款的分析和修改，经县委常委会议讨论通过后，已在全县统一实施。

公务员招考工作 2011年，县人社局按照“工作需要、岗位空缺、改善结构、逐年补充”的原则，上报经省、市批准招考公务员21名，其中乡镇9人，县直单位12人。在招考过程中坚持“公开、平等、竞争、择优”原则，严格程序，认真把关，配合市人社局完成了全县21名公务员的招考录用工作。

机关事业单位人员年度考核工作 2011年，全县机关事业单位实有工作人员7813人，应参加考核7785人，实际参加考核7785人，未考核28人。考核人员中，优秀1431人，占18.38%；称职（合格）6121人，占78.63%；基本称职（基本合格）1人，占0.013%。参加考核不定等次233人，占2.99%。

公务员日常管理工作 2011年，县人社局办理了10名新录用公务员的登记手续，办理了4名参工管理单位工作人员登记手续，完成了68名选聘到村任职大学生合同的签订，办理了25名大学生村官的合同解聘手续。

公务员培训工作 2011年，全县1856名公务员参加了以深化“忠诚教育”为主题的培训和考试，培训把“忠诚教育”活动与学习杨善洲同志的先进事迹结合起来，强化了公务员的公仆意识，促进其自觉实践党的宗旨，提高其依法履职、为民服务的能力。

召开全县人才工作会议 2011年6月29日，县委、县政府组织召开全县人才工作会议。会议表彰奖励了22名优秀专业技术人才，包括享受政府特殊津贴优秀专业技术人才3名，中青年学术技术带头人人才3名，具有突出贡献的优秀专业技术人才8名，科技兴乡贡献奖人才8名。同时根据省、市文件精神，组织各有关单位筛选上报了2011年度云南省科技兴乡贡献奖2人和市级突出贡献专业技术人员2名。

专业技术人才队伍建设 2011年，全县专业技术人才队伍建设工作取得成效，取得工人技师资格60人，取得中高级技能资格248人（其中高级工177人，中级工71人）。共有专业技术人员5450人，聘任专业技术人员5441人，缓聘9人，其中聘任高职595人，中职2477人，初职2280人，试用期人员89人。全县5476名专业技术人才参加了《目标与时间管理》培训与考试，考试合格率达100%。

事业单位人员合同管理 2011年，县人社局积极做好《云南省事业单位聘用合同书》的审核、鉴证、终止和解除工作。为全县事业单位6759人签订聘用合同20377份，为工作调整调动、续订聘用合同的事业单位人员鉴证聘用合同书514人

1542份（含乡镇聘用制干部），终止和解除聘用合同51人171份，变更工人技术等级2人。

军转安置工作 2011年，县人社局按照上级下达沾益县的军转干部安置任务，多方协调，安置了1名军转干部到县旅游局工作，接收了1名自主择业军转干部，纳入服务范围的自主择业军转干部共7人。

企业军转干部维稳解困工作 2011年，全县有企业军转干部96人，其中县属企业35人，市属驻沾企业61人，收入不达标、享受生活困难补助的36人，各项补助均得到较好落实。

人事代理工作 2011年，县人社局积极做好人才市场管理服务工作，为大中专毕业生提供户口、档案、组织关系代理。全年共接收大中专毕业生档案980余份，转出250余份，共管理档案4642份；委托户口代理10人，转出49人，共代理户口351人；党组织关系转入1人，转出21人，共有党员233人。

工资管理工作 2011年，全县机关、事业单位达到法定退休年龄的41人办理了退休手续，审批确定了退休待遇；审批了因病死亡的15人的丧葬费及一次性抚恤费，并为符合遗属补助条件的9人办理遗属生活困难补助；确定了新录用的154名公务员、事业单位人员试用期工资；确定了试用期已满的86人的转正定级工资；兑现了因职务和岗位变动的412人职务（岗位）变动工资；重新确定了机关、事业单位因工作调动的92人的工资；审批了公安、检察院、法院人民警察413人的加班补贴。

事业单位绩效工资考核兑现 2011年，县人社局根据上级在其它事业单位实施绩效工资的统一部署和具体要求，结合全县实际，审批兑现其他事业单位1691人的基础性绩效工资。会同财政、教育、卫生等部门继续做好绩效工资工作，严肃工资收入分配纪律，加强对事业单位奖励性绩效工资分配的指导和监督检查。

机关事业单位工资收入分配制度改革 2011年，县人社局进一步推进机关事业单位工资收入分配制度改革。为全县事业单位工作人员5627人审批了正常增加薪级工资，月增资额15.16万元，人均月增资27元；为机关工作人员52人审批了晋升级别工资档次工资，月增资额1582元，人均月增资30元；为机关工作人员336人审批了按年度考核结果晋升级别工资，月增资额6685元，人均月增资20元。

机关事业单位工人技术等级培训 2011年，全县共组织47名19个工种的机关事业单位技术工人参加技能培训鉴定及换证工作，其中，初级工4名，中级工17名，高级工26名。

思想政治建设 2011年，县人社局坚持每周一上午学习和每季度一次的党支部学习活动制度。采取专题发言、专题研讨、听讲座、集中辅导和个人自学等方式，通过记读书笔记、撰写心得体会及调研报告等多种形式，组织单位全体干部职工学习贯彻党的十七大，十七届三中、四中、五中全会精神，学习胡锦涛关于向杨善洲学习的重要指示，学习党的群众工作的有关路线、方针和政策，学习《党员干部廉洁从政若干准则》，树立群众观点，加强党性修养，全面开展学习型机关创建活动。

开展“创先争优”活动 2011年，县人社局以学习贯彻落实科学发展观为契机，把各项学习实践活动作为政治任务和推动工作科学发展的动力，不断优化经济社会发展软环境。按照公开承诺、领导点评、群众评议、评选表彰的推进方式，广泛开展“四亮四创四评”活动，把人社局就业中心、医保中心、社保中心3个服务窗口创办成优化发展环境的示范窗口、服务人民群众的便民窗口、展示精神风貌的形象窗口。充分发挥榜样的示范作用，在全局普遍开展“远学杨善洲，近学陈家顺”等身边楷模的学习活动，在各党支部民主推荐的基础上，经局党总支会议讨论，表彰了14名优秀共产党员。

加强党风廉政建设 2011年，县人社局进一步加强党风廉政建设。一是加强领导，提高认识，认真落实党风廉政建设工作目标责任制。利用周一的例会，组织干部职工认真学习贯彻各级关于党风廉政建设的工作要求，严格考核，认真落实。二是加强教育，提高服务质量。领导班子带头学习贯彻《行政人员规范化服务守则》，强化行政责任，规范行政行为，进一步增强干部职工责任意识、服务意识，改善服务质量，提高工作效能。三是加强管理，严格财经纪律和规章制度。劳动人事整合后，统一制定了《内部财务管理制度》《办公室管理制度》《公务用车管理制度》等一系列管理制度。在各项工作中贯彻勤俭节约原则，精打细算，严格把关。四是廉洁自律，做到警钟长鸣。班子带头加强作风建设，培养健康的生活情趣，严格执行廉洁自律的各项政策。

（高吉生）

机构编制工作综述 2011年，原与人事局合署办公的沾益县机构编制委员会办公室单独设置，列党委机构序列，名称为中国共产党沾益县委员会机构编制办公室，保留沾益县机构编制委员会办公室牌子，为正科级单位。主要负责拟定全县机构改革的总体方案，起草综合性文件；审核全县行政机关及事业单位的内设机构、人员编制和领导职数，监督检查全县机构编制的执行情况，并向县委、县政府和县编委报告；负责全县机关、事业单位的机构编制统计工作，认真完成机构编制的年度报表工作；负责全县事业单位法人登记管理工作；加强与上级主管部门的业务联系，完成县委、县政府及市编办交办的其他工作。2011年末，县编办内设综合科，下属沾益县事业单位法人登记管理局，为事业单位。核定行政编制5名，事业编制1名。

2011年末，全县共使用编制7920名，实有人员7866人，空编154名，编制紧缺问题突出。

全县机构改革情况 2011年，按照“转变政府职能、理顺职责关系、明确和强化责任、调整优化组织结构，规范机构设置”要求，全县部分政府机构进行了改革。①政府机构改革情况。组建工业经贸和科技信息化局，加挂中小企业局牌子，将经济局、商务局、科学技术局、人民政府信息产业办公室的职责和煤炭工业局的煤炭行业管理职责，整合划入工业经贸和科技信息化局，不再保留经济局、商务局、科学技术局、人民政府信息产业办公室；组建人力资源和社会保障局，将人事局、劳动和社会保障局的职责，整合划入人力资源和社会保障局，不再保留人事局、劳动和社会保障局，组建公务员局为部门管理机构，由人力资源和社会保障局管理；组建住房和城乡建设局，加挂城市综合行政执法局牌子，将建设局除指导城市客运外的其他职责、市容管理委员会办公室的职责及有关部门的相关城市行政执法职责，整合划入住房和城乡建设局，不再保留建设局、市容管理委员会办公室；组建交通运输局，将交通局的职责、建设局指导城市客运方面的职责，整合划入交通运输局，不再保留交通局；组建文化体育局，将文化局、体育局的职责，整合划入文化体育局，不再保留文化局、体育局；将旅游局由政府直属事业单位调整为政府工作部门，将珠江源九龙生态园管理服务中心由政府直属事业单位调整为旅游局下属财政全额拨款股所级事业单位；将安全生产监督管理局由政府直属事业单位调整为政府工作部门；将煤炭工业局的煤矿安全生产监管职责划入安全生产监督管理局，不再保留煤炭工业局；省垂直管理的县食品药品监督管理局交由沾益县管理后，设置为政府工作部门；将粮食局的职责划入发展和改革局，发展和改革局加挂粮食局牌子，不再单独设置粮食局；将农业机械管理局、畜牧兽医局、人民政府扶贫开发办公室、人民政府农业利用外资办公室的职责，整合划入农业局，农业局加挂畜牧兽医局牌子，设立人民政府扶贫开发办公室，为部门管理机构，由农业局管理，不再保留农业机械管理局、人民政府农业利用外资办公室，不再单独设置畜牧兽医局；将政府民族宗教事务局、人民政府侨务办公室合并，设置为政府民族宗教侨务事务局，与县委统战部实行“一个机构，两块牌子”。改革后，政府设置工作部门25个（在县人民政府工作部门中，民族宗教侨务事务局与统战部实行“一个机构、两块牌子”，列入政府工作部门序列，不计入政府机构个数；县监察局与中共沾益县纪律检查委员会机关合署办公，列入县政府工作部门系列，不计入县政府机构个数）。②其他机构设置情况。县委县政府信访局、县政府法制办公室由县政府办公室管理，其机构规格不变；县人民防空办公室继续单独设置，机构规格维持不变，既是县人民政府防空工作的主管部门，又是承担县国防动员委员会日常工作的办事机构；县人民政府地方志办公室继续与县委党史研究室实行两块牌子，合署办公，机构规格和隶属关系不变；县国家保密局继续与县委保密委员会办公室实行“一个机构、两块牌子”，机构规格和隶属关系不变；县老龄工作委员会办公室、县档案局（馆）、县移民开发局、县地震局、县委县政府接待处为县人民政府直属事业单位，机构规格不变；县供销合作社机构性质和规格不变。

乡镇机构改革情况 2011年，为进一步推进乡镇职能转变、理顺责权关系，根据中央、省、市关于深化乡镇机构改革的实施意见，结合沾益县实际，对乡镇党政机关和事业单位的机构设置和职责、人员编制和领导职数进行了规范统一。①乡

李竞楠 供稿

镇党政机关机构和职能设置。全县8个乡镇党政机关均设置4个综合办公室，即：党政办公室、经济发展办公室、社会事务办公室、社会治安综合治理办公室。党政办公室承担机关日常工作的运转协调，具体履行机关日常党务政务、纪检监察、组织人事、宣传、统战、民族宗教、机构编制、文秘、督办、电子政务、保密、财务、国有资产监管、后勤保障等职责，负责乡镇人大、政协、人民武装及工会、共青团、妇联和“为民服务中心”的日常工作；经济发展办公室承担经济发展计划、国土资源管理、村镇规划建设、环境保护和生态建设、农村土地承包管理、林权管理、水利建设与管理、农村经济经营管理、农业产业化、农业专业合作组织管理、招商引资、企业管理、统计、扶贫、安全生产、农民负担监督、市场监管等职责；社会事务办公室承担人力资源社会保障、民政、卫生、食品安全、人口和计划生育、教育、科技、文化、广播电视等职责；社会治安综合治理办公室承担法治建设、社会治安综合治理、维护稳定、人民调解、行政调解、司法调解、矛盾纠纷排查调处、突发事件和群体性事件的预防处置等职责。②乡镇事业单位机构和职能设置。全县8个乡镇设6个事业单位，即：农业综合服务中心、人口和计划生育服务中心、文化广播电视服务中心、国土和村镇规划建设服务中心、社会保障服务中心、财政所。产煤的播乐乡和炎方乡另增加一个事业单位，即：煤炭安全生产管理服务中心。乡镇事业单位规范设置后，原乡镇站所人权、事权和财权均以乡镇管理为主，县直职能部门对其进行业务指导。原乡镇农业技术推广站、经济管理站、企业管理办公室、林业站、水务所、水库管理所、农机管理站、畜牧兽医站、计划生育办公室、计划生育服务所、文化站、党校、建设管理所、公路站、劳动保障所不再保留。

事业单位清理规范工作 2011年，全县事业单位清理规范工作按照政事分开、事企分开、优化结构、精简效能的要求，针对一些事业单位机构设置不规范、编制管理不严格等突出问题，按照“规范职责任务、规范机构设置、规范机构名称、规范人员编制、规范编制结构和规范领导职数”的要求，对全县所有事业单位进行清理规范。①清理整合机构5家。按照职责相近的原则对机构进行整合，主要是对教育局下属教学服务站、农业局下属的蔬菜站、果茶站和蚕桑站分别进行了调整整合，组建经济作物技术推广站；对水务局下属的水利水电勘察设计研究所进行了撤销。对整合组建的事业单位，不再新增事业编制、领导职数，在原有编制基础上从严从紧重新核定编制。②清理核销事业编制303名。县政府机构改革对原参公事业单位上划机关收回事业编制159名；根据对学校编制按学生比标准核定的要求，重新核定了全县学校编制，调减了108名，其他事业单位根据职责任务的调整和减人减编制原则调减了36名。清理规范后，全县下达事业编制6581名，其中，县以上事业单位6006名，乡镇事业单位575名。全县的事业单位编制总量和乡镇所属事业单位编制总量两项指标均调控在市级下达的控制数以内，为下步事业单位分类改革奠定了基础。

开展县政府工作部门机关机构编制评估工作 2011年，为扎实有效做好首次机构编制执行情况评估工作，县编办会同县纪检、组织、监察、财政、人力资源和社会保障等部门抽调相关人员集中培训。通过以会代训的形式认真传达省、市关于对政府机关开展机构编制执行情况评估工作实施意见精神，准确把握评估的指导思想、基本原则、主要内容、方法步骤等，“按照每年各级被抽查评估的部门不少于同级政府机关部门总数的20%”的要求，确定县教育局、人口和计划生育局、林业局、司法局和药监局为首批评估对象。县编办协同纪检、组织、监察、财政、人力资源和社会保障等部门抽调人员组成5个评估工作组，于10月底对抽样评估的5个部门进行了认真评估。从评估反馈的情况看，县级机关5个部门“三定”规定执行情况总体情况良好，工作组评分均在90分以上，属优秀等次，但改革、调整、发展中的问题也客观存在。

做好政务和公益域名中文注册工作 2011年，为加快政务和公益中文域名体系建设，推进政务和公益中文域名的应用普及，县编办根据中央、省、市编办关于进一步加强党政群机关和事业单位网上名称管理工作的通知精神和具体要求，积极下发通知，做好宣传工作。根据省、市下达的指标任务，结合相关部门进度迟缓的情况，在政务和公益域名注册管理工作中，通过加强组织领导、加大宣传力度、加快域名推进体系建设、电话督促、加强沟通等手段，进一步带动了全县政务和公益域名注册工作。截止2011年底，沾益县政务和公益域名注册已完成26家，提前完成市级下达的任务。

做好事业单位登记管理工作 2011年，县编办认真做好各项事业单位登记管理工作。①事业单位法人年检工作。根据国家事业单位登记管理局和省、市编制部门的要求，及时开展年检和法人变更登记管理工作，对160家年检合格的单位，在《事业单位法人证书》上作出合格标记；法人变更登记56家，法人新设立登记2家，注销登记58家。②实施事业单位网上登记管理工作。按照中央、省、市编制部门关于开展网上办公和实时汇总事业单位登记管理数据工作的要求，订购资料并组织人员参加培训，进一步完善全县事业单位法人信息库。事业单位通过网上登记专用光盘登录网上登记系统，在线申请提交年检、变更、设立和注销登记工作，与事业单位登记管理机关互动交流，由登记管理机关审核，包括证书打印，相关资料传真、上传，照片扫描等程序均在网上操作，有力地推动了网上登记工作的开展，真正实现事业登记管理工作网上办公。

（李鸿伟）

信访工作综述 中共沾益县委、沾益县人民政府信访局（中共沾益县委、沾益县人民政府群众工作局）归口沾益县政府办公室，属正科级单位，下设办公室、接访科、办信科、群众工作和调研督查科4个科室。编制6人，实有人数7人，退休干部1人，局长1人，副局长2人。县信访局（群众工作局）主要负责受理、交办、转办信访人提出的信访事项；承办上级和本级人民政府交由处理的信访事项；协调处理重要信访事项；督促检查信访事项的处理；研究、分析信访情况，开展调查研究，及时向本级人民政府提出完善政策和改进工作的建议；对本级人民政府其他工作部门和下级人民政府信访工作机构的信访工作进行指导；对全县人民群众来信来访情况进行分类统计、分析并上报情况。

2011年，县信访局共接待群众来信来访550件，其中来信156件，个体访290批650人，集体访104批1335人，与上年同期738件相比，信访总量下降25%。群众进京上访10批24人次，与上年同期2批5人次相比，批次、人次分别上升400%和380%；赴省集体上访3批21人次，与上年同期2批12人次相比，批次、人次分别上升50%和75%；到市集体上访12批142人，与上年同期13批123人相比，批次下降7%、人次上升15%；到县集体上访104批1335人次，与上年同期113批1659人次相比，批次、人次分别下降8%和20%。办理来信156件，与上年同期的240件相比，下降35%；接待个体访290批650人次，与上年同期385件785人次相比，批次、人次分别下降25%和17%。

两会期间信访工作措施得力 2011年，在各级人大和政协会议期间，沾益县采取有效措施切实做好“两会”期间的信访工作，为“两会”顺利召开营造了良好的社会环境。一是提高认识，统一思想，充分认识做好“两会”期间信访工作的重要意义。2011年是建党90周年、“十二五”规划开局的重要之年，全县各乡（镇）、各单位从讲政治、顾大局、保稳定、促和谐的高度，充分认识了做好全国“两会”期间信访工作的重要性。二是深入排查化解矛盾纠纷，及时就地解决问题。在“两会”前对可能影响社会和谐稳定的矛盾和苗头隐患进行集中排查。对排查出来的重点问题，做到有专人负责、有化解措施、有应急预案；对有可能越级上访的重点人员，超前做好教育、疏导、稳控工作。三是进一步畅通信访渠道，加强力量做好群众来访接待工作。全县各乡（镇）、各单位切实做好领导干部定期接待群众来访工作，对上访的群众及时接谈、及时协调，确保在第一时间、第一地点把工作做到位，将上访群众吸附在当地。四是强化工作措施，切实维护信访秩序。各乡（镇）、各单位按照“属地管理、分级负责”和“谁主管、谁负责”的原则，及时掌握信息，主动靠前工作，一旦出现越级上访，立即将上访人员接回当地，并坚持教育疏导和解决问题相结合，认真做好稳控工作，防止人员倒流，坚决防止出现到京上访。五是加强组织领导，落实工作责任。要求各乡（镇）、各单位主要领导把“两会”期间信访工作摆上重要议事日程，成立专门的工作班子，搞好统筹协调，明确具体责任，确保工作扎实有效进行。

对各乡（镇）信访维稳工作进行专项督查 2011年3月10日，沾益县组织了由县委政法委、县信访局、县委督查室、县解决信访问题联合工作组组成的专项督查组，对全县各乡（镇）的信访维稳工作情况进行了专项督查。一是成立了由县委常委、县委政法委书记担任组长，县政府分管副县长、公安局局长，县政府副调研员、县解决信访问题联合工作组常务副组长，县纪委副书记、县监察局局长为副组长的督查领导小组。二是明确内容，逐项检查落实情况。对乡（镇）开展党委书记和乡（镇）长大接访活动情况、县委书记和县长大接访中交办信访事项的办理情况及全国“两会”期间各乡（镇）重点人员的稳控情况进行了专项督查。通过检查，全县8个乡（镇）均能坚持每月10日开展乡（镇）党委书记、乡（镇）长大接访活动，通过开展此项活动，解决了一大批信访问题，减少了部分越级上访和集体上访的事件；对县委书记、县长大接访活动中交办的信访事项各乡（镇）均认真落实，有效调处了大部分矛盾纠纷；在全国“两会”期间，各乡（镇）均采取了有效措施，对重点信访人员进行了稳控，确保了“两会”期间全县的社会稳定，为全国“两会”的顺利开展营造了良好的社会氛围。

县委书记、县长大接访工作 2011年，县委书记、县长全年共接待群众来访218批622人，各级领导包案信访疑难案件265件，解决242件，息诉息访率92%。集中解决了一批群众关注、反映强烈的热点、难点问题，处理化解了大批的老案、积案、难案，减少了重复访、越级访的情况，为信访秩序的好转起了促进作用，群众满意率大大提高，党群干群关系进一步改善。

矛盾纠纷排查化解工作　2011年，沾益县根据实际情况坚持按季定期排查和重点会议、节日期间的不定期矛盾纠纷排查。全年共组织矛盾纠纷排查8次，排查出矛盾纠纷112件，已化解112件，调处化解率为100%，从源头上预防和减少了社会矛盾。

信访积案化解工作　2011年，群众初信初访信访件办结率达95%以上；中央、省、市交办的重点信访问题办结率达100%；中联办交办的1件积案已解决，积案化解率达100%。通过集中力量攻坚，全县信访积案的“存量”进一步减少。

召开信访工作联席会议　2011年8月8日，沾益县召开县委集中处理信访突出问题及群体性事件联席会议。县委联席会议召集人张光彦参加会议并做了重要讲话，县委、人大、政府、纪委联系分管信访维稳工作的领导、县委联席会议成员单位主要领导及乡（镇）分管领导参加会议。会议贯彻落实了上级信访维稳工作的会议精神，全面分析了全县面临的信访维稳形势，就如何做好信访维稳工作作了布置，强调部署了信访维稳工作任务，安排了全县矛盾纠纷排查化解工作，研究解决信访突出问题。

召开县委群众工作领导小组第一次会议　2011年10月10日，沾益县召开县委群众工作领导小组第一次会议。县委副书记张光彦、县人大常委会副主任杨正平、副县长杨枝梁、县政协副主席马为民、县检察院检察长王强等分管联系群众工作的领导，县直各单位主要领导，各乡（镇）党政主要领导、党委副书记、综治中心主任、信访办主任，县委政法委、县解决信访问题联合工作组、县委政府群众工作局全体成员共80余人参加会议。会议宣读了《中共沾益县委办公室关于成立县委群众工作领导小组的通知》《县委县政府群众工作局局长的任职决定》，并为县委、政府群众工作局授印揭牌。会议要求，要加快构筑以县群众工作局为龙头、以乡（镇）群众工作站为纽带、以村（社）群众工作室为基础、以村组群众工作联络员为前哨，建立横向到边、纵向到底、全面覆盖的群众工作体系，建立党委政府统一领导、群众工作部门带头抓总，有关职能部门密切配合，社会组织广泛参与的群众工作新格局。

召开信访工作专题会议　2011年11月8日，为贯彻落实好省、市关于做好省第九次党代会期间信访工作专题会议的精神，切实做好全县信访维稳工作，召开了沾益县做好省第九次党代会期间信访工作专题会议。会议总结了全县的信访工作情况，查找了问题和不足，正确分析了全县信访维稳工作面临的严峻形势；要求明确目标，严格责任，狠抓落实，建立有效的信访工作机制，从根本上遏制赴省进京非正常上访的上升势头，为省第九次党代会营造有序、和谐稳定的社会环境。

省政府副秘书长、信访局局长赵海鹰到沾益检查指导工作　2011年1月18日，省政府副秘书长、省信访局局长赵海鹰，省信访局二处处长杨增红等一行四人到沾益检查指导工作。赵海鹰对曲靖市在市、县、乡三级成立解决信访问题联合工作组，整合信访资源，构建解决信访突出问题大格局的工作给予了高度评价。对做好2011年信访工作提出了明确要求，希望信访部门进一步增强政治责任感和使命感，把思想和行动统一到中央和省委、省政府关于信访工作的决策部署上去。坚持以人为本、关注民生，着力源头防范化解、推动事情解决；依法治访、规范信访秩序，加强干部队伍建设、提升工作能力，创造更加和谐稳定的社会环境。

省信访局副局长李红到沾益调研网上信访工作　2011年9月14日下午，省信访局副局长李红一行4人到沾益调研网上信访工作。在认真听取全县网上信访工作开展情况汇报后，李红充分肯定了沾益开展网上信访工作所取得的成效，并对下一步工作提出了要求。一是要进一步提高对网上信访工作重要性认识，切实把这项工作摆上重要位置抓紧抓好，着力探索、逐步推开。二是要加大投入，优化系统应用环境。加大人财物的投入，将年轻的、素质高的人员配备到系统管理员岗位。三是进一步加大培训，逐步推进深度应用系统，信访部门工作人员要加强自身学习。四是加强上下之间的交流协调，信访部门工作人员要互相交流使用心得，共同提高应用水平，逐步加大对系统的深度应用。最后，李红一行实地查看了县信访局工作人员操作演示网上信访的受理、转送、统计等流程，并询问了办理的各环节运作及存在问题等情况。针对提出的几个有关技术上的疑问，省信访局、市信访局业务人员对沾益业务人员进行了实地培训。

（国艳琳）

扶贫开发工作概述　2011年，沾益县扶贫开发工作在县委、县政府的高度重视和正确领导下，在上级扶贫部门的关心、支持下，坚持以“三个代表”重要思想和科学发展观为指导，认真贯彻落实国家《“十二五”扶贫开发规划》和《中国农村扶贫开发纲要（2011—2020年）》，继续坚持开发式扶贫和政府主导、全社会共同参与的扶贫开发方针，坚持以稳定解决温饱和脱贫致富为中心，以贫困村、贫困户为主要工作对象，以深山区、石山区、高寒冷凉山区和少数民族地区等自然环境恶劣地区为工作重点，以增加农民收入为目标，坚持自力更生为主，国家扶持为辅，各方支持、多方配合、合力扶贫的原则，巩固扶贫成果，控制返贫，努力加快脱贫向小康社会迈进的步伐。

全年共实施省级整村推进村14个，易地搬迁扶贫项目1个，产业扶贫项目1个，革命老区开发建设项目1个，小额信贷扶贫项目1个。共投入各级各类扶贫资金3379.28万元，其中，中央及省级财政扶贫资金583.18万元，部门整合资金35万元，村（居）委会投资0.4万元，群众自筹及投工投料折资860.7万元，发放信贷扶贫贷款1900万元。

省级重点村项目如期实施 2011年，全县共实施省级重点村14个，项目总投资381.5万元。其中，省级财政扶贫资金210万元，整合水务部门资金12万元，村（居）委会投资0.4万元，群众自筹及投工投料折资159.1万元。一是产业开发项目。种植当归200亩，可实现增收30万元。二是基础设施建设项目。①道路建设。硬化村内道路23条14426米53000平方米。②中低产田改造484亩，其中土地平整78亩，坡改梯270亩，水利实施配套36亩，农艺措施改造60亩，开沟排涝措施40亩，可增收粮食32660千克。③饮水工程。新修水池1个，水窖15个，维修水池9个，新增蓄水2500立方米；安装输水管道6500米，解决改善3990人、5930头大牲畜的饮水困难。④其他项目。支砌街道路基排水沟6条712米532.8立方米，项目建设已完成并通过验收，14个村组2356户9326人（其中贫困人口1293）受益。三是建永久性标志牌13块。

易地扶贫开发项目建设成效显著 2011年，县扶贫办在德泽乡左水冲村委会实施易地扶贫开发项目1个，集中转移安置39户156人，项目总投资565.18万元。其中，省级财政扶贫资金78.18万元，群众自筹和投工投料折资487万元。新建安居房39户6708平方米，建卫生厕39个624平方米，卫生厩39个1248平方米；建取水池1个，蓄水池1个50立方米，铺设输水管道3100米；坡改梯156亩；种植泡核桃156亩；架进村通电线路5550米，安装变压器1台，树12米电杆8棵，安装电表39块；村内道路硬化6条680平方米510立方米；开展科技培训7期433人。

革命老区扶贫开发项目首次落户沾益 2011年，革命老区扶贫开发项目首次落户沾益县，项目总投资246万元，其中中央、省级财政扶贫资金100万元，整合部门资金13万元，群众自筹及投工投料折资133万元。共扶持发展养猪660头；硬化村庄道路6条14400平方米；修建排灌沟3000米，建设基本农田800亩，改善灌溉800亩；建学校大门1道，打围墙10米，对革命烈士陵园和“九五”起义陈列室进行了修缮；安装有线电视280套；开展种植技术培训2期600人次，养殖技术培训2期600人次；建工程碑1块。

产业扶贫取得成效 2011年，县扶贫办在盘江镇河西村委会实施1280亩低产果园改造种植项目，项目总投资80万元。其中，中央财政补助扶贫资金50万元，群众自筹和投工投劳折资30万元。更新种植中油5号桃522亩，北京晚蜜桃533亩，万白桃225亩，共计1280亩，购优质果苗6.4万株；开展科技培训4期400人次。

实施救灾扶贫项目 2011年，县扶贫办实施抗旱救灾扶贫项目4件，项目总投资57.8万元。其中，中央财政补助扶贫资金30万元，群众自筹和投工投劳折资27.8万元。项目分别安排在白水镇中心村委会第一村民小组，座棚村委会座棚、小德基村，大德村委会大德村民小组、大弯头村民小组，新排社区第一、二、三村民小组，小塘居委会小塘、大塘村民小组。实施项目包括更换提水工程滤心泵1台，建蓄水池2个400立方米，建过滤沙池1个，架设或改造输水管12900米。

实施面上项目 2011年，县扶贫办实施面上项目4件，项目总投资53.8万元。其中，中央财政补助扶贫资金20万元，整合部门资金10万元，群众自筹和投工投劳折资23.8万元。项目分别安排在白水镇座棚村委会尹家冲村民小组，西平镇大营社区白泥塘村民小组，盘江镇谭家营村委会李家山村民小组，菱角乡块所村委会块所村民小组。实施项目包括硬化村内道路4条长2200米，面积8000平方米，沟渠清淤和加固2000米。

小额信贷扶贫顺利开展 2011年，全县共发放小额扶贫贷款1900万元，省级财政贴息95万元，项目覆盖8个乡（镇）85个村委会538户。扶持种植业2.61万亩，扶持养殖大小牲畜4.21万头（只），扶持发展加工项目2个，群众实现增收200.66万元。

（田马青）

招商引资工作综述 2011年，全县招商引资工作以“三个代表”重要思想为指导，深入贯彻落实科学发展观，紧紧围绕全年商贸流通工作目标任务，创新思路、突出重点、抓好落实，开拓进取，积极开拓国际国内市场，招商引资卓有成效，市场运行保持平稳，各项工作取得了显著成绩。

1．招商引资成效显著。全县全年共签订国内合作项目协议8项，其中省外项目5项；协议引进市外国内资金54.65亿元，实际利用市外国内资金5.55亿元，上年结转项目13项，新投入资金11.71

亿元，共计到位资金17.26亿元，同比增40.78%，完成全年目标任务115.1%；实际利用外资200万美元，完成全年目标任务100%。

2. 外贸进出口平稳增长。全县共完成外贸进出口总额5700万美元，同比增86.4%，完成全年目标任务166.4%。其中，出口5694万美元，同比增88.2%；进口6万美元，同比减少81.3%。全县进出口主体不断壮大，有进出口业绩的企业由去年的5家增至16家，出口创汇产品主要有纯碱、尿素、硫酸铵、煤焦、万寿菊浸膏、万寿菊颗粒等11种，出口到美国、越南、马来西亚、印度、墨西哥等13个国家和地区。

3. 社会消费品零售总额持续增长。全年共完成社会消费品零售总额15.6万元，同比增21.2%。

4. “万村千乡市场工程”稳步推进。继续扩大“万村千乡市场工程”农家店的覆盖率，巩固和提升农家店的功能。全年新建20个日用品农家店、改造1个日用品配送中心，总投资为100万元。2011年末，全县新建和改造的农家店共有159个，有日用品配送中心、农资配送中心各1个，农家店在全县各行政村覆盖率达100%。

5. “家电下乡”进展顺利。全县共销售家电下乡产品20577台（件），销售金额4478.02万元，补贴家电下乡产品20170台（件），补贴金额557.11万元。

6. 市场体系建设力度加大。按照“政府引导、市场运作”的原则，加强与上级商务部门的沟通和联系，上报省级农贸（集）贸市场建设项目2个，分别为沾益县菱角乡集贸市场新建项目和沾益县炎方乡集贸市场新建项目，总投资338.64万元。

7. 家电以旧换新工作顺利完成。全年备案中标回收网点5家，销售网点5家，回收旧家电762台，销售新家电595台，销售金额220.52万元，共发放财政补贴20.22万元。

8. 生猪定点屠宰管理进一步加强。全年共开展了4次生猪定点屠宰专项整治活动，加大综合执法力度，严厉打击私屠滥宰、生猪注水等违法行为，确保全县人民吃上“放心肉”。全县共屠宰生猪59409头，较上年同期5399头增长了10%，出厂生猪产品4574.49吨，供应沾益市场4458.27吨，外调116.22吨，病害肉检出率保持在5‰以内，检出病害猪344头，销毁问题猪肉产品30.96吨。

9. 石油成品油的监管得到强化。完成了全县辖区内39座加油站的年检工作，积极协调中石油、中石化两大集团做好沾益成品油市场的保障工作，积极开展打击成品油经营市场的不法行为。全年全县成品油市场供应量为83279.75吨，销售量82491吨，比上年增36.3%。

10. 酒类市场管理得到加强。共对全县882户企业和个体户进行了备案登记工作，并登录到商务部酒类信息管理系统中。对全县两家有生产资质的酒类生产企业发放了《酒类流通随附单》，建立了酒类流通环节随附单制度。

对外贸易持续平稳增长 2011年，县工信局切实采取有力措施，全力推进外贸进出口平稳增长。一是建立重点企业联系制度。加强与云维集团、博浩公司等出口大户的交流与信息通报，及时协调解决企业遇到的问题，为企业做好服务。二是做好政策宣传工作。针对国家和省厅出台的一系列促进外贸发展的政策措施，组织企业参加省、市举办的外贸知识、金融法规、外贸促进政策等培训会（班），帮助企业掌握最新外贸政策，熟悉各种外贸业务操作，进一步提高工作人员的业务水平和能力。三是落实上级资金政策支持。把积极对接政策、落实国家及省厅资金扶持放在重要位置，在“进口贴息”“稳定外需促进外贸发展资金”及中小企业开拓国际市场资金补助等方面积极协助企业申报项目、争取资金，为企业解决资金上的难题。

创新招商引资方式 2011年，县工信局采取多项措施，积极创新招商引资方式。一是转变招商引资观念。注重解放思想与创新理念相结合，树立符合科学发展观的招商引资导向。全县上下形成了自力更生、借助外力加快发展的坚定信心，深化“大开放促进大发展、大项目带动大投资”的认识，形成了招商、安商、富商的良好思想基础。二是完善招商引资环境。注重优化环境与营造氛围相结合，在新的发展起点上搭建更高的招商引资平台。通过加大基础设施建设力度，提升投资硬环境，创建服务型政府，打造投资软环境。三是夯实招商引资基础。编制了《2011年招商引资项目册》，涉及24个招商引资项目，其中，工业项目9个，农业项目1个，旅游项目5个，商贸流通项目2个，食品加工制造项目3个，市政、房地产项目4个。四是进一步加强宣传推介。注重筹备节会和构筑招商平台相结合，积极推介招商引资项目。4月29日，在县政府报告厅举行了沾益县人民政府驻曲驻沾商会及部分企业共谋发展座谈会，会上就沾益西片区、西河公园片区的规划发展进行了推介。

十九届昆交会创佳绩 2011年6月6～10日，由国家商务部和省政府首次联合主办的第十九届中国昆明进出口商品交易会在昆明国际会展中心举行。沾益代表团在县委、县政府的领导和关心下，认真组织筹备，扎实工作，积极参会参展，在第十九届“昆交会”上取得了较好的成绩。沾益县共签订国内合作项目2项，协议总投资35亿元；签订出口货单4宗，协议出口资金1336万美元；签订国内货单2单，协议资金80万元；重点推介招商项目24个；发放《沾益投资指南》《沾益县招商引资项目目册》及企业宣传资料5000余份。

（严　俊）

人防工作综述　沾益县人防办主要负责贯彻落实党和国家关于人民防空的方针、政策、法律法规，制定全县人民防空工作的政策和措施；拟定全县人民防空发展规划和年度工作计划，并组织实施；检查指导全县人民防空工作；组织制定、修订城市防空袭方案；指导制定城市重要经济目标防护方案，并监督检查执行情况；检查指导城市防空组织建设、战时城市人口疏散计划、疏散区域建设；负责全县人民防空指挥通信、警报网络建设的规划、计划、建设、维护和管理，协调军队地方通信等部门的专用通信网络，保障战时和应急情况下全县人民防空通信指挥；负责全县人民防空公用工程的建设管理和单位工程项目审批，人防工程报废、拆除的申报；依法筹集人民防空建设经费，依法管理人民防空国有资产；制定全县人民防空宣传、教育计划，并组织实施；战时保障县委、县政府组织指挥城市人民防空斗争，组织群众疏散掩蔽，构筑应急防空工事，接收、传递、发放防空袭警报信号，协助相关部门消除空袭后果，恢复生产生活秩序；承办县委、县政府、县武装部和上级人防部门交办的其他事项。

2011年末，县人民防空办公室核定领导职数2名，行政编制3名，内设1个综合科。实有在职干部职工5人，其中主任1人，副主任1人，主任科员1人，科员1人，高级工1人；有退休干部2人。

2011年，县人防办认真贯彻落实人民防空法律法规及党和国家关于人民防空建设的各项方针、政策和规定，不断加强干部队伍建设，强化宣传教育、强化行政执法、强化人防指挥通信和警报建设，圆满完成了全年各项工作任务。

1．持续开展人防宣传教育。主要采取的人防宣传形式有：一是订阅《中国人民防空》《云南人防》专业刊物，分别呈送县委、政府、人大、政协、纪委、县武装部领导参阅；二是利用网络平台将人防办“阳光政府”“效能政府”四项制度在网上全面发布；三是继续办好“沾益县人防信息网”和人防宣传栏；四是继续推行人防政务公开制度，让人防行政审批工作接受社会和群众监督；五是利用移动“企信通”手机短信平台向全县开展人防宣传教育。

2．依法开展防空地下室建设（含易地）审批。依据国家人防法律法规和有关规定，组织执法人员进入修建防空地下室工地现场进行执法检查和技术指导工作，为建设单位修建防空地下室工程提出完善措施。2011年，共审核批准办理新建民用建筑人防易地建设项目5个，防空地下室工程建设项目1个，建筑面积13000平方米。

3．圆满完成防空警报试鸣演练任务。为落实“9·18”防空警报试鸣制度，检验沾益城市防空警报的可靠性和灵敏性，根据《曲靖市人民政府办公室关于组织开展全市防空警报试鸣的通知》《沾益县人民政府办公室关于组织开展全县防空警报试鸣演练的通知》精神，在相关单位的大力协助下，县人防办于2011年9月18日上午10时与全市同步组织试鸣了防空袭警报，鸣响率达到100%，音响覆盖率达到95%以上，圆满完成了全县2011年防空警报鸣放任务。

4．其他工作。一是坚持为挂钩村党总支上党课，抓好党课教育，捐资3000元帮助村委会解决春耕生产困难。二是按照县委、县政府统一部署，年初安排2名工作人员积极参加无纸化电子政务办公系统培训，于6月1日与全县同步正式利用电子政务系统平台开展文件交换工作。三是完成县政府安排的部门“三定”方案拟定工作。四是按照全县统一要求指定专人继续于3月、6月和9月进驻沾益县政务中心窗口集中办理人防行政审批工作。

沾益县人防地面应急指挥所完成工程验收　2011年9月7日，县人防办开工建设的沾益县人防应急地面指挥所已完成主体工程、内外装修、水电管道设施、消防设施和通信线路等建设，并经过规划、质检、绿化、环保等部门的初步验收，项目预算投资650万元，已完成600余万元。

完成党支部换届选举工作　2011年3月22日，根据县直党发〔2011〕3号文件精神，县人防办党支部召开支部党员大会，选举人防办党支部书记。参会应到党员人数8人，一致推荐顾会群为沾益县人防办党支部书记候选人。按照中共沾益县直属机关委员会《关于县人防办党支部换届书记候选人的批复》（县直党发〔2011〕9号）部署，党支部于4月15日召开党员大会，按照制定的选举办法（草案）和选举议程，由应到参加选举的8名党员对确定的支部书记候选人进行民主表决，顾会群以8票赞成票当选为县人防办党支部书记。

（肖家辉）

档案工作综述　沾益县档案局是县政府主管全县档案事业的职能部门，主要负责贯彻执行有关法律、法规和国家有关方针政策，制定全县档案事业发展计划和档案工作规章制度，并组织实施；对全县机关、团体、企业、事业单位的档案工作进行监督指导，依法查处档案违法行为；组织指导全县档案理论与科学技术研究，档案宣传与档案教育，档案工作人员培训。沾益县档案馆是集中统一管理县属党和国家重要档案的事业机构，负责接收、征集、整理和保管县属机关、团体、企业、事业单位需要永久和长期保存的档案及重要资料，并提供利用。县档案局、县档案馆合署办公，两块牌子，一套班子。2011年末，内设办公室、法规业务科、档案管理科和现行公开文件查阅中心。有干部职工8人，其中公务员7人，工人1人；有中共党员7人。

截至2011年10月，馆藏档案共有98个全宗，达52002卷（盒）另797233件，排架长度349米，其中文书档案37248卷（盒），含民国档案2047卷、建国后档案35201卷（盒）；专业档案14754卷。有照片档案18册，实物档案144件。已开放了应开放的42个全宗10071卷档案。馆藏图书资料2088册，内容有光绪11年6卷本《沾益州志》、民国时期《沾益县志》草稿、新中国成立后编写的县志、厂志、部门志、年鉴、部分家谱、族谱，马列原著及哲学、政治法律、经济、文化、文学、艺术、科技等各类图书资料。

档案工作目标管理 2011年，县委、县政府继续将档案目标管理纳入全县科学发展观综合考核责任制。由档案局制定具体的考核办法,印发《沾益县2011年档案工作考核细则》，明确2011年全县档案工作的目标、任务和要求，并由县档案局加强督促落实，于年底由综合考核检查组进行检查。

归档文件整理工作 2011年，县档案局认真指导监督各立档单位开展2010年度立卷归档工作，各种门类和载体的档案收集、整理、归档得到进一步规范。截至6月底，全县2010年度立卷归档工作顺利完成。有文书档案29542件。其中，永久6724件，30年9629件，10年13189件；会计档案4398卷，其中凭证3769卷，账本370卷，报表259卷；专门档案6843卷，其中，永久1947卷，长期2856卷，短期2040卷；科技档案636卷；照片档案2427张；实物档案1032块（本、个）；其他96卷（盒）。

档案法制宣传培训 2011年，沾益县加大档案法制宣传、贯彻、学习、培训力度，县档案局以深入学习宣传新修订的《云南省档案条例》为契机，抓好档案法制宣传工作，深入开展“两法一条例”的学习宣传。在县广播电视局的支持下，通过电视宣传了档案行业法律法规、档案八项工程星级创建活动、爱国主义教育基地参观等情况；积极征订党报党刊和《中国档案》《云南档案》等业务期刊，获得征订优秀奖；在《云南档案》上发表文章、信息3篇，向《曲靖档案》报送信息15篇（条），照片10余张，向《沾益信息》报送信息12条；积极组织会员11人参加省、市档案学会年会学术活动，递交论文6篇；积极开展业务培训，对各机关、乡（镇）的专兼职档案员进行了专业培训，共培训专兼职档案员70余人，进一步规范和统一了各项档案工作标准；组织44人参加了省、市举办的各种专项业务培训。

加强农业和农村档案工作 2011年，县档案局积极推动村级建档工作，完善农村档案管理，实现工作重心的转移，把工作重点由机关档案工作转到农业农村档案工作上去，切实加大农业农村档案工作力度，确保村级档案有人管，有制度，有房摆、有箱装。进一步加强对农业农村档案工作指导和866新农村建设档案工作示范点建设的指导，更好地为新农村增收、发展、稳定、和谐服务；在西平镇所有村委会（社区）和播乐乡乐利村开展示范点建设；完成2个乡镇和1个村委会数字化档案室建设工作；与县农业局协调做好第二轮土地延包档案整理移交进馆工作。

完善档案管理基础设施建设 2011年，县档案局进一步加强档案管理工作，完善档案管理基础设施建设，确保档案安全。①采购格力空调4台，安装了视频防盗监控系统，对库房外墙、窗户、门厅、各楼层过道、库房门、查阅室等重要部位实行24小时全方位监控。②坚持对进馆档案和受污染的档案文件进行消毒杀虫灭菌处理，各个库房箱柜常年配有并适时更换防虫防霉药剂，制定和演练了沾益县档案局（馆）自然灾害应急处置预案，坚持定期或不定期对档案安全防护情况进行检查，确保档案安全。③设置政府信息公开查阅场所，并配备电脑等相应的设施设备。④添置了数码相机、摄像机、扫描仪、光盘刻录机、大功率空调和除湿机、温湿度仪、灭火器、计算机、密集架、安全监控等设施设备。共有除湿机4台、大功率吸尘器1个、灭火器24只、复印机等2台，空调4台，电脑11台，服务器2台，手动密集架214.94立方米，五节铁皮柜47套，木制档案资料柜5套。⑤要求各单位认真落实各项制度，坚持“预防为主，从严管理，常抓不懈，定期检查”的原则，注重档案的安全管理，做好档案的查借阅登记，并按要求对库房温湿度进行重点监测和调控，保持科学管理，做到“七防”要求。各单位均不同程度地对档案基础设施、设备增加了投入，部分单位的档案基础设施已上了较高档次，使用了档案密集架、配备了专用计算机，且库房充裕，查阅室、档案室按规定实行了分设，初步迈入规范化管理的轨道。2011年末，全县档案室面积为3034.68平方米，有档案密集架装具1301.21立方米，档案柜510组，850节。全年无档案泄密、涂改、损毁、遗失等情况发生。

进一步拓宽馆藏档案服务范围 2011年，县档案馆认真关注社会热点，了解社会需求，不断拓宽服务范围，增强服务的主动性和及时性，充分利用丰富的馆藏资源及时向社会提供各种档案信息资源服务，档案的有效利用为维护社会稳定、减少上访、编史修志等做出了应有的贡献。全年共接待查阅、利用档案220次461人，提供利用档案资料1224卷次。

现行政务信息查阅服务工作 2011年，县档案馆现行公开文件查阅中心作为政务公开的有效服务平台和政府信息公开查阅场所，积极开展现行公开文件的收集利用工作。全年共收集现行文件7458份，接待利用者300余人次，使档案的作用得到充分发挥。全年共接收现行公开文件268份，目录268条；文件中心接待利用者12人次，文件36份；在电子政务网上对公开文件进行公示，公示档案及现行公开文件目录90条；将7458份（条），26048页政策性、公益性、法规性、服务性现行公开文件按土地房产、劳动就业、医疗卫生等50多个专题进行分类扫描，上传到县政府门户网站档案查询系统供给查询，并免收档案查阅收费和复制费，方便查阅利用。

开展爱国主义宣传教育 2011年8月，县档案馆被县委、县政府命名为县级爱国主义教育基地，县档案局充分利用档案的优势和潜力，以档案馆爱国主义教育基地为依托，坚持“立足档案，面向社会，展示为主，多种形式，教育见效”的原则，积极开展了爱国主义教育。全年共接待参观人员1000余人。

县档案馆创国家二级综合档案馆标准 2011年，县档案馆根据省档案局《转发国家档案局办公室关于印发〈市、县级国家综合档案馆测评办法〉的通知》要求，在省、市档案主管部门的指导下，在县政府的重视支持下，经过局（馆）上下的共同努力，在条件保障、档案基础业务建设、开发利用和信息化建设方面有了显著提高。经国家档案局委托省档案局于12月9日组织专家考评组进行测评验收，得分85分，顺利达到国家二级综合档案馆标准。

丁恒金　供稿

档案信息化建设取得突破 2011年，全县档案信息化建设取得突破。①县档案馆按照建设数字化档案馆的要求，初步建起档案目录数据库，建立了馆藏档案查询和政府公开信息局查询网络。开展了馆藏52002卷档案文件目录的录入工作。年末，录入文件级目录达到797233条、案卷目录21732条、图书资料目录1369条，全年全文数字化扫描档案357869页。②继续公布服务承诺事项、开放档案目录。全年上传土地房产、劳动就业、医疗卫生等50多个专题的7458份（条）、26048页政策性、公益性、法规性、服务性现行公开文件到县政府门户网站档案查询系统供给查询。③县直各单位档案信息化建设取得明显成效。20余家单位实现档案计算机信息化管理，建立了档案管理应用系统，实行文档一体化管理，初步建立起档案目录数据库，实现室藏档案目录自动检索。

进一步加强企业档案工作 2011年，县档案局继续巩固国有企业档案工作取得的成果，进一步加强民营企业档案工作，为国企改革和民营企业的发展、经济效益的提高做好服务。

深入开展创先争优活动 2011年，县档案局在创先争优活动中，紧紧围绕县委的要求和“依法治档，科技兴档，强化服务，发挥效益”的目标实践活动主题，从强化提高干部综合素质、改变工作作风入手，坚持抓学习、抓管理、抓落实，提出了“内强素质、外树形象”的工作目标。先后建立健全了14项管理制度，坚持实行各科室岗位目标管理责任制，促进了干部素质的提高和机关工作作风的转变。在全局范围内实行了干部定岗定目标上岗工作，通过优化干部队伍结构、强化岗位培训及专业培训等，提高了干部的专业技术水平和业务能力，干部队伍综合素质有了很大提高，全局形成了全心全意干事业，一心一意谋发展的良好局面。

（阮建宝）

防震减灾工作综述 沾益县地震局是沾益县政府主管全县防震减灾工作的直属事业单位。主要负责：①依法履行防震减灾管理职能，负责贯彻执行国家和省关于防震减灾工作的方针、政策和法律、法规，监督检查全县防震减灾工作；拟定防震减灾地方性规定并组织实施；负责编制全县防震减灾事业发展规划和年度计划并组织实施。②按照国家、省、市地震监测台网（站）建设规划，统一规划建设管理全县地震台网（站）及信息系统，实现资源共享；负责群测群防工作；强化地震重点监视防御区的震情跟踪，依法保护地震监测设施和地震观测环境。③监督管理建设工程地震安全性评价工作和抗震设防要求，审查批准地震安全性评价报告和抗震设防要求；依法对地震安全性评价单位的资质进行资格审查认证和项目登记；管理辖区内地震灾害预测，会同有关部门防范地震次生灾害；参与拟订地震灾区重建计划。④拟定地震应急预案并组织实施，指导有关部门规划、建设、完善地震应急避难场所和疏散通道；协助有关部门组建和培训地震应急救援队伍和地震救援志愿者队伍；协助有关部门建立地震应急救援物资储备系统；负责震情和灾情速报，会同有关部门组织地震灾害调查与损失评估，参与制定地震灾区重建规划。⑤普及防震减灾知识，提高社会防震减灾意识；协助有关部门建设地震科普教育基地、示范学校；按照有关规定审核防震减灾宣传报道，会同有关部门及时处理地震谣言、地震误传等突发事件，维护社会稳定。⑥指导乡（镇）的防震减灾工作；承办县委、政府和省、市地震局交办的其他事项。2011年末，县地震局内设综合科。有在职领导干部5人，其中局长1人，副局长1人，副主任科员2人，科员1人；有退休干部1人。

2011年，县地震局在县委、县政府的直接领导和市地震局的业务指导下，认真贯彻《中华人民共和国防震减灾法》《云南省防震减灾条例》《云南省人民政府关于全面加强预防和处置地震灾害能力建设十项重大措施的通知》，围绕“推动科学发展，创新工作思路，夯实防震基础，服务经济社会”的总体工作思路，抓好各项措施落实，以提高防震减灾法制工作、监测预报、震害预防、应急救援、防震减灾社会动员、地震应急能力为重点，建立健全监测预报、震害预防、紧急救援三大工作体系，坚持依法行政，各项工作取得新的进展。

1. 加大地震监管力度。一是加强对花山地震观测台的监测管理，制定各种管理制度，责任到人。二是对花山地震观测台实行24小时跟踪监测，每天坚持将监测数据及时准确记录汇报。三是建立定期检查和不定期抽查制度，防止岗位缺失现象发生。四是实行人性化管理，力所能及地解决工作人员工作和生活中的困难和问题，提高其积极性，督促做好地震监测设备的日常维护及保洁工作，确保监测设备正常运行。五是加强对花山监测点周边环境的管理，排除人为因素对监测环境的干扰。

2. 开展群测群防队伍建设。在全县每个乡镇设1名防震减灾宏观联络员的基础上，又在各乡（镇）村委会及小（一）型水库各确定1名宏观观测员，宏观联络员队伍由原来的9名壮大为151名。同时进一步完善了宏观联络员的管理办法，强化学习培训制度，确保群测群防工作的有序开展。

3. 抓好业务技术培训。结合全县防震减灾工作实际，县地震局积极参加上级组织的各类业务培训并及时对各乡（镇）、地震系统的人员进行培训。分别参加了数字地震流动观测技术、如何识别地震前兆异常、群测群防骨干人员培训等培训班，全面学习地震监测、分析预报、紧急救援等方面的知识，通过培训学习，全面提高了地震群测群防宏观联络员的业务技能。

4. 加强基本制度建设。先后制定并出台了县级和单位的地震应急预案、上下班制度、震情值班制度、领导带班制度、震情会商、财经纪律等规章制度，为实行严格规范的管理打好基础。

震情短临跟踪工作　2011年，县地震局积极开展震情短临跟踪工作。一是做好地震前兆数据的观测、分析和上报。二是坚持月、季会商制度，有异常情况紧急会商，快速与市地震局台网监测中心联系，及时确定地震时间、震中、震级，并通过《震情速报》向上级业务部门和县委办、政府办等有关部门汇报。三是坚持异常零报告、日报告制度，做好信息反馈及异常情况的收集调查工作。四是对一些前兆异常进行及时落实，做到落实异常不过夜。五是对云维股份有限公司地震观测台进行检查、维护与维修，全年共到观测站检修仪器2次。

防震减灾社会动员工作　2011年，县地震局按照“主动、慎重、科学、有效”的原则，采取多种形式，深入持久地开展防震减灾社会动员工作。一是沾益水桥小学、大坡乡第一中学被评为2011年度曲靖市防震减灾科普示范学校。二是多次深入大坡乡第一中学、水桥小学等中、小学校指导在校师生进行地震应急疏散演练，加强防震减灾科普知识的宣传教育，提高中小学生掌握应对突发地震灾害的知识和技能。三是以“5·12防灾减灾日”“11·6防震减灾日”“科普宣传日”为契机,采取现场咨询、发放宣传资料、新闻媒体播放等方式开展宣传教育活动，提高全社会防震减灾意识以及应对地震灾害的心理承受能力和自救互救能力。全年共发出宣传资料157万份，接受群众咨询8000人次，张贴海报466

份，散发“防灾减灾”科普读物1300册；沾益电视台共播出相关新闻稿9篇、公益广告《地震来了怎么办》12次。

地震应急能力建设工作 2011年，县地震局进一步加强地震应急能力建设。一是根据《中华人民共和国防震减灾法》和市、县防震减灾工作会议精神要求，下发了《沾益县地震应急预案》，各乡镇和县级有关部门的应急预案得到不断完善。二是逐步添置应急车辆、传真机、打印机、相机及其他应急装备，为地震应急提供基本的设备保障。三是认真贯彻落实《云南省建设工程抗震设防管理条例》和市、县政府关于进一步加强防震减灾工作的意见，积极与有关部门沟通联系，不断加强和规范建设工程抗震设防要求管理工作。

（李所莲）

老龄工作综述 沾益县老龄工作委员会由18个成员单位组成，下设办公室，简称老龄办，是从事老龄工作的县直办事机构。主要职能是履行政府赋予的组织学习、贯彻、落实《中华人民共和国老年人权益保障法》和《云南省老人权益保障条例》，组织开展有益老年人身心健康和促进沾益经济社会稳定和谐发展的各项活动，倡导社会关心、支持老龄事业健康快速发展。2011年末，县老龄办内设综合科，有工作人员5人；各乡（镇）设老龄工作委员会，村委会（社区）设老龄工作领导小组。

2011年是“十二五”规划开局之年，全县老龄工作围绕县委、县政府的中心工作，以邓小平理论及“三个代表”重要思想为指导，在县委、县政府的正确领导下，在市老龄办的指导下，认真贯彻落实科学发展观，坚持“党政主导、社会参与、全民关怀”的老龄工作方针，以实现“六个老有”为工作目标，以“以人为本、服务老年人”为宗旨，以“党委政府满意、社会满意、老年人满意”为检验老龄工作的标准，抓基层、抓重点、抓落实，依法维护和保障老年人合法权益，丰富老年人的精神文化生活，弘扬中华民族敬老、养老传统美德，努力提高行政执法水平，促进了老龄事业的全面健康发展。

全县共有60周岁以上老年人51655人，占全县总人口的12.6%。其中，60至64周岁的18204人，占老年人口总数的35.2%；65至79周岁的25936人，占老年人口总数的50.2%；80至89周岁的6983人，占老年人口总数的13.5%；90至99周岁的530人，占老年人口总数的1.03%；100岁以上老年人2人。

1．党政重视，老龄工作目标明确，任务具体。2011年初，组织召开了县老龄办主任、老龄委成员单位负责人、各乡（镇）分管领导及老龄办主任、县直老年社团负责人会议，对全年工作作了具体安排，印发了《沾益县2011年老龄工作意见》，并与各乡镇签订了年度工作目标管理责任书。进一步明确了老龄工作目标，使服务更加具体，县、乡、村三级老龄工作目标管理考评体系不断完善，条抓块管的老龄工作局面基本形成。

2．惠老优待，提标扩面有成效。县政府将高龄老人保健(长寿)补助补贴纳入年度财政预算，严格按省级标准发放。全县享受高龄津贴总人数5910人，按照省级标准80至99周岁人均360元，100岁以上老人人均2400元的标准，共补助金额213.372万元。其中，省市补助70.6万元，县级财政补助142.772万元，发放工作于2012年1月底前全面结束，各乡（镇）、各单位的发放花名册已报送完备，全县做到了“四免一补”。“四免”即凭优待证免费乘座城市内公交车，免费进入各大风景区，城区内免费上公厕，就医免交普通挂号费用。全年县财政补助公交资金达270万元，惠老26项优待政策得到全面落实。

3．创建工作，推动基层添活力。根据县委、县政府工作会议安排，在全县范围内继续开展创建“敬老先进村(社区)”活动。按照有一个团结务实的领导班子，有一套健全的规章制度，有一个固定的活动场所，有一套完善的维权机制，有一系列为老服务网络，有一批文体活动骨干，有一所老年学校的标准，每个乡（镇）每年创建不少于1个“敬老先进村（社区）”。2011年，共申报创建9个村（社区），在往年的基础上标准有所提高；全县兴建门球场3块，均于9月15～23日经市检查组验收合格，并在10月25日召开的全市老龄工作会议上受到了表彰。创建点规划好、场地宽、设施全，在创建活动的推动下，老年活动场所逐步走向规范化。县老龄办还积极协调争取资金8.1万元对2010和2011年创建的敬老先进村（社区）和“四个一”工程进行资金补助，有效提高了基层干部的创建工作积极性。全县累计创建“敬老先进村（社区）”67个，占全县122个村委会（社区）的55.8%。

4．居家养老，规范服务呈亮点。在无项目带动、无项目资金投入的情况下，全县继续实施“11266”工程（即：建1个不少于400平方米的社区居家养老服务中心；制定1套行之有效的管理服务制度；建立2支队伍：专业服务队伍和志愿者队伍；开展6个方面的服务；抓好6个结合，开展社区居家养老服务。在西平镇龙华社区建立居家养老服务中心，占地面积418m^2，建筑面积为356m^2；在盘江镇施家屯社区建立居家养老服务中心，占地面积12200m^2，建筑面积1000m^2，设维权服务室、棋牌室、聊天室、医疗保健室、图书阅览室、日间照料室、健身室等。为老年人提供了生活料理、精神慰藉、法律咨询、康复理疗、文体娱乐、文化教育等各个方面的服务，服务效果良好。11～12月期间，全县有12人参加了市老龄办与昆明颐康职业培训站在曲靖夕阳红公寓酒店举办的养老护理员职业资格培训班，并获得职业资格证书，为规范养老服务业打下了基础。

5．敬老活动，内容丰富氛围浓。10月5日的重阳节是云南省第二十四届“敬老节”，县老龄办筹备组织了以“关爱老人、构建和谐”为宗旨，以“敬老助老、从我做起”为主题的系列活动，让全县老人度过了一个愉快而有意义的节日。9月29日，在玉林广场举办了“敬老月”系列活动启动仪式，县委常委、组织部长王绍有到会并宣布启动仪式开始，县委常委、常务副县长高朝花作了重要讲话，县老龄委19个成员单位的领导和老年社团组织会员500余人参加了启动仪式，全县老年社团组织表演了精彩的文艺节目；9月30日，在高朝花的带领下，深入到西平镇、菱角乡慰问了百岁老人、困难老人、残疾老人、高龄老人和敬老院老人等60人，并送上慰问金1.2万元，10月4日，组织县老年书画诗词协会举办了老年书画诗词作品展，展出200余幅作品；10月5日，组织县老年花卉盆景协会在老年活动中心举办了老年人花卉盆景展，有300余盆花卉盆景参展。各乡（镇）各单位结合自身实际开展活动，以座谈、会议、文艺演出、慰问等形式庆祝重阳节，西平镇免费为60岁以上老人进行体检。一系列丰富多彩的庆祝活动，在全社会营造了尊老、敬老、爱老的良好氛围。

6．老龄宣传工作，形式多样覆盖广。一是充分发挥新闻媒体的作用。加强对老龄工作的宣传报道，注重宣传全县老龄工作所取得的成绩和敬老助老涌现的先进典型。通过广播、宣传画册、张贴标语等形式大力宣传《中华人民共和国老年人权益保障法》和《云南省老年人权益保障条例》等法律法规，加大老龄事业的宣传力度。全年共发放宣传资料1800余份，广播、电视宣传15余次。二是充分利用各级、各单位、各乡（镇）橱窗、板报、网络等宣传阵地，进一步加大宣传教育力度。三是加强对沾益县“老龄委政府信息公开网站”的管理和更新，借助网络的宣传作用，加大老龄宣传的社会辐射力度。四是充分发挥老年群体宣传作用。利用文艺、体育等老年活动，大力开展老年社团组织活动，营造了良好的社会氛围。

7．围绕中心，作风务实强职能。县老龄办围绕县委、县政府中心工作，努力把机关打造成学习型、务实型、创新型、服务型、和谐型和廉洁型机关，提升创新干事的能力素质，扎实开展了各项创先争优活动，保持和增强“争、创”意识。2011年，县老龄办被市政府表彰为“老龄工作先进集体”，在市老龄办对各县市（区）年度工作目标管理考核中，沾益县为一等奖。①健全制度，提高队伍整体素质。县老龄办建立健全了服务承诺、首问责任、限时办结、行政问责等四项制度，进一步提高服务工作的透明度和公信力，完善办公室各项规章制度。讨论制定了《财务管理制度》《请销假制度》《车辆管理制度》《学习制度》等规章制度，规范了干部职工的行为，形成了照章办事的格局，提高了老龄队伍的整体业务素质。②热情服务，认真做好办证工作。选派工作人员进驻政务中心负责为群众办证，做到及时办理，优质服务；认真做好信访接待工作，维护老年人合法权益，县、乡（镇）两级老龄部门建立健全了老年人信访制度，并由专人负责，做到老年人投诉来访有人接待、有人办理、有答复意见。全年全县共办理《云南省老年人优待证》2000余本。③确保满意，承办人大建议、政协提案。县老龄办把办理县人大代表建议、政协委员提案作为一项重要工作来抓好落实，组织面商答复，提前完成办理任务。共承办县人大代表建议、政协委员提案3件，面商率、回复率100%，确保了三个“满意”（人大代表、政协委员满意，督办领导满意，县政府领导满意）。④高度重视，做好老年社团管理服务工作。一是召开了县直5个老年社团负责人会议，总结2010年的工作，安排布置2011年的工作。二是动员县直老年社团组织围绕县委、政府工作中心发挥积极作用，在全县的春节文化活动中，编排表演节目，组织老书协在全县的春节“三下乡”活动中义务为群众写春联1000余份，服务社会和老年人。三是积极参与县直老年社团组织的重大活动，组织老年社团开展向杨善洲学习活动，动员老同志余热生辉、老有所为。四是组织县直老年社团在建党节、国庆节、敬老节等节假日期间开展系列活动，丰富老年人精神文化生活。五是组织县直有关老年社团参加全市老年文艺、体育项目比赛，对外宣传沾益，展示沾益老年人的精神风采。六是加强县直老年社团组织工作经费使用的督查和管理，做到及时划拨，搞好服务。

老龄工作全面开展　2011年，全县各老龄成员单位按照职责分工各司其职、团结协作，全面开展老龄工作。①县人力资源和社会保障局进一步完善了养老保险制度，稳步推进医疗保险制度改革。7月，全县启动了新型农村和城镇居民社会养老保险试点工作，经过各乡（镇）和县直相关部门的共同努力，截止12月底，全县共有198987人参保（其中农村195824人、城镇

丁恒全　供稿

3163人），参保率达93.78%，共有42478人享受养老待遇，7～12月累计发放养老金1385万元。根据省、市相关文件精神，自2012年1月开始，基础养老金由每月55元增加为每月60元。②县民政局继续完善城乡低保制度，将符合条件的城乡4647名老年人纳入社会救助范围，支出保障金588.8万元；资助3807名老年人参加新农保，资助金额19.04万元；资助4757名低收入老年人，资助资金33.3万元；全县纳入农村五保户1131户、1174人，集中供养109人，分散供养1065人，支出供养金84.528万元；积极实施敬老院新建、改扩建工程。③县财政局调整财政支出结构，增加老龄事业经费投入，确保养老金等项支出，保障老年人基本生活，加大扶持发展养老服务业的力度。④司法局面向社会为老年人提供法律服务，帮助老年人调处纠纷，全年受理老年人援助案件3件，为老年人提供法律咨询21人次。⑤县委组织部、老干部局认真落实老干部政治、生活待遇，做好离休干部服务工作，充分发挥老干部的作用。⑥其他各成员单位均按照各自职责，加强领导，精心组织，统筹安排，做到有部署、有计划、有检查、有总结，责任到人，保证了各项工作落到实处。

成立沾益县老龄事业发展促进会　2011年12月21日，在县委、县政府的重视和支持下，在各乡（镇）、各部门及社会各界人士的参与下，沾益县老龄事业发展促进会成立暨第一次会员代表大会顺利召开，标志着全县老龄事业发展进入了一个新时期。期间，选举产生了沾益县老龄事业发展促进会理事会常务理事、会长、副会长。组织动员各创始会员单位和个人响应县委、县政府的号召，为发展老龄事业募集资金40余万元，有效帮扶贫困老人、孤寡老人、残疾老人和发展助老工程，进一步推进老龄事业向前发展，健全老年福利制度，完善社会保障体系，促进社会文明进步。

（赵　娟）

接待工作综述　中共沾益县委、沾益县人民政府接待处加挂沾益县政府机关事务管理局牌子，属正科级单位，核定财政全额拨款事业编制5名。主要负责会同“五办”做好到沾益检查工作、参观考察领导的接待工作；配合县委办、县政府办办理主要领导和考察团外出学习、参观、考察等活动的前期联络工作及随同服务；配合做好大型活动的筹备工作；负责对各部门及乡（镇）接待工作的业务指导。2011年末，下设办公室、接待科和机关事务科3个科室，有工作人员4名，其中主任1名，副主任2名，有党员3名。

2011年，县接待处按照县委确定的各项工作目标，围绕县委、县政府中心工作，充分发挥工作职能，认真完成各项工作，确保接待工作和机关后勤工作正常开展。

1．接待工作。按照县委、县政府要求进一步强化大局意识，服务意识，本着“有利公务、节俭实用、规范高效”的原则，不断提高公务接待的质量和水平。一是严格程序，周密安排。二是严格执行接待范围和接待标准。三是机动灵活，确保效果。四是谨慎细致，严守纪律。

2．机关事务管理工作。县接待处充分发挥职能，在机关房产、基建、食堂、水电、绿化卫生、会务服务等工作方面，逐步实现“管理科学化，服务优质化”，为机关办公区各项工作高效运转提供了有力保障。

接待能力得到加强　2011年，县接待处坚持学习教育，不断加强接待处人员的能力建设。①继续倡导“三小三大”的工作理念。即接待处虽然是个小单位，但是是一个大舞台；接待处虽然是个小单位，但是是一个大熔炉；接待处虽然是一个小单位，但是是一个大家庭。以理念团结、感召全体同志齐心协力，兢兢业业投身接待工作，营造和谐、共荣、有为的工作氛围。②加强提升思想理论和业务技能。坚持每周职工学习，在抓好“三个代表”重要思想、贯彻十七大精神、学习实践科学发展观以及党风廉政建设教育等相关政治思想理论学习的同时，加大对接待业务知识、安全知识等方面的教育培训力度，鼓励大家加强学习，不仅满足于做好具体接待工作，同时也为各项发展打好基础、集聚后劲。③强化责任制考核。根据《沾益县接待处制度汇编》要求，接待处加大了对岗位责任、任务的考核力度，采取季度考核、年终考核相结合，并明确将考核结果作为年终评定各类先进的主要依据。考核实行百分量化，按季度由接待处全体人员集体打分，并对季度考核分数最低的同志，进行交心谈心，及时提醒，纠正其错误思想或做法，促其尽可能地完成好工作并提高工作质量。

接待工作质量不断提升 2011年，县接待处强化服务理念，不断提升接待工作质量。①进一步规范接待流程。自实行了季度考核制度以来，接待中的失误率明显降低，接待质量得到了很大提高。同时在继续做好各项工作的基础上，加大了对接待档案的收集、管理，要求接待的同志在完成每一次接待任务后，把接待的全过程以书面形式记录下来，并注明实际接待过程中与原方案有出入的地方，确保资料的全面性和准确性。②进一步规范和统一宾馆酒店的接待要求。及时与各家酒店进行协商，确定相关接待结算标准，为酒店实施接待做好准备。为严肃接待制度，节约接待费用，根据以往接待审批中暴露出一些诸如随意提高会场价格、餐厅鲜花布置超高规格等问题，对接待协议酒店的会场价格进行了重新审定、明确，还就餐厅、会场、房间内的鲜花布置标准作了详细规定，增强了接待的操作性，有效防止了接待过程中的浪费现象。③为确保接待效果，以服务为宗旨，视满意度为生命，不断改进接待工作方法，增强主观能动性，做到领导满意、来宾满意、基层满意。一是加大投入，尽量满足接待需要。通过一系列措施改善办公条件、提高办事效率，提升接待能力。二是加快点位的开发建设，灵活创新接待手段。根据全县的发展情况和考察热点，2011年以珠江源等为重点接待点位，较好地满足了接待的需要；同时制作了新的席位卡、菜单明细卡、就餐指南，较好地点缀了接待氛围。三是进一步转变工作态度，主动服务各界。根据部门及乡（镇）需求，主动提供服务，主动指导乡（镇）接待工作。④按照县委、县政府要求，不断强化大局意识、服务意识，本着“有利公务、节俭实用、规范高效”的原则，不断提高公务接待的质量和水平。一是严格程序，周密安排。所有接待均严格依照县里的活动方案，制订出细致的就餐、住宿方案，并提前熟悉来宾的姓名、职务、民族、人数、饮食习惯、行程等基本情况，及时安排好接待场所，确保客人满意，活动成功。二是严格执行接待范围和接待标准。进一步规范公务接待的范围、程序和标准。三是机动灵活，确保效果。遇有特殊情况，及时向领导请示，既不擅自作主，又保证特事特办，确保接待顺利完成。四是谨慎细致，严守纪律。无论大小接待，从饮食到住宿都确保无任何疏漏。同时，不断强化接待人员的政治意识，要求全体人员严格遵守接待纪律，严守工作秘密，保证公务接待不受非正常因素干扰。2011年，县接待处圆满完成全年各项接待任务，共接待部级5次12人，厅级20次110人，处级10次56人。

机关后勤保障能力明显增强 2011年，县接待处进一步强化管理，机关后勤保障能力明显增强。①全面加强安全管理。严格执行每天领导带班巡查，重大活动和节日集中检查，每月定期检查制度，认真落实各项安全管理措施，先后组织开展了5次拉网式安全检查活动，及时将检查出的安全隐患反馈到责任单位，明确整改措施和时限，并跟踪督促落实。不断完善人防、物防、技防措施，科学布置护卫岗点，合理安排执勤备勤力量，做到安全保卫不留死角、不出断层，确保了办公区安全。②实行精细化管理，节约型机关建设稳步推进，做好节能减排各项工作。严控日常水、电等资源的利用环节，做好日常水、电用量的统计对比分析，对重点设备指定专人负责并定时巡检，发现故障及时维修排除，杜绝“跑冒滴漏”现象，对公共区域照明采取隔盏亮灯的办法，达到节电目的。③加强公共环境管理。对机关办公楼公共区域严格管理，杜绝了擅自乱摆乱放、乱贴乱画行为，维护了机关的办公环境，并做好各单位卫生评比工作。在重要节庆日，按照领导要求，及时做好公共区域的净化、美化、亮化工作，营造了良好的节日氛围。④切实加强设备服务保障。做好机关事务管理局各类设备的正常运行服务工作，对消防、安保、电梯、水电等维修项目实行“一条龙”限时服务，对各单位反映的设施、设备方面的问题，做到立即落实、跟踪办理。据统计，全年共维修水电、办公用具等各类设备设施2200余次。⑤精心做好会议服务工作。完善了公共会议室服务设施，进一步增强了服务功能。会议前后，主动与办会单位对接，并积极指导会议服务人员做好会场准备、设备调试、人员引导鲜花布置等工作。全年共承办各类会议105余次，没有发生一起因会议服务工作失误而影响会议召开的事件。⑥不断完善管理体制，提高机关食堂餐饮服务水平。主动克服各种困难，认真听取广大干部职工和有关领导的意见和建议，积极协调沟通，不断加强对机关食堂的管理，统一在机关食堂使用IC卡，为干部就餐提供优质的服务。⑦做好重大节会活动的筹备、服务工作。积极参与筹办全县各类大型会议和节会活动。登山节期间，在保障接待处正常办公的同时，抽调有关人员深入一线，完成食宿安排等方面的工作任务，受到领导及与会嘉宾的好评。

班子建设得到加强 2011年，县接待处把班子建设摆在首位，深入学习实践科学发展观，注重加强领导班子思想政治建设，全面提高领导干部思想政治素质，保证了领导班子成员在思想上、政治上和组织上的高度统一。①严格实行集体领导与个人分工负责相结合。讲民主、重程序、严分工，营造了开拓创新、干事创业、真抓实干的良好氛围。②坚持用完善的制度约束干部，用严格的纪律要求干部，用领导班子的身体力行感召干部，不断加强对全体干部职工的教育和管理，干部职工工作作风明显改进，工作效率明显提高，能够自觉做到热情服务、文明服务。③不断强化团队意识，切实抓好自身建设。领导班子和全体干部的凝聚力、战斗力不断增强，树立了良好的形象。④深入开展党性党风教育，健全各项规章制度，不断加强对干部职工的监督管理。领导班子严格执行党风廉政建设责任制的有关规定，以身作则，率先垂范；全体干部职工廉洁自律、求真务实，党风廉政建设不断深入开展。

干部队伍建设进一步加强 2011年，县接待处按照“一、二、三、四”的工作思路建设作风优良、纪律严明、专业过硬的干部队伍。①“强化一种意识”。强化服务意识，立足机关后勤服务工作，努力提高服务的质量、水平和品位，为领导、机关提供优质服务。②“抓住两个关键”。一是抓安全，确保机关办公区及重大节日、重大活动期间安全稳定。二是抓规范，完善工作流程，建立健全决策、执行、监督、考核为一体的工作机制。③“强化三项措施”。一是强化制度建设。进一步修订、健全各项工作制度。二是强化工作落实。进一步改进工作作风，打造一流团队，推动各项工作更加高效落实。三是强化创新。切实把握机关后勤工作发展面临的新形势，深入分析研究机关后勤工作发展中出现的新情况、新问题，创新工作思路、工作方法，推动服务、管理、保障工作实现跨越式发展。④“提升四项工作”。一是提升接待工作。牢固树立大局意识、政治意识、协作意识，不断提高接待工作水平，打造沾益对外窗口形象。二是提升管理工作。围绕职能职责，实现安全、规范、高效的管理目标。三是提升后勤服务保障工作。按照“保障有力、服务为先、高效便捷”的要求，实现各类保障工作力度进一步加大、效果进一步提升。四是提升机关自身建设。进一步加强学习，完善制度，打造学习型机关，培育专业型人才，增强职工事业心、责任感和创业激情，全面树立良好形象。

（岳　昆）

中国人民政治协商会议沾益县委员会

综　述 中国人民政治协商会议沾益县第三届委员会由196名委员组成，常务委员会由主席1名、副主席4名、常务委员28名组成。委员中，女委员占26%，少数民族委员占6%，各民主党派、无党派人士占7%。委员会下设5个专委会和1个办公室，即提案委员会、经济建设委员会、科教文卫体委员会、社会和法制工作委员会、文史资料委员会、县政协办公室，承担县政协日常工作。

2011年，面对沾益实施新一轮科学发展的形势和任务，在县委的正确领导下，全县政协组织和广大政协委员坚持以邓小平理论和“三个代表”重要思想为指导，深入贯彻落实科学发展观，以坚定的责任感和使命感，心系发展参大政、议大事、商大计；情系民生深调研、广视察、献良策；力系主题凝人心、聚合力、促和谐；身系事业抓阵地、建机制、夯基础。全面完成了政协四次全会明确的各项任务，为推动全县经济社会科学发展、和谐发展、跨越发展良好开局发挥了重要作用，做出了新的贡献。

召开政协沾益县第三届委员会第四次会议 2011年2月21～24日，中国人民政治协商会议沾益县第三届委员会第四次会议在沾益县五机关报告厅召开。会议应到委员196人，实到193人，应到常委28人，实到28人，应到列席人员113人，实到108人。县委书记聂祖良，县委副书记、县长毕尚鹏等县委、人大、政府、纪委的领导，县级离退休老领导、驻沾市政协委员、全国劳模及有关部门负责人应邀参加会议。会上，县委书记聂祖良作了重要讲话。县政协主席刘吉平受政协沾益县第三届委员会常务委员会委托，向大会作常务委员会工作报告，副主席鲍双森作提案工作报告。会议听取了县委副书记、县长毕尚鹏作的《政府工作报告》的说明和《沾益县国民经济和社会发展第十二个五年规划纲要》的说明；听取了县人民政府领导作的《沾益县政府关于县政协三届三次会议以来提案办理情况的报告》；听取了县发展和改革局局长李载民作的《沾益县2010年国民经济和社会发展计划执行情况与2011年国民经济和社会发展计划草案的报告（书面）》的说明；听取了县财政局局长何永发作的《沾益县2010年地方财政预算执行情况及2011年地方财政预算草案的报告（书面）》的说明；听取了县人民法院院长唐敬东作的《法院工作报告》的说明，听取了县人民检察院检察长王强作的《检察院工作报告》的说明，会议协商讨论了以上报告，并分别召开政府工作报告、计划、财政报告专题协商会和法、检两院工作报告专题协商会；召开了统战工作联谊会和妇女工作联谊会。会议期间，共收到大会发言材料30余份，10名委员在大会上作了议政发言。收到以提案形式提出的意见建议181件，编印会议简报6期。

召开政协沾益县第三届委员会第十七次常委会议　2011年2月14日，政协沾益县第三届委员会第十七次常委会议在县政协会议厅召开。会议由县政协主席刘吉平主持，县政协副主席马卫民、张晓鑫、鲍双森、孟靖宇及县政协常委出席会议；县委常委、常务副县长保家礼，县政府办公室主任张勤勇应邀参加会议；县政协保留正县级待遇和享受正县级非领导职务待遇的领导、县政协副调研员，不是常委的各委（室）主任、副主任，各政协工作组组长列席会议。会议协商讨论了《政府工作报告》。讨论通过了中国人民政治协商会议沾益县第三届委员会第四次会议决定；中国人民政治协商会议沾益县第三届委员会第四次会议议程（草案）；中国人民政治协商会议沾益县第三届委员会第四次会议日程（草案）；中国人民政治协商会议沾益县第三届委员会第四次会议《常委会工作报告》和《提案工作报告》报告人名单、秘书长、副秘书长名单（草案）；讨论通过了中国人民政治协商会议沾益县第三届委员会第四次会议列席、特邀人员范围、委员分组、各组召集人建议名单（草案）；协商讨论了中国人民政治协商会议沾益县第三届委员会第四次会议提案截止时间（草案）；中国人民政治协商会议沾益县第三届委员会第四次会议未尽事宜的决定。表决同意了增补施明鹏等8位政协委员的建议，以及李树云等3位同志任免职的建议。

召开政协沾益县第三届委员会第十八次常委会议　2011年3月24日，政协沾益县第三届委员会第十八次常委会议召开。会议由县政协主席刘吉平主持，县政协副主席马卫民、张晓鑫、鲍双森、孟靖宇及县政协常委出席会议；县委常委、常务副县长保家礼，县人大常委会副主任杨正平应邀参加会议；县政协保留正县级待遇和享受正县级非领导职务待遇的领导、县政协副调研员，不是常委的各委（室）主任、副主任，各政协工作组组长列席会议。会上，传达学习了全国政协十一届四次会议精神；学习了市政协三届十六次常委会议精神；审议通过了《政协沾益县委员会2011年工作要点》；审议通过了《政协沾益县委员会2011年常务委员履职考核办法》；审议通过了县政协2011年县政协重点提案；审议通过了《政协沾益县委员会2011年委员履职考核办法》；县政协领导分别与分管联系的委（室）和工作组签订了2011年工作目标责任书。

召开政协沾益县第三届委员会第十九次常委会议　2011年7月19日，政协沾益县第三届委员会第十九次常委会议召开。县政协主席刘吉平主持会议，县政协副主席马卫民、张晓鑫、鲍双森、孟靖宇及县政协常委出席会议；县委常委、常务副县长高朝花，县政府办公室主任张勤勇应邀参加会议；县政协保留正县级待遇和享受正县级非领导职务待遇的领导、县政协副调研员，不是常委的各委（室）主任、副主任，各政协工作组组长、县农业局和县卫生局主要领导列席会议。会上，传达学习了胡锦涛总书记《在庆祝中国共产党成立90周年大会上的重要讲话》精神；学习了市政协三届十七次常委会议精神；学习了县四次党代会精神；会议听取了县委常委、常务副县长高朝花所作的县政府关于2011年上半年经济社会发展情况及下半年工作安排的通报；县政府办公室主任张勤勇所做的县政协三届四次会议以来的提案办理情况的通报；县农业局、县卫生局主要领导向常委会汇报了民主评议的整改落实情况；讨论通过了《关于推进全县服务业发展情况的调研报告》《关于全县未成年人违法犯罪情况的调研报告》《关于全县非公经济发展规划实施情况的调研报告》《关于全县学前教育情况的调研报告》；讨论通过了《关于规划建设沾益县钢材及建筑材料交易市场的建议》《关于切实解决县城及城郊居民饮用水问题的建议案》；通报了2011年乡（镇）政协工作组办公室“五有”建设检查情况。

召开政协沾益县第三届委员会第二十次常委会议　2011年9月29日，政协沾益县第三届委员会第二十次常委会议召开。县政协主席刘吉平主持会议，县政协副主席马卫民、张晓鑫、鲍双森、孟靖宇及县政协常委出席会议；县政协保留正县级待遇和享受正县级非领导职务待遇的领导、县政协副调研员，不是常委的各委（室）主任、副主任，各政协工作组组长列席会议。会议学习了市政协三届十八次常委会议精神；讨论通过了《关于全县森林资源林政管理和中低产林改造的视察报告》《关于全县农村客运站建设情况的视察报告》《关于对全县文物保护与利用情况的视察报告》《关于对全县新农村建设与管护情况的调研报告》《关于2011年提案办理工作情况的视察报告》《关于全县广播电视“村村通”直播卫星覆盖工程的视察报告》。

召开政协沾益县第三届委员会第二十一次常委会议　2011年12月29日，政协沾益县第三届委员会第二十一次常委会议召开。县政协主席刘吉平主持会议，县政协副主席马卫民、张晓鑫、鲍双森、孟靖宇及县政协常委出席会议；县纪委副书记徐文义应邀参加会议；县政协保留正县级待遇和享受正县级非领导职务待遇的领导、县政协副调研员，不是常委的各委（室）主任、副主任，各政协工作组组长列席会议。会议传达学习了市政协三届十九次常委会议精神；听取了县纪委副书记徐文义所作的2011年党风廉政建设情况的通报；讨论通过了县政协三届五次会议常委会工作报告提纲和提案工作报告提纲；各专委会向常委会汇报了2011年的工作情况；办公室通报了2011年常委、委员、工作组年度考核情况；常委会对县公安局和县住建局工作进行了民主评议票决；表决通过了增补马才玉、保德勇2位政协委员的建议，以及马才玉等四位同志任免职的建议等人事任免事项。

政治协商工作 2011年，县政协充分利用全委会、常委会、主席会议等各种形式，紧紧围绕全县工作大局，开展多个层面、多种形式的政治协商。①全会层面的协商。根据年初制定的《工作要点》的安排，在县政协三届四次会议上，委员们听取并审议了县政协常委会工作报告和提案工作报告，同时对县人民政府、县人民法院、县人民检察院的工作报告和计划、财政报告以及“十二五”规划纲要等进行了认真的协商讨论，提出了很多很好的意见和建议；在三届四次全会上，县政协精心组织的《将沾益打造成为桥头堡建设的重要阵地》等10个大会发言质量较高、反响很好，得到了县委、县政府领导的充分肯定和重视。②常委会层面的协商。在政协常委会上，县政府向县政协常委会通报了全县“十二五”规划纲要情况，县政协常委们踊跃提出意见和建议，积极努力为《沾益县“十二五”规划纲要》的进一步完善献计献策；县政府通报了2011年全县上半年经济社会发展情况和下半年工作要点，并听取政协常委们的意见；县纪委通报了2011年度反腐倡廉工作情况。③专题性协商。县政协组织部分政协委员与县委、县政府领导和有关职能部门负责人互动交流，共谋发展，组织召开10场次协商会，形成有分析、有见地的协商意见68条。专题协商会所提出的意见建议，县政协经过整理形成书面协商意见，及时报送党政部门和有关方面，使之在完善决策，推进发展、改进部门工作中发挥作用。

民主监督工作 2011年3～11月，经县委批准，县政协上下联动，对县公安局、县住建局的工作进行了认真深入的民主评议。通过听取汇报、查阅资料、调查走访、民意测评和综合分析等方式，坚持实事求是、客观公正的原则，对全县公安工作和城建工作作出了评议，做到“肯定成绩不虚夸，正视问题不回避”，提出了不少改进意见和建议。全县公安系统和住建系统积极配合县政协的评议工作，针对评议中提出的问题和建议，进行了认真整改。通过民主评议，县公安局加大交通安全监管力度，确保城乡交通道路畅通有序；扎实深入开展社会治安整治行动，加大对“两抢一盗”案件的侦破力度，严厉打击犯罪分子嚣张气焰；强化公安队伍作风建设，提高公安队伍整体形象。县住房和城乡建设局加强机关作风和效能建设，加大市容市貌整治工作力度，强化城管执法队伍管理，加快推进城市农贸市场建设步伐。促成了政协委员的重点提案和城区居民反映强烈的街道命名挂牌工作真正落到实处，赢得社会的好评。

专题调研工作 2011年，县政协抓住全县的部分重点工作，深入调研，体察民情、汇集民意，让党委、政府了解更多的信息和情况。①组织开展新农村建设与管护情况专题调研，调研组深入新农村建设点，实地查看、仔细了解情况，座谈交流、认真分析问题，集中讨论、积极提出建议，形成《关于对全县新农村建设与管护情况的调研报告》，县委书记聂祖良对报告作了重要批示，安排政府分管领导牵头，相关部门参与，认真研究、切实抓好新农村建管工作。②组织开展学前教育情况专题调研，调研组深入调查研究学前教育工作中存在的困难和问题，从“加大投入、加强教师队伍建设、改进教学方法、规范办学行为”四个方面提出意见建议，形成了《关于全县学前教育情况的调研报告》，县人民政府县长毕尚鹏对报告作了重要批示，要求县教育局认真研究具体措施，努力解决实际问题，确保每年都有新发展。③针对近年来未成年人违法犯罪呈上升的势头，组织开展专题调研，认真分析当前未成年人教育工作中带有综合性、普遍性、苗头性的问题，提出加强未成年人思想道德文化建设，有效预防未成年人违法犯罪的对策和建议，积极为维护地方稳定、家庭和睦、社会和谐献计出力。④针对持续干旱城市生活用水告急及水质安全问题开展调研，形成了《关于解决县城及周边农村饮用水安全问题的建议》和《关于切实组织好南盘江上游九龙山峡谷段水资源蓄水工作的建言献策》，县委、政府高度重视，县水务局积极采纳，并抓紧落实。⑤围绕抗旱减救灾工作，部分乡镇政协工作组，未雨绸缪积极开展调研工作，因地制宜建言扩大晚秋作物种植，最大限度降低旱灾造成的损失。

专项视察工作 2011年，县政协围绕与人民群众生活息息相关的重点问题，组织了对全县文物保护与利用情况、农村客运站建设情况、森林资源林政管理和中低产林改造情况、全县广播电视“村村通”直播卫星覆盖工程、2011年提案办理工作五次专项视察，分别形成了《关于对全县文物保护与利用情况的视察报告》《关于全县农村客运站建设情况的视察报告》《关于全县森林资源林政管理和中低产林改造的视察报告》《关于全县广播电视“村村通”直播卫星覆盖工程的视察报告》等五篇视察报告。围绕农村客运站点建设中存在的问题，组织开展专项视察。视察组深入实际、深入现场，详实调查了解项目实施情况，深入分析客运站点竣工后长期闲置的症结所在，充分学习借鉴外地成功经验，切合实际提出解决办法和措施，形成了《关于全县农村客运站建设情况的视察报告》，县委、政府高度重视调研报告所提出意见建议，县委书记聂祖良作了重要批示，要求分管领导牵头抓好实施。此项视察有力地促成了遗留问题的解决，项目作用的发挥，产生了良好社会效果。针对县城钢材交易市场存在市场规模小、安全隐患大、运作不规范等问题，组织开展视察，形成《关于规划建设钢材建材交易市场的建议》，县委、政府将此建议纳入城市规划统筹考虑。组织对全县广播电视“村村通”直播卫星覆盖工程实施情况开展专项视察、组织对全县基本公共卫生服务项目实施情况开展视察，委员们在实地考察、座谈讨论的基础上，了解情况、研究问题，就项目实施过程中存在的困难和问题提出了有针对性的解决办法和措施，形成了专项视察报告；同时参与配合省、市政协组织的廉租房建设、“3568”安保双基工程实施情况、粮食生产情况视察。民生课题的专项视察有力地推动了党和政府切实解决好人民群众最关心、最直接、最现实的利益问题，让广大人民群众共享改革发展的成果。

提案工作　2011年，县政协在县委的领导下，坚持以科学发展观统领提案工作，按照“围绕中心、服务大局、提高质量、讲求实效”的方针，把握团结和民主两大主题，围绕全县重大战略决策，着眼于人民群众最关心、最直接、最现实的利益问题，积极运用提案建言献策。县委、县政府高度重视提案工作，县政协把提案工作作为政协的一项重要工作来抓，各承办单位认真办理取得了较好的成绩，充分发挥了提案在政协履职中的主渠道作用，助推了全县经济社会实现平稳较快发展。在2011年的提案办理工作中，县委、县政府、县政协进一步加大提案督办力度，采取跟踪问效、检查视察、电话催办等形式，建立县级领导督办、承办单位督办、政协委室督办等多角度督办机制，有力地推动了提案办理工作。①重点提案的示范带动作用明显增强。2011年承办的3件重点提案均已得到落实。《关于对全县退休人员发放住房补贴的提案》引起了县委、县人民政府的高度重视，县人民政府决定将全县退休人员的住房补贴2112万元分两年兑现。《关于加大海峰湿地旅游开发力度的提案》由县人民政府投资45万元编制了开发规划，已申报为省级重点招商项目，招商引资工作正在进行。《关于尽快启动白浪水库引水工程解决沾益城市供水不足的提案》由县人民政府委托相关部门完成了白浪水库调水工程的可行性研究报告和设计工作，成立了工程建设指挥部，已于2011年12月启动建设。②进入党政部门决策程序的提案多。在2011年办理的164件提案中，建议意见已解决和列入计划解决的提案155件，占立案数的95%。《关于建立沾益县网络警察队伍的提案》经县公安局认真办理，已组建网络安全保卫大队，全面履行网络安全工作的职责。《关于加大松会路维修力度的提案》由县交通局争取资金536万元，对松会公路卡郎段进行维修，大大改善了该路段的交通环境。《关于加强玉龙小区管理、增设停车位确保小区交通畅通的提案》由县房地产开发公司进行认真办理，投入资金40余万元，对小区绿化地进行改造，增设停车位200余个，缓解了小区交通拥挤的压力。③注重提案办理情况的督查落实工作。2011年9月，县政协主席、副主席带队，成立五个视察组对2011年提案办理情况进行视察，认真督查2011年提案办理进展情况，结合提案办理中存在的困难，帮助承办单位研究具体的办法和措施，进一步促进了部分提案的再落实。三届四次全会以来共收到提案181件，立案164件。在立案的提案中，有关工交、财贸、旅游、通讯方面的37件，占23%，农、林、水、电、城乡建设、环境保护方面的74件，占45%；科、教、文、卫、体方面的22件，占13%；治安、人事、社会保障方面的29件，占18%；政协、统战、民族、宗教方面的2件，占1%。

社情民意信息工作　2011年，县政协着力围绕县委、县政府的中心工作，坚持落实主席联系常委、常委联系专委会、专委会联系工作组、工作组联系委员、委员联系群众的制度；坚持党政领导向政协委员通报经济社会发展和重要工作情况制度；坚持党政部门与政协委（室）沟通对接制度；坚持县政协领导参与大接访制度，继续发挥政协委员特邀监督员、信息员工作的经常性和反映社情民意的独特性作用，真实了解人民群众的生产生活，真情关注人民群众的安危冷暖，真心反映人民群众的合理诉求，进一步加强社情民意信息工作，妥善处理来信来访。县政协社情民意办公室共接待群众来访120余人次，收集社情民意250余条。

参与社会管理创新实践 2011年，县政协充分发挥联系广泛、协调各方、位置超脱的优势，积极参与社会管理创新实践。①认真组织学习有关会议及文件精神，深刻认识社会管理工作面临的新形势和新任务，增强政协组织和广大政协委员积极投身社会管理创新实践的自觉性和主动性。②坚持县政协领导带案下访的工作制度，积极主动协助党委政府调处纠纷矛盾。发挥专委会、工作组的基础性作用，发挥委员的主体作用，积极主动协调化解社会各类矛盾纠纷。③鼓励政协委员中企业委员、实体委员、非公经济人士结对帮扶，扶贫济困，主动承担社会责任，积极为推进和谐发展作出贡献。

学习教育工作 2011年，县政协根据实际情况，不断用科学发展观武装广大政协委员和政协机关干部的思想，按照新时期赋予人民政协工作的新要求，始终坚持学习常态化，工作学习化，深入推进学习型组织建设。①分别组织政协委员、政协常委、政协机关干部、各乡镇政协工作组长，采取全会学习、委员小组学习、常委会学习、机关学习、理论中心组学习等形式，组织委员和各界人士学习马列主义、毛泽东思想，邓小平理论、“三个代表”重要思想和科学发展观，不断夯实人民政协团结合作的思想理论基础。邀请市委党校教授专题辅导学习十七届六中全会和省委九次党代会精神，不断统一思想、提高认识，增强围绕中心服务大局的责任感和使命感；学习社会主义市场经济与法制基本知识和现代科技知识，提高谋发展议发展促发展的本领；学习胡锦涛总书记在庆祝中国共产党成立90周年大会上发表的重要讲话精神。学习贯彻中央、省、市、县委关于支持人民政协履行职能发挥作用出台的《意见》精神，更好地坚定理想信念，更好地把握人民政协工作的科学定位，更好地服务中心任务。②县政协坚持领导带头学、机关作示范，以打造学习型机关推动学习型组织建设。按照中央、省、市、县委的统一部署，认真组织机关全体党员干部和职工开展向杨善洲同志学习活动，深入学习杨善洲先进事迹，集中组织观看杨善洲先进事迹巡回宣讲报告会影碟。政协党组、机关党支部分别开展以“学习杨善洲精神做人民满意的好党员好干部”为主题的学习生活会，用杨善洲精神作标尺，联系近年来个人思想和工作的实际，撰写党性分析材料，查找在理想信念、践行宗旨、秉公用权、遵守纪律等方面存在的不足和问题，制定整改措施，明确努力方向，认真进行整改。通过学习活动的开展，使机关全体党员干部和职工在思想上深受启发，行动上深受鼓舞，激发了争先创优的热情，提高了机关工作的质量和效率。通过机关的示范引学，推动了全县政协系统向杨善洲同志学习活动的开展，营造了“学先进、见行动、争先进、比贡献”的浓厚氛围，促进广大政协委员将杨善洲精神内化于心、外践于行，转化为动力，落实到工作中，不断把政协的学习活动引向深入。③以庆祝中国共产党成立90周年和纪念辛亥革命100周年为契机，搭建集探讨、交流、协商、议政于一体的学习平台，认真组织召开了由县政协常委、政协处级领导、专委会主任（副主任）、民主党派成员、工作组长、部分委员参加，县委、人大、政府领导出席的座谈会，大家座谈体会、交流思想，激励教育全县广大政协委员牢记历史，铭记责任，坚定理想信念，坚持正确方向，继承光荣传统，保持优良作风，不断开创人民政协工作新局面，积极推进人民政协事业新发展。

不断加强自身建设 2011年，县政协进一步加强和推进贯彻落实省、市、县委政协工作会议精神，按照《中共沾益县委关于支持人民政协履行职能发挥作用的意见》要求，注重在实践中总结积累，坚持在前进中开拓创新，不断加强人民政协自身建设，推动人民政协事业向前发展。①进一步密切与党委、政府及有关部门的协作与配合，使政协工作始终保持与县委、政府同心同力。②进一步加强常委会建设，修改完善了政协常务委员年度履职考核办法，坚持常委会议制度和议事规则。③进一步加强专委会建设，修改完善了专委会目标管理责任书，重视和支持专委会创新工作方法，增强工作活力，充分发挥专委会的基础性作用。④进一步加强乡镇工作组建设，按照有专（兼）职办公室主任、有独立的办公场所、有必备的办公设施、有年度工作计划、有委员履职活动记录的“五有”标准，着力推进乡镇政协工作组机构建设。经检查验收，全县8个乡（镇）政协工作组全部达标通过。⑤进一步加强委员队伍建设，增补了8名政协委员，调整充实了2名政协工作组组长，因工作变动辞退了2名委员，修改完善了委员履职考核办法。⑥不断加强政协机关党风廉政建设和内部管理工作。认真贯彻落实中央、省、市、县党风廉政建设的纪律规定，加强对机关干部职工反腐倡廉的经常性教育，切实把廉洁勤政的理念渗透到机关党员干部职工的日常生活和工作之中。⑦坚持把政协机关工作作为推动政协工作的重要抓手，全面推进机关思想理论、工作作风、履职能力建设，积极探索完善为政协履行职能服务的各项工作制度，保障机关工作协调统一、规范有效，提升机关服务质量。

对外宣传工作 2011年，县政协大力宣传沾益改革发展的新实践新变化和政协履职的新举措、新成效，不断加强与党委宣传部门和新闻媒体的联系协作，依靠党委宣传部门，借助新闻媒体的力量，建立起了可持续的良好协作关系，形成了同心协力搞好政协新闻宣传工作的良好氛围。①围绕沾益文化建设的目标，精心选题，由县政协文史委牵头，组织对全县文物保护与利用情况开展专项视察，积极提出加强和改进文物管理工作的意见建议。②围绕推介沾益品牌，收集整理了县域17个名优土特产品的文史资料。③围绕服务的主题主线，编辑出版了第十集文史资料《发展中的民营企业》，从整体到个体、从行业到企业较为客观真实地反映了全县具有代表性的民营企业的发展历程、现状、规模、水平、效益，从不同角度、不同侧面揭示了民营企业的成长经验、创新做法。为县委、政府制定发展思路提供了资政参考，为民营企业之间提供了学习借鉴的实例，较好地发挥了"存史资政、团结育人"的功能和作用。2011年，县政协在沾益电视台播出履职活动新闻80条，在市级以上报刊媒体刊载文稿40篇。其中，《融入滇中经济圈，打造一城四基地》的调研报告先后被《求是》杂志社编辑部、《新华网》《云南政协报》采用。县政协信息宣传工作的不断强化，为进一步宣传沾益、推介沾益、提高沾益知名度发挥了积极作用。

加强联络联谊工作　2011年，县政协注重加强同民主党派成员、工商联、人民团体和社会各界人士的团结联谊，不断扩大团结面，进一步健全与政协各参加单位的交流、沟通机制，主动邀请各界委员参加调研视察和提案督办工作，推荐各界委员参加县委、县政府和有关部门重要会议，参与热点、难点工作督查和职能部门的测评工作，进一步增进和密切与市、县（区）政协、各民主党派、工商联的沟通交流。一是根据政协工作要点的安排，组织政协常委赴湖南省长沙市芙蓉区政协参观考察、学习交流。二是根据调研视察课题的需要，组织部分政协委员赴师宗、罗平县政协学习考察，增进友谊。三是邀请市政协中共界别组委员、麒麟区政协机关干部职工开展联谊活动。四是组织政协机关干部职工参加曲靖市政协系统第三届职工运动会，再次取得团体第一的成绩。

（邹沁华）

中共沾益县纪律检察委员会　沾益县监察局

纪检监察工作综述　中国共产党沾益县纪律检查委员会与沾益县监察局合署办公，主要职责是：①维护党的章程和其他党内法规，监督检查党的路线、方针、政策和决议的执行情况；协助县委抓党风建设，组织协调全县的党风廉政建设和反腐败工作；贯彻落实党中央、国务院和省、市、县委、政府关于加强党风廉政建设和有关行政监察工作的决定；监督检查县直各部门、各乡（镇）及其工作人员执行国家法律、法规、政策的情况。②负责调查、处理县直各部门、各乡（镇）党的组织和党员领导干部违反党的章程及其他党内法规的案件；受理党员的控告和申诉。③负责调查、处理县政府各部门和各乡（镇）政府工作人员违反国家政策、法律、法规以及违反政纪的行为，受理个人或单位对行政机关及其公务员违纪行为的检举、控告，受理行政机关及其公务员不服政纪处分的申诉。④负责制定全县党风、党纪、政纪教育规划和作出关于维护党纪的决定，会同有关部门做好纪检监察工作方针、政策的宣传工作，对党员和国家工作人员进行遵纪守法、为政清廉的教育。⑤负责纪检监察工作理论及有关政策问题的调查研究，结合全县实际，提出贯彻上级制定的党纪条规和政策规定的实施意见。⑥会同有关部门抓好纠正部门和行业不正之风、执法监察、效能监察工作以及综合治理工作。⑦会同组织、人事部门做好纪检监察干部的管理工作，审查各乡（镇）纪委领导班子和县直部门纪检监察机构领导干部人选；组织和指导纪检监察系统干部的培训工作。⑧承办县委、县政府和上级纪委、监察部门授权和交办的其他事项。2011年末，县纪委设书记

李竞楠　供稿

1名，副书记3名；监察局设局长1名（由一名副书记兼任），副局长2名。根据县纪委、县监察局的职责，内设10个合署职能室，即办公室、信访室（含举报中心及投诉中心）、纪检监察室、案件审理室、执法监察室、党风廉政室、纠风室（加挂县政府纠风办牌子）、宣传教育室、政策法规研究室、干部管理室。组建的5个派出纪工委、监察分局合署办公，履行纪律检查和行政监察两种职能，并由县纪委、县监察局统一管理。

2011年，全县纪检监察机关深入贯彻落实科学发展观，坚持标本兼治、综合治理、惩防并举、注重预防的方针，认真推进以构建惩治和预防腐败体系为重点的反腐倡廉建设，党风廉政建设和反腐败工作取得了明显成效。

召开中共沾益县纪委三届六次全体会议 2011年3月22日，中共沾益县纪委召开三届六次全会。全会认真总结了2010年全县党风廉政建设和反腐败工作，研究部署了2011年的工作任务。全会审议通过了县委常委、县纪委书记付尔华代表县纪委常委会所作的《统筹推进 深化落实 努力开创全县党风廉政建设和反腐败工作新局面》的工作报告。县委书记聂祖良同志作了题为《深入贯彻落实以人为本执政为民理念 以党风廉政建设和反腐败斗争的实际成效取信于民》的重要讲话。全会认为，2010年，全县各级纪检监察机关紧紧围绕经济建设中心和全县工作大局，坚持标本兼治、综合治理、惩防并举、注重预防的反腐倡廉战略方针，采取有力措施，加大工作力度，突出抓好违纪违法案件查处、党风廉政宣传教育、惩防体系建设、行政监察等工作，促进了全县党风廉政建设和反腐败工作的深入开展，为沾益县经济社会又好又快发展提供了有力的纪律保证。全会指出，面对新形势和新任务，全县各级纪检监察干部必须增强忧患意识和责任意识，切实把思想统一到县委的要求上来，把力量凝聚到完成反腐倡廉建设各项任务上来，切实履行纪检监察工作职责，推进全县各项事业快速协调发展。全会强调，2011年，各级纪检监察机关要按照以人为本、执政为民的要求，加大监督检查力度，全力保证中央、省、市、县委政府的重大决策部署落实到位；加大作风建设力度，全力保持党同人民群众的血肉联系；加大综合治理力度，全力推进惩治和预防腐败体系建设；加大专项治理力度，全力解决重点领域中的突出问题。要以贯彻落实党风廉政建设责任制为龙头，进一步巩固齐抓共管反腐倡廉建设的工作格局。要以干部队伍建设为着力点，进一步提高纪检监察机关的履职能力。全会号召，全县各级党政组织和纪检监察机关要更加紧密地团结在以胡锦涛为总书记的党中央周围，在市纪委监察局和县委、县政府的坚强领导下，统一思想，坚定信心，扎实工作，开拓进取，以优异的成绩迎接中国共产党成立90周年，为促进全县经济社会又好又快发展作出新的更大的贡献。

召开中共沾益县纪委三届七次全体会议 2011年6月8日，中共沾益县纪委召开三届七次全会。县纪委常委会主持会议，县纪委委员17人出席会议，县纪委、县监察局机关各室主任，各派出纪工委书记、副书记及监察分局局长列席会议。会议审议并通过了中共沾益县纪委在县第四次党代会上《标本兼治 惩防并举 扎实推进党风廉政建设和反腐败工作》的报告。会议决定委托黄海鸥代表中共沾益县第三届纪律检查委员会向中共沾益县第四次党代会报告工作。全会认为，中共沾益县第三次党代会以来，全县各级纪检监察机关在市纪委、市监察局和县委、县政府的正确领导下，以邓小平理论和“三个代表”重要思想为指导，深入贯彻落实科学发展观，坚持标本兼治、综合治理、惩防并举、注重预防的反腐倡廉战略方针，采取有力措施，突出抓好违纪违法案件查处、党风廉政宣传教育、惩防体系建设、行政监察等工作，促进了全县党风廉政建设和反腐败工作的深入开展，为全县经济社会健康稳定协调发展提供了有力的纪律保证。全会指出，五年来，全县的纪检监察工作之所以能够顺利开展并取得明显成效，主要得益

李竞楠 供稿

于县委、县政府和市纪委、市监察局的正确领导，得益于全县纪检监察干部的奋力拼搏，得益于全县广大党员干部和人民群众的积极参与和支持。全会强调，今后五年全县纪检监察机关要以中国特色社会主义理论体系为指导，坚持标本兼治、综合治理、惩防并举、注重预防的方针，全面贯彻落实科学发展观，切实加强监督检查，保障科学发展重大决策部署深入贯彻落实；切实加强党的作风建设，进一步密切党群干群关系；切实加强党风廉政教育，进一步增强党员领导干部廉洁自律意识；切实加强案件查办工作，坚决惩处违纪违法行为；切实加强监督制约，进一步规范党员领导干部从政行为；切实加强纠风工作，坚决纠正损害群众利益的部门和行业不正之风；切实加强制度建设，构建科学严密的制度体系。全会号召，要更加紧密地团结在以胡锦涛为总书记的党中央周围，在市纪委、市监察局和县委、县政府的坚强领导下，承前启后、继往开来，坚定信心、扎实工作，深入推进反腐倡廉建设，为全面实现中共沾益县第四次党代会提出的各项目标任务而努力奋斗。

召开中国共产党沾益县第四次代表大会　2011年6月13～15日，中国共产党沾益县第四次代表大会召开，大会选举产生了新一届中共沾益县纪委委员。受中共沾益县纪委常委会的委托，县委常委、县纪委书记黄海鸥向大会作了工作报告。大会认真审议了县纪律检查委员会的工作报告，并对县纪律检查委员会五年来的工作表示满意。大会赞同《报告》对五年来沾益县党风廉政建设和反腐败工作的基本总结。大会明确了今后五年党风廉政建设和反腐败工作的总体思路：以邓小平理论和“三个代表”重要思想为指导，全面贯彻科学发展观，坚持标本兼治、综合治理、惩防并举、注重预防的方针，按照以人为本、执政为民的要求，不断加强以保持党同人民群众的血肉联系为重点的作风建设，加强以惩治和预防腐败体系建设为重点的反腐倡廉建设，着力解决反腐倡廉建设中群众反映强烈的突出问题，以党风廉政建设和反腐败工作实际成效取信于民，促进“十二五”规划顺利实施和全县经济社会又好又快发展。

召开中共沾益县纪委四届一次全体会议　2011年6月15日，中国共产党沾益县纪律检查委员会第四届第一次全体会议召开。会议选举产生了新一届县纪委常委会和书记、副书记。县委常委、县纪委书记黄海鸥代表新当选的县纪委常委会对县纪委新的领导班子和全体委员提出要求：一是要加强学习，提高执纪能力。要加强对政治理论和党的路线、方针、政策的学习，加强对法律法规和市场经济知识的学习，加强对纪检监察业务知识的学习，着力提高自身综合素质和执纪能力，不断适应新形势下开展党风廉政建设和反腐败斗争的需要。二是要改进作风，增强班子的凝聚力和战斗力。要自觉维护班子团结，搞好协调配合，带头执行党的组织纪律和工作纪律，加强党性修养，既要坚持原则，又要珍惜缘份，与人为善，互相尊重，合作共事。要坚持集体领导，做到科学决策、正确决策。三是协调配合，发挥好纪检监察的职能作用。要以贯彻落实党风廉政建设责任制为主线，加强同执纪执法部门的协调配合，建立和完善重大案件联席会议制度，形成反腐败的整合力。要充分发挥好职能作用，当好县委的参谋助手。四是围绕中心，服务党委和政府的工作大局。要切实增强政治意识、大局意识和责任意识，加强对中央、省、市、县决策部署和政策措施落实情况的监督检查，确保政令畅通。五是明确目标，贯彻落实好会议精神。全县纪检监察干部要把思想和行动统一到县委第四次党代会各项工作部署上去，认清形势，明确任务，狠抓落实。

召开沾益县廉政风险预警防控管理工作会议　2011年7月12日，沾益县召开全县廉政风险预警防控管理工作会议。会议安排部署了全县廉政风险预警防控管理工作任务。会议要求：一要统一思想，进一步增强抓好廉政风险预警防控管理工作紧迫性、重要性的认识。二要突出重点，扎实开展好廉政风险预警防控管理。各单位要从单位和岗位两个层次，采取自己找、群众提、互相查、领导点、组织评等方法，深入查找，制定切实可行的防范措施，确保廉政风险防得住、防得牢；要建立健全行之有效的内部监督机制，采取多种方式加强对重点岗位、关键环节、重点领域权力运行情况进行事前、事中、事后相结合的动态监督，着力防范和控制风险点；要不断完善规章制度，推进制度创新，建立符合本部门实际、切实有效的风险点预警防控管理长效机制。三要加强组织领导，确保廉政风险预警防控管理工作顺利进行。各部门要把开展廉政风险预警防范管理工作同自身业务工作结合起来，同落实党风廉政建设责任制结合起来，同解决群众关心的热点难点问题结合起来，加强领导、明确责任，加强督促、落实责任，认真总结，强化宣传，切实把廉政风险预警防控管理工作落到实处。

召开沾益县2011年度社会评价测评会议　2011年12月14日，沾益县召开全县2011年度社会评价测评大会，县社会评价工作实施领导小组成员以及各乡（镇）代表、县级党代表、人大代表、政协委员代表、民主党派、工商联代表、企业法人代表、社会各行各业公民代表、县纪委派出纪工委代表、县直被评单位代表等共计190人参加会议。会议围绕服务态度和质量、办事效率、工作绩效、廉政建设等四个方面，对县级党委机关、人大机关、政府机关、政协机关、民主党派、工商联、工青妇等群众团体机关、审判机关、检察机关及县委、县政府直属事业单位计69个县直部门（单位）和8个乡（镇）进行满意度测评。通过集中测评，69个参评部门（单位）和8个乡（镇）的满意率均在90%以上。会议要求各单位各部门要进一步统一思想，提高认识，采取有效措施，全力推进本部门本单位政风行风建设和机关作风建设；要树立全局观念，增强大局意识，认真落实社会评价工作的各项要求，要以评促改、以评促建，通过社会评价工作推进机关作风明显改进、工作效率明显提高、服务质量明显改善、内部管理明显规范，为干事创业、加快发展营造风清气正的良好环境。

深入开展工程建设领域突出问题专项治理　2011年，沾益县工程建设领域突出问题专项治理工作按照中央、省、市关于开展工程建设领域突出问题专项治理工作的总体部署和要求，坚持标本兼治、综合治理，突出重点、整体推进，取得了明显成效。一是加强组织领导，明确工作任务。将2011年工程建设领域突出问题专项治理工作任务，细化为6个方面18项内容，分解到17个县直部门。二是加大重点领域专项治理工作力度。深入开展国土资源、交通运输、水利行业和系统专项治理工作，共排查重点领域工程建设项目29项，其中国土资源项目3项，交通运输项目9项，水利项目17项，提出意见建议10余条。继续加强工程建设项目的滚动排查和整改工作，共排查工程项目45项，其中政府性投资和使用国有资金项目38项，其它投资7项。三是深化重点环节治理。严格程序，切实规范招投标活动。加强工程建设项目实施管理、质量安全管理和流程管理，确保项目优质高效。规范城乡规划管理，着力治理违反规定变更规划和调整容积率等问题。积极推进工程建设项目信息公开和诚信体系建设工作，开设信息公开专栏，及时准确发布项目信息。

深入推进惩治和预防腐败体系建设　2011年，县纪委、县监察局紧紧抓住市纪委将沾益县定为市级惩治和预防腐败体系建设工作联系点的机遇，结合实际，狠抓工作落实。一是健全组织，强化领导。建立健全推进惩防体系建设工作领导小组，安排专人负责，确保全县惩防体系建设联系点工作层层有组织、层层有领导、层层有人抓。二是明确责任，狠抓落实。明确了惩防体系建设工作任务的具体牵头部门和协办单位，把工作规划中的105项任务进行细化和分解，分别由33个牵头部门组织实施，形成了惩防体系建设联系点工作纪委组织协调，部门各负其责，一级抓一级，层层抓落实的整体合力。三是典型引路，示范带动。按照每个惩防体系建设牵头单位建立2个工作示范点的要求，全县33个牵头单位在抓好组织协调工作的同时，根据单位实际，建立了66个工作示范点，其中机关示范点33个，乡村示范点33个。做到工作有亮点、有典型，有示范，实现了以点带面。四是加强督查，严格问责。成立推进惩防体系建设工作督查组，定期或不定期对每个阶段各牵头单位工作完成情况实施督促检查，对督查出的问题，督促其及时整改落实，对开展工作不力的单位及其责任领导，按有关规定进行问责。五是认真总结，加强宣传。对各部门各单位在开展惩治和预防腐败体系建设中的经验和做法进行总结，对工作中存在的问题提出意见建议。积极采取印发简报、召开联席会议等形式，对惩防体系建设工作进行总结和宣传，先后印发工作简报16期，召开工作会议4次。

服务经济社会科学发展　2011年，县纪委、县监察局按照中央、省、市的统一部署，围绕政府性投资建设项目、东风南路旧城改造、保障性住房建设等重点工程进行监督检查，加强对转变经济发展方式、林权制度改革等工作的效能监察，加强对安全责任事故的执法监察，加强对政府采购、机关事业单位招考等工作的监督，加强对抗旱救灾政策措施、资金管理、纪律作风落实情况的监督检查，加强对换届纪律的监督检查，促进了各项工作的顺利开展。

增强反腐倡廉教育实效　2011年，县纪委、县监察局利用各种媒体全方位、多角度宣传党风廉政建设和反腐败工作。积极开展反腐倡廉理论教育、形势教育、新提拔干部廉政教育、警示教育。组织廉政党课20余场，受教育人数达2000余人；对2010年以来新提拔任用的副科以上领导干部和新录用的公务员进行廉政培训；组织全县78个单位550名副科以上领导干部到市反腐倡廉警示教育基地集中开展警示教育。县纪委、县监察局及各派出纪工委、监察分局的干部分别深入到各乡镇，向乡、村、组干部专题宣讲《农村基层干部廉洁履行职责若干规定》；进一步推进廉政文化建设，打造了一批廉政文化“六进”典型，其中沾益县广厦房地产开发有限公司被授予“全省首批100家廉政文化示范点”称号。

充分发挥惩处治本功能　2011年，县纪委、县监察局始终坚持“一要坚决，二要慎重，务必搞准”的原则和“有案不查是失职、不查有影响的大案要案是不尽职、查办案件不促进经济社会发展是不称职”的理念，不断健全办案的组织协调、案件线索管理和督办机制，严格依纪依法办案，不断提升办案工作质量和水平，始终保持查办违纪案件的强劲势头。县纪委、县监察局机关全年共受理群众来信来访和电话举报61件（次），初步核实违纪线索55件（次）。全县纪检监察机关全年立案24件，给予党纪处分23人、政纪处分4人；查办商业贿赂案件3件3人。通过查办案件挽回经济损失426万元，取得了良好的政治、社会、法纪效果。在全省纪检监察机关2011年度案件查办工作考核中，沾益县获一等奖。

规范领导干部权力运行　2011年，县纪委、县监察局认真开展全县廉政风险预警防控管理工作。一是加强廉政风险排查，全县80个单位700个岗位共排查出廉政风险点2816个，制定防范措施1955条。二是加强关键岗位和重点环节的行政行为监督，对涉及部门的关键岗位、重点人员、主要环节进行梳理，共确定主要职能单位42个、关键岗位138个、重点环节245个，排查风险表现形式337种。三是加强副科以上领导干部述职述廉及民主测评工作，全县610名科级干部进行了述职述廉，认真落实个人重要事项报告制度和收入申报制度。四是认真执行领导干部“五必谈一约谈”、函询等制度，开展领导干部任前廉政谈话55人次，诫勉谈话6人次。五是严格落实廉政审查制度，对拟提拔调整干部2人次、因公出国（境）1人次、因私出国（境）9人次、拟表彰先进集体585个、先进个人626人进行了廉政审查，取消先进集体和个人表彰资格13个。

注重从源头上防治腐败　2011年，县纪委、县监察局认真执行新修订的《关于实行党风廉政建设责任制的规定》，修改完善了《沾益县2011年党风廉政建设责任制实施意见》，进一步健全责任分解、落实、检查、考核、追究机制。认真落实《建立健全惩治和预防腐败体系2008-2012年工作规划》及任务分解方案，重点抓好33个牵头单位107项工作任务的落实，深入推进惩防体系建设工作。支持审计部门对86项政府性投资建设项目开展前置审计，核减前置价1806.43万元。在沾益广厦房地产开发有限公司积极探索非公企业党的纪律监督工作，并取得了初步成效，受到了省、市纪委的充分肯定。在全县推行村级监督员工作制度，探索加强村级组织监督的新路子。

有效维护群众切身利益　2011年，县纪委、县监察局以切实维护群众利益为出发点和落脚点，深入开展工程建设领域突出问题专项治理、党政机关公务用车问题专项治理、“小金库”专项治理及清理规范庆典、研讨会、论坛活动。扎实开展治理教育乱收费工作和纠正医药购销、医疗服务中的不正之风，开展村级组织收费专项清理整顿，坚决纠正损害群众利益的不正之风。继续巩固公路“三乱”治理成果，组织13个检查组对县域公路、收费站、超载检测站、测速点进行了专项检查。

不断加强作风建设　2011年，县纪委、县监察局围绕严纪律、转作风、提效能，督促各单位严格执行县委、县政府关于严肃工作纪律加强作风建设的有关规定。把加强作风建设作为优化经济社会发展软环境重要内容来抓，对进驻县政务服务中心的9个进驻部门工作人员不在岗的情况进行了通报批评。进一步强化社会评价工作，确定社会各界代表190名对69个单位（部门）和8个乡（镇）进行评价。加大治庸治懒治散力度，对不作为、乱作为、慢作为的2名干部进行了问责。

着力提高纪检监察干部履职能力　2011年，县纪委、县监察局进一步提高纪检监察干部履职能力。一是按照建设“学习型、务实型、创新型、服务型、廉洁型”干部队伍，认真做好县、乡纪委换届工作，配齐配强县、乡纪委领导班子。二是积极开展创先争优活动和学习杨善洲活动，教育引导广大纪检监察干部认真践行“做党的忠诚卫士，当群众的贴心人”宗旨。三是坚持纪检监察干部下访工作制度，结合县委关于开展“四群”教育要求，组织县纪委、县监察局全体干部职工深入到播乐乡大海、偏山村委会168户农户家中走访、慰问，了解民情，倾听民声。四是采取集中学习、专题培训、委托培训、以会代训、跟班学习等形式，加大纪检监察干部培训力度。县纪委、县监察局机关通过转变工作作风、完善工作制度、加强办公办案装备建设，促进了全县纪检监察工作的有效开展，案件查办、宣传教育、信息等工作名列全市前茅。

市委常委、市纪委书记孔荣华到沾益调研　2011年11月3日，市委常委、市纪委书记孔荣华到沾益调研廉政文化建设和“党的纪律监督进非公企业”工作。孔荣华来到沾益广厦房地产开发有限公司实地查看了公司党建工作、企业文化建设、廉政文化建设、企业创先争优等工作情况，并在召开的座谈会上听取了广厦房地产开发有限公司负责人关于公司廉政文化建设情况、党的纪律监督进企业的专题汇报。在听取汇报后，孔荣华对沾益县广厦房地产有限公司的廉政文化建设给予了充分肯定和高度评价，认为沾益县广厦房地产开发有限公司在加强党组织建设、“党的纪律监督进非公企业”、党员履行“一岗双责”、推行党务公开、实施廉政谈话、开展廉政风险预警排查等方面的做法，符合中央、省、市的要求和精神，工作成效显著。针对下步工作，孔荣华提出：一是县纪委、县监察局要围绕县委、县政府中心工作，认真履行职责，加强监督检查；要加强作风建设，树立纪检监察干部良好形象；要树立开拓创新精神，不断创新廉政文化进企业的形式和载体，丰富廉政文化进企业的内容、内涵，做到以创新促党建、带廉政。二是要把有形财富和无形财富有机结合起来，努力造就企业在获取经济利益的同时能扶贫济困、回馈社会的“善缘财富”，始终坚持诚信经营、合法经营、阳光经营的“诚信财富”，具有鲜明企业文化特色、企业精神的“文化财富”，拥有团队合作精神、能充分展示企业员工聪明才智的“智慧财富”。三是要把廉政文化建设与企业文化建设、党建文化建设有机结合起来，借助“尚水”这一企业文化主题和公司纪律监督办公室这一机构，通过监督促廉、制度保廉、读书思廉、典型宣廉等形式，加大廉政文化建设力度，保护好企业职工。四是要加大宣传力度。要从企业发展、企业文化、廉政文化、党建文化、企业社会责任感等多角度、多领域、全方位入手，把广厦房地产开发有限公司的好做法、好经验提炼好、挖掘好、宣传好，扩大企业的知名度和影响力。

（朱云波）

工 商 联

综　述　沾益县工商联主要负责参与全县政治、经济、社会生活中的政治协商，发挥民主监督作用，积极参政议政；引导会员自觉地把自身企业的发展与国家的发展结合起来，把个人富裕与全体人民富裕结合起来，把遵循市场法则与发扬社会主义道德结合起来，积极参与经济建设，推动社会各项事业的发展；做好工商界代表人士政治安排的推荐工作；宣传、贯彻党和国家的方针政策，加强和改进思想政治工作，推动企业文化建设，提倡爱国、敬业、诚信、守法、引导会员树立社会主义公私观、信用观、义利观和法制观、做中国特色社会主义事业的建设者；代表并维护会员的合法权益，反映会员意见、要求和建议；引导会员弘扬中华民族传统美德，热心社会公益事业，积极参与“光彩事业”，致富思源、富而思进，扶危济困、共同富裕，义利兼顾、德行并重，发展会员，回馈社会；为会员提供信息和科技、管理、法律、融资、咨询等服务；开展工商联专业培训，帮助会员改进经营管理，完善财会管理、照章纳税，提高生产技术和产品质量；组织会员举办和参加各种对内对外展销会、交易会，组织会员出国、出境考察访问，帮助会员开拓国内、国际市场；增进与本县及外地工商社团及工商界经济人士的联系和友谊，促进经济、技术和贸易合作的发展，协助引进资金技术、人才；为会员提供有关证明，协调引进资金技术、人才；为会员提供有关证明，协调关系，调节经济纠纷，在工商界培养一支坚决拥护党的领导，走中国特色社会主义道路的积极分子队伍。2011年末，县工商联有行政编制4人，在职在编4人（公务员3人，工人1人），下设办公室；有执委22名，其中兼职会长1人，党组书记兼副会长1人，专职副会长1人，兼职副会长7人，秘书长1人；有8个乡（镇）分会，会员839户，其中企业会员83户，个人会员756户。

2011年，县工商联在县委、县政府的领导下，在市工商联和县委统战部的指导、帮助下，认真履行职能，全面贯彻党的“团结、帮助、教育、引导”的方针，充分发挥工商联“统战性、经济性、民间性”作用，求真务实，与时俱进，积极履行职能，各项工作都取得了新的成绩。

非公经济人士政治评价工作　2011年，县工商联以非公经济人士政治评价系统为基础，完善评价体系，广泛收集全县非公经济人士资料，建立台账，做好政治评价，为非公经济人士政治安排提供了有力的科学数据依据，提高了非公经济人士政治安排的透明度、公正度。

积极服务非公经济　2011年，县工商联积极沟通协调，做好非公经济服务工作。①在曲靖市第四届美食节期间，积极与承办单位联系，争取了20个位置较好的免租金摊位，安排全县20家非公企业参展，为沾益的非公企业提高企业知名度搭建了平台。②积极动员沾益福上福葛根酒业公司、沾益银龙公司等非公企业参加民交会、昆交会及“商贸街年货街”和省、市工商联组织的各类展销会。③先后与中瑞信担保公司、曲靖市商业银行、中国银行沾益支行、沾益信用联社建立非公企业融资服务机制，积极组织银企洽谈会，疏通民营企业融资渠道。④为曲靖市工矿基建商会基建设备市场项目协调300亩土地征用事宜。⑤与国土资源局联席召开非公有制经济企业用地审批座谈会，现场解决、答疑非公企业主用地困难问题。

为非公经济发展提供人才支撑　2011年，县工商联针对非公企业人才匮乏的实际，及时收集企业所需人才信息，推荐曲靖博浩生物科技股份有限公司、沾益国宝大酒店、曲靖市佳华药业有限公司、郝金华诊所等非公企业参加市“2011年民营企业招聘周活动”。积极发挥了为非公企业提供人才服务的职能，为非公企业引进了实用专业人才，促进下岗失业人员再就业，维护了社会的和谐稳定。

稳步实施“贷免扶补”工作　2011

年，为扎实推进工商联系统鼓励创业"贷免扶补"工作，完成省、市工商联下达的扶持230人实现成功创业的目标任务，县工商联按照"贷免扶补"工作的目标任务、扶持对象和条件、工作程序、贷款政策、额度、期限及项目管理要求、实施方法和步骤六个方面的工作要求，开展了"贷免扶补"工作。积极与劳动、信用社、工商、税务、财政等相关部门联系，沟通和交换意见，共同抓好资格审查、创业培训、项目评审、导师配备、证件办理、跟踪服务等工作。并制定具体的贯彻实施方案，把工作内容细化，完善配套措施，提供创业咨询培训、项目评审推荐、创业导师、跟踪服务等"一条龙"创业服务，将创业服务贯穿于创业的全过程，确保鼓励创业"贷免扶补"工作稳步健康推进。全年共为165名女性、65名男性发放贷款计1645万元，配备创业导师10名，间接带动就业685人。

积极推动光彩事业发展　2011年，县工商联在协调非公经济实现又好又快发展的基础上，积极引导非公企业担负起"致富思源、回馈社会"的责任。3月，县工商联和统战部联合发文，向全县各党总支发文引导非公有制经济人士积极投身"云南红土情·光彩进万家——民营企业感恩行动"，在全县范围内掀起民营企业回报社会的热潮。主席柏老六的曲靖博浩生物科技股份有限公司赞助沾益县旅游局举办的万寿菊赏花会40万元、向云南省总工会捐赠20万元、向沾益慈善总会捐赠10万元，全年公益性捐赠支出达180万元；副主席王白顺向庄家湾小学校舍安全改造捐赠50万元、向县域内其他学校捐款捐物14万元、向曲靖市慈善协会及沾益县慈善协会各捐款10万元、为播乐乡和白水镇抗旱救灾捐款8万元，帮贫扶困14万元，其他捐资赞助12万元，共计156万元。刘兵、傅加彪、胡云平、刘贵发等执委、副主席均为各地新农村建设捐资出力。

更新非公经济人士经济发展观念　2011年4月，县工商联组织全县40位民营企业家参加曲靖中小企业发展高峰论坛——《产业决定未来》，更新非公有制经济人士经济发展观念。通过执委扩大会议、学习培训会，分别组织工商联执委、部分非公经济人士代表深入学习了《中共中央国务院关于进一步促进中小企业发展的若干意见》《中共云南省委　云南省人民政府关于加快非公有制经济发展的决定》《云南省加快非公有制经济发展有关政策的实施方法》《关于加强和改进新时期工商联工作的意见》《关于鼓励和引导民间投资的意见》等促进非公经济发展的优惠政策，促使非公企业及时了解国家产业政策，把握政策导向，为非公企业产业升级、科学发展提供决策依据。9月，组织全县非公有制经济代表人士40余人赴欧美考察，开拓眼界，向发达国家取经。

积极参政议政　2011年，县工商联深入沾益玖田焦化公司、沾益万利公司、沾益龙聚公司等20余家非公企业进行调研，通过调查和走访座谈，了解企业发展面临的困难和问题，征求对经济发展环境的意见和建议，县工商联一方面通过各种途径与相关单位、部门进行沟通协调，及时解决企业存在的困难问题，另一方面向县委、县政府撰写了《加快产业结构调整大力推进服务业发展》《商贸城基础设施建设的调研报告》《如何让商会充分发挥作用》等专题书面建议材料，为县委、县政府决策提供科学依据，营造沾益县"亲商、纳商、惠商"的非公经济发展环境。同时密切联系会员中的人大代表、政协委员和部分非公经济人士代表，紧密配合县人大和县政协，对全县的政治、经济、教育、文化、科技、卫生和社会普遍关心的问题进行了实地深入调研，根据掌握的具体情况，非公经济组撰写团体提案1件，个人议案、提案20余件，为县域内生态环境、经济建设、社会稳定、基础设施建设等问题建言献策。

认真开展提案办理工作　2011年，县工商联收到县政协三届四次全体委员会议提案《关于规范望海新区商贸城水电管理的提案》《关于尽快统一规划实施非公经济片区的提案》，及时召开会议传达办理精神，成立领导小组，专题研究办理工作，明确办理方案和目标，确保提案办理人员、责任落实到位。在办理过程中采用座谈、上门走访等多种形式与委员进行面商，坚持先面商、后答复的原则，主动与委员搞好沟通，达成共识。经过详细研究，多方征求意见后对提案委员作了细致详尽的答复，收回《政协提案办理情况征询意见表》2份，满意率达100%。

非公企业党建工作再上新台阶　2011年，县工商联紧扣"非公经济大发展、沾益经济大突破"主题，发挥工商联党组在非公有制经济组织党建工作的推动作用，结合"创先争优"活动的开展与非公经济组织党建工作的特殊性，着力解决非公企业党组织覆盖难、理顺关系难、保障落实难和党员教育管理难、发挥作用难等突出问题。按照抓点带面重点建、分类实施灵活建、创造条件全面建的要求，通过超前谋划、分类指导、广泛深入发动、形势多样培训、深入走访调研、科学设计载体、整体推动的工作指导措施，积极引导非公企业党员在政治思想方面发挥引领作用。在发展战略方面发挥决策参谋作用，把创先争优活动作为加强非公有制经济人士引导教育工作的重要途径来抓，促进非公有制经济组织党建工作实现突破。年末，全县非公经济建立了党组织的有38家，15个规模以上企业全部建立了党组织，树立了广厦、博浩、珠江集团3个党支部为全县非公经济党建示范点。博浩生物科技有限公司和珠江实业集团被列为县级基层党建工作示范点，被评为“市级基层党建工作先进单位”；广厦房地产开发有限公司被列为市级基层党建工作示范点，被评为“省级基层党建工作先进单位”，被授牌为“省级基层党建示范点和省级廉政教育示范基地”。

（张　驰）

群众团体

工会工作综述　2011年，全县共有基层工会组织275个，其中独立基层工会组织272个，联合基层工会3个，基层工会涵盖348家单位；有职工36353人，其中女性11277人，农民工9853人，女性农民工2878人；有工会会员35651人，其中女性会员11134人，农民工会员9576，女性农民工会员2789人。

2011年，全县工会认真贯彻十七届五中全会精神，全面贯彻落实科学发展观，围绕县委、县政府工作大局，把工作重点集中到开展建功立业推动加快转变经济发展方式、推动企业实现“两个普遍”激发基层工会活力、切实维护职工合法权益促进劳动关系和谐、创先争优提高做好新形势下职工群众工作能力和水平等方面。

建功立业　2011年，县总工会团结动员广大职工为“十二五”规划良好开局拼搏，以优异成绩迎接中国共产党成立90周年，各级工会充分发挥广大职工的主动性、积极性和创造性，为全县经济社会发展献计出力。县医保中心、县农业技术推广中心、大为制焦炼焦分厂被评为“曲靖市工人先锋号”，沾益移动公司营销服务中心被评为“全国五一巾帼标兵岗”。

劳动竞赛形式多样　2011年，县总工会根据各企业、各行业特点，深入开展“学技术、比质量，创效益、比贡献”劳动竞赛活动。以创一流工作、一流服务、一流业绩、一流团队为内容，大力培养和选树技能型、创新型人才典型。曲靖铝业投资100余万元在全厂10个车间开展社会主义劳动竞赛，全厂2000余人参加到活动中。同时组织了包括行工、叉车、电解工、分析工、电工、钳工等十多个项目的青工技能大赛，200多人在活动中取得较好成绩。云维集团成功承办了煤化集团第二届职工职业技能大赛，在三个工种的比赛中，获得4个一等奖、3个二等奖、5个三等奖的好成绩。

开展技术创新活动　2011年，县总工会突出绿色经济、低碳经济、循环经济主题，继续深化职工群众性技术创新活动，积极组织开展合理化建议、技术革新、技术攻关、发明创造等创先争优、建功立业活动，认真组织开展了职工优秀技术创新成果评选、节能减排创新成果评选表彰活动。其中曲靖铝业在车间开展了节能降耗技改项目，每月节约的电量可创利润300多万元。

开展“创建学习型组织，争做知识型职工”活动　2011年，县总工会充分发挥工会“大学校”作用，切实提高职工队伍整体素质，深入开展了“创建学习型组织，争做知识型职工”活动。县总工会女职工委员会利用“三八”节开展了“女职工读书、用书、爱书、赠书”活动，鼓励女职工多读书，读好书，用书指导工作和生活；云南省第四监狱（以下简称省四监）积极争创国家级“职工书屋”，在“五一”期间，表彰先进基层工会分会4个，优秀职工106名；云维集团表彰了工会系统“模范职工之家”4个，“先进职工之家”7个，“标杆班组”30个，“双文明班组”113个，先进工会工作者19名，工会积极分子383名。

职工文化活动丰富多彩　2011年，县总工会大力加强企业和职工文化建设，营造健康向上的精神文化氛围，通过丰富多彩的文体活动，进一步增强职工的凝聚力。①在全市庆祝建党90周年“唱支山歌给党听”情景诗歌朗诵大赛中，县总工会表演了自创、自导、自演的《献给七月的颂歌》，在20余支参赛队中脱颖而出，荣获大赛二等奖。②省四监常年坚持每月召开一次运动会，举办了四监首届羽毛球赛、首届乒乓球赛、第15届“九龙杯”警察职工篮球赛、全省监狱系统第9届“金马杯”棋牌赛。③云维集团组织开展了元旦环厂跑、春节游园、“五一”拔河赛、第四届“云维杯”足球比赛、广场健身操及每月放映2场广场露天电影等活动；为庆祝建党90周年，还举办了书法、美术、摄影比赛，同时开展了女职工趣味活动（滚筒、跳绳、拔河），共31个代表队的758名参赛队员参加了比赛。

劳模培养、评选和服务工作　2011年，县总工会进一步做好劳模的培养、评选和服务工作。一是突出先进模范的示范带动作用，会同有关部门做好曲靖市第四届劳动模范和第二十届省劳模的推荐、评选工作。年内，沾益县新增省级劳模2名，市级劳模和市级先进工作者4名，全县累计有各级劳模47名。其中，全国劳模1名，省部级劳模12名，市级劳模7名，县级劳模27名。二是于“五一”前夕召开了全县劳模座谈会，进一步关爱劳模，帮助解决劳模的生产生活困难，做好劳模困难补助申报工作，把工会组织建设成为劳模之家，使工会干部成为劳模之友。三是组织50名一线职工和劳模到温泉职工疗养院进行疗养。四是发放劳模困难生活补助金3.2万元。

开展城市绿地及树木认建认养活动　2011年，县总工会按照县委、县政府创建省级园林县城工作的部署和要求，在全县下发倡议书，号召工会系统大范围地开展城市绿地及树木认建认养活动。云维集团、曲靖铝业、省四监等驻沾单位均以出资形式参加了认建认养认管活动，签订了县城建成区范围内的公园绿地、道路附属绿地（包括单株行道树）、城市古树名木等认建认养认管协议。

切实维护职工权益　2011年，县总工会积极创建和谐劳动关系，切实维护职工权益。一是进一步深化“共同约定行动”，督促企业履行约定义务、践行约定承诺。二是进一步完善县、乡（镇）政府与工会联席会议制度，继续深化劳动关系三方协调机制，并将其纳入乡（镇）贯彻落实科学发展观综合考核，积极参与劳动争议调解、仲裁工作。三是进一步健全县、乡（镇）、企业工会劳动法律监督工作网络，壮大监督员队伍，加强对劳动法律实施情况的监督，深化“劳动关系和谐企业”创建活动，加强对和谐企业的动态管理。

开展企业工资专项集体合同协商工作　2011年，全县应签企业工资集体协商专项集体合同共117家，其中独立建会企业94家，联合建会23家，覆盖企业921家。为更好的开展企业工资专项集体合同协商工作，县总工会采取七项措施加以落实。一是起草《关于进一步推进企业工资集体协商工作实施意见的通知》并报县政府办以沾政办发〔2011〕122号文下发执行，对开展企业工资集体协商的重大意义、目标要求、工作重点、协商程序、领导和监督作了明确要求。二是健全组织机构。建立了全县企业工资集体协商工作指导员队伍，由县人大副主任、县总工会主席杨正平担任队长，由县人力资源和社会保障局、县总工会相关副职担任副队长，成员由各乡（镇）工会联合会专干和县人力资源和社会保障局人员组成。三是加大培训学习力度。8月，组织参加了省总工会组织的企业工资集体协商工作培训；10月19～21日，组织全县企业工资集体协商工作指导员参加了全市的相关培训。四是典型示范，分类指导。利用三方协商会议，在国有企业、县属企业、个体私营企业中分别选取一定代表进行试点，在签订专项合同活动中注意总结和推广。对于独立建立企业工会委员会的企业，由企业工会与企业行政按法律要求签订专项合同，双方负责人分别签字并加盖公章；对于建立行业工会联合会或区域工会联合会的企业，由工会联合会负责人与企业代表签订专项合同。五是同步完善，依法开展。结合彩虹计划的实施，对企业集体合同与女职工权益保护专项合同没有签订的企业，要求与企业工资集体协商专项合同同时完善，对于企业女职工人数达10人以上的企业要求签订女职工权益保护专项集体合同，女职工人数在10人以下的，需在集体合同中包含女职工权益保护条款。六是建立工作目标责任制，由全县企业工资集体协商指导员队长与各乡（镇）工会主席签订目标责任书，按时间进度、工作质量要求进行奖惩。七是整合资源，协调配合。企业工资专项集体合同工作涉及面广、政策性强，需要工会、人力资源和社会保障部门密切配合，通力协作。通过以乡（镇）工会联合会为基础，以人力资源和社会保障局劳动关系科为依托，以劳动执法大队为保障，广泛发动企业积极参与配合，签订工作顺利完成。截至2011年11月21日，沾益117家应签企业全部完成工资专项集体合同签订工作。

加强厂务公开民主管理　2011年，县总工会继续巩固提高国有、集体及其控股企业厂务公开民主管理工作，拓展非公有制企业厂务公开工作和事业单位内部事务公开工作，推进职代会、厂务公开工作的制度化、规范化、程序化、法制化建设。云维集团工会于年初召开了二届二次职工代表大会，审议通过了总经理工作报告；签订了云维集团第三轮《集体合同》和第二轮《女职工权益保护专项集体合同》。县烟草公司、教育系统等部门按时召开了职工代表大会，在会上对重要事项进行了表决。

加强职工安全生产群众监督和安全事故预防工作　2011年，县总工会以班组安全建设和管理为基础，继续开展“安康杯”竞赛活动，推动“安康杯”竞赛活动向农民工聚集的制造业、建筑行业、非公有制企业和乡镇、社区延伸，开展了“安康杯”知识竞赛，800余人参加了活动。进一步加强对高危行业特别是中小型企业作业现场劳动安全卫生、女职工劳动保护的监督检查，全年参与职工安全卫生检查8次，参与安全事故处理9次。

帮扶救助工作　2011年，县总工会积极做好各项帮扶救助工作。①协助政府加大对困难职工家庭的生活、医疗、住房等方面的帮扶力度，推进完善社会救助帮困体系。春节期间，慰问企业困难职工298户共59600元。②协助政府开展就业和再就业培训，建立健全工会创业培训、创业指导、“贷免扶补”等创业帮扶工作机制。与县人社局合作，对全县246名农民工进行培训，成功介绍284人实现就业；为10名各类创业人员承办小额贷款10笔，贷款金额合计71万元。

困难职工帮扶工作成效明显 2011年，县总工会建立了困难职工档案，并实行动态管理，做到救助准确、及时、有效。将帮扶工作网络延伸到基层工会组织，实现帮扶网络全区域的覆盖。“七一”前，县总工会为11名困难党员发放慰问金2600元，“金秋助学”活动中，为22名考上大学的贫困学子发放助学金2.2万元；省四监在“六一”前慰问学生243名，8月，奖励各类考上大学的学子4.9万元。

组织第八期职工医疗互助活动 2011年，全县共有166个单位的26909名职工参加第八期职工医疗互助活动，参加人数比上期增加了921人，共收缴互助金3262960元，比上期增加1159540元。截止8月底，第七期职工医疗互助活动共补助2276人，补助金额145万元，单笔最高补助金额30587元。自2004年实施职工医疗互助活动至2011年底，累计补助12266人，补助金额10059985元。

加强工会组建和会员发展工作 2011年，县总工会在全县范围内深入开展了“广普查、深组建、全覆盖”集中建会行动，通过大量工作及采取的强有力措施，工作圆满结束。一是整合资源，协调各方力量。积极联合县工商局、县社会劳动保障局以及各乡（镇）工会联合会、工商所、劳保所等多方力量，上下联动、层层衔接，坚持工会主席亲自抓，工会专干具体抓，整合力量协调抓，形成齐抓共管的工作格局。县、乡两级工会成立领导小组分片、分区包干完成任务，县总工会分成两个组进行督导，各组负责四个乡镇，进行实地指导和检查。对照市统计局第二次经济普查提供的企业名录对辖区内所有企业进行拉网式、地毯式的实地核实，基本做到对未建会企业数量清、所在区位清、未建会原因清和推进建会情况清，并登记在册，建立了企业名录库，更新了管理软件数据库，建立了电子档案。二是实施“三边工程”（即边普查、边组建、边入会）。按照“不留死角，攻坚克难，全面覆盖，巩固提升”的要求，指导未建会企业全部建立工作组织。积极探索有利于企业工会深组建、全覆盖的新模式和新方法，通过各种渠道、方式，在摸清企业现状的基础上，广泛宣传工会的性质、地位和作用，了解职工的愿望和要求，激发职工的入会愿望，依靠职工的主动性、积极性，依法主动把区域性、行业性的联合工会或工会联合会建立起来，推进私营企业、个体工商户组建工会，尽可能扩大工会组织对企业的覆盖面，充分发挥工会组织体系健全、联系职工广泛的独特优势，切实做到让企业工会“建起来、联起来、活起来、转起来”。截至9月底，共普查各类企业1186家，正常经营企业1015家，全县1015家企业全部建立工会组织。其中，独立建会94家，联合建会23家，联合工会涵盖企业921家，建会率达100%，新增工会会员5689人。

开展乡（镇）工会规范化建设创建活动 2011年，为抓好巩固和提升，推动基层工会工作更加规范化、制度化发展，县总工会按照“六好”“八有”要求，在全县3镇5乡大规模开展了乡（镇）工会规范化建设创建活动，取得较好成效。通过创建活动，要求基层工会切实把工作的着力点放在为职工群众服务上，更多地为职工群众办实事、做好事、解难事，逐步提高组织职工、动员职工、依靠职工、服务职工的能力，充分发挥乡镇工会联合会承上启下的作用。

深入开展党工共建创先争优活动 2011年，沾益县确定沾益县房地产开发公司工会、沾益县农业局农业技术推广中心工会小组、曲靖市烟草公司沾益分公司工会、沾益县广厦房地产开发有限公司工会、盘江镇劳务管理服务中心工会、沾益县三中工会6家基层工会为首批创先争优党工共建县级示范点。结合开展“公开承诺”“向杨善洲同志学习”“深入推进创先争优，志愿服务人民群众”等活动，真正把党工共建创先争优融入到组织、引导、服务职工和维护职工合法权益的具体实践中。

（李晴虹）

团队工作综述 2011年，在县委、县政府和团市委的领导下，共青团沾益县委以邓小平理论、“三个代表”重要思想和科学发展观为指导，深入学习贯彻党的十七大、十七届六中全会、团十六大和团市委第三次团代会及县第四次党代会精神，积极践行“服务大局、服务社会、服务青年”的职能，围绕县委“保增长、保民生、保稳定”工作重点，进一步解放思想，开拓进取，真抓实干，勇于创新，全力推进各项重点工作，抓好工作的具体落实，使团的各项工作和组织建设取得了新的进展，为推动沾益县经济社会又好又快发展贡献了力量。以服务于“全县经济社会又好又快发展和社会进步”为工作重点，深入实施青年马克思主义者培养工程、未成年人思想道德建设工程、基层团建基础工程、青少年维权工程，深入开展青春建功新农村行动、保护母亲河行动、青年志愿者行动、青年就业创业行动，开展“我与祖国共奋进”主题教育实践活动、继续深化青年文明工程和青年人才工程，积极开展农村青年科技致富示范村、示范基地建设，以青年志愿者服务站为载体，全力开展青年志愿者服务。全县各级团组织开展青年志愿者活动2000余人次，分发各类资料20000余份（本）；农村团组织青年志愿者服务队帮助残困户300余户，抢种抢收500余亩；深入实施希望工程，开展“爱心助学”行动，为100余名贫困学生捐资10万余元；积极开展“青年文明号”“五四红旗团委”“五四红旗团支部”的创建活动。2011年，3家青年集体获市级“青年文明号”称号。

拓展青年就业创业工作 2011年，团县委进一步深入拓展青年就业创业工作。①认真贯彻落实省政府、市政府关于鼓励创业促进就业的实施意见的相关要求，进一步加强对创业者的扶持和服务，大力鼓励全县广大青年积极创业、带动就业，实施“青春扬帆·创业启航”工程，开展鼓励创业“贷免扶补”小额信贷工作。全年全县“贷免扶补”工作共接受405名青年递交的贷款申请，组织140名青年参加创业培训，向农村信用社推荐140青年贷款，实际向140名青年发放小额创业贷款700余万元，将已获得贷款青年的相关信息全部录入团中央“青年创业小额贷款”工作管理系统。为提高创业青年的创业成功率，确保创业小额贷款及时偿还，在配备创业导师的基础上，联合人力资源和社会保障部门建立“1+3”跟踪服务机制，规范创业导师的管理，加强联络员队伍建设，建立工作台账，强化创业青年与团组织、创业导师、农村信用社之间的沟通，完善创业服务体系，进一步提升服务青年创业的质量和水平。②整合社会资源，全力抓好青年就业创业见习基地的建设和管理。广泛宣传动员，积极争取在规模以上企业、条件成熟的青年科技致富示范基地申报建立见习基地，并加强对2家见习基地的管理。进一步落实保障措施，做好见习基地岗位信息的公开，搭建青年和基地之间有效联系的平台，组织和接收青年参加就业创业见习，严格按流程操作，管好用活见习基地，为大中专毕业生及各类青年学习就业本领、缓解就业压力、夯实创业基础提供服务。③在全县以信用创建为载体，以诚信教育为基础，以“推进青年小额创业贷款、服务青年更好创业”为目标，探索开展农村青年信用示范户创建试点工作。积极与信用社沟通联系，开展调查摸底工作、宣传工作和相关知识培训，由各乡（镇）团委负责联合当地信用社做好相关信息采集工作。同时规范程序，明确责任，以乡镇为单位，按照一定比例，采取农村青年申请、村团支部推荐的方式，由申请人本人申请，当地农村信用社展开信用评价，团县委和县农村信用社根据综合评价结果，按照评价指标和评分标准开展农村青年信用示范户的评审和评定，并以此作为农村青年申请信用贷款的重要依据。

加强社会闲散青少年教育培训工作 2011年，团县委进一步加强了社会闲散青少年的教育培训工作。①依托盘江镇花山社会闲散青少年法制教育中心，大力加强社会闲散青少年法制教育工作，发展了村（社）未成年人法制学校。以行政村为中心，推进未成年人法制学校建设，由驻村民警结合实际，拟定法制教育课程，定期对村（社）闲散青少年进行法制教育；以社区为单位，推进家长学校和家庭教育指导机构的建设，开展家庭教育科学知识的宣传普及活动，帮助和引导家长树立科学的家庭教育观念，掌握正确的家庭教育方法；建立家长学校的定期培训制度，推进教学场所、师资、教材的“三落实”，着力为单亲家庭、困难家庭、流动人口家庭提供家庭教育指导与帮助，提高他们对未成年子女的监护和教育能力。②深入实施进城务工青年培训计划。围绕思想道德、法律知识、文化技能等方面，在建筑、服务等重点行业，充分利用双休日、长假时间，依托已有各类教育培训资源，广泛开展公益性培训，鼓励支持进城务工青年取得学历证书、培训证书和职业技能等级证书，帮助他们顺利通过就业“门槛”。

召开共青团沾益县第五次代表大会 2011年3月23～25日,共青团沾益县第五次代表大会在县政府报告厅召开。来自全县各行各业、各条战线上的团员青年代表，各乡（镇）、县直各团（工）委和直属中学团委书记或负责人，各乡（镇）、县直各中小学少先队辅导员共191人参加大会。会议听取了团县委书记唐胥宁代表共青团沾益县第四届委员会所作的工作报告，选举产生了由21名委员、7名候补委员、9名常务委员、书记1人、副书记1人组成的共青团沾益县第五届委员会。会议

李竞楠　供稿

总结了县第四次团代会的工作，对下步工作进行了规划，提出了目标任务。

开展庆祝建团89周年和纪念“五四”运动92周年系列活动 2011年，为庆祝中国共青团成立89周年和纪念“五四”运动92周年，团县委动员和引导广大团员青年以“勤于学习、善于创造、甘于奉献”的实际行动纪念自己的节日。从4月上旬至5月下旬，各乡（镇）团委、县直各团（工）委、团（总支）围绕“创先争优当先锋 青春奉献‘十二五’”为主题，按照“立足基层，面向青年，务求实效”的原则，组织开展了相应的纪念活动，以务实的行动投入到构建和谐社会和社会主义新农村建设中去。①开展帮耕助耕活动。从4月1日起，各乡（镇）团委依托青年志愿者服务站（队），组织青年志愿者在“五四”春耕大忙时节，积极开展帮耕助耕活动，为贫困户、缺劳力户、军烈属户、进城务工人员家庭抢收抢种，组织农业、科技、农资等部门的团员青年开展以宣传普及科技种养知识为主要内容的“科技助耕”活动，服务农业生产。据不完全统计，全县共出动团员青年2000余人次，帮助农户开展烟地理墒1500余亩，栽烟650亩，移栽万寿菊100余亩，进行科技指导300余人次。②开展“创先争优当先锋 青春奉献‘十二五’”主题团日活动。通过“我心中的五四精神”团情团史教育活动、“学党史、知党情、跟党走”知识竞赛等载体，采取集体入团宣誓、重温入团誓词、参与社会实践、开展参观考察等形式，使团员青年熟悉党团历史，增强团员意识。以团属刊物（网络）、校园广播、黑板报、海报、标语等宣传形态为主，重点策划重点时段的公共传媒宣传，解读五四精神，宣传青年典型，讲述青春故事，激发了各行各业青年的使命感与责任感。③开展青年文化活动。通过团员青年联谊、社区文化大家乐、青年文化节等活动载体，在城乡社区、企业、学校和机关事业单位广泛深入地组织开展了红歌传唱、才艺展示、文体比赛等文体活动，营造了积极向上的和谐文化氛围。以纪念建党90周年、辛亥革命100周年为契机，开展“学党史、知党情、跟党走”主题教育活动，唱响爱党、爱国、爱社会主义的主旋律。通过组织开展征文、演讲、诗文朗诵等活动，引导广大团员青年积极探寻“五四”精神的时代意义。④加强青少年思想道德建设。按照《中共中央国务院关于进一步加强和改进未成年人思想道德建设的若干意见》的要求，进一步加强和改进青少年思想道德教育，促进青少年不断提高思想道德素质。在青少年中弘扬和培育民族精神，广泛开展爱国主义教育，不断增强青少年的民族自尊心、自信心和自豪感，引导他们树立坚定的理想信念。进一步深化青年志愿者、保护母亲河、青年文明号、手拉手等活动，引导广大青少年在参与中提高自身素质，为促进公民道德建设作贡献。大力实施青年文化行动，加强青年文化建设，充分发挥文化育人的重要作用。广泛开展主题团队日、十八岁成人仪式、新团员宣誓仪式、重温入队、入团誓词等活动，广泛开展丰富多样的思想教育活动。⑤开展“我与祖国共奋进”形势政策教育活动。积极落实团十六届四中全会部署,贯彻2011年全国共青团学校工作会议精神，在校园团员青年中进一步唱响“我与祖国共奋进”的主旋律,引导广大学生坚定信念、积极投身“十二五”建设的实践,在全县高中和中职学校广泛开展“我与祖国共奋进”形势政策教育活动,重点集中组织开展宣讲活动。结合在校学生思想实际和成长发展需求，邀请专家学者、企业家、优秀青年等，到校园面对面地向学生开展宣讲活动。深入宣传党的十七届五中全会和2011年全国“两会”精神，宣传“十一五”时期经济社会发展的成就和经验，宣传“十二五”时期经济社会发展的指导思想、总体思路、目标任务和重大举措，宣传党和国家的重要政策，引导学生进一步增强学习贯彻党的十七届五中全会精神的自觉性和主动性，增强贯彻落实科学发展观、加快转变经济发展方式的责任感和紧迫感，积极投身改革开放和社会主义现代化建设，为实现“十二五”目标充分发挥生力军作用。

举办沾益县“党、团、队”知识竞赛 2011年3月24日，团县委在县政府报告厅举办了以普及党、团、队知识，增强青年凝聚力为目的，以中国共产党、中国共青团、中国少年先锋队的相关知识为内容的沾益县“党、团、队”知识竞赛。进一步增强了广大团员青年对“中国共产党、中国共青团、中国少年先锋队”相关知识的了解。来自全县的11支代表队参与了角逐。

举办2011年沾益县青少年歌舞大赛 2011年5月31日，团县委组织在县政府报告厅举办了以“歌舞展青春 颂歌献给党”为主题的全县青少年歌舞大赛。纪念“五四”运动92周年和庆祝中国共产主义青年团建团89周年，献礼中国共产党90华诞，教育和号召广大团员青年不忘历史，继承和发扬“五四”爱国主义精神，同时为广大青少年朋友提供合作、交流和共同进步的平台，培养他们在歌舞方面的艺术基本技能和审美情趣，培养挖掘全县艺术人才，丰富广大青少年的业余文化生活。

开展青少年暑期社会实践活动 2011年7～9月，团县委和中国移动通信集团云南有限公司沾益分公司联合开展了第五季“橙人行动”——

2011年动感地带沾益县青少年暑期社会实践活动，丰富了在校大、中专学生的社会实践，锻炼了其综合素质，同时也为部分学生提供了一个社会实践的平台，帮助他们提升解决学习、生活问题的思维能力。

开展“沾益县希望工程爱心圆梦大学”公益活动 2011年8月25日，团县委组织开展了以“有梦有爱，希望同行”为主题的“沾益县希望工程爱心圆梦大学”公益活动。进一步传达党和政府对困难学生的关心爱护，动员社会力量参与帮助有理想、有追求，成绩优异、品行端正的家庭经济困难大学新生圆满完成学业，弘扬中华民族团结互助的传统美德，推进和谐社会建设。活动旨在通过发挥希望工程的公益平台优势，依托新闻媒体的信息网络宣传平台，宣传介绍国家扶助政策,反映家庭经济困难大学新生的情况，展示他们自强不息、励志成才的精神风貌；宣传捐赠典型，倡导助人为乐的风尚，营造相互关爱的氛围；以“1+1”“1助1”或“多助1”的结对帮扶形式，资助贫困学生顺利进入大学求学；倡导与践行“阳光公益、快乐公益、人人公益”的慈善理念。此次活动共接受社会捐款7.5万元,资助全县15名贫困大学生完成学业。县委副书记、县新农村建设工作队总队长杨志雄，县委常委、常务副县长高朝花出席了助学金发放仪式。

（张志国）

妇联工作综述 沾益县妇联属正科级单位。2011年末，有行政编制7人，在职在编7人，其中主席1人、副主席2人、科员3人、高级工1人。内设办公室、权益室、县人民政府妇女儿童工作委员会办公室。下设沾益县妇女儿童工作委员会，属财政全额拨款事业单位，有事业编制2人，在职在编2人。

2011年，县妇联在县委、县政府的正确领导下，在市妇联的具体指导下，以邓小平理论和“三个代表”重要思想为指导，深入学习贯彻党的十七大，十七届六中全会和中国妇女十大精神，围绕县委、政府工作大局，全面落实科学发展观，较好地完成了县委、县政府及市妇联安排部署的各项工作任务。

积极实施创业项目 2011年，县妇联积极争取“贷免扶补”创业就业项目，及时召开鼓励妇女创业“贷免扶补”工作会议及“贷免扶补”联席会，会议总结了2010年鼓励妇女创业“贷免扶补”的工作情况，安排部署了2011年“贷免扶补”具体工作。会上，县妇联与各乡（镇）妇联签订了“贷免扶补”工作责任书，明确工作任务及职责，确保工作中达到“三个百分之百”（100%按时放贷，100%按时创业，100%按时还贷）。全年共发放“贷免扶补”小额贷款3500万元，扶持451名女性自主创业，带动3960名女性再就业。

妇女劳务输出工作有创新 2011年，县妇联创新发展劳务输出工作，促进妇女增收。对全县8个乡（镇）122个行政村的村民进行摸底调查，建立了妇女劳动力资源档案，在各乡（镇）设立女性就业指导窗口，及时提供就业信息和指导。并举办就业培训，发放妇女创业指南手册，解决外出务工妇女家庭生活具体困难，为她们免除后顾之忧。全年输出到义乌、扬州务工女性795人，就地转移城乡务工女性1897人。

实施女性素质工程 2011年，县妇联积极创造条件，实施女性素质工程。①围绕妇女发展需求，推荐2名农村女能人到云南农业大学参加技能培训。②开展妇女实用技术培训、职业技能培训106期，培训妇女10930人次。③培养带动女致富带头人和女科技示范户2700户，建立起“妇”字号科技示范基地10个。④与县劳动就业服务中心联合举办3期SYB创业培训班，培训创业妇女190人次。

维权阵地建设 2011年，县妇联认真做好维权阵地建设。一是县、乡、村（社区）妇联组织落实专人负责信访工作，完善信访接待制度，做好矛盾纠纷的预测、排查和调处。二是做好信访接待工作。认真接待妇女儿童的来信来访和咨询，做到热情接待、详细记录、认真解答。全年共接待妇女来信来访及维权咨询130件，办结率达100%。三是开展帮教活动。7月，组织部分人民陪审员、社会调查员、乡（镇）妇联主席到省未成年犯管教所对44名少年犯开展帮教活动。向服刑人员赠送书籍及生活用品，带去44份家访材料、23句亲人心里话和11份家信。

开展庆“三八”国际劳动妇女节系列活动 2011年“三八”节期间，县妇联及早筹备，精心组织了“六个一”系列庆祝活动。一是开展以“关爱困难群体、共建和谐沾益”为主题的送温暖献爱心活动。走访慰问80名农村贫困妇女及20名企业下岗失业特困妇女，为她们送去100床被子和100袋大米。二是开展“三八”维权周宣传活动。组织县妇儿工委成员单位，开展法制宣传，倡议广大妇女学法律、讲权利、尽义务、讲责任，依法维护自身的合法权益。三是开展妇女健康体检活动。县妇联牵头联合县卫生局、妇幼保健院开展妇女健康体检，组织全县范围内各机关、厂矿企事业单位、人民团体和农村妇女4000多人接受专项体检。四是开展以“相约美好春天、共建绿色家园”为主题的庆“三八”千名妇女植树活动，植树238亩、22380株。五是开展联谊活动。县两会期间组织召开人大女代表、政协女委员联谊活动，“三八”节组织全县副科以上女干部开展联谊活动。六是举办知识讲座。邀请省委党校资深教授讲授女性心理调适及心理健康知识，200余名妇女干部听取讲座。

开展送温暖献爱心“六一”庆祝活动 2011年，县妇联积极开展了一系列送温暖献爱心“六一”庆祝活动。一是开展“六一”儿童节走访慰问活动。分别对西平小学、新源小学、水桥小学及县幼儿园的少年儿童进行了看望慰问，送去慰问金2万元，协调有关部门解决县幼儿园修缮房屋费用30万元。二是开展“关爱留守儿童暨城乡儿童手拉手结对帮扶”活动。帮助西平小学和播乐乡沙高小学的小朋友结成手拉手帮扶对子34对；协调相关单位和企业向沙高小学捐赠电脑1台、书包268个、大米40袋、被子40床，赠送慰问金1万元。

开展法制宣传教育活动 2011年“三八”维权周期间，县妇儿工委成员单位60余人在县城开展了以“妇女儿童权益维护行动”为主题的宣传活动。为现场的群众提供咨询服务，解答有关法律援助、就业、婚姻家庭、低保救助、生殖健康、农村卫生健康知识方面的法律问题。共发放宣传资料6000余份，展出展板16块，接受群众咨询600余人次，义诊80余人次，发放药具100盒。

举行“抗旱救灾·节约用水·巾帼志愿者在行动”启动仪式 2011年8月30日，县妇联组织开展了“抗旱救灾·节约用水·巾帼志愿者在行动”宣传活动启动仪式，引导全县妇联组织、妇女群众参与抗旱救灾。市人大常委会副主任、市妇联主席李桂珍，县委副书记杨志雄等出席活动。新组建的8支巾帼志愿者服务队和西平镇红星社区巾帼志愿者服务队，乡（镇）妇联主席、市妇联全体干部职工共计272人参加启动仪式。宣传活动共发放节约用水、禁毒防艾、维权知识、环境保护、务工常识等各类宣传资料12000余份，发放药具600盒，现场接受群众咨询260人次。

关爱留守儿童及特殊儿童 2011年初，市、县领导到大坡乡岩竹小学开展关爱农村留守儿童捐赠活动，为188名留守儿童送去学习用品和生活用品。县妇儿工委领导带领县妇联、县红十字会等单位到播乐乡奴革村委会、白水镇洗羊塘看望慰问先天性心脏病儿童，并询问救助治疗及康复情况。

开展“双合格”教育活动 2011年，县妇联积极推进“双合格”教育活动深入开展。培育省级示范家长学校3所，留守儿童、流动人口子女示范学校2所，市级示范家长学校6所。为水桥小学“我爱我家”实践活动采购消毒柜1台，电饭锅10个，并组织部分儿童家长及学生开展亲子活动，通过亲子间共同买菜、做饭等活动培养孩子的自理能力和对家长的感恩情怀，受到家长及社会的好评，充分发挥了家长学校的职能作用。

妇女儿童发展规划终期监测评估工作 2011年4月12日，县妇联组织召开县妇女儿童工作委员会成员单位会议，安排部署了《沾益县妇女儿童发展规划（2001-2010）》（以下简称“两规划”）终期监测评估工作及新一轮“规划”编制撰写工作。制定了“两规划”终期监测评估方案，完善了“两规划”终期监测统计指标体系，为保质保量完成“两规划”10年数据收集和终期评估报告，顺利通过省、市妇儿工委的检查验收提供了坚实保障。

召开2011年度女领导干部联谊会 2011年12月15日，县妇联组织召开2011年度女领导干部联谊会。会议酝酿讨论了沾益县女领导干部联谊会理事会人事变动情况，通报了沾益县女领导干部联谊会工作、沾益县女领导干部联谊会会费收支情况，并宣读了联谊会分组名单。会上新当选的沾益县女领导干部联谊会会长黄海鸥作了讲话。

积极配合开展调研慰问活动 2011年，县妇联积极配合开展了各项调研慰问活动。一是省、市妇联领导多次深入基层调研、检查、指导工作。省妇联副主席李毅到沾益调研妇联组织建设及妇女创业就业工作。参观了解了盘江镇松林社区“巾帼科技示范基地”“三八绿色工程”示范基地——红豆杉种植园、盘江镇松林社区党妇共建示范点以及大坡乡刺绣产业的开发情况。市人大常委会副主任、市妇联主席李桂珍等领导多次到沾益县检查指导妇联工作。二是县妇联领导多次深入各乡镇调研，了解基层妇女工作中存在的困难和问题，为顺利开展下步工作奠定基础。三是市、县妇联领导对县内部分特困老党员、老妇女干部进行慰问。对大坡乡威格村委会在福建莆田打工遭遇车祸救治归来的“打工妹”李美清进行了多次慰问。

保山市隆阳区妇联到沾益调研 2011年10月13日，保山市隆阳区妇联主席朱凤玲一行4人到沾益调研妇联工作。调研过程中，县妇联和隆阳区妇联领导就妇联维权工作、“贷免扶补”创业贷款工作、妇女创业就业工作作了深入沟通。通过交流，相互学习借鉴了好的经验及做法，对工作起到了促进作用。隆阳区妇联一行还到大坡乡绣品展示直销店进行参观，调研了解绣品的生产方式、运作方式、管理方式、销售途径及促进妇女创业增收等情况。

加强作风建设 2011年，县妇联采取多项措施，进一步加强作风建设。一是严格落实每周一的例会制度，统一思想，学习政策法规和相关文件精神。二是在全县妇女干部中开展岗位读书活动。组织妇联干部学习业务知识，总结工作经验，撰写读书征文27篇，不断提高妇女干部的业务水平和工作能力。三是开展调研活动。县、乡妇联干部带题调研，围绕妇女与经济、妇女与创业、妇女与维权、基层组织建设等内容进行了专题调研，撰写调研报告13篇，为进一步做好全县妇女工作奠定基础。四是县妇联班子成员分组多次到挂钩联系点指导春耕备耕及抗旱救灾工作，积极筹集抗旱经费，为挂钩联系点筹集抗旱经费5000元。

加强队伍建设 2011年，县妇联认真组织各类学习培训，进一步加强队伍建设。一是组织6名科级以上女领导干部到清华大学参加市妇联公共管理研修班学习。二是组织19名专职妇女干部到省工青妇干校参加2011年云南省妇联干部岗位培训。三是组织全县17名妇女干部到华东地区考察学习当地经济发展和妇女工作先进做法。四是县妇联领导参加了县委、县政府组织的城乡一体化工作考察。五是举办基层妇女干部培训班。10月12～14日，举办了基层妇女干部培训班，县直有关单位、8个乡镇122个村委会（社区）的基层妇女干部200余人参加培训。培训内容包括妇女儿童权益保障知识讲座，基层妇女工作辅导，如何提升基层妇女干部素质，妇女常见病的预防与保健，艾滋病防治知识讲座，县域经济知识讲座等。通过一系列的培训学习，使广大妇女干部开阔了视野，增长了见识，业务素质和能力水平得到较大提高。

（田存召）

李竞楠 供稿

文联工作综述 沾益县文学艺术界联合会（简称沾益县文联）是县委直接领导的人民团体，是县委、县政府联系全县广大文学、艺术工作者的桥梁和纽带，担负着“联络、服务、协调、沟通”县内各级各类文艺工作者的职责和任务。2011年末，县文联内设编辑部（办公室），下辖沾益县作家协会，书法家协会，美术家协会，摄影家协会，音乐、舞蹈、戏曲家协会5个县级文艺家协会，共有会员180人。有在编在职干部职工4名，其中主席1名、主任科员1名、秘书长1名、科员1名。

2011年，县文联紧紧围绕县委、县政府中心工作，积极开展文艺创作活动和群众文化活动，为推动沾益社会主义物质文明、政治文明、精神文明建设与和谐社会建设全面发展做出了应有的贡献。

举办“新农村故事会”擂台赛 为丰富农村群众文化生活，检验各乡（镇）“新农村故事会”活动成效，有效发挥村级组织活动场所“一室多用”的作用及村级组织活动场所开展活动、普及知识、凝聚民心的功能，2011年2月15日，由县委组织部主办，县文体局、县广电局、县文联联合承办的沾益县“新农村故事会”擂台赛在县文体局大会议室举行，经过比赛和现场评选，共评选产生了“年度故事大王”一等奖1名，二等奖2名，三等奖3名，“年度最佳故事”3篇。

全省作家协会理事会暨繁荣曲靖文学座谈会在沾益召开 2011年4月19～22日，云南省作家协会2011年理事会暨繁荣曲靖文学创作座谈会在沾益县政府机关报告厅召开。会议由省作家协会，县委、县政府联合主办，县文联承办。省作家协会主席黄尧，副主席欧之德、杨红昆、张庆国、夏天敏、黄晓萍，市委常委、市委宣传部长何华，市委宣传部副部长、市文产办主任范利军，市文联主席杨卓成，县委副书记杨志雄，县委常委、县委宣传部长李清，副县长高朝花等市、县领导应邀出席会议，曲靖市各县（市、区）文联负责人及知名作家、文学爱好者100余人参加了会议。会后，与会作家到海峰湿地、松林古城、珠江源等地进行了采风、创作活动，对挖掘沾益地方文学创作资源有着促进和推动作用。

召开沾益县文学艺术界联合会第三次代表大会 2011年5月25～26日，沾益县文学艺术界联合会第三次代表大会在县政府机关报告厅三楼召开，105名来自全县各条战线上的文艺家代表参加了会议，审议了“会议”的相关报告，听取了市、县主要领导的重要讲话，选举产生了县文联第三届委员会委员15名、常委8名、秘书长1名、兼职副

李永梅　供稿

主席2名、主席1名。

第23届亚细亚水彩联盟展“中国·珠江源国画特展”在沾益举行　2011年8月26日，第23届亚细亚水彩联盟展“中国·珠江源国画特展”在沾益开幕。来自亚细亚国际水彩联盟20多个国家近百名画家出席观看了画展。画展由市政府主办，县政府、曲靖师院美术学院、市美术家协会承办，县文联、县美术家协会联合协办，共展出独具珠源特色的国画作品100件，展览至9月4日结束。展览活动搭建了观摩交流的艺术平台，扩大了对外文化艺术交流的合作，弘扬了珠源文化，对加大和促进沾益县文化软实力建设，繁荣文艺创作，进一步打造珠源文化品牌起了较好的推动作用。

文学艺术作品创作再上台阶　2011年，县文联文学、艺术作品创作工作取得较好成绩。①县文联兼职副主席郝正治出版发行了文化大散文《上善若水之珠江情怀》，郝正治被省作家协会确定为2011年度定点体验生活的扶持作家；县文联秘书长韩卫贤创作的散文《我的珠源之旅》《关于飞鸟》等散文作品先后在《作家与读者》《曲靖政协》上刊发，散文《和朋友在深夜里坐着》获省作家协会2010年度优秀文学作品重点扶持津贴（该作品首发在2010年第10期《散文选刊》，省作协《百家》杂志2011年第9期），报告文学《好人·警察》刊发在2011年第9期中国报告文学学会会刊《中国报告文学》。②县美术家协会、书法家协会积极组织会员举办形式多样的展示、展览活动。其中，陈玉德于2011年4月在曲靖举办了个人美术作品展，展出作品25幅，通过公开拍卖，卖出作品8幅。③县音乐、舞蹈、戏曲家协会发挥自身优势，参与组织了沾益县2011年春节广场文艺演出、沾益县庆祝建党90周年广场合唱比赛等活动，丰富了城乡群众的文化生活。④县摄影家协会多次组织省、市、县的摄影家到沾益及外地采风、拍摄，创作了一批富有时代感和生活气息的摄影作品。

《珠源文学》杂志办出特色　2011年7月，为庆祝建党90周年，县文联机关刊物《珠源文学》杂志出版了一期“建党90周年专号”。从封面、栏目、版式、内文用纸、插页、图片等方面做了改革、改版，突出了地域性和文学性，刊物一经推出就受到社会各界的好评和欢迎。12月，为宣传沾益县的公安英模，县文联还推出了“2011年第2期《珠源文学》桂镜洪同志”专号，集中刊发了一批纪念文稿和图片，营造了宣传先进、学习典型的浓厚氛围。

（韩卫贤）

科协工作综述　沾益县科学技术协会是县委领导下的群众团体，是党和政府联系科技工作者的桥梁和纽带。2011年末，县科协有干部职工6人，其中聘用1人。共有8个县属学（协）会，8个乡镇科协，29个农村专业技术协会，3个全国科普惠农示范基地，2个省级百强农技协，1所省级科普示范学校，1个省级科普示范富民村，2个市级科普示范基地。

2011年，县科协在县委、县政府的领导和市科协的指导下，围绕县委、政府的中心工作任务，按照“三服务一加强”的工作定位，团结和动员全县广大科技工作者，在开展科普宣传、科技咨询、科技示范、农村实用技术培训、学术交流及青少年科技竞赛等方面做了大量工作。

1．农函大教学工作。农函大围绕办学宗旨和农村产业结构调整，坚持“实际、实用、实效”的办学原则，组织县烟草辅导站及8个乡（镇）农函大辅导站开展调查研究，并组织好招生宣传工作，提早作出了招生计划。全年招收农函大学员2800人，共8个专业56个教学班。其中，烤烟专业1500名，马铃薯专业150名，沼气专业250名，蚕桑专业350名，花卉专业150名，养禽专业100名，养猪专业200名，养羊100名。各农函大培训点均按计划安排开班培训，并根据农村、农民需要，开办了各类特色产业、支柱产业及实用技术培训班。为提升辅导教师业务，2011年4月6～8日，沾益县20名农函大辅导教师和5名农技会长参加了市科协组织的农函大辅导教师暨农技协会长培训，培训以养猪、魔芋、核桃3个单科专业和《生物多样性与农作物间套栽培技术》《农作物病虫害综合防治技术》《计算机应用常识及PPT演示文稿的制作》以及《农村专业技术协会的组织建设》4个综合性专题为主要内容。

2. 县属学（协）会工作。①协会队伍不断壮大。全县成立了县级烤烟科技服务协会、菱角乡金银花协会和盘江镇蚕桑协会，截至年底，会员队伍达到56000人次。全年学会举办科普培训班60期，培训农民和各类业务员6000人次，送科普资料20000余份，推广农村实用技术8项，推广新品种15个，获绿色产品认证5个，无公害产品认证5个，获注册商标1个。德泽乡天骄养鸡协会和菱角乡的林林青养殖科普示范基地被曲靖市科协表彰为农村科普示范基地、十强农村专业技术协会先进单位。②县计生协会工作。截至年底，共建立协会组织132个，县、乡、村级协会均占应建数的100%，会员总数为52441人，占全县总人口的12.60%。至10月底，全县办理计划生育家庭意外伤害保险参保家庭14898户，保费总额45.559万元，比市下达40万元任务数超额5.559万元。其中，计生部门补助4.3495万元，保险公司补助7.5785万元，计生家庭投保人自交保费33.631万元；累计出险报案320起，已理赔案件286起，已赔付金额20.9805万元，拒赔案件9件；计划生育村民自治达标村95个，占全县122个村（居）委会77.86%；全县共有98户农业人口领取了《独生子女父母光荣证》，农业人口累计领取《独生子女父母光荣证》5088户，审核符合兑现一次性奖励143人7.15万元，中考教育加分110人，高考教育加分28人，养老生活补助466人36.768万元，计划生育家庭特别扶助103人12.024万元；审核符合发放农业人口独生子女保健费2360户26.97万元，下岗失业人员独生子女保健费601人3.349万元；办理计划生育家庭意外伤害保险14898户45.559万元；农村计划生育家庭符合享受新农合补助31405人。③县会计协会工作。县会计协会组织对县属5个行政、企事业单位和8个乡（镇）村级会计委托代理服务中心进行了会计基础工作规范化考核，组织全县广大财会人员积极参加网上远程教育学习。共有来自全县各行业、单位的持证会计人员850人购买了会计远程网络教育学习卡参加继续教育学习，占全县持证会计人员总数1551人的54.8%。④县珠算协会工作。8月18～21日，县珠算协会在县水桥小学举办了沾益县珠心算师资业务培训班，共有来自全县4所实验学校的珠心算教师26人参加了为期4天的培训学习；协会还组织了沾益县珠心算选手参加了一年一次的曲靖市少儿珠心算技术比赛，取得团体二等奖的好成绩。⑤县农机协会工作。农机协会有会员990人，全年围绕“春耕”和“秋收”两大农忙季节，组织各型农业机具上万台投入农业生产。投入拖拉机4290台，水田耕整机1820台，排灌机械1700多台，加工机械4510台，联合收割机14台，播种机46台，开沟机4台，完成机耕面积14.8万亩，机耙面积14.2万亩，起垄烟地3.1万亩，投入抗旱拖拉机1854台，抗旱保苗4万余亩，机收水稻、小麦0.8万亩，机播小麦0.9万亩，粮食、饲料加工39吨，运送农用物资98万吨。共节约农村劳动力650万个，节约生产成本1.06亿元。

3. 青少年教育工作。县科协、县教育局组织全县各中、小学参加省、市青少年科技创新大赛。全年共选送200余件优秀作品参加曲靖市青少年科技创新大赛，获得科技创新成果项目一等奖2项，二等奖2项，三等奖2项。科技教师论文获得三等奖17项；获得少儿科幻绘画一等奖5幅、二等奖38幅、三等奖42幅。

4. 全民科技素质教育工作。①开展三下乡活动。县科协在县委宣传部牵头下同文体局、卫生局、工信局等相关单位一同到炎方乡开展了“文化、科技、卫生”三下乡活动。积极开展了各类科技咨询服务，赠送了科普资料，进一步提升了科技服务水平，更好地服务新农村建设。共发放和赠送农业污染防治技术、科普日历、科学养殖技术、蔬菜栽培技术及日常生活常识等各类科普书刊3000余份（册），并组织有关专家赴农业基地和生产一线进行现场指导，帮助解决实际生产问题。②举办科技周系列活动。2011年，沾益县科技周活动以专家咨询，科普报告会，科普进村、进社区、进学校活动为重点，集中于5月15～21日一周时间在全县各乡镇、各县级学（协）会同时开展活动。全县有256名科技人员参加了此次科技周活动，接受技术咨询450多人次，解答疑难问题20多个，展出科普宣传展板100余块，赠送科普资料17000余份，有233人接受了专家义诊。全县各乡镇展出科普橱窗292米，吸引过往群众23000人次，举办科普报告会5场次，参加报告会的群众达1648人次，走访各类科技示范户29户，发放科普资料18500余份。活动周期间，各乡镇还作了蚕桑、蔬菜、水果、沼气等专题培训，有712名各类种养殖大户参加培训。③开展科普大篷车进校园活动。9月27日，县科协在县教育局的配合下，将科普大篷车开进大坡一中和三中，现场摆放了力学、光学、热学、电磁学等10多种科学仪器、20多块科普立体展板。生动形象的气候变化与自然灾害立体科普展板，有效地激发了学生们学科学、用科学的兴趣。

科普创建再创佳绩 “科普惠农兴村计划”是由中国科协和财政部共同实施的科普惠农计划项目，自2006年开始实施，由中央财政直接拨款奖补在农村科普工作中取得显著成效的先进单位和个人。沾益县西平镇庄家湾畜牧养殖协会自2010年被中国科协和财政部表彰为“先进农村专业技术协会”后，充分利用科普惠农项目资金促进协会发展。①进一步完善设备设施。配置电脑1台、摄影仪1台，建科普宣传栏1个、科普培训室1个，购科普图书3320余册，设种猪试验室1个、防疫室1个、供精站1个，改建了2个仔猪示范基地、5个养猪场、3个养鸡场、2个特种珍禽养殖场。其中，2个养殖场年出栏肥猪3000头、3个养殖场年出栏肥猪1000头以上，有123户会员年出栏肥猪均在20头以上；3个养鸡场中，养蛋鸡1户，蛋鸡存栏3000只，年产蛋量80万枚以上，利润4.5万元以上；特种养殖两户，主要养殖太和乌鸡和野鸡，每户年产乌鸡4万只以上，野鸡6万只以上，利润20万元以上；64户会员养肉鸡，年出栏均在100只以上。②在养殖技术上注重种、料、管、防四个主要环节，围绕“品种优良化、管理科学化、免疫程序化、设施规范化、产品安全化、养殖专业化”的“六化”目标开展各项技术服务。在县畜牧局、县科协帮助联系下，协会从四川引进优良二元杂交种猪120头，分发到会员中饲养，聘请畜牧局防疫站兽医师展小四到基地为养殖户进行现场辅导和防疫指导，并对当地种猪进行了改良，所产仔猪均由康庄公司高于市场价统一收购、统一外销，增加了会员收入，成为远近闻名的“仔猪示范村”。优质的三元杂交猪，市场销售优势明显，精种供应全县各个乡（镇）及周边区县，每年可受孕母猪2.5万头，带动了庄家湾及全县生猪养殖业的发展。2011年，庄家湾共出栏生猪1.8万头、仔猪2.5万头以上，已成为沾益县畜牧业集培训、科研、示范、品种改良、科普为一体的示范基地。会员养殖户平均年收入3.5万元，利润6000元以上，在整个产业发展和农民增收方面，全村农户年交易产值达到3000万元以上、纯收入330余万元，带动了庄家湾2365户农民人均纯收入增加340元。

申报工作 2011年3月，沾益县播乐乡中草协会成功申报为全国农村专业技术协会先进单位，炎方乡刘麦地村委会申报为省科普惠农实施点。

沾益县烤烟生产科技服务协会成立 2011年5月27日，沾益县烤烟生产科技服务协会成立大会召开，县委副书记杨志雄参会并作重要讲话。会议通过了沾益县烤烟生产科技服务协会章程，选举产生了新一届理事会、监事会成员，并一致通过在乡（镇）设立8个分会，以村民委员会为单位设立服务组。协会的成立，将更好地促进全县烤烟产业经济发展，维护烟草部门和广大烟农的合法权益，按照“政府引导，烟草扶持，第三方服务，市场化运作”的总体要求和“民办、民管、民受益”原则，结合规模化种植，在烟叶生产技术指导、推广、落实方面推行烤烟生产科技服务协会，建立覆盖烟叶生产全赛程的技术服务体系。通过体系建设，整合服务资源，推进育苗、整地、移栽、中耕管理、烘烤等方面的专业化生产服务，为烟叶生产主体（包括烟叶种植专业户、烟叶种植家庭农场、烟叶种植专业合作社）提供高度组织化、规范化、全面的生产技术服务。

开展全国科普日活动 2011年9月19日，为庆祝第8个“全国科普日”，由县科协牵头，联合科技、教育、卫生等23个部门，组织100多名科普志愿者参加了在拓新路小花园举办的沾益县“全国科普日”活动启动仪式。县委副书记杨志雄、县人大常委会副主任陈永萍到活动现场进行指导。2011年“全国科普日”活动以“坚持科学发展，走进低碳生活，节约能源资源、保护生态环境，保障安全健康、建设创新型沾益”为主题，结合各单位自身业务特点，通过科普展览、技术咨询、专家义诊，发放保健品、科普图书和科普小册子等资料的形式，利用与百姓生活密切相关的优秀科普资源，向公众“零距离”传播科普知识。科普日活动共悬挂宣传标语20幅，展出科普展板40多块、挂图10多种，为群众义诊服务300多人，发放科普图书1000多本、各类科普宣传资料30000余份，发放保健用品2000多个，电视台播出专题片3部，受益群众达10000余名。

召开2011年科协常委（扩大）会议暨“科协会员日”座谈会 2011年12月30日，沾益县召开2011年科协常委（扩大）会议暨“科协会员日”座谈会。县科协常委、县直学（协）会会长（理事长）、各乡（镇）科协秘书长以及全县科技工作者代表参会。会议由县科协副主席高明坤主持，县委副书记杨志雄、县第二纪工委书记李宝花出席会议，县科协主席李丽华对工作做了总结和安排，并对广大科技工作者和全县科协组织提出了新的希望和要求。座谈会上，优秀科技工作者代表结合各自的工作实际，针对如何发挥优秀科技工作者模范带头作用，作了交流发言。县委副书记杨志雄对科协工作给予了肯定，认为科协工作发展有思路、落实有措施、协调有方法、工作创新有特色。强调要把科协作为科技事业发展重要力量和科普工作主力军的作用发挥出来，建设科技工作者之家，竭诚为科技工作者服务；把科协作为党和政府联系科技工作者的桥梁纽带作用发挥出来，团结带领全县科技工作者为沾益经济社会又好又快发展献智出力；要加强自身建设，不断适应新形势、新要求，使科协及其广大科技工作者成为学习型的代表、先进生产力的代表、创先争优的代表；要建立“会员日”长效机制，使会员日活动成为广大会员交流信息、沟通情况、相互了解、彼此合作、共同促进的活动平台；要加强对学（协）会的管理，不断提高学会的凝聚力、号召力和影响力，更好地为广大会员和科技工作者服务。

（樊陆仙）

残联工作综述　沾益县残疾人联合会为正科级事业单位，人员编制4人，领导职数2人，有在职人员7人，由彭爱华任副主席、理事长，欧萍、张贵生任副理事长。

2011年，县残联围绕县委、县政府的中心工作，履行“代表、服务、管理”残疾人的职能，代表残疾人共同利益，维护残疾人合法权益；开展各项业务和活动，直接为残疾人服务，承担政府委托的部分行政职能，发展和管理残疾人事业。以代表好、维护好、实现好残疾人的利益为工作的出发点和落脚点，以残疾人康复为主题，以加强残疾人社会保障体系和服务体系建设为重点，全面推进残疾人康复、教育、就业、扶贫等工作健康开展，促进全县残疾人事业又好又快发展。

1．开展残疾人康复工作。沾益县以残疾人康复工作为中心，在有关部门的配合和支持下，以社会和家庭为重点，广泛开展康复训练，完成肢体康复训练15例，低视力配用助视器5例，聋儿听力语言康复训练5例，培训聋儿家长5人，免费装配大小腿假肢7例，智力残疾家庭康复训练5例，完成白内障复明普查220余人，免费实施白内障复明手术200例，免费实施肢体残疾矫治手术14例，全年共赠送辅助器具150件。

2．抓实残疾人教育就业工作。①积极做好残疾人教育工作。一是救助残疾儿童少年，使其接受九年义务教育，使残疾儿童的义务教育入学率达到80%以上。县教育系统还根据国家、省、市的有关制度、规定，进一步建立健全了各项规章制度，如招生制度、残疾学生随班就读制度、随班就读残疾学生档案建立及管理制度等。二是对贫困残疾学生进行资金救助和助残日慰问。县残联多方筹集资金8000元，对上年度新入学的5名贫困大中专残疾学生发放了一次性1000～2000元不等的补助资金；对曲靖市特殊教育学校就读的32名沾益籍残疾学生进行慰问，发放资金3200元。②积极扶持残疾人就业。一是认真贯彻执行《关于进一步加强残疾人就业工作的意见》，采取集中与分散相结合的方法，全面实施残疾人按比例就业工作，积极扶持残疾人自谋职业、自主创业和灵活就业。二是贯彻执行《云南省残疾人就业保障金征收使用管理办法》《沾益县人民政府关于印发〈沾益县按比例安排残疾人就业暂行规定〉》，做好残疾人就业保障金的征收工作。经核定，全年全县应缴纳残疾人就业保障金93.5万元，截至年末，实际征收残疾人就业保障金75万元。三是加大残疾人职业技能的培训工作，全年共对30名残疾人进行职业技能培训，其中，盲人按摩培训3人，驾驶执照培训17人，缝纫等培训10人，共计补贴5万元，当年新增就业33人。四是通过以会代训的方式，从残疾人就业保障金中列支5万元，对335名村委会（社区）残疾人联络员、康复员、就业指导员及各村优秀残疾人进行残疾人康复、就业服务等业务知识及果树栽培、烤烟管理、蚕桑栽培、生猪养殖等技能的培训，让残疾人在家门口就学到实用的知识和技能。五是根据按比例安排残疾人就业政策，对全县机关事业单位安排残疾人就业情况进行了审核，全县事业单位共安排残疾人就业103人，减免残疾人就业保障金57.14万元；对全县4家福利企业安置残疾人就业工作进行了年审。六是积极扶持残疾人创业。共对21名符合条件的新开业从事个体经营半年以上的残疾人和农村残疾人规模种养大户进行创业补贴，共计补贴5.5万元。

3．切实开展扶贫帮困工作。一是积极组织党员干部“挂钩结对”，结合当地特点广泛动员社会力量，采取多种形式帮贫助困。二是在抗旱救灾工作中，多方筹措资金1.2万元对“挂钩结对”的左水冲村委会受灾残疾户进行慰问。三是在“助残日”期间，对42户特困残疾人、32名残疾学生、12名企业残疾人职工进行集中慰问，购买轮椅、盲杖、拐杖等150件辅助器材免费发放困难残疾人。四是各乡（镇）、县直各部门根据自身的行业特点，以不同形式帮助残疾人解决生产、生活上的困难，勉励残疾人自强、自立、自信，号召全社会爱心助残，切实帮助残疾人解决实际问题。全年共计助残768人次。

4．广泛开展助残日宣传工作。一是充分利用第二十一次“全国助残日”，统一部署，统一安排，广泛地进行残疾人法律、法规的宣传，发放宣传资料2000份，形成了全社会关心残疾人、重视残疾人事业发展的良好氛围。二是组织学习《中华人民共和国残疾人保障法》《云南省实施〈中华人民共和国残疾人保障法〉办法》等法律法规，举办前期解除关锁治疗的精神病患者和免费服药的重症精神病患者亲友护理知识宣传培训，共组织各类宣传6场次。三是采取多种形式广泛宣传助残日。活动期间悬挂宣传布标7条、在沾益县手机报发布助残日活动信息、在沾益县电视台播放全县助残日活动报道。通过开展系列助残日活动，倡导扶残、助残的社会风尚，勉励残疾人自尊、自信、自强、自立，关注残疾人民生，建设文明和谐社会。

5．稳步推进残疾人维权工作。一是将残疾人法律工作纳入当地法律援助体系，建立残疾人法律援助联络站，为残疾人提供司法援助，使其树立法律意识，达到利用法律手段维护自身权益的目的，采取开设“绿色诉讼通道”、减免缓交诉讼费、为残疾人提供《诉讼指南》等助残措施，切实保障残疾人的合法权益。二是认真贯彻《信访条例》，成立信访办理领导小组，建立信访办理规则，加强首办责任制、责任追究制的执行力度。全年接待残疾人来信来访396人次，其中来访325人次，来电71人次。残疾人信访案件回复率达100%，办结率达95%。三是沾益县在新建、扩建、改建城市道路、大型公共建筑和居住区时，按国家规范要求进行了无障碍设施建设，建设、规划行政管理部门对不按规范要求进行无障碍设计或者施工的，不发给建设规划许可证、施工许可证和竣工验收合格证，同时广泛动员社会有关单位和部门加强管理，保护和维护好残疾人使用的公共设施，保证残疾人正常使用。

全面开展精神病防治康复工作 2011年，县残联在全县8个乡（镇）开展了社会化、开放式、综合性精神病防治康复工作，覆盖人口40余万人。检出精神病人、建档立卡、监护2463人，检出率6.12‰，监护率100%，社会参与率达75%，免费服药精神病人117人，免费住院42人，解除重症、肇事关锁精神病人42人，精神病防治康复取得初步成效。

实施“阳光家园”计划 2011年，为改善残疾人的生产生活状况，特别是加强对重度贫困残疾人的关心，县残联对2011年度“阳光家园计划”残疾人家庭居家安养申请进行了全面审核，为8个乡（镇）的127名重度残疾人进行了居家托养，每人发放500元生活补助，共计发放6.35万元。

全面完成残疾人危房改造工作 2011年，县残联认真做好彩票公益金农村贫困残疾人危房改造项目，全面完成上级下达残疾人危房改造任务20户，各级补助资金共计22万元。

残疾人机动轮椅车燃油补贴发放工作 2011年，县残联按照《云南省残疾人联合会关于做好残疾人机动轮椅车燃油补贴发放工作的通知》要求，对全县的机动轮椅车进行了普遍登记。全县共为2009、2010年度152名残疾人发放燃油补贴30400元，年人均发放200元，为2011年度86人次发放残疾人燃油补贴22360元，年人均发放260元。

（陈丽华）

关心下一代工作综述 沾益县关心下一代工作委员会成立于1999年1月20日（简称关工委），是一个由离退休老同志为主体，配合有关部门，以青少年为工作对象、以全面提高青少年素质为目标的关心教育下一代的工作机构。县关工委主任由县委副书记兼任，副主任由县人大、县政府、县政协有关领导和离退休老领导兼任。根据工作需要，沾益县关工委于2002年11月正式成立长设机构关心下一代工作委员会办公室（简称关工委办公室），为参公管理、全额拨款的事业单位，核定编制2名，有在职人员2名。主要职责为：一是负责协调、承办关工委日常事务；负责起草、印发关工委有关文件；负责文电、文书处理，文件档案管理、信息综合分析和编发简讯。二是负责关工委与县委有关部门的联系；负责关工委下达的有关任务的督查、落实工作；负责关工委财务、行政事务、车辆管理、资产管理及机关保密等工作。三是协助领导抓好基层关工委的组织网络建设，抓好基层关工委工作人员的培训、教育和学习。四是积极与宣传、广电、报社等有关部门联系，宣传报道关工委工作，报道关工委开展的重大活动、好人好事；积极撰写文章向上级有关报刊和刊物投稿，报道关工委工作。五是经常深入基层开展调查研究，撰写调查报告，为领导提供决策依据。六是经常保持与关工委各委员之间的联系，以文书材料交流的方式，定期向各委员联系汇报，让各委员随时掌握关工委工作动态，当好“联络通信员”。七是完成上级关工委，县委、政府交办的任务。

2011年，县关工委紧紧围绕县委、县政府中心工作，认真贯彻落实《中共中央国务院关于进一步加强和改进未成年人思想道德建设的若干意见》，充分发挥“五老”作用，积极配合有关单位开展青少年思想道德、法制和爱国主义教育，开展弱势青少年的帮扶和挽救工作，为青少年的思想道德建设和健康成长，发挥了积极作用。

开展各类宣讲活动 2011年，县关工委积极发挥“五老”作用，围绕县委、县政府中心工作，积极配合有关部门充分利用“四五”清明节、“五四”青年节、“六一”儿童节、“纪念中国共产党成立90周年”等重大节假（纪念）日，通过开展“中华魂”《颂歌献给党》读书征文活动、开展“纪念中国共产党成立90周年”演讲比赛，组织青少年到爱国主义教育基地扫墓、唱革命歌曲、举行入团队宣誓、召开革命事迹报告会、知识竞赛，举办法制教育讲座，举办远离违法犯罪签名等活动，进一步加强对青少年的思想道德、爱国主义和法制教育。2011年，全县各级关教组织共组织“五老”开展法制和德育讲座198场次，受教育青少年78283人次；举办其它各类讲座报告会93场（次），分发各类学习宣传资料25800余份，教育青少年56335人（次）。仅2011年清明节期间，县关工委就组织“五老”为各学校到玉林山扫墓的学生讲解边纵支队革命战斗故事20余场次，受教育青少年达5000余人。

开展“三帮”教育 2011年，县关工委为帮助失足未成年人早日融入社会，对失足青少年一一登记造册，建立档案，并把各乡镇失足青少年提供给基层关工委“五老”人员，由他们就近就便、定期不定期坚持跟踪帮教，从思想、学习、生活等各方面关心、帮助失足青少年，想办法解决他们生活中的各种实际困难，帮助他们早日融入社会。全县共成立105个“五老”帮教小组，共回访帮教失足青少年1561人次，帮助980余人解决了学习、生活中的实际困难，有1427名帮教对象有较大转变。全年县关工委办公室下乡开展失足青少年庭前社会调查8人次，走访有关人员30余人，撰写失足青少年社会调查报告8篇，对涉案未成年人以县关工委名义，向县法院少年庭提出从轻减轻处罚建议报告4份，为挽救失足青少年做出了积极努力。

开展网吧义务监督 2011年，县关工委积极发挥15名“五老”网吧义务监督员的作用。按照县关工委制定下发的《沾益县“五老”网吧义务监督员工作职责》和分组分片监督的原则，15名网吧义务监督员采取定期不定期上门督查、现场检查、明查暗访、蹲点守候等形式，对互联网上网服务营业场所进行义务监督480余人次，规劝未成年人50余人次，规劝教育网吧业主20余人次，向文化、公安、工商等有关部门反应情况10余人次。县关工委还组织召开了“五老”网吧义务监督员工作总结会，听取了15名“五老”网吧义务监督员对全县43家网吧义务监督情况的汇报，总结经验，进一步推进工作的开展，为净化文化市场、减少和预防未成年人犯罪发挥了积极作用。

三道坎苗族小学协调改建工作 2011年，在老促会、关工委“五老”的积极努力和协调下，由省老促会出资70万元，市、县各配套30万元和20万元，为沾益县最大的苗族寄宿制小学——花山三道坎苗族小学新建了一幢三层综合楼，修建了100余立方米的蓄水池，新建了煤气化锅炉房，建盖了洗澡间等，并为学校添置图书，购置电脑，硬化路面，绿化校园环境。改变了师生吃箐沟水，学生2人一张床，教师同住集体宿舍的情况，人人改善了学校的办学条件。

开展“具有严重不良行为未成年人”专题调研 2011年，县关工委为认真贯彻落实省关工委关于对严重不良行为未成年人开展专题调研的通知和市关工委有关会议精神，组织召开了由县公安局、县法院、团县委、县妇联、县教育局等关工委成员单位领导、各乡（镇）分管关工委的领导和关工委负责人参加的专题会议，安排布置了调研任务。通过一个多月的调研、汇总、分析，基本掌握了全县具有严重不良行为未成年人的基本情况、分布特点、社会危害、突出表现和形成原因，并形成了专题调研报告，报送县委领导和市关工委，为帮扶、教育和矫治具有严重不良行为的未成年人，预防和减少其违法犯罪做出了积极努力。据调查，全县共有未成年人88657人，具有不良行为未成年人260人，占未成年人总数的0.29%，其中男233人，女27人；具在严重不良行为未成年人200人，占未成年人总数的0.23%，其中男173人，女27人。按分类统计，纠集他人结伙滋事扰乱治安的87人，占具有严重不良行为未成年人总数的43.5%；携带管制刀具屡教不改的7人，占3.5%；多次拦截殴打他人或者强行索要他人财物的32人，占16%；多次偷窃的36人，占18%；其他严重危害社会的行为38人，占19%；没有传播淫秽的读物或者音像制品、进行淫乱或者色情卖淫活动、参与赌博屡教不改、吸食注射毒品的人员。就分布情况来看，全县8个乡（镇）人数分布情况：西平镇96人，盘江镇62人，炎方乡24人，菱角乡7人，德泽乡5人，白水镇3人，大坡乡3人。主要特点是乡镇越大、交通越便利、流动人口越多、社会管理难度越大的地区，具有严重不良行为的未成年人就越多，如沾益县最大的乡镇西平镇，总人口12万，具有严重不良行为的未成年人最多，达96人，占到全县具有严重不良行为未成年人总数的48%。盘江镇人口排全县第二位，具有严重不良行为的未成年人人数为62人，排第二位。而交通相对不发达的乡镇则人数较少，甚至没有。经过调研，发现未成年人产生严重不良行为的原因有很多，既有主观方面的，也有客观方面的，既有家庭教育方面的，也有社会环境因素方面的等，但综合来看，主要就是社会因素、家庭因素、学校因素和自身因素四个方面的原因。

开展“中华魂”《颂歌献给党》主题教育活动 2011年，县关工委按照省、市关工委的统一安排，通过制定方案、成立领导小组、购买教育读本等前期准备工作，在县三中，县职教中心和县水桥小学三所学校5000余名师生中开展了“中华魂”《颂歌献给党》主题教育活动。4月12日，举办了由市、县领导和部分学生代表共600余人参加的“中华魂”《颂歌献给党》主题

李永梅　供稿

教育活动启动仪式，于9月14日组织举办了“纪念中国共产党成立90周年—‘中华魂’《颂歌献给党》读书征文演讲比赛”，对12名获奖选手进行了表彰，并选送了三名学生参加了市关工委举办的演讲比赛。对获得市级表彰的二名参赛学生,县关工委按同等标准再次给予了表彰奖励。通过开展的一系列活动，让广大青少年了解到了中国共产党90年来的光辉历程，树立起了共产主义和建设中国特色社会主义的理想信念。

举办通讯员业务培训班　2011年，为加强关教工作的宣传报道，县关工委办公室恢复发行了关工委工作简报，全年共印发工作简报五期。在省关工委《云岭春光》刊登文章2篇，在《曲靖日报》刊登文章1篇，在《沾益信息》刊登文章、简讯3篇（条），较好地宣传了关工委工作。同时注重加强对通讯员的业务培训，除派出专人参加省关工委和县委宣传部组织的通信员培训班外，还投入1万余元，与有关单位联合举办了为期一天的基层通信员培训班。邀请了云南省报业协会秘书长、原《春城晚报》总编辑刘祖武为各乡（镇）、县直各部门60余名基层通讯员进行了新闻发现、策划新闻、采访新闻、撰写新闻的方法与技巧培训。通过培训，提高了基层通信员的业务知识和写作水平，增强了关教宣传队伍的整体素质。县关工委等单位还投入6000余元购买了《新闻策划艺术》《新闻采写艺术》两本书送给参与培训的学员，鼓励他们多看、多写，多宣传关工委老同志的感人事迹和无私奉献精神，让社会上更多的人了解、关心、理解和支持关心下一代工作。

做好贫困家庭未成年人救助工作　2011年，县关工委各成员单位充分发动社会、单位、个人进行助学捐赠，加大对贫困家庭弱势未成年人的救助工作，确保不让一名未成年人因贫穷而失学。2011年春季学期中，共救助各类学生1112人，发放救助金296250元。其中，救助小学孤儿183名，发放救助金27550元；救助初中孤儿97人，发放救助金19400元；救助高中特困生695人，发放救助金139000元；救助高中孤儿20人，发放救助金5000元；救助成绩优秀高中贫困生117人，发放救助金105300元。全年共为1040名考入大中专院校的贫困生办理了生源地信用助学贷款，共计发放助学贷款595.6万元。同时按照“严格操作规程、严格救助条件、严格救助标准”的要求，做好云南省困难家庭未成年人专项救助资金的发放和申报工作。通过学校和班主任代管代领、分批发放，家长领取，学生本人签名领取等方式对2011年度的1.5万元专项救助金进行了发放，共计救助19名贫困学生，其中初中生8名，高中生11名。

加强办公室自身建设　2011年，县关工委按照中央、省、市关工委“五个一”的要求，进一步理顺了关工委与关工委办公室的关系，加强了办公室的服务职能，配齐了副科级办公室主任，进一步规范和完善了关工委办公室的工作职责。①加强制度建设，改善办公条件。坚持制度上墙，活动上墙，严格按照财务管理、档案管理的要求，进一步规范财务管理及文书档案管理。报废了超龄旧车，协调调配了新的公务用车，投入5000余元更新电脑，改善了办公条件。②在服务基层工作中，坚持经常到乡（镇）指导工作，对基层关工委反映的实际困难，积极向分管领导反映，帮助协调解决实际问题。③注重在职干部的学习培训，在办公经费紧张的情况下，安排办公室2名在职干部参加市关工委组织的井冈山红色考察学习活动，开阔了办公室干部的视野。

（徐　奎）

中国人民解放军沾益县人民武装部

综　述　2011年，中国人民解放军沾益县人民武装部认真贯彻两级军区和分区党委扩大会议精神，坚持以“站在高端抓落实，盯着问题抓落实，突出重点抓落实，转变作风抓落实”为有力举措，确保人武部安全稳定，各项任务圆满完成，各

阮兴元　供稿

项建设整体推进，人武部建设科学发展。先后完成了正规化建设、民兵整治组训练、学生军训、兵役工作及抗旱救灾等大项工作任务，全面建设和基层规范化建设得到大幅提升，被曲靖军分区表彰为“安全稳定工作先进单位”。沾益县盘江镇武装部被评为曲靖军分区2011年度“先进基层武装部”；县长毕尚鹏被曲靖市国防动员委员会表彰为“国防动员好主任”；县发展和改革局局长李载民被曲靖市国防动员委员会表彰为“2011年度国防动员和后备力量建设先进个人”。

省军区司令员张肖南到沾益检查工作　2011年9月7日，省军区司令员张肖南到县人武部检查战备和工作秩序落实情况。通过认真察看，张肖南对县人武部的战备和工作秩序给予了肯定，同时强调，人武部战备和工作秩序不能弱化，要坚持作战部队标准。检查中，张肖南还仔细询问了沾益县易发地质灾害、组织民兵参与抗旱救灾情况。

召开县委议军会议　2011年9月20日，县委在县人武部召开议军会。会议传达了省、市议军会议精神，表彰了党管武装好书记、国防动员好主任和国防动员建设先进个人。县委书记聂祖良、县长毕尚鹏分别作了重要讲话。会议要求，各级党委、政府和领导干部要进一步强化政治意识和国防意识，充分认清确保国防后备力量完成多样化军事任务是使命所系、职责所在、事业所需，充分认清应对战争威胁、非战争威胁的重大意义，切实把国防后备力量建设摆上重要议事日程抓紧抓实。会议决定，县级财政从2011年起每年按84万元预算安排民兵事业费、按10万元预算安排预备役炮兵团工作经费，预算解决人武部民兵武器仓库维修改造经费10万元。

加强民兵整组训练　2011年，县人武部按照“贴近任务，调整布局；优化组织，改善结构；立足实际，灵活编组”的原则，在8个乡(镇)、11个企（事）业单位武装部，重点整编了基干民兵四类队伍，提高了民兵队伍的质量。并采取多种方法，狠抓各类分队700余人的常备常训，确保遇有情况能收得拢、上得去、起作用。在原有的基础上，按照市委议军会议部署的建设规模，着眼“素质过硬、装备够用、演练经常”的要求，投入20万元，购买各类物资和器材340余件，扩建了35人的民兵防化洗消分队，有效破解了长期以来民兵队伍遂行任务装备不配套、实战能力不过硬的问题，大大提高了专业民兵分队建设的层次。上半年，民兵防化洗消分队在省委、市委议军会议的展演示范活动中得到好评。6月，组织防化分队61人、车辆11台，高标准完成了军分区“06–乌蒙使命”。

兵役工作顺利完成　2011年，县人武部按照规定和要求，依托《退伍军人预备役管理系统》，对2011年退伍回乡的退伍军人进行了登记、统计，准确掌握了退伍军人服预备役数量、质量情况。组织完成了高等院校应届毕业生兵役登记工作，确定了高学历预征对象。全年共征集新兵160名（女兵3名）。

积极开展学生军训工作　2011年7月13日，沾益县第十一届少年军校正式开学，910名小同学在学校度过了为期12天的少年军校生活。在开学典礼大会上，县人武部部长罗文生、政委何治平分别作了动员讲话，鼓励同学们在少年军校中要加强学习锻炼，提高自己的国防意识和面对挑战的能力，培养自己艰苦朴素、勤学守纪的良好作风，进一步增强思想素质、心理素质和身体素质。8月，应学校的请求，又组织军训中学生2400余名。

做好抢险救灾与扶贫帮困工作　2011年8月25日，县人武部将6只军用储水袋和12500元干部职工捐款送到挂钩扶贫点——沾益县播乐乡，帮助该乡解决外出为群众拉水装具缺乏、运输油料资金不足的问题。同时，协调驻曲部队参加抗旱救灾，帮助解决特旱群众的生产生活用水问题，以实际行动化解人民群众燃眉之急。县人武部全年出动官兵670余人（次），出动各类装备、设备1263件（套），参与森林灭火6起，以实际行动支持了地方经济建设。

（曹坤林）

法　　制

责任编辑　曹雅莉

政　　法

综　述　2011年，全县政法综治维稳工作在县委、县政府的正确领导和市委政法委的关心指导下，以创建全省“社会管理创新综合试点县”为目标，主动服务第一要务，深化政法“三项重点工作”，创新社会服务管理，不断提高群众工作能力和水平，为全县经济社会又好又快发展创造良好环境。2011年，沾益县再次被评为全省“先进平安县”，被中央宣传部、司法部表彰为全国“2006-2010年法制宣传教育先进县”；县法院被最高人民法院授予“全国模范法院”称号，立案庭被评为全国法院系统“立案信访窗口”先进集体；花山派出所被公安部评为“一级派出所”，县公安局治安大队被表彰为“全国公安机关治安系统‘大走访’开门评警活动先进集体”；县司法局局长王新明被评为“全国普法工作先进个人”，县公安局聂建凯获“全国公安优秀教育训练工作者”称号，庄群勇荣立个人一等功。

1．党委政府重视。各级领导干部树立了“稳定是第一责任”“稳定也是政绩”的理念，县委四次党代会和县人代会确立了争创全省“社会管理创新综合试点县”的目标，着力抓源头、抓根本、抓基础，提升打、防、管、控能力。县委、县政府把政法、综治、维稳、防范和处理邪教工作纳入全县经济和社会发展总体规划，年内，县委常委会、县政府常务会5次对全县基层综治维稳组织规范化建设、大调解、社会管理创新、队伍建设、责任制检查考核等事宜进行研究，以较高分值纳入了全县的综合目标考核体系，形成了一级抓一级、职责分明、各负其责的综治维稳工作运行机制，并按照季度有巡视、半年有检查、年终有考核的要求，抓实各项政法综治维稳措施落实的督导检查，建立县、乡及综治委成员单位党政领导综治维稳工作实绩档案80份，做到有计划、有部署、有考核、有奖惩。

2．基层基础工作。①加强综治维稳基层组织建设。在播乐乡、菱角乡配备专抓政法综治维稳工作的党委副书记，8个乡（镇）综治办全部按照副科级干部配备，在村级健全完善了以“三室一庭”为前沿阵地，在乡级健全完善了以综治维稳中心为枢纽平台，在县级建立了由政法委牵头，政法各部门之间、政法系统与相关部门之间协作配合、共同攻坚克难的维稳综治工作系统；变“独唱”为“合唱”，做到在“条”上有分工、“块”上有融合、“面”上有合力。②强化工作保障。县级财政按总人口人均2元的标准、乡镇综治中心办公经费补助按照每年2万元的标准、村级综治办办公经费补助按照每年2千元的标准纳入预算，投入综治维稳工作经费120余万元，按规定落实综治维稳专职人员补助，及时拨付到位，破解了制约综治维稳工作的“瓶颈”，实现了有章理事、有人管事的目标。③强化责任落实。将社会治安综合治理纳入全县经济和社会发展总体规划，将各级党政一把手明确为综治维稳工作第一责任人，明确综治委各成员单位分别挂钩的各乡（镇）。

3．公正廉洁司法。①制定方案。按照《中共曲靖市委关于提高司法质量促进公正司法的意见》（曲办发〔2011〕12号）精神，沾益县及时组织召开提高司法质量促进公正司法工作专题会，结合实际，制定下发了《中共沾益县委关于提高司法质量促进公正司法的实施意见》（沾发〔2011〕25号）和《沾益县提高司法质量促进公正司法考核办法（试行）》（沾办通〔2011〕31号）文件。②强化组织领导。成立了由县委常委、政法委书记任组长，县人大、政府、政协分管联系政法领导、县纪委、组织部1名领导、政法委班子成员及法、检、公、司主要领导为成员的提高司法质量、促进公正司法领导小组，负责对工作进行组织领导、指导协调、督促检查、考核奖惩，明确了政法各部门相应的工作指标。③落实经费保障。为确保工作顺利开展，县财政每年预算30万元专项工作及奖励经费，确保工作正常开展。④落实工作措施。建立指导督查制度，县四班子分管联系领导联系1个部门，县委政法委和政法各部门领导班子成员联系1个以上基层单位。政法各部门确定2个以上示范点，以点带面，典型引路，推动系统工作有效开展。政法各部门按照部署要求，以信息化建设为支撑，以强化督促考评为突破，以制度建设为保障，以案件质量评查促进执法监督开展，优秀率达97%。

4．社会治安防控体系。①加强重点防控和巡逻防范。在农村地区创新“1+X”社区警务模式，为每个警务室配置了1名社区民警和X名联防保安，组建了74支护（村、校、厂）队，建立了“邻里守望、师生守望、商铺守望、司机守望和联户联防”等群防群治模式，形成警民合作，户户联防、村村协防的农村社会治安防控体系。在城区开展以“岗亭为点、街道为线、社区为片”的网格化巡防工作，县公安局组建了一支40人的防暴处突应急队伍，完善应急预案，安排机关民警参与街面和重点区域巡逻，落实值班备勤制度，加强处突演练，形成严密的治安防控网络，切实提高街面见警率和管事率，可防性案件高发的势头得到有效遏制。在内部单位以创安工作为载体，落实内部单位安全防范主体责任，健全保卫组织，全面推进保安工作社会化运作。全县共立“两抢一盗”案件886起，比上年降6.04%。②完善城市报警与监控系统建设。投资261万元建成了6套城区交通高清视频抓拍系统、7套室外高清高位监控摄像系统。在县城和重点乡镇建设了350兆无线通行指挥系统，快速反应能力大幅提升；加强视频监控系统的运用，实现了警务指挥的扁平化、可视化和规范化。

5．严打整治斗争。①全县共立刑事案件2173件，破获1216件，抓获网上逃犯91人，“清网行动”排名全市第二；受理治安案件1771起，查处1576起。破获毒品案件19件，抓获犯罪嫌疑人15人，查获毒品一万余克；共立经济案件14起，查处13起；打掉以唐述贵为首的特大盗窃机动车犯罪团伙，破案100余起，涉案价值800余万元；打掉恶势力犯罪团伙1个，抓获犯罪嫌疑人35名。县检察院共受理侦查机关移送审查逮捕案件161件300人，同比案件数下降4.5%，人数上升了1.8%，经审查批准逮捕155件287人，不批捕6件13人，立案侦查职务犯罪案件10件12人，挽回经济损失96万元。县法院共受理各类案件2442件，审结2424件，结案率99.26%。②加大对社会治安突出问题的整治力度。全年认真开展“两项排查”11次，未发现突出治安问题或社会治安重点地区。通过问卷调查，公众对全县社会治安的总体评价较好，满意率为94.79%，安全感达87.92%。

6．社会管理创新工作。①服务型政府建设取得新进步。成立县乡村三级群众工作机构，大力加强群众工作；公共卫生服务体系、城乡社会保障体系和救助体系建设稳步推进；农村水、电、路等网络建设全面加强；大力加强劳动力培训转移输出力度，打造“珠源劳务”品牌，实现“零就业”家庭动态为零目标。②特殊群体管控工作得到新加强。全县8个乡（镇）和重点村（社）成立流动人口管理服务站（点），落实了人员、经费，流动人口服务管理工作实现常态化；与辖区13个企业达成劳务培训和安置基地建设协议，在册942名刑释解教人员全员安置，实现“重新犯罪率为零”目标；建立形成预防和矫正未成年人犯罪12项长效机制，207名有劣迹行为青少年得到妥善安置；建成司法E通信息管理平台，全县130名在册社区矫正对象实现GPS手机定位管控，矫正对象重新违法犯罪率控制在1%以内；30名易肇事肇祸精神病人集中入院免费治疗，未发生因管控不力引发的案（事）件。③“两新”组织服务管理工作得到新拓展。将38名改任非领导职务的党员干部派驻到“两新”组织担任党务工作者，有针对性地进行分类管理和帮助扶持。完成33家“两新”组织内部综治维稳组织建设，在重点企业建立了以劳动争议调解为重点的矛盾纠纷调处机制。④虚拟社会管控工作

李永梅　供稿

取得新成效。组建网络安全保卫大队，网安科技建设全面加强，各项网络基础管理工作深入开展，发现封堵危害社会稳定的信息1471条。⑤严格落实安全制度和措施，有力确保了生产安全。大力推进道路交通安全管理社会化工作，在122个村（社）建立驻村交通协管员队伍，加强农村交通管理基层基础工作，在农村地区特别危险路段招聘专人严防死守，确保道路交通安全。大力实施消防安全“1234”工程，成立公共灾害事故综合应急救援大队，在各乡（镇）组建消防队，建立村级志愿消防队，农村房屋财产火灾保险覆盖率达100%。⑥围绕“除隐患、降事故、保安全”目标，完善公共安全应急处置体系，积极开展各种应急演练，切实提升风险监控、应急处置、救援救助、应急保障等能力。

7．平安创建工作。①星级平安乡(镇)、单位创建活动有效开展。全县8个平安乡（镇）中，3个乡（镇）被市委、市政府命名为“五星级”平安乡（镇），67个单位被命名为平安单位，116个村（社）被命名为平安村（社），48个村（社）达到了二星级以上平安村（社）。②突出平安建设工作重点，促进创建工作扩面升级。一是“平安家庭”创建工作。与群星文明工程结合起来，实施细胞工作，重点开展“防拐卖、防盗窃、防抢劫、防隐患、防事故和无毒品、无赌博、无邪教、无犯罪、无虐待老人、无适龄儿童辍学”的“五防六无”平安和谐家庭创建活动。全县8688户农村家庭中，有37户被评为市级“平安家庭”，2189户达到“平安家庭”创建标准。二是“平安文化市场”创建工作。检查书报刊52家次、音像制品76家次、印刷经营63家次、游戏室238家次、歌舞娱乐场所80家次，关停无证经营场所5户，查收各类非法音像制品155片，有力维护了文化市场秩序。三是“平安医院”创建工作。于年初制定方案，在全县各类医疗机构开展平安医院创建。四是“平安校园”创建工作。全面推行“一员两长”校园完全防范模式，投资100余万元完成了县直中学、幼儿园和乡（镇）中学技防建设，为全县185年中小学配备了专职保安，平安校园创建稳步推进（有方案、有相关文件）。五是“平安出行”创建工作。对农村低速载货汽车、拖拉机落实“二盯二”措施，全面实施“四个一”工程，全县没有发生一次死亡3人以上特大道路交通事故。六是“平安旅游”创建工作。制定了工作方案，组织全县旅游执法队伍开展“零负团费”等严重扰乱旅游市场秩序行为整治工作，依法查处违法或违规旅游企业及从业人员。七是“平安边界”创建工作。定期不定期开展界线联合检查工作，及时宣传界线管理和平安边界建设政策，稳妥调处边界争议，消除了一批纠纷隐患，两条边界线被市委、市政府命名为市级“平安边界”。八是“平安和谐社区”创建工作。以解决社区治安问题为突破口，以创建安全文明小区为基础，整合社区资源，抓好社区治安综合治理基层基础建设，提高社区治安防控能力，扎实推进“平安和谐社区”创建活动。九是“平安铁路”创建工作。以“保稳定、保安全、保畅通”为目标，紧紧围绕涉路矛盾纠纷化解、铁路护路联防、路外安全事故防范、大牲畜上道防控、铁路器材维护等重点工作，全面开展“平安铁路示范县”创建活动。十是“平安林区”创建工作。围绕集体林权制度改革和中低产林改造等林业中心工作，扎实推动全县“平安林区”建设，有效维护了林区和谐稳定，促进了林业发展。十一是“平安银行”创建工作。围绕农村改革发展，大力开展农户信用评级授信，努力改进金融服务方式，着力解决金融供给、农民需求存在的信息不对称和错位、缺位、失位现象，全力破解农民贷款难问题，打造“平安金融”。十二是“平安农机”创建工作。加强农村农机管理基层基础工作，对农村低速载货汽车、拖拉机、农用机械设施落实盯控措施，防止漏管失管现象。

8．维护社会稳定。①完善矛盾纠纷滚动排查、维稳风险评估、社会预警和应急处置工作等新机制，开展社会稳定风险评估5件。②推出人民调解工作“有案定补”“无案奖励”新方法，源头预防工作得到全面加强。根据矛盾纠纷性质、调解难易程度，将矛盾纠纷划分为简易纠纷、一般纠纷、重大复杂疑难纠纷三类，调解成功一件简易纠纷的补助50元，调解成功一件一般纠纷的补助150元，调解成功一件重大复杂疑难纠纷和群体性事件的补助300元，调动调解人员的工作积极性。对乡村两级调解组织主动化解矛盾纠纷，当年无安全生产责任事故、无群体性事件、无刑事案件、无到县以上越级上访、无村组干部违法违纪行为的村（社）根据人口基数，按照3000元和5000元的标准给予奖励，对所属90%以上的村委会（社区）达到“无案奖励”标准的乡（镇）奖励1万元，对所属村委会（社区）100%达到“无案奖励”标准的乡（镇）奖励2万元。2011年，全县共排查受理各类社会矛盾纠纷5325件，成功调处4735件，成功率达88.92%，审批“有案定补”纠纷1422件，兑现金额18.6万元，奖励达到“无案奖励”标准的14个村社4.2万元。③着力解决信访突出问题和涉法涉诉信访问题。县信访局共接待群众来信来访550件，比上年降26%。以县、乡、村三级解决信访问题联合工作机构为平台，拓宽基层社情民意诉求表达和反馈渠道，全面梳理解决群体访、越级访、重复访、无理缠访问题，共受理311件，化解234件，成功率达75.24%。以沾益县涉法涉诉信访接待服务中心为龙头，牵头协调化解涉法涉诉信访问题，共受理44件，调处化解41件；健全刑事被害人救助制度，发放救助金37.5万元。

9．政法队伍建设。全县政法系统按照中央政法委关于开展“发扬传统、坚定信念、执法为民”主题教育实践活动和庆祝中国共产党建党90周年活动的要求，开展“红色系列教育”。主动邀请人大代表、政协委员和特邀监督员评议政法工作，及时发现整改政法工作中、政法队伍中存在的突出问题。公安机关开展了“人走访”开门评警和队伍教育专项整顿活动，审判机关开展了群众观念大讨论，检察机关开展了“维护群众合法权益，解决反映强烈突出问题”专项检查活动，解决了政法队伍管理中存在的突出问题，政法队伍的凝聚力、战斗力进一步增强。

10．群众工作。①在政法各部门成立群众工作领导小组，制定“四群”教育工作实施方案，加强对群众工作的指导协调和督促检查，适时召开群众工作联系会议，研究部署群众工作，切实把问题解决在基层。②把主题教育实践活动与创先争优活动有效结合，推进政法机关党的建设，将群众工作理念贯彻到政法队伍建设全过程中，把执法变成服务群众的过程，进一步落实各项便民利民措施，构建和谐警民关系。

（许峻彬）

社会治安综合治理

综　述　沾益县社会治安综合治理办公室负责贯彻落实党和国家关于社会治安综合治理的方针、政策，按照县委、县政府及县综治委的要求，全面负责掌握、处理全县的日常社会管理综合治理工作，研究制订县综治工作的中长期规划、年度目标和阶段性工作计划，并负责监督实施；负责草拟县与乡镇（县级部门）签订的社会治安综合治理目标管理责任书及考核办法，督促各部门、各单位落实综合治理的各项措施，开展平安创建工作；对乡镇综治办、县综治成员单位、基层治保会、调委员、联防、保安队等组织的工作进行经常性检查指导；定期对全县社会治安状况进行分析研究，针对突出的治安问题和社会治安重点地区提出综合整治方案，组织协调有关部门进行综合整治；开展调查研究，及时总结推广综合治理方面的先进典型经验；利用已有的舆论工具组织、宣传、发动群众参与社会治安综合治理；积极倡导见义勇为，表彰见义勇为公民；深入调查研究，督促基层综治组织加强群防群治队伍建设，规范群防群治的组织、教育、巡逻制度，增强社会防控能力。

沾益县是省级社会管理创新综合试点县之一，连续两年被省委、省政府命名为“全省先进平安县”。2011年，县委、县政府按照省委、省政府和省委政法委推进社会管理创新综合试点工作的要求，将综治维稳及平安创建工作纳入全县“十二五”总体规划，将各级党政组织一把手明确为综治维稳工作第一责任人，分管领导为直接责任人，成立十个以县级领导为组长、县直各部门领导为成员的工作组，明确各工作组综治维稳和平安创建工作职责任务，进一步完善了各级党政领导综治维稳工作实绩档案管理，落实了综治维稳各项措施，全面深化“平安沾益”建设，取得了明显成效。

综治工作网格管理　2011年，县综治委结合广大干部群众对社会治安的现实需要，本着尊重现实、着眼发展、便于管理的原则，围绕“两项排查”、信访、司法行政等基层综治基础工作定格，在乡村（社）组片实行网格管理。①科学搭建乡（镇）综治网络。结合乡（镇）机构改革，进一步强化全县8个乡（镇）综治维稳组织体系建设，将党委书记直接明确为综治委主任，配备副科级综治办主任，每个乡（镇）配备3名以上综治专干，进一步完善综治维稳中心综治工作例会、督办督查、工作责任分流、基本台账管理等制度，明确乡（镇）综治组织信息收录及归类分流、督促检查、工作协调、情况反馈等职责，进一步细化“两项排查”、信访、司法行政、调解、社区警务、禁吸戒毒、社会组织服务管理、流动人口服务管理、特殊群体服务管理、安全生产（包括道路交通安全和消防安全）、民情分析研判、反邪教等12项重点工作措施及目标任务，科学搭建了乡(镇)综治网络大格，实现了基层综治部门力量整合的常态化，确保了乡（镇）综治维稳平台和枢纽作用的有效发挥。②科学搭建村组片三级综治网络。按照现有村级行政区划，在各村（社）设立综治工作站，村（社）总支书记为工作站站长，与本级民情分析研判联席会议联合办公，按照乡（镇）综治网络十二大格的要求，围绕矛盾纠纷排查调解、综治宣传、流动人口管理、空巢老人服务管理、留守儿童服务管理、社会闲散青少年服务管理、易肇事肇祸精神病人救治、刑释解教人员安置帮教、“两新组织”服务管理、道路交通安全管理、消防安全管理、企业安全生产管理、反邪教、禁毒、社区矫正、社情信息收集、民情分析研判、平安创建、非法传销、治安巡逻防范二十项综治工作搭建村（社）综治网格。在村（居）民小组，设立综治责任区，由村（居）民小组长任责任区主任，将各村（居）民小组内二十项工作涉及的服务管理对象落实到具体的乡（镇）责任站所和乡村干部，每个责任区由本责任区主任负责督促和指导责任区二十项综治维稳工作措施的落实，搭建综治组格；在各组格内，以10～15户群居常住户为片，组建综治工作小组，挑选责任心强、有群众威性的户主担任综治小组长，明确小组长社情信息收集、政策法规宣传、组织平安巡逻、邻里纠纷调解、特殊群体动向报告等工作职责，有效搭建综治片格。全县122个村委会（社区）统一设立了综治工作站，设立综治工作责任区932个，组建综治工作小组8688个，覆盖98535户388878人。四级综治网格的科学搭建，初步实现了对全县关注的人、场所、组织、物品等基础信息的有机整合，推动了全县综治、维稳、平安建设三大核心业务的共同联动。全年全县兑现“有案定补”经费18.6万元(比上年增加10.34万元)，兑现“无案奖励”经费4.2万元，受理各类纠纷2474起，成功调处2430起，调解成功率达98.2%，防止民转刑案件23起42人，防止民间纠纷引起自杀11起22人，消除群体性事件隐患21起280人，促成了由过去单一化解一般性矛盾纠纷向既调处一般性矛盾纠纷又防范群体性事件的转变。

维护稳定长效管理 2011年，县综治委针对县境内存在的突出治安问题，成立领导小组，设立专门工作机构，整合力量，全面开展重点整治，收到了良好的社会效果。①铁腕“治车”。采取定时间、定任务、定责任的“三定措施”，在全县各交通要冲设立查缉卡点36个，端窝点、破网络，打盗抢、抓逃犯，掀起了铁腕治车专项行动高潮。2011年，共盘查可疑人员800余人，检查机动车6万余辆，查纠不按规定停车、驾乘摩托车不戴安全头盔、无牌无证机动车上路等交通违法行为270余起，依法查扣手续不全车辆33辆。破获盗抢机动车案件269起，抓获该类犯罪嫌疑人31人，全县交通秩序明显好转。②重典“治毒”。围绕第三轮禁毒人民战争工作目标，坚持“预防为主，综合治理，四禁并举”的禁毒工作方针，以推进“无毒社区”创建工作为抓手，有效整合各成员单位力量，全面推进禁种（制）除源、堵源截流、禁吸戒毒、毒品预防宣传教育等工作。2011年，累计收戒吸毒人员117人（次），其中强制隔离戒毒19人，破获毒品案件19起，抓获犯罪嫌疑人15人，查获毒品10192.3克，取得了明显成效。③重拳“打抢”。集中警力，在全县范围内开展打击“两抢一盗”整治行动。同时，实行快侦快捕快审快判，重拳惩处“两抢一盗”犯罪分子。全年全县破获“两抢一盗”案件874起，抓获犯罪嫌疑人221名，全县可防性案件的高发势头得到有效遏制。④从严“治赌”。按照《云南省禁止赌博工作长效机制》的要求，成立打击赌博违法犯罪活动领导小组，及时制定工作方案，明确各级各部门工作职责，严厉打击各种赌博违法犯罪活动。全年共出动警力200余人（次），车辆80余台（次），检查电子游戏室、旅馆、棋牌室等各类娱乐服务场所78家，共查处赌博案件13起，治安处罚48人，刑事拘留9人，极大地净化了社会风气。⑤合力“治乱”。针对校园周边存在的治安乱点，进一步完善学校安全管理“一员两长”长效机制，即一个学校、幼儿园由县预防青少年违法犯罪领导小组一个成员单位领导联系该校安全工作，派驻一名公安民警任校园警长、从政法部门安排一名干警任法制副校长，实现学校、幼儿园安全管理工作的长效运行。全年共排查化解涉校矛盾纠纷37起，及时管控校园周边重点人员35人，清理整顿文化娱乐场所9个、违规摊点94个，依法处置各类治安问题130个，及时消除校园内部安全隐患238个，校园周边和内部环境明显改观，全县未发生侵犯学校师生人身及财产安全的案（事）件。⑥全力“治假”。围绕出租屋、闲置厂房、仓库等重点部位，全面开展制贩假币、假烟、假药等违法犯罪活动，加强食品药品安全和产品质量以及偷税漏税、出口骗税等重点整治。全年共检查重点场所、部位133次，查处使用假币案件11件，收缴假烟650条，打掉“地沟油”生产窝点2个，销毁地沟油1吨，有效净化了市场经济环境。

惠民管理 2011年，县综治委切实抓好管理创新，全力推进惠民管理。①加强社会管理基础建设，以建促管。在“十二五”规划中，将农村与城镇社会公共产品建设同步规划，提出了“十二五”期间全社会固定资产总投资完成100亿元，农业经济合作组织建到100个，改扩建公路1678公里，干道畅通率、乡村公路硬化率达100%，新增就业岗位15000个，广播电视综合覆盖率达98.6%，新建县体育馆、5个乡（镇）敬老院、8个乡级救灾物资储备库、28个社区服务站和一个城区老年活动中心等社会建设目标，着力解决影响社会稳定的源头性、基础性和根本性问题。全年全县共完成城市建设投资32亿余元，完成涵盖农村水利、交通、教育、新农村建设等在内的基础设施建设9亿余元，农村新型合作医疗参合率提升至96%，完成了投资261万元的技防体系建设，实现了对重点场所、重点路段、案件高发区域的全覆盖，全县刑事案件立案总数稳步下降，可防性案件下半年下降幅度达6.04%。②前移维稳关口，着力源头预防。抓住全县复退转军人安置、山林土地权属纠纷、矿产资源、环境污染、征地拆迁等重点问题，对历年来发生的群体访、越级访、重复访、无理缠访问题进行全面梳理，分析可能引发社会热点隐患的各种诱因，坚持一个案（事）件一个方案、一个隐患一个预案、一个建设项目一套维稳方案、一个治安问题一套综治方案的原则，逐案明确责任单位和工作要求，限期依法依规调处。全年全县共处理疑难纠纷和历史遗留问题178件，接待群众来信来访550起，与上年同期的738起相比下降25%，消除群体性事件隐患21起，群体性事件隐患产生率与去年同期的32起相比下降了34.37%。③加强特殊群体管理。在各乡（镇）设立特殊群体管理服务中心，由业务主管部门牵头，相关职能部门参与，开展调查摸底和计算机信息管理工作，明确相关责任人和监护人的治安责任、监管措施，定期分类开展帮扶教治，形成了集法制教育、心理矫治、技能培训、劳务输出等多项业务为一体的特殊群体管理服务实体。全县375名在册社区矫正对象通过司法e通社区矫正平台和行政干部"一帮一结对"或"多对一"帮教等措施的落实，心理、行为矫治取得明显成效，仅一名矫治对象重新犯罪，重新违法犯罪率控制在了1%以内；在册的965名刑释解教人员全员安置，实现了重新犯罪率为零的管理目标；93名有劣迹行为的青少年全部纳入管控视线，29名易肇事肇祸精神病人得到及时收治。④创新流动人口管理模式。将公安、建设、工商、计生、劳动、民政等部门力量进行整合，在县公安局成立流动人口管理委员会，在8个乡（镇）设立流动人口服务站，并按照500：1的比例配备协管员，列支20万元专项经费，进一步完善管理信息系统，强化登记上报和微格化管理措施，全面落实居住证制度。全年共聘用专兼职协管员122名，培训12次1464人（次），建立出租房屋管理台账2551份，签订责任书2551份，办理居住证15978本，为流动人口子女办理入学手续64份，帮助6名外来农民工讨回工资，通过对流动人口提供线索的深挖，破获刑事案件50余起。⑤加强社会组织服务管理。由民政、工信等部门牵头，加强社会组织规范化建设，采取年检、等级评估、评比表彰等措施，完善登记审批、监督管理、行政处罚等措施，全面掌握社会组织活动情况。2011年，全县80个民间组织、53个社团组织、23家民办非公企业组织管理规范有序，33个新经济组织建立了党群组织，并配备了党建指导员，全县各类社会组织服务发展和参与社会管理的公信力和诚信度得到提升。

（王　旭）

维护社会稳定

综　述　沾益县维护社会稳定工作领导小组办公室是沾益县维护社会稳定工作领导小组处理日常事务的办事机构，与县委政法委合署办公，主要职能是贯彻落实中央、省、市、县关于维护稳定工作的指示和精神，组织开展本地区维护稳定工作，并对工作情况进行检查、指导和督办；收集本地区影响社会稳定的各类情报信息，定期综合分析本地区社会稳定形势，制定群体性事件处置工作预案，及时协调有关部门妥善处置群体性事件；组织开展好辖区内不稳定因素的排查化解工作，积极推进"有案定补""无案奖励"工作的有效实施；协调相关部门做好敏感期、国家重大政治活动和重大节庆期间的维护稳定工作；积极组织开展重大事项社会稳定风险评估工作；对维护稳定各项责任制度和相关工作的执行情况进行监督检查，对维护稳定责任查究提出意见与建议。

2011年，全县维护社会稳定工作在县委、县政府的坚强领导下，贯彻落实中央、省、市、县政法工作会议精神，全面贯彻落实科学发展观，有效开展政法"三项"重点工作，积极推进社会管理创新，全力维护社会政治稳定，抓好社会矛盾纠纷的大排查、大调处工作，为全县经济社会事业全面发展创造了稳定的社会环境。

1. 维护社会稳定工作网络建设。建立了县、乡、村、组四级维稳组织，在县级成立维护社会稳定工作领导小组，下设维稳办为日常办事机构，县直部门和乡（镇）成立党政一把手负责的维稳机构，乡（镇）设立综治维稳中心，中心主任高配为副科级，村（社）成立以党总支为核心的维稳机构。在县、乡、村建立了社会矛盾纠纷调解委员会，县、乡两级调解委员会下设调解中心。其中县级调解中心在法院、司法、公安、信访等部门设立11个县级调解室，由部门分管领导具体负责此项工作，县直所有部门相应成立维稳调解机构和组织。乡（镇）党委书记、村（社）党总支书记分别担任乡、村两级矛盾纠纷调解委员会主任，分别依托综治中心和"三室一庭"开展维稳调解工作。在村民小组设调解员和信息员，负责矛盾纠纷的排查化解、情报信息的收集上报工作。在具有一定规模的企业、新经济组织、新社会组织等单位依托党建工作和工会工作成立调解组织。成立了各级处理信访突出问题联合工作组和涉法涉诉联合接访服务中心，针对重大信访突出问题进行督查督办、综合研判、联合处置化解。维稳调解机构的层层建立和有效运作，基本织密了维护社会稳定的工作网络。

2．社会矛盾纠纷大调解体系建设。社会矛盾纠纷大调解工作通过几年的有益探索和实践，跳出了传统调解模式，突破了原有的调解体系。①实现县、乡、村、组“四级联动”，形成人民调解、行政调解、司法调解“三调对接”的社会矛盾纠纷大调解工作格局，基本健全了社会矛盾纠纷大调解体系。②充分发挥调解中心的平台作用。按照“小事不出村，大事不出乡镇，矛盾不上交”的基本要求处理调解工作，县、乡两级社会矛盾纠纷调解中心整合人民调解、信访调解、治安调解、司法调解、行政调解以及其他行之有效的调解方式、手段和力量，形成了党政统一领导、综治维稳牵头协调、调解中心具体运作、司法部门指导调处、职能部门共同参与、综合调处社会矛盾纠纷的组织体系和运行机制。③着力抓好调解中心的规范化建设，发挥调解中心的辐射作用，将工作网络和触角延伸到社会的各个层面和领域。强化了调解中心在分流指派、协调调度、检查督办、检查考核、责任查究等方面的权威性。各级调解中心建立了听证认证、公示公告和督查回访制度，健全了矛盾纠纷排查预警、受理登记、分流移交、办结报告制度，完善考核奖惩、领导包案和接待日制度，进一步细化各级各部门的职责任务，形成打破分割、整合资源、联动联调的大调解格局，最大程度地化解矛盾纠纷。④充分发挥党的基层组织的领导核心作用，把加强基层基础建设作为战略性、根本性任务来抓，进一步加强了乡（镇）综治维稳中心和村级“三室一庭”规范化建设，以各乡镇综治维稳中心和村级“三室一庭”为依托，抓实大调解工作，筑牢维护社会和谐稳定的第一道防线。⑤健全工作机制。一是制定领导接待、首问负责、听证对话、联动联调、重大疑难矛盾纠纷报告等制度，进一步明确社会矛盾纠纷调解委员会及其下属机构的工作职责。二是按照“统一受理、集中梳理、归口管理、分级办理、限期处理、加强督查督办”的要求，建立矛盾纠纷排查调处、受理登记、分流指派制度，从接待、咨询、受理到解决问题，实行“一条龙”服务。三是按照“六有六统一四落实”（有徽记、印章、档案、登记簿、调解场所和统计台账；统一冠名、标识、流程、制度、文书和工作标准；落实组织、职责、制度和报酬）的要求，加强调解工作室规范化建设，加强档案痕迹管理，严格考核奖惩。⑥在大调解工作中注重抓好“四个环节”。一是抓排查，实现由被动调解向主动调解转变。排查化解矛盾纠纷是维护社会稳定的重点、基础和源头，坚持排查在前、疏导在前、稳控在前，加大领导接访、部门约访、干部下访力度，主动发现和超前解决问题，及时有效化解矛盾纠纷。二是抓联调，实现由单一调解向多调联动转变。建立完善信息沟通、联席会议、协作联调等对接联动机制，加强各调解组织在调解程序、调解力量、协议效力等方面的衔接互动，整合资源，齐抓共管，形成合力迎战矛盾纠纷的“碰头叠加”。三是抓规范，实现由无序调解向有序调解转变。规范移送标准，一般矛盾纠纷不向上级矛盾纠纷调处中心移送，特殊情况的按程序报批；规范移送交办程序，对符合移送标准的矛盾纠纷，由移送单位填写矛盾纠纷移送函提交调处；规范调解期限，根据矛盾纠纷的性质和复杂程度，限定时限完成调解；规范档案管理，对办结的每件矛盾纠纷按“六表一册”的要求规范建档。四是抓覆盖，实现由政府主导调解向社会力量共同参与转变。不断拓宽调解工作覆盖面，广泛吸收群团组织及社会力量共同参与矛盾纠纷调解工作。

3．创新推行“有案定补”和“无案奖励”工作措施。结合实际将原“以案定补”和“以奖代补”工作措施提升为“有案定补”和“无案奖励”的新工作模式。“有案定补”仍然按照原来“以案定补”简易、一般、重大复杂疑难的标准划分，严格按照“六表一册”的要求分别兑现，兑现的经费标准从原来的30元、100元、300元提高到50元、150元、300元。“无案奖励”按照“五无”标准（无安全生产责任事故、无刑事案件、无群体性事件、无到县以上越级上访事件、无村组干部违法违纪行为）于年终进行统一考核，达到标准的村委会（社区），人口5000人以上的奖励5000元、人口5000人以下的奖励3000元。同时，对所属90%以上的村（社）达到“无案奖励”标准的乡（镇）奖励1万元；对所属100%的村（社）达到“无案奖励”标准的乡（镇）奖励2万元，在原来实行“以奖代补”的标准基础上奖励经费有了成倍的提升。全年共兑现“有案定补”案件1423件，兑现经费18.74万元，有14个村委会达到“无案奖励”标准，兑现奖励经费4.3万元，有效推动了大调解工作的深入开展。

4．化解社会矛盾成效明显。县、乡、村、组和有关部门在狠抓基层基础工作的基础上，以乡村两级综治维稳调解组织为工作平台，重联动，抓对接，切实加大各类矛盾纠纷的排查化解力度，一大批长期累积的疑难复杂矛盾纠纷得到妥善解决，热点难点问题得到及时有效处置。全年共排查受理各类社会矛盾纠纷5325件，成功调处4735件，成功率达88.92%，其中人民调解共受理2177件，调处成功2138件，成功率达89.76%；司法调解共受理1458件，调处1025件，成功率达70.3%；公安调解共受理1228件，调处1201件，成功率达97.8%；信访调解共受理52件，调处43件，成功率达82.69%；检察调解受理1件，调处1件；综合协调室受理4件，调处4件；涉法涉诉信访服务中心共受理94件，调处化解89件，成功率达94.68%；解决信访突出问题联合工作组共受理311件，化解234件，成功率达75.24%。排查影响社会稳定的矛盾纠纷13件，其中涉军群体2件，征地拆迁5件，坟地纠纷2件，其他纠纷4件，均得到了有效化解和妥善稳控。全年共表彰综治维稳优秀乡（镇）3个，先进集体13个，先进个人18名，没有发生影响恶劣的群体性事件和群体性上访事件，营造了平安和谐稳定的社会环境。

5．健全风险评估、社会预警和应急处置三项机制。对事关民生的重大决策、重大改革措施、重点项目落实等重大事项实行社会稳定风险评估制度。在各乡（镇）、各部门成立信息研判中心，将维稳信息员布建到村民小组和各企事业单位，全方位多层次收集维稳信息；设立了县、乡、村突发事件应急救援指挥部，健全社会稳定预警和重大社会事件应急处置机制，推动了社会预警、社会动员、快速反应、应急处置的整体联动。全年共进行社会稳定风险评估5件，在重大事项实施前将稳定风险控制到最小程度。

6．确保了重大活动和重大节日的安全稳定。在中央、省、市、县两会期间，在省、市、县党代会期间，在春节、登山越野挑战赛暨山地自行车越野挑战赛等重大活动期间以及中国共产党建党90周年重大活动期间，严格依照上级的要求和部署，全面履行工作职责，有效开展维护社会稳定的各项工作，取得了群体性零上访、重大事件零发生的工作成绩。

（张金开）

普法依法治县

综　述　2011年是实施“六五”普法规划的第一年。全县普法依法治理工作在县委、政府的正确领导下，紧紧围绕县委、政府中心工作，大力开展法制宣传教育，扎实推进依法治理，全面提高广大公民法律素质，为促进全县经济建设和改革发展、维护社会和谐稳定发挥了重要作用。

1．顺利启动“六五”普法和“四五”依法治县工作。①顺利启动六五普法规划。自7月21日起开展“六五”普法送法下乡农村法制文艺演出，拉开了沾益县“六五”普法帷幕。编印了《沾益法制宣传报》《农村群众适用法律法规问答》等普法宣传材料5000余份进行宣传发放，各部门结合实际，开展丰富的送法下乡活动，为“六五”普法规划实施营造了良好氛围。②认真总结“五五”普法取得的成绩。沾益县被中央宣传部、司法部表彰为全国“2006—2010年法制宣传教育先进县”、1人获“先进个人”称号。11月11日，召开“五五”普法依法治县总结表彰暨“六五”普法依法治县工作会议，全面总结了“五五”普法依法治县工作取得的成绩和经验，安排部署“六五”普法依法治县工作任务，表彰了沾益县2006～2010年法制宣传教育工作40个先进集体和70名先进个人，命名表彰了沾益县第二批“民主法治村（社区）”45个，全面启动了沾益县“六五”普法和“四五”依法治县工作。

2．建立队伍，强化培训。①成立“六五”普法讲师团。为认真贯彻落实沾益县“六五”普法规划确定的各项任务，从公、检、法、司，林业、农业、党校以及各乡（镇）选拔具有较高法律知识和理论政策水平的人员担任沾益县“六五”普法讲师团成员，进一步加强了普法队伍建设。②加强普法队伍培训。举办了2011年全县普法骨干培训班，讲授了《计算机信息网络国际联网安全保护管理办法》《人民调解法》《社会保险法》及相关知识，进一步提高普法骨干队伍的法律素质。利用理论中心组学习、网络培训、部门培训、领导干

李竞楠　供稿

部在线学习、专题讲座、以会代训等多种方式开展法制培训。③广泛建立“普法中心户”。各乡（镇）从各村民小组挑选具有较强法律意识、拥护国家法律法规和政策，热心法律宣传，具有一定宣传能力的农户为“普法中心户”，协助普法部门宣传法律、调解纠纷，并组织周围农民开展学法活动。为普法中心户和调解员订购云南法制报和《法制与社会》，发放农村法律知识书籍和普法年历，在团县委、残联、总工会、老龄委、妇联等部门及8个乡(镇)建立法律援助工作站12个，为困难群众申请法律援助搭建桥梁。④加强法律志愿者队伍建设。团县委坚持组织中学团员法律服务志愿者开展法制宣传活动。县妇联组建了17支巾帼志愿者队伍，注册志愿者272人，服务群众5739人次，发放防艾禁毒、妇女维权知识、环境保护、务工常识等各类法制宣传资料12000余份，提供咨询260人次，极大地调动了妇女群众学法、用法、依法维权的意识。

3．多方位开展法制宣传教育工作。①大力开展专题性法制宣传教育工作。开展了“科技文化卫生法律”下乡活动、“12·4”全国法制宣传日、“3·15”消费者权益保护日、“综治维稳宣传月”“税法宣传月”“6·26”国际禁毒日、艾滋病防治宣传日、“安全生产宣传月”“三八”维权周宣传等各类大型主题性宣传活动。据统计，执法部门共出动车辆500余辆次，出动宣传人员近1000人次，发放宣传资料近10000余份，解答法律咨询2000余人次，在全县营造了良好的氛围。②深入开展各类主题实践宣传教育活动。政法部门围绕三项重点工作，针对群众关注的社会热点难点问题，开展专项法制宣传。通过设立咨询点、出动宣传车、设置展板、张贴标语、发放法律资料及传单、播放光盘等形式，大力宣传与经济社会发展、维护社会和谐稳定、服务和保障民生相关的法律法规，引导公民依法表达利益诉求，促进社会矛盾化解。③丰富普法形式，拓展普法载体。县委普法办、县司法局积极拓展和丰富普法载体和形式，编辑法制短信，每月发送两期短信5500条，全年发送22期66000余条，一定程度上提高了广大干部群众的学法、用法的意识。各部门、各单位结合职能，丰富形式，通过普法纸杯、普法年历、法律宣传读本、法制文艺巡回演出、内部网站、刊物、宣传彩页、宣传展板、政务公开栏、电子屏、法制宣传教育基地、“送电影下乡”等多种形式开展法制宣传，提高了法制教育的实效性。

4．围绕“六五”普法规划确定的重点对象开展宣传。①领导干部的法制教育得到加强。继续完善中心理论组学法制度，把领导干部学习法律知识贯穿在日常学习中。县人大常委会坚持实施法制讲座培训计划。组织领导干部任前法律知识考试，组织4批21人进行法律知识考试，组织全县600余名实职副科级以上（包含处级）领导干部进行普法统一考试，进一步强化了全县领导干部学法用法、依法管理的意识。②行政执法人员学法用法得到深化。在公务员学法用法中，进一步健全执法责任制、执法公示制和执法过错责任追究制，规范公务员学法执法程序。各部门开展《行政强制法》的学习培训和考试，大力开展以“学法律、讲权利、讲义务、讲责任”为主要内容的法制主题教育活动。③青少年法制宣传教育工作蓬勃开展。进一步规范法制辅导员、法制副校长工作。组织法律援助中心、县关工委人员配合心理咨询师到学校开展心理咨询辅导教育演讲。县检察院抽调干警组成法制宣讲工作队，深入到13所中学对全县2万多名初高中学生进行法制维权教育，县妇联建立和发挥妇女儿童维权中心、各乡（镇）妇女儿童维权站以及村、社区妇女儿童维权咨询点“三级”维权网络作用，到乡村学校开展“关爱留守儿童专题宣传”活动。④农村群众法制宣传教育活动有效开展。县委普法办、县司法局编印《“六五”普法农村法律知识问答》12000册、印制普法年历10000份进行发放，各部门、各乡（镇）大力开展形式丰富的“送法下乡”“法律进社区”“法律进乡村”法制宣传教育活动。派出所、司法所和法律服务人员深入乡村、学校、企业、市场、宗教场所集中开展法制宣传。县农业局开展了农业科技法律“三下乡”活动和“农业法律法规进企入户”活动。⑤企业经营管理人员法制教育进一步加强。采取多种形式深化“法律进企业”活动，开展反腐倡廉专题讲座，促进企业依法经营。坚持严格执法、文明执法、科学执法，建立企业负责人、各类安全技术人员和职工培训制度。

5．深入推进依法治理工作，提高依法治县水平。①深入开展基层民主法制建设。结合“平安和谐乡镇（社区）”创建工作开展“民主法治村（社区）”创建工作，加强基层基础设施建设，建章立制，完善村规民约，积极落实“两公开四民主”内容，普遍推开“普法中心户”创建工作。“民主法治村”创建工作取得明显成效，36个村委会和9个社区顺利通过检查验收，被命名表彰为沾益县第二批“民主法治村（社区）”。②全面推进执法规范化建设。坚持领导信访接待日制度和领导下访制度、信访督办制度，重大信访问题实行领导包案、跟踪问效。贯彻服务承诺、首问责任、限时办结、行政问责制度，提高行政效率。落实行政执法责任制度、科学民主决策制度、合法性审查制度、行政执法责任追究制度和依法行政评议考核制度，健全权责明确、行为规范、监督有效、保障有力的行政执法体制。③建设法治文化。各部门结合“精神文明单位”“平安单位”创建活动，着力打造机关、部门法治文化。设立法治橱窗，通过“阳光政务”、政府门户网站，公开法律法规、工作动态、办事流程和文化建设成果。④规范政务公开。以开展“四亮四评、四争四创”为平台，以服务群众为目的，实行重大决策开通“96128”专线，落实重大决策听证、重要事项公示、重点工作通报、重要信息查询制度，推动“一站式”服务，加强社会监督，促进依法行政、公正司法。⑤强化监督。一是各部门普遍开展了述职述廉和民主评议活动。县人大常委会对《道路交通安全法》《烟草专卖法》《环境保护法》《义务教育法》等法律、法规的执法情况进行检查、审议，形成审议意见，交政府整改落实；开通人大信息网站，切实加强人大监督力度，为开展普法宣传及推动全县依法治县工作发挥积极作用。二是多方位开展专项整治。各行政执法部门认真履行职责，服务全县改革发展稳定大局，围绕全县改革、发展、建设引发的新问题、新矛盾，着力解决群众关心的热点、难点问题；围绕“安全生产年”工作目标，开展“安全生产专项整治行动”“食品安全大检查”“特种设备安全专项大检查”、打击侵犯知识产权和制造假冒伪劣产品专项行动、私挖滥采集中专项整治活动、煤矿安全生产集中清理、农资打假护农专项治理等执法活动，为沾益县经济社会又好又快发展营造了和谐稳定的环境。

（刘云娟）

政府法制

综 述 沾益县人民政府法制办公室（下称“法制办”）是县政府的法制工作机构，具体负责办理政府法制工作方面的事务。主要职责是：负责规范性文件的起草、审查、修改和备案，承办由县政府管辖的行政案件的复议和应诉；负责行政执法人员执法证件的日常管理等工作；行使行政执法监督职权，主持或参与协调行政机关之间在执法过程中的矛盾和争议；负责全县推行行政执法责任制制度体系的实施工作，并对实施情况进行监督和检查。2011年末，县法制办有在职人员5人，其中主任1人，副主任1人，工作人员3人。

2011年，是全面落实转变经济增长方式各项发展举措，为实施“十二五”规划开好局、起好步的关键之年。在县委、县政府的领导和市法制办的指导下，县法制办围绕服务科学发展这个主题和县委、县政府中心工作，深入贯彻落实《全面推进依法行政实施纲要》《国务院关于加强市县政府依法行政的决定》和《国务院关于加强法治政府建设的意见》，以建设法治政府为核心，以提高依法行政能力为重点，严格落实依法行政各项制度，深入推进体制机制创新，不断深入研究和实践，促使全县法制工作整体纵深推进。

1．加强组织领导，推进全县依法行政。明确全县依法行政工作年度目标，按照县委、县政府要求，对各乡（镇）政府和县直部门依法行政工作年度考核提出具体的考评内容和评分标准。从完善领导干部学法制度、深化行政审批改革、开展依法行政考核等方面着手推进全县依法行政和法治政府建设，指导乡镇和部门更好地开展依法行政工作。

2．从严把关，提升政府决策水平。健全完善科学民主决策机制，促进政府决策的科学化、民主化和规范化，全年共举行3次听证会。为确保行政决策符合科学发展观要求，依法、科学、合理界定了政府和政府各部门的行政决策权，完善了行政决策的监督制度，实现了事权、决策权和决策责任相统一。①强化规范性文件制发质量。严格规范性文件制定和审查程序，加强规范性文件管理。全面准确把握审查范围、审查内容、审查程序和审查要求，并规范了规范性文件审查的工作流程和文书格式，提高审文的质量，确保县委、县政府决策的科学性、合法性、可行性和合理性。②加强规范性文件制定的公开化和透明度，凡是出台与群众利益密切相关的规范性文件，都要求起草部门严格遵循制定程序，加强调研论证，充分听取、征求社会各界意见，在相关部门完成规定程序后，才进行合法性审查。③增加公众对政府决策的知情权，不断降低政府决策的法律风险，促进行政决策的科学化、民主化。④做好上级法规草案征求意见工作，认真组织有关部门讨论，积极参加省政府立法调研会议，对《云南省牛栏江保护条例》征求意见稿提出具体的建议和意见。

3．上下联动，深化行政审批制度改革。根据国务院《关于加强法治政府建设的意见》（国发〔2010〕33号）精神和省政府2011年第五轮行政审批制度改革工作要求，明确以权力下放和实施方式调整为重点，对沾益县县级行政审批项目目录所确定的行政审批事项进行再清理、再论证，下发了沾益县第三轮行政审批制度改革的通知。行政审批项目所依据的法律法规已经作出调整，或上级明令取消的事项，一律取消；对照法律法规规定和沾益实际情况，能够下放到各乡镇实施的，充分放权，由基层政府和部门按照权责一致原则依法实施，减少审批层级，提升审批效率；对法律法规明确规定或市下放管理事项明确要求由县级实施，或者根据全县实际情况，下放管理条件确不成熟的，尽量调整实施方式，更多地采用行政指导、登记、备案、事后监督等相对柔性的行政管理方式履行职责，或者通过市场监管、行业自律等社会管理方式予以规范。从7月初开始对县级审批项目重新梳理分析，年底已初步汇总第三轮行政审批项目清理目录。

4．周密部署，推进执法队伍建设。完善制度，加强行政机关工作人员依法行政能力建设。把加强行政执法分管领导和行政执法人员的依法行政意识和能力建设作为一项重要工作来抓，建立了会前学法、专题学法等方式，还要求各行政执法单位每年制定学法计划，进一步增强政府部门执法人员的法律意识，提高依法行政能力。

5．强化职能，发挥层级监督作用。①坚持行政执法检查和重大行政处罚备案审查。结合办理政协委员关于加强行政执法监督工作的提案，5月12日，印发了《沾益县人民政府行政执法监督方案》，进一步强化行政执法行为监督，强调了各级行政执法机关的例行检查和重大处罚事项按规定呈报备案的程序。2011年，共审查各部门呈报的重大行政处罚备案申请26例。②坚持依法受理复议申请，提升案件审理质量。积极发挥行政复议制度的社会矛盾纠纷排解功能，维护社会稳定，探索实践发挥复议功能的新形式。在办理行政复议案件中，坚持“复议为民、定纷止争”的工作原则，注重改进行政复议审理方式，综合运用书面审查、实地调查、听证、和解、调解等手段办案。全年共收到行政复议申请1件，经审查不符合行政复议受案范围，依法决定不予受理。曲靖市人民政府依法受理了2件沾益县县城旧城改造房屋征收补偿决定行政复议案件，县法制办会同建设部门积极配合曲靖市行政复议办公室完成调查、调解工作，1件已审结，依法予以维持，1件正在审理当中。

6．健全机制，当好参谋、顾问。①积极参与政府制定重大行政决策、开展重大经济活动、解决重大社会矛盾纠纷等涉法性事务，提供优质高效的法律服务，充分发挥参谋助手和法律顾问作用。通过参加政府常务会议、规范性文件审查等形式，参与了政府重大项目建设、招商引资、土地征收等重要事项的可行性论证，为政府重大行政决策提出了法律意见和合理性建议。全年共提出法律意见书、审查各类经济合同18件，积极配合县委政法委协调处理工商部门涉法上访问题。②积极做好行政应诉和政府法律事务工作。一是对云南大为制焦有限公司拆迁项目争议提出法律意见书，并积极协调有关乡镇组织调解。二是认真完成各案件案情的分析研究，诉前、诉中、诉后加强与法院沟通，协调影响诉讼结果的各环节。三是积极指导部门做好自身应诉工作。2011年下半年，收到1件行政诉讼案件，正在审理之中。

7．加强《行政强制法》宣传培训工作，有效推进依法行政。一是从思想上提高认识。《行政强制法》是一部规范、约束、限制和保障行政权力的重要法律，对于预防和减少行政争议、维护社会安全稳定、保障和监督行政执法主体严格依法履行职责、推进政府依法行政等方面具有重大意义。县法制办下发了《沾益县人民政府法制办公室关于开展〈行政强制法〉学习培训工作的通知》（沾法发〔2011〕1号），要求全县各乡（镇）、各单位充分认识《行政强制法》的重大意义并加强学习。二是各乡（镇）、各单位均制定了宣传培训计划和实施方案。从目的意义、学习的主要内容、培训对象、培训方式、时间要求等方面对《行政强制法》的宣传培训工作进行了部署和安排，保证培训工作落到实处。三是多种方式丰富学习效果。采用自学和集中培训相结合、书本学习和视听资料相结合、以考促学相结合的多种学习方式，保障《行政强制法》的学习收到实效。全县共征订培训教材1653本，并邀请市级专家到重点执法部门授课，开办了3次专题培训班。四是从实际运用保障学习效果。培训强调在行政执法中，要学用结合，严格依照新法确定的程序执法，确保《行政强制法》在行政执法中得到准确的执行。五是加大监督考评力度。在全面学习的基础上，通过组织考试，行政执法案卷评查，走访行政相对人等多种措施确保《行政强制法》的正确实施。六是将学习贯彻《行政强制法》纳入“六五”普法工作之中。充分利用各种宣传舆论工具，采取张贴标语、悬挂横幅等多种形式宣传《行政强制法》。

8．加强信息宣传工作，提升政府依法行政工作社会影响力。进一步抓好沾益县政务信息网政府法制栏目的建设和信息报送工作，根据县政务信息公开的要求，做好后台管理工作，及时更新信息，完成了政府信息公开工作目标，及时宣传了全县依法行政和政府法制工作的进展情况。

（吴　芳）

公　安

综　述　2011年末，沾益县公安局下设24个部门，分别是政工监督室、纪委督察、指挥中心、法制室、警务保障室、国内安全保卫大队、经济犯罪侦查大队、治安管理大队、刑事侦查大队、禁毒大队、巡逻特警大队、网络安全保卫大队、交通警察大队、看守所、拘留所,以及西平、花山、白水、炎方、菱角、盘江、大坡、播乐、德泽9个派出所。共有民警411人，其中党员375名，占总人数的94%，大专以上学历411人，占总人数的100%。

2011年，全县公安机关在县委、县政府和市公安局的领导下，在县人大、县政协和社会各界的关心支持下，以科学发展观为统领，以三项建设和三项重点工作为主线，抓好公安队伍正规化建设，不断提升民警综合素质和执法水平，不断强化反恐维稳、侦查破案、治安管理、社会治安防控体系建设，全面提高公安机关维护国家安全、处置突发事件、处置热难点问题和为经济社会发展服务的能力，公安工作和队伍建设取得了明显成效。县综治委“2011年度公众安全感问卷调查报告”显示，公众对社会治安的满意率达94.79%、安全感达87.92%，县政协民主评议公安工作满意度达100%，全市公安工作年度综合考核为第二名。

1. 队伍建设。2011年，全县公安机关以“创先争优”活动为契机，深入推进队伍正规化建设，全面提升队伍凝聚力和战斗力。①深入开展创先争优活动。按照党建带队建，党建带团建的工作思路，广泛动员各党支部创建先进党支部，各团支部争创青年文明号，充分发挥了党支部的战斗堡垒和党员的先锋模范带头作用。全年有4个党支部受到表彰奖励，5个团支部积极创建省级和市级青年文明号。②建立健全队伍管理制度。严格执行“五条禁令、六条警规”等禁令、规定、制度，研究制定《沾益县公安局队伍建设目标考核责任》和《党风廉政建设责任制》，从抓班子入手，将局领导与分管部门进行连带考核，进一步明确目标、任务、责任人、督导方法、风险抵押和奖惩措施，并结合各个专项行动的开展，适时抓好日常督察工作，使班子成员与部门、部门民警形成同甘共苦的工作局面。③积极开展纪律作风教育整顿活动。制定了《沾益县公安局队伍教育整顿活动实施方案》，2011年8月25日至9月25日，开展了为期一个月的队伍教育整顿活动，重点从开门评警活动中征求的意见建议和队伍建设中存在的问题入手，抓好整改落实。全局24个部门及411名民警针对存在问题，制定了切实可行的整改措施和下步工作打算。④认真开展主题教育实践活动。依托“两馆两文化”和“四个一”工程建设，深入推进“发扬传统，坚定信念，坚持执法为民，树立良好警风”主题教育实践活动，召开动员大会，从抓实班子“以德铸警”的理念入手，建立部门主题教育园地，开办主题教育栏，从“德”字上下功夫，全面深入地挖掘民警思想潜力，充分调动全体民警的积极性，增强队伍凝聚力。依托“民警家属联谊会”，抓好一次座谈、一次联欢、一次家访、一次游园、一次表彰的“五个一”建设和民警子女考上大学必访、民警配偶申请工作调动必访、民警住院必访、民警父母公婆去世必访、民警家庭遭遇变故必访的“双五警心工程”。⑤认真组织开展涉案车辆和警车违规行为专项治理。县局与局属各部门签订了警车违规专项治理责任书，对全局警车进行了彻底的排查，逐一建立了档案。对私自喷涂警车外观标识的进行立即整改，对涉案车辆进行清理，完善了管理措施。

2. 维护稳定工作。①强化情报信息工作。继续把维护社会政治稳定置于各项工作的首位，进一步建立健全情报信息预警机制、分析研判机制，逐步建立和完善了高效、灵敏、快速畅通、覆盖面广的情报信息网络。围绕可能影响政治稳定的群体性因素，搜集掌握了大量深层次、内幕性、预警性的敌、政、社情动态情况，有效防范和严厉打击“藏独”“疆独”“法轮功”等境内外敌对势力和敌对分子的破坏活动，积极摸排辖区涉军、涉林、民师、支前民工、企业改制、征地拆迁涉及的重点人群，加大教育管控力度，做到及时发现、及时报告，为党委政府决策提供第一手资料。全年共获取上报各类情报信息8510条，整理上报5101条，有效预防和处置各类群体性事件21起，与去年同期相比下降34.4%；接待群众来信来访40件，受理29件（当场答复5件），办结27件，办结率93.1%；23件信访积案完全化解，化解率达100%。②强化应急处突工作。组建一支40人的防暴处突应急队伍，进一步完善应急预案，落实值班备勤制度，并加强处突演练，健全应急处突机制，在城市街面进行常态化巡逻巡查和应急救援工作，形成上下贯通、多警联防的警力运作机制，有效预防和减少了可防性案（事）件的发生。③强化网安队伍建设。组建网络安全保卫大队，投资70万元进一步完善网安基础设施，不断加强对互联网安全监督和打击网上违法犯罪的工作力度，持续开展网上巡查，及时发现、封堵、删除各种有害信息和网上勾联、煽动、策划和破坏活动；加强对网上反动、淫秽、赌博、诈骗等违法有害信息的监控处置和对网吧等公共上网场所的安全监督管理；加强网上动态管控、网上网下综合打防、网络巡查和协作查处等机制的建立与完善；加强与宣传、电信等部门的合作，建立与通信管理和电信运营等行业的协作机制，形成互联网管控合力，切实掌握网上斗争主动权。全年查处违规经营网吧18家，收集网上情报信息592条，发现封堵危害社会稳定的信息1471条，查证网吧预警信息160条，利用网侦手段破案21起，抓获犯罪嫌疑人35人、逃犯6人。④强化安全保卫工作。对重大活动安全保卫和警卫工作科学安排警力，严密管控措施，圆满完成第六届登山越野挑战赛暨第五届山地自行车越野挑战赛、珠江源美食文化节暨沾益万寿菊赏花会活动等大型安保工作和节日、大型会议安保任务，完成各项安保任务100多次，确保了各项活动的安全进行。

3．案件查处工作。2011年，全县共立刑事案件2173起，破获1216起，抓获犯罪嫌疑人437人；共立命案9起，破获9起；在清网行动中抓获网上逃犯83人，清网下降率全市排名第二；发现受理治安案件1771起，查处1576起，查处违法行为人291人；破获毒品案件19起，抓获犯罪嫌疑人15人，查获毒品10192.3克；成功打掉以唐述贵为首的特大盗窃机动车犯罪团伙，破案100余起，涉案价值800余万元；打掉恶势力犯罪团伙1个，抓获犯罪嫌疑人35名。

4．公安行政管理。2011年，全县公安机关狠抓公安行政管理工作措施的落实，切实提高管理和服务水平。①认真落实县委、县政府和上级公安机关的要求，成立了沾益县流动人口管理工作领导小组，制定下发了《沾益县流动人口与出租房屋管理工作方案》。在全县8个乡（镇）成立流动人口管理服务站，在流动人口较为集中的西平、盘江、白水镇的重点村（社）成立流动人口管理服务点。县政府每年划拨经费20余万元，招聘专（兼）职流动人口协管员25人配置到各管理站（点），将流动人口管理工作常态化，初步形成了领导到位、组织到位、人员到位、责任到位的流动人口管理体系。全年登记纳入系统管理暂住人口10913人、出租房屋2827间，《居住证》发放工作在全县全面启动，基本实现了“底数清、情况明、管得住、管得严”。②大力推进道路交通安全管理社会化，形成“政府牵头、部门联动、各司其职、齐抓共管、综合治理”的工作格局，抓好协管员、信息员、宣传员、守护员“四支队伍”建设，着力解决道路交通安全意识问题。在122个村委会建立驻村交通协管员队伍，加强农村交通管理基层基础工作，对农村低速载货汽车、拖拉机落实“二盯二”措施，防止漏管失管现象。实施“四个一”工程，规范派出所参与交通管理工作，大力发展农村客运交通，全力解决群众出行难等问题，着力打造平安和谐的道路交通环境。在城区，认真组织开展城区限制货运机动车通行专项整治工作。③充分整合各种社会专职消防队力量，以消防大队为依托，组建沾益县公共灾害事故综合应急救援大队，有效提升全县应急抢险救援能力；在乡（镇）组建专职消防中队，由派出所副所长兼任中队长，配置消防车1至2辆；在122个村委会（社区）各建立1支志愿消防队，由治保主任兼任队长；在大中型企业，按照企业出资，公安业务指导的原则，建立企业专职消防队。年末，全县共有专职消防队员400人，志愿（义务）消防队员1600余人，消防车46辆，手抬机动泵507台，消防水枪600余支。初步构建起1支以现役公安消防队伍为主，3支企业专职消防队、8支乡（镇）政府消防队为补充，122支农村志愿（义务）消防队伍为基础的火灾防范救援体系。同时，推行农村房屋财产火灾保险，保险费用由县、乡两级财政全额承担，覆盖率达100%。④进一步完善“警系民、民互动、谱和谐”的沾益公关民警模式，继续开展“办好小事情、排查小隐患、调处小纠纷、查办小案件、实施小帮扶”五小工程活动，从群众的实际需要出发，为群众的利益着想，通过为群众办理好事、小事，增强人民群众对公安机关的理解和信任，赢得人民群众的支持。在政务大厅和便民服务中心推行一次性申办、一次性审批、一次性办结，提供一站式服务。⑤在车管所推行小分队工作模式，对“五小车辆”落户和检审、机动车驾驶员培训和审验等业务提供下乡巡回服务；专门为老人和不识字者提供代笔服务；对受理事项出现差错的，实行及时纠错服务。⑥在派出所户籍室推行24小时工作制，提供全天候随

阮兴元　供稿

到随办服务；警务室民警自觉配合服务窗口推行走访征询工作法，为群众代办公安管辖业务，提供上门服务。

5．“三项重点工作”和“三项建设”。①稳步推进公安信息化建设。主动争取县委、县政府的领导和支持，筹资143万元，在进出城区交通要道加装6套高清视频抓拍系统，在县城制高点架设7套室外高清高位监控摄像机，实现监控系统在重点场所、重点路段、案件高发区域的全覆盖；筹资118万元，在县城和重点乡镇建设350兆无线通行指挥系统，实现警务指挥、应急通信、无线图传的市、县、乡重点场所集群全覆盖；进一步拓展完善视频监控系统“三步十二式”技战法，全面形成以静制动、张网守候、主动捕获的视频技战法体系，全面提升视频监控系统服务实战的工作效能；围绕“警综平台”的案件录入、社区警务子系统的使用、情报平台的网上查询、网上比对和网上布控等内容，分期举办全警信息化、执法规范化深度应用培训；组织开展了实有人口、重点人员、肇事肇祸精神病人、流动人口、门楼地址、指纹信息、现场勘查信息、案件信息等基础信息采集录入大会战。全年采集录入各类信息100余万条，其中录入社区警务系统信息60余万条，进一步夯实了信息数据库，民警的信息化采集和应用水平得到提升，信息化技战法应用还在全市公安机关信息化推进会上进行了交流，赢得上级公安机关的充分肯定和认可。②强化社会治安防控体系建设。主动争取党委、政府的领导和支持，将社会治安防控体系建设纳入党委、政府工程，全面探索信息化条件下的社会治安防控体系建设。在农村和社区创新“1+X”社区警务模式，为每个警务室配置1名社区民警、X名联防保安和相应的警务装备，不断加强城乡社区和农村警务室建设；充分整合社区警务资源，组建了74支护（村、校、厂）队，建立了“邻里守望、师生守望、商铺守望、司机守望和联户联防”等群防群治模式，形成警民合作，户户联防、村村协防的农村社会治安防控体系；在城区建立起高效统一的综合指挥平台，对110报警服务台进行改造升级，进一步完善接警、指挥、处警、反馈等工作运行程序；组织局机关民警参与街面巡逻，在城区开展以“岗亭为点、街道为线、社区为片”的网格化巡防工作，提高街面见警率，及时接受群众求助；在内部单位以创安工作为载体，由县综治办牵头，制定下发了《沾益县加强内部单位防范网络建设实施意见》，签订责任书，认真落实安全防范主体责任，健全保卫组织；全面推进保安工作社会化运作，由保安公司统一派驻保安，在社区民警的统一指挥下，密织单位人防、技防、物防“三位一体”的防控网络；在乡（镇）之间建立“党委政府联谊、治安联防、纠纷联调、案件联破、民事联处”的“五联勤”工作机制，最大限度挤压犯罪空间。③大力加强执法规范化建设。以“坚持执法为民、树立良好警风”教育活动为抓手，进一步坚定民警执法理念，端正执法思想，着重提高部门领导对执法工作的重视程度，提高对公安执法工作的积极性、主动性和创造性，增强公安工作的责任感和紧迫感。深入开展执法规范化建设工作，切实避免因执法环节产生的信访问题，带动执法公信力的提高；进一步明确、落实执法岗位职责，明确岗位业务和技能标准，制定并完善全局执法管理体系建设，在《沾益县公安局执法规范化建设工作手册》基础上，继续开展执法突出问题排查、梳理、整治活动，完善法制员工作制度，建立执法办案场所工作制度，健全和完善相关执法制度，确保执法规范化建设取得实效；制定执法培训计划，明确培训内容、范围、方式，组织开展培训，确保顺利通过全国执法资格考试；以制作执法示范卷宗为切入点，以开展最好卷宗、最差卷宗评比为抓手，规范民警执法行为，提高执法办案水平；公、检、法、司等政法部门定期召开执法办案联席会议，对案件进行点评，查找不足，交流经验，改进执法办案工作，加大执法规范化建设，促进公正廉洁执法；依托“警综平台”的推广使用，充分利用信息化这一有效手段，积极推行执法办案的网上流程管理、网上审批、网上监督和网上考评，把信息化手段渗透到执法办案的各个环节，以信息化引领执法规范化，促进公正廉洁执法深入开展。④深入开展“大走访”开门评警活动。进一步拓宽开门评警新渠道，主动打开走访、网络、中介、报警平台、服务前台、警属、监督平台、联络员“八道门”，把好梳理、办理、问效“三道关”，开展好法律知识宣传、便利慰问、安全大检查、案情回告、矛盾纠纷集中调处“五项活动”，组织民警深入基层、深入群众，进社区、进农村、进机关、进企业、进家庭、进校园、进商铺，积极开展送温暖、听民声、访民意、察民情、排民忧、解民难的“大走访”开门评警活动，真心诚意解民忧，倾心尽力化民怨。活动开展期间，共走访群众5万余名，人大代表、政协委员300人，走访辖区单位300多家，印制发放《征求意见建议表》7万份，收集意见建议300余条，接受群众评议、反馈意见1600余条，整改回复各类问题30余个。⑤有效化解社会矛盾纠纷。在交警大队、派出所和各交警中队、警务室规范建立矛盾纠纷调解室，在县局规范设立矛盾纠纷调解中心，明确工作职责和工作流程，构建起“两室一中心”的三级调解网络。根据社会矛盾纠纷的性质和成因等，将常见社会矛盾纠纷划分为13类55种，统一规范制作《社会矛盾纠纷登记表》《社会矛盾纠纷流转登记表》《治安调解协议书》等8种台账和档案资料，做到对矛盾纠纷产生原因、涉及人数、包案领导、责任单位、解决办法和办结时限“六清楚”；建立矛盾纠纷排查预警、调处化解、分析研判、情况报告、流转、跟踪回访、奖惩激励等“七大机制”，积极整合基层调解资源和力量，广泛应用“五式十二法”及时有效排查化解各类社会矛盾，实现矛盾纠纷化解的程序化、规范化运作。组织全局民警集中开展了排查调处突出治安矛盾纠纷和信访问题专项行动，全年排查各类矛盾纠纷952起，成功调处930起，调解成功率达97.68%。

公安科技刑侦技术楼投入使用 2011年1月25日，沾益公安科技刑侦技术楼竣工交付使用。工程于2007年筹建，2008年1月开工建设，历时3年，总概算投资3100余万元，占地7100多平方米，建设总面积1.2万平方米，绿化总面积3241.6平方米。新落成的公安科技刑侦技术楼集办公、指挥调度、会议、便民服务等功能为一体。

进一步拓展大走访开门评警渠道 2011年，县公安局打开走访、网络、中介、报警平台、服务前台、警属、监督平台和联络员“八道门”，敞开评警纳谏渠道；把好梳理、办理、问效“三道关”，开展“法律知识宣传、便利慰问、安全大检查、案情回告、矛盾纠纷集中调处”五项活动，深入开展“大走访”开门评警活动。治安大队被公安部治安局评为“全国公安机关治安系统大走访开门评警活动先进集体”。

李竞楠 供稿

桂镜洪被追授为全国公安系统二级英雄模范 2011年2月23日，市委、市政府在市公安局召开了追授桂镜洪同志全国公安系统二级英雄模范大会，对桂镜洪进行表彰。6月底，市委、市政府安排宣讲团，在全市以“身边的人说身边的事”的形式，对桂镜洪先进事迹进行宣讲；县委县政府在全县进行了宣讲，掀起了“远学杨善洲、近学桂镜洪”的热潮。8月，省公安厅组织宣讲团在全省开展爱民实践宣讲活动活动，县公安局民警李洪杰代表县公安局作了桂镜洪先进事迹报告。

“清网行动”成效明显 2011年5月，公安部部署开展了网上追逃专项督察“清网行动”。活动中，县公安局全警动员，全民发动，全力追捕网上在逃人员，抓获网上逃犯83人，清网下降率全市排名第二，被市公安局予以通令嘉奖。

沾益县公安局第四次党员代表大会召开 2011年5月18～19日，县沾益县公安局第四次党员代表大会召开，会议选举产生了新一届公安局党委和纪委班子，明确了将后五年的奋斗目标，调整充实了党委所属24个支部委员会委员。全年发展党员33人，预备党员转正15人，党员队伍进一步壮大。

省公安厅副厅长董家禄到沾益调研 2011年8月10日，省公安厅副厅长董家禄一行到县公安局调研指导工作，对县公安局三项重点工作及三项建设、消防、交通等公安工作给予了充分肯定。

两馆两文化建设 2011年，县公安局在“发扬传统，坚定信念，坚持执法为民，树立良好警风”主题教育实践活动中，提出了以德育警的理念，并新建了警德馆，在全局上下开展了“两馆两文化和四个一工程建设”。8月29日，在全省公安机关主题教育活动现场推进会上，县公安局“深入实践全心全意为人民服务、扎实巩固和谐警民关系建设”得到肯定。

花山派出所被命名为一级派出所 2011年9月6日，公安部以公发〔2011〕9号文件，决定命名北京市公安局朝阳分局安贞里派出所等526个派出所为2010年度一级公安派出所，曲靖市共有两个基层派出所被命名为一级派出所，其中县公安局花山派出所获此殊荣。

（王俊琳）

检 察

综 述 2011年，沾益县人民检察院下设12个部门，分别是政治处、纪检组、办公室、反贪局、反渎职侵权局、公诉科、侦查监督科、监所检察科、民事行政检察科、职务犯罪预防科、控告申诉科、人民监督员工作办公室。有在职在编干警48人，退休人员9人，女干警14人，占29.1%，中共党员35人，占72.9%，干警平均年龄为34.6岁。具有本科以上学历的干警46名，占总人数的95.8%，其中硕士生2人，本科学历的44人；大学以下文化程度2人，占4.2%。

2011年，县检察院在上级检察院和县委的领导下，在人大、政协的监督下，以邓小平理论和“三个代表”重要思想为指导，全面贯彻落实科学发展观，以主题教育实践活动和“创先争优”活动为契机，深入开展三项重点工作，把握“强化法律监督，维护公平正义”的检察工作主题，围绕县委、政府工作大局，全面履行检察职能,为沾益的社会稳定、经济发展以及平安创建提供了有力的司法保障。

1．保障经济社会发展。围绕“十二五”时期沾益经济社会发展的目标任务，综合运用打击、预防、保护等措施，全力服务沾益经济社会发展。①依法严厉打击影响社会和谐稳定的刑事犯罪。认真履行批捕、起诉职能，积极参与“打四黑除四害”“清网”等专项行动，增强人民群众安全感。全年共受理侦查机关提请审查批捕案件161件300人，经审查批准逮捕155件287人，不批准逮捕6件13人。受理各类审查起诉案件192件382人，提起公诉168件284人、上报市院审查22件53人。工作中，注重突出打击严重影响群众安全感的暴力犯罪、危害公共安全犯罪、多发性侵财犯罪。批捕起诉黑恶势力犯罪32人、严重暴力犯罪39件61人、“两抢一盗”犯罪83件176人，破坏社会主义市场经济秩序犯罪4件8人，对营造和谐稳定的社会环境、诚信有序的市场环境起到了积极的促进作用。②充分运用检察职能化解社会矛盾。认真贯彻落实宽严相济刑事司法政策，积极开展释法说理、心理疏导等工作，将矛盾化解贯穿执法办案始终，对涉嫌犯罪但无逮捕必要的13人依法决定不予批准逮捕；对犯罪情节轻微、依照刑法规定不需要判处刑罚或者免予刑事处罚的依法作出不起诉决定。完善处理涉检信访的长效机制，建立涉检信访预警处置机制，全年共接待群众来信来访59件（次）。加强与法院、司法局、基层组织等部门的协调沟通，建立健全刑事和解、检调对接、刑事被害人救助、风险评估工作机制，把刑事和解、息诉罢访纳入社会大调解工作格局，有效化解社会对立情绪。全年共办理刑事和解案件5件，使8名被害人及时获得26万元赔偿，10名犯罪嫌疑人得到从宽处理；救助刑事被害人2名，落实救助资金3.1万元。③积极参与和促进社会管理创新。配合有关部门加强对重点人群的服务和管理工作，积极参与社会治安综合治理工作，共参与社会治安综合治理5次，开展法制宣传教育活动30次。深入基层派出所、司法所对334名社区矫正对象的矫正情况进行监督检查，促进社区矫正工作健康发展。完善适合未成年人身心特点的办案方式及制度，加强对违法犯罪青少年的教育、感化、挽救，探索建立未成年犯罪嫌疑人逮捕必要性证明和品行社会调查制度，引入涉案未成年人庭审教育、亲情感化、心理疏导等工作模式，共对32名未成年人进行回访帮教。开展“让法律陪伴我们健康成长”专项活动，到全县13所中学为20000余名在校学生进行法制维权教育。积极探索延伸法律监督触角、实现检力下沉的新途径，设立了“派驻花山检察室”,因地制宜采取进村入户、聘请检察工作联络员等措施，受理群众诉求，提供法律服务，化解矛盾纠纷，加快检察工作重心下移，密切检察机关与人民群众的联系。

2．促进反腐倡廉建设。县检察院把查办职务犯罪工作摆在重要位置，充分发挥检察机关在反腐倡廉建设中的作用，努力查办和预防职务犯罪。①加大查办职务犯罪工作力度。坚持“数量、质量、效率、效果、安全”并重的指导思想，着眼于保障民生，深入查办侵害民生、民利的职务犯罪，严厉打击破坏支农惠农政策落实等侵犯群众切身利益的犯罪，较好地实现了法律效果、政治效果和社会效果的有机统一。全年共立案查办职务犯罪案件10件12人，其中查办贪污贿赂犯罪案件8件10人、渎职侵权犯罪案件2件2人，通过办案挽回经济损失96万元。在查办职务犯罪案件过程中，进一步转变执法理念，用制度规范侦查行为，办案水平、办案质量、办案安全、办案效果得到提升，全年未发生办案安全事故、未出现无罪判决案件。②深入开展职务犯罪预防工作。着眼于营造廉洁高效的政务环境，强化侦防一体化机制建设，建立完善社会化预防协助网络，广泛开展警示教育，做好重大工程项目的同步预防。全年共办理立项预防案件12件。县检察院还把查办案件与查找“漏洞”结合起来，针对执法办案中发现的社会管理问题，及时向有关部门提出消除隐患、完善制度的检察建议12件。先后组织电力、化工等企业的300余名中层干部和重点岗位人员到云南省第四监狱开展警示教育。

积极开展预防职务犯罪法制专题讲座，干部受教育3000人次。积极开展“预防工作进乡入村”“综治维稳法制宣传”等专题法制宣传活动。深入各乡镇、社区，向群众发放法律知识宣传材料3500余份，提供法律咨询400余人次。积极开展预防咨询，加强对民生领域和县域内重点工程建设项目的监督预防，围绕县委、政府的中心工作和重点工作开展预防咨询97次，较好地体现了检察机关服务社会的功能。

3．维护社会公平正义。认真贯彻落实《云南省人民代表大会常务委员会关于进一步加强全省各级人民检察院对诉讼活动法律监督的决议》精神，切实强化诉讼监督。①加强侦查活动及刑事审判监督。不断加强侦查活动监督，对侦查活动中的30余名涉案的在逃或另案处理人员进行了监督并提出监督意见，部分在逃人员已被成功追诉。加大对严重影响群众安全的地方恶势力犯罪及重大疑难复杂案件的提前介入工作力度，批准逮捕此类犯罪嫌疑人42人，有效打击了犯罪分子。强化刑事审判监督，深入推行量刑建议纳入法庭审理工作，全年就15类案件提出量刑建议104件171人，法院采纳84件140人，采纳率为80.7%。积极推行“三书会审”，加强判决裁定审查力度，全年通过“三书会审”审查案件96件；不断规范检察长列席审委会工作，全年共列席沾益县人民法院审判委员会5件次，提出列席意见7条，均得到采纳。②加强民事和行政诉讼监督。把化解社会矛盾贯穿于民事审判和行政诉讼监督之中，积极构建以提请抗诉为中心的多元化监督格局，在办理当事人不服法院生效的民事和行政判决申请抗诉的申诉案件的基础上，积极开展执行监督、调解监督、督促起诉、再审检察建议等工作，努力探索民事行政检察工作新方法、新途径，切实维护当事人的合法权益。全年共受理民事申诉案件7件，立案审查5件，建议提请抗诉2件，法院改判2件。办理执行监督3件，调解监督1件，再审检察建议1件。在履行监督职责的同时，做好息诉工作，接待案件当事人30人次，维护了正确判决的权威。③加强刑罚执行和监管活动监督。认真履行监所检察职能，以推进派驻沾益县看守所检察室规范化工作为抓手，明确10项工作任务，落实10项工作制度，完善5项工作条件，使派驻检察工作更加规范。全年审查收押、释放等法律文书418份，针对审查发现的问题提出检察建议16条，得到监管单位采纳并纠正。积极参与监管场所内矛盾化解工作，与在押人员个别谈话50次，与看守所联合开展亲情会见1次。执行检务公开，在每个监室张贴公开内容，使每名在押人员明白办案环节的时限和权利义务，坚持羁押期限提前告知预警制度，确保全年刑事诉讼环节未出现超期羁押情况，维护监管场所正常秩序。

4．提高法律监督能力。县检察院把队伍建设作为检察工作的根本和保证，以公正廉洁执法为核心，强化教育、管理和监督，不断提高检察队伍整体素质。①全面加强思想政治建设。坚持把党建工作纳入检察工作规划，进一步健全党内民主决策机制、领导干部考核评价机制，提高班子领导能力、统筹协调能力和指导能力，深入推进“学习型、务实型、创新型、专业型、服务型”五型班子创建活动。进一步健全党员教育、管理、监督机制，发挥党员干部先锋模范作用，以党建带队建。开展了“发扬传统、坚定信念、执法为民”主题教育实践活动，深化创先争优及“学习型党组织、学习型检察院”创建活动。②切实抓好素质能力建设。实施人才强检战略，深入开展争创“管理好、纪律好、作风好、服务好、业绩好、形象好”的六好科室、争创“政治素质强、业务技能强、纪律作风强、服务意识强、执行能力强、创新能力强、工作业绩强”七强干警活动。注重培养高层次人才，鼓励支持干警参加在职学历教育，有法律硕士研究生4人；积极推进全员培训，依托检察专线视频网络组织职务犯罪侦查、公诉、侦查监督、民事行政检察干警进行岗位素能培训18场400余人次；紧贴办案实践，通过案件研讨、庭审观摩、法律文书评析、专案攻坚等实战练兵活动，加强业务能力建设，推进检察队伍专业化建设，全年开展业务竞赛30次，办案评比4次，庭审观摩5次。③抓好纪律作风和自身反腐败建设。坚持从严治检，全面落实党风廉政建设责任制。加强廉洁从检教育，组织干警学习《检察机关领导干部廉洁从检若干规定》，观看警示教育片10部，撰写廉政心得体会96篇。建立廉政风险防控机制，逐级签订廉政责任书，查找重点岗位、重点人员廉政风险点，制定防控措施，有效防控廉政风险。积极开展纪律作风教育整顿活动，查找并整顿作风涣散、效率低下等突出问题，大力加强检察队伍作风建设。组织开展“开门评检”活动，召开座谈会8次，发放征求意见表93份，走访群众25户，针对存在的问题，制定切实可行的整改措施进行整改。④继续推进检察文化建设。坚持走“素质立检、科技强检、文化育检”之路，实施文化上墙工程，购置3000余册图书充实图书室，开设电子阅览室，为干警营造积极向上的学习环境。组建覆盖全体检察人员的“三社一团”：珠源检察文学社、书画摄影社、文体娱乐活动社和检察官合唱团，定期组织开展活动，将思想教育、政治理论学习和群众性文体活动有机地融为一体，形成党组倡导、社团牵头、干警参与的文化活动机制。提炼“尚法秉德、持正敬业”的院训和“公正廉明、理性务实、快乐奉献”的“沾检”精神，培养检察人员忠诚、为民、公正、廉洁的核心价值观，促进检察事业的发展。⑤不断深化检务保障工作。以提高侦查工作的科技含量为重点，加强侦查指挥、证据收集、交通通讯、安全防范、检验鉴定等装备建设，投入经费70余万元改善办公、办案条件，提高科技装备水平。加强保障经费的落实和执行工作，广泛开展节约型机关建设，切实提高资产资金使用效益。

5. 保证检察权的正确行使。县检察院按照科学、规范、有效的原则抓好检察管理工作，夯实基础建设，促进检察工作全面协调可持续发展。①自觉接受人大监督及政协民主监督。深入贯彻监督法及实施办法，接受人大和政协的监督。坚持向人大常委会报告工作部署、重要监督事项，落实人大及其常委会的各项工作要求。及时向人大常委会报告贯彻落实《云南省人民代表大会常务委员会关于进一步加强全省各级人民检察院对诉讼活动法律监督的决议》情况，在人大常委的牵头下召开联席会议，达成监督共识，推动了全县诉讼活动法律监督工作的深入开展。切实加强和改进人大代表、政协委员联络工作，将重大检察工作情况和执法办案活动编印成专刊送达人大代表、政协委员，全年共印发检察专刊4期3200份。听取人大代表、政协委员的意见、建议，办理人大交办案件1件。自觉接受人大常委会的述职评议，4名副检察长向人大常委会进行了述职报告并根据评议意见进行了整改。依法提请县人大常委会任免检察官3名。②自觉接受社会监督。主动接受舆论监督，设立舆情联络员，积极回应社会关切。全面推行人民监督员制度，及时组织人民监督员参与7种情形的监督；邀请人民监督员参与重大检察活动、参与执法办案活动，组织人大代表、政协委员、人民监督员和特约检察员观摩评议公诉出庭案件，增强检察工作透明度。进一步推进检务公开工作，开展打造“阳光检察”活动，在政务网站和办公大厅电子显示屏上公开检察院的职权和职能部门的主要职责、自侦案件的受案范围及立案标准、办案期限、检察人员办案纪律、犯罪嫌疑人和被害人、证人的权利义务等内容，公布受理检察人员违法违纪投诉电话，全方位接受社会各界和人民群众的监督。③主动加强内部监督。坚持把加强内部监督放在与加强法律监督同等重要的位置来抓。县检察院以深入开展“维护人民群众合法权益、解决反映强烈突出问题”专项检查活动为载体，以《检察机关执法工作基本规范》为蓝本，进一步完善和细化执法流程，严格执法程序，明确执法标准，建立健全案件质量责任倒查、案件质量预警监控、五级审查把关负责等规章制度，建立干警执法业绩档案421份，对执法办案实行全程化、实时化、动态化监督管理。严格执行职务犯罪案件审查逮捕上提一级、职务犯罪案件不起诉报上级院决定和职务犯罪案件裁判上下级检察院同步审查等制度，完善讯问职务犯罪嫌疑人全程同步录音录像制度和“一案三卡”监督制度。健全检务督察工作机制，突出对执法办案、执行纪律规定、落实重大决策部署情况进行监督。

开展执法业绩档案专项检务督察工作 2011年1月25日，为规范和推进执法业绩档案建设，全面客观地反映检察干警的执法情况，督促落实执法业绩档案，县检察院纪检组会同政治处等相关人员对反贪局、反渎职侵权局、控申科、侦查监督科、公诉科、监所检察科、民行科、技术科八个科室通过听、查、看等方式，从是否按照政法委和省检察院要求建立执法业绩档案等方面逐一进行督察。

建立思想政治工作责任制 2011年，县检察院始终把抓思想政治工作摆在突出位置，坚持政治立检、从严治检、文化育检、从优待检的工作方针，强化检察队伍思想政治工作。为进一步加强和改进思想政治工作，抓好队伍建设，县检察院建立了思想政治工作责任制。一是明确责任主体及职责。构建了院党组统一领导，党政齐抓共管，各部门各负其责，一级抓一级，层层抓落实的工作格局。同时，明确了院党组、检察长、分管副检察长、政治处、纪检组、各内设机构负责人具体抓好思想政治工作的职责和分工。二是围绕检察工作主题，明确工作内容。明确规定加强政治理论学习教育、加强法制纪律教育、加强勤政廉政教育、广泛开展交心谈心活动、各科室每季度定期对本科室人员的思想状况进行分析并形成书面材料五个方面作为主要内容。围绕强化法律监督，维护公平正义检察工作主题，以科学发展观为统领，以创建“学习型党组织、学习型检察院”为载体，抓好贯彻落实，及时解决工作中存在的问题。三是实行问责追究制。对发生违规违纪违法事件，除追究当事人直接责任外，区别不同情节，进行诫勉谈话、通报批评、调整岗位或职务、责令辞退或免职等组织处分或党纪、政纪处分。对发生严重违纪违法行为，受到党纪、政纪处分的科室、个人，实行一票否决制，不得参与任何评优评先。四是实行绩效考核制。将思想政治工作责任制与绩效考评工作、执法业绩档案工作相结合，由县检察院绩效考评领导小组按照效能监察考评管理办法统一组织实施考核。

开展“司法改革带来检察机关新风貌”主题宣传周活动 2011年2月10～16日，县检察院开展了“司法改革带来检察机关新风貌”主题宣传活动，旨在宣传党中央采取一系列司法改革在检察机关取得的成效。为向群众展现司法改革在沾益检察院工作中取得的成效，13日下午，县检察院组织干警上街开展宣传活动。活动包括宣传、讲解、采访三个内容，结合宣传展板和材料，由干警就县检察院全面落实各项司法改革措施，实施人才强检、文化育检战略，加强队伍建设，提高整体素质，强化检察职业道德建设，促进公正廉洁执法，司法改革取得的成效和改革前后变化等内容向参展群众作专题讲解，同时向参展群众对近年来沾益检察院的变化以及在群众中的评价等方面进行采访。活动当天，共发放宣传材料300余份，讲解3场次，向参展群众提供法律咨询10人次。

搭建检察文化建设平台 2011年，县检察院为融入符合检察机关特点的文化元素，提升检察文化建设品位，激活干警的检察文化涵养，按照市检察院检察文化建设工作纲要要求，结合县检察院检察文化建设实施方案，组建了5个兴趣小组：书画摄影小组、篮球足球排球运动兴趣小组、乒羽网兴趣小组、棋牌兴趣小组、珠源检察文学社。每个兴趣小组均制定了活动章程，章程中明确了活动宗旨、活动方式与范围、组织机构及职责、管理办法、经费来源。兴趣小组成立后，各兴趣小组相继采取多种形式组织成员开展了丰富多彩的活动，不仅丰富了干警的业余生活，也形成了参与检察文化建设的良好氛围。

新举措促进队伍建设 2011年，县检察院围绕建设一支政治坚定、业务精通、作风优良、执法公正的检察队伍，结合实际，创新队伍教育管理模式，探索队伍建设新途径，队伍建设取得了明显成效。①创新一项责任制。结合省检察院《关于加强检察机关领导班子思想政治建设的实施意见》精神，创新思想政治建设新机制，建立了《沾益县人民检察院思想政治工作责任制》。实行党政齐抓共管，层层签订，内容包括日常思想教育、纪律教育、勤政廉政教育、开展交心谈心和思想动态分析五个部分，形成分管副检察长对检察长负责、科室负责人对分管副检察长负责、科室干警对科室负责人负责的层级式问责追究机制，并将责任制纳入“一岗双责”目标责任制和绩效考评工作进行考核。②践行三项承诺。按照“忠诚、公正、清廉、文明”检察职业道德要求，结合创先争优活动，在干警中开展三项承诺活动。一是在业务科室进行文明执法承诺、在综合服务部门开展文明服务承诺，全体干警在本职岗位上恪守检察职业道德，公正廉洁执法。二是进行廉政承诺，落实党风廉政建设各项要求，层层签订党风廉政建设责任书，就党风廉政建设做出承诺。三是按照“五好五带头”的要求，广泛在科室、党员中开展党员承诺活动，党员领导干部用自己的行动践行全心全意为人民服务宗旨。③建立四项档案。结合上级检察院和纪委、政法委的相关要求，在全院干警中建立四个档案。一是建立个人重大事项变动档案。要求每位干警每年向政治处报告家庭、生活、婚姻等方面发生重大变动情况，便于掌握干警思想状况、生活情况，对思想情绪波动较大的干警及时做好说服引导工作，对工作、生活中确有困难的干警及时协调给以帮助解决困难。二是建立廉政档案，将全体干警一年来落实党风廉政建设情况、廉政述职以及党员民主生活会、群众举报反映等工作在廉政档案中作记录。三是建立干部教育培训档案，对干警接受学习教育培训情况，科室组织开展岗位练兵、技能培训等情况建立档案。四是建立业绩档案四个档案，在反贪、公诉、批捕等8个执法岗位建立执法业绩档案，对每一个执法岗位和每一名执法人员建立执法档案，对每一个执法环节进行网络跟踪监督，提高执法透明度，规范执法行为；对政治处、纪检组、办公室等综合服务部门建立业绩档案，对干警的服务质量，办事、办会、办文能力等建立档案，业绩档案增加科室、干警思想动态情况分析以及奖惩情况记录。

七项措施全面推行量刑建议规范化 2011年，县检察院围绕三项重点工作，积极拓展刑事审判监督途径，维护社会和谐稳定，采取七项措施全面推行量刑建议工作。一是认真学习最高人民检察院《人民检察院开展量刑建议工作的指导意见》、云南省高级人民法院《人民法院量刑指导意见（试行）实施细则》要求，全面掌握量刑建议的方法步骤，重点掌握常见量刑情节的适用细节，做到有的放矢。二是提高思想认识，牢固树立定罪与量刑同等重要，实体公正与程序公正及打击犯罪与保障人权相统一，办案的法律效果、社会效果和政治效果相统一的执法理念，切实提高公诉能力和水平。三是督促侦查机关全面收集能够证明犯罪嫌疑人犯罪情节轻重以及其他与量刑有关的各种证据。四是全面审查案件证据，既注重审查定罪证据，也注重审查量刑证据；既注重审查法定量刑情节，也注重审查酌定量刑情节；既注重审查从重量刑情节，也注重审查从轻、减轻、免除处罚的量刑情节。五是在全面熟悉案件事实、证据和其他情节的基础上，对照法律及相关司法解释，把法律制度的一般规则与具体案情恰当地结合起来，制作书面量刑意见书，连同起诉书、主要证据复印件等材料在提起公诉时一并移送，使量刑更加透明化、规范化。六是在法庭审理中，合理安排证据出示顺序和辩论重点，对被告人认罪案件，主要围绕量刑和其他有争议的问题出示证据和进行辩论；对被告人不认罪或者辩护人作无罪辩护的案件，先出示定罪证据，后出示量刑证据。七是对法院判决、裁定进行审查时，对法院是否采纳检察机关的量刑建议以及量刑理由、依据进行审查，认为确有错误、符合抗诉条件的，依法及时提出抗诉。

成功督促查办妨碍作证案 2011年，县检察院认真履行诉讼监督职能，严把案件事实关、证据关，成功督促公安机关立案查办一起妨碍作证案。11月20日，县检察院受理了赵某某等五人寻衅滋事一案，经审查后于2010年12月16日向沾益县人民法院提起了公诉，2011年1月4日，该案在沾益县人民法院开庭审理，庭审时县检察院发现被告人申请出庭作证的证人所证实该案赵某某等人案发时不在案发现场的情况与已查证的事实相矛盾，不能排除有作伪证的嫌疑，于是当庭建议法庭延期审理。庭后，为查清事实，县检察院及时联系侦查机关共同对案情进行分析研究，通过走访调查，终于获取了充分的证据，随后督促公安机关对妨碍作证的李某某等五人进行了立案侦查。

开展"让法律陪伴我们健康成长"法制宣讲活动 2011年4月，县检察院开展了"让法律陪伴我们健康成长"法制宣讲活动。此次活动由县检察院、县教育局共同举办，历时一个月，对沾益县辖区内的13所中学的2万余名中学生开展宣讲，旨在贯彻落实中央、省、市、县关于进一步加强青少年法制宣传教育工作的精神，进一步推动沾益县青少年学生学法用法活动的普及开展，有效预防青少年违法犯罪的发生，提高青少年的法律素质和法律意识。活动期间还举行了以"学法、懂法，做守法小公民"为主题的有奖征文，对获奖学生给予了奖励。

省检察院副检察长李若昆到沾益调研公诉工作 2011年4月8日，省检察院副检察长李若昆在市检察院副检察长马敏护、市检察院公诉处处长李毅忠的陪同下到县检察院就公诉工作进行调研和指导，召开了公诉工作调研座谈会。县检察院检察长王强主持会议，党组成员、公诉科全体人员参加座谈会。会上，检察长王强、副检察长张全昆分别就沾益检察工作及公诉工作进行了汇报，李若昆对沾益县院学习贯彻全国检察机关第四次公诉工作会议、全省检察机关公诉工作会议精神及制约当前公诉工作改革发展的体制性、机制性问题进行了深入了解，并倾听了与会同志对公诉工作的意见和建议。在深入调研的基础上，李若昆充分肯定了沾益检察工作，尤其是公诉工作所取得的成绩，并对沾益县院在下一步工作中加强和改进公诉工作提出了要求。

未成年人权益保障宣传工作 2011年，县检察院为了帮助广大学生更好地了解中国现行保护未成年人权益的专门法律，帮助他们增强辨别是非和自我保护的能力，自觉抵制各种"不良行为"及违反犯罪行为的引诱和侵害，切实保护未成年人的合法权益，编印了1万册《未成年人权益保障知识手册》送给中学生，受到欢迎。《未成年人权益保障知识手册》介绍了未成年人权益保障的法律知识以及对不良行为的矫治内容，告诫他们如何防范犯罪，并从受到不法分子侵害如何报警、外出或在公共场所自我防范要注意什么、未成年人上网应该注意什么、不慎落水如何自救、同伴溺水后怎么办等八个方面对未成年人进行自我保护安全常识教育。手册内容生动丰富、插图形象有趣，贴近未成年人的学习生活实际，具有较强的可读性，对增强未成年人的法制观念和自我防范意识具有较好的指导性。

开展主题教育实践活动 2011年，县检察院深入贯彻学习"发扬传统、坚定信念、执法为民"主题教育实践活动，按照上级检察院的安排部署，结合实际，采取五项措施推进活动。一是抓领导，强责任。成立了"发扬传统、坚定信念、执法为民"主题教育实践活动领导小组，明确党组书记、检察长作为第一责任人，分管领导各负其责，下设办公室负责对活动的统筹谋划、督促检查，形成了一级抓一级、层层抓落实，齐抓共管的工作格局。同时，要求院领导以身作则，带头读书学习，带头进行宣讲，带头查找问题，带头服务群众，切实推动主题教育实践活动深入开展。二是抓载体，突特色。突出理想信念这个重点，把握执法为民这个核心，组织开展检察官宣誓、党员干部重温入党誓词、重读红色经典、观看经典革命电影、传唱红色歌曲、瞻仰革命旧址、重走革命征途等活动，不断发扬传统、坚定信念，提升检察人员服务群众的意识，使主题教育实践活动有创新、有经验、有特色。三是抓统筹，促工作。把开展主题教育实践活动同推动检察业务工作结合起来，一手抓主题教育实践活动，一手抓业务工作，既防止脱离业务工作单纯抓主题教育实践活动，又防止强调业务工作繁忙放松主题教育实践活动，做到统筹兼顾，有机结合，相互促进，真正做到两不误、两促进。四是抓宣传，营氛围。充分运用报刊、电视、网络等新闻媒体和检察宣传阵地，大力宣传开展主题教育实践活动的新举措、新进展、新成效，以及在主题教育实践活动中涌现出来的先进典型，努力扩大主题教育实践活动的影响力，营造浓厚的舆论氛围和正确的舆论导向，推动各个阶段工作不断向纵深发展。五是抓督查，重实效。由检察院主题教育实践活动领导小组办公室根据活动的阶段安排和活动进展情况，采取重点抽查、全面检查等多种形式，跟踪检查督促，全面掌握情况，对活动不扎实，走过场，流于形式的，督促整改落实，确保活动取得实效。

开展“提升执法公信力”专题讨论 2011年，县检察院组织干警就检察机关如何提升执法公信力进行了一次专题讨论。组织干警学习领会全市检察纪检监察工作会议上检察长张边卫提出“检察干警如何树立群众观、利益观、执法观和政绩观”的要求，结合自身岗位实际，结合学习杨善洲、全国公安系统二级英模桂镜洪和创先争优等活动开展了专题讨论。经过讨论，干警一致认为作为法律监督机关和执法人员，首先要坚定理想信念，解决好“为谁掌权、为谁执法、为谁服务”等基本问题，要牢固树立正确的人民群众观、利益观、执法观和政绩观，用执法办案的数量、质量和效果来进一步提升检察机关在人民群众中的满意度和执法公信力。要用杨善洲、桂镜洪以及检察英模们做镜子，深入查找在思想行为、工作作风、组织纪律等方面存在的不足和问题，查找工作中是否存在有悖检察职业道德、有损检察形象的行为，改进自身不足，践行“忠诚、公正、清廉、文明”的检察职业道德操守。

省检察院政治部主任施建邦到沾益调研主题教育实践活动 2011年5月19日，省检察院政治部主任施建邦在市检察院政治部副主任杨利民的陪同下，到县检察院就开展“发扬传统、坚定信念、执法为民”主题教育实践活动进行调研。在实地察看和听取检察长王强对开展主题教育实践活动情况汇报后，施建邦认为，沾益检察院既保持了原有的务实、实干精神状态，在检察文化建设方面也有了新的突破，各项业务工作呈现平稳健康良好的态势，在执法理念、执法方式、执法水平、执法技能等方面有了新的提高，同时主题教育实践活动也得到了院党组重视，开展方式灵活多样，组织针对性强，突出了检察特色，工作开展全面。

检察文化建设 2011年，县检察院为深化检察文化建设，提高干警人格修养、文化品位和道德情操，进一步凝聚人心，振奋精神，促进检察事业发展，确定了“尚法秉德、持正敬业”的院训，明确了“公正廉明、理性务实、快乐奉献”的沾检精神。“八字院训”和“十二字沾检精神”是县检察院建院的基本原则和干警的行为指南，要求全院干警培育和秉持检察职业道德，崇尚和践行社会主义法制；热爱检察事业，珍惜检察官荣誉，克己奉公、秉公执法；求真务实，锐意进取，开拓创新，要求将“院训”和“沾检精神”贯穿到检察工作当中，推动检察工作的深入发展。

举行主题教育实践活动演讲比赛 2011年5月31日，县检察院以“党在我心中”为内容开展了主题教育实践活动演讲比赛，以院分管领导为单位，在全院范围内推选出10名选手参赛，选手以“党在我心中”为主题，分别从不同角度、不同侧面围绕检察工作进行了演讲，进一步深化了活动主题，坚定了理想信念。活动评选出一等奖1名、二等奖2名、三等奖3名、优秀奖4名。

与县医院建立医疗协作关系 2011年，县检察院为进一步强化办案安全防范措施，保障涉案人员的合法权益，加强与专业医疗机构的合作，与县医院建立了医疗协作关系，切实保障办案安全。此项工作机制的建立，有利于县检察院严格、公正、文明执法，使办案更加人性化，办案工作能够更好地实现法律效果、社会效果和政治效果的有机统一。

积极化解社会矛盾 2011年，县检察院深入贯彻中央、高检反腐精神，紧抓社会热点，高度重视查办群众反映强烈的涉农职务犯罪案件。沾益县白水镇新排村委会地处多地交界的交通枢纽黄金地段，毗邻工业园区，辖区内坐落数家大型企业，由于数家企业建厂、扩厂征地、占地过程中涉及村干部不正当的经济往来，由此引发当地农民群众的不满，极大地影响了县域经济社会发展。对此，县检察院按照什么问题突出，就重点查办什么案件的原则，把发生在与农民切身利益相关环节的案件作为职务犯罪的重中之重，积极化解社会矛盾，维护了农村社会的和谐稳定。

深入学习杨善洲精神 2011年，县检察院在继续深化创先争优活动、深入贯彻落实中央政法委关于开展“发扬传统、坚定信念、执法为民”主题教育实践活动中把学习杨善洲精神作为一项重要内容，教育和引导全院检察干警自觉实践党的宗旨，全心全意为人民群众谋利益。6月24日，县检察院召开党支部大会把学习杨善洲活动引向深入。支部大会上全体党员深入学习了《白恩培在杨善洲同志先进事迹报告会上的讲话》《秦光荣：向杨善洲同志学习关键是要取得实效》两个重要讲话。结合学习内容，检察长王强对全体党员提出要求：一是要以杨善洲同志为标准，认真思考，查找差距，准确把握杨善洲精神实质。二是要把检察工作实效作为检验学习的成效，要把杨善洲精神内化于心、外践于行，转化为检察工作要服务群众、服务社会的意识。三是要把学习杨善洲活动与正在开展的各项教育活动结合起来，与工作实践结合起来，统筹兼顾，有机结合，相互促进，真正做到两不误、两促进。

侦破首例私分国有资产案 2011年，县检察院认真贯彻落实《云南省检察机关2011年反贪污贿赂工作要点》（云检反贪发〔2011〕5号）文件精神，以深化三项重点工作为着力点，突出查办国有资产经营管理领域发生的职务犯罪，推进反腐倡廉建设。县检察院以执法办案为中心，首次侦破一件私分国有资产案。2010年末，反贪局在查办德泽乡富冲村委会施某等人贪污一案时发现了该乡林业站利用虚开支出单据套取项目资金的线索，县检察院及时受理初查，查明事实：2006年至2011年1月，德泽林业站在站长李某的组织领导下，违规套取国家专项资金28万余元，以奖金的形式发放本站职工。李某身为站长、周某身为出纳，无视国家法律和财务制度规定，由李某组织领导，周某直接参与实施，违规套取国家专项资金，以林业站的名义，发给本站职工共计281161元，其行为已触犯《中华人民共和国刑法》第三百九十六条之规定，涉嫌私分国有资产罪。为追究其直接负责的主管人员李某和直接责任人员周某的刑事责任，县检察院于2011年3月23日立案侦查。

市检察机关第三次检察文化建设推介会第六场分会在沾益召开 2011年7月8日，曲靖市检察机关第三次检察文化建设推介会第六场分会在县检察院召开。市院班子成员、专职检委、各部门负责人，各县（市）区、城郊院检察长、纪检组长、政治处主任参加会议，县委副书记张光彦出席会议并致欢迎词。与会人员观看了县检察院检察文化建设专题片——《珠源检察魂》，听取了检察长对开展检察文化建设的具体做法和下步工作意见，现场观摩了检察文化长廊、图书室、电子阅览室、荣誉室、多功能活动室等文体设施。通过看、听、观摩、交流发言等形式，使与会人员详细了解了县检察院自2003年开展检察文化建设以来在队伍建设、业务工作、机关形象等方面所取得的成效。

五项措施化解社会矛盾 2011年，县检察院在深入推进“三项重点工作”中，采取五项措施化解社会矛盾，形成了“一把手亲自抓、源头预防、用心接待来访、多元化稳控息诉”的格局，实现了息诉罢访率100%，涉检“零上访”。一是增强预知预防能力，在消除信访苗头上下功夫。实行提前介入制度、下访巡访和联合接访制度，把问题解决在萌芽状态。二是落实“三项机制”，在强化责任上下功夫。落实“谁首办，谁负责到底”的工作机制、岗位目标量化考核机制、涉检信访信息网络机制，推动涉检信访工作制度化。三是坚持“三项制度”，在化解矛盾上下功夫。即文明接访制度、检察长接访和包案制、举报线索统一管理制度，由于领导重视、措施得力，未发生一起涉检上访事件。四是采取“便民四化”，在增强息诉效果上下功夫。即设施建设标准化、接访程序规范化、服务措施人性化、处理信访全员化，把提高办案质量作为解决涉检信访问题的关键，确保不发生涉检信访。五是组建“三制一案”，在突发事件处置上下功夫。建立涉检上访信息收集机制、内部信息互通交流机制、外部信息通报机制，制定突发事件处置预案，防止矛盾升级转化，确保突发事件应急处置快速及时。

社区矫正检察工作室挂牌成立 2011年7月31日，县检察院社区矫正检察工作室在沾益县西平镇司法所挂牌成立。社区矫正检察工作室的成立，有利于充分利用社会各方面力量，提高教育改造质量，最大限度地化消极因素为积极因素，促进检察机关对社区矫正工作进行全面有力的监督，维护社会稳定，对探索非监禁刑罚执行制度，积极推进社会主义民主法制建设、社会管理创新有促进作用，为社区矫正工作的法制化、规范化奠定了基础。

预防职务犯罪讲座走进村组干部培训班 2011年8月12日，在西平镇2011年村组干部培训班上，县检察院预防科干警为140余名村组干部作了预防职务犯罪专题讲座。课程结合近年来查办的村组干部职务犯罪案例，从“犯罪主体多元化，作案手段直接简单，窝案串案突出，贪污犯罪集中受贿犯罪频发，危害大影响恶劣”等方面深入分析了村组干部在土地征用、新农村建设、外来投资开发项目中容易发生职务犯罪的特征；从“法制观念淡薄廉洁自律意识差，相关部门对土地征用工作监督不到位，农经站、财政所等监管部门对各村组应拨付补偿金的准确性、真实性把握不了，对各村组零星收入无法监管”等方面剖析了村组干部职务犯罪多发易发的原因，针对西平镇城市化进程快，外来投资项目多的实际，提出了“立足教育、着眼防范，落实制度、强化管理，加强监督、制约权力”等预防措施。

县人大考评组对副检察长进行考察评议 2011年8月30日，根据沾益县人大常委会工作安排，沾益县人大常委会主任保家礼、副主任杨正平等一行14人组成考评组，对县检察院4名副检察长进行了考察评议。考评通过听取述职报告、全院干警无记名投票测评方式、个别谈话和召开相关单位座谈会等六种方式进行。

召开行政执法与刑事司法信息共享平台培训会 2011年9月14日，按照行政执法与刑事司法衔接机制的要求及全县行政执法与刑事司法信息共享平台的需要，县检察院召开了行政执法与刑事司法信息共享平台培训会，对信息共享平台所涉及的税务、工商、烟草等16家行政执法及司法机关进行了培训。会议从“两法”信息化系统建设背景、“两法”信息化系统现状、“两法”信息共享平台特点及系统功能介绍等八个方面进行了全面培训。此次培训有助于相关单位更加全面地了解掌握和规范使用信息共享平台，推进全县行政执法与刑事司法衔接机制建设及创新全县社会管理手段。

开展“开门评检”活动 2011年，县检察院认真排查和深入剖析人民群众反映强烈的执法不公正、不规范、不文明和不廉洁等突出问题，进一步提升检察机关执法办案工作水平，组织开展了“开门评检”活动。一是制定方案。按照主题教育实践活动实施方案及专项检查活动实施方案的部署安排，及时制定了《沾益县人民检察院开展“开门评检”查找问题活动方案》，明确了具体的活动时间、方法措施、人员分组、目标任务及工作要求。二是发放征求意见函。先后印发《“发扬传统、坚定信念、执法为民”主题教育实践活动征求意见函》和《“维护人民群众合法权益、解决反映强烈突出问题”专项检查活动征求意见函》，上门征求县委、人大、政府、政协、纪委（纪工委）、政法委及政法各部门、职务犯罪预防成员单位、行政执法与刑事司法信息共享单位对检察机关和检察干警在执法思想、执法方式、执法行为、执法作风、纪律作风、服务群众等方面存在的问题或不足以及意见建议。三是召开座谈会。以分管领导为单位分为4个组深入8个乡（镇）组织召开有乡（镇）主要领导、人大代表、政协委员、人民监督员、相关站（所）长、村委会书记等社会各界代表参加的座谈会，征求他们对检察工作如何规范执法行为、改进执法作风、提高执法水平、畅通群众诉求等方面的意见建议。四是回访案件当事人及亲属。将办案回访由单纯回访发案单位向回访发案单位、犯罪嫌疑人亲属并重发展，认真听取案件当事人、发案单位领导、嫌疑人亲属的意见，重点了解干警在执法办案活动中有无以案谋私、吃拿卡要、刑讯逼供、打骂体罚、暴力取证及其他违法违规办案问题。五是走访群众。由分管领导带领相关部门人员深入村委会走访当地群众，征求群众对加强和改进检察工作、促进工作更好地服务基层、服务群众等方面的意见建议。

（张德礼）

审　判

综　述 2011年末，沾益县人民法院下设政治处、纪检组、执行局（内设综合科、裁判庭）、办公室、司法行政装备科、后勤服务中心、监察室、审监庭、立案庭、刑庭、少年庭、民一庭、民二庭、行政庭、法警队、书记员管理科16个部门和一个派出法庭（花山中心法庭）。有在职在编干警、职工60人。其中，女干警20人，占33%；中共党员42人，占70%；本科以上学历56人，占93%；法官37人，法警7人，机关工人5人。

2011年，县法院在县委的领导下，在上级法院和县人大的监督指导下，在县政府、县政协及政法各部门、社会各界的关心支持下，坚持“三个至上”的工作指导思想，紧紧围绕“为大局服务、为人民司法”工作主题，全面落实县三届人大四次会议精神，依法履行宪法和法律赋予的职责，深入推进三项重点工作，为沾益经济社会平稳较快发展提供了有力的司法保障和优质的法律服务。

1．审判执行。全年共受理各类案件2442件（含上年旧存18件），审执结2424件，结案率99.26%，收案数比上年增0.23%，结案率增0.08%。其中，受理诉讼案件1870件（含上年旧存5件），审结1862件，结案率99.57%，息诉服判率91.7%；受理督促程序案件71件，审结71件，结案率100%；受理执行案件501件（含上年旧存13件），办结491件，结案率98%。①依法打击刑事犯罪。受理各类刑事案件261件，审结261件，结案率100%。严格贯彻罪刑法定和宽严相济的刑事司法政策，坚决依法从重从快打击严重暴力犯罪和“两抢一盗”犯罪，严厉打击贪污、贿赂等职务犯罪，正确把握和依法适用非监禁刑，严把案件事实关、证据关、法律关，确保刑事案件审判质量，全面开展量刑规范化工作，引入量刑建议，实现量刑均衡。共判处罪犯278人，其中判处五年以上有期徒刑72人、判处缓刑86人，以规范化量刑程序审理案件92件135人。加强未成年人犯罪审判工作，审理少年刑事案件30件，开展社会调查22人次，开展回访、帮教150余人次。加大刑附民案件和自诉案件的调解、和解力度和当庭兑现力度，共调解该类案件117件，调解率74.2%，当庭兑现率达63.1%。②及时审理民事纠纷。受理各类民商事案件1606件（含上年旧存5件），审结1598件，结案率99.5%。民事审判注重法律调节与诉讼调解相结合，积极满足人民群众对维护公平正义和建立竞争有序市场经济秩序的需求，扩大民事审判简易程序适用范围，提高司法效率。审理与人民群众切身利益紧密相关的婚姻家庭和继承纠纷等案件472件，有效化解涉及群众切身利益的矛盾纠纷；审理权属侵权纠纷案件484件，及时维护当事人合法权益；审理各类合同纠纷案件642件，维护竞争有序的市场秩序。加强民事案件审执结合工作，审执结合案件594件，当庭兑现率53.1%；积极开展小额速裁工作，及时实现了当事人权益，速裁结案179件，速裁率11.2%，为当事人节约诉讼成本4万余元。③稳妥化解行政争议。受理行政案件3件，审结3件，结案率100%，审查非诉行政执行案件96件，裁定准予执行71件。坚持监督与支持并重原则，积极依法稳妥处理行政纠纷，支持行政机关依法履行社会管理职能，维护行政管理相对人的合法权益；强化行政案件协调处理机制和法定代表人出庭应诉机制，努力化解行政争议，促进“官民”和谐，行政案件和解撤诉率和法定代表人出庭应诉率均为66.7%；积极发挥司法建议作用，对行政审判中反映出来的问题及时向行政机关发出司法建议8件，全部得到落实，促进了行政执法水平的提高；为行政执法机关开展行政执法培训讲座4场300余人次，帮助行政机关规范执法行为。④加强改进执行工作。受理执行案件501件（含上年旧存13件），办结491件，结案率98%，执结标的893万元。进一步完善执行流程管理，不断规范执行行为，做到执行“三穷尽”，努力提高执结率；开展“阳光执行”活动，推行全程公开和执行听证制度；积极开展反规避执行专项活动，提高执行到位率，执结反规避执行案件291件，标的145.5万元；健全特殊主体通报督促执行机制，督促被执行人自觉履行；健全执行快速反应和应急机制，及时处理执行线索和执行突发事件；开展年末集中执行活动，有效化解执行积案，期间共执结案件187件，避免新的执行积案增加；加大涉诉特困执行救助，及时向18案18人发放执行救助金9万元。⑤重视法庭职能发挥。重视派出法庭在化解基层社会矛盾纠纷中的重要作用，为法庭新增了人员和装备，在人、财、物上全力保障法庭工作，充分发挥法庭职能。2011年，派出法庭受理案件637件，其中民事案件481件，刑事自诉案件41件，执行案件115件，结案637件，结案率100%，当日立案率100%，适用简易程序审理495件，占诉讼案件数的94.8%，调解结案340件，调解率65.1%，有执行内容323件，履行166件，当庭兑现率51.4%，巡回办案446件，巡回办案率85.4%，法庭工作有效发挥了维护基层社会和谐稳定的职能作用。⑥积极化解涉诉信访。加强诉讼服务大厅建设，加强制度管理和规范化建设，立案信访工作做到规范、文明、便捷；建立涉诉信访综合治理机制，与各方面形成合力，共同化解矛盾纠纷；建立涉诉信访控制机制，在立案、审判、执行等主要节点设置控制点，预防和减少涉诉信访；建立“阳光”信访机制，对缠访和越级上访的案件实行信访听证2件，增强化解涉诉信访的实效；开展涉诉矛盾纠纷排查化解工作，及时排查化解涉诉矛盾纠纷8件；实施涉诉信访救助5件，发放救助金10万余元。全年处理来信24件，接待来访群众500余人次，化解涉诉信访32件。

2. 队伍建设。按照“围绕审判抓党建，抓好党建促审判”的工作思路，突出党建工作和争创活动，全面加强法院队伍建设，提升队伍司法能力。①党建引领作用突出。把党建工作纳入法院工作规划，做到与审判工作“六同步”，即同步计划、同步实施、同步管理、同步监督、同步考核、同步奖惩，建立和落实党建工作责任制，健全党员教育管理机制和监督机制，建立党组班子成员挂钩联系支部制度和党建工作经费保障等机制；落实支部建在庭室的要求，将原来的5个支部调整为现有的7个支部；成立了党建工作指导委员会，加强对党建工作的指导，形成了党组、总支、支部层层负责，全体党员人人参与的党建工作格局，打造了花山法庭党建工作样板，建立健全党建工作10项制度，规范了党建工作，有效带动了队伍建设。县法院的党建工作被列为全省、全市法院系统党建推进会参观学习点。②创先争优成效明显。围绕创先争优活动，认真开展“人民法官为人民”主题活动和“发扬传统，坚定信念，执法为民”主题活动，加强对干警的思想政治工作；加强班子建设，增强班子的凝聚力和向心力，营造创先争优、团结干事的良好氛围；积极组织开展“群星联创”活动和评先创优活动，以争创活动促进法院工作。2011年，县法院被评为“全国模范法院”“全国立案信访窗口建设先进集体”和“省级园林单位”，花山法庭被省、市政法委和县委评为“先进基层党组织”，被省高院评为“全省优秀法庭”，少年庭被授予市级“青年文明号”，部门及个人共受到县级以上表彰和奖励29件（次），有效地激发了队伍的工作积极性。③“双争”活动得到巩固。全面开展争创学习型党组织、学习型法院和争当学习型党员、争当学习型干警的“双争”活动，坚持学习理念、学习内容、学习载体“三个创新”，注重与“人民法官为人民”主题活动、创先争优活动、党风廉政建设、提高审判质效的“四个结合”，确保思想、组织、制度、措施、宣传“五个到位”；突出在推动工作、推动党的建设和提高干警素质上下功夫，搭建了政治理论、审判业务、教育培训、专题调研和学习体验

“五个学习平台”；开展读书活动和专题学习活动，拓宽学习内容，为各支部、部门和党员、干警赠送读书卡和书籍；建立了学习考核激励机制，做到学习有阵地、有制度、有记录、有体会、有效果，提高学习质效。学习型建设受到中央和省市媒体的关注和报道。④教育培训力度加大。认真开展社会主义法治理念再学习、再教育活动，不断提高工作能力和司法水平，鼓励支持干警参加学历教育，90%以上的干警学历达到本科以上，选送16名干警外出培训学习；利用视频培训优势，加大培训力度，拓展培训内容，组织各类培训16次600余人次，为开展好以审判执行为中心的法院各项工作提供人才支撑；认真开展“岗位练兵”活动，组织庭审评比和法律文书评比活动2次，审判执行岗位的干警参与率100%，提升司法能力，规范司法行为；加强人民陪审员的管理和培训工作，健全8项工作制度，组织5次培训，充分发挥人民陪审员监督联络作用，人民陪审员参与审理案件428件次，参审率92.3%，参与调解案件331件，回访、帮教100余人次。⑤党风廉政措施有力。全面落实党风廉政建设责任制，强化家庭助廉责任制，组织开展党风廉政专题教育4次、警示教育活动2次和勤政廉政谈话60余人次，提高干警廉洁意识和为民意识；开展廉政风险防控工作，编制《廉政风险预警防控管理手册》，强化防控措施，加强对风险点的防控；加强外部监督，聘请16名特邀监督员，拓展外部监督渠道；严格落实回避制度，应当回避和可能影响、妨碍司法公正的一律回避，确保司法公正；严格执行“五个严禁”规定和《防止法院内部人员干扰办案的若干规定》，加强法院内部人员自我约束，抵御请托之风；每周定期向干警发送廉政短信，做到警钟长鸣，防微杜渐。2011年，全院干警实现“零违纪违法”。

3．司法为民。继续坚持将司法为民工作作为审判工作的出发点和落脚点，不断巩固和创新便民、利民举措，提升服务水平和服务质量，积极构建和谐司法。①认真落实巡回办案。继续深入基层巡回办案，方便群众诉讼，减轻群众负担，注重将巡回办案与普法工作相结合、与程序规范相结合、与收集民意相结合、与陪审员参加审判活动相结合、与人大代表政协委员参加庭审旁听相结合，积极开展走访基层和走访群众活动，及时听取和收集基层组织和人民群众对法院工作的意见建议。全年共巡回办案987件，巡回办案率61.8%，人民法庭巡回办案率85.4%，为当事人减轻诉讼成本20余万元，巡回办案中案外化解矛盾纠纷113件，组织近万名群众旁听案件审理。②积极实施司法救助。依法对39件经济确有困难、交不起诉讼费的案件当事人缓、减、免交诉讼费2.6万余元；积极开展“送法下乡”活动7次，为群众提供法律咨询服务3000余人次，发放宣传资料6000余份；实施涉诉特困执行救助、信访救助、刑事被害人救助，发放救助金20余万元，帮助一批特困涉诉当事人解决了基本生产生活困难，体现司法人文关怀；依法为25名刑事被告人指定了辩护人，有效保障其依法行使诉讼权利。同时，及时到一线化解涉农纠纷386件，认真开展扶贫帮困和抗旱保民生工作，共组织捐资捐物近10万元，帮助挂钩联系乡镇、村委会和困难群众解决生产生活困难。③大力加强调解工作。坚持将“调解优先、调判结合”工作原则贯穿于立案、审判、执行、信访工作全过程，注重向立案前和审判后延伸，实行纠纷分流引导、诉前调解、委托调解、司法确认和培训指导人民调解，完善诉讼与非诉讼相衔接的矛盾纠纷调处机制，及时化解矛盾纠纷；健全“三调对接”“四级联动”工作机制，发挥协助调解员优势，全员、全面、全程加强调解工作。已审结的案件中，调解（撤诉）结案853件，调撤率53.4%；对38件人民调解协议进行了司法确认；组织16名协助调解员协助调解案件139件。④有效开展窗口服务。实行“立案

县法院　供稿

双轨制”，采取“一站式”便民诉讼服务措施，巡回立案232件，预约办案471件，切实为当事人提供便利；开展诉讼引导、诉前调解、判后释疑等工作，为群众诉讼提供便利服务；实行诉讼风险提示，向当事人发放《白话诉讼手册》和《诉讼指南》2000余份，引导当事人正确行使诉讼权利；规范窗口工作行为，建立健全诉讼服务制度16项，做到文明礼貌；加强窗口软硬件建设，实现立案、信访、诉讼服务一体化；继续开展“亲民爱民为民”主题实践活动，实现群众工作常态化，提升司法公信力和亲合力。⑤积极参与社会管理。注重司法服务和职能延伸，健全了司法建议工作制度，发挥好司法建议推进社会管理创新的重要作用；依法打击网络犯罪，加强网络虚拟社会管控；开展法律“五进”活动，加强法制宣传和依法治理工作；强化少年司法工作，巩固少年案件“三审合一”“圆桌审判”“爱心三帮教”“少年模拟法庭”“青少年维权信箱”等工作机制，教育挽救失足青少年；围绕党委政府中心工作，积极参与群体性事件处置、重大项目建设保障等工作，为党委政府提供法律咨询、当好参谋助手；进一步强化社会管理综合治理工作，认真做好普法依法治理和中小学兼职法制副校长等工作。

4. 法院管理。围绕审判执行中心工作，健全完善各项规章制度，不断加强行政管理和审判管理，加强硬件建设投入力度，提升保障能力和服务水平。①加强司法政务工作。加强制度建设，坚持以制度管人管事管案子，强化各项工作责任的落实，实现动态管理和考核；健全绩效考评机制，认真落实“一岗双责”，奖优罚劣、促勤治懒；加强人民陪审员、特邀监督员、社会调查员、协助调解员的教育培训和管理使用，充分发挥“四员”工作优势；加强人大代表、政协委员联络工作，分别召开专题联络会2次，收集意见建议38条；组织开展“法院开放日”活动4次，邀请旁听庭审近200人次，畅通民意沟通渠道和外部监督渠道；加强调研、信息、宣传等工作，更好地服务审判执行。②加强审判事务管理。突出案件质量评查，严格实行“一案一评查、一月一通报、一季一讲评”，共评查案件2424件，评查率100%，不断提升办案水平；落实检察长列席法院审委会制度，邀请检察长列席审委会3次5件，与检察机关积极沟通，主动接受监督；对案件实行繁简分流，推行内定审限制度，完善审限动态监控机制和预警机制，提高审判效率；完善案件管理信息平台，实现对审判各流程的节点管理；加强院长、庭长对日常办案的监督和指导，确保司法公正廉洁；加强执法业绩档案管理考核和提高司法质量促进公正司法专项工作，有效提升司法效能。③加强信息装备建设。以信息化建设为主线，完善法院内部网络系统和视频系统，安装新的办案软件，开通电子政务系统，实现远程电子签章和电子卷宗制作，提升信息化运用水平和工作效率；健全完善计算机网络和安全工作各项规章制度，提升了安全保障水平；增配办案装备，对立案大厅、花山法庭等窗口服务场所改善并增加部分设施、设备，为当事人创造良好的诉讼服务环境；审判场所均安装了安检设施，进一步提升了警务保障水平和安保能力，增强了安全保卫工作的实效性。

启动廉政风险预警防控管理工作　2011年6月16日，县法院召开廉政风险预警防控管理工作动员会，对廉政风险预警防控管理工作进行安排部署并宣布启动工作。一是从单位、部门、岗位三个层次对照职责，采取自己找、群众提、互相查、领导点、组织评的五种方法对各个环节的廉政风险点进行认真排查。二是针对不同风险点的特点，从思想道德防控、制度机制防控、岗位职责防控三个方面制定可行的防控措施。三是按照“一岗双责”的要求，分层级确定监督领导并作出廉政风险预警防控承诺。

建立特邀监督员工作制度和管理考核机制　2011年，县法院为拓宽社会监督渠道，进一步完善法院外部监督机制，结合工作实际，制定了《沾益县人民法院特邀监督员工作规定（试行）》，规定了特邀监督员每届任期为三年，连任不超过两届，并就特邀监督员的聘任条件、特邀监督员的职责、履行职责的方式做了具体规定。同时，为保障特邀监督员工作规范化开展，制定了《特邀监督员管理考核办法（试行）》，确定特邀监督员工作实行考核奖惩制度，由特邀监督员办公室每年底提出考核奖惩意见报院党组讨论决定。考核工作实行平时考核和年终考核相结合，根据监督员工作开展情况和年度考核情况，对特邀监督员先进个人进行年度表彰奖励，对考核为不合格的监督员予以解聘。6月17日，县法院举行特邀监督员聘任仪式，聘任谭富全等16名分别来自人大代表、政协委员、民主党派、社会评价代表等领域的社会各界人士为特邀监督员，负责对县法院审判执行工作、队伍建设等方面进行监督并提出意见。

开展集中执行活动　2011年11月15日至12月20日，县法院开展了为期35天的集中清理执行案件活动。共执结案件80件，实际到位执行标的额达250余万元，对30名拒不履行的被执行人实行了司法拘留。

市委召开县法院获“全国优秀法院”称号颁奖大会　2011年3月8日，市委在曲靖召开了沾益县人民法院荣获“全国优秀法院”称号颁奖大会。市委在当天作出决定，奖励县法院10万元，并号召全市广大党员特别是政法干警向县法院学习。市委副书记范华平，省高级人民法院党组副书记、常务副院长郑蜀饶出席表彰大会并讲话，副市长早明光宣读了市委对县法院的表彰决定。

省高院到沾益开展主题实践活动 2011年3月25日，省高级法院副院长田成有、机关党委书记赵利军、新闻中心主任童晓宁带领高院新闻中心全体党员干部到县法院开展“学先进促审判，以党建带队建”主题活动，并就活动主题在县法院机关和花山法庭进行了座谈。市中级法院党组成员、副院长沈庆高，副院长陈俐君，县委政法委副书记杨磊，盘江镇党委书记邓玺乾，以及县法院班子成员和中层干部，省高院下派锻炼干警等参加座谈。

县委副书记张光彦到县法院调研 2011年7月7日，县委副书记张光彦到县法院调研工作。在听取了2011年上半年工作情况后，对取得的成绩给予肯定，并对县法院开展社会管理创新、队伍建设以及创建活动工作提出了具体要求。

驻滇中央和省市媒体到县法院采访学习型党组织建设 2011年7月14日，由省委宣传部组织的“学习型党组织建设·曲靖行”采访团到县法院集中采访学习型党组织建设。在为期一天的采访中，新华社云南分社、中央人民广播电台云南记者站、云南日报、云南电视台及曲靖日报、曲靖电视台等10多家媒体记者就沾益县法院机关及人民法庭学习型党组织建设的情况进行了采访。

市中院副院长陈俐君到县法院检查指导民事审判工作 2011年7月21日，曲靖中院副院长陈俐君带领民一庭、民二庭、民三庭和环保审判庭全体法官到沾益法院调研指导民事审判工作。期间，与县法院审判人员就保险合同、农村土地承包合同以及侵权纠纷中的疑难问题进行了研讨和交流，总结了民事审判中的经验和做法，提出了指导性意见。

回访帮教未成年犯 2011年8月1日，县法院少年庭会同县妇联、县关工委、县委政法委等领导一起到云南省未成年犯管教所，对沾益法院判处的以及沾益籍44名未成年犯进行一年一度的回访帮教活动。同时向少年犯赠送了生活用品和励志书籍，转交了部分未成年犯亲属的信件，鼓励其好好学习，努力改造，重新做人，积极回归社会。

全省法院党建工作推进会代表到县法院观摩党建工作 2011年9月22日，省高院党组成员、政治部主任张晋明，机关党委书记赵利军带领参加全省法院党建工作推进会的各中院院长、分管党建工作领导50余人，到沾益对法院机关党建及花山中心法庭党支部建设工作进行实地观摩。县人大村委会主任保家礼、政法委书记丁世坤等陪同观摩。

大理州两级法院到沾益考察党建工作 2011年9月29日，大理州中级法院党组成员、政治部主任杨金文在曲靖市中级法院党组成员、政治部主任宋建平的陪同下，带领大理州12个基层法院院长、政治处主任等一行30余人到县法院考察交流党建工作。考察团对县法院的党建工作给予了高度评价，希望加强沟通和交流，学习借鉴党建工作经验和做法，推动法院党建工作再上新台阶。

县法院获“立案信访窗口”建设工作先进集体称号 2011年7月，县法院因“立案信访窗口”建设工作成绩突出，被最高人民法院表彰为全国法院“立案信访窗口”建设工作先进集体。

花山法庭获多项殊荣 2011年1月13日，在云南省法院院长工作会议上，县法院花山法庭被云南省高级法院授予“全省优秀法庭”荣誉称号。6月，被省委政法委评为“云南政法系统先进基层党组织”。

（赵　亮）

司法行政

综　述 2011年，全县司法行政工作在县委、县政府和上级政法机关的领导和指导下，紧紧围绕三项重点工作和云南“两强一堡”战略目标，深入推进社会矛盾化解、社会管理创新，大力开展人民调解、社区矫正、安置帮教、普法依法治理和法律服务工作，全面提高司法质量、促进公正司法，维护社会和谐稳定。

1．人民调解工作成效明显。全县人民调解工作坚持“调防结合、预防为主”的工作方针，以学习、宣传、贯彻落实《人民调解法》为契机，创新推行“有案定补、无案奖励”人民调解员报酬奖励机制，案件质量和数量较上年有所提高和增长。在县级和部分乡镇成立了道路交通事故损害赔偿人民调解委员会，在白水工业园区和云龙有限公司、祥发钢铁有限公司2家民营企业分别成立了人民调解委员会，人民调解组织建设得到了进一步加强。集中开展了矛盾纠纷排查调处和矛盾纠纷案件评查活动，规范档案文书制作，强化人民调解工作信息化建设，大量矛盾纠纷被化解在基层，人民调解、化解矛盾纠纷，维护基层稳定的作用更加突出。全县各级人民调解组织共调解各类民间矛盾纠纷2474件，调解成功2430件，成功率达98.2%，与2010年相比，调解成功总数增加了796件，符合有案定补的案件1422件，兑现定补金额18.6万余元，防止民转刑案件30起109人，防止群体性上访28起306人，防止群体性械斗19起307人，有力地促进了社会和谐稳定。

2．特殊人群管控工作更趋规范。①县司法局把社区矫正工作作为社会管理创新的突破口，在全省率先开通了社区矫正司法e通平台，通过网络手段实现了对矫正对象的区域监管、信息交互、警示告知、档案管理、考核管理。社区矫正信息化数字管理平台基本覆盖了全县，既节约了成本，也使管控更加有效。②在部分乡镇成立了“社区矫正检察工作室”，会同检察院每年对乡镇的社区矫正工作开展两次执法检查，促进了监管措施的落实。对就业困难、生活无着落的安置对象进行过渡性就业安置，在白水镇新创办了安置帮教基地和社区矫正公益劳动基地，全县累计安置两劳回归人员50余人。③继续引入集中矫治。对200余人次矫正对象进行了心理教育或咨询服务，使其重拾了回归社会的信心。通过帮教，全县社区矫正对象均能够自觉遵守各项制度，思想情绪较稳定，未发生安置帮教对象重新犯罪的情况，为维护社会稳定大局作出了贡献。

3．法律服务能力明显增强。①进一步健全完善法律援助制度，拓宽服务领域和方式，为社会贫者、弱者、残疾人等经济困难的群体提供法律援助，进一步巩固“法律援助便民服务”主题活动成果，认真开展“一村一标牌”便民活动，在全县8个乡(镇)、94个村委会及28个社区，统一制作悬挂法律援助便民指示牌，全年共承办法律援助案件109件，解答法律咨询274人次。②充分发挥律师公证和基层法律服务所法律服务功能，不断扩大法律服务范围，切实解决群众利益诉求。全年共办理公证事项761件，涉及标的金额18220.17万元；律师事务所共办理各类案件74件，担任法律顾问9家，为当事人挽回经济损失400多万元；全县基层法律服务所担任法律顾问15家，共办理案件400余件，为群众挽回经济损失256多万元，为地方经济建设发展做出了贡献。

4．基础性保障工作不断增强。进一步加大对司法所的保障性投入。①积极开展规范化司法所创建活动，统一制度上墙、工作流程上墙，进一步改善8个司法所的工作条件，按照经费保障标准，年初预算司法所工作经费并统一安排投入，定期召开司法所长例会，督促开展工作。注重在基层树立典型、积累经验，提高司法所服务基层、服务群众的能力和水平。②不断提高司法行政信息化水平，在建设完成电子政务公文交换系统基础上，根据省司法厅和市司法局的统一安排，完成了司法行政系统信息化建设的前期准备和资金筹措工作，为下一步全省司法行政系统信息化的全面开展打下了基础。

5．队伍建设全面加强。县司法局坚持强化宗旨教育，以创先争优活动的开展为契机，继续推进学习型机关创建及岗位练兵活动；严格执行党风廉政责任制，履行“一岗双责”要求，深入开展预警防控管理工作，采取前期预防、中期监控、后期处置等措施，实施有效防控。2011年，县司法局被省司法厅记集体二等功，人民调解工作被省司法厅记集体三等功；1人被评为“全国五五普法先进个人”，1名干警被评为“曲靖市第三届‘十佳’政法干警”，1名调解员被命名为“全省首届百佳人民调解能手”，2人被表彰为“全省人民调解工作先进个人”，5人被评为“优秀共产党员”，分别受到上级主管部门的表彰奖励。

创新推行人民调解“有案定补、无案奖励”机制　2011年，在实施社会矛盾纠纷化解和人民调解手段上，县委、县政府出台了《沾益县关于实行大调解工作“有案定补”“无案奖励”措施的实施意见》（沾办通〔2011〕24号文件），下发各乡镇执行。在原人民调解工作推行“以案定补”“以奖代补”的基础上，将定补和代补创新为“有案定补、无案奖励”，扩大了定补和奖励范围。推行“有案定补”“无案有奖”措施后，调解员的热情和工作积极性得到较大提高，调解案件的数量增多、调解成功率明显升高，人民调解组织作用发挥明显，各类矛盾纠纷得到有效化解，维护了基层的社会稳定。全年符合有案定补的案件共1422件，兑现定补金额18.6万余元。

成立道路交通事故损害赔偿人民调解委员会　2011年3月，沾益县道路交通事故损害赔偿人民调解委员会成立，专门开展由于交通事故引发的纠纷调处和解工作，成功调处了大量交通事故引发的矛盾纠纷。成立了由分管副县长为组长，县司法局、县公安局分管领导为副组长的沾益县道路交通事故损害赔偿人民调解工作领导小组及其办公室（调委会），具体负责指导各级道路交通事故损害赔偿人民调解委员会的建设、业务人员培训、督促检查和业务受理等工作。在县交警大队专门设立了道路交通事故损害赔偿人民调解工作室，购置了办公桌椅、档案柜、电脑、打印机等办公设备，县司法局从西平镇人民调解委员会选派了2名专职人民调解员充实到调解室，专门负责调解道路交通事故引发的人身损害纠纷。按照人民调解工作“四有、四统一、四规范”（有专门工作机构，有专门工作人员，有专用办公场所，有专用办公设备；统一工作机构名称，统一办公场所设置，统一工作标识，统一文书台账；规范委员会组成人员，规范调解工作流程，规范文书制作标准，规范档案卷宗管理）的要求，统一了工作机构名称、办公场所设置、工作标识、文书台账，并将工作流程图、调解纪律规定、当事人权利义务等逐一上墙，确保调解工作依法、公开、公正、公平进行。全年共受理道路交通事故纠纷567件，调处成功565件，调处成功率达99.6%以上，协议履行率达100%，涉及人员死亡及重伤案件39起，一般纠纷526起，涉及财产赔偿金额共计1092万元。

开通社区矫正司法e通平台 2011年3月，沾益县在全省率先开通了社区矫正司法e通平台，改变了社区矫正对象管理单靠人工作业的历史，使社区矫正工作逐步走上科技化、信息化、人性化的轨道，为社会管理创新积累了经验和做法。通过司法e通社区矫正平台，对社区矫正对象的区域监管、警示告知、信息交互、档案管理、考核管理等工作通过网络即可完成，增强了社区矫正工作的科技含量。全年全县矫正对象领取具有GPS定位功能的手机130余部，社区矫正对象监管科技化、信息化、人性化水平得到提高。先后有丽江、玉溪等10余家政法部门到县司法局学习考察。

法律援助“一村一标牌”便民活动 2011年，为继续巩固“法律援助便民服务”主题活动成果，县法律援助中心采取有力措施开展法律援助“一村一标牌”便民活动。统一制作悬挂法律援助便民指示牌，下发到全县8个乡（镇）和94个村委会以及28个社区，并在主要活动场所悬挂法律援助便民指示牌，将法律援助条件、范围和申请程序等事项上墙公示。加强村级法律援助联络点建设，把制作悬挂法律援助便民指示牌与村级法律援助联络点建设结合起来，聘请村负责人、人民调解委员会主任或大学生村官等业务素质好，责任心强的人员担任法律援助联络员，负责向各村群众宣传法律援助。进一步加大法律咨询和案件办理力度，通过网络延伸发挥法律援助的职能，利用村级联络点贴近群众的优势，及时发现和掌握纠纷信息，主动提供法律援助服务。同时，加强对村级联络点的指导，健全相互间的沟通协调和配合机制，通过咨询、调解等非诉讼手段和法律援助案件的办理，及时化解矛盾纠纷，维护基层社会和谐稳定。

开展主题教育实践活动 2011年，县司法局在全县司法行政系统中开展了“发扬传统、坚定信念、执法为民”主题教育实践活动，并将活动与“创先争优”紧密联系起来，作为加强队伍建设的重要举措。按照“围绕中心、服务大局、突出主题、以人为本、广泛参与”的总体要求，结合工作实际，充分发挥职能作用，进一步加强党的建设，实现队伍素质和司法行政工作的同步提升。党支部、共青团、工会、妇联及各部门积极争创先进党群组织，掀起了“两创”（党支部创建先进基层党支部、党支部创建党建工作示范点）“三争”（支部党员争当优秀党员的表率、支部书记争当优秀党支书的表率、支委班子和党员领导干部要争当“三个一”的表率）活动高潮，进行了“一名党员干部联系一个帮扶对象，一个支部联系一个基层单位，一个领导干部为群众办一件实事”的革命传统教育，开展了宣讲革命传统、重读红色经典、重唱红色歌曲、重走红色之路、重温入党誓词等主题教育活动，进一步增强了广大司法行政干警的执法为民能力。

（刘云娟）

经济管理

责任编辑　曹雅莉

发展规划管理

综　述　沾益县发展和改革局是沾益县人民政府研究和宏观调控全县国民经济和社会发展战略、规划、总量平衡、结构调整的综合经济部门，同时加挂沾益县粮食局的牌子。县发改局设办公室、综合科（沾益县域经济领导小组办公室、沾益县政府农资协调领导小组办公室、国民经济动员办公室、经济体制改革科、政策法规科）、固定资产投资科（沾益县重点建设项目领导小组办公室、资金利用科）、产业协调科（高新技术产业科）、交通运输科（沾益县铁路建设工作协调领导小组办公室）、能源与环境保护科、农村经济科（地区经济科）、社会发展科、西部开发科（沾益县西部大开发领导小组办公室）、价格监测科（沾益县价格认证中心）、价格管理科、收费管理科、价格监督检查科（沾益县价格投诉举报中心）、重点建设项目稽察办公室、粮食财计科、粮食管理科16个内设机构（股所级）。2011年末，县发改局共有工作人员36名，机关行政编制20名，工勤人员编制2名。其中，局长1名（正科级），书记1名（正科级），副局长4名（副科级），其中1名副局长兼粮食局局长，沾益县重点建设项目稽察特派员1名（副科级），沾益县铁路建设协调领导小组办公室专职副主任1名（副科级），股所级领导职数16名。

县三届人大四次会议审议通过的沾益县2011年国民经济和社会发展宏观调控主要预期目标为：全县生产总值增长10%以上；地方财政一般预算收入增长12%以上，力争达到15%；全社会固定资产投资增长20%以上；城镇居民人均可支配收入增长9%以上；农民人均纯收入增长10%以上；社会消费品零售总额增长18%以上；人口自然增长率控制在5.5‰以内；城镇登记失业率控制在4%以内；万元GDP能耗降低3.2%。

2011年是“十二五”开局之年，在县委的正确领导下，在县人大、县政协的监督和支持下，全县上下坚持以科学发展观为统领，积极应对复杂多变的宏观经济形势和持续干旱带来的严重影响，围绕各项目标任务，着力保增长、稳物价、调结构、惠民生、促和谐，经济社会保持又好又快发展态势，实现“十二五”开门红。全县生产总值完成117亿元，同比增15%。其中，第一产业增加值完成26亿元，同比增8%；第二产业增加值完成62亿元，同比增18.4%；第三产业增加值完成29亿元，同比增14.4%。三次产业结构比为22：53：25。完成财政总收入12.35亿元，同比增18.23%；完成地方财政一般预算收入6.36亿元，同比增17.15%。城镇居民人均可支配收入、农民人均纯收入分别达18074元、5715元，同比分别增18.1%、18.7%。

1．农业农村经济平稳发展。全县实现农林牧渔业总产值39亿元，同比增8.7%。一是传统产业巩固提升。全县种植粮食作物108.18万亩，实现粮食总产2.66亿千克；收购烤烟41.94万担，实现产值3.92亿元；出栏肉猪104.8万头、肉牛6.88万头、肉羊19.79万只、肉禽307.5万只，实现畜牧业产值22.6亿元。二是优势特色产业加快发展。全县种植万寿菊5.86万亩，实现产值0.32亿元；种植中药材3.56万亩，实现产值0.7亿元；种植蔬菜9.8万亩，实现产值1.3亿元；发展蚕桑7.4万亩，实现综合产值1亿元。三是基础设施建设力度加大。投资8702万元完成冬春农田水利设施建设806件，新增蓄水能力61.28万立方米，新增节水灌溉面积3.69万亩；投资11841万元全力推进水洞山水库、病险水库除险加固工程等项目建设；投资2768万元开展“一事一议”财政奖补项目建设，受益农民达7553户34410人；完成中低产林改造13.9万亩、土地治理4.6万亩，硬化通行政村公路162千米。四是新农村建设稳步推进。投资1219.46万元完成12个省级重点建设村项目建设，受益农民达2428户9913人；“两新”建设顺利推进；新建沼气池2200口，节能改灶900眼，安装太阳能300套；全面落实强农惠农政策，发放各类支农补贴7463万元。五是抗旱工作取得实效。争取到上级补助资金1.1亿元用于水洞山水库、白浪水库引水工程及农村饮水安全项目建设，投入抗旱救灾资金2633.5万元，全力推进抗旱工作，有效缓解干旱造成的人畜饮水困难。六是劳务经济发展持续加快。加大劳动力培训转移力度，培训农村劳动力13375人，新增转移输出劳动力7336人，实现劳务收入5.1亿元。

2. 工业经济快速增长。全县实现工业总产值234亿元，同比增20.82%；实现工业增加值55.5亿元，同比增19.6%。规模以上工业企业实现总产值191亿元，同比增24.47%；实现主营业务收入192.6亿元，同比增24.7%；实现工业增加值43.9亿元，同比增22.7%。工业园区建设加速，新建标准厂房10.5万平方米，实现工业总产值186亿元，同比增42.55%；实现主营业务收入188亿元，同比增32.24%；实现增加值42.8亿元，同比增31.04%；上缴税金4.69亿元，同比增22.5%。非公经济快速发展，实现增加值45亿元，同比增25%；上缴税金5.82亿元，同比增10%。节能减排和污染治理力度加大，淘汰落后产能20万吨，削减二氧化硫10.95万吨、化学需氧量916.5吨、氮氧化物590.5吨、氨氮169.39吨，"节能减排"完成市级下达的目标任务。

3. 第三产业发展加快。第三产业实现增加值29亿元，同比增14.4%。继续实施"万村千乡"市场工程、"乡村流通工程""家电下乡"和"摩托车下乡"工程，新建日用品农家店20个、日用品配送中心1个，恢复和发展日用消费品经营网点274个，销售家电下乡产品40589台（件）、摩托车13449辆，实现销售金额12630.11万元，兑付补贴资金1688万元。实现社会消费品零售总额15.57亿元，同比增21.22%。珠江源、海峰湿地等景区基础设施建设进一步完善，全县接待游客51.14万人次，实现旅游综合收入2.68亿元。

4. 固定资产投资高位增长。全县固定资产投资完成107.17亿元，同比增27.19%，完成年度计划的101.75%，再创历史新高。实施重点建设项目61个，完成投资36.46亿元。鸿森200万吨预应力混凝土管桩、森博特2200万平方米纸面石膏板生产线、曲靖大型灌区沾益花山灌片等项目建成投入使用；鑫福100万吨镍合金、沪昆客运专线沾益段、中小学校舍安全工程、汇宝东盛住宅小区等项目建设顺利推进；珠江源种子交易物流中心、岩溶地区石漠化综合治理工程、白浪水库引水工程等项目启动建设；黑滩河水库扩建工程、县医院南片区分院、望海小学等项目前期工作有序开展。项目资金争取成效显著，共向上申报各级各类项目85个，获得支持69个，争取补助资金2.44亿元。

5. 招商引资成效显著。紧紧抓住昆交会、广交会、农博会等一系列招商经贸洽谈会举办的机遇，以企业为主体，以项目为载体，以引进大企业、大项目为突破口，主动融入国际国内大市场，全方位、多层次开展经贸洽谈活动。全年共签订国内合作项目协议8项，协议引进县外国内资金54.65亿元，实际利用资金5.55亿元。完成外贸进出口总额5700万美元，同比增15%。

6. 城镇建设步伐加快。按照建设珠江源大城市的要求，围绕建设山水园林城市目标，完成西河综合治理工程规划及六沾二线沾益火车站片区控规调整，启动滇东北物流中心规划、铁路既有线规划、炎方小集镇规划，全面启动村庄规划编制工作，完成16个行政村和126个自然村规划；大力推进省级园林县城创建工作，全面启动城市公共绿地改造，14个单位被命名为省级园林单位（园林小区），41个单位和7个小区通过省级评审；积极推进东风南路旧城改造、西河综合治理、宝鑫佳园、水云华城北苑、太昌路等重点项目建设，县城建成区面积达8.9平方公里，城镇化率达39%，绿化覆盖率达35.38%，城市综合载体和辐射带动作用明显增强。

7. 社会事业全面发展。教育事业协调发展，排除D级危房3万平方米，新建校舍3.4万平方米，安排义务教育阶段学校公用经费补助3473.15万元、免除义务教育阶段课本费623.67万元，发放农村义务教育阶段贫困家庭寄宿制学生生活补助1949.65万元；"两基"成果不断巩固，被省政府表彰为"两基"工作先进单位；县三中被中国人民大学列为"圆梦计划"定点保送学校。卫生事业稳步发展，县、乡、村三级医疗卫生服务体系进一步健全，医药卫生体制改革顺利推进，新型农村合作医疗参合率达97.4%，累计为107.51万人（次）减免补偿5454.63万元。计生工作扎实推进，少生奖励制度全面落实，农业人口领取《独生子女父母光荣证》136户，人口自然增长率为4.86‰。文体事业蓬勃发展，农家书屋、村级文化活动场所、文化小广场、广播电视"村村通"工程加快推进，深入实施农村电影"2131"工程，极大地丰富了农村文化生活。成功举办"第六届珠江源登山越野挑战赛暨第五届珠江源山地自行车越野挑战赛""曲靖市第七届珠江源美食文化节暨沾益万寿菊赏花会"等系列活动。

8. 民生工作扎实开展。稳定和扩大就业工作，开发各类就业岗位3260个，新增城镇就业2583人，保持"零就业家庭"动态为零，城镇登记失业率为3.5%。发放"贷免扶补"创业贷款5117万元，支付再就业资金335.66万元，为3家劳动密集型小企业发放小额贷款500万元。社会保障体系不断健全，城镇职工基本养老保险、医疗保险、失业保险、工伤保险、生育保险、城镇居民基本医疗保险、农村养老保险等制度进一步完善。启动实施新型农村和城镇居民社会养老保险制度，参保率达93.65%；累计为5633人办理失地少地农民养老保险，占应参保人数的45.65%。切实关注困难群体生活，为4977名城镇人口发放低保金758.05万元，为14400名农村人口发放低保金1313.28万元，为1356名农村五保户发放五保供养金143.76万元。保障性安居工程加快推进，新建廉租房400套2万平方米，启动16个点600套27220平方米公共租赁房建设，发放廉租住房租赁补贴52.7万元。稳物价保供应工作成效明显，认真贯彻落实稳定市场价格保障市场供应各项政策措施，密切关注粮油、蔬菜、肉制品等群众生活必需品的市场供应和价格变化，落实"菜篮子""米袋子"工程，加大重要商品储备和投放力度，加强价格监测、预警预报和市场监管，严厉打击违法违规行为，有效抑制物价大幅上涨，维护了市场价格总水平基本稳定，全年居民消费价格指数低于全市平均水平。扎实开展"安全生产年活动"，全面落实"两个主体责任"和"一岗双责"，加大重大危险监测监控和行政执法力度，加强安全生产工作监管，安全生产形势总体平稳，被省委、省政府表彰为"先进平安县"。

国民经济运行分析工作 2011年，县发展和改革局认真履行各项职能职责。①在深入调查研究，广泛征求意见的基础上，编制《沾益县2010年国民经济和社会发展计划执行情况与2011年国民经济和社会发展计划草案报告》，在县三届四次人代会上审议通过。制定《沾益县推进桥头堡建设总体规划实施意见》，完成《沾益县推进桥头堡建设总体规划》编制。②按照相关要求，撰写2011年《沾益年鉴》发展和改革部分、《沾益县2011年春耕备耕工作情况调研》《沾益县玉米市场专项清查情况汇报》《沾益县2011年全年经济社会发展走势预测》《沾益县2011年主要经济发展指标预测及支撑条件说明》《沾益县2012年国民经济和社会发展计划初步考虑》《沾益县在加快推进滇中城市经济圈发展中的战略思考》等相关材料，积极申报《沾益县全国第三批城镇发展改革试点材料》《沾益县2012年国家服务业发展引导资金项目》《沾益县2011年重点产业振兴和技术改造专项中央投资支持物流项目》，对中石油西南分公司曲靖成品油配送中心、花山和美生猪交易市场等三个项目进行备案。③认真抓好经济运行分析，主动研究宏观调控和缓解要素制约对策，完成了《沾益县2011年一季度国民经济运行情况分析》《县人大调研2011年上半年经济运行及社会发展情况汇报》《沾益县2011年三季度国民经济运行情况分析》《关于沾益县2011年GDP完成情况的说明》和《关于沾益县2011年固定资产投资完成情况的说明》等经济社会发展分析材料。④深入贯彻市委市政府经济体制改革的有关要求，落实抓好经济体制改革工作；加大对粮、油等重点物资储备的监管工作，落实2010年化肥淡储工作；切实做好国民经济动员相关工作。

固定资产投资工作 2011年，县发展和改革局围绕全县固定资产投资目标，按照审批、核准、备案三个工作流程和重大投资项目推进联席会议制度、县级领导挂钩联系制度、联合审批办理制度、部门联系人跟踪服务制度、推进监督检查制度、定期通报制度、前期工作保障制度、施工协调八项工作制度，不断深化投融资体制改革，创新工作思路，改善投资环境，切实履行各项工作职责，做好项目的审批、申报及项目储备工作，积极争取中央、省、市项目和资金支持，较好地完成了各项工作任务，实现了固定资产投资快速增长。①强化投资工作措施。围绕全年固定资产投资目标增长25%达105亿元的目标任务，从沾益发展实际出发，采取落实项目建设责任、协调服务、优化项目建设环境、促进项目快速推进、增强投资增长后劲、确保投资应统尽统等措施，科学合理分解下达了2011年全县投资目标任务，把全年105亿元的目标任务分解落实到全县6个重点行业11个行业主管部门，确保做到有领导分管、专人负责、责任明确、推进有力，千方百计确保完成或超额完成固定资产投资总量目标；做好重大投资项目的月通报工作和联系会议准备工作；按月收集、了解全县投资完成情况，随时掌握投资动态。②提高投资工作效能。按照省、市重大投资项目推进工作要求，做好审批改革，改善项目建设环境，明确了各级各部门在项目推进工作中的职能职责，公布了各项目审批单位主要领导、分管领导和承办科室的电话号码和审批事项，规定了项目审批时限，加大对涉及项目建设审批领域部门的问责力度，促进项目审批和项目建设环境的优化；积极主动做好对上争取工作。注重加强对所上项目的服务工作，主动介入申报项目的前期各项准备工作，积极为申报单位出谋划策，做实做细申报项目的各项前期工作，做到上报项目材料齐全、程序规范；针对要素矛盾，主动协调项目单位和责任单位，做好项目整合，有效做大项目规模，使这类项目在用地等方面获得上级的支持；注重对上汇报，加强政策信息、已报项目的跟踪，使部分项目进入省重点项目，尽力为全县经济发展多批项目、多争资金。③提升投资服务水平。积极参与全县涉及投资发展各项工作的协调，注重加强相关职能部门的联络，加强对投资发展的新问题、新情况的研究，及时就项目建设等相关问题提出合理建议，确保全县投资健康稳定发展；加强与统计等部门的协调，及时掌握全县投资运行情况，做好投资相关监控工作。确保投资持续健康发展。注重加强项目建设单位联络，重点做好重点项目的跟踪管理和协调，抓住项目事前跟踪、事中推进、事后产出三个环节，积极主动为建设单位做好综合服务工作，保证项目的顺利推进。

价格管理工作 2011年，县发展和改革局认真贯彻落实国家的价格方针、政策，深化改革、加强价格监管，充分发挥价格职能作用，保持价格总水平基本稳定。①认真贯彻落实国家的价格方针、政策，深化改革、加强价格监管，充分发挥价格职能作用，保持价格总水平基本稳定。全年对电力、城区供排水、水利供水、化肥、煤炭、烟草、药品、成品油、液化气、民爆器材、物业服务、经济适用住房等关系国计民生的价格加强了管理。②根据省政府关于加快城市生活垃圾处理设施建设和运用价格杠杆促进生活垃圾处理产业化发展意见，按照听证程序完成沾益县城征收生活垃圾处置费及调整城市生活垃圾代运费标准改革工作。③根据省、市有关加强春耕化肥等农资价格监管的文件精神，加大了化肥农资价格监管力度。④继续清理整顿药品价格秩序，对药品价格政策执行好的医疗单位，给予出具医保年审证明，全年共出具证明62份。⑤开展了农资价格调查工作，分析主要价格动态，对价格走势进行分析预测。⑥坚持做到粮油副食品、农业生产资料等重要商品的日报和周报制度，对价格变动异常的重要商品作必要的文字分析。⑦根据《省发改委 省建设厅等五部门关于建立云南省水价改革情况报告等制度的通知》精神，做好成本监审工作，对城市自来水成本实行每年监审二次。⑧做好煤焦价格调节基金征收办公室工作。

收费管理工作 2011年，县发展和改革局认真抓好收费管理工作。①按照《云南省行政事业性收费许可证管理规定》《云南省经营服务收费管理办法》和《云南省行政事业性收费许可证年度审验办法》规定的审验内容、要求、程序和纪律，开展了行政事业性收费许可证年度审验。全年共审验收费许可证105本，涉及30个部门（行业），新办收费许可证1本，变更收费项目1项，新增收费项目1项。②做好各单位收费项目的申报审批工作。对有关单位申报收费项目，在请示局领导和市发改委同意的基础上，经过认真审核制定了简易批复。③配合检查所开展专项检查工作。在检查过程中发现收费项目不清的单位给予提出指导性意见，对极少数收费单位存在的自立项目收费或无证经营者，给予做好政策解释工作，并限期补办收费许可证。在日常工作中，贯彻执行好国家、省、市有关新的收费政策，严把收费项目及标准的审批关，根据收费项目审批权限，在会同主管部门认真审核成本的基础上，做好收费项目的申报工作。④进一步规范教育、医疗卫生收费行为，保护学生及家长的合法权益，让群众看得起病、住得起院。

价格监督检查工作 2011年，县发展和改革局根据全市发展和改革工作会议精神，充分发挥价格监督检查的职能作用，进一步加大对涉农收费和农业生产资料的监管和检查力度，同时针对政府和群众关心的热点、焦点问题，进一步整顿和规范市场价格秩序。①依法行政，加大监督检查力度。按照价格工作总体要求，根据国家、省、市发改委对价格监督检查工作的安排，积极开展检查工作。一是开展了节假日市场价格检查。在元旦、春节、五一等重要节假日期间，对城区的商贸、餐饮、娱乐、修理等服务性经营场所实行明码标价、诚信经营情况进行了巡查，对县内各旅游景点的游乐服务收费公示情况进行了督促检查。二是涉农价格与收费政策落实情况专项检查。三是开展食盐价格检查工作。受国内外多种因素影响，3月17～21日部分地区食盐供应出现阶段性紧张，部分不法商贩乘机涨价，沾益县发展和改革局从加强价格监测预警和市场价格监管等方面入手，发挥物价部门职能作用，切实采取有效措施，维护广大人民群众根本利益、保持社会和谐稳定。四是开展商品和服务明码标价检查。五是积极开展医疗服务价格检查。结合沾益实际，对全县10家国有基层医疗服务单位进行了医疗服务和药品价格政策执行情况的检查，对12家村级卫生所、24家药品经营单位及5家私人（个体）诊所进行抽查。六是及时开展银行业金融机构免除部分服务收费政策执行情况检查。七是组织开展教育收费专项检查。八是开展了价格举报投诉案件的处理工作。对群众举报投诉的问题，及时受理，及时查处，尽快答复，做到了件件有着落，事事有回音。至11月末，共查处价格违法案件8件，退还用户2.09万元，查处价格违法所得金额4.136万元，没收违法所得金额2.046万元，罚款0.183万元，实现经济制裁总额4.328万元，上缴财政2.229万元；受理群众价费举报投诉案件6件，处理6件，举报案件办结率达到100%，其中立案查处违法案件1件，查处价格违法所得金额283元，退还283元，罚款1000

元，实现经济制裁总额1283元，上缴财政1000元。②提升价格服务水平，树立执法形象。为强化价格服务职能，转变工作作风，增强服务意识，更好地发挥价格主管部门“调控、管理、监督、服务”的职能作用，促进经济社会协调可持续发展，推进和谐社会建设，积极开展价格服务进万家活动，以价格服务进医院、校园、景区、农家、社区、企业、商场等领域为重点，积极提供维权服务、自律服务、政策服务、信息服务、协调服务和综合服务等价格服务，有效实施价格监管，努力构建起矛盾疏导、政策指导、信息引导三位一体的价格服务体系；有效增强生产、经营者适应市场经济发展要求，提高生产、经营者运用正当价格手段进行市场竞争的能力，实现价格监管、经营者价格自律和价格社会监督三者有机结合，维护好生产者、经营者和人民群众合法权益，为构建社会主义和谐社会服务。以价格服务为主线，与社会需要、价格诚信建设、推进企事业单位物价员管理工作、价格政策宣传、价格行政执法、价格主管部门承担的扶贫解困帮扶任务等活动有机整合，不断创新工作思路，丰富服务内容，切实抓好工作。

价格认证工作 2011年，价格认证中心以“价格鉴定”为基础，以“价格事务”为依托，以“价格认证”拓展工作，继续坚持进一步做好刑事、民事、经济、涉烟、行政执法案件的涉案价格鉴定，开展好价格认证，在全面贯彻落实《价格认证中心工作管理办法》《云南省涉案财物价格鉴证管理条例》有关规定的基础上，加强规范化建设，树立“公平、公正、高效、廉洁”的职业形象，在所完成的价格鉴证业务中，未出现一例复议或显失公正的案例，维护了政府威信和司法公正，保护了人民群众的根本利益，树立了价格鉴证队伍的良好社会形象，为司法机关公正执法和国有资产管理部门资产处置提供了科学的价格依据。全年共完成各类价格鉴证176件，鉴证总金额563.58万元。其中，公安刑事案件135件，价格认证金额438.27万元；法院民事、执行案件（扣押、没收财物）6件，价格鉴证金额9.81万元；涉烟价格鉴证35件，价格鉴证金额115.50万元。

（赵云晖）

统计监督

综　述 沾益县统计局是县人民政府主管统计工作的职能部门，负责组织、领导和协调全县统计和国民经济核算工作，建立并管理全县经济社会运行宏观数据库，汇编并提供国民经济核算资料；组织实施统计改革和统计现代化建设，不断完善反映经济社会发展的统计制度、统计方法、统计指标和统计管理体系；贯彻执行国家统计法律、法规、政策，组织并监督检查全县统计法律、法规的实施；会同有关部门组织实施人口、经济、农业普查及组织实施农林牧渔业、工业、建筑业、批发和零售业、住宿和餐饮业、房地产业、租赁和商务服务业、居民服务和其他服务业、文化体育和娱乐业、装卸搬运和其他运输服务业、社会福利业、能源、投资、消费、收入、科技、人口、劳动力、社会发展基本情况、环境基本状况等统计调查工作，综合整理和提供地质勘查、旅游、交通、邮政、教育、卫生、社会保障、公用事业、资源、房屋、对外贸易、对外经济等全县性基本统计数据；收集、汇总、整理和提供专项普查和调查方面的统计数据，并进行统计分析；组织各乡（镇）、各部门的经济、社会、科技和资源环境统计调查；统一管理、公布全县性基本统计资料，定期发布全县国民经济和社会发展情况的统计信息；对国民经济、社会发展、科技进步和资源环境等情况进行统计分析、统计预测和统计监督，向县人民政府及各级部门提供统计信息和咨询建议；对各基层单位的统计业务工作和统计业务基础建设进行指导，建立健全统计数据质量审核、监控和评估制度；组织实施全县统计信息化系统建设，实施统计数据联网直报；会同有关部门组织和实施统计专业技术资格考试工作，组织并管理统计科学研究、统计教育、统计干部培训工作；收集、整理各地基本统计资料，并进行对比、分析和研究。

2011年末，沾益县统计局内设办公室、综合科、工业能源科、服务业科4个科室及一个下属股所级财政全额拨款事业单位（沾益县地方统计调查队），共有编制16人，实有职工15人，退休职工2人。

统计监督 2011年，县统计局认真贯彻执行国家、省、市、地方制定的相关统计法律法规，加强对县直各统计部门、基层组织和填报企业的统计监督和统计执法力度。一是坚持在全县范围内开展对统计法律法规的学习和宣传，不断提高统计行政管理者和统计管理对象的统计法律意识。二是建立健全统计执法检查机构，配备统计执法队伍，保证统计执法正常有效运行。三是进一步规范和执行统计行政执法责任制度、统计工作责任制度。四是严格按照法定程序进行依法统计、依法监督，巩固统计执法大检查的工作成果。

统计专项调查 2011年，为更好地反应国家经济发展情况，准确表述社会变化、人民生活状况，确保统计指标科学合理、准确无误，沾益县统计局开展了大量专项统计调查工作。全年开展完成的专项调查有:农村住户调查，农产量抽样调查，城市住户经济调查，小型批发零售业、旅游业、常住人口调查，交通服务业调查，文化产业调查，畜禽监测、重点企业调查，企业景气调查，工业价格指数调查，规模以下工业企业抽样调查，服务业企业抽样调查，银行企业抽样调查，产品流入流出调查，价格指数调查，成品油调查，领导干部公信度调查，县域经济调查等。

统计信息 2011年，县统计局围绕县委、县政府确立的经济、民生、稳定、发展等中心工作，树立大局意识、服务意识，积极主动地开展统计分析研究，及时整理、汇编、提供各类统计信息，为社会各界提供了准确、真实、快速的统计信息服务。一是编撰统计《决策参考》，为全县经济社会发展建言献策。各科室围绕各项常规统计、各种调查所取得的统计资料，进行认真的分析研究，通过撰写统计分析资料并公布发送，及时反应出了全县经济社会发展中的得失、利弊。二是每月及时编印《沾益县统计月报》，使统计数据得以准确、快速传递到各部门、各单位，确保部门、单位得到快捷的统计信息服务。三是开展季度经济运行分析。每季度末，组织各部门、各专业统计人员及时分析全县经济运行情况、运行特点及热点、难点、存在的主要问题等，对后期的工作适时提出合理化建议，并向县委、县政府及各部门通报季度经济运行分析报告。四是编辑出版国民经济统计年鉴，确保各级政府、组织能够随时查阅全县经济社会发展情况。

第六次全国人口普查 沾益县的第六次全国人口普查工作严格按照国务院的统一部署，在县委、县政府的正确领导下，通过全县各级普查机构和普查工作者的共同努力，做了大量细致而有成效的工作，取得了良好成绩，县统计局还被评为“云南省第六次人口普查先进集体”。2011年8月，第六次全国人口普查工作在经过大量的现场登记、数据录入、数据审核、复查、汇总分析工作后，普查数据分析工作圆满结束并正式向外界公布。截止2010年11月1日零时，与“五普”相比，沾益县常住人口为431058人，同比增加了41220人，增长10.57%，平均增长率为1.01%，总人口性别比为110（以女性为100，男性对女性的比例），从“五普”的111.16下降到110；文盲率由“五普”的10.21%下降到6.61%；65岁以上的人口占总人口的7.47%，同比上升了1.28个百分点；居住在城镇的人口占总人口的37%，城镇人口占总人口的比重同比上升了21.37个百分点。

试行企业一套表制度 2011年，为确保统计数据质量，国家统计局对统计报表制度进行了改革，全国各省定于2012年6月实行企业一套表制度。沾益县作为云南省企业一套表制度推广实施的试点县，全县三上企业（工业、服务业、固定资产投资规模以上企业）所有统计报表均于2011年8月进行了国家统计局网上直报，全县三上企业网上直报率达到100%，为2012年正式实施“企业一套表”奠定了良好基础。

开展“三想三树”教育活动 2011年，县统计局根据《中共沾益县委关于在全县基层组织和党员中深入开展创先争优活动的实施意见》等文件精神，结合单位实际，确立了“三想三树”教育内容。整个教育活动以“六查四比”为载体，“四个一”为机制，取得了良好成绩，在全省统计系统“创先争优”活动中起到了标杆作用。6月20日，全省统计系统“创先争优”现场推进会在沾益县举行，县统计局在“创先争优”活动中开展的“三想三树”教育得到了全省各级统计部门的一致好评，被市统计局授予“曲靖市统计系统创先争优活动先进单位”称号，党支部被县直机关党委评为“先进党支部”。

基层统计站规范化建设 2011年，县统计局按照市统计局对各县（市）区乡（镇）统计站的规范化建设要求，对3个乡（镇）统计站（西平、盘江、大坡）进行了规范化建设。保证乡（镇）统计站做到“九有”，即有机构、有人员、有经费、有网络、有办公地点及设备、有制度、有上岗证、有统计文化（图标上墙）、有成果，进一步完善了乡（镇）统计站的基础设施建设。

（张全江）

审计监督

综　述 2011年末，沾益县审计局内设办公室、法制科、行政事业和财政金融审计科、社会保障和经贸审计科、经济责任审计科、固定资产投资审计科、前置审计科。核定行政编制17人，实有在职职工17人，其中公务员15人，工勤人员2人。有下属财政全额拨款事业单位1个（沾益县投资审计中心），核定编制5人，通过公开招考考入2人。

2011年，县审计局在县委、县政府和上级审计机关的正确领导下，始终坚持以科学发展观为统领，围绕县委、县政府的中心工作，以县级财政预算执行审计为主线，向其他财政财务收支审计、重点工作专项资金和重大建设项目资金绩效审计等方面延伸，不断加大对重点领域、重点部门、重点资金、重点项目的审计监督力度，充分发挥了审计“免疫系统”功能，在维护财经秩序、推进依法行政、维护国计民生、促进廉政建设等方面发挥了积极作用，为县域经济健康快速持续发展做出了积极贡献。全局干部职工克服了人少事多、任务重等困难，充分整合审计资源，创新审计工作思路，认真履行审计监督职责。全年共完成审计项目213项，其中累计查处违规金额794万元，管理不规范金额3852万元。审计决定处理处罚4524万元，其中，查补税金588万元，核减工程价款3403万元，上缴财政206万元，违反政府招标采购33万元，账外资产71万元，调账处理345万元，提出审计意见333条。累计为财政增加地方一般预算收入794万元，节约财政支出3403万元。9月，县审计局被市委、市政府授予“曲靖市中小学校安工程建设先进集体”称号，12月，被县委、县政府授予“整乡推进先进单位”称号。

财政预决算执行情况审计 2011年，县审计局以规范财政预算分配、优化财政支出结构为目标，对县级财政、国库代理业务、地方税务征管情况进行了全面审计，对3个乡（镇）的财政决算进行了审计。共完成审计项目6项，查处违规资金42万元，提出审计建议18条，移交纪检监察机关处理1人。通过审计，进一步加强了部门预算编制及非税收入的征收管理，促进税源管理，提高征管质量，为建立科学的预算管理体系奠定了基础，充分发挥了参谋助手的作用。

专项资金审计或审计调查 2011年，县审计局围绕维护民生，促进建设和谐社会的目标，对新型农村合作医疗、农业综合开发、校安工程建设、农村公路养护地方配套、城乡低保等关系经济社会发展，涉及人民群众切身利益的专项资金管理使用情况进行了专项审计。并根据审计署和省、市审计机关的统一部署，对地方性政府债务、普通高中债务进行了专项审计调查，共完成审计项目7项。审计中，高度关注挤占挪用、损失浪费、套取财政资金等问题，提出加强和改进资金管理使用的审计建议22条，有效地促进了各项惠民政策的贯彻落实，也为相关部门管好用好专项资金、提高资金使用效益发挥了积极作用。

行政绩效审计 2011年，县审计局根据省、市、县人民政府关于加强自身建设的要求，按照“巩固完善、拓展创新、务实高效”的思路，积极会同发改、财政等部门，制定下发了《沾益县2011年推行行政绩效管理制度实施方案》，把21个单位的41项重点工作作为2011年行政绩效管理重点事项，通过行政绩效审计、行政绩效稽察、行政绩效评价和不定期的检查督促工作，大力提升各行政机关的绩效管理水平。结合审计机关职责，县审计局以促进提高财政资金和公共资源配置使用的经济效率效果为目标，对农村公路养护、现代科技养殖、农业综合开发、农村沼气、蚕桑产业、蔬菜产业、扶贫等9个项目进行了绩效审计，审计资金总额3161万元。审计过程中，审计人员注重揭示项目推进和工作组织实施过程中存在的违法违规、成本过高、效率低下、损失浪费等影响财政资金使用效益和行政绩效的突出问题，深入分析原因，提出建设性审计意见建议22条，保障了政府重大建设项目、年度重要工作以及部门年度重要工作的落实。

固定资产投资审计 2011年，县审计局认真贯彻落实《云南省政府投资建设项目审计办法》《曲靖市政府性投资建设项目前置审计实施办法》和《沾益县重点建设项目审计监督办法》，对建设项目开展了招标文件审查、前置审计、施工合同审查、竣工结算审计工作。共完成投资审计项目170项，审计资金总额67499万元，累计查补税金579万元，核减工程价款3403万元。其中，完成招标文件审查60项，针对招标文件在评分办法、计价办法、施工合同主要条款等方面存在的不合理事项，提出审查意见46条；完成前置审计项目60项，针对预算编制过程中，因部分工程量多计，少数定额子目高套，相关费用计取有误，部分主材预算单价偏高等问题，核减拦标价1092万元；完成施工合同审查28项，针对施工合同中工程结算、工程进度款支付、工程变更计量计价方式等容易发生歧义、条款不规范、内容不严密等问题，提出了审查意见34条；完成竣工结算审计项目22项，因少计少缴税费、工程量多计、主材价格偏高等原因，核减工程结算价款2311万元，查补税金579万元，提出审计意见57条。通过不断加强对政府性投资建设项目的事前、事中、事后审计监督，进一步规范了建筑市场秩序，提高了政府性资金投资效果，营造了良好的投资环境，为促进地方经济发展等方面发挥了积极作用。

领导干部经济责任审计 2011年，随着中共中央、国务院关于《党政主要领导干部和国有企业领导人员经济责任审计规定》的颁布施行，县审计局结合全县机构改革工作，坚持“积极稳妥、量力而行、提高质量、防范风险”的原则，加大对乡（镇）长和行政事业单位主要领导的任期经济责任审计和财政财务收支审计力度。根据县委组织部的委托，全年共完成领导干部任期经济责任审计12项，累计查出违规金额40万元，管理不规范金额433万元。审计决定处理473万元。其中，上缴财政40万元，调账处理329万元，未入账固定资产71万元，未经政府招标采购33万元。主要问题表现在部分单位应缴未缴财政预算外资金、坐收坐支非税收入、违反政府招标采购、固定资产长期不入账、会计核算不规范等方面的问题。通过经济责任审计工作的扎实开展，进一步规范了被审单位的财务管理工作，充分发挥了审计对权力的控制预警、牵制影响和管制约束作用，为建立廉洁、勤政、务实、高效的政府，构建和谐社会作出了积极贡献。

行政事业单位财务收支审计 2011年，县审计局以规范部门预算、财务管理为目标，对政法机关转移支付资金及县工商局、县九龙生态园管理服务中心、县国土局等部门的财务收支情况进行了审计，共完成审计项目9项，查补税收9.2万元，违规收费1.9万元。审计人员高度关注财务收支的真实性、合法性，严肃查处隐瞒截留、坐收坐支私设小金库、乱收费等问题。针对审计中发现的普遍性、倾向性问题进行了总结分析，提出审计建议24条，在被审计单位进一步完善制度，规范部门预算，加强财务收支管理等方面发挥了积极作用。

《审计简报》印发工作 2011年，县审计局共印发《审计简报》13期，刊登审计信息52篇，撰写调研文章15篇，被相关部门采用12篇。为使社会各界和广大群众了解审计动态，进一步宣传审计法律法规、共享审计成果、规范财务管理、提高资金使用效益、促进勤政廉政建设等工作做出了积极贡献。

审计公告工作 2011年，县审计局按照《沾益县审计局审计结果公告试行办法》，从2010年完成的审计项目中，选取了22个审计项目在全县范围内进行了审计结果公告，并编印成册，公告项目比例达50%。公告的形式、内容、程序得到进一步规范，公告效果明显。

文明创建工作 2011年，县审计局根据文明单位管理规定，积极组织申报“市级文明单位”。在单位领导的重视、领导小组的精心准备和广大干部职工的积极参与下，创建工作通过检查验收，并于12月被授予“市级文明单位”称号。

基础设施建设工作 2011年，县审计局根据省、市人民政府《关于加强基层审计工作的意见》中关于审计机关办公场所的意见精神，积极争取县委、县政府的关心支持，经同意，县审计局以购买的形式解决办公场所问题，并于2011年11月与沾益县广厦房地产开发有限责任公司签订了《写字楼购销合同》。

（王金祥）

工商行政管理

综　述 沾益县工商局成立于1998年12月，隶属于曲靖市工商局。主要负责辖区市场主体准入、退出登记工作，对流通领域的商品质量、市场主体经营行为和商标广告行为进行监督管理，按照“三定”方案依法履行有关职责和保护消费者合法权益，维护市场经济秩序，积极服务地方经济健康快速发展。

2011年末，县工商局内设9个股（室），即办公室、法制股、监察室、企业注册管理股、市场规范管理股、食品流通监督管理股（消保股）、反不正当竞争执法股（经济检查大队）、计划财务股、机关党委；下设6个工商所（分局），即西平、花山2个分局，大坡、白水、炎方、德泽4个工商所；3个群团组织，即沾益县消费者协会、沾益县个体私营经济协会、沾益县企业信用协会。全局有在职干部职工73人，退休干部23人。在职干部职工中，有党员62人，大专以上学历68人。

2011年，县工商局围绕服务云南“两强一堡”战略、曲靖“两个中心”和“新沾益”建设的战略目标，以深入开展“创先争优”活动为契机，以实现“三个到位”“六个好”和构建富裕文明开放和谐新沾益为目标，以“珠源红盾排头兵”为抓手，抓实班子队伍建设和业务工作，推动全面工作创新发展并取得明显成效。

法规工作 2011年，县工商局坚持把依法行政作为第一准则，着力更新执法理念，牢固树立依法行政的法治意识，推行“先教育规范、再限期整改、后行政处罚”的行政执法模式，为经济发展营造了和谐宽松的发展环境。进一步抓实法制宣传教育，落实机关干部轮流讲法制度和“六五”普法工作，在监管服务对象中广泛开展法制宣传教育，增强法制宣传培训的针对性和有效性；深入宣传工商行政管理法律、法规和规章，营造依法行政的良好社会氛围；完善执法监督体系，进一步规范执法主体、执法程序、执法行为，规范行政指导和行政处罚自由裁量权，健全完善内外监督制约体系，严格落实行政执法责任制和过错追究制。通过有效的行政执法工作，实现对市场主体及其市场行为的最佳监管，实现对消费者合法权益的最大保护，实现经营者、消费者和管理者关系的最大和谐。

登记注册及监督管理 2011年，县工商局在企业注册工作上坚持改善窗口办事环境，简化办事流程，下放登记权限，提升服务效率，努力营造最优的市场主体准入环境和创业投资环境，着力服务市场主体健康快速发展。2011年底，全县实有个体工商户8250户，增长1564户，增幅为23.4%，个体从业人员11114人；私营企业541户，增长73户，增幅为15.6%，注册资本157183万元；内资企业358户，注册资本493665万元，企业网上年检率达100%；农民专业合作社63户，增长11户，增幅为21.1%。全年共为企业办理股权质押登记13起，质押股权2.14亿元，实现投融资2.8亿元，为企业办理债权转股权1500余万元。在市场主体监督管理中，加大对重点热点行业企业的审查力度，严把食品行业、涉污行业等信用等级较低、有投诉举报问题、或是有关部门有抄告信息企业的年检关；严格限制发展高耗能、高污染和产能过剩的“两高一剩”产业，配合做好相关淘汰企业的“关、停、并、转”工作。严厉查处经营过程中提交虚假登记材料、虚假出资、抽逃资金、无证照经营、超范围经营等违法行为。

市场规范管理 2011年，县工商局进一步加强市场规范管理工作，组织开展了烟花爆竹、农资商品、节日市场整治、校园周边环境整治、网络商品监督管理、农副产品和农资价格信息监测等各项市场规范管理工作。在重点行业中建立健全索证索票等进销货台账制度，进一步加大市场巡查力度，巩固完善商品交易市场信息分类监管，营造统一、开放、竞争、有序、和谐的市场环境。全年共查处各类市场违法案件30余件，案值50余万元。组织开展了企业“守重”认定，个体“创星”、诚信市场和“消费者满意街”创建活动，着力推动社会诚信体系建设。全县共有市级3A、4A文明诚信市场各1个，市级文明诚信企业2户，消费者满意街2条，“守重”企业26户。

消费者权益保护 2011年，全县消费者权益保护工作始终坚持“两个100%”的消费者投诉举报维权工作制度，实现了工商部门投诉举报100%受理和100%处理的承诺。一是组织开展消费维权宣传咨询服务和行政执法活动。活动期间，受理处理消费者申、投诉20余起，及时化解消费纠纷10余起，取得了良好的活动效果。二是巩固完善全县“一会两站”消费维权网络建设。在全县8个乡镇122个村委会（社区），500平方米以上的商场、学校、企业及市场等场所建立消协分会8个和“两站”169个，形成了覆盖城乡、上下联动、反映迅速、工作规范、高效便民的基层消费维权网络。三是健全完善消费维权监管执法机制、经营者自律机制和社会监督机制，形成共同维护消费者合法权益的良好局面。

食品流通监督管理 2011年，县工商局进一步加大食品流通监督管理工作力度，积极组织开展食品安全专项整治，并着力构建流通领域食品安全监管长效机制。一是建立流通环节食品安全监管台账。统一印制食品经营户进销货台账和食品流通许可档案盒，推广使用粘贴式台账，做好流通环节食品安全溯源监管。二是开展节日食品专项检查。以重大节日为契机，以乳制品、干菜、散装白酒、食用油等关系人民群众生命健康安全的食品为重点，重点整治城乡结合部和农村地区的流通环节食品安全。三是开展打击食品非法添加和滥用食品添加剂专项行动。四是加强流通环节食品安全快速检测和抽样送检工作。共对全县20余类食品200余个批次的商品进行了现场快速检测和抽样送检，其中涉及食品类的商品共13类130余个批次，检出不合格商品1个，工商部门对其进行了相应的行政处罚。五是巩固完善“食品安全示范店”创建活动。全县共创建“星级食品安全示范店”8家，流通领域食品安全明显好转。

广告监督管理 2011年，县工商局认真履行广告监督管理职责，加大对辖区各类广告的日常监督和登记审查力度，加强对主要媒体广告内容与形式的监测，发现违法行为及时查处，同时加强对各类广告经营者的学习培训。牵头有关部门开展了有线电视、互联网广告专项整治行动，对全县主流媒体、电视台发布的广告进行清理检查，重点清理涉性药品、用品广告，有效遏制了虚假违法广告势头。全年共开展各类虚假广告整治10余次，查处广告案件16件，有效净化了辖区广告市场环境。

商标监督管理 2011年，县工商局组织在全县大力实施商标战略并取得明显成效。在舆论氛围上突出“浓”字，注重宣传引导；在深入调研中突出“实”字，注重促进发展；在战略规划上突出“活”字，注重灵活适用；在服务指导上突出“细”字，注重提质增量。推行了党员结对帮扶企业实施商标战略工作制度，在全局选派懂业务、会管理、善协调的党员干部对全县商标持有企业和单位实行“一对一、面对面”的结对帮扶，服务指导企业搞好商标注册、运用、保护和管理等方面的工作，形成了引导注册、培育发展、运用管理和品牌打造的商标战略工作长效机制。全年全县工商系统共帮助指导企业新申报商标注册46件，完成当年目标任务的188%。全县共有有效注册商标58枚，其中中国驰名商标1枚，云南省著名商标6枚，曲靖市知名商标12枚，其它普通商标39枚。全年辖区内注册商标帮助各企业累计增加经济效益上亿元。

经济检查工作 2011年，县工商局组织查处了多起重大违法案件，为全县营造了良好的市场环境和公平交易的竞争秩序。一是以打击侵犯知识产权和制售假冒伪劣商品专项行动为契机，重点对药品保健品行业、电线电缆等建材销售行业、手机及家电行业、食品等零售行业进行监测和检查，查处了一批侵犯知识产权和制售假冒伪劣商品行为的案件。二是以企业年检为契机，大力整治企业违法生产经营、抽逃资金、虚假出资、提供虚假材料骗取登记等不法行为，查处了一批企业违法从事生产经营活动的案件。三是以市场巡查和日常监管为契机，严查以家电下乡、送货下乡、商品展销、清仓甩卖等名义进行销售假冒伪劣商品的违法行为，对无证照从事生产经营的行为依法予以取缔，查处了一批无照经营或超范围经营的案件。全年全县工商系统查办各类案件314件，罚没款102.29万元。

消费者协会工作 2011年，县消费者协会深入推进消费教育和指导工作，积极引导消费者科学、合理、健康、文明消费。进一步规范“一会两站”工作，充分发挥“一会两站”贴近消费者维权作用，健全三级维权和解网络，方便群众在家门口维权。充分发挥协会社会监督和消费评议职能作用，强化对商品和服务的社会监督，建立消费评议制度，积极开展对公用企事业单位、服务行业等重点行业的消费监督评议活动，进一步促进被评议单位、行业健全机制、改善服务，增强依法诚信经营和自我规范意识。着力构建部门监管、社会监督、舆论监督和群众监督为一体的保护消费者合法权益的良好格局。认真组织开展了“3·15”宣传咨询服务和行政执法活动，围绕“消费与发展年”主题组织开展系列消费维权宣传活动，设立宣传点38个，参加宣传单位58家，参加宣传企业15个，参加宣传人员274人，制作宣传栏20块，宣传条幅39条，发放宣传材料1.68万份，接待消费咨询1518人（次）。

个体私营协会工作 2011年，县个体私营协会工作取得明显成效。一是个私协会充分发挥职能作用，在春节期间，对部分存在严重困难的个私会员进行送温暖慰问活动，共慰问全县困难会员39户，发放慰问金11700元。二是着力加强个体、私营企业的党建工作，巩固党在非公经济从业者中的阵地作用，全年共发展18名入党积极分子，通过13名预备党员转正，并组织个私协会开展了“红歌”演唱等系列庆祝“建党90周年”活动。三是积极开展“贷免扶补”创业服务工作，成功帮助23名创业者争取创业贷款166万元，带动70余人就业，并为其提供创业导师进行一对一创业帮扶。四是组织参加全市“光彩杯”篮球赛。投入20余万元组织男、女队参加全市个私协会组织的“光彩杯”篮球比赛并取得优异成绩。五是组织开展禁毒防艾宣传培训，举办培训讲座6场，参加培训会员300余人，发放宣传资料5000余份，受教育会员6000余人；投资10余万元为全县个私会员定制了2012年的挂历、台历、会员证。

纪检监察工作 2011年，县工商局按照省、市工商局和县委、县政府的安排部署，有效开展了党风廉政建设和纪检监察工作。一是认真贯彻落实党风廉政建设责任制。出台了《党风廉政建设责任制目标管理考核办法》，调整充实了督察队工作人员，层层签订《党风廉政建设责任制》。二是坚持党风廉政建设工作“一把手”负总责，其他分管领导成员各负其责的原则，按照“一岗双责”的工作要求，坚持“两手抓、两手都要硬”的工作方针，加强监察、督察力度，从源头上预防和治理腐败。三是强化纪检监察力度，加强对“禁酒令”、着装、公务执法车辆使用管理等工作纪律和制度执行情况的督察。四是进一步强化风险点管理，通过“查找岗位廉政风险，建立防控机制”从根本上拓宽预防和控制廉政风险的途径，有效推进党风廉政建设关口前移。五是坚持中层干部重要事项报告制度，所有副科以上领导干部及重要部门负责人实行家庭重要情况报告。2011年，全局共发布督察通报16期，涉及人员及事项30余人（次）。

队伍建设 2011年，县工商局继续强化队伍教育，始终坚持以人为本，狠抓班子队伍建设，不断夯实工商行政管理事业发展基础。一是坚持加强领导班子建设。以增强领导班子服务大局、谋划工作、团结干事、廉洁从政的能力为重点，进一步强化领导班子的执政能力建设，发挥领导干部的示范带头作用，着力提升工商局党组服务科学发展的能力和水平。二是加大干部教育培训力度。结合新一轮机构改革坚持把加强教育培训作为提升干部队伍综合素质的有效途径，坚持集中培训与分散学习相结合、个人自学与集体学习相结合、“走出去”与“请进来”相结合、理论学习与工作实践相结合，进一步加大

张国雄　供稿

干部培训教育力度。三是开展队伍教育整训活动。开展了以“服务发展、执法为民”为主题的队伍教育整训活动，着力提升队伍整体工作效能、业务综合素质、依法行政水平和拒腐防变能力，干部纪律性不断增强，工作主动性明显提高，对外形象有了进一步提升。2011年，县工商局队伍建设取得了明显成效，大坡工商所被市委市政府命名为“市级文明单位”，1人被省工商局授予“计算机操作能手”称号，1人被市委评为“中共优秀党员”，6人被市工商局“三能手”，另有20余人次被市工商局，县委、县政府表彰奖励。

机关党建工作 2011年，县工商局机关党建工作紧紧围绕共产党员创先争优活动着力上台阶出成效，坚持在“创”上下功夫，授予“先”上见成效，“争”上做文章，“优”上定目标，以“五好”“五带头”和“四评四亮四满意”为主线，紧扣工商职能认真抓好各项具体工作，组织开展了系列庆祝建党90周年活动。一是开展了“学习身边人干好当前事”的主题演讲比赛，颂扬建党90年来的伟大成就，以各支部为单位分别选送两名选手参加全局的演讲比赛，再择优选送参加全市工商系统的比赛。二是开展了“颂歌献给党”等唱红歌活动，组织广大党员、干部职工、个私协会会员演唱热爱党、热爱祖国等革命歌曲。三是开展重温入党誓词活动，进一步强化忠诚意识、责任意识，永远做党和人民的忠诚卫士，发展入党积极分子18人，预备党员转正13人。四是开展“上党课，学党史”活动，以党支部为单位，支部书记带头讲党课，促进广大党员和干部职工更加热爱党、热爱祖国、热爱工商事业，激发党员队伍创先争优的动力。五是开展学习杨善洲先进事迹活动，掀起了学习杨善洲“一辈子忠于党的事业、一辈子全心全意为群众谋利益”先进事迹的热潮。

老干部工作 2011年，县工商局进一步加强离退老干部工作。一是多次组织老干部座谈。全年召开老干部座谈会3次，向退休老同志通报工作情况，让老干部及时了解工作动态，充分调动老干部的主观能动性，发挥老干部余热，听取他们的意见和建议，了解他们生活中的实际困难，并及时予以解决。二是组织老干部参加各项有益于身体和心理健康的文体活动，组织老干部外出旅游1次。三是坚持节日慰问老干部制度，保证退休老同志享受与在岗干部同等福利待遇。坚持四必访（生病住院必访、丧事必访、特殊困难必访、节日必访）。在春节等重大节日里，坚持走访慰问老干部，落实好老干部医疗、保险事宜。

（田贤孝）

质量技术监督

综　述 沾益县质量技术监督局属政府经济管理部门，实行省以下垂直管理，主要履行产（商）品质量监督管理、标准化管理、计量监督管理、特种设备安全监察和组织机构代码办理与管理等职能职责，执行的法律法规主要是《中华人民共和国产品质量法》《中华人民共和国标准化法》《中华人民共和国计量法》《中华人民共和国食品安全法》和《特种设备安全监察条例》等。2011年末，县质监局内设办公室、综合科、监督科3个科室；机构编制13人，实有干部职工13人，其中实职正科1人、实职副科3人、主任科员1人、一般干部职工8人，退休干部2人。

2011年，在县委、县政府和市质监局的领导下，县质监局围绕“抓质量、保安全、促发展、强质监”十二字方针，全力实施质量兴县和标准化发展战略，进一步深化“六为”理念、“五局目标”，充分发挥“五个作用”，紧扣“围绕中心、服务大局、促进发展；严格监管、提升质量、保障民生；积极探索、锐意进取、把握规律；以人为本、内强素质、外树形象”的总体部署，营造“创先争优”工作氛围，落实“一岗双责”，全面推进“质量是基础、安全是底线”工作，各项工作取得较好成效。获“2011年度全省质监系统优秀基层党组织”“县级精神文明单位”“2011年度党风廉政建设责任制先进单位”“2011年度安全生产先进单位”称号，获2011年度综合考核二等奖，徐莲芬、吴路飞获曲靖市质量技术监督“优秀公务员”称号，吕国华获曲靖市质量技术监督“先进工作者”称号。

质量兴县工作进展顺利 2011年，县质监局围绕全县“十二五”规划，深入开展“质量兴县、品牌强县、诚信塑县”战略，不断提升全县质监工作的总体水平，增强县域经济竞争力，充分履行质量兴县领导小组办公室职能职责，及时启动实施质量兴县和标准化发展战略工作，有效地推动了实施质量兴县和标准化发展战略工作的全面有序开展。一是健全机构。及时成立了以县长为组长、分管副县长为副组长，相关部门负责人为成员的实施质量兴县和标准发展战略工作领导小组及其办公室，形成了“政府推动、部门协作、企业为主、社会参与、整体推进、全面发展”良好格局。二是目标明确。按照沾益县“十二五”总体规划，重点围绕“一园三片一中心”布局和建成“云南‘桥头堡’建设的重要产业基地和区域物流中心、西南重要的煤化工基地、云南省特色农产品生产加工基地、山水园林宜居城市、珠江源休闲度假旅游胜地”的战略目标来统筹部署和实施质量兴县工作，结合实际，制定出台了《沾益县实施质量兴县战略的意见》《沾益县实施标准化发展战备的意见》和《沾益县县长质量奖管理办法》。三是重点突出。结合沾益县“十二五”规划确定的任务，以争创“质量兴省先进县”为目标，积极开展创建“质量走廊”活动，深入推动质量兴县和标准化发展战略。谋划以县城为中心，以320国道为主线，牵头联系各乡（镇）、质量兴县各工作小组，突出旅游、工信（商务）、住建、环保、卫生、农业等成员单位职能职责，整合力量，打造覆盖全县8个乡（镇），融入8个云南名牌产品企业，涵盖一、二、三产业的“珠江源头—彩云洞—云维集团—九龙生态园—沾益县城—沾益辣子鸡—博浩生物科技有限公司（万寿菊）”的“质量走廊”，把质量兴县工作不断引向深入。四是狠抓落实。质量兴县工作得到了省、市质监部门领导的高度重视、关心、支持和帮助。5月10日，省、市调研组到沾益对质量兴县工作进行了督查调研，并给出指导意见。全年全县下拨经费5万元，下发文件5份，召开协调会3次，上报信息12条，编辑质量兴县简报6期。

食品安全工作力度加大 2011年，县质监局进一步加大食品安全工作检查整治力度。一是将食品安全专项整治工作与质量兴县、“双打”工作、“为民服务、以质取胜、创先争优”、日常监管相结合，进一步落实专项整治行动，开展严厉打击食品非法添加和滥用食品添加剂专项行动，彻底清剿违法生产加工食品和食品添加剂的黑窝点、黑作坊。进一步落实安全主体责任，多次召开全县食品企业会议，通报质量抽查情况，学习文件精神、宣传贯彻法律法规，开展典型案例警示教育，同时签订责任书，落实企业安全主体责任；进一步落实整治措施，强化食品添加剂使用监管，严查企业添加剂、原辅料进货查验，索票索证和生产过程控制，痕迹管理等制度落实情况，加强质量监督检查、产品抽查和风险监测等日常监管措施；进一步落实企业承诺制，通过明察暗访，落实企业承诺，建立食品从业者“诚信档案”和“黑名单”制度；进一步落实宣传报道工作，注重发挥新闻媒体等的监督作用，加强宣传力度，营造“人人关心质量、人人参与质量、人人享受质量”的良好氛围。截至2011年末，全县获证食品企业达27家。全年与食品生产加工单位累计现场签定《沾益县生产加工环节食品安全责任书》47份，举办培训2期，培训从业人员47人次，接受咨询98人次，电视台宣传报道3条，悬挂宣传标语20条，开展多项专项整治行动，印发《食品安全法》《关于严厉打击食品非法添加行为，切实加强食品添加剂监管的通知》等宣传资料7400份。二是采取典型引路、整体推进的措施方法。9月23日，分别组织辣子鸡和糕点企业召开了“质监邀你看企业、食品安全大家行”现场会和“抓质量、保安全、促发展、强质监”座谈会、“分类管理、典型引路、整体推进”会，分行业选取沾益县贵火卢食品厂、沾益西平三圆食品厂、沾益县红联养蜂专业合作社和沾益县福上福葛根酒业有限公司作为示范窗口，说明围绕“转变意识、强化管理、落实责任、抓住重点、盯住细节”下功夫，逐步建成规范化管理“窗口”企业的过程。活动取得明显效果。

特种设备安全工作取得成效 2011年，县质监局进一步加大对特种设备安全使用检查监督力度，工作成效明显。一是以违法安装（改造）冒牌特种设备和违法使用无安全技术资料的特种设备查处为重点，从严打击不进行安装、改造、维修告知，不进行监督检验等违法行为。二是开展了特种设备安全专项大检查。对易燃易爆各类气体充装站、储配站，危险化学品生产企业，发电企业，人员聚集的学校、商场等生产、生活相关重点场所使用的锅炉、压力容器、压力管道、电梯、起重机械进行了重点检查，对查出的安全隐患，及时采取坚决措施予以整改，确保安全。三是结合节假日的特点，组织了“五一”“十一”黄金周特种设备安全专项大检查，最大限度地保证特种设备的使用安全。四是开展特种设备安全标准化试点工作，完成全县6家特种设备安全标准化试点创建和验收。五是加大特种设备安全宣传，营造良好的社会氛围。开展“全国安全生产月”“3·15”“安全生产年”和安全生产咨询日、送法上门等宣传活动，印发《安全生产法》《特种设备安全监察条例》等相关材料2000余份。截至2011年末，全县共有注册在用特种设备总量3640台，特种设备使用单位266家。

质量、计量、标准化管理工作上新台阶 2011年，县质监局多措并举，促使质量、计量、标准化管理工作上新台阶。一是建立产品质量检验台账。全年共对132家企业进行了监督抽查，抽取122个样品，合格产品113批次，合格率为92.62%，比2010年提高了4个百分点。二是抓好企业质量档案建档更新工作，完善建档企业数据。更新了41家工业产品生产企业质量档案，新建5家企业质量档案。三是开展工业产品获证企业审查、巡查工作。审查16家，巡查27家，组织7家企业参加省级组织的生产许可证实施细则培训。四是帮扶3家企业取得了《工业产品生产许可证》，帮助5家企业整改换证。五是开展“质量月启动仪式”等一系列质量月活动。六是抓品牌，推名牌。全县有3家企业的8个产品获得“云南省名牌称号”。七是重民生、强计量。按照“诚信计量进市场、健康计量进医院、光明计量进镜店、服务计量进社区（乡镇）”的要求，积极开展企业计量承诺活动，免费为农贸市场检定101台衡器。八是强标准，重登记。积极开展企业产品标准登记；积极推进农业标准化工作，有1个项目顺利通过省级农业标准化示范区项目申报，列入省级农业标准化示范区项目试点；开展国家级“标准化良好行为企业”评价，动员1家企业进行标准化良好行为企业申报，并顺利通过申报；积极动员1家企业参与了1项国家标准的制定；以组织机构代码的有效使用为重点，促进代码使用单位责任意识的不断增强。截至10月底，新办组织机构代码证320套，换证296套，变更87套，年检571套，迁入、迁出16套。

转变行政执法理念　2011年，县质监局切实转变执法理念，注重监管与服务并重，积极推进阳光办案、说理式执法。围绕食品、特种设备、农资、建材、家电下乡和强制性认证产品等危及人身安全和人体健康的产（商）品抓好执法打假工作落实。全年共出动执法人员300人次，对全县93家生产加工企业进行了检查，监督抽检61个样品，检查各类设备1000余台。严格按照“一会四书”的使用要求，对存在一般质量问题的企业使用了限期整改通知书（或特种设备安全监察指令书）、企业产品质量整改承诺书，对存在安全隐患单位分别进行约谈。

文化建设有新突破　2011年，县质监局党组高度重视质监文化建设，以新办公楼的投入使用为起点，多渠道开展质监文化建设，全力打造四个平台，建设两个示范点。一是以基层局达标活动为平台，把大质监文化建设和达标活动相结合，投入资金5万余元，通过画框、橱窗、液晶显示等有形载体展现丰富的质监文化。二是以县质监局门户网站为平台，把质量技术监督法律法规、工作动态、办事流程和文化建设成果展示给公众，让社会各界了解质监、理解质监、支持质监。三是以“四亮四评、四争四创”为平台，以服务大众为目的，将质监文化建设和“窗口”建设结合起来，凸显办事大厅和政务中心质监窗口，推动“一站式”服务，树立部门良好形象。四是以创建文明单位为平台，积极开展县级精神文明单位创建工作。将内强素质与外树形象结合起来，将质监工作理念和文化内涵内化于心、外化于形，树立“科学、公正、廉洁、高效”的部门形象。五是积极开展创先争优活动示范点和廉政文化建设示范点创建工作。以创先争优活动为主线，以创建学习型、服务型、效能型、创新型、廉洁型“五型机关”为载体，以营造质监文化氛围为抓手，以环境影响为目标，实施“一堂素质提升课、一条文化长廊、一个质监文化园”三个一工程，创建了创先争优活动示范点和廉政文化示范点。2011年，县质监局党支部被评为全省质监系统“先进基层党组织”。

积极开展创先争优活动　2011年，县质监局深入开展“为民服务、创先争优”活动，围绕班子建设、组织建设、队伍建设、窗口建设狠抓落实。一是党支部组织全体党员分别对照“五好”和“五带头”要求，进行公开承诺。二是积极组织全体干部职工召开座谈会，结合工作实际开展学习杨善洲先进事迹活动，把全局干部职工的思想和行动统一到落实省、市各项工作要求上去，营造干事创业工作氛围。三是扎实开展“四亮四评”主题实践活动。明确“先”的标杆，“优”的样板，“创”的方式，“争”的分寸，以“流动红旗”和“党员先锋岗”为有效载体，开展在机关各科室争夺“流动红旗”、在全体党员干部中争当“党员先锋岗”活动，营造了“比、学、赶、超”的良好氛围。四是开展纪念中国共产党成立90周年系列活动，助推创先争优工作开展。

党风廉政建设工作　2011年，县质监局采取多项措施，认真开展党风廉政工作。一是加强思想工作。以“十二字”方针为指导，将“五局”目标记在脑子里，“六为”理念融入到细节上，“创先争优”落实到行动中，把全局干部职工的思想统一到干事创业的要求上去。二是全面落实党风廉政责任制，将党风廉政建设和反腐败工作任务层层分解、责任到人，签订责任书和保证书，不断增强拒腐防变能力，并结合部门实际，制定了《廉政风险预警防控管理工作实施方案》。三是保证支部工作开展正常化。党员人数已经增加到10个，占到全局人员的77%。四是定期召开质监行风监督员和全县有关企业代表参加的行风座谈会。

宣传工作起色明显　2011年，县质监局党组注重加强信息宣传工作，预算了宣传工作经费，强化与媒体的沟通。以沾益电视台为平台，对“质量兴县”“质量月”“质监邀你看企业”等活动做了专题宣传报道，较好地宣传了质监工作。全年累计上报各类信息67条，省质监局网站采用3条，市质监局网站采用26条，县级采用9条。

（徐莲芬）

土地矿产

责任编辑　张丽芬

国土资源

综　述　沾益县国土资源局是县人民政府的工作部门，负责贯彻执行国家和省、市有关国土资源管理的方针、政策、法律、法规和技术标准、规程及办法。2011年末，局机关内设办公室、政策法规科、耕地保护科、土地利用科、测绘科、地籍科、地质矿产管理科、规划科、土地登记发证办公室、财务科、土地收购储备科11个科室和国土资源联合执法监察局、土地开发整理中心、地价评估事务所和8个乡（镇）国土资源所11个事业单位，全局共有职工83人。

2011年是“十二五”开局之年，是为未来五年国土资源事业改革与发展夯实根基的重要战略机遇期。县国土资源局把保障和促进科学发展作为国土资源管理的首要任务，把推进资源节约集约利用作为破解发展与保护难题的根本途径，坚持解放思想，深化改革创新，积极主动服务、严格规范管理，统筹保障发展和保护资源，国土资源保障能力和保护水平明显提高，促进经济社会全面协调可持续发展。

推进国土资源节约集约利用　2011年，县国土资源局以国土资源部开展国土资源节约集约模范县创建活动为契机，着重围绕工业项目、城市基础设施建设、盘活闲置废弃地块三个领域开展创建工作，成功打造云南煤化工（曲靖）基地节约集约用地典型，有效地带动全县节约集约用地的推进。5～9月，沾益县顺利通过国土资源部组织的申报推荐、资格复核、集中评审和实地考核等各项考核程序，最终评定为全国首届国土资源节约集约模范县（市），受到国土资源部的表彰并奖励建设用地指标500亩。全年全县组织完成土地开发整理项目3个，共计投资3657万元，建设总规模2.1万亩，新增耕地4110亩，年末全县耕地面积87.1万亩，划定基本农田777块，面积71万亩，保护率87%。组织上报建设项目农用地转用、土地征用报件17件，面积3084亩；上报具体建设项目供地报件21宗，面积1403亩；组织供应土地2409亩，收取出让金3.09亿元。全面完成省级试点西平镇桃园村委会15个村民小组两权发证工作，共调查集体建设用地使用权2383宗、集体土地所有权212宗，为编写全省农村集体土地确权登记发证实施细则和数据库标准提供了实例数据。

李竞楠　供稿

整顿规范矿产资源开发秩序　一是开展集中打击非法采矿专项行动，严厉打击违法开采行为，进一步明确各级各部门的监管职责，严防非法采矿导致安全事故和人员伤亡。全年参加巡查检查打击非法勘查开采矿产资源人员达580人次，出动车辆467辆次，下发打击非法采矿督查意见书19份，查处无证开采65起，依法立案查处5起，封填新老井口184口次，没收矿产品176吨，发放户主告知书100余份、《责令停止违法行为通知书》65份。二是组织对县城东面矿山进行整治。在采矿许可证有效期内另行选址搬迁，重新划定采矿范围，办理变更登记，并对现有开采区进行恢复治理，确保不影响城市景观。三是强化矿政管理基础工作，建立健全矿政管理制度，加强探矿、采矿企业安全监管力度。积极推进矿业权市场化运作，按照“关一建一”原则，新设探矿权、采矿权一律实行招、拍、挂制度，共挂牌出让3宗新设采矿权，协议出让17宗，收取价款74.9万元，征收矿产资源有偿使用费678万元、矿产资源补偿费45万元。四是稳步推进矿村共建工作，制定播乐乡大海煤矿与盖排村共建试点实施方案，大海煤矿计划三年内投资390万元对盖排村的沟渠、道路、民房、活动广场进行修缮。

加强地质灾害防治　2011年，县国土资源局实行地质灾害监测县、乡、村、组、监测员五级负责制，对排查出的18个隐患点配备监测设备并安排了26个专人负责昼夜值班，对地质灾害隐患点划定危险区，设置警示标牌，发放《地质灾害工作明白卡》和《地质灾害防灾避险明白卡》280份，对可能诱发地质灾害的工程活动区，按照《地质灾害防治条例》有关规定发放地质灾害防治通知书（函）8份。组织《沾益县地质灾害应急预案》《2011年度地质灾害防治方案》《沾益县地质灾害防治规划（2011-2020）》修编工作，并在炎方乡卡居村委会组织了全县地质灾害应急演练。积极组织开展地质灾害治理或搬迁项目的申报工作，申报沾益县大坡乡麻拉村委会一组白虎山滑坡、德泽乡左水冲村委会二道石坎村滑坡两个治理项目列入《沾益县地质灾害防治规划（2011-2020）》，治理经费87.5万元。地质灾害防治工作成效明显，顺利通过国土资源部验收，成为全国地质灾害群测群防“十有县”。

加大国土资源执法监察力度　2011年，县国土资源局不断建立健全《沾益县打击非法勘查开采矿产资源重大案件督办制度》《沾益县打击非法勘查开采矿产资源动态巡回检查制度》等8项制度，使国土资源动态巡查工作进一步规范化、制度化，提高执法效能。共发现违法违规用地49件，依法立案查处18件，其中申请人民法院强制执行8件，自觉履行处罚决定10件，收缴罚没款66.8万元。建立土地矿产违法形势风险评估预警机制，成立了由分管领导为组长，相关部门领导为成员的预警工作领导小组，建立重大案件报告制定，针对各类违法违规用地行为，实行专项报告，2011年依法向县政府专项报告各类违规用地行为34件。组织开展土地矿产卫片执法检查，对涉及的128个新增建设用地地块（1440亩）和21个疑似新增建设用地（769亩）图斑进行全面核查，千方百计降低卫片执法问责风险，最终落实我县违法占地耕地占新增建设用地面积占用耕地面积比例为1.03%，顺利通过国土资源部审查。

积极做好抗旱找水工作　2011年，县国土资源局积极配合省市做好抗旱救灾岩溶地下水应急水源地勘查开发工作，成立抗旱救灾岩溶地下水应急水源地勘查开发工作领导小组，并配合省市专家对县内岩溶地下水应急水源地进行勘查开发，确定白水镇大德村委会小黑石头村、新排村委会新排村两个井址，并于11月中旬开工建设。

扎实开展“两整治一改革”专项行动　2011年，县国土资源局始终坚持把党风廉政建设作为推进国土资源事业发展的重要政治保障，把行政权力监管的薄弱环节作为党风廉政建设工作的重点区位，扎实开展“两整治一改革”专项行动，推动全系统党风廉政建设工作。一是严格按“一岗双责”要求，坚持党组统一领导，实行“一把手”负总责，局党组与各乡镇国土资源所、各科室层层签订党风廉政建设目标责任制。二是坚持把加强党风廉政思想教育纳入党员干部职工学习教育的重要内容，开展经常性的廉政宣传教育，组织全系统干部职工开展廉洁从政专题教育活动，专门邀请了县检察院反贪局、反渎职侵权局、预防职务犯罪科相关领导及县纪委副书记进行专题讲座，从廉政纪律规定讲解，国土资源系统预防贪污贿赂、渎职失职及职务犯罪等方面对全体职工开展了系统而全面的教育，增强干部职工拒腐防变的能力。三是制定《沾益县国土资源局廉政风险预警防控管理工作实施方案》，建立岗位廉政风险防范机制和措施。四是加强对重点环节和重点部位权力行使的监督，强化“三重一大”（重大项目、重大决策、重点科室、大额度资金使用）保廉工作，组织科室以上领导干部与县检察院反渎职侵权局、预防职务犯罪指导委员进行预防职务犯罪座谈，完善国土资源领域预防职务犯罪工作机制和措施。五是开展土地和矿业权交易市场专项整治，确保经营性土地使用权、采矿权招标拍卖挂牌出让的公开、公平、公正。六是坚持“两手抓、两手都要硬”的方针，大力开展精神文明建设工作，在全系统树立爱岗敬业、诚实守信、办事公道、服务群众、奉献社会的良好风尚。年内，县国土资源局被评定为省级园林单位和县级文明单位。

（李　琰）

煤炭工业

综　述　沾益县工业经贸和科技信息化局内设安全监督管理科、煤炭行业管理科、煤炭产业规划发展科、煤炭经营管理科、沾益县煤矿安全监管执法大队、沾益县煤矿安全监测监控中心等6个煤炭行业监管科室。主要负责全县煤炭规划、生产和建设管理、安全监管、技术管理、市场准入、煤焦市场等方面的依法监督管理，用行业发展规划和行业方针政策指导煤炭工业发展，实现政府对煤炭工业的宏观调控，加强对行业的信息引导、技术指导，履行政府工作部门的协调服务职能。

2011年，全县生产煤炭产品586.06万吨，减2.35%。其中，生产原煤51.83万吨，增0.39%；焦炭331.87万吨，减9.22%；洗精煤202.36万吨，增10.60%。煤炭实现工业产值79.91亿元，增21.20%。其中，原煤1.94亿元，增51.99%；焦炭64.28亿元，增15.07%；洗精煤13.68亿元，增55.63%。销售煤炭产品599.95万吨，增2.23%。其中，原煤51.83万吨，增0.01%；焦炭349.72万吨，减4.06%；洗精煤198.40万吨，增16.36%。实现销售收入74.77亿元，增40.93%。其中，原煤1.94亿元，增50.76%；焦炭58.97亿元，增35.86%；洗精煤13.86亿元，增65.68%。完成技改投入1亿元。全县未发生煤矿安全事故，创建县以来第二次煤矿生产无事故记录年，原煤生产百万吨死亡率为零。

煤矿安全生产 ①突出重点，坚决打好煤矿安全隐患治理“攻坚战”。一是以春节复产验收为契机，县工业经贸和科技信息化局抽调所有安全、技术人员充实到煤矿督促、检查、指导煤矿开展安全生产隐患排查治理工作。二是根据4月18日曲靖市安全生产委员会全体成员会议暨隐患排查治理和打非治违专项行动部署动员会议精神及相关文件要求，县工业经贸和科技信息化局对各类安全生产隐患进行全面排查治理，查出隐患严格按照“五定”原则进行整改，同时严格做好企业职工安全教育培训工作，认真开展了安全生产法律法规、事故教训、专业技能等的教育培训工作，进一步增强安全生产互保、自保意识。三是深入开展“打非治违”专项行动，严查“三非三违三超”。把“打三非（非法生产、非法建设、非法经营）、反三违（违章指挥、违章操作、违反劳动纪律）、治三超（超人员、超能力、超强度）”作为“打非治违”专项行动的一个工作重点，严厉打击煤矿生产建设中的违法违规违章行为，及时消除各类隐患。对无证、证照不全或过期从事生产经营建设或停产整改期间未经验收擅自组织生产的煤矿、超层越界开采的矿井、存在“三超”“三违”问题的矿井、多井口出煤或存在拖斗井、挂靠井的矿井、未按设计组织施工、领导班子和特员配备不足，不能保障班班有带班领导和特员跟班的矿井、瓦斯抽放系统或抽放系统未正常使用的矿井、没有严格执行先探后掘和不探不掘规定的矿井和存在国务院446号令规定的其他重大隐患的矿井一律立即责令停止井下一切生产建设活动，实行重处重罚，并上报由县人民政府挂牌督办。查出隐患严格落实了整改措施、整改责任人、整改资金、整改时限、应急预案和整改效果，严格按照实施方案做好隐患排查治理工作。②强化监管，确保“两个责任”落实到位。一是强化煤矿企业的安全主体责任。督促煤矿企业切实承担起安全投入的主体责任，按照国家有关规定和标准提足用好安全费用，保证煤矿安全生产的有效投入，不断改善安全生产条件，提升企业安全保障能力。对于投入不到位，不具备安全生产条件的矿井，一律停产整顿;督促煤矿企业建立健全安全生产管理机构。要求全县煤矿必须配齐安全技术负责人、管理人员和特殊工种人员;强化煤矿职工的全员安全培训，持证上证，提高煤矿职工的安全意识和劳动技能;是加强煤矿现场管理，建立和完善煤矿安全生产的自我约束机制。二是落实安全监管主体责任。严格执行安全检查制度，切实抓好“季、月、旬”安全检查及矿井重点隐患督查检查工作;县工信局领导分片联系到矿，安全监管人员挂到矿、驻矿专职监督员驻到矿，明确任务，责任到人;强化现场管理，督促煤矿加强现场检查，落实安全措施和顶板专职巡检员现场工作责任，重处“三违”人员;“三个从严”做好安全监管，即管理从严，加大对煤矿领导和经营管理人员带班下井制度的落实和监督管理，严格实行矿长处出请假制度、特员跟班作业制度、采掘审批制度、班前会议制度，及时掌握带班下井情况，教育从严，加强经常性的教育培训工作，不断提高煤矿业主的安全生产意识，处罚从严，通过从严从重处罚，严格管理，使煤矿企业真正从“要我抓安全”变成“我要抓安全”上来，形成“企业不消灭事故，事故就消灭企业”的责任落实机制。③强化责任，抓好各项安全生产责任制的落实。一是层层分解安全指标，落实安全责任。县人民政府与县工信局、煤矿签订了安全生产目标责任状，同时，为进一步强化安全监管责任，严格奖惩，县人民政府、县工信局还与8个煤矿的驻矿人员分别签订了安全生产目标责任状，煤矿与班组、班组与职工签订了安全生产责任制，共签订责任制1115份，其中职工785份，特种作业人员330份。把安全责任落实到单位和个人，实行挂片挂矿责任制和风险抵押金制度。同时严格责任追究，坚决查处安全监管中责任不强、疏于管理、监督不力、玩忽职守的行为。二是结合全县煤矿安全生产状况，突出“煤矿瓦斯治理、顶板管理和水害防治”三个方面重点工作。分别制定了具体的监管办法，各煤矿企业建立了重大隐患排查整改责任制。针对各煤矿不同情况，按照“一矿一策”，实行安全“专盯专治”措施。三是强化安全监管检查。严格执行安全检查制度，以“一通三防”、顶板管理、防治水管理、机电管理为重点，切实抓好“季、月、旬”安全检查及矿井重点隐患督查检查工作。全年累计接受省、市主管部门煤矿安全检查（督察）12次，县级开展安全大检查12次，共检查作业点268个，查出各类隐患496条，其中支护172条，通风128条，水患21条，机电27条，提升运输49条，瓦斯21条，其它78条，针对检查的隐患，检查组逐条现场陈述，逐条落实整改负责人，整改责任人，督办领导，严格按“五定”原则督促煤矿制定了整改方案、安全保障措施，落实了整改的内容、资金、作业范围，并按照挂牌督办制度逐矿逐条落实了整改责任人、整改负责人、整改督查员、整改督查负责人、整改督查领导、县级督办领导及整改时限。④安全生产培训工作。坚持“以人为本、教育先行”的原则，采取“送出去，请进来”的方式聘请省煤矿安全培训中心、曲靖市煤炭技术培训中心专家举办培训班培训特员330人、培训煤矿职工785人，参加省煤矿安全培训中心举办的矿长培（复）训班4人次。在全县煤矿放假停产期间，各煤矿采取多种形式，在驻矿专职监督员的指导下，重点对从业人员进行了《煤矿职工安全手册》、“三违”现场、瓦斯管理基本知识、顶板管理基本知识、如何开好班前会议及职工自救互救安全知识等为主要内容的安全生产培训工作，共培训特种作业人员、煤矿职工1875人次，进一步强化了职工的安全生产意识。全年共召开安全生产专题（矿长）会议12次。

安全质量标准化建设 2011年，县工信局以科技兴安为依托，强化安全基础管理，不断提高安全装备水平和安全生产保障能力。一是保证安全生产投入。定期开展煤矿安全技术改造项目专项检查和安全投入情况专项检查，加强对煤矿安全生产费用提取使用的监管，加大安全技改力度。保证安全设施投入和煤矿安全培训投入。2011年，全县煤矿完成固定资产投入10000万元，超额完成全年任务。二是保证技术装备升级改造。加快装备升级和技术改造步伐，目前已建成具有全风压通风系统、采用单体液压支柱壁式采煤工作面7个。三是安全质量标准化示范矿井建设的有序推进。启动实施了“三型五化六个一百”工程。全面推进煤矿井下安全避险“六大系统”建设完善工作。年内，所有煤矿完成了监测监控系统、压风自救系统、供水施救系统、通信联络系统和井下人员定位系统建设完善工作。进一步加强应急救援管理工作。继续与富源县矿山救护队签订救护协议，进一步加强了兼职救护队的建设完善工作，实现人员、培训、制度、装备“四个到位”。

电煤供应 为确保全市、全县工业经济用电，确保稳定经济社会和谐稳定发展，沾益县采取坚决、果断、切实有效措施，确保了2011年1月1日至2012年1月22日电煤供应任务182500吨的完成。一是多举措抓好电煤供应工作。继续实行了电煤供应分片包矿督办制度。明确各煤矿供煤负责人、包矿工作人员、牵头领导、片区领导任务、职责。二是积极做好电煤供应组织协调工作。做好煤矿电煤供应任务的细化分解，组织各煤矿按时按量完成供煤任务；积极做好与曲靖电厂、播乐乡、炎方乡及县电煤协调领导小组成员单位的协调工作，加强情况通报，密切协作，确保煤矿用电供应，确保运煤车辆油料供应，确保运煤公路畅通，及时解决供煤过程中存在的各种问题。

召开全县煤炭安全生产暨电煤供应工作会议 2011年5月23日，沾益县召开煤炭安全生暨电煤供应工作会议。会议由县工信局党委书记吕吉聪主持。副县长柯小燕，各乡（镇）、县直各部门主要领导、各煤矿矿长、安全技术副矿长等参加会议。会议针对周边产煤县（市）连续发生较大生产安全事故的严峻形势，深刻吸取事故教训，分析全县煤矿安全生产形势，狠抓落实，更加积极主动的抓好2011年煤炭安全生产暨电煤供应工作，确保全年煤矿安全生产，确保市政府下达的电煤供应任务圆满完成进行了安排布置。

全力做好烤烟用煤供应工作 2011年，县工信局针对沾益县烤烟用煤供应紧张、价格居高不下的情况，积极采取措施，切实有效解决群众烤烟用煤困难，全力做好当前烤烟用煤供应工作。在抓好煤矿生产安全监管的同时，在天生桥组建了2个货场，8月1日至9月20日协调全县8个煤矿每天组织不少于800吨烤烟用煤供应全县8个乡（镇），各煤矿积极主动承担社会责任，在确保安全生产的前提下进一步加大生产力度，确保烤烟用煤供应。为切实减轻广大烟农负担，每吨让利350元按块煤坑口价格660元/吨销售给烟农。累计供应烤烟用煤27863吨，极大地缓解了烤烟用荒。

沾益县兴源煤矿关闭 2011年12月5日，经云南省煤炭资源整合领导小组办公室、曲靖市人民政府批复，沾益县关闭煤矿矿井领导小组对兴源煤矿关闭工作检查验收合格。沾益县兴源煤矿关闭工作严格按照国家关闭矿井程序、标准，按期关闭。

（冯小勇）

农林水利

责任编辑　张丽芬

农　业

综　述　沾益县农业局是县人民政府主管农业的职能部门，主要承担全县农业发展规划，农业行政、农业科技推广、农业教育，农业利用外资、农业渔业执法、农业农村经济管理、农业机械管理、畜牧业生产、重大动物疫病防控及畜产品质量安全等职能。2010年12月，因机构改革，县畜牧局、县农机局、县扶贫办、县农业利用外资办合并入县农业局，原乡镇农业五站由乡镇直管。局机关内设11个科室，下设18个行政事业单位，全局共有干部职工215人，其中高职27人，中职70人，初职29人，工人50人，公务员39人。局党委下设13个党支部，党员总数130人。

2011年，在县委、县政府的正确领导和上级各部门的指导帮助下，面对自1951年有气象记录以来最严重的春、夏、秋连旱，县农业局认真贯彻落实中央文件和省、市农业农村工作会议精神，全面落实各项政策措施，强化科技支撑、培育特色产业，全力以赴打好抗大旱保民生促发展攻坚战，最大限度克服了罕见旱灾的不利影响，取得了粮食产量稳步增长、优势特色产业逐步壮大、农业基础设施稳步改善，农民收入稳步增加等显著成绩。全县共完成粮食播种87.6万亩，粮食总产2.66亿千克，比上年增2.08%，实现了连续八年增产。全县实现农业总产值39亿元，比上年增8%；农民人均纯收入达5716元，比上年增18.7%，为全县“十二五”农业农村经济发展开好局、起好步奠定了坚实的基础。

李竞楠　供稿

1．党建工作。县农业局党委紧紧围绕“组织创先进、党员争优秀、群众得实惠”的总体要求，以“争创全省特色农业县”为目标，以“立足岗位当先锋、争当先进谋发展”为实践载体，切实推进党的思想、组织、作风和制度建设。一是加强学习，创建学习型党组织。通过认真组织学习相关文件及材料，明确各阶段学习任务，客观分析自身问题，明确争创目标，积极探索争创措施，提高了党员干部自身素质，进一步统一了党员干部的思想，增强了投身“三农”工作的责任感和使命感。二是服务大局，促进农业科学发展。围绕建设现代农业，争创全省农业特色县的总体要求，在稳定粮食生产的基础上，加大项目争取力度，努力培育优势特色产业。按照“实施一批、争取一批、储备一批”的总体要求，高起点、高标准实施好基本口粮田建设、测土配方施肥、农村沼气建设、农村劳动力转移输出等项目。为提高沾益农业基础能力，增强产业发展后劲，提升农产品质量发挥了积极作用。认真总结了近年来沾益县产业发展的成功经验，探索发展新模式，扶持发展农业龙头企业。通过健全完善农业产业化组织与农户之间的利益联结机制，增强了农业综合生产能力，促进了农民增收致富。三是找准载体，激发党员干部积极性。局党委突出技术和服务优势，找准活动载体，通过成立党员志愿小分队，走村串户宣传新农村政策、开展科技培训；通过成立生产自救党员先锋队，积极深入各个受灾乡镇，深入农业生产一线，开展抗旱救灾现场咨询，进行

李竞楠　供稿

技术指导，发放科技抗旱宣传资料等，帮助受灾农户尽快恢复生产；通过深入开展“双联双促”活动，以“党委帮村组，党支部联建”增强服务功能，党员帮群众，和谐联创，增进党群干群关系。开展“一个技术员服务一部分农户、推广一项农业新技术、培植一项农业主导产业、建立一个标准化农业示范基地”为内容的“四个一”活动，促进农业增效，农民增收。四是加强作风建设，提升为农服务水平。针对“三农”工作中出现的新情况、新问题，不断创新工作方法，设立“12316”农资打假投诉举报受理热线，成立农业专业人才培训队伍，利用沾益农业信息网及农信通，建立农业信息发布平台，实行“一线一对一台”打造服务亮点，提高服务质量，切实转变干部作风，着力打造一支高效、优质的为农服务队伍。2011年，县政协、县人大常委会组织部分人大代表对县农业局的工作进行了评议，经评议，满意率达100%。被县人大常委会授予“人民满意单位”荣誉称号。五是关注民生，保障农民合法权益。认真贯彻落实《农产品质量安全法》，继续加大农资市场监管力度。以种子、农药、化肥等农资为检查重点，联合工商等相关部门，严厉查处各种农资违法经营行为，打击假冒伪劣产品，切实维护农户权益，让创先争优活动走进基层，真正让群众得实惠。

2．粮食生产稳步发展。全县共完成粮食播种108.18万亩，比上年增23.19万亩，增27.3%，实现粮食总产2.65亿千克，比上年增2.8%。其中，完成小春粮食种植22.68万亩，实现总产4533.7万千克，比计划增233.7万千克，增5.4%；大春粮食播种52.2万亩；晚秋粮食作物播种33.3万亩，较常年增加20万亩以上，晚秋粮食总产3900万千克。

3．抗旱工作。面对罕见的特大旱灾，县农业局积极应对，周密部署，及时成立了八个抗旱指导组，组织百名科技人员进村入户，积极帮助指导农民抗旱保丰收。一是全力抗旱救灾。组织动员群众采取引、灌、浇等方式，集中人力、物力、畜力，千方百计寻找抗旱水源，努力扩大抗旱浇灌面积，做到能保一株保一株，能保一亩保一亩，力争降低灾害损失。二是积极发展旱作高效农业。由于干旱，全县水库坝塘蓄水严重不足，坚持科学抗旱，积极发展旱作高效农业，重点加大旱育秧、地膜覆盖、间套种、窝塘破膜集雨栽培、免耕栽培等节水抗旱栽培技术推广力度，依靠科技减少灾害损失。同时，加强病虫害监测预报和统防统治力度，全面做好稻瘟病、稻飞虱、玉米锈病等病害的防治，最大限度减轻大旱之后病害损失。三是围绕“整建创高产、增收惠民生”的工作思路，按照“整建制、大协作、新机制、标准化”的要求，大力开展粮经作物高产创建，推广集成高产栽培技术，辐射带动全县农作物种植水平的提高。全县共创建省级粮食高产创建万亩示范片8片8.5万亩，涉及6个乡（镇）43个村委会26692户98255人。在高产创建中建立“领导挂乡（镇）、支部包样板、党员联农户”服务体制，广大农科人员实行“插牌子、走目标、亮身份、包产量”，为农户提供点对点、面对面的抗旱科技服务，实现了高产创建示范区大灾之年不减产。9月24日，经省、市专家实

李永梅　供稿

测，白水镇玉米高产创建整建制推进示范区平均亩产达565.8千克。抽样测产最高亩单产达1110千克，实现大旱之年亩产吨粮目标，起到了较好的典型示范和辐射带动作。

农业产业化经营水平实现新提高 2011年，县农业局加大产业结构调整力度，积极引进培育壮大龙头企业，有力促进优势特色产业发展。新引进培育省级重点龙头企业1个，市级3个，县级3个，全县各级重点龙头企业总数达33个。新培育农民专业合作社12个，全县农民专业合作社达66个；带动农户8.5万户，户均增收1400多元。一是万寿菊产业逆势上扬。加大了抗旱移栽、抗旱保苗力度，完成抗旱移栽5.86万亩，完成鲜花收购4万吨，较上年增加0.98万吨，实现农业产值3200万元。9月，大坡乡大坡村被评为首批“全国一村一品示范村”称号。二是中药材产业在困境中发展。因旱导致中药材出苗率较低、长势不好，完成中药材种植3.56万亩，其中当归1.9万亩，桔梗0.4万亩，板蓝根0.4万亩，黄芩、贡菊、大黄、金银花、柴胡等其他品种共0.86万亩，预计可实现产值0.7亿元以上。三是蚕桑产业迅速发展。完成新植桑园0.9万亩，改造中低产桑园1万亩，全年养蚕6.4万张，产茧264.9万千克，实现农业产值1亿元，鲜茧平均收购价格达38元/千克，再创历史新高。四是蔬菜产业迅速崛起。全县种植蔬菜9.8万亩，实现产量18.6万吨，产值1.3亿元，比上年增23%。其中，商品蔬菜面积5.2万亩，实现产量10.5万吨、产值7300万元。通过引进龙头、整合项目，在盘江镇松林村新建现代化外销商品蔬菜基地0.5万亩，并加大冬早蔬菜开发力度，为全市冬季农业工作会议提供了现场参观点，受到与会人员的高度评价。全县出口蔬菜备案基地认证面积达0.5万亩，已认定无公害蔬菜基地5.6万亩，认证无公害蔬菜产品22个，“珠源”牌、“绿田”牌无公害蔬菜产品远销新加坡、港、澳等国家或地区。五是后续产业加快发展。种植啤酒大麦12万亩，实现产量3180万千克，产值6362万元；种植魔芋1.2万亩，产鲜芋3万吨，产值4800万元；发展水果2.24万亩，实现产量1350万千克，产值1797万元；发展水产养殖2.76万亩，实现产量689万千克，产值8268万元。

畜牧业转型升级迈出新步伐 按照“改造提升传统畜牧业、探索发展现代畜牧业”的总体思路，2011年，县农业局坚持以畜禽标准化规模养殖小区建设为载体，加快推进畜禽标准化养殖示范区创建，通过狠抓科技推广、认真落实扶持政策、加强动物疫病防控、强化行政执法监管，畜牧业整体水平和综合生产能力不断提高。畜牧业产值达23.6亿元，比上年增14.8%。一是生猪调出大县地位进一步巩固。连续3年荣获生猪调出大县奖励，奖励项目扶持资金470万元。二是草食畜生产加快发展。受市场需求和政策驱动的因素影响，全县草食畜呈现快速发展态势，全县改建、扩建和新建标准化肉牛养殖场（小区）7个、标准化肉羊养殖场（小区）2个，新增出栏肉牛310万头、出栏肉羊220万只，草食畜养殖规模实现历史性突破。

农业科技推广取得新成效 2011年，县农业局农业科技推广取得较好的成绩。一是高产创建活动扎实有效。把整建制推进高产创建作为抗旱夺丰收的重要载体，共举办部省级粮食高产创建示范区8片8.5万亩，涉及6个乡（镇）43个村2.7万户。在高产创建中建立“领导挂乡（镇）、支部包样板、党员联农户”服务机制，广大农科人员实行“插牌子、定目标、亮身份、包产量”，为农户提供点对点、面对面的抗旱科技服务，实现了高产创建示范区大灾之年不减产目标。经省、市专家实测，白水镇玉米高产创建整建制推进示范区平均亩产达565.8千克，抽样测产最高亩单产达1110千克，实现大旱之年亩产吨粮目标；炎方乡马铃薯万亩高产创建示范区平均亩产1750千克，与非示范区同比增168千克，增10.6%；大坡乡万亩高产创建示范区平均亩产1695公斤，与非示范区同比增177.7千克，增11.7%；西平镇水稻万亩高产创建示范区平均亩产674.4千克，与非示范区同比增77.3千克，增12.9%；据省、市测产验收数据，全县粮食高产创建共增产863万千克，辐射带动面积12.5万亩，预计增产1615万千克。二是重点科技措施推广普及率稳步提升。面对特大旱灾，重点推广了地膜覆盖、间套种、免耕栽培等旱作节水栽培技术，累计推广十大重点科技措施456万亩，比计划的390万亩增17%，其中推广地膜玉米20万亩，间套种技术53万亩，免耕种植6万亩；共建立水稻、玉米、马铃薯良种繁育基地0.49万亩，生产种子（种薯）18.15万千克，累计推广良种61.4万亩；参与实施国家玉米、水稻新品种区域性和生产性试验43个；完成水稻、玉米作物新品种、新技术试验示范24组；完成马铃薯、玉米肥效试验各3组；通过连续五年实施测土配方施肥项目，累计推广267.95万亩，其中2011年推广60万亩，预计实现增产增收4000万元。完成病虫草鼠害防治面积95.18万亩次，防治综合覆盖率为155.5%，挽回粮食损失423.6万千克。三是畜禽科学养殖水平不断提高。加大畜禽品种改良力度，改配母猪12.33万窝；改配母牛5993头；改配母羊2.4只，比上年增7%；推广良种禽82.6万只，比上年增45%。推广农闲田（地）种草4740亩，比上年增115.5%；推广青贮饲料9万吨、氨化饲料2.7万吨、工业饲料2万吨，分别比上年增9.6%、12.3%、0.2%；推广熟改生喂技术7.3万户覆盖面达82.9%，比上年提高0.5个百分点。四是农机化水平稳步提升。新购各类农机694台（套），全县农业机械拥有量达到8734台（套）、29.27万瓦特，完成农机作业面积81.15万亩。五是农民科技培训力度不断加大。全年完成“绿色证书”培训2000人，农村实用技术培训4万人次，印发技术资料15.6万余份，在县电视台开辟《农科园地》专栏，全年共播出20期13小时。

农业基础设施建设取得新进展 2011年，全县共储备项目58个，申报项目50个，获批项目18个（其中，种植业10个、畜牧7个、农机1个），共向上争取到各类项目资金1.27亿元，其中惠农政策补贴类项目资金6679万元，基础设施及科技推广类项目资金5810万元，体系建设经费240万元。共完成农业招商引资项目5个，协议招商引资1.566亿元，已到位资金8100万元，比上年增22.7%。全年完成固定资产投资2.24亿元，超计划任务49%。通过实施农村国债沼气、中央财政支持蔬菜产业发展、省财政支持蚕桑产业发展、草食畜发展、生猪“三百”工程等项目，极大改善全县农业基础装备水平，提高了农业综合生产能力。

农业安全监管水平实现新提升 2011年，县农业局加大农业安全监管力度，农业安全监管水平实现新提升。一是市场检疫检测力度不断加大。全年全县共建立了23个动物产地检疫报检点，产地检疫开展面达100%，完成畜禽产地检疫251万头（只），持续保持畜产品质量安全事故“零”记录。二是农业投入品监管水平明显提升。加大种子、农药、化肥、兽药、饲料等市场监管力度，积极开展兽药GSP认证，全县已有24家经营户通过兽药GSP认证，成功承办了全省兽药GSP认证现场会。加大市场专项整治力度，全年共查获未审先推种子800千克，未取得肥料登记证肥料120余吨，过期及不合格农药78千克，立案查处违法经营农资案件16起，清理无证经营农药8户，责令改正违法行为7起，有效净化了市场环境。三是动物疫病防控力度不断加强。紧紧抓住列为2011年全市重大动物疫病整体推进示范县的契机，加大免疫防控力度，全年共完成口蹄疫免疫141.95万头（只），禽流感免疫226.27万羽；高致病性猪蓝耳病免疫95.47万头，猪瘟免疫127.5万头，狂犬病免疫3.1万只，免疫密度均达到应免数的100%。完成鸡瘟免疫注射258.02万羽，占饲养量的98.02%，做到了应免尽免、不留空白，有效控制了动物疫病的发生和流行，动物防疫工作获得了省、市畜牧兽医主管部门的一致好评。四是“三品”认证力度不断加大。2011年新认证绿色食品5个。全县累计认定“三品”37个，累计认定无公害农产品产地面积达92.4万亩。五是“平安农机”创建工作不断深入。全年共培训拖拉机驾驶人员220人、农机操作手450人，办理拖拉机检验2780台，进一步加大拖拉机道路交通安全监管执法力度，全年无重大农机安全生产事故发生。

农村集体经济管理服务工作取得新突破 一是加强农村集体财务管理。全县8个乡（镇）代理服务中心的村级会计全部实行了电算化管理，在全县122个村委会（社区）和259个村民小组成立了民主理财小组，建立了民主理财制度，做到了民主理财、财务公开。二是加强农村土地经营权流转管理服务。加强县、乡土地流转中心机构和队伍建设，积极引导农村土地向专业户、大户、龙头企业集中，推进土地规模经营。引进了云南希美康农业开发有限公司，流转农户土地0.6万亩建立银杏、除虫菊种植基地。全县累计流转土地2.37万亩，占农户承包耕地总面积的6.5%。全年共调处土地流转经营纠纷52起。三是加强农民负担监督管理。查处涉农乱收费、乱罚款和集资摊派等各类损害农民利益案件68件，挽回农民经济损失10.4万元。

队伍建设 一是认真贯彻落实效能政府“四项制度”。严格执行软环境建设“七项制度”，着力解决效能建设方面存在的突出问题，努力打造效率最高、服务最优、诚信最佳的农业经济社会发展软环境。全年共办理人大建议案10件，政协提案9件，面商率、办复率、满意率均为100%；办理来信来访100余件。二是内部管理进一步强化。建立和完善了“八个一”学习等各项内部管理制度和“三个一”绩效考核评价制度，最大限度地调动全局党员干部职工干事创业的积极性和主动性，增强责任感和事业心，真正形成用制度管人、用心做事的良好工作氛围，不断提高服务基层、服务群众的质量和水平。三是各项责任制全面落实。局属各单位围绕局制定的四个目标管理责任书，明确责任，把任务落实到岗、考核落实到位、奖惩落实到人，确保了各项目标任务圆满完成；机关各科（室）认真履行职能职责，强化服务，行政效能显著提高，为全局各项工作顺利开展奠定了坚实的基础。

（詹小柒）

林　业

综　述 沾益县林业局主要职责是贯彻执行国家林业发展和林业生态环境建设方针、政策、法律和法

李竞楠　供稿

规，研究制定沾益县林业发展规划、计划、经批准后组织实施；指导植树造林、国土绿化和各类防护林、用材林、经济林等林业基地及工程项目建设；组织指导全县森林资源调查、规划、设计、动态监督及管理工作，负责林地、林权管理工作，查处各种毁林案件，维护林区社会治安；负责征占用林地的初审，监督管理林地开发利用；指导、检查、监督和协调全县森林防火和森林病虫害防治检疫工作，承办县森林消防指挥部的日常工作；主管全县陆生野生动物、植物的保护和科学开发利用，承办县政府野生动植物保护的有关日常工作；对木材生产、森林旅游、木材药材、花木花卉和各种经济林木在内的林业产业实行宏观管理，规划指导林木和林产品市场建设；指导、监督林业系统财务工作，负责全县林业基金的统筹、管理和使用；负责全县节能改灶，推动全县农村能源建设工作；制定林业科技发展计划，负责组织科研项目的攻关和科研成果的推广、应用，开展全县林业干部职工教育和专业技术人才培训等。2011年末，县林业局内设局办公室、计划财务科、营林科、林政法制科4个行政科室；设有天然林保护及退耕还林领导小组办公室、林木种子苗木经营管理站、林业技术推广站、林业调查规划设计队、农村能源环保工作站、绿化委办公室、森林防火指挥部办公室、海峰湿地自然保护区管理局（珠江源自然保护区南盘江管理分局）、林权流转服务中心和林业综合执法大队10个事业单位；设有自收自支事业单位九龙山苗圃1个；设有参公管理单位林业有害生物防治检疫站1个；设有正科级单位森林公安局1个。全县有各类林业从业人员697人，其中天保工程护林人员555人，公务员24人，参公管理人员3人，专业技术人员76人，工人43人。随着乡镇机构改革的深入推进，原乡（镇）林业站人、财、物划归乡（镇）管理。截止2012年1月底，县林业局机关行政事业人员64人，其中公务员及参公管理人员27人，专业技术人员29人（副高级工程师5人，工程师16人，助理工程师4人，技术员4人），工勤人员8人。九龙山苗圃事业人员25人，其中专业技术人员9人（工程师4人，助理工程师4人，技术员1人），工人16人（高级工10人，中级工5人，初级工1人）。

2011年，全县林业工作在县委、县政府的领导下，在上级林业部门的关心支持下，按照“严管林、慎用钱、质为先”的林业建设要求，紧紧围绕提高林业产值、增加林农收入、改善生态环境的目标，按照生态建设产业化、产业发展生态化的要求，坚持生态建设与产业发展并举的林业可持续发展思路，逐步推进软环境建设和管理型林业向服务型林业转变。充分调动广大林农和社会团体的积极性、主动性、创造性，发展林业产业，建设重大项目，提高林业的生态、经济和社会效益，推进“森林沾益”建设。争取省、市林业部门项目资金4000余万元，全县林业较好较快发展，森林覆盖率达到48.65%。

1．继续推进天然林资源保护工程建设。实施天保二期工程，进一步加大森林培育、天然林资源管护、森林防火、森林病虫害防治、林区巡护道路等基础设施建设力度。计划至2015年实施人工造林5000亩，封山育林8000亩。

2．林业工程建设任务全面完成。落实年森林管护面积191万亩；完成天保工程公益林建设2万亩（其中人工造林0.5万亩、封山育林1.5万亩）；实施退耕还林荒山造林1.5万亩，办理退耕农户政策性补助兑现720.6122万元；实施巩固退耕还林成果林业项目建沼气池500口，节柴灶600眼，太阳能100套，发展种植业12100亩，补植补造4000亩，开展技术培训600人次。

3．中低产林改造稳步推进。实际完成改造中低产林13.9万亩，对2010年中低产林改造地块进行抚育施肥8600亩。积极探索林下资源开发模式，分别在西平镇石羊村委会青山村栽植核桃与万寿菊间作示范3000亩；大坡乡威格村委会莲花洞石漠化治理进行林下金银花种植470亩；盘江乡河西村委会九龙山集体林区1200亩，进行了病虫木采伐，衰弱木、被压木的带状择伐，林地清理后，在林下规划种植

阮兴元　供稿

了城市绿化苗木滇朴600亩，速生林川滇桤木500亩，中药材玄参100亩；全县各乡（镇）零星进行林下养殖（养鸡）300多亩。建成中低产林改造样板3块：一是菱角乡水冲村委会罗家龙潭2011年沾益县县级义务植树基地“杨善洲纪念林”，面积417亩；二是盘江镇河西村委会以滇朴和玄参为主的林下资源开发试点，面积1200亩；三是炎方乡松韶村委会以红豆杉为主的大户造林典型，面积15000亩。受持续干旱影响，全县新造林损失面积2.5万亩。

4．农村能源建设成效显著。完成新建沼气池2200口（其中巩固退耕还林项目500口，国债项目建设1000口，省级财政资金项目700口）；节能改灶900眼（其中巩固退耕还林项目600眼，省级财政资金项目300眼）；太阳能建设100套（巩固退耕还林项目）。农村能源建设切实改善了山区群众的生产生活条件，有效促进了社会主义新农村建设。

5．森林防火工作再创佳绩。2011年市级下达沾益县控制火灾发生次数8次以下，控制受害森林面积960亩以内，非连续林火卫星热点控制数4个以内，森林火灾发生率6.5次/10万公顷以下，森林火灾受害率1‰以内，森林火灾当日扑灭率不低于98%，森林火灾查处率不低于90%。通过狠抓“组织机构、队伍建设、工作责任、防火宣传、火源管理、扑火培训、靠前指挥、安全扑救”等方面的落实，有效地预防和控制了森林火灾的发生。建县14年来，首次取得了无卫星热点、无森林火灾、无人员伤亡的好成绩，顺利通过市级的检查验收。同时，开展了政策性森林火灾保险试点工作，全县178.12万亩公益林和58.78万亩商品林由各级财政分别每亩交纳0.4元和0.28元保险费，由阳光保险公司承保。27户商品林经营户积极交纳了16139亩自付部分1937.04元保险费，使其投保森林保险金额加保达每亩400元。至6月底森林防火工作检查结束，全县1238.2亩过火林地面积获赔44.3万元保险费。

6．公益林生态效益兑现补偿工作。兑现公益林56.9379万亩，生态效益补偿322.7万元。其中，省级公益林48.9379万亩（集体27.3065万亩，个体21.6314万亩），补偿资金244.7万元；国家公益林8万亩，补偿基金78万元。为认真贯彻落实公益林管理和补偿兑现政策，县政府和全县8个乡（镇）、县林业局、县财政局共签订了公益林管理和补偿兑现责任状10份。县林业局先后召开林业分类经营工作会议4次，并组织系统内职工进行专题培训2次。全县共建立公益林永久性宣传碑、牌11块。制定了《沾益县国家级公益林补偿项目管理制度》《沾益县森林生态效益补偿基金使用管理办法》《沾益县省级公益林补偿项目管理制度》《沾益县公益林护林员管理办法》等管理制度。

7．积极推进核桃产业发展。市级下达泡核桃栽植面积3万亩，按照“突出亮点，典型示范，规模连片，点面结合”的要求完成了规划设计，落实了栽植地块，准备了核桃苗木。至2012年1月底按照“七个一”标准完成了栽植。

8．全民义务植物活动。认真组织开展全民义务植树30周年纪念活动，组织建设了县级义务植树基地“杨善洲纪念林”417亩。与市县妇联共同组织建设“三·八巾帼林”200亩。

9．林权制度配套改革工作。在完成主体改革的基础上，林权流转服务中心于2009年5月8日挂牌成立，标志着配套改革正式启动。相继出台了《沾益县林权登记与发放管理办法》《沾益县商品林木、林地资产评估办法》《沾益县森林资源资产抵押登记管理办法》《沾益县商品林林木、林地转让办法》《沾益县林木采伐、加工（经营）、运输管理办法》《沾益县重点公益林管理办法》《沾益县森林火灾保险险种条款》《沾益县森林病虫害保险险种条款》《沾益县林木种植经营协会章程》《沾益县农户林权抵押小额贷款意见》等10项配套改革政策，促使全县林地、林木和森林资源在规范、有序的前提下经营、管理和合理流转。起草了《沾益县林权流转管理操作办法（试行）》《沾益县林权登记管理操作办法（试行）》《沾益县集体林权抵押登记管理暂行办法》等配套改革规范性文件，选派4人参加了国家林业局和国家评估协会举办的森林资产评估咨询师资格学习和考试，取得了森林资产评估咨询师资格，初步具备组建评估机构的条件。建立政府主导下的“三防”机制，加强公共服务职能，加大行政执法和森林监督力度，稳定和巩固集体林权制度改革成果。办理了5宗林地流转手续。

10．资源林政管理工作。一是严格执行限额采伐、计划采伐、凭证采伐制度，全县共办理林木采伐许可证22份，批准采伐林木蓄积3160.5立方米（材积1321.68立方米），其中商品材992立方米，农民自用材1807.5立方米和烧柴361立方米，没有出现滥发林木采伐许可证和超面积、超量采伐的现象。二是严格监督管理木材经营、加工市场，制止非法木材流入经营、加工企业。全县共新办和年检木材经营加工许可证86户；受理申办野生动物驯养繁殖许可证3户，野生动物经营利用许可证3户。三是依法查处各类破坏森林及野生动植物资源的案件，共查处各类破坏森林及野生动植物资源案件91起。其中，查处林业刑事案件8起，抓获犯罪嫌疑人13人；查处林业行政案件83起，清理活树经营场所5处，清理活树交易市场3个，检查苗圃、绿化公司1处，清理宾馆、饭店、野生动物驯养场所8家，行政处罚87人，林政罚款110余万元，收缴作案工具21件。有效地打击了违法破坏森林资源行为，为国家挽回经济损失90余万元。为全县各类建设工程项目征占用林地和临时占用林地提供各类服务30件，其中征用林地24件，临时占用林地6件。已依法报国家林业局、省林业厅审核征用林地并办理了《使用林地审核同意书》的项目有18件，正在准备申报办理的5件；依法审查并报国家林业局和省林业厅批准临时占用林地6件。另外，为10余件其他项目提供了选址、政策咨询等前期服务工作。2011年，全县共报国家林业局和省林业厅审核同意征用林地面积为1644.7亩，临时占用林地面积641.7亩，共收缴森林植被恢复费1619.1888万元。在办理征占用林地和临时占用林地手续时，对建设项目从项目选址、林地勘测定界、林地资源调查（林种、地类、面积、林木蓄积等）、野生动植物、景观风貌、自然保护区、古树名木方面以及指导用地方与林权权利人签订征用林地协议书的程序、内容和制订林地、林木补偿费和安置补助费标准等各方面都及时为林地使用者提供了优质服务。另外，对长昆高铁、水洞山水库、红石岩水库等重点项目或领导交办的特殊项目，派出专人到国家、省、市林业主管部门协调办理，大大提高了工作效率，为全县社会经济发展做出了积极贡献。

县森林公安局办公楼落成典礼　（袁伟能　供稿）

11．加强森林公安队伍建设。调整和配强森林公安领导班子，实行财务单列，并落实了市、县两级森林公安机关编制内的各类经费按同级地方公安机关的标准执行；筹建1518平方米森林公安业务技术用房，并购置警务用车1辆、微机4台、摄像机1台、照相机2台、GPS2部等基础设备；通过建立林区警务室1个、发放“警民联系卡”135张、配备治安信息员16名和群众性护林联防人员422人，积极破解警力下沉、警务前移、触角向林区延伸的难题。

12．党建和党风廉政建设。一是加强机关党建及班子建设。5月10日前完成了林业局党总支、各党支部的换届选举工作，选举产生党总支委员7名，党支部委员11名。通过换届选举，新一届总支、支部班子的文化程度、年龄结构、女性委员职数均有了较大改善，政治坚定、工作务实、具有较强综合素质的年青党员进入了党支部领导班子，提高了班子的整体素质和战斗力，进一步加强了党组织的的核心带头作用。二是加强党风廉政建设。做到党建与林业各项工作统筹安排，同部署、同检查、同考核。三是加强政治思想教育工作。广泛开展学习型党组织和学习型领导班子创建活动，坚持机关周一上午集中学习制度，采取多种形式加大干部职工的理论和形势政策宣传教育，鼓励职工立足本职，深入开展技术研讨、理论创新和林业宣传，进一步加大了林业宣传力度。职工在各类刊物上共撰写发表科技论文6篇，报送林业信息121篇。四是加强作风建设。进一步加强对重点工程建设、林业产权制度改革、林地流转中涉及群众利益问题的监督检查，认真解决群众反映强烈的突出问题，切实维护群众切身利益，促进全县林业建设事业健康发展。五是加强对工、青、妇工作的领导。通过民主推荐，任命了林业局机关工会、共青团、女工委负责人，并明确1名局党总支委员负责联系指导工作，积极支持机关工会、共青团和女工委等群团组织开展活动，通过开展知识竞赛、节日慰问等活动凝聚人心，发挥工会、共青团、女工委的职能作用。

编制完成林地保护利用规划 2011年，沾益县与云南省林业调查规划院昆明分院合作完成《云南省沾益县林地保护利用规划（2010—2020）》编制工作，明确了沾益县2010—2020年林地保护利用的基本战略、林地保有量、森林保有量、林地生产率、重点公益林地和重点商品林地等主要目标；结合区域经济社会发展需要、通过林地落界，优化林地结构与布局；制订了严格保护、合理利用、区域统筹、差别管理的林地保护利用方向及政策措施。

林业工程建设力度不断加大 2011年，县林业局积极争取实施林业重点工程建设项目，依托林业重点工程建设，大力宣传，广泛发动，狠抓落实。实施了天保工程、退耕还林工程、农村能源建设、公益林生态效益补偿、中低产林改造等国家、省级林业重点工程项目建设。实施的林业工程项目建设资金投入达4000万元以上。

集体林权制度配套改革稳步推进 2011年7月5日，沾益县出台《沾益县林权流转管理操作办法（试行）》《沾益县林权登记管理操作办法（试行）》《沾益县集体林权抵押登记管理暂行办法》等配套改革规范性文件。全年沾益县林权流转服务中心办理了98宗、30065.5亩的林地林权流转变更登记（涉及流转金额718.74万元），多项林权更正备案登记和三项林权抵押贷款业务，贷款金额为2600万元（其中沾益县坤泰园艺有限公司办理林权抵押贷款1600万元，曲靖市富田园林有限公司办理林权抵押贷款800万元，保得江个人200万元），实现了林改成果到应用，服务林农的转变。沾益县鸿昊生物科技有限公司的红豆杉种植、紫杉醇加工生产，坤泰园艺有限公司的速生桉树、林下资源开发被评为林业产业省级龙头企业，两家企业的申报成功，填补了沾益县无省级林业龙头企业的空白。

森林经营观念明显转变 2011年，县林业局不断转变森林经营观念。一是由政府投资为主向社会造林为主的转变。大户及社会造林计划投资2700万元，占全部造林计划投资的61.4%，改变了政府单一投资，资金投入不足的困境。二是由常规造林为主向精耕细作造林为主的转变。以往造林由于主客观原因的影响，“三分种、七分管”的要求没有根本落到实处，2011年，在造林过程中严格挖塘标准、科学定植、种苗质量，保证成活率，采用施农家肥和复合肥、除草、浇水等抚育措施对新造林进行管理，促进苗木生长。在西平镇中低产林改造地块中，由于管护措施得当，苗木年平均长高1.4米，最高的达1.7米。三是由单纯注重生态效益为主向生态效益、经济效益和社会效益并重的转变。大力推广核桃与万寿菊间作技术，尝试滇朴与玄参的有机结合，种植生态和经济效益突出的红豆杉，人力进行林下资源开发，逐步使造林步入生态效益、经济效益和社会效益并重的轨道。

（杜丽华）

水　务

综　述 沾益县水务局是县人民政府下属的工作部门，承担全县农田水利建设、抗旱防洪、农业灌溉、水土保持综合治理、水行政执法等水务工作。2011年末，局机关内设办公室、组织人事科、水政水资源科、资产财务科、总工程师办公室5个机构，下设沾益县防汛抗旱指挥部办公室、沾益县水土保持委员会办公室、规划计划管理站、农村水利管理站、工程质量与安全监督管理站、水政监察大队、水洞山水库管理所、白浪水库引水工程管理所8个事业科室，归口管理沾益县创鑫供排水有限责任公司、沾益县水土资源管理开发公司。全局共有干部职工188人，其中局机关64人，创鑫供排水有限责任公司83人，水土资源管理开发公司21人，离退休20人。

2011年，县水务局紧紧围绕全县中心工作，以深化改革为动力、加快发展为根本、安全保障为主线、项目建设为重点，采取有力措施，加快推进“生态水利、平安水利、民生水利、资源水利、阳光水利”建设，使全县水利工作呈现保障有力、抗灾有效、发展加快、管理加强的良好态势。

1．冬春水利建设成效显著。2010年冬至2011年春全县农田水利基本建设计划投资8702万元，建设各类水利工程806件。截止2011年4月底，全县冬春水利累计完成投资10126万元，比上年增16.36%。投入劳动工405.04万个，出动机械台班2.36万个；修复水毁工程99处，新增防渗渠道90.97千米，加高加固堤防14.21千米，疏浚河道41.15千米，清淤渠道106.4千米，建设村镇供水80处，新修水库1座，加固水库10座，新修塘坝1座，新建水池水窖3144（眼），维护水池水窖131口（眼），新增蓄水能力61.28万立方米，新增灌溉面积0.63万亩，恢复和改善灌溉面积9.56万亩，新增节水灌溉面积3.69万亩，新增旱涝保收面积0.32万亩，年新增节水能力105.06万立方米，改造中低产田1.70万亩，治理水土流失面积65.10平方千米，有效解决3.12万人、2.64万头大牲畜饮水困难。

2．重点水利工程顺利推进。水洞山水库截流及大坝基础开挖阶段通过省级验收，计划于2012年4

月底实现大坝封顶，2011年累计完成投资6550万元，完成投资占总投资的51%；毛家油房、水晶地、德西、大麦地等11件重点小（一）型病险水库全部开工建设，累计完成投资1927.45万元；夏家海子、肖家、中熊洞、合作、古城、关牛洞6件小（二）型病险水库除险加固工程于7月开工建设，累计完成投资652.49万元；2011年中央预算内第三批和省级投资项目沾益县2011年农村饮水安全及农村学校饮水安全工程计划实施25件自流引水工程、8件提水工程，计划解决2.3672万人，1.1211万头大牲畜的饮水不安全问题，全年完成工程投资552.16万元。西河西平段综合治理一期工程累计共完成投资2685万元，完成两岸堤防加固长度6.86千米，车乌河防洪综合治理工程启动建设；渔洞水库西干渠11.83千米、块所北干渠4.5千米和麻塘水库干渠3.16千米3件渠道防渗工程竣工投入使用，冲门口水库西干渠3.7千米和毛家油房水库南、北干支渠9.6千米渠道防渗工程于10月开工建设。中央财政小型农田水利重点县沾益县2011年度菱角灌片、赤章灌片渠系及田间工程进行续建配套和节水改造项目，累计完成投资1111.03万元。

3. 抗旱救灾工作。2011年，全县降雨量持续偏少，气温持续偏高，全县水库坝塘蓄水严重不足，全县468件水库坝塘已干涸252件，水库蓄水仅为1833万立方米，较历年同期平均减少65%。一是根据县委、县政府的总体安排部署，局属各科（室）、站（所）深入挂钩联系乡（镇），及时了解旱情发展，认真研究对策措施，积极帮助挂钩乡（镇）解决抗旱救灾和生产生活中的困难，为受灾群众抗旱救灾提供技术指导和服务；二是针对县城供水紧缺矛盾，制定了城市供水应急方案，8次从花山、白浪水库紧急调水240万方补充到供水水源点牛过河水库，全力保障县城供水，并于9月3日启动了九龙山应急供水工程，同时积极推进白浪水库调水工程，计划2012年3月完工通水，满足沾益城区长远供水需求；三是多措并举，努力增加库塘蓄水，在市级奖励的基础上，县委、县政府采取以奖代补方式，积极发动群众采取拦、蓄、提、拉、挑等措施增加库塘蓄水，截止年底，全县灌满小水池、小水窖6835件，占全县8042件的85%，蓄水量达13.86万立方米；四是加强现有水源的管理，做到计划用水、科学用水、节约用水，按照“一村一策”“一库一策”要求，认真分析各村组供水用水情况，组织编制了全县村组应急供水方案，确保农村人畜饮水安全。在全力做好抗旱救灾工作的同时，切实贯彻“安全第一，预防为主”的防汛方针，汛前组织召开防汛工作会议，认真落实主要河段和水库塘坝防汛工作责任制；多次组织精干力量对水库、在建水利工程等重点防汛部位进行全面细致的检查；按计划加强防汛物料储备，保证应急之需；从5月1日入汛开始，县防办和各乡镇实行24小时领导带班值班制度，保证汛情、雨情及时准确上报和指令畅通。

4. 管理工作扎实有力。县水务局以落实最严格的水资源管理制度为目标，严格实行水资源费和水保“两费”的缴纳和管理，共收讫和上缴水资源费62万元，核准水保设施补偿费45万元，对全县56家工业企业取水许可证进行了年审，申报水土保持方案24件，已审批19件，待审批5件。同时将涉及水行政审批职能进驻县政务中心，实现了“一个窗口受理，一条龙办理，按规定时限办结”，极大地方便了群众。全面推进第一次全国水利普查工作，完成对水利工程、经济社会用水、河湖开发治理保护、水利行业能力、灌区专项、地下水取水井专项6个普查分项的对象清查工作，共确定清查对象11574个。办理县人大议案、建议20件，县政协提案12件，合计32件，答复率和面商率达100%。

5. 塑造“阳光水务、健康水务”新形象。以建党90周年为契机，以学习型党组织建设为主线，以深入开展创先争优活动为载体，继续完善党建各项制度，充分发挥党组织的战斗堡垒作用和党员的先锋模范作用，开展创建“党员示范岗”“党员示范窗口”活动，引导干部职工积极投身到工作中，切实增强了党组织的凝聚力和号召力；积极参与市、县组织的建党90周年大型红歌比赛和全民健身活动，举办职工网球培训班，营造积极、健康、向上的文化氛围，激发广大干部职工热爱水务、发展水务的热情和干劲；结合创建省级园林城市活动的开展，积极参与申报省级园林单位，并通过省级组织的验收；加强水利信息报送，全年共在各网站、报刊等媒体发表各种信息及新闻作品149篇；强化学习教育，鼓励干部职工积极参加各类专业技术培训和资格考试，不断提高队伍综合实力和水平，为新时期水务事业的发展打好组织基础。切实把党风廉政建设工作摆在首位，把学习遵守《廉政准则》与惩治预防腐败体系建设结合起来，与作风建设结合起来，深化党性党风党纪教育，强化廉政风险防范机制，制定了《2011年党风廉政建设实施意见》《廉政风险预警防控管理工作实施方案》，层层签定了《目标责任书》，推进水利系统反腐倡廉；针对廉洁自律问题易发的重点部位和关键环节，重点抓好工程领域突出问题专项治理、严格执行水利工程招投标制度，加强项目建设管理和水利专项资金使用监督管理等工作，确保水利工程建设各个环节规范，提升全体干部的廉政意识和拒腐防变能力。

农村小型水利工程管理体制改革工作完成 2011年，沾益县有列入改革范围的各类小型水利工程8716件，其中小坝塘348件，小水池1028件，小水窖6758件，1m3／s以下沟渠39条，小型泵站106座，小型机电井2座，输水管道81条，小型河道治理工程18件，乡镇集中供水工程8件，农村人畜饮水工程270件，小型引水工程58件。按照《云南省人民政府关于农村小型水利工程管理体制改革的意见》精神，沾益县通过典型示范、以点带面的办法，本着“简便易行、合理评估、推进改革”的原则，全力推进全县改革工作。通过改革，全县采用承包管理的工程2件，采用股份合作管理的工程1件，采用委托管理的工程8件，采用用水合作组织管理的工程944件，采用农户自行管理的工程7750件。全县已发放产权证6209本，填发委托书8本，签订承包合同2份，建立用水户协会104个，基本实现了“明晰工程产权，搞活经营方式，落实管护责任，保障工程安全运行”的改革目标。

水利普查人员全部持证上岗 2011年2月25～27日，沾益县举办第一次全国水利普查工作培训会，全县150余名普查员和普查指导员参加了为期两天半的培训考核，并经考核合格取得普查员和普查指导员证，实现全员持证上岗。在培训班上，县委常委、副县长、第一次全国水利普查领导小组组长林爱平就普查工作的重大意义、普查方案、步骤和普查工作纪律做了专题辅导和严格要求；授课教师就河流湖泊基本情况、水利工程基本情况、经济社会用水情况、河流湖泊治理和保护情况、水土保持情况、水利行业能力建设情况、灌区基本情况、地下水取水井基本情况等方面进行了培训和答疑。通过普查培训和模拟操作，使参与培训的同志对水利普查工作有了全面、系统、深入的了解，为乡（镇）制定水利普查实施方案、全面开展水利普查对象清查工作和水利普查数据填报、审核、录入、汇总、上报等工作奠定了基础。

水利部中小河流项目稽察组到沾益检查指导工作 2011年6月12～17日，水利部中小河流治理项目稽查组一行7人到沾益检查指导西河西平镇段防洪治理工程一期。西河西平镇段治理工程位于曲靖市麒麟区和沾益县境内。西河为南盘江上游右岸一级支流，属珠江流域西江水系，流域径流面积237.4km2。西河是沾益县与麒麟区的交界河流，防洪保护麒麟区、沾益县城计25.14万非农业人口，耕地22.37万亩，河道控制灌溉面积1.85万亩，保护贵昆线铁路，保护326国道、珠江源大道、曲胜高速公路。西河现状防洪标准仅为5～10年一遇，防洪标准较低，难以承担城乡防洪重任。西河西平镇段治理工程为规划的南盘江防洪工程综合治理（曲靖段）项目中的重要部分，项目主要内容包括：自南盘江交汇口以上8.3千米左右岸河道扩挖、河堤加高、培厚和护砌及相应建筑物的改造和重建。截止年末，完成0+000—6+860段河道主体工程，包括浆砌石基础、浆砌块石防冲坎、内河干砌石护坡、堤防开挖和填筑、涵闸改造，正在进行部分河堤段加高培厚，植草。稽查组3名特派员和质量、资金、建管、设计4名专家通过听汇报、查资料、现场检查等办法对项目进行了为期6天的稽查，稽查组认为：西河西平镇段治理工程设计单位在初步设计报告及施工图到设代等服务活动中，做到了资料基本齐全、服务基本到位，项目法人组建招标投标基本符合相关规定，监理基本履行了职责，计划执行基本符合要求，投资控制和概算执行情况较好，会计机构设置及人员配备基本适应财务管理工作需要，监理单位、施工单位的质量管理工作能正常开展，基本实行项目法人负责、监理单位控制、施工单位保证和政府监督相结合的质量管理体制。同时，就前期和设计、建设管理、资金使用与管理、工程质量和安全等方面提出了存在的问题和整改意见。

启动第一次县城应急调水工作 2011年，为切实解决沾益县城供水紧缺矛盾，经有关部门认真调查，在成功进行试验性调水的基础上，县政府决定从花山水库调水至牛过河水库。调水时间定为8月3日20：00开始至8月7日20：00，调水时间为72小时，调水30万方，切实解决城区供水25天。为确保调水工作的顺利进行，沾益县成立了以县长毕尚鹏为指挥长，监察、水务、环保、卫生、住建、西平镇、盘江镇等部门和乡（镇）主要领导为成员的应急调水指挥部，负责调水工作。调水期间，将对调水渠道进行清淤消毒，安排应急人员对渠道进行临时抢修，安排盘江镇、西平镇专人看守每个调水口直至调水结束。同时，县水务局将加紧推进九龙山取地下水应急供水工程和白浪水库引水工程进度，由创鑫供排水公司提出供水和调水计划，做好供水管理和服务工作，确保县城供水持续和安全。

水务一体化改革正式启动实施 2011年10月17日，沾益县创鑫供排水公司正式划入沾益县水务局管理，标志着《沾益县水务一体化管理体制改革方案》正式启动实施，为沾益县水务一体化改革走出了关键一步。沾益县自2005年正式将县水利水电局更名为县水务局以来，就一直致力于建立城乡涉水事务的一体化管理，建立与市场经济相适应的水服务体系，实现从工程水利向资源水利转变，从传统水利向现代水利、可持续发展水利转变的目标。为认真贯彻中央文件、省市加快水利发展改革战略意见，沾益县委、县政府在多方调研、征求意见的基础上，正式印发实施《沾益县水务一体化管理体制改革方案》，标志着酝酿了6年的水务一体化改革工作取得重大进展，“一龙治水”的水务体制实现。按照《改革方案》，县水务局将对全县防洪、供水、排水、用水、节水、污水处理及回用、水资源保护等涉水事务实行一体化管理，建立“一龙治水”的管理模式，从体制上保障水资源的持续、高效利用。通过改革，将分散在住建、国土等相关部门的涉及水源、供水、用水、节水、排水、污水处理及回用等行政管理职能调整归并，由水务局实行集中管理，将县创鑫供排水公司划入县水务局，实现了“源头”到“龙头”的管理。改革后的县水务局归并城镇供水、污水处理、地下水管理、计划用水和节约用水五大职能，代表县政府对全县范围内的涉水行政事务实行“统一规划、统一管理、统一配置、统一取水许可、统一征收水资源费、统一监控水质”的“六统一”管理。同时，新增城镇供水、排水、节水、防洪以及污水排放、回收、处理、利用等城镇涉水事务管理和水环境保护职能。为适应改革需要，同时批准县水务局组建供水管理科，负责全县供水管网的建设与维护、资产管理、行业管理和水质监测，统一负责全县的管网改造和技术服务。

水土保持工作成绩显著　2011年，县水务局在重点水土保持项目实施过程中，坚持因地制宜，把生态修复放在首位，使项目发挥较大的经济效益和生态效益。全县完成水土流失综合治理面积65km^2，减少土壤流失量19.2万吨，增加降水有效利用量314.6万m^3，增加粮食产量28.5万千克，受益人口1.05万人。其中，完成国家水土保持重点工程治理面积5.57km^2，完成坡改梯42.33hm^2、谷坊拦沙坝4座、沟渠4.05km、作业便道1.4km、水保林44.26hm^2、经果林12.4hm^2、封禁治理445.95hm^2、蓄水池32口、沉沙池28口、沼气池18口，完成总投资183.37万元。按照制度化、规范化的执法要求，严格贯彻落实水土保持“三同时”制度，全县水土保持设施补偿费征收率达到90%，违法案件查处率也在提高，结案率达到100%，审批、落实水土保持方案报告12件，开展执法检查27次，营造了良好的保持水土、保护水资源的社会氛围。

河道整治工作　南盘江主河道在沾益县西平镇境内全长13.6千米，流经4个社区。1998年11月至2002年底启动实施了南盘江防洪综合治理工程，完成了城区10.2千米河段的综合治理，同时对两岸河堤路面进行了整治、绿化，部分路面铺设了沥青。但因南盘江两岸村庄较多，人口密集，河堤较长且兼作公路，河道内淤泥堆积，芦苇、杂草丛生，生活垃圾漂浮在水面，两岸河堤上滥搭滥建、乱堆乱放，部分河堤还被当地村民开垦出来种植农作物，南盘江河道脏、乱、差现象较为突出。2011年，沾益县集中力量开展城区河道环境综合整治，使水面无漂浮物、河底无杂草、河岸无垃圾杂物、河道行洪通畅，有力的保障了南盘江河道健康。县水务局按照“面清、岸洁、有绿”的工作目标，加强领导，统筹协调，高标准开展南盘江河道综合整治。县水务局、西平镇组织河道两岸4个社区群众，对南盘江河道及沿河两岸杂草、垃圾、漂浮物等进行全面清理。综合整治中，共投入人力物力折合资金81.25万元，出动农用车、拖拉机等机动车辆223辆次，投入劳动力6872个，投入保洁船只30余只，共计清理外运垃圾650余吨，基本实现了水面无漂浮物、河底无杂草、河岸无垃圾杂物、河道行水通畅的“三无一畅”目标。同时，积极探索、建立和完善“政府主导，部门联动”的长效管理机制，从制度、政策、人员、资金等方面，切实保障河道环境整治及管理工作的落实。明确沿河社区组织河道保洁队伍，加大河道巡查和整治力度，发现不良现象、不良行为立即予以制止和清除。同时通过向沿河社区村民发放维护南盘江环境户主通知书1600余份，设置保洁警示标牌20余个，不断增强沿河群众爱护河道、保护环境的意识，为巩固河道整治成果打下良好的基础。

水库除险加固工程建设　为保证在建小（二）型水库除险加固工程又好又快推进，2011年，县水务局在全县小（二）型水库建设中每月开展一次“四比四看”评比活动，奖励先进、鞭策后进，充分调动水库除险加固参建各方的积极性、主动性和创造性，掀起“比学赶帮超”建设热潮。“四比四看”：一是比质量看监管体系施工水平。能按照批复内容，加强工程质量管理，建立健全质量检查体系，完善质量监督手续和质量管理制度，提高质量管理意识，优化施工工艺，看谁的施工水平更高、工程更优；强化工程质量管理与控制，严格遵守技术规范和操作规程，看谁的质量管理更科学，过程控制更精细。二是比进度看节点任务投资控制。能正确处理好加快工程进度和保证质量、安全、蓄水的关系，在保证工程质量、安全的前提下，按照施工组织设计确定的安排，看谁的进度更快，任务完成得更好，看谁更加注重财务监管，把节约意识、节约措施渗透到工程建设管理的每一个环节，确保工程不超概算，看谁的投资控制得更好、监管更有效。三是比安全看责任落实环境和谐。能严格贯彻落实《安全生产责任制》，加强施工人员安全生产教育培训，强化标准化工地建设、平安文明工地建设，加大安全投入，看谁的安全意识更强，责任落实更严，安全责任事故为零；密切关注工程建设项目区群众意愿，主动帮助群众解决生产生活中遇到的实际困难，看谁的项目区社会稳定，与项目区群众相处更和谐。四是比廉政看遵章守纪廉洁自律。能严格贯彻落实《廉政合同》，严禁接受参建有关单位请客吃饭等违反廉洁自律条例的行为，强化《施工日志》《监理日志》等原始资料台账管理，坚持严于律己，秉公办事，树立业主廉洁奉公的良好形象，看谁的事业心和责任感更强，廉洁自律更突出。

（施秀梅　朱翰森）

畜　牧

综　述　沾益县畜牧兽医局是县政府主管畜牧兽医工作的行政管理机构，主要负责贯彻执行国家、省和市动物防疫及动物产品质量安全的法律法规、方针政策；拟定全县重大动物疫病防治规划和计划；负责动物防疫、检疫及防疫监督工作管理；负责兽医医政、药政和动物产品质量安全管理等工作。2011年末，下设办公室、计划管理科、法规科、兽医管理科、动物卫生监督所、动物疫病预防控制中心、兽药饲料监察所畜禽改良工作站、饲草饲料工作站。全系统共有在职干部113人。2011年12月，全县乡镇机构改革，原有乡镇畜牧兽医站“三权”下划后，全局共有在职干部43人。

2011年，全县各级党委、政府高度重视畜牧业生产，始终把畜牧业作为农民增收的重要产业来抓，认真贯彻落实国家、省、市扶持畜牧业发展的各项政策措施，全力推动畜牧业更好更快发展。全县畜牧业生产成效显著。全年新建肉牛规模养殖场（小区）7个、肉羊规模养殖场（小区）2个，新增出栏肉牛310头、出栏肉羊220只，经济效益到了历年之最。全年畜牧业产值达22.56亿元，比上年20.55亿元增加2.01亿元，增10%。畜牧业收入9.67亿元，比上年8.51亿元增加1.16亿元，增14.38%。

项目争取再创佳绩　2011年，县畜牧兽医局通过深入实施“项目带动”战略，多渠道筹措项目资金，坚持“超前储备一批，抓紧开工一批，加快完成一批”的工作思路，用“管好项目资金、做出项目成果”的信誉，赢得了上级部门的充分信任，实现了“大抓项目、抓大项目、推动发展”的目标。向农业部、省、市申报了2批生猪标准化改扩建、能繁母猪保险及补贴、国家生猪调出大县奖励、易灾地区草地保护建设工程、国际农业发展基金、草原生态保护建设工程、涉及猪牛羊鸡等生产基地建设的省级财政项目、涉及生猪和肉牛的“十优十强”县以及现代农业“百县百园”创建、省级财政生物产业、省市级猪肉活体储备、百万工程及生猪标准化种公猪站建设、省级畜禽养殖标准化示范场创建项目等。同时加大县级财政投入力度，深入实施“以奖代补”，推动畜牧业又好又快发展。全年新储备和申报了16个畜牧类项目中获批建设的畜牧类项目有：草原生态保护建设工程，获得中央财政资金373.02万元；生猪调出大县奖励资金470万元；生猪标准化改扩建2批共240万元；标准化种公猪站建设项目和万头猪场建设项目已省级批复建设，共获财政补助资金130万元；生猪良种补贴项目获180万元财政补助；能繁母猪补贴500余万元；共获得了中央、省、市财政资金1893万余元，比上年增加370万元，增24.3%。

动物防疫工作上新台阶　2011年，县畜牧兽医局牢固树立发展与保护并重的思想，坚持“少死就是效益”的理念，把动物防疫工作纳入重要工作日程。一是在切实加强县、乡、村三级动物防疫体系建设的同时，进一步强化“政府负总责、部门各司其职、政府保密度，业务部门保质量”的防疫工作责任制，扎实开展动物疫病防控工作。二是加大经费物资投入，确保防疫疫苗、器械和储备物资供应。三是围绕“真苗、真打、真有效”的工作目标，全面推行“统一组织、分片包干、集中免疫、整村推进”的动物疫病防控新模式，严格操作规程。四是采取在春、秋季集中免疫后集中开展免疫抗体效价监测工作，在非集中免疫时间进行疫病监测的办法，切实抓好畜禽疫病监测工作，科学指导动物疫病防控工作。全县共完成口蹄疫免疫141.95万头（只），其中猪90.8万头，牛16.4万头，羊34.76万只；完成禽流感免疫226.27万羽；完成高致病性猪蓝耳病免疫95.47万头，完成猪瘟免疫127.5万头，完成狂犬病免疫3.1万只，免疫密度均达到应免数的100%。完成鸡瘟免疫注射258.02万羽，占饲养量的98.02%。全县主要畜禽免疫密度、免疫保护率、畜禽死亡率等主要指标均达到了省、市要求。沾益县被列为2011年曲靖市重大动物疫病防控整体推进示范县，动物防疫工作获得了省、市畜牧兽医主管部门的一致好评。

畜产品质量安全有保障　2011年，县畜牧兽医局坚持多措并举，从建立完善管理体系入手，狠抓源头整治，强化执法监管，落实责任追究，不断提升兽药饲料监管水平，确保畜产品质量安全。一是加强规范化管理。对新建规模畜禽养殖场，下派技术人员全程监管指导，实行备案登记，严格按照“一证、一码、五制度、八记录”要求进行规范化管理，实行“一对一”科技联系人制度。二是强化兽药饲料监察。严格实行兽药、饲料备案登记制度，全面开展兽药饲料抽检工作，组织开展兽药、饲料专项整顿活动，规范兽药、饲料生产和使用行为，确保畜牧业投入品质量安全。三是全面开展产地检疫、屠宰检疫和市场监督工作，强化了出入境监督检查和车辆消毒，切实提升产地检疫、屠宰检疫率和市场监督的到位率，达到“以检促防”的工作目标，确保畜牧业安全。四是强化对畜产品产地的环境、投入品、生产过程、市场销售等环节的全过程监督，开展“瘦肉精”专项整治180批次，实行畜产品质量安全责任追究制度，不断健全畜产品质量安全可追溯体系，确保畜产品质量安全。五是全面推广无公害生产技术，大力推行无公害生产。通过对县内54家兽药经营户进行清理整顿，积极开展兽药GSP认证，全县兽药饲料产品质量承诺和诚信体系建设取得实质性进展，全县24家兽药经营户在全省率先通过兽药GSP认证。成功承办了全省和全市兽药GSP认证现场会。全年共抽取饲料委托检验56个样，合格率85%；抽取饲料监督检验11个样，合格率92%；抽取兽药委托检验26个样，合格率86%；抽取兽药监督检验12个样，合格率87%。全县共有建立了23个动物产地检疫报检点，产地检疫开展面达100%。完成畜禽产地检疫251.33万头（只）；屠宰检疫方面共检疫肥猪5.09万头、牛羊0.99万头（只）、禽24.23万只；检出的病畜禽全部按照相关规定进行了无害化处理。上市动物产品持证率达到100%。全年共依法新办理动物防疫条件合格证50个。全县共佩戴二维码耳标21.93万套，办理畜禽经纪人备案登记416份。持续保持畜产品质量安全事故为“零”。

畜牧业科技水平再上新台阶 2011年，县畜牧兽医局灵活采取广播、板报、电视讲座、开展自主培训、与曲靖农校和沾益县职业技术培训中心联合举办培训班、组织参观考察、实施科技入户工程等方式，开展多形式、多层次、多渠道的畜牧兽医实用科技宣传和培训。大力推广优良畜禽品种，全面推广了熟改生喂、牛羊饲料青贮氨化、快速育肥等技术，全县畜禽生产科技水平不断提高。改配母猪12.33万窝，其中人工授精改良12万窝，分别比上年增11.8%和12.4%；改配母牛5993头，其中冻改2531头，分别比上年增19.2%和19.8%；改配母羊2.44万只，比上年增7%；推广良种禽82.55万只，比上年增加25.65万只，增45%。推广农闲田地种草4740亩，比上年增115.5%；推广青贮饲料9万吨、氨化饲料2.67万吨、工业饲料2万吨，分别比上年增9.62%、12.31%、0.2%；熟改生喂技术覆盖面达82.9%，比上年提高0.5个百分点。全年开展各类科技培训252期，培训人员达1.3万人次。

抗旱保畜工作 2011年，全县降雨量持续减少，气温持续偏高，全县水库坝塘蓄水严重不足，全县人畜饮水受到严重影响并造成重大损失，农作物因旱遭受严重损失，饲草饲料严重短缺。致使大部分草食畜养殖户面临饲草饲料严重短缺。面对持续的旱情，全系统干部职工按照“以人为本、保民生、保重点、保稳定、促发展”的要求，树立抗大旱的思想，全面落实县委、县政府抗旱救灾保民生的工作部署，以最坚决的态度，最有力的措施，最扎实的作风，全力做好抗旱保畜工作，种植业损失畜牧业补，千方百计把灾害造成的损失降低到最低。一是提高认识，明确抗旱保畜工作重点。畜牧系统全体干部职工清醒地认清到抗旱保畜工作的严峻形势，切实把抗旱保畜工作作为头等大事来抓。把保母畜、保种畜、保饲草饲料、保防疫消毒、保水源、保畜禽饮水安全等工作作为抗旱保畜的重点来抓紧、抓实。突出草食畜抗旱的重要位置，对辖区内的规模养殖场（户）、养殖小区，安排了专人，明确了职责，服务到场（户），实行“一户一策，一场一方案”的抗旱措施，积极帮助养殖户做好饲草饲料储备，防疫消毒，寻找水源等工作。二是增加抗旱经费投入，做好饲草饲料储备工作。为充分利用因受旱灾影响基本绝收的玉米等农作物秸杆，有效解决牲畜饲草饲料短缺。在养殖基础较好的地方建青贮示范村，每个示范村又发展青贮示范户，真正起到典型引路、示范带动作用，从而带动全县养殖户掀起青贮高潮为帮助草食畜规模养殖户有效抗旱减灾；对县域内草食畜规模养殖户（羊存栏达100只以上、牛存栏30头以上）进行青贮、氨化实施抗旱经费补助，具体的补助标准为：每青贮1立方米饲料一次性补助40元，每氨化1立方米饲料一次性补助40元；在玉米收割青贮后的农闲地大力推广种植一年生冬春高产牧草，增加饲草储备。在做好此项工作的同时，加快草原生态保护奖励机制实施的进度，及时把补助资金落实到养殖户手中，增强了养殖户抗旱保畜的决心和信心。三是重大动物疫病防控工作不放松。按照“统一组织、分片包干、集中免疫、整村推进”的防疫要求，精心组织，周密安排，狠抓动物疫病防控工作的落实。通过三项措施做到了四个确保：确保了没有因旱灾造成畜禽断水断料的死亡；确保全年没有发生重大动物疫病；确保

2011年全县实现生猪存栏63万头，出栏100万头，大牲畜存栏11.9万头（匹），肉牛出栏6.8万头，山绵羊存栏27万只，肉羊出栏19.5万只；家禽出栏304万只，肉类总产量12.4万吨，畜牧总产量22.56亿元；确保全县农民人均畜牧业增收40元的发展目标。

队伍素质进一步提高 2011年，县畜牧兽医局坚持每周二职工例会学习与职工自学相结合的方式，创建学习型机关，使职工自身素质有了明显提高，增强了干部职工的大局意识、忧患意识。坚持把创先争优活动落实到基层，落实到干部职工的行动中，把业务培训放在首位，先后组织集中学习《动物防疫法》《动物检疫管理办法》《畜禽产地检疫规范》《产地检疫程序》《云南省动物检疫申报管理办法》及动物检疫票证的规范填写、监检人员岗位职责等内容，提高了动物监督员、检疫员业务素质，为确保动物卫生监督执法工作的顺利开展奠定坚实的基础。2011年，有6人通过国家执业兽医师资格考试，2人通过助理执业兽医师资格考试，通过率创全市乃至全省最高。全县共有58人通过官方兽医资格确认。

（李跃青）

气　候

综　述 沾益县气象局成立于1951年1月，是国家基本气象站，是曲靖市辖区范围内建站时间最早、气象探测资料积累最全，气象探测环境保护较好的测站之一，担负着世界气象情报交流任务，同时开展了预测预报、气象服务、人工影响天气、气象行政管理、防雷减灾等工作。实行的是气象系统和地方政府双重领导，以气象部门领导为主的管理体制。沾益县气象局既是上级气象部门的基层单位，又是县人民政府的职能部门。2011年末，有在职职工10人，退休职工4人，合同制用工7人，其中局长1人、副局长1人、纪检监察员1人、党员8人。

2011年是“十二五”发展规划的开局之年，县气象局在县委政府和市局党组的正确领导下，取得了全市气象部门综合目标考核第一名的好成绩。气象科技服务、人工影响天气、防雷减灾管理等业务工作有了长足发展，服务领域不断拓宽，服务产品日益增加，天气、气候预报预测准确率逐步提高，为保障全县经济社会持续快速发展和社会稳定做出了应有的贡献。

2011年，沾益县的气候特点是：气候明显异常，主要表现在降水异常偏少，降水除冬季比历年同期偏多外，其余季节均比历年同期偏少。尤其夏季偏少最为严重，是1961年以来降水最少的夏季。年内气温波动较大，春季气温是1991年以来同期最低值，夏季气温则是1961年以来同期最高值。年日照时数正常至偏多。年内气象灾害主要以低温雨雪冰冻、倒春寒、夏旱为主，其中夏季干旱是2011年持续时间最长，影响程度最深，影响范围最广，受灾程度最重的气象灾害。由于2011年全县各乡镇雨季推迟到6月6日至12日陆续开始，比常年偏晚15～20天。加之5～8月降水量异常偏少，比历年同期偏少70%，出现了自1961年以来最为严重的夏旱，对无灌溉条件的农经作物影响较大。此期间又是水库蓄水的关键时期，因干旱导致库塘蓄水严重不足，还将严重影响着2012年雨季开始前全县的生产生活用水。总体而言，综合气候条件对经济、社会、生态各方面影响，2011年属于较差年景。

1．气温。年平均气温为14.8℃，较常年偏高0.2℃，较上年偏低1.0℃。春季气温是1991年以来同期最低值，夏季气温则是1961年以来同期最高值。年内各月的气温分布为：2月、4月、6月、7月、8月、9月、11偏高；5月、10月正常；1月、3月、12月偏低。①冬季（2010年12月至2011年2月）。平均气温为8.5℃，较历年同期偏高0.1℃，较上年偏低2.1℃。季内各月气温与历年同期相比，12月偏高0.9℃，1月偏低2.4℃，2月偏高2.0℃。②春季（3～5月）。平均气温为15.3℃，较历年同期偏低

丁恒金　供稿

0.8℃，较上年偏低2.5℃。是1991年以来气温最低的一个春季。季内各月气温与历年同期相比，3月偏低3.2℃，4月偏高0.6℃，5月偏高0.4℃。3月中、下旬出现强"倒春寒"天气。③夏季（6~8月）。平均气温为20.7℃，较历年同期偏高1.1℃，较上年偏高0.5℃。是1961年以来气温最高的一个夏季。季内各月气温与历年同期相比，6月偏高1.1℃，7月偏高1.4℃，8月偏高0.7℃。在水稻抽穗扬花期无明显低温冷害天气出现。④秋季（9~11月）。秋季沾益县平均气温为15.1℃，较历年同期偏高0.6℃，较上年偏高0.4℃。季内各月气温与历年同期相比，9月偏高1.2℃，10月偏高0.2℃，11月偏高0.6℃。初霜期为11月10日。12月平均气温为7.1℃，较历年同期偏低0.8℃，较上年同期偏低1.7℃。

2. 降水量。年降水量为426.9毫米，与历年同期相比，偏少520毫米或55%，为1961年以来最少值。与上年相比，偏少422毫米。2011年降水严重偏少时段出现在5~8月，此期间，降水异常偏少，气温异常偏高，全县发生了1961年有气象记录以来最为严重的夏旱。①冬季（2010年12月至2011年2月）。降水量72.2毫米，与常年相比偏多17.8毫米或33%。季内各月降水与常年相比，12月偏多215%，1月偏多63%，2月偏少73%。②春季（3~5月）。降水量54.4毫米，与常年相比偏少117毫米或68%。季内各月降水与常年相比，3月接近常年，4月偏少70%，5月偏少77%。雨季开始期偏晚，于6月12日开始，较常年偏晚15~20天。③夏季（6~8月）。6月至8月沾益是县的主汛期，夏季全县降水量167.5毫米，与常年相比偏少330.8毫米或66%，是1961年以来降水量最少的夏季。季内各月降水与常年相比，6月偏少44%，7月偏少79%，8月偏少81%。主汛期洪涝、冰雹、大风、泥石流滑坡等气象灾害较常年偏轻。④秋季（9~11月）。降水量157.6毫米，与常年相比偏少65.4毫米或29%。季内各月降水与常年相比，9月偏多14%，10月偏少65%，11月偏少63%。雨季于10月上旬末结束，属正常稍偏早年份。12月全县降水量8.5毫米，与常年相比偏少7.3毫米或46%。

3. 日照。年日照时数为2186.7小时，与常年相比偏多210.7小时或11%，与上年相比偏少39.3小时。①冬季（2010年12月至2011年2月）。日照时数529小时，与常年相接近，与2010年同期相比偏少142.2小时。季内各月日照时数与常年相比，12月与常年相接近，1月偏少37%，2月偏多24%。②春季（3~5月）。日照时数612.9小时，与常年相接近，与2010年同期相比偏多113.3小时。季内各月日照时数与常年相比，3月偏少31%、4月与常年接近，5月偏多21%。③夏季（6~8月）。日照时数661.9小时，与常年相比偏多259.4小时或64%，与2010年相比偏多176小时。季内各月日照时数与常年相比，6月偏多60%，7月偏多69%，8月偏多64%。④秋季（9~11月）。日照时数465.4小时，与常年相比偏多80.1小时或21%，与2010年相比偏少100.6小时。季内各月日照时数与常年相比，9月偏多16%，10月偏多12%，11月偏多31%。12月全县日照时数93.3小时，与常年相比偏少77小时或45%，与2010年相比偏少82.5小时。

主要天气气候事件及影响 低温雨雪冰冻。2011年1月中旬，沾益县持续遭受冷空气影响，气温持续偏低，低温、雨雪、冰冻、冰雹天气交替出现。11日全县出现强降温天气，出现雨夹雪或冻雨；17~18日全县出现大雪局部暴雪天气，城区测站雨雪量为13.5毫米，积雪深度为14.1厘米；19日夜间局部地区降了冰雹。雪后低温冰冻区域进一步扩大，导致交通主干线受阻，电力通讯受损，农作物受灾，对群众生产生活产生了较大影响。

倒春寒。3月冷空气活动频繁，15~17日，24~27日分别出现两次强"倒春寒"天气，沾益县大部分地区出现降雪，月平均气温为1961年以来同期第三低值。倒春寒天气对部分农经作物造成危害，对"两秧"生长发育不利。

雨季开始期偏晚。雨季开始期偏晚，各乡镇雨季于6月6~12日先后开始，较常年偏晚15~20天。由于降水量偏少，初夏干旱严重，对大春和烤烟在最佳节令移栽造成严重影响。

干旱。夏旱是2011年最为严重的气象灾害，由于雨季开始期偏晚，进入雨季后主汛期6~8月降水量异常偏少，沾益县出现了自1961年以来最为严重的夏旱。2011年严重夏旱及其产生的影响有以下特点：①由于2011年的雨季于6月上旬末开始，较常年偏晚15~20天，所以旱情从5月就开始显现。5~8月一直持续高温少雨天气，降水量异常偏少。出现1961年以来最为严重的夏旱。②夏旱发生期间，正值大春作物和烤烟的移栽、生长发育期，从而造成大春作物减产，甚至绝收，烤烟的质量、产量下降。③6~8月是水库蓄水的关键时期，由于此期间降水异常偏少，强降水较历年同期明显偏少，加之秋季降水仍然偏少，造成库塘蓄水严重不足，甚至干枯，部分河道断流。④干旱影响向多元化，长期化发展，除对农经作物影响较大外，因缺水导致发电量不足、供水困难等，对工业、服务业和城乡生活用水也造成了严重影响。而且2012年雨季开始前的工农业生产用水和人畜饮水形势将更加严峻。

气象预测预报服务 2011年，县气象局进一步加强气象预测预报服务。①础业务保持稳定。按照业务工作规范和奖惩制度的要求，将个人成绩与年终评先选优挂钩，严格执行值班制度和交接班制度，坚持集体观测、业务学习和质量分析会，测报业务工作发展势头良好，取得了较好的成绩，全年测报错情率为0.0‰，没有一、二类重大事故的发生。全体测报人员以高度的责任感和爱岗敬业的精神认真值好每一个班，严把质量关，杜绝使用超检仪器，严格预审制度，保持观测场环境符合规范要求。②扎实做好气象预报服务工作。牢固树立"以人为本，无微不至，无所不在"的服务理念，积极做好气象服务工作。一是认真做好决策气象服务工作。紧紧围绕县委、县政府和市局党组的重要活动和阶段性重点工作，积极开展气象服务，制作《沾益气象》《气候影响评价》《防火抗旱专题预报》《重要天气消息》《气象情况反映》《烤烟生产气象》《农业生产气象》等共计130余期，以书面的形式发送县委、县政府以及农林水等相关重要单位和各乡镇；以短信、电子显示屏等形式向各级领导发布农事关键期及重要天气过程消息，共计发布重要天气预报短信160余条21万余人次（目前沾益县重要天气短信用户近1350余人）。二是积极开展为新农村建设气象服务。加强农村气象信息员队伍建设，年内新增气象信息员70余名（均由村委会干部兼任），拓宽气象信息覆盖面，创新为农服务思路。经由市局研发的农村综合信息发布系统，县气象局安装在乡镇各地的电子显示屏发挥了很大作用。通过农村综合信息发布系统电子显示屏向农户提供天气预报、气象灾害预警信息及农业气象常识等服务，努力做好此项气象服务工作的积极推广，使"为农"服务工作真正落到实处。三是切实加强公共气象服务。按照"一年四季不放松、每次过程不放过"的服务要求，严守岗位，密切监视天气变化，认真分析预报资料，努力做到重要天气及时服务、灾害天气跟踪服务。努力做好每一份天气预报，并每天通过电视媒体向公众播出。并有针对性地开展了"春节""清明节""五一""十一"长假等重要节假日和"两会""中考""高考"等重大活动期间的气象保障服务工作，切实履行公共服务职责，取得了一定的社会效益。③努力提升应对气候变化能力。加强极端天气事件及气候趋势的监测、预报和灾害性天气的短时临近预报及服务工作，提高预报准确率和灾害性天气预警的时效性。特别是在出现重大灾害天气面前（例如1月中下旬持续低温雨雪凌冻、有气象记录以来最为严重的夏季干旱等等），气象局急政府所急，想群众所想，充分发挥气象部门的职能作用，启动应急响应工作流程，积极、主动做好气象服务，为县委、政府防灾、减灾提供科学的决策依据，使灾害造成的损失降到最低限度，取得了较好的社会效益和经济效益。

现化代气象服务体系建设 2011年，"沾益县气象灾害监测预警及防御指挥系统综合业务楼建设项目"已依法依规办理了相关施工手续，主体工程基本完成，预计2012年初竣工投入使用，将进一步提高气象灾害监测、预警及防御能力、气象预报技术水平和气象综合服务能力。

人工增雨防雹工作 为确保沾益县2011年人工增雨防雹工作的顺利开展，政府协调落实经费180万元，县气象局根据沾益县小气候特点以及现有基础设施等实际情况，在烤烟种植连片集中地区、冰雹入侵主要路径及降雨集中区，合理布设15个人工增雨防雹作业点，其中固定"三七"高炮作业点14个，流动火箭作业点1个）。认真做好高炮年检，电台通信设施维修维护，指挥员、高炮维修员及全体作业民兵培训等前期准备工作。加强安全管理措施，严格执行各项规章制度，并实行风险金责任追究制，与各炮点签订了责任状缴纳风险抵押金。全体增雨防雹作业人员放弃所有节假日，密切关注天气演变，不放过任何一次作业机会，科学分析、果断决策、沉着指挥，全力以赴，加强空中与地面安全管理，确保增雨防雹工作"安全、科学、有序"地开展，受到县委县政府的高度赞扬。

气象行政执法工作 县政务中心创建以来，县气象局始终高度重视，认真按照县政务中心组建要求，选派了1名业务能力强、工作经验丰富的工作人员到窗口工作，选派1名副局长任首席代表。进驻的项目有3项：防雷装置设计审核和竣工验收、施放气球活动的审批、大气环境影响评价使用气象资料审查。进驻政务中心的项目在办理的过程中都能按照有关规定及程序办理，办结率为100%。所有业务均严格按照规定办理，2011年内共下达整改指令书16家，防雷图纸报审通知18家，竣工验收3家，施放气球活动审批1家。

防雷减灾管理 2011年，县气象局依法行政，加大执法力度，全面对沾益县辖区内的厂矿企业进行安全生产大检查，重点检查了城区建（构）筑物、煤矿、非煤矿山、加油站、油库、危险化学品场所、烟花爆竹仓库等防雷、防静电装置及防御气象灾害的相关措施，进一步加强了防雷行政执法力度，对检查中发现的隐患及时发出整改通知书，并在市局执法支队的帮助下，对豪洋房地产、中劲房地产进行查处。

2011年沾益县气象要素情况表

要素 月份	气温（℃）	降水（mm）	日照（小时）
1	5.2	32.0	116.0
2	11.6	5.2	237.2
3	10.0	21.7	158.1
4	17.1	9.9	224.7
5	18.9	24.5	230.1
6	20.7	105.3	205.0
7	21.2	35.9	217.8
8	20.1	26.3	239.1
9	18.7	113.9	138.1
10	15.0	30.8	126.3
11	11.7	12.9	201.0
12	7.1	8.5	93.3
全年	14.8	426.9	2186.7

2011年沾益县异常气象年表

	历史值	出现时间	记录年代	更新值	出现时间
3月下旬旬平均气温	8.3	1994.3下旬	1951-2011	7.6	2011.3下旬
6月上旬旬平均气温	20.9	2005.6上旬		21.0	2011.6上旬
7月下旬旬平均气温	20.8	2009.7下旬		22.2	2011.7下旬
7月月平均气温	20.8	1952/2010.7		21.2	2011.7
7月上旬降水量	0.9	1972.7上旬		0.2	2011.7上旬
7月月降水量	86.0	1992.7		35.9	2011.7
8月月降水量	39.7	2003.8		26.3	2011.8
年降水量	618.1	1992		426.9	2011
7月地面平均最高温度	49.8	2006.7		50.5	2011.7
8月地面平均最高温度	49.6	2010.8		54.0	2011.8
11月地面平均最高温度	35.5	1984.11		36.8	2011.11
9月平均最低气压	808.2	1992.9		807.7	2011.9
9月极端最低气压	803.6	1989.9.4		803.4	2011.9.7
7月下旬旬日照时数	91.1	2006.7		98.0	2011.7下旬
8月中旬旬日照时数	84.8	1992.8		86.2	2011.8中旬
7月月日照时数	202.1	2006.7		217.8	2011.7
8月月日照时数	229.9	1990.8		239.1	2011.8
12月月日照时数	115.3	1973.12		93.3	2011.12

（王　燕）

农　机

综　述　沾益县农机化工作主要职责是：负责组织实施农业机械安全生产监督管理和安全宣传教育；组织农业机械化新机具、新技术的引进、试验、示范、推广和研制改装；组织开展农业机械驾驶操作人员的培训考试及实用技术培训；负责农业机械产品质量监督管理和受理产品质量投诉；组织开展抗灾抢险和机械化农业生产；负责为农民、农机户和农机作业服务组织提供各类农机信息服务;负责调查处理农机事故和农机具鉴定工作。

2011年，全县农机化工作在县委、县政府的正确领导和上级业务主管部门的大力支持下，农机系统干部职工坚持以邓小平理论和“三个代表”重要思想为指导，结合开展创先争优活动，认真贯彻落实科学发展观，紧紧围绕“确保粮食安全、确保农民增收、促进农村经济繁荣发展”的工作目标，切实加强领导、明确责任、强化措施、狠抓落实，圆满完成上级下达的各项目标任务。

烤烟移栽覆膜机进行覆膜作业　（刘国辉　供稿）

1．机械化作业水平大幅提高。全年完成农机作业面积81.15万亩，超额完成任务数的0.19%；完成农机耕播收面积56.99万亩，超额完成任务数的9.59%；机械耕耙面积36.2万亩，机播1.15万亩，机收1.98万亩。

2．农机拥有量持续快速增长。在中央财政购机补贴政策带动下，全县农机拥有量快速增长，装备结构进一步优化。年底全县农机总动力达29.27万千瓦，超额完成任务数3.57%；新增农机动力1270万瓦特，超额完成任务数的12.7%。拥有拖拉机8734台（其中大中型拖拉机2408台，小型拖拉机6326台，配套农机具6366台）。联合收割机28台。

3．落实购机补贴政策效果显著。全年落实中央财政购机补贴资金382.25万元，省级财政购机补贴资金9万元，县烟草公司购机补贴资金246.21万元，共计637.46万元。共补贴农户购置各型农机具697台，拉动农户投入资金1100万，受益农户325户。

4．农机安全生产形势稳定好转。认真贯彻落实有关农机安全生产法律法规，坚持“安全第一、预防为主、综合治理”的方针，进一步加大拖拉机道路交通安全监管执法力度，严厉打击拖拉机违法载人、客货混装、无牌无证驾驶等违法违规行为，杜绝重特大农机安全生产事故发生，确保人民群众生产财产安全。加强农机安全生产宣传教育工作，提高广大人民群众安全意识，全年共印发各种宣传资料9500余份，宣传读本620本，安全手册350本，组织安全宣传日活动4次，参学人员3000人，安全日活动参学率达92%。办理拖拉机检验2780注册登记327。

5．农机化技术推广工作成效显著。围绕全县农业产业结构调整实际，按照“因地制宜、合理引导、加快推广、服务产业”的发展路子，积极争取各级财政和烟草部门增加购机补贴资金投入，加快农机新机具、新技术推广步伐。在农户自主选择购机的基础上，合理引导农民购买适合沾益县农业生产发展的新型农机具。逐步推广水稻、大麦、马铃薯、烤烟等农作物生产和农产品深加工新机具、新技术。

6．农机实用技术培训工作明显提高。依托县农机职业技术学校资源优势，认真开展农村劳动力转移就业“阳光工程”培训。全年共培训拖拉机驾驶人员220人、农机操作手450人。

购机补贴政策效果显著　2011年，全县落实各级各部门购机补贴资金共计637.46万元，补贴农户购置各型农机具697台，拉动农户投入资金1100万，受益农户325户。其中，全年沾益县争取中央财政农机购置补贴资金360万元，省补资金9万元。具体补贴购置情况如下：

拖拉机198台，补贴资金为206.59万元；旋耕机61台，补贴资金为10.63万元；起垄机64台，补贴资金为11.52万元；铧式犁104台，补贴资金为12.14万元；耕整机1台，补贴资金为0.17万元；微耕机90台，补贴资金为16.2万元；半喂入联合收割机6台，中央财政补贴资金为19.2万元，省级补贴资金为9万元；根茎作物收获机械7台，补贴资金为14万元；栽植机械50台，补贴资金为44.5万元；茎秆收集处理机械50台，补贴资金为10万元；地膜覆盖机50台，补贴资金为4.8万元；秧盘播种成套设备5台，补贴资金为5.25万元；农用挖掘机1台，补贴资金为5万元。

（张宗稳）

烟 草

责任编辑 张丽芬

综 述 2011年是“十二五”规划的开局之年，沾益县烟草专卖局（分公司）在县委、县政府和市烟草专卖局（公司）的正确领导下，严格按照“卷烟上水平”总体要求，紧紧围绕“打造卓越烟区，创建一流企业，努力做优做强曲靖烟草”的战略目标，以“强基固本谋发展，精细管理上水平”为主线，坚决贯彻落实市烟草专卖局（公司）“两会”精神，全体干部职工团结奋战，狠抓基础，扎实工作，圆满完成了上级公司下达的各项任务指标，经济运行呈现了持续良好的发展态势。2011年，全县种植烤烟14.75万亩，收购烟叶41.94万担（含收购合同内丰产烟叶1.94万担），实现产值3.92亿元。销售卷烟1.61万箱，比上年增3.63%；累计完成销售含税金额3.3亿元，比上年增15.79%；实现不含税毛利7523万元，比上年增17.42%；实现单箱值2.045万元，比上年增11.93%。

李竞楠 供稿

1．烤烟生产工作。2011年，全县遭遇了自1951年有气象记录以来最严重的夏旱。面对旱情，全公司上下统一思想，及时行动，全力以赴打好这场抗旱攻坚战，保证了烤烟生产收购工作的圆满完成。①抗旱攻坚战部署早，响应快，效果好。县烟草专卖局（分公司）紧急动员，及早部署，始终把抗大旱作为烤烟生产工作的重中之重来抓。一是加强领导，落实责任。实行包杆责任制，做到工作措施到位、人员责任到位。二是积极响应县防汛抗旱应急预案，机关干部职工挂钩到烟站，开展抗旱保苗助烟农促生产活动，烟站职工始终坚守抗旱一线，推动烤烟抗旱工作的有效开展，同时加大经费投入，共投入抗旱资金150余万元。三是充分发挥烟水工程的优势，安排调度好水源，水源较远或无水源的地块，千方百计动用汽车、拖拉机、农用车、蓄力车拉水栽烟，加快移栽进度，全县于5月5日全部结束移栽，确保了最佳节令。四是充分发动烟农开展抗旱自救，广辟抗旱水源，采取各种有效措施，千方百计扩大烟地抗旱浇灌面积，抓好烤烟抗旱促中耕管理措施的落实。五是加强天气变化监测，及时做好天气预报，协调全县14个固定作业点和1个流动作业点，适时进行人工增雨抗旱作业，确保烟株正常生长。六是加强对烤烟生产各环节的技术指导，特别是做好干旱条件下烘烤技术的指导工作，引导烟农减少烘烤损失，提高烘烤质量。②优化烟叶结构措施多，责任细，工作实。一是思想重视，健全机构。成立了沾益县提高优质烟叶有效供给能力工作领导小组，出台了《关于优化烟叶结构领导班子和科（室）挂钩联系工作的通知》《优化烟叶结构清除不适用烟叶田间生产技术规范》《优化烟叶结构不适用烟叶田间处理办法》等文件，为优化烟叶结构工作打下坚实基础。二是宣传到位，行动统一。自上而下逐级召开提高优质烟叶有效供给能力工作会议，充分利用网络、电视、广播、手机短信、宣传手册、宣传光碟、画册及挂图、宣传栏及展板、告烟农通知书、标语、宣传资料等渠道，及时进行全面深入宣传。共召专题会议4次，举办烟农座谈会或培训会16场1.42万人次，发放粘贴宣传画册19380份、《优化烟叶结构烟农手册》18300份，发布手机宣传短信2万余条，通过县电视台发布新闻3条，报纸、网络等媒体发布新闻12条。通过宣传，形成了全社会关心、支持和参与提高优质烟叶有效供给能力的浓厚氛围，使提高优质烟叶供给能力的意识和观念深入人心。三是科学规划，监督有力。结合实际情况，把全县销毁田间不适用烟叶面积实行合理划分，其中鲜烟叶做肥料使用销毁48675亩，包括压入果园78片，处理面积22125亩；压入林地106片，26550亩。鲜烟叶集中堆捂发酵后作农家肥销毁98825亩，包括荒山、荒坡处理点68个，处理19175亩；空闲地集中处理点89个，处理20650亩；集中处理池97个，处理面积30975亩；村庄堆捂地点97个，处理面积28025亩。成立优化烟叶结构不适用烟叶田间处理督导组，深入各乡镇开展不适用烟叶田间处理督导工作，按照“直接、方便、经济、有效、定时、定点、定量”的要求，严格执行工作流程，做到不漏一户、不少一片。全县共处理不适用顶叶烤烟大田398片，处理鲜烟叶5900吨，圆满完成了不适用田间烟叶处理工作。③工商研特色烟叶合作开发稳步推进。与全国工作企业开展深度合作和开发。制定了《大坡基地单元规划》和《菱角基地单元规划》，并通过省、市烟草专卖局（公司）基地单元规划评审，大坡基地单元规划在国家局基地单元评审会上顺利通过。大坡和菱角基地单元分别紧紧围绕福建中烟工业公司“七匹狼”品牌和陕西中烟工业公司“好猫”品牌原料需求，签订了年度合作协议，开展工商研三方深度合作。其中，菱角基地单元特色优质烟叶开发于7月下旬顺利通过省公司及国家局特色优质烟中期检查评估并获得好评。在大坡乡和菱角乡组建“大坡乡阳光烤烟种植专业合作社”“菱角乡星光烤烟种植专业合作社”“大坡乡烤烟综合性服务专业合作社”“菱角乡烤烟综合性服务专业合作社”四个农民专业合作社，为沾益县烤烟生产组织模式和专业化服务体系发展探索迈出了实质性的一步。

2．卷烟营销工作。按照“卷烟上水平”要求，紧紧围绕市局（公司）卷烟营销目标计划，以“打基础、提结构、增效益”为主线，以“打造服务品牌，建设满意终端”为主攻目标，提升整体营销综合能力，卷烟营销取得了新突破。全年共计销售卷烟16167.4986箱，实现单箱值2.045万元，比上年增11.93%；全年累计销售一二三类卷烟11620.5276箱，比上年增54.88%。①形象提升。打造“七彩服务情动云岭”服务品牌，深入推进服务品牌提升。统一配发卷烟零售终端展示柜台1500个，更换标价签6万余张，更新维护明码标价签3万余张，更换卷烟商品展示架3.7万个，卷烟零售户展示形象基本统一。全年无客户投诉，客户服务满意度达89.54%，服务品牌形象全面提升。②婚庆促销。全年完成促销1400场次，累计馈赠礼品价值98万余元，婚宴卷烟消费结构得到提升，城市婚宴用烟价位达到20元/包，农村达到10元/包，通过回访调查，满意度达91%。③营销队伍建设。组织召开客户经理例会10期，提出学习讨论主题10个，已有15人取得营销员资格证书，持证率达83%，开展客户经理论坛和QC活动，QC成果研究在全市卷烟营销QC成果发布比赛中获第一名。

3．专卖管理工作。①专卖内管进一步加强。一是对消化处理不适用鲜烟叶生产的重点环节实施监管，确保优化结构规范操作。二是大力加强收购种植合同监管，始终把专卖管理监督贯穿于烟叶生产全过程。三是加强烟用物资监管。督促执行有关制度，建好物资、种子供应购、销、存和发放台账，并全程参与监督剩余烟苗销毁。四是加强卷烟销售和物流配送监管，杜绝卷烟销售“体外循环”行为。专卖内管的内容、范围和程度都进一步加强。②市场监管成效明显。切实加强市场监管，坚持日常巡查和集中整治相结合，突出对重点领域的监控打击力度，深入开展打假打私打非专项行动。全年出动稽查人员2009人次，车辆651车次，检查零售户8655户次，查获各类涉烟违法案件248起，查获各类违法卷烟14483.4条，无证运输烟叶7100千克，总标值达1413609.35元。上缴罚没款357931.54元。有效规范了“两烟”市场经营秩序，营造了良好的市场环境。③维护收购秩序有力。一是成立了维护收购秩序领导小组，及时组织召开维护烤烟收购秩序工作会议，出台工作意见，与各乡（镇）签订了责任书，确保责任落实到位。二是加大设卡堵流力度。全县设立“两烟专卖管理执勤点”60个，流动卡点68个，参与堵卡工作人员达805人。三是加大烟叶案件查办力度，成立联合检查组2个，查获非法囤积烟叶案件2起，涉案烟叶45.98担；非法运输烟叶案件2起，涉案烟叶272担，总案值达15万余元。

4．基础管理工作。①财务管理不断加强。着力提高以预算管理为主线的财务管理水平，不断规范财务管理。一是全面加强预算管理，各部门配备兼职预算管理员，并加大培训指导力度，全员参与预算管理的意识和编制预算的水平不断提高，预算编制的科学性和针对性明显增强。二是不断规范行业内会计基础，进一步提高会计核算、财务监督管理基础和会计信息质量，为企业管理决策提供了有力的支持与服务。三是完善了资产管理信息系统化建设，实现了实物资产动态监管，确保了国有资产安全完整，变更新办国有资产权证92份，维护了国有资产权益。四是认真做好国家局资金监管系统的上线应用工作，制定了资金监管系统及相关事项操作规范，确保了资金监管系统正常运行。五是组织实施全面审计自查工作，对生产经营和财务管理中存在的不规范行为进行全面整改。②纪审工作扎实有力。紧紧围绕企业中心任务开展纪审工作。一是严格落实行政问责制。签订廉洁自律承诺书157份，对烟叶入库等级合格率偏低的站长行政问责处理1人次，点长给予待岗处理13人次。二是切实履行监管职责。出具经济业务合同监管报告33份，招投标项目监管报告14份。三是认真查办信访举报案件。全年接到信访举报件3件，及时督办处理2件，立案查处1件。③人事管理有效推进。一是积极开展培训工作。组织职工外出培训206人次，组织各类专业技术和岗位技能培训75人次，增强企业发展后劲。二是做好人才选拔工作。组织参加市局（公司）副科级岗位竞争5人，提拔使用中层干部15名，平级调整4名，免职1名，达到最大任职年龄不再任职1名。三是加强干部职工基础信息管理，完善了企业人力资源信息库。④安全管理水平有新提高。一是完善体系文件。发布了《收购期间烟叶站（点）安全管理规定》《安全文化建设实施方案》等7项管理制度。二是加大安全投入。2011年投入安全基础设施建设资金795万余元，重点维修和改造站、点的安全基础设施，安装了电视监控设备、火灾自动报警、广播、电子巡更等系统，新建消防水池及管网7项，提高了安全技术防范水平。三是以各类危险源的监控管理为重点，强化安全检查，全年未出现任何安全责任事故。四是稳步推进企业安全文化建设。开展安全文化知识培训，制作安全文化长廊，营造良好氛围，推进安全文化形成。

（杨帆思航）

旅　游

责任编辑　张丽芬

综　述　沾益县旅游局为沾益县人民政府工作部门，正科级，参照公务员法管理事业单位。2011年末，内设办公室、行业管理科、规划发展和市场开发科3个职能科室。暂核定编制8人，实际在编人员9人，其中局长1名，副局长4名，股所级领导职数1名，工作人员参照公务员法管理，推行公务员制度。珠江源九龙生态园管理服务中心由政府直属事业单位调整为旅游局下属财政全额拨款股所级事业单位，核定事业编制8名，其中主任1名（股所级），副主任1名（股所级），专业技术人员编制为总编制的70%。县旅游局主要职责为：按照沾益县旅游业发展规划，指导各景区（点）及旅游区域的规划、开发与建设；维护旅游市场秩序，提升服务质量，处理好旅游投诉事件；监督、检查全县景区（点）、宾馆、饭店、度假区、农家乐、旅行社、旅游车船和特色旅游项目等各类旅游设施和服务标准是否达标；认真做好全县宾馆评星工作和星级宾馆从业人员职业技能、外语双达标的培训及考核工作，同时做好景区（点）导游队伍管理、培训、考核工作；抓好旅游基地设施建设，坚持政府引导和市场导向的原则，积极拓展投融资渠道，进一步扩大开放、做好服务，加大旅游项目招商引资力度，确实加快旅游基础设施建设；组织和协调全县旅游宣传促销活动及参加国内外宣传展览，负责涉外旅游事务的联络、交流与协作；做好全县旅游统计和旅游经济运行分析工作；负责全县旅游行业管理工作，监督和管理旅游市场和服务质量，管理旅游投诉、指导旅游行业精神文明建设，旅游安全生产工作；做好全县旅游业各种信息的采集、撰写上报工作；完成县委、县政府及上级主管部门临时交办的其他工作。

李竞楠　供稿

2011年，县旅游局在县委、县政府的正确领导和市旅游局的关心指导下，紧紧围绕县委三届十四次全会确定的工作目标，学习实践科学发展观，以项目推进为重点，以节庆活动为亮点，以主动促销为策略，以行业管理为保障，使全县旅游业保持了持续、快速、健康的良好发展态势。全县共接待游客51.14万人（次），实现旅游综合收入2.68亿元，比上年增6%和10%，圆满完成了全年目标任务。

1. 旅游项目顺利推进。西河公园项目、沾益珠江源风景区旅游项目、云南省首批乡村旅游特色村沾益龙华村等项目建设有序推进。一是推进氛围浓。县委、县政府高度重视旅游项目建设，县分管领导多次听取汇报，调研相关工作，亲自协调解决项目推进中的有关问题。县政府还召开沾益旅游发展规划、珠江源基础设施建设等专题会议，全力解决一些阻碍项目进展的制约因素，加快资源整合，确保开发建设工作取得明显成效。二是推进合力强。全县各部门思想统一，行动统一，根据旅游业发展面临的新情况、新形势，在立项审批、规划编制、提供资金等全方位保障旅游项目的推进工作。三是推进速度快。再建和新建的旅游项目共5个，完成旅游投资3400多万元。其中，投资550万元完成珠江源基础设施项目建设，新建珠江源马雄山观景楼，整修旅游步道1366米，规划建设景区大门两侧生态绿化工程，改造旅游公厕3个，修缮翻新迎宾楼、霞客草堂餐厅等基础设施；投资2100万元完成沾益至大坡公路建设，完善旅游交通标示系统，改善了海峰湿地景区可进入性；投资600多万元启动云南省首批乡村旅游西平龙华特色村二期建设工程；投资155万元，完成了西河公园工程方案设计。

2．旅游宣传工作。一是投入1200多万元资金用于打造提升珠江源旅游品牌知名度。其中，投资30万元，邀请云南金钥匙管理公司和深圳哈林影视文化传播有限公司为沾益县摄制旅游文化宣传片；投资600万元，拍摄以沾益县奇丽秀美的山水为背景，以历史文化、民风民俗为素材的60　80集动漫宣传片；投资500万元举办第七届珠江源美食文化节大型系列活动，与云南电视台、曲靖电视台等强势宣传媒体合作，推出5秒、15秒黄金时段沾益宣传广告片，通过强势宣传，大力提升珠江源旅游品牌知名度。二是组织实施并完成“五个”旅游文化精品工程。编写了《上善若水之珠江情怀》一书，以图文并茂的形式展示了沾益丰富的旅游资源、优美的自然风貌和独特的人文景观；高标准制作了沾益旅游风光宣传片、旅游宣传图册、旅游歌碟等；创作“情满珠江源”“美在沾益”两首新歌；委托金钥匙管理公司举办“珠江源美食”书画摄影大赛，将征集到的优秀作品编辑成册，通过第七届珠江源美食文化节暨沾益万寿菊赏花节活动作为礼品分送给参会嘉宾，大大提升了沾益旅游知名度；将我县“辣子鸡”“花乡绣韵”等具有沾益特色的旅游商品通过节会宣传等形式推向市场。

3．旅游节庆活动。一是成功举办了“第六届珠江源登山越野挑战赛”和“第五届珠江源自行车越野挑战赛”活动。通过电视、电台、报纸、网络、新闻发布会等多种形式的宣传报道和近万名各地参赛运动员的参与，赛事活动营造了珠江源独特的气势与魅力，形成了独具沾益特色的节会旅游体育文化产品，有力地打造了“珠江源”品牌，提升了珠江源和沾益县的知名度。二是举办了以“唱响沾益，畅享美食”为主题的“曲靖市第七届珠江源美食文化节暨沾益万寿菊赏花节”大型活动。通过活动的成功举办，进一步促进了沾益餐饮与美食文化的整合提升，展示了曲靖旅游与美食文化强烈的吸引力和广阔的发展前景，着力提升“游到云南、吃在曲靖、特色在沾益”的品牌效应。

4．旅游管理工作不断加强。以全面打造沾益“品质旅游”为目标，不断创新管理，规范服务，树立形象，提升沾益县涉旅企业的整体档次。一是加强软环境建设。为更好地服务企业、服务行业，沾益县制定并在相关网页发布了《沾益县优化旅游软环境的实施意见和旅游行业初审（转报）制定实施细则》，使服务制度化、方便化。二是加强服务意识。积极做好县内星级饭店复核评定指导工作、旅行社年检、导游人员年审、珠江源风景区AAAA级年度复核指导工作。加强行风建设，及时召开旅游行业建设工作会议，并开展一系列明察暗访活动。三是加强安全管理。召开了全县旅游行业安全生产工作会议，在全县旅游系统大力开展“旅游安全自查自评”活动，组织开展水上旅游项目安全、消防安全等培训活动，要求全县涉旅企业、景区景点牢固树立“没有安全就没有旅游”的观念，把旅游安全作为工作的重中之重抓紧落实。围绕迎接“春节”“五一”“十一”黄金周，积极组织开展旅游安全大检查和旅游市场秩序大整顿，启动景区环境专项整顿和治理工程，加强旅游投诉的受理和立案调查等工作。2011年，全县开展旅游联合执法大检查8次，出动检查车辆20台次、执法人员15人次，进一步规范了全县旅游市场，全年无一件旅游投诉事件和旅游安全事故发生，树立了安全、诚信的旅游城市形象。

举办“曲靖市第七届珠江源美食文化节暨沾益万寿菊赏花节活动”

2011年7月～31日，沾益县举办“曲靖市第七届珠江源美食文化节暨沾益万寿菊赏花节活动”。活动内容包括8大系列，即举办由王力宏、陈慧娴、央金兰泽等明星倾情出演的“唱响沾益、畅享美食”大型文艺晚会；与省内外旅游行业协会自驾车分会携手，组织“沾益海峰湿地自驾游”，按照拟定的美食旅游路线开展体验美食乐趣自驾游；举办以“观珠源神韵、看花海人家、赏民俗文化、游园林县城、促产业发展”为主题的万寿菊赏花会；特邀“中国糖艺第一人”曹继桐制作精湛的糖雕艺术品，举办美食雕刻展；组织全市名特产品、旅游商品商家举办美食街、商贸街；围绕“唱响沾益、赞美美食”赶歌会；推荐具有代表性的曲靖美食特色餐饮企业开展玩转云南、吃遍曲靖活动；举办“品美食、享美食、赞美食”迎宾盛宴。本届美食文化节呈现出五大亮点，一是二合一办节，扩大感召力和影响力。把美食文化节和现代农业观光（万寿菊赏花会）结合起来，是本届美食节呈现的亮点之一。二是旅游文化元素浓厚。本届美食节新创作了“吃在曲靖”“情满珠江源”2首本土歌曲，在开幕式大型文艺演唱会上配着舞蹈《炫动美食》搬上了舞台，让美食文化深入人心。三是节会带动区域内经济发展效果明显。美食节活动的举办，带动了以沾益为中心的麒麟、马龙、师宗、罗平经济发展。四是市场化运作节会活动。充分发挥市场的导向作用，委托金钥匙管理公司全程筹办美食文化节大型文艺晚会，各大商家充分利用美食节平台，通过美食街、商贸街营销产品，促进企业发展。五是力推自驾游野外露营地。美食节海峰湿地自驾游活动，共有8000余人，1500余辆自驾车参加，海峰湿地自驾游野外露营地得天独厚的自然条件和浓郁的民族风情得到全方位展示。

参加2011年中国国际旅游交易会 2011年10月27～30日，为进一步开拓客源市场，县旅游局组队参加在昆明举行的2011中国国际旅游交易会。期间，沾益县通过组织丰富多彩的敬酒歌表演、娱乐互动等节目，大力宣传推介沾益特色景点、精品线路、旅游风采以及旅游商品，吸引了大量旅游同仁及游客的眼球；积极与各大旅行商、旅行行业协会等各界旅游同仁进行深入交流，全面宣传推介了沾益县驱车直达大江源头的旅游风采。共发放沾益旅游宣传资料4000余份、宣传光碟300多张，在更广范围和更高层次上宣传了沾益，取得了丰硕成果。

电影《闪婚总动员》在沾益拍摄 2011年11月24日，沾益县投资30万元，与国家广播广播电视总局电影卫星频道节目制作中心电视电影部北京力尊嘉艺文化传播有限公司合作，利用珠江源及海峰湿地优美的自然风光，为2011年贺岁喜剧片《闪婚总动员》提供唯一的外景拍摄场地，著名导演吴兵执导该片。《闪婚总动员》在沾益拍摄，将沾益旅游宣传推向一个更高、更广的层次。

《沾益县旅游产业发展总体规划和重要景区概念性规划》编制完成 2011年，沾益县按照全县旅游发展总体要求和定位，紧紧围绕旅游业六大要素，投资168万元邀请上海复旦建筑规划设计研究院高起点、高标准、大手笔编制完成《沾益县旅游产业发展总体规划和重要景区概念性规划》。

圆满完成2011年珠江源风景区森林防火工作 2011年，在县委、政府的正确领导下，在县森林防火指挥部的指导和炎方乡党委政府的关心下，通过珠江源风景区周边五个村委会和全体职工的共同努力，圆满完成了全年森林防火工作。一是加强领导，健全机制。二是编制方案，落实责任。制定了《珠江源风景区森林防火工作方案》和《应急处置预案》，切实做到有章可循。景区制定了车辆进出登记表、巡山蹲点记录表、夜查防护登记表等多种材料。三是加大宣传，防患未然。自进入防火期来，在大门口设立火源检查点，安置防火提示牌。四是人员到位，物资充备。五是强化领导带值班制度，确保24小时有人值班，做到信息通畅，上下通达，保证在第一时间传递信息。根据《2011年珠江源风景区森林防火工作方案》的要求，县森林防火指挥部、县旅游局共组建了一支20人的专（兼）职森林防火扑火队伍。队员按照县防火指挥部的要求，严格遵守规章制度，统一配置防火服装、手电筒、风力灭火机等扑火装备，定期进行培训，掌握火灾扑救的基本知识，一旦发生火情，做到召之即来，来之能战，战之能胜。珠江源风景区坚持以风景区为主体，不断加强与炎方乡林业站、进驻珠江源扑火队、周围五个村委密切联系、沟通，合作，相互理解，相互支持，实现资源、信息互通，做到“区域有界、防火无界”，确保珠江源片区森林防火安全。

《上善若水之珠江情怀》《文化曲靖沾益》展示旅游特色 《上善若水之珠江情怀》《文化曲靖沾益》两本书以图文并茂的形式展示了沾益丰富的旅游资源、优美的自然风貌和独特的人文景观，进一步提升了沾益旅游文化内涵，充分展示了珠江源旅游形象，让珠江源大旅游深入人心，大力营造沾益旅游“二次创业”的良好氛围，围绕沾益各具特色的旅游资源为主线，全方位、多层次展示了沾益县旅游资源的特色和优势。

旅游质监执法工作 2011年，县旅游局牢固树立“安全是旅游业的生命线”科学发展理念，始终坚持把安全工作放在首位，严格落实安全生产“一岗双责”各项安全工作，做到了有部署、有计划、有行动（检查）、有总结。切实把旅行社租用车辆和团队运行安全、旅游道路交通安全、食品卫生安全、消防安全、假日旅游安全、水上安全和特种设施设备安全等作为检查重点，在落实责任、强化监管、治理隐患、完善制度等方面加大了工作力度，确保全县旅游安全工作督查到位，万无一失。制定了“旅游安全生产”和“黄金周”及小长假等安全工作方案，明确了要求，落实了责任。在“行业安全大检查”、专项检查行动中，通过明查暗访了解情况，提出整改意见，检查做到了全面、细致，一处不漏、一个环节不差，检查内容不仅限于旅游重点设施安全，还涉及食品卫生、治安、旅游交通等安全工作。通过检查和整改，切实保障旅游者的生命、财产安全。

沾益旅游主要景区景点选介 珠江源。国家AAAA级旅游区、国家森林公园。沾益县位于云南省沾益县东部，距曲靖市47千米，属山岳型自然风景区。1985年，经国家水利部珠江水利委员会长期考证勘定，正式确定马雄山为珠江源头。珠江源保护区面积12.5平方千米，马雄山海拔2444米，从马雄山顶东侧下至半山腰，上下两个洞口流水潺瀑，即是珠江正源。由于得天独厚的水文条件，形成了“一水滴三江（南盘江、北盘江、牛栏江），一脉隔双盘（南、北盘江），一线串五湖（五个湖泊）”的奇异景观。景区实体完整性较强，基本保持了原来的形态和结构，凭借“山”“水”“树”“洞”“花”五大优势，组成了“珠江源”绚丽多彩的自然风貌。景区内有国家各类重点保护动、植物，山势雄伟、林木葱茏、溪流淙淙，植被保护良好，四季不同景，被誉为“天然氧吧”“洁净之地”“绿色健身旅游胜地”。自然景观尤以杜鹃花群著名，有宽钟杜鹃、紫背杜鹃、团花杜鹃、碎花杜鹃等100余品种。景区每年举办“珠江源越野挑战赛”和“珠江源越野自行车挑战赛”。主要景点有珠江源头、珠江第一瀑、珠源碑记、珠源第一罗盘、珠江源石牌坊、霞客草堂、珠源禅寺、福音塔、龙溪涧、滴水湖、野竹林等30余个。2006年，第三届泛珠三角区域合作与发展论坛开幕式在珠江源成功举办。春夏时节走进马雄山，就走进了花的海洋。阳春三月杜鹃盛开的季节，不论走到哪条林荫小道都可以看到满山遍野、如火如荼、五彩缤纷的杜鹃花花海奇观，完全投入“万朵马樱红似火，几声燕语人欲仙”的美好境界。马雄山长有独特的松树——伏地松（也称盘客松），而得名盘客峰。伏地松枝条不断向周围延伸并相互交缠，步入其中的游人进去容易出来难，所以人们又给它取了个雅称——留客松。伏地松虽然永远无法长高，只有平地而卧，但它却有很多用途，同样为人做出了很大贡献，故有诗为证：虬枝伏地盘客松，遥望不知在此中。登临才见姿容美，亦随龙马行在空。马雄山除海拔高以外，还有水利史上的一大奇观，那就是一水滴三江，一脉隔双盘的天下壮景，故文人附诗一首：乌蒙磅礴起雄峰，龙马奔腾云雾中。两盘三江源于此，珠水长流势向东。诗中“两盘三江源于此”指的就是马雄山由于其特殊的地形地貌，独特的地理。马雄山北受乌蒙山的压迫，西有梁王山钳制，南被哀牢山挡住去路，形成一个三角地带，形成分水岭，水流朝三个不同的方向流淌，形成三条河流，一部分向东流，形成南盘江，一部分向北流，形成北盘江，一部分向西地下伏流，形成牛栏江。

海峰湿地。省级湿地保护区，位于县城西北15千米处的大坡乡，景区面积6.67平方千米，由烂石坡海子、干海子、背海子、黑滩河四块湿地构成了具有山、水、林、石、洞、潭及草地为一体的典型的喀斯特湿地景观。景区内的山势高峻、悬崖陡峭嶙峋，分布着大大小小的奇石险峰、石林、溶洞、天坑和大面积的沼泽地，栖息着黑颈鹤、黑鹤、白鹤等国家一级保护动物。主要景点有“鲤鱼塘”“犀牛塘”“大洞塘子”“毡帽箐塘子”“小牛塘”“月牙塘”“小石林女儿泉”“城门洞”“三山八洞一崖”“九十九山”“九十九峰”等。每年8月举办“万寿菊赏花会”“湿地彝族火把节”等节庆活动。是生态旅游、科考旅游、休闲观光、游览度假的理想场所。

彩云洞。地处县城北部的花山工业园区，距曲靖城40千米，是一组典型的喀斯特地貌地下溶洞群。洞体全长4000余米，地表及洞顶达150米，出口在花山湖尾部，由8个主洞、8个支洞组成。洞中聚集着岩溶洞穴地貌的多种景观，有石瀑布、石笋、钟乳石、石幔、石柱、石花、石芽等，真所谓“水晶流成瀑，玉石堆成山，翡翠串成帘，岩石结成冰”一些岩石已经形成玉石和水晶石。

七彩大峡谷。牛栏江“七彩大峡谷”地处县境内，上至大坡河尾，流经菱角，下至德泽小江，全长57千米。是一条万丈深渊的大峡谷，峡谷两岸悬崖高低差最大处达1500米左右，由“天篷谷”“幽魂谷”“空灵谷”“红岩谷”“仙人谷”五大景区组成。两岸石壁呈红、黄、白、蓝、青、紫等色调，与岸边繁茂的植物和多彩的瑞云、彩霞相辉映，故名“七彩谷”。谷内五彩缤纷的峭壁天然生成，祥云缭绕，群峰耸翠，沿谷而下，景色千变万化，时而怪石嶙峋，时而飞瀑如花。江中石头怪异狰狞，形态各异，江水奔腾咆哮，时而飞溅出漫天水花，发出震耳欲聋的轰鸣，宏伟壮观。

星级宾馆简介　玉龙宾馆位于珠江源头，伫立在南盘江畔，驻足在玉龙小区。交通便利、环境优美、装修典雅、设施完备功能齐全、服务上乘，集吃、住、娱乐、健身、游泳、休闲于一体的二星级涉外宾馆。宾馆含豪华套房、豪华标间、普通标间，单、双、三人间共38间，多功能会议厅、健身房、中西餐厅、美容美发、网球场、购物中心、茶室、棋牌室、KTV包房、啤酒屋、书吧应有尽有。独树一帜的商务中心，提供国内外长途、客户保险箱、打字、传真、复印、特快专递、邮寄、代订票、旅行社业务供游客选择。

沾化宾馆是一所以食、宿、娱乐为一体、综合性很强、设备齐全的一流服务设施，是珠江源头花山湖畔唯一按星级标准施工建设的涉外二星级宾馆。客房1～5楼是取东、西方建筑艺术、独具匠心的别墅建筑，共34间豪华的客房，宾馆的多个餐厅，能提供多种美味佳肴和大众快餐，无论驰名云南的地道曲靖菜，还是正宗的花山各式风味火锅，皆应有尽有，此外宾馆还配有会议室、网球场、活动室等办公娱乐设施，各种建身器械将满足游客的不同需求。

（林冬琴）

工业贸易

责任编辑　张丽芬

经　贸

综　述　根据《沾益县人民政府机构改革实施意见》的精神，撤消原沾益县经济局、煤炭局、商务局、科技局、信息产业办，组建沾益县工业经贸和科技信息化局，加挂沾益县中小企业局、沾益县无线电管理办公室、沾益县煤炭行业管理办公室牌子，为县政府工作部门，正科级。承担全县工业、商贸流通和服务业经济运行调节、行业规划、产业政策、节能降耗、多种所有制企业发展的宏观指导、推进技术进步、指导引进重大技术装备的消化创新、中小企业、乡镇企业、个体私营经济管理、企业投资和技术改造投资管理和指导县属企业改革；负责煤炭行业管理、煤矿安全生产监督管理及煤炭产业发展的统筹协调和技术指导；负责全县科技事业管理、协调科普工作及科技计划项目的申报、实施、管理工作，负责全县的专利、知识产权及信息产业工作；负责管理全县国内外贸易、外商投资和对外经济技术合作、市场建设、商贸流通、市场运行调控及招商引资和外事工作等职能。局机关行政编制35名，工勤人员编制4名，设局长1名、书记1名，副书记1名，副局长4名，纪委书记1名。其中1名局领导兼中小企业局局长，沾益县无线电管理办公室副主任1名，股所级领导职数26名。沾益县工业经贸和科技信息化局下设办公室、组织人事科、法规政策科、经济运行科、发展规划及技术创新科、中小企业科（沾益县加快发展非公有制经济工作领导小组办公室）、电力保障科（沾益县三电领导小组办公室、沾益县电网规划建设领导小组办公室）、轻重工业科（沾益县新型墙体材料工作领导小组办公室）、节能和资源综合利用科（沾益县节能减排领导小组办公室）、企业改革发展科（沾益县深化国有企业改革领导小组办公室）、乡镇企业科（沾益县乡镇企业人才培训中心）、安全监管科、煤炭产业规划发展科、煤炭行业管理科、煤炭经营管理科（沾益县电煤协调领导小组办公室）、科技计划管理科、科技宣传与知识产权科、信息资源管理和信息化推进科、无线电管理科、市场商贸管理科（沾益县盐务管理办公室）、市场运行和秩序科（沾益县整顿和规范市场经济秩序领导小组办公室）、对外贸易科、招商引资科、外事管理科、财务审计科（沾益县减轻企业负担领导小组办公室）、效能监察科26个内设科（室）。

丁恒金　供稿

2011年，沾益县工信局克服了连续严重干旱、信贷困难、生产要素制约、原材料价格上涨、安全生产形势严峻等因素的影响，紧紧围绕目标任务，抓好要素保障，提高服务质量，确保全县企业生产经营状况总体良好，工业产品产量总体实现增长，竣工项目的潜力进一步释放。实现了经济形势进一步好转、工业经济高速增长、招商引资工作成效明显、煤炭工业增长强劲、园区建设进一步加强、非公经济平稳增长、科技工作有效开展、信息化建设稳步推进，工贸经济“十二五”开局良好。

1．经济社会平稳较快发展。全县生产总值完成117亿元，增15%。其中，第一产业增加值完成26亿元，增8%；第二产业增加值完成62亿元，增18.4%；第三产业增加值完成29亿元，增14.4%。三次产业结构比由23:52:25调整为22:53:25。完成财政总收入12.35亿元，增18.23%；完成地方财政一般预算收入6.36亿元，增17.15%。城镇居民可支配收入、农民人均纯收入分别实现18074元、5715元，分别增长18.1%、18.7%。

2．工业经济高速增长。2011年，统计监测工业企业180户，从业人员22000人。全县完成工业总产值234.09亿元，增24.37%；工业增加值完成55.5亿元，增19.6%，占生产总值比重由45.98%上升到47.44%。其中，规模以上工业完成工业总产值190.95亿元，增23.72%；工业增加值43.89亿元，增22.7%；主营业务收入192.59亿元，增32.2%；利税总额1.6亿元，减68.58%；利润总额-3.28亿元，尚处于亏损状态。

3．产品产量总体增长。生产原煤51.83万吨，增0.39%；生产洗煤202.36万吨，增10.60%；生产水泥139.14万吨，增11.28%；生产生铁9.83万吨，增58.7%；生产原铝36.60万吨，增79.2%；生产合成氨43.49万吨，增38.1%。生产焦炭331.87万吨，减9.22%；生产合成纤维2.85万吨，减0.2%；生产电石6.31万吨，减12.1%；发电61.43亿千瓦时，减6.1%。

4．商务经济运行良好。全年共签订国内合作项目协议8项，协议引进市外国内资金54.65亿元，到位资金17.26亿元，增40.78%，实际利用外资200万美元；外贸进出口总额5700万美元，增86.4%。完成社会消费品零售总额15.57亿元，增21.22%。销售家电下乡产品40589台（件），金额4478.02万元，补贴家电下乡产品20170台（件），补贴金额557.11万元。家电以旧换新备案中标回收网点5家、销售网点5家，回收旧家电762台，销售新家电595台，销售金额220.52万元，共发放财政补贴20.22万元。全县共屠宰生猪59409头，增10%，出厂生猪产品4574.49吨，病害肉检出率保持在5‰以内，检出病害猪344头，销毁问题猪肉产品30.96吨。成品油供应82788.75吨，销售81026吨，增33.9%。

5．煤炭工业稳步增长。全县生产煤炭产品586.06万吨，减2.35%。其中生产原煤51.83万吨，增0.39%；焦炭331.87万吨，减9.22%；洗精煤202.36万吨，增10.60%。煤炭实现工业产值79.91亿元，增21.20%；其中原煤1.94亿元，增51.99%；焦炭64.28亿元，增15.07%；洗精煤13.68亿元，增55.63%。销售煤炭产品599.95万吨，增2.23%；其中原煤51.83万吨，增0.01%；焦炭349.72万吨，减4.06%；洗精煤198.40万吨，增16.36%。实现销售收入74.77亿元增40.93%，其中原煤1.94亿元，增50.76%，焦炭58.97亿元，增35.86%；洗精煤13.86亿元，增65.68%。全县未发生煤矿安全事故，创建县以来第二次煤矿生产无事故记录年，原煤生产百万吨死亡率为零。

6．科技服务扎实推进。做好科技项目的实施管理，协助博浩公司做好国家级科技富民强县计划项目验收准备，指导大坡乡做好省级科技项目“万寿菊高产科技示范基地建设”的验收，指导龙源生态园做好“科普示范基地建设”项目验收准备工作。专利申请9件，其中发明专利7件。做好科技项目的申报工作，申报的鹏达公司“炉内钙化脱硫矿物粉体材料产业化”项目、宏程公司“防盗防拆封胶带开发与应用”项目分别获得“国家科技型中小企业技术创新基金”扶持资金120万元、70万元。以“携手建设创新型沾益”主题，开展了2011年科技活动周活动。共发放科普资料15000余份，开展蚕桑、中药材、万寿菊、畜牧等技术培训2次，开展科普大篷车进校园系列科普宣传活动1次，科技培训3次及科技咨询160余人次。

7．加快电子政务建设步伐。完成了95个电子公文交换点，并在11月联通了全国电子政务外网，实现了公文交换的无纸化流转。对县五机关大楼的局域网进行改造，建立了物理隔离的内外网系统，提高了网络的安全性和稳定性。利用电子政务视频会议系统召开会议30余次，极大节约了会议成本。信息公开平台公开信息8652条，接入“96128”电话专线548个，成功率91.04%，满意率96.63%。9月份在全县开展无线电宣传月活动，召开了涉台单位座谈会，悬挂布标14条，发放资料100余份。以德国SAP公司的ERP项目为载体，在云维股份开展了工业和信息化融合试点。全县共有67个村委会（社区）接通互联网，覆盖率54.9%。3G基站建设完成22个，信息安全事故率为零。

8．工业投资较快增长。全县完成工业投资38.92亿元，增35.89%，其中加工制造业完成投资24.43亿元。年度内竣工的重大项目有曲靖市中泰新型墙材有限公司30万立方米蒸压加气混凝土砌块项目、曲靖市红利生物质复合燃料有限责任公司10万吨生物质复合燃料、云南通泰生物科技股份有限公司天然色素生产线项目、云南森博特材料科技有限公司2200万平方米纸面石膏板项目、云南鸿森管桩建材技术有限公司200万米预应力混凝土管桩项目，投资0.52亿元、沾益县云鑫煤焦有限责任公司120万吨洗煤项目、云南松林煤炭经营有限公司120万吨洗煤生产线、沾益县明翔煤业有限公司120万吨选煤及资源综合利用、沾益县和兴达选煤有限公司200万吨洗煤生产线。

9．节能降耗压力较大。2011年规模以上工业企业等价值消费量471.17万吨标煤，增20.21%。万元GDP能耗为4.57吨标煤（2010年不变价核算），降2.35%。规模以上工业企业当量值消费量446.59万吨标煤，增5.67%，其中煤炭能源消费360.68万吨标煤减0.98%，电力能源消费69.9亿千瓦时增47.16%。规模以上单位工业总产值、工业增加值能耗分别为2.47、10.74吨标煤，分别下降13.94%、6.20%。从能源消费结构来看，2011年工业企业电力消费有较大增长，在能源消费中的比重不断上升，使得沾益电力消费超过电力产出，能源转入量将逐步上升，造成等价值消费量大幅度上升；从能源消费的总量来看，近年来重工业项目建设仍然占主导地位，工业能源消费还保持着长期增长态势，在一度时期不会有大的改观，节能降耗面临长期压力。全年淘汰沾益县鑫福煤焦有限有限责任公司带化产焦炉一座，通过对企业政策引导，5月底焦炉停产废毁，11月底全面拆除，提前完成年度淘汰落后产能20万吨的任务。

10．工业园区加速建设。2011年，入园企业40余户，其中规模以上工业企业18户，本年新入园企业1户。规模以上工业企业从业人员13339人，增2.81%；实现工业总产值186.30亿元，增42.55%；增加值42.81亿元，增31.04%；主营业务收入188.32亿元，增32.24%；上交税金4.69亿元，增22.50%；受成本费用上升的影响，利润总额-3.32亿元，还处于亏损状态；完成工业投资26.78亿元，增5.93%，其中基础设施建设投资1.65亿元，标准厂房竣工10.5万平方米；进出口总额5700万美元增86.40%，其中出口5694万美元，进口6万美元。

11．非公乡企平稳发展。2011年，全县共有非公经济单位7908个，增9.7%;从业人员24198人，增12.96%；实现增加值45.03亿元，增20.21%；上缴税金5.82亿元，增2.61%；注册资金19.63亿元，增29.11%。全县有乡镇企业5695个（法人企业271个），增10.39%；从业人员40584人，增0.3%；乡镇企业实现增加值34.20亿元，增12%；实现农产品加工产值8.30亿元，增18.89%。

12．主导产业增势强劲。四大支柱产业实现产值167.97亿元，占规模以上工业总产值的87.97%。其中，煤化工行业实现产值92.54亿元，增29.83%；有色金属实现产值55.11亿元，增104.04%；电力行业实现产值17.33亿元，增6.25%；黑色金属实现产值2.99亿元，增84.57%。云维集团和曲靖铝业公司工业总产值合计增加49.36亿元，其中云维集团增加21.26亿元，曲靖铝业公司增加28.1亿元。

中国共产党沾益县工业经贸和科技信息化局委员会第一次代表大会召开 2011年5月12日至13日召开了中共沾益县工业经贸和科技信息化局委员会第一次代表大会，选举产生了第一届党委委员9名和纪委委员3名，并对今后五年的党委工作和纪检监察工作进行安排和部署，为加强党的建设提供强有力的组织保障。

沾益县2011年昆交会成效明显 2011年6月6日～10日，第十九届中国昆明进出口商品交易会在昆明国际会展中心举行。沾益县在生物资源产品馆和化工矿业馆认购展位3个，组织3户企业参展。积极组织县内企业参加对接洽谈会，强化会内会外客商对接联系力度，签订进出口贸易货单3单，合同金额1609万美元，包括纯碱、尿素、硫酸铵、万寿菊浸膏和颗粒等11种产品；共签订国内合作项目2项（国投华靖电力控股股份有限公司拟投资20亿元新建风电场项目、杭州海鹏实业有限公司拟投资15亿元新建温州国际商城项目），协议投资35亿元；对24个重点招商项目进行推介，发放《沾益投资指南》《沾益县招商引资项目册》及企业宣传资料5000余份。

五措施促工业经济发展 2011年，沾益县工业经贸和科技信息化局积极制定相关措施，促进工业经济不断发展。一是以保存量、挖增量、抓要素为重点，夯实工业经济提速基础。抓好产能提升，对有市场、有订单的企业，全力保障要素供应，促进企业满负荷生产。抓好“一企一策”工作落实，强化领导“帮建促建”责任制，对重点企业实行“一对一”服务。二是以“一个主体”“两个带动”为根本，推进现代产业分工体系建设。以大力培育大企业大集团，努力打造百亿企业为主体，鼓励重点骨干企业上规模、上水平、上档次，带动中小企业自主创新和竞能力的提升。三是以工业园区、产业集群建设为依托，健全服务工业发展新机制。根据相关文件精神，逐步健全园区规划管理、项目管理、土地管理等功能，以园区建设为载体，实现产业集群发展。四是以技术改造、技术创新、节能减排为抓手，推进产业发展水平提升。实施生产要素价格、企业生产成本“双降”工程，帮助重点企业落实流动资金贷款，培育工业企业上市融资。五是以做强优势、提升传统、培育新型产业为核心，推进结构方式转变。进一步做强和壮大煤化工、冶金、电力能源三大优势支柱产业，推动煤化工向精深加工发展，推动冶金向型材加工发展，推动电力能源向清洁能源发展。用高新技术和先进适用技术改造和提升传统产业，通过技术改造和技术创新，促进传统产业优化提升，不断增强传统优势产业的发展后劲，促进产品结构调整，推动产业优化升级。

商贸流通工作 2011年，县工业经贸和科技信息化局不断重视商贸流通工作，一抓招商引资。以云南桥头堡建设为契机，依托区位和产业优势，大力开展“以商招商”“以企招商”。二抓家电下乡。围绕扩大宣传，健全网络、规范运作、加快调度、强化监管等工作重点，深入开展调研，掌握动态情况，及时解决问题，纠正工作偏差，完善工作机制，确保家电下乡成功实施，真正实现农民得实惠、政府得民心、企业得发展、商业得市场。三抓“万村千乡市场工程”。构建科学合理、流通快捷的农村消费品流通网络。进一步加强对农家店、农资店管理，更好地完善农村消费网络。四抓市场监督。加强生猪屠宰管理，推动“放心肉”服务体系建设，打击私屠滥宰和病死病害猪非法交易行为，保障城乡居民肉食品消费安全。加强石油市场管理，完善行业发展规划，健全企业年检制度，完善应急方案，引导企业规范经营。加强酒类市场管理，规范市场秩序。五抓参展工作。积极组织企业参加昆交会和厦恰会，实施“走出去”战略，达到宣传企业的目的，不断扩大对外交流，扩大对外贸易。加快出口增长，鼓励以矿产品、农产品精深加工为主的外贸企业扩大出口。积极为外贸企业发展争取国家、省、市促进政策的扶持，引导企业参加国际国内更多展会、开拓国际国内市场。

煤矿监管 强化安全基础管理和行业监管，促进安全发展。落实好煤炭管理部门安全监管和煤矿安全生产主体两个责任，继续推行“领导包片、科室挂矿、驻矿监管”制度，实行安全生产风险抵押，重奖重惩。强化矿井技术改造和资源整合，促进矿区建设。抓好质量标准化矿井建设，加强对安全技术改造全过程的监管，实现矿井规范建设和达到安全标准化建设，从源头上做好安全质量标准化，使每一个项目在建设过程中按标准建设。强化煤炭产销平衡和成本管理，促进增产增收。以销定产，按照用户及客户需求组织生产，加强货款回收，减少煤炭库存，避免竞相压价造成恶性竞争。努力提高煤炭产品质量，增进与主要用煤行业企业、经营企业的合作，做到重合同、守信用。加强与县内云维集团、曲靖电厂的沟通协作，努力多供煤、供好煤。

（孙家雁）

供　销

综　述 沾益县供销合作社是全县供销合作经济的联合社，是对全县供销合作经济组织进行指导、协调、监督、服务、扶持、教育培训和综合管理的职能部门。主要职责是贯彻落实党和国家关于农村经济工作、社会发展的方针、政策，拟定全县合作经济发展战略和发展规划，并组织实施；对全县供销社系统深化改革改制进行指导协调，推进全县社有企业健全现代企业制度，加快推进投资主体多元化，健全法人治理结构，完善企业经营机制；广泛吸纳各类合作经济组织、龙头企业、专业大户合作办社，共同发展；发挥组织体系完整的优势，强化服务功能，为农民的生产经营提供信息、技术、咨询、物资和培训等服务，组织引导农民发展商品生产，进入市场，参与和推动农业产业化发展；按合作制原则，发展“两社一会”（农副产品专业合作社、村级综合服务社和农产品专业协会），提高农民进入市场的组织化程度，为“三农”服务；实施“乡村流通工程”，推进农村现代流通网络建设，负责农村现代流通体系的组织、规划、协调、服务和建设；改造农业生产资料现代经营服务网络，整合农村日用消费品现代经营网络，完善农副产品现代购销网络，优化再生资源回收利用网络，健全农村流通信息网络，强化农产品市场网络体系建设；管理社有资产，行使本级社有资产出资人代表职能，确保社有资产保值增值；对全县供销社的生产经营业务实行综合管理，全面指导，不断提高社会效益和经济效益；对生产经营活动进行监督、审计，实施监督管理；对全系统的财务、会计及财产等实行综合管理；对全县供销社系统的生产经营情况等进行综合统计、综合分析，为领导科学决策提供依据；对科技生产项目进行考察、论证、审批，在实践中予以指导和检查等；搞好职工教育、人才培养，加强干部职工队伍建设；对县供销社直属单位进行业务指导，搞好协调和服务工作；搞好县供销社系统离退休人员管理、安全生产、社会治安综合治理和社会稳定工作；承担县委、政府和上级社委托和交办的其他工作任务。2011年末，县供销社机关内设办公室、组织人事科、财会科、业务科。有直属企业10个，其中基层供销社8个，公司2个。有在职人员48人，其中机关10人，离退休人员288人。

2011年，县供销社在县委、县政府的领导下，在省、市供销社的指导和各级有关部门的支持帮助下，认真贯彻落实国务院和省、市、县委政府关于加快供销社改革发展的文件精神及全国供销总社、省、市供销社的工作部署，紧紧围绕县委、县政府的中心工作及年初确定的工作目标任务，以经济建设为中心，以服务“三农”为宗旨，以改革创新为动力，以推进“乡村流通工程”“两社一会”建设为重点，构建农村现代流通服务体系。通过努力，购销总额再创新高，经营业绩大幅提高，“两社一会”健康发展，“乡村流通工程”建设有新的突破，服务水平明显提高，服务功能不断提升。各项工作都取得了显著成绩，为发展农村现代流通，推进社会主义新农村建设发挥了积极作用。全年实现商品购进总额41000万元，比上年增25%。其中，农副产品购进1375万元，占年计划的137.5%，比上年增13%；商品销售总额40755万元，占年计划的110%，比上年增31%，其中社会消费品零总额24300万元，比上年增32%，农业生产资料销售11000万元，比上年增39%；化肥销售54000吨，比上年增5.3%；实现利税总额665万元（其中社属企业57万元），比上年增10.8%，其中利润430万元（社属企业13万元），比上年增10%；资产总额5400万元，占年计划的102%；所有者权益1530万元，占年计划的102%；新建“两社一会”43个，新建乡级配送中心1个，培训各种人员1100人次，全面完成或超额完成了市、县下达的年度工作计划任务。经市供销社考核，2011年度工作目标责任制被评为一等奖。7月，被县委授予“沾益县深入开展创先争优活动先进基层党组织”称号。

加强乡村流通网点建设　2011年，县供销社进一步加强以“两社一会”为重点的乡村流通网点建设。一是加大综合服务社、专业合作社和协会创建力度。采取开放办社，坚持合作制原则，吸纳改制分流职工创办的经营网点、个体工商户、农产品生产、经营大户等，通过联合共建、加盟等方式，结合“万村千乡市场工程”建设，在地处偏僻、居住分散，尚无供销社网点的村寨，新创建村级综合服务社（农资农家店）20个，其中标准化综合服务社10个，专业合作社22个，协会1个，全面完成或超额完成了市供销社下达计划。供销社各类经营网点累计达到380个，其中综合服务社（农资农家店、便民超市）294个，专业合作社65个，其他服务等经营网点21个。二是巩固完善和规范已建设综合服务社、专业合作社及各类经营网点。积极指导努力扩大经营服务项目，加强经营管理，提高管理水平，增强服务功能，提高为“三农”服务能力。进一步完善农村经营服务网点与县级农资、日用消费品、烟花爆竹配送中心形成紧密的经营连接机制，统一配送，提高配送率，统一服务承诺，规范运行。切实搞好经营服务网点经营服务人员培训，努力提高经营业务和道德素质。通过举办培训班、会议等形式，共培训经营管理服务人员1100人/次，其中农产品经纪人300人，烟花爆竹经营人员204人，农资经营人员156人，其他经营服务人员440人/次，全面完成了市供销社下达的人员培训计划。进一步提高了各类网点经营者的经营业务素质，管理服务水平，增强了广大农民群众的服务意识。综合服务社实现销售和服务收入1.86亿元，同比增长10.7%；专业合作社实现销售收入1.04亿元，比上年增35%；从业人员617人。炎方乡刘麦地、新屯等农产品专业合作社收购推销农副产品5000余吨，销售额400多万元，帮助农民解决卖难问题，促农增收。取得了较好的社会和经济效益。三是内引外联，加强乡级配送中心（超市）等网点建设，计划招商引资1000余万元，在播乐、大坡、菱角、炎方等乡（镇）联合建设乡级配送中心（超市）。投资260万元，占地面积1800平方米，营业面积1500平方米的播乐配送中心（超市）建成并正式营业，安置当地就业人员35人。其余3个超市计划在明年建成。西平供销社投资1000余万元，在西平供销社原址新建西平超市（配送中心），已完成建设前期筹备工作，力争2012年底前建成。农资公司引进资金1500万元，共投资2000万元，联合创办综合性医院，有病床220张，已正试营业。土产公司引资200万元，合建电玩城。炎方供销社积极申报农贸市场建设，已获市、县商务部门批准。

推进“乡村流通工程”建设　2011年，县供销社大力推进“乡村流通工程”建设，构建农村流通服务体系。新建县农资公司配送中心，发展农资连锁店135个；新建日用消费品配送中心，恢复和发展日用消费品经营网点294个；新建烟花爆竹配送中心，发展烟花爆竹连锁经营网点190个；以全县357个专业合作社和综合服务社为基础，构建农副产品购销经营网络，基本形成了“县级配送中心+乡村网点（超市）+农民”的农用物资、日用消费品、烟花爆竹、农副产品购销四大乡村流通网络服务体系，发挥了农村商品流通主力军作用，逐步形成了功能齐全、运转高效、美观整洁、价格公道、质量保证、方便快捷的乡村流通服务网络，全面提升和完善了乡村流通服务体系，促进了全县商品流通，为保障农用物资、日用消费品供应和农副产品的购销，满足农民群众生产生活需要，解决农民买难卖难问题，活跃城乡市场发挥了积极作用。全年共完成商品销售总额4.06亿元，比上年增32%，农副产品购进1400万元，比上年增25%。

农资供应服务工作　2011年，县供销社系统克服困难，深入调查分析研究，积极采取应对措施，确保全县春耕农业生产需要。一是及早着手、组织货源、搞好淡季储备。自2010年8月份开始，积极深入到各化肥、农药等农资生产厂家衔接货源计划、签订供货协议，组织化肥等农资货源及时就位，搞好储备，共购进和储备各种化肥51000吨，农膜490吨，农药280吨，分别调运到全县135个农资连锁店搞好储备，同时做好调剂，保证春耕农业生产需要。二是积极筹措资金。针对储备资金不足问题，千方百计采取多种形式筹集资金1800万元，解决农资储备资金缺口问题。三是巩固完善农资连锁经营，加强对135个农资连锁店的监督管理，严把农资质量，杜绝假冒伪劣农资进店销售，加强价格管理，实行价格自律，严防抬高农资价格，保护农民利益，让农民买到放心农资。四是搞好优质服务，采取对困难农户赊销、用农产品换购农资、预约送货进村入户等多种形式，方便农户。五是开展生产技术、农资科技宣传咨询、农机具维修等服务，受到农户的好评。由于全系统的共同努力，克服了各种困难，做到了价格下跌不惜售、不断档、不脱销，为全县春耕农业生产抗旱抢栽抢种提供了坚实的物资保障。共实现农资销售总额11000万元，比上年增39%，销售各种化肥54000吨，比上年增5.3%；销售农药265吨，农膜462吨，中小农具160万元，分别增18%、8%和14.3%。农资市场份额占到85%以上。在春耕备耕工作中，省、市、县三级电视台分别对沾益县的农资供应工作作了报道。

强化内部管理 为全面提升经济效益，完成预定目标，2011年，县供销社进一步强化企业内部管理。一是继续实行工作目标责任制，把县供销社与市供销社、县政府签订的各项工作目标任务，层层分解，明确目标，落实责任，进一步完善和签订年度工作目标责任书，严格考核，奖惩分明；二是强化企业管理，提高经营管理水平，进一步健全和完善内部管理机制，完善和建立以财务管理为重点的各项管理制度，狠抓制度的落实和监督检查，有效管好资金的营运和费用开支，确保资金安全运行和使用效益；三是盘活资产，增收节支。充分利用闲置空地、仓库、门店招商、招租等形式，充分盘活资产，增加收入。四是加强社有资产管理，防止社有资产流失，确保社有资产保值增值。五是合并重组基层供销社。按经济发展和城镇建设规划要求，调整建制，优化布局，将盘江、花山供销社合并重组为盘江供销社，播乐供销社交由盘江供销社代管，改变了基层社弱、小的问题。

信访维稳工作 2011年，县供销社高度重视信访维稳工作，针对企业改革改制遗留问题和信访突出问题，按照“属地管理、分级负责和谁主管谁负责”的工作原则，切实加强领导，强化措施，落实责任，有效维护了社会和谐稳定。一是加强领导，把搞好信访维稳作为重要工作来抓。县供销社成立了由主要领导任组长，分管领导为副组长，各科（室）负责人和所属企业主要领导为成员的县供销社信访维稳工作领导小组，下设信访室，负责具体日常工作。所属企业也相应成立了领导小组，落实专人负责信访维稳工作，明确职责，健全制度，为搞好信访维稳工作奠定了坚实的基础。二是认真开展矛盾纠纷大排查活动。县供销社党政领导班子成员分片负责，主动深入所属企业认真组织和开展深入细致的矛盾纠纷、热点难点和上访隐患，大排查，做到认真排查，反复排查，不留死角，不留隐患，共排查出改制遗留和上访突出问题2件，其中改制遗留问题1件，无政策依据重访的1件。三是加大调处力度，落实调处责任，通过对排查出的信访突出问题，认真分析研究，实行领导包案责任制和督办责任制，一包到底，直至解决。通过艰苦细致的工作，取得了成效。对无政策依据重复上访的1件，通过政策宣传解释、耐心细致的思想工作，动之以情，晓之以理，有效地化解了矛盾；对带共性的改制遗留的土地权证办理和社员股金问题，向职工和农民社员讲明情况，求得了群众的理解支持，积极协调有关部门给予解决。五是高度重视来信来访工作，认真搞好党政领导干部大按访、大下访活动，共接访4批次13人，领导干部下访7次，对诉求合理，有政策依据的及时给予解决；对无政策依据的，耐心做好政策宣传解释工作，化解矛盾。对信访件安排专人调查落实，给予答复，做到件件有落实。共收到信访件3件，已落实解决3件。通过以上措施，有效地避免了群体性上访和各种事端的发生，维护了社会和谐稳定。

安全生产工作 2011年，全县供销社系统高度重视安全生产，切实加强领导，健全制度，落实责任，措施有力，安全工作成效显著，全系统未发生各种安全事故，促进了各项工作健康稳步发展。一是加强领导。明确了主要领导负总责，分管领导具体抓，做到常抓不懈，防患于未燃。二是加强法制宣传教育，增强安全意识，认真搞好“五五”普法及《安全生产法》等法律法规的宣传学习，牢固树立“安全重于泰山”“安全第一的观念”，遵章守法，做到警钟长鸣。三是责任落实。全面落实各级领导干部和生产经营单位负责人“一岗双责”责任制和安全生产责任追究制度。层层签订《安全生产责任书》，明确职责，落实责任。四是健全制度。各单位通过建立和完善岗位责任制度和各项安全规章制度，进一步规范经营行为，特别是对烟花爆竹和化学农药等商品始终做到严把进货关，杜绝劣质商品入库进店，严格存管，明确专人负责，专库存放，专柜经营，严格商品出入库登记制度。按县委、县政府的安排部署，负责对全县烟花爆竹有证经营户进行安全规范经营监督管理。五是开展经常性安全大检查，认真组织开展安全大检查，各单位每月自检自查1次，县供销社组织检查6次，认真组织搞好《安全生产责任制》检查考核工作。六是认真开展安全生产月、专项整治活动。按照县安委会的安排部署，认真搞好宣传动员、安全培训、安全检查、应急演练等活动。搞好安全隐患排查治理工作，采取限时整改责任制，明确责任单位、责任人、督办领导和整改时限，使排查出的安全隐患都按时完成了整改任务，消除了各种安全隐患，严防安全事故发生，确保了财产和生命安全，全系统未发生各类安全事故，促进了供销社健康和谐发展。

加强机关自身建设 2011年，县供销社积极开展"创先争优"活动，严格按照"领导当楷模，机关作表率，基层树形象"的要求，切实转变作风，领导班子以身作则，率先垂范，团结干事，以团结、进取、高效、务实、廉洁的工作作风促进各项工作的开展。一是加强学习，提高干部职工自身素质。二是加强机关作风建设。牢固树立宗旨意识和公仆意识，切实转变机关作风，认真履行指导、协调、监督、管理和服务职能，深入企业调查研究，帮助企业解决实际问题和困难，努力提高服务质量和工作效率。三是认真开展好县供销社优化经济发展软环境建设活动。认真贯彻执行《沾益县供销社关于优化经济社会发展软环境建设实施方案》《服务承诺制度》《首问责任制度》《限时办结制度》《责任追究制度》。认真贯彻执行《云南省行政机关八项工作承诺》《云南省公务员八条禁令》，加强监督检查，机关干部职工都能模范遵照执行，没有违反的事件发生。四是加强制度建设，健全民主监督管理制度。进一步建立和完善各项管理规章制度，用制度管人管事，建立健全《沾益县供销社机关二〇一一年度工作目标任务责任制》。认真贯彻落实《法治政府八项制度、责任政府四项制度、阳光政府四项制度》《沾益县供销社推行效能政府四项制度实施方案》，推行行政绩效管理、行政成本控制、行政行为监督、行政能力提升为主要内容的效能政府四项制度，实行政务公开，对政务信息、重大事项等及时向职工群众和在网上发布，提高透明度，自觉接受监督。五是搞好行业培训教育，不断提高干部职工队伍素质。有计划地组织干部职工加强学习，通过外出考察学习等多渠道不同形式对干部职工进行教育培训，人员培训26人次。通过以上措施，进一步增强了干部职工的责任感，充分调动和发挥了机关干部职工的主动性和积极性，提高了机关工作效率，树立了机关新形象。

（高石荣）

粮　食

综　述 2011年机构改革，由县发改局加挂沾益县粮食局的牌子，人、财、物相对独立。2011年末，县粮食局内设财计科、业务科、办公室，下属沾益县粮食收储总公司和沾益县惠盛粮油购销有限责任公司两个独立核算单位。职工总数202人，其中离、退休职工136人，在职职工66人（机关15人，下属粮食企业51人）。

2011年，在县委、县政府的正确领导下，在市粮食局的帮助指导下，按照县委、县政府2011年工作会议精神，坚持依法行政，转变行政职能，认真抓好地方储备粮管理、存储设施功能提升改造、社会粮食统计信息，强化粮食宏观调控、社会粮食流通监管和下属企业深化改革扭亏增盈工作，积极探索、分析市场，搞活粮食流通，狠抓内部管理，维护稳定，各项工作稳步推进，取得了一定实效，有力地促进了县域粮食经济的健康、稳定、协调发展。

2011年，全县粮食系统主要指标：①收购量。粮油收购4986.1万千克，其中稻谷132.8万千克，大米252万千克，玉米4599.9万千克，与上年同比增加2562.1万千克，增幅105.7%。②销售量。销售粮油4666.2万千克，其中稻谷16.2万千克，大米250.5万千克，玉米4398.1万千克，与上年同比增加2136万千克，增幅84.4%。③库存粮油。到12月末粮油库存总量2122万千克，其中周转库存309万千克（大米1万千克，稻谷98万千克，玉米210万千克）；代储的各级政府储备粮库存1813万千克，与上年同比增加290万千克，增幅16%。④粮油经营利润。实现销售收入10608.5万元，与上年同期相比增加5212.2万元，增幅96.6%；销售成本10241.2万元，销售毛利367.3万元。经营利润收支平衡，与上年同期相比略有盈余。

粮食收购 2011年，共向农发行曲靖市分行贷款3000万元，通过其他渠道筹集资金300万元用于粮食收购，确保了收购资金及时足额到位，尽最大努力满足交粮群众的需求。收购中创新服务方式，严格收购纪律，做到有粮尽收，坚持品种、质量、价格"三公开"，以质论价，有效地保护了农民的种粮利益，确保增产增收，调动农户的种粮积极性，实现了农企双赢,充分发挥国有粮食主渠道作用。

粮食销售 2011年，粮食系统企业本着“购得进、销得出、不亏损”的购销原则，积极开展经营活动，主动与用粮企业联系实现购销同步增长。但2011年因干旱，粮食减产，粮价居高不下，收购价高，造成库存积压，保管费用增加，库存成本增大，粮食销售难度增大。全系统干部职工齐心协力，走出去了解市场行情，不断加强对粮食供求形势分析，找到适合自身实际的方式制定购销方案，进一步拓展销售渠道，全县收购的粮食基本全部销售，企业取得了良好的经济效益。

继续完善地方储备粮油管理体系 2011年，县粮食局严格落实各级政府储备粮管理办法，完善对各级储备粮油的监管措施，确保数量真实、质量完好。认真研究分析粮食供求形势，提高粮食宏观调控的预见性和科学性。积极想办法筹措资金，改造仓库、增加设备，管理科学、储粮安全。截止12月末，代储中央、省、市、县各级政府储备粮库存1813万千克，其中县级粮油储备规模400万千克。切实做到储备粮数量真实，质量完好，圆满完成县级粮油储备任务。按照储备粮管理办法，积极做好粮食轮换，根据市场粮食流通量和粮价情况，2011年按规定轮换稻谷100万千克，切实做到管理规范，储粮科学，确保储备粮管理工作规范化、制度化。

军粮供应工作 2011年，县粮食局不断的加强职工政治思想教育，增强责任意识，牢固树立大局意识、国防意识和军供无小事意识，建立健全了各项军粮规章制度，加强规范管理，紧贴部队后勤保障需求，做到科学管理、规范服务，全力保障了军粮供应工作的顺利开展。一是严格执行军粮供应质量标准；二是完善军粮检验制度，确保所供军粮质量达到国家和省级规定的相关标准；三是军粮保管实行专人管理，并建立保管和出入库帐卡，军粮全部达到“四无”标准；四是严格管理军粮票据及资金的使用，做到了设立专账、专人管理、专款专用、独立核算；五是不断加强业务培训，努力提升自身素质，提高了业务水平，更好地服务部队。

进一步完善国有粮食企业改革改制工作 2011年，县粮食局积极指导企业逐步转换经营模式，适应粮食购销市场化改革需要，不断加强企业内部管理，妥善处理改革遗留问题，积极盘活企业资产，处置偏远粮点资产，出租乡镇粮点闲置资产。在改革中求生存、谋发展。经过努力，近几年来国有粮食企业经营管理不断改善，经济效益显著提高，扭转了长期亏损局面，确保企业的稳定与发展。

粮食清仓查库工作 根据市粮食局相关文件精神，为进一步加强粮食库存监管，切实把握粮食库存情况，摸清家底，确保国家粮食宏观调控措施落实到位，2011年，县粮食局按照各级储备粮管理条例和《粮食库存检查暂行办法》的要求，成立领导小组并制定实施方案，对粮食企业库存粮食进行检查。检查工作切实遵循了“有仓必到、有粮必查、有帐必核、查必彻底”的原则。一是核对统计、会计、保管帐和各类帐表及检查工作底表，二是对实物进行扦样、测试、称重等检测，三是粮食库存值与农发行的贷款金额核对，通过检查、核对，粮食库存值与银行贷款相符，粮食库存帐帐相符、帐实相符。库存粮食质量完好、安全、卫生。

强化财务管理 2011年，县粮食局切实加强对国有粮食企业管理与服务，发挥粮食主渠道作用。继续实行扭亏增盈工作目标管理责任制，强化企业经营管理，严格对企业资产进行监管，健全完善内部责任考核机制，加强企业财务核算和内部审计工作，降低成本费用，全面提高企业经济效益。

因地制宜发展多种经营 2011年，县粮食局积极开展多种经营，拓宽经营渠道，自筹资金大力发展养殖业、开展百货、粮油门市经营业务，全年自筹资金共养殖母猪仔猪178头；把闲置仓库、铺面及空闲土地出租给商家开发利用，实现其他业务利润约50余万元。根据炎方分公司的区位优势，结合当地老百姓的需求，惠盛公司及部分公司员工共同筹资45万元，把炎方分公司临街面的铺面改造成百货超市，11月投入使用，主要经营粮油、食品、副食品及日用百货，经营正常有序开展。

社会粮情统计工作 为切实做好社会粮食供需平衡调查工作，2011年，县粮食局继续加大对沾益县社会粮食供需平衡统计调查工作的落实力度，建立了从事粮油经营、转化等不同类型企业台账，定期收集、填报各类粮食企业的统计台账和调查表格，为确保粮食有效供给、粮食市场价格基本稳定、搞活粮食流通发挥作用。为全县粮食安全、政府宏观调控提供及时、准确的决策依据，

加强基础设施建设 2011年，县粮食局积极帮助、支持企业筹措资金加强基础设施建设，共投入资金80多万元，分别为西平、炎方分公司购置了一台除杂机和六台输送机；对西平、炎方、大坡等分公司的部分仓库进行修缮、改造，确保储粮安全、科学保管。

粮食收购资格监督 为加强国家粮食宏观调控力度，保护好粮食生产者、消费者利益，确保全县粮食流通市场稳定。按照《国家发展改革委国家粮食局国家工商总局关于加强粮食收购资格审核规范粮食收购市场秩序的通知》要求，2011年，县粮食局牵头会同发改局、工商局三个部门的相关人员组成联合检查

组对辖区内的六户粮食经营企业和二十五户个体粮食经营户进行摸底调查。为了进一步提高依法行政和依法管粮水平，到各乡镇积极宣传《粮食流通管理条例》、云南省《粮食流通管理条例》实施办法及申请办理粮食收购资格审核制度、程序，让大家进一步增强法律意识，一定要按规定办理相关手续，做到合法经营，为确保全县粮食安全和稳定粮价创造良好的市场环境。

党风行风建设 2011年初，县粮食局党总支撤销并入县发改局，粮食系统设3个党支部，虽然组织体系发生变化，但仍然认真的开展“争先创优”活动，与时俱进，开拓创新，努力开创粮食工作新局面。一是在“七一”期间开展纪念建党90周年活动，组织机关党员干部积极参加市发展和改革系统举办的歌咏晚会，歌颂党的丰功伟绩；走访慰问了一批老党员、老干部和困难党员，送去党的关怀和温暖；召开党员干部座谈会，回顾党的光辉历程，讴歌党的丰功伟绩，畅谈了党领导下的改革成果。二是积极推进政府信息公开和粮食政务公开，宣传《粮食流通管理条例》及办理《粮食收购许可证》的相关规定等法律、法规，提高粮食行政服务水平和公信度，认真履行服务承诺，自觉接受社会监督，树立粮食行业良好形象。三是认真贯彻落实民主集中制，凡人事任免、资产变现、筹措资金、大宗粮食购销等重大决策问题，严格按照上级有关规定和程序，一律通过公司董事会和局务会研究，形成决议后，各负其责抓落实。四是坚持政务公开和办事公开制度，定期公布全局的粮食购销、资产变现、企业改革、经济效益、财务开支、人事任免等情况，接受群众监督。五是建立健全各项规章制度，确保粮食工作有序进行。理顺机关内部职责，提高粮食行政效能，推进“廉洁、勤政、务实、高效”的服务型机关建设。认真落实“节能减排”目标责任制，积极开展节能降耗活动。六是完善基础服务设施，提高后勤服务保障水平。做好离、退休干部工作，认真落实老干部政策待遇和生活待遇，在没有资金来源的情况下，自筹资金在节日期间走访慰问老同志。做好机要、保密、档案、宣传工作，加强督促检查，狠抓工作落实，努力构建和谐粮食行业。

粮食安全工作 2011年，县粮食局认真督促、指导惠盛购销公司与下属各分公司签订了安全生产责任书，明确了双方的责、权、利，并将安全生产工作纳入了年终考核内容。一是检查维修机械设备、仓库、住宿、围墙、水电管道、线路；二是配齐各类消防器材及设施；三是规范操作各类易燃、有毒物品的存放、粮食熏蒸药品的投放；四是做好粮食仓库的防潮、防雨、防汛措施；五是财务室收购资金严格按照现金管理规定执行。六是在粮食储藏安全上，加大了监管力度，坚持了“四无”粮仓检查，发现问题及时整改，采取相应的维护措施，杜绝了各类不安全事故的发生。

强化队伍综合素质 2011年，县粮食局把职工的培训教育作为一项重要工作列入议事日程。坚持每周一学习制度，学习各级政府的相关文件精神；学习国家的政策及粮食工作的相关规定、条例，学习政治理论和业务知识，特别是加强对工作在一线职工的教育和培训，鼓励干部职工参加各种职业、技能培训、学习和参加各类函授学习。企业自筹资金分期、分批让基层所有职工到外地学习、参观考察。通过各种培训、学习，让职工开阔了视野、丰富了生活，思维方式明显转变，工作效率明显提高，为粮食企业的发展树立新的形象。

信访稳定工作 2011年，县粮食局高度重视社会稳定工作，认真接待退休职工来访，积极稳妥地排查调处好企业改制后的遗留问题，化解矛盾，确保了一方平安。一是关心企业下岗职工、困难职工，尽力为他们提供更多的帮助和服务；二是在信访上热情接待，重点做好企业困难职工、与企业解除劳动关系的下岗职工和退离休干部职工的信访稳定问题，坚持人性化管理，以人为本，经常深入调查研究，解决实际问题，全系统没有上访事件发生，保持了粮食系统的稳定和发展。

（张惠龄）

物　贸

综　述 沾益县凯迪物贸有限责任公司是沾益县唯一一家民爆产品专营企业，公司主要经营民用爆炸物品，设有1个钢材市场。2011年末，公司有股东11人，从业人员14人，退休人员5人，党员10人。

2011年，凯迪物贸有限责任公司在县委县政府的正确领导下，在县安监局、县公安局的帮助指导下，在公司领导的全力推动和带领下，始终坚持“安全第一，预防为主，综合治理”的方针，牢固树立安全发展理念，积极创建和谐平安单位，提高认识，落实责任，强化监管，加强防范，采取切实有效的措施，狠抓安全生产工作，消除各种事故隐患。没有发生重大安全事故，为保障沾益县社会稳定、经济繁荣，提供了良好的安全环境。

1．经营情况。全年共销售炸药1333吨，雷管131万发，实现销售收入1,445.5万元，实现净利润54.6万元，可供股东分配的利润49.2万元，为股东和员工缴纳社会保障费用18.7万元，提取安全生产费用19.8万元。年末资产总额629.8万元，其中流动资产197.1万元，固定资产总值430.6万元，固定资产净额171.8万元，股东权益318.9万元，资产负债率49.36%，实现了资产的良性运作，做到了资产的保值增值，股东的投资得到了较好的回报。

2．管理工作。2011年1月21日，公司依法选举产生了第四届公司法人治理机构：股东谭俊、温如松、张建文三人经股东会选举为本届董事，股东吕德芳选举为监事，经董事会选举谭俊任董事长兼任总经理，全面主持公司经营管理和安全工作，分管民爆产品经营管理和安全工作，董事温如松分管财务和办公室工作，董事张建文分管钢材市场经营管理和公司安全管理工作。新的领导班子的成立给公司发展带来了新的活力，与沾益县域内的工路、铁路建设和水电建设等多家重点建设单位签订了长期供销合同。并致力于安全生产工作，成立了以董事长为组长，董事为副组长的安全生产领导小组。安全生产领导小组作为企业安全领导机构，主要负责人、安全管理人员及从事运输的驾驶员、押运员、仓库保管员等作业人员均经过培训取得上岗资格，全部持证上岗，具有较高的民爆器材安全技术知识和安全管理经验。此外，公司还制定了三十多项安全管理制度、安全生产责任制、各种事故应急预案等相关管理制度，从制度及人员管理上为安全工作提供了保证。在配送工作管理上，公司通过积极协商，多次开展工作，与沾益县内所有煤矿、沙场、石场签定了长期配送协议，民爆专用车为广大用户搞好服务。改变了过去客户自提的现象，降低了风险和费用，保障了安全，保证了配送业务的顺利开展。

3．党建工作。按上级党委安排，党支部进行了换届选举工作，董事会与党支部紧密团结，协同工作，做到了党支部与董事会班子有机结合。根据县委的统一部署，在局党委的领导下，党支部以党支部书记为第一责任人，成立了党建工作领导小组，制定了明确的工作计划。开展了深入学习实践科学发展观活动和“创先争优”活动，加强政治理论学习，切实把提高干部职工的政治思想素质列为重要的议事日程。利用每周召开的安全生产工作例会和党员的“三会一课”认真组织学习邓小平理论、“三个代表”重要思想和科学发展观，坚决贯彻执行党的基本路线、方针、政策及上级党委的决定决议，及时准确传达上级党委、政府的重要会议精神，认真开展学习实践科学发展观活动和创先争优活动。

4．打造“AAAA级诚信市场”。沾益县钢材汽车交易市场占地面积6872m^2，建筑面积1218m^2，建设总投资100万元，入场业户8户，从业人员近60人，年销售收入超过8000万元，上缴国家税费超过100万元。销售钢材超过2万吨，无消费者投诉，保持了消费者“零投诉”纪录。2011年8月，被市工商局授予“AAAA诚信市场”称号，进一步提高了市场内经营户诚信经营的积极性和自觉性，也为其他行业的经营者树立了一面诚信经营的旗帜。为构建和谐社会、和谐市场，为切实维护保障消费者合法权益作出了应有的贡献。

（许春艳）

交通邮电

责任编辑　张丽芬

交　通

综　述　沾益县交通运输局是县人民政府主管全县公路规划、建设和管理的职能部门，主要贯彻执行国家有关交通工作的法律、法规、方针政策；结合沾益经济和社会发展的需要，制定全县交通基础设施建设规划；对全县交通基础设施的建设、养护、管理及路产路权进行监督管理；对全县公路建设项目进行施工检查和工程质量监督；负责全县交通行业精神文明建设、干部职工队伍建设，组织指导交通行业人才职业教育培训和技术培训工作；负责全县交通行业安全生产管理，路政管理及路产路权的维护，水上安全管理和交通战备工作事项。2011年末，内设局机关办公室、综合规划建设科、政策法规及安全监督科、运输管理科、交通战备科、海事处6个科室，直属沾益县地方公路管理段、沾益县路政大队、沾益县交通运输局综合管理站3家事业单位。全局共有干部职工52人。

2011年是“十二五”的开局之年，县交通局实现了“十二五”开门红，各项工作再创佳绩。全年计划投入农村公路建设资金2亿元，完成固定资产总投资的100%。新建、改建县、乡、村公路172.4千米，争取上级补助资金4500余万元，县级配套资金3000余万元，乡、村自筹资金8500余万，有力地促进了全县经济社会的全面发展。年末全县公路通车总里程达2689千米，其中国道82千米，省道67千米，县道242千米，乡道808千米，村道1443千米，专用道47千米，全县8个乡（镇）122个村委会全部通公路。全年客运量278.37万人，旅客周转量22370.6万人千米；货运量377.90万吨，货运周转量28444.43万吨千米。交通建设、安全生产、应急维稳以及党的建设和精神文明建设各项工作齐头并进、协调发展，为“十二五”开好头起好步奠定了坚实的基础。全县交通形成了以县城为中心，以曲胜路、宣天路、松会路为三大公路干线，以沾菱路、沾麻路、倒播路、腰新路为重要支线，以通行政村、通自然村路为补充的辐射全县的公路运输网络体系。

1．农村公路硬化工程。全县行政村公路硬化工程计划内8个项目42千米（沾麻路至新庄4千米、黑泥涧至亮泉2千米、沾麻路至石羊3千米、沾菱路至刘家庄5.6千米、松会路至黎山2千米、倒播路至遵化铺3千米、炎方乡西河至五拐12千米、章溪至红寨至十甲10.4千米），总投资2540万元，其中上级补助资金1050万元，县级配套210万元，乡村自筹1280万元。计划外通行政村公路建设计划66.6千米（新楼房—天生桥—德威9.7千米、威格—万绿箐3千米、白沙坡—河勺3千米、岩竹—德威13千米、倒播路—沙石岭10千米、烟点—大平子1.76千米、沙高-青石山2千米、炎方—麦地5.2千米、赤章—聂子洞6.7千克、白水—潘家洞6.5千米、大海子水库—松韶关3.3千米、101省道-施家坡2.4千米），涉及6个乡镇11个村委会，总投投资3000万元。其中上级补助资金1665万元，县级配套333万元，乡村自筹1002万元。

2．重点工程建设。①完成倒播路I期工程倒石岩—沙高段14.8千米，总投资1500万元，工程于2011年1月开工建设，修建为四级沥青路面，12月底完成建设任务。II期工程沙高—罗木—乐利—播乐乡政府段16千米，建设投资1700万元，于2011年11月11日工建设，预计2012年9月完工。②大坡至章溪农村公路硬化工程。该工程全长15千米农村公路，总投资1230万元，于2011年11月21日开工建设，预计2012年8月完工。③南盘江金龙桥改造工程。工程全长72米，总投资172万元，该工程于2011年3月开工建设，预计2012年3月底完工。

3．站场建设。2011年末，全县8个乡（镇）开通农村客运班线24条，乡（镇）农村客运班车通达率达100%；通达农村公路的112（10个社区除外）个行政村48个开通客运班线，行政村农村客运班车通达率达42%。呈县城至各乡（镇）、行政村辐射状发展。农村客运站点建设全面推进，规划建设四级以上农村客运站7个，三级农村客运站2个，总投资3860万元，已建成四级以上农村客运站7个，在建三级农村客运站2个。规划建设121个农村客运招呼站，总投资242万元，已建成农村客运招呼站121个。年内，新批农村客运车辆103辆，分别投放在大坡、盘江、菱角。同时对花山至曲靖客运班线车辆进行有效整合，按照“四改一、小改大”的原则，由曲交集团沾益公司牵头，对原有运行车辆进行重组，已整合121辆微型车，开通了28辆中巴车。

养护管理实现新提升 2011年，县交通运输局以“养护活动年”为载体，以“规范、创新、发展”为重点，成立了领导小组、制定了工作方案，围绕县级示范公路、示范乡（镇）等要求，重点打造了县级示范公路沾麻路24千米，重新安装了公里桩、百米桩，完善了标志标牌，制做了防护工程，基本做到了“通、平、美、绿、安”。进步提升了公路文明形象和公路养护管理水平。全县投入养护经费924万元。其中小修经费388万元，大中修经费536万元。共投入碎石、毛石混合等9755多立方米，清理排水沟82100余延米，清理坍方1335余立方米，对3座桥梁65延米，涵洞49道392延米进行维修养护，排水工程26000延米进行维修养护。2011年10月投入536万元对沾益县松会路（K21+500–K26+000）4.5千米进行大中修，工程于2011年12月完工。

安保工程顺利推进 2011年，全县共争取道路安保工程计划2个，总投资为180万元。其中，国家交通运输部投资90万元，地方配套90万元。一是沾麻线安保工程K9+000~K24+000，总投资为120万元，其中部投资60万元，地方配套60万元；二是沾潦线安保工程K0+000~K9+150，总投资60万元，其中部投资30万元，地方配套30万元。

路政管理工作进一步规范 2011年，县交通运输局不断强化路政管理工作。一是强化路政管理，推进依法治路。以治理超限超载及治污、加强公路路政管理为重点，加强法制化、规范化、信息化建设，切实提高管理服务水平，较好地维护路产路权。二是完善长效机制，加强依法治超。按照“立足源头、依法严管、标本兼治、长效管理”的工作思路，对内强化管理，对外严厉打击，采取流动与固定相结合的方式严厉查处超限运输违法行为，使治超工作实现新突破。全年共出勤2552人次；检测车辆7567辆，共查处超限车辆6200辆，其中超过55吨450辆，超限率为7.3%，收取公路赔补偿费121万元，清理路障30余起，清理路面乱堆、乱放物145余m^3，同时完成好上级交办的收费站保通工作。

机构改革顺利完成 2011年，县交通运输局围绕深化行政管理体制改革的总体目标，以转变职能为核心，以理顺职责关系为重点，为优化组织结构，明确和强化责任，完善运行机制，提高依法行政，提高行政效能，逐步建立起权责一致、分工合理、决策科学、执行顺畅、监督有力的管理体制。一是成立了沾益县交通运输局机构改革领导小组，加强对机构改革的领导；二是宣传教育，组织全局党员、职工认真学习文件精神；三是认真贯彻落实，组织专人负责，精心做好“三定”（定主要职责、定内设机构、定人员编制）工作，圆满地完成了机构改革各项事宜。2011年9月23日，县人民政府办公室下发了《沾益县交通运输局主要职责内设机构和人员编制规定的通知》，明确了沾益县交通运输局职责调整、主要职责、内设机构、人员编制等内容。同时局内设科室交通战备办公室、海事处及下属沾益县地方公路管理段3部门升格为副科级单位。

道路安全水平稳步提升 2011年，县交通运输局切实抓好交通系统安全生产工作。一是成立安全生产领导小组，签订了2011年安全生产责任书，加强对交通系统安全生产的领导；二是加大安全生产宣传教育工作力度。组织全局党员、职工认真学习安全生产法律法规，开展安全生产业务知识培训，增强干部职工法制观念。结合全国每年六月份开展的“安全生产月”活动，利用星期天群众赶集时间上街为群众开展安全生产宣传咨询活动，增强了广大群众的安全生产意识；三是开展安全生产大检查。县交通局安全生产办公室定期不定期地对全县道路交通安全情况进行检查，并在春运期间、“五一”“十一”黄金周到来前配合县安监局、交警大队对全县各个乡镇及城区道路交通安全及各个客运站等开展安全大查，指出存在的问题和隐患，并责令相关人员及时整改，确保节假日期间客运安全。全年共出动检查组8个，人员200人次，排查隐患40处，整改隐患22处，有效地保障了水、陆安全生产。四是层层落实安全生产责任制。以落实安全生产责任制为核心，与各段、站、队等签定年度安全生产责任制，实行一级抓一级，层层抓落实，确保安全生产责任制落到实处。有效地预防和扼制了全县重特大交通事故的发生。

海事工作 2011年，县交通运输局海事处加大对水上运输安检力度。一是加强对船员安全知识宣传；二是开展了船舶抵制专项治理工作；三是开展水上交通安全大检查。全年检查6次，纠正违纪违章3次，对花山水库进行重点检查，坚持实行船工上船要登记、穿戴救生衣的制度，有效地保证了水上运输安全。

武装和交通战备工作 2011年，县交通运输局按照“组织落实、军事落实、政治落实”的要求，不断加强对民兵工作的组织领导，创新机制，狠抓建设，民兵工作呈现出机制灵活、形式多样、活动经常的良好局面。本着“编为用，建为战”的原则，县交通局组建了30人的对口民兵专业分队，主要承担着交通运输、抢修路桥等职责。在县武装部的领导下，完成了合成演练，应急处理突发事件任务。在交通战备工作方面，完善了各项交通战备规章制度、工作职责和工作程序，使交通战备工作走上了规范化、程序化、科学化的轨迹。

综合管理服务不断完善 2011年，县交通运输局综合管理站以“科学发展、服务全局、肩负使命、再创一流、坚持以人为本”为实践载体，以实现“六个老有”为目标，切实维护和保障了老职工合法权益。落实离休干部遗属生活费6000元/年、60年代精减人员1836元、退休遗属生活费2760元；中秋节、重阳节慰问16100元；完成职工公积金、医疗的划拨结算；兑现退休老职工住房补贴66000元

加强党风廉政建设 2011年，县交通运输局着力构建交通建设领域反腐倡廉防范体系，以领导干部、工程建设、一线执法人员为重点，加强监管，确保党风廉政建设落到实处。制订了《沾益县交通局党风廉政建设责任制》，进一步完善和规范了党风廉政建设的制度体系。围绕建设项目招投标、质量监督等重点环节，加大检查力度，加强监督，严格执行民主集中制，深化反腐倡廉制衡机制。通过上警示教育课、定期集中观看反腐倡廉警示片和签定廉政建设责任书等形式，增强了干部职工的自律意识，全年无违纪人员。

办理人大代表建议和政协委员提案 2011年，县交通运输局收到交办的县人大代表建议及县政协议、提案35件，为历年之最。其中：议案13件、提案22件。主要涉及公路建设、维修与养护及农村客运站（点）建设等方面的问题。在县人大、县人民政府和县政协的指导下，按照人大代表建议、政协委员提案办理工作的规定和要求，截止6月24日，35件议提案全部办结，办复率为100%，满意率为100%，其中所提问题已经解决13件，占37%；正在解决或已列入计划逐步解决的22件，占63%。

文明创建活动 2011年，县交通运输局积极开展争创省级园林城市创建活动，在创建工作中，加强了机关内部绿化建设。成立了创建工作领导小组；健全了培训机制、信息机制、责任机制、激励机制、考评机制，加强了机关院内的管理，对机关院内的绿化树木、花草安排专人进行管理，对文明单位创建工作进行了细化、量化，全局在文明创建的硬件和软件上都有新的突破。

“六个一”纪念建党90周年 2011年，县交通运输局积极谋划部署纪念建党90周年系列活动，通过以“忆党史、颂党恩、谋发展”为主题的“六个一”庆祝活动，进一步提高交通运输局党组织的创造力、凝聚力和战斗力，增强广大共产党员的荣誉感和责任感。一是组织召开一场纪念大会并表彰先进典型。二是慰问一批困难党员、老党员。三是上好一次党课。四开好一次民主生活会。五是撰写一篇心得体会。六是组织一次“党员服务日”活动。

召开2011年农村公路项目推进会议 2011年3月21日，副县长颜光耀在西安交通运输局主持召开沾益县2011年农村公路项目推进会议。会议围绕2011年51千米通行政村公路硬化和倒播路工程建设任务进行了研究，讨论确定全县2011年农村公路建设项目的实施进度及工程质量管理事项等内容。同时颜光耀就2011年农村公路建设工作提出三点要求：一是进一步提高认识，加强领导，严格按照规划设计，按时、按质完成建设任务。交通运输局、各乡镇和各项目业主要加强工程项目管理，科学合理制定农村公路建设方案。二是各项目建设单位加强配合、统一行动、形成合力，全面加快农村公路项目建设。三是狠抓责任落实，制定相关考核责任制，做到每个项目责任落实到人。

县长毕尚鹏调研全县农村公路建设情况 2011年5月10日，县长毕尚鹏等相关领导，深入大坡、菱角就农村公路建管养暨交通项目建设计划执行情况进行调研。并对沾大路、大坡至章溪、章溪至寻甸石甲、岩竹至棚云等农村公路施工现场进行实地查看。在听取县交通运输局主要领导的工作情况汇报和实地调研后，毕尚鹏对就全县农村公路建管养取得的成绩给予了充分肯定，并对下步工作提出要求。一是要坚持因地制宜，按客观规律办事，尽力而为，量力而行，真正把惠及农民群众的好事办好；二是强化宣传，广泛发动，营造良好的交通建设舆论氛围；三是要科学规划，精心施工，确保农村公路建设质量；四是履行职能，通力协作，形成农村公路建设的强大合力；五是规范管理，强化监督，建设优质高效的民心工程。

大坡岩竹至菱角棚云旅游公路顺利打通 2011年6月25日，在县交通运输局的精心组织下，经过50余天的艰苦奋战，沾益县大坡岩竹（海峰湿地）至菱角棚云（七彩峡谷）旅游公路顺利打通。该工程全长92011年，修建为四级公路砂石路面（路基宽6.5米，路面6.0米）；修建涵洞14道，水沟10000米，开挖填补石方18000立方米，土方13500立方米，铺砂石料16200立方米；共投入大、小挖机55台班，压路机55台班，自卸车150台班，人

工1200工日，总投资100余万元。该路的打通为县域经济主干线的贯通奠定了坚实的基础，方便了游客到七彩峡谷观光和沿线群众的生产生活及出行，真正成为经济增长、旅游开发的新动力、新引擎。

望城坡至大坡农村公路改造工程通过验收 2011年8月4日，县交通运输局邀请市交通运输局、市公路工程质量监督站、市公路管理处对县内望城坡至大坡农村公路改造工程进行验收，县纪检监察、县发改局、县交通运输局、县财政局、县统计局、县林业局、县土地局、县税务局、西平镇、大坡乡及监理、施工代表参加验收。验收组通过实地察看工程现场后，并听取建设、设计、施工、监理单位的工作汇报以及质量检测报告，在充分讨论的基础上，形成（交）竣工验收报告，报告在会上获得一致通过，验收委员会一致通过沾益县望城坡至大坡农村公路改造工程为优良工程，同意沾益县望城坡至大坡农村公路改造工程竣（交）工验收。至此，沾益县农村公路等级又得到了进一步提升，交通基础设施服务社会主义新农村建设能力进一步增强。

倒石岩至播乐农村公路Ⅱ期建设工程开工 2011年11月11日，总投资1700万元的倒播路Ⅱ期建设工程开工。倒石岩至播乐农村公路改造工程，全长30.8千米，总投资3200万元，分两期建设。Ⅰ期工程倒石岩至沙高段长14.8公里，投资1500万元，于2011年3月开工建设，2011年12月完成建设任务。Ⅱ期工程沙高至播乐段长16千米，位于沾益县播乐乡境内，起点沙高，经大海—罗木—乐利，至播乐，计划投资1700万元，分两个合同段建设。项目设计标准为四级公路沥青路面，路面宽度为6.5米，设计速度为20千米/小时，计划工期为10个月，至2012年8月底完工。项目建成后，将服务沿线30个自然村，直接受益人口5万余人，对完善区域路网，改善沿线乡村交通状况，方便革命老区人民群众出行及煤炭运输具有重要作用。

沾益至寻甸十甲过境路大章段开工建设 2011年11月21日，沾益至寻甸十甲过境路大章段开工建设。沾益至寻甸石甲过境路起于沾益望城坡，至寻甸十甲，全长44.1千米，分三段进行改造。其中沾大段19.8千米，总投资1940万元，于2010年1月开工改造，2010年12月底完工通车；章十段长10.3千米，总投资550万元，于2011年2月开工建设，修建为机制弹石路面，于11月底完成建设任务；大章段长14千米，总投资1300万元，改造为四级沥青路面，计划工期为8个月，计划于2012年8月初完工。项目建成后，沾益至寻甸十甲全线贯通，将成为连接沾益至寻甸、马龙的主要经济干线，服务沿线40个自然村，直接受益人口5万余人，对完善区域路网，改善沿线乡村交通状况，方便人民群众出行具有重要作用。

沾益县交通运输局揭牌成立 2011年12月27日，沾益县交通运输局揭牌成立，标志着沾益县交通运输事业进入一个新的历史阶段。沾益县交通运输局的成立，是县委、县政府认真贯彻执行国务院机构改革工作部署的一项重要内容，是全县交通运输事业发展史上具有里程碑意义的一件大事。

（李奇勇）

信息产业

综　述 2010年，沾益县信息产业办的整体工作在机构改革中划入沾益县工业经贸和科技信息化局。2011年，沾益县进一步加快电子政务建设步伐。完成了95个电子公文交换点，并在11月联通了全国电子政务外网，实现了公文交换的无纸化流转。对县五机关大楼的局域网进行改造，建立了物理隔离的内外网系统，提高了网络的安全性和稳定性。利用电子政务视频会议系统召开会议30余次，极大节约了会议成本。继续做好信息公开工作。全年信息平台公开信息8652条，接入“96128”电话专线548个，成功率91.04%，满意率96.63%。在全县开展无线电宣传月活动。9月，召开涉台单位座谈会，悬挂布标14条，发放资料100余份。以德国SAP公司的ERP项目为载体，在云维股份开展了工业和信息化融合试点。大力推进互联网建设。全县共有67个村委会（社区）接通互联网，覆盖率54.9%，3G基站建设完成22个，信息安全事故率为零。

（孙家雁）

邮　政

综　述 2011年末，沾益县邮政局下设综合办公室、市场部2个职能管理部门，市场部下设信函部、金融业务部2个专业生产部门及营业部、封发投递组2个业务部门，8个乡镇设有4个农村支局、5个邮政所、9个便民报刊亭。全县共有邮路30条，邮路长度1746千米，实现村村通邮。共有员工37人，劳务工31人，委代办14人，内部退养员工15人，离退休员工40人。

2011年，县邮政局认真贯彻落实市邮政局“转变发展方式，提升服务质量，夯实基础管理”的经营策略，充分依靠和调动员工的生产积极性与主动性，圆满地完成了计划任务。全年累计完成业务总收入954万元，为年计划940万元的101.5%，超计划进度1.5个百分点,绝对额14万元,比上年增23.6%,净增182.4万元。其中，邮政收入949.18万元，其它收入4.82万元。邮储余额累计达2.6亿元,累计净增3784万元。其中，定期余额1.9亿元，活期余额7394万元，活期比重28.08%。

经营管理工作 2011年，县邮政局坚持科学发展，以效益为中心，进一步创新发展思路，按照现代企业制度要求，积极推进邮政业务市场化运作。根据各季度业务发展的规律，制定不同的业务发展计划，实行错峰营销。同时加大对分配、考核、人员的综合整合，制定了工资分配考核办法、经营预算奖考核办法、重点业务发展考核办法等，为经营发展提高强有力的保障。

业务培训工作 2011年，县邮政局大力提升员工素质。一是分别组织8名邮政储汇人员参加职业技能鉴定；二是组织全局营业员、投递员、内部处理人员参加远程培训；三是组织4名营销人员参加营销员远程培训；四是组织5个邮储网点负责人及营业人员参加保险特训营培训；五是组织36名网点人员及后台人员参加反洗钱培训与考试；六是组织局领导、两办主任参加省公司的能力提升培训。通过培训、学习和业务推进，不断促进员工业务知识的学习和业务技能的提高。

代付烟叶款工作 2011年是邮政实行电子化支付烟叶工作的第二年，为更好地为烟农服务，县邮政局从6月份开始筹备，通过加强组织领导、建章立制，做好人员选拔、配置、培训、强化规范操作，请领、安装、调试设备等工作，共投入内部人员42人、外聘人员49人，新增终端设备19套，投入车辆2辆、防暴枪4支。设置12个固定支付点、2个流动支付点，投入台席29个。从2011年8月4日至10月31日，共为全县8个乡镇的3.7万户烟农服务。烟草公司上折3.5亿元，实际电子结算3.5亿元，实现手续费收入90.09万元，取得了较好的成绩。

企业文化建设 2011年，县邮政局始终注重用先进的企业文化激励员工、团结员工。一是组成一支女篮球队参加全市邮政系统的“合力杯”篮球赛，展示了员工良好的精神风貌。二是积极组织员工参加市邮政局组织的“快乐的我”个人才艺展，县邮政局参赛的手工类、刺绣类分别获得了一、二名的好成绩。三是开展“爱我云邮、展我风采”演讲比赛，员工积极参与。通过一系列的文化活动的开展，增加了员工间的凝聚力，展示了邮政的良好形象。

工程建设 2011年，县邮政局完成盘江邮政支局生产房的征地谈判、相关手续申报与办理的前期准备工作，完成生产房建设的招投标工作。

安全生产 2011年，县邮政局认真做好资金、场地、邮件、车辆、枪弹、人身等安全工作。一是加强思想教育，牢固树立“防范第、安全第一”的观念。二是加强了安全保卫、安全防范等安全检查工作，做到不走过场，使每位员工心中时时绷紧安全防范这根弦，一时一刻也不放松。三是加强了对中间业务资金和代收代付资金的管理、押送、稽查工作，专门制定了相关管理规定、业务操作流程和资金归集管理办法，确保了资金安全。四是加强对驾驶员、送取款人员和保安的日常教育与管理，严格执行派车单制度，严格执行操作规程和规章制度，加强对车辆的保养和日常维护，确保了资金与车辆安全。五是加强了对一线操作人员的业务培训与安全知识防范，保持了全局的高度稳定。全年未发生安全事故。

（关正芬）

电　信

综　述 2011年末，中国电信沾益分公司下设市场部、网络部、办公室3部室，县城设望海营业厅、西正营业厅、东风路营业厅3个城区营业厅，8个乡镇设立8个电信营业部。有在职员工41人，退休退养人员46人。

2011年，中国电信沾益分公司在省、市公司的正确领导下，紧紧围绕全年经营发展目标开展工作，坚定不移地开展二次创业，聚焦宽带和移动业务的规模发展，狠抓装移维服务能力提升，实现全业务有效益的规模发展，认真贯彻落实各项经营措施，以提高服务质量为核心，紧紧围绕全年发展目标开展工作。全县共计富通机站6个，C网机站71个。宽带、移动业务的良好发展，有效地支撑了业务收入的增长。

加大政企客户营销力度 2011年，聚焦宽带和移动的规模得到不断发展。中国电信沾益分公司加强政企客户营销力度，按客户需求制定个性化营销方案，以项目嵌入带动移动业务发展，经多方努力取得了显著的成效，以警务E通、司法E通、白水电厂翼机通、播乐煤矿监控项目为契机，共计发展了1059户手机。宽带方面，共发展商务领航定制终端14户：农业银行、麻拉中学、德威中学、马自达4S店、沾益鑫福有限公司、沾益博浩有限公司签、炎方一中、云南珠江实业集团有限公司、德泽乡政府、沾益县鸿森公司、九源经贸有限公司、振雄汽车贸易公司、中达汽车销售公司、沾益县森林公安每月可拉动收入28232元。并于年底与县教育局签订了教育信息化协议，为2012年打下坚实基础。

建设维护工作成效明显 2011年，中国电信沾益分公司完成全县95个单位的公文交换网络接入开通。完成交警高速公路监控21个2M电路调度开通。完成龙华园小区、水郡花园小区、玉林小区、珠江源三期、云源小区、花山沾化农场小区、天生桥77307部队、珠江源加油站、望海小区黑鲨洗车店、庄家湾八大门村、庄家湾金家屯、沾益食品公司、松林中石化油库、鸿森管柱厂、森林公安局、中达4S汽车店、振雄4S汽车店、白水云鑫煤焦厂18个EPON新建项目。完成施家屯、沾化三期部分单元、磷肥厂小山上、白水、小塘、德泽、播乐、盘江、松林、张板村、望海小区11个EPON扩容。完成炎方西河、新屯、盘江小后所、娄家山宽带新建。完成Hirs站升级替换为DO站：卡郎、大坡、水田、奴革、卡郎、赤章、白沙坡；基站建设完成3个：中心、天生桥部队、大坡耕德；基站在建项目：清水沟、卡居、新排、大海基站新建、红土沟基站搬迁工程。

营销宣传工作 2011年，中国电信沾益分公司不断加强全业务宣传，提高用户对电信业务的认知，提升中国电信的品牌。多次组织员工在沾益城区、花山工业园区、大为小区进行声势浩大的实战营销活动，大力宣传天翼、E家品牌、IPTV。平时要求社区经理把海报贴到各小区和车站站台，对前来营业厅的客户，要求营业员主动向客户推荐。同时与路演公司合作，每周在不同的乡镇选择赶街天进行路演活动，通过这些宣传措施，使全业务融合套餐深入人心，对移动业务的发展发挥了重要作用。随着10月23日望海主营业厅天翼手机卖场开业，对天翼手机的规模发展打下了坚实的基础。

客户回报活动 2011年，中国电信沾益分公司积极组织开展了客户回报活动，预存话费送话费活动得到了用户积极响应，有效拉动了业务收入，激活了欠费和零次用户。目前正在重点跟进年末客户维系营销活动。针对宽带欠费工作，每月将各片区的欠费名单发放到各统包经理手里进行催缴并按月进行反馈，取得明显效果；对各统包点进行按周管控，每周将所做工作上报；同时基于网格系统严格开展欠费催缴活动，有效提高了出帐用户的占比。"5·17"和端午期间又针对新装用户和E家续费用户推出了送礼品和粽子的活动。活动等到了积极响应，激活了欠费和零次用户。年底，组织相关人员对长期欠费的政企用户进行一一催缴工作，有效提高了公司的待列帐回收率。

运维专项工作 2011年，中国电信沾益分公司认真落实运维专项工作，有效提升服务能力和客户感知度。1～10月份运维专项考核排在全市全列，1～10月共获市公司成本激励185460元。

创建省级园林单位活动 2011年，中国电信沾益分公司积极开展创建省级园林单位活动，5月份完成了创园申报工作，对办公区进行了绿化、美化，添置了花卉、树木，办公环境焕然一新。

（孙　玲）

移动通信

综　述 2011年，中国移动通信集团云南有限公司沾益分公司在省、市公司的领导下，在县委、县政府的关心支持下，以深入学习科学发展观为主题，抓住机遇、团结奋进、树立信心、加强管理、努力拼搏，业务不断发展、网路建设不断巩固、服务质量不断提高，综合实力得到进一步加强。截止2011年末，在网客户数达210000多户，年累计计费收入逾9000万元，上缴地方税300万元。

网络建设 2011年，移动公司沾益分公司网络工作以提升网络质量、降低客户投诉率、加强故障管理、提高处理及时率为重点，进一步加强网络建设，不断提高网络覆盖率及网络质量，圆满完成了各项网络运行指标。现3G信号已覆盖沾益县城、曲沾大道及曲胜高速沾益段。完成了G网25个基站开通入网，35个基站替换及扩容工作，沾益基站数达到187个，入网载频1683块。网络覆盖率由原来的96.5%上升到98.3%，使沾益移动打造精品网络覆盖更上一个台阶。经过公司领导班子与政府及相关部门的多次沟通协调下，全业务一期及二期完成278.15KM光缆布放，完成全业务一期8.65KM管道建设及25个光交箱的布放，为沾益WLAN热点168个AP入网上线提供有力支撑。在实现无缝覆盖的基础上，进一步完善网络精度覆盖，为城区和农村客户提供优质网络服务。积极配合各施工单位对2011年的工程进行协调。对沾益的多个TD基站进行了开通和测试。完成了多套PTN传输设备的开通。优化网络质量，有力的提升了市场竞争力，有效的促进了农村信息化进程。公司成立基站故障处理小组，完善故障管理制度，使网络故障得到及时有效的处理和解决，最大限度的保障客户使用需求。

网点建设 2011年，移动公司沾益分公司加大培训力度，实施各种优化措施，有效的提高村级服务站的业务能力。拓展用户缴费和办理业务的渠道，方便了广大的农村客户办理移动业务，受到了农村客户的欢迎。建立2个社区服务站，把移动缴费点搬到客户的家门口，让客户办理业务更加方便快捷。

提升服务质量 2011年，移动公司沾益分公司秉承中国移动“正德厚生，臻于至善”的文化理念，为客户提供最优质的服务。不断完善服务机构和硬件设施，提升服务质量，在沾益分公司自有服务网点，推出“我服务 我快乐”的服务提升活动，以“服务为根，客户为本”为核心，树立精品服务意识，创建品牌示范窗口，从小事做起、从细节入手，较快的提升了服务厅的整体服务，同时也调动了前台服务人员的积极性，以提升服务质量和效益为核心，大力开展劳动竞赛，努力冲刺各项责任指标。做好沟通100服务厅服务工作，增强服务意识，提升服务质量。公司开展岗位提升服务奉献活动，出台了《关于提升营业厅服务质量的意见》《关于进一步加强对社会渠道管理的通知》等一系列文件，让客户深切感受到移动的优质服务。4月沾益营业窗口被授予“全国五一巾帼标兵岗”称号。

市场营销 2011年，移动公司沾益分公司以“实惠、方便、高效、贴心“为市场开拓准则，除针对不同的客户群体提供优惠的营销活动，老年机为老年人带了方便、快捷；儿童机为孩子和父母们带来了安全与放心、TD无线座机让客户摆脱了传统电话不方便转移等使用不便的困境；来电提醒、商务管家、号薄管家、MM新生活等适应市场需求开发的增值业务，深受用户好评。

136移动信息富民工程 为实现农村信息化建设，促进信息传播，以推进农村信息化,缩小信息鸿沟为工作重点，农村信息化建设解决，促进信息传播带动农民致富为目标，2011年，移动公司沾益分公司开展“136移动信息富民工程”活动，其中为3500余名农民提供了“农村信息机”服务；开展“存话费送新农合医疗保险”活动，农村客户7万多人参加了活动，赠送金额达350多万元，让群众享受更优惠、更便捷的通信服务。为表彰先进，树立典型，充分展示富民工程创建成果，县政府特对白水镇等2家乡镇为移动信息富民工程创建进步乡（镇），以及大坡乡新庄村民委员会等13个移动信息富民村示范村单位、炎方乡刘麦地村民委员会等21个移动信息富民村单位、播乐乡水田村民委员会等41个移动信息富民村创建进步单位、李艳辉等10位为移动信息富民工村创建先进工作者进行表彰。

通信保障 2011年，移动公司沾益分公司积极保障沾益县重大活动移动通信畅通，配合市公司网络部完成了多年来珠江源越野登山挑战赛和美食文化节中的通信应急保障工作。在曲靖饮食文化节等大型活动，沾益移动紧急扩容7个载频，同时向省公司争取了通信应急保障车2次，确保了沾益县委、县政府大型活动和节假日移动通信畅通。

创先争优活动 为巩固和拓展深入学习实现科学发展观活动取得的成效，2011年，移动公司沾益分公司积极围绕“重在解决问题、取得实效，把创先争优活动与公司改革发展稳定工作的实际有机结合起来，服务人民群众”这一主题，制定了创先争优活动实施方案，抓实“七项活动”，把创先争优活动引向深入，使企业得到发展。坚持以学习为主，以制度建设为主，深入扎实开展“新形势 新挑战”思想转变活动，公司举行了“新形势 新挑战”思想转变演讲比赛活动，员工在活动中得到学习和发展。

公益服务 2011年，移动公司沾益分公司积极参与社会公益事业。高考之后举办“全球通VIP客户高考志愿填报讲座”，请专家指导高考志愿的填报事项，得到了家长及学生的一致认可。2011年春节期间开展了文化下乡活动，共演出20余场，投入经费10余万元丰富了农村文化生活。在暑假期间开展了“橙人行动”，为沾益县在校学生提供了社会实践平台，受到了学校、家长的好评。在往年实施“绿箱子环保计划”的基础上，结合行业的力量和社会民众的力量，大力宣传“爱护环境、共建美好家园”，为环境保护做出一定的贡献。“5·17世界电信日”活动期间，组织公司青年员工上街开展“服务进万家”信用建设优质服务活动，在接受用户业务咨询、宣传发展移动通信业务的同时，认真解决用户反映的问题，能做到当场解决的，当场解决，或是让用户立即享受到“上门服务”。5月大旱期间，在与当地学校、政府、挂钩点取得联系并实地考察的基础上，积极向上级争取项目，争取资金4.14万元，修建沾益县西平镇桃源小学水窖，解决了缺水问题。

（李红俊）

城建环保

责任编辑　张丽芬

城乡建设

综　述　2011年3月，沾益县建设局更名为沾益县住房和城乡建设局。县住房和城乡建设局是县人民政府职能部门，负责全县城乡规划、建设和管理工作。2011年末，内设办公室、组织人事科、会计核算中心、纪检监察审计办公室4个科室；直属沾益县规划局、规划设计研究所、村镇建设管理处、建筑业管理处、房地产业管理处、市政公用事业管理处、园林绿化管理处、城市综合行政执法局（城市监察大队）、市场服务中心、环境卫生管理处、天生洞公园管理处、玉林公园管理处、玉林广场管理处和城市基本建设档案馆等14家事业单位，房地产开发经营总公司、城建实业公司2家企业单位，全局共有职工315人。

2011年，县住建局围绕建设“山水园林城市”的目标，按照融入珠江源大城市总体建设格局的指导思想，提高认识、凝聚力量，科学规划、建设、管理和经营城市，沾益城镇化建设得到持续快速发展，城乡面貌日新月异。城市规模逐步扩大，城市功能进一步完善，城市环境显著改善，城市的载体和辐射带运作用明显增强。年末，县城建成区面积8.9平方千米，城镇化率达40%，绿化覆盖率36%，城市道路面积96.83万平方米，人均拥有城市道路面积12.41平方米。拥有城市路灯6190盏，拥有公交车辆26辆，完成城乡建设投资32亿元。

李竞楠　供稿

县城总体规划　2010年6月，沾益县完成县城总体规划执行情况评估工作，按照建设珠江源大城市的要求，沾益县城的总体规划需纳入中心城区城市规划统一考虑。2011年底，完成六沾铁路以西片区路网初步规划，总体规划修编前期准备工作就绪，结合省政府保护坝区耕地城镇建设上山相关要求，市政府正在组织编制包含“麒、沾、马”的珠江源都市区规划。

《西河综合治理工程规划》编制工作完成　西河综合治理项目西起新贵昆铁路复线，沿现状西河蜿蜒而下，以蓝色水景观轴串起“五色海花园”“秀湖天地”“儿童游乐”“滩林湿地”四个主题公园，全长5200米，占地1497亩。为有效指导该片区城市建设，组织由浙江大学编制完成了《西河综合治理工程规划》，并于2011年1月通过规划评审。西河综合治理工程项目已列为曲靖市“十大重点建设项目”之一。

《新火车站片区控规调整及概念性规划》编制工作完成　新火车站片区是沾益县城西北片区的门户，是铁路以西旧城更新改造的主要区域，其职能是以曲靖市二级批发市场为主的商业贸易区，兼有交通和居住功能的综合片区。规划区总用地面积92.81公顷，居住人口约为1.4万人。2011年3月9日，该规划通过了沾益县规委会议的讨论，成果于2012年8月交付使用。

《沾益县城市绿地系统规划》编制工作完成 为适应城市发展的需要，加快创建省级园林县城的建设步伐，改善沾益城区人居环境、社会经济环境和城市生态环境，切实可行地指导城市绿地建设，2011年，沾益县组织编制完成《沾益县城市绿地系统规划》（含《沾益县生物多样性规划》《沾益县古树名木保护规划》《沾益县城市绿地防灾避险规划》《沾益县城市绿地树种规划》等四项附属规划）。4月1日，组织召开《沾益县城绿地系统规划》评审会，经专家组评审通过，县人民政府于4月15日批准实施了该规划。

《西南片区城市风貌规划》通过评审 《西南片区城市风貌规划》设计范围西起新贵昆铁路复线，北至玉林山，东至珠江源大道，南至汇宝路，总面积为7.25平方千米。由浙江大学和浙江省风景园林设计院联合设计。方案以西河公园的打造作为切入点，提出了西河织锦、蓝绿呈祥的规划建设核心理念，围绕“一核、一心、一轴一带二线三片”总体风貌结构，对整个片区的城市天际线、建筑高度、建筑密度、建筑色彩、绿化率等相关控制内容进行设计。2011年，该城市设计方案已通过评审并开始指导本片区城市规划工作。

开展《铁路既有线规划》编制工作 规划区位于沾益县城北部，属于现状老城区中偏西位置，主要为原贵昆铁路及铁路生产用地，就城市发展而言，将成为未来的特色中心，具有突出的区位优势。规划将延续老城商业氛围及带状商业形式，向西延伸，形成新的高端商业中心，寻求城市新的商业增长点。2011年，已完成4轮方案汇报，规划编制正在有序开展。

完成炎方小集镇规划修编工作 因宣天公路和“沾六”铁路复线建设打乱了炎方集镇的总体规划，制约了集镇的正常发展，引起了县委、县政府高度重视，根据2011年8月4日县委书记聂祖良主持召开的炎方乡集镇建设现场办公会议安排，应炎方乡人民政府的委托，县住建局组织10名专业技术人员分两组到炎方进行地形调绘。地形图测区范围按集镇规划范围划定，东到麻塘水库，南到石坡，西至贵昆铁路线，北到麻塘河，完成集镇测图面积1.38平方千米。

开展村庄规划编制工作 2011年，县住建局按照村庄规划编制工作的要求，成立了沾益县村庄规划编制工作领导小组，明确了相关人员和职责。8月2日，召开了全县村庄规划编制工作会议，并与各乡（镇）签订了目标责任书；省补助资金已到位51.5万元（占省补助资金的30%），县级资金80万元已划拨到领导小组办公室，并按每个乡（镇）10万元划拨到各乡（镇）。至年底，全县120个行政村和30%以上条件相对较好的自然村规划编制任务完成。

农村危房改造工程 农村危房改造及地震安居工程是市委、市政府列入各年对各县综合考核的一项重要工作。2011年，沾益县农村危房改造任务为400户拆除重建工作，分别在炎方、菱角、播乐、大坡各100户，已全部完工，相关后续工作及资料收集、归档工作全面结束。

严格规划建房审批程序 2011年，县住建局依据行政许可的有关规定，积极转变工作方式，做到为民服务、上门服务。至11月23日，共办理《乡村规划许可证》1646份，审批占地面积134021.83m^2，建筑面积317885.39m^2；核发公建《村镇规划选址意见书》44份，建筑规模719618.71m^2，《用地规划许可证》4份，用地面积220355m^2，《建设工程规划许可证》34份，占地面积48392.32m^2，建筑面积66558.04m^2，在经济流通中发挥了良好的促进作用。

建筑工程质量监督管理 建筑工程质量监督主要是校安危改工程、公租房的监督管理。2011年，全县受监单位工程162项，受监面积达76.9万m^3；已办理竣工备案工程76项，建筑面积34.5万m^3，工程竣工验收合格率为100%。

公园管理 ①玉林公园。2011年，玉林公园管理处筹集资金，把前大门房屋和踏步进行维修处理，保证前来游玩的市民和游客的安全；公园管理处协调相关部门，并积极筹措资金，从广场人工湖引水上山，全长1000米，总投资25.5万元；全年公园种植地被植物500多平方米。②天生洞公园。天生洞公园筹集6万元经费，改造了溶洞内电线、电缆，保证了游客的游览安全；筹集资金6万元，从牛过河水库引水到鹿泉池，解决公园的绿化和护林防火用水；铺设护林防火管道500米；整理公园苗圃20亩，培育球花石楠2万株、滇朴5000株，保证了公园绿化用苗。③玉林广场。对广场、龟岛、帆船及县政府大楼损坏的灯具进行更换和维修；集中安装40套石桌子、200条石凳子供游客休息；硬化铺装及铺设游路1100m^2，绿化改造了1800余m^2，筹建公厕1个。

房管工作有条不紊 2011年，沾益县房地产管理处多措并举，不断加强房地产管理工作。一是继续理顺和规范全县房屋租赁市场的管理工作，全年共办理房屋租赁登记1024件，登记备案面积为3.37万平方米。二是进一步规范全县区域内的房地产交易市场管理工作，共办理抵押登记614件，贷款金额30419.6万元，抵押登记面积20.62万平方米；抵押注销400件，注销面积16.33万平方米，移转过户812件，移转面积10.12万平方米。三是做好辖区内的房屋安全鉴定工作，共出具房屋安全鉴定报告18份，鉴定面积2.1万平方米。四是做好全县的产权证管理和发证工作，共办理房屋所有权证1612本，房产登记办证面积26.8万平方米。五是做好预售商品房备案登记工作，共办理《商品房预售许可证》5份，预售房屋总面积19.03万平方米。六是办理房屋拆除许可证9份，拆除面积1.24万平方米。

住房保障体系建设落到实处 2011年，沾益县不断加强住房保障体系建设。一是继续做好廉租住房租赁补贴发放工作，全年共向306户532人发放了52.7万元的廉租住房租赁补贴。二是做好廉租住房实物配租工作。配租了362套1.81万平方米的廉租住房。三是做好廉租住房集中新建工作。2010年廉租住房（太平点）12400平方米主体工程进入第六层施工阶段；2011年廉租房（太平点）20000平方米目前正在进行主体工程第五层层施工。四是公租房建设。2011年度启动公租房建设，共有公租房指标600套，分为3大块16个点建设，其中教育系统8个点344套，卫生系统5个点116套，乡镇人民政府3个点140套。

沾益县房地产开发销售成效显著 2011年，县房地产开发公司采取一系列营销措施，促进存量房的销售，加快资金回收速度，公司仅有的住宅存量房在6月底基本销售完，到年底累计销售房屋400多套（含车库、商铺），回收资金8514余万元，全年实现销售收入1亿多元；投资60余万元对玉龙小区的绿化进行改造，增设了200余个停车位；在玉林山水小区东侧新建5000余平方米农贸市场一个，设有铺面和摊位260个，总投资400余万元；完成了玉林山水四期---“滨江苑”项目的规划设计工作，开展了地质勘察工作。

环卫工作 从2011年4月1日起，沾益县城建成区主要街道、社区、城乡结合部等公共区域的环境卫生实行“环卫一体化”管理模式，由县环境卫生管理处统一负责整个城区的环境卫生管理。做到“三个统一”，即统一组织作业，统一卫生标准，统一监督检查，全面提高环境卫生管理水平和质量。城区清扫保洁面积由建县前25.6万平方米增至122万平方米，垃圾日清运量由建县前25吨增至80吨，坚持实行每天二次大清扫和全天候不间断保洁，城区垃圾实现了日产日清，垃圾清运率达90%。同时20多处卫生死角进行清理清除清运，共清运垃圾150余吨，有效地促进了城市卫生的大大改善。对拒交垃圾代运费业主采取行政处罚或法院强制执行等法律手段进行维权，2011年共执行23件案子。加大工程渣土、建筑垃圾、生活垃圾等查处力度，对所管辖内的建筑施工工地及周边环境卫生管理工作进行全天监管，并且与施工单位或个人签订了环境卫生管理目标责任书，共签定25件，缴纳了保证金，明确责任，责任到人，全年共处罚133件。摆放公益性垃圾桶100个，彩色果皮箱400个（主要街道安装200个，南盘江两岸与玉林广场安装200个）；垃圾分类广告果皮箱120只。投资40万元在南盘江岸边新建公厕1座。

城市综合管理 沾益县城市综合行政执法局于2011年1月成立，隶属县住建局。2011年，县城市综合行政执法局以“建一流队伍，树一流形象，创一流业绩”的标准，确立了“一年打基础，二年见成效，三年上水平”的努力方向。积极配合交警部门在城区主干道合理规划机动车临时停车位400余个，设置26个非机动车停放架，并设置停车温馨指示牌，指导车辆有序停放。全年共清理乱堆施工物料150余起，查处违法建设50余户；共强制拆除违法建设2户，有力的震慑了违法者，确保了城市规划的顺利实施。全年配合规划局定点、放线、建房许可证审批共245户。截至11月20日，共批评教育处罚未覆盖运输车辆300余辆，驾驶员450余人次。共清理占道摊点5000余个，引摊入市100个摊点，清理墙体小广告10000余平方米、清理割除不规范标语5000余条，清理城区户外广告牌设置杂乱无章、违规违法设置户外广告牌匾7000余块。

花山农贸市场管理 2011年，花山农贸市场新建摊位243个，加上原有的372个，共有摊位615个，售出597个；铺面16间，聘用8名合同工参与管理。

建筑市场管理 2011年，全县共办理工程报建72个，办理施工许可证37项，49份施工图设计审查通知书，完成了沾益县11家施工企业资质年检工作，同时完成了850余名建筑从业人员资质证书换证工作和造价员继续教育与换证61人。对全县在建工程进行质量安全大检查5次，共检查在建工程33个，建筑面积48.89万平方米，查出了有违法违规行为的项目2个，对查出来的问题，按照有关法律、法规规定进行了认真查处。审查拦标价、合同价的项目5项，太阳能设计一体化备案6项。全年全县房屋建筑和市政基础设施工程共招标项目75项，投资总额53687.93万元。其中公开招标62项，中标金额53340.88万元，竞争性发包13项，中标金额347.05万元。应招标项目的招标率达到100%，公开招标率、邀请招标率工程造价分别达到了99.35%和0.65%，应公开招标项目的公开招标率为100%。通过招标，工程造价平均下浮2.06%，共节约建设资金1133.10万元。全年共查出建筑安全隐患375余条，现场整改220项，限期整改155处，查出重大安全隐患3处，打击“非法违法”建设项目2项。并按照要求每月召开安全会议，年初年终召开了2次规模以上的安全会议。同时对33项工程中的320多人进行了集中培训、教育。发放了报纸、材料、技术规程、规范1100余份。

园林绿化管理 2011年，全县建成区绿地面积274万m^2，绿化覆盖面积295万m^2，城市绿地率32.86%，绿化覆盖率35.38%，公共绿地79.71万m^2，人均公园绿地8.75m^2，生产绿地100万m^2。改造绿地2万余平方米，补植苗木22万余株，新栽植行道树320余株。

创园工作有序进行 2011年，县住建局组织召开了2次创园工作推进会，编发简报33期。编制了《沾益县城绿地系统规划》，并组织完成初评；完成了《古树名木保护规划》《城市绿化树种规划》《生物多样性规划》；完成创园《主报件》及专题汇报片的制作；完成了台账资料的收集整理与汇总；组织42个单位，7个小区积极开展创建省级园林单位（小区）活动，其中41个单位获得“省级园林单位”称号，7个小区获得“省级园林小区”称号。根据《国家园林县城评选办法》的要求，27项指标已达到云南省园林县城标准。

绿化成果保护工作 2011年，全县共办理审批、审验手续20余件，其中办理临时占用绿地审批登记10余件，审批砍伐、移植苗木10余件，说服教育20余人次。

市政基础设施建设 2011年，全县共投入市政固定资产投资8.2亿元。一是先后建成纬七路、纬八路，二是积极推进西河综合治理工程路网、太昌路道路工程、原小坡职中片区道路工程、环玉林山路等项目前期工作。三是完成珠江源大道及龙华大道的相关移交工作，移交珠江源大道沾益段，60米宽道路4170米，道路面积25万平方米，排水管网13km，移交龙华大道全长4870米，道路面积22.65万平方米，排水管网19.5km。5月底完成经二路收尾工作，6月初完成曲胜高速沾益联络线段的维修，7月初全部通车，6月中旬完成小花园附近及东风北路人行道修复完成，7月上旬完成老城区沥青混凝土修复。累计完成破损混凝土清除外运2850立方米，浇筑钢筋混凝土2850立方米，沥青混凝土罩面3000余平方米，修复人行道1000平方米，累计完成投资280万元。完成对沾益县龙华大道西平镇路段路灯的恢复维修工作，共计投入资金50余万元，历时23天，人力300余人次，铺设电缆保护管2000余米，铺设路灯主电缆2400米，维修中央绿化景观灯1050盏；完成纬一路东段、经四路玉林山水三期周边道路路灯亮化安装工作，共计安装新路灯30盏，投入资金25余万元，历时7天，人力100余人次，铺设电缆保护管200余米，铺设路灯主电缆2200米；完成对沾益县辖区路灯的维护检修工作，共计检修路灯155盏；完成沾益县玉龙小区河滨公园路灯的重新安装修复工作，共计安装路灯（33杆）39盏。共投入人力1825余人次，车辆2555余辆次，检修更换路灯730余盏次，调时20次，对全城辖区6997盏路灯进行了维护检修，共计检修路灯1855余盏，维修配电箱15余个，确保全城路灯亮灯达率97%。总计清淤3000余立方米左右，更换城区街道路面井盖100余套，混泥土沟盖板30余块。共计修筑混泥土路面10000余立方米，沥青路面5000余立方米，路面标线8000余米，修筑人行道小块775平方米。完成了沾益县城市街道路铭牌安装工程，共计路铭牌194套，道路指示牌16套。

（王荣萍）

环境保护

综　述 沾益县环境保护局是沾益县人民政府环境保护行政主管部门，负责对全县的环境保护工作实施统一监督管理。2011年，县环保局内设办公室、法规宣教科、监督管理科、污染控制和减排科，下属事业单位有县环境监察大队、县环境监测站，年末实有干部职工26人。

2011年，为确保科学发展观在环境保护工作领域得到深入贯彻落实，在县委、县政府的正确领导下，县环保局紧紧围绕全县经济、社会建设中心工作，以实施“七彩云南七大保护行动”为主线，以“削减总量、改善质量、防范风险”为着力点，以工业污染全防全控为抓手，把污染防治、生态保护和节能减排工作统一到“七彩云南保护行动”中来，在全县掀起了“七彩云南沾益保护行动”新高潮，取得了阶段性成果，圆满完成了各项既定任务，为推动全县经济、社会又好又快发展奠定了坚实的环境基础。

年度减排任务顺利完成 2011年，沾益县按照“控制总量、削减存量、政府主导、企业主体、社会参与”的总体思路，以污染减排重点项目建设为突破口，以结构减排、管理减排为基本手段，全面推进污染减排工作，取得了阶段性成果。已验收的二氧化硫、COD消减项目运行正常，新启动的氨氮和氮氧化物减排项目进展顺利，生产工艺落后的淘汰企业如期关停取缔，全年上报审核削减二氧化硫113040.92吨、氮氧化物585.65吨、化学需氧量1449.7吨、氨氮232.48吨，淘汰焦化产能20万吨，圆满完成了市政府下达的年度减排目标任务。

项目审批工作进一步规范 2011年，县环保局在新建项目环境管理中，严格项目审批，做到不漏批、不漏管，对违反国家产业政策、环保政策的项目一律不予批准，有效控制工艺落后、浪费资源、污染严重企业的滋生蔓延；对项目进行严格审批的同时，加强项目建设的后续跟踪管理，一方面继续坚持项目管理“一项一档”制，对项目实施规范化管理，另一方面严格监督企业贯彻执行项目环境保护“三同时”制度，新建项目做到合格一家，验收一家。全年共办理建设项目环境影响评价审批79项，其中审批环境影响报告书1项、报告表33项、登记表45项，环评执行率达到100%；通过环境保护验收的项目20个，新建项目环境保护“三同时”执行率达到100%。

整治违法排污专项行动 2011年，县环保局、国土局、工信局、监察局、工商局、电力公司等部门和单位按照各自职责，充分履行部门职能，密切配合，协同作战，严格执行了“政府统一领导、部门联动”的工作机制，有力地推动了整治工作的深入开展。以县环保局为牵头单位，沾益县相关部门累计出动200余人次对辖区企业进行了专项检查，责令多家厂群关系紧张、污染问题长期得不到改善、影响居民生产生活的企业进行限期整改，解决了一批人民群众关注的热点难点问题，为群众的身体健康提供了环境保障。

排污收费工作 2011年，县环保局把排放污染物数量大、浓度高、污染因子复杂的单位和处在环境敏感区的排污单位以及排放第一类污染物的单位作为申报重点，认真组织企业进行排污申报，严格审核申报数据，按照“全面申报、准确核定、足额征收”的原则，坚持公开公平公正基本要求，不简化程序、不降低标准、不跨越权限，分门别类、突出重点、稳步推进，依法、及时、足额征收、解缴排污费。全年共计征收排污费1529万余元，远远超额完成了市环保局下达的全年目标任务。

环境监管水平不断提高 2011年，县环保局不断加强环境监管。一是依法强化对污染企业的日常监管力度，全年累计出动环境监察人员400余人次，完成环境现场监督检查200多厂次，基本杜绝了企业偷排、漏排和超标排污的违法行为；二是加大了环境安全督促检查力度，认真研究制定并严格落实了环境安全年度工作计划，及时组织开展了全县环境安全大检查工作，针对排查中发现的环境安全隐患问题下发了整改通知书，并深入企业生产一线帮助研究环境安全隐患的整改措施，对在企业尾矿库环境安全隐患排查、饮用水源地环境安全隐患排查、环境辐射安全隐患排查和危险化学品废弃物处置隐患排查中发现的重点问题进行了挂牌督办；三是积极做好放射源监管工作，建立了放射源安全管理档案，对全县放射源使用单位定期进行专项检查，对各放射源使用单位存在的辐射安全隐患进行了督促整改，要求放射源使用单位必须建立放射源安全使用管理制度，保证所有放射源“安全使用、安全保管、安全防护”；四是研究修订了《沾益县突发环境事件应急预案》，指导和督促19家企业开展了突发环境事件应急预案的修订、备案和演练工作，环境安全事故救援和处置机制进一步完善。全年全县未发生一起重大环境污染事故，县域112枚放射源未出现一例被盗、丢失和泄露事故。

环境污染综合整治专项工作 2011年，全市环境污染综合整治专项工作视频会议结束后，沾益县及时召开了全县环境综合整治专项工作会议，研究制定了《沾益县环境问题大排查工作实施方案》并认真组织实施。在各乡镇和各企业充分自查自纠的基础上，县四班子领导带队分组对全县的环境问题进行全面深入排查，梳理确定各类环境问题21项，在提交县委、县政府专题会议研究讨论后，逐一明确了整改措施、整改时限和牵头部门、责任部门以及县级责任领导，并由县委办、县政府办印发文件对环境污染综合整治整改措施的落实进行立项督查，环境污染综合整治工作顺利推进。

建议、提案办理 2011年，县环保局接到县政府转办的人大、政协议提案共4件，按时办结率和直接走访率均达到100%，并做到了面商率、回复率和满意率三个100%，有效解决问题的比例占总件数的75%以上。

污染纠纷调解 2011年，县环保局在日常监察工作中发现环境污染矛盾信访隐患23起，直接受理群众来信来访举报案件20起，上级转办信访案件3起，及时调查处理污染纠纷23起，直接协调并落实污染赔偿资金2.3万元，没有一起经过环保局处理的污染纠纷引发上访或群访事件，及时化解了矛盾纠纷，改善了厂群关系，维护了社会稳定和企业的正常生产秩序。

环境宣传教育工作 2011年，沾益县继续深入开展绿色细胞创建活动。对已命名的各级绿色学校的环境教育工作进行了全面规范和督促，指导2家学校和1家社区分别争创市级绿色学校和市级绿色社区；围绕污染减排和“七彩云南保护行动”两项重点工作开展大量的环境宣传教育活动，在办公楼下设置了以“七彩云南保护行动”为主题的环境宣传公益广告牌，在世界环境日、水日、地球日等环境纪念日期间集中开展宣传咨询活动，发放宣传资料、图片和调查问卷7000

余份，组织优秀环保动漫公益广告在县电视台反复播出，加大了新闻媒体环境宣传和舆论监督力度，积极倡导绿色环保的文明生活方式，民众的环境意识和参与热情显著提高。

组建环境监测应急救援中队 为提高沾益县突发性环境污染事故现场应急监测和处置能力，加强对县内突发性环境污染事故应急监测工作的组织和指导，2011年，县环保局及时研究组建了环境监测应急救援中队。环境应急监测中队在县环保局的统一指挥下开展应急监测工作，是县环保局突发环境事件应急响应体系的组成部分，队长由主要领导担任，副队长由分管的副局长担任，下设现场监测组、事故调查组、仪器设备组、后勤保障组，办公室在县环境监测站，负责环境应急监测日常工作。环境应急监测中队人员保持现有管理体制不变，县环保局负责管理，按照各自工作职责开展日常工作，执行应急监测任务时，按照应急预案要求，由县政府应急办统一协调组织，县公安消防大队调动指挥，承担重大环境污染事故应急监测处置工作。救援中队按照常备不懈、“平战”结合、响应迅速、出动快速、监测及时、数据准确、处置有效的基本原则，依托沾益县环境监测站，建设一支除承担日常环境监测任务以外，同时承担突发性环境污染事故现场应急监测和处置能力的环境应急监测中队。

县人大检查组到环保局检查《环保法》执行情况 2011年4月28日，县人大常委会副主任陈永萍带领人大有关委室的负责人到县环保局检查《中华人民共和国环境保护法》执行情况。检查组实地查看了白水电厂、云维股份、污水处理厂、垃圾发电厂，并听取了县环保局党政主要领导的专题汇报。检查组对县环保局近年来的各项业务工作给予了充分肯定，并就贯彻执行《中华人民共和国环境保护法》过程中存在的问题进行了深入分析探讨。

“十一五”减排工作成效显著

“十一五”期间，县环保局按照控制总量、削减存量、政府主导、企业主体、社会参与的总体思路，以污染减排重点项目建设为突破口，以结构减排、管理减排为基本手段，全面推进污染减排工作，圆满完成了“十一五”主要污染物减排任务。沾益县四项省级污染减排重点项目中的曲靖电厂烟气脱硫项目、云维集团4.8万方污水处理和中水回用项目、云维集团锅炉烟气脱硫项目已经顺利通过竣工验收且运行正常，沾益县城市污水处理厂项目如期建成并投入试运行；清洁生产审核工作成效明显，云维股份、沾化公司通过清洁生产审核验收，曲靖电厂有望在2011年底组织清洁生产审核验收后实现废水零排放。“十一五”期间，沾益累计上报审核削减二氧化硫89998.54吨，削减COD3957.21吨，超额完成了市政府给沾益县下达的减排任务。

（丁新礼）

财税金融

责任编辑　孟文祥

财　　政

综　述　2011年末，沾益县财政局内设19个行政科室和沾益县会计管理局、沾益县非税收入管理局，归口管理县投融资担保有限责任公司、县开发投资有限责任公司，原所属8个乡镇财政所划归乡镇管理。全局实有在职干部职工71人，退休人员3人。在职职工中，男职工37人，女职工34人；中共党员56名；大专以上学历64人；取得会计和经济中等专业技术人员18人，其中会计师9人，经济师12人（其中3人同时拥有双证）。

2011年，全县财政工作按照“调结构、上水平、惠民生、促和谐”的总体要求，坚持科学理财、统筹兼顾、增收节支的方针，围绕县委确定的2011年经济社会发展目标，加强财源建设，狠抓财政收入，优化支出结构，积极推进财政改革，不断强化财政监管，努力抓好各项工作任务的落实。

1．财政收入实现较快增长。全县财政总收入完成123489万元，比上年实际完成数104444万元，增收19045万元，增长18.23%；地方财政一般预算收入完成63566万元，比上年实际完成数54260万元，增收9306万元，增长17.15%。

2．财政支出向经济可持续发展倾斜。全县地方财政一般预算支出完成152375万元，比上年决算数126847万元，增支25528万元，增长20.13%。财政支出向经济可持续发展倾斜。一是安排项目前期经费543万元，支持重点项目、城市基础设施和水利、农村公路、教育、文化、卫生基础设施建设，积极帮助协调解决在建和新建项目中存在的实际困难。二是进一步调整财政资金支持重点，加大对产业发展的薄弱环节和关键领域的支持，拓展中小企业、非公企业融资渠道，成立了3户小额贷款公司，支持企业实施技术改造项目。三是支持生态文明建设，筹集资金1743万元用于节能减排、污染防治等工作。四是努力争取上级支持。积极向省、市汇报反映沾益困难，争取支持，促进全县经济社会加快发展。全年共争取各类专款54146万元，比上年的42278万元增加11868万元，增长28.07%；争取上级转移支付补助资金36272万元，比上年的28613万元增加7659万元，增长26.77%，有力支持了全县经济和社会事业稳步健康发展。

3．实现财政收支平衡。全年地方财政一般预算收入完成63566万元，上级补助收入92552万元，政府债券转贷收入235万元，上年结余42万元，调入资金10220万元，收入总计为166615万元；地方财政一般预算支出152375万元，上解支出14238万元，完成支出总计为166613万元，收支相抵结余2万元。

4．落实强农惠农富农政策支持“三农”发展。一是千方百计筹措资金2028万元专项用于全县库塘、小水池、水窖增蓄、用油用电、抗旱机具、设备维修、农村人畜饮水、林业苗圃等抗旱救灾补助，有力保障了全县抗旱救灾工作。二是全面落实各项惠农政策，全县共发放惠农补贴资金7463万元，其中农资综合补贴资金5001万元、水稻良种补贴资金229万元、玉米良种补贴资金201万元、小麦良种补贴资金2万元、油菜良种补贴10万元、地膜玉米补贴资金331万元、农机具购置补贴391万元、退耕还林补贴资金720万元、生猪良种补贴资金180万元、石油价格改革财政补贴398万元，全县8个乡（镇）8.9万余户农户直接受益。三是积极做好家电、摩托车下乡补贴工作。全县已备案销售网点63户，累计销售家电40589台，实现销售金额7920万元，补贴金额989万元。摩托车累计销售13449辆，实现销售金额5486万元，补贴金额699万元，补贴兑付率为100%。四是加大农业产业发展扶持力度。全年投入4955万元财政专项资金扶持粮食高产创建、中低产田地改造和万寿菊、中药材、蚕桑、畜牧、蔬菜、啤酒大麦、林果等产业发展。五是加大社会主义新农村建设投入。投入4102万元财政专项资金支持农村水利、交通、村容村貌整治、新村庄新社区建设。投入580万元财政扶贫县级配套资金，用于14个省级扶贫重点村项目、6个少数民族发展项目、1个小额信贷贴息项目、2个中央产业扶贫项目、1个革命老区开发扶贫项目。六是农业综合开发中低产田改造项目建设投资1040万元，改造中低产田8800亩。七是投入林业产业及生态建设财政专项资金4276万元，支持农村造林、天然林保护、农村能源、森林生态效益补偿、中低产林改造、核桃产业等项目的实施，促进林业可持续发展。八是投资2768万元，推进“一事一议”财政奖补，覆盖全县8个乡镇49个村委会85个自然村，建设道路89千米，建设公共活动场所2690平方米，受益农户7553户，受益村民34410人。

5. 统筹协调，保障社会事业支出。一是大力支持教育事业发展。全年拨付贫困寄宿生生活费补助资金1950万元，21187人得到补助；拨付义务教育阶段学生公用经费3194万元；安排校安工程建设资金416万元；安排改善农村中小学办学条件资金271万元。全年教育支出完成35090万元，比上年同期的32183万元增支2907万元，增长9.03%。二是支持做好社会保障工作。拨付城市低保资金1068万元，农村低保资金1658万元，保障了19377人城乡低保人群的基本生活需要；安排259万元资金全面启动新农保和城镇居民养老保险试点工作，拨付新农保补助资金1909万元和城镇居民社会养老保险补助381万元。全年共完成社会保障与就业支出18112万元，比上年同期的13758万元增支4354万元，增长31.65%。三是支持保障性安居工程建设。全年完成住房保障支出6737万元，2011年云南省政府债券资金转贷235万元专项用于廉租房建设县级配套；拨付棚户区改造资金1285万元支持旧城改造。四是支持医疗卫生事业发展。进一步巩固完善新型农村合作医疗制度，县级财政配套661万元将新型农村合作医疗财政补助标准提高到每人每年200元，全县新农合参合人数达347938人，参合率达97.43%。全年完成医疗卫生支出16831万元，比上年同期的12509万元增支4322万元，增长34.55%。五是支持文化体育事业发展。加大对公益文化事业建设的投入力度，支持实施文化资源共享、农村广播电视“村村通”、农村免费放电影、全民健身活动，全年完成文化体育与传媒支出819万元，比上年同期的686万元增支133万元，增长19.39%。六是全面落实基层政法机关经费保障政策，全年公共安全支出完成6775万元，比上年同期的6154万元增支621万元，增长10.09%，确保了人员经费和运转支出需要。

6. 深化财政改革提升财政管理水平。一是全面推进财政票据电子化管理改革，切实加强非税收入管理。建立了财政票据开票端口72个，并统一配置了电子开票专用设备，实现了“以票管收”，规范了非税收入收缴管理，防止了政府非税收入的流失。二是推进信息化建设，不断提高科技管理水平。为适应新时期财政改革和电子政务工作的需要，全面完成乡镇预算方式改革软件、用友财务软件、OA协同办公软件、电子公文处理系统等建设，为财政信息化和财政预算方式改革的顺利进行奠定了基础。三是稳步推进绩效评价工作。对2010年县级财政支出达20万元以上的16个项目，总资金3939万元进行绩效评价，同时积极完成省财政厅安排的34个重点项目的绩效评价，促进财政资金绩效化管理，提高财政资金使用效益。四是深化政府采购管理改革。扩大政府采购范围，严格采购程序，政府采购基础管理工作进一步加强，政府采购行为日益规范，全年完成政府采购金额2865万元，节约资金278万元，节约率8.84%。五是全面开展财政专户清理整顿工作。实现了统一制度管理、统一专户名称、统一划款行为、统一核算内容、统一开户审批。

7. 加强监管确保资金安全高效运行。一是加强财政资金全程运行监督。完善预算编制、预算执行和预算监督相互制衡和有机衔接的工作机制，加强对财政资金使用的监督检查，建立健全程序规范、管理严格、监督制衡、公开透明的财政资金运行机制。二是加强行政事业单位国有资产监督管理。以理顺关系、强化基础、建立机制为着力点，规范方式，细化流程，体现“阳光监管”。严格国有资产处置监管，年内批准处置资产价值448万元。三是加强涉农专项资金的监管，对上年抗旱救灾资金、惠农补贴资金、财政支农资金、扶贫资金的管理使用进行督促检查，确保了资金安全高效运行。

农业和土地开发十二五规划 2011年2月17日，沾益县农业综合开发“十二五”规划和土地治理项目三年滚动开发规划通过县水务局组织专家评审，并根据专家提出的意见对《规划》做修改，经县农业综合开发领导小组审定后正式确定完成。《规划》认真分析了沾益县经济社会发展情况和资源区位优势，内容符合沾益县情实际。其中，“十二五”规划改造中低产田4.25万亩，总投资5188万元，产业化经营项目11个，总投资2913万元；土地治理项目三年滚动开发规划改造中低产田2.47万亩，总投资2794万元。

高标准农田示范工程项目 2011年8月20日，经国家农发办批准，沾益县被确定为国家级农业综合开发高标准农田示范工程项目县。该项目计划实施三年，即2012～2014年，总投资3600万元，拟在西平镇和白水镇建成高标准农田3万余亩。项目工程内容主要涵盖水利措施、农业措施、田间道路建设、林业措施、科技措施等，涉及输水、配水渠系（管道）、桥、涵、闸等建筑物和田间灌溉设施等配套设施建设。项目建设后，将达到田成方、林成网、渠相通、路相连、旱能灌、涝能排、渍能降的总体目标。

新增农资综合补贴动态调整项目 2011年，沾益县共获得新增农资综合补贴动态调整项目9个，建设资金450万元，涉及7个乡(镇)9个村委会,项目重点为在短期内完成见效的小型农田水利等基础设施建设项目。截至年末，实施的9个项目基本完工，部分项目投入使用。通过项目的实施，项目区受益耕地面积14965亩，（其中新增灌溉面积2360亩，改善灌溉面积12605亩），受益农户2932户，受益人口13195人，为提高抗御自然灾害能力，逐步改善农村基础设施建设和粮食生产环境，促进粮食生产和粮食安全，实现农业增效、农民增收，促进农村经济可持续发展打下了坚实基础。

新型农村和城镇居民社会养老保险试点工作 按照省人力资源和社会保障厅《关于新型农村和城镇居民社会养老保险试点实施方案的批复》和《沾益县新型农村和城镇居民社会养老保险试点实施方案》要求，沾益县新型农村和城镇居民社会养老保险试点工作自2011年7月1日启动。至年末，新型农村社会养老保险收入4062.69万元，其中个人缴费2068万元，政府补贴1991.68万元，利息3.01万元，新型农村社会养老保险支出1353.35万元，结余2709.34万元。参保195821人，实际缴费154297人，养老金领取人员41228人，代缴重度残疾人等困难群体601人。城镇居民社会养老保险收入475.4万元，其中个人缴费94.3万元，政府补贴381万元，利息0.1万元，城镇居民社会养老保险支出31.17万元，结余444.23万元。参保3163人，实际缴费2209人，养老金领取人员934人，代缴重度残疾人等困难群体20人。

财政专户清理整顿 2011年，为进一步加强和规范财政资金专户管理，深化财政国库管理制度改革，堵塞财政资金管理漏洞，确保财政资金高效安全运行，县财政局提高认识，周密部署，制定相关管理办法，4月至5月30日分三个阶段对县、乡两级财政122个财政专户进行清理整顿。清理后，乡（镇）财政所保留专户32个，撤并38个，局机关业务科室保留专户36个，撤并16个，归并后移交财政国库科归口统一管理的专户18个，专户利息上缴国库资金30余万元。通过财政专户的清理、归并、整合，将分散管理的财政专户资金集中到国库科，实行财政资金专户统一管理，建立起财政资金“集中管理、分账核算、统一调度、一口支付”的管理机制和监督制约机制，从根本上解决了财政资金专户管理存在的专户过多、重复设置、资金分散等问题，确保了财政资金运行的安全性、规范性和有效性。

小金库专项治理 2011年，根据省、市“小金库”治理工作电视电话会议精神，沾益县对全县86户党政机关、事业单位（含8个乡镇），50户社会团体，4户国有企业进行专项治理。通过健全机构、加强宣传、明确责任、规范程序等措施，经过全面复查、重点检查、督导抽查、整改落实、机制建设、验收总结六个阶段，“小金库”专项治理工作圆满完成。未发现被检查单位以假发票套取资金、虚列会议费和培训费套取资金、以资产出租和处置收入设立“小金库”、以财政补助收入设立“小金库”、虚列成本费用转出资金设立“小金库”、使用“小金库”款项购买消费卡等行为。

（王凤舞）

税　务

国税工作综述 沾益县国家税务局负责县辖区内增值税、消费税、企业所得税、储蓄存款利息个人所得税、车辆购置税税种的征收管理。2011年末，内设机构9个，即办公室、税政管理科、征收管理科、人事教育科、监察室、信息中心、收入核算科、政策法规科、办税服务厅；直属机构1个，即稽查局；派出机构2个，即沾益县国家税务局西平税务分局、沾益县国家税务局花山税务分局。有在职干部职工64人，其中女性20人；少数民族2人；党员53人；公务员59人，工人4人，事业编制人员1人；研究生1人，本科40人，专科18人，大专以上学历人员占总人数的90%。

2011年，全县实现生产总值117亿元，比上年增长15%。其中，第一产业实现增加值26亿元，同比增长8%；第二产业实现增加值62亿元，同比增长18.4%，在第二产业中工业增加值55.5亿元，同比增加19.6%，实现建筑业增加值6.42亿元，同比增加9.1%；第三产业实现增加值29亿元，同比增长14.4%。一、二、三产业结构比为23：52：25。经济结构趋向二产带动、三个产业共同发展的良好局面。年末，县国税局有征管户3856户，其中企业纳税人503户（其中增值税一般纳税人305户），个体户3353户。全年共组织税收收入入库67810万元，完成年度计划的114.47%，超计划任务8570万元，同比增收14137万元，增长26.34%。其中，增值税收入61213万元，完成年度计划的114.42%,超计划任务7713万元，同比增收13910万元，增长29.41%；消费税收入8万元，完成年度计划的80%，比上年同期增收2万元，增长33.33%；企业所得税收入5208万元，完成年度计划的137.05%，超计划任务1408万元，同比增收451万元，增长9.48%；储蓄存款利息个人所得税收入24万元，完成年度计划的141.18%，超计划任务7万元，同比减收27万元，减少52.94%；车辆购置税收入1357万元，完成年度计划的70.94%，差计划任务556万元，同比减收199万元，下降12.79%。

收入特点　2011年，全县国税系统收入特点是：税种少、税源集中、纳税面大、政策性强。重点税源主要分布在电力、煤化工、商业行业。炼焦业上缴增值税占全年增值税收入的43.74%、电力行业上缴增值税占全年增值税收入的17.31%、商业上缴增值税占全年增值税收入的13.32%。重点税源企业多为高耗煤企业，全县年产煤量仅50万吨，年耗煤量2000万吨，原煤基本上靠从外县和外省购进。从税收收入上看，负责征收的五个税种除储蓄存款利息个人所得税、车辆购置税减少外，其余税种均有所增长。

税源分析　2011年，县国税局共对30户重点税源企业进行监控管理，重点税源企业上缴税收占全县近6.78亿元税收的78.32%。分税种看，五个税种三增二减，其中增值税增减因素表现为：石油及炼焦业增收4725万元，有色金属增收663万元，化学制品业增收4128万元，商业增收2366万元，其他行业有增有减，采掘业增收706万元，纸制品增收86万元，供电增收262万元，其他制造业增收1544万元，其他行业增收107万元。非金属矿物品业减收159万元，设备制造业减收624万元。企业所得税增减因素表现为：金融业增收1031万元，其他制造业增收1197万元，其他行业有增有减，专用设备制造业增收170万元，商业增收182万元，化学制品业增收165万元，纸制品增收47万元，炼焦业减收2092万元，水泥及制品业减收117万元。

法制建设　2011年,县国税局大力推进法治建设。一是深入贯彻国务院《全面推进依法行政实施纲要》，坚持依法治税宗旨，按照法定权限和程序行使权力、履行职责。二是认真落实规范性文件制定和备案办法，做好规范性文件的清理工作。三是坚持重大税务案件进行集体审理，确保事实清楚、证据确凿、法律适用得当，提高案件审理质量和效率。四是深入贯彻实施《行政许可法》，建立健全行政许可管理体制，准确实施税务行政许可事项。五是积极协助配合市国税局、市公安局开展对“南江税案”的专案查处，追缴税款7065099.86元，滞纳金2194242.84元。

税收征管　2011年，县国税局继续积极推进税收科学化、精细化管理，依托信息化水平的提升，进一步强化税收征管，深化税种管理，促进了税收任务的全面完成。一是强化措施，确保各项征管手段落实到位。完善综合征管软件数据的定期更新、分析、通报和报告制度，加强对软件运行的过程监控，确保软件运行平稳，业务处理规范。二是保证质量，圆满完成普通发票换版工作。根据省局普通发票换版工作的整体安排，成立工作机构，制定实施方案，按规定对旧版作废发票进行收缴，并对新版发票的票种进行核定，经过扎实细致的工作，按期完成了发票换版任务。三是落实起征点调整政策。11月1日起，按照新修订的《增值税暂行条例实施细则》规定，将增值税起征点由原来的月营业额2000～5000元调整到5000～20000元，并执行最高限。四是稳步推进税源专业化管理，改革现有按属地、划片管户的管理方式，对纳税人进行科学分类，实施差异化管理。五是拓宽评估涉税信息渠道，通过对涉税信息的分析、运用，有针对性地指导开展纳税评估，共开展纳税评估14户次，查补增值税7.95万元，所得税629.31万元，评估发现问题移交稽查局查处1户。六是严格按照规定的程序和要求，做好汇算清缴组织落实，圆满完成企业所得税汇算清缴工作，汇算清缴面达到100%，盈利面达到58%。补缴税款户为56户，按期补缴税额共计584万元。七是改进手段，切实加强各税种管理。其中，加强车购税电子档案系统后续管理，依托软件对车购税计税价格核定管理、减免税管理、完税证明管理等内容进行监控分析和预警考核。加强出口退（免）税审核、审批管理，及时办理出口退税和免抵调库，提高了出口退（免）税管理水平。八是强化日常管理，及时修改防伪税控档案信息，确保金税工程平稳运行。对企业的税收管理情况及增值税政策执行情况进行了调研，针对暴露出来的管理薄弱环节，明确了相应的改进措施，进一步规范管理。

税收执法　2011年，县国税局始终坚持依法行政，各项税收政策落实到位。一是税收执法保持高水平。税收执法管理信息系统高效运行，全年执法准确率达到100%，继续保持执法零过错的记录，税收执法水平进一步提升。二是重点执法检查和效能监察工作扎实有效。制定重点检查实施方案，成立税收执法监督（监察）领导小组，对税收执法和效能监察工作进行重点检查。对检查中发现的问题，认真分析问题产生的原因，明确责任，督促整改，规范执法。三是各项税收优惠政策落实到位。继续落实企业所得税税收优惠政策，两免三减半优惠政策合计免征企业所得税11189万元，西部大开发优惠政策共计减免企业所得税8253万元，小型微利企业共计8户减免所得税额3.06万元。全年共受理10户民政福利企业安置残疾人退税申请和2户资源综合利用水泥生产企业退税申请。对企业报送资料进行案头审核，对资料齐全，计算准确的办理退税，同时要求加强退税的后续管理。年末，入库的民政福利企业退税和资源综合利用水泥退税工作全部完成，共办理退税1892.69万元。认真落实增值税全面转型、小排量汽车车购税税率下调等结构性减税政策，对9辆设有固定装置车辆进行免税审批,免征车购税29万元,审批手续完整，适用图册准确，完税证明收发帐册健全、制度完善、准确，保管符合规定。共对1616辆车征收车购税1316万元，建立车购税档案1815户。积极落实出口退税调整政策，进一步完善出口退税管理制度，办理免抵调库手续，并按时上报免抵调库对账及情况反馈统计表。全年办理免抵调库2873万元；办理审核出口货物免抵退税额2481万元，其中免抵额1343万元，退税额1138万元。四是大力开展专项检查，税收稽查成果显著。组织开展重点税源企业、办理出口货物退（免）税业务（包括“免、抵、退”税业务）的重点企业、农产品加工及销售行业专项检查，累计查补入库税收448.4万元，其中增值税441万元，滞纳金3.3万元，罚款4.1万元。

优化纳税服务 2011年，县国税局不断优化纳税服务，进一步助推和谐税收经济环境的形成。认真贯彻落实“服务基层年”要求，积极开展双服务专项要求，为企业提供多形式的、切实需要的服务。开展领导干部走访企业活动，实现税企“零距离”互动，继续推行“一窗式办税”，推广POS机税款缴纳征收和一般纳税人自助抄报系统。积极探索“网上办税服务厅”，顺利完成财税库银横向联网和普通发票改版工作，着力推行机动车销售网络发票开具工作。认真做好税收政策宣传，联合地税组织开展多种形式的税收宣传月活动，提高社会纳税遵从度。

税收信息化建设 2011年,县国税局继续加强税收信息化建设。一是做好税收综合软件和执法管理信息系统的运行维护。二是充分利用增值税一般纳税人数据监控模块功能,切实加强增值税一般纳税人申报质量监控，实现申报数据零差错。三是搞好业务与技术的整合，完善和整合各应用系统与岗责体系、征管业务工作流程相适应、相配套体系。四是进一步提高数据质量拓展数据分析利用的广度和深度，实现数据统一采集、集中处理、自动生成、按需取用，提高工作的质量和效率。由市国税局开发的标准化协同办公信息系统通过一年来的运行，全体干部职工掌握协同办公相关业务的操作技能，保证协同办公工作的开展，实现了个人工作成果、个人工作台帐的记录，实现信息资料的共享。

领导班子建设 2011年,县国税局领导班子坚持每月中心组政治理论学习，坚持每年2次民主生活会制度，坚持每年在职工会上述职述廉。积极开展班子成员谈心活动，诚恳接受批评和建议，班子成员之间真,正做到了相互理解尊重、相互支持帮助，大事讲原则、小事讲风格，班子的战斗力和凝聚力不断增强。认真贯彻执行民主集中制，认真执行集体领导制度，对重要工作安排、重大事项和重要决策，一律通过局长办公会、局务会或党组会，实行民主决策和集体研究决定，增强决策的透明度，自觉接受全体干部职工的监督。认真落实领导班子联系点制度，班子成员每人确定一个基层分局作为联系点，挂钩2户重点税源企业，每月至少1次深入联系点和挂钩企业进行调查研究。班子成员在工作中各司其职、各负其责、互相协调配合，各项工作有条不紊地开展，形成了一个团结、务实、民主、奋进的战斗集体。

作风建设 2011年，县国税局围绕“服务基层年”工作主题，全力打造服务型机关，转变了工作作风，有效促进干部执政能力建设和作风建设。以“读经典、学善州、做表率”为主题开展纪念建党90周年读书活动，进一步扩大“三读”活动成果。加强思想政治教育,组织干部职工深入开展“创先争优”“四亮四创四评”活动。党组中心学习组带头，组织全体干部认真开展大讨论活动，同时认真组织开展领导点评、授流动红旗、评服务星、创先争优“回头看”等一系列活动。认真开展学习“杨善州先进事迹”活动，把学习杨善洲先进事迹融入国税各项工作之中，精心制作杨善洲先进事迹幻灯片---《榜样的力量》供干部职工学习，号召全体国税干部职工以杨善洲同志为榜样，切实履行自己的工作职责。认真落实“四项制度”。建立建全规章制度，成立了领导小组，制定了行政问责制具体实施办法。年内未发生问责事项。

廉政建设 2011年，县国税局适时组织召开特邀监察员工作联系会，广泛征求和听取社会各界对国税部门执法中的意见和建议。继续落实党风、行风廉政建设责任制。局长与分管领导、与各科室分局负责人分别签订了党风廉政建设责任书。巩固与纳税人签订《廉政公约》成果。累计已签《廉政公约》2164户，回访341户，回访满意率达98%以上。从社会各界聘请特邀监察员13人，加大社会监督力度。积极参加县政府组织开展的民主评议行风活动，认真接受社会评价，广泛接受社会监督。认真落实“一岗两责”“一案双查”制度，严格税收执法责任考核和追究，对违反规定的一律给予相应的处罚。全年干部职工未出现违纪违法行为。

教育培训 2011年，县国税局以新税收政策实施为契机，广泛开展岗位技能培训，提高干部税收业务知识水平，全面提高干部计算机应用能力和实际操作水平。加强业务学习与岗位练兵，坚持“日读千字、周写一文、季看一书、年学一技”个人自学制度，组织好“每年两考”工作。认真组织全员岗位技能考试工作，将全员考试工作纳入重要议事日程，召开局长办公会进行专题研究措施办法，成立了由一把手任组长，其他班子成员任副组长，相关科室负责人为成员的考试组织领导小组，统一组织实施。广泛听取干部培训需求意见，紧扣复习范围，制订教学培训方案，有针对性地开展分类培训，引导干部理解消化学习内容。充分利用网络平台，开展网上学习活动，广泛学习练兵活动，形成浓厚学习氛围。研究制订了奖励办法，对成绩名列前列的个人给予奖励，充分调动干部学习积极性，进一步提高了干部队伍的整体综合业务素质。

（朱淑敏）

沈德昆　供稿

地税工作综述 2011年，沾益县地方税务局在县委、县政府和市地税局的坚强领导下，紧紧围绕“内提素质，外树形象，打造阳光地税”的总目标，按照“依法治税、阳光办税、征管强税、科技管税、人才兴税、着力培税、服务促税”的总要求，落实年初确定的工作思路，求真务实，开拓创新，在改革中找思路，在创新中寻办法，在实干中创业绩，顺利完成了各项工作任务，实现了税费收入的快速增长。全县共组织税费收入7.94亿元，较上年的6.87亿元增收1.07亿元，增长16%。其中，组织税收收入5.44亿元，同比增长9.5%；组织规费收入2.5亿元，同比增长31%。为沾益经济社会又好又快发展做出了贡献，实现了“十二五”规划的良好开局。

依法治税 2011年，全县地税系统按照依法治税要求，从依法行政、责任考核两个方面，把监督检查贯穿于税收执法全过程。加大日常监管力度，及时跟踪问效，推进税收执法及行政管理责任制考核，半年一次重点检查，落实岗位职责。抓好案件审理、案卷评查、政策执行反馈落实等工作，执行审批规定，规范审批程序，理顺审批行为。清理规范性文件，及时对外公告，确保文件制定和管理规范化。11月，县地税局被县委、县政府表彰为“2006~2010年沾益县法制宣传教育先进单位”。

税务稽查 2011年，全县地税稽查坚持税收专项检查，坚持查前约谈，落实告知制度，实施限时查结,重点审理与集体审理相结合，完善稽查成果运用机制，提升了稽查效能。按照查账查案必查票的要求，加大发票专项检查力度，做好发票协查工作。将柔性执法理念引入稽查工作，通过稽查约谈、辅导等方式，向企业宣传税收政策，促进企业自查。全年对136户企业进行约谈，约谈补税509万元。

阳光办税 2011年，全县地税系统干部按照阳光办税的理念，虚心接受监督检查，大力推进政务公开，让权力在阳光下运行，做到阳光操作，阳光执法，阳光征税、核税、减免税，促进干部职工秉公执法、廉洁从税，打造阳光地税。一是推进党务政务公开，利用触摸屏、显示屏、地税网站、短信平台、电视报刊等载体，公开税收法律法规、岗位责任、办税程序、服务标准、办税时限、违章处理、工作纪律、社会监督、班子建设、作风建设、制度建设等内容。二是常规性工作长期、定期公开，阶段性工作逐段公开，临时性工作及时公开，使公开工作更具针对性、操作性和实践性。强化服务监督，公布便民服务和监督举报电话，在办税服务大厅设立意见簿、举报箱，定期召开特邀监察员和纳税人代表座谈会，维护好纳税人的合法权益。三是通过“局长接待日”等载体，党组班子成员与纳税人面对面交流，心与心沟通，零距离倾听群众心声，广泛征求纳税人意见和建议。

科技管税 2011年，全县地税系统突出科技管税，提高了征管质效。一是强化财税库银横向联网后续管理。自2010年11月系统成功上线以来，税收征管效能得到提升，为进一步提升效能，又融入征管流程，细化税务登记、税款征收和系统维护等岗位职责，再次提升了工作效率，方便了纳税人，深化了后续应用，加强了后续管理。二是对1万元以下的定期定额户，半年征收一次，减少了纳税人的纳税时间和精力，提高了征管质效。三是创新发票管理模式。加强新版发票管理，通过宣传培训、合理调控、规范使用，确保新版发票全面推广。使用机打发票系统，完善机打发票的开具、缴销工作。对定期定额户实行机打发票和定额发票相结合的管理模式，对通用机打发票纳税人，用扫描仪将发票联扫描成电子文档，在缴销发票时一并报送，有效监控纳税人发票开具情况。在自助办税服务区配置计算机和针式打印机，为纳税人提供机打发票服务，节约了办税时间和成本，方便了纳税人。严格执行代开发票管理规定，深化代开票管理工作。四是建立征管电子档案。充分利用计算机网络资源，建了以FTP为平台的税收征管电子档案，内容涵盖税收征管的方方面面。实现了信息分类管理、入户管理、巡查管理和纳税评估相结合的管理模式，坚持“以评促征、以评促管、以评促查”，对房地产业、煤炭业、宾馆酒店业进行专项评估，对上年纳税额在50万元以上的企业及年投资额在1000万元以上的重点工程进行日常评估。五是坚持税费同征同管，完善规费征管制度。监控重点费源和欠费大户，清缴欠费2670万元，开展行政事业单位工会经费代收工作。六是确保信息系统安全。安装了联想网御安全管理系统，适时维护云南地税综合管理信息系统，做好其他专业应用软件的升级管理，并按照机房规范化建设标准，对机房进行升级改造，扩大机房面积，由原来的18平方米扩增到40平方米，更换部分专用设备，满足科技管税的需求，提高系统运行效率，增强应对突发事件能力，确保信息系统安全运行。

人才兴税工程 2011年，县地税局坚持以人为本，关心人、爱护人、激励人、塑造人，推行人才兴税工程。一是完善“一周一学、一季一考、半年一评”机制，落实基层分局每月学习两次制度，举办业务知识竞赛活动，按时组织季度业务考试，开展综合管理信息系统、征管和税政业务培训，鼓励职工参加“五师”和硕士研究生考试，积极参加省、市国税局组织的学习培训，提高干部职工履职能力。二是拓宽选人用人渠道，营造良好用人环境，树立“人尽其才，才尽其用”导向，把不同性格、不同特点、不同阅历、不同专长的干部合理搭配，以老带新、以熟带生、优势互补，挖掘潜力，优化资源。三是抓好班子建设，开展创先争优活动，充分发挥党组织的战斗堡垒作用和党员的先锋模范带头作用。狠抓党组中心组、领导班子理论学习，建设学习型党组织，做阳光人、讲阳光话、办阳光事。

税源培植工作 2011年，县地税局着力进行地税税源培植。一是制定了培训工作方案，分期对扣缴义务人进行培训，利用地税网站、短信、LED电子显示屏开展宣传，确保新个人所得税法贯彻落实到位。二是继续做好所得额在12万元以上的个人所得税自行纳税申报工作。依托信息化手段，发放9875份个人所得税完税证明。三是密切关注税源变化情况，强化重点税源监控。综合管理重点工程和房地产开发项目税种。完善资源税、耕地占用税、契税征管制度。强化房产、土地税源管理和车船税代收代缴工作。四是做好企业所得税预缴及汇算清缴、个人所得税专项检查、土地增值税清算、个人工资薪金所得与企业的工资费用支出比对和两税信息比对等常态工作。五是按照《曲靖市地方税务局货物运输业自开票纳税人税收管理暂行办法》，立足实际，通过公路内河货物运输发票税控系统，及时获取相关数据，在认真核实的基础上，按时完成移交和年审工作。六是应用房地产估价技术，加强征管存量房交易税收征管，按照“政府主导、部门协作、地税实施”的指导思想，制定工作方案、明确时间计划表、完善争议处理机制，严格工作进度和要求，建立存量房交易信息数据库，取得了运行平稳、税收增长、争议最少的征管效果。七是规范减免税管理。坚持“组织收入是成绩，落实税收优惠政策、减免税也是成绩”的要求，积极宣传辅导，认真调查核实，及时开展审核，执行审批制度，规范备案手续，健全台账登记，做到材料齐全、依据充分、证据确凿、程序合法，将各项税收优惠政策不折不扣落实到位。

服务促税 2011年，全县地税干部按照服务促税要求，以建设“优秀办税服务厅”为载体，坚持纳税人至上的服务理念，全方位构建和谐征纳关系。一是按照办税环境好、办税秩序好、办税形象好、税务公开好、服务质量好的思路，全面推进“四亮四评”活动，在服务需求上做实、做强、做好，全力打造“实质服务型”办税厅，让纳税人得到优质服务，了解更多涉税信息，使征纳关系和谐顺畅、协调一致、面貌一新。二是完善多功能自助办税服务区，为纳税人提供网络申报、自开发票、打印纳税资料等便捷服务。三是全面推行财税库银横向联网工作，让纳税人足不出户即可完成申报、缴税工作，降低了征纳成本，提升了服务质效。按照办税业务流程，在原“AB”角制基础上，引入C角，实行“ABC”

角制，填补了纳税服务空缺。四是加强税收宣传。与云南经济日报建立了合作关系，全方位宣传地税工作。在税收宣传月活动中，与县国税局、司法局联合开展税收宣传咨询活动，向广大群众发送税法宣传资料，制作税收宣传精美卡片、环保袋、围裙等，发放给群众，取得了良好的宣传效果。

廉政建设 2011年，县地税局着力推进廉政建设。一是利用内网论坛，开设“党风廉政建设专栏”。适时更新廉政理论、廉政知识、廉政要闻、政纪法规，制作安装图文并茂的廉政图片电脑屏保，对干部职工廉洁从政、遵纪守法、勤奋工作起到了鞭策作用。二是落实党风廉政建设责任制。按照“谁主管，谁负责”的原则和“一岗双责”的要求，分解党风廉政建设工作任务，形成一级抓一级，一级对一级负责，层层抓落实的工作格局。与各部门签订《沾益县地方税务局2011年党风廉政建设责任书》，明确工作标准、责任主体、责任内容、责任追究，适时检查考核。三是开展政风行风重点评议工作，按照评议的方法和步骤，认真开展自查自评工作。召开政风行风重点评议座谈会，听取社会各界人士对地税部门政风行风的意见和建议。四是开展警示教育和整改建制专项活动，制定方案，确定步骤，与“两权”预警监督和行政行为监督有效结合起来，查找、剖析“两权”运行的重点环节和重点领域中出现的新情况、新问题，完善制度和机制，促进规范化管理。组织全局干部职工到曲靖市反腐倡廉警示教育基地开展警示教育，让干部职工警钟长鸣，警醒自己，保持平常心，守住底线。

机关建设 2011年，县地税局优化内部管理，行政管理效能进一步提高，政务事务管理进一步加强。一是倡导勤俭节约，建设节约型机关。加强财务管理，开展了财务专项检查，全面推行公务卡结算制度，专项治理公务用车。二是认真落实综合治理措施，排查安全隐患，对重点环节重点部位进行细致检查，消除安全隐患，防止事故发生。三是加强设备安全管理。安装了自动拨号报警系统，强化人机互动防范措施。利用内网平台，尝试把三分局（花山征收处）的实时监控画面传输到县局值班室进行直接监控，并强化乐周末、节假日的安全监控。四是加强宣传工作。积极报送信息，提高政务信息工作质量和水平。年内，县国税局获全市地税系统政务信息工作先进单位一等奖。

（沈德昆）

金　融

中国银行沾益支行工作综述 2011年末，中国银行沾益支行共有员工14人，设行长1人，副行长1人，客户经理3人，理财经理1人，大堂经理1人，业务经理2人，柜员5人，其中男员工7人，女员工7人，均为大专以上文凭，有党员5人。

2011年，中行沾益支行在县委、县政府及中国银行曲靖分行的关心支持下，以抓客户基础、抓企业文化建设、抓产品推广为重点，不断提升网点服务质量。狠抓队伍建设、强化风险防范，各项经营管理工作取得了新的成效。年末，支行各项人民币存款余额为18662万元，比上年增加3612万元，增幅为24%；人民币贷款2513万元，比上年增加1916万元，增幅320.94%。年内，被沾益县工商局、沾益县企业信用协会授予2010—2011年度“守合同重信用”企业称号。

业务发展 2011年，中行沾益支行围绕上级行“强基础、扩规模、防风险、上水平”的战略发展思路，加强思想建设工作，把全行员工的思想统一到以业务发展为中心上来，树立全行员工的必胜信心，充分发挥员工集体智慧，把全行员工的合力作为支行业务快速发展的根本保证。坚持“团结和谐、内强管理，发展客户、外强营销”的工作思路，对外加强营销，为客户提供优质的金融产品和服务支持，在内部管理上加强精细化程度，细化部门和岗位职责，确保按章操作、合规经营。全行上下形成你追我赶、积极发展的良好局面，取得了较好的经营业绩，公司存款、储蓄存款、零售贷款、个人中高端客户、个人网银、手机银行、借记卡、信用卡、中间业务收入均处于中行曲靖分行全辖营业网点前列，实现客户和银行的共同发展，为地方荆棘发展贡献力量。

存款业务 2011年，中行沾益支行积极扩大存款业务。一是公司存款。对客户进行摸底、排查，建立了柜台、对公客户经理、支行领导的三级客户营销体系，根据大、中、小不同层级的客户采取相应的维护和营销方案，使业务营销工作具有针对性，确保营销实效。至年末，公司存款达5917万元，较上年增1816万元，增幅44.28%。二是储蓄存款。积极抢抓发展机遇，实施市场拓展和创新营销策略，储蓄存款实现突破性增长。通过实施个人金融业务“三全战略”（全员、全机构营销全客户，拓展个人存款等核心业务；适时推介理财产品、优质基金，提高客户在中行的金融资产；全产品线交叉销售，鼓励客户增持中行产品，有效提高网点效能。）年末储蓄存款达12745万元，较上年增1796万元，增幅16.4%。

贷款业务 2011年，中行沾益支行与县工商联合作推进公司贷款业务，举办县工商联会员单位银企座谈会，请市分行公司部到场进行产品推介，重点介绍了“商户通宝”“保联通宝”“钢贷通宝”“押税通宝”“双享贷”“融信达”等新产品，收效明显，共发放公司贷款2600万元，达到了预期目标。零售贷款方面，支行坚持住房按揭贷款、二手房贷款、个人投资经营贷款、个人抵质押循环贷款等多种产品发展的策略，保持和扩大发展速度及规模。中行曲靖分行同城操作中心成立，有效提升了贷款报审效率。全年共发放零售贷款1916万元，增幅达320.94%。

中间业务 2011年，中行沾益支行坚持以强化中间业务产品的综合营销为重点，通过开展对代理基金、保险、中银信用卡、商户等的营销，不断扩大各产品线对中间业务收入的综合贡献率，有效强化了中间业务产品对优质目标客户的全覆盖，最大限度提升了各类产品对中间业务增收的贡献度。全年实现中间业务净收入76万元。

中高端客户业务 2011年，中行沾益支行积极对外拓展新客户，对现有存量客户挖潜升级。通过优化和创新营销方式、推进客户分层营销和客户分层管理、加大中小客户营销措施以及基金、理财产品、银行卡等业务品种的推广，个人中高端客户持续发展。全年新增个人中高端客户89户，销售基金39万元，发行中银信用卡340张。

电子银行业务 2011年，中行沾益支行高度重视电子渠道建设，坚持以客户为中心，以创新为引领，以树立品牌为目标，以营销推广为手段，不断优化产品和服务，实现了电子银行业务的快速发展。年末，企业网银较上年新增19户，个人网银新增3388户，手机银行新增650户。

外汇业务 2011年，中行沾益支行继续发挥外汇业务优势，加大国际结算、个人外汇买卖、国际汇款的拓展力度，办理出国人员“存款证明”，提高中国银行的产品竞争力。

内控管理 2011年，中行沾益支行着力进行内控管理。一是坚持全方位、多层次的内控评价体系建设，加强对合规员的工作效果考核，引导合规员认真履职，形成以合规员为主线、上下齐抓共管的内控工作机制。二是继续通过实施内控工作报告制度、基层机构自查流程系统，积极引导全行员工主动识别风险、管理风险，并加强对问题的分析研究，发挥第一道风险控制的重要作用。三是加强对派驻业务经理的业务培训和履职教育，强化独立性，提高对员工异常行为、异常业务及风险变化的敏锐性和洞察力。四是不断完善、规范检查流程，创新检查机制，增强检查中对违规问题、案件线索的识别能力，提高检查质效，杜绝屡查屡犯。五是坚持社会化守押，确保资金安全。六是坚持责任追究到位，对违规违纪、屡查屡犯人员从严惩处，切实促进依法合规经营。七是对全行重要岗位员工进行了异常行为排查工作。年内，全行无案件、无事故发生。

业务培训 2011年，中行沾益支行本着“以人为本”的原则，继续坚持培训与应用相结合，促进员工在不断实践中增长知识，提升能力。积极选拔相关人员参加省、市分行组织的各类培训，参训人员回行后的转培训。从加强服务和提高员工营销能力等方面入手，举办“优质客户服务与主动服务营销”培训，进一步提高员工营销技能，员工队伍整体素质得到加强；开展业务技术练兵活动，业务技能和服务水平明显提高。

企业文化建设 为弘扬“诚信、绩效、责任、创新、和谐”为主要内容的“追求卓越”核心价值观，结合上级行企业文化建设工作指导意见，2011年，中行沾益支行鼓励员工参加市分行的职工之家以及羽毛球、乒乓球、蓝球、网球等兴趣小组的活动，组队参加市分行组织的“2011年职工运动会”。通过参加活动，员工的荣誉感、归属感和责任感进一步增强，市场竞争力和社会影响力得到新提升。

开展百年行庆活动 2011年，中行沾益支行按照中行云南分行关于《组织开展“百年中行”品牌宣传主题活动》及《转发总行关于进一步做好“百年行庆”各项工作的通知》精神，在行庆期间充分利用各类媒介资源和自由渠道，全方位、多渠道、多层次地发布百年行庆宣传信息，进一步提升了百年中行的品牌影响力和美誉度，提升中行在地方的良好企业形象。

（杨庆文）

中国工商银行沾益支行工作综述

2011年是中国工商银行沾益支行贯彻落实省分行“强行战略”的第一年，也是十二五规划开局之年。工行沾益支行以“强化市场营销、加快业务发展、提高核心竞争力”三大中心任务为目标，紧紧围绕“抓服务、拓市场、促发展”营销活动，积极调整存贷结构，奋力寻求新的突破口，全面推进市场营销，不断提升核心竞争力，努力扩大市场份额。通过“提升素质、远离违规”主题教育、“为民服务创先争优”系列活动，努力抓好内控、案防及安全保卫工作，强化支部的核心堡垒作用和党员的先锋模范作用，加快渠道优化建设进程，进一步强化全员服务意识，提升整体服务水平和效率，促进各项业务的快速发展，取得了较好成绩。

存款业务 2011年末，工行沾益支行各项存款达64298万元，比年初增长348万元，增长0.54%。其中储蓄存款余额43669万元，比年初增加4650万元，增长11.92%；对公存款余额19951万元，比年初减少4109万元，下降17.08%。

贷款业务 2011年，工行沾益支行各项贷款余额达133229万元，比年初增加9613万元，增长7.78%。其中，公司贷款余额112066万元，比年初增加3587万元，增长3.30%；个人贷款余额21164万元，比年初增加6026万元，增长39.80%。国内贸易融资余额28100万元，比年初增加15700万元；票据贴现5400万元，比年初增加1900万元。

经营效益 2011年，工行沾益支行实现账面利润4235.6万元，比上年增加975.9万元，人均创利84.7万元；中间业务收入1054.34万元，比上年增加542.58万元，人均创收21万元，再创历史新高。部分业务领先同业，个人贷款、票据融资、中间业务收入市场占比保持第一。人均指标达大行水平，再创新高，盈利能力显著增强。

贸易融资业务 贸易融资业务是工行沾益支行在全省首家办理的新型业务。2011年，工行沾益支行继续以贸易融资业务为龙头，年初制定了年度公司客户发展计划，以继续加大对信贷市场优质客户的营销力度为重点营销策略，大力发展融资业务。围绕辖区内花山煤化工工业园区的优质客户和县域知名企业进行营销，取得良好效果。全年办理流动资金贷款11笔46000万元，国内贸易融资10笔37800万元（其中商品融资27800万元，保理4000万元，信用证项下卖方融资6000万元），办理贴现45笔23199万元，贸易融资业务保持市场占比第一。

小企业贷款 2011年，工行沾益支行根据客户的实际情况，及时进行信贷结构调整，多渠道抓信息资料，不断挖掘客户资源，以核心客户云维集团供应链筛选了有合作关系且具备一定实力的小企业作为营销目标，大力展开小企业贷款工作，取得了良好的效果。成功营销小企业商品融资1笔1900万元，飞龙货物运输有限公司小企业贷款1笔260万元，沾益龙聚经贸有限公司小企业网贷通1笔900万元。

信用卡业务 2011年，为更好更快地发展银行卡业务，奋力开疆扩土，不断扩大银行卡市场份额，工行沾益支行组织全体员工学习银行卡相关制度规定和业务知识，进一步掌握产品特点和营销技巧，提高员工业务流程执行力度和业务熟练程度。在积极推广公务卡的基础上，以宣传分期付款业务优势为切入点，向在本行代发工资单位积极宣传推广逸贷卡，取得良好效果。争取县职中和省农业广播电视学校沾益分校的中职卡发卡业务，同时结合中职卡发卡、启用加大电子银行产品的捆绑力度，推动相关业务协调发展。

内控管理 2011年，工行沾益支行按照业务发展和内控案防“两手抓、两手硬”原则，认真落实内控案防第一责任人制度，健全案件防控长效机制，围绕内控合规年，以开展“提升素质、远离违规”活动为载体，以提升全行员工的业务技能和工作品质为核心，以防控风险、实现效益最大化为目的，不断深化内控管理。结合支行实际，制定了实施方案，本着“干什么，学什么”的原则，以总、省行的各项业务规章制度、管理办法、操作流程和外部监管部门的法规政策为重点结合自身岗位实际进行学习和培训，不断强化员工对各项业务规章制度的理解和掌握，引领全行干部员工立足本职，强化技能，将“提升素质远离违规”的理念融入到本职工作中，渗透到经营管理中，把全行的各项工作提高到一个新的水平，为推动我行转型发展、稳健发展、和谐发展发挥保驾护航的作用。主题教育活动得到工行曲靖分行肯定，田有良、普为民2人分别受到省、市分行的表彰。

安防案防工作 2011年，工行沾益支行标本兼治、多措并举，抓好安全和案件防范工作，有效预防了案件事故的发生，实现连续十四年安全无事故良好成绩，促进了安全经营、和谐发展。一是坚持规章制度培训学习教育、查防并重。二是树立“执行了才是制度、贯彻了才是规章”的意识，让广大员工明白制度不是“写在书上、挂在墙上”的理论，而是保障全行安全经营、防范风险案件发生的措施，明白“遵者必受益、违者必受惩”是硬道理。三是要求广大员工讲政治、讲制度、讲纪律，有令必行，有禁必止，确保纪律严明、政令畅通，为安全经营发挥积极作用。

服务水平有提高 2011年，工行沾益支行以实施“行长坐班制”为抓手，深入分析客户需求，抓标治本，大力推进服务管理基础建设，切实解决影响服务质量的突出问题，客户投诉呈现逐月下降的良好态势，整体服务水平得到提高。一是在日常工作中，按照规范化服务的要求，规范员工使用文明用语，杜绝使用服务禁语，做到着装统一，语言规范，服务技能优质高效，员工精神面貌良好。二是着力进行“增窗”建设，新增服务窗口3个，ATM增至5台，同时大力发展电子银行业务，电子银行离柜率达54%，较好的分流了柜面客户，提高了服务效率。三是及时解决服务工作中存在的问题，为服务量化考核提供必要条件。四是实现差别化服务，坚持按标准化服务好一般客户群，优质高效服务好大客户群体。五是加强服务与品牌管理，实施内部服务承诺制，持续改进服务培训、检查与考核工作，着力构建“上级为下级、领导为员工、二线为一线、全行为客户”服务的大服务格局。

党建工作 2011年，工行沾益支行党支部着力强化自身建设。一是强化支委班子建设，发挥基层党支部的战斗堡垒作用。按照“四好班子”的要求，加强班子思想作风建设和党风廉政建设，始终保持基层党组织的先进性和纯洁性，确保基层党组织充满活力、凝聚力和创造力，把班子建设成为改革发展和市场营销的战斗堡垒。二是强化党员教育管理，始终保持党员的先进性。通过组织开展学党章、重温入党誓词的活动，增强党员的使命感、责任感；通过开展主题教育活动，坚定党员的理想信念；通过开展警示教育活动，增强党员的拒腐防变能力，提高党员队伍素质。

企业文化建设 2011年，工行沾益支行积极践行“工于至诚、行以致远”的企业核心价值理念，不断丰富企业文化建设内涵，构建了和谐的内部发展环境。一是把企业文化建设与鼓舞士气、凝聚人心相结合，引导员工从做好本职工作入手为推动全行发展多做贡献，提振了全行的发展信心。二是把企业文化建设与做好员工工作相结合，及时发放员工福利补贴，积极开展营业网点管理人员、客服类岗位员工的工资调整，激发了全行的工作热情。三是把企业文化建设与关心员工、回馈社会相结合，组织推进“职工之家”建设，不断改善员工工作、学习环境。四是组织开展形式多样的员工业余文体活动、女职工才艺展示活动，丰富员工生活，积极响应政府号召，组织员工义务献血，体现了关爱社会的企业责任，增强了员工的行业自豪感。五是积极开展扶贫济困送温暖活动，全年共发放困难补助8.5万元。六是关爱员工身心健康，切实维护员工利益，每两年组织一次员工体检，每年为每位员工购买一份意外伤害保险，积极参与互助医疗保险活动，搭建职工利益保障平台。使员工与企业之间、员工与员工之间、员工与领导之间的距离更贴近，有效调动员工工作积极性，增强企业凝聚力。

（华　伟）

中国农业银行股份有限公司沾益县支行工作综述 2011年，中国农业银行股份有限公司沾益县支行在农行曲靖分行的直接领导和县委、县政府的关心支持下，坚持以市场为导向，以客户为中心、以经济效益为目标，认真研究发展模式，积极转变发展方式，不断提升市场竞争力和综合盈利能力，固本强基、科学发展、实现新目标。年末，各项存款余额为145109万元，比上年末131438万元增加13671万元，其中对公存款80875万元，比上年末76363万元增加4,513万元；储蓄存款64234万元，比上年末55075万元增加9158万元。在沾益县金融服务“四行一社”中，存款增量市场份额为18.4%，增量排名为第二位；年末存款余额市场份额为27.2%，余额排名为第二位。各项贷款余额为217578万元，比上年末269,270万元减少51691万元。其中，单位贷款204525万元，比上年末247465万元减少42940万元；个人贷款12754万元，比上年末12016万元增加738万元。年末贷款余额市场份额为38.29%，余额排名为第一位。不良贷款年末余额294万元，不良率为0.14%，较上年末不良贷款341万元减少47万元，不良率较上年末0.13%增加0.01%。实现中间业务收入778万元，较上年518万元增加260万元。“四行一社”中，中间业务收入增量市场份额为34%，增量排名为第二位；年末余额市场份额为35.61%，余额排名为第二位。实现利润7473万元，较上年6985万元增加488万元。人均创利108.30万元。

存款业务 2011年，农行沾益支行以代理国库为契机，加大与县财政局、税务局的联系，稳定了财政性存款；巩固了跟云维集团、珠江实业集团及鑫福公司的关系；维护了开户的中、小企业。同时注重个人客户分层管理，做好客户维护及营销，抓好星级客户管理。2011年，日均存款为146269万元，较上年的133776万元净增了12493万元，增长率为9.34%。

贷款业务 2011年，农行沾益支行加强信贷结构调整。根据沾益县经济发展的实际情况，压降“两高一剩”企业贷款，维护老客户贷款，并积极拓展了沾益和兴达洗选有限公司、曲靖市万佳有限责任公司等一批经济效益较好的私营企业、个体工商户和优质农户贷款。全年累计发放贷款1451笔，金额80378.4万元，其中公司类贷款（含票据贴现）26笔73442万元；个人类贷款1425笔6936.4万元。积极拓展贴现业务。贷款客户中，云维集团和珠江实业集团货款常采用票据结算，支行客户部针对全行的贷款客户结构，及时分析寻找业务发展的新的增长点，客户经理主动出击，上门服务，累计受理银行承兑汇票贴现5笔，办理贴现金额16642万元，收回26130.92万元，年末有未到期贴现票据300万元。启动国内信用证业务。12月30日，为云南大为制焦有限公司开立3笔9335万元的国内信用证，是农行曲靖分行启动国内信用证业务的标志。做好惠农贷款业务。紧紧围绕国家“三农”政策，在惠农卡开卡工作中，年初就将具体工作落实到各网点、部门，具体负责人与村干部联系，实行上门服务，整村推进。年末，惠农卡发卡数达24619张，激活率99.99%；总授信3195户，授信金额8165.7万元，授信率12.97%，有惠农卡存款604.95万元。加大不良贷款清收力度。围绕市分行下达的不良贷款清收任务，针对清收对象欠贷时间较长、分布零散的特点，认真摸清欠债客户家底，结合各户情况制定清欠计划，并将清收任务细分到人，多种方法开展清收。年末，不良贷款降至294万元，较上年末的341万元下降47万元，不良贷款率为0.14%。

中间业务 2011年，农行沾益支行积极做好中间业务工作，提高中间业务收入和综合服务能力。以“春天行动”“迎新春优质文明服务”等活动为契机，加大贷记卡、网上银行、第三方存管、基金定投等业务的营销力度，将各项任务分解落实到各机构、员工，并明确奖惩办法，促进中间业务的进一步发展。全年代理保险2156.51万元，其中财险85.68万元、寿险2070.83万元。实现保险手续费收入88.25万元。拓展借记卡9949张，其中白金卡131张，金卡286张。以全省推行公务卡报账制为契机，发放贷记卡共计349张。营销基金538.35万元，其中基金定投16.44万元，股票型和混合型基金98.81万元，债券型基金和货币型基金423.1万元。销售“本利丰”2297万元，其中个人“本利丰”297万元，机构“本利丰”2000万元。机构代理国债374.47万元。拓展有效特约商户7户、个人三方存管214户、个人银期转账2户。营销个人网上银行2083户、企业网上银行67户、个人电话银行1628户、企业电话银行34户、手机银行1768户、个人手机短信服务4278户、企业动账通知9户。2011年，累计实现中间业务收入778万元。在积极拓展中间业务收入来源的同时，进一步加强对中间业务的管理，规范了代理业务的经营方式与结算方式，提升了行业综合竞争能力。

内部管理 2011年，农行沾益支行积极提高风险防范和控制能力，强化内部管理。一是按时召开贷后管理例会，做好各项贷款的自律监管工作，强化信贷基础管理，加强信贷规章制度执行力度，严格落实贷款贷前、贷中、贷后三个环节的监督职责，保证信贷业务稳健运行。二是按月召开会计主管例会，按季召开内控分析会、内控管理委员会和员工积分管理委员会，每季度对各网点做一次内控检查。对各种检查发现的问题和隐患认真对待，该整改的整改，该积分的积分，该处罚的处罚，将业务各个环节中存在的不安全隐患及时消灭在萌芽状态。三是认真做好案件风险排查，从5月4日开始，集中进行了为期20天的案件风险排查活动，对排查中存在的问题进行整改落实。四是认真组织员工学习《中国农业银行员工违反规章制度处理办法》，并参加省分行组织的合规文化宣讲。五是强化员工进一步掌握电子银行业务、银行卡业务、特约商户等业务知识，合规营销各类产品，防范各类风险，并于12月7日邀请市分行个人金融部7名客户经理开展业务辅导。六是开展“三化三铁”创建活动，强化营业机构基础管理。将“三化三铁”创建工作的32个基本规章制度汇编成册印发至每一个柜员，支行综合管理部利用企信通将创建要点发送到每个柜员的手机上，采取全行例会、网点晨会、网点例会等形式组织员工认真学习，并根据创建目标逐一梳理、比对、查找对外营业机构临柜业务中的薄弱环节和存在的突出问题，制定一对一的整改措施，“对症下药”逐一解决，弥补了基础管理方面的短板。

党群工作 2011年，农行沾益支行进一步加强党、工、群工作，为业务发展提供坚强保障。一是遵循“围绕业务抓党建，抓好党建促业务”方针，通过党建工作目标管理量化等办法，将党建工作与业务工作同部署、同考核。坚持和完善中心组理论学习制度，全年班子成员和中层干部共组织中心组学习3次。支行领导在职工会上分别作了题为《讲正气、倡廉洁、促发展》及《农业银行员工应廉洁从业》的党课讲授。二是加强党风廉政建设，把领导干部廉洁自律各项规定落到实处。支行班子成员建立了廉政档案，签订了廉政承诺书，设立了纪检监察岗，并指定专人负责，继续签订《党风廉政建设责任书》。5月1日至6月30日，省分行在全省农行县级支行及以上领导干部中开展“学规定，强素质，做表率”为主题的学习教育活动，支行班子严格按照省分行要求，学习《中国共产党党员领导干部廉洁从政若干准则》《中国农业银行领导人员廉洁从业若干规定》《中国农业银行党风廉政建设责任制实施办法》等内容，认真撰写心得体会。6月15日，支行40余名干部员工到曲靖市反腐倡廉警示教育基地——曲靖监狱沾益分监实地开展反腐倡廉警示教育。三是加强工会工作，做好对员工的生病看望、对全行职工医疗互助的报账工作。全年共看望生病职工7人，商业保险、医疗互助报账共35人，金额17332.70元。四是加强员工队伍建设，组织员工参加各类培训活动，认真做好员工的思想政治工作，确保员工队伍的稳定。坚持每周五学习制度，有针对性地选择学习内容，在抓好集中学习的同时，鼓励和倡导员工自学。

（刘培林）

中国建设银行沾益支行工作综述

2011年，中国建设银行沾益支行在各级政府和上级行的正确领导和关心支持下，平稳运行，各项业务发展势态良好。年末，存款余额为88453万元，比年初增加7665万元，增幅9.49%。其中，对公存款余额40286万元，较年初减少2562万元，未完成下达计划；个人存款余额为48167万元，较年初增加10227万元，完成全年计划的120.32%。贷款余额为65885万元，比年初增加2723万元，实现投放2873万元。个人自营性贷款余额为

9156万元，新增824万元，全年发放贷款2480万元；公积金贷款余额为15926万元，较年初新增604万元，实现发放4591万元。信贷资产总体上仍保持较高质量，对公不良贷款率为0，个人不良贷款率为0.05%，较年初下降0.02%。实现中间业务收入367万元，较上年减少91万元。实现利润总额达2233万元，与上年的创利水平相比，全年利润新增271万元，增幅13.8%。

存款业务 2011年年初，建行沾益支行立足“增存增效”，召开行务会，制定营销计划和工作目标，确定最优营销方案，实现了存款开门红，为全年存款增长打下基础。为推动存款业务发展，全行一是以电子银行业务为突破口，创新服务手段，提高服务质量，为客户提供超越营业时间的优质服务，同时加大对自助银行宣传，实现为客户提供24小时存取款服务，从而达到了巩固老客户、发展新客户、带动潜在客户的效果，有力推动存款快速增长。二是抓重点客户的维护。以网点为单位，梳理网点重要客户，加大对重点客户管理，积极推行差别化服务，除加强贡献度不高但非常有发展潜力的客户营销维护，同时加大对云维集团等对公优质客户和个人VIP客户等营销维护，通过系统和日常业务办理，了解存量和新增大客户资金情况，及时制定相应的营销和维护方案，全力做好营销工作，逐步扩张全行在区域金融系统的市场占比，巩固和发展忠诚客户。三是实行绩效考核制度。将各项存款目标任务分配到个人，按季度根据网点发展情况和任务分配完成情况，考核到个人，严格实现多营销多收益的原则，通过激励措施，引导员工由被动到主动，由“要我做”变为“我要做”。四是以网点转型为基础，突出建行服务和形象宣传。按照二代转型标准和要求做好服务工作，要求员工在提供优质服务的同时，积极开展各项业务营销和宣传，使建行良好形象深入人心。

贷款业务 2011年，建行沾益支行全行面对宏观调控和信贷总量控制的政策，结合区域经济环境现状，适度贷款。一是稳健发展个人信贷市场，加快结构性调整，继续支持住房贷款优质客户，逐步发展个人消费信贷客户，通过对存量和新楼盘的营销。全年实现住房贷款发放170笔2425万元。进行二手房贷款营销和宣传，投放2笔36万元，实现二手房贷零的突破。加大公积金贷款营销，投放公积金贷款387笔4591万元，占公积金中心全年投放的70%，实现手续费收入25.75万元。二是积极寻求制度支持，在发展大中型客户信贷的同时，继续加大小企业客户的营销和发展。2011年，小企业贷款移交到建行沾益支行经营，全年受理小企业贷款4户。三是加强不良贷款的监控管理，建立预警催收、不良贷款催收台账和记录等，根据风险情况制定相应催收计划和措施，防不良信贷资产于未然，严防死守不良贷款发生，确保不良贷款零新增。对逾期和非应计贷款，加大电话催收和上门催收力度，及时做好拖欠贷款的回收工作；对确认暂时无法回收并符合核销条件的贷款上报分行，做好核销工作。对长期拖欠但尚处在担保阶段的贷款与开发公司和关联单位协调后实现保证金扣划还款。四是强化贷后管理。严格落实贷后管理制度和员工岗位责任制，实施贷后跟踪管理和检查，提高贷后管理质量，对个人不良贷款和对公贷款实行专人管理，确保贷后管理质量。

中间业务 2011年，建行沾益支行中间业务得到发展，实现业务收入367万元。一是加快发展电子银行业务。把电子银行业务作为业务主打产品，全面宣传电子银行和自助渠道优势，建立全行营销方案和营销措施，保证产品覆盖率，提高服务效率，提升了客户对产品的信赖度和贡献度。二是持续做好财务顾问服务和对公账户管理服务工作。全年共收取财务顾问费和管理费181万元。三是强化银行卡的市场营销，保持银行卡良好发展势头。紧紧围绕市场营销、专业化经营三项重点开展工作，努力促进卡业务由数量扩张型向质量效益型转变。四是积极参与代理保险营销。

会计管理 2011年，建行沾益支行以财务会计基础管理为重点，认真实施基础管理建设工程。在统一、规范制度和作业流程、完善岗位制约机制的前提下，把主要精力集中到抓制度落实上，严厉查处违章操作行为。抓好对重点部门、重点环节、重点岗位的风险控制和防范。结合近年来内外检查中发现的问题，有针对性做好薄弱环节的整改工作。高度重视现有网络技术条件下和业务创新过程中的制度约束，坚持制度先行的原则，加强计算机安全体系及与之相关联的新兴业务约束，努力控制操作风险。增强全行员工的自律意识，增强责任约束，不断提高员工自我约束能力和水平。把常规检查与专项检查结合起来，加强对重点岗位、重要环节的监控和检查力度，有效规避各种风险。认真分析岗位职责，加大V3、电子验印、cos-t等新上线系统业务知识学习和岗位安排，做好不相容岗位梳理，确保各个系统操作风险可控。

有效控制信贷资产风险 2011年，建行沾益支行落实信贷新规则，强化贷后管理，坚决控制新的信贷资产风险。一是严格执行信贷准入制度。严格审核客户准入条件，做到宁缺勿滥，确保信贷资源有效配置。二是严格执行规范操作流程和岗位制度，严禁出现混岗和越权行为出现，真正做到操作风险和行为风险可控。三是强化贷后责任管理。通过抓内控管理活动进一步学习了各项业务、各项环节、各相关岗位涉及的制度，及时清理了实际操作中存在问题，强化制度意识和风险意识，提高了支行贷后管理水平和内控管理水平。

安全防范 2011年，建行沾益支行牢固树立“安全就是效益”的意识，以预防案件为着力点，深入开展规章制度教育和警示教育活动，落实案件防范工作。通过每周晨会宣讲、每月案防检查、每季案防联系工作会等活动，学习各项规章制度和案例，提高员工防腐拒变和安全保卫能力，培养员工爱岗敬业的职业精神，端正了行风，树立了正气。继续把防抢劫、防盗窃、防诈骗及生命财产安全作为安全工作重点，不断提高对高科技犯罪的防范能力。全面落实工作责任制及追究制度，加强相关部门和员工的职责管理，做到齐抓共管，共同防范，为业务稳健经营保驾护航，保持了全行无责任事故和案件的发生。

（庄琼仙）

曲靖市商业银行沾益支行工作综述

曲靖市商业银行沾益支行成立于2010年1月22日，作为曲靖市商业银行的一个县级支行，主要承负业务经营、形象宣传、服务理念的组织实施。支行下设综合部、信贷部、融汇通小企业信贷部和营业部，2011年年末有员工18人，全部为大专以上学历，中级职称1名，中共党员6名，预备党员2名。

2011年，在县委、县政府的关心支持下，在总行的正确领导下，曲靖市商业银行沾益支行遵循“立足地方经济，支持中小企业，服务广大市民”的市场定位，秉承“以市场为导向，以客户为中心，以效益为目标”的经营管理理念，以文明创建活动为载体，以增强员工素质为基础，奉行差异化、特色化的经营理念，通过为客户提供“优质、文明、高效、规范”的金融服务，致力于打造“客户信赖、市民满意”的县域市民银行和“小企业授信表现出色银行”，各项业务迅猛发展，经营业绩显著，取得了较好的经济效益和社会效益，截止12月31日，各项存款余额达36747万元，完成计划的122.5%，各项贷款余额为14691万元，贷款余额控制在计划目标内，收息率达100%，不良率为零，实现各项收入1832.6万元，完成计划的142.5%，实现拨备前利润1021万元，完成计划的158%。新增发卡3360张，完成计划的280%，新增特约商户23户，新增POS机具28台，完成计划的153%。

存款业务 2011年初，沾益支行对存款拓展目标和县域资金情况进行认真的研究分析，确定了沾益支行存款业务的拓展方向，全年新开立对公结算账户116户，其中基本账户67户，一般账户32户，专用账户11户，临时账户6户，拓宽了支行的存款客户覆盖面，扩大了沾益支行的对外影响力。在总行开展的“庆祝商行成立5周年存款业务”竞赛活动中获第二名，积极参与“学先进、见行动、增存款”竞赛活动，在全行10个机构中获第三名。年末，存款比上年同期增加19873万元，增长117.8%，超年初计划6747万元。

贷款业务 2011年，面对信贷规模限制、利润目标高的严峻形势，沾益支行积极研究对策，加大信贷投放力度。一是抢时间、抢规模，充分发挥灵活性；二是大力拓展票据贴现业务，充分发挥票据平衡和调节规模的作用，使信贷投放规模达到最大化；三是多做短期贷款、公务员保证担保贷款、中小企业贷款。全年累计发放贷款359笔16774万元；累计办理票据贴现173笔37872万元；累计办理银行承兑汇票24笔10842万元,不良率为零，收息率达100%，创造了借贷双方良好的信用关系，实现了良好的经济效益和社会效益。

银行卡业务 2011年，沾益支行制定拓展思路，全力提高珠江源卡存款的有效性和使用量，减少睡眠卡和无效卡。全年新增珠江源卡3360张，超计划2160张，完成计划的280%，年末累计发卡4634张，新增卡存款3990万元，超计划2990万元，完成计划的299%，年末卡存款余额达5065万元，完成计划的100.6%。加大POS机的拓展力度，研究特约商户和POS机的管理服务措施，以POS机的有效使用性为前提，以办理效率高为优势，以服务质量优为抓手，全年新拓展有效特约商户23户，安装POS机28台，超计划8户，完成计划的153%，实现收单交易金额4100万元，完成计划的410%。

增收节支 2011年初，沾益支行制定了增收节支计划，在确保正常支付和合理流动性的前提下，安排专人负责资金头寸精细化管理，及时进行资金的上存下借，做到资金不闲置、不浪费。全年共办理上存资金71笔82200万元，办理拆借资金12笔13000万元，实现系统内往来收入476万元，成为支行三大收入来源之一。根据总行费用核定从固定核定费用调整为按收入成本比进行管理，支行财务人员在日常工作中不断加强学习，严格按照总行的财务制度，强化对日常财务收入、支出、资产、负债的核算管理和监控，杜绝“小金库”。每月对收入、支出费用进行认真测算，做到依法合规列支费用。年末，费用控制在计划指标内。

安全保卫工作 2011年，沾益支行对外密切关注社会形势和周边治安环境，严防不法分子的侵害，从接送款箱、出入通勤门、核对车辆人员等细节入手，落实责任制度，并督促员工遵照执行。对内支行行长与全体员工签订《案件防控、消防、安全保卫、信息安全责任书》，将相关责任落实到人，设立支行安全员和分管领导，形成按日值班经理自查、按月安全员排查、按季分管领导督查的安全运行机制。根据内控和案防制度执行年活动的要求，加大风险排查力度，梳理业务操作和日常工作中的薄弱环节，进行落实整改。强化值班经理和安全专管员的职能，建立全面的安全防控机制，按季召开安全保卫工作专题会议。组织开展应急预案演练，提高员工处置突发事件的能力。并对支行重要岗位和敏感环节的员工分批进行离岗检查。在2010～2011年安全评估检查中，被市公安局和市银监分局授予安全评估“优秀单位”称号。

党建工作 2011年，沾益支行根据县委和总行的安排部署，一是大力开展“创先争优”活动；二是加强党风廉政建设，把领导干部廉洁自律各项规定落到实处，在支行设立了监督岗位，并指定专人负责，制定党支部公开承诺书，对外进行公示，年末组织支行党员和中层干部进行履诺评诺活动；三是在支行营业部开展党员“四亮四评”活动；四是做好党员发展工作，推举2名入党积极分子参加，并安排专人进行跟踪培养培训；五是认真组织召开支行民主生活会，制定民主生活会方案，向全体员工征求意见，共收集员工对领导班子和领导意见和建议共29条，在员工大会上进行反馈，开展批评与自我批评，进一步凝聚员工思想，团结员工队伍。

精神文明建设 2011年，沾益支行以建设一支办事高效、作风过硬的团队为目标，加强精神文明建设，抓好员工思想教育，激发员工工作热情，呈现出积极向上，蓬勃进取的团队风貌。年内，获得市级“青年文明号”和县级“文明单位”称号。

（杨　超）

沾益县农村信用合作联社工作综述

沾益县农村信用合作联社设有党委、社员代表大会、理事会、监事会、工会和经营班子，内设办公室、资产风险管理部、审计监察部、安全保卫部、科技信息管理部、会计信息部、信贷业务部、人力资源部、客户部，辖19个对外营业网点（联社营业部、8个信用社、10个分社）。2011年末，共有职工172人，退休职工48人。其中，在岗职工168人，内部退养职工4人；男职工110人，女职工62人。联社管理人员33人，其中领导班子4人，人力资源部2人，办公室3人，会计信息部5人，信贷业务部3人，审计监察部4人，资产风险管理部3人，客户部5人，安全保卫部3人，科技信息管理部1人。党委下设10个党支部，有党员84人。设立财务、风险、信贷管理等专业委员会。

2011年，县农村信用合作联社社牢固树立“诚信服务，合作共赢”的经营理念，加强管理，参与竞争，发挥职能作用，支持地方经济建设。2011年，县农村信用合作联社被云南省农村信用社联合社表彰为“双突破”先进集体，被曲靖市农村信用合作社联合社、太平洋人寿保险曲靖中心支公司表彰为“安贷宝先进单位”，被沾益县社会治安综合治理委员会表彰为“先进集体”，联社机关党支部被曲靖市联社党委表彰为“先进党支部”。

1．各项存款任务超额完成。年末，全县农村信用社各项存款余额为237101万元，比年初增52587万元，增28.50%,存贷比为59.94%（含支农再贷款）。实现年度人均存款1445万元，比上年增加306万元。

2．各项贷款任务超额完成。年末，全县农村信用社各项贷款余额为142407万元，比年初增23412万元，增19.67%，其中涉农贷款134741万元，占贷款总额的94.61%，比年初增23670万元，增21.31%。全年累计发放贷款95970万元，比上年同期减1583万元。其中，涉农贷款累计发放90211万元，比上年同期增599万元。累计收回贷款72558万元，比上年同期减7080万元。获得人民银行21342万元支农再贷款支持。实现人均贷款868万元，比上年增加133.5万元。

3．财务收支好于往年。全年实现营业收入14301万元，比上年增收3,658万元，增长34.37%。其中，中间业务收入146万元，占1.02%；利息收入11529万元，占80.62%；金融机构往来收入2617万元，占18.30%；其他业务收入6万元，占0.04%；投资收益3万元，占0.02%。营业支出12596万元，比上年增加2970万元，增长30.85%。其中，利息支出3772万元，占29.95%；金融机构往来支出94万元，占0.75%；手续费支出107万元，占0.85%；业务及管理费支出5451万元，占43.28%；营业税金272万元，占2.16%；提取贷款损失准备金2900万元，占23.01%。营业利润1705万元，营业外收入96万元、营业外支出27万元，利润总额1774万元，所得税648万元，净利润1126万元。

4．风险准备充足。年末，资本充足率11.83%，股本金4969万元，全部为投资股，已完成相关法定手续。其中，法人投资股185万元，占3.72%；个人投资股4784万元，占96.28%。贷款损失准备金11296万元，充足率225.02%；拨备覆盖率120%。

5．城区业务发展势头良好。年末，城区网点各项存款余额为109106万元，占全县农村信用社各项存款的46.02%，较年初的44.44%，上升1.58个百分点；城区网点各项贷款余额为78461万元，占全县农村信用社各项贷款的

55.01%，较年初的44.87%，上升10.14个百分点。

岗位职务竞聘 2011年8月13日至9月末，县农村信用合作联社开展了岗位职务竞聘工作，选拔了联社机关各部（室）经理、副经理，信用社（部）主任（经理）、副主任（副经理），分社负责人共40人。此次岗位职务竞聘工作平稳推进，实现了队伍稳定，激发了全体职工的内生动力，更好地开发和优化了人力资源配置，为德才兼备，年轻有为，业绩突出的优秀人才脱颖而出畅开了渠道。竞聘期间，实践以人为本的管理思想，给予原任但已满45周岁不符合条件参加竞聘的人员，保留略低于原岗位待遇2年。

成立科技信息管理部 2011年8月，县农村信用合作联社成立了科技信息管理部，进一步明确计算机系统安全管理人员与操作人员的岗位职责，做到岗位之间相互制约，做好辖内农村信用社的科技信息服务工作。加强计算机网络安全管理，切实解决网络安全中存在的隐患和故障，确保农村信用社业务可持续发展。狠抓员工科技信息业务素质，确保核心业务及其他管理系统稳定运行。

信保合作启动培训 为进一步加强与中国人寿保险沾益支公司的合作，2011年3月14日，沾益县农村信用合作联社与中国人寿保险沾益支公司联合在中国人寿保险沾益支公司召开信保合作启动培训会议。培训中采取以会代训的方式，理论结合实际、上下互动，生动、细致、直观的讲解了保险业务的操作办理流程，取到了很好的效果，达到了预期的目的，为做好沾益县农村信用社代理保险业务奠定了基础，起到了积极地促进作用。

开办《金融小贴士》电视专栏 2011年，县农村信用合作联社为积极帮助公众（特别是农民）了解金融知识，专门组织力量收集了基本金融知识，与沾益电视台合作开办了《金融小贴士》专栏，专栏于5月2日开播，每周播出一期，以通俗易懂的语言向农民朋友介绍储蓄、贷款、银行卡等方面的基本知识，让金融走进农村，让农民了解金融，用金融法律法规维护农民的合法权益。

存款突破20亿元 截至2011年4月底，县农村信用合作联社各项存款达到206094万元，突破20亿元，比年初增加21580万元，增11.70%，比上年同期增加30627万元，增17.45%。其中，集体存款71699万元，占存款总数的34.79%；储蓄存款134395万元，占存款总数的65.21%；两活存款123865万元，占存款总数的60.10%。在沾益县同业中市场占有率为36.05%，排名第一。

服务礼仪培训 2011年，县农村信用合作联社分4期对全员进行了服务礼仪培训。通过培训，进一步从观念、行为等方面为"服务创优"工程的深入开展提供动力。把"服务创优"工程与工作责任落实相结合，把"服务创优"工程与"创先争优"活动相结合，把"服务创优"工程与企业文化建设相结合。广大员工在每项具体工作要求的落实中，逐步形成了"诚信服务、合作共赢"的服务理念，树立了服务意识、竞争意识和营销意识，养成了良好的工作习惯，建立了规范服务的行为准则。

信贷业务培训 2011年3月19～20日，县农村信用合作联社举办信贷业务培训班，全县农村信用社主任、副主任，分社负责人，联社审计、风险、信贷、客户、营业部共42人参加，系统学习了法人客户评级、征信系统操作、贷款档案管理、贷款资金支付、创业贷款操作、"三个办法一个指引"、省联社一系列信贷管理制度、贷款管理办法等知识。培训对于实施审贷分离，防范贷款风险，规范贷款档案，做好全流程管理起到了促进作用。

会计业务培训 为进一步提高会计业务人员的业务素质和技能，2011年7月9日，县农村信用合作联社组织了会计业务培训。全县农村信用社19个营业网点的会计业务人员共48人参加。联社会计信息部相关工作人员分别对会计工作岗位职责、电子银行业务、联行业务、大小额支付系统、账户管理系统等方面的知识进行了讲解，并在真实环境下演示业务办理流程，特别是对电子银行业务作了深入细致的讲解，收到了良好的效果。

案件风险防控和法律知识培训 2011年11月1～4日，县联社举办案件风险防控和法律知识培训班，全县农村信用社164名员工分两批参加培训。培训班聘请云南财经大学金融学院副教授张伟、杨海英讲授案件治理与风险防控政策、制度和相关工作要求，内控管理制度规范，主要业务流程操作及风险防控措施等；聘请云南中云律师事务所吴德兴律师讲授信贷业务中容易发生的法律风险和防范措施。通过培训，进一步增强了全员案件风险防范意识，从理论和实务明晰了风险控制要点，为扎实推进案件防控治理工作，提高案件防控水平，确保实现3年案件防控治理工作目标和经营健康发展打下了坚实基础。

反假货币宣传活动 2011年5月15日、9月17日，县农村信用合作联社利用星期天，在县城区繁华地带、菱角乡集市开展了人民币知识、反洗钱宣传，业务人员向过往群众讲解人民币知识，宣传"三个办法一个指引"，发出宣传折页3000余份。

应急水源工程建设专项贷款 为大力支持沾益县抗旱工作，县农村信用合作联社积极争取省联社组团发放的应急水源工程建设专项贷款指标，2010年该专项贷款发放1000万元，2011年发放4470万元，共计发放5470万元。

不良贷款管理 2011年，县农村信用合作联社积极采取措施，强化不良贷款管理。一是严密监测资产质量变化情况，按季对辖内新增最大20户不良贷款进行重点监控，及时向经营机构进行风险预警，要求经营机构分析不良资产形成的原因，制定防范和化解风险的对策，并帮扶基层社制定有力措施进行清收。二是依托信贷管理系统建立恶意违约和高风险客户管理及信息通报制度，明确将依法起诉、损失类贷款、恶意逃避债务及保证责任的客户纳入黑名单管理。三是对呆账核销、央票置换贷款、利息本金减免及其它高风险贷款户纳入高风险客户名单进行管理。年末，在信贷系统建立黑名单客户193户，潜在风险客户113户。

电子银行业务快速发展 2011年，县农村信用合作联社的电子银行业务发展迅速。全年新发卡16797张，累计发卡65087张，活卡率24.04%。个人网银签约客户299户，交易3048万元，企业网银签约客户22户，交易14357万元。布放ATM柜员机11台，POS机11台，建成并投入使用自助银行1个。

社会化押运 2011年12月28日，县农村信用合作联社和曲靖市保安押运公司达成协议，自2012年1月1日起，沾益县联社部分网点现金交由押运公司实行早送晚接。现金押运外包，转移了风险、减少了工作量，工作精力更多的集中到经营管理方面。

排查对公存款风险 2011年4月25日至5月4日，县农村信用合作联社组织对公存款账户风险排查工作。排查历时10天，投入70个工作日，对19个机构网点自2010年1月1日至2011年3月31日的单位存款账户的交易业务，特别是大额交易授权复核规范操作、大额存款资金来源真实性、银企对账有效性及其对账回单保管、客户预留印鉴管理、开销户资料保管、账户档案管理合规性进行了重点排查，对财政性存款账户进行全面核对，对交易业务资金量大的企业账户进行抽查核对。排查了对公存款账户828户，其中财政性存款账户55户。抽查核对了对公存款账户发出对账单515户，收回有效对账单471户，其中财政性存款账户55户，财政性存款账户核对率100%。检查了大额资金进出交易126笔、账户档案968份。共查出存在问题6个，提出整改意见36条，督促现场整整改不合规账户91户，处罚违规人员11人，处罚金额7300元。

信用系统借名冒名假名贷款整治 为进一步排查全县农村信用社借名、假名、冒名贷款，加大管控力度，有效化解风险，夯实案件防控基础，促进了依法合规经营、健康发展，2011年7月27日至8月10日，县农村信用合作联社以德泽信用社为重点，开展了借名、冒名、假名贷款“三项整治”工作。通过检查，认定违规责任人5人、违规贷款76笔316.5万元，提出整改意见6条。12月16日，进行后续检查，发现违规贷款尚未整改。经联社党委研究决定，对相关责任人4人进行了处理，其中离岗收贷1人，记过处分3人。

二届二次社员代表大会召开 2011年3月18日，沾益县农村信用联社第二届社员代表大会第二次会议召开，51名代表出席会议，其中外部社员代表34名，职工社员代表17名。大会审议并通过了《沾益县农村信用合作联社理事工作报告》（草案）、《沾益县农村信用合作联社监事工作报告》（草案）、《沾益县农村信用合作联社关于2010年股金分红、计提任意盈余公积金、转作股本方案》（草案）、《沾益县农村信用合作联社募集新股方案》（草案）。经过履行相关法定手续，6月23日，县联社股本金由2000万元变更为4969万元，全部为投资股。

（张琴美）

保　险

中国人民财产保险股份有限公司工作综述 中国人民财产保险股份有限公司沾益支公司以“人民保险、服务人民”为使命，秉承“以人为本、诚信服务、价值至上、永续经营”的经营理念，弘扬“求实、诚信、拼搏、创新”的企业精神，坚持以市场为导向、以客户为中心，积极履行优秀企业公民责任，为促进改革、保障经济、稳定社会、造福人民提供了强大的保险保障。财险公司沾益支公司主要经营各类机动车辆保险、企业财产保险、家庭财产保险、责任保险、保证保险、人身意外伤害保险、种植业保险、养殖业保险等险种。

2011年，财险沾益支公司各项工作取得较快发展，在业务规模，内部管控、公司建设等方面都上了新台阶，实现保费收入4025万元；支付赔款1850万元，综合赔付率46%；完成各项税收任务366万元，其中营业税及各项附加税188万元，代缴代扣车船税178万元。

转变经营思路 2011年，让市场份额止跌回升是基层经营单位的首要问题。财险沾益支公司做到“早计划、早安排、早落实”，经营思路及时从过去的盯着计划干转变到盯着市场干上来，切实转变观念，勇于面对竞争，敢于竞争，牢牢掌控市场份额，保证了各项工作的顺利开展。

大客户业务 2011年，财险沾益支公司顺利实现了对云维集团（车险、意外险、企财险）、驰宏公司（车险、企财险、意外险）、县政府采购（车险、农房统保）、烟草公司（车险、企财险、烤烟）及能繁母猪等大客户的承保，特别是能繁母猪于3月底率先在全市第一家完成了97%的承保面。

拓展三农保险 2011年，为贯彻落实总公司、省公司加快发展农村保险的战略举措，不断扩大公司农村保险覆盖面和市场影响力，提升农村保险业务拓展能力和经营水平，公司成立了由经理挂帅的创建三农保险示范县工作领导小组，根据沾益实际情况制定了发展计划，积极投身于农村经济建设工作中。全年办理全县农房火灾统一保险，投保户数124261户，共支付各类火灾赔款166060元，承保全县烤烟保险，投保面积14.75万亩，支付受灾赔款100余万元，承保能繁母猪51289头，支付赔款119.6万元，有效地支援了沾益县各项农村工作的发展。

市场营销 2011年，财险沾益支公司贯彻全员营销战略规划，把“两网”及个代营销建设放在工作的重要位置来抓。一是调整充实网点人员，提高了网点产能。二是在个代营销的建设上，从有效增员和培训抓起，增强营销人员的荣誉感和归属感，坚持不懈地开展晨会及各种培训活动，用人保财险的企业文化感招、激励每一位员工积极为公司的发展献计献策。三是加强与车辆经销商、银行、邮政、农机、检测线等部门的合作，积极寻找新的切入点，优化与车辆经销商的合作，提升新增车辆的承保率，占据更多的市场份额。四是加快电销业务发展步伐，寻找业务增长点，积极组建销售团队，结合实际不断完善送单、理赔、延伸服务等落地服务质量，营造良好的经营环境，以优质高效的落地服务质量留住客户，以点带面，促进电销业务增长。

内部管理 2011年，财险公司沾益支公司进一步加强内部管理。一是树立全体员工的危机意识、责任意识、竞争意识，制订相应的考核管理办法，出台有效的激励办法，充分调动广大员工、营销员的展业积极性。二是加强理赔队伍建设。重在加强理赔人员队伍教育，提高理赔人员综合素质，严肃理赔纪律，依法合规从事理赔活动，加大对违反理赔纪律人员的处罚力度，努力营造一个良好、纯洁的理赔氛围，加强理赔管控，将“增效益”作为工作核心，细化理赔工作，加大考核力度。“主动、迅速、准确、合理”地处理好每一个赔案，树立公司良好形象、增强公司竞争力的同时提高公司赢利能力。三是是财务“科学管理，合规为先”，着力增强全司人员的法纪观念和合规意识，努力弘扬正气之风，抵制歪风邪气，在合法经营、规范经营思想上达成高度统一。四是树立全体员工的危机意识、责任意识、竞争意识，制订相应的考核管理办法，出台有效的激励办法，充分调动广大员工、营销员的展业积极性。

（王进琼）

中国人寿保险股份有限公司沾益县支公司工作综述 2011年末，中国人寿保险有限公司沾益县支公司下设西平镇营销服务部，西平、盘江镇、花山、播乐乡、炎方、白水7个营销服务部，截止12月，有销售人员254人。

2011年，人寿保险沾益县支公司在各级政府的支持与配合下，通过销售人员进单位、进社区、进村组入户开展宣传和营销，保险转嫁风险，防患于未然的特殊功能深入人心。全年总保费收入为4783.67万元。其中，个险销售渠道：总保费为2113.57万元，其中首年新单保费为705.57万元，续期交费1324.25万元，短期险83.75万元。银行保险渠道：总保费为2107.21万元，其中首年保费1876.92万元，期缴378.1万元，趸交1498.81万，续期交费230.29万元。团险渠道：总保费426.96万元，其中健康险110.33万元，意外险84.84万元，短期寿险231.79万元。全年赔付各类赔款157.74万元，直接受益人数8万余人。

银邮代理工作 2011年，人寿保险沾益县支公司与农业银行、建设银行、中国银行、工商银行、信用社、邮政储蓄6家银行建立业务合作关系，并且常年进驻公司客户经理，业务产出占据银行保险业务的半壁江山，多个网点产出保费都在全省银行保险中名列前茅，农业银行西平分理处全年保费达513.9万元，信用联社营业部全年保费达240.45万元，建行花山分理处全年保费达155.27万元。

保费收入进入全省前列 2011年，保险先进村得到县委、县政府的高度重视与支持，保费收入及达标都位列全省前列，并且多次得到省公司及市公司的高度认同，全年保费收入完成计划列全市第一，规模和质量有了跨越式发展。

开展“诚信我为先”活动 2011年，人寿保险沾益县支公司积极开展“诚信我为先”活动。一是每月公示当月违规营销员行为及诚信事迹；二是公司经理每月送诚信培训进职场；三是销售督察岗每周进行诚信教育，杜绝销售误导，强化经营风险，规范经营活动。年内，公司还推荐1名营销员参与评选全国“诚信服务标兵”。

员工管理 2011年，人寿保险沾益县支公司严格考勤制度，出台酒后驾车处理规定，提高员工业务综合素质，规范服务。全年无投诉，没有发生安全事件。利用“营销员信用评价等级”系统，评比上半年与下半年营销员信用等级，对2位B级营销员进行了帮扶谈话、再教育及延长晋升期的考核处理。对新单回访不成功、代签名、截留挪用保费等违规行为严格按照公司规定给予扣分及罚款处理。

（刘秀娟）

教科文卫体

责任编辑　孟文祥

教　育

综　述　2011年末，沾益县教育局内设办公室、组织人事科、基础教育科、计财科、纪检监察科、民办教育管理办公室6个行政科（室），下设招生考试办公室、教育科学研究所、现代信息技术教育办公室、沾益县人民政府教育督导室、会计核算中心5个事业单位。局机关在职在编52人，其中，行政编制19名，事业编制33名，局级领导职数6名，股所级领导职数25名。全县现有各级各类学校183所，其中普通中学24所，普通中学中完全中学2所（县三中、县四中），高级中学3所（县一中、县二中、育能高级中学），初级中学12所，九年一贯制学校7所（大坡一中、大坡麻拉学校、白水一中、白水二中、大坡三中、菱角二中、炎方二中），教师进修学校1所（成人中等专业学校），中等职业学校3所（沾益县职业技术教育培训中心、曲靖市华才职业技术学校、曲靖市沾益王然文武学校），完全小学107所（少数民族学校10所），校点33个（其中一师一校点18个），特殊教育学校1所，幼儿园47所（其中民办46所）。在职在编教职工4316人。各级各类学校（园）在校生84501人，其中高中在校生8034人，初中在校生20956人，中职在校生5702人，小学在校生39030人，幼儿在园（班）10779人。

2011年，全县教育工作在县委、县政府的正确领导和上级教育主管部门的指导帮助下，全体教育系统干部职工全面贯彻省、市、县教育工作会议精神，认真学习实践科学发展观，积极推动改革创新、深入落实素质教育，常规工作扎实有序开展，课改实验稳步推进，有效整合教育资源，促进教育均衡发展，为实现教育公平发展奠定了坚实基础。

1．深入开展党建工作。一是把握关键，完善制度。三月份完善了教育局同学校（科室）领导谈话制度和沾益县教育系统“五评价”制度，进一步加强党风廉政建设和纪检监察工作，提高教育系统预防腐败的能力。二是深入推进“廉政文化进校园”工作。以开展“十个一”活动为载体，使廉政文化融入到校园文化之中，在学校形成“以廉为荣、以贪为耻”的浓厚氛围。三是突出重点，纠建并举，纯洁行风。局领导和机关收费主管科室深入各学校明查暗访，机关科室到挂钩联系点拉网式检查，并开通了收费举报热线，接受学生、家长、社会监督，全县中小学无乱收费情况发生。四是认真查办信访案件，净化教书育人环境。上半年共收到信访件6件，按照依法、及时、就地解决问题与疏导、教育相结合的原则，接到一件便及时调查处理一件。

2．强化“两基”工作。一是紧紧围绕“巩固与提高”两大主题，坚持“两基”工作重中之重的地位不动摇，做到思想上不放松，投入上不减少，工作上不削弱，提高“两基”水平，巩固“两基”成果。二是针对国家教育督导团对沾益县“两基”工作检查验收提出的不足进行整改和完善。完成1170万元的2242台学生机，70台教师机和76套电子白板，48套多媒体的配套工作；完成40.2万元的教师用桌70张，教师用椅70把，学生课桌1128张，学生用凳2256个的配套工作；完成国家教育督导团对报告中质疑的回复工作。三是加大“两免一补”力度。春季学期为义务教育阶段学校提高公用经费保障水平，全年中央部分共补助资金2358.34万元（补助标准暂为小学300元/生/年，初中500元/生/年）。多渠道筹措资金，不断加大对贫困家庭寄宿生的生活补助力度，确保全县范围义务教育阶段学生不因贫困而辍学。安排农村义务教育阶段贫困家庭寄宿制学生生活补助中央经费974.83万元，补助标准为小学750元/生/年，初中1000元/生/年，特殊教育学校1000元/生。为义务教育阶段全部学生发放免费教科书及地方教材，价值296.6万元。并协调县财政局拨付捐资助学资金60万元改善办学条件，春季中小学特困生救助金19.095万元，按时足额拨付到位。四是加强学生学籍管理。于3月初完成学生学籍信息采集，5月份全省统一管理，使全县的学籍管理走向规范化、科学化。五是开展特色学校创建工作，全县各学校从各自学校角度出发，制定了特色学校创建方案，教育局将组织相关人员对申报的学校进行评估认定。六是进一步做好16所云南省现代示范学校建设工作，使之真正达到示范学校标准，起到示范作用。

3．大力扶持民办教育。一是3月份对新申报的3所民办幼儿园的办学条件进行了实地查看及指导；4月份认真组织民办学校申报“云南省民办教育项目发展专项资金”，全县共有7所民办教育机构申报，经逐级审查，4所民办教育机构上报省教育厅待批。二是加大民办幼儿园教师培训力度。5月20～22日，对民办幼儿园120名教师进行幼儿园课间操培训。三是强化对民办教育机构的常规管理，规范办学行为。认真做好民办教育机构的清理整顿工作，全面完成民办教育机构基本情况的普查工作及无证幼儿园的排查工作；定时抽查民办幼儿园各项工作开展情况。

4．强力推进课堂教学模式改革。一是认真抓好课堂教学改革，促进课堂教学效益的提高。按照《优化课堂教学机构，改革课堂教学模式的课堂教学改革方案》（沾教通字〔2008〕22号文件）要求。3月23～25日，邀请山东昌乐二中课改专家为全县中小学教师进行课改理念和高效课堂教学观念培训，新的高效课堂教学基本模式逐步得到落实，课改的指导思想(相信学生，依靠学生，解放学生，发展学生)逐步得到体现。二是多渠道、多形式推进课程改革。组织中小学教师全员参与省、市、县课程改革新教材培训；深入全县各中小学进行新课程改革研究与指导；通过组织研究课、示范课、课堂竞赛、媒体教学等活动，强化课堂教学的目标意识、主体参与意识、情感意识和效率意识，提高教师驾驭学科教学的能力，帮助教师成长；摸清学生学习现状，掌握学生心理特点、个性特征、特长，创设了有利于学生主动学习、合作学习和主动参与的教学环境，因材施教，教会学生学会有效学习；从课堂教学改革入手，狠抓课堂管理和教学模式的构建；抓学校和校长，积极推进课改工作；抓教师和学生，强化课改理念，大力推进课堂教学改革，促进教法与学法的转变。5月，组织了沾益县高中新课程改革课堂教学模式研究课，高一年级、高二年级全体教师近200人分九个学科参加研讨，有效推动了课堂教学模式改革，提高了课堂效率。

5．全力推进校安工程项目建设。2月底，一期所有项目竣工验收，3月份全部投入使用。按照全国校舍安全工程档案建设的相关要求，建立了独立的校舍安全工程档案室，配备了必要的设施、设备，制定了档案管理的各项规章制度。各项资料均按要求进行存档，结算审计已结束。二期工程项目涉及39所中小学，48个项目，排危36052平米，新建校舍40459平米。按照统一规划、整合资源、科学安排的要求，对全县B、C级危房分年度按比例进行规划，按照分配方案，2011年计划实施加固改造项目1.89万平米，已申报加固改造项目21745平米，待省、市校安办批准后实施。校安工程2011年新建项目完成申报新建项目32415平方米，市指挥部已批准沾益县中小学校舍安全工程三期项目5987平方米及2011年第一批中小学校舍安全工程项目4364平方米。

6．加强教师干部队伍建设。一是组织了全县中小学教师的履职晋级培训、考试。参加培教师1300余人，合格率98%。二是组织完成了全县高一年级、高二年级所有学科教师（360人）参加国家教育部组织的网上远程教育培训（理念转变培训），均取得了培训合格证。三是组织全县2011年9月新高一年级教师（254人）参加国家教育部组织的网上远程教学培训。四是为适应课程改革和课堂教学改革的需要，组织教师在借鉴课改省份经验的基础上编写了适应沾益县实际的《高中学科导学案》，供全县高中教学使用，并组织教师上示范课36节。

7．加强后勤服务管理工作。一是加强学校后勤管理工作的督查，保证学校食品安全。重点检查学校食堂、学生宿舍、小卖部、校园环境卫生等情况。加强校园卫生、食品卫生、学生宿舍卫生和学生个人卫生的管理，防治传染病。严把食堂从业人员健康体检关、食品采购质量关、食品加工卫生关、食品销售质量关，预防食物中毒，保证师生身体健康，保障教育教学工作的顺利开展。二是组织全县义务教育阶段学校及幼儿园方索赔工作业务人员参加北京联合保险经纪有限公司云南省分公司组织的校（园）方责任险索赔工作业务培训。三是组织参加省教育厅教学仪器装备中心举办的“农村义务教育薄弱学校改造计划项目”教育技术装备与管理培训。四是加强高考期间学校后勤管理及食品卫生管理督查，保障师生食品卫生安全，确保高考顺利进行。五是有效投入抗旱保教工作。进入春夏之交，部分城区学校面临严重缺水问题，教育局积极采取措施，联系消防部门，为县幼儿园、龙华中学、育能学校等学校送水400余方，有效保障各缺水学校教育教学秩序正常运行。六是加强勤工俭学基地建设。继续加强对菱角三中勤工俭学基地巩固提高的指导工作，并以该基地建设为龙头，带动大坡一中、炎方一中等学校的勤工俭学基地，提高技术含量和经济效益。

8．开展教育宣传工作。一是成立教育宣传工作领导小组，确定宣传工作人员，搭建思路清晰、目标明确的宣传工作平台，建立高效运行的宣传网络。二是完成《教育之声》电视栏目春风化雨育桃李、创先争优做典范典型带动促发展、拓展学生发展空间搭建学生自主展示平台、庄家湾小学远程教育纪实、科研兴教结硕果等四期专题节目的制作播出。三是编辑出版《沾益教育》刊物三期，制作《沾益教育简讯》五期，有效促进了各部门及教育系统内部间信息交流。四是沾益教育工作勤工俭学活动情况在《中国教育报》头版报道，引起社会广泛关注和理解支持。

积极筹划特殊教育学校建设 全县有特殊教育适龄儿童600余人。2011年，沾益县决定在珠江源大道以东、纬二路以西、纬四路以南、纬五路以北地块新建沾益县特殊教育学校（望海小学），校园面积36.77亩，48个教学班。总建筑面积14314.5平方米，投资1590.9万元。其中综合楼3351.6平方米、教学楼5605.3平方米、厕所147.8平方米、行政楼2586.4平方米、教师办公楼691.6平方米、合班教室475.8平方米、宿舍167.9平方米、自行车库1057平方米、食堂231.1平方米。年末，完成规划、选址、平面图设计等前期工作。

菱角三中勤工俭学惠及山村娃 沾益县菱角三中是一所典型的山区初级中学，共有学生1036人。国家实施“两免一补”以来，学生解决了“吃得饱”，但很难“吃得好”。2008年后，该校实施了以勤工俭学为保障的“学生在校就餐免费工程”。在社会各界关心支持和全校师生共同努力下，建起了占地3000平方米、存栏1000余头的养猪场；16亩土地建盖了24个大棚，种植各种蔬菜；15亩的水塘里养殖草鱼和鲤鱼；160余亩种植基地种上了适应高寒地区种植的苞谷、荞麦和洋芋等。至2011年，学校汉族食堂每天杀猪1头，每个学生都能吃到“免费餐”，顿顿都能吃上肉。5月15日，《中国教育报》头版头条以《每天杀头猪 吃好免费餐》为题，报道了沾益菱角三中勤工俭学惠及山村娃的情况。

市领导看望岩竹小学留守儿童 2011年1月6日，市委常委、宣传部部长何华，市人大常委会副主任、市妇联主席李桂珍，到大坡乡岩竹小学对留守儿童进行捐赠活动。市妇联向岩竹小学学生捐赠书包200余个、营养品34件。

县职教中心拓展办学渠道 为切实做好中等职业学校招收返乡农民工及农村社会青年接受中等职业教育管理工作，县职教中心抓住机遇，拓展办学渠道。2011年1月7日开始，该校部分教师和从云南农大聘请的60余名教师分别到大坡、盘江、菱角、炎方、播乐、白水六所成人文化技术学校联合办学，设立校外办班点，招收返乡农民工6819人。

县一中组织捐款活动献爱心 2011年1月15～19日，县第一中学师生为2013届高一（5）班因家庭遭遇变故面临退学的高某某募捐1.8万余元，帮助他暂时渡过难关。

县三中开展红歌赛 为热情歌颂新中国成立以来特别是改革开放以来取得的辉煌成就，充分反映学校青年学生热爱祖国、乐观开朗、积极向上的精神风貌，表现青年学生实现中华民族伟大复兴的远大抱负和历史使命感，展示青年学生高雅健康的审美追求，沾益县第三中学于2011年1月8～11日组织全校学生开展了以“唱响主旋律，颂歌献祖国”为主题的红歌比赛活动。

召开“三八”妇女节表彰大会 2011年3月7日，县教育局召开庆祝第101个“三八”国际劳动妇女节表彰大会。大会旨在大力宣传教育教学工作中做出突出贡献的优秀女教职工和先进集体的先进事迹，团结激励广大女教职工进一步发扬中华民族的优良传统和“四自”精神，加强学习，提高素质，争先创优，以更加高昂的斗志、饱满的热情投入到教育教学工作中，为沾益教育的发展做出新的贡献。

北师大专家组到沾益指导工作 2011年3月7日，北师大明德项目专家组4名专家到西平镇龙华明德小学，按照“提升明德小学教育质量”项目实验研究工作计划，通过听课交流、查阅档案资料、与校长座谈，对龙华小学发展情况做了全面了解。专家组认为沾益在项目实施中领导重视，工作踏实，档案齐全，成效明显。客观评价了龙华小学在项目实施与创建特色提升质量取得的成果；同时对沾益县明德学校发展规划和常规管理建设、深化教学改革、提升学校管理和水平、促进学校内涵发展等方面提出了指导性意见，为下一步工作指明了方向。

县四中召开“警校心连心，共谱和谐情”座谈会 2011年3月9日，县四中召开“警校心连心，共谱和谐情”座谈会。县教育局、公安局，直属中小学（幼儿园）及西平镇部分学校领导参加。西平镇派出所干警对全校师生进行了法制宣讲，讨论了学校法制教育、校园安全、校园周边环境治理等问题，大家一致认为，警校合作有利于“平安校园”“和谐校园”的建设。同时开展了“校园评警”活动。

学校食品安全卫生督导 2011年3月14日，市卫生监察局领导、县教育局领导、中心学校校长等一行人到白水镇九年一贯制学校督查、指导学校的安全、食品、卫生等工作。通过“摸一摸”——摸食品原料储存是否有变质情况、餐饮具消毒是否到位情况；“查一查”——

查学校食品和饮用水的进货渠道、索证索票；“核一核”——核对学校食品进货台帐记录所对应的食品质量和进货物品；“看一看”——看校园环境、学生宿舍，安全卫生、周边环境、教师学习、工作环境；“翻一翻”——翻看学校综治安全、食品卫生资料等形式检查，最后召开总结会。督导领组认为，学校做到了食品安全制度健全、操作规范、从业人员持证上岗、进货渠道正规，学校食堂的卫生状况良好，并建立了相关卫生管理制度，特别对学校落实专职人员负责食品采购、索证、验收以及规范的台帐记录等工作给予了充分肯定。

《知心姐姐》杂志社到沾益开展心理健康教育活动 2011年3月16～17日，共青团中央《知心姐姐》杂志社“心理健康教育全国巡回报告团”到沾益开展心理健康教育活动。报告团分别在县西平小学、水桥小学、县幼儿园、太平小学、龙华小学、庄家湾小学举行了六场“关注孩子的生存智慧”专题报告，1600余名学生家长参加。报告团成员吴润松以生动的故事拉开了讲座的序幕，通过层层深入的阐述，从“认识自己的智慧”“规划人生的智慧”“与人相处的智慧”“融入社会的智慧”“感受幸福的智慧”五方面阐明了家长应如何关注孩子的生存智慧。

少年儿童出版社到沾益开展捐书助学活动 2011年3月18日，中国少年儿童出版社驻昆办事处宋德丽女士一行，为盘江镇三道坎苗族小学送来了价值5万元的图书，丰富了师生们的精神食粮。

大坡一中开展军训 2011年3月18日，大坡乡第一中学邀请驻曲77298部队21位官兵到校，对五、六、七、八年级1200名师生进行为期六天的军训。此次军训旨在强化校纪校风；强化学生内务管理；规范学生日常行为；培养学生文明习惯；提升学校教育教学管理水平。

白水二中启动教师心理健康辅导 2011年3月18日，白水二中启动了“教师心理健康”辅导，全体教师认真听取了心理健康教育辅导员题为《我的心情我做主》的专题讲座，辅导员就教师的心理健康界定、心理健康标准、心理压力来源、心理状况不良表现、心理健康自我维护等进行了专题辅导。

云南陆军预备役步兵师炮兵团对水冲小学进行捐赠 2011年3月25日，云南陆军预备役步兵师炮兵团政委马勤、参谋长胡正伟等人到菱角乡水冲小学开展捐赠活动。为学校捐赠联想电脑5台、新华字典100本、篮球10个、足球10个、排球10个。这是距2010年3月25日，水冲小学被定为云南陆军预备役步兵师炮兵团助学联系点后所开展的第二次捐赠。

山东昌乐二中课改模式进沾益 2011年3月25日，县三中阶梯教室座无虚席，来自全县各学校一线教师和主管教学领导700余人参加学习培训活动。山东昌乐二中培训中心主任胡吉朝首先作了“高效课堂一素质教育的突破”的专题讲座，并就有关导学案编写，备课，课堂组织等环节进行分析讲解。山东昌乐二中的3位教师借县三中学生现场示范“二七一”高效课堂教学模式。为成功“移植”昌乐二中课改模式，学习培训期间，还安排教师就部分学科进行教学实践，以体验应用效果，发现存在差距。此次培训活动为沾益县全面实施课改拉开了序幕。

举办法制巡回宣讲活动 2011年4月7～27日，县检察院和县教育局联合举办“让法律陪伴我们健康成长”法制巡回宣讲活动，共为全县中学青少年学生举办了13场次，发放《未成年人权益保障知识手册》10000余份，全县14000余名师生参与。

西平小学开展教师才艺展示活动 沾益县西平小学确定了“四季的歌”，即“春之意、夏之韵、秋之声、冬之魄”为主题的教师特色才艺展示活动，以提升教师综合素质，提高办学水平，创建特色学校。2011年4月29日，西平小学“春之意”教师才艺展示活动拉开序幕。各年级组、学科组的36位老师以朗诵、小品、相声等形式参与活动，共12个节目。

西平镇开展高效课堂展示活动 2011年5月11日，西平镇在太平小学举行“271高效课堂”新课改教研展示活动，分别由青年教师施雪晖、杨德文展示了语文、数学课堂教学模式。此次活动在西平镇中心学校的精心指导下，同时邀请了大营、新海、石羊等小学的教导主任参加。太平小学全体教师始终参与听课、评课、研讨，教研活动有序开展，体现了“自学—合作—展示—反馈”的高效课堂教学模式。

青年教师师德主题演讲 2011年5月17日，县教育局举办的“创先争优爱心育人”青年教师师德为主题的演讲比赛。来自全县各校19名青年教师参加。参赛选手围绕“创先争优爱心育人”主题，以争做一名优秀的老师，争做一名有爱心的老师为出发点，讴歌了沾益教育发展中涌现出的一个个可歌可泣的先进事迹。西平镇玉光中学沐丽萍、县三中韩兴芳、县四中王志云获一等奖。

盘江镇举办第二届中小学生艺术节 为期一个月的盘江镇第二届中小学生艺术节，于2011年5月25日落下帷幕。全镇19所中小学，8所民办幼儿园参加活动。活动共评选出文艺汇演义务教育组集体一等奖2个，二等奖3个，三等奖6个，民办教育组集体一等奖1个，二等奖2个，三等奖3个；评选出书法、绘画、手工制作一、二、三等奖共

112名。

菱角一中开展“法律进校园”法制宣讲活动 2011年5月25日，菱角一中借举办警营日之际，开展“法律进校园”法制宣讲活动。活动邀请县公安局、教育局、菱角派出所领导进行专题辅导，副县长、县公安局长杨枝梁，县教育局副局长高朝富，乡党委书记叶雄，以及菱角一中师生1000余人参加。辅导通过以案说法、现场互动、发放宣传资料、观看展板等方式，向师生讲授了反邪教、禁毒、预防青少年违法犯罪等方面的法律知识，为广大师生上了一堂生动的法制教育课。辅导后，组织学生观看了禁毒图片，枪械等各种武器。

县教育局第三次党代会召开 2011年5月12日，县教育局第三次党代会在局机关一楼报告厅召开，全县教育系统65名代表和21名列席人员参加会议。

太平小学举行《师德师风承诺书》签订仪式 2011年9月2日，太平小学举行《师德师风承诺书》签订仪式。此次活动的开展，进一步加强了学校师德师风建设，对提升教师的职业道德水平，树立良好的师德形象起到了积极的促进作用。

开展抗旱保教行动 为应对严重干旱，保证正常的教育教学工作，从2011年8月17日的秋季开学工作开始，全县各校针对自身困难，制定相应抗旱保教应急方案。县教育局联系县消防队对用水紧急学校实施送水，在学生入学前将备有水窖学校的水窖全部灌满。水源区位较好的学校向严重缺水学校开展送水援助，共度难关，并动员社会力量给予支援。并倡议开学第一节课围绕节约用水、珍惜粮食主题展开新学期教育。从而保证了每一学校教学期间有水喝，不因干旱影响教育教学秩序正常运行。

大坡乡整合资源集中办学 为响应国家“集中办学，资源共享”办学模式，认真贯彻教育主管部门要求，大坡中心学校按照学校建设规划，制定《大坡乡整合资源、集中办学工作方案》《大坡乡整合资源、集中办学教师岗位选聘工作方案》，并认真落实。大坡乡麻拉学校、德威小学2011年秋季扩大办学规模，麻拉片（除天生桥小学）五、六年级学生集中到麻拉学校就学；德威片五、六年级学生集中到德威小学就学。两个片区各净增6个教学班，麻拉学校增加学生328名，德威小学增加学生357名。经过宣传动员、本人申请、集体讨论研究、组织考察、报教育局审批、公示等程序，选聘13名教师到麻拉学校任教，选聘16名教师到德威小学任教。到9月中旬，各项工作就绪，正常开展教学常规工作。全乡以大坡一中、麻拉学校、德威小学为点的整合资源、集中办学工作达到预期目标。

西平镇齐心协力捐助特困教师 西平镇龙华中学教师钱绍龙的儿子（正在县一中读高二）患急性白血病。2011年9月16日,龙华中学全体师生纷纷为其进行爱心捐款，其中教师捐款34060元，学生捐款18025.5元。西平镇中心学校从师生困难帮扶救助捐款中紧急拨出救助款3万元，解了钱绍龙老师的燃眉之急。

县三中获中国人民大学“圆梦计划”资格 2011年11月25日，“中国人民大学2012年‘校长直通车计划’和‘圆梦计划’获得推荐资格中学名单及推荐名额”揭晓，沾益县第三中学成功取得中国人民大学2012年自主招生“圆梦计划”中学资格，为云南唯一一家中学获此殊荣。

县一中举行“做一个有道德的人”宣誓签名活动 2011年11月29日，县一中举行“沾益县第一中学‘做一个有道德的人’宣誓签名活动”，全体师生参加。学生代表及学校领导发言，并举行“做一个有道德的人”宣誓仪式。全校师生在“我承诺：做一个有道德的人”的条幅上签字，承诺做一个有道德的人。

县职教中心举办法制讲座 2011年4月18日，在县公安局治安大队、县教育局安监办、西平派出所的支持配合下，县职教中心举办了法制讲座。西平派出所治安中队张丽萍、高波通过详实的数据，典型的案例分析了未成年人违法犯罪的表现、成因，为学生上了一堂生动的法制课，让学生受到了深刻的教育。

三所学校教育设施现场办公会召开 2011年12月7日，沾益县在县职教中心会议室召开县委党校、县职教中心、县西平小学教学设施建设现场办公会议，县长毕尚鹏主持。县委常委、常务副县长高朝花，县政府办、住建局、国土资源局、教育局主要领导和分管领导参加会议，县委党校、职教中心、西平小学等项目主体单位相关人员列席会议。会议就三所学校的教学设施建设进行现场查看和认真分析研究并形成了会议纪要，会议对县职教中心和西平小学的征地、拆迁，整体规划、资金安排等工作作了安排部署。

龙华中学学生接受警示教育 2011年12月16日，西平镇龙华中学组织初二年级学生到沾益县看守所接受警示教育。看守所副所长为学生们介绍和讲解了看守所的各种设备，工作制度及劳教人员的日常管理等，并对在押犯人的犯罪类型、性质、根源以及对社会的危害性和将要受到的判决、惩处等方面进行了深刻的剖析，同时告诫同学们一定要遵纪守法，勤奋学习，自尊自重，自强自立，争当遵纪守法的好公民。

（陈云会）

科　技

综　述　2010年，沾益县科技局整体工作在机构改革中划入沾益县工业经贸和科技信息化局。2011年，全县科技工作围绕县委、县政府确定的中心工作，自觉坚持“经济建设必须依靠科学技术，科学技术必须面向经济建设”的工作方针，以普及科技知识，促进经济结构调整和发展方式转变为重点，求真务实，真抓实干，推进了全县经济社会平稳较快发展。一是做好科技项目的实施管理。协助博浩公司做好国家级科技富民强县计划项目验收准备，指导大坡乡做好省级科技项目“万寿菊高产科技示范基地建设”的验收，指导龙源生态园做好“科普示范基地建设”项目验收准备工作。二是做好专利申请工作。全年专利申请9件，其中发明专利7件。三是做好科技项目的申报工作。年内申报的鹏达公司“炉内钙化脱硫矿物粉体材料产业化”项目、宏程公司“防盗防拆封胶带开发与应用”项目分别获得“国家科技型中小企业技术创新基金”扶持资金120万元、70万元。四是以“携手建设创新型沾益”主题，开展了2011年科技活动周活动。共发放科普资料15000余份，开展蚕桑、中药材、万寿菊、畜牧等技术培训2次，开展科普大篷车进校园系列科普宣传活动1次，科技培训3次及科技咨询160余人次。

（孙家雁）

文化体育

综　述　2011年，组建沾益县文化体育局。将文化局、体育局的职责，整合划入文化体育局，不再保留文化局、体育局。县文体局主要负责贯彻执行党和国家有关文化、体育和新闻出版工作的方针、政策、法律、法规；拟定全县文化、体育和新闻出版事业发展规划和管理办法，组织并监督实施；管理文化体育和新闻出版事业；指导文化体育体制改革；拟定文化产业发展规划和指导、协调文化产业发展。加强城乡文化体育工作的管理；协调指导全县群众文化体育活动的开展；协调指导艺术创作和艺术生产，扶持代表性文化艺术品种；指导和管理文物事业，负责文物管理和保护工作；指导图书文献资源的建设、开发、利用；管理文化市场，指导文化市场稽查工作；负责新闻出版（版权）管理工作，审核内部报刊和出版物，组织审读各类出版物。监督管理印刷业、音像制品和电子出版业。负责著作权宣传、管理、检查、监督工作；负责实施全民健身计划、国家体育锻炼标准；制定全县竞技体育、社会体育规划和运动项目布局；研究、指导业余体育训练；全民健身运动；国民体质监测；组织参加或承办体育赛事；发展体育教育，培训体育专业人才；负责全县文化、体育社团、协会的资格审查和业务指导。2011年末，县文体局内设办公室、艺术科、文化遗产科、文化体育市场科、竞训科、群体科、社会文化与体育产业科7个行政科室；设有文化馆、图书馆、文物管理所、少体校4个事业单位；设有副科级单位沾益县文化市场综合执法大队1个。全局共有职工42人，其中公务员及机关工人18人，专业技术人员及事业工人24人（含高职1人，中职10人，初职12人）。

2011年，全县文化体育工作紧紧围绕县委中心工作，服务基层群众，各项工作取得了明显成效。

1．推进县、乡、村三级公共文体设施建设。完成122个行政村文化活动室建设，配备移动音箱18台。完成大坡、白水、德泽三个乡镇3个村级文化体育活动广场建设，27个村配置全民健身器材（一副篮球架、两张乒乓球桌），丰富县域内人民群众的业余体育文化生活。完成25个农家书屋验收工作，及时做好2012年47个行政村农家书屋的申报工作。完成8个乡镇、70个行政村的信息资源共享工程建设，发放电脑70台。

2．社会文化活动丰富多彩。积极组织并参与各种节日庆典、纪念文化活动，包括“三下乡”文艺

李竞楠　供稿

演出、春节广场文艺演出、篝火晚会、“美食街”开街仪式文艺演出及“赶歌会”的统筹、组织，晚宴酒歌表演等活动。在建党90周年之际，参加了由曲靖市团委、宣传部、音协共同举办的唱红歌比赛，组织参与了全县“颂歌献给党”合唱比赛，辅导的情景诗朗诵荣获曲靖市工会“唱支山歌给党听”比赛二等奖。协助县委组织部完成《组工干部之歌》歌伴舞，参加“同心杯”文艺演出。为迎接建国62周年，体现文化体育战线上干部职工的精神风貌，活跃文体职工的文化体育生活，推崇健康快乐的生活方式，县文体局工会11月10日在大坡“海峰湿地”举行户外宿营联谊活动，具体内容“户外枪战”竞赛、双扣比赛、露天电影、卡拉OK比赛、篝火晚会等。

3．开展文艺创作。2月1～18日举办了2011年‘珠江源’杯书画歌曲作品展。3月～4月在曲靖市举办陈玉德美术作品展。组织文化馆专业人员参加了曲靖市“第十六届青少年曲艺大赛”，1人获银奖，2人获铜奖，3人获优秀奖。

4．文化市场秩序整治成效明显。一是加强经营户的培训教育，增强法制意识。执法大队与市场科积极配合，采取一年一训的方式，与文化市场监管有关的治安、消防、网安、工商、禁毒部门等，集中时间分场次举办专场培训。每周二定期定时接受经营户法律法规咨询，并在重大节假日，通过协会平台及时向经营业主发送警示提醒短信，不断提高经营户的安全守法经营意识。截至11月底，全县共培训网吧、娱乐场所、出版物、音像制品、打字复印店经营业主和管理人员270余人，发放法律法规资料270余套，发放禁毒防艾资料100余份，签订守法经营承诺书160余份，完成考试220余户，发送警示提醒短信2期200余条。二是加强市场日常监管，推进市场繁荣稳定。坚持重点检查与平时巡查相结合，每月25日前不定时的对重点部位、重点时段进行检查，对查处的违规经营活动进行现场纠正，依法进行处理，对存在的重大违规事件限时整改。坚持行政监管与社会监督相结合，共同推进市场健康发展。先后聘请老干部、老教师15人担任网吧义务监督员，对网吧经营活动进行监督，并充分发挥社会监督的作用，采用“96128”专线与公布举报电话相结合的方式，及时有效的查处文化市场违规经营行为。坚持深入开展文化市场专项整治，维护市场安全。结合中央、省、市、县关于加强文化市场管理和专项整治行动的文件会议精神，认真开展了知识产权保护、消防安全隐患排查、建党90周年文化市场专项保障、国庆、中秋两节净化文化市场环境等专项行动，进一步净化了社会文化环境。截至11月底，文化市场行政执法大队出动执法人员2972人次，检查网吧272家次，处罚网吧18户，责令4户网吧撤除超规模经营的电脑，检查游戏室238家次，检查歌舞娱乐80家次，检查书报刊52家次，检查音像制品76家次，检查印刷经营63家次，关停无证经营场所5户，查收各类非法音像制品155片，受理举报案件4件，发放标示标牌200余份。

5．顺利实施第三次全国文物普查工作。年末，历时四年多的沾益县第三次全国文物普查工作已进入收尾阶段，实地调查工作全面完成，基本信息、数据也得以复核确认，初步形成了《沾益县第三次全国文物普查工作报告》，以文字、数据、表格、图形、照片等形式充分体现了沾益县第三次全国文物普查成果。2011年是第六个文化遗产保护宣传年，为了进一步加强文化遗产保护工作，让广大群众能够深入地了解我县文化遗产保护的情况，积极参与到文化遗产保护工作中来，提高全民的文化遗产保护意识，结合沾益实际，6月3日，县文体局组织文管所、图书馆在城区人员密集处的十字路口、小花园发放文物保护法、建设工程文物保护规定等宣传资料100余份。

6．积极开展图书馆服务宣传工作。坚持周末及节假日正常开展图书报刊借阅、资料查询等服务。全年共接待各类读者8200余人次，借阅书报刊15000余册。开展上街宣传工作，发放宣传资料200余份，免费办理借书证26个，解答群众相关咨询40余人次。同时，为改变图书馆新书资料匮乏、读者较少的现状，开展了为图书馆捐书捐款倡议活动，积极寻求社会支持，丰富图书馆藏书，共有9个单位为图书馆捐赠购书款，共计19000元。图书馆全年共新购置书架10个，各类书籍3000余册，价值6万余元。

7．体育工作成效突出，体育活动丰富多彩。圆满完成云南沾益珠江源“第六届登山越野挑战赛”“第五届山地自行车越野挑战赛”赛事。组织了“全民健身日”活动，深受全县广大群众的喜爱。为扩大了文体事业的影响力，充分利用文体局现有场地，铺建羽毛球场、篮球场、乒乓球室，成立“乒羽协会”，招收假期、周末培训班，并于6月18日组织2011年“萃景杯”跆拳道表演大赛，8月8日组织“环湖跑”活动，8月16日组织“云健杯”三人制篮球赛。组织实施了全县“迎国庆网球”比赛。参加了市委宣传部主办的文化、宣传系统运动会。协助县公安局完成羽毛球、乒乓球比赛。配合县政协参加市政协主办的运动会。

春节文化活动　2011年春节期间，为活跃和丰富群众文化生活，让全县人民过一个喜庆、祥和的新春佳节，沾益县开展了系列丰富多彩的文化活动。一是张灯结彩过新年。

春节期间，县城各单位及五机关门口悬挂灯笼、彩旗、庆祝标语，增添节日气氛。二是闹新春广场文艺演出活动。2月3日（大年初一）下午，由县委、县政府主办，县文体局承办，县教育局、老干局、炎方乡等6个单位共同参与的2011春节广场文艺演出在玉林广场隆重上演。文艺演出围绕“团圆、欢乐、和谐”这一主题，共有舞蹈、歌件舞、合唱、龙狮表演等11个节目，文艺演出春意浓浓、大胆创新，充分营造出热烈、喜庆、祥和的节日氛围，为新春佳节增添了喜庆的节日气氛。三是迎春焰火晚会活动。2月3日（大年初一）晚8点，在沾益县火车站、望海、龙华等9个燃放点同时燃放108箱璀璨烟花，此次活动时间长30分钟，整个县城呈现出一片火树银花的景象。四是贺新春电影放映活动。2月3日在玉林广场大型电子屏幕放映电影《寻枪》。五是2011年春节书画摄影展。2月1～18日，2011年春节书画、摄影展在县文体局一楼大厅举行。为期18天的展览集中展出“沾益县珠江源杯”书法、绘画、摄影、歌曲创作大赛的获奖作品51件。

举办美食雕刻展 2011年7月15～16日，沾益县在县文体局一楼圆厅举办美食雕刻展，展出了来自北京糖艺工司的30余份精美作品。美食雕刻展邀请了有“中国糖艺第一人”之称的中国首席“糖艺大师”曹继桐现场制作糖艺雕刻。精致的美食雕刻作品吸引观众2000余人。

文化市场监管 2011年，县文体局在文化市场监管中，紧紧围绕“以人为本、繁荣发展、规范管理、加强监督”16字文化市场管理指导思想，坚持日常检查与重点整治相结合，加大各类文化经营场所的监督检查，严格执法程序，严厉查处各类违法经营行为，确保市场稳定、安全、繁荣。一是坚持重点检查与平时巡查相结合，每月25日前不定时的对重点部位、重点时段进行检查，对查处的违规经营活动进行现场纠正，依法进行处理，对存在的重大违规事件限时整改。二是坚持行政监管与社会监督相结合，共同推进市场健康发展。在加强文体局行政执法人员监管的同时，结合全县文化市场经营场所点多面广，执法力量不足的实际情况，先后聘请老干部、老教师15人担任网吧义务监督员，对网吧经营活动进行监督，并充分发挥社会监督的作用，采用“96128”专线与公布举报电话相结合的方式，及时有效的查处文化市场违规经营行为。三是坚持专项监管与严格市场准入相结合，严把演出准入关，严格监控演出过程，重点抓好农村集贸市场、城乡结合部临时演出活动的监管。四是坚持及时受理举报和严肃查处相结合，充分利用“96128”专线平台、12318举报电话和县执法大队办公电话同时接收举报相结合的方式，及时处理各类文化市场举报案件，严厉打击各类违法经营活动。

县图书馆免费开放 2011年6月起，根据《文化部财政部关于推进全国美术馆公共图书馆文化馆(站)免费开放工作的意见》要求，沾益县图书馆实行免费开放，馆内的所有服务包括办理借书证、书刊借阅、资料查询、电子阅览室服务等均向读者免费。

举行三人制篮球赛 2011年8月16日，沾益县2011年“云健杯”三人制篮球赛在玉林广场开赛，比赛为时7天，共8支代表队、40余人参加。

组团参加省第七届城市运动会预赛 2011年8月，云南省第七届城市运动会在红河州蒙自预赛，沾益县派出代表团，4个代表队共39人参加摔跤、田径、游泳、排球四个项目的比赛，6人制排球赛、古典式摔跤均进入决赛，游泳3人、田经2人进入决赛。决赛将于2012年8月在云南省安宁市进行。

不可移动文物分布情况 2011年末，沾益县有78处不可移动文物。其地域分布情况为德泽乡5处，西平镇29处，播乐乡3处，炎方乡6处，白水镇9处，盘江镇15处，菱角乡5处，大坡乡6处。具体为古建筑类不可移动文物20处，其中德泽乡1处、西平镇7处、炎方乡3处、盘江镇9处；古遗址类不可移动文物8处，其中德泽乡2处、西平镇2处、播乐乡1处，炎方乡1处，白水

丁恒金　供稿

镇1处，菱角乡1处；近现代重要史迹及代表性建筑21处，其中西平镇8处，播乐乡2处，炎方乡1处，白水镇3处，盘江镇3处，菱角乡1处，大坡乡3处；古墓葬类不可移动文物18处，其中德泽乡2处，西平镇4处，炎方乡1处，白水镇2处，盘江镇3处，菱角乡3处，大坡乡3处；石窟寺及石刻类不可移动文物11处，其中西平镇8处，白水镇3处。

党建工作 2011年，县文体局以建设学习型党支部、推进作风转变为主线，紧紧围绕服务中心工作、建设干部队伍两大核心，全面推进党的思想、组织、作风、制度建设。一是以学习型党支部建设为载体，扎实开展党员干部思想教育活动。全局按照创建学习型党支部的要求，在年初完善了干部职工学习制度，继续采取局中层以上干部一周一学、乡镇干部一月一学的形式，强抓局领导班子和科室负责人的政治思想教育。二是以创先争优活动为载体，不断提升干部队伍的综合素质。在创先争优活动中，党支部结合工作实际，在党员中以服务群众、奉献社会为主题，深入开展"注重道德修养，争做行业模范；注重业务水平，争做行家里手；注重服务奉献，争做岗位楷模"的"三注重三争做"主题实践活动，在提高工作效率的同时，提升了党员干部的综合素质。三是以学习杨善洲活动为契机，增强党员干部的公仆意识和责任意识，围绕目标任务，不断提高服务水平，将学习活动成果转化为实际行动，细化任务、明确责任，狠抓落实，在完成各项工作任务的同时提升整体服务水平。四是严格按照县纪委、县委组织部的要求，研究制定"坚持以人为本执政为民理念发扬密切联系群众优良作风"为主题的民主生活会方案，广泛征求干部群众意见，精心撰写发言提纲，认真开展批评与自我批评，提高了民主生活会质量。

（顾晓焕）

广播电视

综　述 沾益县广播电视局主要承担新闻宣传、广电事业发展和行业管理等职责。2011年3月31日，全县电影行政管理职能（电影制作、发行、放映、电影放映网点的规划和建设、电影专项资金收缴和管理等）由县文化体育局划转到县广电局。2011年末，县广电局内设办公室，下设珠江源广电传媒中心（保留了沾益电视台、沾益人民广播电台、沾益农村有线广播电视管理站、音像发行站牌子）和沾益县电影管理站。全局在编在册职工40人，退休职工8人。年末，全县广播电视综合覆盖率已达97.3%。有线电视用户5.2万户，数字电视用户1.7万户，互联网用户1936户，有线电视信号覆盖全县8个乡镇，共30余万人能收看到多套高质量的有线电视节目。

2011年，全县新闻宣传工作始终坚持围绕中心服务大局，面向基层服务群众，县广播电视局充分发挥主流传媒的舆论引导作用，精心策划，主动出击，推出了一批有思想、有深度、有张力、有影响的宣传报道，全面反映了各行各业科学发展、加快发展、又好又快发展的新思路、新举措、新经验和新成果，为全县经济社会跨越式发展营造了良好的舆论环境。

对外宣传 2011年，沾益电视台在中央电视台播出新闻8条、云南电视台播出52条、曲靖电视台播出420条，沾益电视台播出1980条、制作播出专题片14余部。沾益人民广播电台在云南人民广播电台播出新闻88条、曲靖人民广播电台播出新闻380条，沾益人民广播电台播出1420条。在市电视台新开栏目《联播曲靖》沾益专版播出7期。

专题宣传报道 2011年，县广电局在广播电视新闻节目中，陆续推出《贯彻县"三会"精神》《聚焦两会》《共建山水园林城市》《珠江源挑战赛》《万众一心抗大旱、同舟共济度难关》等十多个板块栏目，归类报道全县各条战线的辉煌成就。先后拍摄创作了《万众一心抗大旱》《走进珠江源》《大西南穿越》14部专题片，极大地丰富了电视荧屏。尤其是在抗旱救灾宣传报道中，快速反应，第一时间组建队伍，第一现场采访报道，第一时段播发稿件，打了一场漂亮的宣传战役，受到社会各界广泛好评。重要会议、重点工作、重大活动宣传及时准确，报道客观全面，引导有力。整个宣传做到了主题鲜明、重点突出、贴近群众，做到了"重大主题宣传无淡季"，营造了昂扬向上、开拓奋进、科学发展的良好舆论氛围。在突出主题报道的同时，认真落实"三贴近"要求，把摄像机镜头对向普通群众，展示各行各业的新人新事新风貌。新增《珠源剧场》《乐光宝盒》2档节目，《金融小贴士》《金叶飘香》《森林沾益》3个栏目，围绕重点工作和百姓关心的热点话题进行了深入报道，共播出栏目40多期。

实施广播"村村通"唱响工程 2011年，全县122个村委会（社区），其中44个村委会（社区）370个村民小组安装有线和无线广播，部分只需要维修，剩余的70个村委会（社区）683个村民小组全部实施广播"村村通"唱响工程。其中播乐乡通过自筹经费采购、安装了一批小广播，7月在全县率先实现了广播整乡覆盖。

电视"村村通"工程规划 2011年，国家广电总局发文，批准了沾益县广播电视收听收看难规划方案。方案规划，在“十二五”期间，解决全县20户以下已通电、新通电，20户以上自然村539个11503户48001人广播电视收听收看难问题。

兴建手持电视信号发射塔 为加大覆盖率，扩大覆盖范围，提高收视效果，让更多的人民群众享受广电新技术、新成果，经与云南中广传播有限公司沟通，2011年，沾益县投资35万元建设手持电视发射塔，工程6月底动工，12月建成并投入使用。

广播电视安全播出 2011年，县广电局牢固树立“播出无小事”思想，完善安全播出防范措施和安全播出应急预案，认真落实岗位责任制、安全播出责任制，贯彻“不间断，高质量，既经济又安全”的技术维护方针，实行领导带班、值班制度和事故报告制度，确保了全年重要会议、重要活动和重大节日期间的零事故安全优质播出。

农村公益电影 2011年，县广电局按照“政府主导、行业扶持、社会参与、市场运作”的工作方针，进一步健全和完善全县电影放映队伍，与院线公司签订了用工合同。在全县8个乡镇成立了农村公益电影放映队，圆满完成农村电影“2131”工程下乡放映1344场次的任务，丰富了农村文化生活。

（张亚玲）

卫生工作

综　述 2011年末，沾益县卫生系统设机关1个,参公管理事业单位2个（沾益县卫生监督局、沾益县红十字会），全额拨款事业单位3个（沾益县新型农村合作医疗管理办公室、沾益县疾病预防控制中心、沾益县妇幼保健院），差额拨款事业单位9个（沾益县人民医院、白水镇中心卫生院、菱角乡中心卫生院、炎方乡中心卫生院、西平镇卫生院、盘江镇卫生院、大坡乡卫生院、德泽乡卫生院、播乐乡卫生院）。全县有医疗卫生机构（不含诊所等）140个，其中村卫生所122个，乡镇卫生院10个，县直医疗卫生单位4个，私立医院3个，监狱医院1个。共有病床570张，每千人有病床1.4张；有卫生技术人员588人，其中执业医师367人，执业助理医师192人，每千人有医师1.33名。

2011年，全县卫生工作在县委、县政府的正确领导下，在市卫生局的帮助指导下，在各有关部门的大力支持下，以邓小平理论和“三个代表”重要思想为指导，认真贯彻落实科学发展观和党的十七大、十七届五中、六中全会精神，以“抓质量、重服务、求实效、促发展”为工作重点，着力强化“一院三级六体系一文化”建设，深入推进医疗卫生改革，不断创新卫生事业发展新模式，全面提升基本医疗及公共卫生服务水平，各项工作均取得一定成效，为全县经济社会发展，构建和谐沾益，维护人民群众的身体健康做出了积极贡献。

1．稳步推进两项重点工作。一是基本公共卫生服务。通过细化责任措施，强化宣传培训、加强监督管理，完善考核制度、示范带动、项目切块，经费打包措施，使公共卫生服务工作得到有效落实。较好的完成了上级下达目标任务，得到了省市相关领导的高度赞誉。二是医疗服务质量管理。结合“医院管理年”活动的开展，狠抓医疗质量管理，规范医疗行为，健全规章制度和落实岗位职责，提升医院整体医疗技术水平。下发了《沾益县加强医疗服务质量管理活动方案》，在8个乡镇卫生院召开全县医疗服务质量管理活动现场会，有力的促进全县医疗而服务质量管理提升。采取在职专业技术定期授课培训制度及送出去、请进来的方法培养业务骨干，共送省、市级医院、院校进修学习培养业务骨干32人，参加各类医学专业函授、自考学习的50多人。举办各类培训班培训医务人员。在县人民医院举办了3期医疗业务培训会，县妇幼保健院，各乡镇卫生院（社区卫生服务中心）院长、副院长、医疗组织及医务人员累计180余人参加了培训，组织各种短期培训，县、乡、村三级达900多人次。加强医疗服务质量督导，明确内容，提出要求，严格检查，限期整改，全年共受理和调查处理医患纠纷4起。完成157人执业医师考试报名的审查工作。

2．稳步推进医疗保障制度改革。一是扩大基本医疗保障覆盖面，全县2011年共有347938人参加合作医疗，参合率达97.4%，超额完成市规定95%的目标任务。全县基本实现了城镇职工和城乡居民医保全覆盖，已初步建立起城镇职工基本医疗保险、城镇居民基本医疗保险、新型农村合作医疗保障网络体系。二是提高基本医疗保障标准和水平。2011年新农合筹资标准提高到每人每年230元（其中各级财政补助200元，个人缴费30元），各级财政配套资金全部到位。提高城镇居民医保、职工医保、新农合最高支付限额和住院费用平均报销比例。新农合报销比例为：省级35%、市级40%、县级65%、乡级80%，最高支付限额，普通疾病50000元、特殊疾病60000元。与2010年相比，报销比例县级提高了5个百分点。城镇职工医保和城镇居民医保最高支付限额分别提高为54800元和30000元。通过提高基本医疗保障标准和水平，人民群众抵御大病的能力进一步提高。三是提高基本医保基金管理水平。按照以收定支、收支结余、略有结余的原则，合理控制各项基金的节余。全年新农合减免5454.63万元，各块基金使用效率逐年提高，群众医疗费用负担明显减轻。辖区内新农合即时结报率100%，探索开展了在曲靖市第二人民医院、曲靖市中医院及昆医附一院等6个省级新农合定点医疗机构开展即时结报试点工作。在充分讨论调查的基础上，确定了阑尾炎等16个病种为首批新型农村合作医疗按病种结算，对县、乡两级医疗机构新农合病人住院费用结算方式进行改革，实行按病种结算。四是完善城乡医疗救助制度。全年资助农村低保户、五保户供养对象12362人参加了新型农村合作医疗，奖励农村独生子女父母及年龄不满18周岁的独生子女、只生育两个女孩且采取绝育措施的农村夫妻达31254人。

3．实施国家基本药物制度。全县重视国家基本药物制度的贯彻落实，全部配备和使用国家基本药物目录品种，并实行零差率销售。一是基本药物统一配送。按照沾益县制定的《沾益县2010-2011年药品配送企业遴选办法》，在曲靖市确定的25家药品配送企业中采用公开、公平、公正原则，在县纪委的全程监督下，从中确定14家药品配送企业，由医疗机构与配送企业签订《沾益县2010-2011年药品购销协议书》《沾益县药品跟标采购及统一配送廉政合同》，负责县、乡、村医疗机构药品的统一配送工作，为医疗机构的药品规范采购打下了坚实的基础，确保了群众的用药质量。按照省、市相关要求，沾益县所有政府举办的医疗机构一律实行网上跟省标采购，在市、县卫生局对基层医疗机构药品采购员的层层培训下，5月前所有药品自云南省药品招采网平台进行交易。6月以后启用新的采购机制，能在县级平台上采购的药品必须在网上交易，不能在县级采购平台上交易的药品必须跟省标采购，基层医疗机构所有采购的基本药物必须是省集中平台上中标挂网的药品，非中标药品不得采购。二是基本药物配备使用情况。截止2011年末，全县使用国家基本药物及省增补基本药物品种298种508个品规，全年县级医疗机构共销售药品2942.18万元，其中销售基本药物1032.36万元，基本药物销售额占销售总额的35.09%；全年乡、村两级医疗机构共销售药品2887.87万元，其中销售基本药物2674.43万元，基本药物销售额占销售总额的92.61%，完成了市下达的基药销售额达90%以上的任务。三是落实基本药物制度补助政策。全年中央、省、市、县四级共对基层医疗机构补偿766.5万元，全部拨付到基层医疗卫生机构，大大提高了基层医疗卫生机构首选和合理使用基药的积极性，有力推动了国家基本药物制度的实施。

4．健全基层医疗卫生服务体系。一是认真编制区域卫生规划。坚持政府主导与市场机制相结合的原则，优化全县卫生资源配置，编制了《沾益县区域卫生规划（2010—2020年）》。二是加强了基层医疗卫生机构建设。紧紧抓住国家扩大内需的良好机遇，通过项目的实施和带动，加强县、乡、村医疗机构基础设施建设。年末，投资3650万元的沾益县人民医院住院大楼建设项目和投资180万元的炎方乡中心卫生院业务楼建设项目竣工验收；投资180万元的菱角乡中心卫生院住院楼建设项目完成地堪、图纸设计，并进行招标前期工作；公共租赁房屋建设项目完成招标工作，于12月开工建设。县人民医院医技楼建设项目完成可研批复、图审，正进行招标前准备工作；总投资280万元的卫生监督局检疫楼建设项目完成征地手续，正进行规划审批、图纸设计。全县所有村卫生所按“十统一”标准建设全面完成。全年改厕任务2000座，全部完成。投入1600万元，为县、乡、村医疗机构购置医疗设备及办公设备，农村卫生基础设施进一步完善，农村医疗卫生机构面貌得到明显改善，老百姓就医环境得到进一步改善。三是发挥卫生所网底功能。对2010年完成的122个村卫生所（社区卫生服务站）标准化建设和房屋的修缮工作进行全面复查，全县村卫生室乡村一体化管理率100%，乡村医生的各项兑现及补助全额落实到位。四是加强了基层卫生人员队伍建设。实施了住院医师规范化培训，全科医师转岗培训任务。建立了村到乡级、县级，县级到市级的逐级培训制度，各卫生院每年派出不少于3人到县级医疗卫生机构进修学校。2011年，县医院到上级进修10人，乡（镇）到县32人，村到乡102人，组织各种医疗卫生短期培训达900多人。

5．推进基本公共卫生服务逐步均等化。一是认真实施基本公共卫生服务项目。全年累计建立居民健康档案260144份，规范化电子建档率达63.45%，老年人健康登记管理18215人，管理率达58.23%。管理高血压患者25786人，2型糖尿病患者4083人，明确诊断的重性精神疾病患者1163人，管理率达100%；3岁以下儿童系统管理率达91.93%，孕产妇系统管理率达93.69%；传染病疫情报告率和及时率均达100%，城市居民艾滋病防治知识知晓率达96.67%以上，农村居民达96.67%，流动人口达90%，农民工达93.33%。实现了传染病管理规范率、健康教育知识普及率稳步提高。较好的完成了上级下达目标任务。二是继续实施重大公共卫生服务项目。开展乙肝，麻疹，Ⅰ、Ⅱ号病监测及碘盐和卫生等监测，及时发现潜在传染病，早隔离、早治疗。完成16所学校学生预防性健康体检112788人、12所学校初三学生中考体育体检30120人，进行了碘盐监测。全年共运转疫苗12次，卡介苗接种率99.67%，脊髓灰质炎接种率99.01%，百白破接种率99.14%，麻风二联接种率97.29%，乙肝疫苗接种率99.56%，乙脑接种率98.35%，乙肝第一针及时接种率93.47%，累计报告手足口病372例、进一步加强狂犬病防治工作，对犬伤人员进行了免疫，对22328名学生进行预防性健康体检，生活用水检验131份。收到法定传染病报告21种923例，报告发病率220.64/10万，再次是主动管理，开展结核病人治疗工作。共接诊可疑肺结核病人894人次，确诊患肺结核123人，均纳入项目管理治疗。与沾益电视台联合举办《卫生之窗》栏目，以基本公共卫生服务项目为契机，结合“国际麻风节”“3·24”世界防治结核病宣传月等活动，利用挂历、宣传版面、环保袋等多形式向群众宣传卫生工作、甲型H1N1流感、计划免疫、结核病、艾滋病、狂犬病等卫生知识。有效提高了全县人民对疾病防治的知晓率。结合联合国人口基金与计划生育第六周期项目实施，依法规范母婴保健服务，加强孕产妇管理，启动并实施农村孕产妇住院分娩补助项目，有效提高住院分娩率，降低孕产妇死亡率和婴儿死亡率，较好的完成了上级下达目标任务。加强日常监督，监督检查食品、公共场所、化妆品、学校、饮用水、放射、职业卫生142户（家）次。认真开展卫生监测工作，完成各类食品、饮用水、餐用具等样品监测。开展了元旦、春节、元宵节及其他节假日、重大活动、高考期间的食品市场专项监督检查，做好了县两会、重大活动、高考的食品安全保障工作，对辖区内的医疗机构、餐饮单位等开展了专项监督检查。全年共受理卫生许可752件（其中食品卫生许可492件，公共卫生许可260件），办理健康证2600份，共出动卫生监督人员50余人次，监督检查了142家餐饮单位，对不符合卫生要求的责令整改。

6．深入推进防治艾滋病工作。全县认真落实“四免一关怀”政策，确保防治艾滋病工作的落实。一是开展宣传培训工作。共悬挂宣传布标12条，展出防艾宣传展板32块次，发放宣传资料23480份，宣传日历2000份，免费发放安全套18600只，免费咨询、义诊2000余人次。艾滋病防治知识知晓率城镇居民、农村居民分别达96.7%、93.3%。二是开展检测工作。自愿咨询检测490人次，占全年总任务数的100%（490人），查出HIV阳性5例；婚姻登记人群免费HIV抗体检测2260人次，占全年总任务数的129%（1750人），查出HIV阳性3例；孕产妇免费HIV抗体检测4942人次，占全年总任务数的104%（4750人），查出HIV阳性2例；监管场所新入所被羁押人员免费HIV抗体检测1340人次，占全年总任务数的103%（1300人），查出HIV阳性13例；医院术前检测2117人，受血前检测393人，其他就诊者检测5637人（检出HIV阳性1例）。2011年新发现艾滋病感染者及病人34例，首次随访率达100%。累计感染者配偶检测率达89.5%，累计报告艾滋病病毒感染者/病人随访率达95.5%、CD4检测率达82.3%。三是开展免费治疗和救助工作。县医院免费抗病毒治疗艾滋病病人27人，占全年总任务数的108%（25人）。在治病人完成2次CD4检测率达88.9%，3次随访率达100%，在治病人完成1次病毒载量检测比例达88.9%，存活并坚持治疗的比例达78%。年末，已办理艾滋病特困户家庭农村低保142人，城镇低保41人，办理艾滋病病人大病医疗救助7人次，共计发放救助金25.2224万元。

7．推进公立医院改革试点。全县稳步推进公立医院管理体制和运行机制改革，进一步提高公共卫生和基本医疗服务的水平和质量。一是改革运行机制。各试点改革医院分别建立人事、分配和职称评定制度，实行岗位绩效考核，改变过去干与不干一个样、干多干少一个样的状况，调动广大医务人员的积极性。二是健全医院监管体系。进一步完善医院内部管理制度，加强了医院财务管理，加强了成本核算与管理。三是加强医疗质量管理。制定了各医院的规章制度，做到依法执业、规范执业、合理检查、合理用药、合理治疗、合理收费。四是建立乡村医疗机构与县级医疗机构双向转诊制度、推行优质护理服务、设立便民门诊，进一步探索绩效工资改革制度。

8．加强党风廉政建设，强化医德医风教育。一是认真落实党风廉政建设责任制，将党风廉政建设和反腐败工作任务分解落实到班子成员和下属单位。二是领导干部充分发挥表率作用，带头遵守《廉政准则》，廉政建设成效明显。三是加强行业作风建设，制定了优化经济社会发展软环境建设实施方案和阳光政府四项制度实施细则，对改进机关工作作风、提高机关工作效能进行了硬性规定，将机关工作人员的职务、联系电话、上班情况等制作成亮身份作表率公示牌并设立投诉箱，方便办事人员联系及反映情况，有力地促进了机关工作作风根本好转，着力打造阳光卫生。五是组织工、青、妇开展活动，对挂钩点（盘江）进行“一对一”结对帮扶。四是按照县委及市卫生局的要求，全面开展“三好一满意”活动，做到“两抓两促进”即抓党建促卫生工作，抓卫生工作促进党建工作，使卫生系统各项工作得到了有效落实。

9．统筹推进其他卫生工作。一是爱国卫生工作扎实开展。以继续巩固“云南省甲级卫生县城”为契机，积极发挥爱卫办组织、协调指挥职能，多形式开展各项爱国运动活动。主要开展以除害防病、改水改厕、等为重点的农村爱国卫生工作。组织开展了灭鼠行动，“健康教育进家庭”和“健康教育进社区”、控烟宣传活动。2011年共出动人员1500余人，布点20余个，建立毒饵站3个，投放药物15箱。共投放灭鼠药物36吨。全县的四害密度降低至国家规定标准以下，继续保持《云南省灭鼠先进县城》的称号。爱国卫生行政执法检查3余次，检查单位500余家，提出整改意见20余家，处罚近13家，对4个单位进行了公开曝光处理。二是积极开展了集预防、保健、医疗、康复、健康教育、计划生育等六位一体的社区卫生综合服务，建立健康居民档案。开展健康教育讲座，发放宣传资料，向群众普及健康知识。三是认真贯彻《献血法》，积极开展无偿献血活动，完成无偿献血1072人，超额完成市下达任务。四是积极开展创先争优活动。为灾区群众捐款15.341万元，切实做好了抗旱救灾防病工作。五是积极申报曲靖市市级文明单位和云南省省级园林单位，顺利通过省、市专家组的验收。

新农合医疗管理现场会 2011年1月18日，县卫生局召开新型农村合作医疗管理现场会。县卫生局、新农合管理办公室及各定点医疗机构管理人员共40余人参加会议。与会人员先后参观了播乐、西平卫生院工作现场，播乐、西平卫生院作了新农合工作经验交流，县卫生局和县新农合管理办公室负责人分别作了发言。会议要求，全县各级新农合管理机构要切实加强领导，不断完善管理机制和监督制约机制，促进新农合工作规范有序运行；要积极创造条件，加强沟通协调，改进工作方法，不断提高新农合管理水平；要严格把关，强化服务，进一步规范医疗机构服务行为，切实减轻广大农民医药费用负担。

科技文化卫生“三下乡”集中示范活动 2011年2月6日，县卫生局抽调12人组成医疗服务小分队，到德泽乡开展科技文化卫生“三下乡”集中示范活动。开展常见病免费诊断、诊治和健康教育活动。

全县卫生及防艾工作会议召开 2011年2月23日，沾益县卫生工作及防艾工作业务会议召开。各乡（镇）、艾滋病防治成员单位及各医疗卫生单位领导，医疗组长、防保组长，卫生局科室以上领导共100余人参加会议。会上，县委常委、副县长高朝花对全县2010年卫生及防艾工作作了回顾，充分肯定了成绩，对做好2011年卫生工作暨防艾工作提出七点要求：一是着力维护卫生工作、医疗工作的公益性；二是着力抓好医疗服务体系建设，抓好医疗服务、安全工作；三是着力加强人才培养和人才建设；四是着远于抓好项目建设工作；五是着远于村卫生所标准化建设；六是着远于抓好药品“四统一”管理；七是着远于抓好疾病防控工作。卫生局局长马卿文从十个方面全面总结了上一年全县卫生工作取得的成绩，对下步工作作了具体安排部署。会议还就医政、公共卫生、纪检监察等方面工作作了具体安排部署。

卫生科普知识宣传 2011年5月15日，县卫生部门20名卫生技术人员在小花园广场开展卫生科普知识宣传活动，共发放宣传资料6000余份，现场咨询55人。县委常委、副县长高朝花参加。

开展消毒业务培训 2011年6月25日，县卫生局组织进行旱灾期间消毒培训，对各种卫生防疫等情况进行详细指导，对全县灾区卫生防疫工作加强监测，积极做好灾后卫生防病工作的宣传。

科普宣传教育 2011年8月7日，在县城人口聚集地小花园，县卫生局组织县疾控中心、妇幼保健院、县医院、西平镇卫生院、西平社区卫生服务中心相关医务人员共12人参与，开展以“认识肝炎、科学防治”为主题的第四个“世界肝炎日”“世界母乳喂养周”科普宣传教育活动。

对农民工开展预防艾滋病高危行为干预宣传教育 2011年8月24日，由县卫生局组织疾控中心、县医院、县防艾办工作人员共15人组成干预工作小组，在沾益县瑞昌饲料有限公司对农民工开展预防艾滋病高危行为干预宣传教育和HIV自愿咨询检测活动。

沾益县妇女干部艾滋病防治知识宣传教育培训 2011年10月14日，县妇联、县防艾办组织召开全县妇女干部艾滋病防治知识宣传教育培训会议，来自全县各村委会妇女主任、各乡（镇）妇联主席和副主席、县直各单位妇委会主任、驻县企业女工委主任共200余人参加。

沾益县卫生系统“三基三严”技能竞赛 2011年11月29～30日，县卫生局在县人民医院多功能厅举办了全县卫生系统“三基三严”技能竞赛。县直各医疗卫生单位、各乡镇卫生院及各民营医院的19支代表队共57人参加竞赛。各参赛选手历经两天激烈角逐，顺利完成竞赛的各项议程，并获得圆满成功。

县政协委员视察基本公共卫生服务项目实施情况 2011年5月25～26日，县政协副主席孟靖宇率科教文卫委委员对沾益县实施国家基本公共卫生服务项目情况进行视察。视察组听取了县卫生局局长马卿文对项目执行情况的汇报；了解了沾益县在深化医药卫生体制改革中紧紧围绕城乡统筹主线，积极探索基本公共卫生服务新机制，项目的实施实现了“四个发展”“六个提高”“六个规范”，取得了群众得实惠、卫生事业得发展、政府工作得民心的“三赢”效果的情况；深入村卫生所、社区卫生服务站视察，了解了卫生工作因人员编制严重不足，基层医疗服务人员服务能力有待进一步提高等问题的情况。

接受全球基金项目核查 2011年6月13日，省疾病预防控制中心财务、性病艾滋病、结核病等专家组成的核查组对曲靖全球基金项目进行集中核查，沾益县项目工作人员带着项目的财务凭证及相关业务痕迹资料对口接受核查组专家的审查及提问。核查组专家对痕迹资料、财务帐单、原始凭证逐一进行仔细核查，并对存在问题进行逐一反馈，要求整改，为迎接国家项目办和国际项目办的检查打好坚实的基础。

省防艾委督查组到沾益督查 2011年9月2日，省防艾委督查组及市防艾委领导到沾益县督导、检查艾滋病防治工作。高朝花副县长汇报了2011年沾益防艾示范区各乡（镇）及相关部门之间协调配合落实防艾政策、建立防治艾滋病长效工作机制、抓好宣传教育提高防艾知识知晓率、积极开展高危人群的干预活动有效控制疫情的传播和蔓延、加强婚姻登记人群HIV检测力度、减少新发艾滋病病毒感染、控制性病发生率、降低艾滋病病死率、提高艾滋病病毒感染者和病人的生存质量等有效遏制艾滋病流行和蔓延的工作情况。省防艾委督查组对沾益的防艾工作给予充分肯定。

省公共卫生绩效考核评估组到沾益考核评估 2011年10月26～27日，省卫生厅副巡视员念娥美率公共卫生绩效考核评估组对沾益县贯彻全省公共卫生服务绩效考核情况进行抽查考核。省考评组成员听取了县卫生局组织的自查工作情况汇报，并实地察看了县疾病预防控制中心、县保健院、县医院2011年公共卫生服务情况，在西平社区入户进行城市居民满意度调查，随机抽取西平镇卫生院、龙泉村卫生所以及菱角乡卫生院、水冲村卫生所进行检查考核。经检查考核，考核组认为沾益县实施公共卫生服务项目，促进基本公共卫生服务均等化工作县委、县政府领导高度重视，组织领导到位、管理措施到位、资金保障到位、运行机制有创新，卫生基础设施条件好，医疗服务能力强，注重对县、乡、村三级卫生机构人员的管理和培训，并希望沾益继续探索公共卫生服务规范化管理的机制、体制的创新，为全省做好公共卫生规范管理提供了经验。

省卫生厅副厅长杨鸿生到沾益调研 2011年5月11日，省卫生厅副厅长杨鸿生在市卫生局合管办主任张绍勇，市妇幼保健院院长朱阳华，县委常委、常务副县长高朝花等陪同下，到沾益县西平镇卫生院、西平镇庄家湾卫生所进行医药卫生体制改革工作的调研。通过深入到卫生院、卫生所走访、察看，与乡村医生交谈，杨鸿生对镇医药卫生体制改革工作中基本药物改革、公共卫生服务均等化项目工作、新型农村合作医疗保障制度、医疗服务体系建设及妇幼保健工作给予了高度评价，对沾益县公共卫生服务项目实行“疾控包、保健包、项目包”打包管理的制制度给予充分肯定，要求要总结经验，广泛推行。并要求全县的医改工作要积极探索，创新方式，逐步推行信息化建设,加强公共卫生监督考核力度，加大人才队伍建设，更好地为人民群众服。

省卫生厅厅长陈觉民到沾益调研 2011年5月12日，省卫生厅厅长陈觉民在市人大常委会副主任李桂珍，市卫生局局长唐锐，县长毕尚鹏，县委常委、常务副县长高朝花等陪同下，到西平镇卫生院调研深化医药卫生体制改革工作。陈觉民在西平镇卫生院通过听、查、看、访等形式深入调研，与患者交谈，查看新农合的运行机制、基本药物的执行、人员的培训及特色科室建设等情况，听取了医改工作落实情况汇报后，对沾益县认真落实农村医改各项工作的做法给予了充分的肯定，并要求要扎实推进基本药物的实施，强化农村基层医疗卫生机构的公共卫生服务职能，进一步明确定位、转变理念；加强农村基层医疗卫生队伍建设，创新人才引进机制，强化绩效工资考核，不断提高基层医疗机构的服务质量和水平；继续做好公共卫生服务项目工作，确保群众获得公平、合理、优质的医疗卫生服务。

省卫生厅副厅长张笑春到沾益调研 2011年6月15日,省卫生厅副厅长张笑春在副市长饶卫、市卫生局局长唐锐等陪同下，到沾益县进行医药卫生体制改革工作的专题调研及医改进展情况进行督查。张笑春深入西平镇龙泉卫生所，与乡村医生交谈、走访部分患者、察看居民公共卫生服务项目档案资料，对沾益县的医改进度、基本药物制度的推行、公共卫生服务均等化项目工作、新型农村合作医疗、医疗服务体系建设及信息化培训工作给予了高度评价,对沾益县公共卫生服务项目经费“打包制”管理工作给予了充分肯定，要求认真测算公共卫生服务项目经费，根据项目内容的改变及经费的增加适时调整各个“包”的经费比例，逐步降低“项目包”的经费比例，并重点加强资金的管理使用。

节日食品安全有保障 2011年，为让广大人民群众过上安全、祥和的国庆节、中秋节，县卫生局采取四措施加强食品安全保障工作。一是加强对食品安全工作的领导，成立食品专项整治工作领导小组，明确责任，按照谁主管谁负责的原则，强化监督管理。二是加大对重点品种、重点场所和重要区域的监管力度。会同县食品药品监督管理局、质量监督局、工商局等部门对全县月饼制作、饮料、熟肉制品、卤制食品及各大中型餐饮单位食品经营所进行监督检查。三是对各大、中型宾馆、饭店对节日期间接办30人以上宴席的餐饮业，实行提前24小时登记备案制度，严防群体性食物中毒事件发生或食源性疾患流行。四是建立健全各种应急处理机制，做好相应的物资、药品和人员、车辆的准备工作，确保节假日期间一旦发生食品安全事故，能够及时投入应急救援工作。

爱国卫生运动 2011年，全县织织发动群众，开展环境卫生治理。在“爱国卫生月”活动的基础上，县爱卫办继续组织动员群众整治室内外环境卫生，引导村民规范畜禽圈养，做好改水改厕和粪便无害化处理，做好环境消毒和除“四害”工作。各乡（镇）爱卫会、各部门组织有关技术人员深入现场，指导做好环境消毒和除“四害”等工作。还加强了对儿童活动场所、托幼机构、小学和车站、医院等公共场所的消毒管理工作。并抓紧部署开展乙脑、登革热以及鼠传疾病的防控工作，消除和减少虫媒传染病的发生和流行条件。

抗旱救灾工作 2011年，县卫生局积极参与抗旱救灾工作。一是成立卫生救灾防病应急领导小组，研究制定抗旱救灾卫生应急预案，进一步细化抗旱救灾应急措施。二是印发了抗旱救灾卫生应急相关文件，积极做好应急准备。三是加强水质监测，对生活饮用水水源选择和生活饮用水消毒进行指导，加强城市供水的卫生监督监测。四是按照各职能部门分工，由县疾病预防控制中心抽调人员到各乡（镇）卫生院指导各乡（镇）加强农村人畜饮水的卫生监督监测、消杀处理，确保人畜饮水安全。五是加大食品卫生执法力度，及时发现和消除食品安全隐患，严格执行《食品卫生法》，进一步加强餐饮业、集体食堂的卫生监督管理工作，采取有效措施防止发生食物中毒和食源性疾病。六是加强疫情监测，做好传染病防控工作，进一步加强疫情监测和病媒生物监控，积极组织医疗卫生人员深入乡（镇）开展防病治病和技术指导。加大对肠道传染病和虫媒传染病的监测力度，提高防范意识和应急能力，有效预防控制相关传染病的发生和传播。七是积极组织系统内所有干部职工进行抗旱救灾捐款。八是加强健康教育宣传，提高自我防病意识。大力宣传卫生保健科普知识，引导广大人民群众正确掌握饮水卫生、预防食物中毒及传染病防治知识，提高广大群众的健康意识和自我防病意识。

（计云光）

食品药品监管

综　述 沾益县食品药品监督管理局为县政府工作部门，依法承担本辖区内的药品、医疗器械研究、生产、流通、使用的全过程进行行政监督和技术监督;负责对辖区内的餐饮环节食品安全、保健品、化妆品安全的监督管理。2011年末，内设办公室、药械安全监管科、食品安全监察科和保健品化妆品监管科4个科室，在职在编人员13人，设局长1人，副局长2人。

2011年，全县食品药品监督管理工作以科学发展观为指导，以确保人民群众饮食用药安全为根本，以促进监管事业又好又快发展为目标，以贯彻落实省、市食品药品安全工作会议精神为主线，在县委、县政府和市局的正确领导下，结合实际，坚持常规监管不放松、自选措施有特色的原则，以争创“药品安全示范县”为契机，以确保群众饮食用药安全为核心，强化日常监管、狠抓专项整治，拓展监管思路、创新监管措施，在监管方式上求突破，在长效机制上求提高，切实加强了组织领导，广泛的进行了动员和宣传，采取了有力措施，狠抓工作落实，各项工作顺利开展。

1．“创先争优”活动成效明显。县药监局将创先争优活动与食品药品监管工作、与机构改革职能调整紧密结合起来，进一步健全领导机制，加强党员队伍建设，推行党务公开，在促进新形势下的监管工作上找突破，创先进，争优秀，食品药品监管工作有大的提高、质的突破。认真开展了沾益县食品药品监督管理局党支部换届工作，选举产生了新一届党支部班子，进一步加强党的各项工作的领导。结合党支部和党员工作实际，全面开展党支部和党员事项公开承诺，进一步推进党务公开工作；培养入党积极份子1名；广泛学习宣传史俊琴、杨善洲、桂镜洪等先进事迹，引导广大党员同志积极发挥党员的先锋模范作用。

2．认真履行食品安全监管职责。县药监局在职能调整之前，认真履行食品安全委员会办公室职责，扎实做好食品安全综合协调工作，定期不定期组织相关部门召开食品药品安全联席会议，研究部署食品安全整治工作。组织开展了严厉打击食品非法添加和滥用食品添加剂、大麻花专项整治工作。在春节，国庆，登山、山地自行车越野挑战赛活动，高、中考期间，食安委办先后5次组织各成员单位抽调人员进行联合监督检查。全年共出动执法人员777人次，车辆131辆次，发放宣传资料5390份，举办培训3期，检查食品生产企业32户次、流通企业597户次、餐饮服务企业541户次、种养殖户261户次。制定了沾益县农村（社区）家庭自办宴席食品安全工作管理办法。明确了各乡镇、各食品安全监管部门的职责，要求村民（居民）因婚丧嫁娶、乔迁、做寿、节日庆典等事宜举办一定规模家宴的，在规定时间内将就餐时间、人数、场地、厨师等情况向村委会（社区）、村民小组进行事前报告，村委会（社区）、村民小组及时予以备案。村委会（社区）、村民小组应安排专人对照卫生等部门制定的基本操作规程和各项管理制度对宴席现场进行全程监督和检查，消除不安全隐患。开展了保健品、化妆品经营企业备案登记和摸底调查工作，尽力摸清辖区内保化品经营企业底数。

3．着力加强药械安全监管。不断强化农村药械市场监管，进一步创新监管机制，规范药械经营行为。全年共完成第二轮GSP认证申报74家，完成《药品经营许可证初审》17家，合理有效设置供应点93个，全县100%的乡镇，93%的行政村建立了药品监督网，100%的乡镇，98%的行政村建立了药品供应网。全年共出动执法人员280余人次，车辆120余台次，检查各类药品生产、经营、使用单位160余家（次），完成药品抽验63个批次，上报不良反应72份，立案查处违法违规行为18起。建立了药品和医疗器械不良事件应急处置联动机制，完善信息上报制度，加强信息沟通与资源共享，提高药品不良反应事件应急处置能力。建立和完善了重大药品安全事故应急处置机制，制订完善药品安全事件应急预案，开展药品安全应急处置业务培训和应急预案演练，做好应急物资的准备工作，强化应急值守，严格报告制度，确保高效运转、妥善处置，最大限度地减少重大药品安全事故危害。不断完善药械不良反应监测报告制度，充分利用药械不良反应监测报告网络，加大药械不良反应报告力度。

4．加大食药监工作宣传力度。充分利用宣传月、宣传日活动，积极组织执法人员深入乡镇，利用赶集日，参与乡人民政府开展食品药品安全宣传咨询服务，向人民群众详细介绍辨别假药知识。全年共组织或参与城区宣传活动8次，执法人员下乡宣传3次，共发放宣传资料3000余份，接收群众咨询500余人次，展示假劣药品品种20余个。“3·15”活动期间，销毁假冒伪劣药品56件，该批销毁品货值达2.88万元。

药品安全示范县创建工作 2011年，县委、县政府高度重视药品安全县创建工作。成立领导小组强对创建工作的组织领导，下设办公室在县食药监局，负责协调全县的创建工作。县政府与各乡镇、卫生局、县食药监局签订《创建工作目标责任书》，制定了《沾益县药品安全特邀监督员制度》，动员、引导和吸引社会各界广泛参与药品安全监管工作，进一步的增强了监管能力。县药监局印发了《关于药品经营企业必须进行守法诚信经营承诺的通知》，统一印制了《沾益县药品安全守法经营承诺书》，免费发放所以药品经营企业签字、悬挂，促使企业做出公开承诺；修改制定了《沾益县药品安全示范县药品经营企业、医疗机构创建标准》，积极组织药品经营企业、医疗机构创建药品安全示范药店、医疗机构工作；制定了《药品安全示范县分片负责、连带创建工作制度》，按照分片指导、专人负责的原则，将县城药店及医疗机构的创建明确到个人，具体指导、连带创建；设立了涉药单位档案专柜，全面采集涉药单位的证照资质、从业人员、日常监督检查、药品不良反应上报、药品违法违规案件等相关信息，将日常监管、稽查、不良反应监测及药物滥用监测等相关信息列入经营企业和医疗机构药品安全信用体系档案，促使企业诚信自律。

药品安全联系会议制度 2011年，全县药品安全监管工作联席会议制度由县委常委、常务副县长为召集人，相关成员单位分管领导为成员，在县药监局设立了联系会议办公室，负责联系会议的日常工作。文件对联系会议制度的召集、召开、主要任务、议事规则、相关要求等做了详细的规定，切实加强了对药品安全组织领导，强化了部门协作配合，形成了推进药品安全监管的工作合力。

农村药品市场整治 2011年，针对全县农村药品市场“小、散、远、多、乱”以及从业人员法律意识淡薄、业务水平不高、监管存在盲点的特点，县药监局积极争取市药监局的支持，借用药品检测车及车载技术人员，用近一个月的时间，对边远、偏僻的农村药店及药品供应点进行了大规模、广覆盖、全面性的监督检查。共检查行政村32个，检查农村药店26家，两网供应点18个，村卫生所32家，严肃查处无证经营、非法渠道购进、兽医经营人用药品、商店搭售药品等非法行为，采取“引导、整顿、规范”等措施，保障药品质量，维护人民身体健康。

规范药品经营 2011年，为进一步督促药店执行GSP规定，解决药品摆放不规范、分类不标准、经营品种混杂、卫生环境较差等问题，县药监局下发了《关于进一步规范零售药店经营非药品行为的通知》，要求各药品经营企业严格按照GSP规定经营药品，其经营面积必须是审批标准面积以外的面积方可经营非药品，且经营非药品的面积不得超过经营面积的10%，经营非药品的区域要有明显的标记并进行集中、统一摆放，药品与非药品进行分区摆放，标识醒目。

创新药品监管方式 2011年，为积极创新监管工作思路，逐步实行岗位负责制，县药监局积极探索药品监管新模式，亮身份、促监管，使监管关口前移，将执法人员照片、执法证号、联系电话等信息在企业进行公开、公示，主动接受群众监督、举报，并定期进行“轮岗循环”，分片实行岗位负责制，主动亮出身份，接受群众监督和受理群众投诉。自创新工作以来，共接受并成功处置药品购销纠纷2起。

（李　超）

社　会

责任编辑　孟文祥

劳动就业和社会保障

综　述　2011年，沾益县劳动就业及社会保障工作以贯彻落实人力资源和社会保障法律法规和方针政策为重点，突出就业再就业工作，稳步推进社会保障体系建设。加大劳动保障执法监察力度，维护用人单位和劳动者的合法权益，全力构建和谐劳动关系，为沾益社会经济发展服务。

就业情况　2011年，全县城镇新增就业人数2583人，其中城镇失业人员实现再就业778人，就业困难人员实现再就业339人。开发各类就业岗位3260个，其中开发公益性岗位543个。城镇登记失业率控制在3.5%。通过实施就业援助，“零就业家庭”实现就业12人，保持“零就业家庭”动态为零。全县“贷免扶补”创业贷款完成697户，贷款金额5117万元，完成全年任务数927户的75%，其中县就业中心发放70人，完成任务。为253人办理小额担保贷款，为3家劳动密集型小企业办理小额贷款，贷款金额500万元。对288名失业人员进行了创业培训。支付再就业专项资金3356.61万元，其中支付2010年缺口再就业专项资金272.58万元，2011年支付社区工资差额部分补助47.63万元，支付2011年创业培训补贴15.45万元。

李竞楠　供稿

农村劳动力转移就业　2011年，全县共培训农村劳动力13375人，新增转移输出劳动力7336人，其中县外输出2263人，有序输出1256人，转移5073人，有序转移2048人。实现劳务收入5.1亿元。农村劳动力春季有序输出做到了安排早、行动早、规模大，2月10日送出第一批668人，2月18日送出第二批160人，3月5日送出第三批100人。强化推广了白水镇农村劳动力就近就地转移基地建设经验，为劳务产业发展开劈了一条新路子。

城镇职工基本养老保险　2011年，全县参加城镇基本养老保险人数达10089人，完成任务数9370人的103.7%，其中企业参保职工人数为7259人，离退休职工2830人，实际缴费人数6140人。应收养老保险基金4100多万元，实收3674多万元，收缴率为89.61%，支出3613余万元。职工养老保险参保单位197个，稽核社会保险41家单位1856人，稽核率达33.6%。

工伤保险　2011年，全县参加工伤保险参保人数达17358人，其中企业职工工伤保险参保人数达7451人，农民工5236人。应征收工伤保险费218余万元，实收212余万元，收缴率达97.24%。享受待遇113人，支付工伤保险待遇180余万元，累计结余279万元。

生育保险　2011年，全县参加生育保险参保人数达13287人，其中企业职工生育保险参保人数达3381人。社会统筹企业167家3389人，完成任务数3300人的102.5%。应征收生育保险费58万元，实收55万元，收缴率达94.87%，支付生育保险费27.5万元，累计结余144万元。

失业保险 2011年，沾益县全面开展失业保险稽核工作，对参加失业保险的单位按40%稽核面进行现场稽核，实现信息化管理。全县共有参保单位297家，参保人员19955人，完成全年任务数19800人的101%。征缴失业保险金1324万元，按月足额支付失业保险待遇，共计发放660人的失业保险金204.9万元。

医疗保险 2011年，全县城镇职工基本医疗保险共有参保单位441个，城镇职工基本医疗保险参保人数31304人（在职23146人,退休8158人），完成任务数32000人的98%。全县共管理离休及二等乙级以上革命伤残军人参保人数172人（离休142人，二等乙级以上革命伤残军30人），共收统筹基金516万元，已支出303万元。全县有25912人参加城镇居民基本医疗保险，完成任务数25300人的102%。其中，中小学生、儿童及未成年人12506人；成年人13406人。收缴个人保费33.37万元，中央财政补助155.47万元，省级补助104.55万元，市级补助39.41万元，县级补助91.95万元。全县共有1068人享受居民医疗保险，医疗费用总额为621万元，统筹支付309万元，人均医疗费用5814元，人均统筹支付2893元，人均报销比例49.76%，住院率为4.1%。

企业老工伤人员纳入社会统筹 2011年，县人社局通过清查和审批，全县有23户企业的老工伤人员99人纳入社会统筹，其中地方国有企业10户43人，集体企业10户20人，已关闭破产企业3户36人。审批应缴纳一次清偿费用151.53万元，已缴纳一次清偿费用88.93万元，其中企业缴纳29.67万元，财政缴纳59.26万元。

失地农民养老保险 2011年，沾益县有失地少地农民22956人，符合参保条件的有12338人，已有5633人办理失地少地农民养老保险参保手续，占应参保人数的45.65%，2586人享受养老保险待遇，占参保人数的45.9%。失地少地农民养老保险待遇实行社会化发放，月发放失地少地农民养老保险待遇30.42万元。

补办企业退休未保人员养老保险 2011年，县人社局认真落实云人社〔2011〕61号文件，共为未参保企业退休人员551人补办了养老保险参保手续，其中超龄参保464人，超龄参保人员一次性补缴养老保险费共1304万元。人均补缴养老保险费2.81万元。

城乡居民社会养老保险 2011年，全县城乡居民社会养老保险参保人数198984人，其中城镇居民参保人数3163人，参保率达90.37%；农村参保人数195821人，参保率达93.78%。未缴费享受待遇（2011年7月1日前年满60周岁）41491人，年末享受待遇42189人，其中城镇934人、农村41255人。中央、省、市财政对城乡居民社会养老保险补贴资金2372.68万元，收缴个人缴纳的养老保险费2162.3万元，发放待遇1384.52万元。

农民工工资保障金有保障 2011年，县人社局加大执法监察力度，继续完善农民工特别是建筑领域农民工工资保障金制度。全县共有103家施工企业预存农民工工资保障金1421万元，共有53家施工企业预存农民工工资保障金956万元。切实保证了农民工工资清欠工作的顺利进行。

劳动保障执法年检 2011年，县人社局对全县655户用工单位进行执法年审，比上年年审面增加4.63%。年审过程中，对80户用工单位责令进行用工登记，对11户责令签订劳动合同，对73户责令进行社会保险登记，对55户责令参加养老保险，对57户责令参加医疗保险，对63户责令参加失业保险，对45户责令参加工伤保险，对25户责令更改完善内部规章制度。

工资支付专项检查 2011年，县人社局检查了110家用人单位，涉及职工12819人，其中农民工8587人，责令补签劳动合同人数1263人，先后共计清欠农民工工资900余万元，涉及农民工人数2160人。开展了清理整顿人力资源市场秩序专项行动，有效遏制了以职业中介为名进行一些违法违规活动，规范了职业中介和企业招工行为，切实保障劳动者的合法权益。

劳动用工和社会保险专项检查 2011年，县人社局对全县105家用人单位进行专项检查，先后责令补签劳动合同1250人。对7个加油站下达了责令整改指令，较好的维护了职工权益。对黑劳工、黑中介、黑砖窑进行重点检查，其中对11家砖厂进行了重点检查，针对存在问题进行了整改和处理。

规范劳动用工 2011年，县人社局共为452家用人单位作了劳动用工登记，全县登记劳动者总数为12367人，签订劳动合同总人数为12232人，合同签订率达98.9%。其中，使用农民工人数7663人，农民工签订劳动合同共有7049人，合同签订率达92%。企业集体合同共签订112家，涉及人数19660人。签订工资专项集体合同116家，涉及人数21301人。签订女职工权益保护专项集体合同19家，涉及人数3912人。

劳动争议仲裁 2011年，全县共受理劳动争议案件11件，其中集体争议案件1件，仲裁调结案件3件，涉案金额16.8万元，仲裁裁决案件4件，涉案金额73.4万元，案件中止时效2件，撤诉1件，在规定时效内结案率为100%。

信访工作 2011年，沾益县涉及劳动方面的信访工作渠道畅通，认真答复和处理了每一位信访人的诉求，做到了事事有答复，件件有回音，有效维护了社会稳定。全年共接待群众来信来访336件（次），其中来信38件，来访298人（次），来信来访立案18件，处理18件。

社保基金监管 2011年，全县按照上级部门的要求和基金监管的目标任务，把加强社保基金安全摆在首要位置，认真开展“以案施教、明法守纪”的反面典型案例教育，增强基金是社会保险的“生命线”意识和基金纪律是“高压线”意识。进一步完善经办机构财务制度、内部控制制度、月报制度、投诉举报制度，严格遵守财经纪律，加强监督和检查，全面实施社保基金监管的四项措施。一是积极开展社会保险基金安全教育活动，增强了职工法制观念,牢固树立社会保险基金安全意识。二是规范社会保险经办机构的管理工作，开展了对会计、出纳高危岗位的监督检查，进一步规范了业务流程。三是坚持每月开展一次三方对账工作，及时掌握各项基金收支情况。四是建立并严格执行要情报告制度，加强社保基金的专项治理力度。配合上级基金监管部门和审计部门对全县五项社会保险基金进行审计，经审计检查，各项社会保险基金的收缴及支付均符合政策规定，无扩大基金支付范围的情况，基金收支无违规行为。

企业人员职业资格鉴定 2011年，全县各企业培训取得技师资格60人，取得中高级技能资格248人，其中高级工177人，中级工71人）。

失业人员职业技能培训 2011年，沾益县失业技能培训以初高中未升学和大中专未就业毕业生为主要对象，根据市场需要，共组织了250余名毕业生参加计算机操作、高速平车和电子电工三个专业的技能培训。

（高吉生）

移民开发

综　述 沾益县移民开发局主要负责宣传和贯彻执行国家、省、市、县有关水利水电工程水库移民安置和移民后期扶持的政策、法律法规；全县水利水电工程水库移民安置和移民后期扶持工作的组织协调、督查指导和调查研究；全县水利水电工程水库移民安置和移民后期扶持政策的落实兑现；国家重点水利水电工程水库移民安置的前期补偿、补助和后期扶持工作；牵头协调县直有关部门和乡（镇）编制水利水电工程水库移民后期扶持年度规划、中长期规划和措施；六是完成县委、县政府和省、市移民开发局交办的其他工作。2011年末，县移民局内设办公室、规划科、安置扶持科，现实有干部职工6名。核定编制8名，设置局长、副局各1名。

2011年，沾益县境内共有7座中型水库、21座小（一）型水库（1座属市管）、107座小（二）型水库，属县管水库。移民人口涉及水库23座，其中市内水库17座、市外水库3座、省外水库2座、三峡移民2人。县移民开发局按照移民后期扶持人口核定登记的有关政策和办法，全县共核定登记后期扶持人口11090人，分布于全县8个乡（镇）、98个村委会（居民社区）、470个村民小组，其中西平镇1482人，盘江镇4314人，白水镇1114人，播乐乡311人，炎方乡3386人，德泽乡6人，菱角乡291人，大坡乡186人。

牛栏江—滇池补水工程移民安置点　（孙浩　供稿）

资金直补 2011年，沾益县认真贯彻落实《国务院关于完善大中型水库移民后期扶持政策的意见》精神，以及省、市关于完善大中型水库移民后期扶持政策的有关规定，切实加强组织领导，采取有力保障措施，狠抓全县水库移民后期扶持政策的实施，严格资金管理，确保资金安全。移民后期扶持资金实行“资格确认、动态管理、按季发放、群众与社会监督”的运行管理机制，对后期扶持人口采取直补到人的扶持政策，一人一折（卡），补助20年，每人每年补助600元，按每季度150元发放。及时发放后期扶持资金，确保在资金到账5个工作日内，把资金直接拨到移民的折（卡）上，严管资金，落实到人。截至年末，全县已兑现直扶资金共3125.875万元。

移民搬迁安置 2011年，沾益县涉及两项移民搬迁安置工作。一是牛栏江—滇池补水工程。该工程是省委、省政府从全省经济社会可持续发展高度出发做出的重大科学决策，涉及沾益县3个乡（德泽乡、菱角乡、大坡乡）、8个村委会、18个村民小组。移民搬迁安置工作严格按照国务院《大中型水利水电工程建设征地补偿和移民安置条例》和省政府提出的“移民工作十原则”，以及以移民为本，把移民利益放在首位，全力抓好移民搬迁安置工作。牛栏江—滇池补水工程移民安置房建设根据充分尊重移民意愿，移民群众选择了德泽乡梅角塘、椿树坪、水井三个移民安置点，经审查初步核定牛栏江—滇池补水工程搬迁安置农村移民人口为118户498人，其中棠梨树村委会老鸦洞村民小组114户478人，德泽村委会水井村民小组4户20人。全县生产性安置人口为332人。其中，德泽乡有323人，分别是棠梨树村委会老鸦洞村民小组255人，后山村委会小格章村民小组14人，德泽村委会水井村民小组27人，热水村委会热水村民小组27人；大坡乡9人，分别是河勺村1人，妥乐村8人。初步核定的搬迁安置农村移民人口和生产安置人口已报上级移民机构审批。二是宣威红石岩水库建设工程。该工程涉及沾益县炎方乡卡居村委会和播乐乡奴革村委会，移民搬迁安置工作涉及炎方乡卡居村委会39户170人。已完成水库淹没区及工程占地的实物指标调查，并由县、乡、村组抽调人员，完成了39户移民房屋及其附属建筑物的实物指标调查和复核工作。11月19日召开沾益县红石岩水库征地拆迁及移民搬迁安置工作领导小组第一次会议，会后各相关单位迅速开展了各项工作，领导小组办公室抽调人员于12月5日到位，炎方乡、播乐乡党委政府高度重视，分别成立相应的工作领导小组，红石岩水库征地拆迁及移民搬迁安置补偿标准于12月9印发沾政办发〔2011〕208号文件确定。经组织召开移民群众大会，广泛征求移民意愿，在充分尊重移民意愿的基础上，确定了炎方乡卡居村委会三村搬迁人口采取集中与分散相结合后靠安置，并选定了移民安置点，与移民群众签订了移民安置协议，确保库区移民搬得出、稳得住、能发展。

项目扶持 2011年，沾益县根据《云南省大中型水库移民后期扶持项目管理暂行办法》要求，确实改善库区和安置区基础设施建设，解决水库移民生产生活实际困难，促进库区和安置区经济发展。一是实施了2010第二批库区基金项目12个，共投入资金320万元，并于7月20～22日牵头组织县财政局、发改局、审计局、第四纪工委、设计院、施工单位、工程监理公司、项目所在乡（镇）、村委会领导及群众对工程进行竣工验收，工程合格。县移民局和移民乡（镇）村组签订《工程移交协议》，第二批库区工程移交乡（镇）村组按统一制度管理和使用。二是实施了炎方乡母官村长2279.83米、宽4米的村庄道路硬化工程。该工程投入资金90万元，于年底竣工，受益人口2146人，受益移民人口120人。三是实施了2010年第四批库区基金项目6个。该批工程投入资金350万元，11月4日进行了工程公开招标，11月9日开工建设，工程将于2012年初竣工。四是进行了2011年第一批库区基金项目10个可行性研究，项目报告已通过市移民开发局评审，投入资金790万元。

沾益县水库移民后期扶持“十二五”规划 2011年，沾益县按照移民自愿合理确定扶持方式、以人为本改善民生、集中资金突出重点、经济发展与生态保护相结合、统筹兼顾维护稳定的原则，科学编制了《沾益县水库移民后期扶持“十二五”规划》。该规划的扶持方式经召开移民村群众会议、走访移民和移民村群众等方式，充分尊重移民意愿，广泛听取移民村群众意见，确定后扶方式延续“十一五”期间的扶持方式（即直补到人），移民人口采用一人一折现金直补的方式（已核减人口除外）。到2015年末，预计全县移民人口人均经济总收入可达25783元，人均纯收入可达6800元，移民人口人均纯收入接近全县平均水平。

沾益县库区和移民安置区发展“十二五”规划 2011年，沾益县落实国务院令471号、国务院〔2006〕17号、国家14部委2978号文件精神，继续把解决水库移民温饱以及库区和移民安置区基础设施薄弱的突出问题作为后期扶持工作的主要任务，编制了《沾益县库区和移民安置区基础设施建设和经济发展“十二五”规划》。该规划以保障民生、发展移民经济、维护社会和谐稳定为目标，规划项目222个，共计投资8318万元，其中移民专项资金5800万元，其它专项资金2472万元，当地自筹46万元。项目类别有移民新村建设4个，共计投入移民专项资金849万元；农田水利配套项目19个，共计投入移民专项资金1212万元，当地自筹13万元；基础设施建设项目88个，共计投入移民专项资金3341万元，其他专项资金1344万元，当地自筹33万元；社会事业项目93个，共计投入移民专项资金48万元，教育、卫生等部门投入专项资金1186万元；移民劳务及科技培训项目15个，共计投入移民专项资金210万元；

生产开发项目3个，共计投入移民专项资金140万元。项目覆盖全县7个乡（镇）68个村委会，受益移民人口43846人。

移民劳动力转移培训 2011年4月，县移民局组织开展第一期库区和移民安置区劳动力转移培训，培训25名学员，培训内容有机械工程、机械加工与数控、焊接技术和计算机应用等四个专业。经过一个月的培训，25名学员全部合格，统一转移就业7人（就业于昆明云内动力股份有限公司、云南新威电子工业有限公司，月工资1500元以上），自主就业18人。9月，市移民开发局联合云南工业技师学院组织开展一期为期三年全日制职业教育培训，沾益县组织了13名学员参加培训。培训毕业后，就业于云南新威电子有限公司，月收入1700元以上。10月，组织开展第二期劳动力转移培训工作，共有19名学员参加培训，培训合格后，就业于云南众力来福电气有限公司，月平均工资1800元以上。全年度累计培训57人，通过培训，拓宽了移民群众就业渠道，提高了移民生活水平。

移民信访维稳工作 2011年，沾益县移民信访维稳工作成效明显，群众来信、来访大大减少，真正做到了“二个下降、三个提高、四个无”的目标，即移民集体上访人次明显下降，来信来访人次明显下降；移民来信来访处理效果和人民内部矛盾纠纷排查调处工作水平明显提高，紧急情况的处理能力明显提高，库区经济社会协调发展、移民收入稳步提高；无越级集体上访和重复上访，无出现移民聚众围堵国家机关、滋事扰乱社会秩序的群体性事件，无故意阻挠水电站工程施工，无出现人为重大事故案件。县移民局全年共接待上访移民群众17人次，信访件2件，上访群众所反映的问题都得到了妥善处理。

移民政策宣传 2011年，县移民局深入宣传《国务院关于完善大中型水库移民后期扶持政策的意见》《大中型水利水电工程建设征地补偿和移民安置条例》《云南省完善大中型水库移民后期扶持政策实施方案》《云南省大中型水库农村移民后期扶持人口核定登记办法》等精神，抽调县、乡、村思想好、觉悟高、政策熟、业务精、有较强农村工作经验的人员，进村入户宣传讲解政策，同时采取电视、会议、黑板报、宣传栏、布标和印发宣传材料等多种形式广泛宣传，使移民政策家喻户晓、深入人心。

（何　方）

安全生产

综　述 2011年末，沾益县安全生产监督管理局由政府直属事业单位调整为政府工作部门，正科级，并将煤炭工业局的煤矿安全生产监管职责划入安全生产监督管理局，不再保留煤炭工业局。县安监局主要负责非煤矿山、危险化学品、烟花爆竹和非药品类易制毒化学品安全生产监督管理工作，承担以上四类生产经营单位安全生产准入相应的管理责任。主要职责是负责督促指导落实安全生产责任制和安全责任追究制，依法行使综合监督管理职权，指导协调、监督检查有关部门和各乡（镇）人民政府安全生产工作；综合管理生产安全伤亡事故，定期分析和预测全县安全生产形势，发布安全生产信息；监督考核并通报安全生产控制指标执行情况；承担工矿商贸行业的安全生产监督管理和作业场所（煤矿作业场所除外）职业卫生监督检查责任；负责职责范围内职业卫生安全许可证的管理工作，组织查处职责范围内的职业危害事故和违法违规行为，监督检查重大危险源监控和重大事故隐患排查治理工作，依法查处不具备安全生产条件的工矿商贸生产经营单位。组织指导并监督生产经营单位主要负责人、安全生产管理人员的安全资格考核、发证工作，负责组织安全生产大检查和专项督查，依法组织、协调生产安全事故的调查处理工作。根据沾益县人民政府的授权，县安监局依法牵头组织一般事故调查处理和办理结案工作，监督事故查处和责任追究落实情况；协助调查处理较大事故；负责组织指挥和指导协调安全生产应急救援工作；负责监督检查职责范围内新建、改建、扩建工程项目（以下简称“建设项目”）的安全设施与主体工程同时设计、同时施工、同时投产使用；负责组织拟订安全生产科技规划，指导协调安全生产科学技术研究和推广工作，组织开展安全生产工作对外交流与合作。承担沾益县安全生产委员会的日常工作，承办沾益县人民政府交办的其他事项。2011年末，县安监局内设办公室、法规科（执法大队）、危化监管科、烟花爆竹监管科、非煤矿山监管科、工贸企业监管科、宣传教育培训科、应急救援科。全局共有在职职工12人，其中正科级领导2人，副科级领导1人，主任科员1人，副主任科员2人，科员5人，工作人员1人。

2011年，全县安全生产始终坚持“安全第一、预防为主、综合治理”的方针，认真实施“科技兴安”和“依法治安”战略，牢固树立科学发展、安全发展理念，继续深入开展“安全生产年”活动，以主体责任落实、安全执法监管、行业领域专项整治“三深化”为重点，扎实开展科技进步、安全达标、长效机制建设“三推进”，持续加大专项整治、执法检查和宣传教育的工作力度，不断完善安全生产责任制和责任追究制，加大安全生产投入，全面推进安全生产质量标准化建设，加强机制体制、保障能力和监管队伍建设，狠抓风险评估预警防控和事故隐患排查治理整改。一是以落实《国务院关于进一步加强企业安全生产工作的通知》文件精神为核心，拟定了年度安全生产工作意见、与乡镇、部门及重点企业签订了安全生产工作目标责任状；二是结合重点时段组织召开了四个季度、治理非法超限超载车辆治污工作、化工专项整治、隐患排查治理、打击非法违法等专题会议，贯彻落实曲靖市委“11·12”会议精神紧急工作会，狠抓了重点工作和常规工作，严格落实企业领导干部作业现场带班制度，抓好政府及部门、企业两个主体责任的落实；三是以开展打非治违、隐患排查治理、安全问责三项行动为抓手，规范行业领域安全秩序；四是以“3568”工程为内容，积极筹建县安全生产事故应急救援指挥中心，配发各乡镇安全生产行政执法车辆，有力推进了基层基础建设；五是以非煤矿山专项整治行动为重点，不断提升矿山企业本质安全水平；六是以宣传教育为手段，继续抓好各行业领域从业人员的安全教育培训工作，提高全民安全意识。2011年，全县共发生各类事故2146起，死亡13人，受伤1365人，直接经济损失1000.48万元，四项指标分别与去年同期相比呈现“四升”态势，即事故起数上升178%、死亡人数上升8.3%、受伤人数上升1107%、经济损失上升203%。其中，道路交通事故2142起（含轻微挂擦道路交通事故），死亡8人，受伤1363人，直接经济损失759万元；工矿商贸企业发生事故1起，死亡1人，直接经济损失52.6万元；非煤矿山企业发生事故1起、死亡1人，直接经济损失38.88万元；危险化学品企业发生事故2起、死亡3人，受伤2人，直接经济损失150万元；煤矿、烟花爆竹及其他行业实现“零事故”目标。死亡人数占曲靖市政府下达全年控制考核指标14人的92.85%。全年无较大和较大以上事故发生，多数乡（镇）和行业的安全状况比较稳定。

隐患排查治理　2011年，全县安全生产坚持“属地管理”“谁审批谁负责、谁主管谁负责”“抓生产必须抓安全”的原则，拟定《沾益县人民政府关于开展安全生产隐患排查治理专项行动的通知》《沾益县安全生产隐患排查治理方案的通知》、《沾益县开展治大隐患防大事故安全隐患排查治理专项行动实施方案》，企业开展自检自查、部门监督检查、乡（镇）大检查，狠抓隐患排查治理。共排查各类一般事故隐患11324条，现场整改11067条，整改率达到97%，企业自查、乡（镇）检查率达100%。

标准化建设　2011年，沾益县统一制定深入开展企业安全生产标准化建设的实施方案，明确部门工作职责，从安全生产准入、落实安全生产经济政策、强制推行安全生产技术装备等方面提升企业安全生产标准化水平。年内，县危险化学品企业5户达到二级标准，5户达到三级标准、非煤矿山企业已经达到国家安全生产标准化四级标准1户，正在进行标准化建设16户。

执法检查　2011年，全县围绕工矿企业无证、证照不全或过期从事生产经营建设，关闭取缔后又擅自生产经营建设，停产整顿、整合技改未经验收擅自组织生产的和违反建设项目安全设施“三同时”规定，非法用工、无证上岗，拒不执行安全监管监察指令、抗拒安全执行等非法违法行为，与煤矿、非煤矿山、道路交通、危险化学品等行业监管部门联合执法，运用经济和行政手段，采取停电、停供炸药等措施，迫使停止非法违法生产经营建设行为。对违法行为实施经济处罚，处罚款共计35万元，关闭2户无证经营企业，没收80箱非法渠道进货的烟花爆竹。突出打击非法采矿监管，拨付5万元工作经费督促有关部门加大护矿巡查力度，11月16日印发了《关于进一步做好打击非法采矿监管工作的紧急通知》，全年参加人员580人次，出动车辆467辆次，查处无证开采65个点，没收矿产品176吨，发放户主告知书100余份、《责令停止违法行为通知书》65份。

开展行业内专项整治工作　2011年，县安监局与其他监管部门在煤矿、道路交通、非煤矿山、建筑施工、特种设备、火灾消防、危险化学品、烟花爆竹、民爆物品等行业领域严打“三非”、严查“三违”，扎实开展行业内专项整治工作。非煤矿山方面：按照“五有五落实十达标”继续深化非煤矿山专项整治工作，认真落实责任，实行重奖重惩，将非煤露天矿山专项整治列为年度安全生产目标责任考核内容，对任务不达标者一票否决。全年开展了32次非煤矿山专项整治和安全执法检查，发宣传资料400份，共发现安全隐患6120条，发出整改通知书1621份，现场整改1921条，限期整改4099条；关闭注销经整治仍然不具备安全生产条件的露天矿山33户，责令12户证照手续不全的停产整顿，10月16日顺利通过省非煤矿山安全生产专项整治检查组的检查验收。危险化学品方面：排查危险化学品一般事故隐患3231条，已经全部整改，完善重大危险源档案，对重大危险源进行定期评估，落实监控措施等。县域内中石化、中石油各加油站、松林油库、云维集团等涉及27处重大危险源的企业已经进行了登记备案。全县涉危重点企业年内投入事故隐患整改费、安全防护设备、设施维护、检测费共计550万元。危险化学品企业5户达到二级标准，5户达到三级标准，云维集团等化工企业按照整治要求，独立实现了EDS独立于系统外的紧急停车系统。烟花爆竹方面：沾益县只有一户烟花爆竹批发企业，根据GB50161《烟花爆竹工程设计规范》，按照仓储安全许可标准，于2009年新建了仓库，通过建立安全管理组织、落实安全责任、制定管理制度、完善操作规程，确保了烟花爆竹安全。煤矿方面：继续深化对8个低瓦斯煤矿的治理工作；原有的沾益兴源煤矿因资源枯竭，已经关闭；停止非法生产作业点12个，对采矿许可证到期的松韶煤矿进行督查，该矿已停止生产。道路交通方面：以“一降两保”为工作目标，以城区道路治堵治乱和农村道路预防重特大交通事故为工作重点，重点检查“三超一疲劳”和酒后驾驶、无牌无证及货车载人违法行为，狠抓客运车辆动静态防控工作措施落实，深入全县9家客运企业开展交通安全大检查，狠抓校车动静态防控工作措施落实，公安交警大队与县教育局每季度召开一次校车管理季度联席会议，详细掌握辖区内校车数量、车辆所有人、驾驶人、运行时间、行驶路线等基本情况，并逐一核对，逐一登记，逐一检验，逐一建立档案；狠抓交通安全隐患排查治理工作，对辖区公路危险路段和安全隐患点段进行一次排查，及时提出整改意见。共排查交通安全隐患10个，已完成2个隐患点段的治理工作，其余隐患正在协调相关部门逐一研究制定具体治理方案。严打违法行为，全力预防道路交通事故，共出动警力21370余人次，警车5340余辆次，检查车辆32310余辆次，查验登记客运车辆9430余辆次，查办交通违法案件3438起（其中：无证驾驶77起，客车超员9起，客车超速64起，其它车辆超速行驶373起，其它违法2915起），行政拘留32人。办理交通肇事刑事案件25件，吊销驾驶证10本，终身禁驾1人，有效净化了辖区道路安全驾驶环境。建筑施工方面：对在建工程33项，检查210余次。依据“一标五规范”查出建筑安全隐患375余条，现场整改220项，限期整改155处，查出重大安全隐患3处，打击“非法违法”建设项目2项。消防安全方面：完善政府消防责任体系建设，将“防火墙”工程纳入“十二五”规划，全年对63家重点单位进行“四个能力”建设培训，农村房屋财产火灾保险覆盖率达100%，检查各类场所1808个，整改火灾隐患2650处，查封16个存在重大隐患的场所。重点建设项目：严格严格执行项目管理，加大项目实施全过程的综合监管力度，2011年工业重点项目20个，总投资120亿元，曲靖宏杰公司13.8万吨阳极碳素技改项目已经停工、地方七个煤矿按照计划进行安全设施、改扩建建设；云维年产2×2.5万吨碳黑项目正在进行安全评价。围绕全面排查治理各施工单位及其工艺系统、基础设施、技术装备、作业环境、防控手段等方面，认真做好重大危险源的普查建档、风险辨识、监控预警制度的建设和措施落实；完善应急救援预案和应急救援物资、设备的储备，加强应急救援预案的演练；切实落实对建设项目周边易由自然灾害引发事故灾难的危险点排查、防范和治理。县域企业备案17户，对县域内化工项目依法履行了相关审查手续。

安全事故应急体系建设 2011年，全县各级各部门、各企业制定并完善事故应急预案，针对行业特点，开展危险化学品行业应急演练51次、非煤矿山行业应急演练27次。推进县委、县政府安全生产综合指挥平台建设，积极筹建县安全生产事故应急救援指挥中心，指挥中心建盖面积为1800平方米，具有办公、应急值守、装备存储等功能，项目总投资539.8万元。

安全生产教育培训 2011年，全县积极组织从业人员、负责人参加省、市、县级安全生产教育培训，举办各类从业人员安全教育培训班100余场次，参加四级安全教育培训的企业100余户，培训从业人员8200名，企业负责人18名。

重点时段安全生产工作 2011年，全县认真贯彻了市委、市政府“11·12”安全生产工作紧急会议精神，相继召开了3次安全生产工作专题会议，对重点时段工作进行了周密的安排部署。全县7个煤矿成立了由矿长、副矿长、监管部门挂钩煤矿负责人、驻矿安全员、监管部门领导组成的安全生产责任小组，在危险化学品、民爆、烟花爆竹、电力等13个重点企业成立了由企业负责人、分管负责人、企业安全员、监管部门领导组成的安全生产责任小组，严格实施24小时驻企驻矿监管；在煤矿、危险化学品、工矿商贸企业等6个重点行业成立了由分管副县长担任组长、有关单位为成员的巡视组，明确工作职责，并以文件下发到各单位、企业。调整充实了县安全生产委员会，根据“一岗双责”要求，由县长担任安委会主任，常务副县长担任常务副主任，其他副县长担任副主任，明确由常务副县长分管安全生产工作。阶段工作中，打击煤矿“三违”行为，共出动28人次，检查矿井8对、作业点27个，查出各类隐患51条，现场整改21条，限期整改30条。停止非法生产作业点12个，对采矿许可证到期的松韶煤矿进行督查，严格按规定予以停产。

严格安全生产准入制度的实施方案 2011年11月23日，沾益县召开多部门联席会议，讨论制定了《严格安全生产准入制度的实施方案》，明确了发改、工信、国土、安监等部门职责，严把行政审批关，在引进项目、选址规划、立项审批过程中，严格准入强化源头管理。非煤矿山、危险化学物品、烟花爆竹、民用爆炸物品、冶金等工贸企业的新、改、扩建项目未经县安监部门安全审查批准的，有关部门不得办理项目审批、核准、登记、备案手续，已备案的项目不得开工建设。对不具备安全生产条件、危及安全生产及人身安全的落后生产工艺和产品，按照工业信息化部《部分工业行业淘汰落后生产工艺装备和产品指导目录》（2010版）的规定提出淘汰计划，限期淘汰和取缔。

年度安全生产工作会议　2011年1月14日，沾益县召开2011年安全生产工作暨一季度安全生产工作会议。会议通报了上年四项控制指标完成情况。会上，副县长柯小燕要求，确保亿元GDP死亡率、工矿商贸死亡率、煤矿百万吨死亡率、道路交通死亡率等相对指标稳步下降；确保安全生产事故死亡人数不突破曲靖市下达的绝对控制指标。要求各级各部门狠抓九项工作：一是狠抓安全生产责任制落实，强化事故责任追究制，防止瞒报或者拖延不报安全生产事故。二是狠抓执法监管监察，突出源头治本和执法监察两个重点，严厉打击非法违法行为。三是狠抓专项整治工作，防范道路交通、煤矿、非煤矿山、尾矿库、消防、危险化学品、烟花爆竹等行业事故发生。四是狠抓机制体制建设，继续实施“3568”安保双基工程，提高安全生产保障能力。五是狠抓应急体系建设，继续整合社会各方面应急救援资源，提高事故应对处置能力。六是狠抓安全标准化建设，结合行业实际和行业标准继续开展安全生产创建活动，不断提高企业生产安全水平。七是狠抓宣传教育培训，提高全社会安全生产认知水平。八是狠抓隐患治理工作，强化重大危险源监控。九是各级各部门全面开展一次的安全生产大检查工作，确保春节和“两会”期间的生产安全和公共安全。

“安全生产月”宣教活动　2011年6月12日，全县按照县级活动“九个一”、企业活动“七个一”要求，制定方案开展“安全生产月”宣教活动。政法、安监、煤炭等20余个部门准备了宣传资料、标语和展板集中在县农业局门口至农贸市场路段，开展了以“安全责任、重在落实”为主题的咨询活动，展出326余块图片展板，向群众发放了157种1.8万份安全生产宣传资料，接待咨询群众2100余人。武警消防官兵进行了灭火处置应急演练。各部门、企业、煤矿悬挂布标60幅、粘贴标语710条。沾益电视台播放了“关爱生命、安全发展”的系列公益广告。

开展隐患排查“大整治、大治理”专项行动　2011年，沾益县扎实开展隐患排查“大整治、大治理”专项行动。一是12月22日，在沾益县召开的风险评估预警防控和烟花爆竹专项整治会议上，对开展隐患排查“大整治、大治理”专项行动作了安排部署，并要求乡镇、质监、交通运输、住建、国土等20个职能部门、涉及危险化学品、烟花爆竹、民爆物品等13户重点企业落实好安全生产责任。二是落实责任、分片包保企业隐患整改治理。根据市安委会对沾益开展隐患治理的工作意见，采取分片包保的方式，督促企业扎实整改隐患。三是强化监管，严厉打击非法违法行为。各部门认真履行行业监管职责开展煤矿、道路交通、非煤矿山、烟花爆竹、危险化学品、特种设备等行业检查。四是责任追究，健全隐患排查治理长效机制。对存在隐患，没按照要求进行整改的，严厉处理有关责任人，对整改期间发生安全事故的追究相关责任人的责任。

风险评估预警　2011年，沾益县对安全生产工作进行了全面、深入、科学、细致的分析，对存在的安全隐患和风险点进行了及时预警，并要求相关部门采取有力措施，切实抓好风险防控和隐患整改落实工作。相关部门主要领导要亲自抓，认真对照存在的问题，加大隐患整改督查监管力度，做到不搞形式，不留死角，不走过场，切实抓紧、抓牢、抓实隐患治理长效机制，筑牢安全生产防线，努力确保沾益县安全生产形势平稳向好。12月22日，沾益县安全生产委员会组织召开了“风险评估预警防控和烟花爆竹专项整治会议”专题会议，全县8个乡（镇）、质监、交通运输、住建、国土等20个负有监管职能的部门和涉及危险化学品、烟花爆竹、民爆物品的13户重点企业参加会议。对煤炭、非煤矿山、危险化学品、烟花爆竹等9个方面的预警情况进行了责任分解，年突出重点，结合预警防控严厉打击非法违法行为，结合年末岁尾，企业赶工期、交通物流量大的实际，各部门在开展风险评估风险评估的同时认真履行行业监管职责开展煤矿、道路交通、非煤矿山、烟花爆竹、危险化学品、特种设备等行业检查，各煤矿于12月20日全面进行停产整顿，并严格执行矿领导带班维修制度，确保维修期间安全。全县建立风险评估和预警防控工作长效机制。各级全面加强安全生产风险预警工作的组织领导，确保风险评估预警工作得到真正落实，明确各乡（镇）的行政正职为风险预警的第一责任人，分管安全的常务副职为风险预警的直接责任人，共同承担因整改不到位而发生的安全生产事故责任。通过风险预警防控有力的促进了隐患排查治理，促进了安全责任的落实。

（马俊彪）

人口和计划生育

综　述　沾益县人口和计划生育局是县政府负责人口和计划生育工作的工作部门，主要负责贯彻落实党和国家关于人口和计划生育的法律法规、方针政策，推动人口和计划生育工作的综合协调、统筹治理，促进人口长期均衡发展。2011年末，内设办公室、政策法规信访科、科学技术服务科、发展规划与宣传教育科、流动人口服务管理办公室、计划生育协会办公室等6个科室，下设县计划生育技术服务指导站、宣传站、药具站等3个事业单位。全局共有在职人员38人，退休人员3人。

2011年，全县人口和计划生育工作坚持以科学发展观为指导，以“稳定低生育水平、统筹解决人口问题、促进人口长期均衡发展”为中心，突出“少生奖励、优生促进、便民维权、优质服务”等工作重点，加强政策统筹、工作协调和任务落实，各项任务指标顺利完成，人口和计划生育工作取得显著成效。

为群众发放计生用品　（李永梅　供稿）

1．生育水平降低。年末，全县总人口为420270人，出生人口4061人，死亡人口2023人，女性初婚人口1569人，年增长人口1264人，人口出生率为9.68‰，自然增长率为4.86‰，死亡率为4.82‰，年增长率为3.01‰，人口出生率、自然增长率同比分别下降0.43‰、0.18‰，完成市下达人口出生率12.17‰、县确定自然增长率5.5‰的控制目标。在全年出生的4061人中，政策内出生4057人，政策生育率为99.90%。一孩出生2302人，政策内出生2302人，二孩出生1740人，政策内出生1736人，多孩出生19人，政策内出生19人。出生人口中，男孩出生2099人，女孩出生1962人，出生性别比为107:100。年末，全县有已婚育龄妇女85932人，累计落实各种避孕节育措施76888人，采用针药具避孕1349人，综合避孕率为89.48%，长效节育率为87.91%。全年共施行结扎（女扎）1692例，放环2378例。

2．奖励少生。年末，全县累计领取“独生子女父母光荣证”12625户，其中农业人口领证5131户。全年共有147户农业人口领取“独生子女父母光荣证”，兑现一次性奖励143人7.15万元，兑现教育奖学金1361人26.56万元，兑现升学奖学金126人14.96万元，享受中考教育加分110人，享受高考教育加分28人，享受养老生活补助466人36.768万元，享受计划生育家庭特别扶助103人12.024万元，享受“半边户”家庭奖励扶助7人0.53万元。兑现农业人口独生子女保健费2360户26.97万元，兑现国企改革自谋职业人员独生子女保健费601人3.349万元。办理计划生育家庭意外伤害保险18868户56.94万元。农村计划生育家庭享受新农合补助31405人157.03万元。

3．促进优生。深入开展出生缺陷一级预防工作，认真落实宣传倡导、健康促进、优生咨询、高危人群指导、实验室筛查和营养素补充等活动。全年对新婚未育夫妇、批准再生育夫妇等目标人群开展出生缺陷一级预防宣传、培训、咨询等活动3460人次。开展农村妇女增补叶酸预防神经管缺陷项目，针对孕前三个月至孕早期三个月等目标人群分配发放叶酸2000人次12000瓶，叶酸服用率达100%。开展孕产期营养素补充活动，推广“福施福”等孕产期营养素1100盒。健全完善孕前优生健康检查服务规范，开展出生缺陷实验室筛查436人。

4．开展便民维权活动。认真开展“阳光计生”行动，充分发挥热线电话和信息网络平台作用，全面公开人口计生信息，健全群众投诉机制，大力推行岗位公示、服务告知、服务承诺和责任追究等多项制度，有效保障育龄人群的计划生育权益。在全县33个村委会（社区）开展“诚信计生”试点活动，实现以法律和诚信规范计生组织和育龄人群的行为，探索建立了“政府诚信、群众守信、村（居）民互信”和“双向承诺、充分自愿、依法自治”的诚信计生模式。在全县95个村委会（社区）开展计划生育村（居）民自治活动，建立村（居）民自治活动示范点2个，实行计划生育事务村民自我管理、自我教育、自我服务。在全县122个村委会（社区）推行避孕节育知情选择，实现育龄人群在技术服务人员指导下的避孕节育自主选择。

5. 深化优质服务。深入开展计划生育技术服务机构规范化建设和科技大练兵活动，不断提高计划生育技术服务能力和水平。开展“关爱女孩”和集中整治“两非”（非医学需要的胎儿性别鉴定、选择性别的人工终止妊娠）专项行动，综合治理出生人口性别比偏高问题。开展推广使用安全套预防艾滋病工程，全年对特定场所免费摆放和对特定人群免费发放安全套16万只。加强“人口文化大院”建设，新建示范点6个。开展“生育关怀”行动，年内协同有关单位对全县23户生殖健康障碍贫困家庭和不孕不育家庭免费援助、救助治疗10万元。开展计划生育“贴心服务进村”活动，进村为育龄人群办理业务和提供培训、检查等服务11.2万人次。

6. 加强流动人口计划生育服务管理。积极推进流动人口全员统计信息工作和服务管理区域一体化工作，健全完善“抓雇主，管雇工；抓房主，管房客”和流入人口“五步工作法”、流出人口“六个一”制度，不断强化流动人口规范化服务管理。年末，全县流出人口10781人，办理《婚育证明》2204人，办证率为84.09%。流入人口6315人，查验《婚育证明》3030人次，查验率为96.80%。流动人口计划生育管理合同签订2174份，签订率为92.02%。与省内外45个县（市）区签订流动人口区域协作协议，网络录入反馈流动人口信息3315条。

沾益县统筹人口发展领导小组成立　为适应新时期人口和计划生育工作发展需要，建立健全统一协调、密切配合、齐抓共管、综合治理的统筹人口发展工作机制，稳定低生育水平，统筹解决人口问题，促进人口长期均衡发展，2011年11月25日，县委、县政府撤销沾益县计划生育协调领导小组暨“三结合”领导小组，成立沾益县统筹人口发展领导小组，县长任组长，县委、县人大、县政府、县政协分管联系领导任副组长，县委办、政府办、组织部、宣传部、监察局、发改局、统计局、人社局、财政局、教育局、广电局、法院、检察院、公安局等28个单位为成员单位，领导小组办公室设在县人口计生局。领导小组定期研究汇报制度，定期听取各成员单位关于人口和计划生育工作的情况汇报，研究解决人口和计划生育工作中的重大问题。各成员单位结合本部门职能，一是参与协调提高出生人口素质、应对人口老龄化、综合治理出生人口性别比偏高、引导人口合理分布等工作，促进人口长期均衡发展；二是参与研究、制定人口工作的相关政策、重要文件以及中长期人口发展规划，参与人口综合信息发布、人口发展趋势预测和人口安全预警预报工作；三是在制定经济社会发展的重大政策时充分考虑人口因素，主动征求和吸纳人口计生部门的意见建议；四是参加人口计生工作的重要会议、重大活动等，对全面做好人口工作、统筹人口发展、建设人口均衡型社会提出意见和建议。

人口资源环境工作座谈会　2011年3月4日，沾益县召开2011年人口资源环境工作座谈会。县委、县人大、县政府、县政协主要领导和分管联系领导、县纪委领导，县直有关单位领导，各乡（镇）党委书记、乡（镇）长、分管领导、计生办主任、国土资源所所长，部分人大代表，部分驻沾企业领导100余人参加会议。县委书记聂祖良作了重要讲话，县人口计生局、国土资源局、环保局局长分别汇报了人口、资源、环境工作情况，与会人员就全县人口、资源、环境工作进行了座谈讨论和发言。

人大代表评议人口与计生工作　2011年6～9月，县人大常委会组织部分人大代表对县人口计生局进行工作评议。工作评议领导小组和调查评议工作小组采取召开动员会和座谈会、听取汇报、走访调查、征求意见、查阅资料、发放评议意见表、会议审议等方式开展评议。评议的主要内容是：遵守执行宪法、法律、法规及党和国家方针政策情况，执行人大及其常委会决议、决定情况，办理人大议案、建议、批评和意见情况，行使行政权、推进部门工作情况，廉政勤政情况，处理人民群众关心的热点、难点问题情况。评议意见经县人大常委会会议审议形成审议意见，审议意见是：严格按照省、市下达的人口和计划生育“双线”目标管理责任制以及县委、县政府人口控制目标要求，认真贯彻执行国家计生法律法规，全面落实各项政策措施，严格控制人口增长，提高人口素质，顺利完成了各项目标任务。针对存在的困难和问题，审议意见是：一是进一步加强人口和计划生育法律法规和政策的宣传力度，改变人们的生育观念，提高人们的法治意识；二是加强协调配合，进一步理顺改制企业移交社区人员的计生管理服务关系，加强流动人口计生管理服务；三是积极争取项目资金支持，加强县乡计生服务设施建设，强化技术培训，进一步提高计生服务质量；四是积极争取政策支持，把因计划生育手术引起的术后治疗医药费用纳入新型农村合作医疗同级报销范围，满足育龄妇女术后治疗需要；五是继续严格执行《云南省人口与计划生育条例》，加大计划生育社会抚养费征管力度，增加返还比例，提高基层工作积极性；六是进一步强化人口和计划生育政策党政一把手“亲自抓、负总责”“一票否决”“黄红牌”警告等制度，不断完善奖惩责任追究制。县人口计生局根据审议意见，制定了整改目标和措施并认真进行了整改，整改情况和效果得到评议组的一致认可，并在县第三届人大常委会第二十六次会议上通过。

部门机构改革 2011年，按照沾益县人民政府的机构改革实施意见，保留设置县人口和计划生育局（正科级），为政府工作部门之一。9月23日，县政府办印发《沾益县人口和计划生育局主要职责内设机构和人员编制规定》。一是调整职责。取消已由县政府公布取消的行政审批事项；取消促进生殖健康产业发展的职责；增加参与人口基础信息库建设的职责；增加拟定人口发展规划，加强流动人口计划生育管理和服务，稳定低生育水平的职责。主要职责为贯彻落实党和国家关于人口和计划生育的法律法规和方针政策，推动人口和计划生育工作的综合协调；组织调查研究，按照国家、省、市的人口和计划生育政策拟定沾益县人口和计划生育的规范性文件；研究提出统筹解决人口问题的目标任务和政策建议，会同有关部门制定相关的社会经济政策，推动对人口和计划生育工作的综合治理，稳定低生育水平，促进人口与经济、社会、资源、环境的协调发展和可持续发展，对各乡（镇）、各部门贯彻落实情况进行检查指导。二是明确内设机构。设立办公室、政策法规信访科、科学技术服务科、发展规划与宣传教育科、流动人口服务管理办公室、计划生育协会办公室等6个科室，明确了科室具体职责。三是明确人员编制。机关行政编制13名，其中科级领导职数4名，股所级领导职数6名。

乡镇人口计生责权变更 2011年，根据《沾益县深化乡镇机构改革方案》，在乡镇机构改革中，乡镇设立“人口和计划生育服务中心”，承办人口和计划生育服务工作，不再保留原人口和计划生育办公室、人口和计划生育服务所，其职责整合到人口和计划生育服务中心。县人口计生局认真督促指导各乡镇计生办、服务所做好机构撤并、人员和编制清理、职责规范、资产和债权债务清查、档案材料清理等各项工作，在县人社局、县编办的监督下，于12月28日～31日将由县人口计生局管理的各乡镇计生办、服务所人员人事档案、编制手册、事业单位合同、岗位认定（聘认）登记表、工资介绍信等统一移交至各乡镇政府，共移交73人（在职59人、退休11人、解聘3人）的人事档案和相关材料，其他事权、财权等移交按照事业单位清理规范和财产债务清查移交有关要求进行。沾益县基层人口和计划生育进入乡镇管理为主、县人口计生局进行业务指导的管理的新模式。

下属事业单位编制规范设置 2011年，按照县机构编制委员开展事业单位清理规范工作的通知和人口和计划生育局下属事业单位规范设置的批复要求，县人口计生局对下属事业单位进行规范设置。保留设置县计划生育技术服务指导站，股所级，财政全额拨款，内设机构4个（办公室、综合服务部、门诊部、住院部），编制数20名（专技人员占70%），站领导职数3名，其他领导职数4名；保留设置县计划生育宣传站，股所级，财政全额拨款，编制数2名（专技人员占70%），站长1名；保留设置县计划生育药具站，股所级，财政全额拨款，编制数2名（专技人员占70%），站长1名。

开展“诚信计生”试点活动 2011年，为适应新时期人口和计划生育工作需要，创新人口和计划生育管理与服务模式，推动人口和计划生育基层群众自治工作的开展，县人口计生局从2月开始在部分村委会（社区）开展“诚信计生”试点活动。一是按照有关法律法规，结合群众需求，各乡（镇）计生办指导村委会（社区）修改完善《计划生育村（居）民自治章程》《计划生育村（居）民自治协议》，制定《计划生育村（居）民自治诚信协议书》。《协议书》内明确计划生育管理服务主体（村社“两委”、乡镇计生办）、管理服务对象（育龄人群）双方的权利和义务。二是村委会（社区）组织召开村（居）民代表会或村（居）民小组长会议，宣传学习诚信计生知识，讨论通过诚信计生《协议书》。三是育龄家庭在相互信任的前提下，通过双向选择，由5～15户家庭自愿组合成立诚信计生小组，民主推选诚信计生小组长，填写《参加诚信计生户申请登记表》，村委会（社区）审核通过。四是村委会（社区）和乡（镇）计生办与诚信小组长及计生诚信小组全体成员共同签订诚信计生《协议书》，村委会（社区）和乡（镇）计生办向已婚育龄群众承诺依法兑现实行计划生育的相关权利和有关奖励优惠，已婚育龄群众承诺履行计划生育和《协议书》中规定的义务，自觉按政策生育，落实避孕节育措施，不违反诚信协议。协议对象主要是没有违反计划生育法律法规及相关政策的新婚夫妇、一孩夫妇、生育二孩后尚未采取避孕节育措施的已婚育龄家庭。年末，全县共有33个村委会（社区）开展“诚信计生”试点活动。通过诚信计生活动的开展，将“诚信”融入计生管理服务之中，将育龄人群实行计划生育的权利和义务通过诚信承诺的形式约定下来，实现以法律和诚信规范计生组织和育龄人群的行为，探索建立了“政府诚信、群众守信、村（居）民互信”“双向承诺、充分自愿、依法自治”的诚信计生模式。

依法行政示范乡镇创建　2011年，全县按照国家、省、市人口计生委工作要求，为进一步提高人口和计划生育依法行政水平，通过典型引路，逐步推动人口计生行政执法工作的制度化、规范化，开展了人口和计划生育依法行政示范乡镇创建活动。通过“全面推行计划生育行政执法责任制，建立和完善计划生育行政执法监督体系，加强计划生育行政执法队伍建设，推动计划生育依法行政工作的综合治理，加强计划生育法律法规的宣传教育，加强基层计划生育民主自治建设，创新人口和计划生育工作体制、机制，进一步推进政务及政府信息公开工作”等活动，进一步强化基层人口计生依法行政工作，建立健全人口计生依法行政长效工作机制，使人民群众反映突出的问题得到切实解决，人口计生工作人员依法行政意识和能力明显增强，行政执法行为进一步规范，行政效能显著提高，为统筹解决人口问题、促进人口长期均衡发展提供法制保障。创建活动中，全县8个乡镇积极参与，认真开展宣传发动、组织实施工作，有力推进了人口计生依法行政建设。县人口计生局积极向上级人口计生委推荐创建工作突出的乡镇，参加评选命名。

开展集中整治胎儿性别鉴定和性别选择专项行动　2011年，为做好综合治理出生人口性别比偏高问题工作，使出生人口性别比逐年下降，县人口计生局协调县公安、卫生、药监、妇联等部门联合开展为期半年的集中整治“两非”（非医学需要的胎儿性别鉴定和选择性别的人工终止妊娠）专项行动。一是成立了由多部门组成的沾益县集中整治“两非”专项行动领导小组，明确了各部门工作职责。二是集中力量查处了一批“两非”案件，依法严肃处理涉案单位及有关责任人。对涉案的医疗保健机构、计生服务机构和非法行医机构，一经查实，依法给予严惩。三是强化对相关检测设备和从业人员的监管。对全县范围内的各类医疗保健、计生服务机构的B超等检测设备进行登记造册、建立档案，健全对怀孕14周以上终止妊娠手术的审批制度，完善从业人员管理制度和责任追究制度。四是对各类医疗保健、计生服务机构和终止妊娠药品销售、使用单位进行全面清查，指导其建立和完善终止妊娠药品销售使用管理制度。五是完善部门协调机制，建立整治“两非”专项行动信息共享机制，提高综合治理工作水平，做好信息统计监测工作。六是营造舆论氛围，广泛宣传“两非”行为的严重危害，宣传国家有关禁止“两非”行为的法律法规规定，曝光“两非”典型案件，营造严厉打击“两非”行为的舆论氛围，形成良好的社会环境。通过专项行动的开展，全县“两非”行为明显减少，出生人口性别比明显下降。

人口和计划生育工作培训　2011年8月11～13日，县人口计生局举办人口和计划生育工作培训班，对县、乡人口计生管理人员、技术服务人员和县直各单位女工主任140余人进行了为期3天的培训。培训班上，省计生宣教中心主任李文辉、市人口计生委副主任李昌忠就当前人口计生工作形势和做好综合改革创新工作作了重要讲话，县委常委、常务副县长高朝花就加强计生干部业务能力建设和确保完成全年人口计生工作目标任务提出要求。省人口计生委专家刘湘源、王群，县食品药品监督管理局、县人寿保险公司领导和县人口计生局领导、有关科室负责人分别从基层人口和计划生育工作重点及要求、生殖保健、药品器械管理、计划生育系列保险、宣传教育、政策法规、少生奖励、优生促进、计划生育技术常规、流动人口服务管理、计划生育统计及信息化管理等19个方面进行系统培训。

规范村级人口与计生管理工作　2011年，针对全县各村委会（社区）人口和计划生育工作发展不平衡的实际，县人口计生局组织人员集中编写了《沾益县人口和计划生育村级宣传员工作手册》。工作手册集宣传员管理考核制度和工作承诺、计划生育法律法规和生殖健康知识、村委会（社区）基本情况、生育/节育/奖励优惠/随访服务/人员变动等业务登记、例会记录、工作笔记等为一体，涵盖了村级计生宣传员的主要业务工作和工作流程，工作手册的编印使用，进一步规范了村级人口计生工作。

党建工作　2011年，县人口计生局党总支及机关、服务站支部班子任期届满，按照党的基层组织建设工作条例和县直机关党委有关要求，4～6月，县人口计生局开展了党总支、支部班子换届工作。通过党员大会和委员会议，选举产生党总支委员7名，书记1名、副书记1名。局机关支部、服务站支部分别召开党员大会和委员会议，对支部委员和书记、副书记进行了选举。县人口计生局党总支为隆重纪念中国共产党成立90周年，组织开展了系列活动。一是组织学习杨善洲等英雄模范先进事迹，开展“为了谁”“依靠谁”“我是谁”大讨论，激励广大党员干部立足本职、无私奉献。二是组织开展“廉政红色歌曲大家唱”活动，唱响共产党好、社会主义好、改革开放好、伟大祖国好、各族人民好的时代主旋律，激励广大党员干部积极投身于全县经济社会建设。三是深入乡村开展“献爱心、办实事”活动，党员每人捐款100元，购买书包、作业本和字典等学习用具到菱角乡赤章小学对28名贫困学生开展帮扶活动。四是进行爱国主义革命传统教育，组织全体党员到沾益县玉林山、麒麟区三元宫等革命教育基地接受教育，并开展重温入党誓词和廉政宣誓活动。五是开展“创先争优”评比和“回头看”工作，做好“四亮”“四评”和“创星、授牌、授旗”工作。六是做好局总支中心组学习和党史学习活动，不断提高党员领导干部的政治理论水平和政治思想觉悟。

廉政风险防范 2011年，根据国家、省、市人口计生委廉政风险防范管理工作要求和县委、县政府廉政风险预警防控管理工作精神，全县人口计生系统完善内控机制，健全预防腐败工作长效机制。一是明确工作职责。根据机构和人员编制规定，准确界定单位（科室）和人员的工作职责，梳理主要工作，明确工作运行程序和权力运行轨迹，绘制工作流程图，明晰各个工作岗位和环节的具体职责。二是开展廉政风险点排查。针对干部思想道德风险、单位制度机制风险和岗位职责风险等“三类风险”，从单位（科室）和岗位两个层次，认真对照《中国共产党党员领导干部廉洁从政若干准则》和工作职责，采取“自己找、群众提、互相查、领导点、组织评”等方法，逐一分析查找本单位（科室）和本岗位在单位制度机制、个人思想道德、岗位职责、外部环境等方面存在或潜在的廉政风险点，再通过召开座谈会、群众问卷调查、网上意见征询、同事互相帮查、领导点评指出等方式补充查找风险点，最后由局领导班子组织召开相关会议民主讨论、确定风险点，并按照承担责任大小、风险产生机率、危害程度等因素，将风险划分为三个等级。三是制定廉政风险防控措施。围绕排查确定的各类风险点及风险等级，有针对性的制定并落实防控措施，形成以岗位为点、以程序为线、以制度为面的廉政风险防控机制。四是完善考核评价与监督检查制度。建立健全内部监督机制，对重点岗位、关键环节权力运行的情况进行事前、事中和事后相结合的动态监督和检查考核，并对在权力运行过程中发现的苗头性、倾向性问题，及时启动廉政风险预警。五是将开展廉政风险防范管理工作形成的相关材料汇总编印为2本工作手册，用于规范、指导和督促全系统的廉洁自律工作。

（倪双飞）

民　政

综　述 2011年，沾益县民政局紧紧围绕县委、县政府中心工作，在市民政局指导下，加强民政干部队伍建设,克难奋进,倾力改善民生，突显了民政工作的功能,优化了民政部门的整体形象,较好的完成了全年目标任务。

1. 救灾救济。2011年，沾益县降雨量持续偏少，气温持续偏高，出现了自1951年有气象记录以来最严重的夏旱，全县水库坝塘蓄水严重不足。全县472件水库坝塘干涸239件，其中小（二）型水库干涸24件，小坝塘干涸215件。水库可用水仅为1304.9万方，较去年同期减少62%，较多年同期平均减少62.8%。旱灾造成全县28.5万人、59万头（只）畜禽饮水困难，全县寄宿制学生12920人生活饮水受到影响；全县78.9万亩农作物受旱，成灾62.3万亩，绝收30.18万亩，旱死苗木250万株，造成经济损失4.99亿元以上。为帮助灾民渡过生产生活难关，沾益县民政局及时下拨寒衣2000套、寒被3000床、多功能棉衣1600件，大米300吨，下拨灾款267万元，以保障灾民基本生活，稳定灾区社会稳定。

2. 城乡社会救助。全年为占全县城镇人口8%的城镇低保对象2651户4977人发放低保金758.05万元，月人均补差128.8元。审批新增城市低保户204户319人，停发115户238人，调整增加43户53人。为占全县农业人口3%的农村低保对象8944户14400人发放低保金共1313.28万元，月人均补差82元。为全县五保供养对象1321户1356人支出供养金143.76万元。其中，集中在八所敬老院供养有205人，供养标准为135元/月，集中供养率为15%；分散供养的有1151人，供养标准为80元/月，分散供养率为85%，供养资金由财政转移支付；资助全县重度残疾人、五保户、低

李竞楠　供稿

保户共26396人参加新型农村合作医疗和城镇居民基本医疗保险，共支出参合参保资金150.9万元。对城乡低保对象、农村五保户等特困群体实施医疗救助，共救助农村困难群众8446人，城市困难群众67人，共支出救助金160.56万元。对因灾、因病等原因造成临时困难的家庭实施临时救助，共救助农村困难群众3262户4030人，城市困难群众51户72人，共支出救助金69.94万元。

3. 双拥和优抚安置。2011年春节期间，走访慰问驻沾部队9个，慰问金3.2万元；慰问安置在企业的残疾军人、爱国拥军模范、军队无军籍退休职工等重点优抚对象116人，慰问金2.32万元、慰问品价值3万元;召开烈军属座谈会820人次，支出经费22.68万元。为全县革命残疾人员、在乡复员军人、带病回乡退伍军人、参战退役人员等重点优抚对象3104人发放各类定期抚恤金和定期定量补助金1000余万元。为14名下岗失业残疾退伍军人解决生活困难和“两保”问题支出22.49万元。为一至四级伤残人员核发2011年护理费和生活补助费7.9万元。为义务兵家属兑现优待金87.02万元。做好退役士兵安置工作。

4. 基层政权建设。加强对村两委干部的培训，推进村务、财务公开，规范民主决策制度。以社区基础设施建设为重点，推进和谐社区建设，促进社区改善条件、完善功能、提升品质，对望海、玉龙、玉林、兴源4个社区办公用房进行新建和改扩建。

5. 专项社会事务管理。继续巩固沾麒线、沾富线、沾会线、沾马线、沾宣线五条县界的平安创建成果。联合开展两条县界联合检查，即：“沾会线”69.9公里、“沾宣线”111.95公里；在“沾会线”实地检查界桩3棵，其中，单立三面界桩1棵、单立双面界桩2棵，符合联检要求；成功调处边界纠纷5件，维护了边界地区社会稳定。共有民间组织80个，即社会团体53家、民办非企业27家，其中2011年新批准成立社会团体3个、新批准民办非企业7个，依法对其进行了年检。全县有电脑福利彩票投注机27台，销售额1660.8万元，“时时彩”3台销售额34.4万元，“刮刮乐”站点销售额158.5万元。全年共办理结婚登记3598对，离婚登记392对，补办结婚登记439对，补办离婚登记36对，撤销结婚登记6对，合格率为100%。全年共办理收养登记17例。救助“三无”盲流人员及流浪乞讨人员191人次，投入救助经费2.5万元。发放六十年代精简退职人员107人生活补助费21.8万元。规范陶家山遗体公墓、太平文化艺术园管理。积极实施“重生行动——全国贫困家庭唇腭裂儿童手术康复计划”项目。

旱情概况　2011年，全县降雨量持续偏少，气温持续偏高，出现了自1951年有气象记录以来最严重的夏旱，加之2010年入秋后降雨较历年大幅减少，全县水库坝塘蓄水严重不足，给全县城乡居民生活和工农业生产造成严重影响和损失。1～8月下旬，全县累计平均降雨量253毫米，较2010年同期减少284毫米，同比减少53%，大部分地区雨季较往年偏晚15～20天，进入雨季后降水量仍偏少，出现了最严重的夏旱。主要有以下三个特点：一是受旱范围广。全县8个乡（镇）均不同程度遭受旱灾，其中西平、大坡、播乐等乡（镇）受灾严重。旱灾造成全县山区和半山区大部分保水田干裂，秧苗不同程度干枯，大面积玉米枯叶，烤烟、万寿菊大幅减产；旱灾造成全县28.5万人、59万头（只）畜禽饮水困难，全县寄宿制学生12920人生活饮水受到影响。二是旱灾损失重。旱灾共造成全县78.9万亩农作物受旱，成灾62.3万亩，绝收30.18万亩，旱死苗木250万株，经济损失达4.99亿元以上。三是可用蓄水少。由于降雨大幅减少，全县大部分水库坝塘今年蓄水严重不足，全县472件水库坝塘干涸239件，其中小（二）型水库干涸24件，小坝塘干涸215件。水库可用水仅为1304.9万方，较去年同期减少62%，较多年同期平均减少62.8%，给全县城乡居民的人畜饮水带来较大困难，对明年的工农业生产将造成严重影响。

城乡低保　2011年，沾益县坚持城乡低保审批原则，以户为单位，本人申请、单位评议、张榜公布、按季审批，按月社会化发放，严把关口，不断健全完善低保工作的长效机制，基本实现应保尽保，动态管理。为占全县城镇人口8%的城镇低保对象2651户4977人发放低保金共758.05万元，月人均补差128.8元；自2011年1月份起，月人均提高20元补助水平，7月份月人均再次提高15元补助水平，共发放补助金161.88万元；共审批新增城市低保户204户319人，停发115户238人，调整增加43户53人，达到了“人员有进有出，补助水平有升有降”的动态管理要求。为占全县农业人口3%的农村低保对象8944户14400人发放低保金共1313.28万元，月人均补差82元；自1月起，月人均提高10元补助水平，7月月人均再次提高12元补助水平，共发放补助金258.48万元。

五保供养　2011年，全县1321户1356人五保供养对象供养金支出143.76万元。其中，集中在八所敬老院供养的有205人，供养标准为135元/月，集中供养率为15%；分散供养1151人，供养标准为80元/月，集中供养率为85%，供养资金由财政转移支付，按照自然增长机制逐步提高供养标准。为缓解物价上涨对低收入群体生活的影响，五保供养对象自8～10月，每人每月发放10元临时价格补贴，共发放补贴4.07万元。

专项社会救助 2011年，沾益县实施城乡困难群众医疗救助、临时生活救助等救助措施，惠民利民。资助全县重度残疾人、五保户、低保户共26396人参加新型农村合作医疗和城镇居民基本医疗保险，共支出参合参保资金150.9万元。对城乡低保对象、农村五保户等特困群体实施医疗救助，共救助农村困难群众8446人，城市困难群众67人，支出救助金共160.56万元。对因灾、因病等原因造成临时困难的家庭实施临时救助，共救助农村困难群众3262户4030人，城市困难群众51户72人，支出救助金共69.94万元。

救灾应急机制 2011年，沾益县继续深化落实以救灾工作分级负责、灾害应急机制相配套，社会动员机制为补充的抗灾救灾应急机制。在抗灾救灾工作中，实行上下联动工作机制，县、乡、村严格执行灾情信息"首报、二报和终报"制度，实行24小时值班，及时、准确地逐级报送灾情信息，灾情信息畅通及时，有效形成"防御、抗灾、灾后处置"的三位一体抗灾救灾应急机制，使处置灾害突发更迅速、更有针对性。在抗旱救灾中，沾益县救灾应急预案启动迅速、及时、规范。民政部门切实做到了"四个第一"即：第一时间到达现场，第一时间调运救灾物资，第一时间核实上报灾情，第一时间救助灾民。转入恢复重建后，民政部门认真落实党政主导、民政牵头、分级负责、部门协调、社会参与的救灾机制，确保抗灾救灾工作扎实有效。为了保证各项抗灾救灾措施在灾害发生时能真正落到实处，抗灾应急工作联动有效。11月18日，县政府统一安排，县民政局牵头，协同成员部门开展了抗震救灾应急综合演练。

灾民救助 2011年，县民政局认真查核灾情，准确摸清灾害损失和群众生活困难情况，先后及时下拨寒衣2000套、寒被3000床、多功能棉衣1600件，大米300吨，下拨灾款267万元，帮助灾民渡过生产生活难关，确保所有受灾群众有地方住、有衣穿、有饭吃、有病能医治，灾区社会稳定。

双拥工作 2011年，沾益县在巩固全省第八届"双拥模范县（城）"的基础上，双拥工作扎实推进。春节期间，县委、县政府组成8个走访慰问团，分别走访慰问驻沾部队9个,慰问金3.2万元；慰问安置在企业的残疾军人、爱国拥军模范、军队无军籍退休职工等重点优抚对象116人，慰问金2.32万元，赠送价值3万元的慰问品；召开烈军属座谈会820人次，支出经费22.68万元。"八一"期间开展了党政领导军事日活动；召开建军节双拥座谈会；慰问驻训部队，共列支经费9万余元，为不断提高全县双拥共建工作水平奠定了良好基础，密切了军政、军民、军地关系。

优抚工作 2011年，沾益县着力解决重点优抚对象的基本生活和基本医疗保障问题，深入开展优抚工作。为全县革命残疾人员、在乡复员军人、带病回乡退伍军人、参战退役人员等重点优抚对象3104人发放各类定期抚恤金和定期定量补助金1000余万元。为14名下岗失业残疾退伍军人解决生活困难和"两保"问题支出22.49万元。为一至四级伤残人员核发2011年护理费和生活补助费7.9万元。为义务兵家属兑现优待金87.02万元。

安置工作 2011年，沾益县退役士兵安置继续推行"双考"安置政策，及时公布安置计划、安置岗位和安置办法，全程接受纪委、监察等部门的监督。对符合纳入城镇安置的37名退役士兵进行实绩审核，按照成绩依次排序"双考"选岗安置。对选择自谋职业的，发放自谋职业一次性经济补助金共161.71万元，发放待安置期间生活费1.29万元，圆满完成了2011年度退役士兵接收安置工作任务。

社区用房建设 2011年，县民政局按照和谐社区建设中重点加强基础设施建设，改善社区条件、完善功能功能、提升社区品质的要求，对望海、玉龙、玉林、兴源4个社区办公用房进行新建和改扩建。

民间组织管理 2011年，县民政局始终坚持培育发展和监督管理并重的方针，依法登记管理，规范服务民间组织。全县共有民间组织80个，其中社会团体53家、民办非企业27家。其中年内新批准成立社会团体3个、新批准民办非企业7个，依法对其进行了年检，各民间组织均严格按照有关规定开展活动，符合民间组织登记管理的要求。

婚姻登记 2011年，县民政局着力推进婚姻登记工作的规范化建设，规范婚姻登记程序，不断完善婚姻登记信息化平台和数据库建设，实现了婚姻登记全省联网。全年共办理结婚登记3598对，离婚登记392对，补办结婚登记439对，补办离婚登记36对，撤销结婚登记6对，合格率为100%。严格按照《收养法》办理收养登记，共办理收养登记17例。救助"三无"盲流人员及流浪乞讨人员191人次，投入救助经费2.5万元。发放六十年代精简退职人员107人生活补助费21.8万元。进一步规范陶家山遗体公墓、太平文化艺术园管理，精心指导太平文化艺术园的建设工作。

社会福利 2011年，沾益县社会福利事业发展步伐加快。完成了总投资200万元、建筑面积1300平方米的中心敬老院住宿楼建设，"沾益县民政社会福利综合服务中心"项目建设正紧张施工，其它项目的前期准备工作正抓紧进行。积极实施了"重生行动——全国贫困家庭唇腭裂儿童手术康复计划"项目，为8名唇腭裂患者实施手术治疗。关心贫困学子，为35名就读的贫困大学生提供2万元福彩公益金和4.42万元慈善捐赠资金资助。

妥善解决乡镇聘用制婚姻登记员历史遗留问题　多年来，乡镇聘用制婚姻登记员一直保留原始待遇，但未在岗履职，一直上访要求解决待遇，部分婚姻登记业务和他们仍有一定联系，时常给婚姻当事人造成奔波往返诸多不便，困扰着民政工作的顺利开展。2011年，县民政局积极请示县委、县政府，协调劳动、财政等相关部门，全部解除乡镇聘用制婚姻登记员劳动合同关系，通过劳动仲裁，为他们补交养老保险和医疗保险，一次性补给生活待遇，妥善解决了乡镇聘用制婚姻登记员历史遗留问题。

（吴瑞波）

民族宗教侨务

综　述　沾益县属于全省民族宗教工作重点县，是典型的民族散杂居地区。2011年2月机构改革，与侨办合并为沾益县民族宗教侨务事务局，在职人员6人（已退休1人）。

2011年，全县有少数民族17个，人口为25815人，占总人口的5.99%。其中，回族人口为10367人，占总人口的2.41%；彝族人口为8992人，占总人口的2.09%；苗族人口为4510人，占总人口的1.05%；外来民族1946人，占总人口的0.45%，相对聚居在7个民族村委会，30个民族村民小组。全县有开放的宗教场所43所，其中清真寺21所，佛教18所，基督教3所，道教1所，宗教教职人员65人，信教群众35032人，占全县总人口的8.8%。全县有侨务工作对象66户158人，其中归侨11人，侨眷61户129人，港澳属5户17人，留学生4人。

1．做好党的民族政策和法律法规的宣传教育，维护少数民族合法权益。全县各乡（镇）、县民族宗教领导小组成员单位及7个少数民族村委会利用悬挂横幅、涨帖标语、出黑板报、电视专题等多种形式，广泛宣传党的民族政策和法律法规，宣传民族团结进步取得的成绩和模范人物。利用各民族团结日活动，作为宣传党的民族宗教政策和国家法律法规的重要途径，使党的民族政策和法律法规家喻户晓、深入人心。认真做好中考前为少数民族考生出具民族身份证明工作。为中考少数民族考生出具少数民族身份证明88份，更改民族成分相关证明21份。切实加强清真食品的管理工作，严格按照《曲靖市清真食品管理办法》登记、发放、管理清真食品标牌和生产经营许可证。

2．促进民族团结进步。一是建立健全基层民族工作网络。全县8个乡（镇）均配备了专（兼）职民族助理员，7个民族村委会均配备了民族关系信息员。二是进一步加强培训教育。举办领导干部、民族宗教代表人士、民族聚居地区村组干部等不同类型培训班，在民族村及周边村的中小学校开展民族政策法规进课堂教育活动，并在全县民族中小学生中开展了双语教学的调研；与此同时在43个宗教活动场所开展《宗教事务条例》的学习教育活动。三是积极组织参与《〈曲靖彝族文献提要〉编撰工作》，协调全县一切有志于彝族文献编撰事业的人士参加了此次会议，会议有计划、有组织地开展了对此项工作的研讨，按照编纂方案的要求，力争在规定时间内完成彝文古籍文献的调查和收集工作。

3．加快民族地区经济发展。一是注重对民族地区经济社会发展情况进行调研，完成《沾益县少数民族地区经济社会发展情况报告》《关于少数民族自发搬迁问题调研》《散居民族地区问题调研》和少数民族人口30%以上行政村基本情况调查统计。二是在搞好民族发展基金的项目实施、申报、立项工作的基础上，经过多方协调积极争取，向省、市上级部门争取项目资金共计116.9万元。三是完成市民委2011年度少数民族传统文化抢救保护专项经费及少数民族传统体育项目训练基地的申报工作。四是继续执行烤烟税返政策，将2010年烤烟税中涉及民族地区的164.99万元，全部返还用于民族地区基础设施建设。五是措筹资金1万元对边远山区的少数民族和宗教界代表人士进行春节慰问。

4．加强宗教管理。一是加强领导，强化责任，把安全稳定工作作为一切工作的重中之重。按照上级要求，认真向县委、县政府做好汇报，把安全稳定工作作为压倒一切的工作核心，完善了民族宗教突发事件处置预案，全力维护民族宗教领域安全稳定。二是加大不安全因素的排查消除。召开民族宗教界代表人士、民族重点村主任会议，传达中央和省、市、县指示精神，排查各自领域内不安定因素和存在的问题，按照“分级负责、属地管理”和“谁主管、谁负责”的原则，明确专人限期处理，确保稳定。特别是对全县各宗教活动场所进行安全大检查，消除安全隐患，做好防火、防水、防盗工作，确保信教群众的生命财产安全。三是加大对重点宗教活动场所的监控和防范力度。对全县重点宗教活动场所宗教书籍、刊物、音像制品和传教、礼拜、讲经、授课等情况的检查，防范宗教渗透和非法邪教活动，不安全因素排查化解情况实行月报告和零报告制度。四是认真办理人大建议案和政协提案。全年承办人大代表建议案和政协委员提案共2件。对收到的议案、提案在办理过程中立足落实，注重质量，讲求实效，努力提高代表建议和委员提案的办理成效，所有建议和提案都已按期办结。同时，认真做好各类信访工作，信访回复率、满意率达100%，依法维护了群众的合法权益。

5. 积极组织归侨、侨眷和港澳亲属代表参加各族各界人士新春团拜会、中秋茶话会等多种有意义的联谊活动，使他们对沾益县县委、县政府提出各项工作任务、奋斗目标和实施措施等情况得到更多了解，主动服务经济社会发展，主动维护统一战线。

宗教活动 2011年4月11～16日，炎方三官寺和盘江九龙寺分别举行了大殿落成及佛像开光仪式。7月21日，大觉寺对819名信徒举行授戒仪式，县民宗局联合相关部门，认真研究，积极部署，对上述活动进行了有效监督、指导，确保了活动有序进行。

大觉寺兴建“极乐塔” 2011年，为响应国家殡葬条例，规范和减少殡葬用地，节约国土资源等相关政策规定，经县民宗局、民政局等部门同意，报市民委备案，在西平镇大觉寺院内停车场处建“极乐塔”一座，供僧众、居士和社会各界信众离世后供奉骨灰盒。

基督教两活动处所筹建方案获得批准 2011年，根据市民委安排，盘江方城、三道坎2个基督教聚会点就近并入了松林、花山基督教堂活动。大坡前所、播乐鸭团、炎方土桥3个符合条件的聚会点，积极上报审批登记开放为固定点或教堂。6月20日，市民委下发《曲靖市民委关于同意筹建沾益县基督教活动处所的批复》，同意筹建大坡前所、播乐鸭团 2 个活动处所。

参加沙特朝觐活动 2011年，全县共有7人报名参加沙特朝觐活动（其中2人因病不能参加），通过严格的报名资格审查、名单及相关证件的上报等工作，剩余5人顺利前往沙特进行朝觐活动。

宗教场所财务监督 2011年，县民宗局组织沾益大觉寺、西平基督教堂、东山玉皇观、沾益清真寺、石羊清真寺等确定为财务监督试点场所的有关人士学习了《宗教场所财务监督管理办法（试行）》，提高了财务管理和财务监督人员的业务素质。制定沾益县的宗教场所财务监督、检查、管理规定，分发到辖区内各场所，进一步建立健全了试点单位的财务管理机构以及财务监督机构。

宗教教职人员认定 2011年，县民宗局顺利完成对符合条件的伊斯兰教教职人员19人的资格初审及资料上报工作。对佛教教职人员进行认定，沾益县符合采集录入条件的有10人，已完成登记数据的采集以及身份证、戒牒、户口薄信息的复印收集整理和系统录入。积极推荐吴万民、李自飞、秦慧香3人参加省道教协会举办的冠巾和传度人员的推荐和初审工作，为其今后参加受箓和受戒提供条件。

香港“大为挚友基金会”慰问苗族同胞 2011年4月23～24日，香港“大为挚友基金会”一行10余人分别对炎方乡土桥苗族村民小组、盘江镇三道坎苗族村民小组进行慰问，向群众发放大米及学生学习、生活等用品，双方载歌载舞，互相交流，有效地促进了了解，增加了友谊。

市县领导慰问侨胞 2011年春节前夕，市县相关领导分别对沾益汽车总站、黑桥社区的11户困难归侨、侨眷、孤寡老人、离退休归侨、下岗职工进行春节走访慰问，并倾听他们的意见，帮助他们解决生产生活中的困难问题。

（杨　艳）

人民生活

综　述 2011年，县委、县政府高度关注民生，始终以人为本，社会保障得到加强，公共服务体系日渐完善，和谐社会不断深入推进，人民生活切实改善，沾益全面建设小康社会进程不断加快。

人民生活水平进一步提高。一是职工劳动工资有所增长。全县在岗职工总数28621人，比上年的24784人增加3837人，同比增长15.48%；全部职工工资总额94508万元，比上年的80242万元增加14266万元，同比增长17.78%；在岗职工年平均工资为33345元，同比增长1.81%。二是城乡居民收入水平明显提高。城镇居民人均可支配收入18074元，比上年的15303元增长18.1%；人均消费性支出12566元，比上年的10156元增长23.72%；农民人均纯收入5715元，比上年的4813元增长18.7%；农民人均生活消费性支出4103元，比上年的3475元同比增长18%。

社会保障体系逐步完善。一是全力推进再就业工作。全年累计培训农村劳动力13375人，新增转移动力7336人。实现劳务收入5.1亿元。城镇失业人员新增就业2583人，城镇登记失业率3.5%。城镇职工基本养老保险参保人数为10089人、医疗保险参保人数为31304人、失业保险参保人数为19955人、工伤保险参保人数为17358人、生育保险参保人数为13287人、城镇居民医疗保险参保人数为25912人、农村养老保险参保人数为192806人。发放城镇低保金758万元、农村低保金1313万元。新建廉租住房2万平方米，公租住房3万平方米，发放廉租住房租赁补贴52.7万元。

（张全江）

乡　镇

责任编辑　孟文祥

西平镇

综　述　西平镇是沾益县委、县政府驻地，平均海拔2127.5米，最高点在新海村委会海子铺，海拔为2407米，最低点在金龙村委会沟岩村，海拔为1854米。贵昆、昆柏铁路，320国道及曲胜高速公路穿镇而过，境内有天生洞、玉林山等景区及“毒水”、“五尺道”等古迹。国土总面积257.5平方千米，耕地面积4.377万亩，农村人口人均占有耕地0.51亩。辖红星、光华、黑桥、文艺、玉龙、玉林、文昌、望海、玉光、大营、龙华、太平、庄家湾、龙泉、金龙15个社区居民委员会和双河、石羊、轩家、桃园、新海、清水沟6个村民委员会，共213个村（居）民小组、235个自然村。

2011年末，全镇总户数为36539户，其中非农业户13934户，占总户数的38.13%。总人口112775人，比上年增1.03%。其中，非农业人口27684人，占总人口的24.55%；女性56344人，占总人口的49.96%；少数民族7876人，占总人口的6.98%。人口自然增长率为4.58‰。

2011年，全镇实现农村社会总产值33.9亿元，比2010年增18.96%。其中农业总产值6.29亿元，比2010年增11.5%。乡镇企业总产值27.84亿元，比2010年增23%；地方财政总收入1.27亿元，比2010年增2.7%，其中财政一般预算收入9750万元，比2010年增16.2%；农村经济总收入13.46亿元，比2010年增15%；农民人均纯收入5906元，比2010年增15%。

粮食播种111622亩，总产37718万吨，比上年增2.89%;人均产粮334千克。经济作物种植59571万亩。其中，烤烟种植12033亩，总产1667吨，产值3142.3万元；蚕桑种植300亩，产茧0.4吨，产值17万元；万寿菊种植11643亩，总产5840吨，产值438万元。

年末，全镇拥有林地面积14.8万亩，森林覆盖率34.8%。全年植树造林13000亩（其中中低产林改造9000亩，核桃种植4000亩），新建沼气池82口。

年末，拥有大型拖拉机495辆，手扶拖拉机287辆，旋耕机451台。全年机耕面积共57000亩（其中机耕水田32000亩，机耕旱地25000亩），占总耕地面积的85%；机收面积3000亩；落实中央财政购机补贴资金32.8万元，带动农户投入资金75.6万元购置各型农业机械54台。

全年实现工业总产值11.55亿元，增长12%，第三产业总产值9.16亿元，增长12%。个体私营企业发展到1485个，从业人员1.69万人，实现营业收入29.9亿元，增长24%。销售家电下乡电子产品10353台、摩托车1178辆，兑现补贴资金340万元，拉动消费4600万元。

重点项目建设。秉持“责任动迁、人文动迁、文明动迁、依法动迁”的理念，采取“5天+2天”“白天加黑夜”等持续工作法，集中力量，重点突破，全力推进东风南路旧城改造、西河综合治理、财富国际、和谐天地、国投煤炭、盛大物流、云南技师学院、东盛房地产、曲靖土城区应急供水工程西平段9个重点在建项目建设，9个项目共占地4503.2亩，涉及被动迁户4259户，动迁面积约99.7万平方米，迁坟760余冢，成动迁2769户。营造良好的项目建设环境，严厉打击突击加层、乱搭乱建和栽种树苗等违法、违章建设行为，镇城市建设综合执法大队累计清除违法、违章建筑58万平方米、违章植树（在征用土地范围内）面积3万亩，为国家挽回和避免征地动迁经费支出6.23亿元。铁路建设扎实推进，全面完成六沾铁路增建二线西平段建设收尾工作，沪昆客运专线征地拆迁工作有序进行，完成征地517.8亩，动迁房屋808平方米，搬迁坟墓324冢。

镇村建设。始终坚持“规划引领建设”的思路，整合各方资源和力量，完成投资6705.9万元的红星“新社区”建设任务，全面启动庄家湾庄一、庄二村“新村庄”建设。年末，红星社区新社区建设已新建风貌统一集中居住区房屋136幢，硬化道路54条3890.5米27972.5

平方米，新建人行道108条19522平方米，建设污水沟6913米，化粪池657个，新建花园1个面积1000.5平方米，栽种行道树658棵，新装路灯130盏，给水管及电网改造改造657户，新建小区服务室2个，卫生服务站2个，建设垃圾中转站2个。庄家湾新村庄建设已投入建设资金8600万元。其中：小区住宅投入资金7950万元（每套25万元），地下管网、化粪池、道路硬化等投入资金732万元，供水、电网、有线电视、路灯等改造工程投入资金218万元。争取投资440万元，实施金龙、清水沟等村（社）15个村（居）民小组省级重点村和村级公益事业“一事一议”财政奖补项目建设。更加注重村庄规划建设的科学性、合理性和实用性，组织实施村庄规划修编工作，优先为城市重点项目建设和铁路建设被动迁户规划建设新农村，目前已完成项目建设区26个居民小组2667户的新农村基础建设、1574户新农村分配和469套统建房建设任务。

基础设施建设。2011年全镇基础设施投入力度不断加大。一是农田水利建设创历史新高。争取投资2864.6万元，完成农田水利工程49件，新增和改善灌溉面积1.25万亩，治理水土流失4.4平方公里。投资492万元，完成金龙农业综合开发优质稻基地项目二期工程建设。二是交通基础设施建设步伐加快。投资300万元，完成沾麻路至石羊、东风闸至玉光乡村道路硬化5.5公里。三是电力投入再创新高。投资667.1万元，改造升级大营、清水沟等村（社）15个台区农网。深入推进广播电视“村村通”直播卫星覆盖工程，为偏僻落后自然村安装卫星接收设备247套。四是整合资源，争取支持，完成太平、大营活动场所和玉林、望海、玉龙无房社区建设任务，村（社）办公环境明显改善。

全镇共有学校35所（包括幼儿园）。其中，有初级中学3所，教学班68个，在校学生3857人，教职工292人。2011年3所中学毕业887人，中考上高中（含职中、中专）线667人，其中曲靖一中录取8人，升学率75.2%；有村完小13所，教学点11个，教学班161个，在校学生5885人，小学教职工共368人，适龄儿童入学率100%，巩固率100%，普及率100%，毕业率100%；有民办幼儿园19所，教学班70个，在园幼儿2140人，教师105人。全镇有34个小学附设学前班，在班儿童1658人。全镇3–5周岁幼儿入园率93%。2011年，西平镇中小学危房整体改造面积6085平方米，新建校舍面积6339平方米。具体为：玉光小学排危面积974平方米，新建校舍面积986平方米；新海小学排危面积884平方米，新建校舍面积690平方米；桃园小学排危面积460平方米，新建校舍面积690平方米；庄家湾小学排危面积2660平方米，新建校舍面积3247平方米；双河小学排危面积520平方米，新建校舍面积520平方米。同时，金龙小学搬迁新建工程已完成立项、审批及垫土，12月底已启动主体工程建设。

拥有乡（镇）卫生院1所，社区卫生服务中心1所，医护人员47人，病床85张；村级卫生所13家，社区卫生服务站8家，医护人员70人，病床105张。

民主法制建设。主动接受人大的法律监督、工作监督和政协民主监督，充分听取人大代表、政协委员的意见、建议，认真办理人大代表建议和议案16件。坚持依法治镇，深入开展普法教育，公民法律意识不断增强。不断扩大政务公开范围和内容，群众的知情权、参与权、表达权和监督权得到有效保障。

精神文明建设。文明创建活动成效显著，光华大湾村被曲靖市委、市人民政府授予市级文明村称号，大营、龙泉2个社区被授予市级文明社区称号，太平小学、庄家湾小学、轩家中学被授予市级文明单位称号。

党建工作。以邓小平理论和“三个代表”重要思想为指导，深入贯彻落实科学发展观，充分调动全镇广大党员的积极性、主动性、创造性，进一步探索研究新形势下加强和改进党员思想政治工作的新思路和新办法，不断改进工作作风，在保持全镇社会稳定，和谐发展上做了大量的工作，为开创全镇党建工作的新局面提供了坚强的组织保证。一是以班子建设为重点，党委换届工作顺利完成。西平镇严格按照有关文件精神，加强领导，精心组织，科学制定换届方案，严格换届程序，严肃换届工作纪律，于3月13～15日，顺利召开了中国共产党西平镇第二次代表大会，共选举产生了镇党委委员10名、纪委委员5名，选举出席沾益县第四次党代会代表44名。通过此次换届，镇党委、纪委班子平均年龄有所下降，文化程度普遍提高，年轻干部、妇女干部、少数民族均达到要求，班子结构进一步优化，达到了预期目的。二是以作用发挥为重点，基层组织建设不断加强。围绕党组织战斗堡垒作用发挥，以争创先进党组织为切入点，全力加强农村及企业党组织建设。党委、总支、支部、党员层层签订目标责任书，进一步明确村小组党支部在具体工作中的作用，要求村内大事、要事必须经支部研究决定。以规范权力运行为重点，镇党委督促村（社区）党总支落实重大问题民主决策、重要事项集体讨论等相关制度，进一步理顺了党总支与村（居）委会的关系，切实发挥了党支部的战斗堡垒作用。同时，镇党委定期到非公企业党支部进行调研，要求非公企业党总支委员挂点到支部，指导企业党支部开展党建工作，并积极争取企业业主支持组织活动开展，要求党总支、支部把技术能手培养成党员，把党员培养成技术骨干，把党员中的业务骨干培养成管理人员；把经营管理层中的优秀党员推荐为党务工作者，把优秀党务工作者推荐到经营管理层。三是以素质提高为重点，党员干部管理教育不断加强。落实和完善党委中心组学习制度，每个月学习1次，坚持和完善领导干部个人学习制度、调研制度、上党课（作形势报告）制度、领导班子务虚会制度等。全镇21个村（社区）党总支全部配置了远程教育，其中电信模式18家、卫星模式3家，各村（社）认真按照有关要求，做到学习、培训、管理制度上墙，推行“四薄一册”进行观众管理和组织培训。一年来全镇共举办各类培训班1460余期，参训人数95000余人次。严格标准，发展党员112名，逐一审核考察，按期转正党员135名。182户农村党员活动中心户活动开展正常。四是以惠民利民为重点，创先争优活动深入开展。镇党委要求各党总支、支部组织党员进行公开承诺，全镇各269个党组织、3000余名党员共完成口头和书面公开承诺。镇党委确定挂村（社区）、联系站所的镇四班子领导为村（社区）党总支、站所党支部开展创先争优活动的直接领导责任人，每月对活动开展情况进行点评，每季度专题向镇党委报告。春耕生产期间，镇党委将创先争优活动与生产结合起来，安排挂村领导干部、站所全部驻村指导生产，帮助解决实际困难，研究推进春耕生产。组织全体党员深入开展学习杨善洲、桂镜洪先进事迹。镇党委制定学习计划及方案，成立了领导小组，由镇党委统一收集先进事迹材料，统一印发到各党总支、支部，并督促利用组织活动进行学习。并以学习杨善洲事迹为契机,组织全镇6岁以下2890名党员参加了学习生活会。

社会治安。2011年，全镇始终坚持构建和谐社会，“平安西平”建设深入推进。启动了望海社区社会管理创新“网格化”管理试点工作。高度重视信访稳定工作，成立了群众工作站，加强和改进新形势下群众工作。深入开展“四群”教育实行干部直接联系群众制度，大力推行“为民服务五项制度、化解矛盾五个机制、处置事件五个到位”的“三五”群众工作法，提高群众工作的针对性和实效性。坚持书记、镇长大接访、大下访制度，落实了“以案定补”“无案奖励”措施、信访工作责任制和领导包案制度，着力构建“三调对接、三级联动”大调解格局。全年受理群众来信来访340件，办理332件，办结率达97%。平安创建工作成效显著，基层综治维稳基础建设不断加强。高度重视安全生产，全面落实“两个主体责任”和“一岗双责”，坚持每个月开展安全隐患排查整顿，企业安全监管明显加强，校车安全、消防安全、农机安全、食品药品安全等行业安全监管力度加大，人民群众的生命财产安全得到有效维护。

大事提要

1月6～7日　西平镇召开一届六次人代会。

3月13～15日　中共西平镇委员会召开第二次党员代表大会，选举产生了西平镇第二届党委领导班子。

6月　西平镇被市委表彰为先进基层党组织。

8月20～21日　国家农业部种植业管理司周普国副司长、杜建斌处长石羊村委会青山村视察旱情。

8月19～20　由省水利厅、发改委、财政厅、农业厅、中低改办组成的省政府调研组一行在副省长孔垂柱带领下，到石羊村委会青山村调研旱情和当前农业农村工作。

9月29日　市委书记赵立雄到石羊村委会青山村检查指导抗旱救灾工作。

11月　镇政府被市政府表彰为第六次全国人口普查先进集体。

12月　西平镇进行乡镇机构改革。

镇属单位负责人

人大办	主　任	朱国燕（女）
企业办	主　任	陈竹华
中心学校	校　长	铁俊春
文化站	站　长	邓敬莲（女）
农科站	站　长	朱荣宝
科　委	主　任	王志萍（女）
共青团	书　记	陶　坚
妇　联	主　席	孟爱萍（女）
工　会	副主席	曹帽菱
民政所	所　长	杨建友
林业站	站　长	高潮海
统计站	站　长	潘玉武
老龄委	主　任	孙玉宝
畜牧站	站　长	吴红兵
农机站	站　长	刘水琼（女）
农经站	站　长	杨　曦（女）
经作中心	主　任	张玉宝
水务所	所　长	韩鸿林
公路站	站　长	李关礼
烟叶站	站　长	袁会斌
卫生院	院　长	陈太宽
社区卫生服务中心	主　任	刘俊华
计生办	主　任	陈富昌
司法所	所　长	卢绍慧
建设所	所　长	袁治勤
国土资源所	所　长	张金朝
财政所	所　长	付　贤
信用社	主　任	崔建昌
供销社	主　任	周国权
民宗办	民族助理	保德权（回）
扶贫办	主　任	崔宝生

劳动保障所　所　长　朱树勇
（2011年9月免）
高学锋
（2011年9月任）

社区、村委会负责人

红星社区
书　记　宫艳东（女）
主　任　陈国民
副主任　冯美焕（女）
玉龙社区
书　记　邹开敏（女）
主　任　付彩香（女）
副主任　甘德荣
光华社区
书　记　曹双才
主　任　杨常洪
副主任　程建礼
玉林社区
书记、主任　李　娴（女）
副主任　冯静萍（女）
文艺社区
书记、主任　李　霞（女）
副书记　冯琼珠（女）
望海社区
书　记　李自刚
主　任　陈金龙
副主任　崔　燕（女）
文昌社区
书　记　王绍发
主　任　张玉林
副主任　李曙峰
黑桥社区
书　记　宋建清
主　任　熊贵荣
副主任　袁秋霞（女）
玉光村委会
书　记　吴崇喜
主　任　周建开
副主任　吕茂花（女）
新海村委会
书记、主任　陶成林（回）
副主任　温六仙（女）
大营村委会
书　记　袁永慧
主　任　刘顺忠
副主任　李仕谦
桃园村委会
书记、主任　温买生
副主任　吕小贵
轩家村委会
书记、主任　李石平
副主任　张贵桃
金龙村委会
书记、主任　邓建德
副主任　丁元宝
副主任　陈琼芬（女）
庄家湾村委会
书　记　李琳瑛
主　任　邓小燕
副主任　段云飞
副主任　张东方
龙华村委会
书　记　李勤书
主　任　张吉方
副主任　翟召秀（女）
太平村委会
书　记　张石庆
主　任　赵武华
副主任　丁石富
龙泉村委会
书记、主任　保明祥（回）
副主任　孙元润
双河村委会
书记、主任　铁乔昌（回）
副主任　马进宝（回）
石羊村委会
书记、主任　保林坤
副主任　马贤成
副主任　马才方
清水沟村委会
书　记　张能会
主　任　朱荣生
副主任　刘美琼（女）

（徐春凤）

盘江镇

综　述　盘江镇位于沾益县中部，驻地距沾益县城24盘江镇位于沾益县中部，驻地距沾益县城24千米，地处南盘江的上游，属半山半坝区，平均海拔2065米，最高海拔在马鞍山顶峰为2350米，最低海拔在松林村委会九龙山村，为1920米。年平均温度14.2℃，年降雨量950毫米左右，全年无霜期250天。国土总面积332.8平方千米，耕地面积5.59万亩，农村人口人均占有耕地0.89亩。辖松林、施家屯、方城、迤堵、大树屯、遵花铺、十里铺、湖滨、兴源9个社区居民委员会和谭家营、河西、中村、大兴村、小后所、芹菜沟、吴家庄、荣兴、龙凤9个村民委员会，125个村（居）民小组，总人口76062。宜天公路、松会线、贵昆铁路穿境而过，交通便利。花山水库、白浪水库位居上游，水资源丰富。种植蚕桑5.02万亩，蚕桑、劳务和非公经济产业已是全镇农民增收致富的主要途径。

2011年末，全镇总户数20978户，其中农业户14583户，占总户数的69.5%，非农业户6395户，占总户数的30.5%。总人口76062人，其中农业人口60260人，占总人口数的79.2%，非农业人口15802人，占总人口数的20.8%；女性36269人，占总人口数的47.7%，少数民族2170人，占总人口的2.9%。人口自然增长率为5‰，人口密度为每平方千米228人。

2011年，实现工农业总产值18.5亿元，农村经济总收入为6.4亿元，人均经济总收入10574元，人均经济纯收入4500元，比上年增长9.6%，实现财政收入6139万元，比上年增长17.8%。银行存款3.8亿元；贷款1.6亿元。

粮食播种面积13.86万亩，总产量3.95万吨；人均产粮519.5千克，人均有粮385千克。经济作物60253亩。其中，烤烟种植7375亩，总产1000吨，产值1850万元；蚕桑种植5.02万亩，产茧2552吨，产值9677.45万元。

拥有森林24万亩，森林覆盖率42.7%。

生猪存栏134078头，出栏156021头；牛存栏27481头，出栏10480头；马存栏11940匹；羊存栏52635只，出栏29649只；家禽存栏180354只，出栏617934只。养鱼水面8450亩，产鱼670吨，产值670万元。

年末拥有农用运输车辆85辆，大型拖拉机120辆，旋耕机186台，手扶拖拉机208辆。全年机耕4.5万亩，占总耕地面积的80.5%。

年末有乡镇企业1771个，从业人员6880人，总收入13.36亿元，总产值14.28亿元，实现利润8200万元，税金1929.7万元。

产业结构调整。在稳定粮食生产的基础上，以农民增收为主线，加快农业产业结构调整步伐，形成了以蚕桑、烤烟、蔬菜、畜牧四大产业为主，以经济林果、水产养殖为辅的“四主两辅”农业产业化发展格局。种植粮食作物13.95万亩，粮食总产量达3951.1万千克，同比增长0.35%。新植桑园3106亩，桑园总面积达5.02万亩，其中干旱损失4500亩，实现鲜茧产量255.23万千克，综合产值9677.45万元。完成了花山河、海河治理工程，芹菜沟、中村土地整理项目和原建材厂土地回收工作，争取了1500亩中低产桑园改造和谭家营土地整理开发项目，全面启动白浪水库调水工程和镇政府公租房、新源社区办公用房建设。不断加强对外交流合作，着力进行招商引资，松林、荣兴两个土地流转项目成功签约并顺利实施。同时，积极争取蔬菜批发市场、蔬菜储存冷库等配套项目落户盘江，为镇域经济发展增添了活力。狠抓镇、村、组三级烤烟生产技术网络服务，提高烟叶质量，平稳收购烤烟100万千克，实现产值1844万元；完成肉类产量1.8万吨，实现产值2.2亿元；经济林果产量540万千克，实现产值649万元；水产养殖产量650吨，实现产值650万元；2000亩优质蔬菜基地实现年产值460万元；种植魔芋2200亩，实现销售收入600余万元；稳步发展中药材3000余亩，泡核桃7500亩。免费调试安装农机（具）368辆次，销售各种化肥、农药、农膜等农资产品6400吨。

基础设施。完成水晶地水库、中村合作水库等小一、小二型水库除险加固工作，有效地解决了3.2万人、1.7万头大牲畜的安全饮水问题。由白浪水库向沾益县城顺利调水48万立方米。实施森林管护24万亩。小后所3组、河西3组等一批省级重点村基础设施更加完善、主导产业逐步壮大、村容村貌明显改观。程控电话2000门，移动电话26200门，其中新增2000门。加大集镇管理力度，完善集镇管理办法，使花山、方城、松林街道绿化、亮化、美化工程上了一个新台阶，提升了小集镇对外形象和整体服务功能。

交通。公路总长350.3千米。其中：国道17千米，县、镇公路16千米，镇村公路122.3千米，村村公路91千米，村庄道路104千米；拥有大型汽车92辆，小型汽车1120辆。巩固通行政村公路100%硬化成果，切实加强和规范农村公路养护管理，在部分路段设置完善公路标识标牌，提升了公路规范化管理水平。积极争取镇村公路硬化项目，落实新农村建设及“一事一议”财政奖补资金500余万元，硬化村内道路16公里，硬化率进一步提高。建成占地3亩的四级标准客运站，客运车辆已完成审批，正式投入运营。

教育。坚持教育优先发展战略，“两基”水平得到巩固提高。紧抓校舍安全工程建设，在去年完成中小学二期危改工程的基础上，新争取迤堵小学校安工程782平方米。中考上线290人，上线率48.9%，比上年提高10%。学校共19所。其中：初级中学2所，小学17所。在校学生7400人（中学生1991人，小学生5409人），中小学教职工432人；中学升学率99.38%，小学升学率100%。幼儿园8所，在园幼儿1107人，教职工116人；适龄儿童入学率100%，巩固率99.8%，普及率100%，毕业率100%。

公共卫生。实施了国家基本药物制度和基本公共卫生服务项目的改革工作。新农合参合率达97.48%，同比增2.39%。受益群众11.5万人次，受益资金460万元，同比增3.46%和6.9%，受益面进一步扩大。

计划生育。认真落实联合国人口基金第六周期项目和奖、优、免、补优惠政策，引导群众自觉实行计划生育。计划生育率98.5%，综合节育率87.8%，人口自然增长率4.6‰。

组织广大干部群众开展丰富多彩的文体活动，丰富群众文化生活。超额完成城乡居民养老保险试点工作。农村参保率93.4%，参保3.3万人，超额完成13.4%，完成城镇参保率70%，参保350人，超额完成10%，累计缴费351万元。

调查核实和认定水库移民1440户、4243人，巩固移民后期扶持项目2个，加大移民安置区基础设施建设，有效改善安置区群众的生产生活条件。

拥有文化站1个，活动室1个，藏书3800册。有线电视用户12853户，电视覆盖率90.11%。拥有镇卫生院2所，卫生所16所，医护人员61人，病床96张；敬老院1所，在院老年人14人。

深入开展“五五”普法活动，全社会法制意识不断增强。积极推进依法行政，完善了政府议事规则和工作制度。自觉接受镇人大的法律监督、工作监督和社会各界的舆论监督，办理人大代表意见建议24

件，群众关心关注的一些热点难点问题得到有效解决。积极发展电子政务，完善了镇政府门户网站，农政通和视频会议系统。全面落实廉政建设责任制，加强对重大项目和惠农资金落实情况的监督，深入开展纠风专项治理，促进了政风行风的持续好转。顺利完成政府机构改革任务，进一步理顺了运行机制。大力推进诚信文化建设，广泛开展群众性精神文明创建活动，申报县级文明单位4家，市级文明单位1家，为培养新型农民、建设社会主义新农村奠定了基础。

全面落实社会治安综合治理各项措施，投入综治维稳经费28.4万元，建立了“打、防、管、控”治安防范网络。有效开展社会矛盾纠纷大调解工作，全年共排查热点难点、矛盾纠纷714件，调解621件，调处率70%；受理来信来访90件，调处69件，调处率70%；群体性涉法上访数和人数均低于上年，无10人以上到省集体上访，无邪教人员进京滋事和集聚活动。刑事案件发案452起，破案208件。平安村（社）被命名率达100%，被命名为小后所村全国民主法制示范村。积极开展食品药品和农资市场的专项整治，加强物价监管调控工作，维护了正常的市场秩序。严格落实安全生产责任制，持续开展安全生产专项治理，安全生产形势总体平稳。全面贯彻落实党的民族宗教政策，民族宗教事业健康发展。认真抓好征兵工作，为部队输送了优秀青年28名。

大事提要

1月11～12日　盘江镇召开第一届人民代表大会第五次会议。

3月13～5日　盘江镇召开中国共产党盘江镇第二次代表大会。

6月24日　盘江镇举行“颂歌献给党，庆祝建党九十周年红歌会”活动。

6月30日　盘江镇召开庆祝建党90周年暨七一表彰大会。

8月9日　市政协主席赵建华到盘江镇遵花铺社区居民委员会调研指导新农村建设工作。

9月14日　共青团省委副书记杨金莹、共青团市委书记施兴满、市妇联常务副主席刘浩一行，到盘江镇松林社区调研“党建带妇建”工作。

12月6日　盘江镇召开白浪水库应急引水工程动员会。

站所负责人

盘江交警中队	队　长	王学培
花山交警中队	队　长	柳建明
蚕桑站	站　长	卢晓斌
	副站长	陈正志
财政所	所　长	陈红艳
信用社	主　任	董荣华
地税分局	局　长	周照良
广电站	站　长	李宗宁
水务所	所　长	王东田
盘江卫生院	院　长	王品华
花山卫生院	院　长	万　超
盘江派出所	所　长	蒋正荣
花山派出所	所　长	王　翔
兽医站	站　长	董乔德
盘江供销社	主　任	张家云
花山供销社	主　任	赵玉学
中心学校	校　长	陶凤平
盘江邮政所	所　长	孙　涛
花山邮政支局	局　长	付学品
盘江电信所	所　长	崔家才
花山电信所	所　长	晏德才
林业站	站　长	卢仕锋
烟叶站	站　长	赵常友
粮管所	所　长	游　斌（女）
农机站	站　长	沈从汉
农科站	站　长	刘成林
计生办	主　任	张德伦
水果站	站　长	崔家维
水产站	站　长	詹光荣
农经站	副站长	施学勤
企业办	主　任	宋胤凭
镇科委	主　任	朱树兴
城建所	所　长	陈忠宝
民政所	所　长	高晓富
公路站	站　长	杨忠燕
国土资源所	所　长	张华富
国税分局	局　长	董　云
工商分局	局　长	赵海波
司法所	所　长	段学忠
食品站	站　长	孙月平
供电所	所　长	沈瑞云
劳动保障所	所　长	杜家礼

村（居）委会负责人

松林村委会

书　记　张正如
主　任　沈永林
副书记　禄国顺
副主任　李春明
副主任（文书）　黄　勇

河西村委会

书　记　杨　富
副书记　王德才
副主任（文书）　李晓聪

中村村委会

书　记　冯建舟
主　任　冯家洪
副主任（文书）　田明辉

施家屯村委会

书　记　李小四
主　任　李小四
副书记　施兴中
副主任（文书）　施金才

小后所村委会

书　记　敖显堂
主　任　敖显堂
副书记　陶吉书
副主任（文书）　胡家显

方城村委会

书　记　卢仕军
主　任　卢仕军
副书记　王红香
副主任（文书）　卢士飞

谭家营村委会

书　记　沈玉宝
主　任　沈玉宝
副书记　湛文记
副主任（文书）　保德荣（回）

大兴村委会

书　记　李　坤
主　任　代本国

副主任（文书） 朱发稳
芹菜沟村委会
书 记 李 超
主 任 李永林
副书记 李乔寿
副主任（文书） 阮文礼
吴家庄村委会
书 记 桂宝苍（回）
主 任 桂宝苍（回）
副书记 桂腾勇
副主任（文书） 张文华
荣兴村委会
书 记 王志远（回）
主 任 李建华
副主任（文书） 陈永刚
龙凤村委会
书 记 朱建才
主 任 朱建才
副主任（文书） 李文桥
大树屯村委会
书 记 付华平
主 任 付琴龙
副主任（文书） 付仕华
迤堵村委会
书 记 孙学苍
主 任 孙学苍
副书记 丁恒苍
副主任（文书） 胡宪友
遵花铺村委会
书 记 沈黎明
主 任 王学书
副主任（文书） 李家六
十里铺村委会
书 记 沈从粉（女）
主 任 沈从粉（女）
副书记 卢本苍
副主任（文书） 沈明桃
湖滨社区
书 记 徐丽萍
主 任 程明华
副主任（文书） 董云普
兴源社区
书 记 李关友
主 任 桂宝书
副主任（文书） 余 涛

（殷贤兵）

白水镇

综 述 白水镇位于沾益县东北部，驻地距县城24千米。东与富源县接壤，南与麒麟区相连，西与西平、盘江两镇交界，北与播乐乡毗邻。古称“泉关”，有“中原入滇第二关”之美誉。地势南高北低，山脉多呈南北走向，最高海拔位于尖山居委会新铺居民小组马鞍山，为2381千米，最低海拔位于勺达村委会口子头村，为2042千米，平均海拔2077米。总面积353平方千米，耕地面积4.7012万亩，农村人口人均占有耕地1.5亩。辖白水、尖山、新排、小塘4个居委会、21个居民小组，大德、座棚、中心、勺达、王官营、马场、岗路、下坡、潘家洞9个村民委员会，42个村民小组，59个自然村。

2011年末，全镇总户数为9024户，其中非农业户827户，占总户数的9.16%。总人口34947人，比上年增3.27‰。其中，非农业人口1353人，占总人口的3.87%；女性16914人，占总人口的48.39%；少数民族3027人，占总人口的8.66%。人口自然增长率为4.02‰；人口密度为每平方千米99人。

2011年，实现工农业总产值120.06亿元，比上年增15.8%；农村经济总收入4.27亿元，比上年增19.6%；人均经济总收入12710元，比上年增10%；人均经济纯收入4897元，比上年增12.29%。银行存款2.06亿元，比上年增8.42%，银行贷款1.1亿元，比上年减11.1%。

粮食播种11.95万亩，总产量3.19万吨，比上年增2.8%；人均产粮940千克，人均有粮796千克。经济作物种植4.179万亩。其中，烤烟种植1.96万亩，总产0.186万吨，产值3475万元；万寿菊种植0.819万亩，总产0.8426万吨，产值699.35万元；中药材种植0.4万亩，总产0.16万吨，产值350万元；蔬菜种植1万亩，总产1.9万吨，产值1300万元。

新农村建设。加强农房建设管理，在13个村（居）委会实施了危房改造项目400户，改善了1720名困难群众的居住环境；自9月起，有序推进了全镇的村庄建设规划。积极开展土地违法行为专项整治，对全镇未批就用、少批多用等违法用地进行了严肃查处；认真开展农户建房审批，全镇共审批农村建房138户9660平方米，先后4次对各村（居）的房屋建设进行督促建设，责令6户进行了整改，确保了建房的合法性。

拥有森林32.59万亩，森林覆盖率58.3%。全镇加大林下套种开发力度，利用果林地套种万寿菊650余亩；严格按照“七个一”标准新植核桃1万亩，成活率达97%；进一步完善中低产林管护制度，强化巡山护林力度，全镇1.8万亩中低产林长势良好；积极申报项目，争取并在7个村（居）委会实施了中低产林改造项目1万亩；利用“3·12植树节”等契机组织群众开展四旁植树和山林义务植树1800亩，全镇林产业得到了较快发展。全镇认真落实防火责任，层层分解防火工作任务，加强宣传教育、加大火源管控，全镇没有发生重特大森林火灾；加大森林病虫害防治力度，全年共进行森林病虫害防治6000亩；加大林业执法力度，全镇实行森林管护31.8万亩，保证了全镇森林资源的可持续发展。

畜牧。充分发挥资源优势，组织开展畜牧兽医科技培训1990人(次)，畜种改良1.68万头(匹、窝)，推广青贮氨化及工业饲料1.3万吨；积极开展疫病预防，全镇免疫率达100%；利用养殖业扶贫贷款和项目支持，共扶持发展规模养殖户40户，扶持养殖小区4个，全镇大牲畜出栏8169头（匹），生猪出栏10.83万头，山绵羊出栏2.3万只，家禽出栏30.93万羽，由于畜产品涨价幅度大，共实现畜牧业产值2.855亿元，较2010年增43.46%。

年末，拥有低速载货汽车120辆，大中型拖拉机220辆，手扶拖拉机460辆，大型旋耕机10台，小型旋耕机350台。全年机耕面积4.2万亩，占总耕地面积的89.33%。

年末，全镇已投产的乡镇企业676个，较2010年增3个，其中国有企业2个，私营企业30个，个体工商户644个，全镇有工业从业人员5036名。镇域内工业实现总产值115.79亿元，较2010年的100.1亿元增长15.67%；实现增加值19.9亿元，较2010年的18亿元增长10.56%。其中电厂、铝厂实现总产值72.28亿元，实现增加值6.64亿元；非公经济实现总产值43.51亿元，实现增加值13.26亿元。镇域内实现税收2.32亿元，其中：国税1.99亿元，地税0.33亿元。

白水镇党委、政府审时度势，坚持把工业强镇作为战略目标，充分依托区位明显、交通便捷、煤电铝产业链发展潜力大等优势，着力加强“两大工业园区”建设，全力促进工业经济优化发展。招商引资成效明显。全镇以“环境友好型、资源节约型、劳动密集型”作为招商引资的主攻方向，努力做到以良好的环境吸引客商、以优质的服务留住客商。全年共引进工业建设项目17个，其中在建13个，储备4个，计划投资12.15亿元，其中湖北三峡型材股份公司特种玻璃建设项目和红狮宇恒水泥4000吨/日熟料生产线为投资上亿元的项目。截止2011年底，全镇已投产的乡镇企业676个，较2010年增3个，其中国有企业2个，私营企业30个，个体工商户644个，全镇有工业从业人员5036名。园区建设初具特色。围绕打造全市一流工业园区目标，着力建设白水煤电铝冶金能源工业园区和天生桥非公经济园区。坚持科学规划。于2011年12月聘请专业部门完成了工业园区的土地利用修编工作，努力拓展园区发展空间。坚持集群发展。以推动产业集群发展为着眼点，按照“紧盯龙头、抓大引强”的原则，通过曲靖电厂、曲靖东源铝业等龙头企业的带动，全年有6户关联企业入驻园区正在建设，2户有在园区投资的意向，园区已初步形成以煤电铝加工为产业链的支柱产业体系，园区以资源、地域、龙头企业为纽带的产业集群逐步形成，产业链条正在延伸。做好服务对接。年初由镇党委、政府组织，邀请市县相关部门、镇域内所有企业业主召开企业发展研讨会，对全镇的工业发展进行研讨。日常工作中，对企业发展进行全程跟踪指导与服务，帮助企业解决生产中的问题，积极做好水、电等生产后勤保障工作，全力满足企业生产需求；进一步加强企业安全管理，落实安全生产责任，杜绝重、特大事故的发生，为企业的发展提供了保证。打造“工业上山”特色园区。依托冶金能源园区地处山区的自然优势，按照省委、省政府工业上山、城市上山的新要求，园区企业用地尽量不占或少占耕地，全年企业用地550亩，其中耕地196亩，占35.63%，全部为宏捷物流铁路专用线征占；在园区建设中，一律保留原有的山和林，并将园区的山和林划归到企业，由企业进行植树、进行管护，做到企业发展与生态保护同时推动。年末，白水冶金能源工业园区占地达2万余亩，有森林面积6000余亩，山、林占园区的93.6%，工业上山园区基本形成。

项目建设全力推进。针对全镇工业项目建设多的实际，做到一个重点项目明确一名班子成员具体负责，调配相关站所、村组干部成立一个服务工作组，根据工程推进组织召开各类协调会议，对于建设方反映的问题，安排专人限时办结；加大征地拆迁工作力度，根据工程建设倒排征地时间表，做到一个建设项目一套征地拆迁班子、一个工作方案，全年共完成永久性征地1208亩，临时性征地596亩，拆迁房屋11户40间1600平方米，保证了项目建设的顺利推进。强化组织领导，镇域内的宏捷物流铁路专用线、沪昆高速铁路、中缅输油（气）管道等重点项目建设顺利推进。工业发展不断优化。针对镇域内“三废”多的实际，本着“源头治理、循环利用”的原则，努力调优工业结构。招商时有污染的企业一律不引进，不符合国家产业政策的一律取缔；企业落户时，积极宣传标准厂房建设的优惠政策，鼓励、引导企业建设标准厂房，全镇新建企业标准厂房建设率达100%。先后引进了中泰、翔腾新型墙体材料厂，利用废渣、粉煤灰生产墙体材料；引进云南森博特科技有限公司利用脱硫石膏生产石膏板；引进浩腾煤泥、研石加工厂；引导万佳焦化、祥发钢铁厂利用废气烧制石灰等，力争通过循环利用，逐渐消化镇域内的工业“三废”。

基础设施。一是加强水利建设。成立专门工作组，全力支持好、服务好水洞山水库的建设及大麦地水库、小德基水库的除险加固工程，水洞山水库建设进展顺利，征地拆迁、临时用地提供等工作按时完成，大麦地水库于2011年4月启动，小德基水库于7月启动。自筹资金80余万元，于9月中旬实施了小河水库清淤工程，使小河水库的蓄水从3万立方米增加到10万立方米，有效缓解了冶金能源工业园区的用水压力。以国债安全用水项目建设为重点，争取并投入资金65.61万元，完成了新排苏家箐、长冲、中心小学、老马场村的安全饮水工程，于11月投入资金104.11万元启动了岗路、新马场村、马场小学的安全饮水项目；协调资金20万元建成下坡村抽水站，解决了430户群众的人畜饮水问题。二是加强道路建设。自筹资金50余万元，于9月份完成了白水至王官坟（红军烈士墓）通村公路的改造3.4千米；于3月硬化了潘家洞至下坡道路4千米；于12月硬化了白水至潘家洞道路5.4千米。投入专项资金10万余元，充分发动群众投工投劳，完成了79.1千米乡村公路的维护，基本保证了道路通畅。争取移民扶持资金80万元，硬化了李官村民小组道路1公里，修建了自路村民小组生产道路500米。三是加强沼气建设。全镇于9月完成了2010年农村沼气国债项目200口，全镇沼气用户增至5500户，有效改善了群众的生活条件，保护了森林资源。四是加强农村项目建设。争取了省级重点村建设项目资金45万元，自筹资金41.2万元，于4月20日完成了3个项目建设；争取了新增农资综合补贴高家龙潭项目建设资金50万元；争取并实施了财政奖补一事一议建设项目11个，争取项目资金176万元、自筹资金167.9万元，共硬化道路12.12公里，安装饮水管道3.835千米，建设示范村1个，项目的实施改善了群众的生产生活条件。五是加强扶贫开发。争取了扶贫开发建设项目2个、资金30万元，在勺达村委会、白水居委会硬化村内道路2.82千米。六是加强集镇建设。投入资金7.6万元，对集镇街道进行了维修。

学校共20所（包括幼儿园），其中初级中学2所，小学13所。在校学生5604人，其中中学生1847人，小学生3757人，中小学教职工共332人。中学升学率63.45%，小学升学率100%。幼儿园5所，在园幼儿936人，教职工26人。适龄儿童入学率100%，巩固率100%，普及率100%，毕业率100%。围绕办好“人民满意教育”目标，加强基础设施建设，争取国家危改资金133.5万元，排除危房2215平方米，新建校舍1312平方米，投资903.56万元建设白水一中、小塘小学、座棚小学硬件设施。加强课堂教育改革力度，全面推进素质教育，中考普高上线227名，上线率达54.96%，县外高中录取19人，其中曲一中录取5人、曲二中录取5人、民族中学录取9人。加强教育资源优化整合力度，全镇小学仅保留校点1个。认真落实“两免一补”政策，全镇5550名中小学生享受免费教科书、1857人享受生活费补贴。配合沾益职业技术学校开办农业技术培训11个班次，培训返乡农民工、复转军人及社会青年1380余人，发放国家助学补助60余万元。

科技人员共85人，全年农用塑料薄膜使用量190吨，其中地膜使用量185吨，地膜覆盖面积75000亩，农药使用量15吨。化肥施用量合计5000吨，其中氮肥1800吨，磷肥1500吨，钾肥500吨，复合肥1200吨。玉米种植基本实现地膜全覆盖，良种推广率达100%。玉米种植32000亩，均属优质专用饲料型玉米，实现产量14880吨；种植薯类23000亩，实现产量8770吨；种植优质水稻5200亩，实现产量1610吨。全镇围绕科技意识普及和生产技术提高，举办农函大培训班2班次、培训学员100名，对4个村委会的500余名群众进行了“绿色证书”培训、其中办证100名，组织开展了全国科普日、科普周宣传活动各1次，进村开展科技宣传讲座15场次、培训群众2467名。

拥有文化站1个，活动室1个，藏书800册，文化活动户10户，村级文化活动室13个，建设农村书屋5个。有线电视用户2800户，电视覆盖率99%。深入推动文化惠民工程。全力推进文化体制改革，认真落实文化基础设施建设，先后完成了8个村（居）委会的信息资源共享工程村级服务点建设，分别配备了工程专用电脑；先后建成了村级文化活动室5个，配备了音响等设施；完成了5个农家书屋建设，配备了图书2万余册；为中心、勺达配备了篮球架、乒乓球桌及健身器材。继续加大广播、有线电视网络建设，申报了“村村通”唱响建设项目2个，基本实现了村村通广播工程；新安装有线电视36户，发展宽带247户，丰富了群众的文化需求。

拥有镇卫生院1所，医护人员30人，病床25张；村级卫生所13所，医护人员41人，病床39张。全面加强卫生管理。深入推进医疗卫生体制改革，以创建县级窗口示范单位为契机，进一步提高了全镇卫生院（所）服务水平；努力改善就医条件，投入专项资金添置了医疗设备，认真执行药品零差率销售，做到了小病不出村、大病不出镇。加强医疗卫生保健工作，全年开展疫苗接种3270人次，积极做好孕妇、儿童、老年人保健工作，确保了全镇公共卫生的安全健康。全面加强计生服务管理。坚持计划生育国策不动摇，做到计生工作组织领导、任务分解、工作督促“三落实”、认真做好计生工作“贴心服务”进村（居）活动，按季度定时入村（居）开展生殖健康（孕检）服务，全镇服务人数达9750人，服务率达97.6%。抓实节育生育工作，全镇综合避孕率达89%，全年出生人口314人，出生率为9.01‰，自然增长率为4.02‰，政策内生育率达100%。加强流动人口生育管理，全镇累计开展流动人口清查20天，建立台账430人，办理婚育证394人。认真开展计生人口文化大院创建工作，成功创建文化大院2家。创建诚信计生示范点1家。认真开展生殖健康培训，共开展培训20余场，培训群众1100人次。

敬老院1所，在院老年人3人。

民主法制建设。镇党委政府创造条件，安排专项经费支持镇人大、政协工作组开展工作，自觉接受镇人大的依法监督和政协工作组的民主监督，年内办理人大议案、建议、批评和意见19件，办结率达100%，代表回复率达100%。紧紧结合"五五"普法要求，年头制订全镇法制宣传教育实施意见，通过在村组开辟宣传栏、张贴标语、悬挂横幅，组织司法、综治、公安等部门利用街天、法制宣传日、送法下乡等活动强化群众性普法宣传，努力提高群众的法律意识。全年组织26名执法人员参与《行政强制法》等法律法规的培训，全年配合县执法部门和组织相关站所围绕违法占用土地、食品药品等方面开展执法检查12次，确保了国家法律法规的落实。

党建工作。镇党委始终把党建放在工作首位，从严治党，围绕中心抓党建、抓实党建促发展，努力为全镇经济社会又好又快发展提供强有力的政治保证。①重管理，着力加强"五支"队伍建设。一是加强镇四班子建设。严格按照相关组织程序及法律法规，认真执行县委的安排部署，通过加强组织领导、科学制定换届方案、严格换届程序、严肃换届工作纪律，精心组织，周密部署，于3月15日进行了党委和纪委班子换届选举，一次性成功选举产生党委委员11名、纪委委员5名、县第四次党代会代表24名。党委班子换届后，镇党委通过合理分工，科学制定岗位工作职责和目标任务，实行民主管理，进一步完善《白水镇党委政府民主议事制度》，加强日常培养管理，努力为四班子成员创造良好的工作平台等，进一步加强镇四班子的凝聚力、战斗力和执行力建设，努力建设一支讲团结、能战斗、比奉献的镇领导班子。二是加强村"两委"建设。将村"两委"班子建设作为村级党组织建设的重点内容，注重村（社区）干部的日常管理教育，全年共举办村（社区）干部培训班4期，组织副科级领导上党课52次，培训村（社区）干部480余人次；对村（社区）干部年终考核办法进行了修改，使考核更加符合实际、更加注重工作实绩，并将干部的日常工作表现作为考核的重要内容；加强对村级领导班子涣散的整治力度，通过摸底排查、差额推荐、差额考察、党委会议差额票决方式，于11月中旬配齐配强了新排社区党总支班子。三是加强党员队伍建设。严把党员发展关，全年各党总支、支部拟发展党员53名，经严格审核，最终发展49名，占应发展的92.45%。严把党员教育关，全年共开展党员培训教育15班次，教育培训党员500余人次。严把党员正常活动关，以强化党员活动中心户的作用发挥为切入点，督促党员活动开展正常化、党员教育规范化。全年共涌现出省级优秀党务工作者1名，市级优秀共产党员1名，县级优秀党务工作者2名、优秀共产党员7名，镇级优秀党务工作者5名、优秀共产党员59名。②重建设，着力加强基层组织建设。一是进一步加强规范化管理。以"两手册"的规范管理使用为切入点，督促各党总支（支部）认真执行"三会一课""党员管理教育"等制度，按时组织开展各类党组织、党员活动，做到党建工作常规化、正常化、制度化。二是进一步加强学习教育活动。认真开展学习先进活动，以学习杨善洲、桂镜洪、陈家顺、李林森等为重点，镇党委统一印发学习材料，采用领学、送学、集中学等方式组织党员集中学习累计150余天次；加强组织领导、制定工作方案、成立宣讲团，于11月下旬在全镇范围内开展了学习贯彻党的十七届六中全会精神活动，共组织了全镇1260名党员、1万余名群众参加学习。三是进一步加强党建示范点建设。结合创先争优活动，通过在大德村党总支、珠江集团党支部创建县级党建示范点，在卫生院党支部创建县级服务行业示范窗口等，引领全镇党组织加强组织建设；通过开展党员争创示范岗、建立示范区等活动，激励党员更好立足岗位、更好履行职能。7月，镇党委被县委授予沾益县深入开展创先争优活动基层组织建设先进乡镇，全镇涌现出了市级先进党组织1个，县级先进党组织2个。四是进一步加强远程教育的管理使用。进一步加强站点建设管理，于6月和11月分别新建了卫星模式远程教育站点6个，在全镇14个远程教育站点深入开展"双创双争"活动，把开展农村党员干部现代化远程教育与发展农村经济、致富农民群众紧密结合起来，与农村产业结构调整结合起来，有计划、有针对性地对党员干部群众开展集中培训，全年利用远程教育平台培训党员群众1.3万人次。③重实效，着力推进创先争优活动。一是全力推动活动深入开展。镇党委分别于1月和6月组织召开了创先争优活动推进会议，认真分析了全镇各阶段存在的问题，制定了专门的整改措施，并将活动任务层层进行分解，确保活动深入推进。二是加强督促检查落实。镇党委创新工作机制，实行"双重负责制"和"双督双考"的督导制度，督导组每季度对各党组织的活动开展情况进行检查，对创先争优活动思想不重视、工作不得力的，提出批评并责令限期整改，确保创先争优活动深入开展，真正取得实效。三是加强总结宣传。通过编写简报、进行经验交流等形式，认真总结全镇创先争优的好做法、典型经验，全年共编写简报50期，其中20期被县级采用，1期被省级采用，2期被市级采用，10余期发表在相关网站上，通过总结宣传推动了活动深入开展。四是认真组织开展活动。认真开展公开承诺，全镇1260名党员共完成公开承诺950人次；认真开展领导点评，各党组织实行每季度开展一次集中点评；认真开展驻点调研，全镇全部推行领导干部包村工作制；认真开展一次评比活动，以七一建党节、各类总结大会为契机，表彰了一批“五好”党支部和“五带头”党员，以此激励全镇深入开展创先争优活动；认真开展了学习先进典型、践行先进典型活动，全镇党员干部共为群众办好事、实事2000余件次。④重促进，着力加强党建常规工作。一是深入开展廉政建设。镇党委加大党员干部反腐倡廉教育力度，制定和完善了《白水镇党风廉政建设责任制》《白水镇进一步推进惩治和预防腐败体系建设工作方案》等8个制度，与各党总支、支部签订了目标责任书并定期进行督促检查。进一步健全了农村及站所财务管理制度，对农村财务实行了规范化管理，完成了对4个居委会财务的清理审计。各单位主动接受群众监督，服务承诺公开上墙15项，开展“三务”公开56期，全年受理群众来信8件，接待群众来访100余人次，解决了群众反映强烈的难点、热点问题3个。二是深入开展宣传思想工作。深入推进学习型党组织建设活动，党委理论中心组学习正常化，党总支（支部）党员学习常规化；围绕工作重点，全力拓宽外宣渠道、提高外宣水平，全年在省级媒体刊登外宣作品1件，在市级媒体刊登10余件，在县级媒体刊登150余件；抓实精神文明创建工作，全镇创建市级文明单位1家，县级文明单位1家、文明村1个。三是抓实党管武装工作。在13个村（居）委会组建民兵队伍，正常开展民兵训练；严格标准、加强动员，高质量向部队输送高素质战士10名。

社会治安。根据全镇综治维稳工作的需要，共考察选拔了6名复转军人到综治中心，综治中心专职人员达到10名，兼职人员5名；于11月18日在镇挂牌成立白水镇群众工作站、在13个村（居）委会成立群众工作室，切实织密了群众工作网络。加大信访排查。认真落实领导包村、干部包户信访大排查制度，每月组织召开信访排查工作会议，认真开展社会热点、难点大排查，全年共排查矛盾纠纷隐患112件，及时处置107件，做到了将矛盾纠纷化解在源头。加强信访调解。认真开展领导干部大接访、大下访活动，健全镇村组联动调处工作机制，做到一个信访案件一名责任领导、一个调处方案、一个办结时限，做到小事不出村、大事不出镇。全镇共接待群众来访26批83人次，受理群众案件26件，调处26件。全年虽然重点项目多，征地拆迁任务重，但全镇非正常上访成下降趋势。加强公安工作。坚持以增强群众安全感为目标，深入开展了“春季攻势”“打击涉车犯罪百日会战”“清网行动”“打四黑、除四害”等专项行动，全年共立刑事案件191起,破124起，行政案件189起，查处175起，打处违法犯罪嫌疑人69人，为群众挽回经济损失130余万元，尤其在“清网行动”中，抓获网上逃犯17名，白水派出所被市公安局授予集体三等功，3人获个人三等功。安全生产日趋良好。调整充实镇安委会成员单位，使成员单位达到19家，年头层层签订安全生产责任书，把安全生产列入领导干部年终考评，实行一票否决制，保证了全镇安全生产有序推进。建立健全安全生产管理规章制度，落实了“八有”安全生产保障机制，即所有单位有机构、有专人、有经费、有制度、有台帐、有奖惩、有应急救援预案、有计划和总结，全镇的安全生产基础得到了夯实。坚持每季度召开一次安全生产例会，每月开展一次常规检查，并根据安全生产形势和季节性特点，对于重点行业、重点区域及重点时间，增加安全生产“拉网式”大检查的次数，镇党政主要领导做到常规检查必定过问，重点隐患亲自督办。全镇于4月、11月分别开展全镇安全生产地毯式大排查，对排查出来的安全生产隐患，严格按照“五定”原则进行整改，全年未发生安全生产重特大事故。

抗旱救灾。2011年，白水镇降雨478.9毫米，较2010年减少503.7毫米，全镇遭受了自有气象记录以来最严重的春夏连旱。全镇蓄水181万立方米，是2010年的34.15%；全镇6.77万亩大春粮食全部受灾，其中成灾6.69万亩；经济作物3.179万亩全部受灾，其中成灾2.99万亩；直接经济损失9987万元。面对严重旱情，白水镇将保人畜正常饮水作为抗旱救灾的绝对指标、硬性要求，时刻关注、全力保证，全镇13个村（居）委会、63个村（居）民小组全部制定管水、用水方案，镇财力投入保人畜饮水经费20万元、抗旱物资2.5万元，灌满全镇所有能够蓄水的小水窖、部分水池，新建人畜饮水工程8处，于10月争取到省国土资源厅打井项目资金100万元，分别在大德小黑石头村、新排居委会各打250米以上的深井1口，全镇人畜饮水都能够正常供给。共投入抗旱生产专项经费10万余元，调集消防车、拉水车累计拉水1250余方，投入专项经费抽水2000余方，维修农业灌溉水利设施110余处，保证了全镇玉米、烤烟、万寿菊在最佳节令内完成栽种。对农业生产进行了全面规划，规划中督促相关站所具体制定各村（居）委会的生产方案和用水规划，确保在蓄水不足的情况下保证生产合理用水，提前谋划水改旱2200亩。

大事提要

1月5日　白水镇组织召开工业发展研讨会，总结了白水“十一五”工业发展，对“十二五”工业发展进行了研讨。

1月10～12日　白水镇第三届人民代表大会第四会议召开。

3月7日　市委书记赵立雄到白水调研工业发展情况。

3月13～15日　白水镇第四次党代会召开。

6月　白水镇举办“开展一次宣传教育活动、举办一期入党积极分子培训班、开展一次中国共产党成立90周年纪念表彰大会、举办一次红歌大家唱活动、开展一次党员做好事活动、组织一次群众性纪念活动”为主题的“六个一”系列活动，庆祝建党90周年。

9月22日　白水镇利用赶集日举行新型农村和城镇居民社会养老保险基金发放仪式，标志着白水镇新型农村和城镇居民社会养老保险工作正式实施。

10月14日　白水镇乡镇机构改革工作启动。

10月27日　白水镇召开抗旱救灾暨2012年大春生产规划会议，对抗旱救灾及2012年的农业生产进行了全部安排部署。

镇属单位负责人

烟叶站　站长　雷吉刚
粮管所　所长　王学红
兽医站　站长　付爱国
林业站　站长　夏正昌
农机站　站长　史小留
国土资源所　所长　龙小标
城建管理所　所长　何宝寿
派出所　所长　黄海良
供销社　主任　张长生
信用社　主任　王家飞
农科站　站长　何德方
财政所　所长　温绍才
工商所　所长　艾双亮
卫生院　院长　刘俊华（2011年5月免）
　　　　　　　杨勇能（2011年5月任）
邮政所　所长　余　勇
供电所　所长　陈国文
水务所　所长　胡国山
民政所　所长　温富民
企业办　主任　贺　勇
中心学校　校长　胡云坤
计生办　主任　李红军
交警中队　队长　代云辉
农经站　站长　姜明飞
文化站　站长　张　欢（女）
水果站　站长　李正权
广播站　站长　何永顺
司法所　所长　尹　波
劳动保障所　所长　吕正波
公路站　站长　保云波（回）

村（居）委会负责人

白水居委会
书　记　李国武
主　任　张培雄
副主任（文书）　邓坤辉
尖山居委会
书　记　李文昌（彝族)
副书记　陶贵方
主　任　李文昌（彝族)
副主任（文书）　董贵方
新排居委会
书　记　李勤根（2011年10月免）
　　　　吴兴祥（2011年10月任）
副书记　王石清（2011年11月任）
副书记（文书）　李学坤（2011年11月任）
主　任　张建生
小塘居委会
书　记　詹加厚
主　任　谢德坤
副主任（文书）　张志红
勺达村委会
书　记　张　林
主　任　汤燕林
副主任（文书）　张　波
中心村委会
书　记　余宝仓
副书记（文书）　毛学方（2011年7月任）
主　任　史维正
座棚村委会
书　记　罗玉平
副书记　张家雄
主　任　罗玉平
副主任（文书）　张国才
大德村委会
书　记　张学荣（彝族）
主　任　张学良（彝族）
副主任　周朝品
副主任（文书）　张立田（彝族）
王官营村委会
书　记　杨建洪
主　任　臧平开
副主任（文书）　李云青
马场村委会
书　记　田晓华
主　任　田乔开
副主任（文书）　邢吉德
岗路村委会
书　记　温绍华
主　任　李灿金
副主任（文书）　陆绕方
下坡村委会
书　记　敖立平（2011年1月免）
　　　　李贵华（2011年1月任）
主　任　何玉邦
副主任（文书）　邹绍国
潘家洞村委会
书　记　孙建文
主　任　堵正平
副主任（文书）　吴永祥

（许　锐）

炎方乡

综　述　炎方乡位于沾益县北部，与宣威市毗邻，驻地距县城52千米，国家AAAA级森林公园——珠江源风景区坐落在境内。平均海拔2080米，最高海拔位于马雄山，为2444.14米，最低海拔位于卡居深沟，为1961米。总面积451平方千米，耕地面积13.5万亩，农村人口人均占有耕地1.57亩。2011年末，辖炎方、西河、五拐、新屯、腻诺、磨脚、磨嘎、刘麦地、松韶、来远、青山、麦地、母官、法洒、卡居15个村委会，86个村民小组，124个自然村。

2011年末，全乡总户数为11858户，其中农业户10429户，占总户数的87.9%；非农业户1429户，占总户数的11.1%。总人口41922人，比上年增0.31%。其中，农业人口40407人，占总人口数的96.3%；非农业人口1515人，占总人口数的3.6%；女性19464人，占总人口数的46.4%；有彝族1234人（364户）、回族1157人（304户）、苗族749人（181户）等少数民族共3140人（849户），占总人口数的7.5%。人口自然增长率为6‰，人口密度为每平方千米92.67人。

2011年，全乡工农业实现总产值113501.85万元，比2010年的104610万元增8891.85万元，增幅达8.5%。其中，农林牧渔实现产值45391.32万元，比2010年的42029万元增3362.32万元，增幅8%；非公企业预计可实现总产值96700.8万元，比2010年的86340万元增10360.8万元，增幅12%；农民人均纯收入预计达4773.33元，比2010年的4379.2元增加394.13元，增幅9%；2011年全乡财政总收入预计为1320万余元，同比增长10%。地方财政一般预算支出预计完成1667.5万元，比上年的决算数1150万元增加517.5万元，增幅为45%。

粮食生产实现总产4.48万吨，比上年减产10.9%。种植玉米3.63万亩；优质水稻3000亩，总产87.3万千克。种植马铃薯38500亩，通过实收测产，全乡马铃薯平均亩产达1657.7公斤，比上年降9.5%。

烤烟实现烟叶总产值5604.7479万元，平均单价达每公斤18.36元，圆满完成收购任务，并超收烟叶10.812万公斤，烟叶总产值比上年增加199.6733万元。

完成中低产林改造工程造林7000亩，义务植树14.7万株，实造率100%，平均成活率为96%。未发生森林火灾，全乡拥有森林341439亩，森林覆盖率64%。

通过土地定期巡查和信访接待，共发现并制止土地违法行为113起，处理土地纠纷8起；依法打击处理了3起在基本农田内建盖房屋的行为，私挖滥采得到遏制，制止和封停非法私挖滥采矿产资源2起，为116个农户代办了新增建房用地手续，总用地面积1112.02平方米，为5个地质灾害点78户农户发放了地质灾害避险卡。

全乡畜禽肉类总产预计1.4316万吨，奶产量11.83吨，禽蛋产量386吨。新建生猪养殖“三百”工程3户，新建肉牛100头养殖规模户2户，新建肉羊300只养殖规模户2户。通过工程的实施，逐步实现全乡有养殖示范村，村村有养殖示范户的目标，坚持科技兴牧，加强畜牧兽医科技推广普及，加强重大疫病的防治工作，畜牧生产态势良好。

年末，拥有大型拖拉机215辆，手扶拖拉机242辆，旋耕机278台。全年机耕4.25万亩，占总耕地面积的31.5%；机播面积1250亩，机收面积830亩。

形成了以珠江实业集团、鸿昊实业集团两公司为龙头，辐射带动了松韶、西河村委会及全乡运输、采石场等行业的非公经济。鸿昊实业集团为响应国家产业发展政策的号召，调整产业结构，转变发展方式，承包松韶及周边村委会荒山林地27338亩，通过采用“公司+基地+农户”的经营模式种植云南红豆杉，现已高标准、高质量完成红豆杉种植1.6万亩、80余万株，实现劳动力转移500余人。引进浙江康恩贝（希美康）集团投资2220万元在来远和刘麦地村委会租用土地1万亩，种植银杏苗3000万株、1500亩，种植除虫菊1万亩，劳动力实现转移1000余人。

实现工业总产值9.8113亿元，同比增长12%；营业收入完成9.3501亿元，同比增长13%；工业增加值达3.0034亿元，同比增长12%；税金490万元，同比增5%；固定资产投资完成近5000万元，二、三产业从业人员达7046人。

水利设施投入资金387.5万元，安装管道14.3万米，开挖土石方11868立方米，解决了1856户7183人的饮水困难问题。投资240余万元修建了松韶人畜饮水管道工程，有效解决松韶村委会4325人的饮水困难。投资319万元完成麻塘水库除险加固工程，有效解决9600人和3500头牲畜的饮水问题，惠及炎方、卡居、母官、麦地、法洒、西河等村委会，有效灌溉面积达1万余亩。

集镇建设。积极争取资金和项目，完成远期和近期规划，并于7月动工建设，累计投入资金938万元，预计2012年春节前可完成建设任务。

投入资金10余万元，维护乡村公路40余千米，投资510万元的五拐公路于12月通车，投资120万元的高山公路将于2012年1月竣工。

教育工作。以“两基”工作通过省政府验收为契机，继续加大教育支持力度，“两基”巩固率均为100%，“两基”水平和“普九”质量得到不断巩固和提高。加大扶贫助学工作力度，建立并用好中小学生“两免一补”基金，同时切实抓好保学控辍工作，保证每一个适龄人都能上学。全乡中小学的办学条件和水平得到进一步提高，共有5人被曲一中录取。

全面实施联合国第六周期项目，切实提高计划生育管理水平和服务质量，认真宣传落实独生子女奖优免补政策，较好地完成了全年的工作任务。2011年，全乡总人口41934人，人口出生率为6.9‰，人口自然增长率控制在3.1‰以内。1-11月，共出生289人，其中一孩出生147人，二孩出生140人；完成放环179例，完成结扎156例，综合节育率为88.82%；开展生殖健康检查11350人，占应参加人数的99.23%；办理农业人口独生子女父母光荣证6户。

新型农村社会养老保险养全面覆盖，惠民利民政策落到实处。共发放60岁以上养老保险4634人，发放保险金153万元。截至2011年12月18日，全乡实际参保人数达到15393人，完成任务数的81%。

民生问题不断改善。全乡共发放优抚抚恤、农村低保、五保、大病救助和临时救济等各种社会福利救助资金355万元，帮扶救助2707人次。积极开展精神病普查工作，筛选入档1623人，送市三院住院治疗3人、服药29人。为残疾人安装假肢3人、职业培训3人、新增残疾人就业岗位4人，开展白内障手术17人，对一、二级重度残疾人发放低保金274人。全年共发放扶贫小额贷款265万元，各项支农惠农政策资金补助964.28万元，其中农民农资综合直补资金744.1万元，良种补贴资金41.62万元，退耕还林58.8万元，马铃薯原种补助21.73万元，中央、省级公益林补助25.87万元，家用电器、小汽车、摩托车下乡补贴资金72.16万元，兑付农机购置补贴103.286万元。组织职业技能培训1000余人次。认真做好大中型水库移民后期扶持工作，年内共发放移民扶持款200万元，扶持了3333人。

共有学校24所（包括幼儿园）。其中，初级中学2所，小学15所，幼儿园7所。在校学生5970人，其中，中学生1997人，小学生3973人，中小学教职工共341人（教师329人、工人12人）；在园幼儿368余人，教职工22人。适龄儿童入学率100%，巩固率100%，普及率100%，毕业率99.9%；中学升学率51%，小学升学率100%。基层文化稳步开展。2011年乡现有农村文化户（联合体）15户，文化经营户50余户，农村民间演艺团体6支，农家书屋11个。积极配合县级部门在炎方成功举办沾益县“三下乡”活动，组织了春节舞龙狮、庆祝建党九十周年文艺演出活动、新农村故事会和卡居彝族火把节等系列文体活动。炎方中心学校、炎方一中、炎方二中都分别举办了运动会和师生喜闻乐见的文娱活动。

拥有乡卫生院1所，病床20张，医护人员24人；村级卫生所15所，医护人员47人，病床56张。进一步加强疾病预防和保健网络体系建设，计划免疫“七苗”接种率达95%以上。新型农村合作医疗行政村覆盖率达100%，人群覆盖率达97%以上。孕产妇死亡率控制在0，婴儿死亡率控制在2.7‰以内，住院分娩率为99.8%。14家卫生所“十个统一”标准化建设巩固成效明显，群众的就医条件得到了较大的改善。积极做好食品药品的监管工作，全年未发生食品药品安全事故。

乡党委切实改进和加强对人大、政协工作的领导，充分发挥人大代表和政协委员的监督职能，及时办理人大代表和政协委员提出的议案、建议和意见，民主决策的科学化、民主化水平有了新的提高，基层民主政权建设不断加强，基本实现了民主选举、民主决策、民主管理、民主监督。积极开展“六五”普法宣传活动，发放各类宣传资料5000余份。充分发挥人民调解预防矛盾纠纷、调处矛盾纠纷及法制宣传作用，共排查受理纠纷186起，调处成功181件，成功率97%。

深入贯彻《公民道德建设实施纲要》，积极树立以“八荣八耻”为主要内容的社会主义荣辱观，弘扬良好的社会道德，营造健康向上的舆论氛围，坚决制止封建迷信活动，严厉打击“黄赌毒邪”等社会丑恶现象，净化社会风气，引导群众树立科学、健康、向上的生活方式，大力开展群众性精神文明和群星文明工程创建活动，开展“文明单位”、“文明户”评选活动，2011年，成功申报市级文明单位1家，县级文明单位1家，县级文明村1家。

乡党委坚持把“创先争优”活动贯穿基层党组织建设始终，以活动为契机，紧紧围绕社会主义新农村建设，以富民、和谐为目标，以村党支部为重点，以“五好五带头”为抓手，以“三级联创”、抓好“六支队伍”建设和党员“六户”创评活动为载体，以落实党建工作责任、健全长效机制为保障，全面加强农村基层党组织建设，为实现农业增产、农民增收、农村繁荣提供坚强的组织保证。一是圆满完成乡党委换届选举任务，选举产生了年龄结构优化、基层经验丰富的新一届乡党委班子和纪委班子，为炎方经济社会发展奠定了坚实的组织保证。二是重视村级组织活动场所建设。按照“八有”标准，积极争取资金和项目，不断完善软硬件设施，建立健全相关制度，切实加强村级组织活动场所的管理，积极申报星级村级组织活动场所建设，80%的村级组织活动场所达三星级标准，麦地村委会被评为四星级村级组织活动场所。三是加强党员干部现代远程教育终端站点建设。成立了以党委书记为组长的炎方乡农村党员干部现代远程教育工作领导小组，抽调专人建立了“五支队伍”（党员干部现代远程教育专兼职干部队伍、站点管理队伍、教学资源开发队伍、教学辅导队伍、技术服务队伍），全乡16个党员干部现代远程教育站点管理规范，成为党员干部和农民群众学习时政、法律、农技、卫生等知识的重要途径。

炎方乡政务服务中心不断建立健全相关制度，切实转变入驻工作人员的作风，提高为人民服务质量和服务水平，明确乡纪委书记兼任政务服务中心主任，全乡共有22家站所入驻，下设8个窗口进行工作，并做到“九个统一”（统一场所、统一亮出身份、统一工作平台、统一进驻项目、统一进驻单位、统一代办事项、统一进驻人员、统一台帐管理、统一公开内容）。同时，加强村级代办点的建设，方便群众办事。至11月30日，乡政务服务中心接待群众3327人次，承办案件3156件，当场办结3142件，交由其他单位办结86件，办结率为99%。各村代办点接受待办事项9902件，办结9779件，办结率为98%。

县委共选派了14名新农村建设指导员进驻到炎方乡。为切实加强领导，乡党委成立了由党委书记担任组长的乡新农村建设领导小组，组建了组织领导机构，各新农村建设指导员分别兼任所驻村的党总支副书记或主任助理。通过加强领导，明确了身份，各新农村建设指导员在所驻村发挥了各自的力量，积极协调资金和项目，共争取到项目4个，资金133万元。

安全生产。一是全年工作做到早谋划。年初制定了全年的工作计划，明确指导思想、目标任务和工作措施，将工作意见细化为每一项具体工作。二是重点工作做到早部署。2011年共组织了20余次全乡范围的安全生产大检查，加大对重点行业和部门的安全生产进行专项整治。三是监督检查不放松。对检查中发现的安全隐患，及时下达整改通知书，督促相关单位落实整改，将安全隐患消灭在萌芽状态。全乡累计检查企业40次，检查个体工商户80多户、32次，下达隐患整改通知180份，提出整改意见406条。四是强化安全监管任务的落实。以政府牵头，部门联动，企业协作，形成了安全生产齐抓共管的工作格局。通过强化措施，切实加强整改落实，今年全乡未发生一起安全生产责任事故。

大事提要

1月25～26日　炎方乡第三届人民代表大会顺利召开，会议选举顾开吉同志为炎方乡人民政府乡长。

3月15～17日　中国共产党炎方乡第四次代表大会顺利召开。

6月1日　驻滇集团军某部政治部副主任张志涛到炎方乡腻诺“八一“希望小学与全体师生共庆“六一”国际儿童节。

6月16日　市委常委、市委组织部长李云忠同志到炎方乡调研工作。

8月5日　投资300余万元的麻塘水库除险加固工程顺利开工。

12月22日　市政协副主席、民进曲靖市委主委夏传煊到炎方乡检查指导农村水利建设工作。

乡属单位负责人

工商所　所长　吕　贤
电信所　所长　严胜白
邮政所　所长　殷建国
供电所　所长　关红明
卫生院　院长　吕庆明
农机站　站长　胡　建
农科站　站长　张静飞
水务所　所长　严卫红（2011年8月任）
姜德庆（2011年8月任）
国土资源所　所长　王云奎
城建所　所长　沈彦刚
司法所　所长　马　辉（回族）
企业办　主任　张　林
民政所　所长　毛德才
计生办　主任　李华桥
文化站　站长　姜开留
供销社　主任　张志云
兽医站　站长　姜　勇
财政所　所长　姜明方
信用社　主任　詹关所
劳动保障所　所长　吕庆波
林业站　站长　蒋春学
烟叶站　站长　詹　云
派出所　所长　韩建德（2010年9月免）
交警中队　队长　周文祥
中心学校　校长　杨　勇
炎方一中　校长　张云坤
炎方二中　校长　胡忠阮

村委会负责人

炎方村委员会
书　记　董金城
主　任　严明彦
副主任　顾华芳（女）

西河村委员会
书　记　杨永进
主　任　杨良飞
副主任　顾正飞

五拐村委员会
书　记　姜开成
主　任　姜泽平
副主任　付春涛
副主任　姜德智

新屯村委员会
书　记　邹云昌
主　任　张金文
副主任　朱应能

腻诺村委员会
书　记　顾正举
主　任　王　华
副主任　王天华
磨脚村委员会
书　记　刘庆贵
主　任　张学飞
副主任　李乔荣
法洒村委员会
书记、主任　吕庆立
副书记　邹玉春
副主任　王　坤
母官村委员会
书　记　杜春柏
主　任　郑仕旺
副主任　郑绍发
磨嘎村委员会
书　记　杨国祥
主　任　杨　云
副主任　杨　挺
刘麦地村委员会
书　记　蒋培云
主　任　杜周宝
副主任　蒋小海
松韶村委员会
书　记　李才开（回族）
主　任　陈云宝
副主任　陈宁波
副主任　李兴白（回族）
来远村委员会
书　记　蒋昌会
主　任　杜连才
副主任　杜建云
青山村委员会
书记、主任　蒋金昌
副书记　蒋显昌
副主任　张金卫
麦地村委员会
书　记　詹　莉（女）
主　任　胡黎明
副主任　姜家云
卡居村委员会
书　记　刘兴祥（彝族）
主　任　刘兴德（彝族）
副主任　沈理发

（袁冬花）

德泽乡

综　述　德泽乡位于沾益县西北部，驻地距县城70千米。平均海拔2082.5米，最高海拔位于小米嘎村委会牛角山，为2528米，最低海拔位于热水村委会小江江面，为1637米。总面积154.35平方千米，总耕地面积1.49万亩，农村人口人均占有耕地0.78亩。辖富冲、德泽、热水、小柳树、米支嘎、炭山、小米嘎、后山、热水、老官营、左水冲 11个村民委员会，76 个村民小组，228个自然村。

2011年末，全乡总户数为5086户，其中非农业户398户，占总户数的7.8%。总人口19214人，比上年增加0.3%。其中，非农业人口682人，占总人口的3.54%；女性8235人，占总人口的42.8 %；少数民族1201人，占总人口的6.25%。人口自然增长率为5.1‰；人口密度为每平方千米124人。

2011年，实现农村经济总收入13306万元，比上年增加14%；人均经济总收入6784 元；人均经济纯收入3402元，比上年增加15%；财政支出2077万元，比上年减少6.45%；银行存款9040万元，比上年增加17.5%，贷款5750万元，比上年减少4.6%。

粮食播种3.28万亩，总产10224吨，比上年增加2.7%；人均产粮532千克，人均有粮510千克。经济作物种植2.7万亩。其中，烤烟种植0.93万亩，总产0.126万吨，产值2380万元；西瓜250亩，总产474吨，产值150.1万余元；种植人参果250亩，总产250吨，产值130万余元；完成冬早马铃薯样板种植100亩，平均亩产达1420千克；种植红提葡萄50亩，总产100吨，产值80万元；商品蔬菜9600亩，总产13056吨；当归等中药材3000亩，总产1800吨；其他水果220吨。

牛栏江—滇池补水移民安置工程。一是移民搬迁及生活安置全面结束。梅角塘、椿树坪以及水井三个安置点已全部建成，94户移民喜迁新居，居住条件对比以前得到大幅度提高，其他10余户移民已自愿签订自行安置协议。二是移民生产安置基本完成。经老鸦洞村民小组“一事一议”决定，使用村集体资金按照“以地扩地”的思路集中为移民配备土地，目前，梅角塘安置点完成扩地350亩，椿树坪安置点即将扩地260亩，加上淹没线以上剩余土地资源基本可以满足移民需要，为移民长期稳定和后续发展打下坚实的基础。三是移民人口二次核定取得实质性进展。工程涉及移民人口原先确定为112户452人，其中库区老鸦洞移民107户432人，坝区水井移民5户20人，经二次核定，老鸦洞移民增加83人，全乡移民人口增至535人，已上报审批。四是社会环境持续稳定。充分发挥村组干部、移民代表以及“对子户”的引导帮扶作用，2011年完成移民实物指标及土地补偿款兑现1009万元，完成坝区征占地补偿兑现550万元，工程外围环境稳定。

扶贫工程。及时启动左水冲村委会二道石坎村民小组易地搬迁项目，该项目主体为搬迁新建39户，涉及156人，财政投资78.18万元，目前，迁入点场地平整和挡墙工程已全部完成，水、电等基础设施以及安居房建设正在有序进行中。

省级重点村建设。小米嘎村委会社会主义新农村省级重点村建设，总投资30万元，新建大坪子进村沙石路2.5千米，支砌挡墙60方，硬化下米嘎村内道路900米、修建砂石路300米，支砌挡墙100方，有效解决了两个自然村群众出行难的问题。

农资综合补贴水利项目。争取农资综合补贴水利项目2个，总投资100万元。一个是富冲村委会水浇地工程，解决了公路两旁山地浇水困难问题；另一个是棠梨树溪流水坝塘建设，彻底解决棠梨树、后山人饮困难问题。

年末，拥有森林15.5万亩，森林覆盖率41.6%，2011年完成中低产林改造1.42万亩，完成四旁义务植树15万株，完成沼气池建设100口，节柴改灶300眼。

生猪存栏4.49万头，出栏7.68万头；牛存栏5421头，出栏5519头；羊存栏2.47万头，出栏2.06万头；家禽存栏13.29万只，出栏28.62万只；禽蛋产量296吨。

年末，拥有大型拖拉机64辆，手扶拖拉机88辆，旋耕机7台。全年机耕8500亩。

年末，有各类乡镇企业265家，私营企业4家，个体工商户261家，从业人员689人，总收入13958万元，总产值9401万元，税金354万元。

招商引资。省水利厅车乌河德泽段治理工程项目已进入实施阶段，工程共投资1070余万元。引入南磷集团，前期投资8000万。争取德泽乡公租房建设项目，计划建设128套，共需投资1117.46万元，其中国家补助350万元。安全人饮工程项目总投资159.25万。抗旱应急工程项目7件，总投资84.65万元。争取了集镇供水管网改造项目，总投资25万元。争取了14200亩的中低产林改造项目（含退耕还林、天然林保护工程、人工造林项目等），总投资约240万元。争取了万头养殖场新建项目两件，总投资130万元，养殖场改扩建项目两件，投资35万元。

基础设施建设。坚持基础先行的原则，切实加强“水、电、路、田、能源、环境”等农村基础设施建设。①集镇建设。充分利用自然资源优势，投资100余万元建成秀峰文化公园。该园新建2条环山道路、搭建2条健身台阶、平整2块健身场地、增设1套健身器材，通水通电，已成为集镇群众健身娱乐的主要场所。②学校建设。投资138.91万元的炭山学生宿舍楼、投资174万元的中学女生宿舍楼、投资35万元的川河洞校点、投资10万元的后山学生食堂建设项目均已竣工验收，并投入使用；筹资65万元重建中学大门和厕所，工程已接近尾声；投资41.36万元改扩建中学学生食堂，工程正在进行中。③为改善教师、医务人员以及其他人员住房困难问题，积极争取公租房建设。工程点位于德泽北村中学下方，规划建设4幢单元房，每幢6层，共128套，总占地面积2000平方米，地勘、设计等前期工作已全面完成。④以保障人畜饮水安全为出发点，积极争取资金实施农村人畜饮水工程。完成后山、棠梨树、老官营3个村委会8件农村安全人饮工程，总投资116.1万元。完成集镇新供水水源500立方米主调节水池建设以及管网延伸工程。⑤其他基础设施。完成村内道路硬化80条14040.81平方米，砂石路82千米，村间道路硬化9条15.82千米，硬化乡村公路26.4千米，修弹石路8.4千米；架电8.636千米；完成人畜饮水管引44千米。

学校共13所（包括幼儿园），其中初级中学1所，村完小11所（其中希望小学两所），民办幼儿园1所，教学点5个。全乡共有教学班115个，其中初中16个，小学87个，学前班10个，幼儿班2个。在校学生2962人，其中中学965人，小学1672人，学前班248人，幼儿园77人。全乡共有教职工167人，（其中小学98人，中学69人，）。在职专业技术人员160人，工人7人，专任教师平均年龄为32.1岁，学历合格率小学达100%，中学达97.3%，小学共有专科以上学历81人，占82.7%，中学具有本科以上学历58人，占89.2%。中学升学率96%，小学升学率100%，适龄儿童入学率100%，巩固率100%，普及率100%，毕业率100%。

有文化站1个，活动室1个，藏书1500册。

全乡有线电视用户已达2600余户，数字电视200户，辐射7个村委会。

有乡（镇）卫生院1所，医护人员19人，病床30张；村级卫生所11所，医护人员34人，病床44张。

民主法制建设。认真开展“六五”普法工作，干部群众依法行政、依法办事的意识普遍增强。自觉接受乡人大的监督，认真办理人大代表提出的议案、建议和意见，政府决策的科学化、民主化水平有了新的提高。各村委会推行了“一事一议”制度，出台了村级大事报告制度，村务民主决策、民主管理，基层民主政权建设不断加强，民主法制建设更趋完善。

精神文明建设。精神文明建设工作坚持以邓小平理论和“三个代表”重要思想为指导，全面落实科学发展观，围绕中心、服务大局，突出重点、整体推进，保持和发展了积极健康向上的良好态势，为构建社会主义和谐社会提供了有力的精神支撑和良好的文化条件。由乡政府筹集资金100余万元，建设庙山文化公园，有效提升德泽集镇品味，改善人居环境，丰富了群众的业余文化生活，深入贯彻《公民社会道德建设实施纲要》，组织开展群星文明工程创建活动，引导群众树立科学、健康、向上的生活方式，进一步巩固了精神文明建设成果。

党建工作。一是抓队伍，在对股所长及内设机构负责人的调整中，采取民主推荐、无记名测评、谈话等方式，严格参照选拔副科级干部的标准选拔了一批35岁左右年富力强、结构合理的年轻优秀股所级干部。二是抓“龙头”，建设一支凝聚力和战斗力强的党政班子。工作中，始终坚持党委集体领导和个人分工相结合的工作原则和工作程序，重大的事情、事关原则的问题都由党委集体研究决定，采取既分工又合作，为每位班子成员提供了展示自己才能的舞台，形成了人人有压力、人人有动力、人人有干劲的工作格局。三是抓重点，建设和造就一支综合素质高、群众拥护的村级干部队伍。全乡78个村支部书记中，有种植养殖方面的大户和带头人，半数以上的两委成员也都有自己的经营项目，是本村的致富能手。

社会治安。紧紧围绕综治维稳工作目标管理责任制，增加投入，加大“三室一所”改造力度，建立定期排查调处群众矛盾纠纷等机制，加强“打、防、控、管”一体化建设，与周边乡镇建立“五联”防控机制，实行领导大下访、大接访，不断完善综治维稳工作长效机制，切实维护了社会稳定。上半年全乡各类矛盾纠纷不断减少，刑事治安案件发案率明显降低，全乡社会治安呈现良好局面。

安全生产。把安全生产工作作为全乡工作的重中之重，不断增加安全生产投入，层层签订了各类安全生产责任制，认真开展了安全宣传工作“五进”活动；加强安全生产监督检查，深化安全生产专项整治，及时消除安全隐患；制定突发公共事件应急预案，提高了应急反应能力；建立安全生产“黄红牌”警告制和安全隐患挂牌督办制等长效机制。年内，全乡没有发生过重大安全生产事故，安全生产形势明显好转。

大事提要

1月20日　德泽乡召开三届四次人代会。

3月15日　德泽乡召开第四次党代会，选举产生新一届党委委员及纪委委员。

7月1日　举行庆祝中国共产党成立九十周年活动。

10月17日　省水利厅副厅长刘嘉喜到德泽检查指导移民搬迁安置工程建设。

10～12月　德泽乡进行机构改革。12月28日，乡党委政府领导为内设机构及下属事业单位举行授牌授印仪式。

12月31日　德泽乡秀峰文化公园竣工。

乡属单位负责人

农业综合服务中心
主　任　薛巧凤（女，2011年12月任）
常务副主任　陶仕斌（2011年12月任）
副主任　李才谦（回族，2011年12月任）
杨大培（2011年12月任）
卢仕宏（2011年12月任）
苏荣红（2011年12月任）

国土和村镇规划服务中心
主　任　唐绍勇（2011年12月任）
副主任　颜红新（2011年12月任）
刘长寿（2011年12月任）

人口和计划生育服务中心
主　任　王天才（2011年12月任）
副主任　洪春琼（女，2011年12月任）

文化广播电视服务中心
主　任　杨成林（2011年12月任）

财政所　所　长　吴勤慧（女，彝族，2011年12月任）
派出所　所　长　陶　韬
司法所　所　长　张三强
国土资源所　所　长　丁　伟
城建所　所　长　刘长寿（2011年12月免）
农科站　站　长　李才谦（回族，2011年12月免）
农经站　站　长　苏荣红（2011年12月免）
卫生院　院　长　史廷宝
邮政所　所　长　余先斌
电信所　所　长　柳开斌
供销社　主　任　刘红斌
文化站　站　长　赵金辉（2011年12月免）
企业办　主　任　薛巧凤（女，2011年12月免）
工商所　所　长　孙　涛
水务所　所　长　陶仕斌（2011年12月免）
计生办　主　任　王天才（2011年12月免）
信用社　主　任　吴兴平
中心学校　校　长　王吉生
烟叶站　站　长　李如泉
粮管所　所　长　邹云慧
供电所　所　长　卢本昌
农机站　站　长　杨大培（2011年12月免）
兽医站　站　长　唐绍勇（2011年12月免）
林业站　站　长　李正亮（2011年12月免）
公路站　站　长　颜红新（2011年12月免）
民政所　所　长　张贵芳（2011年12月免）
信访办　主　任　王有贵

村委会负责人

富冲村委会
书　记　杨开德（2011年12月任）
书　记　杨成林（2011年12月免）
主　任　杨开德
副书记　王正吉
副主任　黄长清（2011年7月免）
书记助理　丁秀丽（女，2011年9月任）

德泽村委会
书　记　李家兴
主　任　胡开学
副书记　陶文林

副主任　田忠兴
书记助理　陈荣娟
（女，2010年9月任）
热水村委会
书记、主任　陶汝昌
（2011年12月任）
王取柱（2011年12月免）
副书记　王取柱（2011年12月任）
陶汝昌（2011年12月免）
副主任　姜德全
书记助理　张　红
（女，2011年9月任）
老官营村委会
书记、主任　张新国
副书记　钱章荣
副书记　许吉林
主任助理　魏先华
（2011年9月免）
左水冲村委会
书记、主任　王光奎
副书记　何小长
副主任　袁建明
主任、助理　赵丽琼（女）
炭山村委会
书　记　李粉珍（女，彝族）
主　任　胡金付
副主任　王取林
书记助理　李孝粮
米支嘎村委会
书　记　李德坤（彝族）
副书记　李常青
副主任　尹国才
书记助理　崔庆来
小米嘎村委会
书　记　王建生
主　任　蒯老稳
副主任　李荣正
主任助理　杨绍龙
小柳树村委会
书　记　胡显周（彝族）
副书记　唐正坤
副主任　赵席跃
书记助理　杨春波
（2011年9月免）
后山村委会
书记、主任　杨正金
副书记　梅国华（2011年4月任）
副书记（文书）　尹玉忠
（2011年4月任）
主任助理　汤红虎
棠梨树村委会
书　记　张文朝
主　任　蒋正俄
副书记　袁国吉
副主任　舒培增
书记助理　袁国春

（孙　浩）

菱角乡

综　述　菱角乡位于沾益县西北部，驻地距县城43千米。平均海拔2040米，最高海拔位于黎山，为2646米，最低海拔位于块所，为1930米。总面积512平方千米，耕地面积6.0156万亩，农村人口人均占有耕地1.31亩。辖赤章、水冲、刘家庄、聂子洞、旧屋鲁、卜嘎、小卡郎、黎山、白沙坡、菱角、块所、棚云、稻堆13个村民委员会，118个村民小组，157个自然村。

2011年末，全乡总户数为12088户，其中非农业户903户，占总户数的7.47%。总人口47275人，比上年增0.7%。其中，非农业人口1541人，占总人口的3.26%；女性23509人，占总人口的49.7%；少数民族3833人，占总人口的8.1%。人口自然增长率为2.1‰；人口密度每平方千米92人。

2011年，实现工农业总产值38700万元，比上年增11.99%；农村经济总收入36735.3万元，比上年增15%；人均经济总收入7810.7元，比上年增14.8%；人均经济纯收入4611.3元，比上年增13.1%；财政收入2055万元，比上年增25.80%，支出2247.4万元，比上年增62.67%；银行存款15900万元，比上年增44.55%，贷款6885万元，比上年降16.19%。

粮食播种8.301万亩（复种指数为138%）。总产3.873万吨，比上年增3%。人均产粮847.67千克，人均有粮810千克。经济作物种植7.44万亩。其中，烤烟种植3.2605万亩，总产0.487万吨，产值9144.54万元；蚕桑种植580亩，产茧6吨，产值24万元；万寿菊种植14960亩，总产量9852吨，产值788.2万元；创建金银花育苗基地150亩，推广金银花试验示范种植2000亩；因地制宜推广种植中药材2444亩，核桃21700亩。

新农村建设情况。以发展农村经济、优化农村环境、提高文明程度为出发点，协调资金70万元完成白沙坡十八家村、黎山上大桥村重点村建设项目；协调资金45万元完成稻堆村委会马头山、那土村及卜嘎大家宽省级重点村建设项目；协调资金100万元，加大对农村危房的改造力度。

拥有森林484000亩，森林覆盖率51.6%，全年植树造林8000亩，农村改灶100户，新建沼气池共400口。

畜牧业实现产值17146万元，比上年增15%。年末生猪存栏65828头，出栏133312头；牛存栏14207头，出栏9776头；马存栏2498匹；羊存栏36020只，出栏27004只；家禽存栏96526只，出栏293120只。养鱼水面3500亩，产鱼650吨，产值650万元。共有养殖专业户23户。

年末，拥有农用汽车605辆，大型拖拉机139辆，手扶拖拉机63辆，旋耕机265台。全年机耕40800亩，占总耕地面积的67.82%。

年末，乡镇企业共398个。其中，集体企业0个，个体私营企业398个，从业人员1194人，总收入4800万元，税金85万元。

招商引资情况。投入资金1300万元，完成黎山35千伏变电站建设工程；投入资金4640.54万元，启动110千伏赤章变电站并网运行工程。引进企业在赤章建立150亩四季金银花育苗基地；引进曲靖正和堂生物药业股份有限公司投资1500万元在刘家庄建立金银花试验示范基地2000亩；引进企业投资20万元在块所种植桔梗500亩；引进风力发电企业到卜嘎村进行风力发电测试。

基础设施建设。①农田水利建设。共争取项目9个，协调资金8686.35万元，加强水利基础设施建设。其中协调资金216万元完成渔洞水库西干渠防渗工程；协调资金154万元完成黑滩河水库北干渠防渗工程；协调资金254.83万元完成中央投资预算内及省级第一、二批农村饮水安全工程共13件；协调资金603万元，在赤章、刘家庄启动县级农业综合开发土地治理项目；协调资金2113.26万元，启动中央小型水利重点县建设工程；争取投资4157.86万元的第六期烟（农）田建设项目落户我乡；协调资金1181万元，全面开展土地口、哈盆沟、夏家海子、古城等水库除险加固工程；协调资金6.4万元启动棚云小麦地村16口“爱心水窖”建设工程。全乡水利条件逐步改善，年内蓄水总量884万立方米，占全县蓄水总量的48.6%。②集镇建设。积极筹措资金，加强菱角集镇街道、供排水系统、管线网络、环卫设施建设，逐步形成以菱角集镇为中心，赤章、黎山、水冲、摆河集镇为依托，具有较强聚集和辐射能力的梯度结构集镇体系。培育集镇诚信经营、诚信消费市场，提高集镇综合服务水平和集群效益，加快城乡一体化进程，扎实做好菱角市级文明小城镇集镇创建工作。③公路建设。争取项目4个，协调资金1111.2万元，加强道路基础设施建设，使菱角乡成为全县通行政村公路全面硬化的3个乡镇之一。其中协调资金480万元，硬化菱角经块所至棚云、那土至稻堆共14.8千米的乡村道路；协调资金326万元，硬化水冲至刘家庄、松会线至上大桥共7.6千米的乡村道路；协调资金280万元，硬化赤章至聂子洞7千米乡村道路；协调资金25.2万元，维修旧屋鲁至小桃树3千米、块所至仙人洞7千米、水冲至古城3千米、棚云至梃子塘10千米、菱角至平渡口9千米、摆河至耕德至打磨山18千米的乡村道路。④学校建设。投资237.32万元，整改7所小学及菱角三中的安全卫生隐患。⑤其他建设情况。争取项目6个，协调资金6257.05万元，加强电力基础设施建设，改善全乡用电条件，为今后企业进驻和一二三产业全面发展奠定了坚实基础。

学校共20所（包括幼儿园）。其中，初级中学3所，小学13所。在校学生7158人，其中，中学生2660人，小学生4498人，中小学教职工共369人。中学升学率86.5%，小学升学率100%。幼儿园4所，在园幼儿463人，教职工19人。适龄儿童入学率100%，巩固率100%，普及率100%，毕业率100%。科技人员共186人。负责做好全乡科技推广应用及农业科技知识培训工作，做到一村有一个科技带头人，一户有一个科技明白人。拥有文化站1个，活动室3个，藏书3327册。有线电视用户6025户，电视覆盖率100%。拥有乡卫生院1所，医护人员40人，病床40张；村级卫生所13所，医护人员50人，病床52张。

民主法制建设。认真开展“六五”普法工作。健全村党总支领导下的村民自治机制，落实“四议两公开一监督”制度，健全“一事一议”制度，推进全乡法制化进程，10个村委会被命名为第二批县级民主法治示范村。

精神文明建设。围绕“11235”精神文明建设思路，创建省级文明村2个，市、县级文明单位(村)32个。扎实开展菱角市级文明小城镇创建工作，申报创建4个市级文明单位、3个县级文明单位、2个县级文明村。

党建工作。坚持以加强党的执政能力建设和先进性建设为主线，以贯彻落实科学发展观活动和开展创先争优活动为重点，进一步强化基层组织建设和党员队伍建设，构建适应菱角经济发展需要、群众满意的党建工作新格局。圆满完成第四次乡党委换届选举工作，顺利选举产生了11名乡党委委员和5名乡纪委委员。全面推进乡镇机构改革工作，组建了4个办公室、5个中心、1个所，优化了人员结构和机构设置。创建了卜嘎、黎山、块所、菱角、赤章5个党建工作示范点，以点带面，辐射全乡，发挥典型示范带头作用。

社会治安。加强乡综治中心和村“三室一庭”规范化建设，夯实综治维稳基层基础工作。坚持“三老人员”参与矛盾纠纷调处的工作机制，落实“有案定补、无案奖励”措施，形成“三级联动、三调对接”的大调解工作格局。乡村两级年内共受理各类矛盾纠纷107件，调处107件，调处成功103件，调解成功率96%，各类案件发案稳中有降，有效避免了民转刑案件。认真落实打击、防范、管理、教育、建设等社会治安综合治理工作措施，在全乡创造性地开展安全星、稳定星、廉政星、先锋星、服务星、新风星“六星村”创建工程，防范控制非正常上访和群体性事件工作在全县综合考核中名列前茅，13个村委会创建为县级“平安村”。

社会保障。农村最低生活保障户1666户，人数2453人，支出保障费292.40万元，比上年增34.28%；月人均保障费99.33元，比上年增13元。国家抚恤补助各类优抚对象254人，抚恤事业费支出98.14万元，比上年增长7.60%。有敬老院1个，床位32张，收养老人32人。全年接受社会捐款3.07万元，使112人（次）困难人员受益。发放60岁以上新农保养老金5167人28.4万元，收缴16至59岁新农保保险费18586人275.8万元，参保率达91.15%。

大事提要

1月24～26日　菱角乡召开第三届人民代表大会第四次会议。

2月12日　省政协主席王学仁到菱角乡调研指导农业农村工作。

3月15～17日　中国共产党菱角乡第四次代表大会胜利召开。

7月17日　菱角乡组织乡村干部到贵州省兴义市考察金银花产业。

9月18日　菱角乡召开新型农村养老保险试点工作动员大会，新型农村养老保险试点工作正式启动。

11月23日　全市中低产田地改造现场会在菱角乡召开.

12月23日　菱角乡顺利完成机构改革工作，组建了4个办公室、5个中心、1个所，优化了人员结构和机构设置。

12月30日　菱角乡在赤章、刘家庄启动县级农业综合开发土地治理项目。

乡属单位负责人

中心学校　校　长　梅金荣
派出所　所　长　杨祝良
供销社　主　任　杨朝东
卫生院　院　长　铁俊良（回）
邮政支局　支局长　秦友德
电信支局　支局长　郑春丽（女）
供电营业所　所　长　黄玉林
财政所　所　长　左　勇
林业站　站　长　周丙飞
畜牧兽医站　站　长　王仕军
烟叶站　站　长　陈陆海
农科站　站　长　杨买全
农机站　站　长　王　瑞
信用社　主　任　马献斌
（回，2011年9月免）
张正祥
（2011年9月任）
建设管理所　所　长　刘　伟
（2011年4月免）
范育园
（2011年4月任）
土地管理所　所　长　张家顺
水务所　所　长　丁启龙
（2011年6月免）
方朝岗
（2011年6月任）
计生办　主　任　李德昌
公路站　站　长　何树清
文化站　站　长　顾海琨
蚕桑站　站　长　杨成钢
水果站　站　长　余正保
水产站　站　长　李德明
农经站　站　长　赵琼波
企业办　主　任　马　龙（回）
敬老院　院　长　张志全

村委会负责人

赤章村委会
书　记　杨红远
主　任　杨红远
副书记　赵开明
副主任兼文书　王保刚
水冲村委会
书　记　段洪斌
主　任　杨家林
副主任兼文书　张正发
刘家庄村委会
书　记　张文龙
主　任　聂金品
副主任兼文书　张家贵
聂子洞村委会
书　记　罗发宽
副书记　王朝文
主　任　罗发宽
主任兼文书　张忠选
旧屋鲁村委会
书　记　马家礼（回）
副书记　桂俊飞（回）
主　任　马家礼（回）
副主任兼文书　保明华（回）
白沙坡村委会
书　记　保明邦（回）
主　任　吴留常
副主任兼文书　朱树忠
卜嘎村委会
书　记　杨金龙
副书记　唐买生
主　任　杨金龙
副主任兼文书　刘加维
菱角村委会
书　记　陈建春
主　任　朱汝兴
副主任兼文书　袁国付
小卡郎村委会
书　记　张晓党
主　任　张晓党
副主任兼文书　赵林飞
块所村委会
书　记　袁国林
副书记　袁培红
主　任　袁国林
副主任　袁国定
副主任兼文书　徐天富
黎山村委会
书　记　胡文东（回）
副书记　王东明（回）
副主任　潘长寿
副主任兼文书　崔有林
棚云村委会
副书记　曹家林
主　任　何玉华
副主任　李家宝
副主任兼文书　唐文宏
稻堆村委会
书　记　包柱平
主　任　张正国
副主任兼文书　雷忠平

（韦　颖）

播乐乡

综　述　播乐乡位于沾益县驻地东北部58千米处，平均海拔2100米，最高海拔在奴革村委会的白石脑包，为2484米，最低海拔在奴革村委会大坡村大河边，为1977米。辖区面积280.3平方千米，耕地面积38377亩，人均拥有耕地1.14亩。全乡辖罗木、乐利、奴革、小海、大海、沙高、水田、偏山、鸭团、沙石岭10个村委会，65个村民小组，69个自然村。

2011年末,全乡总户数9023户，总人口34769人，比去年增4.55‰。其中，农业人口33045人，占总人口的96.6%；非农业人口1142人，占总人口的3.4%；少数民族845人，占总人口的2.47%。人口自然增长率为4.2‰；人口密度为每平方千米121人。

2011年，全乡农村社会总产值实现68675.2万元，比上年增长10%；农村经济总收入实现23951.8万元，比上年增长16%；农民人均纯收入预计达3389元，比上年增长15.5%；粮食总产量预计达2512万公斤，比上年减少2%；地方一般预算收入达1162万元，比上年增长10.88%，地方财政支出达1229.29万元，比上年增长30.8%；银行存款9275万元，增21.5%，贷款7206万元，增23.5%。

粮食播种面积138500亩，总产25120吨。经济作物种植19808亩。其中：烤烟11800亩，总产量0.16624 万吨，产值 3011万元；中药材种植16000亩，其中当归10000亩，其他6000亩，产值2400万元，药农人均增收500元；向日葵种植400亩，总产5万千克，产值20万元；土烟种植200亩，总产5.8万千克，产值42万元；魔芋800亩，总产80万公斤，产值160万元。

社会主义新农村建设。争取一事一议财政奖补项目资金180万元，群众投工投劳19000余人次，完成水田、小海、乐利、奴革、鸭团、沙石岭村内道路硬化11912米，启动大海一事一议财政奖补示范村建设；争取革命老区开发建设项目投资100万元，硬化小海村委会进村道路1.4千米、修建三面光沟渠700米，实施播乐中学红色文化建设，完善小海小学基础设施，安装建新村有线电视289户；争取省级重点整村推进扶贫村项目资金45万元，对乐利瓦窑，奴革洒凹、鸭团被卡的村庄道路共3450米进行硬化；争取省级新农村建设重点村项目资金60万元，完成沙石岭梳草塘、罗木新村、鸭团鲁海和小口子四个村村内道路硬化4.7千米；协调大海煤矿投资50余万元，实施大海村委会盖排村矿村共建项目，硬化盖排村村内道路1.8千米。争取农村危房改造项目资金100万元，对100户农村危房进行改造。

拥有森林26万亩，森林覆盖率46%，全年植树造林8000亩，零星植树12万株。

畜牧业实现总产值16461万元，比上年增11%。年末生猪存栏82156头，出栏123598头；牛存栏9352头，出栏6320头；羊存栏17500只，出栏23217只；全乡已建规模养殖场7家、养殖小区2个，发展年出栏大牲畜20头以上的养殖大户10户。全乡新增规模养殖场3家，肉牛养殖厂1家。

拥有大型汽车231辆，小型汽车294辆，拥有农用汽车126辆，大中型拖拉机138辆，小型拖拉机175辆，旋耕机73台，打谷机1000台。全年机耕面积1.8万亩，占耕地面积的53%。

年末，全乡共有企业169个，其中私营企业17家，个体户152个，从业人员2797人，完成营业收入45205万元，实现增加值19066万元，比上年增29%，上缴税金2229万元，比上年增10%。

招商引资。坚持走出去，引进来的发展思路，积极营造良好投资环境，为企业提供政策知识，引入有实力的投资新办企业。投资120万元，新建了水田采砂场；供销社通过招商引资项目，投资260万元修建占地面积1800㎡的大型超市一个。

基础设施建设。农田水利建设重点项目有冬春水利等，共投资785万元，投劳5652人次，工程总量36.58万立方米。完善播乐小集镇环境建设，规范集镇管理，安装路灯20盏，种植绿化树42棵，建垃圾池4个。争取项目资金1430余万元，完成倒播公路一期工程倒石岩至沙高四级公路14.8千米的改造；争取项目资金1700万元，修建倒播公路二期工程；投资680万元，硬化沙高至青石山、偏山烟点至炎方高山段乡村公路。争取项目资金239.18万元，排除中小学危房2328平方米，新建校舍2567平方米，投资20余万元，新建沙高小学教学楼300平方米，厕所60平方米。其他建设情况：建立农家书屋5家，并发放价值10余万元的配套图书；争取项目资金10万元新建偏山文化活动广场；完成10个村委会的行政村文化活动室建设。

学校共12所，其中初级中学2所，小学10所。在校学生5472人，其中中学生2135人，小学生3337人，教职工327人。中学升学率67%，小学升学率100%。幼儿园3所，学前班10个，在园幼儿540人，教职工21人。适龄儿童入学率100%，普及率100%，毕业率100%。科技人员55人。推广专用型包谷良种29000亩，脱毒马铃薯良种20000亩，地膜包谷种植29000亩，土壤肥料平衡施肥15000亩；畜种改良10023窝，推广氨化饲料9942吨，青贮饲料8627吨；各类科技培训757人次。有文化站1个，活动室6个，藏书3600册。有线电视用户1258户，电视综合覆盖率100%。有乡卫生院1所，医护人员18人，病床20张;村级卫生所9所，医护人员34人，病床36张。

民主法治建设。全面完成了

"五五"普法各项任务。切实的抓好"六五"普法的启动工作，扎实开展"法律六进"工作。以"法律六进"活动为载体，深入宣传宪法和国家基本法律，紧紧围绕促进经济发展、社会和谐、人的全面发展以及与人民群众生产、生活密切相关的法律法规，切实提高全乡群众知法、懂法、守法的意识；切实提高了公务员、青少年和农村群众依法办事、依法维权的意识和能力。

精神文明建设。大力倡导"爱国守法、明礼诚信、团结友善、勤俭自强、敬业奉献"的基本道德规范，不断探索丰富农村群众精神文化生活的有效途径，开展形式多样的文体活动，增强了思想道德建设的实效性。坚决打击封建迷信活动、黄、赌、毒等社会丑恶现象，净化了社会风气，提高了群众的思想道德素质。积极参与沾益县首届"道德模范"评选活动，全乡有4人分别获得不同类别"道德模范"称号。深入开展群众性精神文明创建活动。精神文明建设得到进一步巩固。

党建工作。按照"统筹规划、严格标准、安全保密"的要求，加强党建示范村建设，对村级组织档案实行台账式管理。投资180余万元，完成6家村级活动场所建设，改善了村两委办公条件。按照"七个一"的标准，投资6万余元，完成了全乡65个党员活动中心户建设。建立健全关爱农村老党员和困难党员长效机制、"党员活动中心户"及农村党支部实际考核评价机制，确保了农村党支部和党员作用的发挥。坚持"三会一课"制度，以远程教育、党员活动中心户、手机短信等载体，改进党课内容和方式，不断强化村级党组织的战斗堡垒作用。深入开展党风廉政建设和反腐败工作，大力推进和构建竟是训诫防线工作。以加强党的思想、组织、作风、制度和反腐倡廉建设为重点，建设高素质的领导班子和干部队伍。以落实惩治和预防腐败体系为重点，加强反腐倡廉建设，坚决查处违法违纪案件，纠正损害群众利益的不正之风，以实际行动密切党同人民群众的血肉联系。严格实行民主集中制，全面实行"四议两公开一监督"工作法，进一步规范民主管理程序，增强党的团结统一。

社会治安。认真落实《信访条例》，严格执行信访责任制和责任追究制，做好群众来信来访工作，积极主动排查群众放映的热点难点问题，及早将矛盾化解在萌芽状态；加强社会治安综合治理，规范村级"三室"建设，加强对校园周边治安秩序的整治，完善情报信息收集渠道，坚持随时排查不稳定因素及苗头事件，及时掌握影响社会稳定的各种因素，加强对邪教活动人员及活动场所的摸排、打击力度，认真做好群体性事件的预防和处置；坚持严打方针不动摇，始终保持对刑事犯罪的高压态势，有效打击和遏制了各类刑事犯罪的发生。2010年，共采集各类信息37条，发出预警信息10条，清理、等级无牌无证车辆120辆；调解各类民事纠纷184起，预防群体性事件1起，立刑事案件33起，破获12件，查处治安案件42件，治安拘留12人，群众安全感进一步增强。

大事提要

1月25日　播乐乡第三届人民代表大会第三次会议召开。

3月14日　中国共产党沾益县播乐乡第四次代表大会隆重召开。

6月23日　播乐乡举行"唱红歌颂祖国"红歌会系列活动，庆祝中国共产党成立90周年。

乡属单位负责人

社会事务办公室
主　任　付　凌（2011年12月任）
经济发展办公室
主　任　苏　桐（2011年12月任）
社会治安管理办公室
主　任　刘小东（2011年12月任）
农业综合服务中心
主　任　张雄道（2011年12月任）
副主任　凡良扩（2011年12月任）
　　　　李合江（2011年12月任）
　　　　陈文全（2011年12月任）
　　　　张玉坤（2011年12月任）
　　　　邓宗然（2011年12月任）
人口和计划生育服务中心
主　任　孙德聪（2011年12月任）
副主任　赵冬梅（2011年12月任）
文化广播电视服务中心
主　任　刘兴芳（2011年12月任）
副主任　徐礼柱（2011年12月任）
国土和村镇规划建设服务中心
主　任　蒋富云（2011年12月任）
副主任　袁关保（2011年12月任）
煤炭安全生产管理服务中心
主　任　严显厚（2011年12月任）
社会保障服务中心
主　任　高贵芳（2011年12月任）
财政所　所长　夏克章
（2011年12月任）
中心学校　校长　余家林
派出所　所长　韩柏聪
司法所　所长　庄金碧
烟叶站　站长　施荣翔
供电所　所长　尹玉龙
卫生院　院长　胡春富
信用社　主任　赵思多
电信所　所长　朱汝彩
邮政所　所长　温绍梅（女）

村委会负责人

罗木村委会
书　记　范红平
主　任　左玉国
副主任　范应权
乐利村委会
书　记　顾庆贵
主　任　温绍光（2010年4月免）
副书记　温绍会
副主任　凡乔礼
　　　　温绍光

（任命为村委会工作人员）
奴革村委会
书　记　刘德拼
主　任　熊彩云
副书记　孙家飞
副主任　吴国洪（彝族）
小海村委会
书　记　毛应早
主　任　温智海
副主任　温智江
大海村委会
书　记　蒋昌禄
主　任　蒋荣波
副主任　胡立飞
沙高村委会
书记、主任　李绍云
副书记　郝金昌
副主任　詹登良
水田村委会
书　记　余光陆
主　任　张文有
副主任　余红云
偏山村委会
书　记　曾建书
主　任　方明胜
副主任　丁光进
鸭团村委会
书　记　张正保
主　任　张　同
副书记　张小跃
副主任　胡　青
沙石岭村委会
书　记　王光在
主　任　孙建友
副主任　王正坤

（文　斌）

大坡乡

综　述　大坡乡位于沾益县西部，乡政府驻地距县城24千米，西与昆明市寻甸县相邻、南与曲靖市马龙县接壤，县内与西平镇、盘江乡、菱角乡相连。最高海拔位于大麻拉，为2.38千米；最低海拔位于妥乐，为1.74千米，平均海拔2062米，年平均气温140C。乡辖面积497平方公里，耕地面积50085亩，农村人口人均占有耕地1.15亩，辖万绿箐、烟子冲、威格、土桥、耕德、大坡、亮泉、新庄、红寨、河尾、妥乐、麻拉、章溪、天生桥、河勺、石仁、岩竹、地河、法土、德威、秧田冲21个村民委员会，191个村民小组，365个自然村，是一个典型的山区农业大乡。

2011年末，全乡总户数为11084户，总人口46009人，比上年增1.09%；非农人口1458人，占总人口的3.2%；人口出生率为10.12‰，自然增长率为5.1‰；其中非农业户441户，占总户数的4.2%。女性22084人，占总人口的48%；人口密度为每平方千米92人。男女出生性别比为117：100，全年共办理农业人口独生子女父母光荣证14对。

2011年，实现工农业总产值39580万元，比上年增16.5%。工业总产值5600万元，工业增加值1650万元，比上年增15%；全乡农村经济总收入34283万元，比上年增11.8%%；人均经济纯收入4341元，比上年增15%；财政收入1942.39万元，比上年增9%；财政支出1432万元，比上年增长87%。银行存款14300万元，比上年增5.1%，完成支农贷款8366万元，比去年增加5%。

全乡粮食播种面积12.07万亩，总产3.36万吨，比上年增3.7%；人均产粮705千克，人均有粮650千克。经济作物种植10.91万亩，其中烤烟种植5.4万亩，总产0.555万吨，产值9871万元；养蚕2148张，产茧7.22万千克，产值290.7万元；万寿菊种植1.8万亩，总产13000吨，产值1000万元；魔芋种植2300亩，产值1100万元；中药材种植6000亩，产值1200万元。

大力开展水利设施建设。按照统筹规划、科学布局、多元投资、建管并重的要求，投入资金3580余万元，群众投工1.6万个，高标准、高质量的完成了12件山区人饮工程项目及大坡集镇用水管网改造项目，新增灌溉面积5000亩，改善灌溉面积3000亩。其中投资290万元，启动了新庄村委会的小流域综合治理项目；投资2760万元，全面实施德溪水库、小米冲水库、白坡水库、毛家油房水库、兴奋桥水库等5件小（一）型水库和肖家小（二）型水库除险加固工程，新增供水人口4600人，改善供水人口12000余人。充分发挥村委会用水协会作用，保证工程长期发挥效益，农户长期受益。

全乡公路总长418.5千米，其中县乡公路27.5千米，乡村公路155千米，村村公路232千米。通村道路建设进程加快。按照“乡村公路通畅化”的要求，积极争取道路建设项目，着力加强乡域内交通主干道建设，投资450余万元完成了章溪至红寨弹石路建设；投资200万元完成了县乡公路主干线至新庄村委会、亮泉黑泥涧的乡村水泥路建设；投资110余万元完成了威格至万绿箐四级水泥路面建设；投资49万元完成章溪至河尾农村砂石路面的维修。

2011年，全乡拥有森林439881亩，森林覆盖率为48.5%。其中国家公益林196812亩，省级公益林74489亩，商品林168580亩。完成中低产林改造10546亩，退耕还林荒山造林2990亩，天保封山育林补植1460亩。完成林下种植金银花470亩，种植泡核桃12000亩。

畜牧业收入2.6亿元，比上年增15%。年末，生猪存栏8.2万头，出栏13.4万头，同比增长14.6%；牛存栏12.6万头，出栏0.87万头，同比增长8.7%；马存栏8876匹；羊存栏5.5万只，出栏2.9

万只，同比增长14.9%；家禽存栏16.5万只，出栏18.8万只，同比增长12%；肉类总产值一万吨，同比增长5.6%，禽蛋产量212吨，同比增长12%；养鱼水面3050亩，产鱼420吨，产值420万元。养殖专业户共52户。

年末，拥有农用汽车140辆，大型拖拉机124辆，手扶拖拉机1468辆，旋耕机1452辆。全年机耕47500亩，占总耕面积的45%。

年末，有非公企业8个，个体私营企业250个，从业人员949人，总收入4981万元，总产值80800万元，实现利润864万元，税金298万元。

稳步推进新农村建设。加强建设规划管理工作，完成全乡21个村委会、74个村民小组的村庄编制规划工作，积极参与全县的林地保护利用规划编制、土地利用总体规划修编工作，使全乡村庄建设、林地使用、土地利用趋向集约化、规范化、科学化。投入资金75万元，完成天生桥、麻拉、亮泉、新庄、河尾村委会500口国债沼气池项目建设任务；争取一事一议财政奖补资金186万元，硬化岩竹、章溪、土桥、地河、麻拉、万绿箐村庄道路；争取农业增资补助50万元完成了章溪德西干渠支渠建设；争取新农村省级重点村建设资金30万元，扶贫项目资金15万元，加强村内道路等建设。农村面貌不断改观，群众生产生活条件得到改善。

加快推进电网改造工程。投资286万元对大坡线、0五线、箐口线、妥乐线前段的绝缘化大修技改工作；投资191万元完成德威集镇、花沟、土桥的第二次电网改造任务，确保农户安全稳定用电，降低用电费用，方便群众生产生活。

全乡共有学校共24所（含幼儿园），其中九年一贯制学校1所，初级中学2所，小学20所。在校学生7512人，其中中学生23063人，小学生52062人，中小学教职工共384人。中学升学率80.6%，小学升学率100%。幼儿园1所，在园幼儿88人，教职工4人。适龄儿童入学率达100%，巩固率达100%，普及率与毕业率均达100%。

全乡共有科技人员320人，推广粮食作物优良品种71200亩，兴办高产示范样板29500亩。大力推广实用科技的普及和培训，参训5100余人次。

投资47万元建成了具多功能厅、排练室、图书室为一体的文体活动站，拥有活动室1个，藏书1000册。投资37万元，完成了农机站综合楼建设。投资50万元建立健全了乡为民服务中心和21个村服务代办点建设。全乡有线电视用户2100户，电视覆盖率达95%以上。拥有乡卫生院1所，医护人员24人，病床21张；村级卫生所21所，医护人员42人，病床81张。敬老院1所，在院老年人19人。新型农村合作医疗参合率达95%，15708人享受到了医疗费用减免。

全年农户建房108户，共1.6万平方米。全乡住房总面积36.7万平方米，人均23.12平方米。农村电网改造共10800户。有彩色电视机6810台，电冰箱350台，洗衣机455台，照相机392台，摩托车2325辆。

精神文明建设。深入实施文明素质工程，推进公民道德建设，深入开展文明村镇、文明单位等群众性精神文明创建活动。积极探索教育与服务相结合的工作方式，培育有文化、懂技术、会经营、讲文明的新型农民。2011年创建省级文明村1个，市级文明单位3个，县级文明村2个，其中大坡村委会梅花新村被省委省政府授予“文明村”称号。

社会事业。科教文卫工作卓有成效。大力实施“科教兴乡”战略，投入资金1500万元，排除中小学危房16206平方米，新建校舍18181平方米，全面启动5所学校的校舍安全工程建设，办学条件得到进一步改善，中小学教育教学质量稳步提高。医疗卫生整体工作水平有所提高，重大疾病治疗有了一定的保障。新型农村合作医疗参合率达96%，15708人享受到了医疗费用减免，累计补偿194.5万余元，减免比例达38%。人口与计划生育工作取得新进展。计划生育各项业务指标均在控制范围内，基础工作得到巩固，重点工作有新突破，奖扶政策落实到位，计生工作规范化建设取得明显成效。文化事业不断发展。充分发挥了文体活动站的功能，积极开展各种有益文化体育活动，丰富群众文化生活。

抗旱救灾。共投入抗旱资金60余万元，参与抗旱23200人次，投入机动抗旱设备42台（套），机动拉水车辆8700余辆，抗旱用油9.31吨，抗旱用电4.46万度，新建泵站6处，铺设引水管道4000余米。寻找新水源52个，维修水源点14个，新建和修复水井水池19个，新建小水窖40个，落实应急取水点87个，发放水源消毒药剂3700余袋，维修泵站94处，并对12000米水渠进行了清障、疏通和掏淤。抗旱救灾工作取得成效。

农机服务。全年共完成机械耕耙面积3.9万亩，机械收割水稻面积260亩，培训各类农技人员180人次。投资13万元改善河勺小海子、法土大槽子村庄道路。

支农惠农政策落实到位，群众生活水平不断提高。发放农业生产资料增支综合补贴资金702万元，良种补贴资金63万元，草原生态奖补资金66.6万元，退耕还林资金146万元，家电、汽车、摩托车下乡补贴70 万元，能繁母猪补贴44万元，计划生育奖励扶助28万元，农民群众得到了更多实惠。大力发展劳务经济，拓展劳务输出空间，转移输出农村劳动力3620人，实现劳务收入3500万元，打工经济已发展成为促进农民增收的新路子。圆满完成了大坡乡“信用乡镇”创建工作，进一步优化了金融服务环境。

社会保障。农村低保、扶贫济困、社会救助、老龄工作进一步加强。民政优抚各项政策落实到位，发放农村低保、大病医疗救助等民政资金240余万元，其中低保金196.38万元，救灾救济款18万元，五保供养金2.96万元，大病救助金8.15万元，抚恤补助金86.54万元。社会养老保险政策落实到位，发放60岁以上农村养老保险178.66万元，城镇居民社会养老保险参保率达93%，农村居民社会养老保险参保率达90%；发放高龄老人健康保健补贴8.1万元。

民主法制。自觉接受乡人大主席团的法律监督、工作监督。武装工作整体推进。政协工作小组充分发挥协商关系、汇聚力量、建言献策、服务大局的作用。“六、五”普法有序推进，依法治乡进程成效明显。实施村级会计委托代理服务，强化政务、村务、财务公开，群众的知情权、参与权、表达权、监督权不断扩大。

党建工作。全乡各级党组织紧紧围绕发展农村经济、增加农民收入、维护农村稳定、建设社会主义新农村大局，坚持把党建工作与农村各项工作紧密结合，加强执政能力建设，加强思想政治建设，努力提高领导发展的创造力；加强班子队伍建设，努力提高各级干部的执行力；加强基层组织建设，努力提高基层组织的凝聚力（2011年新发展党员50人，基层党员队伍不断壮大）；加强干部作风建设，努力提高党员干部的影响力。大坡以改革创新的精神，切实加强和改进新形势下党的建设，为实现发展新跨越提供了坚强有力的组织保障。

大事提要

1月19～21日　召开大坡乡第三届人民代表大会第四次会议。

3月3日　市委副书记范华平到大坡乡视察烤烟生产、为民服务中心工作。

3月15～17日　召开大坡乡第四次党代会，完成乡党委换届工作。

4月1日　中国太平洋建设集团有限公司董事局主席严介和到大坡乡调研海峰湿地旅游开发。

7月1日　大坡乡举办纪念建党90周年合唱比赛。

7月16日　第七届珠江源美食文化节在在沾益县大坡乡万亩万寿菊的隆重中拉开帷幕，当日在海峰湿地举办篝火晚会。

8月15日　新华社到大坡乡采访旱情。

12月　全乡进行机构改革工作，设立党政办公室、经济发展办公室、社会事务办公室、社会治安综合治理办公室四个综合办公室，设立农业综合服务中心、村镇规划和建设服务中心、劳动和社会保障服务中心、计划生育服务中心、文化和广播电视服务中心、财政所。

乡属单位负责人

乡科委　主　任　胡连荣
供销社　主　任　付玉才
农机站　站　长　戴荣飞
蚕桑站　站　长　张学宏
企业办　主　任　陈迎春
电管站　站　长　戴　强
林业站　站　长　胡家云
农科站　站　长　付玉李
财政所　所　长　张正学
粮管所　所　长　杨德恒
计生办　主　任　张雄华
统计站　负责人　崔红飞
公路站　站　长　朱发冬
水果站　站　长　田富民
水产站　站　长　董正有
广电站　站　长　尹　波
邮政所　所　长　蒋家贤
电信所　所　长　李红强
烟叶站　站　长　戴吉林
派出所　所　长　王建明
劳动和社会保障所
　所　长　李聪强
畜牧站　站　长　保有祥
村镇建设所　所长　胡连方
卫生院　院　长　聂雁东
国土资源管理所
　所　长　王志晋
水务所　所　长　王建勤
畜牧站　站　长　保有祥
民政所　所　长　邹水花
工商所　所　长　雷利勇
司法所　所　长　高建文
信用社　主　任　崔吉华
农经站　站　长　蒋国瑞
敬老院　院　长　陈建宝
文化站　站　长　刘丽芬（女）
中心学校　校　长　丁光辉

村委会负责人

万绿箐村委会
书　记　付云宝
主　任　刘　桥
副主任　李苹花（女）
书记助理　刘　红
（女，2011年9月免）

大坡村委会
书　记　马贵明
副书记　吕　成
主　任　马贵明
副主任　陈家明
　胡连华
书记助理　吴　蕊
（女，2011年9月任）

威格村委会
书　记　胡连荣
主　任　陈云华
副主任　马建才
书记助理　何丽娟（女）

秧田冲村委会
书　记　吴树有
主　任　董正坤
副主任　马金生
书记助理　金剑波

烟子冲村委会
书　记　张利东
主　任　高所财
副主任　陈双付
主任助理　彭　丹（女）
德威村委会
书　记　解忠标
主　任　杨正标
副主任　李建香（女）
土桥村委会
书　记　冯跃武
主　任　田家祥
副主任　田德华
主任助理　付仕昆
法土村委会
书　记　吕金荣
主　任　舒学超
副主任　马贤能
书记助理　张红粉（女）
耕德村委会
书　记　冯文昌
副书记　李建有
主　任　冯文昌
副主任　夏金华
主任助理　何小兵
河勺村委会
书　记　袁石生
副书记　张正才(苗)
主　任　袁石生
副主任　安正付（2011年9月免）
红寨村委会
书　记　窦金标
副书记　李树文
主　任　窦金标
副主任　张华安
主任助理　郑自云
章溪村委会
书　记　马七有
主　任　张琼虎
副主任　马存富
书记助理　陈　果
岩竹村委会
书　记　罗中先
主　任　蒋加片
副主任　赵吉敏
书记助理　孙彦平
石仁村委会
书　记　高正华
副书记　陈金所
主　任　高正华
副主任　李石林
书记助理　刘兴华
天生桥村委会
书　记　胡佳品
副书记　徐　平
主　任　胡佳品
副主任　朱家华
书记助理　晏林英（女，2011年9月免）
妥乐村委会
书　记　张朝荣
副书记　姜远富
主　任　张朝荣
副主任　张建贵
主任助理　何怀坤
地河村委会
书　记　吴家学
副书记　吴家宝
主　任　吴家学
副主任　邓关红
书记助理　李树英（女）
亮泉村委会
书　记　张柱林
副书记　徐建柱
主　任　张柱林
副主任　曹明坤
书记助理　孙彩云（女）
新庄村委会
书　记　范玉东
主　任　张志兵（2010年4月任）
　　　　张存柱（2010年4月免）
副主任　杨永权
书记助理　唐春燕（女）
麻拉村委会
书　记　陈桥征（女）
副书记　王兴发
主　任　陈桥征（女）
副主任　刘建发
书记助理　胡佳佳（女，2011年9月免）
河尾村委会
书　记　黄开标
副书记　李正清
主　任　黄开标
副主任　邵乔生

（伍　通）

人　物

责任编辑　管晓方

沾益县党、政、群领导机关负责人名录

（截止2011年12月31日）

一、中共沾益县委

书　记　聂祖良
副书记　毕尚鹏
　　　　张光彦
　　　　杨志雄（挂职）
常　委　王绍有
　　　　高朝花（女，2011年4月任）
　　　　缪涤非（2011年5月任）
　　　　黄海鸥（女，2011年4月任）
　　　　陈玉翔
　　　　丁世坤（回族）
　　　　何治平（白族，2011年4月任）
　　　　李志伟（2011年6月任）
　　　　保家礼（回族，2011年2月不再担任）
　　　　付尔华（女，2011年4月不再担任）
　　　　李　清（2011年4月不再担任）
　　　　林爱平（2011年4月不再担任）
　　　　肖大亮（2011年4月不再担任）

县委办

主　任　陈玉翔
副主任　陈　波
　　　　蒋文琳（女）
　　　　陈贵瑜（2011年11月兼任县工业园区管委会办公室副主任）
　　　　李　周（回族）

督查室

主　任　蒋春祥
副主任　段汝立

机要局

局　长　高　辉

保密局

局　长　何建明
副局长　王明惠（女，回族）

政策研究室

主　任　王关昌
副主任　邱光伦　李艳俊

县关工委

主　　任　张光彦
办公室主任　徐　奎

组织部

部　　长　王绍有
常务副部长　徐志舟
副 部 长　姜德玉（2011年1月任，11月不再担任）
　　　　　熊健超（兼任）
　　　　　刘艳明（回族，兼任）
　　　　　张永坚（彝族）
　　　　　滕黎昆（2011年1月任）

老干部局

局　长　刘艳明（回族）
副局长　顾珍英（女）

宣传部

部　长　缪涤非（2011年6月任）
　　　　李　清（2011年6月不再担任）
副部长　黄云飞　齐乔所
　　　　谭玉祥

文明办（归口宣传部）

主　任　谭玉祥
副主任　张　丽（女，彝族）

文产办（挂靠宣传部）

主　任　齐乔所（兼）

县委外宣办、县政府新闻办（挂靠宣传部）

主　任　阮兴元

统战部

部　　长　张光彦（2011年11月兼任）
　　　　　李　清（2011年6月不再担任）
常务副部长　金秀英（女，回族）
副 部 长　莫爱莲（女，兼任）
　　　　　易继金
　　　　　桂俊多（回族，2011年1月兼任）

台办

主　任　易继金

民族宗教侨务事务局（2011年1月政府机构改革组建）

局　长　桂俊多（回族）
副局长　张　胜（彝族）

政法委

书　记　丁世坤（回族）
副书记　张和平（彝族）
　　　　杨　磊（2011年1月任）
　　　　李学光（2011年1月不再担任）

"610"办公室
主　任　李乔荣
社会治安综合治理办公室
主　任　王　旭
直属机关党委
书　记　谭富全
副书记　叶国举
县委党史研究室、县人民政府地方志办公室（两块牌子，一套班子）
主　任　陶正亮
副主任　曹雅莉（女）
党　校（加挂行政学校、社会主义学校牌子）
校　　长　张光彦（兼任）
常务副校长　赵金培
副 校 长　毛吉平（彝族）

二、县人大常委会

主　任　保家礼（回族，2011年3月任）
　　　　张崇书（2011年3月不再担任）
副主任　吴友书　杨正平
　　　　陈永萍（女）
　　　　高建华
保留正县级待遇　张崇书（2011年3月任）
保留副县级待遇　李建生
副 调 研 员　王开有
办公室
主　任　王富全
副主任　顾正兴
法制工作委员会
主　任　张　琼（女）
副主任　朱树芳（女）
财政经济工作委员会
主　任　何祥志
科教文卫工作委员会
主　任　吴抗美（女）
副主任　徐树琼（女）
选举联络工作委员
主　任　梅映炜（女）
副主任　张叶兵
农业工作委员会
主　任　王天友
城乡环境保护工作委员会
主　任　徐晓剑
工作研究室
主　任　张文金
副主任　尹　玲（女）

三、县人民政府

县　长　毕尚鹏
副县长　高朝花（女）
　　　　李志伟（2011年9月任）
　　　　颜光耀　柯小燕
　　　　杨枝梁（2011年5月任，兼任）
　　　　马勋勇（挂职，2011年9月任）
　　　　保家礼（回族，2011年2月不再担任）
　　　　林爱平（2011年5月不再担任）
　　　　赵卫东（2011年5月不再担任）
副调研员　王志祥　王　勇
政府办
主　任　张勤勇
副主任　张柏林（兼任）
　　　　尹红兵（2011年11月兼任县工业园区管委会办公室副主任）
　　　　刘冬梅（女，2011年1月不再担任）
　　　　何志礼　吕小波
　　　　孙用坤（2011年9月调出）
　　　　付金惠（女，兼任）
　　　　张雪松（兼任）
政府法制办公室
主　任　吴　芳（女）
副主任　余宗富
政务管理中心
主　任　张柏林
副主任　谭满红
中低产田地改造办
主　任　陈国华
发展和改革局（2011年1月政府机构改革组建）
局　长　李载民
党总支书记　付金龙（2011年11月兼任县工业园区管委会投资服务局局长）
副 局 长　王惠群（兼任粮食局局长）
　　　　　吕庆海　戴正先
　　　　　童应庭
　　　　　王知云（回族，2011年11月兼任县工业园区管委会投资服务局副局长）
　　　　　钱济宇（女，2011年1月任）
工业经贸和科技信息化局（2011年1月政府机构改革组建）
局　　长　舒学芳（兼任中小企业局局长）
党 委 书 记　吕吉聪
党委副书记　舒学芳
　　　　　张　跃（白族）
纪 委 书 记　陈　才
副 局 长　刘金玉（女）
　　　　　宁平显　李龙升
　　　　　杨晓武
　　　　　王　军（女，2011年11月兼任县工业园区管委会招商引资局局长）
　　　　　陶汝毅　张仕祥
　　　　　夏　楠（2011年6月调出）
安全生产监督管理局
局　　长　郑绍成
党支部书记　王克明
副 局 长　王克明　尹明付
教育局
局　　长　陈家全
党 委 书 记　刘建富
党委副书记　陈家全（2011年5月任）
　　　　　戴继国（2011年5月不再担任）
纪 委 书 记　戴继国
副 局 长　高朝富
　　　　　张玲梅（女）
　　　　　方明聪

公安局

党委书记　杨枝梁（2011年5月任）
赵卫东（2011年5月不再担任）
党委副书记　王星海（2011年11月任）
张金华（2011年11月不再担任）
聂建凯
纪委书记　曾令忠
局　　长　杨枝梁（2011年5月任）
赵卫东（2011年5月不再担任）
政　　委　王星海（2011年10月任）
张金华（2011年10月不再担任）
副局长　陈维华　李青旻
黄　永　冯长所
彭亚玲（女）
朱国荣（2011年10月挂职）
副政委　李汉轩

民政局

局　　长　雷琳天（2011年1月任）
方晓佑（2011年1月不再担任）
党总支书记　方晓佑（2011年1月任）
何忠科（2011年1月不再但任）
副局长　温粉香（女）
鲍学民（2011年11月行政撤职）

老龄办

主　任　吴春花（女）
副主任　王　燕（女，回族）

司法局

局　长　王新明
副局长　敖　云　李雪梅（女）

财政局

局　　长　何永发
党支部书记　樊　伟
副局长　樊　伟　刘长生
张斐然（女）

会计管理局

局　长　陶金华

非税收入管理局

局　长　喻情臻（女）

人力资源和社会保障局（2011年1月政府机构改革组建）

局长、党总支书记　熊健超
党总支副书记　舒　静
副局长　陈家顺　尹文春
蔡迎新　姜泽专
杨显宝

公务员局（2011年1月政府机构改革组建）

局　长　熊健超
副局长　唐　兰（女，满族）

机构编制委员会办公室

主　任　熊健超
副主任　冯国金（2011年3月任）

国土资源局

局　　长　赵建雄
党组书记　赵建雄
党组副书记　顾静萍（女）
副局长　李明星
陈太周（2011年11月兼任县工业园区管委会规划建设局副局长）

住房和城乡建设局（2011年1月政府机构改革组建）

局　　长　尹光云
党委书记　刘朝阳
党委副书记　尹光云
纪委书记　陈　蕾（女，回族，2011年3月任）
刘爱俊（2011年3月不再担任）
副局长　刘爱俊（2011年3月任）
张七保（彝族，兼任城市综合行政执法局局长）
温绍芳　杨宝林

规划局

局　长　郭　飞（2011年11月兼任县工业园区管委会规划建设局局长）

交通运输局（2011年1月政府机构改革组建）

局　　长　宫建义
党总支书记　顾宝喜
副局长　解永亮　严光晏
韩国书

水务局

局　　长　潘永飞（2011年2月任）
张　超（2011年1月调出）
党总支书记　杨昆仑
副局长　樊　茂
杨健常（白族）

移民开发局

局　长　刘　勇（彝族）
副局长　吴晓航

农业局（2011年1月政府机构改革组建）

局　　长　保家兴（回族）
党委书记　张宋平
党委副书记　保家兴（回族）
何忠科（兼任畜牧局局长）
纪委书记　王连书
副局长　刘金武（兼任）
尹志陆　杨聪林
林灿明　庄　进
张跃明　向吉华

林业局

局　　长　糜劲功
党总支书记　刘光枢
副局长　保明升（回族）
崔金学（2011年1月不再担任）

曲靖市森林公安局沾益分局

局　长　邓和平
政　委　范忠生
副局长　张　京（女，回族）

森林防火指挥部

专职副指挥长　李金德

文化体育局（2011年1月政府机构改革组建）

局　　长　曾利斌
党支部书记　孟天涛
副局长　罗　虹（女）

杨　俊
潘瑞芳（女）
邹坤林

卫生局

党委书记　谭　磊
党委副书记　马卿文（回族）
纪委书记　崔怀森
局　　长　马卿文（回族）
副局长　谭　磊　李来有
张彩琴（女）

红十字会

会　　长　高朝花（女，兼任）
常务副会长　马卿文（回族，兼任）
副会长　黄琼院（女）

食品药品监督管理局

局　长　陈世明
副局长　路佳财　白正海

人口和计划生育局

局　　长　李　才（回族）
党总支书记　姚金润
副局长　桂乔香（女，回族）

审计局

局　　长　邓　雄
党支部书记　陈亚文
副局长　湛云涛
李稚敏（女）

环境保护局

局　　长　桂　捷（回族）
党支部书记　陈富民
副局长　邓金刚（2011年11月兼任县工业园区管委会投资服务局副局长）
丁东燕

广播电视局

局　　长　张国平
党支部书记　崔金礼（2011年1月任）
副局长　张　玲（女）

统计局

局　长　扶大鑫
副局长　夏桂芬（女）　李　春

信访局

局　长　张雪松（2011年10月兼任群众工作局局长）
副局长　宋丽华（女）
吴路红

人民防空办公室

主　任　顾会群
副主任　张建成

扶贫办

主　任　刘金武
副主任　王朝学　顾艳芬（女）

地震局

局　长　桂俊祥（回族）
副局长　单　勇

档案局

局　长　李聪书
副局长　王建党

旅游局（2011年1月政府机构改革组建）

局　长　夏　玲（女）
副局长　朱郑陆　田　梅（女）

九龙生态园管理服务中心

副主任　李正莲（女）
王瑜琨

接待处、机事中心（两块牌子，一套班子）

主　任　付金惠（女）
副主任　杨文君
李小予（女，回族）

供销社

主　任　夏　锐
副主任　邓家升

工商局

局　　长　杨　坤
副局长　李旭祥　周迎军
纪检组长　姚海丽（女）

国家税务局

局　　长　李　宁
副局长　牛　语　饶建昌
纪检组长　孙正红

地方税务局

局　　长　杨于梅（女）
副局长　侯永勋　张文庆
纪检组长　陈黎云

技术监督局

局　　长　邹　虎
副局长　杨海斌（2011年1月任）
鲍魁森（2011年1月任）
资红花（女，2011年1月不再担任）
纪检组长　罗　鑫

烟草公司

党委书记　高　松（2011年12月任）
赵同甲（2011年12月不再担任）
党委副书记　念文宏
詹玉泽（2011年12月任）
张　峰（2011年12月不再担任）
纪委书记　念文宏
经　　理　高　松（2011年12月任）
赵同甲（2011年12月不再担任）
副经理　董立新

烟草专卖局

局　长　赵同甲（2011年12月任）
张　峰（2011年12月不再担任）
副局长　潘正斌
詹玉泽（2011年12月任）

气象局

局　　长　袁家峰
副局长　王绍才
纪检组长　刘志刚

四、政协沾益县委员会

主　席　刘吉平
副主席　马卫民（女，回族）
张晓鑫（仡佬族）
鲍双森　孟靖宇
保留正县级待遇　李家云
享受正县级非领导职务待遇
王应华
副调研员　何文聪（彝族）
冯　平
郭小荣（2011年12月退休）

办公室

主　任　代开凯
副主任　叶焕娥（女）

提案委员会

主　任　张兆明

经济建设委员会
主　任　胡春生
副主任　付　强
社会和法制委员会
主　任　牛慧仙（女,彝族）
科教文卫体委员会
主　任　戴　戋（女）
副主任　李忠丽（女）
文史资料委员会
主　任　贺国才

五、中共沾益县纪委　监察局

纪　委
书　记　黄海鸥（女，2011年4月任）
　　　　付尔华（女，2011年4月不再担任）
副书记　孙嘉禾　徐文义
　　　　胡　燕（女）
监察局
局　长　孙嘉禾
副局长　包柱生　周学宝
办公室
主　任　高子斌
案审室
主　任　范正洁（女）
纪检监察室
主　任　毛天庆
信访室
主　任　黄艳惠（女）
宣传教育室
主　任　张柱华（彝族）
党风室
主　任　刘明权
调研室
主　任　谢玉平
执法室
主　任　顾家宝
纠风室
主　任　陈　平
政府纠风办
主　任　孙嘉禾
副主任　陈　平
县纪委派出第一纪工委、监察分局
书　记　李吉宝
副书记　夏勤聪（兼任监察分局局长）
　　　　张红梅（女）
县纪委派出第二纪工委、监察分局
书　记　李宝花（女）
副书记　吕茂芳（兼任监察分局局长）
　　　　陈桂贤（女）
县纪委派出第三纪工委、监察分局
书　记　陈　杰
副书记　戴聪有（兼任监察分局局长）
　　　　邓金昌
县纪委派出第四纪工委、监察分局
书　记　杨　航
副书记　李荣岗（兼任监察分局局长）
　　　　李荣华（女）
县纪委派出第五纪工委
书　记　徐关明
副书记　李友平

六、县人民武装部

政　委　何治平（2011年4月任）
　　　　肖大亮（2011年4月不再担任）
部　长　罗文生
副部长　张健康
　　　　向　文（土家族）

七、县人民法院　人民检察院

法　院
院　　长　唐敬东（女，彝族）
副 院 长　陆国生　孙洪兵
　　　　　王雁鸿
纪检组长　严　林
检察院
检 察 长　王　强
副检察长　雷广云　张全昆
　　　　　桂俊留（回族，2011年12月调出）
　　　　　朱学平

八、群众团体

总工会
主　　席　杨正平（兼任）
常务副主席　李晴虹（女）
副主席　杨　萌（女）
团县委
书　记　唐胥宁（彝族）
副书记　潘　宁（女）
　　　　郭亚东（挂职）
　　　　陈　蕾（女，回族，2011年3月不再担任）
妇　联
主　席　金颖娟（女）
副主席　杨　云（女）
　　　　张　会（女）
科　协
主　席　李丽华（女）
副主席　唐家德（彝族）
　　　　高明坤
工商联
党组书记　莫爱莲（女）
主　　席　柏老六（不驻会）
副 主 席　莫爱莲（女，驻会）
　　　　　钱金方（驻会）
　　　　　赵乔品（不驻会）
　　　　　王白顺（不驻会）
　　　　　吕顺民（不驻会）
　　　　　吴荣才（不驻会）
　　　　　保明龙（不驻会）
　　　　　李　伟（不驻会）
　　　　　刘　兵（不驻会）
文　联
主　席　杨　眉（女）
副主席　马国强（兼任，不在编）
　　　　郝正治（兼任，不在编）
残　联
主　　席　高朝花（女，兼任）
副 主 席　彭爱华（女）
理 事 长　彭爱华（女）
副理事长　张贵生
　　　　　欧　萍（女）

九、乡镇

西平镇
党 委 书 记　保佑堂（回族，副县级领导干部）
党委副书记　孙加友
　　　　　　桂俊杰（回族）
　　　　　　双雪晴（挂职）

潘绍龙（2011年3月不再担任）

纪委书记　潘绍龙

人大主席　刘少明

镇　　长　孙加友

副 镇 长　张朝庭

李艳辉（女）

李焱波

吴聪许

黄　永（兼任）

盘江镇

党委书记　邓玺乾

党委副书记　龙光宗　李树云

冯　智（2011年3月不再任）

纪委书记　冯　智

人大主席　谭建明

镇　　长　龙光宗

副 镇 长　菊树才

保德娥（女，回族）

贺云坤

蒋正荣（兼任）

钱长稳（挂职）

盘江镇花山工业园区办事处

主　　任　龙光宗（兼任）

常务副主任　晏保义

副 主 任　顾丹青

王　翔（兼任）

白水镇

党委书记　李金平（2011年9月沾益县工业园区管委会兼职副主任）

党委副书记　王得林（回族）

冯国金（2011年3月不再担任）

马才玉（回族）

纪委书记　李正刚（2011年3月任）

马才玉（回族，2011年3月不再担任）

人大主席　袁　锋

镇　　长　王得林

副 镇 长　潘永富　张吉荣

黄海良（兼任）

李正刚（2011年3月不再担任）

播乐乡

党委书记　毛咏梅（女，2011年1月任）

孙聃砚（2011年1月调出）

党委副书记　程少有　陈开吉

罗正清

纪委书记　罗正清

人大主席　蒋正云

乡　　长　程少有

副 乡 长　蒋立和

保云华（回族）

冯宝坤

韩柏聪（兼任）

炎方乡

党委书记　董文碧（2011年1月任）

党委副书记　姜德玉（2011年1月不再担任）

顾开吉

保德勇（回族）

纪委书记　娄　林（2011年3月任）

保德勇（回族，2011年3月不再任）

人大主席　孙建明

乡　　长　顾开吉（2011年1月任）

姜德玉（2011年1月不再担任）

副 乡 长　丁艺峰

娄　林（2011年3月不再担任）

郭　红

大坡乡

党委书记　姜德玉（2011年12月任）

李志伟（2011年11不再担任）

党委副书记　刘冬梅（女，2011年1月任）

侯能邦

毛咏梅（女，2011年1月不再担任）

李爱清（2011年3月不再担任）

姜德玉（2011年11月任，12月不再担任）

纪委书记　李爱清

人大主席　解建科

乡　　长　刘冬梅（女，2011年1月任）

毛咏梅（女，2011年1月不再担任）

副 乡 长　郭正华

沐丽琴（女）

马贵明

王建明（兼任）

菱角乡

党委书记　叶　雄

党委副书记　李学光（2011年1月任）

王明瑞（回族）

查光武

纪委书记　查光武（2011年3月任）

张兆庭（2011年3月不再担任）

人大主席　何开宏

乡　　长　李学光（2011年1月任）

副 乡 长　张兆庭（2011年3月任）

陈秀章　杜立新

杨祝良（兼任）

德泽乡

党委书记　李宏峰

党委副书记　梅国稳

张兆龙（白族）

保富国（2011年3月不再担任）

纪委书记　保富国

人大主席　梁顺昌

乡　　长　梅国稳

副 乡 长　谭有文　姜德坤

陶　韬（兼任）

（尹瑞敏）

附　录

责任编辑　管晓方

沾益县2011年国民经济和社会发展统计公报

2011年是“十二五”规划开局之年，也是经济形势极其复杂的一年。面对经济社会发展中出现的新情况和新问题，在县委、县政府的正确领导下，全县深入贯彻落实科学发展观，积极应对挑战，主动破解难题，着力发挥区位优势，凝心聚力、真抓实干、攻坚克难、主动应对，全年经济运行态势总体平稳，社会发展协调推进，实现了“十二五”经济社会跨越起步。

一、综合

2011年，全县生产总值（GDP）实现117亿元，比上年的96亿元增长15%（按可比价格计算，下同）。其中，第一产业实现增加值26亿元，比上年的22亿元增长8%；第二产业实现增加值62亿元，比上年的50亿元增长18.4%；第三产业实现增加值29亿元，比上年的24亿元增长14.4%。

三次产业生产总值构成情况

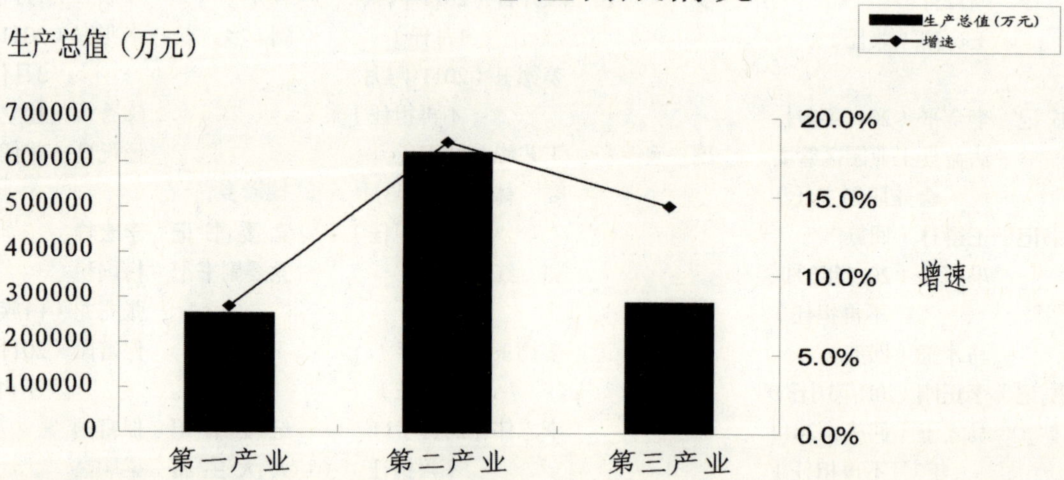

一、二、三产业结构比为23:52:25。经济结构呈现二产带动、三个产业共同发展的良好局面。其中非公经济快速发展。通过积极支持和鼓励非公企业拓展空间、扩大规模、提升档次等措施，全年实现增加值45亿元，增长25%，占全县生产总值的38.4%。

二、农业

2011年，农村经济稳步提高。全县实现农业总产值396848万元，同比增长19.6%（现价增速，下同）。其中，种植业产值157622万元，同比增长11.1%；林业产值2390万元，同比下降21.5%；

牧业产值225573万元，同比增长27.5%；渔业产值8689万元，同比增长12%；农林牧渔服务业产值2574万元，同比增长14.9%。从产值结构比重来看，种植业产值占总产值的39.8%，畜牧业产值占总产值的56.8%，农业产业结构调整作为增加农民收入的重点已显成效。

（一）粮食工作2011年受气候影响波动较大，全年稳步提高

全县农作物总播种面积1426740亩。全县粮食种植面积875985亩，比2010年的849900亩增26085亩，增长3.1%。全县粮食总产量266001吨，比2010年的258730吨增7271吨，增长2.8%。其中：小春粮食总产量45506吨，同比增长257.4%；大春粮食总产量220495吨，同比下降11.6%。农村经济作物中，烟叶种植147930亩，产量2万吨，增速与上年持平。

主要农产品产量情况表

品　名	单位	2011年	2010年	增幅（+、—%）
粮食	吨	266001	258730	2.8
其中：水稻	吨	44452	50358	−11.7
包谷	吨	86385	109472	−21.1
小麦	吨	569	36	1480.6
蚕豆	吨	9189	2694	241.1
大麦	吨	24260	5998	304.5
薯类	吨	71670	48308	48.4
烤烟	吨	20145	19909	1.2
蚕茧	吨	2552	2006	27.2
蔬菜	吨	128947	140919	−8.5

（二）畜牧业发展良好

全年实现产值225573万元，同比增长27.5%。畜牧存栏情况：生猪存栏643394头，同比增长16.4%；大牲畜存栏131695头，同比增长11.6%；山绵羊存栏285853只，同比增长6.8%。畜牧出栏情况：肥猪出栏1047622头，同比增长7%；大牲畜出栏69259头，同比增长13.9%；山绵羊出栏197913只，同比增长12%。肉类总产量128690吨，同比增长7.9%，其中猪肉产量101808吨，同比增长7.9%。猪肉产量占肉类总产量的79.1%。

主要畜产品及牲畜存、出栏数情况表

品　名	单位	2011年	2010年	增幅（+、—）%
肉类产量	吨	128690	119217	7.9
其中：猪肉	吨	101808	94339	7.9
牛肉	吨	12116	10236	18.4
羊肉	吨	6970	7001	−0.4
禽肉	吨	7792	7641	2.0

续上表

品　名	单位	2011年	2010年	增幅（+、—）%
牛奶	吨	403	399	1.0
蛋类	吨	3835	3597	6.6
年末存栏数（猪）	万头	64.3	55.27	16.4
肥猪出栏	万头	104.8	97.68	7.0
年末存栏数（羊）	万只	28.6	26.8	6.8
羊出栏数	万只	19.8	17.7	12.0
大牲畜存栏	万头	13.2	11.81	11.6
大牲畜出栏	万头	6.9	6.08	13.9

（三）农村基础设施更加稳固

坚持统筹规划、科学布局、多元投资、建管并重，农村基础设施建设步伐加快。新增蓄水能力61.28万立方米，恢复和改善灌溉面积9.56万亩，新增节水灌溉面积3.69万亩，完成13.9万亩中低产林改造。交通基础设施建设步伐加快，投资2亿元，硬化通村公路162公里，倒石岩至沙高14.8公里通乡油路建成通车，全县通行政村油路通达率达64%，乡（镇）、行政村客运班车通达率分别达100%、42%。人民群众出行条件明显改善。

（四）农村各项事业快速发展

沾益县以标准化促进商品化，农产品商品率明显提高，新认证20个无公害产品、绿色食品品牌。以组织化引导市场化，农业抵御市场风险的能力明显提高，新增农业重点龙头企业4户，新建发展农业专业合作组织和行业协会12家。沾益县一直保持为全国生猪调出大县。

三、工业

新型工业化进程不断加快。切实抓好“以园区建设为平台”的规划建设工作，不断优化工业布局，健全园区管理服务体制，巩固提升煤化工基地，以龙头骨干企业带动作用进一步增强。

全县辖区内实现工业总产值234亿元，同比增长20.82%（按可比价格计算，下同）。其中，中央省属企业

150亿元，同比增长40.15%；市属企业0.21亿元，同比下降13%；县属企业66亿元，同比下降13%；其他企业18亿元，同比增长1.5 %。

全县辖区内实现工业增加值55.5亿元，同比上年的44.3亿元增长19.6%，占全县生产总值比重为47.35%，比去年的46.01%提高了1.34个百分点。

全年辖区内规模以上工业企业实现主营业务收入192.6亿元，同比增长24.73%。

主要工业产品产量情况表

品　名	单位	2011年	2010年	增幅（+、—）%
原煤	万吨	51.83	51.63	0.40
焦炭	万吨	331.86	365.57	—10
水泥	万吨	117.14	113.04	3.6
发电	亿度	61.43	65.41	—6
合成氨	万吨	43.49	31.49	38.1
合成纤维聚合物	万吨	2.86	2.86	持平

续上表

品 名	单位	2011年	2010年	增幅（+、—）%
电石	万吨	6.31	7.18	—12
生铁	万吨	9.8	6.2	58.69
砖	万块	107332	51233	109.5
原铝	万吨	36.6	20.42	79.24

四、固定资产投资和建筑业

坚持“项目带动”战略，以强化责任为动力、以“两城同创”为契机、以增强后劲为关键，固定资产投资和建筑业势头良好。

全县固定资产投资完成1071720万元，同比增长27.19%。其中：城镇投资完成794669万元，同比增长36.61%；农村投资完成156989万元，同比增长44.8%；房地产投资完成120062万元，同比下降93.52%。

全县建筑业实现增加值64158万元，同比增长9.1%。

五、国内外贸易

2011年，全县社会消费品零售总额为155743万元，同比增长21.22%。从城乡市场看，全县城镇实现消费品零售额134693万元，同比增长22.47%；农村实现消费品零售额21050万元，同比增长13.76%。从经济成份看，公有经济实现消费品零售额24868万元，同比增长11.68%，其中：国有经济实现消费品零售额10149万元，同比增长11.41%；非公有制经济实现消费品零售额130875万元，同比增长23.22%，其中：私有经济实现消费品零售额114506万元，同比增长25.53%。分行业看，批发零售业实现137310万元，同比增长20.62%；住宿餐饮业实现18433万元，同比增长25.84%。

累计签订国内投资合作项目协议8项，新签项目和2010年结转项目共投入资金17.26亿元，同比增长40.78%。完成外贸进出口总额5700万美元，同比增长15%。

六、交通和邮电

全年交通运输邮电仓储业实现增加值2.05亿元，同比增长7.7%。

年末，民用运营汽车拥有量3334辆，同比增长6.38%。其中，载客汽车拥有量272辆；载货汽车拥有量3062辆。

邮政业、电信业稳步发展。2011年，全县完成邮电业务总量14818万元，同比增长29.8%。其中，邮政业务收入694万元，同比下降6.3%；电信业务收入14124万元，同比增长32.36%，其中移动业务收入11539万元，同比增长37.94%;联通业务收入480万元，同比增长4.65%

七、财政和金融

2011年，全县财政总收入完成12.35亿元，同比增长18.23%。“上划中央两税”4.43亿元，同比增长32.01%；地方财政一般预算收入完成6.36亿元，同比增长17.15%，地方财政一般预算支出完成15.24亿元，同比增长20.13%。

年末，全县金融机构各项存款余额59.86亿元，同比增长18.98%，其中城乡居民储蓄34.52亿元，同比增长21.98%。各项贷款余额58.3亿元，同比下降1.55%，其中中长期贷款余额39.47亿元，同比下降8.86%。

八、教育、卫生、文化、体育

2011年，沾益始终坚持教育优先发展战略，“两基”成果不断巩固，被省政府表彰为“两基”工作先进单位。全面落实“两免一补”政策经费2580万元，23809人受益。排除中小学D级危房3万平方米，新建校舍3.4万平方米。

加大了对卫生事业的投入。坚持不懈抓好公共卫生服务体系建设，不断扩大新型农村合作医疗覆盖面，参合率达97.4%。累计减免补偿107.51万人（次），减免医疗费5454.63万元。积极开展农业人口独生子女“奖优免补”政策，农业人口领取《独生子女父母光荣证》136户。群众精神文明创建活动深入开展，城市文明程度明显提高，创建32家市级、28家县级文明单位（村）。

九、城市建设、环境保护和旅游

2011年，珠江源山水园林城市初具规模，加大了县城西片区、珠江源大道沿线开发建设力度，不断拓展新城。强力推进东风南路旧城改造，不断完善城市基础设施建设。县城建成区面积达8.9平方公里，城镇化率达39%。

大力实施环境保护工作，有效保护天然林保护区191万亩，治理水土流失面积65平方公里，建设沼气池2200口，节能改灶900眼，森林覆盖率达48.65%。

旅游业带动第三产业实现增加值29亿元，同比增长14.4%。积极推进旅游与体育、文化的融合，精心筹办第七届珠江源美食文化节沾益分会场等系列活动，累计接待游客51.14万人（次），实现旅游综合收入2.68亿元。

十、人民生活和社会保障

人民生活水平进一步提高。一是职工劳动工资有所增长，全县在岗职工总数28621人，比上年的24784人增加3837人，同比增长15.48%；全部职工工资总额94508万元，比上年的80242万元增加14266万元，同比增长17.78%；在岗职工年平均工资为33345元，同比增长1.81%。二是城乡居民收入水平明显提高。城镇居民人均可支配收入18074元，比上年的15303元增长18.1%；人均消费性支出12566元，比上年的10156元增长23.72%；农民人均纯收入5715元，比上年的4813元增长18.7%；农民人均生活消费性支出4103元，比上年的3475元同比增长18%。

社会保障体系更加完善。2011年全力推进就业再就业工作，累计培训农村劳动力13375人，新增转移输出劳动力7336人，实现劳务收入5.1亿元，城镇失业人员新增就业2583人，城镇登记失业率3.5%。城镇职工基本养老保险参保人数为10089人、医疗保险参保人数为31304人、失业保险参保人数为19955人、工伤保险参保人数为17358人、生育保险参保人数为13287人、城镇居民医疗保险参保人数为25912人、农村养老保险参保人数为192806人。发放城镇低保金758万元、农村低保金1313万元。新建廉租住房2万平方米，公租住房3万平方米，发放廉租住房租赁补贴52.7万元。

（以上数据为年快报数，最终确定数以年鉴数据为准）

沾益县人大常委会工作报告

——2011年3月3日在沾益县第三届人民代表大会第四次会议上（节选）

沾益县人大常委会主任 张崇书

一、2010年的主要工作

2010年是全县人民团结拼搏、攻坚克难，积极应对国际金融危机和特大干旱，努力推进全县科学发展的重要一年。一年来，县人大常委会在中共沾益县委的正确领导下，在上级人大常委会的监督指导下，高举中国特色社会主义伟大旗帜，以邓小平理论和“三个代表”重要思想为指导，深入贯彻落实科学发展观，认真学习贯彻党的十七大、十七届四中、五中全会和县委三届十三次全会精神，按照县三届人大三次会议要求，紧紧围绕全县工作大局，认真履行宪法和法律赋予的职责，在推进科学发展、依法实施监督、科学决定重大事项、规范人事任免、促进民生改善、发挥代表作用、加强自身建设等方面取得了新成效，有效发挥了地方国家权力机关的作用，促进了全县经济社会的平稳较快发展。

（一）围绕中心，服务大局，依法决定重大事项

讨论决定重大事项，是宪法和法律赋予地方各级人大及其常委会的一项重要职权。常委会对涉及全县经济社会发展、事关人民群众利益的重大事项进行审议，依法作出重大事项决议决定5项。

围绕重点项目建设作出决议决定。为有效处理城市生产生活污水，改善生态环境，常委会依法审议、批准了县人民政府关于将县城污水处理费差额部分纳入财政资金支付的议案，保证城市污水处理项目的正常运营。为解决廉租房建设地方配套资金难问题，依法审议并批准了县人民政府关于接受云南省财政厅转贷2010年省政府债券资金的议案，将转贷资金本息纳入政府年度预算偿还，进一步拓宽融资渠道，促进地方经济发展。根据旧城改造项日区的实际情况，审议批准了县人民政府关于将旧城改造项目区内无土地、无住房、低收入户纳入廉租住房保障范围的议案，使旧城改造项目得到顺利推进。

围绕基层换届工作作出决定。按照中央、省、市关于县乡人大同步换届选举的有关文件精神，根据西平镇、盘江镇人大主席团的请示，常委会作出了关于延长西平镇、盘江镇人民代表大会任期与全县县乡人大同步换届选举的决定，将西平镇、盘江镇人民代表大会换届延至2012年，实现全县县、乡两级同步换届。

围绕县委人事安排依法任免。依法任免国家机关工作人员，是宪法和法律赋予人大常委会的一项重

要职权。常委会始终坚持党管干部、依法办事、集体行使职权的原则，严格任免程序，始终坚持和完善任前法律考试、表态发言、民主公开依法票决、颁发任命书、任职宣誓。一年来，常委会根据县委人事安排依法任免人大、政府、法院、检察院国家机关工作人员49人次，其中，任命40人次，免职9人次。

（二）突出重点，把握原则，不断增强监督实效

围绕县委工作中心、突出政府工作重点、关注社会热点难点，按照坚持党的领导、充分发扬民主、严格依法办事和集体行使职权的原则，依法对“一府两院”实施法律监督和工作监督，促进依法行政和公正司法，使监督工作更富实效。一年来，组织开展重点工作检查8次、执法检查5次、专项调查8次、代表视察1次、专题调研1次；组织召开县人大常委会会议7次；听取和审议“一府两院”专项工作报告21项；作出审议意见21项。

加强执法检查，促进依法行政、公正司法。先后组织对《中华人民共和国残疾人保障法》、《中华人民共和国节约能源法》、《中华人民共和国行政许可法》、《中华人民共和国防震减灾法》、《中华人民共和国公务员法》等五部法律的贯彻实施情况进行了执法检查，配合省、市人大常委会对《中华人民共和国妇女儿童权益保障法》、《云南省实施<中华人民共和国妇女儿童权益保障法>办法》、《中华人民共和国种子法》、《云南省盐业管理条例》进行了执法检查，通过执法检查，保证了法律法规在全县范围内的正确贯彻和实施。同时，积极开展专项监督，听取和审议了县人民检察院公诉工作情况报告，针对公诉工作中存在的问题，提出要进一步加强队伍建设，强化诉讼监督职能等建议，进一步推进了侦、检、审三位一体联动机制建设。

加强经济工作监督，促进县域经济发展。审查监督国民经济和社会发展计划执行情况、财政预决算执行情况，是常委会工作监督的重要内容。常委会听取并审查了县人民政府2010年上半年国民经济和社会发展计划执行情况报告、2009年地方财政决算和2010年上半年地方财政预算执行情况报告，针对财政收支平衡难、刚性支出增长快、还债压力大等问题，提出了加强宏观调控，加快财源培植，强化预算监督等建议。为提高监督实效，由财政部门提供较细化、明确的预算调整方案，常委会依法进行审查，并批准2010年县级财政预算调整方案，进一步提高了财政资金使用的透明度。听取和审查了2009年地方财政预算执行及其他财政收支情况审计报告，对财政收支审计提出了要加大前置审计力度，加大审计结果公告和应用力度等建议。

加强“三农”工作监督，促进农村经济社会协调发展。农业增效、农民增收、农村稳定，是各级政府的重点工作，也是人大常委会监督工作的重点。常委会高度关注“三农”工作，先后组织代表对小康示范村、整乡推进、数字电视“村村通”、农村信用社涉农贷款等工作进行检查、调查，听取专项工作报告，全力支持农业增效、农民增收、农村发展，加快城乡一体化进程。

面对百年不遇的特大旱情，常委会及时组织了检查，听取并审议了县人民政府关于全县抗旱救灾工作情况的报告。针对旱情加剧、资金不足、春耕生产形势严峻等问题，提出要加强水利基础设施建设，合理调配水源，优化作物布局，及时化解用水矛盾等建议。

加强热点难点问题监督，促进民生问题解决。民生问题，是人民群众最关心、最直接、最现实的利益问题。常委会以维护人民利益为已任，坚持顺应民意抓热点，持之以恒抓重点，锲而不舍抓难点，对民生问题进行监督。一是关注医改问题。配合市人大常委会对全县医药卫生体制改革进行了检查，听取了县人民政府的专项工作情况汇报，针对医改中存在的村级卫生所医药品种较少、医生专业技能偏低、人员和经费不足等问题，提出要进一步完善医药卫生体系，建立健全基本医疗卫生制度，提高医疗队伍素质，加强医德医风建设等建议，较好地推动了医改工作。二是关注民生工程。对廉租房建设、东风南路改造等群众关注的工程，组织代表进行视察，关注工程建设进度和质量，支持工程建设。积极配合省、市人大对牛栏江——滇池补水工程——德泽水库枢纽工程、县医院住院大楼建设项目、教育“两基”迎国检等工作进行视察，了解工程进展，建议有关部门要严把工程质量关、加快工程建设进度。三是关注城镇发展。听取并审议县人民政府关于沾益城区规划执行情况的报告，针对存在的问题，提出了要加大城市规划法的宣传力度，严格执行规划，杜绝随意更改，避免重复建设等建议，保证城市建设的科学性、合理性。

加强部门工作监督，促进行政效能建设。通过听取专项工作报告、人大代表约见国家机关工作人员、实施信访督办、开展述职评议等方式，不断增强“一府两院”及其工作人员的依法履职和为民服务意识，提高行政效能。一是开展述职评议。对县发展和改革局、县民政局、县林业局、县司法局等部门局长进行述职评议；本年度没有安排述职评议的“一府两院”国家机关工作人员作出了书面述职，进一步增强了国家机关工作人员的人大意识、法制意识、公仆意识和勤政

廉政意识。二是开展工作评议。组织开展对县人民法院、县安监局、县国土资源局的工作评议，并对评议意见的整改情况进行跟踪督查，通过评议进一步转变了被评单位的工作作风，提高了行政效能，改进了部门工作。

（三）拓宽渠道，强化服务，充分发挥代表作用

人民代表大会是国家权力机关，人大代表是国家权力机关的组成人员，代表人民行使国家权力。常委会始终坚持把代表工作作为人大工作的基础性工作来抓，努力为代表联系群众、依法履职创造条件、搞好服务，切实维护代表权益。

创造条件，保障代表依法履职。坚持邀请县人大代表列席常委会会议制度，为代表知情知政创造条件；坚持为代表订阅人大刊物，向代表印发人大情况通报和通报“一府两院”有关工作情况，使代表了解工作动态；坚持常委会组成人员联系代表制度，定期不定期深入乡（镇）、机关、企业走访代表和选民，多形式联系基层代表，主动听取意见、建议，常委会组成人员走访基层代表120多人次。落实代表活动经费，为代表依法履职提供保障。同时注重加强代表培训，提高代表履职水平。

开展活动，促进代表依法履职。常委会及时组织省、市、县人大代表对县域内工业企业、“十一五”规划落实及“十二五”规划编制，中央涉农、惠农政策落实，城镇规划、城市管理、道路基础设施、重点项目建设，教育、科技、文化体育、卫生等社会事业发展情况进行了视察、检查、调查，让代表现场了解情况、广泛听取意见建议，进一步掌握全县经济社会及各项事业发展情况，为代表依法履职、发挥作用创造条件。一年来，组织人大代表185人次参加了检查、调查和视察活动，各代表小组开展活动142次。

严格督办，提高议案建议办理质量。常委会高度重视代表议案建议办理工作，坚持创新代表议案、建议督办方式，建立督办责任制，加强专项督查、强化跟踪问效，有效推动代表议案、建议办理工作的落实。专项听取县人民政府办理《关于加强对白水冶金能源工业片（园）区规划和建设的议案》、《关于解决人畜饮水困难的议案》、《关于加强海峰湿地景区环境保护的议案》的情况报告；专项听取县人民政府关于人大代表所提建议、批评和意见办理情况的报告。通过督办，县三届人大三次会议上代表所提的3件议案、126件意见建议，已按要求办复，满意率达100%。一些与群众生产生活密切相关、涉及面广、代表性强、需要尽快解决的意见建议，都得到了妥善处理。

（四）加强指导，密切联系，扎实推进乡（镇）人大工作

乡（镇）人大是最基层的地方国家权力机关，是全县人大工作的重要组成部分。常委会坚持把乡（镇）人大工作作为一项重点工作来抓，加大监督指导力度，使其在加强基层民主政治建设、促进经济社会发展等方面发挥更大作用。

重视指导，促进履职。常委会注重加强对乡（镇）人大主席团的监督指导，深入乡（镇）调研，指导乡（镇）人大主席团依法开展工作。一是指导乡（镇）依法召开人代会、主席团会议，促进基层人大工作的顺利开展；二是指导乡（镇）人大主席团组织代表开展“三查（察）”活动，推进述职评议和工作评议，使乡（镇）人大主席团的工作逐步实现制度化、规范化。三是坚持邀请乡（镇）人大主席列席常委会会议，使乡（镇）人大主席进一步熟悉和掌握人大工作程序和方法，提高乡（镇）人大主席的工作水平。

密切联系，形成合力。注重加强与乡（镇）党委的协调联系，促使乡（镇）党委定期研究乡（镇）人大工作，在人员配备、工作经费落实、办公条件改善等方面给予大力支持；重视乡（镇）人大干部的培养、选拔和交流；促使乡（镇）政府主动接受人大监督，支持和配合乡（镇）人大主席团开展工作。通过加强联系，形成合力，支持乡（镇）人大主席团依法履职。

严格考核，落实责任。按照科学发展观要求，突出工作重点，细化目标任务，完善乡（镇）人大主席团目标责任制，并强化督促落实，严格责任考核，有效提高乡（镇）人大工作的积极性、主动性、创造性，使乡（镇）人大的各项工作更加规范、制度更加健全、工作成效更加明显。

（五）注重学习，认真履职，切实加强自身建设

加强自身建设，是常委会依法履职的重要前提。常委会坚持以开展“创先争优”活动为载体，以建设“学习型、服务型、创新型、务实型”机关为抓手，不断提高人大机关的整体素质，依法履职能力和水平得到进一步提高。

抓学习，队伍素质明显提高。认真组织开展“创先争优”活动，建立机关学习长效机制，坚持不懈地抓好每周集中学习制度的落实。积极开展“两月一法”法制讲座，邀请专家学者对城乡规划法、城市房地产管理法、预算法、土地管理法、个人所得税法、环境保护法等法律进行专题讲座，通过学习辅导，增强县人大常委会组成人员和“一府两院”组成人员的法律意识，不断提高依法行政和公正司法的能力和水平。

抓宣传，对外形象进一步提

升。坚持把人大宣传工作作为推进民主法制建设的一项重要内容。加大考核奖惩力度，丰富宣传内容，改进宣传形式，先后在《中国人大》《云南人大》《曲靖人大》《人民代表报》《云南日报》《曲靖日报》等刊物、媒体上刊登理论文章、经验交流86篇。同时，着眼于对外联系交往，积极主动地配合做好全国人大、省、市人大到沾益开展的执法检查、专题调研，并接待了河南洛阳、湖南株洲、贵州黔西南、广西南宁和百色、昆明、文山、红河、楚雄等省内外人大到沾益的参观、学习、考察，不断提高对外宣传水平，进一步树立良好的对外形象。

抓信访，促进社会和谐稳定。坚持把处理好群众来信来访作为维护社会稳定的一项重点工作来抓，坚持领导批办、督办制度，积极参与县委县政府组织的“大接访”活动，建立健全人大信访工作责任制，强化对重访、缠访、越级访的督办和催办，落实带案下访工作制度，畅通信访渠道，共受理人民群众来信来访47件（次）、接待来访人员108人（次），有效化解了社会矛盾，促进了社会和谐。

抓作风，挂钩联系工作成效明显。常委会领导以身作则，率先垂范，深入基层，加强调查研究，指导挂钩联系乡（镇），推进重点项目建设、重点产业发展、“整乡推进”实施和抗旱救灾等工作。协调解决各类建设资金160万元，为基层群众解决了实际困难和问题。同时，按照县委的统一部署，及时组织机关工作人员深入抗旱一线，指导和帮助村组干部群众，开展抗旱保春耕、保人畜饮水工作；先后为全县抗旱救灾和玉树地震灾区捐资3.6万元，为夺取抗旱救灾胜利作了积极努力。

回顾过去一年的工作，我们也清醒地认识到，在发挥代表作用、增强监督实效等方面，与人民的期望、代表的要求还有一定差距，需要通过改进监督方式、提高代表履职水平、加强常委会自身建设等途径来努力解决。我们将自觉接受人民监督，虚心听取代表意见，不断加强和改进新形势下的人大工作，更好地发挥县人大及其常委会作为地方国家权力机关的作用。

二、2011年的主要任务

2011年，是深入学习贯彻党的十七届五中全会精神，实施“十二五”规划的开局之年。县人大常委会工作的总体要求是：高举中国特色社会主义伟大旗帜，以邓小平理论和“三个代表”重要思想为指导，深入贯彻落实科学发展观，在中共沾益县委的领导和上级人大常委会的监督指导下，认真学习贯彻党的十七大、十七届五中全会、中央经济工作会议、县委三届十四次全会和县委人大工作会议精神，以科学发展为主题，以加快转变经济发展方式为主线，以保障和改善民生为根本，紧紧围绕“富民强县”总目标和“十二五”规划的实施，认真履职，依法监督，发挥好地方国家权力机关的作用，为实现全县经济社会又好又快发展作出新的贡献。

（一）强化监督工作，进一步增强监督实效

认真贯彻实施《中华人民共和国各级人民代表大会常务委员会监督法》、《云南省实施<中华人民共和国各级人民代表大会常务委员会监督法>办法》，综合运用多种方式，围绕“十二五”规划的实施，加大监督力度，在监督中支持、在支持中监督，不断增强监督实效。

围绕经济运行开展监督。关注全县经济运行走势，对沾益县2011年上半年国民经济和社会发展计划执行情况进行审议，及时提出审查意见。听取和审议2010年地方财政决算和2011年上半年地方财政预算执行情况报告、2010年地方财政预算执行及其他财政收支情况审计报告，依法进行审查、批准。

围绕民生问题开展监督。对全县医疗卫生体制改革相关制度的落实情况进行调研，着力解决城乡居民就医难、因病返贫等问题。对全县农村饮水安全情况进行专题调研、对农村供销社规范化网点建设进行检查，跟踪监督金融服务“三农”工作，推动强农惠农政策落实，扎实推进以农民增收为核心的“新村庄、新社区”建设。

围绕依法行政开展监督。对《中华人民共和国义务教育法》、《中华人民共和国道路交通安全法》、《中华人民共和国烟草专卖法》的贯彻实施情况进行执法检查。对县人民检察院副检察长、县财政局局长、县住房和城乡建设局局长进行述职评议，对县人口和计划生育局、县农业局、县民族宗教侨务事务局进行工作评议，督促“一府两院”及其国家机关工作人员严格执法、依法履职。

围绕公正司法开展监督。对县公安局、县人民法院、县人民检察院司法活动进行监督，促进公正司法，维护社会公平正义。继续强化信访工作监督，立足人大信访职能特点，坚持讲感情、动真情、用法律，进一步抓好人大信访工作制度的落实，加强重大疑难案件督办，依法维护社会弱势群体利益，促进社会和谐稳定。

（二）强化代表工作，进一步发挥代表作用

代表工作是常委会工作的基础和活力源泉，加强代表工作，充分发挥代表的主体作用，是常委会工作的重中之重。必须坚持从最广大人民群众的根本利益出发，进一步发挥代表联系人民群众的优势。

切实维护代表权利。深入贯彻落实省、市、县委人大工作会议精

神，认真组织学习宣传新修订的代表法，强化服务，为代表依法履职提供保障。进一步密切与人大代表的联系，完善重要情况通报、常委会组成人员联系代表、代表列席常委会会议等制度，形成多层次、多渠道、多形式与代表联系的工作格局，提高服务代表的工作质量，进一步拓展代表知情、知政渠道。

积极支持代表开展活动。加强对代表活动小组的指导，充分发挥人大代表密切联系群众的优势，组织代表紧紧围绕经济社会发展、民生改善积极履职。认真抓好代表联系选民、代表向选民述职，切实增强代表依法履职的使命感和责任感。积极开展检查、调查、视察等活动，督促解决一些涉及人民群众切身利益、社会普遍关注的热点难点问题。

切实加强"代表活动阵地"建设。加强对代表服务保障工作落实的督促和检查，认真抓好"人大代表活动之家"建设，实现"六有"目标（有场所、有器材、有制度、有计划、有活动、有档案），努力做到代表活动有新亮点、有新业绩、有新典型，为代表闭会期间开展活动、依法履职搭建平台。

切实加强代表议案建议督办。办理好代表议案建议，支持代表依法执行职务，是人大常委会的法定职责。常委会将按照"交办及时、督办有力、办理高效"的要求，及时召开交办会，集中进行督办，努力实现办结率、答复率、代表见面率、代表满意率"四个100%"，确保代表意见建议落到实处。

切实加强对乡（镇）人大工作的监督指导。进一步加强与乡（镇）人大主席团的工作联系，强化目标责任制考核，积极支持基层人大依法开展工作。创新工作方式，适时开展乡（镇）人大工作联系活动，明确活动主题，丰富活动内容，增强活动效果，不断提高基层人大工作水平。

（三）强化队伍建设，进一步提高履职水平

按照中央关于建设"学习型党组织"的要求，全面贯彻省、市、县委人大工作会议精神，加强人大机关的思想、组织、作风、制度和能力建设，提高机关干部的政治素质、业务素质和履职水平，努力建设一支"政治坚定、业务精通、务实高效、作风过硬、团结协作、勤政廉洁"的人大工作队伍，进一步推进"四型机关"建设，提高依法履职能力和水平。

坚持不懈地加强思想建设。坚持常委会集中学习制度，丰富学习内容，注重学习质量，进一步提高人大机关干部职工的政治思想水平，促使机关干部始终坚持党的领导不动摇，牢牢把握正确的政治方向，牢固树立党的观念、政治观念、大局观念、群众观念和法治观念，切实增强做好人大工作的使命感、责任感。

坚持不懈地加强组织建设。充分发挥常委会党组的核心领导作用，认真落实县委决策部署，把党的主张和意图通过法定程序转变为人民意志，实现党的领导、人民当家作主和依法治国有机统一。进一步规范工作程序，完善工作机制，促使机关干部准确掌握宪法和法律知识，熟悉人大议事规则和议事程序，提高开展调查研究、分析实际问题、提出审议意见和解决实际问题的能力。

坚持不懈地加强制度建设。从健全和完善组织制度、运行机制、议事程序、工作制度入手，加强人大工作制度建设，进一步提高人大工作的科学化、规范化水平，不断提高常委会议事的决策质量和效率，保证法律法规在全县范围内的正确贯彻实施。

坚持不懈地加强作风建设。大兴密切联系群众、求真务实、艰苦奋斗、批评与自我批评之风，不断改进机关工作作风，深入开展调查研究，及时了解社情民意，努力提高人大工作的针对性、前瞻性和实效性，使常委会的各项工作更加符合人民群众的意愿，更有计划性、针对性和实效性，实现好、维护好、发展好人民群众的根本利益。

坚持不懈地加强人大宣传和对外联系。积极创新思路，充分利用报刊、网络、广播、电视等媒体，对人大及其常委会依法履职的做法和代表工作经验，进行全方位、深层次、多角度的宣传报道，不断扩大人大工作的社会影响，广泛宣传人民代表大会制度的优越性。加强与上级人大的工作联系，加大对乡（镇）人大主席团的工作联系和监督指导力度，扩大对外交往，促进工作交流。

中国人民政治协商会议沾益县第三届委员会常务委员会工作报告

——2011年2月22日在政协沾益县第三届委员会第四次会议上（节选）

沾益县政协主席　刘吉平

一、2010年工作回顾

2010年，是全县攻坚克难，迎刃而上，锐意前行，保持经济社会平稳较快发展的一年，也是县政协常委会紧扣中心、服务大局、共克时艰，取得新成绩的一年。在中共沾益县委的领导下，在市政协的关心指导下,在县人大、县政府的大力支持和社会各界的积极配合下，县政协常委会以科学发展观为统领，团结和带领广大政协委员凝智聚力议发展、献计出力保民生、尽心竭力促和谐，为抗击百年不遇特大旱灾，应对金融危机后续影响，推动经济社会又好又快发展做出了新的贡献。

（一）坚持理论武装，夯实基础促履职

学习是前进的动力之源。县政协常委会始终坚持把思想理论武装摆在突出位置，贯穿工作始终，扎实推进学习型组织建设，不断夯实政协履职的思想政治基础，进一步提高政协工作的科学化水平。

创新学习形式，深化学习效果。全县政协组织以“创先争优”活动为契机，以“三联五争”为载体创新开展学习活动。政协机关按照“日学一时、周写一记、月读一书、季写一文”的具体要求，坚持把学习与履行职能相结合、与调研视察相结合，不断把学习活动引向深入。各专委会、城区工作组坚持学习制度化、工作学习化，每月一次集中学习，每季一次交流学习。乡（镇）政协工作组结合自身实际，积极探索学习活动新途径，以农村党建远程教育网络和新农村建设故事会为载体，整合学习资源，使学习形式更加灵活、联系实际更加紧密。广大政协委员在创先争优活动中，深入联系基层、联系群众，努力争做科学发展的助推者、团结民主的践行者、民生改善的建言者、和谐社会的建设者、政协事业的创新者。

丰富学习内容，注重学以致用。县政协党组、常委会、主席会带头学、带领学，专题学习了党的十七届四中、五中全会精神，胡锦涛总书记在庆祝人民政协成立60周年大会上的重要讲话精神及省、

市、县委政协工作会议精神。各专委会、工作组有针对性地组织委员学习科学发展观，时事政治，社会主义市场经济与社会主义法制的基本理论、基本知识和现代科技知识，统一战线理论和人民政协理论。随着学习型政协组织建设的推进，不断提高了广大政协委员的理论素养和履职能力，使政协履职在思路上更加清晰、信念上更为坚定、工作上更具活力。

（二）坚持围绕中心，凝心聚力促发展

促进发展是人民政协履行职能的首要任务。县政协常委会充分发挥联系广泛、智力密集的优势，汇集各方智慧和力量，为推动科学发展建言献策、献智出力。全年召开常委会议6次、主席会议8次、专委会议20次、专题协商会议3次，提出协商意见建议576条，形成调研视察报告46篇，建言献策58篇，履职成效更加凸显。

围绕全局认真组织全会协商。全体会议是政协最高层次的协商。在三届三次全会期间，全体政协委员围绕“争当全省县域经济排头兵和建设全省工业十强县、全省特色农业县、珠江源山水园林城市”目标中具有综合性、全局性、前瞻性的问题，广泛开展协商议政，建睿智之言，献务实之策，提出意见建议120多条；围绕政府工作报告、法检“两院”报告及相关工作报告，抓住群众普遍关心的热点、难点、冷点和盲点问题，各抒己见，坦诚建言，提出意见建议180多条；围绕全县重点工作和重大项目，组织委员与县委、县政府领导及有关职能部门负责人共商要事，共召开33场次协商会，集思广益，深入研讨，形成协商意见建议168条。县政协及时整理协商意见送县委、县政府，多数意见建议被吸纳到相关决策之中。组织委员视察了大坡乡中低产田改造项目、龙华大道建设工程及廉租房建设项目。委员们的议政建言，真切反映了民意，广泛汇集了民智，切实为县委、县政府科学决策、民主决策提供了参考依据，协商议政的作用得到充分体现。

围绕中心精心组织专题协商。专题协商是政治协商的主要形式。三届三次全会闭会期间，常委会、主席会、专委会认真履行职责，把思想和精力凝聚到助推科学发展和服务民生改善上。把工作着力点放在对经济社会发展趋势的把握上，放在对热点、难点问题的化解上，放在关乎全县经济社会发展大事、难事对策措施的探索上。相继组织对做强工业、做特农业、做大城市、做活三产、做实项目和重民生、促和谐等领域的工作进行专题协商，建管用之言、献可行之策，提出协商意见建议156条。县委、县政府对县政协在开展各类协商活动中提出的意见建议，积极吸收采纳，使之在完善决策、推进经济社会发展、改进部门工作中发挥作用，促成了一些难点、热点和冷点问题的解决。《关于认真做好抗旱救灾中地质灾害隐患和矛盾纠纷排查工作的建言献策》，引起了县委、县政府的高度重视，县委办全文转发并提出工作要求。围绕沾益山水园林城市建设，举办了“塑造城市文化魂，提升城市竞争力”专题论坛，社会各界人士在深入调查研究，充分研讨论证的基础上，多层面、多角度聚焦沾益城市建设，从文化内涵的挖掘、城市品位的提升、城市风貌的打造等方面，畅所欲言，发表真知灼见，为推动城市文化建设发挥了积极作用。

围绕要务倾力投身抗旱救灾。大事难事看担当，逆境顺境看襟怀。面对百年不遇的特大旱灾，全县政协组织和广大政协委员把抗旱救灾作为最艰巨的任务，最紧急的事情，心系灾区，情系灾民，深入调研建真言，关注民生担责任，与灾区人民同舟共济、共度难关。2010年春节收假第一天，县政协机关紧急行动起来，迅速成立6个调研组，分赴各乡（镇）开展为期一周的抗旱救灾专题调研。各调研组进村寨、访农户、察灾情、找水源、商对策，在深入分析旱情严重影响的基础上，形成专题调研报告及时送县委、县政府，县委书记聂祖良同志、县人民政府县长毕尚鹏同志分别对报告作了重要批示，充分肯定政协的调研报告客观真实反映了旱情、苗情、墒情，深刻分析了抗旱工作面临的形势和困难，为抗旱保民生促春耕提出了很好的意见建议，县委办全文转发调研报告，并要求各乡（镇）和县直有关部门结合县委、县政府的安排部署抓好落实。针对旱情呈持续发展的趋势，2010年4月中旬，组织部分政协委员开展县域内水资源开发与利用专题调研，调研组深入分析了全县水利基础设施建设存在的薄弱环节，从保护生态环境、解决工程性缺水、重建重管、强化节水意识、做好防汛准备和把握大灾之后必有大建的机遇等方面提出了具有前瞻性的对策建议，县委书记聂祖良同志、县人民政府县长毕尚鹏同志及时阅批，肯定调研报告分析问题认真，所提意见建议客观实在，要求县政府分管领导牵头与水务部门认真研究，制定切实可行的具体方案报县委、政府批准后组织实施。在抗旱救灾期间，县政协想灾区人民之所想、急灾区人民之所急，全力以赴响应省、市、县委万众一心抗旱救灾的号召，及时组织机关干部职工捐资捐物，深入白水镇白水村、小塘村，投身抗旱最前沿，身体力行办实事，协调资金6.6万元，组织车辆运水300余车次，指导灾区群众因地制宜开展春耕生产，确保在最佳节令完成春耕移栽任务。天灾无情人有情，大灾面前有大爱,广大政协委员心系灾区、情系灾民，积极行动起来，纷纷解囊相助，踊跃捐资捐物，倾力支持抗旱，菱角、大坡、盘江工作组的委员自发组织村民成立义务送水队、助耕队，为抗大旱救大灾贡献力量。全县政协系统捐资捐物折合人民币250多万元，以实际行动诠释了人民政协为人民的理念。

围绕调结构转方式献智献策。调整经济结构、转变发展方式是促进经济社会又好又快发展的迫切要求。县政协立足全县经济社会发展大局，关注重点,探索难点,坚持把服务经济结构调整、促进发展方式转变作为履行职能发挥作用的主线，积极组织委员就全县中小企业如何转型，突破传统发展模式，走新型工业化道路开展调研。通过深入企业走访座谈，调查了解中小企业面临的问题与困难，深刻分析中小企业发展的趋势和前景，形成《全县民营企业发展情况的调研报告》和《在“转”字上下功夫，推进新型工业化》专题报告。从民营企业的规划布局、与大中型企业配套发展、资源开发与环境保护、现代企业管理等四个方面提出有针对性的意见建议。围绕中小企业调结构、转方式，提出在“三个转变”上下功夫的对策：着力在认识上“转”，切实增强转变发展方式的自觉性和坚定性，坚定发展绿色经济、循环经济、环保经济的信心和决心；着力在行动上“转”，明确转变发展方式的工作重点，力求在技改、项目引进、产业配套上实现突破；着力在机制上“转”，建立转变发展方式的工作制度，形成有利于科学发展的制度体系，建立科学民主决策机制、项目引进机制、激励机制、约束机制、服务机制，以制度化推进中小企业转变发展方式。调研成果为破解县域经济保增长与调结构的矛盾，提高县域经济增长质量和效益提供了重要参考。

围绕编制“十二五”规划议政建言。建言献策“十二五”规划是县政协履行职能发挥作用的重要体现。县政协早谋划、早安排、早培训，认真组织委员学习《中共中央关于制定国民经济和社会发展第十二个五年规划的建议》，邀请市长助理、市发改局局长就规划编制和经济社会发展中的重大问题为委员作专题辅导，超前为专题协商“十二五”规划做好思想上的发动、认识上的提高、行动上的准备。及时下发了《关于围绕全县“十二五”规划建言献策的通知》，积极引导政协各参加单位和广大政协委员准确把握推进经济结构调整、转变发展方式的方法和途径，全面把握全县“十二五”期间面临的形势、机遇、困难和挑战，紧扣“十二五”规划、新一轮西部大开发、“桥头堡”建设，重点关注全县在加快转变发展方式中的产业规划、科技推广应用、现代物流业、现代服务业和民生改善等课题，组织委员深入企业、社区、农村、学校等开展调查研究、积极建言献策。于2010年12月18日，召开专题协商会，围绕“十二五”期间全县经济社会发展目标定位、产业发展、统筹发展、低碳发展、项目支撑、政策措施等方面，形成议政发言材料30余篇，提出协商意见建议100余条。关于城市发展目标的定位，推进新型工业化，培育战略性新兴产业，万寿菊、中药材、泡核桃、旅游、物流、新农村建设等方面的意见建议均被吸纳在规划中，为科学编制“十二五”规划发挥了政协“人才库”、“智囊团”的重要作用。

（三）坚持以人为本，关注民生献良策

民为邦本，本固邦宁。县政协始终坚持把促进民生改善作为工作的着力点，选取民生政策的落实、民生项目的实施、群众关注的热点难点问题，认真组织委员开展调研视察，真切为民建言，积极为政献策。

关注民生大计开展重点调研。民生连着民心，履职紧系民情。县政协选取关系人民群众切身利益的失地少地农民养老保险工作作为重点课题开展调研，组织委员深入基层、深入群众，全面了解县委、县政府出台解决失地少地农民后顾之忧的惠民政策的落实情况，深刻分析全县开展失地少地农民养老保险工作中存在的困难、问题及原因，形成《关于全县失地少地农民养老保险工作情况的调研报告》，从加强领导，加大政策宣传力度；提高整体参保率，推进整体工作；重视解决社会弱势群体无力参保问题；修订完善政策；进一步加强基础网络化建设等五个方面，提出了有针对性的意见建议10余条，为县委、县政府妥善解决失地少地农民养老保险问题提供了重要参考。

关注民心工程开展专题视察。倾听群众之呼声，履职为民建诤言。围绕全县重大民生工程项目建设，选取大坡乡中低产田改造、中小学校校舍安全工程、廉租房建设、滇中调水工程德泽移民安置作为重点视察课题，组织委员深入现场，实地察看项目实施的组织领导、工程管理、质量进度等方面情况，认真研究分析项目实施中存在的薄弱环节，在充分论证的基础上，形成了四个专题报告，共提出视察意见建议22条。县委、县政府对政协送的视察报告及时作出批

复，要求相关部门充分吸纳政协视察提出的意见建议并落实在工作中。专题视察为推动民生工程建设提出了合理中肯的对策和建议，反映了人民群众的意愿和呼声，收到了资政建言、改进工作、促进发展的效果。

关注民情民意开展建言献策。政之所兴，在得民意。政协各专委会、工作组发挥自身专长，结合实际选题，开展一系列惠及民生的建言献策活动，切实为服务民生献真言、谋良策、出实招。县政协经济委组织委员开展“我为沾益经济发展、城乡建设建一言”活动，委员们就农村水利基础设施建设、农村能源沼气建设和管理等民生课题积极建言献策。社会和法制委组织委员视察县检察院反渎职侵权工作，参加县法院开放日活动，参与法庭案件陪审，促进司法透明、公正、公平。经贸工作组就全县供销系统抗旱保春耕农资供应情况开展调研，针对调研报告提出的意见建议，县委、县政府主要领导及时作出批示，安排分管领导牵头抓好落实。卫生工作组开展了水质安全问题的调研，为保证全县人畜饮水安全提出了有针对性的意见建议。西平政协工作组组织委员对农村低保户、五保户资金发放情况进行视察。形式多样、内容丰富的建言献策，为各级党委政府执政为民、改善民生提供了决策参考。

（四）坚持团结民主，汇集力量促和谐

民主广集智慧，团结凝集力量。县政协充分发挥联系面广的优势，把促进和谐作为履行职能的重要内容，努力营造大团结、大联合的工作氛围。

民主评议有新推进。民主评议是民主监督的有效载体，县政协始终坚持在参与中支持，在支持中服务，在服务中监督，搞好民主评议工作。认真组织“回头看”，对上年评议的县教育局、县计生局进行跟踪问效，巩固扩大整改效果。县教育局积极争取上级资金60万元，切实解决了水桥小学、西平小学如厕难等问题。在认真总结两年来对5个部门（单位）开展民主评议工作的基础上，进一步扩大了参加民主评议成员的代表面和参与面，更加突出针对性、体现广泛性、增强实效性，组织开展对县农业局、县卫生局进行民主评议。评议工作组深入基层，走访党代表、人大代表、政协委员、基层干部职工和人民群众，采取动员会、座谈会等形式，收集意见建议190多条，被评议单位严格按照评议要求，认真制定整改方案，积极落实整改措施，收到明显成效。县农业局进一步优化人力、资金、技术资源，激发科技人员服务“三农”工作的事业心和责任感。引进农业龙头企业，在大坡乡新建3000亩县级马铃薯种子繁育基地，加大新品种、新技术的引进、示范和推广力度。县卫生局按照“十统一”的标准，积极争取扩大内需项目5个、城市社区卫生体系“双百”项目2个和农村卫生设施设备购置项目，大力改善就医环境。根据民主评议办法的规定，县政协常委会采取无记名投票表决，县农业局、卫生局均被评议为“满意”单位。白水、播乐、德泽工作组会同乡（镇）人大主席团对乡直站（所）开展民主评议，促进了站所效能建设，提高了干部职工服务中心、服务群众的能力和水平。民主评议工作达到了推动工作，促进发展的目的。

提案工作有新进展。提案工作是政协的基础性和经常性工作。县政协高度重视提案工作，进一步拓展提案征集线索，拓宽提案来源渠道，提高提案质量。继续推行县级领导督办重点提案制度，坚持县政协领导牵头督办与专题督办相结合，继续开展提案办理情况视察，推动提案办理落实。县政协三届三次全会期间，共收到委员提案156件，经审查立案143件，提案办复率达100%，委员满意率98%。进一步加大提案督办力度，县政协委员连续十年提出的关于打通县城东风南路的提案摆上议事日程，县政府成立工程建设指挥部，研究制定改造方案，于2010年3月8日全面启动拆迁，并按改造方案有序组织实施。通过对重点提案的督办，促成了县城道路、桥梁命名工作的落实和倒播公路的开工建设。县政协提案工作的做法及成效得到市政协的肯定，在市政协第八次提案工作会议上作典型经验进行交流。提案工作助推了全县经济社会发展。

社情民意有新加强。认真落实政协主席联系常委、常委联系专委会、专委会联系工作组、工作组联系委员、委员联系群众的制度，县政协领导按时参与大接访，妥善处理来信来访。县政协社情民意办公室接待群众来访60余人次，收集社情民意50余条。积极协助县委、县政府做好协调关系、化解矛盾的工作。充分发挥政协委员特邀监督员工作的经常性和反映社情民意的独特性作用，真实了解人民群众的生产生活，真情关注人民群众的安危冷暖，真心反映人民群众的合理诉求。城区工作组安排委员参加自来水价格听证会、独生子女生育保险听证会。大坡、播乐、德泽等工作组组织委员参与烤烟、万寿菊收购秩序维护和村级“两委”班子换届社情民意收集。白水工作组组织委员参与调解群众矛盾纠纷50多起。炎方工作组发挥委员位置超脱、渠道畅通的优势，组织委员参与重点、难点、热点问题解决，重大项目建设、赡养老人和邻里纠纷调处等工作。一年来，全县政协组织收集整理社情民意信息220余条，为促进社会和谐稳定作出了积极努力。

团结联谊有新氛围。加强同民主党派成员、工商联、人民团体和社会各界人士的团结联谊，不断扩大团结面。健全与政协各参加单位的交流、沟通机制。主动邀请各界委员参加重要调研视察、重点提案督办工作，推荐各界委员参加县委、县政府和有关部门重要会议，参与热点、难点工作督查和职能部门的测评工作。引导各界委员积极协助县委、县政府做好协调关系、化解矛盾、解惑释疑、团结鼓劲工作，为构建和谐社会凝聚人心、汇集力量。注重发挥政协委员在资金、信息、渠道、人脉上的优势，助推新农村建设和社会公益事业。盘江工作组发挥委员联系面广的优势，积极联系盘江籍在昆明、深圳的创业成功人士，回报乡里，投入资金260余万元，支持家乡新农村建设。社会工作组通过委员穿针引线，牵头联系广东好帮手科技股份有限公司开展“情系大西南·反哺珠江源”联谊活动，协调资金51万元，为菱角乡稻堆、块所村委会和炎方乡刘麦地村委会建设小水窖100口，受益群众近万人。

文史宣传有新突破。围绕“保护源头，浮现文化，打造品牌，和谐发展”的主题，整理编辑了《珠江源头文化体系建设论坛资料汇编》，共收录文稿29篇15万字，从不同角度、不同侧面就珠江源头文化体系建设进行了探索，提出了不少有价值的意见建议，为打造珠江源头文化品牌积累素材，发挥了存史资政作用。

进一步加强与省、市、县级媒体合作，大力宣传沾益改革开放的新成绩和政协履职的新成果。2010年，沾益电视台全年播出政协履职活动新闻60多条。在市级以上报刊媒体刊载文稿36篇。其中，《在“转”字下功夫，推进新型工业化》的调研报告先后被《人民日报·人民网》《云南政协报》《曲靖政协》采用。《云南政协报》在头版头条刊登了县政协的抗旱专题调研报告。信息宣传工作的不断强化，扩大了沾益政协的社会影响，为宣传沾益、推介沾益、提高沾益知名度发挥了积极作用。

（五）坚持三化建设，创新机制激活力

县政协常委会把推进制度化、程序化、规范化建设作为适应新形势、落实新要求、开创新局面的基础工作来抓，不断激发政协履职的活力，全面提高政协围绕中心、服务大局的能力和实效。

政协工作制度更趋严密。县委从提高党的执政能力、发展社会主义民主政治、构建社会主义和谐社会的高度，认真贯彻落实省、市委政协工作会议精神，及时召开县委政协工作会议，出台了《中共沾益县委关于支持人民政协履行职能发挥作用的意见》，对政治协商的内容、形式、督办机制，民主监督的形式、工作情况通报、成果应用，政协的专题调研视察、提案办理、社情民意信息、履职成果反馈、组织建设、经费保障等作出了全面的制度性规定，为人民政协履行职能提供了政策依据和制度保障。县政协紧紧围绕县委、县政府的中心工作、重大决策、重要部署和民生改善、社会事业等内容开展协商议政，积极探索政协工作的新方法，不断健全完善县委出题、政协调研、政府采纳、部门落实的参政议政机制。坚持县委、县政府主要领导阅批政协调研视察报告制度。政协工作更趋制度化。

政协工作程序更加严谨。按照政协履职程序建设的要求，全面落实政治协商制度，扎实有效开展全会、常委会、主席会、专委会、专题会协商，做到全面工作重点协商、紧急工作及时协商、单项工作专题协商、常规工作有序协商。进一步加强民主监督程序建设，在认真总结2008年以来开展民主评议工作的基础上，对照试行办法，认真分析在民主评议实践中出现的新情况、新问题，深入总结民主评议实践中的新经验、新做法，修改完善了《沾益县政协民主评议工作办法》，明确了指导思想和目的意义、界定了评议对象和范围、强化了评议内容和评议应遵循的原则，在知情、沟通、整改、评议、反馈等程序上均作了明确的规定，政协工作更趋程序化。

政协工作规范更为严格。县政协更加注重专委会、工作组、机关干部、委员履职管理的规范建设，在认真总结近年来各项管理工作的基础上，研究建立发挥委员主体作用的激励机制，健全完善了政协常委、委员履职考核办法，细化了政协专委会、工作组和机关委室目标管理责任制，充实完善了履职考核内容，加大了对政协常委、委员履职量化考核力度，年终认真组织严格考核，激发了专委会、工作组、常委、委员的履职热情，增强了履行职能发挥作用的责任感和使命感，拓展了参政议政和建言献策的广度和深度，政协工作更趋规范化。

回顾2010年的工作，我们深切地体会到，人民政协履行职能发挥作用必须强化五个意识、坚持五个不动摇。一是必须强化政治意识，始终坚持中国共产党的领导不动摇，积极引导政协各参加单位、广大政协委员、各民主党派成员和各族各界人士，高举旗帜，心往一处想，智往一处聚，劲往一处使，共同致力于沾益经济社会又好又快发展的宏伟目标。二是必须强化民主意识，始终坚持团结民主两大主题不动摇，充分发挥人民政协代表性广和包容性强的优势，不断巩固和发展和衷共济、共同奋斗的良好局面。三是必须强化中心意识，始终坚持围绕中心、服务大局不动摇，

自觉与县委和政府目标上同向，工作上合拍，行动上一致。四是必须强化民本意识，始终坚持把实现好和维护好最广大人民群众的根本利益作为政协履行职能发挥作用出发点和落脚点不动摇，以人民利益为重，多建顺民意的真言，多献遂民愿的良策，多办得民心的实事。五是必须强化创新意识，始终坚持发挥委员主体作用不动摇，以贯彻学习省、市、县委政协工作会议精神为契机，创新思路、拓展领域、搭建发挥委员主体作用的新平台，尊重委员的首创精神，维护委员的民主权利，用事业凝聚委员，用实践锻炼委员，用机制激励委员，使广大委员人尽其才、才尽其用、用尽其能。

在总结成绩的同时，我们清醒地看到，政协工作与新形势新任务新要求和广大人民群众的新期望相比，我们履行职责的能力有待进一步提高，发挥委员主体作用的方式有待进一步探索，政协自身建设有待进一步加强。我们要进一步增强责任感和使命感，正视存在的差距和不足，在今后的工作中采取积极有效的措施，切实加以改进。

二、2011年工作意见

2011年是全县实施“十二五”规划的开局之年，也是县政协立足新起点、明确新任务、落实新要求的重要一年。政协工作的总体思路是：在中共沾益县委的领导下，坚持以邓小平理论和“三个代表”重要思想为指导，以科学发展观为统领，深入学习党的十七届五中全会、中央经济工作会议精神，认真落实省、市、县委政协工作会议精神，围绕县委三届十四次全会确定的目标任务，紧扣全县中心工作，牢牢把握两大主题，认真履行三项职能，与时俱进，开拓创新，努力开创政协工作新局面，为沾益实施“十二五”规划开好头起好步作出新贡献。

（一）坚持科学发展，进一步筑牢政协履职的思想根基

深化学习，更加准确地把握人民政协工作的科学定位。按照科学理论武装、具有世界眼光、善于把握规律、富有创新精神的要求，进一步健全完善学习型组织的制度建设，不断探索开展学习活动的新方法和新途径，积极引导广大政协委员把学习作为一种政治责任、一种精神追求、一种生活态度，做到学习常态化、工作学习化。始终坚持用中国特色社会主义理论体系武装头脑，深入学习实践科学发展观，学习践行社会主义核心价值体系，学习掌握和运用科学的新思想、新知识、新经验。认真抓好省、市、县委政协工作会议精神的贯彻落实，把思想统一到县委全会和县委政协工作会议精神上来。真正把科学发展观转化为统领政协工作的坚强信念，谋划科学发展的正确思路，促进科学发展的实际能力。

（二）紧扣发展要务，助推“十二五”开好局起好步

突出要务，更加自觉地把促进科学发展作为履行职能的第一职责，切实把思想和行动统一到服务科学发展上，把政协各参加单位和广大政协委员的积极性、主动性、创造性引导到推动科学发展上，为调整经济结构、转变发展方式、破解发展难题献计出力，形成助推科学发展的合力。深刻领会“十二五”时期发展的主题主线，准确把握县委三届十四次全会提出的目标任务，紧扣全县在新一轮发展中的历史方位，紧扣全县在加快经济结构调整、转变经济发展方式的主攻方向，紧扣人民政协在助推“十二五”规划实施中的功能作用，不断强化大局意识和发展意识，多建有用之言、多献务实之策。精心组织好常委会议、主席会议和专题协商会议，努力提高协商议政的质量，继续探索做好提案工作的有效途径，提高提案的落实率和委员满意率。重点就产业结构调整、新型工业化、现代农业、现代服务业、社会统筹、生态环保等开展调研和视察，形成高质量的调研视察报告，为全面实施“十二五”规划建言献策。

（三）围绕民生大计，始终把改善民生作为履职追求

坚持履职为民，切实把实现好和维护好最广大人民的根本利益作为参政议政的出发点和落脚点。积极协助党委政府解决好人民群众最关心、最直接、最现实的利益问题，着力促进社会公平正义，促进民生保障和改善。政治协商要充分反映委员所代表的阶层或群体的利益要求。民主监督要有效维护广大人民群众的根本利益。参政议政要选择人民群众普遍关心的问题，深入研究和把握做好新形势下群众工作的新特点新要求，协助党委、政府做好问政于民、问需于民、问计于民的工作，让党委、政府能够了解到更多的信息和情况，使群众最盼望、最关心的问题体现在党委和政府的决策中。关注劳动就业、收入分配、城乡教育、医疗卫生、社会保障、文化体育等社会事业均衡发展问题，促进发展成果让人民共享。鼓励政协委员中的非公经济人士积极承担社会责任，扶贫济困，回报社会，努力营造和衷共济、安定有序的社会环境。充分发挥政协组织团结面广、联系面宽、包容性强的特点和优势，加强与各人民团体、各族各界代表人士的联系，多做协调关系、化解矛盾、理顺情绪的工作。继续开展民主评议，支持专委会参与有关部门组织的行风评议、工作调研和检查，支持政协委员担任执法、执纪部门的特邀监督员、信息员，切实发挥好委员的主体作用，进一步推动行风、政风建设。

（四）突出两大主题，坚持把

促进和谐作为重要职责

人民政协是党和政府联系群众、团结社会各界的桥梁和纽带。我们要始终坚持团结和民主两大主题，团结各方力量，凝聚各方智慧，共同致力和谐沾益建设。进一步加强同参加政协的各民主党派成员、工商联、人民团体的联系，积极探索加强团结合作的新途径，健全团结合作的新机制，围绕县委、县政府的重点工作、重大项目、重要举措联合开展调研、视察、研讨等活动。引导社会各界把力量凝聚到全县经济社会发展目标上，搭建平台，创造条件，让各民主党派成员、人民团体在政协协商会议上充分表达意愿，扩大增进共识、合作共事的良好局面。进一步加强同各族各界人士包括新的社会阶层的联系沟通，广交朋友，广纳群言，真正把有利于促进沾益发展的力量团结起来。积极创造条件，充分发挥工商企业界委员的优势和作用，为招商引资牵线搭桥，促成更多项目落户沾益。鼓励和引导委员更加富有成效地开展“五个一”活动，以委员的良好形象，以人民政协的亲和力，为全县经济社会发展凝聚人心，汇聚力量。

（五）加强自身建设，全力推动人民政协事业新发展

加强自身建设是人民政协履行职能发挥作用的关键。进一步加强常委会建设，坚持常委会学习制度、会议制度和议事规则，积极探索常委会工作的新形式和新方法，努力把常委会建设成为勤于学习、精于调研、敢于建言、善于协作的领导集体。进一步加强专委会建设，积极探索新思路新方式，健全和完善对口联系、互通情况、指导工作组活动制度，增强工作计划性和针对性，提高组织协调能力，切实增强工作活力。进一步发挥政协工作组的基础性作用，健全和完善工作组活动管理办法，加强对履职情况的督促检查和指导，切实发挥政协工作组为扩大社会各界有序政治参与的重要渠道作用，及时准确地向党委、政府反映各界群众的合理诉求。进一步加强委员队伍建设，修改完善委员履职考核办法，丰富活动形式和内容。充分调动委员履职积极性，切实发挥委员在本职工作中的带头作用、政协工作中主体作用、界别群众中的代表作用。进一步加强政协机关建设，继续深入开展创先争优活动，建立健全机关考核机制，增强机关干部职工的大局意识、服务意识、责任意识，增强机关工作的原则性、预见性和创造性。进一步做好联谊、宣传及文史工作，大力营造有利于政协事业健康发展的浓厚氛围。

标本兼治　惩防并举
扎实推进党风廉政建设和反腐败工作

——2011年6月13日中共沾益县纪委在县第四次党代会上（节选）

中共沾益县委常委、县纪委书记　黄海鸥

一、五年来的工作回顾

中共沾益县第三次党代会以来，在市纪委、市监察局和县委、县政府的正确领导下，县纪委始终坚持以邓小平理论和“三个代表”重要思想为指导，全面贯彻落实科学发展观，按照党章赋予的职责，坚持标本兼治、综合治理、惩防并举、注重预防的方针，紧紧依靠党的各级组织、广大党员干部和人民群众，服从服务于县委、县政府工作大局，全力推进惩治和预防腐败体系建设，全县党风廉政建设和反腐败工作在巩固中提高、在创新中发展、在改革中突破，为全县经济社会健康稳定协调发展提供了有力的政治和纪律保证。

（一）着力抓监督检查，促进科学发展重大决策部署得到贯彻落实

紧紧围绕县委、县政府保增长、保民生、保稳定等一系列决策部署的贯彻落实，深入开展监督检查工作。对全县重点建设项目开展监督检查，对发现的问题限期整改，确保了扩大内需中央投资项目和省、市、县重点项目的及时开工和顺利建设；以贯彻落实《曲靖市建设工程招投标管理试行办法》和八项配套制度以及“一个细则、五项制度”为重点，对全县工程建设项目招投标开展专项执法监察，对发现的问题督促有关部门限期整改，不断规范全县招投标行为；开展“双拖欠”清理工作，实施农民工工资保障金制度，监督项目建设施工单位在财政专户存入农民工工资保障金，切实维护农民工的合法权益；加强对政府采购、土地招拍挂、环境保护、安全生产等工作的执法监察，督促有关部门全面落实相关制度规定；严格执行《沾益县关于禁止带有财物输赢性质活动的规定（暂行）》等六个纪律规定，对突出问题进行专项治理；严格执行“三谈两述”和函询等党内监督制度，抓住重点部门和关键环节，会同组织部门抓好述职述廉、诫勉谈话、函询和领导干部个人重大事项报告等制度的贯彻落实。五年来，县委领导和纪委负责人同下级领导干部进行任前廉政谈话319人（次），诫勉谈话16人（次），干部任用函询37人（次），增强了领导干部的廉洁从政意识，有

效保障科学发展重大决策部署的贯彻落实。

（二）着力抓廉政教育，反腐倡廉宣传教育工作有声有色

以领导干部为重点，把反腐倡廉宣传教育纳入全县宣传教育工作总体规划，不断巩固反腐倡廉教育成果，积极开展党性党风党纪教育。以廉政文化“六进”活动为途径，着力营造“以廉为荣、以贪为耻、敬廉崇洁”的良好社会氛围；以电化教育为抓手，广泛开展正反典型教育。在全县开展反腐倡廉电教片流动播放活动，6000多名党员干部通过集中观看电教片受到教育。以警示教育基地为平台，着力提高领导干部廉洁从政意识，组织1200余名各级干部先后到省、市警示教育基地开展警示教育。以各种活动为依托，组织廉政文艺巡回演出、“风清气正促勤廉”演讲比赛、“廉政之韵”书画大赛等活动，将反腐倡廉宣传教育向社会延伸。以广播、电视、报刊为载体，广泛宣传中央、省、市、县的反腐倡廉方针政策和工作任务，在《云南纪检监察》、《曲靖日报》刊登反映全县各行各业开展反腐倡廉工作的文章57篇，曲靖电视台播出沾益县农村基层党风廉政建设、廉政文化建设及软环境建设专题片5部，沾益县电视台播出电视新闻59条，沾益县人民广播电台播出新闻62条，积极营造了风清气正的良好氛围。

（三）着力抓制度建设，源头预防和治理腐败工作稳步推进

制定《沾益县贯彻落实<建立健全惩治和预防腐败体系2008—2012年工作规划>实施意见》和《分工方案》，结合实际，将任务分解落实到各职能部门和单位，全力推进惩治和预防腐败体系建设；推行“阳光政府”、落实“四项制度”，切实保障群众的知情权、参与权和监督权，建立和完善政务公开工作制度以及评议、考核、责任追究等制度，促进政务公开制度的有效实施；建立软环境建设明察暗访工作制度，组织人大代表、政协委员、纪检监督员参与监督检查，对全县各乡（镇）、县直各党政机关、事业单位等78个单位（部门）进行明察暗访，有效促进机关作风的好转；认真贯彻落实《沾益县领导干部问责办法》，坚持有责必问，有错必究，严格追究不作为、乱作为、慢作为公务员的行政责任，增强政府的执行力和公信力。五年来，严格按照领导干部问责程序对32人进行了问责。

（四）着力抓案件查办，严肃查处了一批违纪违法案件

加强与司法机关、审计、财政等部门的沟通和联系，实行案件信息线索共享，不断完善办案工作领导责任制、查办案件联席会议制度，注重畅通信访渠道，捕捉案件线索，突出查办案件重点。五年来，全县纪检监察机关共接受信访举报294件（次），初核违纪线索192件（次）；全县纪检监察机关立案查处59件59人（其中党、政纪双重立案10件），给予党纪处分49人（开除党籍29人，撤销党内职务3人，留党察看2人，党内严重警告5人，党内警告10人），政纪处分21人（开除公职8人，行政撤职6人，行政记大过1人，行政记过3人，行政警告3人），办案挽回经济损失169.19万元。对7件典型案件在全县进行通报，收到了查处一案教育一片的效果。

（五）着力抓行风建设，损害群众利益的突出问题得到有效治理

认真开展减轻中小学生负担和治理教育乱收费工作，全面推行药品、医疗器械集中跟标采购和药品统一配送，确保城乡药品同质同价；在全县范围内进行食品安全检查，开展打击违法添加非食品添加剂专项活动；组织开展强农惠农资金专项检查，认真做好减轻农民负担和落实各项强农惠农政策，全县各项惠农资金全部以“一折通”及时兑付到农户手中；加强对“四项资金”的监管，确保社保资金、住房公积金、扶贫资金、民政救灾资金的专款专用和资金安全；深入开展社会评价工作，组织社会各界代表350余人（次），连续两年对各乡（镇）、县直各部门开展社会评价，参评部门（单位）满意率均在87%以上；持续开展“小金库”治理和规范非税收入工作，共查出各单位应缴未缴财政预算和财政专户资金730余万元，督促各单位及时缴入国库或财政专户；组织县直6个部门参与市“珠源清风——广播对话”栏目，组织县直29个部门主要领导在县广播电台开办的“珠源热线”政风行风栏目上解答问题、接受投诉；积极开展清理和规范评比达标表彰活动，建立治理公路“三乱”监督网络和快速反应机制，治理公路“三乱”成果得到进一步巩固。

（六）着力抓责任落实，基层党风廉政建设取得新成效

以落实党风廉政建设责任制为龙头，县委坚持每年与各乡（镇）、县直各部门党政主要领导签订党风廉政建设责任书，结合部门工作实际，认真落实“一岗双责”。县纪委监察局认真履行组织协调职能，半年组织抽查、年终由县委常委带队对各单位落实责任制情况进行检查考核；以农村党风廉政建设工作为重点，在整体推进我县农村基层党风廉政建设工作“十制度一规范”制度体系的基础上，以创建新农村基层权力规范运行的监督体系和便民利民的服务方式为重点，着力规范村级财务管理，强力推行为民服务体系建设，全面实行“三公开一质询”制度，在农村形成教育和制度并举，监督和惩处同抓的工作格局。对农村基层干部

中存在的作风粗暴、刁难群众、办事拖拉等问题进行严肃处理，对以权谋私，贪污受贿，侵吞公款公物的案件进行严肃查处，五年共处理各类违纪村干部31人，促进了农村社会的和谐稳定。

（七）着力抓队伍建设，纪检监察干部队伍履职水平不断提高

以科学发展观学习实践活动和创先争优活动为载体，加强政治理论学习，不断增强纪检监察干部的政治敏锐性和政治鉴别力，不断提高思想政治素质和政策理论水平。加强班子建设，营造了团结进取、干事创业、务实高效的良好氛围，努力带出一支政治坚定、业务精通、充满朝气和活力的纪检监察干部队伍；加强派出（驻）机构管理，建立“三重一大”监督制度、工作纪律“明察暗访”制度，创律与联系部门的沟通协调机制，派出机构职能作用得到有效发挥；加强业务培训，增强纪检监察干部的履职能力。先后组织纪检监察干部29人参加省、市纪委安排的业务培训，组织全县纪检监察干部57人开展警示教育和拓展训练，提高了干部队伍的业务素质和综合能力；加强机关装备建设，认真落实中央、省、市五部委的要求，配置了必需的办公办案设备，努力保障工作正常开展；加强信息和调研工作，五年共上报纪检监察信息693条、调研信息32期、理论文章185篇，被中纪委采用13条、省纪委采用58条、市纪委采用209条、县委县政府采用273条。

回顾五年来的工作，我们主要有以下几点体会：

第一，必须坚持科学发展观，围绕中心，服务大局，才能不断取得党风廉政建设和反腐败斗争的新成效。全县纪检监察机关始终坚持“围绕发展反腐败、惩治腐败促发展”，时刻与党委、政府思路同心、目标同向、措施同步，做全面发展的有力促进者和良好经济发展环境的积极营造者。自觉地把工作思路定位在围绕中心、服务大局上，着力解决影响经济发展的突出问题，坚决排除影响改革深入的不利因素，严肃查处破坏经济发展环境的违纪违法案件，较好地实现了党风廉政建设与经济社会发展的良性互动。

第二，必须深入贯彻落实党风廉政建设责任制，真正形成党政齐抓共管的工作格局，才能有效推进反腐倡廉建设。县委、县政府对党风廉政建设和反腐败斗争高度重视，主动担负起领导职责；全县各级党政组织始终把党风廉政建设和反腐败斗争列入重要议事日程，认真落实党风廉政建设责任制；纪检监察机关和各牵头部门认真履行工作职责，狠抓督促检查和工作落实，形成了党委统一领导、党政齐抓共管、纪委组织协调、部门各负其责、依靠群众支持和参与的工作格局。

第三，必须以《实施纲要》统揽纪检监察工作，教育、制度、监督并重，才能真正建立起惩治和预防腐败体系。只要按照《建立健全教育、制度、监督并重的惩治和预防腐败体系实施纲要》的要求，始终坚持宣传教育抓基础、制度建设抓长效、监督机制抓完善、改革创新抓治本、惩处腐败抓典型的工作思路，就能真正建立起惩治和预防腐败的工作体系。

第四，必须坚持从严治党方针，突出查办案件工作的治本功能，才能有效遏制腐败现象的滋生蔓延。在始终保持惩治腐败高压态势、严肃查处违法违纪案件的同时，针对案件暴露出来的问题，通过警示教育、督促整改、建章立制、推进改革等方式方法，帮助发案单位堵塞漏洞，正确处理惩治与预防、治标与治本的辩证关系，积极发挥办案工作在预防腐败方面的重要作用。

第五，必须建设一支素质过硬、战斗力强的纪检监察干部队伍，才能担当起反腐倡廉重任。全县纪检监察机关把“创先争优”活动、创建“学习型党组织”与“做党的忠诚卫士，当群众的贴心人”主题实践活动有机结合起来，不断加强自身建设，提高履职能力和工作水平。县委高度重视纪检监察干部的选拔、交流和培养使用，队伍结构得到优化，县直机关纪检监察组织的作用进一步发挥，乡镇纪委的建设得到加强，派出机构工作呈现新局面。实践证明，只有始终不渝地建设一支政治坚强、公正清廉、纪律严明、业务精通、作风优良的纪检监察干部队伍，才能担当起反腐倡廉重任。

在肯定成绩的同时，我们还清醒地认识到：部分乡（镇）、部门领导干部对反腐倡廉建设的重要性认识不足，重视不够，抓工作落实缺乏主动性和连续性，“一岗双责”要求还没有真正落实到位，一手硬一手软的问题仍然存在；领导干部廉洁从政方面的一些突出问题尚未得到根本遏制，以权谋私、贪污贿赂、失职渎职、奢侈浪费等问题时有发生；少数干部还存在作风不实、执行不力、办事拖沓，不作为、乱作为、慢作为等行为，一些损害群众利益的突出问题还没有从根本上得到解决；纪检监察机关自身建设还需进一步加强，在人员配置、经费保障、职能发挥等方面还有待加强和完善。

二、今后五年党风廉政建设和反腐败工作的建议

根据新形势新任务的要求，今后五年党风廉政建设和反腐败工作的总体思路是：以中国特色社会主义理论体系为指导，坚持标本兼治、综合治理、惩防并举、注重预防的方针，全面贯彻科学发展观，按照以人为本、执政为民的要求，

不断加强以保持党同人民群众的血肉联系为重点的作风建设，加强以惩治和预防腐败体系建设为重点的反腐倡廉建设，着力解决反腐倡廉建设中群众反映强烈的突出问题，以党风廉政建设和反腐败工作实际成效取信于民，促进“十二五”规划顺利实施和全县经济社会又好又快发展。

（一）切实加强监督检查，保障科学发展重大决策部署深入贯彻落实

深入贯彻中央、省、市全会精神，切实履行监督检查职责，按照“十二五”发展规划确定的总体思路和目标任务，紧紧围绕转型发展、创新发展、绿色发展、和谐发展的要求，会同有关部门加强对宏观调控、结构调整、自主创新、做好“三农”工作、保障和改善民生、节能减排和环境保护、规范和节约用地等政策措施落实情况的监督检查，确保中央、省、市和县委政府重大决策部署得到贯彻执行。健全对重大决策部署执行情况定期检查和专项督查制度、纪律保障机制，严肃查处违纪违规行为，坚决纠正有令不行、有禁不止现象，确保政令畅通。

要严明党的纪律特别是政治纪律，教育引导党员干部坚定中国特色社会主义信念，自觉做到坚持党的基本路线不动摇，在政治上、思想上、行动上同党中央保持高度一致。认真执行政治纪律，严禁公开发表同党的路线方针政策相违背的言论，对违反政治纪律的行为要严肃处理，坚决维护党中央的权威。

（二）切实加强党的作风建设，进一步密切党群干群关系

坚持以领导机关和领导干部为重点，大力弘扬密切联系群众之风。坚持领导干部定期接访、定期下访、挂钩联系、结对帮扶、住村入户等方式，深入基层倾听群众意见，为群众解决实际困难和问题。坚决纠正脱离群众的不良风气。大力弘扬求真务实之风。认真落实关于促进科学发展的党政领导班子和领导干部考核评价规定，坚决制止不切实际、不顾民力、不计长远、劳民伤财的“形象工程”和“政绩工程”等问题，严肃查处作风飘浮、弄虚作假引发重大事件或造成重大损失的案件。大力弘扬艰苦奋斗之风。督促各级领导干部认真落实中央有关厉行节约的规定，严格执行财经纪律，严肃查处铺张浪费、挥霍公款的行为。大兴批评与自我批评之风。提倡听真话、讲真话，反对逢迎讨好、互相吹捧等庸俗作风，自觉克服好人主义。组织力量加强对领导干部作风建设情况进行监督检查，加大对领导干部作风问题的问责力度。

深入推进基层党风廉政建设，建立健全“三级联创”工作机制，深入推进农村、企业、城镇社区党风廉政建设，强化对农村集体资金、资产、资源的监督管理，深入推进村级组织事务公开透明。开展对城镇社区公共资源营业性收入、公共建设投入等资金使用的监管，加强学校、公用事业单位党风廉政建设。积极探索非公有制经济组织和新社会组织开展反腐倡廉建设的途径和方法。教育和引导基层党员干部遵纪守法、廉洁履职、勤政为民。

（三）切实加强党风廉政教育，进一步增强党员领导干部廉洁自律意识

以党性党风党纪教育为重点，加强对党员干部特别是领导干部的理想信念和廉洁从政教育，促使党员干部树立正确的世界观、人生观、价值观和权力观、地位观、利益观。进一步加强反腐倡廉教育基地建设，充分利用好各类教育资源，深入开展岗位廉政教育和警示教育，加强对廉政勤政先进典型的宣传，增强反腐倡廉教育的说服力和感染力。积极探索利用互联网等新兴传播手段开展反腐倡廉宣传，加强正面引导。深入开展廉政文化创建活动，努力营造以廉为荣、以贪为耻的良好社会氛围。

认真学习宣传和贯彻执行《党员领导干部廉洁从政若干准则》，切实加强对领导干部廉洁自律各项规定执行情况的监督检查，严肃查处领导干部利用职权和职务上的影响为本人或特定关系人谋取不正当利益等问题，严禁违反规定插手市场经济活动，严禁违反规定为配偶、子女及其他特定关系人在就业、投资入股、经商办企业等方面谋取不正当利益，严禁违反规定私自从事营利性活动，严禁违反规定收送现金、有价证券、支付凭证，严禁大操大办婚丧喜庆事宜或借机敛财，严禁用公款或接受与行使职权有关系的单位和个人邀请进行高消费娱乐、健身活动。

认真落实党员领导干部报告个人有关事项制度，把住房、投资、配偶子女从业等情况列入报告内容。督促有关部门完善领导干部住房管理的有关规定，切实纠正党政机关和领导干部在集资建房、低价购房、多占住房等方面的违规违纪行为。进一步规范退休领导干部在企业和各类学会、协会、基金会任职行为。严格各类学会、协会、基金会准入制度，加强对其资金管理。

（四）切实加强案件查办工作，坚决惩处违纪违法行为

坚持党要管党、从严治党方针，进一步加大查办案件工作力度。树立“有案不查是失职，不查有影响的大案要案是不尽职，查办案件不促进经济发展是不称职”思想，严肃查办发生在领导机关和领导干部中滥用职权、贪污贿赂、腐化堕落、失职渎职案件，严厉惩处利用人事权、司法权、行政执法权和行政审批权谋取非法利益的行

为。严肃查办工程建设、房地产开发、土地管理和矿产资源开发等腐败现象易发多发领域的案件，严惩工程建设领域违纪违法行为。深入开展商业贿赂专项治理，在坚决惩处受贿行为的同时，加大对行贿行为的打击力度，对有行贿记录的单位和个人，在市场准入、经营资质、贷款审批、投标资格等方面加以严格限制。严肃查办严重侵害群众利益案件、群体性事件和重大责任事故背后的腐败案件，对造成人民群众生命财产重大损失的，要严肃追究有关人员的责任。严肃查办严重违反政治纪律和组织人事纪律的案件。

健全纪检监察机关执纪办案内部监督机制。加强办案队伍建设，建立办案人才库，进一步提高依纪依法办案的能力和水平。强化案件管理职能，完善案件审理制度，加强对办案工作的全程监督，确保依纪依法和安全文明办案。加强信访举报工作，建立信息反馈、监督保障、督查快办、协调疏导、目标管理制度，完善举报人和证人保护制度，健全网络举报和受理机制。实行典型案件剖析和通报制度，进一步发挥查办案件的惩戒和治本功能。

（五）切实加强监督制约，进一步规范党员领导干部从政行为

围绕建立健全决策权、执行权、监督权既相互制约又相互协调的权力结构和运行机制，切实加强对领导干部的监督。严格执行领导干部述职述廉、诫勉谈话、函询、质询、罢免或撤换以及民主评议、信访监督等制度。完善民主决策机制，坚持重大决策、重要干部任免、重大项目安排和大额度资金使用集体讨论决定制度。继续加强领导干部经济责任审计，加强对财政资金和重大投资项目审计。认真执行党委常委会向全委会报告廉政勤政、选人用人等方面工作情况的规定。积极探索加强基层民主监督的有效措施，大力推行乡镇党代表询问、质询制度和民主评议村干部制度。建立健全廉政风险预警防控机制，切实加强对重点部门、重要岗位的监管。完善纪检监察派出机构统一管理，加强对口部门领导班子及其成员的监督。坚持党内监督与党外监督、专门机关监督与群众监督相结合，发挥新闻舆论和党风联络员、特邀监察员的作用，增强监督合力。

继续深化软环境建设工作，积极推进党务、政务公开和公共企事业单位办事公开。落实党内情况通报制度，及时公布党内信息，畅通党内信息上下互通渠道，保障党员的知情权、参与权、选举权、监督权。进一步完善工作机制，建立健全监督检查、考核评价、激励惩处、责任追究等配套制度。在党的基层组织全面推行党务公开，逐步向乡以上党组织延伸。深化政务公开、厂务公开、村务公开和公共企事业单位办事公开，加强对《政府信息公开条例》贯彻落实情况的督促检查。把行政权力网上公开透明运行和推广电子监察系统结合起来，全面推进部门内控机制建设。加强和改进执法监察、廉政监察和效能监察，认真落实党政领导干部问责暂行规定，推行领导干部廉政承诺制、行政执法责任制，健全岗位责任制、首问负责制、限时办结制、绩效管理制等制度，不断深化县乡村三级便民服务网建设。健全网络信息收集和处置机制，加强对反腐倡廉信息的收集分析和研判处置，对网络舆论热点问题及时作出回应，对重大案件适时公布信息。

（六）切实加强纠风工作，坚决纠正损害群众利益的部门和行业不正之风

会同有关部门重点解决群众反映强烈的征地拆迁、食品药品安全、环境保护、安全生产、专项基金和专项资金监管等方面的突出问题。加强对征地拆迁行为的监管，督促落实被征地农民补偿费用和安置措施，完善相关社会保障机制。落实食品药品监管责任制，严厉打击制售假药劣药行为。集中整治危害群众健康的环境问题，严肃查处环境保护违纪违法行为。加强对安全生产法律法规和安全生产责任制落实情况的监督检查，加大责任事故调查处理力度。加强对社保基金、住房公积金、扶贫和救灾救济资金以及政府专项资金管理使用情况的监督检查，加强对大额资金的实时监控。继续开展党政机关、事业单位公有房屋、土地使用专项治理。深入治理教育乱收费，纠正医药购销及医疗服务中的不正之风，推进药品集中采购工作。治理各种加重企业负担的问题。加强行业自律和社会诚信建设，规范行业协会、市场中介组织、公共服务行业的服务和收费行为，巩固清理规范评比达标表彰工作成果。

深入开展工程建设领域专项治理工作，切实解决工程建设领域突出问题；深入开展党政机关、事业单位、社会团体和国有企业“小金库”专项治理工作，建立完善长效机制，从源头上防止私设“小金库”行为；深入开展公务用车专项治理工作，加强公务用车使用管理，积极稳妥地推进公务用车改革；深入治理各种庆典、研讨会、论坛过多过滥的问题，巩固党政机关厉行节约、制止奢侈浪费成果。

（七）切实加强制度建设，构建科学严密的制度体系

制度建设带有根本性、全局性、稳定性和长期性。以惩治和预防腐败体系建设工作为契机，按照中央《工作规划》和省、市《实施办法》的工作部署和目标要求，围绕建立健全廉政教育机制、权力监控机制、纠风长效机制、有效预防机制和从严惩戒机制，进一步加强

反腐倡廉制度建设，深化重要领域和关键环节改革，努力建成内容科学、程序严密、配套完备、有效管用的反腐倡廉制度体系，不断提高反腐倡廉制度化、规范化水平。

配合有关部门深化行政管理体制、干部人事制度、司法体制和工作机制、财税管理体制、投资体制、国有资产管理体制改革。深化行政管理体制改革和政府机构改革，加快推进政企分开、政资分开、政事分开、政府与市场中介组织分开，进一步减少和规范行政审批，对新设涉及重大公共利益的审批事项开展听证。认真贯彻实施《2010—2020年深化干部人事制度改革规划纲要》，建立健全干部选拔任用监督机制、违规用人问题立项督促检查制度和责任追究制度，匡正选人用人风气，防止和纠正“带病上岗”“带病提拔”等问题，严肃查处违规违纪用人行为。加强对司法活动的监督，规范司法人员自由裁量权行使，健全执法过错、违纪违法责任追究等制度，严肃查处执法、司法人员贪赃枉法、徇私舞弊的行为。加强财政资金监管，完善和规范财政转移支付制度，严格执行“收支两条线”规定。建立健全重大工程监督机制，实行政府重大投资项目公示制和责任追究制。完善公共资源领域统一规范的交易市场，加强对国有产权交易的监管，完善政府采购制度。

大力推进反腐倡廉制度创新，狠抓制度落实。要按照必要管用的原则，抓好制度的系统配套，增强制度的科学性和严密性。采取有力措施，扎实抓好法规制度的贯彻执行，完善执纪执法保障机制，加强对制度执行情况的监督检查，严肃处理违反制度的行为，提高制度执行力，维护制度权威性。

三、强化责任，确保反腐倡廉各项工作任务全面落实

各级党委、政府要切实加强对纪检监察工作的领导，不断强化工作保障，积极支持纪检监察机关认真履行职责，有效防止纪检监察工作中出现缺位、错位、越位等问题，以改革创新精神全面推进党风廉政建设和反腐败工作各项任务的落实。

（一）以贯彻落实党风廉政建设责任制为龙头，进一步巩固齐抓共管反腐倡廉建设的工作格局

各级党委、政府要以贯彻落实中央新颁发的《关于实行党风廉政建设责任制的规定》和云南省实施办法为契机，进一步完善反腐败领导体制和工作机制，促进各级领导班子和领导干部认真履行反腐倡廉的政治责任。党政“一把手”要对反腐倡廉重要任务亲自部署、重要工作亲自指导、重大问题亲自过问、重点环节亲自协调、重要案件亲自督办；党政领导班子成员带头廉洁从政，管好配偶、子女和身边工作人员；带头执行民主集中制，认真开展批评与自我批评；带头履行“一岗双责”，管好分管范围内的党风廉政建设；带头用权为民，深入基层、服务群众；带头转变作风，说实话、办实事、求实效。党政领导干部在下基层调研检查时必讲反腐倡廉形势；在召开重要会议、安排重大工作时必讲反腐倡廉任务；在部署重大决策、重要干部任免、重要项目安排和大额度资金的使用时必讲反腐倡廉要求；在听取工作汇报时必讲反腐倡廉工作；在参加民主生活会时必讲廉洁从政规定执行情况。各级纪检监察机关要认真履行组织协调和监督检查职责，积极协助党委、政府抓好责任分解、责任考核和责任追究。对党风廉政建设工作领导不力，职责范围内明令禁止的不正之风得不到有效治理，造成不良影响的；对本地区、本部门、本系统发生的严重违纪违法行为隐瞒不报、压案不查或处理失之于宽、失之于软的；疏于监督管理，致使领导班子成员或者直接管辖的下属发生严重违纪违法问题的，要严格进行责任追究。

（二）以全面履行职责为己任，进一步提高反腐倡廉工作水平

各级纪检监察机关要坚持以科学发展观为指导，坚持为民的思想、改革的思路、全局的观念、统筹的观点、科学的方法，不断推进反腐倡廉理念思路、工作内容、方式方法和体制机制创新，着力研究滋生腐败的深层次矛盾和问题，不断提高反腐倡廉的科学化、制度化、规范化水平。要围绕党委、政府重大决策部署的贯彻落实，主动贴近中心、贴近基层、贴近群众，创造性地履行监督检查职责，推动改革发展稳定各项任务的深入落实。要围绕解决影响经济社会发展的体制机制性问题，探索有利于规范权力运行、节约行政成本、提高工作效率、强化监督制约的权力运行机制和管理模式，让权力在阳光下透明运行，从源头上预防和治理腐败。要围绕重点领域和关键环节的腐败问题，整合教育、制度、监督资源，强化公共权力的分解、配置和廉政风险的排查、化解，实现自律与他律、外部监督与内部监控的有机结合，以改革的思路预防腐败现象多发易发。要围绕基层群众反映强烈的热点难点问题，大力推动基层反腐倡廉工作创新，认真总结推广基层干部群众创造的好经验好做法，并逐步上升为指导基层反腐倡廉建设的理论成果，使反腐倡廉建设更好地体现时代性、把握规律性、富于创造性。

（三）以干部队伍建设为基础，进一步发挥纪检监察职能作用

按照中央纪委“四个对”、省委“三个一”的要求，以创先争优活动和“做党的忠诚卫士、当群众的贴心人”主题实践活动为载体，认真落实中纪委《进一步加强和改进纪检监察干部队伍建设若干

意见》，切实加强纪检监察机关思想政治建设、能力建设、作风建设和制度建设。要配齐配强纪委领导班子成员，着力抓好县、乡纪委领导班子建设。把好入口，探索建立体现纪检监察职业特点的干部资格准入制度，注重选调熟悉经济、法律、金融、审计等专业知识的人才充实纪检监察干部队伍；畅通出口，积极推荐优秀纪检监察干部到系统外任职。进一步完善干部学习培训、挂职锻炼和困难帮扶机制，为纪检监察干部的学习、工作、生活和成长进步创造条件。巩固深化县级纪检监察机关建设成果，积极探索乡镇纪检监察机构改革。加强纪检监察机关纪律作风建设，严格落实“五严守、五禁止”纪律要求，秉公执纪、依法办事，带头执行各项政策法规，自觉维护纪检监察干部可亲、可信、可敬的良好形象。

关于沾益县2011年国民经济和社会发展计划执行情况与2012年国民经济和社会发展计划草案的报告

——2012年3月3日在沾益县第三届人民代表大会第五次会议上（节选）

沾益县发展和改革局局长　李载民

一、2011年国民经济和社会发展计划执行情况

2011年是“十二五”开局之年，在县委的正确领导下，在县人大、县政协的监督和支持下，全县上下坚持以科学发展观为统领，积极应对复杂多变的宏观经济形势和持续干旱带来的严重影响，围绕各项目标任务，着力保增长、稳物价、调结构、惠民生、促和谐，经济社会保持又好又快发展态势，实现“十二五”开门红。

全县生产总值完成117亿元，同比增15%。其中：第一产业增加值完成26亿元，同比增8%；第二产业增加值完成62亿元，同比增18.4%；第三产业增加值完成29亿元，同比增14.4%。三次产业结构比为22:53:25。完成财政总收入12.35亿元，同比增18.23%；完成地方财政一般预算收入6.36亿元，同比增17.15%。城镇居民人均可支配收入、农民人均纯收入分别达18074元、5715元，同比分别增18.1%、18.7%。

（一）农业农村经济平稳发展

全县实现农林牧渔业总产值39亿元，同比增8.7%。

一是传统产业巩固提升。全县种植粮食作物108.18万亩，实现粮食总产2.66亿公斤；收购烤烟41.94万担，实现产值3.92亿元；出栏肉猪104.8万头、肉牛6.88万头、肉羊19.79万只、肉禽307.5万只，实现畜牧业产值22.6亿元。

二是优势特色产业加快发展。全县种植万寿菊5.86万亩，实现产值0.32亿元；种植中药材3.56万亩，实现产值0.7亿元；种植蔬菜9.8万亩，实现产值1.3亿元；发展蚕桑7.4万亩，实现综合产值1亿元。

三是基础设施建设力度加大。投资8702万元完成冬春农田水利设施建设806件，新增蓄水能力61.28万立方米，新增节水灌溉面积3.69万亩；投资11841万元全力推进水洞山水库、病险水库除险加固工程等项目建设；投资2768万元开展“一事一议”财政奖补项目建设，受益农民达7553户34410人；完成中低产林改造13.9万亩、土地治理4.6万亩，硬化通行政村公路162公里。

四是新农村建设稳步推进。投资1219.46万元完成12个省级重点建设村项目建设，受益农民达2428户9913人；“两新”建设顺利推进；新建沼气池2200口，节能改灶900眼，安装太阳能300套；全面落实强农惠农政策，发放各类支农补贴7463万元。

五是抗旱工作取得实效。争取到上级补助资金1.1亿元用于水洞山水库、白浪水库引水工程及农村饮水安全项目建设，投入抗旱救灾资金2633.5万元，全力推进抗旱工作，有效缓解干旱造成的人畜饮水困难。

六是劳务经济发展持续加快。加大劳动力培训转移力度，培训农村劳动力13375人，新增转移输出劳动力7336人，实现劳务收入5.1亿元。

（二）工业经济快速增长

全县实现工业总产值234亿元，同比增20.82%；实现工业增加值55.5亿元，同比增19.6%。规模以上工业企业实现总产值191亿元，同比增24.47%；实现主营业务收入192.6亿元，同比增24.7%；实现工业增加值43.9亿元，同比增22.7%。工业园区建设加速，新建标准厂房10.5万平方米，实现工业总产值186亿元，同比增42.55%；实现主营业务收入188亿元，同比增32.24%；实现增加值42.8亿元，同比增31.04%；上缴税金4.69亿元，同比增22.5%。非公经济快速发展，实现增加值45亿元，同比增25%；上缴税金5.82亿元，同比增10%。节能减排和污染治理力度加大，淘汰落后产能20万吨，削减二氧化硫10.95万吨、化学需氧量916.5吨、氮氧化物590.5吨、氨氮169.39吨，节能减排完成市下达的目标任务。

（三）第三产业发展加快

第三产业实现增加值29亿元，同比增14.4%。继续实施“万村千乡”市场工程、“乡村流通工程”、“家电下乡”和“摩托车下乡”工程，新建日用品农家店20个、日用品配送中心1个，恢复和发展日用消费品经营网点274个，销售家电下乡产品40589台（件）、摩托车13449辆，实现销售金额12630.11万元，兑付补贴资金1688万元。实现社会消费品零售总额15.57亿元，同比增21.22%。珠江源、海峰湿地等景区基础设施建设进一步完善，全县接待游客51.14万人次，实现旅游综合收入2.68亿元。

（四）固定资产投资高位增长

全县固定资产投资完成107.17亿元，同比增27.19%，完成年度计划的101.75%，再创历史新高。实施重点建设项目61个，完成投资36.46亿元。鸿森200万吨预应力混凝土管桩、森博特2200万平方米纸面石膏板生产线、曲靖大型灌区沾益花山灌片等项目建成投入使用；鑫福100万吨镍合金、沪昆客运专线沾益段、中小学校舍安全工程、汇宝东盛住宅小区等项目建设顺利推进；珠江源种子交易物流中心、岩溶地区石漠化综合治理工程、白浪水库引水工程等项目启动建设；黑滩河水库扩建工程、县医院南片区分院、望海小学等项目前期工作有序开展。项目资金争取成效显著，共向上申报各级各类项目85个，获得支持69个，争取补助资金2.44亿元。

（五）招商引资成效显著

紧紧抓住昆交会、广交会、农博会等一系列招商经贸洽谈会举办的机遇，以企业为主体，以项目为载体，以引进大企业、大项目为突破口，主动融入国际国内大市场，全方位、多层次开展经贸洽谈活动。全年共签订国内合作项目协议8项，协议引进县外国内资金54.65亿元，实际利用资金5.55亿元。完成外贸进出口总额5700万美元，同比增15%。

（六）城镇建设步伐加快

按照建设珠江源大城市的要求，围绕建设山水园林城市目标，完成西河综合治理工程规划及六沾二线沾益火车站片区控规调整，启动滇东北物流中心规划、铁路既有线规划、炎方小集镇规划，全面启动村庄规划编制工作，完成16个行政村和126个自然村规划，城镇规划思路更加清晰、更加开阔，发展方向更加明确。大力推进省级园林县城创建工作，全面启动城市公共绿地改造，14个单位被命名为省级园林单位（园林小区），41个单位和7个小区通过省级评审。积极推进东风南路旧城改造、西河综合治理、宝鑫佳园、水云华城北苑、太昌路等重点项目建设，县城建成区面积达8.9平方公里，城镇化率达39%，绿化覆盖率达35.38%，城市综合载体和辐射带动作用明显增强。转变城市管理经营理念，创新城市管理机制，加大城市管理力度，城市形象显著提升。

（七）社会事业全面发展

教育事业协调发展，排除D级危房3万平方米，新建校舍3.4万平方米，安排义务教育阶段学校公用经费补助3473.15万元、免除义务教育阶段课本费623.67万元，发放农村义务教育阶段贫困家庭寄宿制学生生活补助1949.65万元；“两基”成果不断巩固，被省政府表彰为“两基”工作先进单位；县三中被中国人民大学列为“圆梦计划”定点保送学校。卫生事业稳步发展，县、乡、村三级医疗卫生服务体系进一步健全，医药卫生体制改革顺利推进，新型农村合作医疗参合率达97.4%，累计为107.51万人（次）减免补偿5454.63万元。计生工作扎实推进，少生奖励制度全面落实，农业人口领取《独生子女父母光荣证》136户，人口自然增长率为4.86‰。文体事业蓬勃发展，农家书屋、村级文化活动场所、文化小广场、广播电视“村村通”工程加快推进，深入实施农村电影“2131”工程，极大地丰富了农村文化生活。成功举办“第六届珠江源登山越野挑战赛”、“第五届珠江源山地自行车越野挑战赛”、“曲靖市第七届珠江源美食文化节暨沾益万寿菊赏花会”等系列活动。

（八）民生工作扎实开展

稳定和扩大就业工作，开发各类就业岗位3260个，新增城镇就业2583人，保持“零就业家庭”动态为零，城镇登记失业率为3.5%。发放“贷免扶补”创业贷款5117万元，支付再就业资金335.66万元，为3家劳动密集型小企业发放小额贷款500万元。社会保障体系不断健全，城镇职工基本养老保险、医疗保险、失业保险、工伤保险、生育保险、城镇居民基本医疗保险、农村养老保险等制度进一步完善。启动实施新型农村和城镇居民社会养老保险制度，参保率达93.65%；累计为5633人办理失地少地农民养老保险，占应参保人数的45.65%。切实关注困难群体生活，为4977名城镇人口发放低保金758.05万元，为14400名农村人口发放低保金1313.28万元，为1356名农村五保户发放五保供养金143.76万元。保障性安居工程加快推进，新建廉租房400套2万平方米，启动16个点600套27220平方米公共租赁房建设，发放廉租住房租赁补贴52.7万元。稳物价保供应工作成效明显，认真贯彻落实稳定市场价格保障市场供应各项政策措施，密切关注粮油、蔬菜、肉制品等群众生活必需品的市场供应和价格变化，落实“菜篮子”“米袋子”工程，加大重要商品储备和投放力度，加强价格监测、预警预报和市场监管，严厉打击违法违规行为，有效抑制物价大幅上涨，维护了市场价格总水平基本稳定，全年居民消费价格指数低于全市平均水平。扎实开展“安全生产年活动”，全面落实“两个主体责任”和“一岗双责”，加大重大危险监测监控和行政执法力度，加强安全生产工作监管，安全生产形势总体平稳，被省委、省政府表彰为“先进平安县”。

在充分肯定成绩的同时，我们也要清醒地认识到全县经济社会发展中存在的困难和问题：一是连续三年的严重干旱，特别是去年春夏秋冬四季连旱，给今年的农业生产、城市生产生活、工业生产用水带来较大的影响，制约着经济社会发展。二是财政增收困难。受宏观政策影响，银根紧缩，大型国有企业和中小企业经济效益持续下滑，影响和制约了财政增收。加之历年举借的政府性债务清偿进入高峰期，偿债压力大，财政保工资、保运转更加困难。三是经济总量小，产业链短、附加值低，现代服务业发展滞后，调整经济结构、转变发展方式的任务还很艰巨。四是投资任务重，项目储备不足，加之受宏观经济政策影响，大宗工业产品价格持续走低，企业效益下滑，投资意愿不足，投资保持高速增长困难较多。五是节能减排、节能降耗、生态环境建设面临更多的困难，保障和改善民生任务繁重。这些困难和问题我们必须高度重视，扎实工作，切实加以解决。

二、2012年国民经济和社会发展计划的基本安排

2012年是实施“十二五”规划承上启下之年，做好2012年各项工作，对于加快转变经济发展方式，调整经济结构，加快全面建设小康社会步伐，实现科学发展和谐发展跨越发展意义重大。在新一届县委的领导下，全面贯彻落实县委确定的新思路、新举措，在新的起点上，抢抓新一轮西部大开发、云南桥头堡建设的机遇，建设全省重要的煤化工、铝产业基地，特色农产品基地，商贸物流基地和滇中城市经济圈中的新兴旅游区、珠江源大城市北城中央商务区，争创全省县域经济发展先进县、特色农业示范县，以科学发展为主题，以结构调整为主线，着力改善民生，打基础、强产业，重创新、促改革，加快建设富裕文明开放和谐新沾益。

2012年全县经济社会发展主要预期目标建议为：全县生产总值增长15%以上；财政总收入和地方财政一般预算收入分别增长15%以上；全社会固定资产投资增长20%以上；城镇居民人均可支配收入增长12%以上；农民人均纯收入增长15%以上；社会消费品零售总额增长18%以上；城镇登记失业率控制在4%以内；人口自然增长率、节能减排完成市下达目标任务。

为实现上述目标，重点做好以下十个方面的工作：

（一）夯实农业基础地位，加快农业农村经济发展

围绕建设全省重要的特色农产品基地目标，实施科教兴农战略，推进特色农业现代化进程，做优做特第一产业。一是巩固提升传统支柱产业。稳定粮食生产，完成粮食播种104万亩，切实保障粮食安全；推进烟田基础设施建设，提升现代烟草农业水平，完成烤烟收购38万担，力争实现产值4亿元；以发展标准化规模养殖场（小区）为载体，切实转变畜牧业饲养方式和增长方式，力争畜牧业产值增长10%。二是加快发展优势特色产业。种植万寿菊6万亩，实现产

值2亿元；种植中药材6万亩，实现产值1.2亿元；种植蔬菜10万亩，实现产值1.5亿元；发展蚕桑8.07万亩，实现综合产值1.2亿元；新植泡核桃2万亩，加快发展红豆杉、银杏、林下经济等特色产业。三是完善农村基础设施建设。力争5月份完成白浪水库引水工程建设，确保城市供水；力争水洞山水库工程4月底实现大坝封顶，8月份完成库区防渗工程。投资1013.7万元完成菱角乡岩溶地区石漠化综合治理工程，治理岩溶面积52平方公里；实施中低产林改造6万亩、中低产田（地）改造1.3万亩；加快大坡至章溪农村公路改造、倒播公路二期等农村公路建设步伐，全面推进80公里通行政村公路硬化工程。四是加快社会主义新农村建设步伐。实施13个以上新农村省级重点村建设、10个以上省级重点整村推进扶贫村建设项目，加快新社区、新村庄建设。积极配合牛栏江—滇池补水工程、红石岩水库建设，做好库区移民生产生活安置工作。五是积极发展劳务经济。引导和促进农村富余劳动力向非农产业和城镇有序转移，最大限度拓展农村劳动力就业渠道和农业内部增收空间。

（二）强化工业主导地位，加快推进新型工业化进程

围绕建设全省重要的煤化工、铝产业基地目标，以园区建设为平台，以结构调整为主线，以节能减排为重要突破口，做大做强第二产业。一是加快园区规划建设。围绕工业园区“三年倍增、五年翻两番”目标，按照“工业上山”要求，以建设“一园四片”为重点，分期超前建设园区水网、电网、路网、通讯网、污水管网等基础设施，配套建设生产、生活服务设施，加快提升园区承载能力。二是壮大主导优势产业。围绕主导产业，提升入园企业的产业关联度、互补性、配套率，打造相互关联、相互支撑、相互促进的产业链条，构建既竞争又合作的集聚发展格局，加快培育壮大产业集群。实施大企业培育工程，大力支持云维集团、曲靖铝业、国投曲靖发电有限公司等大企业进行技改扩能，延伸产业链，发展精深加工，建设全省重要的煤化工、铝产业基地。三是抓好工业重点项目建设。加大协调服务力度，强力推进东源曲靖铝业13.8万吨阳极碳素、40万吨铝产业扩能、50万吨铝型材加工及铝产品研发中心等项目建设，加快红狮集团日产2×4000吨新型干法水泥熟料生产线及纯低温余热发电、国投华靖风电、云南瑞风风电等项目前期工作，力促云维5万吨顺酐、第二套1,4丁二醇、珠江集团35万吨锰铁合金、94.5万吨镍合金等项目开工建设，不断增强工业经济发展后劲。四是推动产业结构优化升级。实施中小企业成长工程，落实和完善相关优惠政策，积极搭建融资服务平台，推动企业提高管理水平和自主创新能力，扶持一批中小企业做专、做精、做特、做优、做强。推行清洁生产，大力发展低碳经济，淘汰落后产能，加大“三废”治理力度，推广资源综合利用先进技术和工艺，提高资源综合利用率，促进工业经济向资源节约型、质量效益型、科技先导型和生产清洁型转变。

（三）加快发展第三产业，提升现代服务业发展水平

围绕建设全省商贸物流基地、滇中城市经济圈中的新兴旅游区和珠江源大城市北城中央商务区目标，提高现代服务业发展层次和水平，做特做大第三产业。一是加快发展现代物流业。充分发挥沾益良好的区位优势、交通优势，依托“两铁三路三站两线”建设，努力构筑以综合交通、信息技术和中心城市为依托的现代物流体系，加快推进沾益滇东北物流中心二期、珠江源种子交易物流中心、钢材交易市场建设进度，积极引导物流龙头企业进驻沾益，培育物流知名品牌。二是加大文化旅游产业培育力度。着力在整合资源、推出精品、打造珠江源品牌上下功夫，加大珠江源、海峰湿地、九龙生态旅游区、益源生态休闲公园等旅游景区基础设施建设力度，挖掘旅游文化内涵，实施文化旅游精品工程，推动文化旅游资源深度开发，加快文化旅游资源经营权改革，推进市场化运作，培育文化旅游产业发展公司，打响珠江源文化旅游品牌。力争全县文化产业增加值达4亿元，旅游总收入达3.2亿元。三是挖掘农村市场消费潜力。继续落实好家电、摩托车、汽车下乡各项政策，依托“万村千乡”市场工程，推进农资连锁店进乡（镇）、日用品连锁店进农村、农副产品进市场，逐步建立和完善农村市场流通体系。四是拓展城市消费空间。做好城市商业网点规划和布局，大力发展信息咨询、金融保险、文化教育、体育娱乐、家政服务、物业管理等需求潜力大的服务业，改造提升商贸、餐饮等传统服务业。

（四）加快推进项目建设，增强县域经济发展后劲

投资是拉动全县经济增长的第一动力，是实现跨越发展的根本途径，是扩大消费需求的重要举措。要加大投资力度，优化投资结构，全力推进项目建设，为经济平稳较快发展提供有力支撑。一是分解落实目标责任。继续实施县级领导挂钩联系重点建设项目制、“五定”（定人员、定项目、定任务、定时限、定奖惩）和包保责任管理，严格重点项目协调推进会议制度和重点项目目标倒逼管理制，不断强化对重点项目的动态管理，着力解决项目建设中的各种困难和问题。今年，全县固定资产投资目标增长20%以上，其中：工业计划投

资38亿元，城市建设计划投资42亿元，商贸流通计划投资2亿元，煤矿建设计划投资2亿元，水利计划投资7亿元，农业计划投资1亿元，畜牧计划投资1亿元，林业计划投资1亿元，教育计划投资1.5亿元，卫生计划投资0.5亿元，交通计划投资2亿元。各行业主管部门要围绕全年目标任务，把任务分解落实到具体项目、落实到人，积极采取有效措施，确保完成投资目标。二是抓好项目前期工作。进一步加大项目前期工作力度，准确把握国家、省的投资方向和投资重点，科学规划、超前谋划一批大项目、好项目。加大项目前期工作经费投入力度，争取更多的项目前期工作达到完成可行性研究的深度。加强与各部门的沟通配合，千方百计争取中央、省、市的支持，形成"投产一批、建设一批、开工一批、储备一批"的良性发展格局。三是优化投资结构。继续加强水利、交通、能源、市政等基础设施建设，重点支持科技创新、节能环保、战略性新兴产业项目，强化"三农"和民生投入，引导更多资金投向中小型企业。有序推进"十二五"规划确定的重大项目开工建设，提高民间投资、产业项目投资比重，逐步促进投资结构转变。四是做好项目协调服务。继续完善投资"三个流程、八项制度"，协调解决项目建设中存在的征地拆迁、资金筹措、电力保障等突出问题，在确保工程质量、施工安全的前提下，加快工程进度，形成"一级抓一级，层层抓落实"的项目推进工作机制。着力抓好云维50万吨合成氨装置技术改造、5万吨顺酐、祥发30万吨铸管铸件产业升级转型、沪昆客运专线沾益段、温州国际商城等重点项目建设，力促云维高炉煤气替代焦炉煤气综合利用、云维集团专用铁路改造、中石油曲靖成品油配送中心、中缅油气管线沾益段等项目尽快开工建设。五是拓宽融资渠道。加强招商引资力度，立足沾益产业基础与区位优势，通过产业招商、以商招商和项目招商等方式，引进一批有资金、有技术、有品牌、有市场的战略投资者，不断提高项目协议履约率和资金到位率，实现招商引资总量突破和质量提升；认真落实好鼓励引导民间投资"新36条"和鼓励引导民间投资健康发展的相关政策措施，促进民间投资成为产业发展等领域的投资主体。

（五）统筹城乡协调发展，全力推进城镇化进程

紧紧抓住云南省建设滇中城市群和曲靖市建设珠江源大城市的契机，着力统筹城乡发展，力争城镇化率达41%。一是继续完善城镇规划体系。按照"两保护、两上山、两个80%"的要求，加快调整完善城市建设总体规划，尽快编制完成小集镇规划、村庄规划和山地综合开发利用规划，发挥规划的引领指导作用，引导城镇、村庄、产业向适建山地发展。二是加快城市建设步伐。按照城市交通、基础设施、公共服务现代化的要求，完善城市功能，增强城市承载力，加快推进太昌路、东风南路片区旧城改造、西河综合治理工程等项目建设，扎实做好湖南商会综合市场、城区供水管网改造及配套工程等项目建设前期工作，抓好给排水管网、城市电网、污水管网等项目建设，积极支持温州国际商城、盛大国际商贸城、东盛新华坊小区、和谐天地、玉林山水四期、云南人家等重点项目建设。三是着力完善公共服务设施。把城市结构、功能的改善摆在更加突出的位置，加大政法、教育、卫生、文化、体育等公共服务设施建设力度，不断拓展城市服务功能，抓好县人民法院审判法庭、县看守所、县司法局业务用房等7个项目建设。四是提高城镇管理水平。加大市容环境整治力度，全力推进安全、文明、卫生、园林县城创建，确保创建省级园林县城顺利通过验收。加强集镇建设，采取生态经济型、生态景观型、生态园林型等模式，抓好生态集镇、生态（小康）村创建工作，形成布局合理、有特色、有产业的城镇体系。五是强化城市经营。通过特许、租赁、托管、授权和股权转让等方式，经营好城市基础设施、广告、重要景观冠名权等城市资产，不断拓展城市经营领域。

（六）深化重点领域改革，增强经济社会发展活力

按照国家、省、市经济体制改革的安排和部署，结合沾益经济社会发展实际，创新体制机制，积极推进各项改革。一是继续深化农村改革。坚持农村基本经营制度，稳定和完善土地承包关系，在依法自愿有偿和加强服务的基础上，完善土地承包经营权流转市场。积极推进农村土地经营权流转和农村集体经济产权、林权制度改革，鼓励探索林权证、土地证、农村房产证等抵押担保贷款，大力发展村镇银行和小额贷款公司，着力解决农民贷款难的问题。二是深化水务一体化改革。建立"一龙管水、共同治水"的管理体制，促进水资源的统一规划和优化配置，强化水资源的节约保护，全面推进供水事业良性发展。三是统筹推进医药卫生体制改革。完善全民基本医保制度，巩固扩大覆盖面，逐步提高补助标准。完善基本药物制度，进一步加强基层医疗和公共卫生服务体系建设。四是推动县公共资源交易服务中心建设，确保各类公共资源交易活动依法办事、规范管理、阳光操作。五是深化行政审批制度改革。以投资、社会事业、非行政许可审批领域为重点，继续清理、精简和调整行政审批事项。扩大和规范政务公开，制定行政审批服务规范和标准，落实行政审批问责制。六是

深化乡（镇）机构改革。创新城乡互动发展机制，落实和完善乡（镇）经济社会服务管理职能。七是积极稳妥推进融资平台清理规范工作。在清理规范中理顺机制，改善融资平台的融资能力。对于可以市场化运作的基础设施、市政工程等项目，采取多种融资模式，加快发展。

（七）加快生态建设步伐，促进可持续发展

按照经济建设与生态建设同步进行、经济效益与生态效益同步提高、产业竞争力与生态竞争力同步提升、物质文明与生态文明同步前进的要求，加大节能减排和环境保护力度，促进沾益经济可持续发展。一是加强节能减排。由于沾益工业布局、产业特征，煤化工产业、冶金产业在国民经济中比重较大，同时沾益工业发展力度大、速度快，工业产值在国民经济中的比重较高，万元GDP能耗长期处于高位运行状态，节能减排任务重、压力大，需进一步落实节能减排目标任务，积极支持重大减排项目和产业化示范项目落户沾益，深入开展公共机构及交通节能，加强合同能源管理推广，促进节能服务产业发展，严格限制承接“高耗能、高污染、低效益”的产业，促进单位能耗进一步降低。二是加大环境保护力度。建立以工业污染防治、城镇污水和垃圾处理、农村农业面源污染控制为主的污染防控体系。继续推动烟气脱硫脱硝治理工作，强化工业污染防治，进一步减少工业污水排放。加快城镇污水、垃圾处理设施等项目建设，进一步完善城镇污水收集管网。加强运营监管，进一步提升污水处理和垃圾无害化处理设施运行管理水平，逐步建立污水处理和中水循环使用系统。抓好农村人畜安全饮水项目，实施一批节水项目，大力推进生态小流域治理、岩溶地区石漠化综合治理、土地开发整理等生态文明示范项目建设。三是积极发展低碳经济。推进清洁生产、循环用水、废弃物品回收利用，大力发展低碳产业。围绕碳汇产业发展政策及规划，重点发展特色高效经济林、红豆杉、速生丰产林等项目，积极开展碳汇造林，争取纳入云南省碳汇产业试点县，抵减部分工业温室气体排放，减轻和降低工业排放压力，为工业发展争取更多政策支持。

（八）提高公共服务水平，推进社会事业全面进步

统筹经济社会发展，不断提高公共服务水平。一是优先发展教育。巩固“两基”成果，深化教育综合改革，全面实施素质教育，大力发展学前教育，稳步发展中职教育，加强对妇女的科技和劳动技能培训，关心重视民族教育和特殊教育，促进教育均衡发展。重点抓好“校舍安全”工程、云南工业技师学院实训基地和特殊教育学校等项目建设。实施农村中小学生营养改善、学前教育三年行动计划，提高农村中小学寄宿制学生生活补助。二是大力发展文体事业。积极争取上级资金，推进县级文化、体育场馆等文体基础设施建设，大力实施文化惠民工程，建设47个农家书屋、3块村级文化活动小广场、52个信息资源共享工程村级服务点，完成539个自然村11503户的卫星直播覆盖建设任务；积极组织节日文艺演出和文化活动，广泛开展各项体育竞赛和全民健身活动。深化文化体制改革，打造珠江源文化品牌，着力培育体育文化、生态旅游、红色旅游等具有地方特色的文化旅游产业，充分发挥文化对经济社会发展的推动作用。三是全面推进医疗卫生事业。着力抓好公共卫生服务体系和城乡医疗卫生基础设施建设，加快推进县医院南片区分院、县医院医技楼、卫生监督业务用房和乡镇卫生院等项目建设；强化卫生监督、疾病预防控制、妇幼保健和防艾等工作，为群众提供满意的基本医疗卫生服务。巩固完善农村合作医疗，确保参合率稳定在96%以上。继续实施“光明工程”，为500例白内障患者免费实施复明手术。四是全面做好人口工作。加强人口和计划生育工作，稳定低生育水平，提高出生人口素质；保障妇女合法权益，加强未成年人保护，推动妇女儿童事业全面发展；完善社会保障和养老服务体系，积极应对人口老龄化；切实加强对流动人口的管理和服务；加大对留守人口家庭、流动人口家庭、受灾家庭以及其他特殊困难家庭的扶助力度。

（九）着力改善民生，促进社会和谐稳定

抓好事关民生的各项工作，全力保障和改善民生，确保人民群众得到更多实惠，促进社会和谐稳定。一是积极扩大就业。坚持更加积极的就业政策，完善城乡公共就业服务体系，多渠道开发就业岗位，加强各类就业和再就业培训，加强对就业困难人员和“零就业家庭”的就业援助，确保城镇新增就业2583人，转移农村劳动力6000人。二是完善社会保障体系。完善城镇职工养老、失业、医疗、工伤和生育保险体系，扩大城镇居民基本医疗保险覆盖面，推进新型农村养老保险和城镇居民社会养老保险；健全社会救助体系和社会福利体系，抓好老年公寓、中心敬老院等项目建设，切实做好农村五保和城镇、农村低保工作，妥善解决特殊困难群体生产生活问题，进一步完善失地少地农民社会保障。三是加大保障性住房建设力度。新建公共租赁房4040套，实施800户农村危房改造工程，着力解决低收入家庭住房难问题。四是保持物价基本稳定。认真落实“菜篮子”“米袋子”工程，做好粮食、猪肉、食用

油、成品油等重要物资储备工作，保障主要农副产品、基本生活品、重要生产资料供应，畅通鲜活农产品“绿色通道”；加强对食品、药品安全和医疗、教育等服务收费的监管。五是加强防灾减灾工作。推进气象灾害监测预警指挥中心、地质灾害防治等项目建设，构筑“应急救灾与常态防灾相结合、救灾减灾并重、城镇农村统筹、治标治本兼顾”的科学防灾体系，提高灾害应对处置能力。六是强化安全生产监管。坚持“安全第一、预防为主、综合治理”工作方针，深入推进“3568”工程，完善安全生产管理机制，严格落实政府监管责任、企业主体责任，抓实安全生产监管执法和治理，突出危化品、食品药品、烟花爆竹、民房和森林防火等重点治理，加大企业安全生产投入，全面推行标准化生产，夯实安全生产基础，切实保障人民群众生命财产安全。

（十）加强经济运行分析，确保经济平稳增长

深入研究和把握好各项政策实施的力度和重点，处理好保持经济平稳较快发展、调整经济结构、保持物价总水平基本稳定的关系。深入开展调查研究，强化对经济运行的动态监测，重点对固定资产、节能降耗、污染减排等方面的变化趋势和突出矛盾进行密切跟踪，准确把脉经济运行规律，扎实做好各季度经济运行分析工作，及时发现苗头性、趋势性问题，综合分析各类信息，提前防范、灵活应对，防止经济大起大落和出现异常波动。强化要素保障，动态跟踪监测重点行业、重点企业、重点产品的生产销售情况，加大与省市相关部门的沟通协调，确保电力有效供给、运力有效保障和成品油充足供应。各职能部门要切实履行经济调节、市场监管、社会管理、公共服务职能，及时有效解决经济运行中存在的困难和问题，推进全县经济社会又好又快发展。

关于沾益县2010年地方财政预算执行情况及2011年地方财政预算草案的报告

——2011年3月2日在沾益县第三届人民代表大会第四次会议上（节选）

沾益县财政局局长　何永发

一、2010年地方财政预算执行情况

2010年全县财税工作在县委的正确领导下，在县人大的工作监督、法律监督下，在县政协的民主监督下，以深入开展创先争优活动为契机，按照“调结构、稳增长、重民生、促和谐”的总体要求，围绕县委确定的2010年经济社会发展目标，加强财源建设，狠抓财政收入，优化支出结构，严格控制一般性支出，积极推进各项财政改革，强化财政监管，改进和规范财政管理，圆满完成了县三届人大三次会议确定的财政收支目标任务。

（一）2010年地方财政收支预算执行情况

2010年全县财政总收入完成104444万元，比上年实际完成数93933万元，增收10511万元，增长11.19%；上划中央“两税”完成33578万元，比上年实际完成数35752万元，减收2174万元，减6.08%；地方财政一般预算收入完成54260万元，比上年实际完成数47162万元，增收7098万元，增长15.05%，地方财政一般预算收入完成调整预算数53600万元的101.23%。全县地方财政一般预算支出完成126847万元（其中：县本级支出84569万元，中央、省、市专款42278万元），比上年的决算数94491万元，增支32356万元，增长34.24%，县本级支出完成调整预算数88689万元的95.35%。

2010年上级补助沾益县均衡性转移支付资金821万元，已全部用于人员工资发放、机构运转及社会保障支出；上级补助沾益农村税费改革转移支付资金1150万元，其中：706万元用于教育支出，占61.39%。

（二）2010年地方财政一般预算收支平衡情况

地方财政一般预算收入完成54260万元，上级补助收入72896万元，政府债券转贷收入1357万元，上年结余436万元，调入资金9900万元，收入总计为138849万元；地方财政一般预算支出126847万元，上解支出11979万元，完成支出总计为138826万元，收支相抵结余23万元。

（三）2010年地方基金预算收支完成情况

2010年基金收入完成19197万元，比上年同期19735万元，减收538万元，减2.73%，其中：国有土地出让金收入完成18904万元；基金预算支出完成25096万元（含省、市专款5391万元），比上年同期20268万元，增支4828万元，增23.82%。

上述数据是县级预算收支的决算数，最终的决算数以省、市决算批复为准，我们将在省、市决算批复后，向县人大常委会专题报告变化情况。

（四）2010年预算执行采取的主要措施及成效

抓落实、保增长，财政收入实现稳步增收。一是强化收入目标的落实。坚持“年初有目标、每月有检查、年终有考核”的原则，进一步加强了财政、税务、代理国库的协调配合，及时召开财税库联系会议，逐月分析收入趋势，细化收入目标，千方百计确保收入及时足额入库；二是强化征管措施的落实。密切关注经济形势变化，认真分析研究并切实抓好重点税源企业的税收征收和监管，加大税收检查和稽查力度，严格退税管理，确保各个环节税收应收尽收，做到大、小税种并重抓、主体与附加税一起抓；三是加强对新型产业、新建项目的税收征管。对新型产业、新建项目的税收征管实行跟踪问效，重视对第三产业中建筑业、餐饮娱乐、房地产、通信服务、交通运输等行业的税收监管，确保税收不跑不漏；四是进一步强化非税收入征管。认真执行《沾益县非税收入管理办法》，规范非税收入征缴及管理，推动非税收入由各部门分散性管理向政府财政宏观管理转变，理顺收入分配秩序，强化非税收入的动态监控，确保了政府非税收入的应收尽收。

争支持、保重点，支持经济发展取得新成效。认真落实积极财政政策，千方百计筹措资金，扩大投资，拉动消费，促进了全县经济社会平稳较快发展。一是努力争取上级支持。积极向省、市汇报反映沾益困难，争取支持，促进全县经济社会加快发展，全年共争取各类专款42278万元，比上年30717万元，增加11561万元，增长37.64%；争取上级转移支付补助资金28613万元，比上年24465万元，增加4148万元，增长16.96%；二是大力支持重点项目建设。安排项目前期经费1000万元，推进重点项目、城市基础设施、水利、农村公路和教育、文化、卫生基础设施建设，积极帮助协调解决在建和新建项目中存在的实际困难；三是充分发挥财政资金的引导作用，探索建立多渠道投入机制。建立财政拉动、企业推动、部门联动的重大项目建设推进机制，淘汰落后产能，发展循环经济，推动产业优化升级，加快推进新型工业化进程，实现工业经济发展新跨越。

强基础、惠“三农”，财政支农工作实现新突破。全年完成农林水事务支出23449万元，比上年同期14954万元，增支8495万元，增长56.81%。一是加大社会主义新农村建设整乡推进工作力度。共投入整乡推进建设资金1560万元，8个村委会，61个自然村，3410户村民的居住环境和生产条件得到明显改善；二是做好“一事一议”财政奖补工作。全年投入“一事一议”财政奖补资金1680万元，项目惠及全县8个乡镇39个村委会124个自然村，项目建设村村容村貌有了较大改观；三是切实做好抗旱救灾工作。在2010年抗旱救灾工作中，认真贯彻落实中央、省、市关于切实做好抗旱救灾工作的决策部署，积极向上级争取抗旱救灾资金，县级财政在确保全县行政事业单位人员工资按时发放和机构正常运转的基础上，进一步调整优化支出结构，积极筹措资金，投入抗旱救灾资金5155万元，为圆满完成抗旱救灾任务提供了强有力的资金保障；四是扎实做好农业综合开发工作。完成农业综合开发项目投资740万元，改造中低产田6800亩。通过项目建设，完善了项目区基础设施，改善了项目区农业生产条件和生态环境，达到了“路相通，渠相连，旱能灌，涝能排”的建设目标，促进了粮食增产、农业增效和农民增收；五是全面落实各项惠农政策。全年完成兑付农民补贴资金5860.01万元，其中：农资综合直补3614万元、玉米良种补贴219.2万元、水稻良种补贴156.01万元、小麦良种补贴3万元、地膜玉米补贴290万元、农机具购置补贴320万元、退耕还林补贴977.24万元、石油价格改革财政补贴120.56万元、生猪良种补贴160万元，全县享受补贴农户8万余户，受益农民35万余人。全力做好家电、汽车和摩托车下乡工作，建设和改造77个经营网点，销售家电20184台、汽车和摩托车12432台，累计兑现补贴2028.5万元，13.14万人次直接受益。

优支出、强保障，促进社会事业发展取得新进步。优化支出结构、高度重视民生改善，加大公共性服务领域投入。一是向教育事业发展倾斜。优先发展教育事业，完善农村义务教育经费保障机制，落实义务教育学校教师绩效工资，支持中小学校校舍安全工程建设。全年教育支出完成32183万元，比上年同期22770万元，增支9413万元，增长41.34%。积极筹措资金，全面化解了2005年以前形成的农村义务教育债务余额5476万元，教育“两基”顺利通过国家验收，拨付资金1865万元，扩大了贫困寄宿生生活费补助范围，提高了补助标准；二是向就业和社会保障倾斜。健全就业服务体系，千方百计促进就业。多方筹集资金，着力解决社保资金来源，积极扩大城镇社会保险覆盖面。全年完成社会保障与就业支出13758万元，比上年同期12390万元，增支1368万元，增长11.04%；三是向低收入人群倾斜。大力实施保障性安居工程建设，加大对廉租房建设的投入，认真落实住房公积金增值收益、土地出让收益安排投入廉租房建设的政策，全年共投入廉租房建设资金6600万元，通过省财政厅转贷2010年云南省政府债券资金1357万元专项用于廉租房建设县级配套，新建廉租房880套，44000平方米；四是向医疗卫生事业发展倾斜。支持医药卫生体制改革，大力推进公共卫生、农村卫生和城市社区卫生服务体系建设。调整新型农村合作医疗报销比例，支持县医院及乡（镇）卫生院改扩建，促进基本公共卫生服务均等化，落实基层医疗卫生事业单位绩效工资改革，全年完成医疗卫生支出12509万元，比上年同期7682万元，增支4827万元，增长62.84%；五是向文化体育事业发展倾斜。加大对公益文化事业建设的投入力度，大力支持实施文化资源共享、农村广播电视节目覆盖、农村免费放电影、全民健身活动。全年完成文化体育与传媒支出686万元，比上年同期419万元，增支267万元，增长63.72%；六是向社会稳定投入倾斜。全面落实基层政法机关经费保障政策，加大对安全生产、禁毒、防艾、平安沾益创建、法律援助、司法救助、人民调解和信访工作等社会稳定事业的投入。全年完成公共安全支出6154万元，比上年同期5390万元，增支764万元，增长14.17%。

促改革、增活力，财政管理更加科学规范。一是深化预算管理机制改革。围绕提高预算管理精细化科学化水平，进一步健全公用经费定额管理标准体系，强化预算编制、执行与监督的制约机制。初步建立了“收入统揽、预算统编、支出统拨”的财政管理模式，进一步推进了财政科学化精细化管理；二是积极推进财税库银横向联网电子缴税系统建设，为进一步加强税收信息化建设奠定了坚实的基础；三是大力实施公务卡制度改革。公务卡结算制度改革是推行“效能政府”四项制度，强化行政成本控制管理的一项重要内容，是建设“阳光财政”和深化财政国库管理制度改革的重要举措，2010年全县75个县级单位已全面推行公务卡结算制度改革，发放公务卡2226张；四是深化绩效评价改革。按照省、市建立效能政府的要求，认真组织开展对重点民生项目的绩效评价工作。2010年在对2009年民生工程项目实地进行调查研究的基础上，邀请县人大代表、政协委员及相关人员召开征询会议，充分听取各方意见，在反复论证后，结合沾益实际，对阳光工程、盘江供水项目、新型农村合作医疗、农村低保、现代农业生产生猪产业等项目开展绩效评价，通过绩效评价，有效的加强了财政资金监管，提高了财政资金使用效益；五是努力控制行政成本。认真贯彻落实中央、省、市关于厉行节约严格财政支出管理的各项政策规定，行政成本控制目标任务全面完成，在全县营造了行政成本控制的良好氛围，各单位控制行政成本的意识明显增强，2010年35户参控单位，机构编制和财政供养人员得到控制，因公出国（境）经费零增长，公务用车购置经费较上年压缩22.5%、会议经费压缩27.73%。

2010年圆满完成了年初确定的目标任务，但财政改革与发展中仍然存在一些困难和问题：一是财力增长难。由于分税制体制的长期不变和市对县财政体制的调整，沾益县可用财力增长缓慢；二是支出保障难。随着实施规范公务员津补贴和事业单位绩效工资改革，各项社会保障标准的提高和项目配套的增多，财政保障范围不断扩大，县级承担的支出越来越多，财力的增长与支出需求的矛盾十分尖锐；三是债务偿还难。为促进经济社会持续较快发展，历年举借的政府性债务清偿进入高峰期，偿还债务压力大，2010年通过预算内外筹集偿还政府性债务还本付息总额23400万元，筹资偿债十分艰难；四是财政平衡难。一方面由于财政体制制约，县级可用财力增长有限，另一方面由于政策性刚性支出剧增，人员经费、重点建设和民生投入需求大幅增长，县级财政平衡十分困难。针对这些困难和问题，在今后的工作中我们将予以高度重视，认真研究，采取积极有效措施，逐步加以解决。

二、2011年地方财政预算草案

2011年全县财政收支预算安排的指导思想是：以邓小平理论和“三个代表”重要思想为指导，深入贯彻落实科学发展观，全面贯彻党的十七大、十七届五中全会、中央经济工作会议和省、市、县委全会精神，强基础、调结构、惠民生、建和谐，坚持依法理财、统筹兼顾、增收节支的方针，加强财源建设，狠抓财政收入，优化支出结构，严格控制一般性支出，努力提高财政保障能力，促进全县经济社会又好又快发展。

根据上述指导思想，按照“依法理财、统筹兼顾、优化结构、突出重点”的原则，建议2011年全县地方财政一般预算收支安排如下：

（一）全县地方财政一般预算收支草案

2011年全县地方财政一般预算收入目标计划完成60800万元，比

2010年完成数54260万元，增6540万元，增长12.05%，力争增长15%；地方财政一般预算支出计划安排97260万元，比2010年完成数84569万元，增12691万元，增长15%。

全县地方财政预算收支平衡情况是：地方财政一般预算收入60800万元，上级补助收入30000万元（不含省、市专款），积极增收、争取上级支持增加收入10000万元，筹集调入资金9437万元，上年结余23万元，收入总计为110260万元；地方财政一般预算支出97260万元，上解支出13000万元，支出总计为110260万元（不含省、市专款）；收支相抵，实现预算收支平衡。

2011年对上级补助的均衡性转移支付资金将主要用于社会保障和教育支出；上级补助的农村税费改革转移支付资金，将严格按照《云南省人民政府关于印发农村税费改革财政转移支付教育资金使用管理办法的通知》（云政发〔2010〕171号）文件要求，50%以上的资金用于教育。

（二）2011年地方基金预算收支草案

2011年地方基金收入计划完成9000万元(其中:国有土地出让金收入8900万元)，上级补助收入预计2500万元，上年结余1963万元，收入合计13463万元，本年支出计划安排13463万元，实现收支平衡。

（三）地方财政一般预算安排的主要情况

关于预算收入的安排。2011年，全县地方财政一般预算收入安排60800万元是从以下几个方面考虑：一是县域企业生产经营逐渐趋好，价格回升，效益好转，利税增长；二是县域内重点工业项目云维集团30万吨/年尿素、10万吨/年甲胺，万利60万吨/年焦化项目、东源曲靖铝业38万吨电解铝建成投产，有一定的税收增量；三是2011年启动的煤矿改扩建、云维30万吨/年镍铁、云维30万吨/年不锈钢坯、靖源焦化洁净型煤综合利用、沪昆高速铁路沾益段建设等重点项目的建设以及东风南路片区旧城改造、西河公园开发建设、乡村道路等工程的建设推进都将有效拉动经济增长，为财政增收创造有利条件。

关于预算支出的安排。地方财政一般预算支出安排以县委三届十四次全会精神为指导，根据各项政策规定，结合支出需要，地方一般预算支出计划安排97260万元，比2010年完成数84569万元，增12691万元，增长15%。支出重点：一是优先安排人员经费，全年工资及工资性费用安排58527万元；二是对社会稳定经费做了重点安排，按照政法经费保障体制改革要求，安排维稳经费5570万元；三是安排了城市基础设施、贵昆铁路六沾二线沾益段、乡村道路建设、教育中小学校舍安全工程、国开行贷款还本付息资金17174万元；四是加大“三农”投入力度，推进农业产业化建设，加快推进社会主义新农村建设步伐，安排了农业产业、“两新”建设、水利建设、防汛抗旱、森林防火、农业综合开发、增雨防雹、项目前期等经费共5064万元；五是加强基层组织建设，安排村级党组织工作经费、村（社）干部岗位绩效补贴、党员活动中心户及专职村总支书记补助、大学生村官补助、和谐社区建设等经费625万元；六是努力提高社会保障和医疗水平，安排新型农村合作医疗县级配套、退役士兵一次性经济补助、城镇医疗保险、就业再就业、失业保险县级配套、企业伤残军人生活困难补助经费等1317万元；七是考虑到县级可用财力增长空间有限、调入资金困难、人员经费支出增长较大的实际，预算中压缩了一般性专款和部分非生产性支出，由此给各单位、各部门工作经费带来不同程度影响，恳请大家对当前财政困难给予理解、支持。

三、坚定信心，扎实工作，努力完成2011年预算收支任务

2011年，是“十二五”规划的开局之年，我们必须坚定信心、应对挑战，把握机遇、扎实工作，努力完成财政收支任务，更好地支持全县经济和社会事业协调快速发展。

（一）加快县域经济发展，积极培植壮大财源

把财源建设作为财政工作的首要任务，调整优化经济结构，培育新的财源增长点，努力实现财政收入稳步快速增长。支持重大项目建设，做好项目资金争取工作；支持重点产业建设，夯实财源基础；支持工业经济发展，通过工业带动，加快发展以服务业为主体的第三产业，着力培育地方税源，促进财力增长。

（二）增收节支并重，确保财政收支平稳增长

一是强化征管促进增收。加强对重点税源的监管，加大以票管收、源头控管力度，整顿规范收入征管秩序，积极挖掘增收潜力，拓宽增收空间，确保税收和非税收入依法征管，应收尽收；二是优化结构控制支出。牢固树立过“紧日子”的思想，坚持勤俭办一切事业，认真贯彻落实中央、省、市关于厉行节约严格财政支出管理的各项政策规定，健全厉行节约长效机制；三是加大目标任务的落实力度。及时分解任务，确保全年地方一般预算收入目标任务落实到位。

（三）优化支出结构，推进社会事业发展

千方百计筹集资金，优化支出结构，优先保障工资发放、机构运转、偿债、维稳等支出。一是认真落实农村义务教育经费保障改革

和对贫困寄宿学生发放生活补助的政策，不断提高农村中小学公用经费水平；二是支持社会保障体系建设和就业再就业工作。认真落实提高城乡低保补助标准，落实农村五保对象、80岁以上长寿老人、老党员、残疾军人的残疾抚恤金、烈属的定期抚恤金等政策；落实好城镇职工基本医疗保障、工伤保险等政策；三是支持深化医药卫生体制改革，健全基层医疗卫生服务体系，改善农村医疗服务设施；四是支持文化事业发展，加强城乡公益文化基础设施建设，促进文化事业繁荣发展；五是支持维护社会稳定和公共安全工作。加大对政法、防艾、平安沾益创建、安全生产、信访工作的投入，促进社会稳定。

（四）加大“三农”投入力度，促进农村经济加快发展

按照总量持续增加，比例稳步提高的要求，进一步加大“三农”投入力度。一是进一步落实好良种补贴、农资综合直补等惠农补贴政策，加强补贴资金监管，调动农民生产积极性；二是加强农业基础设施建设。加大对农村小型水利工程建设和农业综合开发力度，着力提高农业综合生产能力，不断改善农业生产条件；三是积极支持现代农业发展。坚持以新型工业化带动农业产业化，扶持具有竞争优势和辐射带动作用的农业产业化经营项目，推进现代农业产业体系建设，繁荣农村经济，增加农民收入；四是进一步推进农村综合改革。完善村级运转经费保障机制，积极抓好村级公益事业一事一议财政奖补试点工作，大力推进村级公益事业建设。

（五）深化财政改革，提高财政管理水平

一是继续深化部门预算管理改革。进一步深入推进以部门预算为基础、以投资评审为支撑、以绩效评价为导向、以监督检查为手段的公共财政管理体系建设，强化投资评审、绩效评价，不断提高预算管理科学化、规范化、精细化、绩效化水平；二是深化国库集中支付改革。加快财税库银横向联网工作，扩大公务卡结算面，实行现金限额管理，进一步加强和规范财政资金管理。加强单位经营性资产和财务管理，巩固治理“小金库”成果，建立健全防范“小金库”的长效机制；三是完善农村财务代理记账改革。建立村组完善的资金、资产、资源管理台帐，严格实行支出民主理财小组审批制度；四是深化政府采购管理改革。扩大政府采购范围，严格采购程序，节约采购资金。

（六）强化监督检查，提高财政资金使用效益

一是不断完善监管体系。围绕健全预算、执行和监督相互分离、相互制约的财政运行机制，把人大监督、审计监督、群众监督与财政监督结合起来，把事前监督、事中监督和事后监督结合起来，建立健全内外并举、收支并重、覆盖财政资金运行全过程的监督工作格局；二是突出监管重点。把监管的重点放到农村水利、乡村道路建设项目、民生工程、城市基础设施和重点项目建设的监督检查上，促进项目资金规范管理；三是创新监管方式。加大对财政投资的重点项目评审力度，对核减的项目资金相应调减项目支出预算，引入绩效评价机制，把绩效评价结果作为财政预算安排的重要依据。

沾益县人民检察院工作报告

——2012年3月4日在沾益县第三届人民代表大会第五次会议上（节选）

沾益县人民检察院检察长　王　强

一、2011年主要工作

2011年，沾益县人民检察院在县委及上级检察院的领导下，自觉接受人大的法律监督和政协的民主监督，依靠政府的大力支持和社会各界的关心，紧紧围绕全县工作大局，认真落实县人大三届四次会议决议，全面贯彻落实科学发展观，深入推进三项重点工作，不断强化法律监督、强化自身监督、强化高素质检察队伍建设，各项工作取得了新进展。

（一）坚持围绕中心、服务大局，全力保障经济社会发展

紧紧围绕“十二五”时期沾益经济社会发展的目标任务，综合运用打击、预防、保护等措施，全力服务沾益经济社会发展。

依法严厉打击影响社会和谐稳定的刑事犯罪。认真履行批捕、起诉职能，积极参与“打四黑除四害”“清网”等专项行动，增强人民群众安全感。全年共受理侦查机关提请审查批捕案件161件300人，经审查批准逮捕155件287人，不批准逮捕6件13人。受理各类审查起诉案件192件382人，提起公诉168件284人，上报市院审查22件53人。工作中，注重突出打击严重影响群众安全感的暴力犯罪、危害公共安全犯罪、多发性侵财犯罪。批捕起诉黑恶势力犯罪32人，严重暴力犯罪39件61人，“两抢一盗”犯罪83件176人，破坏社会主义市场经济秩序犯罪4件8人，对营造和谐稳定的社会环境、诚信有序的市场环境起到了积极的促进作用。

充分运用检察职能化解社会矛盾。认真贯彻落实宽严相济刑事司法政策，积极开展释法说理、心理疏导等工作，将矛盾化解贯穿执法办案始终，对涉嫌犯罪但无逮捕必要的9人依法决定不予批准逮捕；对犯罪情节轻微、依照刑法规定不需要判处刑罚或者免予刑事处罚的依法作出不起诉决定。完善处理涉检信访长效机制，建立涉检信访预警处置机制，全年共接待群众来信来访59件（次）。加强与法院、司法局、基层组织等部门的协调沟通，建立健全刑事和解、检调对接、刑事被害人救助、风险评估工作机制，努力把刑事和解、息诉罢访纳入社会大调解工作格局，有效化解社会对立情绪。全年共办理刑事和解案件5件，使8名被害人及时获得26万元赔偿，10名犯罪嫌疑人得到从宽处理；救助刑事被害人2名，落实救助资金3.1万元。

积极参与和促进社会管理创新。配合有关部门加强对重点人群的服务和管理工作，积极参与和促进社会管理创新。深入乡镇、社区积极开展法制宣传教育活动，共开展活动30次。深入基层派出所、司法所对334名社区矫正对象的矫正情况进行监督检查，促进社区矫正工作健康发展。完善适合未成年人身心特点的办案方式及制度，加强对违法犯罪青少年的教育、感化、挽救。探索建立未成年犯罪嫌疑人逮捕必要性证明和品行社会调查制度，引入涉案未成年人庭审教育、亲情感化、心理疏导等工作模式，共对32名未成年人进行回访帮教。开展“让法律陪伴我们健康成长”专项活动，到全县13所中学为20000余名在校学生进行法制维权教育。积极探索延伸法律监督触角、实现检力下沉新途径，设立了“派驻花山检察室”,采取进村入户、聘请检察工作联络员等措施，受理群众诉求，提供法律服务，化解矛盾纠纷，加快检察工作重心下移，密切检察机关与人民群众的联系。

（二）坚决依法查办和预防职务犯罪，努力促进反腐倡廉建设

始终把查办职务犯罪工作摆在重要位置，充分发挥检察机关在反腐倡廉建设中的作用，努力查办和预防职务犯罪。

切实加大查办职务犯罪工作力度。坚持“数量、质量、效率、效果、安全”并重的指导思想，着眼于保障民生，深入查办侵害民生民利的职务犯罪，严厉打击破坏支农惠农政策落实等侵犯群众切身利益的犯罪，较好地实现了法律效果、政治效果和社会效果的有机统一。全年共立案查办职务犯罪案件10件12人，其中查办贪污贿赂犯罪案件8件10人、渎职侵权犯罪案件2件2人，通过办案挽回经济损失96万元。在查办职务犯罪案件过程中，积极转变执法理念，自觉用制度来规范侦查行为，办案水平、办案质量、办案安全、办案效果同步提升，全年未发生办案安全事故、未出现无罪判决案件。

深入开展职务犯罪预防工作。着眼于营造廉洁高效的政务环境，强化侦防一体化机制建设，建立完善社会化预防协助网络，广泛开展警示教育，认真做好重大工程项目的同步预防。全年共办理立项预防案件12件。坚持把查办案件与查找“漏洞”结合起来，针对执法办案中发现的社会管理问题，及时向有关部门提出消除隐患、完善制度的检察建议12件。先后组织电力、化工等企业的300余名中层干部和重点岗位人员到云南省第四监狱开展警示教育。积极开展预防职务犯罪法制专题讲座，受教育干部3000人次。积极开展“预防工作进乡入村”、“综治维稳法制宣传”等专题活动。深入乡镇、社区，向群众发放法律知识宣传材料3500余份，提供法律咨询400余人次。积极开展预防咨询，加强对民生领域和重点工程建设项目的监督预防，开展预防咨询97次，较好地体现了检察机关服务社会的职能。

（三）切实强化法律监督，着力维护社会公平正义

认真贯彻落实《云南省人民代表大会常务委员会关于进一步加强全省各级人民检察院对诉讼活动法律监督的决议》精神，切实强化诉讼监督。

加强侦查活动及刑事审判监督。不断加强侦查活动监督，对侦查活动中的36名涉案在逃或另案处理人员进行了监督并提出监督意见，部分在逃人员已被成功追诉。加大对严重影响群众安全的地方恶势力犯罪及重大疑难复杂案件的提前介入工作力度，批准逮捕此类犯罪嫌疑人42人，有效的打击了犯罪分子。强化刑事审判监督，深入推行量刑建议纳入法庭审理工作，全年就15类案件提出量刑建议104件171人，法院采纳84件140人，采纳率为80.7%。积极推行“三书会审”，强化判决裁定审查力度，全年通过“三书会审”审查案件96件；不断规范检察长列席审判委员会工作，全年共列席沾益县人民法院审判委员会3次5件，提出列席意见7条，均得到采纳。

加强民事和行政诉讼监督。把化解社会矛盾贯穿于民事审判和行政诉讼监督之中，积极构建以提请抗诉为中心的多元化监督格局，积极开展执行监督、调解监督、督促起诉、再审检察建议等工作，努力探索民事行政检察工作新方法、新途径，切实维护当事人的合法权益。全年共受理民事申诉案件7件，立案审查5件，建议提请抗诉2件，法院改判2件；办理执行监督、调解监督4件；接待案件当事人30人次，做好息诉服判工作。

加强刑罚执行和监管活动监督。认真履行监所检察职能，不断强化刑罚执行和监管活动监督，健全刑罚变更执行监督机制，不断强化对看守所服刑人员的减刑、假释等监管活动的监督。全年审查收押、释放等法律文书418份，针对审查发现的问题提出检察建议16条，得到监管单位采纳并纠正。积极参与监管矛盾化解工作，与在押人员个别谈话50次，与看守所联合开展亲情会见1次。坚持羁押期限提前告知预警制度，确保全年刑事诉讼环节未出现超期羁押情况，确实维护在押人员合法权益。

（四）全面加强队伍建设，努力提高法律监督能力

始终把队伍建设作为检察工作的根本和保证，以公正廉洁执法为核心，强化教育、监督和管理，不断提高检察队伍整体素质。

着力加强领导班子建设。坚

持把党建工作纳入检察工作规划，进一步健全党内民主决策机制、领导干部考核评价机制，着力提高班子领导能力、统筹协调能力和指导能力。深入推进“学习型、务实型、创新型、专业型、服务型”五型班子创建活动，班子成员带头抓学习、带头搞调研、带头创先争优。进一步健全党员干部教育、监督、管理机制，充分发挥党员干部先锋模范作用，以党建带队建。认真开展“发扬传统、坚定信念、执法为民”主题教育实践活动，深化创先争优及“学习型党组织、学习型检察院”创建活动，坚持不懈地开展中国特色社会主义理论体系教育，始终用“六观”和“六个有机统一”武装头脑、指导实践、推动工作，引导干警始终坚持“三个至上”、“四个在心中”，坚定不移地做中国特色社会主义事业的建设者、捍卫者和守护者。

切实抓好素质能力建设。大力实施人才强检战略，深入开展争创“管理好、纪律好、作风好、服务好、业绩好、形象好”的六好科室，争创“政治素质强、业务技能强、纪律作风强、服务意识强、执行能力强、创新能力强、工作业绩强”七强干警活动，努力造就政治坚定、业务过硬、素质优良的检察人才队伍。注重培养高层次人才，鼓励支持干警参加在职学历教育，现有法律硕士研究生4人；积极推进全员培训，依托检察专线视频网络组织职务犯罪侦查、公诉、侦查监督、民事行政检察干警进行岗位素能培训18场400余人次；紧贴办案实践，认真开展案件研讨、庭审观摩、法律文书评析、专案攻坚等实战练兵活动，组织业务竞赛30次，办案评比4次，庭审观摩5次，不断加强业务能力建设，推进检察队伍专业化建设。

狠抓纪律作风和自身反腐败建设。坚持从严治检，全面落实党风廉政建设责任制。加强廉洁从检教育，组织干警学习《检察机关领导干部廉洁从检若干规定》，观看警示教育片10部，撰写廉政心得体会96篇，认真剖析自身存在的问题并提出整改措施。建立廉政风险防控机制，逐级签订廉政责任书，查找重点岗位、重点人员廉政风险点，制定防控措施，有效防控廉政风险。积极开展纪律作风教育整顿活动，查找并整顿作风涣散、效率低下等突出问题，大力加强检察队伍作风建设。组织开展“开门评检”活动，召开座谈会8次，发放征求意见表93份，走访群众25户，针对存在的问题，制定切实可行的整改措施进行整改，有力地推进了纪律作风和自身反腐败建设。

继续推进检察文化建设。坚持走“素质立检、科技强检、文化育检”之路，实施文化上墙工程，购置3000余册图书充实图书室，开设电子阅览室，为干警营造积极向上的学习环境。组建覆盖全体检察人员的“三社一团”：珠源检察文学社、书画摄影社、文体娱乐活动社和检察官合唱团，定期组织开展活动，将思想教育、政治理论学习和群众性文体活动有机地融为一体，形成党组倡导、社团牵头、干警参与的文化活动机制。提炼“尚法秉德、持正敬业”的院训和“公正廉明、理性务实、快乐奉献”的沾检精神，培养检察人员忠诚、为民、公正、廉洁的核心价值观，不断促进检察事业向更高更远的方向发展。

不断深化检务保障工作。以提高侦查工作的科技含量为重点，加强侦查指挥、证据收集、交通通讯、安全防范、检验鉴定等装备建设，投入经费70余万元改善办公、办案条件，提高科技装备水平。加强保障经费的落实和执行工作，广泛开展节约型机关建设，切实提高资产资金使用效益。

（五）切实加强对自身执法活动的监督制约，确保检察权正确行使

自觉主动接受各方面的监督，不断加大内部监督制约，优化工作环境、改进检察工作。

自觉接受人大监督及政协民主监督。深入贯彻监督法及实施办法，自觉接受人大和政协的监督。坚持向人大常委会报告工作部署、重要事项，认真落实人大及其常委会的各项工作要求，及时向人大常委会报告贯彻落实《云南省人民代表大会常务委员会关于进一步加强全省各级人民检察院对诉讼活动法律监督的决议》情况。切实加强和改进人大代表、政协委员联络工作，全年共向大代表、政协委员发送检察专刊4期3200份。认真听取人大代表、政协委员的意见、建议，认真办理人大交办案件1件。自觉接受人大常委会的述职评议，4名副检察长向人大常委会进行了述职报告并根据评议意见进行了认真整改。

自觉接受社会监督。主动接受舆论监督，设立舆情联络员，积极回应社会关切。全面推行人民监督员制度，及时组织人民监督员参与七种情形的监督；邀请人民监督员参与重大检察活动、参与执法办案活动5次，邀请部分人大代表、政协委员、人民监督员和特约检察员观摩评议公诉出庭案件3件次，增强检察工作透明度。进一步推进检务公开，打造“阳光检察”，在政务网站上和办公大厅电子显示屏上公开检察院的职权和职责，公布受理检察人员违法违纪投诉电话，全方位接受社会各界和人民群众的监督。

主动加强内部监督。坚持把加强内部监督放在与强化法律监督同等重要的位置来抓。以深入开展“维护人民群众合法权益、解决反映强烈突出问题”专项检查活动为

载体，以《检察机关执法工作基本规范》为蓝本，进一步完善和细化执法流程，严格执法程序，明确执法标准，建立健全案件质量责任倒查、案件质量预警监控、五级审查把关负责等制度。建立干警执法业绩档案，对执法办案实行全程化、实时化、动态化监督管理，全年共建立执法业绩档案421份。严格执行职务犯罪案件审查逮捕上提一级、职务犯罪案件不起诉报上级院决定和职务犯罪案件裁判上下级检察院同步审查等制度，对13件职务犯罪案件判决进行了同步审查。完善讯问职务犯罪嫌疑人全程同步录音录像制度和“一案三卡”监督制度。健全检务督察工作机制，突出对执法办案、执行纪律规定、落实重大决策部署情况进行监督。

在肯定成绩的同时，我们也清醒地看到存在的问题和不足，主要表现在：一是极少数检察人员在执法思想上存在偏差，服务大局、执法为民的意识不强，理性、平和、文明、规范执法的理念还需进一步加强。二是检察队伍思想政治素质、法律监督能力、群众工作能力有待进一步提高，队伍专业化程度还不高，高层次人才相对缺乏。三是检察管理制度机制有待进一步健全和完善，严格、科学、有效管理的要求在落实中还存在薄弱环节。对此，我们将高度重视，在2012年的工作中采取切实有力的措施认真加以解决。

二、2012年工作意见

2012年检察工作的总体思路是：坚持以邓小平理论和“三个代表”重要思想为指导，深入贯彻落实科学发展观，紧紧围绕全县经济社会发展大局，坚持“六观”和“六个有机统一”，以执法办案为中心，以开展“四群”教育和政法干警核心价值观教育实践活动为保障，不断深化三项重点工作，把法律监督与加强和创新社会管理、群众工作有机结合起来，充分发挥打击、预防、监督、教育、保护等职能作用，全面提升检察水平，更好地服务沾益经济社会科学发展、和谐发展、跨越发展。主要抓好以下五方面的工作：

（一）着力提升维护社会稳定的能力，全力以赴维护社会稳定

切实加强和改进批捕、起诉工作，着力提升维护社会稳定的能力。深入推进打黑除恶专项斗争，严厉打击垄断经营、破坏经济秩序和涉足民生领域、强占市场的黑恶势力，插手基层民主选举、欺压百姓的农村黑恶势力。依法打击扰乱公共秩序、危害公共安全以及“黄赌毒”等犯罪，严厉打击严重暴力、涉枪涉爆、“两抢一盗”等犯罪，维护良好的社会管理秩序。依法打击金融诈骗、合同诈骗、传销等犯罪活动，加大打击侵犯知识产权和制售假冒伪劣商品犯罪的力度，维护良好市场经济秩序。依法打击危害食品药品安全以及侵犯农民权益、危害农业生产、影响农村稳定的犯罪，积极参与“黑作坊、黑工厂、黑市场、黑窝点”的集中整治，加强对民生民利、困难群众和弱势群体的司法保护。

（二）着力加大查办和预防职务犯罪工作力度，促进反腐倡廉建设深入推进

坚决落实胡锦涛总书记在十七届中纪委七次全会上的重要讲话精神，按照省、市、县委的总体部署，严肃查处发生在领导机关和领导干部中的案件，权力集中部门和岗位的案件，重大安全生产事故、食品药品安全事件、群体性事件涉及的案件，文化基础设施建设、文化执法管理中的案件和为黑恶势力充当“保护伞”的案件。认真贯彻落实省委《关于进一步加强惩治和预防渎职侵权违法犯罪工作的意见》，推动相关办案机制的建立和完善，不断强化工作措施，切实加大查办渎职侵权犯罪工作力度。加快侦防一体化建设，形成侦查和预防工作互相促进、协调联动的格局。加强新型社会化预防协作机制建设，配合行政执法部门和企事业单位完善职务犯罪预警防控机制，积极提供预防服务。围绕工程建设领域和民生领域的突出问题，强化系统性预防措施，针对易发多发的重点领域和关键环节，集中开展防治工作，推动行业性职务犯罪治理。加强预防调查和类案研究，积极向党委政府和有关部门提出治理对策，从源头上遏制和减少职务犯罪发生。

（三）着力强化诉讼监督，维护法律的统一正确实施

继续深入贯彻落实省人大常委会关于加强诉讼监督工作的决议，转变监督观念，规范监督行为，改进监督方式，注重监督措施运用的适当性、有效性，提高各种监督手段的综合运用和有效衔接，提高诉讼监督的质量和公信力，促进严格执法、公正司法。强化立案监督，重点监督纠正利用刑事手段插手民事经济纠纷等问题。强化侦查活动监督，加大对侦查机关逮捕后变更强制措施、刑拘后未报捕、另案处理等侦查活动的监督，积极推动与公安机关建立执法信息互通机制。强化刑事审判监督，积极开展对适用简易程序案件审判活动的监督及人民法院自行启动再审后改变原判决案件的监督；进一步完善落实检察长列席审判委员会议制度，规范量刑建议的范围和标准。强化刑罚执行和监管活动监督，建立健全刑罚变更执行同步监督制度，及时发现和纠正减刑、假释、暂予监外执行不当问题；积极探索适应社区矫正特点的监督工作机制，逐步建立监外执行和社区矫正信息共享平台，切实加大监督力度。加强

民事行政检察工作，围绕构建以提请抗诉为中心的多元化监督格局，积极探索执行监督、调解监督、违法行为调查和督促起诉、支持起诉等工作，强化对民事审判、行政诉讼活动的监督，提升监督效果。

（四）着力促进社会和谐，坚持把化解矛盾贯穿执法办案始终

认真开展执法办案风险评估预警工作，通过监督纠错、释法说理、检调对接、司法救助等措施，及时从源头上解决问题，化解矛盾。全面贯彻落实宽严相济刑事司法政策，正确运用不批捕、不起诉等措施对轻微犯罪依法从宽处理，依法对当事人达成和解的轻微刑事案件予以宽缓处理，积极修复社会关系，最大限度地减少社会对抗、增进社会和谐。继续深入开展清积评查专项活动，坚持边清理、边化解、边息诉、边防范的工作方针，积极化解涉检信访案件，扎实做好涉检信访工作。进一步提高参与社会管理创新的能力，积极参与对流动人口、特殊人群、非公有制经济组织、社会组织、信息网络的服务管理。推行适合未成年人身心特点的办案制度，预防和减少未成年人犯罪；通过办案，认真分析查找影响社会稳定的风险漏洞，提出预防对策，推动完善社会管理创新工作。

（五）着力强化自身建设，提高检察执法能力

深入开展"忠诚、为民、公正、廉洁"的政法干警核心价值观教育实践活动、"四群"教育活动，引导检察人员牢固树立政法干警核心价值观，把"立检为公、执法为民"的要求落实到实际工作中。认真落实检察机关教育培训规划，深化检察队伍素质能力建设，主动顺应经济社会发展对检察工作的新要求。继续深入推进检察文化建设，构建具有鲜明地域特点和行业特色的检察文化。积极推进乡镇检察室建设，扩大乡镇检察室影响力，积极探索符合实际的法律监督触角延伸机制。进一步完善廉政风险防控机制和检务督察机制，完善对执法活动进行同步监督的工作机制，确保检察执法的每个环节、每个步骤得到有效监督。提高信息化建设和运用水平，完善检察技术与检察业务紧密结合的工作机制，为执法办案提供更加有力的保障。

沾益县人民法院工作报告

——2011年3月3日在沾益县第三届人民代表大会第四次会议上（节选）

沾益县人民法院院长　唐敬东

一、2010年主要工作

2010年，沾益县人民法院在县委坚强领导和上级法院精心指导下，在县人大及其常委会的法律监督和县政协的民主监督下，依靠县政府的大力支持和社会各界的关心帮助，深入贯彻落实科学发展观，围绕“为大局服务、为人民司法”工作主题，认真执行县人大三届三次会议决议，转变工作思路，创新工作方法，忠实履行宪法和法律赋予的职责，深入推进三项重点工作，法院各项工作取得新进展。

（一）围绕为大局服务，推进社会矛盾化解

更加突出能动司法，狠抓执法办案第一要务，主动把法院工作融入经济社会发展与社会和谐稳定大局中去谋划和部署，有效化解各类矛盾纠纷，全年共受理各类案件2439件（含上年旧存40件），办结2419件，结案率99.18%。其中，受理督促程序案件106件，结案106件，结案率100%。

——加强刑事审判工作，切实履行维稳职责。受理各类刑事案件285件，审结285件，结案率100%。保持严厉打击严重刑事犯罪的高压态势，正确把握和严格贯彻宽严相济的刑事政策和依法适用非监禁刑，严厉打击严重暴力犯罪和“两抢一盗”等多发性犯罪，对情节轻微的初犯、偶犯和过失犯罪、青少年犯罪及因民间纠纷引发的轻微刑事案件，被告人积极赔偿受害人损失，取得受害人谅解的，依法从轻、减轻或免除处罚，共判处五年以上有期徒刑罪犯42人，依法免予刑事处罚17人（含自诉案件），对8名自诉案件被告人依法作出无罪判决；依法惩处经济犯罪、商业贿赂犯罪和职务犯罪，审结17件，判处公职人员19人；审理少年刑事案件33件，其中判处缓刑31人，充分发挥刑事审判的惩罚、教育和引导功能。

——加强民事审判工作，促进经济社会发展。受理各类民商事案件1505件，审结1498件，结案率99.53%。高度重视与经济发展相关案件的审理，及时审理好各类合同纠纷案件401件，维护竞争有序的市场秩序；依法审理涉及民生和与人民群众切身利益紧密相关的劳动争议、医疗纠纷、婚姻家庭、权属侵权纠纷等案件635件，有效化解涉及群众切身利益的矛盾纠纷；妥善审理农民工追索劳动报酬、农村土地承包和农民权益纠

纷案件289件，促进农村健康发展，维护农民合法权益。加强民事案件审执结合工作，民事案件审执结合率达55.8%以上，有效减轻执行工作压力。

——加强行政审判工作，维护社会管理秩序。受理行政案件4件，审结4件，结案率100%，审查非诉行政执行案件149件，裁定准予执行101件，不予执行48件。注重推进行政机关法定代表人出庭应诉工作，优化行政司法环境，行政机关法定代表人出庭应诉率达60%以上；健全行政案件协调和解处理机制，促进行政管理相对人与行政机关互相理解、彼此沟通，妥善化解行政争议；对行政审判工作中反映出来的问题及时通报行政机关，适时提出司法建议5条，促进提高行政执法水平；对部分行政执法机关的行政执法人员进行法律业务培训4次200余人，有效从源头上减少行政诉讼。

——加强民事执行工作，努力解决执行难题。受理执行案件539件，执结526件，执结率97.59%。完善执行流程管理，规范执行行为，对委托评估、拍卖和变卖工作实行归口管理，分权制约；推行执行全程公开和执行听证制度，建立执行监督员工作机制，有效发挥执行监督员对执行工作的监督和协作作用；制定完善了执行工作15项制度，实行岗位轮换，强化内外部监督，规范和促进执行工作；建立执行快速反应和应急机制，成立执行指挥中心和执行应急中心，保障及时处理执行线索和执行突发事件；认真开展创建“无执行积案先进法院”活动和“委托执行案件专项清理执行”活动，有效推动执行工作。

——加强立案信访工作，保障当事人合法诉求。按照“功能完善、制度健全、设施齐备、服务到位”的要求，加强立案信访窗口建设，强化诉讼引导、诉前调解、判后答疑等职能，巩固诉讼“绿色通道”和“一站式”服务，推行巡回立案和预约立案等方式，为群众依法维护自身权益提供便利服务；高度重视信访工作，建立“诉访分离”的信访案件处理机制，健全带案下访和巡回接访制度，集中开展清理涉诉信访积案活动，努力化解涉诉信访；实施涉诉信访源头治理，抓好审判流程管理和案件质量评查工作，实行改判和发回重审案件定期通报、原因分析、责任追究制度，努力提高办案质量。共接待来访580余人次，处理信访件34件，有效化解涉诉信访22件，逐步实现涉诉信访工作良性运转。

——加强人民法庭工作，有效发挥基层优势。坚持重心下移，充实了法庭办案力量，配备办案车辆3辆和其他办公办案设备，为人民法庭正常开展工作和有效发挥职能优先提供保障。在巩固巡回办案和司法为民各项措施的基础上，向社会公开法庭工作“八项承诺”，积极发挥人民法庭联系群众的桥梁作用和窗口示范作用。人民法庭受理各类案件611件，结案率100%，巡回办案415件，巡回办案率85.3%；调撤案件327件，调撤率70.1%。人民法庭工作的有效开展，化解了基层大量社会矛盾纠纷，促进了农村经济社会发展。

（二）发挥审判职能，推进社会管理创新

坚持把维护良好的社会秩序作为审判机关的重要职责，自觉把法院工作融入社会管理之中，主动开展社会管理工作。

——积极参与平安创建。坚持“寓教于审，惩教结合”的原则，创新和完善少年审判工作，落实社会调查员制度，做好青少年犯罪预防、矫正和挽救工作，认真开展特殊人群的回访帮教工作，配合有关方面做好社区矫正工作，共回访帮教缓刑犯和少年犯90余人次，最大限度地挽救未成年人罪犯。对审判执行工作中发现的可能影响社会稳定的苗头性、倾向性问题，积极发挥司法建议作用，配合有关部门及时妥善处理。巩固发挥“三室一庭”重要职能，形成工作互动，共同化解社会矛盾。

——大力开展法制宣传。结合审判工作，认真做好普法依法治理工作，开展好“综治维稳”和“司法公开”宣传月活动，积极构建以网络、报纸、广播、电视为主要载体的多元、立体宣传模式，增强法制宣传效果。开展法官进社区、进农村、进学校、进企业、进厂矿的“五进”活动，积极开展送法下乡活动11次，为群众提供法律咨询服务。发挥巡回审判优势，达到“审理一案、宣传一线、教育一片”的法制宣传效果。完善舆情研判分析机制，提高舆情引导和应对能力。

——切实加强审判管理。围绕“公正、廉洁、为民”的要求，以管理出公正、出效率、出廉洁、出效果为目标，制定《绩效考核办法》和《执法业绩档案》两项制度，健全“质量评估、案件评查、流程管理、考核奖惩、监督指导”的审判管理制度，明确管理部门和职责，着重加强重要节点的管理，抓好延伸到法庭的法院联网审判流程管理和信息录入工作，逐步实现由“粗放型”管理向“集约型”、“精细化”管理的转变，提高审判工作质效。

——围绕中心拓展职能。面对特大旱情，围绕“抗大旱、保民生”的决策部署，在发挥审判职能服务抗旱救灾的同时，积极捐款捐物5万余元支援抗旱救灾。开展“审判护农”活动，促进农业生产和新农村建设。组织力量开展维护烤烟收购秩序工作，保障烤烟收购工作顺利进行。积极开展各种扶贫

帮困活动，全院共捐款10万余元用于扶贫帮困，认真履行社会责任。同时，认真做好下派新农村指导员工作和治安特派员工作、兼职法制副校长工作。

（三）加强队伍建设，推进公正廉洁执法

始终把队伍建设放在首位，作为人民法院工作的关键来抓，不断提高队伍的整体素质和司法能力。

——加强领导班子建设，有效带动队伍建设。按照“建一流班子、带一流队伍、创一流业绩”的思路，大力加强班子建设，不断提高领导干部的领导水平和司法能力。狠抓班子作风建设，充分发挥班子的领导核心作用和表率作用；进一步改善领导班子结构，充实院党组领导班子，配齐了空缺的中层领导岗位6个，对4名中层干部进行了岗位轮换。

——以创先争优为契机，加强法院党建工作。在全院范围内大力开展争创活动，营造学先进、赶先进、作贡献、当表率的良好风气。把党建工作纳入法院工作规划，并确定为绩效考核的重要内容，健全党员教育管理机制和监督机制，落实支部建在庭室的要求，改选了部分支部班子，把公正司法与积极完成各项工作任务作为衡量党员先进性的重要标准，确定示范庭室，积极开展了“五个一”活动和主题演讲、“升国旗、唱国歌”等系列活动，极大地鼓励了士气、凝聚了人心、推动了工作。

——深化反腐倡廉工作，确保司法公正廉洁。坚持勤政廉政谈话制度和廉政专题教育活动，促进干警加强自我约束，切实抓好预防司法腐败工作。建立了干警廉政档案、勤政档案、案件质量档案、执法业绩档案等“四档”制度，签订拒绝赌博承诺书，将干警的日常行为、工作业绩、廉洁情况进行动态和量化管理。落实家庭助廉责任制和廉政监察员制度，扩大监督面，提升监督效果。实行案件监督卡制度，共发放案件廉政监督卡3000余份，加强对审判执行工作的监督。

——开展纪律作风教育，努力提升队伍形象。围绕创建学习型、服务型、高效型、创新型、廉洁型“五型”法院，认真开展纪律作风教育整顿活动。严格工作作风和纪律作风，严格重大事项报告制度和督查制度，加大对违反制度的查处力度，解决纪律作风上存在的“松”“软”“疲”现象。严格贯彻最高法院“五个严禁”规定，落实沾益法院干警纪律作风建设“三条禁令”和系列办案工作规定，重点纠正语言不文明、行为不规范、工作不负责任等问题，不断规范司法行为。

——大力开展教育培训，不断增强司法能力。开展法官全员大培训，积极利用法院视频培训的优势，认真组织干警参加各类业务知识培训16次。实行以会代训，坚持每月一次的全院集中学习。推行法官教法官的培训方式，通过庭审观摩、精品案评析、裁判文书评比等措施，开展“岗位技能练兵”活动，提高法官审判执行能力。组织科级干部和法官晋级在线培训，不断更新知识结构，拓展知识面。启动干警读书活动，为干警发放读书卡，鼓励干警读书学习。

——加强人民陪审工作，推进司法民主公开。有效发挥人民陪审员制度维护司法公正、促进司法公开、推进司法民主的积极作用。认真做好人民陪审员换届工作，依法提请任命人民陪审员20名。规范陪审员的培训和管理，完善陪审员工作制度8项。不断拓展人民陪审员工作领域，人民陪审员广泛参与案件审理、信访接待、回访帮教、诉讼调解、执行等工作。人民陪审员参与审理普通程序案件412件，占82.2%，参审率占全部已结诉讼案件的23.1%，案件息诉服判率、调解率、审执结合率明显上升。

（四）坚持为人民司法，切实维护群众权益

坚持把重民生、排民忧、解民难作为审判工作的出发点和落脚点，积极落实各项便民利民举措，方便群众诉讼。

——巩固巡回办案，增强办案效果。落实巡回办案制度，扩大巡回审判覆盖范围，深入基层，巡回审判，就地办案，方便群众诉讼，减轻群众负担。全年共巡回办案867件，巡回办案率57.9%。通过巡回办案，实现案件调撤率、当庭宣判率、服判率、审执结合率上升，涉诉信访率下降的良好效果。

——开展司法救助，体现司法关怀。对老弱病残、下岗职工、低保户、农民工等交不起诉讼费的当事人，依法决定了以缓、减、免交诉讼费3.5万余元。为经济确有困难的当事人和刑事未成年被告人指定辩护人33人次，有效保障其依法行使诉讼权利和维护其合法权益。加强涉诉特困人员救助工作，实施执行救助16案18人，发放执行救助金9万元，报请实施涉诉信访救助2案2人，发放救助金2.5万元。

——注重调解工作，促进社会和谐。构建调判结合工作机制，高度重视运用调解手段化解矛盾纠纷，注重向诉前和判后延伸，将调解优先原则贯穿于立案、审判、执行、信访工作全过程。健全诉讼调解与人民调解、行政调解“三调对接”工作机制，做好人民调解协议效力的确认工作，推动建立大调解工作格局，形成诉讼与非诉讼相衔接的多元化矛盾纠纷解决机制。设置“方圆调解室”，提出“瓜坛理念”，整合调解资源，试点开展了聘任协助调解员参与人民法院案件调解工作。审结的1498件民事案件中，调（撤）结案833件，调撤率55.6%。

——规范窗口工作，落实便民措施。改进案件受理工作，在院机关立案庭统一大立案的基础上，实行人民法庭直接受理案件，落实“一站式”便民诉讼服务措施，印制“白话诉讼手册”发放给群众，切实为当事人提供便利。健全妇女儿童维权信箱和弱势群体“绿色诉讼通道”工作机制，设立残疾人“无障碍法庭”和“无障碍通道”，为老年人、残疾人和妇女儿童等特殊人群提供方便。因地制宜开设“假日法庭”，尽量方便和服务群众。在审判场所和机关加强了安全工作，确保当事人参与诉讼活动的安全。

——实行繁简分流，提高司法效率。以“繁出精品、简出效率”为目标，成立速裁组，积极开展速裁工作，依法采用方便快捷的审判形式，对简单民事纠纷进行快速裁决，节约司法资源，提高办案效率，降低当事人诉讼成本。共办理速裁案件208件，占已结民事案件的13.9%。

（五）坚持党的领导，自觉主动接受监督

牢固树立党的绝对领导和宪法意识，自觉主动接受各方面的监督，不断优化工作环境，不断改进法院工作。

——始终坚持党的领导监督。在审判工作中自觉贯彻党的路线、方针、政策，始终把法院工作置于党的绝对领导之下，保证法院工作自觉地服从和服务于党的中心工作，凡涉及法院工作的重大安排、司法改革的重大措施，坚持在党委领导下实施。

——自觉接受人大政协监督。认真贯彻落实人大和政协的决议、决定，重视专项工作和重大事项报告，高度重视人大、政协交办件、转交信访件的办理和人大代表、政协委员的意见、建议办理工作，共办理意见建议15条，实行分级负责、专项督办等制度，确保办理质效。完善人大代表政协委员联络工作机制，邀请视察工作4次、旁听庭审100余人次，通过反馈整改措施及个别走访等形式，加强与人大代表和政协委员的经常性沟通。2010年认真接受了县人大对法院工作的评议，代表评议满意率100%，法院工作得到人大代表的充分肯定。

——认真接受检察机关监督。建立与检察机关的工作沟通机制，认真落实检察长列席法院审委会工作规定，邀请检察长列席审委会5件次，支持、配合检察机关依法履行法律监督职责。此外，认真落实审务公开，7月份建设开通《沾益法院网》网站，主动向社会公开裁判文书、典型案例、工作动态等信息；开展“法院开放日”活动5次，为社会充分了解和有效监督法院工作创造条件和提供方便；加强与新闻媒体的联系沟通和协作，开设民意沟通信箱，倾听民意，了解民生诉求，不断改进工作。

过去的一年，沾益法院各项工作取得了新进展，队伍建设得到全面加强，职能作用得到充分发挥。全院共有13个集体、25名干警受到县级以上表彰奖励，其中沾益法院被评为全国优秀法院，花山法庭被评为全省首批10个优秀法庭之一和“法院文化建设示范单位”。我们也清醒地认识到，法院工作中也还存在一些困难和不足：一是审判任务繁重，物质装备仍然滞后，法院工作机制还有待进一步完善；二是审判管理还不够科学合理，管理质效还有待进一步提升；三是极少数法官善做群众工作和化解社会矛盾纠纷的能力不强，公正廉洁执法意识还需进一步强化。对存在的困难和问题，我们将采取有力措施，认真加以解决。

二、2011年工作意见

2011年是“十二五”规划的开局之年，是转型发展、跨越发展的关键时期，也是机遇与挑战并存之年，人民法院审判工作和自身建设任务更加繁重和艰巨。根据县委和上级法院的部署，当前和今后一个时期沾益法院工作的总体目标是：准确把握科学发展这个主题和加快转变经济发展方式这条主线，围绕“11236”工作思路，以推进三项重点工作为着力点，以深化法院改革为动力，以加强法院党的建设为保证，突出执法办案第一要务，全面加强审判执行工作和法院自身建设，为全县经济社会“十二五”良好开局提供更加有力的司法保障。为此，着重抓好以下六个方面的工作：

（一）紧扣中心工作，强化司法保障

进一步强化能动司法，准确把握人民法院在“十二五”规划中担负的重要职责，把参与新一轮西部大开发，建立“桥头堡”作为法院工作的重要职能任务，切实把思想和行动统一到县委的决策部署上来，采取切实有效的措施，更好地为加快转变经济发展方式、保障经济社会平稳较快发展服务。妥善审理好金融、商贸、物流等方面的纠纷案件，更加注重对市场经济主体的平等保护，促进国有企业和民营企业共同发展。妥善审理好消费、投资等领域的纠纷案件，保障和服务扩大内需、促进投资的经济增长格局。妥善审理好股权转让、企业重整、破产清算案件，支持资源节约型、环境友好型社会建设。慎重审理农村土地承包经营权、宅基地使用权和林权抵押融资纠纷，支持农村金融服务改革创新。

（二）加强审判执行，促进和谐稳定

突出审判执行第一要务，提高审判效率，缩短办案周期，力争把每一起刑事案件办成“铁案”，把每一起重大、疑难、复杂案件办成

"精品案"，把绝大多数案件办成"和谐案"。树立正确的刑事司法理念，准确贯彻宽严相济政策，全面开展量刑规范化工作，依法严厉打击严重暴力犯罪和多发性侵财犯罪，加大刑事附带民事案件调解工作力度，完善轻微刑事案件民事化处理机制，开展刑事被害人救助工作，全力维护社会和谐稳定。妥善审理民商事案件，坚持民事案件重调解，商事案件重效率，密切关注物价上涨及房贷等政策变化对民生的影响，依法妥善审理劳动就业、社会保障、教育、医疗、住房、消费等领域的纠纷和农产品买卖、农民工追索劳动报酬、农村土地承包等纠纷，积极探索建立医患纠纷处理联动机制，有效发挥民事审判调节、保护、服务功能。规范行政案件司法审查，重点加强对行政案件协调和解处理、与行政机关良性互动的规范和管理，切实致力于行政争议的实质性解决。规范执行工作，创新执行方法，健全执行机制，加大执行力度，推行执行"阳光工程"，提高执行到位率，逐步健全法院内部立审执协调配合机制，促进执行工作良性循环。积极预防和化解涉诉信访，建立健全涉诉信访处理机制，加强源头治理，注重标本兼治，建立审判执行案件社会风险评估机制，全力做好息诉化解工作。

（三）创新工作方式，服务保障民生

通过强化审判工作的服务功能和延伸功能，认真落实各项司法为民措施。全面加强诉讼服务大厅建设，实现立案工作从单纯的诉讼审查到全方位诉讼服务的功能转变，完善便民诉讼机制和信访接待制度，提高诉讼服务水平。推进矛盾多元化解，完善诉讼与非诉讼相衔接的矛盾纠纷解决机制。坚持"调解优先、调判结合"，把调解和解作为处理案件的首选结案方式和基本工作方法，提高服判息诉率、自动履行率、降低信访率、强制执行率，促进案结事了人和。强化巡回办案、民事案件速裁、涉诉特困人员救助等工作，使司法更加利民、便民。延伸审判职能，积极参与"平安创建"活动和社会治安综合治理工作，开展好社会管理创新试点工作。

（四）抓党建带队建，提升队伍素质

健全党建工作机制，加强法院干警的党性修养和党性锻炼，努力形成条块结合、上下联动、整体推进的党建工作格局。开展"双争"活动，建设学习型党组织和学习型法院，提高干警素质。实施"法官、法院、家庭、社会"四位一体的"护廉网"工程，积极开展廉政文化建设和廉政教育活动，抓牢党风廉政建设，以"零容忍"的态度狠抓违纪违法的查处，确保司法公正廉洁。加强和改进司法作风，牢固树立司法为民意识，不断提高司法公信力。以司法核心价值观为抓手，加强法院文化建设，发挥法院文化鲜明的导向、约束、凝聚和激励功能。加强执行力建设，健全各项管理制度，加大督查和问责力度，细化绩效考评，推动各项工作有效落实。注重队伍教育培训，创新培训方式，突出培训重点，努力增强法官的司法能力，促进法院各项工作稳步健康发展。

（五）扩大司法公开，改进法院工作

紧紧围绕党和国家工作大局谋划法院工作，主动向党委报告法院重要工作、重大事项、重大案件，在党委领导下依法行使审判权，使党的决策部署在法院工作中得到不折不扣的贯彻落实。自觉接受人大的法律监督和政协的民主监督，健全与人大代表、政协委员的经常性沟通联络机制，定期通报法院工作情况，完善办理和反馈制度，实现接受监督的规范化、常态化。认真接受检察机关法律监督和社会各界监督，不断改进人民法院各项工作。加强法院新闻宣传规范化建设，建立舆情监测、研判常态化机制，积极宣传社会主义法治理念，展现法院良好形象。加大司法公开力度，通过"法院开放日""执行体验"活动和逐步规范增加裁判文书上网数量等形式，切实保障人民群众对法院工作的知情权、参与权、表达权和监督权，实现司法的公开透明。

（六）夯实基层基础，完善工作保障

认真落实重心下移和前移方针，合理分配审判资源，使有限的人力、财力和物力倾斜办案一线。继续加强人民法庭工作，充分发挥人民法庭在化解社会矛盾、加强社会管理、巩固基层政权等方面的重要作用。进一步加强物质装备建设，积极争取资金偿还"两庭"建设欠债，注重沟通协调，完善经费保障机制，努力改善交通、通讯和办公办案条件。大力推进信息化建设，加大信息化在审判事务和行政事务等方面的应用，利用信息化平台加强社会管理创新，更好地为审判服务、为群众服务。积极争取，切实采取措施，认真落实"从优待警"，创造良好的工作环境，有效激发工作热情，为全面开展法院各项工作提供保障。

图书在版编目（CIP）数据

沾益年鉴. 2012/ 沾益县人民政府地方志办公室 编. —潞西：德宏民族出版社，2012.8
ISBN 978-7-80750-717-8

Ⅰ.①沾… Ⅱ.①沾… Ⅲ.①沾益县—2012—年鉴 Ⅳ.①Z527.44

中国版本图书馆 CIP 数据核字（2012）第 183311 号

书 名 沾益年鉴·2012
作 者 沾益县人民政府地方志办公室 编

出版·发行	德宏民族出版社	责任编辑	王稼祥
社 址	芒市勇罕街1号	责任校对	赵 湘
邮 编	678400	封面设计	陶正亮
电 话	0692-2124877 2112886	版式设计	舒菊丽
网 址	www.dmpress.cn	印 刷	昆明鹰达印刷有限公司
开 本	889mm×1194 1/16	版 次	2012年8月第1版
印 张	27	印 次	2012年8月第1次
字 数	850千字	印 数	1-1000
书 号	ISBN 978-7-80750-717-8/Z·197	定 价	200.00元